中华经典名著

全本全注全译丛书

胡平生 张萌◎译注

礼记 上

中華書局

图书在版编目(CIP)数据

礼记/胡平生,张萌译注. —北京:中华书局,2017.11
(2025.3 重印)
(中华经典名著全本全注全译丛书)
ISBN 978-7-101-12856-7

Ⅰ.礼… Ⅱ.①胡…②张… Ⅲ.①礼仪-中国-古代②《礼记》-译文③《礼记》-注释 Ⅳ.K892.9

中国版本图书馆 CIP 数据核字(2017)第 251551 号

书　　名　礼记(全二册)
译 注 者　胡平生　张　萌
丛 书 名　中华经典名著全本全注全译丛书
责任编辑　刘胜利
装帧设计　毛　淳
责任印制　韩馨雨
出版发行　中华书局
　　　　　(北京市丰台区太平桥西里 38 号　100073)
　　　　　http://www.zhbc.com.cn
　　　　　E-mail:zhbc@zhbc.com.cn
印　　刷　北京盛通印刷股份有限公司
版　　次　2017 年 11 月第 1 版
　　　　　2025 年 3 月第12次印刷
规　　格　开本/880×1230 毫米　1/32
　　　　　印张 39⅝　字数 650 千字
印　　数　99001-107000 册
国际书号　ISBN 978-7-101-12856-7
定　　价　88.00 元

目 录

上册

前言 …………………………………………… 1

曲礼上第一 …………………………………… 1
曲礼下第二 …………………………………… 61
檀弓上第三 …………………………………… 95
檀弓下第四 …………………………………… 177
王制第五 ……………………………………… 240
月令第六 ……………………………………… 289
曾子问第七 …………………………………… 358
文王世子第八 ………………………………… 395
礼运第九 ……………………………………… 419
礼器第十 ……………………………………… 442
郊特牲第十一 ………………………………… 473
内则第十二 …………………………………… 512
玉藻第十三 …………………………………… 560
明堂位第十四 ………………………………… 602

下册

丧服小记第十五 ……………………………… 619

大传第十六 …………………………………… 654
少仪第十七 …………………………………… 665
学记第十八 …………………………………… 696
乐记第十九 …………………………………… 711
杂记上第二十 ………………………………… 762
杂记下第二十一 ……………………………… 797
丧大记第二十二 ……………………………… 839
祭法第二十三 ………………………………… 884
祭义第二十四 ………………………………… 893
祭统第二十五 ………………………………… 926
经解第二十六 ………………………………… 951
哀公问第二十七 ……………………………… 958
仲尼燕居第二十八 …………………………… 967
孔子闲居第二十九 …………………………… 977
坊记第三十 …………………………………… 984
中庸第三十一………………………………… 1007
表记第三十二………………………………… 1041
缁衣第三十三………………………………… 1071
奔丧第三十四………………………………… 1091
问丧第三十五………………………………… 1104
服问第三十六………………………………… 1111
间传第三十七………………………………… 1119
三年问第三十八……………………………… 1129
深衣第三十九………………………………… 1134
投壶第四十 ………………………………… 1138
儒行第四十一………………………………… 1147
大学第四十二………………………………… 1161

冠义第四十三 …………………………………… 1177
昏义第四十四 …………………………………… 1182
乡饮酒义第四十五 ……………………………… 1191
射义第四十六 …………………………………… 1203
燕义第四十七 …………………………………… 1212
聘义第四十八 …………………………………… 1218
丧服四制第四十九 ……………………………… 1227

前　言

西汉初期是礼学由衰落到兴盛发达的时期。秦末起义，暴秦瓦解，天下嚣嚣，礼崩乐坏。刘邦进据关中，战胜项羽，即皇帝位，群臣在宫中饮酒争功，喧嚣呼叫，拔剑击柱，弄得汉高祖十分恼火。博士叔孙通便征聘鲁地儒生数十百人，制礼作乐演习。长乐宫建成举行典礼，叔孙通布置酒宴，廷中列车骑步卒，设旗帜，殿下安排郎中夹陛，武将在西，文臣在东，殿上侍从皆匍匐俯首，群臣依尊卑次序敬酒，莫不肃敬，“竟朝置酒，无敢谨哗失礼者”。于是，汉高祖说：“吾乃今日知为皇帝之贵也。”重赏叔孙通，并将他从鲁地招来的弟子都安排做了郎。可知汉初是十分重视礼仪的制定与执行的，礼书的纂辑应当与这个大气候、大背景有关联。《汉书·儒林传》记载，与传习《士礼》的鲁高堂生同时治《礼》的还有鲁地的徐生，擅长礼容、礼仪。汉文帝时，徐生做了礼官大夫，后来传给了他的孙子，还有他的弟子，都做了礼官大夫，另一个治《礼》的学生萧奋做了淮阳太守。萧奋的学生孟卿，传给了后仓，后仓传给了闻人通汉、戴德、戴圣、庆普。戴德号大戴，戴圣号小戴，做过博士；庆普做过东平太傅。这几位都是当时著名的礼学家，三家都立为礼学博士，都有学生传承其学。所谓《礼记》，就是关于“礼经”的“记”，即对“经”的诠释讲解，就是礼学家对礼经的解释以及他们所采择的各种意见的辑录。《大戴礼记》、《小戴礼记》就是这类的书。下面，我们分四个部分着重对《小戴礼记》的基本情况加以介绍和说明。

一 《礼记》的作者与编者

传世的《礼记》，有《大戴礼记》和《小戴礼记》之分。《大戴礼记》，相传是由西汉时期的礼学家戴德编纂；《小戴礼记》，相传是由西汉礼学家戴圣编纂。戴圣为戴德之从兄子。《小戴礼记》，也称为《礼记》，凡四十九篇，是一部以儒家礼论为主的论文汇编。《礼记》的作者，历来莫衷一是。较早提出具体作者的，如《史记·孔子世家》说："故《书传》、《礼记》自孔氏。"认为《礼记》传自孔子。不过，司马迁这里所说的《礼记》是广义的，就是我们在前面说过的包括《仪礼》等先秦古礼在内的许多的礼论作品，并非今本《礼记》。《汉书·艺文志》著录礼类十三家，有"《记》百三十一篇"，班固自注："七十子后学者所记也。"明显地不能具体指出作者，只能以孔子弟子及其后学来概括陈述。陆德明《经典释文·序录》认为，《礼记》本是孔子门徒共撰所闻的著作，后世通儒又各自斟酌损益以续学，陆氏并指出《中庸》是子思伋所作，《缁衣》是公孙尼子所撰，又引郑玄说《月令》乃吕不韦所撰，引卢植说《王制》是汉文帝时博士所为；孔颖达《礼记正义》结合《孔子世家》之说，看法与陆氏同。后世也不乏讨论《礼记》作者的论述，但除了少数单篇作者或可具体落实之外，大多篇章的作者已不可考。

《礼记》非出于一人之手，我们今天所看到的本子是由后人汇辑编纂成书的。今本《礼记》的编纂者，郑玄以来都认为是西汉戴圣所编。郑玄《六艺论》说："戴德传《记》八十五篇，则《大戴礼》是也；戴圣传《礼》四十九篇，则此《礼记》是也。"大戴、小戴是叔侄关系，戴圣是戴德从兄之子。戴圣，字次君。《汉书·儒林传》说：

> 德号大戴，为信都太傅；圣号小戴，以博士论石渠，至九江太守。由是《礼》有大戴、小戴、庆氏之学。

石渠，即石渠阁，也就是汉代的国家图书馆，兼具收藏珍本秘籍与举办学术会议的功能。汉宣帝甘露三年(前51)，由太子太傅萧望之主持，召集儒生若干人齐聚石渠阁，讲论五经异同，戴圣也在其列。戴圣在宣帝时立为博士，后来官至九江太守。他的著作，除了编纂《礼记》四十九篇之外，还有《石渠礼论》、《群经疑义》等著作。

近世有学者对于传统《礼记》编纂者的说法提出质疑，其中较具影响力的，应属洪业先生于1936年所撰的《礼记引得序》，他认为《礼记》不是由戴圣编纂，其编纂时间应在大小戴之后、郑玄之前，而且可能不是一人所辑、一时所成。他的一条理由是，戴圣是今文《礼》学家，而《礼记》中则有不少古文《礼》的内容，因此《小戴礼》不可能是戴圣所编纂。实际上，汉代当时的今古文之争，并不像后来，特别是清人所说的那么形同水火、势不两立。大戴、小戴编纂《礼记》时混用今文、古文，并不奇怪。洪业先生的意见并不能成立。

二 《礼记》的来源与成书

由于《礼记》各篇来源各不相同，所以在谈《礼记》的成书经过之前，必须对全书四十九篇的来源略作梳理。

关于四十九篇的来源问题，历来有些争辩。王锷先生《礼记成书考》汇集各家见解，最后提出：《礼记》四十九篇，应是选辑自《汉书·艺文志》所录的"《记》百三十一篇"、《明堂阴阳记》等几种著作，以及《艺文志》记载的《曾子》、《子思子》等已亡佚的儒家文献；而这些"礼记"所议论的内容，则是今本《仪礼》十七篇以及散见其他古书或早已亡佚的古礼。

有关《礼记》的成书经过，历来论说甚多。台湾学者周何先生《礼学概论》列出四个发展阶段，分别为附经而作、单独成篇、选编成书、定本流传四个阶段。我们结合出土文献来看，前两个阶段是否必然，因为先秦时代的记文，一般是单独成篇的，所谓附经而作的材料不是很确凿。

所以，我们姑且将这两个阶段放在一起，并根据出土文献典籍加以补充说明。

（一）附经而作与单独成篇

早期《礼记》附经而作，可以从今本《仪礼》看到证据。今本《仪礼》十七篇，除了《士相见》、《大射》、《少牢馈食》、《有司彻》等四篇，其他十一篇，如《士冠礼》、《士昏礼》、《乡饮酒礼》、《乡射礼》等，篇末都标有一"记"字。"记"后面的内容，或接续书写对经文的发明，或记礼节之变异，或记传闻，这可能是当时学者读礼经时，在每卷经文后面的空白竹简随手附记说明或感想，这些记文便是早期附经而作的痕迹。

单独成篇的形态，先秦时也已经出现。以今本《缁衣》为例，属于战国时期的郭店楚墓竹简及上海博物馆所藏竹简各有一篇，内容大同小异；又如《孔子闲居》篇，也见于上海博物馆所藏竹简（题为《民之父母》）；这都是最好的明证。

汉初所见的《礼记》，也可能是以单篇形式流传的。据《汉书・景十三王传》，景帝时河间献王刘德修学好古，从四方民间搜集不少古书：

> **献王所得书皆古文先秦旧书，《周官》、《尚书》、《礼》、《礼记》、《孟子》、《老子》之属，皆经传说记，七十子之徒所论。**

颜师古注："《礼》者，礼经也；《礼记》者，诸儒记礼之说也。"此处《礼记》与《礼》并列，可见学者已有意将"礼记"别为一类。

又据《汉书・艺文志》、《说文解字・叙》，汉武帝末年，鲁恭王坏孔壁而得古文典籍数十篇，其中就有《礼记》。据此，李学勤《郭店简与〈礼记〉》认为："《汉志》的'《记》百三十一篇'便包括孔壁所出和河间献王所得两来源。"至于这两种"礼记"流传形式，李学勤认为由于先秦简帛流传不易，书籍多以单篇行世，所以不管是河间献王得书或孔壁中书，必有许多书的单篇；也就是说，上述所谓的"礼记"未必指书籍，可能只是一种通称，犹如"史记"一词本泛指各国之史书，至司马迁《太史公书》出，才作为书名的专称。

这些先秦以至汉初的“礼记”与戴圣所编纂《礼记》的关系，吴承仕《经典释文叙录疏证》认为，后者(戴圣编《礼记》)犹如“晚出之丛书”，而前者(各种《礼记》来源)则如“稍古之丛书”，这可以算是一个贴切的比喻。

(二)选编成书

汉宣帝时期，戴圣与其叔戴德都在学官讲授《礼》。我们从今天的十七篇《仪礼》可知，各篇备载种种仪节，虽形式十分具体，但这种行礼如仪的节目单，难免枯燥乏味。而传世的“礼记”，累积了历来许多儒家学者的精彩阐释，将各种仪节赋予精神与意义，可让平淡无奇的礼单变得生动，深化礼义，因此二戴从中选编出适用的礼学参考资料，而成大、小戴《礼记》，作为讲学的辅助材料。

(三)定本流传

戴圣虽然编纂了《礼记》一书，但为了配合讲学需要，篇目未必始终相同；这与今天编选“古文文选”相仿，书名可以一样，但选录的篇目可能因为爱好或需求的变化而有所变更，因而初版与再版的篇目未必相同。到了东汉，知名的经学家郑玄为三《礼》作注，据陆德明《经典释文·叙录》引晋人陈邵《周礼论序》云“马融、卢植考诸家同异，附戴圣篇章，去其繁重及所叙略而行于世”，郑玄所依据的正是马、卢的本子。经过名重士林的经学大师郑玄作注，使《礼记》的可读性更加提高，于是才有定本《礼记》流传至今。

三　《礼记》的内容与分类

今本《礼记》共四十九篇，以《曲礼》为始，以《丧服四制》为终。其中《曲礼》、《檀弓》、《杂记》三篇又分上、下，因此实际上只有四十六篇。依今本《礼记》篇次，略述各篇内容要旨如下：

1.《曲礼》上下：略记吉、凶、军、宾、嘉五礼仪文，兼及日常洒扫应对进退之法。

2.《檀弓》上下：杂记各种行礼故事，尤以丧礼为多数。

3.《王制》：记述君王应有的行政制度，其中部分有历史依据，部分则是理想之言。

4.《月令》：按十二个月次，记录各月天象特征，并说明政令、祭祀、行礼等事宜。

5.《曾子问》：以孔子与曾子问答方式，记录丧礼中的特殊事例，也兼及冠、昏等吉礼。

6.《文王世子》：记世子的教育问题，以及相关教育制度等。

7.《礼运》：主要叙述礼义、礼制的源流与运行。

8.《礼器》：阐述礼能使人成器之义，成器指成德器之美或用器之制。

9.《郊特牲》：杂记各礼，发挥礼义，其中又以祭祀较多。

10.《内则》：记家庭内各种人际关系的日常生活准则。

11.《玉藻》：记天子诸侯的饮食衣饰居处之法，以及其配偶的服制等。

12.《明堂位》：记鲁国国君因周公之德而可袭用古代天子衣服、器物之事。

13.《丧服小记》：主要记丧礼中特殊的服饰要求。

14.《大传》：记服制、宗法、祭法等制度。

15.《少仪》：记各种应对仪节，与《曲礼》相近。

16.《学记》：记古代学校教人、传道、授受的顺序以及教育得失与兴废之故。

17.《乐记》：主要阐述乐的形成与功能，并论述礼、乐的关系及影响等。

18.《杂记》上下：以杂记丧礼细节为主。

19.《丧大记》：记国君、大夫、士之丧制，器物方面的介绍尤其详细。

20.《祭法》：记载有虞氏至周朝制定祭祀天地众神的法度。

21.《祭义》:记祭祀主敬之义,同时述及孝悌祭先之道、养老尊长之义,可与《祭法》互相发明。

22.《祭统》:从不同方面论祭祀的意义。

23.《经解》:讲六经的教化功能,兼及天子德配天地、霸王治民之器、治国隆礼之道。

24.《哀公问》:记鲁哀公向孔子问礼、问政,旨在解说为政先礼、礼为政教之本的精神。

25.《仲尼燕居》:借孔子与弟子问答,说明礼的本质、内容、作用、意义。

26.《孔子闲居》:借孔子与子夏问答,阐述如何修身行事才能成为民之父母。

27.《坊记》:记如何透过礼的消极节制作用防禁各种过失。

28.《中庸》:主要阐述中庸之道。

29.《表记》:记君子如何处世为人以作为人民表率。

30.《缁衣》:多记君臣上下关系、君化民之道,兼及君子交友之道与言行准则等。

31.《奔丧》:主要记士身在异国他乡而返乡奔丧之礼,兼及天子与诸侯。前人指出本篇应属礼经,而非礼记的性质。

32.《问丧》:阐述丧礼某些仪节的意义,如始死、殓尸、安魂之祭、寝苫枕块、束发、拄杖等,并说明丧礼之制乃本于人情等。

33.《服问》:记丧服有关问题。

34.《间传》:记居丧时由于亲疏不同而表现的各种行止。

35.《三年问》:记父母丧所以三年之义,兼阐述服丧期限何以长短不同之理。

36.《深衣》:记深衣制度及意义。

37.《投壶》:专记投壶之礼。本篇也应属礼经,而非记文。

38.《儒行》:记儒者德行的特征。

39.《大学》:记博学而可以为政治国之义。

40.《冠义》:记《仪礼·士冠礼》之义。

41.《昏义》:记《仪礼·士昏礼》之义。

42.《乡饮酒义》:记《仪礼·乡饮酒礼》之义。

43.《射义》:记《仪礼》之《乡射礼》与《大射仪》。

44.《燕义》:记《仪礼·燕礼》之义。

45.《聘义》:记《仪礼·聘礼》之义。

46.《丧服四制》:阐述制定丧服所根据的四种原则——恩(恩情)、理(义理)、节(节制)、权(权变),分别本之于仁、义、礼、智。

由上述各篇主旨可知,全书都是与礼直接、间接相关的内容,范围十分广泛,如果要将这些篇章分分类,作一归纳,是颇为棘手的问题。最早为《礼记》篇章进行分类者,是刘向的《别录》(参孔疏引郑玄《礼记目录》所录),刘向将《礼记》四十九篇分为十一类:

(一)通论:《檀弓》上下、《礼运》、《玉藻》、《大传》、《学记》、《经解》、《哀公问》、《仲尼燕居》、《孔子闲居》、《坊记》、《中庸》、《表记》、《缁衣》、《儒行》、《大学》,共十六篇。

(二)制度:《曲礼》上下、《王制》、《礼器》、《少仪》、《深衣》,共六篇。

(三)丧服:《曾子问》、《丧服小记》、《杂记》上下、《丧大记》、《奔丧》、《问丧》、《服问》、《间传》、《三年问》、《丧服四制》,共十一篇。

(四)祭祀:《郊特牲》、《祭法》、《祭义》、《祭统》,共四篇。

(五)吉事:《冠义》、《昏义》、《乡饮酒义》、《燕义》、《聘义》、《射义》,共六篇。

(六)吉礼:《投壶》,一篇。

(七)明堂阴阳:《明堂位》,一篇。

(八)明堂阴阳记:《月令》,一篇。

(九)世子法:《文王世子》,一篇。

(十)子法:《内则》,一篇。

(十一)乐记:《乐记》,一篇。

刘向的分类,试图提纲挈领地了解《礼记》,但囿于《礼记》的内容实在驳杂,分类不免未惬人意。后世学者亦不乏为《礼记》重作分类者,如元代吴澄《礼记纂言》略分为通礼、丧礼、祭礼、通论四大类,将刘向原来的分类都打散。梁启超《要籍解题及其读法》说,《礼记》为儒家者流一大丛书,内容所含颇复杂,今略析其重要类别。他将《礼记》与《大戴礼》统分为十类,分类颇与前人不同,我们在条目下略去其所列篇目:

(甲)记述某项礼节条文之专篇。

(乙)记述某项政令之专篇。

(丙)解释礼经之专篇。

(丁)专记孔子言论。

(戊)记孔门及时人杂事。

(己)制度之杂记。

(庚)制度礼节之专门的考证及杂考证。

(辛)通论礼义或学术。

(壬)杂记格言。

(癸)某项掌故之专记。

台湾学者高明《礼学新探·礼记概说》则将《礼记》分为三大类,各大类下再分项:

(一)通论

1. 通论礼义:《礼运》、《礼器》、《郊特牲》、《经解》、《哀公问》、《仲尼燕居》。

2. 通论与礼有关之学术思想:《孔子闲居》、《乐记》、《学记》、《大学》、《中庸》、《坊记》、《表记》、《缁衣》、《儒行》。

(二)通礼

1. 关于世俗生活规范:《曲礼》上下、《内则》、《少仪》、《深衣》、《玉藻》。

2. 关于国家政令制度:《月令》、《王制》、《文王世子》、《明堂位》。

(三)专论

1. 丧礼

甲、逸礼正经:《奔丧》。

乙、论变礼:《檀弓》上下、《曾子问》。

丙、记丧制:《丧大记》、《丧服小记》、《杂记》上下、《服问》。

丁、论丧义:《大传》、《间传》、《问丧》、《三年问》、《丧服四制》。

2. 祭礼

甲、祭制:《祭法》。

乙、论祭义:《祭义》、《祭统》。

3. 冠礼:《冠义》。

4. 昏礼:《昏义》。

5. 乡饮酒礼:《乡饮酒义》。

6. 射礼:《射义》。

7. 燕礼:《燕义》。

8. 聘礼:《聘义》。

9. 投壶礼(含逸礼正经一篇):《投壶》。

学者的分类往往是见仁见智的,所持标准不同,类目自然就有别,像高明归为"专论"之"丧礼"类的《檀弓》、《曾子问》两篇,内容记丧礼的变礼,刘向则将前者归"通论"、后者归"丧礼";吴澄并归为"丧礼"一类;梁启超将前者归"记孔门及时人杂事"、后者归"专记孔子言论"。高氏的分类,对于想初步掌握《礼记》驳杂内容的读者而言,应该是有些帮助的。

四 《礼记》的意义与价值

《仪礼》及其他古礼经,是研究古代礼制的重要文献,由于经文内容多是礼节仪式,即使熟读经文,了解了礼节程序,但对于各种仪节背后的用意，却仍然难以知晓，而《礼记》就保存了部分阐释礼经意涵的篇章，虽不全面，但正可指引后人阅读礼经的思考方向，补足了上述的缺憾。今本《礼记》的《冠义》、《昏义》、《乡饮酒义》、《射义》、《燕义》、《聘义》等篇，是阐释《仪礼》中相应的专礼。而与丧服有关的《丧服小记》、《问丧》、《间传》等篇，则是补记《仪礼》的《丧服》、《士丧礼》等篇的不足。除了阐释古礼经义之外，《礼记》也对《仪礼》十七篇所未载的古礼颇有补充，例如《曾子问》记种种丧制、丧服的变例，即可补《仪礼》之未备。由于《礼记》是以儒家礼论为主的论文汇编，因此，后人亦可通过《礼记》对儒学思想进行深入的研究。梁启超《要籍解题及其读法》就说：

> 《礼记》之最大价值，在于能供给以研究战国秦汉间儒家者流——尤其是荀子一派学术思想史之极丰富之资料。盖孔氏之学，在此期间始确立，亦在此期间而渐失其真。其蜕变之迹与其几，读此两戴记八十余篇最能明了也。
>
> 要之欲知儒家根本思想及其蜕变之迹，则除《论语》、《孟子》、《荀子》外，最要者实为两《礼记》。而《礼记》方面较多，故足供研究资料者亦较广。

这是十分正确的看法。透过《礼记》，我们可以看到儒家小至修身、大至治国的种种思想。以政治思想与教育思想为例，儒家政治思想中最有名的理想社会——大同与小康：

> 大道之行也，天下为公。选贤与能，讲信修睦，故人不独亲其亲，不独子其子，使老有所终，壮有所用，幼有所长，矜寡孤独废疾者皆有所养。男有分，女有归。货恶其弃于地也，不必藏于己；力恶其不出于身也，不必为己。是故谋闭而不兴，盗窃乱贼而不作，故外户而不闭。是谓大同。

《礼运》描绘出一幅美好的理想国图景：最上乘的大同社会，大道盛行，人性本善，亲亲爱人，各安其所，君主垂拱而天下治。到了“大道既隐，天下为家”的时代，“各亲其亲，各子其子，货力为己”，虽然略逊一筹，却也算“小康”，尚属基本安定的社会。而其最重要的支撑便是礼义，礼义并不是强制执行的律法，礼义是依循天地万物的常情而形成的规范，因此得以收潜移默化之功，建立普世可行的价值观念，产生维系人心的力量。又如教育思想。我们从《论语》里可以看到孔子与学生之间的互动，可以勾勒出儒家教育思想的概貌，而通过《学记》，我们看到的是完整地体现儒家教育理念的专论。《学记》所提出的教育思想及方法，至今仍对学校教育，乃至所有广义的“教育者”与“学习者”都具有指导意义。以教学方法为例，《学记》提出“豫”、“时”、“逊”、“摩”四种理论：“豫”是预防，意指在过失发生前先加预防，一如现代学校要订定共同生活常规，导引学生品行，使学生懂得为与不为的分寸，这便是“豫”的观念；“时”是适时，意指在适当时机教育学生合宜的知识，可说是结合孔子“因材施教”与兵家“因势利导”的观念；“逊”是渐进，指循序渐进地施教，就像现代各级学校选编教材莫不由浅至深、由简及繁、由具体而抽象，以配合学生逐步成长的理解能力；“摩”是观摩，意指互相观摩学习，其中含藏着孔子见贤思齐的学习精神，也是现代学校教育甚至社会各行各业善用的方法。《学记》的意义，不只是后人研究儒家教育观的学术资料，两千多年来，它一直为历来无数“教者”、“学者”指引方向，韩愈写出有名的《师说》、《进学解》，岂能不受《学记》启发！现代校园有所谓的观摩教学、鼓励各级教师应该多多进修等，其理念源头焉能与《学记》以至孔子无关！

以一条人际关系原则为例，《曲礼上》说“贤者狎而敬之，畏而爱之”，与有贤德的人交往，要“狎而敬”、“畏而爱”，这是很中肯的。“狎”是指亲近贤者，这样就可以见贤思齐。既要亲近又要“敬”，人往往因亲近而生侮慢，慢心一生，便容易发生问题。后半句“畏而爱之”相反相成，畏不是恐惧，而是敬畏，带着敬畏又不失爱慕之心，人与人之间才能维持和平久长的关系。又如《少仪》说“不窥密”，即不窥探别人的私密。

今天常讲保护个人的隐私权，而各类大众传播媒体上却总是流言满天飞，狗仔队大行其道，因此这古老的道德规范至今并不过时。像这类提供个人修身养性的参考原则，《礼记》俯拾即是。研读《礼记》，不只让我们了解古代儒家的思想，更可鉴古知今，为现代人提供安身立命的处世之道。可以毫不夸张地说，《礼记》中有许多代表中国传统文化精华的闪亮的思想，只要列举几句那些我们耳熟能详的语录就足以说明问题：

道德仁义，非礼不成；教训正俗，非礼不备；分争辨讼，非礼不决。

临财毋苟得，临难毋苟免。

礼尚往来，往而不来，非礼也；来而不往，亦非礼也。

玉不琢，不成器；人不学，不知道。

师严然后道尊，道尊然后民知敬学。

好学近乎知，力行近乎仁，知耻近乎勇。

凡事预则立，不预则废。

小人溺于水，君子溺于口，大人溺于民。

生则不可夺志，死则不可夺名。

天下内和而家理……外和而国治。

苟利国家，不求富贵。

富贵而知好礼，则不骄不淫；贫贱而知好礼，则志不慑。

修身，齐家，治国，平天下。

……

至于《礼记》中的《大学》、《中庸》两篇，自唐代韩愈引用之后，宋代理学家程颐、程颢高度重视，朱熹更重新编次，重新阐释，与《论语》、《孟子》合纂于《四书集注》中，成为理学家最重要的纲领性著作。元代起，成为各级学校的必读书、士子求取功名的考试书。其在文化史与思想史上的地位是不言而喻的。

毋庸讳言，《礼记》中也有不少封建糟粕，如等级制度，男尊女卑，以及最为诟病的“繁文缛节”。如今我们在阅读过程中，尽可抛开那些“不合时宜"的礼节与观念，而学习那些至今仍有价值的、应当遵循的礼仪与思想。

《礼记》的今注今译，已有许多学者做过工作，硕果累累。如王梦鸥的《礼记今注今译》（台湾商务印书馆），杨天宇的《礼记译注》（上海古籍出版社），姜义华的《新译礼记读本》（台湾三民书局），吕友仁、吕咏梅的《礼记全译》（贵州人民出版社），王文锦的《礼记译解》（中华书局），钱玄、钱兴奇等的《礼记》（岳麓书社），潜苗金的《礼记译注》（浙江古籍出版社）等等。这些译注大作，我们也拜读过若干，我们认为做得比较好的是杨天宇，他研究礼学，成绩斐然。他也是我北大中文系本科时的学弟。我接手《礼记译注》工作后，还准备拜访他，讨论各种今注今译本的成败得失。可惜的是，他竟不幸早逝，令人扼腕叹息。

我们有幸参加中华书局的"中华经典名著全本全注全译丛书"的工作，《礼记译注》的工作是纳入该丛书的。2007 年，我曾与台湾暨南大学陈美兰副教授合作，为"中华经典藏书"项目编写过《礼记·孝经》选本译注。囿于编选时字数的限制，我们选录了《礼记》的部分篇章，有的是全篇如《曲礼》上、《学记》、《祭法》、《经解》、《缁衣》、《冠义》、《昏义》；有的是部分选，如《曲礼》下、《王制》、《礼运》、《乐记》、《祭义》，此书出版后得到读者的肯定，先后印刷总数达十多万册。现在的全注全译本，由于陈美兰女士教学科研工作太忙而不能参加，让我感到非常遗憾，也非常紧张。幸而，吉林大学古籍研究所朱红林教授推荐了他的学生张萌来帮助我。张萌，是一位专业上很强的同学。她集中精力花了一年的时间，完成了初稿。本书的完成，首先要感谢张萌卓有成效的工作。自 2013 年末起，我在张萌工作的基础上，字斟句酌地将全部译注稿又打磨了几遍，直到 2016 年末，历时三年终于完成通稿。

记得最初接触《礼记》，还是 1963 年大二上"校勘学"课时，王重民教授和侯忠义老师带我们在善本阅览室，调出线装书，要我们将"大戴记”与“小戴记”的篇目抄录下来，比较异同。当时看到那些句子读不通、文字读不懂的八行本、十行本，觉得血脉贲张，头皮发麻。倏忽之间五十多年过去了，真恍如隔世。坦白地说，如果没有旧注旧疏，没有历代学者的考订解说，我们对大小戴记还是读不通、读不懂的，因此做好古籍的注释今译，对于年轻读者而言是非常必要的。

我们这个《礼记》的全注全译本，主旨与以前做过的选本是一致的，就是希望以易于理解的文字，帮助读者了解《礼记》的要义。全书内容分为四个部分：首先出题解，扼要概括通篇内容旨意。其次出正文，正文的分节参考了北大标点本《十三经注疏·礼记正义》及各家译注本的分节，文字也参考各种版本进行了勘校，有调整者在注释中加以说明。再次出注释，注释兼及章句训诂与名物制度介绍，在引述各家说法时，为求简明，最常见的郑玄注、孔颖达疏，简称郑注、孔疏，其他注家或相关著作则引作者与书名，如朱彬《礼记训纂》、孙希旦《礼记集解》、陈澔《礼记集说》，或径直引作朱彬说、孙希旦说等。不过，为了行文的简便，也为了不给读者太大的压力，注释一般不征引太多的研究著作。最后出译文，译文以直译为主，原文太过精练无法直译表达时，兼用意译。《礼记》的今译，是高难度的挑战，由于牵涉相当复杂的专业知识，既需要晓知礼书、礼制，又需要浅显易懂，做到“信、达、雅”，为此常常煞费苦心。

总之，从选编本到全注全译本编纂的前后十年间，本书让我们付出了许多心血，也经历了不少周折，我们虽然尽力希望做得好些，但限于水平，不足与错误在所难免，敬祈大雅方家斧正。

胡平生于北京

2017 年 5 月

曲礼上第一

【题解】

本篇名为“曲礼”，历来学者有几种不同看法：一、郑玄《礼记目录》说：“名曰‘曲礼’者，以其篇记‘五礼’之事。”为本篇内容包含吉、凶、军、宾、嘉五礼之事，故名“曲礼”，此“曲”字有周遍之意。二、陆德明《经典释文·礼记音义》认为“曲礼”是“仪礼”的旧名，委曲详细说礼之事。三、孙希旦《集解》认为“曲礼”之命名，是摘取篇首二字。四、任铭善《礼记目录后案》认为“曲礼”之名得之于《汉书·艺文志》之《曲台后仓》九篇（《儒林传》作《后氏曲台记》），该书是汉代礼学家后仓在汉宫曲台说礼的著作，书已亡佚；任氏认为可能以此书说于曲台，故称之；也可能以其内容多引古说、曲尽礼义，故称之。

《曲礼》篇所述包括吉、凶、军、宾、嘉五礼的相关礼仪，内容繁杂。主要是为人臣、子在日常生活中起居、饮食、应对进退之法，以及在不同场合的言语、容貌、制器、备物、服饰、车旗等规定。因而，郑玄、陆德明之说有其道理。同时，《礼记》全书又不乏以篇首字句题名者，如《曾子问》、《文王世子》、《郊特牲》、《哀公问》等，故孙希旦之说也同样可取。

本篇分上、下两部分，主要是简策繁重、篇幅过长的原因。

《曲礼》曰①：毋不敬②，俨若思③，安定辞④，安民哉！

【注释】

①《曲礼》：古《礼》篇名。《礼器》：“经礼三百，曲礼三千。”《朱子语类·礼器》说，“经礼三百”，“此是大节”；“曲礼三千，乃其中之小目”。

②毋（wú）不敬：不要不恭敬。郑注：“礼主于敬。”《孝经·广要道章》：“礼者，敬而已矣。”郭店楚简《性自命出》篇和上海博物馆藏战国楚简《性情》篇中有：“敬，勿（物）之即（节）也。”毋，不要，不可以。

③俨（yǎn）若思：郑注：“俨，矜庄貌。”即神态端庄，像若有所思一样。

④安定：合理、审慎。辞：言辞。

【译文】

《曲礼》说：人不可以不恭敬，神态要像若有所思般端庄稳重，说话时态度安详，言辞合理、审慎，这样就能安定民心了！

敖不可长[①]，欲不可从[②]，志不可满，乐不可极[③]。

【注释】

①敖：同“傲”，傲慢。

②从（zòng）：同“纵”，放纵。

③极：无度，超越极限。

【译文】

傲慢不可滋长，欲望不可放纵，志意不可自满，享乐不可超限。

贤者狎而敬之[①]，畏而爱之。爱而知其恶[②]，憎而知其善。积而能散[③]，安安而能迁[④]。临财毋苟得，临难毋苟免[5]，很毋求胜[6]，分毋求多。疑事毋质[7]，直而勿有[8]。

【注释】

①贤者：有道德、才能之人。狎(xiá)：亲近。

②爱：喜爱。与下文“憎”相对。恶(wù)：缺点。与下文“善”相对。

③散：分散。这里指施舍。

④安安而能迁：第一个“安”是动词，居处；第二个“安”是名词，指生活环境。迁，迁徙，变换住所。

⑤“临财”二句：云梦睡虎地秦墓竹简《为吏之道》：“临材(财)见利，不取句(苟)富；临难见死，不取句(苟)免。”苟，苟且，随便。

⑥很：郑注：“阋也，谓争讼也。”按，通“狠”，即争斗、争执。

⑦疑事毋质：对事情有疑惑，不要以既定的成见下判断。郑注：“质，成也。”

⑧直而勿有：要谦逊，自己的意见正确时，也不要将正确的意见据为自己的发明。直，正。有，据为己有。上海博物馆藏战国楚简《性情》篇：“毋蜀(独)言蜀(独)居。”“独”指独断自专。与人论事，不论疑与不疑，都不可自专独断，与文义正相参证。

【译文】

对贤能的人要亲近并且尊敬他，畏服并且爱戴他。对自己喜爱的人也要知道他的缺点，对自己憎恶的人也要知道他的优点。能够积蓄财物也能布施给穷人，安于安宁的生活也能适应迁徙变化。面对财物，不该取得的绝不取得；面对危难，不该逃避的绝不逃避。与人争执时不求胜利，分配财物时不求多得。对有疑问的事情，不以自己的成见擅下定论；意见正确时也不自以为是，将正确的意见据为自己的发明。

若夫坐如尸[1]，立如齐[2]。礼从宜[3]，使从俗[4]。

【注释】

①若夫(fú)坐如尸:这是用尸来说明坐姿需庄重严肃。孔疏:"尸居神位,坐必矜庄。言人虽不为尸,若所在坐法,必当如尸之坐。"若夫,如果。夫,语助词。尸,古代祭祀时代替神鬼受祭的人。

②齐(zhāi):同"斋",古人祭祀前要斋戒。

③礼从宜:行礼时要顺从不同情况的需要。宜,事之所宜。

④使:动词,指出使到他国。

【译文】

如果坐着,就要像受祭的尸那样庄重地端坐;站着,就要像斋戒时那样恭敬地肃立。行礼要顺从时宜,出使他国要遵从他国的风俗习惯。

夫礼者,所以定亲疏、决嫌疑、别同异、明是非也①。礼,不妄说人②,不辞费③。礼不逾节,不侵侮,不好狎④。修身践言,谓之善行。行修言道⑤,礼之质也⑥。

【注释】

①定亲疏:孔疏:"五服之内,大功已上服粗者为亲,小功已下服精者为疏。"决嫌疑:孙希旦说:"彼此相淆谓之嫌,是非相似谓之疑。"

②不妄说(yuè)人:《集解》引朱熹曰:"礼有常度,不为佞媚以求说于人也。"说,同"悦",取悦,讨好。

③不辞费:指说话言辞达意即可,不要多说无用之言。

④好(hào)狎(xiá):轻佻亲昵而不恭。

⑤行修言道:行为要体现出修养,言语要合乎道理。行,行为。

⑥质:根本,本质。

【译文】

礼,是用来确定人与人之间关系的亲近疏远,判断容易混淆和相似的事物，分别事类的相同或相异，辨明是非对错的。礼，不随便取悦、讨好他人，不说多余的话。礼，不逾越节度，不侵犯侮慢，不轻佻亲狎。修养身心，实践所言，叫作善行。行为有修养，说话合于道理，这是礼的本质。

礼，闻取于人，不闻取人。礼，闻来学，不闻往教。

【译文】

礼，只听说主动向人取法学习，没听说硬让人取法学习的。礼，只听说学礼者要前来学习，没听说授礼者上门去传授的。

道德仁义，非礼不成；教训正俗，非礼不备；分争辨讼，非礼不决；君臣上下，父子兄弟，非礼不定；宦学事师①，非礼不亲；班朝治军②，莅官行法③，非礼威严不行；祷祠祭祀④，供给鬼神⑤，非礼不诚不庄⑥。是以君子恭敬、撙节、退让以明礼⑦。

【注释】

①宦：指为吏者。学：指学习礼、乐、射、御、书、数六艺者。孙希旦认为，“宦”指已仕而学者，“学”指未仕而学者。

②班朝：排班百官的朝位。班，次。

③莅（lì）官：官吏任职。

④祷祠祭祀：吴澄云：“祷祠者，因事之祭；祭祀者，常事之祭。”这里指临时的祭祀和定期的祭祀。祷，告事求福。祠，既得所求，则祠以报之。

⑤鬼神：祷祠、祭祀的对象。这里泛指一切天神地祇人鬼。

⑥不诚：内心不虔诚。不庄：神态不庄重。

⑦撙(zǔn)节：节制。撙，抑。

【译文】

道德仁义，没有礼就不能完成；教导训诫、端正风俗，没有礼就不能完备；分辨争讼，没有礼就不能判断是非曲直；君臣上下、父子兄弟之间，没有礼就不能确定尊卑名分；为学习做官、学习道艺而侍奉师长，没有礼就不能亲近和睦；上朝排列百官位次、治理军队，官吏任职、执行法令，没有礼威严就不能体现；临时的祭祀或定期的祭祀，供奉天神地祇人鬼时，没有礼内心就不虔诚、神态就不庄重。因此君子要有恭敬、节制、谦让的态度，以彰显礼。

鹦鹉能言，不离飞鸟；猩猩能言，不离禽兽。今人而无礼，虽能言，不亦禽兽之心乎？夫唯禽兽无礼，故父子聚麀①。是故圣人作②，为礼以教人，使人以有礼，知自别于禽兽。

【注释】

①父子聚麀(yōu)：父、子和同一个雌兽交配。郑注："聚，犹共也。鹿牝曰麀。"按，麀，此处泛指雌兽。

②作：兴起，产生。

【译文】

鹦鹉虽然能说话，不过是一种飞鸟；猩猩虽然也能说话，不过是一种禽兽。而今作为人要是无礼，虽然能说话，不也是禽兽之心吗？只因禽兽不知礼，所以父子才与同一雌兽交配。因此出现了圣人，制定礼法来教导人，使人从此有礼，知道把自己和禽兽区别开来。

大上贵德[①]，其次务施报[②]。礼尚往来[③]。往而不来，非礼也；来而不往，亦非礼也。人有礼则安，无礼则危。故曰：礼者不可不学也。

【注释】

①大上：指上古三皇五帝之世。大，同“太”。郑注：“大上，帝皇之世。”

②其次：指上古以后的世代。施：对他人施德。报：报答他人之施。

③礼尚往来：指与人交际要有往有来。

【译文】

上古时以德为贵，后世才讲究施惠与回报。礼，崇尚交际要有往有来。施惠于他人而他人不来报答，这是失礼；他人前来施惠而不去报答他人，也是失礼。人有礼，人际关系就能平和安定，无礼就会有危险。所以说，礼是不可不学的。

夫礼者，自卑而尊人。虽负贩者[①]，必有尊也，而况富贵乎？富贵而知好礼[②]，则不骄不淫；贫贱而知好礼，则志不慑[③]。

【注释】

①负贩者：挑担做买卖的小商贩。负，负担。

②知好（hào）礼：懂得并喜爱礼。

③慑（shè）：胆怯，困惑。

【译文】

所谓礼，要自我谦卑而尊重别人。即使是挑担的小贩，也一定有值得尊重的，何况是富贵的人呢？富贵的人知道并喜好礼，就不会骄奢淫逸；贫贱的人知道并喜好礼，就不会怯懦困惑。

人生十年曰幼，学①；二十曰弱，冠②；三十曰壮③，有室④；四十曰强⑤，而仕；五十曰艾⑥，服官政⑦；六十曰耆⑧，指使⑨；七十曰老，而传⑩；八十、九十曰耄⑪；七年曰悼⑫。悼与耄，虽有罪，不加刑焉。百年曰期，颐⑬。

【注释】

①学：外出学习。《内则》篇云："十年，出就外傅，居宿于外，学书计。"

②二十曰弱，冠（guàn）：弱，孔疏："二十成人，虽加冠，体犹未壮，故曰弱。"冠，冠礼。古代贵族男子，到二十岁要举行加冠的仪式，表示已成年。

③三十曰壮：孔疏："三十而立，血气已定，故曰壮也。"

④有室：指娶妻成家。

⑤四十曰强：孔疏："壮久则强，故四十曰强。强有二意：一则四十不惑是智虑强，二则气力强也。"

⑥艾（ài）：郑注："老也。"苍白色，指发色苍白如艾草。

⑦服官政：成为行政主管。孔疏：五十"堪为大夫服事也，大夫得专事其官政，故曰'服官政'也"。

⑧耆（qí）：孔疏引贺玚曰："至也，至老之境也。"

⑨指使：指使人做事。

⑩传（chuán）：指将家族中的大事，主要是祭祀等事传给子孙。

⑪耄（mào）：郑注："惛忘也。"

⑫悼：郑注："怜爱也。"因年纪幼小，招人疼爱。

⑬期，颐：郑注："期，犹要也。颐，养也。"

【译文】

人生十岁称为“幼”，开始学习；二十岁称为“弱”，要举行冠礼；三十岁称为“壮”，可以娶妻成家；四十岁称为“强”，可以任职当官；五十岁称为“艾”，可以做行政主管；六十岁称为“耆”，可以指使他人做事；七十岁称为“老”，要将家族中祭祀等大事传给子孙；八十岁、九十岁称为“耄”；七岁称为“悼”。七岁以下的儿童和八九十岁的老人，虽然有罪，也不施以刑罚。满百岁称为“期”，由人赡养，颐养天年。

大夫七十而致事①。若不得谢②，则必赐之几杖③，行役以妇人④，适四方⑤，乘安车⑥。自称曰“老夫”，于其国则称名。越国而问焉，必告之以其制⑦。

【注释】

①致事：郑注：“致其所掌之事于君而告老。”即退休。

②谢：孔疏：“犹听许也。”

③几(jī)杖：君王赐给高龄老人的用具。几，一种可以靠背的用具。古人席地跪坐，为照顾老人不致过于劳累，赐几凭靠而坐可以比较舒服。杖，拄杖，拐杖。这里应特指君王赐给高龄老人的“王杖”、“鸠杖”，是一种端首装有木刻鸠鸟的木杖。武威出土的《王杖十简》及《王杖诏令册》都有汉代给高龄老人颁赐王杖及各种优待的诏令。“高皇帝以来至本始二年，朕甚哀怜耆老，高年赐王杖，上有鸠，使百姓望见之，比于节。”张家山汉墓竹简《二年律令·傅律》：“大夫以上年七十，不更七十一，簪袅七十二，上造七十三，公士七十四，公卒、士五七十五，皆受仗(杖)。”不同爵级颁授杖的年龄不同。

④役：本国巡行役事。

⑤适四方：到各国出使、出访。适，到，出使。

⑥安车：可坐乘的小车。

⑦"越国"二句：孔疏："若他国来问己国君之政，君虽已达其事，犹宜问于老贤，老贤则称国之旧制以对他国之问也。"指他国使者来访，国君要咨询老臣，把国家的典章制度告诉对方。制，典章制度。

【译文】

大夫七十岁时即可辞官退休。如果辞官未得到国君允许，国君就一定要赐给他凭几与拄杖，出差办事要有妇人陪伴照顾，出使四方，要乘坐安稳的小车。可以自称"老夫"，但在本国内仍然要称自己的名。他国使者来访问，国君要咨询老者，把本国的典章制度告诉使者。

谋于长者[1]，必操几杖以从之[2]。长者问，不辞让而对，非礼也。

【注释】

①谋：计划，商议。

②操：孔疏："执持也。"从：往。

【译文】

与长者商议事情，一定要拿着凭几与拄杖前往。长者问话，不谦让就直接回答，是不合礼仪的。

凡为人子之礼，冬温而夏清[1]，昏定而晨省[2]，在丑、夷不争[3]。

【注释】

①清（qìng）：凉。

②定：郑注："安定其床衽也。"指铺设安放床褥被枕等。省（xǐng）：向父母问候请安。

③丑、夷：郑注："丑，众也。夷，侪（即同辈）也。"《孝经·纪孝行章》："在丑不争。"

【译文】

作为儿子的礼节是，要使父母冬天感到温暖，夏天感到清凉，晚上要为父母铺床，早晨要向父母请安，在众同辈之中不和人争斗。

夫为人子者，三赐不及车马①。故州、闾、乡、党称其孝也②，兄弟亲戚称其慈也，僚友称其弟也③，执友称其仁也④，交游称其信也⑤。

【注释】

①三赐不及车马：郑注："凡仕者，一命而受爵，再命而受衣服，三命而受车马。"指为人子一而再、再而三地受到君王的任命和封赏，但不受车马之赐。因为受封可以光宗耀祖，受车马只能安己身。《训纂》引王引之说："赐，犹予也。"认为这是指为人子者再三赠送别人东西，也不敢将车马赠予他人。朱引《坊记》"父母在，馈献不及车马"旁证。今从王引之说。

②州、闾、乡、党：地方上的各级单位。郑注："《周礼》二十五家为闾，四闾为族，五族为党，五党为州，五州为乡。"

③僚友：郑注："官同者。"即同僚。弟（tì）：通"悌"，敬爱兄长。这里指以对兄长的态度来对待同僚。

④执友：郑注："志同者。"指志同道合的朋友。

⑤交游：孔疏："泛交也。"指一般的交往者。

【译文】

做儿子的，再三给别人赠送东西，却不能馈赠车马。因此州、闾、乡、党地方各级称赞他孝顺，兄弟亲戚称赞他慈爱，共事的同僚称赞他恭顺，志同道合的朋友称赞他仁义，平时交往的人称赞他诚信可靠。

见父之执[①]，不谓之进不敢进，不谓之退不敢退，不问不敢对。此孝子之行也。

【注释】

①见父之执：见父亲的友人，要像对待父亲一样恭敬。

【译文】

见父亲的朋友，不告诉可以上前就不敢上前，不告诉可以退下就不敢退下，没有问话就不敢说话。这就是孝子应有的品德行为。

夫为人子者，出必告，反必面[①]；所游必有常[②]，所习必有业。恒言不称老[③]。

【注释】

①出必告，反必面："告"、"面"都指当面向父母禀告。反，同"返"。

②所游必有常：这里是说出游要有规律，总去一定的地方，以免父母担心。《论语·里仁》："父母在，不远游，游必有方。"意同。常，常规，经常不变。

③不称老：这是避免父母听到"老"字而伤感。

【译文】

做儿子的，出门前一定要当面禀告父母，回家后也要当面禀告父母;出游一定去常去的地方,学习一定要有专业。平常说话不说“老”字。

年长以倍,则父事之;十年以长,则兄事之;五年以长,则肩随之①。群居五人,则长者必异席②。

【注释】

①肩随:并行而稍居后。表示谦逊。

②异席:古人铺席而坐,每席坐四人,并推年长者坐席端,若有五人,其中一人必须另外设席,则推长者异席,表示尊敬长者。

【译文】

比自己年长一倍的人,就像父辈一样侍奉他;比自己年长十岁的人,就像兄长一样侍奉他;比自己年长五岁的人,可以与他差不多并肩而行但稍稍居后。五人同处,一定要让年长者单坐一席。

为人子者,居不主奥①,坐不中席②,行不中道③,立不中门④。食飨不为概⑤,祭祀不为尸⑥。听于无声,视于无形⑦。不登高,不临深。不苟訾⑧,不苟笑。

【注释】

①居不主奥:郑注:“谓与父同宫者也,不敢当其尊处。”主,孔疏:“犹坐也。”奥,室中的西南角。古人认为奥应是尊者所居之处。

②中席:席子的中央。因为席中为尊,要留给尊者。

③中道:道路中央。孔疏:“尊者常正路而行,卑者故不得也。”

④中门:古时有竖在门中央的短木,叫“闑”(niè),有竖在门两旁的长木桩,叫“枨”(chéng),“中门”即枨、闑之中。尊者往往所立于

中门。

⑤食(sì)飨(xiǎng):食礼和飨礼。食礼、飨礼皆行于宴会宾客或宗庙祭祀。不为概:孔疏引熊氏云:“不制设待宾馔,其事由尊者所裁,而子不得辄豫限量多少也。”概,限量。

⑥不为尸:儿子不可以充当祭祀之尸。因为如果儿子为尸,父亲参加祭祀,尸将尊临其父,这是孝子不能接受的。古代一般以孙辈幼童为尸。

⑦“听于无声”二句:意思是还没有听见父母说话,就已经知道他们要说什么;还没有看见父母的举动,就知道他们要做什么。指在父母示意之前,就能揣知父母的心意。

⑧訾(zǐ):孔疏:“相毁曰訾。”即诋毁。

【译文】

做儿子的,居处时不敢坐在应当是尊者坐的室内西南角的位置,在席上就座时不敢坐在席的中间,行走时不敢走在路的正中央,站立时不敢站在门的中央。举行食礼、飨礼招待宾客时,饮食多寡由家长决定,不敢擅自做主限量;祭祀时,不充当尸。虽然还没有听到父母的声音、还没有见到父母的举动,就能在父母指使之前揣知他们的心意。不攀登高处,不身临深渊。不随便诋毁他人,不随便嬉笑。

孝子不服暗[①],不登危,惧辱亲也。父母存,不许友以死[②]。不有私财。

【注释】

①服暗:服,事。暗,此指暗中。

②死:郑注:“死为报仇雠。”即替朋友报仇而死。

【译文】

孝子不在黑暗中做事,不到危险的地方,惧怕因此使父母受辱。父母在世，不向朋友承诺可以为其献身去死。不背着父母私存钱财。

为人子者，父母存，冠衣不纯素①。孤子当室②，冠衣不纯采③。

【注释】

①不纯(zhǔn)素：不以白色镶边。这是因为白色是丧服之色。纯，缘。指衣、冠的镶边。

②孤子当室：孔疏："孤子谓二十九以下而无父者。当室谓適(嫡)子也。"

③不纯采：不用彩色绢帛镶边。彩色是喜庆之色，孝子为寄托丧父哀思，衣冠不用彩边。

【译文】

做儿子的，父母在世，戴的帽子与穿的衣服不以白绸镶边。孤子当家，戴的帽子与穿的衣服不以彩色绢帛镶边。

幼子常视毋诳①。童子不衣裘、裳②。立必正方，不倾听。长者与之提携③，则两手奉长者之手。负、剑④，辟咡诏之⑤，则掩口而对⑥。

【注释】

①幼子常视毋诳(kuáng)：孔疏："幼子恒习效长者，长者常示以正事，不宜示以欺诳，恐即学之。"这是说要为小孩子做出正确地示范，不可以说谎，树立错误的榜样。视，通"示"，示范。诳，欺骗。

②童子不衣裘、裳：小孩子穿裘皮袄、着裙装，既不合身体需求，又不便做事活动，所以说"不衣"。衣，动词，穿。裘，裘皮袄。裳，

裙子。

③提携:搀扶。

④负、剑:孔疏:"负谓致儿背上也。剑谓挟于胁下,如带剑也。"《训纂》引江永说,负剑指长者俯身与之语,如负剑之状。亦可通。

⑤辟咡(pì èr)诏之:郑注:"谓倾头与语,口旁曰咡。"指转头对童子说话。诏,教,告。

⑥掩口而对:郑注:"习其乡(向)尊者屏气也。"

【译文】

要为小孩子做出正确地示范,不能说谎欺骗他。儿童不穿裘皮衣与裙裳。站立时一定要姿势端正,不可以歪头侧耳听人说话。长者牵着儿童行走时,儿童应双手捧着长者的手。长者将小孩子背在背上或抱在胁下,转头侧脸跟儿童说话,小孩要掩着口回答。

从于先生①,不越路而与人言②。遭先生于道③,趋而进,正立拱手。先生与之言则对,不与之言则趋而退。从长者而上丘陵,则必乡长者所视④。登城不指,城上不呼⑤。

【注释】

①先生:孔疏:"师也,谓师为先生者,言彼先己而生。"

②越路:指路的另一边。

③遭:遇。

④必乡(xiàng)长者所视:一定要面向长者所看的方向。这是为了便于回答长者的提问。乡,通"向"。

⑤"登城"二句:登城时不要指指点点,在城墙上不要大喊大叫。这是怕城下的人望见、听见,因不知其故而感到疑惑害怕。

【译文】

跟随先生走路时,不可自顾自跑到路对面去跟人说话。在路上遇到先生，应快步前进，对先生立正拱手。先生跟他说话就应答，不跟他说话就快步退下。跟随长者登上丘陵时，则一定要面朝着长者所看的方向。登上城墙不要指指点点，在城墙上不要大喊大叫。

将适舍，求毋固①。将上堂，声必扬。户外有二屦②，言闻则入，言不闻则不入③。将入户，视必下④。入户奉扃⑤，视瞻毋回⑥；户开亦开，户阖亦阖；有后入者，阖而勿遂⑦。毋践屦⑧，毋踖席⑨，抠衣趋隅⑩。必慎唯诺⑪。

【注释】

①“将适舍”二句：郑注：“谓行而就人馆。”此指在外住宿，向主人求取日用物品，不可像自己平常在家一样的要求，要随其有无。孙希旦说，“毋固之义”，“固，谓鄙野而不达于礼”。今采孙说。

②户外有二屦（jù）：户外有两双鞋，指室内有两个人。屦，古代的一种单底鞋。旧注说，因长者的鞋可放在室内，所以室内也可能有三个人。

③言不闻则不入：如果在外面听不见室内说话的声音，那么室内的人可能在密谋私事，因此不入内打搅别人。

④视必下：眼光向下，是为了避免看到他人隐私。

⑤奉扃（jiōng）：双手犹如捧着门闩的样子。这里是表示恭敬之意，不是真的捧扃。扃，门闩，门杠，是关闭门户用的横木。

⑥视瞻毋回：不要回头四处张望。回，旋转。

⑦阖（hé）而勿遂：慢慢地掩上门，但不关死。表示不拒绝后来的人。阖，关闭。

⑧毋践屦：孔疏：“践，蹋也。”“若后进者不得蹋先入者之屦。”

⑨毋踖（jí）席：古人席地而坐，到席子上就位时，要从席子的后方走

上坐下，不能从席子的前方走上去。如果从席子的前方走上去，就叫作“躐席”。躐，践踏。

⑩抠衣：提起下裳。

⑪唯诺：应答之声，表示恭敬之意。

【译文】

外出要到别处住宿，向主人求取借用日常用品，不可鄙野而不合乎礼仪。快走到堂上时，要先发出声音表示自己的来到。如果门户外放着两双鞋，听得到室内说话的声音就进入，听不到室内说话的声音就不进入。将要进室门时，眼光要朝下。进门时，双手要像捧着门闩一样恭敬地放在胸前，不回头四处张望；进入室内时，门如果本来就开着，进了门也还是让它开着；门如果本来是关着的，进了门也还是让它关着；如果后面还有人要进门，就把门慢慢掩上，不要关死。不可践踏别人的鞋子，不可从坐席前方上席，要提起衣服快步走到席的下角上席就座。谈话时，一定要小心谨慎地应对。

大夫、士出入君门，由闑右①，不践阈②。

【注释】

①“大夫、士”二句：按照礼制规定，进大门时主人走门橛的右侧，宾客走门橛的左侧。大夫、士进门时走门橛的右侧，表示臣服从君，臣统于君，并不是宾。

②阈（yù）：门槛。

【译文】

大夫、士出入国君的大门，要从门橛的右侧走，不能践踏门坎。

凡与客入者，每门让于客。客至于寝门，则主人请入为席，然后出迎客，客固辞①，主人肃客而入②。主人入门而右，客入门而左；主人就东阶，客就西阶③。客若降等④，则就主人之阶；主人固辞，然后客复就西阶。主人与客让登，主人先登，客从之，拾级聚足，连步以上⑤。上于东阶则先右足，上于西阶则先左足。

【注释】

①固辞：两次推辞。孔疏："礼有三辞，初曰礼辞，再曰固辞，三曰终辞。"

②肃客：郑注："肃，进也。进客谓道（导）之。"即引导客人进入。

③"主人"二句：东阶在右，又称"阼阶"，是主人升降之阶。西阶在左，又称"宾阶"，是客人升降之阶。

④客若降等：指客人的等级地位低于主人。降，下。

⑤"拾（shè）级"二句：上台阶时，前脚登一阶，后脚跟上与前脚并立。据《仪礼·燕礼》贾公彦疏，古时登阶有四法：一是"连步"，即前脚登一阶，后脚跟上与前脚并立，逐阶并脚而登；二是"栗阶"，即快速登阶，开始也是聚足连步，接着改为左、右脚各登一阶；三是"历阶"，即左、右脚一脚各登一阶；四是"越阶"，即左、右脚跨越三级而上。拾级，登阶。

【译文】

凡主人与客人一起进门，每过一门，主人都要让客人先进。客人走到寝门口，主人先请入内铺设坐席，然后再出来迎客，客人一再推辞后，主人就引导客人入门。主人进门后朝右走，客人进门后朝左走；主人到东阶，客人到西阶。客人身份地位若低于主人，就跟随主人到东阶前；主人一再推辞，然后客人再回到西阶前。登台阶时，主人与客人彼此谦让，主人先登一阶，客人也随之登一阶，登阶时都是前脚先登一阶而后脚随之并立,两脚逐阶相随,后脚不越过前脚。上东阶,就先迈右脚;上西阶,就先迈左脚。

帷薄之外不趋①,堂上不趋,执玉不趋②。堂上接武③,堂下布武④,室中不翔⑤。并坐不横肱⑥,授立不跪,授坐不立。

【注释】

①帷:布幔。薄:帘子。趋:小步快走。表示恭敬的礼节。

②"堂上"二句:在堂上不能小步快走,这是因为堂上地方狭小,不宜快走。持玉时也不能快走,因为玉贵重,执玉时要谨慎。

③接武:小步行走,左、右两脚脚印接续。武,足迹。

④布武:指迈开步子行走,左、右两脚脚印分开。

⑤翔:郑注:"行而张拱曰翔。"指行走时张开双臂。

⑥并坐不横肱(gōng):和别人并排坐时不能横起胳膊,以免打扰别人。坐,两膝跪地屁股坐在脚后跟上。直立身体,屁股不坐在脚后跟上就叫"跪"。肱,指胳膊。

【译文】

走到布幔、帘子外就不要小步快走,在堂上不要小步快走,持玉时也不要小步快走。在堂上行走步子要小,两脚脚印相续;在堂下行走要迈开步子,两脚脚印分开;在室内行走不要张开手臂。与人并坐时不要横伸手臂,将物品交给站着的人时不可下跪,将物品交给坐着的人时不可站立。

凡为长者粪之礼①,必加帚于箕上②。以袂拘而退③,其尘不及长者。以箕自乡而扱之④。

【注释】

①粪：扫除席前垃圾污秽。

②必加帚(zhǒu)于箕(jī)上：前往长者处去扫除，一定要把扫帚放在簸箕上须两手捧箕，这是向长者表示恭敬。

③以袂(mèi)拘(gōu)而退：指打扫时一手拿着扫帚边扫边退，另一手举起衣袖遮挡灰尘，这是怕尘土飞扬，污及长者。袂，衣袖。拘，遮挡。

④以箕自乡(xiàng)而扱(xī)之：收垃圾时簸箕口要朝向自己。乡，通“向”。下同。扱，收取。

【译文】

凡是为长者扫除之礼，一定要把扫帚放在簸箕上。扫的时候举起衣袖遮挡灰尘，边扫边退，不要让扬起的灰尘污及长者。簸箕口要朝向自己将垃圾扫进去。

奉席如桥衡[①]。请席何乡，请衽何趾[②]。席南乡北乡，以西方为上；东乡西乡，以南方为上。

【注释】

①奉席如桥衡：捧席时应当让席像桔槔(jié gāo)上的横木，要左高右低。桥，井上的桔槔。衡，指桔槔中用作杠杆的横木。

②请席何乡，请衽(rèn)何趾：郑注：“顺尊者所安也。衽，卧席也。坐问乡(向)，卧问趾，因于阴阳。”指要按照尊者的志意安放坐席与卧席的朝向。

【译文】

捧着卷席给长者时，要像桔槔上的横木一样左高右低。为长者铺坐席，要先请示长者面朝什么方向；为长者铺卧席，要先请示长者脚朝什么方向。席子如果是南北方向，则以西方为上位；如果是东西方向，就以南方为上位。

若非饮食之客[①]，则布席，席间函丈[②]。主人跪正席[③]，客跪抚席而辞[④]。客彻重席[⑤]，主人固辞。客践席，乃坐。主人不问，客不先举。

【注释】

①非饮食之客：郑注："谓讲问之客也。"指来讨论学问的客人。

②席间函丈：为了讲学需要，席与席之间要留有一丈的距离。函，容。

③正：整理。

④抚席：用手按止席子表示不敢当。

⑤彻：撤去，撤除。重席：为了表示尊敬，主人给客人铺两重坐席。

【译文】

如果不是前来饮食的客人，而是来讨论学问的客人，就要为客人铺坐席，席与席之间距离一丈远。主人跪下为客人摆正席子，客人要跪下按着席子辞谢。客人要撤去重席，主人要一再推辞不答应。客人上席之后，主人才坐下。主人不发问，客人就不先主动问话谈论。

将即席，容毋怍[①]。两手抠衣，去齐尺[②]。衣毋拨，足毋蹶[③]。先生书策琴瑟在前，坐而迁之，戒勿越。虚坐尽后，食坐尽前[④]。坐必安，执尔颜[⑤]。长者不及，毋儳言[⑥]。正尔容，听必恭，毋剿说[⑦]，毋雷同。必则古昔，称先王[⑧]。

【注释】

①怍(zuò):郑注:"颜色变也。"

②两手抠衣,去齐(zī)尺:孔疏:"抠,提挈也。衣谓裳也,齐是裳下缉也。""裳下缉"即衣裳的下摆。

③蹶(jué):孔疏:"行急遽貌也。"

④"虚坐"二句:古人席地而坐,饮食时与非饮食时坐法不同。非饮食时,要"虚坐",也叫"徒坐","虚坐尽后"即尽量靠后坐,是为了表示谦逊。饮食时,为"食坐","食坐尽前"即尽量靠前坐,是为了避免食物玷污坐席。

⑤执:守,保持。

⑥毋儳(chàn)言:指长者正与甲说话言事,乙不得以己言打岔搀入。

⑦剿(chāo)说:郑注:"谓取人之说以为己说。"

⑧"必则古昔"二句:郑注:"言必有依据。"指称举古代先王之言。则,法。

【译文】

客人将要就座时,脸色不要有所改变。双手提起下身衣裳,让下摆离地一尺。衣裳不要掀动,脚步不要急促。先生的书册、琴瑟陈设在前方,弟子要跪坐着将它移开,切不可跨越。不是饮食的坐席要尽量往席后坐,饮食时的坐席就要尽量往席前坐。坐时要安稳,保持脸色神态。长者未提及的话题,不可打岔先说。端正仪容,听别人说话时一定要态度恭敬,不可抄袭别人的说法,也不可与别人随声附和。必须效法古代圣贤,说话必举称先王之言。

侍坐于先生,先生问焉,终则对。请业则起,请益则起①。父召无诺,先生召无诺,唯而起②。

【注释】

①“请业”二句：请教问题时要起立，需要先生再次说明时也要起立。益，更，再次。

②诺、唯：皆应答之辞。郑注“唯恭于诺”。“诺”是嘴上答应却未行动；“唯”是嘴上一答应，立即付诸行动。

【译文】

在先生跟前陪坐，先生问话，要等先生问完再回答。请教问题时要起立，再次请教时也要起立。父亲召唤时不要答“诺”而不行动，先生召唤时不要答“诺”而不行动，要答“唯”后随即起身行动。

侍坐于所尊敬，毋余席。见同等不起。烛至起，食至起，上客起。烛不见跋[①]。尊客之前不叱狗。让食不唾[②]。

【注释】

①烛不见跋（bá）：孔疏，古代没有蜡烛，夜间用炬火照明，这是说不要等炬火燃尽才更换，炬火燃尽会使客人产生厌倦之心而告辞。跋，本，指炬火底部可用手把握处。

②让食不唾：主人让食时，不要吐唾沫，以免主人以为是嫌弃自己的饭菜。

【译文】

在所尊敬的人跟前陪坐，要坐在最靠近尊者的地方，不要让坐席空着位子。见到同辈时，不必起立。烛火送来时，要起立；食物送来时，要起立；贵客来到时，要起立。不要等炬火快要烧完、要烧到根部才更换。在尊敬的客人面前，不要呵斥狗。主人劝食时，不要吐唾沫。

侍坐于君子，君子欠伸，撰杖屦[①]，视日蚤莫[②]，侍坐者请出矣。侍坐于君子,君子问更端[3],则起而对。侍坐于君子,若有告者曰:“少间[4],愿有复也[5]。”则左右屏而待[6]。

【注释】

①撰杖屦:君子拿起手杖穿鞋。这表示君子已经疲倦。撰,郑注:“撰,犹持也。”

②蚤(zǎo)莫(mù):早晚。蚤,通“早”。莫,同“暮”。

③更端:别事,另外的事情。

④间(xián):空闲。

⑤复:郑注:“白也。”即告白,报告。

⑥屏(bǐng):郑注:“退也,隐也。”

【译文】

在君子跟前陪坐,如果君子打哈欠、伸懒腰,拿起手杖要穿鞋子,看看天色的早晚,陪坐者就应该主动请求离开了。在君子跟前陪坐,君子另换话题问话时,要起立回话。在君子跟前陪坐,如果有人来报告说:“借用一点儿时间,有事要向您报告。”左右陪坐的人就要退避到别处等待。

毋侧听,毋噭应[1],毋淫视[2],毋怠荒[3]。游毋倨[4],立毋跛[5],坐毋箕[6],寝毋伏[7]。敛发毋髢[8],冠毋免,劳毋袒,暑毋褰裳[9]。

【注释】

①噭(jiào):郑注:“号呼之声也。”指声响高急。

②淫视:眼光游移不定,左顾右盼。

③怠荒:身体放松,没有精神的样子。

④游毋倨：游，行。倨，倨傲，傲慢。孔疏：“身当恭谨，不得倨慢也。”

⑤跛(bì)：孔疏：“偏也。”指站立时身体歪斜，一脚抬起，一脚踏地。

⑥箕：叉开两腿。

⑦寝毋伏：孔疏：“寝，卧也。伏，覆也。卧当或侧或仰而不覆也。”

⑧敛发毋髢(tì)：头发要束起来，不可像假发一样披散着。髢，又叫“髲”(bì)，假发。

⑨褰(qiān)裳：提起裙裳。

【译文】

不要侧耳偷听别人说话，回话不要大声叫喊，眼光不要左右顾盼、游移不定，身体不要放任懈怠。行走时态度不要傲慢张扬，站立时不要歪斜扭曲，坐着时不要叉着两腿、像簸箕一样张开，睡觉时不要趴着身子。头发要收束齐整，不要披散着，帽子不要随意摘下，劳动时不要袒露身体，暑热时不要撩起裙裳。

侍坐于长者，屦不上于堂，解屦不敢当阶①。就屦②，跪而举之，屏于侧。乡长者而屦③，跪而迁屦，俯而纳屦。

【注释】

①解屦(jù)不敢当阶：脱鞋不能当阶，以免妨碍后上阶的人。解屦，脱鞋。

②就屦：穿鞋。

③乡：通“向”。

【译文】

在长者跟前陪坐，鞋子不穿到堂上，脱鞋时不敢对着阶梯。穿鞋时，先跪着拿起鞋子，再退避到一旁穿鞋。穿鞋时若面向长者，就跪着把鞋移开，然后俯身穿鞋。

离坐离立[1]，毋往参焉。离立者不出中间。

【注释】

①离坐离立：指两人并坐或并立。离，成双，两个。

【译文】

有两人并坐或并立时，不要插身到其中。见两人并立时，不要从当中穿过。

男女不杂坐，不同椸、枷[1]，不同巾、栉[2]，不亲授。嫂叔不通问[3]。诸母不漱裳[4]。

【注释】

①椸（yí）：晾衣服的竿子。枷（jià）：通“架”，衣架。

②巾：面巾。栉（zhì）：梳子。

③通问：郑注：“通问，相称谢。”指互相问候。

④诸母不漱裳：古人认为下身所穿的衣服较卑亵，不能让诸母洗涤，以示尊重。诸母，庶母，孔疏：“父之诸妾有子者。”漱，洗涤。

【译文】

男女不随意混杂坐在一起，不共用衣竿、衣架，不共用毛巾、梳子，不亲手递送物品。嫂嫂、小叔之间不互相问候。不让庶母洗涤裙裳。

外言不入于梱，内言不出于梱[1]。女子许嫁，缨[2]，非有大故[3]，不入其门。姑、姊、妹、女子子[4]，已嫁而反[5]，兄弟弗与同席而坐，弗与同器而食。父子不同席。

【注释】

①“外言”二句：男女要各司其职，不要互相干预。外言，男人的职事。内言，家务事。梱（kǔn），门槛。

②女子许嫁，缨：郑注：“女子许嫁系缨，有从人之端也。”即表示有所属。

③大故：死亡或疾病等大变故。

④女子子：女儿。古代儿女通称为“子”，为区别儿子，就称“女子”或“女子子”。

⑤反：同“返”。

【译文】

男人在外的职事不带入家门讨论，家务事也不出去宣扬。女子订婚后，要系上缨带，没有特别的变故，不可进入她的闺门。已经出嫁的姑姑、姐妹、女儿回家，兄弟不与她们坐在同一张席子上，不与她们共用食器一起吃饭。父亲与儿子不坐在同一张席子上。

男女非有行媒，不相知名①；非受币②，不交不亲。故日月以告君，齐戒以告鬼神③，为酒食以召乡党僚友，以厚其别也。取妻不取同姓④，故买妾不知其姓则卜之。寡妇之子，非有见焉，弗与为友⑤。

【注释】

①“男女”二句：男女之间只有通过媒人传话才相知姓名。古代婚礼“六礼”之一为“问名”，就是男方通过媒人请问女方的名字以占卜吉凶。

②受币：指女方接受男方的聘礼。从男方角度来说就是“纳币”，同样是古代婚礼“六礼”之一，又名“纳征”。

③齐(zhāi)：同“斋”。古人祭祀前的准备工作，要摒除杂念，沐浴、更衣。

④取妻不取同姓：古人认为同姓结婚无法繁衍后代。《国语·晋语》载：“同姓不婚，恶不殖也。”《左传·昭公元年》：“男女辨姓，礼之大司也。”取，同“娶”。

⑤“寡妇”三句：孔疏：“明避嫌也，见谓奇才卓异可见也。寡妇无夫，若其子有奇才异行者，则己可与之为友。若此子凡庸，而己与其往来，则与寡妇有嫌也。”见(xiàn)，同“现”。

【译文】

男女之间没有媒人从中引介，不会互相知道彼此的名字；女方没有接受男方的聘礼，男女双方就不交往、不亲近。因此，把结婚的日期禀告君主，斋戒后报告家庙中的祖先神鬼，置办酒食招待同乡、同事和朋友，这些都是为了使男女之间有别。娶妻不娶同姓之女，所以买妾时如果不知其姓，就要占卜贞问来确定。寡妇的儿子，若非奇才异行，表现出众，就不与他做朋友来往。

贺取妻者曰：“某子使某[①]，闻子有客，使某羞[②]。”贫者不以货财为礼，老者不以筋力为礼[③]。

【注释】

①某子使某：前一个“某”指代贺者，后一个“某”指代表贺者送礼的使者。

②使某羞：孔疏：“某是使者名也。羞，进也。子既召宾客，或须饮食，故使我将此酒食以与子进宾客。”羞，进献。

③“贫者”二句：指礼仪可以因人而异，不必强人所难。

【译文】

祝贺别人娶妻，要说：“某君派某前来，听说您有客人，派我来进献礼物。”贫穷人家不必以送人钱财物品为礼，老人不必以耗费体力的礼仪为礼。

名子者不以国，不以日月，不以隐疾，不以山川[①]。

【注释】

①“名子者”四句：古人有避讳的礼节，人死后名字要避讳。因而命名不用国家、日月、隐疾、山川，凡此皆是常用语，难以避讳，因此不用。《左传·桓公六年》载，鲁桓公向申𦈡询问太子的命名，申𦈡认为起名：“不以国，不以官，不以山川，不以隐疾，不以畜牲，不以器币。”因为“以国则废名，以官则废职，以山川则废主，以畜牲则废祀，以器币则废礼”。

【译文】

给儿子起名，不要用国名，不要用日月名，不要用身体隐蔽之处的疾病名，不要用山川名。

男女异长[①]。男子二十，冠而字[②]。父前子名，君前臣名[③]。女子许嫁，笄而字[④]。

【注释】

①男女异长（zhǎng）：兄弟与姊妹各自排行，不相杂混。

②冠：冠冕。这里指冠礼，是男子的成人礼，要加戴冠冕。

③“父前”二句：孙希旦说：“谓卿大夫于君前名其僚友，子于父前名

其兄弟，盖至尊之前无私敬也”，“故对父，虽弟亦名其兄；对君，虽子亦名其父也”。

④笄(jī)：发簪。这里指笄礼，是女子的成人礼，要绾发加笄，与男子的冠礼相似。

【译文】

家中男女分别按长幼排行。男子到了二十岁，要行冠礼且另外取字。在父亲面前，子辈互相都称名；在君主面前，臣僚互相都称名。女子订婚后，要为她绾发加笄且另外取字。

凡进食之礼，左殽右胾①，食居人之左②，羹居人之右；脍炙处外③，醯酱处内④；葱渫处末⑤，酒浆处右⑥。以脯脩置者⑦，左朐右末⑧。

【注释】

①殽(yáo)：通“肴”，带骨切块的熟肉。胾(zì)：切片的纯肉。

②食：饭食。

③脍：切细切薄的肉。炙：烤肉。

④醢(hǎi)：肉酱。

⑤渫(yì)：蒸葱。

⑥浆：酒的一种，里面有米汁。

⑦脯脩(xiū)：干肉。脯是条状干肉，脩是用姜、桂等调料加工并捶捣结实的条状干肉。

⑧朐(qú)：干肉中央呈弯曲状的部位。

【译文】

凡进食之礼，左边放置带骨的熟肉，右边放置切片的熟肉，饭食放在人的左边，羹汤放在人的右边；细切的肉与烤肉放在外边，肉酱放在里边；蒸葱佐料放在末端，酒浆放在右边。若加放脯、脩两种干肉，则把干肉弯曲的部位朝左，而将干肉的末端朝向右边。

客若降等，执食，兴，辞①。主人兴，辞于客，然后客座。主人延客祭②，祭食，祭所先进，殽之序，遍祭之。三饭，主人延客食胾，然后辩殽③。主人未辩，客不虚口④。卒食，客自前跪，彻饭齐以授相者⑤，主人兴，辞于客，然后客坐。

【注释】

①"客若降等"四句：客人的地位等级如果低于主人，不敢与主人在同一处吃饭，客人要拿起饭食起身，向主人辞谢，表示要下堂去吃饭。

②延客祭：孔疏，客人地位不及主人，则由主人引导祭祀，其祭法是各取少许席前各种食物，放在豆器之间，表示报答古代造食之人，不忘本；若主、客地位相当，则主人毋须"延客祭"。延，引导。

③辩：通"遍"。下同。

④虚口：郑注这是指"酳"(yìn)，即食毕以酒漱口。

⑤彻：撤掉。齐(jī)：通"齑"，调味的酱。相者：主人派以向客人进食者。

【译文】

客人如果地位低于主人，应该拿着饭食起身，向主人辞谢。主人也要起身，告诉客人不必客气，然后请客人再就座。吃饭前，主人引导客人祭祀，行食前祭礼时，要从先端上的食物开始，然后依次遍祭所有食物。客人吃过三口饭后，主人要请客人先吃纯肉，然后再逐一品尝各种食物。主人还没有遍吃各种食物前，客人不饮酒漱口。用餐完毕，客人应从席前跪起，撤下盛饭和酱的器具交给相者，主人起身，不让客人自己动手撤除食具，然后客人再坐下。

侍食于长者，主人亲馈[1]，则拜而食；主人不亲馈，则不拜而食。共食不饱[2]，共饭不泽手[3]。毋抟饭[4]，毋放饭[5]，毋流歠[6]，毋咤食[7]，毋啮骨[8]，毋反鱼肉，毋投与狗骨。毋固获[9]，毋扬饭[10]，饭黍毋以箸，毋嚃羹[11]，毋絮羹[12]，毋刺齿[13]，毋歠醢[14]。客絮羹，主人辞不能亨[15]；客歠醢，主人辞以窭[16]。濡肉齿决[17]，干肉不齿决。毋嘬炙[18]。

【注释】

①馈（kuì）：孔疏："进馔也。"

②共食：指共用食器吃饭。

③不泽手：不揉搓双手。古人直接用手抓饭吃，与人一同吃饭，手应洁净，不能临吃饭时才搓揉双手弄干净，令人感到龌龊，又会弄脏饭食，对共饭者不敬。泽，揉搓。

④抟（tuán）饭：指把饭抟成一团。

⑤放饭：把手里多余的饭放回食器里。

⑥流歠（chuò）：喝汤像流水一样不停地喝。歠，饮。

⑦咤（zhà）食：吃饭时口舌作响，似乎是嫌弃主人的饭食。

⑧啮（niè）骨：啃骨头。

⑨固获：郑注："欲专之曰'固'，争取曰'获'。"这里是说专拣某种食物吃。

⑩扬饭：指扬去饭中的热气，这样就显得急不可待。

⑪嚃（tà）：不嚼而食。羹中有菜，不嚼菜而吞食，有贪快争食之嫌，吃相不好。

⑫絮（chù）羹：调理羹汤的味道。指往羹里添加盐、梅等调味品，这

样做令人觉得是嫌主人的食物味道不好。絮，调拌。

⑬刺齿：剔牙。

⑭歠醢（hǎi）：喝蘸食用的肉酱。这样做会令人觉得是在嫌主人的食物味道太淡。醢，调味的肉酱。

⑮亨：同“烹”，烹调。

⑯窭（jù）：指因贫穷而不能使礼数周到、客人满意。

⑰濡（ér）肉：煮烂湿软的肉。濡，同“胹”，烹煮。

⑱嘬（chuài）炙：一大口吃尽烤肉。此指吃相难看，有贪婪之嫌。嘬，一口而尽。

【译文】

陪长者吃饭，主人亲自进送食物，要拜谢后才吃；主人没有亲自进送食物，就不必拜谢，自己取食。与人共用食器吃饭，不要自顾吃饱；与人共用食器吃饭，不要搓揉双手。不要把饭抟成饭团来吃，不要把手里拿过不吃的饭再放回盛饭的食器中，喝汤不要长长地喝个不停，吃东西不要嘴巴“咔嚓咔嚓”响，不要啃骨头，不要把拿起的鱼肉又放回食器，不要把骨头扔给狗吃。不要一直专挑某种食物吃，不要迫不及待地扬去饭中的热气，不要用筷子吃黍米饭，不要不咀嚼羹汤里的菜就囫囵咽下，不要自己给羹汤再添加调味品，不要在吃饭时剔牙，不要喝调味的蘸酱。客人若为自己的羹汤添加调味品，主人要致歉表示不善于烹煮羹汤；客人若喝调味的蘸酱，主人要致歉表示家贫以致礼仪不周到。吃煮得湿软的肉可直接用牙咬断，吃坚硬的干肉就不要用牙咬，要用手撕开吃。吃烤肉不要一口吃下一大块。

侍饮于长者，酒进则起，拜受于尊所①。长者辞，少者反席而饮。长者举，未釂②，少者不敢饮。

【注释】

①尊：亦作“樽”，盛酒器。

②釂（jiào）：喝光爵中的酒。

【译文】

陪长者饮酒，见长者为自己斟酒时就要赶紧起身，并到放置酒樽的地方向长者行拜礼后接受酒。长者对晚辈的行礼表示推辞，晚辈返回坐席而饮酒。长者举杯邀大家饮酒时，长者没有喝光爵中的酒之前，晚辈不敢喝酒。

长者赐，少者、贱者不敢辞。赐果于君前，其有核者怀其核。御食于君①，君赐余，器之溉者不写②，其余皆写③。

【注释】

①御食：主人吃饭时陪在身边照料劝食。与前文的“侍食”不同，御食者只劝食却不陪同着一起吃。

②溉（gài）：洗涤。郑注：“溉谓陶梓之器，不溉谓萑竹之器也。”陶器、木器是可洗涤者，草编、竹编器具是不可洗涤者。写：通“泻”，指将食物从一个器物倒在另一个器物中。

③其余：指食器中不可洗涤者，郑玄认为指藤器、竹器等。放在不可洗涤的食器里的食物，之所以必须倒出来另换食器盛放，是怕玷污了国君的器具。

【译文】

长者有所赏赐时，晚辈或身份低下的人不敢推辞。若在国君跟前接受国君赏赐的水果，吃剩的果核就要藏在怀中。伺候国君进食，国君赏赐吃剩的食物，如果食物放在可洗涤的食器里，就不必倒出来换别的食器盛放；如果食物放在不可洗涤的食器里，那就必须倒出来，另换别的食器盛放后才能食用。

饾余不祭[①]。父不祭子,夫不祭妻。

【注释】

①饾(jùn)余不祭:这是说如果要吃剩下的饭菜,饭前就不用举行祭食之礼。饾,剩下的饭菜。祭,指食前祭。

【译文】

吃剩下的饭菜就不必行祭食礼。父亲吃儿子剩下的饭菜不必行祭食礼,丈夫吃妻子剩下的饭菜不必行祭食礼。

御同于长者[①],虽贰不辞[②],偶坐不辞[③]。

【注释】

①御:此处的"御"指陪食。

②虽贰不辞:即使主人送双重的肴馔是为长者,陪食者不要推辞,因为这是主人特意为长者所备。贰:郑注:"谓重殽膳也。"即双份肴膳。

③偶坐不辞:作为陪客也不推辞主人的盛馔。主人设盛馔是为主客,陪客毋须推辞。

【译文】

陪侍长者受邀用餐,即使主人进上双份的菜肴也不要推辞;作为陪客与主客共同用餐时,也不要推辞主人所进上的菜肴。

羹之有菜者用梜[①],其无菜者不用梜。

【注释】

①梜(jiā):筷子。

【译文】

羹汤中如果有菜,就用筷子吃;如果没有菜,就不用筷子。

为天子削瓜者副之①,巾以絺②。为国君者华之③,巾以绤④。为大夫累之⑤,士疐之⑥,庶人龁之⑦。

【注释】

①副(pì):郑注:"析也。既削,又四析之,乃横断之,而巾覆焉。"切瓜要先削去瓜皮,将瓜切成四瓣,再横切一刀。

②絺(chī):细葛布。

③华:从当中剖开,再横切一刀。

④绤(xì):粗葛布。

⑤累:通"倮"(luǒ)。指从当中剖开,不横切,不用布覆盖。

⑥疐(dì):通"蒂"。指不用从当中剖开,只横切一刀,去除瓜蒂而已。

⑦龁(hé):咬嚼。指不用刀切,去除瓜蒂后就啃着吃。

【译文】

为天子削瓜,去皮后要切作四瓣,再从中间横切开来,用细葛布覆盖。为国君削瓜,去皮后切成两瓣,再从中间横切开来,用粗葛布覆盖。为大夫削瓜,去皮后切成两瓣而不用盖布;为士削瓜,去皮后只要横切一刀、去除瓜蒂;庶人去除瓜蒂后就直接啃着吃。

父母有疾,冠者不栉,行不翔①,言不惰②,琴瑟不御。食肉不至变味③,饮酒不至变貌,笑不至矧④,怒不至詈⑤。疾止复故。

【注释】

①“冠者”二句：这是说孝子因为心中担忧父母的疾病而不顾及容颜装束，走路也不能轻松自在。

②言不惰：指说话不戏谑玩笑。

③变味：吃肉吃到口味发生变化。孔颖达认为，吃一种食物少食则味不变，多食口味就会发生变化。

④矧(shěn)：郑注：“齿本曰矧，大笑则见。”矧即齿龈。

⑤詈(lì)：责骂。

【译文】

父母患病，儿子因为担忧，以至于戴帽子时无心梳理头发，行走时也不像平时那样轻松潇洒地张开双臂，说话不开玩笑，不弹奏琴瑟。吃肉不吃到口味发生改变，喝酒不喝到脸色改变，笑不露出齿龈，怒不怒到发火骂人。等父母病愈了，才回复平时的状态。

有忧者侧席而坐[①]。有丧者专席而坐[②]。

【注释】

①有忧：指因父母患病而担忧。侧席：这里指独席。

②专席：单层席，与“重席”相对。

【译文】

心中有忧虑的人特置一席而坐。守丧的人坐在单席上。

水潦降，不献鱼鳖[①]。献鸟者佛其首[②]，畜鸟者则弗佛也[③]。献车马者执策绥[④]，献甲者执胄，献杖者执末[⑤]，献民虏者操右袂⑥，献粟者执右契⑦，献米者操量鼓⑧。献孰食者操酱齐⑨，献田宅者操书致⑩。

【注释】

①“水潦(lǎo)降”二句：雨水多的时节，不进献鱼鳖，这是因为夏季雨多水大，鱼鳖难以捕捉，所以不以此作为献礼。

②献鸟者佛其首：献鸟人要扭转鸟的头防止它以喙啄人。佛，通“拂”，扭转。

③畜：驯养。

④献车马者执策绥(suí)：车马太大无法进入室内，所以进献者只要献上马鞭和车索就代表车马了。后文“献甲者执胄”意味相同。策，马鞭。绥，登马车时用于拉手的绳索。

⑤末：杖的末端。因杖的末端拄地不干净，所以献给别人时末端要冲向自己。

⑥虏：俘虏。袂(mèi)：衣袖。

⑦右契：契约券书的右半部分。古时契约券书，相同文字抄为两份，剖分为左、右两半，以右为尊，所以献礼时拿着右券作为凭证。

⑧量鼓：郑注：“量器名。”一种量器。

⑨孰：同“熟”。齐(jī)：通“齑”，调料。

⑩书致：孔疏：“谓图书于板，丈尺委曲书之，而致之于尊者也。”也是一种契约凭证文书，标注有田宅大小数据。

【译文】

雨水多的时节，不进献鱼鳖。进献野鸟的人要扭转鸟的头，以防啄伤人，进献家养的鸟就不用了。进献车马的人要拿着马鞭和绳索呈上，进献盔甲的人要拿着头盔呈上，进献手杖的人要拿着手杖的末端，进献俘虏的人要抓着俘虏的右衣袖，进献谷物的人要拿着右半符契呈上，进献米粮的人要拿着量鼓呈上。进献熟食的人要送上酱和调料，进献田地家宅的人送上标注有大小数据的契约凭证。

凡遗人弓者①，张弓尚筋，弛弓尚角②。右手执箫③，左手承弣④，尊卑垂帨⑤。若主人拜，则客还辟辟拜⑥。主人自受，由客之左接下承弣，乡与客并⑦，然后受。进剑者左首⑧，进戈者前其镈⑨，后其刃。进矛戟者前其镦⑩。

【注释】

①遗(wèi)：赠送。

②"张弓"二句：张弓，绷紧了弦的弓。弛弓，松了弦的弓。尚，上。筋，弓弦。角，弓背，弓把。这几节所记交接的方式都是授受弓的礼仪。

③箫：孔疏："弓头。"即弓的端首。

④弣(fǔ)：孔疏："谓弓把也。"指弓中部把手处。

⑤尊卑垂帨(shuì)：授受双方如果尊卑地位匹敌，即地位高下相当，就要互相鞠躬使佩巾垂地。尊卑，这里指二人地位高下相同。帨，佩巾。

⑥还辟(pì)：孔疏："犹逡巡也。"辟(bì)拜：避让躲开主人的拜，谦逊表示不敢当之意。

⑦乡(xiàng)与客并：与客人同向并立。乡，通"向"。

⑧首：指剑柄。

⑨镈(zūn)：戈柄末端圆形的金属套。

⑩镦(duì)：同"镦"，矛、戟柄末端的金属套。

【译文】

凡是献弓给人，绷紧了弦的弓，要把弦朝上交给别人；松了弦的弓，要把弓把朝上交给别人。要用右手拿着弓的末端，左手托着弓把的中部，授受双方如果身份地位相同，都要弯腰鞠躬致意，使佩巾垂下。如果主人拜谢，客人要避让表示不敢当。主人亲自接受献上的弓，要从客人的左侧接住弓把的中部，与客人同向并立，然后接受弓。进献剑的人要将剑柄朝左拿着，进献戈的人要将戈柄尾端的镈朝前，戈刃朝后。进献矛、戟的人要将矛、戟长柄的尾端的镦朝前，矛头朝后。

进几杖者拂之①。效马、效羊者右牵之，效犬者左牵之②。执禽者左首，饰羔雁者以缋③。受珠玉者以掬④，受弓剑者以袂⑤。饮玉爵者弗挥。凡以弓剑、苞苴、箪笥问人者⑥，操以受命，如使之容。

【注释】

①拂：拂去尘土。

②“效马”二句：指献马、献羊时要用右手牵着，献狗时则用左手牵着。用右手牵马、牵羊比较方便，狗会咬人，右手要用来防御，所以用左手牵狗。效，呈献。

③饰：覆盖。缋(huì)：绘画。

④掬(jū)：手中。

⑤袂：衣袖。这里是说接受剑时不用手而用衣袖承接。

⑥苞苴(jū)：孔疏：“苞者，以草苞裹鱼肉之属也。”“苴者，以草藉(铺垫)器而贮物也。”“苞”、“苴”通常使用茅、苇。箪笥(dān sì)：孔疏：“箪圆笥方，俱是竹器，亦以苇为之。”盛放饭食的器具。问：犹“遗”，赠送。

【译文】

进献凭几和手杖要事先拂去灰尘。献马、献羊要用右手牵着，献狗要用左手牵着。进献鸟禽时要将鸟头朝左，进献羊羔和大雁要盖上彩色的画布。接受珠玉时要用双手捧着，接受弓箭时要用衣袖去承接。用玉杯喝酒时不要挥动酒杯。凡是以弓箭、苞苴、箪笥这些东西赠送他人的，拿起这些东西接受吩咐，神态要像奉命出使一样庄重。

凡为君使者，已受命，君言不宿于家①。君言至，则主人出拜君言之辱②。使者归，则必拜送于门外。若使人于君所，则必朝服而命之③；使者反，则必下堂而受命。

【注释】

①君言不宿于家：意思是得到国君的命令后就不住在家中逗留耽搁。君言，即君命。

②辱：孔疏："言屈辱尊者之命来也。"

③朝服：臣下朝见国君时所穿的服装。

【译文】

凡被委任为国君的使者，已接受了国君的命令，不能带着君命仍留宿于家中。君命到达时，主人要出门拜谢使者，说有劳使者屈尊前来传命。使者回去时，主人一定要送到大门外拜谢致礼。如果要派使者到国君处，就一定要穿着朝服委派使者；使者返回时，也一定要下堂接受使者带回的君命。

博闻强识而让①，敦善行而不怠②，谓之君子。君子不尽人之欢，不竭人之忠，以全交也③。

【注释】

①博：多，广。识(zhì)：记。

②敦：勉。

③全交：保持与他人的交情。全，保全，保持。交，与人的交情、交往。

【译文】

见闻广博、记忆力强而能谦让，勉力为善行而不懈怠，这样的人就称之为君子。君子不强求别人全心全意的喜欢，也不强求别人尽心竭力的忠诚，这样才能保持与他人的交情。

《礼》曰："君子抱孙不抱子①。"此言孙可以为王父尸②，子不可以为父尸。为君尸者，大夫、士见之则下之，君知所以为尸者则自下之。尸必式③，乘必以几④。

【注释】

①君子抱孙不抱子：古代祭祀礼仪要用尸充当祭祀的对象，尸一般要以孙辈的男孩子担当，如果孙子年纪幼小，可以由成人抱着孙子为尸，但不得抱年幼的子为尸。郑注："以孙与祖昭穆同。"

②王父：指死去的祖父。

③式：通"轼"，古代车厢前供站立乘车人扶持凭靠的横木。乘车人俯身低头伏轼，是一种表示致敬的礼仪。

④几：登车用的踏脚物。

【译文】

礼书上说："君子抱孙不抱子。"这是说孙子可以在祭祀时充当已故祖父的尸，儿子则不可以充当已故父亲的尸。作为国君的尸乘车出行，大夫、士见到了，就要下车致敬；国君知道充当先君之尸的人，要亲自下车致敬。尸在车上必须凭轼行答谢之礼，尸乘车必须用几做踏脚登车。

齐者不乐[1]，不吊。

【注释】

①齐(zhāi)：同“斋”。郑注：“为哀乐则失正，散其思也。”

【译文】

斋戒中的人为求心诚志专，不听音乐，也不去吊丧。

居丧之礼，毁瘠不形[1]，视听不衰。升降不由阼阶[2]，出入不当门隧[3]。居丧之礼，头有创则沐[4]，身有疡则浴，有疾则饮酒食肉，疾止复初。不胜丧[5]，乃比于不慈不孝。五十不致毁[6]。六十不毁[7]。七十唯衰麻在身，饮酒食肉，处于内[8]。

【注释】

①毁瘠：羸瘦。形：郑注：“谓骨见。”即瘦到显露骨头。孔疏：“居丧乃许羸瘦，不许骨露见也。”

②阼阶：堂前东阶。本是主人上下堂所行，居丧时升降不由东阶。因为这是父亲过去所走的台阶，追忆思念，所以就不忍心从阼阶上下。

③门隧：门外当门中道。

④创：通“疮”。下文“疡”(yáng)也指疮。

⑤胜：任。

⑥五十不致毁：孔疏：“致，极也。五十始衰，居丧乃许有毁，而不得极羸瘦。”

⑦六十不毁：孔疏：“转更衰甚，都不许毁也。”

⑧处于内：据丧礼，孝子为父母守丧时，不得住在室内，要住在门外

临时搭建的“倚庐”中。

【译文】

守丧之礼，虽然哀伤但不要消瘦到变形而显出骨头，视力、听力不要因此衰减。上下堂时不走东边的阼阶，出入时不走大门正中的道路。守丧之礼，头部有了疮才洗头，身体有了疮才洗澡，有了疾病才能饮酒吃肉，病愈后再回到守丧初始的状态。不能承受守丧的哀痛致使身体崩溃，就等于是不慈不孝。五十岁守丧，不要因悲痛而过度伤身。六十岁守丧，不要影响身体健康。七十岁守丧，只要穿着丧服，可照常饮酒吃肉，住在房室内。

生与来日，死与往日①。

【注释】

①“生与来日”二句：郑注：“与，犹数也。生数来日，谓成服杖以死明日数也。死数往日，谓殡敛以死日数也。”即生者计算为死者服丧的日期，数“来日”为三日；死者计算殡殓的日期，数“死日”为三日。

【译文】

生者服丧的日期，要从死者去世的第二天算起；死者殡殓的日期，要从死者去世的当天算起。

知生者吊①，知死者伤②。知生而不知死，吊而不伤；知死而不知生，伤而不吊。

【注释】

①吊：慰问之辞。

②伤：悼念之辞。

【译文】

认识死者家属的，就向家属致辞慰问；认识死者的，就为死者致辞悼念。认识死者家属但不认识死者的，只向家属致辞慰问而不对死者致辞悼念；认识死者但不认识其家属的，只对死者致辞悼念而不向其家属致辞慰问。

吊丧弗能赙[①]，不问其所费；问疾弗能遗[②]，不问其所欲；见人弗能馆[③]，不问其所舍。赐人者不曰"来取"，与人者不问其所欲。

【注释】

①赙(fù)：送钱财给丧家助办丧事。

②遗(wèi)：馈赠。

③见人：见行人。馆：舍，即安排住宿的馆舍。

【译文】

吊丧时，若不能用财物帮助丧家办丧事，就不要问丧家花费多少；探望病人，若不能馈赠财物，就不要问病人需要什么；看到旅人，若不能为人家安排住宿的馆舍，就不要问人家住在何处。赐给别人东西，不能说"来取"；送给别人东西，不要问人想要什么。

适墓不登垄[①]，助葬必执绋[②]，临丧不笑。揖人必违其位[③]。望柩不歌，入临不翔。当食不叹。邻有丧，舂不相[④]；里有殡，不巷歌。适墓不歌。哭日不歌[⑤]。送丧不由径，送葬不辟涂潦[⑥]。临丧则必有哀色。执绋不笑，临乐不叹。介胄则有不可犯之色。故君子戒慎，不失色于人[⑦]。

【注释】

①垄：郑注："为其不敬。垄，冢也。墓，茔域。"

②绋（fú）：牵引棺柩车往墓穴的绳索。

③违其位：离开原有的位置。郑注："礼以变为敬。"

④相：舂米打杵时唱歌助兴。

⑤哭日：孔疏："谓吊人日也。"指吊唁死者的日子。

⑥不辟（bì）涂潦（lǎo）：不要躲避路上的积水。辟，避开。潦，雨后积水。

⑦失色：失态。指表情神态与应有的场合不符。

【译文】

去墓地不要登上人家的坟头，参加葬礼一定要牵着引柩车的挽绳，参加丧礼不可面带笑容。对人作揖，一定要离开原位。望见运柩车，不要唱歌；参加丧礼，不可张开双臂迈步行走。面对食物不可叹气。邻家有丧事，舂米时不唱歌；同里有丧事，不在巷子里唱歌。到墓地去不唱歌。吊唁的日子不唱歌。送丧时不抄近道走小路，送葬时不避开有积水的道路。参加丧礼，脸上一定要有哀戚的神情。挽着棺柩车的绳索时不要嬉笑，身在欢乐场合不要叹气。穿着铠甲、戴着头盔时，要有不可侵犯的庄严神色。所以君子要小心谨慎，不在人前失态。

国君抚式，大夫下之；大夫抚式，士下之。

【译文】

国君若凭轼行礼，大夫就要下车致以敬礼；大夫若凭轼行礼，士就要下车致以敬礼。

礼不下庶人①，刑不上大夫②。刑人不在君侧③。

【注释】

①礼不下庶人：孔疏引张逸云："非是都不行礼也"，"其有事，则假士礼行之"。此处的"下"，应是制定之意。

②刑不上大夫：孔疏："制五刑三千之科条，不设大夫犯罪之目也。所以然者，大夫必用有德，若逆设其刑，则是君不知贤也。"

③刑人不在君侧：孔疏："彼刑残者，不得令近君，为其怨恨也。"

【译文】

礼，不为下等的庶民制定礼仪条法；刑，不为上等的大夫制定刑律条法。受过刑罚责罚的人，不得呆在国君身边。

兵车不式。武车绥旌①，德车结旌②。

【注释】

①武车：即兵车，车上用兵器装饰。绥：垂舒貌。

②德车结旌：孔疏："谓玉路（辂）、金路（辂）、象路（辂）、木路（辂），四路不用兵，故曰德车。"按，四车非军用之车，与用兵器装饰的"武车"对言。分别以玉饰、金饰、象牙饰及漆木制，"结缠其旒，着于竿也"。

【译文】

在兵车上不用行轼礼。武车上的旌旗要任其舒展，德车上的旌旗则要收束起来。

史载笔，士载言①。前有水则载青旌②，前有尘埃则载鸣鸢③，前有车骑则载飞鸿④。前有士师则载虎皮⑤。前有挚兽则载貔貅⑥。行⑦，前朱雀而后玄武，左青龙而右白虎，招摇在上⑧，急缮其怒⑨。进退有度，左右有局⑩，各司其局。

【注释】

①“史载(zài)笔”二句:郑注:“谓从于会同,各持其职以待事。笔谓书具之属,言谓会同盟要之辞。”史官和士要随同国君参加与诸侯的会同。史官负责记录国君活动,士参与盟会事务,记录会盟之辞。

②载:指在前导车上竖起旗帜为后面的队伍报告前方的路况,以使后队警备。青:青雀,一种水鸟。

③鸢(yuān):老鹰。孔疏,鸢鸣则风生,风生则尘埃起,前有尘埃,则载鸢于旌首。

④鸿:鸿雁,大雁。

⑤士师:兵众。

⑥挚(zhì):通“鸷”,凶猛。貔貅(pí xiū):古代猛兽名。

⑦行:行军。此下几句说行军之法。古人行军作战迷信天文星象,行军时应前方为朱雀,后方为玄武(龟),左方为青龙,右方为白虎。朱鸟、玄武、青龙、白虎为“二十八宿”之南、北、东、西四方的星宿。或说朱鸟、玄武、青龙、白虎为四方军阵,要分别使用绘有四兽的旗帜。

⑧招摇:北斗七星中位于勺端的一星,此处指北斗星。这是说北斗星应在行军队伍的上方。或说军阵上方要高举绘有北斗的旌旗。

⑨急:坚挺。缮:郑注:“读曰‘劲’。”怒:指士气高昂。孔疏:“军旅士卒起居举动,坚劲奋勇,如天帝之威怒也。”

⑩局:孔疏:“部分也。”

【译文】

国君外出参加盟会,史官带着书写工具,士带着会盟资料。行军时,前方若有水,前导车就挂起画有青雀的旗帜;前方若有尘土,就挂起画有鸣鸢的旗帜;前方若有车马,就挂起画有飞雁的旗帜。前方若有军队，就挂起老虎皮。前方若有猛兽，就挂起貔貅皮。行军时，前应南方朱雀七宿，后应北方玄武七宿，左应东方青龙七宿，右应西方白虎七宿，上方是北斗七星，令兵将士气高昂威猛强健。进退有节度，左右各有所辖部分，将士各管一部，各司其职。

父之仇弗与共戴天①，兄弟之仇不反兵②，交游之仇不同国。

【注释】

①父之仇(chóu)：指杀父之仇。下文"兄弟之仇"、"交游之仇"也指杀害兄弟与朋友的仇家。

②不反兵：谓随身携带武器，遇仇人即可杀之，不必返家拿武器。反，同"返"。兵，指武器。

【译文】

杀害父亲的仇人，不能与他共处于同一天地间，一定要为父报仇；杀害兄弟的仇人，要随时携带兵器以备报仇；杀害朋友的仇人，不与他共处于同一国家。

四郊多垒①，此卿大夫之辱也。地广大，荒而不治②，此亦士之辱也③。

【注释】

①多垒：郑注："垒，军壁也，数见侵伐则多垒。"

②荒：孔疏："废秽也。"指土地荒废。

③此亦士之辱：孔疏："士为君邑宰，必宜地民相得，若使土地广大而荒废，民散而流移，亦邑宰之耻辱也。"

【译文】

国都四郊有很多堡垒，说明国家常受侵略，这是国之大臣卿大夫的耻辱。国土虽然广大，却荒废而没有得到开发，这是管理乡邑的士的耻辱。

临祭不惰。祭服敝则焚之，祭器敝则埋之，龟筴敝则埋之①，牲死则埋之。凡祭于公者②，必自彻其俎③。

【注释】

①筴(cè)：同“策”，指占筮用的蓍草。古代卜筮，卜用龟甲，筮用蓍草。孔疏：“若不焚埋，人或用之，为亵慢鬼神之物。”

②祭于公者：指士带着祭品到宗庙去助国君祭祀。

③彻：撤去。俎(zǔ)：祭祀或宴会时盛放牲肉的礼器。

【译文】

参加祭祀时，不可惰怠。祭服穿坏了就烧掉，祭器用坏了就埋掉，卜筮用的龟甲、蓍草坏了就埋掉，祭祀用的牲畜死了就埋掉。凡拿着祭品到国君的宗庙去助祭，祭后一定要自行撤去祭品牲俎。

卒哭乃讳①。礼不讳嫌名②，二名不偏讳③。逮事父母则讳王父母④，不逮事父母则不讳王父母。君所无私讳⑤，大夫之所有公讳⑥。《诗》、《书》不讳，临文不讳⑦。庙中不讳。夫人之讳，虽质君之前⑧，臣不讳也。妇讳不出门。大功、小功不讳⑨。入竟而问禁⑩，入国而问俗，入门而问讳⑪。

【注释】

①卒哭：丧礼的祭名之一，在死者安葬后的“三虞”之祭后举行。按

丧礼规定，孝子因丧亲，朝夕之间随时都会哭起来，但卒哭祭后不再随时号哭，只在早晚哭。讳：避讳。古人对活着的人是不避名讳的，人死后在卒哭祭前仍按生者对待，卒哭祭后神灵迁庙，要以神鬼之礼事之，故卒哭祭后要避讳。

②嫌名：郑注："谓音声相近，若禹与雨，丘与区也。"

③二名不偏讳：名字如有两个字，只需避讳其中之一即可。偏，通"徧"(biàn)，全面。

④逮(dài)事父母则讳王父母：如果父母在世，侍奉父母就要避讳祖父母的名字，这是怕父母伤心。如果父母已经去世，或是孤儿从未见过父母，就不用避讳祖父母之名。逮，及。

⑤君所无私讳：郑注："臣言于君前，不辟(避)家讳，尊无二。"私讳，即家讳。

⑥大夫之所有公讳：孔疏："今谓于大夫之所，止得避公家之讳，不得避大夫讳，所以然者，尊君讳也。"

⑦临文：写文章。

⑧质：对。

⑨大功：丧服"五服"之一。"五服"指斩衰、齐衰、大功、小功、缌麻。斩衰、齐衰为重丧之服，其布粗恶，不加人工裁制。大功、小功、缌麻，依次用布逐渐细密，裁制加工逐渐增多。大功其服用熟麻制成，较齐衰稍细，较小功为粗。大，意为人工粗放不精，故称"大功"。大功服丧期为九个月，为堂兄弟，已嫁的姑母、姊妹、女儿，未嫁的堂姊妹及孙女，嫡长孙之外的众孙等都服大功之服。小功：丧服"五服"之一。其服以熟麻布制成，较大功为细，较缌麻为粗。小功服丧期五个月，为伯叔祖父母、堂伯叔祖父母、堂伯叔祖兄弟、未嫁堂祖姑姐妹、已嫁堂姊妹及孙女等服小功之服。

⑩竟：通"境"。

⑪门：指别人家大门。

【译文】

丧礼举行过卒哭祭礼之后就要避说死者的名讳。按礼不避讳和名同音的字，双字的名不必同时都避讳，避讳其一即可。得以侍奉父母的，就要避称祖父母之名；没能赶得及侍奉父母的，就不必避称祖父母之名。为了表示尊重国君，在国君面前不避个人的家讳，在大夫面前则要避国君的名讳。教学诵读《诗》、《书》时不用避讳。写文书、文章时不用避讳，在宗庙中祝告时不用避讳。国君夫人的家讳，臣子即使是当着国君的面也不用避讳。妇人的名只在家内避讳，出了家门就不用避讳了。服大功、小功之丧的人可以不避死者的名讳。进入别国国境要问清当地的禁忌，到了别国要问明当地的风俗，进了别人家门要问问人家有什么避讳。

外事以刚日①，内事以柔日②。凡卜、筮日，旬之外曰“远某日”③，旬之内曰“近某日”。丧事先远日，吉事先近日④。曰：“为日，假尔泰龟有常⑤，假尔泰筮有常。”卜、筮不过三⑥。卜、筮不相袭⑦。龟为卜，筴为筮。卜、筮者，先圣王之所以使民信时日、敬鬼神、畏法令也，所以使民决嫌疑、定犹与也⑧。故曰：“疑而筮之，则弗非也；日而行事，则必践之⑨。”

【注释】

①外事：指郊外之事，如用兵、郊祭、田猎等事。刚日：古代以十天干记日，十日中有五奇五偶，奇数日甲、丙、戊、庚、壬为刚日，偶数日乙、丁、己、辛、癸为柔日。

②内事：指郊内之事，如宗庙祭祀之事等。

③旬：十天。

④“丧事”二句：办丧事要先卜问远日，办吉事要先卜问近日。丧事要占卜远的日子，这代表孝子不忍与逝去的亲人告别。吉事，如祭祀、冠礼、婚礼等。

⑤泰：大。

⑥卜、筮不过三：孔疏：“谓一卜不吉而凶，又卜，以至于三，三若不吉则止，若筮亦然也。”《公羊传·僖公三十一年》：“三卜礼也，四卜非礼也。三卜何以礼？四卜何以非礼？求吉之道三。”

⑦卜、筮不相袭：郑注：“卜不吉则又筮，筮不吉则又卜，是渎龟筴也。”即不能反复多次地使用龟卜、蓍草占问，这样做有亵渎神明之嫌。袭，因袭。

⑧犹与（yù）：犹豫，游疑。

⑨践：善。

【译文】

外事要在奇数日进行，内事要在偶数日进行。凡以卜、筮来选定日期，若在十天以外的某天就称为“远某日”，十天之内的某天就称为“近某日”。办丧事要先卜问远日，办吉事要先卜问近日。卜、筮时要说：“为选择良辰吉日，要借你这恒常灵验的大龟来占卜，要借你这恒常灵验的大蓍来占卜。”无论以龟甲占卜或以蓍草占问，都不能超过三次。占问同一件事，卜与筮不能交替反复使用。以龟甲占问叫作“卜”，以蓍草占问叫作“筮”。卜与筮，是前代圣王所用来使人们信服所选定的日期，崇敬所祭祀的鬼神、畏惧所制定的法令的，是用来让人们判断容易混淆和相似的事物，确定犹豫不决的事情的。因此说：“有了疑问而卜筮，就不会再有非议；依选定时日而行事，就会有好结果。”

君车将驾，则仆执策立于马前①；已驾，仆展軨效驾②。奋衣由右上③，取贰绥跪乘④，执策分辔⑤，驱之五步而立。君出就车，则仆并辔授绥，左右攘辟⑥。车驱而驺⑦，至于大门，君抚仆之手，而顾命车右就车⑧。门闾、沟渠必步⑨。

【注释】

①仆执策立于马前：驾车人要手拿马鞭立在马前，这是为了防止马乱动。仆，驾车者。

②展軨（líng）效驾：查看车厢前及左右两面的木围栏并且试驾车。展，视。軨，车厢前面和左右两面的木围栏。效驾，试驾。

③奋：郑注："振去尘也。"

④贰绥：副绥，驾车者和车右登车时所用的绳索。贰，副。绥，车上用于登车时做拉手的绳索。"绥"有正绥与副绥。"正绥"为国君或主人登车时所用，"副绥"为驾车者或陪乘者所用。

⑤辔（pèi）：套在马的头颈部用于驭马的缰绳。一车套有四马，每一马有二辔，驾辕一马，辕前一马，左右各一骖马，四马共八辔。四马中二骖马之内辔系于车轼上，还有六辔，驾车人两手各执三辔，就叫"分辔"。

⑥左右攘辟：郑注："谓群臣陪位侍驾者。攘，却也。"攘，同"让"，即退让。

⑦驺（qū）：通"趋"。

⑧顾：回头。车右：陪乘的勇力之士，负责护卫国君。一车乘三人，国君在左，驾车人在中，护卫在右。

⑨门闾（lǘ）、沟渠必步：孔疏："是车右勇士之礼也。"注疏说，路过门闾时国君要凭轼致礼，车右因而要下车；沟渠危险，担心车子倾覆，车右因而要下车扶持。门闾，城门和里门。步，下车步行。

【译文】

国君的车将要套马时，驾车人应手拿马鞭立在马前；已经套好车，驾车人要查看车厢前及左右的木围栏并且试驾车。驾车人要抖落衣服的灰尘，要从右侧上车，拉着自己用的登车绳索上车跪坐，拿起马鞭，两手分握缰绳，驱车向前走五步，然后停住。国君出来上车时，驾车人一只手把马缰绳合并在一起握住，另一只手将国君登车拉手用的绳索递给国君。国君上车后，左右臣子退到路两旁避让。驾车人驱车疾行，车到了大门，国君按住驾驶人的手，示意停车，回头命令陪乘护卫上车。车子经过城门、里门和沟渠时，陪乘护卫要下车。

凡仆人之礼，必授人绥。若仆者降等，则受，不然则否。若仆者降等，则抚仆之手，不然则自下拘之[①]。

【注释】

①拘（gōu）：取。

【译文】

凡是驾车的人，按礼制规定，一定要把登车拉手的绳索递给乘车的人。如果驾车人的地位低于乘车人，乘车人就接受登车拉手的绳索，否则就不能接受。如果驾车人身份低于乘车人，乘车人要先按一下驾车人的手，表示不敢当，然后接过绳索；如果双方身份相等，乘车人就要从驾车人手的下方接住绳索。

客车不入大门。妇人不立乘。犬马不上于堂。

【译文】

客人的车不驶入主人家的大门。妇人乘车时不站立。赠人犬马时不牵到堂上。

故君子式黄发[①]，下卿位[②]。入国不驰[③]，入里必式。

【注释】

①君子：孔疏："谓人君也。"式：通"轼"。此处指俯身凭轼致礼。下同。黄发：孔疏："人初老则发白，太老则发黄。发黄弥老，宜敬之。"

②卿位：卿朝见国君时站立的位子。

③入国不驰：进入国都时车马不可奔驰。这是因为国中人多，车快容易伤人。

【译文】

所以国君乘车遇到老人要伏轼行礼，经过卿上朝的位子要下车。进入国都，车马不可以奔驰；进入里巷，要伏轼致敬。

君命召，虽贱人，大夫、士必自御之①。

【注释】

①御：孔疏："迎也。"

【译文】

如果国君派使者传命召唤，即使使者是地位低贱的人，大夫、士也要亲自迎接。

介者不拜，为其拜而蓌拜①。

【注释】

①蓌(cuò)：挫。指行拜礼时失态。因身着铠甲时，铠甲坚硬笨重妨碍行礼，一定要行拜礼反而会失去常态，仪容不雅，显得没礼貌。

【译文】

穿着铠甲的人不行跪拜礼，因为穿着笨重的铠甲行礼会因举止不便、动作失调而显得失礼。

祥车旷左[1]。乘君之乘车，不敢旷左[2]，左必式[3]。

【注释】

①祥车：死者平时所乘车子，下葬时作为随葬品，称为“魂车”。旷左：御者坐在右边，而把左边的位子空出来，供死者的神魂乘坐。旷，空。

②“乘君”二句：君王有五路（辂），即玉路（辂）、象路（辂）、木路（辂）、金路（辂）、革路（辂）。出行时君王自乘一辆，其余四辆都供给随行大臣乘坐。大臣乘坐这种车不敢把左边的座位空出来，因为祥车才旷左，而今君王尚在，所以不敢旷左。

③左必式：孔疏：“虽处左而不敢自安，故恒冯（凭）式。”指大臣乘坐君王的乘车，虽居于车左，但又不敢安然处于尊位，因此一直凭轼为礼。

【译文】

随葬的祥车要把左边的座位空下。臣子乘国君的车不敢将左边的座位空着，坐在车子的左位就要俯身凭轼以示谦逊。

仆御妇人，则进左手，后右手。御国君，则进右手，后左手而俯。

【译文】

为妇人驾车，驾车者要坐在中央，妇人在左，为了避嫌，驾车者左手在前操控缰绳，右手在后，稍微侧身背对妇人。为国君驾车，驾车人居中，右手在前操控缰绳，左手在后，稍微俯身以示敬意。

国君不乘奇车[①]。

【注释】

①奇（jī）车：奇邪不正之车。

【译文】

国君不乘奇邪不正的车。

车上不广欬[①]，不妄指。立视五巂[②]，式视马尾，顾不过毂[③]。国中以策彗恤勿驱[④]，尘不出轨。

【注释】

①广欬（kài）：大声咳嗽。

②巂（guī）：通"规"，指一轮转一圈的长度。据旧注，"五巂"约九十九尺，约合今二十三米左右。

③毂（gǔ）：车轮中心部位，外接车辐，内受车轴。

④策彗：带叶的竹帚。恤勿驱：指不用鞭子抽打马匹，而是轻轻地搔摩马匹，不让它奔跑。

【译文】

在车上不大声咳嗽，不随便指画以免让人疑惑。站着乘车，向前看时只能看轮转五周的距离；凭轼示敬时，眼光要落在马尾上；回头看时，眼光不得超过车轴两端。在国都之中行车，就用竹帚搔摩马身，不要让马奔驰，不要让尘土从车辙中飞扬出来。

国君下齐牛，式宗庙[①]；大夫、士下公门，式路马[②]。乘路马，必朝服，载鞭策，不敢授绥，左必式。步路马，必中道。以足蹙路马刍有诛[③]，齿路马有诛[④]。

【注释】

①下齐牛，式宗庙：此句据《周礼·夏官·司马》郑注引《曲礼》当作"下宗庙，式齐牛"。齐，同"斋"。

②路马：专驾国君车乘的马。

③蹙(cù)：通"蹴"，践踏。刍(chú)：粮草。诛：责让，处罚。

④齿：这里指估算年龄。

【译文】

国君路过宗庙要下车，见到祭祀用的牛牲要凭轼行礼。大夫、士经过国君宫门，一定要下车；遇上国君专用的马，要凭轼行礼。乘坐国君专用的马车，一定要穿着朝服，马鞭放在车上但不敢使用，不敢要驾车者给自己递送登车的绳索，居于车子左边的位置，一定要俯身凭轼表示恭敬。牵着国君的马行走，一定要走在道路的中间。用脚践踏路马所需的草料，要受责罚；掰开马口数马齿以探看路马的年龄，要受责罚。

曲礼下第二

凡奉者当心[①]，提者当带[②]。执天子之器则上衡[③]，国君则平衡，大夫则绥之[④]，士则提之。凡执主器，执轻如不克[⑤]。执主器，操币、圭璧[⑥]，则尚左手，行不举足，车轮曳踵[⑦]。立则磬折垂佩[⑧]。主佩倚则臣佩垂[⑨]。主佩垂则臣佩委[⑩]。执玉，其有藉者则裼，无藉者则袭[⑪]。

【注释】

①奉：通“捧”。当心：正当心口处。

②带：束于衣外的大带，在腰处附近。

③上衡：郑注：“谓高于心。”衡，指与心平。

④绥（tuǒ）：郑注：“谓下于心。”

⑤克：郑注：“胜（shēng）也。”

⑥币：束帛，是专用于礼仪活动的帛，通常为一丈八尺长，幅宽二尺四寸。圭璧：孔疏：“瑞玉也。”

⑦车轮曳（yè）踵：孔疏：“若执器行时，则不得举足，但起前拽后，使踵如车轮曳地而行。”指行走时不抬脚迈步，拖着脚后跟走。踵，脚后跟。

⑧立则磬(qìng)折垂佩：站立时要像磬一样俯身，使玉佩悬垂。磬折，这里是弯腰俯身之意。磬，古代的打击乐器，形状像曲尺。佩，佩玉。

⑨倚：郑注："谓附于身。"这里指站立而不前倾，故玉佩贴身。

⑩委：垂于地面。

⑪"其有藉者"二句：古人冬穿裘，夏穿葛，裘、葛之上有中衣，就是裼(xī)衣。裼衣外又有正服，如朝服、皮弁服。敞开正服前襟，露出中衣，就叫"裼"。掩好正服前襟就叫"袭"。藉，郑注："藻也"，"有藻为文"，"无藻为质"。藻，或作"缫"。孙希旦引郑注《觐礼》云："缫所以藉玉，以韦衣木，广袤各如其玉之大小。"即为铺垫玉器、铺有绢帛、绘有彩色的皮革包裹的木制托衬，有的以丝绳垂下为装饰。拿着的玉器有彩色衬垫，因此要露出华丽的中衣与之相配。裼，裼衣。这里是左袒露出裼衣的意思。

【译文】

凡是双手捧持东西时，双手应正处于心口的位置；屈臂提东西时，手应恰在腰带的位置。拿着天子的器物，双手要高过心口；拿着国君的器物，双手要恰与心口位置持平；拿着大夫的器物，双手在心口位置下方；拿着士的器物，就用手提在腰际。凡是拿着主人的器物，即使很轻也要像拿不动的样子。拿着主人的器物，或拿着币帛、瑞玉时，要左手在上，右手在下；走路时不抬起脚迈步，要像车轮滚动一样拖着脚跟走。站立就要像磬一样俯身，使玉佩悬垂。如果主人直立，玉佩附在身上，臣子就要俯身，使玉佩悬垂。如果主人俯身，使玉佩悬垂，那么臣子就要大幅度俯身，使玉佩垂于地面。使臣拿着玉作为礼物时，如果玉有衬垫就要敞开正服前襟，露出裼衣；如果玉没有衬垫，就掩好正服不要露出裼衣。

国君不名卿老、世妇①，大夫不名世臣、侄、娣②，士不名

家相、长妾[3]。君大夫之子[4]，不敢自称曰“余小子”[5]。大夫、士之子，不敢自称曰“嗣子某”[6]，不敢与世子同名[7]。

【注释】

①卿老：上卿。世妇：孔疏：“两媵也，次于夫人而贵于诸妾也。”即随同夫人陪嫁者，通常为夫人的亲属，如下文之“侄、娣”。孙希旦说：“诸侯娶一国，则二国往媵之。”

②世臣：父时老臣。侄：妻之兄女。娣（dì）：妻之妹。此指侄、娣陪同妻子来为妾。

③家相：孔疏：“谓助知家事者也。”即管家，家臣。长妾：孔疏：“妾之有子者也。”妾有子则地位较高。

④君大夫：郑注：“天子大夫有土地者。”即获天子分封有土地的大夫。

⑤余小子：天子居丧自称时所用，因此君大夫之子不应自称。

⑥嗣子某：诸侯居丧自称时所用，因此大夫、士之子不应自称。

⑦世子：孔疏：“谓诸侯之適（嫡）子也。”即太子。

【译文】

国君不直呼上卿、两媵的名字，大夫不直呼父时老臣、随妻嫁来的妻的侄女、妹妹的名字，士不得直呼主管家臣及长妾的名字。君大夫之子，居丧不敢自称“余小子”。大夫、士之子，居丧不敢自称“嗣子某”，取名字不敢与世子同名。

君使士射，不能，则辞以疾，言曰：“某有负薪之忧[1]。”

【注释】

①负薪：背柴。这是一种委婉的说法。

【译文】

国君让士参加射箭，士如果不会射，就以自己有病来推托，说："我有背柴落下的伤病。"

侍于君子，不顾望而对，非礼也①。

【注释】

①不顾望而对，非礼也：孔疏："若问多人，则侍者当先顾望坐中，或有胜已者宜前，而已不得率尔先对，先对非礼也。"

【译文】

陪在君子身边，君子发问时，不先看看周围有没有比自己强的人而贸然张口就答，这是不合礼仪的。

君子行礼，不求变俗①。祭祀之礼，居丧之服，哭泣之位，皆如其国之故，谨修其法而审行之②。去国三世③，爵禄有列于朝，出入有诏于国④，若兄弟宗族犹存，则反告于宗后⑤。去国三世，爵禄无列于朝，出入无诏于国。唯兴之日⑥，从新国之法。

【注释】

①"君子"二句：郑注："谓去先祖之国，居新国。"即移居他国，也不用务求改变故国的礼俗。求，务。

②修：旧作"脩"，《训纂》引王念孙说，"修"当为"循"，字之误也。其法：郑注："谓其先祖之制度。"

③三世：三代，从祖至孙。

④出入有诏于国：指如有吉凶之事仍与故国相互往来通告。诏，告。

⑤反：同“返”。宗后：宗子。

⑥兴：起。指被提拔做了他国的卿大夫。

【译文】

君子移居他国，在行礼时不必务求改变故国的礼俗。祭祀的礼仪，居丧的服饰，哭泣的位置，都和故国时一样，谨慎地遵循故国的法度并审慎的施行。离开故国已经三代，但家族中还有在故国朝中做官的，有吉凶之事仍要通告故国，如果兄弟宗族还在故国，有吉凶之事要回国报告宗子。离开故国已经三代，家族中已无人在故国朝中做官，有吉凶之事不用再通告故国。在新国成为卿大夫那天起，要遵循新国的礼法。

君子已孤不更名，已孤暴贵，不为父作谥①。

【注释】

①不为父作谥：这里是说父亲地位低贱本无谥号，父亲死后儿子即便是大显贵，升为诸侯，也不为亡父作美号。郑注：“子事父，无贵贱。”孔疏：“父贱无谥，子今虽贵而忽为造之，如似鄙薄父贱，不宜为贵人之父也。”谥，谥号。

【译文】

君子在父亲去世后不更改名字，父亲去世后即便是大显贵，也不为亡父拟美谥。

居丧，未葬读丧礼①；既葬读祭礼②；丧复常③，读乐章④。

【注释】

①未葬读丧礼：未葬之前，要研读有关丧礼之书。孙希旦认为：“凶事不豫习，故丧葬之礼，至居丧乃读之。”丧礼，指人死后、下葬之

前各种有关礼节，如小殓、大殓、朝夕奠、殡葬等礼节。

②祭礼：孔疏："虞、卒哭、祔、小祥、大祥之礼也。"

③复常：大丧复祥之后，结束服丧。

④乐章：乐书的篇章，即诗。

【译文】

为父母居丧，未葬之前要研读有关丧礼之书；已经安葬后要研读祭礼之书；服丧结束，可以唱诵歌诗。

居丧不言乐，祭事不言凶，公庭不言妇女。

【译文】

居丧期间不谈乐，祭祀时不谈凶事，办公的地方不谈妇女之事。

振书、端书于君前有诛①。倒筴、侧龟于君前有诛②。龟筴、几杖、席盖、重素、袗絺绤③，不入公门。苞屦、扱衽、厌冠④，不入公门。书方、衰、凶器⑤，不以告，不入公门。公事不私议。

【注释】

①振：抖动去除灰尘。端：正，整理。

②倒：郑注："颠倒也。"筴：同"策"。侧：郑注："反侧也。"

③重素：衣、裳皆素，是丧服。袗絺绤（zhěn chī xì）：穿着葛布做的单衣。袗，单衣，这里是动词。絺，细葛布。绤，粗葛布。"絺"、"绤"属于内衣，如果出门，其外应再套中衣和礼衣，否则视为不敬。《论语·乡党》："当暑，袗絺绤，必表而出之。"

④苞屦（jù）：是服丧时穿的一种草鞋。苞，藨（biāo）草、蒯（kuǎi）

草。扱(chā)衽(rèn):上衣前襟插入腰带中。父母刚去世孝子要"扱衽",本书《问丧》:"亲始死","扱上衽,交手哭"。扱,插。厌(yā)冠:丧冠,丧冠上部不耸起而呈倒伏状。厌,伏。

⑤书方:古代纸张发明前使用竹木做书写材料,记事用的木板叫作"方"。此处指记载丧事中宾客赠送财物的木板。衰(cuī):指丧服。凶器:郑注:"明器也。"即为陪葬而制作的器物。

【译文】

在国君面前抖去书册的灰尘、整理书册,要受到责罚。在国君面前颠倒或拿反占卜用的筮策与龟甲,要受到责罚。拿着龟策、几杖、丧车上的席子和顶盖,以及全身素服、穿着葛布做的单衣的人,不得进入宫门。穿着草编的丧鞋、将衣服前襟扎在腰带里、戴着丧冠的人,不得进入宫门。记载丧事中宾客赠送财物的木板、丧服、随葬的明器,未经报告获准,不得进入宫门。公事不在私下商议。

君子将营宫室①,宗庙为先,厩库为次②,居室为后③。凡家造④,祭器为先,牺赋为次⑤,养器为后⑥。无田禄者不设祭器,有田禄者先为祭服⑦。君子虽贫,不粥祭器⑧;虽寒,不衣祭服⑨;为宫室,不斩于丘木⑩。

【注释】

①君子:这里指国君。

②库:储藏财物的仓库。

③居室为后:生活起居之室要最后营建。《集解》云:"宗庙所以奉先祖,故为先。厩库所以资国用,故为次。居室所以安身,故为后。"

④家造:指大夫置办家中各种器物用品。家,郑注:"大夫称家。"

⑤牺赋：大夫向采邑的人们以赋税形式征收祭祀用的牲畜。牺，祭祀用的牲畜。

⑥养器：指生活所需的日用饮食器具。孔疏：“供养人之饮食器也。”

⑦先为祭服：孔疏：“所以然者，缘人形参差，衣服有大小，不可假借，故宜先造，而祭器之品量同官可以共有，以其制同，既可暂假，故营之在后。”

⑧粥（yù）：同“鬻”。郑注：“卖也。”

⑨衣：动词，穿。

⑩丘：坟包，坟墓。

【译文】

国君将建造宫室，首先要建宗庙，其次建马厩、仓库，最后才建生活起居的房室。凡大夫置办器物用具，首先制作祭祀用器，其次征收祭祀用牲，最后才是制造日用生活用具。没有田地俸禄收入的人，不置办祭器，有田地俸禄收入的人，要先制作祭服。君子即使贫穷，也不售卖祭器；即使寒冷，也不穿祭服；建造宫室，不砍伐坟地的树木。

大夫、士去国①，祭器不逾竟②。大夫寓祭器于大夫③，士寓祭器于士。大夫、士去国，逾竟，为坛位④，乡国而哭⑤，素衣、素裳、素冠，彻缘⑥，鞮屦、素簚⑦，乘髦马⑧，不蚤鬋⑨，不祭食，不说人以无罪⑩，妇人不当御，三月而复服。

【注释】

①大夫、士去国：这里指大夫、士因进谏国君不从而离国。孔疏：“此大夫、士三谏而不从，出在竟上”，“临去皆行此礼也”。

②不逾竟：不出国境。竟，通“境”。

③寓祭器：寄存祭器。孙希旦说，离开家国的大夫、士必须寄放祭器，原因有三：一是别人可以使用；二是祭器得以保存而不致朽坏；三是自己返回家国时可取回再用。

④坛位：设置哭位，用来祭祀。先清除野草，为一坦坪，然后积土为坛。所谓除地为坛。

⑤乡：通"向"。

⑥彻缘：除去衣服的彩边。祭服或朝服内的中衣，或饰有彩边，这里讲的是出亡，是凶事，因此去除彩缘而穿纯素。

⑦鞮(dī)屦：指鞋面没有配件与装饰的草鞋。素幦(mì)：用白狗皮制成的车轼上的覆盖物，因为是丧礼，故用白狗皮覆盖车轼。素，孔疏："白狗皮也。"幦，孔疏："车覆阑也。"即车轼的覆盖物。

⑧髦(máo)马：因为是丧事，故不剪不剃马的鬃毛。

⑨不蚤鬋(jiǎn)：孔疏："以治手足爪也；鬋(剪)，鬄(剃)治须发也。"蚤，通"爪"，指剪手脚的指甲。鬋，同"剪"。因为是丧事，故不剪手足指甲，不剪不理须发。

⑩不说人以无罪：不向人诉说自己无罪。孔颖达认为，大夫、士所以会离开家国，是因再三劝谏国君而不被采纳，若在异国向他人辩解说自己无罪，则有归咎国君之嫌。

【译文】

大夫、士因进谏国君不从而出走离国，自家的祭器不可带着出境。大夫将祭器寄存在本国其他大夫的家里，士将祭器寄存在本国其他士的家里。大夫、士离国，越过边境，设置祭坛，面向祖国而哭，穿戴着素色的上衣、下裳、帽子，撤去中衣的彩色镶边，穿着没有装饰的草鞋，所乘之车的车轼上覆盖白狗皮，乘坐不剪不剃鬃毛的马驾的车，不剪手脚指甲，不剪不剃须发，饮食前不行祭食礼，不向人诉说自己无罪，不与妇人行房，三个月之后才恢复正常的生活。

大夫、士见于国君[①]，君若劳之[②]，则还辟[③]，再拜稽首[④]；君若迎拜[⑤]，则还辟，不敢答拜。大夫、士相见，虽贵贱不敌，主人敬客则先拜客，客敬主人则先拜主人。凡非吊丧，非见国君，无不答拜者[⑥]。大夫见于国君，国君拜其辱[⑦]；士见于大夫，大夫拜其辱。同国始相见，主人拜其辱[⑧]。君于士，不答拜也；非其臣，则答拜之。大夫于其臣，虽贱，必答拜之。男女相答拜也。

【注释】

①见于国君：孔疏："谓大夫、士出聘他国君之礼。"

②劳：慰劳。

③还辟（bì）：孔疏："逡巡也。"指后退避让。辟，避让。表示自己不敢当。

④再拜：拜了两次。稽（qǐ）首：古代的一种跪拜礼，为"九拜"之一。《周礼·春官·大祝》："辨九拜，一曰稽首，二曰顿首，三曰空首，四曰振动，五曰吉拜，六曰凶拜，七曰奇拜，八曰褒拜，九曰肃拜，以享右祭祀。"行稽首礼时，施礼者屈膝跪地，左手覆按右手，拱手于地，头也缓缓至于地。头至地须停留一段时间，手在膝前，头又在手前。这是"九拜"中最隆重的拜礼，常为臣子拜见君王时所用。

⑤迎拜：宾客初至主国大门外，主君迎而拜之。

⑥"凡非吊丧"三句：凡不是吊丧、不是士见本国国君，别人对自己行拜礼，都要回以答拜礼，即受拜而不答拜只有吊丧与士见本国国君两种情形。吊丧是帮助丧家办丧事，不以宾客自居，不行宾主之礼，所以家属虽行拜礼，但自己不答拜。士见本国国君，国君尊贵，国君不答拜。

⑦“大夫”二句：孙希旦说，这里是指大夫见别国国君，国君要拜谢其屈尊来见；士见别国大夫，大夫要拜谢其屈尊来见。

⑧“同国”二句：指同国之人第一次相见，无论身份高低，都由主人先拜客人。

【译文】

大夫、士出国拜见他国国君，国君如果前来慰劳，大夫、士要转身躲避，再拜磕头；国君如果在大门外迎接并先拜，大夫、士要转身避让，表示不敢接受，也不敢答拜。大夫、士相见，即使双方贵贱有别，但是如果主人要对客人表示尊敬，就先行礼拜客人；如果客人要对主人表示尊敬，就先行礼拜主人。凡不是吊丧、不是士见本国国君的情形，别人对自己行拜礼，都要回以答拜礼。大夫见别国国君，国君要拜谢其屈尊来见；士见别国大夫，大夫要拜谢其屈尊来见。同国的人初次相见，主人要拜谢客人的屈尊来见。国君对于本国之士的拜礼，不必答拜；如果不是本国之士，就要答拜。大夫对于自己的家臣，即使他地位低贱，也一定要答拜。男女之间要互相答拜。

国君春田不围泽①，大夫不掩群②，士不取麛卵③。

【注释】

①泽：泛指山林川泽。这里特指猎场。

②不掩群：孔疏：“群谓禽兽共聚也，群聚则多，不可掩取之。”即不可包围猎杀。

③麛(mí)：孔疏：“麛乃是鹿子之称，而凡兽子亦得通名也。”卵：鸟蛋。春天鸟兽正在繁育成长，需要加以保护。

【译文】

春天，国君打猎不合围猎场，大夫打猎不可将野兽成群包围而捕杀，士打猎不可捕捉幼鹿、不可到鸟巢掏鸟蛋。

岁凶①，年谷不登②，君膳不祭肺③，马不食谷，驰道不除④，祭事不县⑤；大夫不食粱⑥；士饮酒不乐。

【注释】

①凶：指水旱等灾害。

②不登：粮食歉收。登，成。

③不祭肺：指不杀牲。郑注："《礼》：食杀牲则祭先，有虞氏以首，夏后氏以心，殷人以肝，周人以肺。不祭肺，则不杀也。"

④驰道：正道，是专供国君驰走车马的道路。除：修治，维护。

⑤县(xuán)：同"悬"，指悬挂的钟、磬等。这里泛指乐器，凶年则祭祀不加乐器。

⑥大夫不食粱：大夫吃黍稷，加食稻粱，凶年则去除加食。

【译文】

遭逢水旱灾害的年岁，粮食歉收，国君用餐时不杀牲取肺做祭奠，不给马匹喂食谷物，驰道不加以修治，举办祭祀活动不用钟、磬等乐器伴奏；大夫吃饭不加食稻粱；士宴会饮酒不奏乐。

君无故玉不去身①，大夫无故不彻县，士无故不彻琴瑟。

【注释】

①故：郑注："谓灾患、丧病。"

【译文】

国君没有灾难、祸患、丧事或伤病等特别的原因，佩玉不会离身；大夫没有特别的原因，不撤除家中悬挂的钟磬；士没有特别的原因，不撤除屋内摆设的琴瑟。

士有献于国君,他日[①],君问之曰:"安取彼[②]?"再拜稽首而后对。大夫私行出疆[③],必请,反必有献[④]。士私行出疆,必请,反必告。君劳之,则拜;问其行[⑤],拜而后对。

【注释】

①他日:孔疏:"谓别日也,非是献物之日。"即不在进献物品当时询问。

②安取彼:国君询问士物品的由来,旧注说这是国君担心士身份卑微,为求得进献的礼物而为难,表现了国君对臣下的体恤。

③私行:为了自己的私事出国。臣子不得私自离境,故《左传·庄公二十七年》谓"卿非君命不越竟",这里是说离境要请示。

④反:同"返"。下同。

⑤问其行:询问旅途中的情况。

【译文】

士进献给国君物品,过几天,国君问他说:"从哪里得到进献的物品?"士要再拜磕头然后回答。大夫为私事出国,一定要先请示国君,回国后一定要进献礼品。士为私事出国,也一定要请示,回国后一定要报告。国君慰劳大夫、士,大夫、士要拜谢;国君询问旅途中的情况,大夫、士要先拜再回答。

国君去其国[①],止之曰:"奈何去社稷也[②]!"大夫,曰:"奈何去宗庙也!"士,曰:"奈何去坟墓也[③]!"国君死社稷,大夫死众[④],士死制[⑤]。

【注释】

①去：逃离。郑注："谓见侵伐也。"即受到侵略而出亡。

②社稷：即国家。社，土地神。古人有"五土"之说，即土地有山林、川泽、丘陵、原隰(低洼湿地)、坟衍(水滨平地)五类，社是"五土"的总神，后以五色土为象征：东方青土、南方赤土、西方白土、北方黑土、中央黄土。相传共工氏之子勾龙，为管理田土之官，即"后土"，后来被当作土地神，祭"社"时立有勾龙神主(牌位)。稷，谷物神。"五谷"有黍、稷、菽、麦、麻，这里举"稷"为代表。上古有烈山氏之子柱，被尊为"五谷"之神。周人的先祖弃，传说生而有神，擅农艺稼穑，率领人们播植百谷，后被祀为稷神。土地与谷物是国家的根本，古代立国必先祭社、稷之神，因而"社稷"便成为国家的代称。

③坟墓：指祖宗的坟墓。

④众：指大夫所统率的国君的军队。

⑤制：指士所遵行的国君所定的教令与法制。

【译文】

国君如果要逃离自己的国家，臣民就要劝阻他说："为何要离开自己的社稷呢！"大夫要逃离自己的国家，就劝阻他说："为何要离开自己的宗庙呢！"士要逃离自己的国家，就劝阻他说："为何要离开自己的祖坟呢！"国君为社稷而死，大夫为率众统军而死，士为遵行国君的教令而死。

君天下，曰"天子"①。朝诸侯，分职②，授政③，任功④，曰"予一人"。践阼⑤，临祭祀，内事曰"孝王某"，外事曰"嗣王某"⑥。临诸侯，畛于鬼神⑦，曰"有天王某甫"⑧。崩，曰"天王崩"；复⑨，曰"天子复矣"。告丧，曰"天王登假"⑩。措之庙[11]，立之主[12]，曰"帝"。天子未除丧，曰"予小子"。生名之，死亦名之[13]。

【注释】

①天子：统治天下的帝王。旧说帝王受命于天，天为父，地为母，故称"天子"。

②分职：孙希旦说，即分六官之职。《周礼》中有天官、地官、春官、夏官、秋官、冬官六官之职。

③授政：授之以政事。

④任功：任以工作。

⑤践阼：登上阼阶，以就天子之位。阼，堂前东阶，为主人所走之阶。天子为天下之主，升堂当然走阼阶。

⑥某：代称天子之名。

⑦畛（zhěn）：致。这里是说对鬼神致告辞。

⑧某：指天子的字。甫：通"父"，古代男子的美称。

⑨复：人始死时，召唤死者魂魄回到躯体的礼仪。

⑩登假（xiá）：犹上天、升天。假，通"遐"，遥远。

⑪措之庙：据丧礼，天子下葬后，卒哭礼毕，将神主安放在宗庙。措，安置。

⑫主：神主。据孔疏引《五经异议》："主状正方，穿中央，达四方，天子长尺二寸，诸侯长一尺。"后演变为牌位。

⑬"生名之"二句：据郑注，三年守丧期间，嗣王都称为"小子王某"，生这样称呼，如果死了也这样称呼。某，即嗣王之名。

【译文】

君临天下，称为"天子"。天子朝会诸侯，分派职务，授予政事，委任工作时，自称"予一人"。天子上阼阶登王位，主持祭祀，若是祭祀宗庙祖先就称为"孝王某"，若是郊外祭祀天地神祇就称为"嗣王某"。天子视察诸侯国，向当地鬼神致祭祝告时，称为“有天王某甫”。天子去世，称为“天王崩”；为天子招魂，称为“天子复矣”。为天子发讣告，称为“天王登遐”。安置天子灵位于宗庙，为他树立神主，称为“帝”。继位天子守丧而尚未除丧时，称为“予小子”。继位天子守丧时称为“小子王某”，如果守丧期间死亡也称为“小子王某”。

天子有后，有夫人，有世妇，有嫔，有妻，有妾①。天子建天官②，先六大③，曰大宰、大宗、大史、大祝、大士、大卜④，典司六典⑤。天子之五官，曰司徒、司马、司空、司士、司寇⑥，典司五众⑦。天子之六府⑧，曰司土、司木、司水、司草、司器、司货⑨，典司六职。天子之六工⑩，曰土工、金工、石工、木工、兽工、草工⑪，典制六材。

【注释】

①“天子有后”六句：这是指天子的内官。孔疏：“后，后也，言其后于天子，亦以广后胤也。”即地位在天子之后。夫：孔疏：“扶也，言扶持于王也。”世妇：孔疏：“妇，服也，言其进以服事君子也。以其犹贵，故加以‘世’言之。”嫔（pín）：孔疏：“妇人之美称，可宾敬也。”

②天子建天官：这是天子的外官。天官，郑注说此为殷制。孙希旦《集解》引吕大临说，谓殷人尊神，率民以事神，大宗以下，皆事鬼神、奉天时之官，故总谓之“天官”。周制则不同，以太宰为天官，太宗曰宗伯，与太史、太祝、太士、太卜等皆为春官。这里以《周礼》释官职，未必吻合。下同。

③大（tài）：同“太”。下同。

④大宰：天官之长，六官之首，负责治理国政。大宗：负责国家各种

礼仪事宜。大史：负责管理文书及岁时历法。大祝：掌管祭祷之辞。大士：掌管接应鬼神。大卜：主管卜筮。

⑤典司：执掌，主管。六典：六法。

⑥司徒：管理土地、人民。司马：管理军政。司空：管理百物的制造。司士：管理百工之事。士，通“事”。司寇：管理刑法。

⑦众：群臣。

⑧六府：郑注：“主藏六物之税者。”即储藏六种赋税物品的府库。

⑨司土：掌管土地赋税。司木：掌管山林赋税。司水：掌管川泽赋税。司草：掌管园林赋税。司器：掌管器物的赋税。司货：掌管商旅贸易的赋税。

⑩六工：郑玄认为此亦殷时制度。周制皆属于司空。

⑪土工：掌管陶瓦制作。金工：掌管五金冶炼加工。石工：掌管石、玉器物制作。木工：掌管轮、舆、弓、车、庐等的制作。兽工：掌管兽皮加工制作。草工：掌管草类编织品制作。

【译文】

天子内宫有后，有夫人，有世妇，有嫔，有妻，有妾。天子建立天官，先设立六个太官，分别是太宰、太宗、太史、太祝、太士、太卜，掌管六种典章法制。天子设立五官，分别是司徒、司马、司空、司士、司寇，掌管所属五类属吏。天子设立六府，分别是司土、司木、司水、司草、司器、司货，掌管征收六种赋税。天子设立六工，分别是土工、金工、石工、木工、兽工、草工，掌管六种材料的器具的制作。

五官致贡曰“享”①。五官之长曰“伯”，是职方②。其摈于天子也③，曰“天子之吏”。天子同姓谓之“伯父”，异姓谓之“伯舅”。自称于诸侯，曰“天子之老”，于外曰“公”④，于其国曰“君”⑤。九州之长⑥，入天子之国，曰“牧”⑦。天子同姓，谓之“叔父”，异姓谓之“叔舅”。于外曰“侯”，于其国曰“君”。其在东夷、北狄、西戎、南蛮，虽大曰“子”[⑧]。于内自称曰“不榖”[⑨]，于外自称曰“王老”[⑩]。庶方小侯[⑪]，入天子之国曰“某人”，于外曰“子”，自称曰“孤”。

【注释】

①“五官”句：孔疏：“贡，功也。享，献也。岁终则此五官各考其属一年之功，以献于天子。”五官，公、侯、伯、子、男五等诸侯。

②职方：主管一方。职，主。

③摈（bìn）：或本作“傧”。孔疏：“谓天子接宾之人也。”

④于外曰“公”：国外的人称其为“公”。下同。

⑤于其国曰“君”：国内的臣民称其为“君”。下同。

⑥九州：天下分为九州，有多种说法，《周礼·夏官·职方氏》载九州为扬州、荆州、豫州、青州、兖州、雍州、幽州、冀州、并州。

⑦牧：孔疏：“天子于每州之中选取贤侯一人，加一命，使其主一州为牧”，“牧，养也，言其养一州之人”。

⑧大：领土广大。

⑨不榖：不善。谦称。榖，郑注：“善也。”

⑩王老：天子的老臣。

⑪庶方小侯：孔疏：“庶，众也。小侯谓四夷之君，非为牧者也，以其贱，故曰众方也。”

【译文】

公、侯、伯、子、男五官向天子报告功绩、进贡献纳叫作“享”。五官之长叫作“伯”，执掌一方的事务。天子的傧相在通报时，要称伯为“天子之吏”。伯若与天子同姓，天子就称之为“伯父”，异姓就称之为“伯舅”。伯对其他诸侯自称“天子之老”，国外的人称他为“公”，国内的臣民称他为“君”。九州的首领进入王畿内，称为“牧”。牧若与天子同姓，天子就称之为“叔父”，异姓就称之为“叔舅”。国外的人称他为“侯”，国内的臣民称他为“君”。那些东夷、北狄、西戎、南蛮的首领，领土即使广大，仍称为“子”。这些“子”在国内自称“不穀”，在国外自称“王老”。其他各方的众多异族小侯，进入天子畿内自称为“某人”，国外的人称他为“子”，自称为“孤”。

天子当依而立①，诸侯北面而见天子，曰“觐”②。天子当宁而立③，诸公东面，诸侯西面，曰“朝”④。

【注释】

①依（yǐ）：通“扆”，屏风。通常设置在户牖之间，绘有斧纹，故又名“斧依（扆）”。

②觐（jìn）：诸侯在秋季朝见天子称作“觐”。

③当宁（zhù）而立：据孔疏，诸侯来朝，天子在路门外正对屏风的地方站立等候。宁，门与屏风之间，是天子、诸侯国君视朝之处。

④朝：朝见天子之礼。这里说的是行朝礼时天子、诸公、诸侯各自的位置。

【译文】

天子在斧扆前，向南而立，诸侯面朝北见天子叫作“觐”。天子站在门与屏风之间，诸公站在天子的西边面朝东，诸侯站在天子的东边面朝西，叫作“朝”。

诸侯未及期相见曰“遇”①，相见于郤地曰“会”②。诸侯使大夫问于诸侯曰“聘”③，约信曰“誓”④，莅牲曰“盟”⑤。

【注释】

①诸侯未及期相见：诸侯没有约定时期、地点而相见。及，至。

②郤（xì）地：郑注："间也。"指两国交界处。郤，通"隙"。

③诸侯使大夫问于诸侯：诸侯派遣大夫出使他国。

④约信：以言语相约束。

⑤莅牲：孔疏："杀牲歃（shà）血，誓于神也。"即结盟者杀牲取血涂口，以示诚信，所谓歃血为盟。

【译文】

诸侯没有约定时间、地点而相见叫作"遇"，在约定的时间相见于两国边境交界处叫作"会"。诸侯派大夫访问他国诸侯叫作"聘"，相约彼此信守某些条约叫作"誓"，杀牲歃血保证承诺叫作"盟"。

诸侯见天子，曰"臣某侯某"[①]，其与民言，自称曰"寡人"[②]。其在凶服[③]，曰"適子孤"[④]。临祭祀，内事曰"孝子某侯某"，外事曰"曾孙某侯某"[⑤]。死曰"薨"[⑥]，复曰"某甫复矣"[⑦]。既葬见天子，曰"类见"[⑧]，言谥曰"类"[⑨]。诸侯使人使于诸侯，使者自称曰"寡君之老"。

【注释】

①臣某侯某：诸侯向天子的自称，前一个"某"代称国名，后一个"某"代称诸侯名。

②寡人：寡德之人。自谦之语。

③其在凶服：未除丧，即仍在服丧期间。

④適（dí）：同"嫡"。依孔疏，此记文不足，"孤"后应有"某"字，代称名。

⑤曾：孙希旦说："重也。曰曾孙者，言己乃始祖之重孙。"

⑥薨(hōng):诸侯死称“薨”。

⑦甫:指诸侯的字。

⑧类见:孔疏,守丧之继位诸侯必须三年除丧后方能面见天子,受命袭爵;在守丧期间若谒见天子,则不敢执正式之礼,只能是类似诸侯谒见天子之礼,因此称为“类见”。

⑨言谥:向天子为死去的诸侯请求谥号。言,请。类:孔疏引王肃说:“请谥于天子,必以其实为谥,类于平生之行也。”按,谥号要依据死者的生平事迹德行来取,所以叫“类”。

【译文】

诸侯拜见天子时称“臣某侯某”,诸侯与臣民对话时自称“寡人”。诸侯在服丧期间称“嫡子孤某”。诸侯主持祭祀,宗庙祭祀时自称“孝子某侯某”,郊祭天地神祇时自称“曾孙某侯某”。诸侯死称“薨”,招魂时称“某甫复矣”。下葬后未除丧前,继位诸侯见天子称“类见”,向天子请赐谥号叫作“类”。诸侯派人出使其他诸侯国,使者自称“寡君之老”。

天子穆穆,诸侯皇皇,大夫济济,士跄跄,庶人僬僬①。

【注释】

①“天子”五句:这是不同身份的人应有的举止容貌。孙希旦说,穆穆,深远貌;皇皇,显盛貌;济济(qí),齐一貌;跄跄(qiāng),舒扬貌;僬僬(jiào),急促貌。

【译文】

天子的神态深沉肃穆,诸侯的神态显赫盛大,大夫的神态端庄稳重,士的神态从容舒畅,庶人的神态急促紧张。

天子之妃曰“后”,诸侯曰“夫人”,大夫曰“孺人”,士曰

"妇人"，庶人曰"妻"。公、侯有夫人，有世妇，有妻，有妾。夫人自称于天子曰"老妇"，自称于诸侯曰"寡小君"，自称于其君曰"小童"①。自世妇以下自称曰"婢子"②。子于父母则自名也。列国之大夫，入天子之国曰"某士"③，自称曰"陪臣某"④。于外曰"子"⑤，于其国曰"寡君之老"⑥。使者自称曰"某"。

【注释】

①小童：郑注："若云未成人也。"自谦称年幼无知。

②婢子：郑注："婢之言卑也。"指身份卑微。

③某：指国家。

④陪：重。孔疏："其君已为王臣，己今又为己君之臣，故自称对王曰'重臣'也。"某：指名。

⑤于外曰"子"：孔疏："亦摈者辞。外谓在他国时也，摈者则称其姓而曰'子'。'子'是有德之称。"

⑥国：本国人。

【译文】

天子的配偶称"后"，诸侯的配偶称"夫人"，大夫的配偶称"孺人"，士的配偶称"妇人"，庶人的配偶称"妻"。公、侯都有夫人，有世妇，有妻，有妾。公侯的夫人对天子自称"老妇"，在其他诸侯前自称"寡小君"，在自己国君前自称"小童"。从世妇以下都自称"婢子"。子女在父母面前自称名。各诸侯国的大夫进入天子畿内时，傧者称其为"某国之士"，自称名为"陪臣某"。他国人称其为"子"，本国人称其为"寡君之老"。使者对他国自称名为"某"。

天子不言出①，诸侯不生名②。君子不亲恶③。诸侯失地，名；灭同姓，名[4]。

【注释】

①天子不言出：天子出居于国都之外，史书上不能记载“出”，因为天子以天下为家，只有“居”，没有“出”。只有天子有“大恶”，史书才记载说“出”。

②诸侯不生名：孔疏：“诸侯南面之尊，名者质贱之称，诸侯相见，只可称爵，不可称名”；“诸侯大恶，书名以绝之”。

③不亲恶：不隐恶。如果天子、诸侯有“大恶”，史书就要记载“出”和“名”。如《左传·僖公二十四年》：“冬，天王出居于郑。”

④“诸侯失地”四句：诸侯丢失国土或亡国，灭亡同姓的亲戚国家，这是两项大恶行，都要在史书直书其名加以记载。如《春秋·僖公二十五年》：“卫侯毁灭邢。”“何以名？绝。曷为绝之？灭同姓也。”

【译文】

天子即使出居他国，史书也不能记载“出”；诸侯尊贵，史书不能记载他的名。如果天子和诸侯有恶行，君子就要秉笔直书，不能隐藏他们的恶行。诸侯失去国家是大恶，史书要直书其名加以记载；灭亡同姓之国是大恶，史书要直书其名加以记载。

为人臣之礼，不显谏[1]，三谏而不听，则逃之[2]。子之事亲也，三谏而不听，则号泣而随之[3]。

【注释】

①不显谏：郑注：“谓明言其君恶，不几微。”即不要直截了当地劝谏指责君主的错误，要隐微曲折。

②逃：去。据陈澔《集说》认为："君臣有离合之义，若三谏不从，则待放而去。"

③"子之事亲也"三句：儿子侍奉父亲，即使再三劝谏而父亲不听，也要号哭着跟随他。郑注："至亲无去，志在感动之。"

【译文】

为人臣的礼，不要明言君主的过错，进行劝谏，如果再三劝谏而君主不听，就要离开他。儿子侍奉父亲，再三劝谏而父亲不听，还是要号哭着跟随父亲。

君有疾饮药，臣先尝之。亲有疾饮药，子先尝之。医不三世，不服其药[①]。

【注释】

①"医不三世"二句：医者如果不是三代行医，就不服用他开的药。这是害怕医生的医术不精，所以不敢让君王、双亲服其药。

【译文】

国君有病，服药时，臣要先尝药。双亲有病，服药时，儿子要先尝药。做医生的如果不是三代行医，就不敢让君王、双亲服用他开的药。

儗人必于其伦[①]。问天子之年，对曰："闻之，始服衣若干尺矣。"[②]问国君之年，长[③]，曰"能从宗庙、社稷之事矣"[④]；幼[⑤]，曰"未能从宗庙、社稷之事也"。问大夫之子，长，曰"能御矣"[⑥]；幼，曰"未能御也"。问士之子，长，曰"能典谒矣"[⑦]；幼，曰"未能典谒也"。问庶人之子，长，曰"能负薪矣"；幼，曰"未能负薪也"。问国君之富，数地以对[⑧]，山泽之所出[⑨]。

问大夫之富，曰“有宰食力，祭器、衣服不假”[⑩]。问士之富，以车数对。问庶人之富，数畜以对[⑪]。

【注释】

①儗(nǐ)人必于其伦：郑注：“儗，犹比也；伦，犹类也。比大夫当于大夫，比士当于士，不以其类，则有所亵。”即评论人时要以与他身份相当的人打比方，否则就是不敬。

②“问天子”二句：古人询问年龄长幼，多以身高尺度言之。天子尊贵，不敢直接说他的身高长短，而间接地说他的衣服的长度。

③长：指已行冠礼。下同。

④从：主持。

⑤幼：指未行冠礼。下同。

⑥御：孔疏：“谓主事也。”即主持事务。

⑦典谒：孔疏：“言能主宾客告请之事。”即主办替宾客传达报告等事。典，主。谒，告。

⑧地：国土。

⑨山泽之所出：山泽所产物品，如鱼盐、蜃蛤、金银、锡石等等。

⑩宰：《训纂》引王念孙说，“宰”为“采”之假借字，即采地。食力：郑注：“谓民之赋税。”

⑪畜：家畜。

【译文】

比拟一个人的时候要找和他同类的人相比。询问天子的年龄，要回答说：“听说，开始穿几尺长的衣服了。”询问国君的年龄，如果国君已行冠礼，就回答说“已经能主持宗庙、社稷的祭祀了”；未行冠礼，就回答说“还不能主持宗庙、社稷的祭祀”。询问大夫之子的年龄，如果已行冠礼，就回答说“能够驾车了”；若未行冠礼，就回答说“还不能驾车”。询问士之子的年龄，如果已行冠礼，就回答说“能够接待宾客并传话了”；

若未行冠礼，就回答说“还不能接待宾客并传话”。询问庶人之子的年龄，如果已行冠礼，就回答说“能背柴了”；若未行冠礼，就回答说“还不能背柴”。询问国君的财富，以国土面积，山泽所产的物品回答。询问大夫的财富，就回答说“有采地和人们缴纳的赋税，祭器、祭服不用向别人借”。询问士的财富，就以拥有的车辆的多少作回答。询问庶人的财富，清点家畜的多少作回答。

天子祭天地①，祭四方②，祭山川③，祭五祀④，岁遍。诸侯方祀⑤，祭山川，祭五祀，岁遍。大夫祭五祀，岁遍。士祭其先。

【注释】

①祭天：孙希旦说，天子一年有九次祭天：冬至正祭，孟春祈谷，孟夏大雩，季秋大享；立春祭青帝，立夏祭赤帝，季夏祭黄帝，立秋祭白帝，立冬祭黑帝。祭地：夏至祭地于北郊方泽。

②祭四方：指以望祭形式在国都四郊祭祀五岳、四镇（山）、四渎（河）等方位、山川之神。

③山川：岳渎之外的小山川。

④五祀：指在五个时段分别祭祀五种神，即春祭户、夏祭灶、季夏祭中霤、秋祭门、冬祭行。

⑤方祀：祭祀该国所在之方的主管神。据陈澔《集说》，诸侯之国，各居一方，诸侯只能祭其国所居之方，不祭其他方位。

【译文】

天子祭天地之神，祭四方之神，祭山川之神，祭户、灶、中霤、门、行五神，一年之内要祭遍。诸侯祭国家所在之方，祭山川之神，祭户、灶、中霤、门、行五神，一年之内祭遍。大夫祭户、灶、中霤、门、行五神，一年之内祭遍。士祭其祖先。

凡祭，有其废之，莫敢举也；有其举之，莫敢废也。非其所祭而祭之①，名曰“淫祀”②。淫祀无福。

【注释】

①非其所祭而祭之：不是自己所该祭的却去祭祀，如《左传·僖公十九年》记，宋襄公曾让邾文公用鄫子来祭祀次睢之社。

②淫：过度，过甚。

【译文】

凡祭祀，有已经废止的，就不要再举行祭祀；有已经举行的，就不敢废止祭祀。不是自己所该祭的却去祭祀，就叫作“过度的祭祀”。过度的祭祀不会带来福佑。

天子以牺牛①，诸侯以肥牛②，大夫以索牛③，士以羊、豕。

【注释】

①牺牛：纯色毛的牛。牺，郑注：“纯毛也。”

②肥牛：郑注：“养于涤也。”涤为养牛官，即由官方安排喂养的牛，通常要喂养三个月以上。

③索牛：临时挑选求得的牛，有别于特地喂养的牛。

【译文】

天子祭祀用专门喂养的纯色毛的牛，诸侯用特别喂养的肥牛，大夫用临时特地挑选的牛，士用羊和猪。

支子不祭[①]，祭必告于宗子[②]。

【注释】

①支子：孔疏："庶子也。"实指嫡长子以外的诸子，含嫡子与庶子。

②宗子：嫡长子。

【译文】

嫡长子以外的诸子不主持宗庙祭祀，如果有特殊原因主持祭祀，要事先禀报嫡长子。

凡祭宗庙之礼，牛曰"一元大武"[①]，豕曰"刚鬣"[②]，豚曰"腯肥"[③]，羊曰"柔毛"[④]，鸡曰"翰音"[⑤]，犬曰"羹献"[⑥]，雉曰"疏趾"[⑦]，兔曰"明视"[⑧]，脯曰"尹祭"[⑨]，槀鱼曰"商祭"[⑩]，鲜鱼曰"脡祭"[⑪]，水曰"清涤"[⑫]，酒曰"清酌"[⑬]，黍曰"芗合"[⑭]，粱曰"芗萁"[⑮]，稷曰"明粢"[⑯]，稻曰"嘉蔬"[⑰]，韭曰"丰本"[⑱]，盐曰"咸鹾"[⑲]，玉曰"嘉玉"，币曰"量币"[⑳]。

【注释】

①一元大武：孔疏："牛若肥则脚大，脚大则迹痕大，故云一元大武也。"元，头。武，足迹。以下各种祭牲得名，孔疏多依其特征解释。

②刚鬣(liè)：孔疏："豕肥则毛鬣刚大也。"

③腯(tú)：孔疏："腯即充满貌也。"即肥胖。

④柔毛：孔疏："若羊肥则毛细而柔弱。"

⑤翰：孔疏："长也。鸡肥则其鸣声长也。"

⑥羹献：孔疏："人将所食羹余以与犬，犬得食之肥，肥可以献祭于鬼神。"

⑦疏趾:孔疏:“雉肥则两足开张,趾相去疏也。”

⑧明视:孔疏:“兔肥则目开而视明也。”

⑨尹祭:指切割方正的干肉。尹,正。祭,古文字本象以手持肉进行祭祀。

⑩槀:即“槁”,干。商祭:孔疏:“祭用干鱼,量度燥滋(湿)得中而用之也。”商,量。

⑪脡(tǐng)祭:祭祀用鲜鱼,鲜鱼煮熟则脡直,若是不鲜之鱼则会碎而不直。脡,直也。

⑫清涤:清澈洁净,古代祭祀亦用清水,又名“玄酒”。

⑬清酌:指其清澈可斟酒而饮。

⑭芗(xiāng)合:黍味香而性黏,故曰“香合”。芗,通“香”。

⑮芗萁:粱气息香而茎高大。萁,茎。

⑯明粢(zī):洁白的稷米。

⑰嘉:美。蔬:通“糈”(xǔ),米粒。

⑱丰本:韭菜之美在根部。本,根。

⑲鹾(cuó):郑注:“大咸曰鹾。”

⑳量币:指帛的长短广狭合于制度。币,帛。

【译文】

凡祭祀宗庙所用的礼物,其称呼如下:牛称为“一元大武”,猪称为“刚鬣”,小猪称为“腯肥”,羊称为“柔毛”,鸡称为“翰音”,犬称为“羹献”,雉称为“疏趾”,兔称为“明视”,干肉称为“尹祭”,干鱼称为“商祭”,鲜鱼称为“脡祭”,水称为“清涤”,酒称为“清酌”,黍称为“芗合”,粱称为“芗萁”,稷称为“明粢”,稻称为“嘉蔬”,韭称为“丰本”,盐称为“咸鹾”,玉称为“嘉玉”,币称为“量币”。

天子死曰“崩”①,诸侯曰“薨”②,大夫曰“卒”③,士曰“不禄”④,庶人曰“死”。在床曰“尸”,在棺曰“柩”。羽鸟曰

"降",四足曰"渍"[⑤]。死寇曰"兵"[⑥]。祭王父曰"皇祖考"[⑦],王母曰"皇祖妣"[⑧]。父曰"皇考",母曰"皇妣",夫曰"皇辟"[⑨]。生曰"父"、曰"母"、曰"妻",死曰"考"、曰"妣"、曰"嫔"[⑩]。寿考曰"卒",短折曰"不禄"[⑪]。

【注释】

①崩:郑注:"自上颠坏曰崩。"

②薨:郑注:"颠坏之声。"

③卒:终。

④不禄:郑注:"不终其禄。"

⑤渍(zì):相互污染而死。孔疏:"牛马之属,若一个死,则余者更相染渍而死。"

⑥死寇曰"兵":被寇贼用兵器杀死,称为"兵"。

⑦皇祖考:祖父。皇,君。考,成。《尔雅·释亲》:"父为考,母为妣。"

⑧妣(bǐ):母。郑注:"妣之言媲也,媲于考也。"指母亲媲美于父亲。

⑨辟(bì):法,妻所取法。

⑩嫔(pín):《周礼·天官·大宰》"嫔妇"郑注,嫔是妇人的美称,本为生称,此处"考、妣、嫔",与前"父、母、妻"对言,嫔特指死去的妻子。

⑪"寿考曰卒"二句:孔疏:"此并是有德未经仕而死者之称也,寿考老也,短折少也。若有德不仕老而死者,则从大夫之称,故曰卒也;若少而死者,则从士之称,故曰不禄。"短折,年少而死。

【译文】

天子死称为"崩",诸侯死称为"薨",大夫死称为"卒",士死称为"不禄",庶人死就称为"死"。死者还在床上称"尸",放在棺内称为"柩"。

飞鸟死称为“降”，四条腿的野兽死了称为“渍”。被贼寇杀死的称为“兵”。祭祀祖父称为“皇祖考”，祭祀祖母称为“皇祖妣”。祭祀父亲称为“皇考”，祭祀母亲称为“皇妣”，祭祀丈夫称为“皇辟”。在世时，称“父”、称“母”、称“妻”，死后称父为“考”、称母为“妣”、称妻为“嫔”。长寿而死的称为“卒”，短寿而死的称为“不禄”。

天子视，不上于袷[①]，不下于带；国君绥视[②]；大夫衡视[③]；士视五步[④]。凡视，上于面则敖，下于带则忧[⑤]，倾则奸[⑥]。

【注释】

①袷（jié）：衣领交叠的地方。

②绥（tuǒ）视：正常的视线为平视，绥视视线稍偏下，即在脸部与“袷”之间。绥，下垂，下落。

③衡视：看大夫时，可平视对方脸部，视线比看国君略高。衡，平。

④视五步：看士时，视线可以平视，还可以在五步范围之内移动。

⑤“上于面”二句：视线过高就显得骄傲，过低就显得忧郁，都不合于礼。《左传·定公十五年》：“春，邾隐公来朝。子贡观焉。邾子执玉高，其容仰；公受玉卑，其容俯。”敖，同“傲”。

⑥倾则奸：视线歪斜就显得心不正、奸邪。

【译文】

看天子，视线上不高于交叠着的衣领，下不低于腰带；看国君，视线稍低于脸部以下；看大夫，可以平视他的脸部；看士，视线可以看五步之内。凡看人，视线高于对方脸部的就显得傲慢，视线低于对方腰带的就显得忧愁，视线歪斜不正的就显得奸恶。

君命，大夫与士肄[①]。在官言官[②]，在府言府[③]，在库言库[④]，在朝言朝。朝言不及犬马。辍朝而顾[⑤]，不有异事，必有异虑，故辍朝而顾，君子谓之“固”[⑥]。在朝言礼，问礼，对以礼。

【注释】

①肄（yì）：学习。

②官：郑注：“谓板、图、文书之处。”

③府：郑注：“谓宝藏货贿之处也。”

④库：郑注：“谓车马、兵甲之处。”

⑤辍（chuò）：止。

⑥固：郑注：“谓不达于礼也。”指不合乎礼仪，失礼、无礼。

【译文】

国君有命令，大夫与士应好好学习。在官衙就谈论官衙之事，在府仓就谈论府仓之事，在武库就谈论武库之事，在朝廷上就谈论朝政之事。在朝廷上说话，不涉及犬马逸乐之事。如果散朝后还回头张望，不是有异常的事情，就是有异常的念头，所以散朝后还回头张望的，君子把这种不合礼仪的行为叫作“固”。在朝廷上，一切都讲究礼，问话要合乎礼，对答也要合乎礼。

大飨不问卜[①]，不饶富[②]。

【注释】

①大飨（xiǎng）：郑玄认为，这是一种祭祀五帝的典礼。孙希旦《集解》说，这是指“王飨诸侯”，即天子宴请诸侯。

②富：备。

【译文】

举行大飨礼，不占问、不卜卦，礼数仪节不要过度，周备就好。

凡挚[①]，天子鬯[②]，诸侯圭，卿羔，大夫雁，士雉，庶人之挚匹[③]。童子委挚而退[④]。野外军中无挚，以缨、拾、矢可也[⑤]。妇人之挚，椇、榛、脯、脩、枣、栗[⑥]。

【注释】

①挚(zhì)：古代拜访时给主人赠送的礼物。俗作"贽"。

②鬯(chàng)：祭祀用的酒，以黑黍所酿，气味芬芳。

③匹：孔疏："鹜(wù)也。"即家鸭。

④童子委挚而退：孔疏："既未成人，不敢与主人相授受拜伉之仪，但奠委其挚于地而自退辟(避)之。"童子之挚为束脩。

⑤缨：马的缨络，即套在马头颈与胸口的装饰物。拾：射韝(gōu)，射箭时带的皮质袖套。旧注说，如果军人不在野外而在都邑，则应遵从旧礼。

⑥椇(jǔ)：枳椇，一种树木。也指其果实，味甘可食。

【译文】

凡相见时赠送的礼物，天子用鬯酒，诸侯用圭，卿用羔羊，大夫用雁，士用雉，庶人用家鸭。童子把见面礼放在地上就退避到一边去，不行授受之礼。军人在野外驻扎没有更好的见面礼时，用马缨、射箭用的束袖臂套、箭矢也可以。妇人的见面礼是椇、榛、肉脯、长条干肉、枣子、栗子。

纳女于天子[①]，曰"备百姓"[②]；于国君，曰"备酒浆"[③]；于大夫，曰"备扫洒"[④]。

【注释】

①纳女：即女方家将女儿送到夫家。

②备百姓：准备多生孩子。姓，生。《集解》引吕大临说，"自卑之辞也"，将女儿送给天子是"备妾媵之数而已"。

③备酒浆：准备提供酒食的人。

④备扫洒：准备扫洒的人。

【译文】

致送女儿嫁给天子，称为"备百姓"；致送女儿嫁给国君，称为"备酒浆"；致送女儿嫁给大夫，称为"备扫洒"。

檀弓上第三

【题解】

郑玄《礼记目录》云:“名曰‘檀弓’者,以其记人善于礼,故著姓名以显之。”

檀弓,姓檀名弓,鲁国人。本篇多言丧事礼仪,孙希旦认为,“此篇盖七十子之弟子所作”,内容可以补《仪礼·士丧礼》之“所未备”,也考订了天子、诸侯之礼。本篇因篇幅过长,分为上、下两部分。

公仪仲子之丧①,檀弓免焉②。仲子舍其孙而立其子③,檀弓曰:“何居④?我未之前闻也。”趋而就子服伯子于门右⑤,曰:“仲子舍其孙而立其子,何也?”伯子曰:“仲子亦犹行古之道也⑥。昔者文王舍伯邑考而立武王,微子舍其孙腯而立衍也⑦。夫仲子亦犹行古之道也。”子游问诸孔子⑧,孔子曰:“否!立孙⑨。”

【注释】

①公仪仲子:姓公仪,字仲子。鲁国人。

②免(wèn):同“绕”,居丧时一种束发的方式。郑注:“以广布一寸,

从项中而前交于额上，又却向后，绕于髻。”凡绕必袒，即露出左臂。袒绕的情况是，朋友皆在他国，朋友死而没有亲属，活着的朋友为其主持丧事。檀弓与公仪仲子都在鲁国，檀弓却袒绕。郑注，这是用不合礼仪的装束责备公仪仲子“舍其孙而立其子”不合礼仪。

③舍其孙而立其子：舍弃嫡长孙而立庶子。按周礼，嫡长子死应立嫡长孙为继承人，这是注重血缘的正统。

④何居(jī)：何故。居，郑注：“齐、鲁间语助也。”

⑤子服伯子：郑玄认为是春秋末年鲁国大夫子服景伯。门右：门内的东边，卿大夫吊丧之位。

⑥古之道：指殷代的礼制。

⑦“昔者”二句：伯邑考是周文王的嫡长子，周武王之兄，衍是微子之弟。按殷时礼制，兄死弟及。

⑧子游：姓言名偃，春秋时期吴国人。孔子的学生。

⑨立孙：孔子认为公仪仲子的做法不对，还是应当立嫡长孙，这是根据周代的礼制作出的评判。

【译文】

公仪仲子的嫡长子死了，檀弓束着绕发前去吊丧。这是因为公仪仲子舍弃嫡长孙不立而立庶子的缘故。檀弓说：“为什么这样呢？我以前从没有听说过这样。”快步走到大门内的东边询问子服伯子，说：“公仪仲子舍弃嫡长孙不立而立庶子，这是为什么？”伯子回答说：“仲子也是遵行古时的礼制。以前周文王舍弃伯邑考不立而立武王，微子启舍弃嫡长孙腯不立而立衍。所以说仲子也是在遵行古时的礼制。”子游又拿这件事询问孔子，孔子说：“不对！应该立嫡长孙。”

事亲有隐而无犯①，左右就养无方②，服勤至死③，致丧三年④。事君有犯而无隐⑤，左右就养有方⑥，服勤至死，方丧三年⑦。事师无犯无隐⑧,左右就养无方,服勤至死,心丧三年⑨。

【注释】

①事亲有隐而无犯:侍奉父母,对父母的过失要隐讳,不要冒犯父母,犯颜而谏。郑注:“隐,谓不称扬其过失也。无犯,不犯颜而谏。”

②左右:指在身边服侍。就养:就近奉养。无方:没有固定的模式。方,常。

③服勤:服侍父母,承受劳辱之事。

④致丧:服丧时极其哀戚。致,极。

⑤事君有犯而无隐:侍奉国君,要直言进谏,不隐瞒其错误。孙希旦说:“君臣主义,隐则恐其阿谀而伤于义,故必勿欺也而犯之。”

⑥有方:指各尽其职,不能僭越。

⑦方丧:郑注:“资于事父。”比照为父亲服丧。

⑧事师无犯无隐:孙希旦说:“师者道之所在,有教则率,有疑则问,无所谓隐,亦无所谓犯也。”

⑨心丧:指不穿着丧服而戚容如丧父。

【译文】

侍奉父母,对父母的过失要隐讳,不可直言进犯,在左右扶持伺候,没有固定的模式,甘愿受苦受累服侍父母到去世,极其哀戚的守丧三年。侍奉国君,对国君的过失要直言指出,不可包庇隐瞒,在左右扶持伺候,有固定的职责,甘愿受苦受累服侍国君到去世,比照丧父的哀痛守丧三年。侍奉老师,老师有了过失不可直言冒犯,但也不要隐瞒,在左右扶持伺候,没有固定的模式,甘愿受苦受累服侍老师到去世,不穿丧服,但忧戚、悲伤之容像死了父亲一样,守丧三年。

季武子成寝[①]，杜氏之葬在西阶之下[②]，请合葬焉[③]，许之。入宫而不敢哭。武子曰："合葬非古也，自周公以来[④]，未之有改也。吾许其大而不许其细[⑤]，何居？"命之哭。

【注释】

①季武子：鲁国公子季友的曾孙季孙夙。成寝：建成住宅。

②杜氏之葬在西阶之下：这是指杜家的墓地本在季武子住宅的西阶之下。

③合葬：将后死的人葬在先死的人的墓坑里。

④周公：又称"周公旦"，姓姬名旦。周武王死后，成王尚幼，周公摄政，平定"三监"的叛乱，建立东都洛邑。相传他制定礼、乐以及各种典章制度。

⑤大：指合葬。细：孔疏："细是哭也。"

【译文】

季武子建成一座住宅，杜家的坟墓本来葬在住宅的西阶之下，杜家人请求将死者迁出合葬，季武子答应了。杜家的人进入住宅却不敢哭泣。季武子说："合葬不是古时之制，自周公以来才有，到现在没有改变。我都允许了他们迁墓合葬的大事，却不允许他们号哭的小事，为什么要这样呢？"于是，允许杜家人号哭。

子上之母死而不丧[①]。门人问诸子思曰[②]："昔者子之先君子丧出母乎[③]？"曰："然。""子之不使白也丧之，何也？"子思曰："昔者吾先君子无所失道。道隆则从而隆，道污则从而污[④]，伋则安能？为伋也妻者，是为白也母；不为伋也妻者，是不为白也母[⑤]。"故孔氏之不丧出母，自子思始也。

【注释】

①子上:孔子的曾孙。孔子的儿子名孔鲤。孔鲤之子,名伋,字子思。子思之子,名白,字子上。他的母亲与子思已离婚。不丧,这是说子上没有为其母服丧。

②门人:门生,弟子。

③出母:已被父亲休弃的母亲。

④"道隆"二句:这是说礼应因时制宜,该隆重就隆重,该从简就从简。隆,盛,高。污,低,降。

⑤"为伋也妻者"四句:孙希旦认为,孔子的妻子(孔鲤的母亲)虽然离异却没有改嫁,因此孔鲤可以为她服丧;而子上的母亲离异后已经改嫁,与孔家已毫无关系了,所以不用为其服丧。"盖妻出而未嫁,犹有可反之义;出而嫁,则彼此皆绝矣。"

【译文】

子上的母亲死了,他的母亲已被子上的父亲子思休掉而离异,子上没有为她服丧。子思的弟子问子思说:"从前,您的先祖让儿子为离异的母亲服丧吗?"子思回答:"是的。"弟子又问:"那您不让孔白为已离异的母亲服丧,这是为什么呢?"子思回答说:"从前我祖父的做法没有不合礼制。按礼制的规定,该隆重就隆重,该从简就从简,我怎么能和先祖相比?做我孔伋的妻子,那就是孔白的母亲;不再是我孔伋的妻子了,那就不是孔白的母亲了。"所以,孔家不让儿子为与父亲离异的母亲服丧,是从子思开始的。

孔子曰:"拜而后稽颡①,颓乎其顺也②;稽颡而后拜,颀乎其至也③。三年之丧,吾从其至者。"

【注释】

①拜而后稽颡(sǎng):先拜而后磕头。这是丧拜礼。"拜"是向宾

客致意，“稽颡”是表达自己的哀痛之情。稽颡，额头触地。颡，额头。

②颓：顺。

③颀（kěn）：恻隐貌。

【译文】

孔子说：“丧拜礼，先拜再磕头，很合乎顺序；先磕头再拜，这样行礼，表达悲哀伤痛之极的心情。三年之丧，我遵行表达悲哀伤痛之极的拜礼。”

孔子既得合葬于防①，曰：“吾闻之，古也墓而不坟②。今丘也，东西南北之人也③，不可以弗识也④。”于是封之，崇四尺⑤。孔子先反，门人后，雨甚至，孔子问焉，曰：“尔来何迟也？”曰：“防墓崩。”孔子不应。三⑥，孔子泫然流涕曰⑦：“吾闻之，古不修墓。”

【注释】

①孔子既得合葬于防：孔子的父亲葬在防地，母亲去世后即合葬于防。防，鲁国地名。

②坟：郑注：“土之高者曰坟。”

③东西南北之人也：郑注：“言居无常处也。”

④识（zhì）：标记。

⑤崇：高。

⑥三：郑注：“三言之。”因为孔子不应，所以门人说了三次。

⑦泫（xuàn）然：水珠向下滴落的样子。涕：泪。

【译文】

孔子将父母合葬在防地后，说：“我听说，古时的墓是没有坟头的。

现在我孔丘，是东南西北到处走、周游天下的人，不可以不在墓上做上标记。”于是筑积土，高四尺。孔子先返回家，弟子很晚才回来，雨下得很大，孔子问弟子，说：“你们怎么回来得这么晚？”弟子回答说：“防地墓的坟头崩塌了。”孔子没有回应。说了三遍，孔子的眼泪像水珠一样滴滴答答地流下来说：“我听说，按照古制墓园是不修筑坟头的。”

孔子哭子路于中庭①。有人吊者，而夫子拜之②。既哭，进使者而问故。使者曰：“醢之矣③。”遂命覆醢。

【注释】

①子路：名仲由，字子路。孔子的学生。在卫国做官，因卫国内乱而被杀。详见于《左传·哀公十五年》。中庭：郑注：“寝中庭也。”

②夫子拜之：孔子以主人的身份拜谢吊丧者。

③醢（hǎi）：肉酱。这里用作动词，指子路被剁成了肉酱。

【译文】

孔子在寝屋的中庭为子路哭。有人前来吊唁，孔子以主人的身份拜谢。哭完后，让使者进入询问子路死的情况。使者说：“被剁成了肉酱。”孔子于是命人倒掉正要吃的肉酱。

曾子曰①：“朋友之墓，有宿草而不哭焉②。”

【注释】

①曾子：名参（shēn），字子舆。孔子的学生。

②宿草：前一年的草。这是说，朋友去世，哀悼朋友而哭，以一年为期。

【译文】

曾子说："朋友的墓地，有了去年的草就不再为他而哭了。"

子思曰："丧三日而殡①，凡附于身者②，必诚必信，勿之有悔焉耳矣。三月而葬，凡附于棺者，必诚必信，勿之有悔焉耳矣③。丧三年以为极，亡则弗之忘矣④。故君子有终身之忧，而无一朝之患⑤。故忌日不乐。"

【注释】

①殡：死者入殓后灵柩停放在堂上，以待下葬。

②附于身者：指衣衾等物品。

③焉耳矣：都是语助词。

④亡则弗之忘矣：孙希旦说："言亲虽亡，而子之心则不能忘也。"

⑤一朝之患：郑注："毁不灭性。"指虽然哀痛，却不因一时的过分冲动而伤害了身体。

【译文】

子思说："人死后三天就要入殓停柩，凡是随遗体入殓的衣衾，一定要尽心尽力，不要违背礼节，不要有所遗憾。三个月后下葬，凡是随棺下葬的明器，一定要尽心尽力，不要违背礼节，不要有所遗憾。服丧虽以三年为期限，但对去世的亲人却永远不能忘记。所以君子对死去的亲人始终怀念，但不致毁伤身体。所以在亲人忌日那天不做娱乐之事。"

孔子少孤，不知其墓①。殡于五父之衢②。人之见之者，皆以为葬也。其慎也，盖殡也。问于郰曼父之母③，然后得合葬于防。

【注释】

①"孔子"二句：郑注："孔子之父郰叔梁纥与颜氏之女徵在野合而生孔子，徵在耻焉不告。"据说，其父叔梁纥病逝时孔子才三岁，叔梁纥的家人不喜欢孔子母子，没有善待他们。颜氏只好带着孔子离开，移居曲阜阙里，独自抚养孔子。十七岁时，孔子的母亲也去世了。

②五父之衢（qú）：道路名。在鲁国东南。

③郰（zōu）曼父之母：郰，地名。郑注："曼父之母与徵在为邻，相善。"即曼父之母与孔子之母关系好。

【译文】

孔子很小的时候父亲就去世了，不知道父亲墓地所在。孔子的母亲去世后，孔子将母亲的灵柩停放在五父之衢。别人看见了，都以为是要下葬了。其实是孔子为慎重起见将母亲的灵柩暂时安厝。孔子询问了母亲以前的邻居郰曼父的母亲，知道了父亲墓地的所在，然后将母亲与父亲合葬于防地。

邻有丧，舂不相；里有殡，不巷歌[①]。

【注释】

①"邻有丧"四句：见《曲礼上》"适墓不登垄"节。

【译文】

邻家有丧事，舂米时不唱歌；同里有丧事，不在巷子里唱歌。

丧冠不緌[①]。

【注释】

①緌(ruí):冠缨在下巴处打结后垂下的部分。

【译文】

服丧所戴的丧冠,冠缨应在颔下打好结,不要使剩余部分下垂。

有虞氏瓦棺[①],夏后氏堲周[②],殷人棺椁[③],周人墙置翣[④]。

【注释】

①有虞氏:传说中的远古部落,首领是舜。瓦棺:陶制的棺。

②堲(jì)周:烧砖砌在瓦棺四周。郑注:"火熟曰堲,烧土冶以周于棺也。"堲,烧土为砖。

③椁(guǒ):套在棺外的大棺。

④周人墙置翣(shà):在棺椁旁放置柳和翣扇。墙,郑注:"柳衣也。"周人在椁旁设置木框架,称作"柳",外面盖上布,四周叫做"帷",顶上叫做"荒","帷"、"荒"总称为"柳"或"柳衣"。因如墙围棺椁外,又叫做"墙"。翣,画有花纹的扇状白布装饰物,用来遮挡灵柩。

【译文】

有虞氏用瓦棺,夏代在瓦棺四周砌砖,殷人用木制棺椁,周人在棺椁外放置柳和翣扇。

周人以殷人之棺椁葬长殇[①],以夏后氏之堲周葬中殇、下殇[②],以有虞氏之瓦棺葬无服之殇[③]。

【注释】

①长(zhǎng)殇:十六至十九岁的夭亡者。

②中殇:十二至十五岁的夭亡者。下殇:八至十一岁的夭亡者。

③无服之殇:七岁以下的夭亡者。

【译文】

周人用殷人的棺椁来埋葬十六岁到十九岁的夭亡者,用夏代的塈周埋葬十二到十五岁的夭亡者及八到十一岁的夭亡者,用有虞氏的瓦棺埋葬七岁以下的夭亡者。

夏后氏尚黑[①],大事敛用昏[②],戎事乘骊[③],牲用玄[④]。殷人尚白,大事敛用日中[⑤],戎事乘翰[⑥],牲用白。周人尚赤,大事敛用日出[⑦],戎事乘騵[⑧],牲用骍[⑨]。

【注释】

①尚:崇尚,尊崇。

②大事:郑注:"此大事谓丧事也。"。敛:通"殓",下棺于圹。昏:傍晚天色已黑。因夏代尚黑,所以在天黑后举行丧事。

③戎:兵。骊(lí):黑色的马。

④玄:黑色。

⑤日中:太阳正中的时候,即白天最亮的时候。

⑥翰(hàn):郑注:"白色马也。"

⑦日出:日出时天色是赤红色。

⑧騵(yuán):赤毛白腹的马。

⑨骍(xīng):孔疏:"纯赤色也。"

【译文】

夏代崇尚黑色,丧事入殓在傍晚天黑的时候进行,军事行动乘坐黑色的马，祭祀用黑色的牺牲。殷人崇尚白色，丧事入殓在日中的时候进行，军事行动乘坐白色的马，祭祀用白色的牺牲。周人崇尚赤色，丧事入殓在日出的时候进行，军事行动乘坐赤色的马，祭祀用赤色的牺牲。

穆公之母卒[①]，使人问于曾子曰[②]："如之何？"对曰："申也闻诸申之父曰：'哭泣之哀，齐、斩之情[③]，饘粥之食[④]，自天子达。布幕[⑤]，卫也；缪幕[⑥]，鲁也。'"

【注释】

①穆公：鲁穆公，鲁哀公的曾孙，名不衍。

②曾子：这里指曾参之子，名申。

③齐(zī)、斩：齐衰和斩衰两种丧服。礼制规定，"齐衰"是为母亲穿着的丧服，"斩衰"是为父亲穿着的丧服。父母去世，哀伤之情是相同的，因此并联在一起说"齐、斩之情"。

④饘(zhān)粥：指稀饭。饘，粥。

⑤幕：郑注："所以覆棺也。"即覆盖在棺上的织物。据郑注，卫用诸侯礼，鲁用天子礼。

⑥缪(xiāo)：缣(jiān)帛。

【译文】

鲁穆公的母亲去世了，鲁穆公派人询问曾子说："该怎么办丧事？"曾子回答："我曾听我的父亲说：'哭泣表达的是悲哀，穿着齐衰、斩衰丧服表达的是哀悼之情，因为哀伤吃不下饭只喝稀粥，这些礼节上达天子，下至百姓都是这样的。用布做覆盖在棺上的幕，这是卫国的礼仪；用缣帛做覆盖在棺上的幕，这是鲁国的礼仪。'"

晋献公将杀其世子申生[①]，公子重耳谓之曰[②]："子盖言子之志于公乎[③]？”世子曰：“不可。君安骊姬，是我伤公之心也。”曰：“然则盖行乎[④]？”世子曰：“不可。君谓我欲弑君也[⑤]。天下岂有无父之国哉[⑥]！吾何行如之[⑦]？”使人辞于狐突曰[⑧]：“申生有罪，不念伯氏之言也[⑨]，以至于死。申生不敢爱其死。虽然，吾君老矣，子少，国家多难，伯氏不出而图吾君[⑩]，伯氏苟出而图吾君，申生受赐而死。”再拜稽首，乃卒。是以为共世子也[⑪]。

【注释】

①晋献公将杀其世子申生：申生为晋献公嫡长子，申生母亲早卒。献公伐骊戎而得骊姬，骊姬获宠幸，想让自己的儿子奚齐取代申生为太子，设计诬陷申生要毒害晋献公，晋献公听信骊姬谗言，因此要杀申生。这个故事详见于《左传·僖公四年》、《国语·晋语》等。世子，帝王、诸侯正妻所生长子，太子。

②公子重耳：申生的异母弟，即晋文公。

③子盖(hé)言子之志于公乎：重耳让申生向晋献公将自己的心志作解释、表白。盖，通“盍”，何不。下同。志，意。

④行：指出行、出逃。

⑤弑(shì)君：臣下杀死国君。

⑥天下岂有无父之国：天下难道有不要父亲的国家吗？意思是天下之人都有父，有了弑父的恶名，使天下人都不能容忍。

⑦何行如之：如果有弑父之名，没有国家会接受他的投奔，就没有地方可去。

⑧辞：告。狐突：字伯行，狐偃之父，申生的老师，重耳的外祖父。此前，晋献公让申生讨伐东山皋落氏，狐突曾阻止申生，认为这会有危身之害，果然，申生凯旋回国后谗言四起，狐突怕危及自

身而闭门不出。

⑨伯氏:指狐突,申生之傅。我国传统以“伯、仲、叔、季”表示排行,“伯”是老大。

⑩伯氏不出而图吾君:这是申生希望狐突继续辅佐国君。图,谋划。

⑪是以为共世子:共,通“恭”。恭,《谥法》:“敬顺事上曰‘恭’。”郑注:“言行如此,可以为恭,于孝则未之有。”孔疏,孝子不陷亲于不义,申生这样做,“遂陷父有杀子之恶,虽心存孝,而于理终非,故不曰孝,但谥为恭”。

【译文】

晋献公将要杀掉他的嫡长子申生,公子重耳对申生说:“你为什么不向父亲解释,说自己是被诬陷的呢?”申生回答说:“不可以。国君因骊姬而安逸、快乐,我去解释的话,骊姬会受到处罚,那就是我让国君伤心了。”重耳又问:“那么你为什么不出走呢?”申生又说:“不可以。国君说我要杀害他。天下哪有没有父亲的国家呢!有谋害父亲的恶名,我能逃到哪里去呢?”申生派人带话告诉狐突说:“申生我有罪过,没有听从伯氏您的话,以致陷于死地。申生我不敢惜命怕死。虽然如此,我们国君已经老了,小儿子又很小,国家多难,您又不出来为国君出谋划策,您如果肯为国君出谋划策,申生就是得到恩赐而死了。”再跪拜磕头而后自杀。由于申生对国君百依百顺,因此给他的谥号为“恭”,称他为“恭世子”。

鲁人有朝祥而莫歌者[①],子路笑之。孔子曰:“由,尔责于人,终无已夫[②]!三年之丧,亦已久矣夫[③]!”子路出,孔子曰:“又多乎哉!逾月则其善也[④]。”

【注释】

①朝(zhāo)祥而莫(mù)歌:祥,丧礼祭名。有小祥和大祥二种。小祥是在人死一年后举行的祭祀,即周年祭。大祥在两年后,除去丧服,服丧即已基本完成。孔疏:"祥谓二十五月大祥,歌、哭不同日,故仲由笑之也,故郑注'笑其为乐速'。然祥日得鼓素琴。"莫,同"暮",傍晚。

②夫(fú):语末助词。下同。

③亦已久矣夫:意思是这个人已经服了三年的丧,时间已经很长了。

④逾月则其善也:大祥后再过一个月就是禫(dàn)祭,禫祭后就可以唱歌,所以孔子认为再过一个月就好了。

【译文】

鲁国有人早上刚进行了大祥祭,晚上就唱起歌来,子路因而讥笑他。孔子说:"子路,你责备他人,没个完了吗! 他服丧三年,也已经很久了啊!"子路出去后,孔子又说:"距可以唱歌的日子也没有多少了嘛! 能再过一个月唱就好了。"

鲁庄公及宋人战于乘丘[①],县贲父御[②],卜国为右[③]。马惊败绩[④],公队[⑤],佐车授绥[⑥]。公曰:"末之卜也[⑦]。"县贲父曰:"他日不败绩,而今败绩,是无勇也。"遂死之。圉人浴马[⑧],有流矢在白肉[⑨]。公曰:"非其罪也。"遂诔之[⑩]。士之有诔,自此始也。

【注释】

①乘丘:鲁地。此事发生在鲁庄公十年(前 684),鲁国大败宋国。

②县贲父(xuán bēn fǔ):鲁人。御:驾车,驾驭。

③右：车右，护卫。古制一车乘三人，尊者在左，驭手在中，护卫在右，通常由勇力之士担任。

④马惊败绩：此战是鲁胜宋败，鲁国并没有“败绩”的事。郑注：“惊奔失列。”《训纂》引江永说：“败绩，谓车覆。”

⑤队（zhuì）：同“坠”。

⑥佐车：副车。绥：上车时供拉手的绳索。

⑦末：当作“未”。

⑧圉（yǔ）人：养马的人。

⑨白肉：郑注：“股里肉。”指马的大腿里侧。

⑩诔（lěi）：哀悼死者的文章。古制只有卿大夫有诔，士没有诔。

【译文】

鲁庄公和宋国人在乘丘作战，县贲父为驭手驾车，卜国为车右护卫。马突然受惊而翻车，鲁庄公摔了下来，驾驭副车的人将登车的绳索递给庄公，让他上了副车。庄公说：“这是我事先没有占卜选择驭手。”县贲父说：“平日驾车马从未受惊翻车，今天马却受惊而翻车，这是我没有勇气的缘故。”于是赴敌而战死。后来，圉人给马洗浴时，发现马的大腿内侧中了箭。鲁庄公说：“这不是县贲父的罪过。”于是为他写了表示哀悼的诔文。士这个阶层有诔文，就是由此而开始的。

曾子寝疾，病[①]。乐正子春坐于床下[②]，曾元、曾申坐于足[③]，童子隅坐而执烛[④]。童子曰：“华而睆[⑤]，大夫之箦与[⑥]？”子春曰：“止！”曾子闻之，瞿然曰[⑦]：“呼[⑧]！”曰：“华而睆，大夫之箦与？”曾子曰：“然，斯季孙之赐也，我未之能易也。元起易箦！”曾元曰：“夫子之病革矣[⑨]，不可以变。幸而至于旦，请敬易之。”曾子曰：“尔之爱我也不如彼。君子之爱人也以德，细人之爱人也以姑息[⑩]。吾何求哉？吾得正而毙焉[11]，斯已矣。"举扶而易之。反席未安而没[12]。

【注释】

①病：郑注："谓疾困。"指病重。

②乐（yuè）正子春：乐正是姓。曾子的弟子。

③曾元、曾申：都是曾子的儿子。

④隅：角落。

⑤华：指画有花纹。睆（huǎn）：光滑。

⑥大夫之箦（zé）：大夫所用的席子。曾子并未做官，不是大夫，按礼制，不应使用这种"大夫之箦"。箦，郑注："谓床笫也。"即床上铺的竹席。与（yú）：语气词。

⑦瞿（jù）然：惊惧貌。

⑧呼：郑注："虚惫之声。"

⑨革：急。也是指病重。

⑩细人：小人，与"君子"相对。姑息：苟且取安。

⑪正：指合乎礼仪，行为正确。

⑫安：安置，放好。没（mò）：通"殁"，死。

【译文】

曾子卧病在床，病情严重。弟子乐正子春坐在床下，儿子曾元、曾申坐在脚旁，少年在角落侍坐拿着烛火。少年说："美丽又光滑，这是大夫用的竹席吗？"子春说："住嘴！"曾子听到了，十分惊诧，虚弱而疲惫地叹息道："唉！"少年又说："美丽又光滑，这是大夫用的竹席吗？"曾子说："是的，这是季孙赐给我的，我没有来得及换掉它。曾元，起来把席子换掉！"曾元说："您的病很严重，不可以移动。希望等到天亮，再为您更换。"曾子说："你对我的爱还不如那少年。君子爱人是成全他的品德，小人爱人则是姑息他，让他苟且偷安。我所要求的是什么呢？只是希望能符合礼仪地死去，就是如此而已。"大家抬起曾子，换掉竹席。把曾子放回席上，还没有安顿好，曾子就去世了。

始死，充充如有穷[①]；既殡，瞿瞿如有求而弗得[②]；既葬，皇皇如有望而弗至[③]。练而慨然[④]，祥而廓然[⑤]。

【注释】

①充充如有穷：这是指孝子悲痛到无以复加的感情。孔疏："亲始死，孝子匍匐而哭之，心形充屈，如急行道极，无所复去，穷急之容也。"

②瞿瞿（jù）：孔疏："眼目速瞻之貌"；"貌恒瞿瞿，如有所失而求觅之不得然也"。

③皇皇如有望而弗至：孔疏："孝子心形栖栖皇皇，无所依托，如有望彼人来而彼人不至也。"

④练：小祥，人死一周年的祭祀。慨：慨叹时间逝去太快。

⑤祥：大祥。廓：空虚。

【译文】

双亲刚过世，孝子满腔悲痛，好像一切已到穷尽；入殓后，孝子目光游移，好像失去什么又求之不得；等到下葬后，孝子栖栖惶惶，好像期望谁来而又不至。小祥过后就感慨时间过得太快，大祥除服后感到空虚失落，情绪不快乐。

邾娄复之以矢[①]，盖自战于升陉始也[②]。鲁妇人之髽而吊也[③]，自败于台鲐始也[④]。

【注释】

①邾娄（zhū lóu）：邾国。《释文》云："邾人呼邾声曰娄，故曰邾娄。"

复：招魂。矢：箭。招魂本应用死者的衣服，但邾国在战争中死亡人数过多，已无衣可以用来招魂，因而用箭来代替。

②升陉（xíng）：鲁地。鲁僖公二十二年（前638），邾国与鲁国发生战争，鲁国战败，但邾国死伤亦惨重。

③髽（zhuā）：妇人丧髻，即不用发簪，仅用麻或布带束发。

④台鲐（tái）：郑注，“台（臺）”当是“壶”字之误，《春秋传》作“狐鲐”，邾地，在今山东滕州东南二十里的狐骀山。此次邾、鲁之战发生在鲁襄公四年（前569），鲁国失败。《左传·襄公四年》：“冬十月，邾人、莒人伐鄫，臧纥救鄫，侵邾，败于狐骀。国人逆丧者皆髽，鲁于是乎始髽。”

【译文】

邾国人用箭招魂，大概是从升陉之战开始的。鲁国妇人用麻布束发去吊丧，是从狐骀之战失败后开始的。

南宫绦之妻之姑之丧[①]，夫子诲之髽[②]，曰：“尔毋从从尔[③]！尔毋扈扈尔[④]！盖榛以为笄[⑤]，长尺而总八寸[⑥]。”

【注释】

①南宫绦（tāo）：郑玄认为他是鲁国大夫孟僖子之子南宫阅，字子容。姑：婆婆。南宫绦之妻是孔子的侄女。《论语·公冶长》：“子谓南容：‘邦有道，不废；邦无道，免于刑戮。’以其兄之子妻之。”

②夫子诲之髽：孔子教南宫绦之妻做丧髻。

③从从（zǒng）：郑注：“谓大（太）高。”

④扈扈（hù）：郑注：“谓大（太）广。”

⑤笄（jī）：发簪。

⑥总八寸：束发后的布条垂下八寸作为装饰。

【译文】

南宫绍的妻子的婆婆去世，孔子教她做丧髻，说："你不要把发髻束得高高的！也不要束得宽宽的！用榛木做簪子，长一尺，束发后的布条要垂下八寸长。"

孟献子禫[①]，县而不乐[②]，比御而不入[③]。夫子曰："献子加于人一等矣！"

【注释】

①孟献子：鲁国大夫仲孙蔑，"献"是谥号。禫（dàn）：丧礼祭名。在大祥后的一个月举行。

②县（xuán）而不乐：悬挂乐器但不演奏。县，同"悬"。

③比御而不入：郑注："可以御妇人矣，尚不复寝。"即仍不进入寝室。

【译文】

孟献子举行完禫祭之后，只悬挂乐器但不演奏，可以由妇人侍寝但仍不进入寝室。孔子说："孟献子高人一等啊！"

孔子既祥，五日弹琴而不成声[①]，十日而成笙歌[②]。

【注释】

①不成声：因为悲伤的心情还在，所以弹奏音乐还不成调。

②十日而成笙歌：郑注："逾月且异旬也。"十天后已经是下个月，心情平复，才能吹出歌曲。

【译文】

孔子举行完大祥祭，五天后弹琴，但还不成曲调，十天后的下一个月，吹笙才吹得出歌曲。

有子盖既祥而丝屦、组缨[①]。

【注释】

①“有子”句：郑注：“讥其早也。”即讥讽、批评有子穿戴漂亮衣冠过早，不合丧礼礼仪。有子，有若。孔子的弟子。丝屦（jù），丝制的鞋子。组缨，用丝做冠缨。

【译文】

有子举行大祥祭后就穿上了丝质的鞋子，戴上丝带做缨的冠。

死而不吊者三：畏、厌、溺[①]。

【注释】

①“死而不吊者三”句：因“畏、厌、溺”三种情形而死，不用为其吊丧。儒家认为孝子为孝养父母应珍惜自己的生命，若轻身忘孝，不必为其吊丧。畏，孔疏：“谓有人以非罪攻己，己若不有以解说（脱）之而死者。”厌，压。孔疏：“谓行止危险之下，为崩坠所厌（压）杀也。”溺，孔疏：“谓不乘桥舡而入水死者。”

【译文】

死了却不为其吊丧的有三种人：因畏惧而自杀的人，在险境被压死的人，溺水而死的人。

子路有姊之丧，可以除之矣，而弗除也。孔子曰：“何弗除也?”子路曰:“吾寡兄弟而弗忍也[①]。”孔子曰:“先王制礼,行道之人皆弗忍也[②]。”子路闻之,遂除之。

【注释】

①寡兄弟:这是说自己的兄弟少,不忍心除丧,想按兄弟之丧的礼仪为姐姐服丧。为姐姐服丧应是服九个月大功之丧,为兄弟服丧则是一年齐衰之丧。

②行道之人皆弗忍也:凡是仁义之人都不忍除丧,但这是先王制定的礼制,必须要遵守。行道,郑注:“犹行仁义。”

【译文】

子路为去世的姐姐服丧,服丧期已到可以除丧了却不除。孔子问他:“为什么不除丧?”子路答:“我的兄弟少,不忍心除丧。”孔子说:“先王制礼,凡行仁义的人其实都是不忍心的,但要按礼制办事。”子路听了孔子的话,便停止了服丧。

大公封于营丘[①],比及五世,皆反葬于周[②]。君子曰:“乐,乐其所自生;礼,不忘其本。古之人有言曰:‘狐死正丘首[③],仁也[④]。’”

【注释】

①大公:姜太公吕尚,或称“姜子牙”,辅佐周文王、武王灭商,因功封于营丘,为齐国。大,同“太”。营丘:在今山东淄博东北。

②“比及五世”二句:比及五世,指姜太公以下五代子孙。有研究者认为,姜太公以下五世返葬于周,不可信。

③正丘首:即“正首丘”。正,正对着。丘,孔疏:“丘是狐窟穴根本之处。虽狼狈而死,意犹向此丘,是有仁恩之心也。”

④仁：恩。这里指的就是“本”。

【译文】

太公吕尚分封在营丘，他的五代子孙，死后都返回周埋葬。君子说：“乐，是对自己的功业兴发的喜乐；礼，是让人不要忘本。古人曾说过：‘狐狸死了，头也要正对着它的巢穴所在的山丘，这是不忘根本啊。’”

伯鱼之母死①，期而犹哭②。夫子闻之，曰：“谁与哭者？”门人曰：“鲤也。”夫子曰：“嘻③！其甚也。”伯鱼闻之，遂除之。

【注释】

①伯鱼：孔子之子，名鲤，字伯鱼。

②期（jī）而犹哭：父亲尚在，为死去的母亲服丧只需一年。孔疏，伯鱼之母已被“出”，即已与孔子离婚，为出母服丧应在十三月举行祥祭，祥祭后无哭。犹，尚。

③嘻（xī）：郑注：“悲恨之声。”

【译文】

伯鱼的母亲死了，服丧满一年仍哭。孔子听见了，询问：“是谁在哭？”弟子说：“是孔鲤。”孔子叹道：“唉！那是过分了。”伯鱼听了，于是就不哭了。

舜葬于苍梧之野①，盖三妃未之从也②。季武子曰：“周公盖祔③。”

【注释】

①舜葬于苍梧之野：郑注："舜征有苗而死，因留葬焉。"苍梧，即苍梧山，又名"九嶷山"。周代属南越之地，汉代为郡，位于今湖南南部宁远境内。

②三妃未之从也：是说舜的三妃没有与其合葬。三妃，娥皇、女英、癸比。

③祔(fù)：郑注："谓合葬。"

【译文】

舜死后葬在苍梧之野，他的三位妃子都没有与他合葬。季武子说："大概夫妻合葬是从周公开始的。"

曾子之丧，浴于爨室[①]。

【注释】

①浴于爨(cuàn)室：死后在烧火做饭的厨房洗浴身体。按照礼制，遗体洗浴应在正寝，安排在爨室洗浴不合礼仪。郑玄、孔颖达认为此篇与上文曾子卧病，曾元没有及时更换竹席有关，曾子为教育他有意而为。但后世学者认为不可信，孙希旦说："曾子欲教其子，正当示之以礼，岂有使之以非礼治其丧耶"，"此所记必传闻之误"。

【译文】

曾子死后，在烧火做饭的厨房洗浴身体。

大功废业[①]。或曰[②]："大功，诵可也。"

【注释】

①大功废业：大功，“五服”之一。服丧期九个月，其服用熟麻制成，较齐衰稍细，较小功为粗，故称“大功”。为堂兄弟，未婚的堂姊妹，已婚的姑、姊妹、侄女等服丧，都服大功。已婚的女子为伯父、叔父、兄弟、侄，未婚姑、姊妹、侄女等服丧，也服大功。业，学业，包括弹琴、诵诗等。

②或：有人。

【译文】

服大功的丧期中要停止弹琴、诵诗等学业。但有的人说：“服大功之丧，诵诗是可以的。”

子张病[①]，召申祥而语之曰[②]：“君子曰‘终’，小人曰‘死’。吾今日其庶几乎[③]！”

【注释】

①子张：姓颛孙，名师，字子张。孔子的弟子。

②申祥：子张之子。

③“君子”三句：孔疏：“庶，幸也。几，冀也。”孙希旦说：“天之生人，气以成形，而理具焉。惟君子全而受之，全而归之，有始有卒，故曰‘终’；小人不能全其所赋之理，则但见其身形之澌灭而已，故曰‘死’。吾今日其庶几者，言未至今日，犹不敢自信其不为小人。”

【译文】

子张病重，招来儿子申祥对他说：“君子去世叫‘终’，小人去世叫‘死’。我如今或许有幸可以希望叫‘终’了！”

曾子曰:“始死之奠①,其余阁也与②?”

【注释】

①奠:《集解》引朱熹说:“自葬以前,皆谓之奠,其礼甚简。”“奠”就是为死者献上饮食供品。

②余阁:死者剩余在房室柜架上的食物。阁,存储放置食物的房室与柜架。孙希旦说,用阁上所余脯、醢以奠,一则以仍其生前之食而不忍遽易,一则以用于仓促之顷而不及别具也。

【译文】

曾子说:“人刚死后的奠祭,用的是死者存储在房室、柜架上剩余的食物吧?”

曾子曰:“小功不为位也者①,是委巷之礼也②。子思之哭嫂也为位③,妇人倡踊④。申祥之哭言思也亦然⑤。”

【注释】

①小功:丧服“五服”之一。其服以熟麻布制成,较大功为细,较缌麻为粗。小功服丧期五个月,适用于为伯叔祖父母、堂伯叔祖父母、堂伯叔祖兄弟、未嫁堂祖姑姐妹,已嫁堂姊妹及孙女等。为位:郑注:“位谓以亲疏叙列哭也。”即丧礼中亲属要按照亲疏远近关系序列站在一定的位置上哭。

②委巷:郑注:“犹街里委曲所为也。”即街道弯曲小巷。

③子思:孔门字“子思”的有孔子的孙子孔伋和孔子弟子原宪、燕伋。孔伋无兄,应无嫂,这里的“子思”未知所指。

④妇人倡踊:子思之妻率先号哭跳脚。按照礼制,叔嫂无服,子思不用为嫂服丧,但子思之妻对其嫂要服小功,所以子思随其妻为

位而哭。倡，先。踊，双足跳起，表示非常哀痛。

⑤申祥：子张之子。言思：子游之子，申祥妻之昆弟。按照礼制，申祥于言思无服，但申祥之妻应为言思服大功，所以申祥也要为位而哭。

【译文】

曾子说："为亲属服小功之丧，如果不按照亲疏的序列在一定的位置上哭，就是街里小巷小人之礼了。子思哭其嫂也按照亲疏的序列在一定的位置上哭，他的妻子先跳脚号哭。申祥为妻子的弟弟言思哭也是这样的。"

古者冠缩缝[①]，今也衡缝[②]。故丧冠之反吉，非古也。

【注释】

①古者：孔疏："自殷以上也。"缩缝：指冠顶褶皱自前向后纵向排列。缩，纵。自殷代以上吉冠、丧冠都是直缝。

②今：周代。衡缝：横缝。衡，横。周代吉冠冠顶褶皱横向排列，丧冠冠顶褶皱纵向排列，两者相反。

【译文】

古时的冠是直缝、冠顶折皱是纵向的，现在的吉冠是横缝、冠顶折皱是横向的，丧冠则是直缝、冠顶折皱是纵向的。因此丧冠和吉冠是相反的，这并不是古代的制度。

曾子谓子思曰："伋！吾执亲之丧也[①]，水浆不入于口者七日[②]。"子思曰："先王之制礼也，过之者俯而就之[③]，不至焉者跂而及之[④]。故君子之执亲之丧也，水浆不入于口者三日，杖而后能起。"

【注释】

①执亲之丧：为亲人守丧。执，守，持。

②水浆不入于口者七日：这里指七天没吃任何食物。浆，带米汁的酒。按照礼制，为父服斩衰，三日不食。《间传》："斩衰三日不食。"

③过之者俯而就之：行礼过重的人应俯身迁就礼制的规定。

④跂（qǐ）：踮起脚。

【译文】

曾子对子思说："伋！我为父亲守丧，七天不吃不喝。"子思说："先代圣王制定礼仪，让行礼超过标准的人俯身贴近标准，让行礼没有达到标准的人踮起脚努力达到标准。所以君子为父亲守丧，三天不吃不喝就达到标准了，要扶着丧杖能站起来。"

曾子曰："小功不税[①]，则是远兄弟终无服也[②]，而可乎？"

【注释】

①税（tuì）：为死者追服。郑注："日月已过，乃闻丧而服，曰税。大功以上然。小功轻，不服。"这是说，听到远房亲属的死讯太晚，如果应服大功以上的丧，就要追服；如果应服小功以下的丧，就不用追服了。

②远兄弟：相距很远的从祖兄弟。

【译文】

曾子说："按照礼制，应为亲属服小功之丧服，听到死讯晚了、服丧期已过，就不用再追加服丧了。那么相距很远的从祖兄弟就会不再服丧了，这样可以吗？"

伯高之丧[①]，孔氏之使者未至[②]，冉子摄束帛、乘马而将之[③]。孔子曰："异哉！徒使我不诚于伯高[④]。"

【注释】

①伯高：人名。郑注："死时在卫，未闻何国人。"

②使者：向死者赠送财物的代表。

③冉子：冉有，名求。孔子的弟子。摄：代。乘(shèng)马：四匹马。将之：谎称奉孔子之命而来。

④不诚于伯高：《训纂》引王念孙认为此句应是"不诚礼于伯高"。孔疏："代孔子行吊非孔子本意，是非孔子忠信，虚有吊礼。若孔子重遣人更吊，即弥为不可。"

【译文】

伯高的丧事，孔子派去吊唁赠送财物的使者还未到，冉子就代为准备好一束帛、四匹马送了过去。孔子知道后说："奇怪！这白白让我不能对伯高诚信行礼！"

伯高死于卫，赴于孔子[①]。孔子曰："吾恶乎哭诸[②]？兄弟，吾哭诸庙；父之友，吾哭诸庙门之外；师，吾哭诸寝；朋友，吾哭诸寝门之外；所知，吾哭诸野。于野则已疏，于寝则已重。夫由赐也见我[③]，吾哭诸赐氏[④]。"遂命子贡为之主[⑤]，曰："为尔哭也来者，拜之；知伯高而来者，勿拜也[⑥]。"

【注释】

①赴：告。

②吾恶(wū)乎哭诸：我应在哪里哭他呢？诸，指代伯高。孔子和伯高的交情不算深，所以有此疑惑。

③赐：端木赐，字子贡。孔子的弟子。

④赐氏：子贡家里。实际上是子贡的寝门之外。

⑤命子贡为之主：让子贡作为伯高的丧主。

⑥“为尔哭也”四句：孔疏：“凡丧之正主，知生知死来者悉拜，今与伯高相知而来，不拜。”因为子贡并不是伯高之丧的正主，异于有服之亲，所以对认识伯高的人就不用拜谢。

【译文】

伯高死在卫国，他的家人向孔子报丧。孔子说：“我该到哪里哭他呢？如果是兄弟，我在祖庙里哭；如果是父亲的朋友，我在庙门外哭；如果是老师，我在正寝里哭；如果是朋友，我在寝门外哭；如果是相知的有交往的人，我在野外哭。我和伯高的交情，在野外哭就显得太疏，在正寝哭又显得太重。他是通过子贡和我见面认识的，我去子贡家哭吧。”于是让子贡在家充当主丧人，说：“凡是因为你的关系而来哭伯高的，你就拜谢他；认识伯高而来吊丧的，就不用拜谢了。”

曾子曰：“丧有疾，食肉饮酒，必有草木之滋焉[①]。”以为姜桂之谓也。

【注释】

①草木之滋：即后文的“姜桂”。郑注：“增以香味，为其疾不嗜食。”

【译文】

曾子说：“居丧时生病，可以吃肉饮酒，一定要有草木的调味。”所谓“草木的调味”，就是添加生姜、桂皮这些香料。

子夏丧其子而丧其明[①]。曾子吊之曰：“吾闻之也：朋友丧明则哭之。”曾子哭，子夏亦哭，曰：“天乎！予之无罪也！”

曾子怒曰："商！女何无罪也[②]？吾与女事夫子于洙、泗之间[③]，退而老于西河之上[④]，使西河之民疑女于夫子[⑤]，尔罪一也。丧尔亲，使民未有闻焉[⑥]，尔罪二也。丧尔子，丧尔明，尔罪三也。而曰女何无罪与？"子夏投其杖而拜曰："吾过矣！吾过矣！吾离群而索居亦已久矣[⑦]。"

【注释】

①子夏：姓卜，名商，字子夏。孔子的弟子。丧其明：失明。

②女：通"汝"，你。

③洙、泗：洙水、泗水，都是鲁地的水名。

④西河：指黄河龙门至华阴一段的地方。

⑤疑：通"拟"，比拟。

⑥"丧尔亲"二句：意思是为亲人居丧却没有百姓可称道的优异表现。

⑦索：郑注："犹散也。"

【译文】

子夏因为死了儿子而哭到失明。曾子前去吊唁，说："我听说，朋友如果失明了要为他哭。"曾子哭，子夏也哭，说："老天啊！我没有什么罪过啊！"曾子听了发怒说："卜商！你怎么没有罪过了？我和你一起在洙水、泗水间侍奉孔子，后来你在西河养老，西河的百姓都把你比拟于孔子了，这是你的第一条罪过。你的双亲死了，你也没有让百姓看到有值得称道的优异表现，这是你的第二条罪过。你的儿子死了，你就为他哭到失明，这是你的第三条罪过。你还说你没有什么罪过？"子夏扔掉拄杖而拜谢说："是我的错！是我的错！我离开同门朋友而独居的时间也已经太久了。"

夫昼居于内，问其疾可也[①]；夜居于外，吊之可也[②]。是故君子非有大故，不宿于外；非致齐也、非疾也[③]，不昼夜居于内。

【注释】

①“夫昼居于内”二句：白天呆在正寝中，可能是生病了，可以问候病情。内，正寝之中。

②“夜居于外”二句：夜晚在正寝之外，可能是有丧事，可以前往吊丧。孝子居丧期间，夜晚不睡在正寝中，而是在中门之外搭庐舍睡觉。

③齐：同“斋”。

【译文】

白天还呆在正寝中，可以问候病情；夜晚还在正寝之外，可以前往吊丧。所以君子不是有丧事，就不会在正寝之外睡觉；不是祭祀前的斋戒、不是生病，就不会昼夜都呆在正寝中。

高子皋之执亲之丧也[①]，泣血三年[②]，未尝见齿[③]，君子以为难。

【注释】

①高子皋（gāo）：姓高，名柴，字子皋。孔子的弟子。

②泣血：泣而无声，就像血流出一样。

③未尝见齿：笑不露齿。指只有微笑。见，同“现”。

【译文】

高子皋为父亲服丧三年，悲伤哭泣无声像血流出一样，从来没有露齿笑过，君子认为能做到这些是很难的。

衰[①]，与其不当物也[②]，宁无衰。齐衰不以边坐[③]，大功不以服勤[④]。

【注释】

①衰：丧服。

②不当物：不合礼制。郑注："谓精粗、广狭不应法制。"

③齐(zī)衰：丧服"五服"之一。仅次于斩衰，用粗麻布制作。齐衰的服丧期有四种情况：一、如果父亲已死，为母亲、为继母服丧，母亲为嫡长子服丧，服期为三年。二、父亲健在，为母服丧，丈夫为妻子服丧，服期为一年，又称"杖期"。三、男子为伯、叔父母，为兄弟、兄弟之子，媳妇为公公、婆婆，已嫁的女子为父母，孙子、孙女为祖父母等服丧，服期为一年，不执杖。四、为寄居他国的国君，庶民为国君，为过去侍奉的国君以及他的母亲、妻子，族人为宗子及其母亲、妻子，已嫁或未嫁的女子为曾祖父母等服丧，服期为三个月。不以边坐：不可偏倚而坐，即要端坐在席子中央。边，偏倚。

④大功不以服勤：孔疏："大功虽轻，亦不可着衰服以为勤劳事也。"指穿着大功以上的丧服(如斩衰、齐衰)就不要干活。穿着小功和缌麻丧服可以干活。

【译文】

各种丧服，如果穿着不合礼制，宁可不要穿丧服。穿着齐衰丧服就不可以偏倚而坐，穿着大功丧服就不可以干活。

孔子之卫，遇旧馆人之丧[①]，入而哭之哀。出，使子贡说骖而赙之[②]。子贡曰："于门人之丧，未有所说骖，说骖于旧馆，无乃已重乎[③]？"夫子曰："予乡者入而哭之，遇于一哀而出涕[④]，予恶夫涕之无从也。小子行之。”

【注释】

①旧馆人：以前馆舍的主人。

②说（tuō）骖（cān）而赙（fù）之：解下驾车的马作为助丧之物赠给人家。说，通“脱”。赙，帮助丧家办理丧事而赠送财物，一般送钱财，重者送车马。

③“于门人”四句：子贡认为，对于自己的弟子去世，孔子都没有为其赠送骖马，对于旧馆人丧事的礼数过重。门人，这里指的应是颜回。《论语·先进》记载，颜回死后，其父颜路曾向孔子要车子做棺材的外椁，但孔子没有答应。

④遇于一哀而出涕：孙希旦说：“言已入吊时，遇主人之专一而致其哀也。盖主人之于吊宾恩深者，其哀恒切，今主人为孔子而致哀，是以厚恩待孔子也。孔子感之而为之出涕，是又以厚恩答之也。”

【译文】

孔子到卫国去，遇见从前馆舍主人的丧事，孔子进门哭得很伤心。出来后，让子贡解下驾车的马作为助丧之物赠给人家。子贡说：“对于自己弟子的丧事，都没有为其赠送驾车的马，现在为从前馆舍主人却赠送驾车之马，礼数未免太重了吧？”孔子说：“我刚才进门吊丧而哭，主人为我致哀令我悲伤而感动得流泪，我讨厌光是流泪却不跟上实际行动。你照我说的做。”

孔子在卫，有送葬者，而夫子观之，曰：“善哉为丧乎！足以为法矣。小子识之[①]！”子贡曰：“夫子何善尔也？”曰：“其往也如慕，其反也如疑[②]。”子贡曰：“岂若速反而虞乎[③]？”

子曰："小子识之！我未之能行也。"

【注释】

①识(zhì)：记。下同。

②其反也如疑：亲人遗体已下葬，魂灵要返回故居。孝子返家时，迟疑亲人的魂灵是否能跟上来一起返家，因此不敢马上返回。

③虞：祭名。死者下葬后在当日正午举行的祭祀，意在安魂。

【译文】

孔子在卫国的时候，有人为亲人送葬，孔子在旁观看，说："这位送葬的人做得很好呀！足以作为榜样了。你们要记住！"子贡说："您为什么说他做得好呢？"孔子回答说："他送葬时，如同小孩思慕亲人一样地啼哭，葬后返家时又担心亲人的魂灵跟不上回家而迟疑着。"子贡说："难道不应该是赶快回家举行安魂的虞祭吗？"孔子说："你好好记住吧！我都未必能做到这样呢。"

颜渊之丧[1]，馈祥肉，孔子出受之，入，弹琴而后食之[2]。

【注释】

①颜渊：名回，字子渊。孔子的弟子。

②弹琴而后食之：先弹了一会儿琴再吃肉。郑注："弹琴以散哀也。"即为排遣哀伤而弹琴。颜回是孔子最喜爱的弟子，对他的死，孔子非常悲伤。

【译文】

颜渊的丧事，他的家人来馈送大祥祭后的祭肉，孔子出门接受祭肉，进门后，先弹了一会儿琴才吃肉。

孔子与门人立，拱而尚右①，二三子亦皆尚右。孔子曰："二三子之嗜学也，我则有姊之丧故也。"二三子皆尚左。

【注释】

①拱而尚右：拱手时是右手在上，左手在下。古时男子在拱手拜礼时，如果是丧事就右手在上，左手在下，吉事就左手在上，右手在下。女子则相反。尚，上。

【译文】

孔子与弟子一同站立，拱手时右手在上，左手在下，弟子们也都学他右手在上。孔子说："你们只晓得一味地学我，我是为姐姐服丧的缘故才这样。"于是弟子们又都将左手放在上。

孔子蚤作①，负手曳杖②，消摇于门③，歌曰："泰山其颓乎④！梁木其坏乎！哲人其萎乎⑤！"既歌而入，当户而坐。子贡闻之，曰："泰山其颓，则吾将安仰？梁木其坏，哲人其萎，则吾将安放⑥？夫子殆将病也。"遂趋而入。夫子曰："赐！尔来何迟也？夏后氏殡于东阶之上，则犹在阼也⑦。殷人殡于两楹之间，则与宾主夹之也⑧。周人殡于西阶之上，则犹宾之也⑨。而丘也，殷人也⑩。予畴昔之夜⑪，梦坐奠于两楹之间⑫。夫明王不兴，而天下其孰能宗予？予殆将死也！⑬"盖寝疾七日而没。

【注释】

①蚤作：早起。蚤，通"早"。作，起。

②负手曳(yè)杖：背着手，拖着手杖。

③消摇：即逍遥。

④颓：崩塌。

⑤萎：病。

⑥放：依靠。

⑦“夏后氏”二句：夏人将灵柩停放在东阶上，那是主人的位置。

⑧“殷人”二句：殷人将灵柩停放在户牖之间，那是主人和宾客之间的位置。

⑨“周人”二句：周人将灵柩停放在西阶上，那是宾客的位置。

⑩丘也，殷人也：周武王灭商后，封商纣王子武庚于旧都（今河南商丘），武庚于周初叛乱被杀，又改封纣之庶兄微子，为宋国。孔子的祖先是宋人，因此自称是“殷人”。

⑪畴昔：昔。郑注，“畴”是发声词。

⑫梦坐奠于两楹之间：这是孔子自己占梦。郑注：“是梦坐两楹之间而见馈食也。”即接受祭奠献食。两楹之间，即户牖之间，是南面而坐的位子，在堂上这是最尊贵的位子。

⑬予殆将死也：孔子认为，坐在两楹之间的尊位，不是天下要尊我为君，不是南面听政之象，那就一定是殷人丧殡之兆，说明自己要死了。

【译文】

孔子早上起来，背着手，拖着手杖，逍遥地在门外散步，歌唱道：“泰山要崩塌了！栋梁要损坏了！哲人要病倒了！”唱完歌回到屋内，对着门坐下。子贡听见了，说：“要是泰山崩塌了，那我仰望什么呢？要是栋梁损坏了，哲人病倒了，那我依靠什么呢？夫子恐怕是要生大病了吧。”于是快步走进屋里。孔子说：“赐！你怎么来得这么晚呢！夏代将灵柩停放在东阶上，那是主人的位置。殷人将灵柩停放在两楹之间，那是主人和宾客的位置。周人将灵柩停放在西阶上，那是宾客的位置。我孔丘是殷人的后代。我昨晚梦见自己坐在两楹之间的尊位被馈食。可现在没有明王兴起，天下有谁能够用我、尊我呢？我恐怕是将要死了！”大约卧病在床七天就去世了。

孔子之丧，门人疑所服。子贡曰：“昔者夫子之丧颜渊，若丧子而无服①。丧子路亦然。请丧夫子若丧父而无服。”

【注释】

①无服：郑注：“不为衰，吊服而加麻，心丧三年。”即丧期内生活行为要按丧制规范实行。

【译文】

孔子的丧事，弟子们对所穿的丧服有疑问。子贡说：“从前夫子为颜渊居丧，就像为儿子居丧一样没穿丧服，但心丧三年。为子路居丧也是这样。请大家为孔子居丧像为父亲居丧一样，只是不穿丧服。”

孔子之丧，公西赤为志焉①。饰棺墙②，置翣设披③，周也。设崇④，殷也。绸练设旐⑤，夏也。

【注释】

①公西赤：姓公西，名赤，字子华。孔子的弟子。志：为棺木做装饰、绘画。

②墙：柳衣。在棺柩旁设置木框架，称作“柳”，外面盖上布，四周叫作“帷”，顶端叫作“荒”，“帷”、“荒”就是柳衣，也叫作“墙”。

③翣(shà)：宽三尺、高二尺四寸的木架，用来遮挡灵柩的扇形装饰，用白布遮盖，其上画有花纹。披(bì)：缚在棺两边的帛带，柩车行进时，使人牵持，用以保持棺的平稳。

④崇：崇牙。孔疏：“旌旗之旁，刻缯为崇牙。”即旌旗上牙形的

边饰。

⑤绸练：用素锦缠绕旗杆。绸，束缚，缠绕。练，素锦。旐（zhào）：一种黑布魂幡。

【译文】

孔子的丧事，由公西赤负责装饰棺柩。他装饰了棺柩外的柳衣，安置了遮挡灵柩的翣扇，设置了缚在棺柩两边的披带，这用的是周人的礼制。送丧车的旗上缀有牙形的边饰，这用的是殷人的礼制。送丧车上的旗杆用素锦缠绕，上面设有黑布的魂幡，这用的是夏人的礼制。

子张之丧，公明仪为志焉①。褚幕丹质②，蚁结于四隅③，殷士也。

【注释】

①公明仪：子张的弟子。

②褚（zhǔ）幕丹质：他用红色的布幕覆盖棺材。褚，覆棺的红布。

③蚁结于四隅：在红布幕的四角画上蚂蚁形往来交错的纹饰。

【译文】

子张的丧事，由公明仪负责装饰棺柩。他用红色的布幕覆盖棺材，在红布幕的四角画上蚂蚁形状般交结往来的纹路，这是殷代士的丧礼礼制。

子夏问于孔子曰："居父母之仇如之何？"夫子曰："寝苫枕干①，不仕②，弗与共天下也。遇诸市朝，不反兵而斗③。"曰："请问居昆弟之仇如之何？"曰："仕，弗与共国；衔君命而使，虽遇之不斗。"曰："请问居从父、昆弟之仇如之何？"曰："不为魁④。主人能，则执兵而陪其后。"

【注释】

①寝苫(shān)枕干:睡在草垫上,枕着盾牌。干,盾。

②仕:做官。

③不反兵而斗:不用返回家取兵器就同他决斗,意思是兵器不离身,随时准备为父报仇。

④魁:郑注:"犹首也。"

【译文】

子夏向孔子询问说:"对杀害父母的仇人要怎么办?"孔子说:"睡在草垫上,枕着盾牌,不做官,与仇人不共戴天。不论是在街市还是官府遇见,不用再回家拿兵器,马上与他决斗。"子夏问:"请问对杀害兄弟的仇人要怎么办?"孔子说:"不和他在同一个国家做官;如果奉君命出使,即使遇见了也不能与他决斗。"子夏又问:"请问对杀害叔伯、叔伯兄弟的仇人要怎么办?"孔子说:"不能为首。如果被害者的儿子或兄弟能复仇决斗,就手持兵器陪同在后。"

孔子之丧,二三子皆绖而出①;群居则绖②,出则否。

【注释】

①绖(dié):用麻布做的丧带,系在腰上和头上。

②群:指孔子的弟子们。

【译文】

孔子的丧事,弟子们都头缠腰系丧带才出门;但如果有弟子去世,其他的弟子们只在家里头缠腰系丧带,出门就不这样了。

易墓①,非古也。

【注释】

①易:郑注:"谓芟治草木。"

【译文】

为墓地芟除草木,这不是古代的礼制。

子路曰:"吾闻诸夫子:丧礼,与其哀不足而礼有余也①,不若礼不足而哀有余也。祭礼,与其敬不足而礼有余也②,不若礼不足而敬有余也。"

【注释】

①哀不足而礼有余:此指丧礼仪节繁缛,随葬的明器衣衾之类物品繁多。

②敬不足而礼有余:此指祭礼仪节繁缛,供奉的俎豆牲牢之类物品繁多。

【译文】

子路说:"我听夫子说过:举行丧礼,与其悲哀不足而仪节繁缛、明器衣衾之类的物品有余,不如仪节简单、明器衣衾之类的物品不足但悲哀有余。举行祭礼,与其敬意不足而仪节繁缛、俎豆牲牢之类的祭品有余,不如仪节简单、俎豆牲牢之类的祭品不足但敬意有余。"

曾子吊于负夏①,主人既祖②,填池③,推柩而反之,降妇人而后行礼④。从者曰:"礼与?"曾子曰:"夫祖者且也。且胡为其不可以反宿也⑤?"从者又问诸子游曰:"礼与?"子游曰:"饭于牖下⑥,小敛于户内⑦,大敛于阼⑧,殡于客位⑨,祖于庭,葬于墓,所以即远也。故丧事有进而无退。"曾子闻之曰："多矣乎[10]！予出祖者。"

【注释】

①负夏：卫国地名。

②祖：祖奠，是柩车出发前一天的祭奠。将原载棺柩的灵车车头从朝内（北）调转为朝外（南），设置祭品，即为"祖奠"，是出殡入葬的开始。翌日一早要撤去祖奠祭品，改设"遣奠"，准备出发去墓地。

③填池：当为"奠彻"，指撤去遣奠，重设祖奠。郑玄认为，这是主人见曾子来而感到荣幸，因而将仪式倒退，将灵柩返回原位，重设祖奠，便于曾子吊唁行礼。

④降妇人而后行礼：祖奠结束，灵柩准备出发去墓地前，妇人从堂上下来，站立于两阶之间；如果柩车返回祖奠前的位置，那么妇人也应该重新回到堂上。现柩车返回原位，让妇人下堂站在两阶之间，再行祖奠之礼，这是不合礼仪的。

⑤反宿：将柩车返回原处。

⑥饭：用米、玉贝等放在死者口中，叫"饭含"。

⑦小敛：为死者沐浴，穿衣，戴帽，裹以复衾，使遗体不再外露，并用绞带束扎。

⑧大敛：小殓后的次日举行，地点是在堂前的东阶上。再将遗体用布衾包裹，用绞带束扎，并将已装裹好的遗体放入棺中。

⑨客位：西阶之上。

⑩多：胜。

【译文】

曾子到卫国的负夏吊丧，主人已行过祖奠礼，已将柩车车头调转朝外，设置好奠祭品，准备出发了，见到曾子来，又将柩车调头返回原位，撤去出发前的奠祭品，重设祖奠，请曾子吊丧，其时妇人已经下到东西两阶之间了。随从的人问曾子:"这么做合于礼吗?"曾子说:"那个祖奠的'祖'就是暂且的意思。既然是暂且的意思,为什么不可以将柩车返回到原位呢?"随从的人又拿这件事询问子游:"这么做合于礼吗?"子游说:"在户牖下为死者放置饭含,在正寝正对门处进行小殓,在东阶之上进行大殓,在西阶之上停放灵柩,在庭中祖奠,安葬于墓地,死者就这样渐渐远去。所以丧事是只有进没有退的。"曾子听到子游的这番话,说:"他解释'出祖'比我强多了。"

曾子袭裘而吊,子游裼裘而吊[①]。曾子指子游而示人曰:"夫夫也,为习于礼者,如之何其裼裘而吊也?"主人既小敛,袒、括发[②],子游趋而出,袭裘、带、绖而入[③]。曾子曰:"我过矣!我过矣!夫夫是也。"

【注释】

①裼(xī)裘:古人冬穿裘,夏穿葛,裘、葛之外有无袖外衣如坎肩,即裼衣。裼衣外又有正服,如朝服、皮弁服。敞开正服前襟,露出中衣,就叫"裼"。掩好正服前襟就叫"袭"。袭衣是凶服,裼裘属于吉服。

②括发:去掉束发的布帛,即纚(xǐ)和笄,仅用麻绳束发髻。

③"子游"二句:这是说子游根据主人的变服而改变服装。孔疏:"凡吊丧之礼,主人未变之前,吊者吉服而吊吉服,谓羔裘。玄冠、缁衣、素裳,又袒去上服以露裼衣,则此裼裘而吊是也。主人既变之后,虽着朝服,而加武以绖,又掩其上服。若是朋友,又加带,则此袭裘带绖而入是也。"

【译文】

曾子穿着正装裘服,掩好正服前襟前去吊丧,子游则敞开正服前襟，露出中衣去吊丧。曾子指着子游对众人说："这个人，是研习礼仪的人，怎么能敞开正服的前襟，露出中衣去吊丧呢？"主人为死者举行小殓后，袒衣露出左臂，去掉束发的布帛，用麻绳束发髻，子游这时才快步走出门，系好正服前襟、头上缠上丧带、腰上系好丧带然后进门。曾子说："我错了！我错了！还是这个人做得对。"

子夏既除丧而见[①]，予之琴，和之而不和[②]，弹之而不成声，作而曰："哀未忘也。先王制礼，而弗敢过也。"子张既除丧而见，予之琴，和之而和，弹之而成声，作而曰："先王制礼，不敢不至焉[③]。"

【注释】

①除丧：除去丧服，在大祥祭后，即结束丧礼的活动。

②和之而不和：前"和"指调弦，后"和"指乐音和谐。

③不敢不至：不敢不做到。这里子夏与子张的做法，正是前篇子思所说"先王之制礼也，过之者俯而就之，不至焉者跂而及之"，二人除丧后的表现虽不同，但行为合乎礼仪。《孔子家语》、《诗经·桧风·素冠》毛传也有类似的记载。《诗经·桧风·素冠》毛传："子夏三年之丧毕，见于夫子，援琴而弦，衎衎而乐，作而曰：'先王制礼，不敢不及。'夫子曰：'君子也。'闵子骞三年之丧毕，见于夫子，援琴而弦，切切而哀，作而曰：'先王制礼，不敢过矣。'夫子曰：'君子也。'子路曰：'敢问何谓也？'夫子曰：'子夏哀已尽，能引而致之于礼也，故曰"君子也"；闵子骞哀未尽，能自割以礼，故曰"君子也"。'"可参看。

【译文】

子夏服丧期满后去见孔子，孔子给他琴，子夏不能将琴弦调得和谐,弹奏起来也不成曲调,站起来说:“哀伤还没有忘记。先代圣王制定的礼仪,不敢超过。”子张服丧期满去见孔子,孔子给他琴,子张弦调得很和谐,弹琴也能成曲调,站起来说:“先代圣王制定的礼仪,不敢不做到。”

司寇惠子之丧①,子游为之麻衰②,牡麻绖③。文子辞曰④:“子辱与弥牟之弟游,又辱为之服,敢辞。”子游曰:“礼也。”文子退,反哭。子游趋而就诸臣之位⑤。文子又辞曰:“子辱与弥牟之弟游,又辱为之服,又辱临其丧,敢辞。”子游曰:“固以请。”文子退,扶適子南面而立⑥,曰:“子辱与弥牟之弟游,又辱为之服,又辱临其丧,虎也敢不复位!”子游趋而就客位。

【注释】

①司寇惠子:姓司寇,名惠,字叔兰,卫灵公之孙,卫将军文子弥牟的弟弟,虎的父亲。郑注:“惠子废適(嫡)立庶,为之重服以讥之。”

②麻衰:以吉服之布为衰。按礼制,士为朋友所穿的吊丧之服应是疑衰,麻衰比疑衰之服还要轻。

③牡麻绖:牡麻所做的丧带,是齐衰三年所用的绖。子游的这身丧服是轻衰重绖,显然不合礼制,这是因为文子弥牟废嫡立庶,子游意在讥讽他。

④文子:卫灵公之孙,名木,字弥牟。卫国将军。

⑤诸臣之位:家臣的位置。这是子游看文子没有明白到自己的意图,故意再次做出违礼之事。

⑥適:同“嫡”。

【译文】

司寇惠子的丧事，子游为讽劝文子而穿着吉布做的麻衰，头上缠着牡麻做的丧带，腰上系着牡麻做的丧带前去。文子不知子游用意，辞谢说：“委屈您和我弥牟的弟弟交往，又委屈您为他穿这身丧服，实在不敢当。”子游说：“这是合于礼制的。”文子于是退下，返回自己的位置哭。子游又快步走到家臣所在的位置。文子又辞谢说：“委屈您和我弥牟的弟弟交往，又委屈您为他穿这身丧服，又委屈您参加丧礼，实在不敢当。”子游说：“我一定要这么做。”文子这才明白过来，退下，扶着惠子的嫡子虎朝南而立于丧主之位，说：“委屈您和我弥牟的弟弟交往，又委屈您为他穿这身丧服，又委屈您参加丧礼，虎怎么敢不回到丧主的位置上！”子游见文子已明白己意，就快步走到宾客应在的位置。

将军文子之丧[①]，既除丧，而后越人来吊。主人深衣、练冠[②]，待于庙[③]，垂涕洟[④]。子游观之曰：“将军文氏之子其庶几乎[⑤]！亡于礼者之礼也[⑥]，其动也中。”

【注释】

①将军文子：即上文司寇惠子之兄文子弥牟。将军，官衔。

②主人：指丧主，文子的儿子简子瑕。深衣：上衣、下裳相连，属于吉、凶之间的一种服装。练冠：小祥之冠，由白色的绢做成，也是属于吉、凶之间的冠。

③待于庙：在庙中接待来吊者。这是因为死者的神主已经迁入庙里，所以在庙中接待吊丧的人。

④垂涕洟（yí）：《释文》：“自目曰涕，自鼻曰洟。”这是说不放声大哭了。

⑤庶几（jī）：孙希旦说，近也，言其近于礼也。

⑥亡于礼者之礼也：礼制中没有的礼节。除丧以后受吊，这是礼制规定中所没有的。

【译文】

将军文子的丧事，服丧期满已经除丧，越国的人才来吊丧。文子的儿子简子瑕身穿衣、裳相连的深衣，头戴白色的练冠，在庙中接待吊丧的人，默默地流着眼泪和鼻涕。子游看见了，说："将军文子的儿子基本合乎礼仪了！这是礼制中没有的礼节，他的举止得当，合于情又合于礼。"

幼名①，冠字②，五十以伯仲③，死谥④，周道也。

【注释】

①幼名：年幼而称名。郑注："生三月而加名。"

②冠字：二十岁行加冠礼，即成人礼，冠礼中要给加冠者命字，以后除君王、父母及自己外，别人都以字称呼他。

③五十以伯仲：古时以伯、仲、叔、季表示排行，"伯"是老大，"仲"是老二，五十岁时，即以"伯仲"排行称呼了。贾公彦说："若孔子称尼甫（父），至五十去'甫'，以'尼'配'仲'，而呼之曰仲尼是也。"

④谥：人死后按其生平事迹所拟的称号。

【译文】

幼年时称呼名，二十岁行冠礼后就称字，五十岁就按他在家中的排行称伯、仲等，死后称谥号，这是周代的礼制。

绖也者，实也。

【译文】

丧事中头所缠、腰所系的丧带，这是表达孝子忠实的哀痛的心情。

掘中霤而浴[①]，毁灶以缀足[②]，及葬，毁宗躐行[③]，出于大门，殷道也。学者行之[④]。

【注释】

①掘中霤(liù)而浴：在寝室中间掘坑，将床架在坑上，尸放置在床上沐浴。孔疏："中霤，室中也，死而掘室中之地作坎"，"一则言此室于死者无用，二则以床架坎上，尸于床上浴，令浴汁入坎"。

②毁灶以缀足：拆毁炉灶，用砖坯约束遗体的脚。孔疏："一则死而毁灶示死无复饮食之事"，"二则恐死人冷僵，足辟戾不可着屦，故用毁灶之甓，连缀死人足令直可着屦也"。

③毁宗躐(liè)行：拆毁庙的西墙，越过行神之位。这是佑护出行平安的仪式。殷人殡于庙，而行神之位在庙门的西边，因而要毁庙西墙。孔疏："若生时出行，则为坛币告行神，告竟，车躐行坛上而出，使道中安稳如在坛，今向毁宗处出，仍得躐此行坛，如生时之出也。"宗，庙。躐，越。行，行神。

④学者行之：郑注："学于孔子者行之，效殷礼。"

【译文】

在寝室中间掘坑，将床架在坑上，将遗体放置在床上沐浴；拆毁炉灶，用砖坯约束遗体双脚，以免遗体双脚僵硬，无法穿上鞋子；到出葬时，拆毁庙的西墙，越过行神之位，让柩车拉出大门；这些都是殷代的礼制。孔子的学生都按照殷礼这样做。

子柳之母死[①]，子硕请具[②]。子柳曰："何以哉？"子硕曰："请粥庶弟之母[③]。"子柳曰："如之何其粥人之母以葬其母也？不可。"既葬，子硕欲以赙布之余具祭器[④]。子柳曰："不可。吾闻之也：君子不家于丧。请班诸兄弟之贫者。"

【注释】

①子柳：鲁国叔仲皮之子，子硕的哥哥。

②具：郑注："葬之器用。"

③粥(yù)：同"鬻"，卖。

④以赙(fù)布之余具祭器：以助丧的钱置办祭器。赙，用财物帮助丧葬。布，钱币。

【译文】

子柳的母亲死了，子硕请求置办丧事所用的各种器物用具。子柳说："家里贫穷怎么置办呢？"子硕说："请卖了庶弟的母亲。"子柳说："怎么能卖了别人的母亲来安葬我们的母亲呢？不可以的。"等到下葬完毕，子硕想要用亲友资助丧葬的财物来置办祭器。子柳说："不可以。我听说过的，君子不能靠办丧事来经营家产发财，请分给兄弟中的穷人吧。"

君子曰："谋人之军师①，败则死之②；谋人之邦邑③，危则亡之④。"

【注释】

①军师：一万两千五百人为"军"，两千五百人为"师"。

②败则死之：如果军队失败要以死为担当。郑注："谋人之军师而致于败，则丧师辱国，而其义不可以独生矣。"

③邦邑：国家。

④亡：出亡，离去。

【译文】

君子说："指挥谋划人家的军队，如果打了败仗，就要以死为担当；经营谋划人家的国家，如果搞到国家危险，就要下台出亡。"

公叔文子升于瑕丘[①]，蘧伯玉从[②]。文子曰："乐哉斯丘也！死则我欲葬焉。"蘧伯玉曰："吾子乐之，则瑗请前[③]！"

【注释】

①公叔文子：卫献公之孙，名拔。卫国大夫。

②蘧(qú)伯玉：名瑗(yuàn)。卫国大夫。

③则瑗请前：郑玄认为，这是蘧伯玉在讽刺公叔文子要侵占别人的良田。孙希旦说：瑗请前行以去，"示不欲与闻其事也"。即不参与占人良田的缺德事。

【译文】

公叔文子登上瑕丘，蘧伯玉随从。文子说："我非常喜爱这个山丘！我死后要葬在这里。"蘧伯玉说："您喜爱这地方，那我请求死在您之前吧！"

弁人有其母死而孺子泣者[①]。孔子曰："哀则哀矣，而难为继也。夫礼，为可传也，为可继也。故哭踊有节[②]。"

【注释】

①弁(biàn)：鲁地名。孺子：幼儿。"孺子泣"是说像婴儿一样哭泣，没有节制。

②踊：跳脚。

【译文】

弁地有人母亲死了，他像婴儿一样哭个没完没了。孔子说："悲哀的确是悲哀，但别人难以传承继续。礼节，是为了可以传布，可以继续。所以哭泣和跳脚都应该有节有度。"

叔孙武叔之母死①,既小敛,举者出户。出户袒,且投其冠,括发。子游曰:"知礼②!"

【注释】

①叔孙武叔:名州仇。鲁国大夫。《论语·子张》记"叔孙武叔毁仲尼"。

②知礼:孔疏:"子游是习礼之人,见武叔失礼,反谓之'知礼',故知嗤之也。"这是子游说反话,讽刺之语。按照礼制,死者小殓后丧主应当在室内就袒露左臂,括发,并应亲自参加举尸出户。叔孙武叔在举尸出户后才袒露左臂,括发,未参加举尸出户,都是失礼的行为。

【译文】

叔孙武叔的母亲死了,小殓完毕后,抬尸的人将遗体抬出门。叔孙武叔才出门袒露左臂,扔掉素冠,去掉束发的布帛,用麻绳束发髻。子游讽刺他说:"真懂礼!"

扶君,卜人师扶右①,射人师扶左②。君薨以是举③。

【注释】

①"扶君"二句:郑注:"谓君疾时也。卜,当为'仆',声之误也。"卜人,《周礼·夏官·大仆》:"掌正王之服位。"即掌管王穿戴的衣物服饰及站立的位置。师,长。

②射人:《周礼·夏官·射人》:"掌国之三公、孤、卿大夫之位……若有国事,则掌其戒令,诏相其事","以射法治射仪",即掌管引导百官站立到各自朝位以及大射礼仪。

③举:迁移遗体。王始死,要将遗体迁移至南牖下;五日小殓,要将

遗体迁移到室内；七日大殓，要将遗体迁移到堂上。《周礼·夏官·射人》："大丧，与仆人迁尸。"

【译文】

国君生病时要扶持着国君，仆人之长在右侧扶着国君，射人之长在左侧扶着国君。国君去世则负责搬迁遗体。

从母之夫[①]，舅之妻，二夫人相为服[②]，君子未之言也。或曰同爨缌[③]。

【注释】

①从母：母亲的姐妹。

②二夫人：郑注："犹言此二人也。"或说"夫"字为衍文。

③同爨(cuàn)：同吃一个灶里做出的饭。这可能是说外甥从小在姨夫家或在舅妈家居住，恩如父母，虽然按礼不用为其服，但于情不敢不服。缌(sī)：缌麻，"五服"丧服中最轻的一种。服丧期为三个月。

【译文】

姨夫去世，舅妈去世，外甥是否应该为这两个人服丧，君子没有专门论说。但有人说，只要是同吃一个灶里做出的饭的人，就应该为其服缌麻之丧。

丧事欲其纵纵尔[①]，吉事欲其折折尔[②]。故丧事虽遽不陵节[③]，吉事虽止不怠[④]。故骚骚尔则野[⑤]，鼎鼎尔则小人[⑥]，君子盖犹犹尔[⑦]。

【注释】

①纵纵(zǒng)尔:郑注:“趋事貌。”急急忙忙的样子。

②折折尔:郑注:“安舒貌。”舒缓从容的样子。

③遽(jù):急。陵:越。

④止:事与事之间有停顿休息的时候。怠:惰。

⑤骚骚尔:郑注:“谓大疾。”太过急迫的样子。野:粗野。

⑥鼎鼎尔:郑注:“谓大舒。”太过缓慢的样子。

⑦犹犹尔:郑注:“急舒之中。”缓急适中的样子。

【译文】

办理丧事要有急切紧迫的样子,办理吉事要有从容舒缓的样子。因此丧事即使很紧急也不能超越应有的礼节与步骤,吉事即使有停顿的时候但也不能懈怠懒惰。所以,办事过于急促就显得粗野,过于迟缓就像个小人,君子办事应该快慢适中,疾徐得宜。

丧具①,君子耻具②。一日二日而可为也者③,君子弗为也。

【注释】

①丧具:郑注:“棺衣之属。”即丧事所用的各种器物用具。

②耻具:以超前准备丧具为耻。如果亲人在世而提前准备丧具,有希望亲人速死的嫌疑。

③一日二日而可为也者:指可以快速制成的绞、紟、衾、冒等丧葬用品。孔疏:“棺即预造,衣亦渐制,但不一时顿具,故《王制》云:……‘唯绞、紟、衾、冒死而后制’,是也。”

【译文】

丧事所用的各种器物用具,君子以提前准备这些丧具为耻。一天两天就可以赶制出来的物品，君子就不事先准备好。

丧服，兄弟之子犹子也[①]，盖引而进之也；嫂叔之无服也，盖推而远之也；姑、姊妹之薄也[②]，盖有受我而厚之者也。

【注释】

①兄弟之子犹子：为侄子服丧和为儿子服丧一样，都服齐衰不杖期。

②姑、姊妹之薄：姑、姐妹如果没有出嫁而去世，为她们服齐衰一年；如果已出嫁，就降等为服大功九个月。薄，与"厚"对言，指与其丈夫相比，服丧期较短些。

【译文】

丧服的规定，为侄子服丧与为自己儿子服丧相同，这大概是为重视亲情而拉近兄弟间的关系；嫂子和小叔之间不互相服丧，这大概是因男女有别而故意推远关系；姑姑、姐妹出嫁后，为她们服丧要降等，这大概是因为她们的丈夫娶走她们，与她们的关系便厚于我。

食于有丧者之侧，未尝饱也。[①]

【注释】

①《论语·述而》亦有此篇，"食"字前有"子"，指孔子。今译文据《论语》补出主语孔子。

【译文】

孔子在有丧事的人旁边吃饭，从不曾吃饱过。

曾子与客立于门侧，其徒趋而出。曾子曰："尔将何之?”曰:“吾父死,将出哭于巷[①]。”曰:“反哭于尔次[②]!”曾子北面而吊焉。

【注释】

①出哭于巷:出门到街巷去哭。郑注:“以为不可发凶于人之馆。”

②次:屋舍。指学生所住的房间。

【译文】

曾子与客人站立在门旁,他的学生快步走出。曾子问:“你要去哪里?”学生答道:“我父亲去世了,我要到街巷里去哭。”曾子说:“返回你的房间去哭吧!”曾子面向北吊唁逝者。

孔子曰:“之死而致死之[①],不仁而不可为也;之死而致生之,不知而不可为也[②]。是故,竹不成用[③],瓦不成味[④],木不成斫[⑤],琴瑟张而不平,竽笙备而不和,有钟磬而无簨虡[⑥]。其曰‘明器’,神明之也。”

【注释】

①之死:往死者处。指以礼往送死者。之,往。致死之:认为死者完全无知而仅以待死者之礼对待他。

②知:同“智”。

③成:善。

④味:郑注:“当作‘沬’。沬,靧也。”孔疏:“味犹黑光也”,“瓦不善沬,谓瓦器无光泽也”。

⑤斫(zhuó):雕琢。

⑥簨(sǔn)虡(jù):悬挂钟磬所用的木架。横木叫“簨”,直木叫“虡”。

【译文】

孔子说："以礼往送死者，倘以为死者完全无知，仅以待死者之礼相待，这是不仁的，不可以这样做；以礼往送死者，倘以为死者完全有知，而全以待生者之礼相待，这是不智的，不可以这样做。所以，随葬的竹器没有縢缘，不能正常使用；陶器粗糙，没有光泽；木器不加雕琢；琴瑟虽已张弦但未调音，无法弹奏；竽笙虽然已备但没有音调，无法吹奏；虽然备有钟磬，但没有悬挂钟磬的木架，无法打击。这些随葬的物品叫作'明器'，意思是将死者当作神明对待。"

有子问于曾子曰："问丧于夫子乎①？"曰："闻之矣：丧欲速贫，死欲速朽。"有子曰："是非君子之言也。"曾子曰："参也闻诸夫子也。"有子又曰："是非君子之言也。"曾子曰："参也与子游闻之。"有子曰："然，然则夫子有为言之也②？"曾子以斯言告于子游。子游曰："甚哉！有子之言似夫子也。昔者夫子居于宋，见桓司马自为石椁③，三年而不成④。夫子曰：'若是其靡也，死不如速朽之愈也！'死之欲速朽，为桓司马言之也。南宫敬叔反⑤，必载宝而朝。夫子曰：'若是其货也，丧不如速贫之愈也！'丧之欲速贫，为敬叔言之也。"曾子以子游之言告于有子。有子曰："然，吾固曰非夫子之言也。"曾子曰："子何以知之？"有子曰："夫子制于中都⑥，四寸之棺，五寸之椁，以斯知不欲速朽也。昔者夫子失鲁司寇，将之荆⑦，盖先之以子夏，又申之以冉有⑧，以斯知不欲速贫也。"

【注释】

①丧（sàng）：丧失官位。

②有为：有所针对，有所指。

③桓司马：宋国大夫向戌之孙，名魋（tuí）。桓，谥号。司马，官名。

④三年而不成：花费三年仍没有完成，说明精工细作，耗费钱财。

⑤南宫敬叔：郑注："鲁孟僖子之子仲孙阅，盖尝失位去鲁，得返，载其宝来朝于君。"

⑥制：制定条规。中都：鲁国邑名。孔子曾任中都宰。

⑦荆：楚国。

⑧"盖先之"二句：郑注："言汲汲于仕得禄也。"申，申说，申述。

【译文】

有子询问曾子说："你问过夫子要如何对待丧失官位吗？"曾子回答说："听说过：丧失官位就要快点儿贫穷，死了就要快点儿腐烂。"有子说："这不是夫子所说的。"曾子说："这是我亲耳听到夫子说的。"有子又说："这不是夫子所说的。"曾子说："这是我和子游一起听到的。"有子说："这样的话，夫子一定是有所针对才会这样说的吧？"曾子将这番话告诉子游。子游说："真厉害啊！有子说的话和夫子说得很像。从前夫子居住在宋国，看见桓司马为自己建造石椁，耗费三年的人力物力还没有完成。夫子就说：'像他这样的奢侈，死了不如快点儿腐烂的好！'说死了要快点儿腐烂，是针对桓司马而说的。南宫敬叔失官再复官返回鲁国，去朝见国君一定要带上财宝。夫子说：'像他这样靠财宝得官位，丧失官位还不如快点儿贫穷的好！'说丧失官位要快点儿贫穷，是针对南宫敬叔而说的。"曾子将子游的话告诉有子。有子说："是这样啊，我就坚持说那不是夫子所说的嘛。"曾子问有子说："你是怎么知道的？"有子说："夫子在中都做宰时曾规定，棺木要四寸厚，椁木要五寸厚，凭这点我知道夫子不会想要死了就快点儿腐烂。以前夫子在鲁国失去司寇的职位，准备到楚国去，先派子夏去联系，又派冉有去申说，凭这点我知道夫子不会想丧失官位就要快点儿贫穷。"

陈庄子死[1]，赴于鲁。鲁人欲勿哭[2]，缪公召县子而问焉[3]。县子曰："古之大夫，束脩之问不出竟[4]，虽欲哭之，安得而哭之？今之大夫，交政于中国[5]，虽欲勿哭，焉得而勿哭[6]？且臣闻之，哭有二道：有爱而哭之，有畏而哭之。"公曰："然。然则如之何而可？"县子曰："请哭诸异姓之庙。"于是与哭诸县氏[7]。

【注释】

①陈庄子：齐国大夫陈恒之孙，名伯。

②鲁人：这里指鲁穆公。欲勿哭：按礼制规定，国君对于他国大夫的讣告，仅需派使者吊丧，不必亲哭。

③缪(mù)公：即穆公。缪，通"穆"。县(xuán)子：名琐。鲁国大夫。

④"古之大夫"二句：这是说古时候的大夫，与国境外的人连一束干肉的微薄的礼仪馈赠来往都没有，意思是大夫无外交。脩，干肉。十条为一束。"束脩"是微礼。问，遗(wèi)，送，给予。竟，通"境"。

⑤交：交往，交接。政：指盟会征伐等政治事务。中国：中原各国。

⑥"虽欲"二句：孙希旦说："齐强鲁弱，而陈氏专政于齐，则其丧固不容于不哭矣。"

⑦哭诸县氏：到县氏的宗庙去哭陈庄子。哭诸异姓之庙，有别于哭诸侯之礼。

【译文】

齐国大夫陈庄子去世，派人向鲁国讣告。鲁穆公不想为他行哭礼，召见县子，向他询问相关礼仪。县子说："古时候的大夫与国境外的人交往，哪怕是一束干肉的微礼往来，都不可能，即使您想为他行哭礼，又怎能为他去哭呢？现在的大夫，中国诸侯的政事交接，都由他们在主持，即使您不想为他行哭礼，又怎能不去哭呢？况且我听说，哭有两种情况：有因为爱他而为他哭的，有因为怕他而为他哭的。”鲁穆公说：“是这样。但是我要怎么做才合适呢？”县子说：“请到异姓的宗庙中行哭礼。”于是，鲁穆公到县氏的宗庙中为陈庄子行哭礼。

仲宪言于曾子曰[①]：“夏后氏用明器，示民无知也[②]。殷人用祭器，示民有知也[③]。周人兼用之，示民疑也[④]。”曾子曰：“其不然乎！其不然乎！夫明器，鬼器也。祭器，人器也。夫古之人胡为而死其亲乎[⑤]？”

【注释】

①仲宪：原宪，字子思。孔子的弟子。

②无知：郑注：“所谓‘致死之’。”即认为死者是毫无知觉的。

③有知：郑注：“所谓‘致生之’。”即认为死者是有知有觉的。

④示民疑也：郑注：“言使民疑于无知与有知。”

⑤古之人胡为而死其亲乎：古人怎么能确定死去的亲人就是毫无知觉的呢？这是曾子否定“示民无知”的说法。孔疏：“言二代用此器送亡者，非是为有知与无知也，正是质文异耳。”曾子认为原宪的三种说法都不对，认为夏、商、周器用不同是质与文的差异。

【译文】

仲宪对曾子说：“夏代用明器作为死者的随葬品，这是向人们表示死者是毫无知觉的。殷代用祭器作为死者的随葬品，这是向人们表示死者是有知有觉的。周代兼用二者，这是向人们表示对死者究竟毫无知觉还是有知有觉是有疑惑的。”曾子说：“不是这样的！不是这样的！明器，是为鬼准备的器物，是不能使用的。祭器，是为人准备的器物，是可以使用的。古时候的人怎么能确定死去的亲人就是毫无知觉的呢？”

公叔木有同母异父之昆弟死[①]，问于子游。子游曰："其大功乎！"狄仪有同母异父之昆弟死[②]，问于子夏。子夏曰："我未之前闻也。鲁人则为之齐衰[③]。"狄仪行齐衰。今之齐衰，狄仪之问也。

【注释】

①公叔木：卫国大夫公叔文子之子。郑玄认为"木"当为"朱"字之误。《春秋》中记载为"公叔戍"。

②狄仪：人名。其人已不可考。

③齐衰：孔疏："张融以为继父同居有子，正服齐衰三月。"

【译文】

公叔木有同母异父的兄弟死了，询问子游应服何种丧服。子游说："应当服大功吧！"狄仪有同母异父的兄弟死了，询问子夏应服何种丧服。子夏说："我以前没听说过这种情况。鲁国人遇到这种情况服丧齐衰。"狄仪于是就为同母异父的兄弟服丧齐衰。现在人们为死去的同母异父兄弟服丧齐衰，就是由狄仪提出的问题而确定下来的。

子思之母死于卫[①]，柳若谓子思曰[②]："子，圣人之后也[③]。四方于子乎观礼，子盖慎诸[④]！"子思曰："吾何慎哉？吾闻之，有其礼，无其财，君子弗行也；有其礼，有其财，无其时，君子弗行也。吾何慎哉！"

【注释】

①子思之母死于卫：子思的母亲在子思父亲死后改嫁到卫国。

②柳若：卫国人。

③圣人：指孔子。

④子盖慎诸：这里是柳若告诫子思为改嫁的母亲服丧要谨慎。郑注："见子思欲为嫁母服，恐其失礼，戒之。"

【译文】

子思的母亲在卫国去世，柳若对子思说："你呀，是圣人的后代。四方的人都要从你这里观摩礼仪，你还是要谨慎些啊！"子思说："我有什么可谨慎的呢？我听说，有这样的礼仪，而没有行礼的财物，君子就不行礼；有这样的礼仪，也有行礼所需要的财物，但没有适当的时机，君子就不行礼。我有什么可谨慎的呢！"

县子琐曰："吾闻之：古者不降①，上下各以其亲②。滕伯文为孟虎齐衰③，其叔父也；为孟皮齐衰，其叔父也。"

【注释】

①古者：指殷代以前。不降：指按照亲疏远近尊卑高下，丧服有升降。据说殷代以上服丧不会按照亲疏尊卑而降等，周代才规定丧服要按亲疏尊卑不同而升降。孔疏："周礼以贵降贱，以適(嫡)降庶，唯不降正耳。殷世以上，虽贵不降贱也。"

②上下：指尊卑等级。

③滕伯文：殷代滕国国君，名伯。孟虎是滕伯文的叔父，孟皮是滕伯文兄弟之子，滕伯文是他的叔父。

【译文】

县子琐说："我听说：古时候没有丧服降等的规定，上下尊卑都按各自的亲属关系服丧。滕伯文虽贵为国君仍为孟虎服齐衰丧，因为孟虎是他的叔父；滕伯文虽然是长辈但仍为孟皮服齐衰丧，因为他是孟皮的叔父。"

后木曰[①]："丧，吾闻诸县子曰：'夫丧，不可不深长思也。买棺外内易[②]。'我死则亦然。"

【注释】

①后木：鲁孝公之子惠伯巩的后人。

②易：平滑。

【译文】

后木说："关于丧事，我听县子说过：'丧事，不可以不深思长虑。买棺一定要内外精良平滑。'我死后也这么做。"

曾子曰："尸未设饰，故帷堂，小敛而彻帷。"仲梁子曰[①]："夫妇方乱，故帷堂，小敛而彻帷。"

【注释】

①仲梁子：姓仲梁。鲁国人。这里是仲梁子和曾子对"帷堂"原因的不同理解。

【译文】

曾子说："遗体还没有进行沐浴、穿衣等修饰之事，所以要在堂上设置帷幕，小殓后就撤去帷幕。"仲梁子则说："亲人刚去世，丧主夫妇手忙脚乱，所以要在堂上设置帷幕，小殓后就撤去帷幕。"

小敛之奠[①]，子游曰："于东方[②]。"曾子曰："于西方，敛斯席矣[③]。"小敛之奠在西方，鲁礼之末失也。

【注释】

①奠：祭，死后至下葬以酒食物品供奉死者。

②于东方：祭品放在遗体的东侧。《仪礼·士丧礼》："奠尸于东。"祭品在遗体东侧，也就是右侧。

③敛斯席：曾子认为小殓后祭品应放在席上，但小殓并无席。曾子根据当时鲁国的习俗讲礼仪，并不符合礼制规定。

【译文】

小殓所用的祭品，子游说："要放在尸的东侧。"曾子说："应放在遗体的西侧，小殓后要放在席上。"小殓所用的祭品放在遗体的西侧，这是鲁国末世礼仪上的失误。

县子曰："绤衰、繐裳[①]，非古也[②]。"

【注释】

①绤（xì）衰：粗葛布所做的丧服上衣。繐（suì）：细而稀疏的麻布。

②非古也：不是古代的礼制。郑注："非时尚轻凉，慢礼。"孔疏："当记时失礼，多尚轻细，故有丧者不服粗衰，但疏葛为衰、繐布为裳，故云'非古也'。"

【译文】

县子说："用粗葛布做丧服的上衣，用细而疏的麻布做丧服的下裳，这不是古代的礼制。"

子蒲卒[①]，哭者呼"灭"[②]。子皋曰[③]："若是野哉[④]！"哭者改之。

【注释】

①子蒲：名灭。

②哭者呼"灭"：哭丧的人呼喊子蒲的名字"灭"，这是不合礼仪的。

按丧礼规定，只有在为死者招魂，即“复”时才呼叫死者的名，其他时候都不得直呼其名。

③子皋（gāo）：高柴。孔子的弟子。

④野：粗野。孔疏：“不达礼也。”

【译文】

子蒲去世，哭丧的人呼叫子蒲的名字“灭”。子皋听见了，说：“怎么这么粗野不懂礼！”哭丧的人听到了，就改了叫法。

杜桥之母之丧[①]，宫中无相[②]，以为沽也[③]。

【注释】

①杜桥：人名。

②宫：殡宫，即死者生前的正寝。相：引导死者亲人进行各种礼仪活动的人。孔疏：“孝子丧亲悲迷，不复自知，礼节事仪皆须人相导。”

③沽（gǔ）：粗略。

【译文】

杜桥母亲的丧事，殡宫中没有引导行礼的人，人们认为礼仪过于粗略。

夫子曰：“始死，羔裘、玄冠者[①]，易之而已[②]。”羔裘、玄冠，夫子不以吊[③]。

【注释】

①羔裘：黑色的羊羔皮裘服。玄冠：黑色的帽子。“羔裘”、“玄冠”都属于吉服。

②易之：改换服装。由羔裘改穿衣裳上、下相连的深衣，由玄冠改戴素冠。

③“羔裘、玄冠”二句：见于《论语·乡党》：“羔裘、玄冠不以吊。”吊丧是凶事，不能穿吉服前往。

【译文】

孔子说：“亲人刚死，原本穿着黑色的羊皮裘服，戴着黑色的帽子，改成穿深衣，戴白色的帽子就是了。”夫子不穿羔皮裘服、戴玄冠去吊丧。

子游问丧具。夫子曰：“称家之有亡[①]。”子游曰：“有亡恶乎齐[②]？”夫子曰：“有，毋过礼。苟亡矣，敛首足形，还葬[③]，县棺而封[④]，人岂有非之者哉[⑤]！”

【注释】

①称家之有亡（wú）：与家庭有钱财、没钱财相称。称，适合，相当。亡，无，没有。指没钱财，即家庭贫困。

②恶（wū）乎齐：郑注：“问丰省之比。”即询问家财与葬具多寡的比例标准应当怎样计算。

③还（xuán）葬：殓后立即下葬。《王制》：“大夫、士、庶人三日而殡，三月而葬。”按照丧礼，士、庶人要停棺三月才下葬。还，立即，快。

④县（xuán）棺而封：用绳子拴住棺，悬起下葬。按照礼制，应使用碑或用綍作支撑与牵引将棺木缒入墓穴。封，郑玄认为当作“窆”（biǎn），下棺。

⑤非：责备。

【译文】

子游询问治葬物品数量该用多少。孔子说：“要和家庭财富的多少相适合。"子游又问:"那如何掌握家财与葬具多少的比例标准呢?"孔子说:"家庭富有,不要逾越礼制厚葬。家庭贫困,衣衾要能够遮蔽遗体首足,殓后不必停棺直接下葬,用绳子拴住棺,悬起下葬。这样按照礼仪尽力去做了,难道还有谁会加以非议责难吗?"

司士贲告于子游曰[①]:"请袭于床[②]。"子游曰:"诺。"县子闻之,曰:"汰哉叔氏[③]!专以礼许人[④]。"

【注释】

①司士贲:"司士"是官名,"贲"是名。孙希旦认为是以官为氏。

②袭:为遗体穿衣。

③汰:通"泰",自大。叔氏:子游的字。

④专以礼许人:这是县子在批评子游。孔疏:"今子游不据前礼以答之,专辄许诺,如似礼出于已,是自矜大,故县子闻而讥之。""袭于床"本是古礼,当时人"袭在于地",不合礼仪,子游回答"喏",好像这项礼仪是由他制定的,县子因而批评他。

【译文】

司士贲对子游说:"请求在床上给遗体穿衣。"子游说:"可以。"县子听到了,说:"叔氏太自大了!像是专门许诺批准别人执行礼仪似的。"

宋襄公葬其夫人,醯醢百瓮[①]。曾子曰:"既曰明器矣,而又实之?"

【注释】

①醯(xī)醢(hǎi)百瓮(wèng):醋和肉酱装满了一百个坛子。瓮,盛水或酒的陶器。

【译文】

宋襄公葬他的夫人，随葬的醋和肉酱装满了一百个坛子。曾子得知后说："既然叫做明器了，就是不能用的东西，为什么还要填实它呢？"

孟献子之丧，司徒旅归四布[①]。夫子曰："可也。"

【注释】

①司徒旅归四布：郑注："司徒使下士归四方之赙布。"即把四方为帮助办理丧事赠送的财物归还原主。旅，下士，司徒的下属。

【译文】

孟献子的丧事，司徒派属下将四方赠送的治丧财物归还原主。孔子得知后说："这件事办得好。"

读赗[①]，曾子曰："非古也[②]，是再告也[③]。"

【注释】

①读赗（fèng）：将亲友赠送的助丧物品记录在方板上，下葬前，丧家要宣读赠品清单并核对实物。

②非古也：不是殷及前代的礼制，是周代才有的礼仪。

③再告：亲友所赠助丧财物在奠祭后已宣读过，曾子认为下葬前的宣读是重复。

【译文】

在棺柩下葬前，丧家要宣读亲友赠送的助丧物品，曾子说："这不是古代的礼制，助丧财物已在奠祭后宣读过，这是再次宣读。"

成子高寝疾[①]，庆遗入[②]，请曰："子之病革矣[③]，如至乎大病[④]，则如之何？”子高曰：“吾闻之也，生有益于人，死不害于人。吾纵生无益于人，吾可以死害于人乎哉！我死，则择不食之地而葬我焉[⑤]。”

【注释】

①成子高：齐国大夫国成伯高父，姓国，“成”是谥号。寝疾：卧病。

②庆遗：齐国大夫庆封的族人。

③革：郑注：“急也。”指病重。

④大病：孙希旦说，“谓死也”。

⑤不食之地：不能垦耕的土地。

【译文】

成子高病重卧床，庆遗进入寝室，请求说：“您已经病得很重了，如果真的一病不起，那可怎么办呢？”子高说：“我听说过，活着要有益于他人，死了不能有害于他人。我活着的时候纵然无益于他人，我死了还能有害于他人吗！我死了，就选择一块不能垦耕的土地埋葬我吧。”

子夏问诸夫子曰[①]：“居君之母与妻之丧，居处、言语、饮食衎尔[②]。”

【注释】

①问：当作“闻”。

②衎（kàn）尔：放松自得的样子。《集解》引陈澔说：“君母君妻，皆服齐衰，不杖期，然恩义俱浅矣。”

【译文】

子夏听孔子说过：“为国君的母亲和妻子服丧，在生活起居、说话言语、饮食方面都可以放松自得。”

宾客至，无所馆。夫子曰："生于我乎馆，死于我乎殡。"①

【注释】

①《论语·乡党》也有类似记载："朋友死，无所归，曰：于我殡。"

【译文】

朋友来到，没有住所。孔子说："活着由我安排住所，死了由我安排殡葬。"

国子高曰①："葬也者，藏也；藏也者，欲人之弗得见也。是故衣足以饰身，棺周于衣，椁周于棺，土周于椁，反壤树之哉②！"

【注释】

①国子高：即前文"成子高"。

②壤树：修坟种树。

【译文】

国子高说："葬，就是藏的意思；藏，就是不想让人看见的意思。所以衣衾只要能遮住身体，棺可以包住衣衾，椁可以围住棺木，墓穴的土可以埋住椁就可以了，何必还要垒砌坟头、栽种树木呢！"

孔子之丧，有自燕来观者①，舍于子夏氏。子夏曰："圣人之葬人与②？人之葬圣人也，子何观焉？昔者夫子言之曰：'吾见封之若堂者矣③，见若坊者矣④，见若覆夏屋者矣⑤，见若斧者矣⑥。从若斧者焉。'马鬣封之谓也⑦。今一日而三斩板[8]，而已封，尚行夫子之志乎哉！”

【注释】

①燕：音 yān。

②圣人：指孔子。

③封：垒土为坟。堂：郑注：“堂形四方而高。”指六面体形的土墩。

④坊：郑注：“坊形旁杀平上而长。”指剖面似梯形的长条形土墩。

⑤覆：屋檐。夏屋：郑注：“今之门庑也，其形旁广而卑。”指形状如堂下廊庑，两旁宽斜低矮的土墩。

⑥斧：郑注：“斧形旁杀，刃上而长。”指中央高如斧刃而两侧削下的土墩。

⑦马鬣（liè）：马脖颈上的长鬃毛。这里是说封土的形状像马脖颈及鬃毛。

⑧三斩板：夯土版筑之法。用两块横向的木板直起固定在竖立的木柱上，并封住两端，在两板之间填土夯筑，筑紧后斩断约束绳索逐渐升高，如此三次。郑注：“板，盖广二尺，长六尺。”

【译文】

孔子的丧事，有从燕国来观礼的人，住在子夏家里。子夏说：“是圣人要安葬他人吗？是别人要安葬圣人，你有什么可观看的？从前夫子说过：‘我见过把坟建得像四四方方的堂的，见过建得像堤防上窄下宽的，见过建得像房檐边宽而矮的，见过建得像斧刃朝上形而长长的。我认同像斧形的。’斧形的坟就叫做马鬣封。现在一天内三次夯土版筑，就能筑成坟，这算是实现夫子的愿望了吧！”

妇人不葛带[1]。

【注释】

①葛带：葛布做的腰带。按照丧礼规定，卒哭后要变麻服葛，男子首绖和腰绖都要换，女子则只变首绖，不变腰绖。

【译文】

妇人在除丧之前，一直都系麻布腰带，不换成葛布腰带。

有荐新①，如朔奠②。

【注释】

①荐新：死者的灵柩在停放时所举行的祭名。荐，献。新，新熟的五谷果物等。《仪礼・士丧礼》郑注："荐新，荐五谷若时果物新出者。"

②朔奠：每月初一对死者的祭奠，在死者灵柩前供奉祭品。

【译文】

死者下葬前停柩期间，要供奉新熟的五谷果物做祭品，与每月初一供奉的祭奠相同。

既葬①，各以其服除②。

【注释】

①既葬：死者下葬后亲人完成卒哭礼，此时哀情已减，可以出丧或更换为较轻的丧服。

②各以其服除：分别减轻丧服等级。如果服缌麻就可以除服，小功以上皆除重服。

【译文】

死者下葬后亲属完成卒哭礼，服小功以上的亲属可以换掉重服，穿上较轻的丧服，服缌麻的亲属可以除去丧服。

池视重霤[①]。

【注释】

①池：棺柩车上竹制的类似房檐的装饰，位于荒（柩车装饰性的篷顶）下，象征着房屋的承霤。重霤（chóng liù）：房檐上用以承接雨水、排走雨水的结构，木制。天子的宫室四面都设置承霤；诸侯三面，后面不设；大夫设前、后两面；士仅设前一面。

【译文】

柩车上池的数量，比照死者生前家中承霤的数量设置。

君即位而为椑[①]，岁一漆之[②]，藏焉[③]。

【注释】

①椑（bì）：诸侯的棺有三重，内棺称作"椑"。

②岁一漆之：每年都要刷一遍漆，表示尚未完成。

③藏：棺中要放置物品，不可空虚，否则像是在等待国君去世一样。

【译文】

国君即位后就为他做内棺，每年都要刷一遍漆，棺中要放置物品，不可空虚。

复[①]，楔齿、缀足、饭[②]，设饰、帷堂并作[③]。

【注释】

①复：招魂。

②楔(xiē)齿:用角质的饭匙撑住死者的口,使嘴在饭含时不会闭合。缀足:用砖坯约束死者的腿脚。饭:饭含。用米、玉贝等放在死者的口中。

③设饰:即袭,为死者穿衣。

【译文】

为死者招魂,用角质的饭匙撑住死者的口、用砖坯约束死者的腿脚、为死者饭含,为死者穿衣、在堂上张帷,这些事在同一时间接连进行。

父兄命赴者[①]。

【注释】

①父兄命赴者:孝子失去亲人,悲痛迷乱,由伯父、叔父任命向亲友讣告死讯的人,只有讣告国君才亲自前往。

【译文】

由伯父、叔父任命向亲友讣告死讯的人。

君复于小寝、大寝[①],小祖、大祖[②],库门、四郊[③]。

【注释】

①小寝:燕寝,闲暇时所处居室。大寝:正寝,议事、办公所处的居室。

②小祖:四亲之庙。四亲,即高祖父、曾祖父、祖父、父亲。大祖:太祖庙。大,同"太"。

③库门:诸侯的外门。

【译文】

国君死后招魂的地点是燕寝、正寝，四亲之庙、太祖庙，诸侯的外门、四郊。

丧不剥[1]，奠也与？祭肉也与？

【注释】

①丧不剥：为死者准备的饮食要用巾遮盖，不能暴露，是怕长久摆设落上尘埃。剥，裸露。

【译文】

为死者准备的饮食要用巾遮盖，是奠祭的食物都要遮盖呢？还是仅遮盖祭肉呢？

既殡，旬而布材与明器[1]。

【注释】

①布：布告，颁布。

【译文】

死者殡殓后，停放在堂上西侧，十天后颁发布告，寻找制作椁的木材和陪葬明器。

朝奠日出[1]，夕奠逮日[2]。

【注释】

①朝奠日出：死者殡殓后，早、晚要在棺柩的东侧设置食品祭奠。

早上陈设祭品叫作“朝奠”，傍晚陈设祭品叫“夕奠”，朝、夕设奠象征着人在世时的早饭、晚饭。

②逮：及。

【译文】

死者殡殓后的奠祭，朝奠要在日出之时，夕奠要在日将落之时。

父母之丧，哭无时①；使必知其反也②。

【注释】

①哭无时：哭无定时。孔疏：“礼，哭无时有三种：一是初丧未殡之前，哭不绝声；二是殡后除朝夕之外，庐中思忆则哭；三是小祥之后，哀至而哭。”

②使：国君派遣出使。必知其反：返回家一定要设祭禀告双亲的亡灵，就像生前“出必告，反必面”一样。

【译文】

父母的丧事，孝子因哀痛而哭没有一定的时间；国君如果派遣出使，返回后一定要设祭告知双亲，让他们知道自己回家了。

练①，练衣黄里、縓缘②，葛要绖③，绳屦无絇④，角瑱⑤，鹿裘，衡、长、袪⑥。袪，裼之可也⑦。

【注释】

①练：小祥祭，因戴练冠，穿练中衣而称为“练”。小祥祭后，丧服可以稍为宽松，中衣可以有点儿颜色，可以稍有一些简朴的装饰品。

②练衣：以练制过的布帛做的中衣。练，将布帛煮熟使之变白、变

柔的工艺。縓(quán):浅赤色。

③要:同"腰"。

④绳屦(jù):麻绳编的鞋子。絇(qú):鞋头的装饰。

⑤瑱(tiàn):挂在耳边的装饰品。

⑥衡:横,指加宽。袪:袖口。

⑦裼:《训纂》引王引之说,"裼"当读为"緆"(xī)。緆,缘,即镶边。

【译文】

小祥祭后,身穿用煮熟过的白布做的中衣,里衬是黄色的,镶浅红色的边,腰系葛布做的丧带,穿用麻绳编的鞋,鞋头上没有饰物,耳边挂角质的装饰品,可穿鹿皮裘,可加宽,加长,袖口可加饰。袖口加饰就是镶边。

有殡,闻远兄弟之丧[①],虽缌必往;非兄弟,虽邻不往。

【注释】

①远兄弟:居于远方的兄弟。郑注:"亲骨肉也。"

【译文】

家里本有丧事,又听说远方兄弟去世,即使是缌麻之服也一定要前往吊丧;如果不是兄弟,即使是邻居去世也不前去吊丧。

所识[①],其兄弟不同居者皆吊[②]。

【注释】

①所识:指相识的朋友。

②吊:去相识的朋友那里吊丧。《曲礼上》:"知生者吊,知死者伤。"

【译文】

所相识的朋友，他没有居住在一起的兄弟去世，都要去朋友那里吊丧。

天子之棺四重[①]，水、兕革棺被之[②]，其厚三寸；杝棺一[③]，梓棺二[④]。四者皆周。棺束缩二衡三[⑤]，衽每束一[⑥]。柏椁以端[⑦]，长六尺。

【注释】

①重（chóng）：层。

②水、兕（sì）革：水牛、兕皮革。兕，兽名。似牛。被：用水牛皮、兕皮覆盖、包裹。

③杝（yí）：古书上指一种像白杨的树。

④梓（zǐ）：梓木。

⑤缩：纵。衡，横。

⑥衽：连接并固定棺盖和棺身的木榫，先在棺盖和棺身分别凿出凹槽，再将木榫楔入。木榫形状两头宽，中央窄，形似深衣之衽，因此得名。

⑦柏椁以端：郑注："以端，题凑也。其方盖一尺。"孔疏："椁材并皆从下垒至上，始为题凑"；"言木之头相向，而作四阿"。此处讲椁的建造，即用柏木截为方一尺的长条形木墩，柏木的端首都朝外，自下而上垒砌如墙围在棺外，称为"题凑"或"黄肠题凑"。北京大葆台汉墓、长沙渔阳王后墓、山东定陶汉墓皆有出土。

【译文】

天子的棺材有四层，最内一层棺木用水牛皮、兕皮覆盖、包裹，它的厚度为三寸；其外一层是杝木棺，再外两层是梓木棺。这四套棺都层层周遭密合。棺用皮条束紧，竖着束两条，横着束三条，为连接固定棺盖与棺身，用一种两头宽、中央窄叫做“衽”的木榫固定棺盖和棺身，在每个束带处用一衽。用柏木做椁，将柏木截为长条形的木墩、端首朝外垒砌排列，柏木方长六尺。

天子之哭诸侯也，爵弁绖[①]，纣衣[②]。或曰：使有司哭之[③]，为之不以乐食。

【注释】

①爵弁(biàn)：赤而微黑的皮帽。

②纣(cái)衣：即缁衣，黑色的帛制的丝衣。

③有司：官吏。古代设官，官吏各有所司，所以称为“有司”。

【译文】

天子为去世的诸侯国君而哭，戴着赤而微黑的皮帽，头缠葛布做的丧带，腰上系着葛布做的丧带，穿黑色的丝衣。也有人说：天子派相关官员去为逝世的国君而哭，自己仅在吃饭时不再奏乐。

天子之殡也，菆涂龙辀以椁[①]，加斧于椁上[②]，毕涂屋[③]，天子之礼也。

【注释】

①菆(cuán)涂：将木材堆积在棺的四周，用泥巴涂抹，使其严密没有缝隙。菆，堆聚。龙辀(chūn)：车辕上画有龙。郑注：“天子殡以辀车，画辕为龙。”

②加斧于椁上：指将绣有斧形纹饰的丝织品覆盖在椁上。

③毕涂屋：孔疏：“毕，尽也。斧覆既竟，又四注为屋，覆上而下，四

面尽涂之也。”

【译文】

天子在殡殓后，将木材堆积在棺的四周，灵柩车的车辕上要画有龙的图案，将绣有斧形纹饰的衾被覆盖在椁上，通体建为屋形，用泥涂抹，使其密封无间隙，这是天子殡葬的礼制。

唯天子之丧，有别姓而哭。

【译文】

只有天子的丧事，才区别同姓、异姓、庶姓诸侯的哭位。

鲁哀公诔孔丘曰①：“天不遗耆老②，莫相予位焉③。呜呼哀哉！尼父④！”

【注释】

①诔（lěi）：哀悼死者的文章。据《左传·哀公十六年》记哀公诔孔子曰：“旻天不吊，不慭遗一老，俾屏余一人以在位，茕茕余在疚，呜呼哀哉！尼父！无自律。”与此处所记不同。子赣即批评鲁哀公“生不能用，死而诔之，非礼也”。

②耆老：指孔子。耆，《曲礼上》：“六十曰耆。”

③莫相予位焉：郑注：“言孔子死，无佐助我处位者。”相：助。

④尼父：孔子的字。孔疏：“父且字甫，是丈夫之美称。”

【译文】

鲁哀公对孔子的悼词是：“上天不留下这位老人，没有人能辅助我的君位了。呜呼哀哉！尼父！”

国亡大县邑，公、卿、大夫、士皆厌冠[1]，哭于大庙三日，君不举[2]。或曰：君举而哭于后土[3]。

【注释】

①厌（yā）冠：素冠，与丧冠同。指戴素冠，穿素服，按照丧礼对待。

②举：孙希旦说，杀牲盛食曰“举”。

③后土：郑注：“社也。”即社神。此指社神庙。

【译文】

国家战败丧失大的城邑，公、卿、大夫、士都要头戴丧冠，在太庙哀哭三日，国君不杀牲盛食。有人说：国君可以杀牲盛食，要到社神庙里哀哭。

孔子恶野哭者[1]。

【注释】

①恶（wù）：厌恶。野：前文孔子曾说过“吾哭诸野”，因而这里的“野”不是野外，而是指没有在正确的地方哭。孔疏：“哭非其地谓之野。”

【译文】

孔子厌恶不在正确的位置哭丧。

未仕者不敢税人[1]，如税人，则以父兄之命。

【注释】

①未仕者：没有做官的人。税人：遗（wèi）人，即给予他人财物。《集解》引陈澔曰：“未仕者，身未尊显，故内则不可专家财，外则

不可私恩惠也。”孙希旦说，特指以财物助人丧事，即所谓“賻”。

【译文】

没有做官的人不敢将家中财物给予他人，如果必须赠予他人，就以父兄的名义给予。

士备入而后朝夕踊①。

【注释】

①备：尽，全都。国君去世，按照丧礼规定，群臣朝、夕都要去停放灵柩的殡宫哭踊，踊要群臣到齐后才开始。士的地位最低走在最后，等士全都进入，即全员到齐，这时才开始哭踊。踊，跳脚。

【译文】

等士全部都进入殡宫后，就开始早或晚的嚎哭跳脚。

祥而缟①，是月禫，徙月乐。

【注释】

①缟（gǎo）：白色生绢做的冠。

【译文】

大祥祭后就可以戴白色生绢做的冠，这个月进行禫祭，下个月就可以奏乐。

君于士有赐帟①。

【注释】

①帟（yì）：小型帷幕。郑注：“幕之小者，所以承尘，赐之则张于

殡上。”

【译文】

国君对死去的士有赏赐，赐给一块小型帷幕。

檀弓下第四

君之適长殇[①]，车三乘[②]；公之庶长殇[③]，车一乘；大夫之適长殇，车一乘。

【注释】

①適：同“嫡”。下同。长殇：十六至十九岁之间夭亡。

②车：孙希旦说：“此车谓生时所乘，葬时用为魂车者也。”

③公：也是指诸侯。

【译文】

国君的嫡子在十六至十九岁之间夭亡的，用三辆车随葬；国君的庶子在十六至十九岁之间夭亡的，用一辆车随葬；大夫的嫡子在十六至十九岁之间夭亡的，用一辆车随葬。

公之丧[①]，诸达官之长杖[②]。

【注释】

①公：孔疏：“五等诸侯也。”

②达官：孔疏：“谓国之卿大夫、士被君命者也。”孙希旦说，达官之

长,“谓大夫也”。此指由国君直接任命的官员。杖:丧杖。

【译文】

诸侯的丧事,由诸侯直接任命的官员要拄丧杖。

君于大夫,将葬,吊于宫[①],及出,命引之[②],三步则止。如是者三,君退。朝亦如之[③],哀次亦如之[④]。

【注释】

①宫:殡宫,即灵柩停放之处。

②引:拉。这里指拉柩车。

③朝:郑注:“丧朝庙也。”指灵柩朝祖庙。

④哀次亦如之:郑注:“他日宾客所受大门外舍也。”指柩车到达孝子居丧的舍庐,孝子要哭踊致哀。国君吊唁死者时间、地点不定,或在柩车朝庙时,或在柩车到舍庐时,都像到殡宫吊丧一样行礼。次,指舍庐、垩(è)室,即守丧时,在寝门外临时搭建的简陋的庐舍。

【译文】

国君参与大夫的丧事,死者将要出葬,国君去殡宫吊丧,柩车离开殡宫出门,国君命人手执柩车的绳索拉车,走三步就停止。如此拉三次,国君离开。如果是柩车朝祖庙时国君来吊丧,也是如此行礼;柩车到孝子居丧、哭踊致哀的舍庐时,国君来吊丧,也是如此行礼。

五十无车者,不越疆而吊人[①]。

【注释】

①“五十”二句:五十岁时气力开始衰弱,前文《曲礼上》有“老者不

以筋力为礼”，正是此意。

【译文】

五十岁而没有车的老人，不须越境去吊唁他人。

季武子寝疾[①]，蟜固不说齐衰而入见[②]，曰：“斯道也，将亡矣。士唯公门说齐衰[③]。”武子曰：“不亦善乎！君子表微[④]。”及其丧也，曾点倚其门而歌[⑤]。

【注释】

①季武子：郑注：“鲁大夫季孙夙也。”其鲁国大夫季孙夙，把持鲁国朝政，位高权重，国人事之如君。

②蟜（jiǎo）固：鲁国人。说：通“脱”。

③士唯公门说齐衰：按照礼制规定，士只有进入国君之门要脱掉齐衰丧服，进入大夫之门无须脱掉齐衰丧服。这里是说蟜固没有因季武子位高权重就违背礼制，依然穿着齐衰丧服入见。

④表：明。微：小。

⑤曾点：曾参的父亲，字皙。也是孔子的学生。倚其门而歌：按照礼制，只有国君去世才废乐，大夫去世不必废乐，这是说曾点和蟜固一样不因季武子位高权重就不遵循礼制，为他的去世而废乐。据万斯大、闫若璩、毛奇龄等学者考证，季武子去世时孔子年方十七岁，曾点的年龄应在八岁以下，不可能有“倚其门而歌”之事。文中或仅客观记录曾点年少唱歌之事实，与曾点主观上遵循或违背礼仪并不相干。

【译文】

季武子卧病在家，蟜固正为亲人服丧穿着齐衰服，他没有脱下齐衰丧服就进了季武子家门去见他，说：“这样的礼仪，很快要丢失了。士只有进入国君家的大门才脱掉齐衰服的。”武子说：“你做得不也很好嘛！只有君子能够彰显礼仪的细微之处呢！”等到季武子去世了，按照礼制众人不须废乐，因此曾点靠着他家大门唱歌。

大夫吊，当事而至[①]，则辞焉[②]。

【注释】

①当事：指丧主正忙于殡殓等事。大夫地位尊贵，若前来吊丧，主人无事就要立即拜谢，有事则要派人告知。

②辞：告。指向来吊唁者报告丧主正忙于殡殓等事。

【译文】

大夫前来吊丧，如果丧主正忙于殡殓等事，就派人告诉大夫，请他稍等片刻。

吊于人，是日不乐[①]。妇人不越疆而吊人。行吊之日不饮酒食肉焉。

【注释】

①是日不乐(yuè)：郑注：“君子哀、乐不同日。子于是日哭，则不歌。”乐，演奏音乐。

【译文】

为别人吊丧那天，就不演奏音乐。妇人不越境去吊唁他人。吊丧那天，不饮酒不吃肉。

吊于葬者必执引，若从柩，及圹[①]，皆执绋[②]。

【注释】

①圹(kuàng):墓坑。

②绋(fú):引棺下葬所用的绳索。

【译文】

死者下葬当天去吊丧,一定要帮忙拉柩车的绳索,如果跟随着柩车,去到墓穴,就要帮忙牵拉系着棺木下葬的绳索。

丧①,公吊之②,必有拜者③,虽朋友、州里、舍人可也④。吊曰:"寡君承事⑤。"主人曰:"临。"

【注释】

①丧:孔疏:"丧,谓诸侯臣之丧。"孙希旦说:"此谓在他国而死者也。"指诸侯之臣到他国而死亡的。

②公吊之:孔疏:"公来亲吊,或遣人来吊。"

③必有拜者:一定要有人作为丧主方的代表,拜谢来吊丧的人。

④州里:与死者同州、同里的老乡。舍人:与死者同住在他国馆舍的人。

⑤承事:郑注:"示亦为执事来。"即承办料理丧事。

【译文】

死在他国,如他国的国君前来吊丧,一定要有代表丧主方拜谢的人,即便是朋友、在他国的同州同里的老乡、同在馆舍的旅人都可以。国君吊丧的傧者说:"敝国国君前来帮助料理丧事。"丧主方的代表回答说:"多谢屈尊光临。"

君遇柩于路,必使人吊之。

【译文】

国君如果在路上遇到柩车经过，一定要派人前去吊丧。

大夫之丧，庶子不受吊[①]。

【注释】

①不受吊：不能接受亲朋的吊唁，即不能作为丧主。

【译文】

大夫的丧事，嫡子为丧主，庶子不能接受亲朋的吊唁。

妻之昆弟为父后者死[①]，哭之适室[②]，子为主[③]，袒、免、哭、踊[④]，夫入门右[⑤]，使人立于门外，告来者[⑥]，狎则入哭[⑦]。父在，哭于妻之室[⑧]；非为父后者，哭诸异室。

【注释】

①为父后：为父亲的继承人，即嫡长子。

②適（dí）室：正寝。適，同“嫡”。下同。

③子为主：自己的儿子作为丧主。这是因为夫对妻的兄弟无须服丧，而外甥应为舅服缌麻，所以命儿子作为丧主受吊拜宾。

④免（wèn）：同“绕”，一种吊丧的发式。见《檀弓上》“公仪仲子”节注②。

⑤夫：孔疏：“夫谓此子之父，即哭妻兄弟者也。”

⑥“使人”二句：孔疏：“以门内有哭则乡里闻之必来相吊，故主人所使人出门外告语来吊者，述所哭之由也。”

⑦狎：郑注：“相习知者。”

⑧“父在”二句：如父亲健在，父亲住在正寝，因此要在妻子的寝室

中哭。

【译文】

妻子的兄弟是他父亲的继承人而去世，要在正寝为他哭悼，让自己的儿子作为丧主，袒露左臂、束着绕发、号哭、跳脚，丈夫进入寝室的右侧，派人站在门外，告诉乡里听见哭声而前来吊丧的人死者是谁，亲近熟识的人就进门哭。如果父亲健在，就在妻子的寝室哭；死去的妻弟如果不是其父的继承人，就在别的寝室哭他。

有殡，闻远兄弟之丧①，哭于侧室。无侧室，哭于门内之右。同国，则往哭之。

【注释】

①闻远兄弟之丧：孔疏："谓异国也。"

【译文】

亲人去世殡殓后停柩在堂，又听到在他国的远房兄弟去世的消息，就在寝室之侧的屋子为他哭悼。如果寝室之侧没有屋子，就在门内右侧哭悼。如果去世的远房兄弟和自己同在一个国家，就要亲自前往去哭悼他。

子张死，曾子有母之丧，齐衰而往哭之。或曰："齐衰不以吊①。"曾子曰："我吊也与哉②？"

【注释】

①齐衰不以吊：已经服齐衰之人不可以再去为别的死者吊丧。《杂记下》："三年之丧，虽功衰，不吊。"

②我吊也与哉：曾子解释说，自己与子张有兄弟情谊，他是去哭悼

死者的，并不是吊丧。《杂记下》："如有服而将往哭之，则服其服而往。"

【译文】

子张去世，曾子正为母亲服丧，穿着齐衰就去哭子张。有人说："正在服丧穿着齐衰是不可以为别人去吊丧的。"曾子说："我这是吊丧吗？"

有若之丧，悼公吊焉①，子游摈由左②。

【注释】

①悼公：郑注："鲁哀公之子。"

②摈由左：子游担任傧者，在鲁悼公的左侧辅助悼公行礼。子游的做法是正确的，时人多以为辅助国君行丧礼与为国君传诏辞一样，都要站在国君的右侧。子游是懂礼仪的人，因此站在正确的位置上。摈，通"傧"，郑注："相侑丧礼者。"

【译文】

有若的丧事，鲁悼公前去吊丧，子游站在鲁悼公左侧辅助悼公行礼。

齐谷王姬之丧①，鲁庄公为之大功②。或曰："由鲁嫁，故为之服姊妹之服③。"或曰："外祖母也，故为之服④。"

【注释】

①谷：郑注："当为'告'，声之误也。"王姬：周天子的女儿，齐襄公的夫人。

②鲁庄公：是齐襄公的妹妹文姜之子。

③"由鲁嫁"二句：天子嫁女于异姓诸侯，由同姓诸侯主婚。王姬嫁

给齐襄公时是鲁国主婚，因而认为鲁庄公把王姬当做自己的姐妹，为她服大功。

④“外祖母也”二句：以为王姬是鲁庄公的外祖母，因此庄公要为她服丧的说法是错误的。实际上王姬是庄公的舅母，而外甥对于去世的舅母是无服的。即便王姬是庄公的外祖母，按照礼制也是服小功，因而此说错误。

【译文】

齐国发讣告通知鲁国，齐襄公的夫人王姬去世，鲁庄公为她服大功。之所以服大功，有人说：“因为王姬是由鲁国主婚嫁到齐国的，所以庄公把她看作是自己的姐妹而服大功。”也有人说：“这是因为王姬是庄公的外祖母，所以为她服大功。”

晋献公之丧[①]，秦穆公使人吊公子重耳[②]，且曰：“寡人闻之：亡国恒于斯[③]，得国恒于斯。虽吾子俨然在忧服之中，丧亦不可久也，时亦不可失也。孺子其图之[④]！”以告舅犯[⑤]。舅犯曰：“孺子其辞焉！丧人无宝，仁亲以为宝。父死之谓何？又因以为利，而天下其孰能说之？孺子其辞焉！”公子重耳对客曰：“君惠吊亡臣重耳，身丧父死，不得与于哭泣之哀，以为君忧。父死之谓何？或敢有他志，以辱君义。”稽颡而不拜[⑥]，哭而起，起而不私。子显以致命于穆公[⑦]。穆公曰：“仁夫公子重耳！夫稽颡而不拜，则未为后也[⑧]，故不成拜。哭而起，则爱父也；起而不私，则远利也。”

【注释】

①晋献公：名诡诸，重耳之父。因听信宠姬骊姬谗言，害死公子申生，次子重耳出亡在狄。

②秦穆公：名任好，春秋时期的著名国君，在位39年。能任用贤臣，富国强兵，使秦国成为“春秋五霸”之一。公子重耳：即晋文公，晋献公之子。在其父听信谗言害死申生后，在外流亡长达19年，后得贤臣与秦穆公支持返国为君，为春秋时期的著名国君。

③斯：此，这。指国君去世，新君未立之际。

④孺：郑注：“稚也。”

⑤舅犯：晋国名臣狐突之子狐偃，公子重耳的舅舅，字子犯，故称“舅犯”。

⑥稽颡（sǎng）而不拜：稽颡，是为父丧哀痛。不拜，是不以丧主自居而对宾客的吊唁不予拜谢。

⑦子显：秦穆公的使者公子絷。

⑧后：继承人。

【译文】

晋献公去世治丧，秦穆公派人去狄向公子重耳表示吊唁，使者转告秦穆公的话说：“寡人听说：失去国家常在此时，得到国家也常在此时。即使你严肃地在忧伤的服丧中，但逃亡在外的时间不可以太久，时机也不可以失去。你请考虑一下吧！”公子重耳把这番话告诉舅舅子犯，子犯说：“你还是推辞掉吧！逃亡在外的人没有什么可宝贵的，把热爱自己的亲人当做宝。父亲去世意味着什么啊？如果以此图谋获利返国，这样做天下人谁能帮你开脱罪责？你还是推辞掉吧！”公子重耳于是对使者说：“承蒙贵国之君施惠来吊唁在外流亡的臣子重耳，身在国外而父亲去世，不能回国参与哭悼致哀，让贵国之君为我担忧。父亲去世意味着什么啊？我于悲哀之外怎敢别有图谋，让贵国之君的厚义受到玷辱。”重耳磕头触地但没有向使者行拜礼，哭悼后站起来，起来后不再与使者私下说话。子显回国向秦穆公复命。秦穆公知道公子重耳的举动后说：“公子重耳真是仁人啊！只磕头触地而没有向使者行拜礼，这是没有把自己当做父亲的继承人，所以没有答谢行拜礼。哭着站起来，是爱敬父亲的表现;起身后不再和使者私下说话,是远离谋利。”

帷殡,非古也,自敬姜之哭穆伯始也[1]。

【注释】

①自敬姜之哭穆伯始:穆伯是鲁国的大夫,季悼子之子公甫靖。敬姜是他的妻子。按照丧礼规定,亲人在为死者朝夕哭时要掀开堂上的帷幕,敬姜为避嫌,哭时也不掀开帷幕。

【译文】

停柩在堂,堂上围着帷幕,朝夕哭时不掀起帷幕,这不是古代丧礼的礼制,是从敬姜哭穆伯才开始的。

丧礼,哀戚之至也。节哀,顺变也,君子念始之者也[1]。复,尽爱之道也,有祷祠之心焉[2]。望反诸幽,求诸鬼神之道也。北面,求诸幽之义也[3]。拜稽颡,哀戚之至隐也[4]。稽颡,隐之甚也。饭用米、贝,弗忍虚也。不以食道[5],用美焉尔[6]。铭,明旌也,以死者为不可别已,故以其旗识之。爱之,斯录之矣;敬之,斯尽其道焉耳。重[7],主道也。殷主缀重焉,周主重彻焉。奠以素器,以生者有哀素之心也。唯祭祀之礼,主人自尽焉尔,岂知神之所飨,亦以主人有齐敬之心也[8]!辟踊[9],哀之至也。有算[10],为之节文也。袒、括发,变也。愠,哀之变也。去饰,去美也。袒、括发,去饰之甚也。有所袒,有所袭,哀之节也。弁绖葛而葬,与神交之道也,有敬心焉。周人弁而葬,殷人冔而葬[11]。歠主人、主妇、室老[12],为其病也,君命食之也。反哭升堂[13],反诸其所作也[14]。主妇入于室，反诸其所养也[15]。反哭之吊也，哀之至也。反而亡焉，失之矣，于是为甚。殷既封而吊[16]，周反哭而吊。孔子曰："殷已悫[17]，吾从周。"葬于北方[18]，北首，三代之达礼也，之幽之故也。既封，主人赠[19]，而祝宿虞尸[20]。既反哭，主人与有司视虞牲[21]。有司以几筵舍奠于墓左，反，日中而虞。葬日虞，弗忍一日离也。是日也，以虞易奠[22]。卒哭曰"成事"。是日也，以吉祭易丧祭，明日，祔于祖父[23]。其变而之吉祭也，比至于祔，必于是日也接，不忍一日末有所归也。殷练而祔[24]，周卒哭而祔。孔子善殷。

【注释】

①君子念始之者也：因父母生育孩子，如果孝子因悲伤过度而使身体损伤，是对父母的不孝，所以君子要节哀、顺变。

②有祷祠之心：这里是说招魂时要和向神祈祷一样诚信。

③"北面"二句：北面往往是幽暗的地方，鬼神处于幽暗之地，所以向鬼神祈求时要面向北。

④隐：郑注："痛也。"

⑤食道：孔疏指"饭食之道"，即人所造作之饭食。

⑥用美焉尔：孔疏："必用米、贝者，以食道亵，米、贝美，尊之不敢用亵，故用米、贝。"米、贝以自然天性为美。

⑦重(chóng)：郑注："始死未作主，以重主其神也。"即制作神主之前作为死者灵魂的凭依。其形制是木杠上端用绳穿孔，绳子两端各悬挂一瓦鬲。死者埋葬后，重不必随葬，只就地掩埋。

⑧齐：音 zhāi。

⑨辟踊：捶胸跳脚。

⑩算：郑注："数也。"此指计算哭丧时踊、跳的次数。据孔疏，每一

踊三跳，三踊九跳，合为一节。士死后至殡，凡三踊。大夫五踊，诸侯七踊。

⑪冔(xǔ)：殷人的祭冠。

⑫歠(chuò)：喝粥。主人：死者之子。主妇：死者之妻。室老：家臣。

⑬反哭：死者葬后，主人返回庙哭。

⑭所作：郑注："亲所行礼之处。"即死者生前祭祀及婚冠之礼行礼处。

⑮所养：郑注："亲所馈食之处。"即死者生前馈食之处。

⑯封：孔疏，殷既不为坟，故知封当为作"窆"。即下棺入墓穴。

⑰悫(què)：直率少文。

⑱北方：北郊。

⑲赠：主人将币帛放入死者圹中。《仪礼·既夕礼》：主人"赠用制币、玄纁束"，即一丈八尺的帛和黑色、浅黄色的五匹布。

⑳祝：负责主持祭祀的神职人员。宿虞尸：邀请虞祭上充当尸的人。宿，动词，邀请。虞，丧礼安神之祭。

㉑有司视虞牲：办事人员要在墓道的左侧设置几案和席子，放好祭品。这是因为亲人葬在这里，主人因而要礼敬这里的神。

㉒以虞易奠：虞祭前没有尸，只在地上摆放为死者准备的祭品。虞祭后就立尸行礼，撤掉祭品。

㉓祔(fù)于祖父：在死者的祖父庙中举行祭礼，使其神灵归附于祖父。祔，祭名。将死者的神主按礼仪移入祖庙附于先辈加以祭祀。祔祭要求昭穆顺序，祖孙位置相同，所以在祖父庙中举行祔祭。

㉔练：小祥祭。

【译文】

父母的丧事，孝子悲哀到了极致。但要节制自己的悲伤，顺着悲伤的情绪由重至轻的变化，因为君子想到父母生育自己，不能使自己的身体有所损伤。招魂，是尽自己可以爱亲人的方式，要有向神祈祷的诚心。希望亲人能从幽暗的地方返回，这是求助于鬼神的方式。招魂时要面向北，这是寻求于幽暗地方的意思。拜谢宾客的吊丧和磕头触地，这是哀伤最悲痛的表现。磕头触地，又是悲痛中最重的表达方式。为死者饭含时要用米和贝，这是不忍让亲人口中空虚。不用熟食作为饭含，而要用自然所产的米、贝。铭，是神明的旌旗，因为死者的形貌已经不能分别了，所以要在旗上写上他的名字作为标记。爱去世的亲人，所以把他的名字记录在旗子上；尊敬去世的亲人，所以旗的规格、尺度要与他的身份、地位相符合。重，和神主的作用相同。殷人在殡礼制作神主后将重与神主相连缀，悬挂在庙中，而周人则撤掉重，埋在门外道路的左侧。供奉死者祭品，要用没有装饰的朴素器具盛放，因为亲人哀伤的心也是朴素无装饰的。只有葬后的祭礼主人自尽敬神之心，才用带有装饰的器具，怎么能知道神灵一定会享用祭品呢，只不过是体现主人庄重恭敬的心而已！捶胸顿足，是哀痛至极的表现。但要按着一定的次数，这是为了节制亲人的哀伤而作的规定。袒露左臂，去掉束发的布帛，仅用麻绳束发髻，这是外表装束上的变化。愤懑，这是哀伤之情的变化。去掉衣服上的装饰，就是去掉华美。袒露左臂、去掉束发的布帛，这是去掉身上装饰最极端的表现。但有时要袒露左臂，有时又要穿好外衣，这是说哀伤还是要有所节制的。要戴着缠有葛绖的爵弁去参加葬礼，这是与神明的交往方式，并体现主人有恭敬之心。周人戴着爵弁行葬礼，殷人戴着冔行葬礼。亲人去世后，要让主人、主妇和家臣喝一些粥，因为这三人由于悲伤已经无心饮食，怕他们因此病倒，所以国君命令他们要进食。死者葬后，主人要返回庙中上堂而哭，这是返回死者生前祭祀行礼的地方。主妇进入室内而哭，这是死者生前馈食的地方。返回庙中哭时亲朋要前去吊丧，这时是亲人最悲伤的时候。因为回来时发现亲人已经再也看不见了，永远地失去了，所以说是最悲伤的时刻。殷人在下葬时就去吊丧，周人则在返回庙哭时去吊丧。孔子说："殷人的做法太直接朴素了，我赞成周人的做法。"要埋葬在北郊，头朝北，这是夏、商、周通用的礼节，因为鬼神要到幽暗的地方的缘故。死者下棺后，主人要把币帛送到圹中，祝要先返回去请虞祭中充当尸的人。等到返回庙哭后，主人和相关人员去检查虞祭所用的牺牲。另外办事人员要在墓道的左侧设置几案和席子，放好祭品，礼敬地神，返回家后，正午举行虞祭。下葬的当天就举行虞祭，这是因为不忍和亲人的神灵分开一天的缘故。就在当天，用虞祭的礼节代替奠祭的礼节。卒哭祭时，祝要致辞说"丧祭已经完成了"。卒哭祭这一天，用吉祭的礼节代替丧祭的礼节，卒哭祭的第二天，主人要捧着死者的神主在死者的祖父庙中举行祔祭，使其神灵归附于祖父。丧祭变成吉祭后，紧接着第二天的祔祭，一定要一天接连着一天，这是不忍心亲人的神灵有一天无所归依。殷人在练祭的第二天举行祔祭，周人在卒哭祭的第二天举行祔祭。孔子认为殷人的礼节好。

君临臣丧，以巫、祝、桃、茢、执戈①，恶之也，所以异于生也。

【注释】

①巫、祝、桃、茢（liè）、执戈：孔疏："君往临吊，则以巫执桃，祝执茢，又使小臣执戈。"陪伴国君前往吊丧的巫、祝、小臣，巫拿着桃枝，祝拿着笤帚，小臣拿着戈，这是为了扫除不祥，压住凶邪之气。茢，笤帚。

【译文】

国君亲临臣下的丧事，巫要拿着桃枝，祝要拿着笤帚，小臣拿着戈，这是要扫除不祥，保卫国君，压住凶邪之气，所以对待死者与对待生者的礼节是不同的。

丧有死之道焉[①]，先王之所难言也。

【注释】

①死：澌灭，渐渐灭失。

【译文】

丧就是澌灭的意思，只是先王难以直言罢了。

丧之朝也[①]，顺死者之孝心也[②]。其哀离其室也，故至于祖、考之庙而后行。殷朝而殡于祖，周朝而遂葬。

【注释】

①丧之朝也：郑注："朝，谓迁柩于庙。"指出葬前拉着柩车去朝庙。

②顺死者之孝心也：为人子，要"出必告，反必面"，即出门要报告，返回要汇报，柩车朝庙，就像活人出门告亲，是顺应死者的孝心礼节。

【译文】

出葬前要拉着柩车去朝庙，这是顺应死者的孝心。因哀伤要永远离开自己的居室了，所以要到祖庙、父庙辞别后再出行。殷礼朝庙后就停柩在祖庙，周礼朝庙后就去下葬。

孔子谓：为明器者知丧道矣，备物而不可用也。哀哉！死者而用生者之器也，不殆于用殉乎哉[①]！其曰明器，神明之也。涂车、刍灵[②]，自古有之，明器之道也。孔子谓为刍灵者善，谓为俑者不仁[3]，不殆于用人乎哉！

【注释】

①殆（dài）：接近。殉（xùn）：郑注："杀人以卫死者曰'殉'。"即杀死活人为死者陪葬。

②涂车：用泥做的随葬用的车子。刍灵：郑注："束茅为人马。"即用茅草编扎人和马用于陪葬。

③俑：偶人，有土偶、木偶等。

【译文】

孔子说：制作明器的人，懂得丧事的道理，随葬备齐了器物而不可使用。可哀啊！死人而用活人的器物随葬，不是与用人殉葬几乎一样吗！之所以叫做明器，是将死者当作神明看待。泥做的车子，茅草扎束的人和马，自古以来就有的，这就是使用明器的道理。孔子认为，编扎草人、草马的是心地善良的人，认为制作人偶的是没有仁心的人，用人偶不是与用人殉葬几乎一样啊！

穆公问于子思曰："为旧君反服[1]，古与？"子思曰："古之君子[2]，进人以礼，退人以礼，故有旧君反服之礼也。今之君子，进人若将加诸膝，退人若将队诸渊[3]，毋为戎首[4]，不亦善乎，又何反服之礼之有？"[5]

【注释】

①为旧君反服：为故国的国君服齐衰三月。《仪礼·丧服》记载了为旧君服丧的三种情况：退休的官员为曾侍奉过的国君服丧；大夫离开故国，去往他国，他的妻子和长子为故国国君服丧；将要被放逐出境的大夫为国君服丧。这里说的应是第三种情况。

②君子：指国君。

③队：同“坠”。

④戎首：郑注：“为兵主来攻伐曰‘戎首’。”

⑤郭店楚简中有《鲁穆公问子思》篇，内容与本节不同，或可参考。

【译文】

鲁穆公询问子思说：“为故国的国君服齐衰三月，这是古代的礼节吗？”子思回答说：“古代的国君，提拔进用人遵循礼节，辞退罢免人也遵循礼节，所以以前有为故国国君服齐衰三月的礼节。现在的国君，提拔进用人时好像喜欢得要把他抱在膝上，辞退罢免人时又好像憎恶得要让他坠入深渊，这样被放逐出国的人不为首领军攻打故国，就算是不错了，哪有什么为故国国君服丧的礼节呢？”

悼公之丧，季昭子问于孟敬子曰[①]：“为君何食？”敬子曰：“食粥，天下之达礼也。吾三臣者之不能居公室也[②]，四方莫不闻矣。勉而为瘠[③]，则吾能，毋乃使人疑夫不以情居瘠者乎哉？我则食食。”

【注释】

①季昭子：季康子的曾孙，名强。孟敬子：孟武伯之子，名捷。

②三臣：郑注：“仲(孟)孙、叔孙、季孙也。”为世代专权的鲁国大夫，权倾朝野。不能居公室：不能以臣礼侍奉国君。公室，这里指代鲁君。

③瘠：因吃得少而消瘦。

【译文】

鲁悼公的丧事，季昭子询问孟敬子说：“为国君服丧该吃什么？”孟敬子回答说：“喝粥，这是天下人都通行的礼节。但我们孟孙、叔孙、季孙三家大夫不能以臣礼侍奉国君，四方之人没有不知道的。勉强喝粥饿瘦，我即使能做到，不还是会怀疑我不会以悲伤之情而消瘦吗？我还是正常吃饭吧。”

卫司徒敬子死[①]，子夏吊焉，主人未小敛，绖而往。子游吊焉，主人既小敛，子游出绖，反哭。子夏曰：“闻之也与？”曰：“闻诸夫子：主人未改服[②]，则不绖。”

【注释】

①司徒敬子：卫国公子许的后代。司徒，以官为氏。

②改服：用麻束发，头上缠着麻制的丧带，腰上系着麻制的丧带。

【译文】

卫国的司徒敬子去世，子夏前去吊丧，主人还没有小殓祭之前，子夏头上就缠好麻制的丧带，腰上系好麻制的丧带去吊丧。子游也去吊丧，主人完成小殓祭后，子游出门，头上缠着丧带，腰上系着丧带，返回室内哭悼。子夏问子游：“听说过吊丧的礼仪吗？”子游回答：“听夫子说过：小殓之前主人还没有改服，吊丧的人就不能头上缠着、腰上系着丧带去吊丧。”

曾子曰：“晏子可谓知礼也已[①]，恭敬之有焉。”有子曰：“晏子一狐裘三十年，遣车一乘[②]，及墓而反[③]。国君七个[④]，遣车七乘；大夫五个，遣车五乘。晏子焉知礼？”曾子曰：“国无道，君子耻盈礼焉。国奢则示之以俭，国俭则示之以礼。”

【注释】

①晏子：名婴，字平仲。齐国大夫。以生活节俭、智慧谦恭著称。

②遣车：送葬时载牲体的车子，下葬时连同牲一起入圹。

③及墓而反：这是说晏子赠送的随葬车子仅一辆，也没有参加繁缛的葬礼，到墓地等棺柩下葬就很快返回了。

④个：遣车所载每包牲体的个数。《集解》引贾公彦说："大夫三牲九体，折分为二十五，苞五个，诸侯苞七个。"

【译文】

曾子说："晏子可以说是懂礼的人了，知道礼仪要讲恭敬。"有若说："晏子一件狐皮大衣穿了三十年，亲人去世他赠送的随葬的遣车只有一辆，到墓地很快就结束返回。按礼仪，国君的遣车应载每包七段牲肉，共七辆遣车；大夫的遣车应载每包五段牲肉，共五辆遣车。晏子的葬礼不符合礼节，怎么能算是懂礼呢？"曾子说："国家无道，君子就以礼节奢侈完备为耻。国人过于奢侈就要向人们展示节俭的重要性，国人过于节俭就要像人们展示什么是正规的礼节。"

国昭子之母死[①]，问于子张曰："葬及墓，男子、妇人安位？"子张曰："司徒敬子之丧，夫子相[②]，男子西乡[③]，妇人东乡。"曰："噫！毋！"曰："我丧也斯沾[④]。尔专之，宾为宾焉，主为主焉，妇人从男子皆西乡。"

【注释】

①国昭子：郑注："齐大夫。"

②相：主持辅导礼仪的司仪。《周礼·秋官·司仪》："司仪掌九仪之宾客摈相之礼。"郑注："出接宾曰摈，入赞礼曰相。"

③乡：通"向"。下同。

④斯：尽。沾：通"觇"(chān)，视。

【译文】

国昭子母亲的丧事，国昭子询问子张说："出葬到墓地后，男人、妇人的站位应是如何?”子张回答说:“司徒敬子的丧事,夫子担任相,让男人面朝西,妇人面朝东。”国昭子说:“噫! 不要!”又说:“我家的丧事,大家都会来看、来学。丧礼就由你负责,让来宾都站在宾位,女宾随男宾面向东;主家都站在主位,主家的妇女随男人面朝西。”

穆伯之丧,敬姜昼哭;文伯之丧[1],昼夜哭。孔子曰:“知礼矣[2]。”

【注释】

①“穆伯”三句:穆伯,鲁国大夫。敬姜是他的妻子,文伯是穆伯和敬姜的儿子。

②知礼矣:郑注:“丧夫不夜哭,嫌思情性也。”

【译文】

敬姜丈夫穆伯的丧事,敬姜只在白天为他哭;敬姜儿子文伯的丧事,敬姜则白天晚上都哭。孔子说:“敬姜是懂礼的人。”

文伯之丧,敬姜据其床而不哭,曰:“昔者吾有斯子也,吾以将为贤人也,吾未尝以就公室[1]。今及其死也,朋友诸臣未有出涕者,而内人皆行哭失声。斯子也,必多旷于礼矣夫!”[2]

【注释】

①吾未尝以就公室:郑注:“未尝与到公室观其行也。”

②关于这个故事,孔疏引《家语》云:“文伯歜(chù)卒,其妻妾皆行哭失声。敬姜戒之曰:‘吾闻好外者,士死之;好内者,女死之。今吾子早夭,吾恶其好内闻也。二三妇共祭祀者,无加服。’孔子

闻之曰:‘女智莫若公父氏之妇,知礼矣。’”可以参看。

【译文】

文伯的丧事,敬姜靠着他的床没有哭泣,说:“以前,我有这个孩子的时候,我以为他会是个贤人,我也就没有去过他办公的地方。现在他死了,他的朋友臣子们没有为他流泪的,而他的妻妾们却都痛哭失声。这个孩子啊,一定有许多礼仪疏忽的地方吧!”

季康子之母死[①],陈亵衣[②]。敬姜曰:“妇人不饰,不敢见舅姑。将有四方之宾来,亵衣何为陈于斯?”命彻之。

【注释】

①季康子:名肥,谥康。鲁国大夫。敬姜是季康子的堂祖母。

②亵衣:贴身穿的内衣。郑注:“亵衣非上服。”则特指下裳。

【译文】

季康子母亲的丧事,陈列小殓所用的衣物时将内衣也陈列了出来。敬姜说:“妇人如果不打扮,都不敢见公婆。现在将有四面八方的宾客前来,内衣怎么能陈列出来呢?”于是命人撤掉。

有子与子游立,见孺子慕者[①]。有子谓子游曰:“予壹不知夫丧之踊也[②],予欲去之久矣。情在于斯,其是也夫[③]。”子游曰:“礼,有微情者[④],有以故兴物者[⑤]。有直情而径行者,戎狄之道也。礼道则不然。人喜则斯陶[⑥],陶斯咏[⑦],咏斯犹[⑧],犹斯舞[⑨],舞斯愠[⑩],愠斯戚[⑪],戚斯叹,叹斯辟[⑫],辟斯踊矣。品节斯,斯之谓礼[⑬]。人死,斯恶之矣,无能也,斯倍之矣[⑭]。是故制绞、衾,设蒌、翣[⑮],为使人勿恶也。始死,脯、醢之奠，将行，遣而行之，既葬而食之，未有见其飨之者也。自上世以来，未之有舍也，为使人勿倍也。故子之所刺于礼者，亦非礼之訾也⑯。”

【注释】

①孺子慕者：小孩子因找不见父母而思慕号哭。

②壹：专，独。有子是拿小孩子对父母的思慕号哭比喻孝子对去世父母的哀悼。郑注：“丧之踊，犹孺子之号慕。”

③“情在”二句：有子认为，孝子对亲人的感情就应该像孺子一样真情表露，不需节制。

④微：节制。

⑤物：指丧服衰、绖等让人睹物思情的东西。

⑥人喜则斯陶：孙希旦云：“喜者，外境顺心而喜也。陶者，喜心鼓荡于内而欲发也。”

⑦咏：唱歌。孙希旦云：“咏者，喜发于外而为咏歌者也。”

⑧犹：郑注：“犹，当为‘摇’。”摇动身体。

⑨犹斯舞：孙希旦云：“咏歌不已，则至于身体动摇，动摇不已，则至于起舞也。”

⑩舞斯愠（yùn）：孔疏：“凡喜怒相对，哀乐相生。故若舞而无节，形疲厌倦，事与心违，故所以怒生。怒生由于舞极，故云‘舞斯愠’也。”愠，怒。

⑪戚：愤恚。

⑫辟：拊心，按着胸口。从“人喜则斯陶”至“辟斯踊矣”这段内容，也见于郭店楚简《性自命出》：“喜斯慆，慆斯奋，奋斯咏，咏斯犹，犹斯舞。舞，喜之终也。愠斯忧，忧斯戚，戚斯叹，叹斯辟，辟斯通。通，愠之终也。”孙希旦云：“乐极则哀，故舞而遂至于愠也。愠怒不已，则至于悲戚；悲戚不已，则发为叹息，叹息不已，则至

于拊心；拊心不已，则起而跳踊。”这一节文字，孙希旦还指出，此节言哀乐，一一相对，“喜”与“愠”对，“陶”与“戚”对，“咏”与“叹”对，“摇”与“辟”对，“舞”与“踊”对，独“舞斯愠”一句在其中间，猜测其或为衍文。今与郭店楚简相较，的确如此。

⑬“品节斯”二句：孙希旦云：“故先王因人情而立制，为之品而使之有等级，为之节而使之有裁限，故情得其所止而不过，是乃所谓礼也。”品，等级。

⑭倍：通“背”，背离，背弃。

⑮蒌（liǔ）：棺椁的装饰，类似棺罩。翣（shà）：遮挡灵柩的画有花纹的扇形装饰物。详见《檀弓上》“有虞氏瓦棺”节注④。

⑯呰（zǐ）：缺点，弊病。

【译文】

有子与子游一起站着，看到小孩找不到父母而大声号哭。有子对子游说：“我独独不懂丧事中要跳脚而哭这一礼仪，我想要废掉这一仪节很久了。情感的表达就要像小孩这样，要像小孩随心所欲地号哭而没有限制。”子游说：“礼，有要节制感情的，有用外物兴起感情的。有直抒情感宣泄出来的，那是戎狄的方式。礼仪之道不是这样的。人内心喜悦就高兴，高兴了就会唱歌，一唱歌就会随着身体摇动，一摇动身体就会跳舞，跳舞到极致就会心生怒气，心生怒气就会觉得悲愤，一悲愤就会叹息，一叹息就会抚胸捶胸，抚胸捶胸就要跳脚顿足。这种对不同程度的情感的区别，按照等级加以节制，就称作礼。人一死，就会让人厌恶了；人死了就无能了，大家就会背弃他。所以制作包裹尸的布带、覆盖尸的被子，设置装饰灵柩的罩子、遮盖灵柩的翣扇，为的就是不让大家厌恶死者。人刚死，要用肉脯、肉酱供奉他；将要出葬，要设置饮食为他送行；下葬后要返回庙中举行虞祭，献上食品供奉他；没见死者真正享用过祭品。但自古以来，这种做法就一直沿用没有被废弃过，为的就是不让死者被背弃。所以你对丧礼的批评，实际上并不是礼的缺点。”

吴侵陈①，斩祀杀厉②。师还出竟，陈大宰嚭使于师③，夫差谓行人仪曰④："是夫也多言，盍尝问焉？师必有名，人之称斯师也者，则谓之何？"大宰嚭曰："古之侵伐者，不斩祀，不杀厉，不获二毛⑤。今斯师也，杀厉与？其不谓之杀厉之师与？"曰："反尔地，归尔子⑥，则谓之何？"曰："君王讨敝邑之罪，又矜而赦之，师与有无名乎？"

【注释】

①吴侵陈：据《左传》记载，此事发生在鲁哀公元年（前494）秋。

②斩祀杀厉：砍伐祠庙的树木，杀掉患有疾病的人。厉，疫病。

③大（tài）宰嚭（pǐ）：《左传》、《国语》等书都记载太宰嚭是吴王夫差的大夫，并不是陈国大夫。历代学者认为，这里的"太宰嚭"应和下文的"行人仪"调换，即陈之行人仪使于吴师，夫差使太宰嚭问之。译文从此。

④夫差：春秋时期吴国末代国君，吴王阖庐之子。行人：官名。负责朝觐聘问等外交事务。

⑤获：郑注："谓系虏之。"二毛：郑注："鬓发斑白。"即老人头发黑白混杂。

⑥子：郑注："谓所获的民臣。"

【译文】

吴国入侵陈国，砍伐陈国祠庙的树木，杀害患有疾病的人。吴军返回离境时，陈国派行人仪为使者到吴军，夫差对太宰嚭说："这个人很会说话，何不趁机试着问问他呢？军队一定要有个名称，别人会怎么称呼这支军队，会叫他什么呢？"行人仪说："古代侵伐别国的军队，不会砍伐祠庙的树木，不会杀害患有疾病的人，不会俘获鬓发斑白的老人。现在这支吴国军队，杀害患有疾病的人了吧？难道不应该叫做杀害患病人的军队吗?"太宰嚭说:"返还你们的土地,放回俘获的臣民,那又该叫做什么呢?"行人仪说:"贵国君王讨伐敝国的罪过,又怜悯而赦免我们,这样的军队能没有好的名声吗?"

颜丁善居丧[①]:始死,皇皇焉如有求而弗得[②];及殡,望望焉如有从而弗及;既葬,慨焉如不及其反而息[③]。

【注释】

①颜丁:鲁国人。善居丧:指善于处理丧事,办丧事行为举止得体妥善。

②皇皇:孔疏:"犹彷徨,如所求物不得。"

③慨焉:郑注:"惫貌。"即疲惫的样子。古人认为,死者下葬后,精魂还会返回家中休息接受祭祀,因此孝子要赶回去迎接亲人的精魂回家。而孝子此时显得疲惫,像是赶不及亲人的精魂返家而息的速度。此篇与《檀弓上》"始死,充充如有穷"意味相似,可参看。

【译文】

颜丁善于居丧:父母刚死,他显得惶惶然,像有所求却又得不到的样子;停柩时,他恋恋怅望,像有所追随却又跟不上的样子;下葬后,他显得疲惫不堪,像赶不及亲人精魂返家休息的样子。

子张问曰:"《书》云:'高宗三年不言,言乃讙。'[①]有诸?"仲尼曰:"胡为其不然也?古者天子崩,王世子听于冢宰三年[②]。"

【注释】

①"《书》云"以下二句:《尚书·无逸》篇有:"其在高宗,时旧劳于外,爰暨小人。作其即位,乃或亮阴,三年不言。其惟不言,言乃雍。不敢荒宁,嘉靖殷邦。至于小大,无时或怨。肆高宗之享国,五十年有九年。"高宗,殷高宗武丁。三年不言,三年不说话,指三年不理政事,不发号施令。讙,同"欢",《无逸》作"雍",同义。

②王世子:太子。冢宰:即太宰,六卿之首,辅助天子料理国政。

【译文】

子张询问老师孔子说:"《尚书》中说:'殷高宗为父亲守丧,三年都没有说话,等到服丧期满后才开口说话,大家都非常高兴。'有这回事吗?"孔子回答:"怎么不是这样的呢?古时天子驾崩,世子就把政事交给太宰处理,整整三年。"

知悼子卒[①],未葬。平公饮酒[②],师旷、李调侍[③],鼓钟。杜蒉自外来[④],闻钟声,曰:"安在?"曰:"在寝。"杜蒉入寝,历阶而升[⑤],酌,曰:"旷饮斯!"又酌,曰:"调饮斯!"又酌,堂上北面坐饮之,降,趋而出。平公呼而进之,曰:"蒉!曩者尔心或开予[⑥],是以不与尔言。尔饮旷何也?"曰:"子、卯不乐[⑦]。知悼子在堂,斯其为子、卯也大矣。旷也,大师也,不以诏[⑧],是以饮之也。""尔饮调何也?"曰:"调也,君之亵臣也[⑨],为一饮一食,忘君之疾,是以饮之也。""尔饮何也?"曰:"蒉也,宰夫也,非刀匕是共[⑩],又敢与知、防,是以饮之也。"平公曰:"寡人亦有过焉,酌而饮寡人!"杜蒉洗而扬觯[⑪]。公谓侍者曰:"如我死,则必毋废斯爵也。"至于今,既毕献,斯扬觯，谓之“杜举”。

【注释】

①知悼子：晋国大夫荀盈。死于鲁昭公九年（前 533）。此篇内容也见于《左传·昭公九年》，可参看。

②平公饮酒：晋平公私下自己饮酒。平公，晋平公，名彪。

③师旷：乐师旷。乐师供职宫中，亦为近臣。李调：晋平公身边的嬖臣，《左传》称之为“外嬖嬖叔”。

④杜蒉（kuài）：晋平公的膳宰，负责国君饮食的官员。《左传》作“屠蒯”。

⑤历阶而升：登阶不聚足，即一步一阶。

⑥曩（nǎng）：刚才。

⑦子、卯不乐：郑注：“纣以甲子死，桀以乙卯亡，王者谓之‘疾日’，不以举乐为吉事，所以自戒惧。”

⑧诏：告。指劝谏。

⑨亵臣：近臣，嬖臣。

⑩非刀匕是共：没有为吃喝提供刀、匕等饮食餐具，这是说自己没有做好本职工作。共，通“供”。

⑪扬觯（zhì）：举起酒杯。觯，饮酒器。

【译文】

晋国大夫知悼子去世，还没有下葬。晋平公私下饮酒，师旷、李调在旁陪侍，并击鼓鸣钟奏乐。杜蒉从外面进来，听见钟声，询问说：“国君在哪？”有人回答说：“在正寝。”杜蒉于是进入正寝，一步一阶地上了堂，倒了一杯酒，说：“师旷喝了它！”又倒了一杯酒，说：“李调喝了它！”又倒了一杯酒，自己在堂上面朝北坐下，喝了，然后下堂，快步走出。晋平公叫住他，让他进来，说：“蒉！刚才我以为你有心要开导我什么，所以才没有和你说话。你让师旷喝酒，是什么道理呢？”杜蒉说：“子、卯两日是不能奏乐的。知悼子还停柩在堂，这比在子日、卯日两天违规饮酒还要严重。师旷，身为乐师，没有把这一点告诉你，所以罚他饮酒。”晋平公又问：“你让李调喝酒，是什么道理呢？”杜蒉说：“李调，是国君身边的嬖臣，为贪图吃吃喝喝，忘记规劝国君失礼的错误，所以罚他饮酒。”晋平公又问：“你自己也喝酒，又是为什么呢？”杜蒉说：“蒉，就是一名宰夫，没有做自己的本职工作，不去提供刀、匕等餐饮用具，却敢于参与谏诤逸乐，所以自罚饮酒一杯。”晋平公听后说：“寡人也有过错，倒酒吧，寡人也罚一杯！”杜蒉洗了酒杯，举起觯。晋平公对侍者说：“如果我死了，一定不要扔掉这个酒杯。”直到现在，燕饮时宾主都献酒饮过之后，还要举起觯给国君献酒，这个动作就叫做“杜举”。

公叔文子卒①，其子戍请谥于君曰②：“日月有时③，将葬矣。请所以易其名者④。”君曰：“昔者卫国凶饥，夫子为粥与国之饿者，是不亦惠乎？昔者卫国有难⑤，夫子以其死卫寡人，不亦贞乎？夫子听卫国之政，修其班制，以与四邻交，卫国之社稷不辱，不亦文乎？故谓夫子‘贞惠文子’⑥。”

【注释】

①公叔文子：卫献公之孙，名拔。

②君：卫灵公。

③有时：郑注：“犹言有数也，大夫、士三月而葬。”这里表示时间是有数的。

④名：谥。按丧礼规定，卒哭祭后，要避讳死者的名，用谥来代替。

⑤卫国有难：指鲁昭公二十年（前522）卫国齐豹作乱，杀死卫灵公之兄孟縶，卫灵公逃到死鸟。

⑥贞惠文子：《谥法》：“爱民好与曰惠，外内用情曰贞，道德博文曰

文。"郑注,后来没有叫"贞惠",是因为"文"就包括了其他各方面的意义。

【译文】

公叔文子去世了,他的儿子戍向卫灵公请求赐予公叔文子谥号,说:"大夫停柩三月就要下葬,日子有限。请赐给代替名字的谥号。"国君说:"以前卫国发生饥荒,夫子做粥给饥饿的人们,这不是可以叫做'惠'吗!以前卫国发生动乱,夫子拼死保卫寡人,这不是可以叫做'贞'吗!夫子处理卫国政事,按尊卑等级治理整顿,与四方邻国交往,卫国的社稷尊严没有受到侮辱,这不是可以叫做'文'吗!因此,夫子的谥号就叫做'贞惠文子'。"

石骀仲卒①,无適子,有庶子六人,卜所以为后者。曰:"沐浴佩玉则兆②。"五人者皆沐浴佩玉。石祁子曰③:"孰有执亲之丧而沐浴佩玉者乎?"不沐浴佩玉。石祁子兆,卫人以龟为有知也。

【注释】

①石骀(tái)仲:卫国大夫,石碏(què)的族人。

②兆:吉兆。古人烧灼龟甲以其裂纹来占卜吉凶。

③石祁子:石骀仲六个庶子之一。

【译文】

石骀仲去世,他没有嫡子,有六个庶子,因而要通过占卜来决定谁是继承人。占卜者说:"请沐浴并佩玉,这样龟甲才能显出吉兆。"五个庶子都沐浴并佩玉。石祁子却说:"哪有在为亲人居丧时还沐浴佩玉的?"因此既不沐浴也不佩玉。但是石祁子却得到了吉兆,卫国人都认为龟甲很灵验。

陈子车死于卫[①]，其妻与其家大夫谋以殉葬[②]，定而后陈子亢至[③]，以告曰："夫子疾[④]，莫养于下，请以殉葬。"子亢曰："以殉葬，非礼也。虽然，则彼疾当养者，孰若妻与宰？得已，则吾欲已；不得已，则吾欲以二子者之为之也。"于是弗果用。

【注释】

①陈子车：齐国大夫。

②家大夫：即下文的"宰"，大夫家的主管。

③陈子亢：陈子车的弟弟陈亢。孔子的弟子。

④夫子：指陈子车。

【译文】

陈子车死在卫国，他的妻子和家臣谋划用活人殉葬，定下人选后子车的弟弟子亢来了，二人告诉他说："夫子有病，他在地下没人伺候奉养，请求用活人殉葬。"子亢说："用活人殉葬，不符合礼制。虽然是这样，但一定要用活人殉葬，他生病能够照料奉养的，哪有比妻子和家臣更合适的呢？如果能阻止这件事，我愿阻止；如果不能阻止，我想就用二位来为他殉葬吧。"于是就没有用活人殉葬了。

子路曰："伤哉贫也！生无以为养，死无以为礼也。"孔子曰："啜菽饮水[①]，尽其欢，斯之谓孝。敛首足形[②]，还葬而无椁[③]，称其财，斯之谓礼。"

【注释】

①啜菽（shū）：喝豆粥。

②敛首足形：衣衾能够覆盖遮蔽遗体的头、脚、身躯。

③还(xuán):立即,快。郑注:“还,犹疾也。”

【译文】

子路说:“贫穷真是令人伤心啊! 父母在世没钱供养他们,父母去世又没钱按规定行礼。”孔子说:“喝豆粥喝白水,但只要让父母高兴,这就叫做孝。父母去世,衣衾能够遮蔽头脚身体,入殓速速下葬,有棺而无椁,但只要和自己的财力相称,这就叫做礼。”

卫献公出奔[①],反于卫,及郊,将班邑于从者而后入[②]。柳庄曰[③]:“如皆守社稷,则孰执羁靮而从[④]? 如皆从,则孰守社稷? 君反其国而有私也[⑤],毋乃不可乎?”弗果班。

【注释】

①卫献公出奔:卫献公于鲁襄公十四年(前559)被大夫孙文子、宁惠子驱逐到齐,鲁襄公二十六年(前547)返回卫国。详见《左传》。

②班:颁布。邑:采邑,以租赋为大夫供给俸禄的封地。

③柳庄:卫国大夫。下篇记他为卫太史。

④羁:马笼头。靮(dí):马缰绳。

⑤私:偏心。

【译文】

卫献公因内乱逃奔到齐国,后来返回卫国,走到国都郊外,打算先颁赐采邑给跟随他流亡的人以后再入城。柳庄说:“如果您的臣子都留在国内守卫国家,那谁为您拉着马笼头、牵着马缰绳呢? 如果臣子都跟随您逃亡,那谁来守卫国家呢? 国君刚返回国家就有偏私,恐怕不可以这样吧?”于是就没有颁赐。

卫有大史曰柳庄，寝疾。公曰："若疾革[1]，虽当祭必告。"公再拜稽首，请于尸曰："有臣柳庄也者，非寡人之臣，社稷之臣也，闻之死，请往。"不释服而往，遂以襚之[2]。与之邑裘氏与县潘氏，书而纳诸棺，曰："世世万子孙，毋变也。"

【注释】

①革(jí)：郑注："急也。"

②襚(suì)：向死者赠送衣服。

【译文】

卫国有太史叫柳庄，病重卧床。卫献公说："如果他病危，即使我正在主持祭典，也一定要马上告诉我。"柳庄死时献公正在主持祭礼，得知柳庄死讯后，献公向祭礼中充当尸的人拜了两次，磕头触地，请求说："有个臣子叫柳庄，不只是寡人我一人的臣子，乃是整个国家的臣子，听说他去世了，请让我马上前往吊唁。"没有换掉衣服就直接前往柳庄家，脱下祭衣赠给死者，并赐予他邑裘氏与县潘氏两个邑的土地，把这项封赠写在书券上放进棺中，说："世世代代的子孙，永不改变。"

陈乾昔寝疾[1]，属其兄弟而命其子尊己曰："如我死，则必大为我棺，使吾二婢子夹我[2]。"陈乾昔死，其子曰："以殉葬，非礼也，况又同棺乎！"弗果杀。

【注释】

①陈乾昔：人名。其人不详。

②婢子：郑注："妾也。"

【译文】

陈乾昔病重卧床，嘱咐他的兄弟，又命令他的儿子尊己，说："如果我死了，一定要为我准备一副大的棺材，让我的两个妾夹在我的两边陪我。”陈乾昔死后，他的儿子说：“用活人殉葬，不符合礼制，更何况放在同一个棺木中！”结果没有杀那两个妾陪葬。

仲遂卒于垂[①]，壬午犹绎[②]，万入去籥[③]。仲尼曰：“非礼也，卿卒不绎[④]。”

【注释】

①仲遂：鲁国大夫东门襄仲，又称“公子遂”。《春秋·宣公八年》记此事云：“夏六月，公子遂如齐，至黄，乃复。辛巳，有事于大庙，仲遂卒于垂。壬午，犹绎。”垂：春秋时期齐地。鲁宣公八年（前601）夏六月，公子遂出使齐国，因病而返回，在垂地去世。

②绎：祭之次日又祭。鲁宣公已在辛巳日举行禘祭，第二天壬午再次行祭。

③万入去籥（yuè）：“万”和“籥”都是舞名。万，是文舞与武舞的总称。文舞手执籥与翟，或名“籥舞”、“羽舞”；武舞执干（盾）与戚，亦名“干舞”。舞以武舞为重，文舞为轻。籥，古代乐器，形似排箫。万入去籥，是说祭礼采用了万舞（即包括文舞与武舞），万舞的舞队进入祭祀现场，但去掉了吹籥的舞队，表示降低了规格。

④卿卒不绎（yì）：孙希旦云：“绎祭轻于正祭，而公卿，君之股肱，故卿卒则不绎。”这是说绎祭的重要性次于正祭，而公卿是国君的股肱，公卿去世之事为大，国君就不应再举行绎祭了。

【译文】

仲遂死在齐国的垂地，鲁宣公在辛巳日进行过祭祀，得知仲遂死讯后，壬午日仍举行绎祭，只是在万舞中去掉了不重要的籥舞。孔子说：“这样做不合于礼，卿死，就不应该再举行绎祭了。”

季康子之母死，公输若方小[①]，敛，般请以机封[②]，将从之。公肩假曰[③]："不可！夫鲁有初[④]：公室视丰碑[⑤]，三家视桓楹[⑥]。般，尔以人之母尝巧，则岂不得以？其毋以尝巧者乎，则病者乎？噫！"弗果从。

【注释】

①公输若：匠师。

②般：公输般，公输若的族人。也作"公输班"，即鲁班，古代著名的木工巧匠，曾发明多种木制器械。封：同"窆"(biǎn)。

③公肩假：鲁人。

④初：旧例，惯例。

⑤公室：指诸侯。丰碑：用大木制成，形似石碑，树立于圹中椁的前、后、左、右四角，上端凿穿一孔洞，孔洞中安辘轳，棺木放下墓穴时，捆绑棺木的粗绳索通过丰碑孔洞的辘轳慢慢放下。按当时的礼制，"天子六綍(粗绳索)四碑，诸侯四綍二碑，大夫二綍二碑，士二綍无碑"。使用四碑下棺，原是安放天子棺木使用的方式，这时已经被诸侯僭越使用。丰，大。

⑥三家：指孟孙氏、叔孙氏和季孙氏，即"三桓"。鲁桓公的嫡长子为鲁庄公，其余三个庶子即后来鲁国的孟孙氏、叔孙氏和季孙氏，他们位高权重一时。桓楹：用四根大柱子放在椁的四角，用法和丰碑相同。"桓楹"是诸侯的下棺方式。桓，大。

【译文】

季康子母亲死了，匠师公输若年纪还小，将要进行殓葬时，公输若的族人公输般请求用他制造的机械来下棺入墓穴，丧主准备同意。公肩假说："不行！鲁国下棺之法先前有规定：诸侯参照天子用丰碑，三家大夫比照诸侯用桓楹。公输般，你用别人的母亲来试验你的机械，你不这么做难道不行吗？要是没人试用你的机械，你会有病吗？噫！”于是，季康子母亲棺木放入墓穴没有使用公输般的机械。

战于郎①，公叔禺人遇负杖入保者息②，曰：“使之虽病也，任之虽重也，君子不能为谋也③，士弗能死也，不可。我则既言矣。”与其邻重汪踦往④，皆死焉。鲁人欲勿殇重汪踦⑤，问于仲尼。仲尼曰：“能执干戈以卫社稷，虽欲勿殇也，不亦可乎！”

【注释】

①战于郎：鲁国和齐国战于郎。郎，鲁国国都附近之邑。本文所记亦见于《左传·哀公十一年》，文字略有出入。

②公叔禺(yú)：鲁昭公之子。《左传》作“公叔务人”。负杖：扛着杖的守城人。保：同“堡”。

③君子：卿大夫。

④重：当作“童”，指未成年。汪踦：人名。《左传》作“汪锜”。

⑤勿殇：未成年人死亡安葬之礼，规格低于成年人安葬之礼，因汪踦死于国事，鲁人想提高丧礼的规格，所以不按照未成年人的葬礼办丧事。

【译文】

鲁国和齐国在郎地交战，公叔禺遇见扛着杖的守城人疲惫地进入城堡休息，感叹道：“国家的徭役、赋税虽然已经很繁重了，但卿大夫还是不能好好出谋划策，士还是不能为国家献身，这是不行的。我既然这么说了，就要拿出行动来。”于是和他的邻居、童子汪踦一起前去作战，都战死了。鲁国人想不按未成年人死亡的丧礼安葬汪踦，而提高丧礼规格按照成年人之礼安葬汪踦，询问孔子是否可以。孔子说：“已经能拿着干戈保卫国家了，虽然不按未成年人之礼安葬，而提高丧礼规格、按照成年人丧礼安葬，也是可以的！”

子路去鲁，谓颜渊曰：“何以赠我？”曰：“吾闻之也，去国[①]，则哭于墓而后行；反其国，不哭，展墓而入[②]。”谓子路曰：“何以处我？”子路曰：“吾闻之也，过墓则式，过祀则下[③]。”

【注释】

①去国：出国。这里不是因君命出国，所以要讲孝，哭于祖坟。

②展：省视。

③祀：孔疏：“谓神位有屋、树者。”

【译文】

子路要离开鲁国，对颜渊说：“你有什么话赠送我？”颜渊说：“我听说过，离开自己的国家，要先去祖坟哭泣然后再走；返回国家的时候，不用去祖坟哭，省视墓地后再进城。”又对子路说：“你有什么话可以让我安处于鲁国？”子路说：“我听说过，乘车经过墓地要伏轼行礼，路过有树有屋的神位要下车致敬。”

工尹商阳与陈弃疾追吴师[①]，及之。陈弃疾谓工尹商阳曰：“王事也，子手弓而可。”手弓。“子射诸！”射之，毙一人，韔弓[②]。又及，谓之，又毙二人。每毙一人，揜其目[③]。止其御曰：“朝不坐，燕不与[④]，杀三人，亦足以反命矣。”孔子曰：“杀人之中，又有礼焉。”

【注释】

①工尹:楚官名。掌百工。商阳:人名。陈弃疾:楚公子弃疾,楚共王之子,后来的楚平王。于鲁昭公八年(前534)率师灭陈,因而称为“陈弃疾”。

②韔(chàng)弓:将弓装回弓袋。韔,古代装弓的袋子。

③揜(yǎn)其目:遮住自己的眼睛。不忍看人被杀,遮住自己的眼睛不愿看。揜,同“掩”。

④“朝不坐”二句:朝、燕都在正寝,大夫坐于堂上,士立于堂下。这里说“不坐”、“不与”,这是说自己地位低下。燕,通“宴”。

【译文】

工尹商阳与陈弃疾追赶吴国军队,追上了。陈弃疾对工尹商阳说:“这是为君王的事,你可以拿起弓了。”商阳拿起弓。陈弃疾又对他说:“你可以射箭了!”商阳射箭,杀死一人,即把弓装回弓袋里。又追赶到吴军,陈弃疾又对他这么说,商阳又射死两个人。每射死一人,商阳都要遮住眼睛。商阳让驾车的驭手停止追赶,说:“上朝时我没有座位,举行宴飨时我不能参加,已经杀了三个人了,也足以回去交差了。”孔子得知后说:“杀人之中,也是有礼节的。”

诸侯伐秦,曹桓公卒于会[①]。诸侯请含[②],使之袭[③]。

【注释】

①曹桓公卒于会:《春秋·成公十三年》:夏五月,“(鲁成)公自京师,遂会晋侯、齐侯、宋公、卫侯、郑伯、曹伯、邾人、滕人,伐秦。曹伯卢卒于师”。曹桓公,曹国国君,《左传》作“曹宣公”,郑注:“卢谥宣,言桓,声之误。”

②含:行含礼,即为死者口中放置玉。通常由地位比死者高的人为

死者行含礼。

③袭：为死者穿衣。“袭”属于贱者之事，曹国人让诸侯为曹宣公袭，显然是不合礼仪的。

【译文】

诸侯出兵攻打秦国，曹宣公在会合诸侯后去世。诸侯要求给曹宣公行含礼，为他口中含玉，曹国又让诸侯们给曹宣公的尸体穿衣。

襄公朝于荆[①]，康王卒[②]。荆人曰：“必请袭。”鲁人曰：“非礼也。”荆人强之，巫先拂柩[③]，荆人悔之。

【注释】

①襄公：鲁襄公，名午。荆：楚国。与本篇相似的内容也见于《左传·襄公二十九年》。当时鲁国依附楚国，因此鲁襄公去朝见楚王。

②康王：楚康王，名昭。死于鲁襄公二十八年（前545）。

③巫先拂柩：巫先用桃枝拂拭了一下灵柩。郑注：“巫祝桃茢（liè，笤帚），君临臣丧之礼。”“巫先拂柩”是君对臣的礼节，楚国人逼迫鲁襄公为楚康王袭，本想羞辱鲁襄公，没想到反而吃了亏。

【译文】

鲁襄公去楚国朝见楚王，恰逢楚康王去世。楚人说：“请一定为楚王遗体穿衣。”鲁人说：“这不合礼制。”楚人强迫鲁襄公这样做，鲁人用君临臣丧之礼先让巫用桃枝拂扫灵柩，楚人十分后悔。

滕成公之丧[①]，使子叔敬叔吊[②]，进书[③]，子服惠伯为介[④]。及郊，为懿伯之忌[⑤]，不入。惠伯曰：“政也，不可以叔父之私不将公事。”遂入。

【注释】

①滕成公：滕国国君，死于鲁昭公三年（前539）。与本篇相似的内容也见于《左传·昭公三年》。

②子叔敬叔：鲁国大夫叔弓。

③进书：郑注："奉君吊书。"即呈送鲁昭公吊唁成公的书信。孙希旦说："书，谓书方赗物之目也。"按，两项内容并不矛盾，或先致吊唁后列赠物。

④子服惠伯：鲁国大夫公子服椒。介：副手。

⑤懿伯之忌：懿伯是子服惠伯的叔父，此日为懿伯忌日。

【译文】

滕成公的丧事，鲁昭公派子叔敬叔前去吊丧，递交吊唁书信与馈赠的助丧财物清单，子服惠伯作为副手。到达滕国国都的近郊，正好赶上子服惠伯的叔父懿伯的忌日，子叔敬叔就不准备进城了。惠伯说："我现在办的是公家的政事，不可以叔父的私事耽误公事。"于是就入城了。

哀公使人吊蒉尚①，遇诸道，辟于路，画宫而受吊焉②。曾子曰："蒉尚不如杞梁之妻之知礼也③。齐庄公袭莒于夺④，杞梁死焉。其妻迎其柩于路而哭之哀。庄公使人吊之。对曰：'君之臣不免于罪，则将肆诸市朝⑤，而妻妾执。君之臣免于罪，则有先人之敝庐在，君无所辱命⑥。'"

【注释】

①蒉（kuài）尚：鲁哀公臣。事迹不详。

②画宫：郑注："画地为宫象。"即在地上画出殡宫之位。受吊：接受吊唁。行吊礼于野，这是不合礼仪的。

③杞梁：齐国大夫，名殖。

④莒(jǔ):春秋时期国名。《春秋·襄公二十三年》:"齐侯袭莒。"《传》:"杞殖、华还载甲夜入且于之隧。"此战因莒方施计,齐军大败,杞梁战死。夺:《左传》作"隧"。夺、隧声近。隧,小道。

⑤肆:郑注:"陈尸也。"

⑥"君之臣"三句:《左传·襄公二十三年》:"齐侯归,遇杞梁之妻于郊,使吊之。辞曰:'殖之有罪,何辱命焉。若免于罪,犹有先人之敝庐在,下妾不得与郊吊。'"杞梁之妻拒绝齐侯在郊外吊唁其夫,认为不合礼仪。

【译文】

蒉尚的亲人去世,鲁哀公派人前去吊丧,在路上遇到蒉尚,蒉尚避让,退到路边,在地上画出殡宫,接受吊唁。曾子得知后说:"蒉尚还不如杞梁之妻懂得礼仪。齐庄公派军队从小路偷袭莒国,杞梁战死。他的妻子在路上迎接杞梁的灵柩,哭得很伤心。齐庄公派人前去吊唁。杞梁的妻子说:'国君的臣子死了,如果是有罪而死,就应该在市朝上陈尸示众,他的妻妾也应被抓起来;如果可以免于死罪,我们还有先人留下的破房子,可以接待国君的使者,不能不合礼仪地在郊外进行吊唁而侮辱了国君的命令。'"

孺子𬱖之丧[①],哀公欲设拨[②],问于有若。有若曰:"其可也,君之三臣犹设之[③]。"颜柳曰[④]:"天子龙輴而椁[⑤],帱[⑥];诸侯輴而设帱,为榆沈[⑦],故设拨。三臣者废輴而设拨,窃礼之不中者也,而君何学焉?"

【注释】

①𬱖(tūn):鲁哀公的小儿子。

②拨:郑注:"可拨引輴(chūn)车,所谓绋。"(輴,殡车,灵柩车,则绋

为牵引殡车的绳索。）

③三臣：指孟孙氏、叔孙氏和季孙氏。

④颜柳：颜幸，字子柳。孔子的弟子。

⑤龙辅（chūn）：车辕上绘有龙的殡车。椁：《集解》引郑注："殡以椁覆棺上涂之，所谓'菆涂龙辅以椁'。"参见《檀弓上》"天子之殡也"节。这是说，天子的殡车，外围用木头垒起来，并涂以色彩，像棺外之椁一样。

⑥帱（dào）：覆盖在棺上绣有图案的纺织品，也称"棺衣"。

⑦为榆沈：郑注："以水浇榆白皮之汁，有急以播地，于引辅车滑。"即认为辅车载柩十分笨重，用榆树皮汁给地面加滑，再用拨来控制辅车。《集解》引吴澄说，用榆木制作辅车的轮毂，木性笨重，所载棺柩又重，所以设拨来帮助移动。今从吴说。

【译文】

鲁哀公的小儿子赣的丧事，哀公想在其柩车设置只有天子、诸侯的柩车上才能安置的拨，询问有若是否可以。有若回答说："那是可以的。国君的三家大臣都设置了。"颜柳说："天子的殡车，车辕上绘有龙图案，车上的棺木周围堆积着木，像椁一样，再覆盖上棺衣；诸侯的殡车棺木上也覆盖有棺衣，这种殡车是用榆木制作的，本身就很沉重，上面再载上棺木，运行困难，因而要设置拨来帮助运行。三家大臣不敢用天子、诸侯所用的殡车，但却设置了拨，盗用了天子、诸侯之礼却并不中用，国君何必学他们呢？"

悼公之母死[①]，哀公为之齐衰。有若曰："为妾齐衰[②]，礼与？"公曰："吾得已乎哉！鲁人以妻我。"

【注释】

①悼公之母：鲁悼公的母亲，是鲁哀公的爱妾。悼公，鲁悼公，鲁哀

公之子，名宁，此时尚未为鲁君。

②为妾齐衰：丧礼规定，士为贵妾服缌麻，大夫以上为妾无服，只有为嫡妻才能服齐衰。

【译文】

鲁悼公的母亲去世了，鲁哀公为她穿着齐衰丧服。有若说："为妾穿着齐衰丧服，合于礼吗？"哀公说："我是不得以啊！鲁国人都以为她是我的妻子。"

季子皋葬其妻①，犯人之禾，申祥以告，曰："请庚之②。"子皋曰："孟氏不以是罪予③，朋友不以是弃予，以吾为邑长于斯也。买道而葬，后难继也。"

【注释】

①季子皋（gāo）：即孔子弟子高柴。《左传》和《论语》中作"子羔"。

②庚：偿。

③孟氏：鲁国三臣之一孟孙氏。当时子皋做他城邑的邑宰。

【译文】

季子皋埋葬他的妻子时，踩踏了别人的禾苗，申祥将这件事告诉子皋，说："请赔偿人家的损失。"子皋说："孟氏不因为这件事责备我，朋友不因为这件事抛弃我，因为我在这里做邑长。如果我花钱买路出葬，恐怕以后的人会难以继续照办。"

仕而未有禄者①，君有馈焉曰"献"②，使焉曰"寡君"。违而君薨，弗为服也。

【注释】

①仕而未有禄者：初任官职还没有确定俸禄的人。孙希旦说："仕而未有禄，谓初适他国而未有定位，若孟子在齐是也。"

②君有馈焉曰"献"：郑注："有馈于君。"孔疏："谓臣有物馈献于君，既奉饷君上，故曰'献'。"

【译文】

初任官职还没有领取俸禄的人，有东西馈赠给国君，称作"献"，受命出使，称国君为"寡君"。离开该国了，如果国君去世，不用为他服丧。

虞而立尸，有几筵[①]。

【注释】

①几筵：几案和竹席。这是为死者的神灵设置的。

【译文】

虞祭开始，要安排尸接受享祭，要设置几案和竹席。

卒哭而讳，生事毕而鬼事始已[①]。既卒哭，宰夫执木铎以命于宫曰[②]："舍故而讳新[③]。"自寝门至于库门[④]。

【注释】

①已：语气词。

②宰夫：官名。《周礼·天官·宰夫》："大丧、小丧，掌小官之戒令。"木铎(duó)：以木为舌的铜铃。摇木铎，以引起注意，宣布政教。

③舍故而讳新：郑注："故，谓高祖之父当迁者也。"中国古代宗法制度有毁庙、迁庙之制。诸侯五庙，即祢(父)庙、祖庙、曾祖庙、高

祖庙、太祖庙。太祖是始封之祖，其庙不毁、不迁。高祖庙以下四庙，每有父辈新死者加入，原来的高祖庙就将其牌位迁于太祖庙祔祭，不再避讳其名，其余三庙则依次升位，新死者则居祢庙，避称名讳。这里的"故"就是迁走的高祖父，"新"是新死者。

④自寝门至于库门：诸侯宫室有三门：内有寝门，为正寝之门，是最内里的门，也称为"路门"；中有雉门；外有库门，也称为"外门"，是最外面的门。寝门内叫做"内朝"，寝门外、雉门内，叫做"治朝"，库门外叫做"外朝"。百官上朝通常都在自寝门至库门这一段。

【译文】

卒哭祭后要避讳死者之名，因为以活人对待他的礼节已经结束，以鬼神对待他的礼节开始了。卒哭祭完毕后，宰夫摇着木铎在宫中宣布："废止旧名讳，开始遵行新名讳。"从正寝之门一直喊到库门。

二名不偏讳。夫子之母名徵在，言"在"不称"徵"，言"徵"不称"在"。

【译文】

死者的名如果是两个字的，不用同时都避讳。如孔子的母亲名叫徵在，说"在"就不说"徵"，说"徵"就不说"在"。

军有忧[①]，则素服哭于库门之外，赴车不载櫜韔[②]。

【注释】

①忧：郑注："谓为敌所败也。"

②赴车：回国报告战败消息的车。櫜(gāo)：装铠甲的袋子。车上

的铠甲不放进袋子里，弓也不放进袋子里，表示要报仇雪恨，继续战斗。

【译文】

军队战败，国君率群臣着素衣、素裳、素冠在库门外哭泣；回国报告战败消息的车上，铠甲不放进袋子里，弓也不放进袋子里。

有焚其先人之室①，则三日哭。故曰："新宫火，亦三日哭。"②

【注释】

①先人之室：指宗庙。宗庙被焚，祖宗的神灵便无所依托，为此而哀伤痛哭。

②"新宫火"二句：《春秋·成公三年》："甲子，新宫灾，三日哭。"宗庙被焚则祖宗的神灵无所凭依，所以要哭泣致哀。"人火曰火，天火曰灾。"

【译文】

如果宗庙发生火灾，就要痛哭三天。所以《春秋》记载说："新建的宗庙发生火灾，成公哭了三天。"

孔子过泰山侧，有妇人哭于墓者而哀。夫子式而听之，使子路问之，曰："子之哭也，壹似重有忧者①。"而曰："然。昔者吾舅死于虎②，吾夫又死焉，今吾子又死焉！"夫子曰："何为不去也？"曰："无苛政③。"夫子曰："小子识之④，苛政猛于虎也！"

【注释】

①重(zhòng):深重。

②舅:丈夫的父亲。

③苛政:《训纂》引王引之说:“政,读曰‘征’,谓赋税及徭役也。诛求无已,则曰苛征。”指繁重、凶暴的赋税和徭役。

④识(zhì):记。

【译文】

孔子经过泰山旁,有个妇人哭得很哀伤。孔子伏在车轼倾听,派子路前去询问,说:“听你的哭声,像是有很深重的忧伤。”妇人答道:“是啊。从前我的公公被老虎咬死,后来我的丈夫又被老虎咬死,现在我的儿子也被老虎咬死了!”孔子问:“为什么不离开这里呢?”答道:“这里没有繁重、凶暴的赋税和徭役。”孔子对弟子说:“你们都记住啦!繁重的徭役和赋税比老虎还要凶猛啊!”

鲁人有周丰也者[①],哀公执挚请见之[②],而曰“不可”。公曰:“我其已夫[③]。”使人问焉,曰:“有虞氏未施信于民而民信之[④],夏后氏未施敬于民而民敬之。何施而得斯于民也?”对曰:“墟墓之间,未施哀于民而民哀;社稷宗庙之中,未施敬于民而民敬。殷人作誓而民始畔[⑤],周人作会而民始疑[⑥]。苟无礼义、忠信、诚悫之心以莅之,虽固结之,民其不解乎?”

【注释】

①周丰:鲁人,身份可能是士。

②挚:古代拜访时相赠的礼物。俗作“贽”。

③已:止。

④有虞氏:古部落。首领即舜,受尧禅让,后又禅让给禹。

⑤殷人作誓:"誓"是盟誓。此处以"殷人作誓"与下文"周人作会"对举,是一种修辞形式,并非殷人只作誓,周人只作会。《尚书》有《泰誓》、《牧誓》,皆誓辞。畔:通"叛"。

⑥周人作会:"会"是盟会,指周代诸侯会盟,共同进行征伐活动等。出土文献《侯马盟书》、《温县盟书》,皆东周时诸侯大夫盟誓之辞。

【译文】

鲁国有个叫周丰的人,鲁哀公要拿着见面礼请求和他见面,周丰说"不敢当"。哀公说:"那我就不去了吧。"派人去向他询问,说:"有虞氏的国君没有故意做要人们信任的事,但人们却信任他;夏后氏的国君没有故意做要人们敬仰的事,但人们却敬仰他。他们做了什么而使人们能够信任与敬仰呢?"周丰答道:"身处于废墟和墓地之中,不用教人悲哀,人们自会悲哀;身处于社稷庙和宗庙之中,不用教人严肃庄重,人们自会严肃庄重。殷代制定了许多的誓词,人们却开始背叛他;周代举行了各种的会盟,人们却开始怀疑他。如果没有礼义、忠信、诚实之心来对待人们,虽然想强行把人们团在一起,人们难道就不会离散了吗?"

丧不虑居,毁不危身。丧不虑居,为无庙也;毁不危身,为无后也。

【译文】

守丧不考虑居处的安逸,悲伤憔悴、容颜改变而不能损坏身体。守丧不考虑居处的安逸,是因为亲人的神灵还未归宗庙、无所凭依;悲伤憔悴、容颜改变而不能损坏身体,是怕断绝了后代。

延陵季子适齐①,于其反也,其长子死,葬于嬴、博之间[②]。孔子曰："延陵季子，吴之习于礼者也。"往而观其葬焉。其坎深不至于泉[③]，其敛以时服。既葬而封，广轮揜坎[④]，其高可隐也[⑤]。既封，左袒，右还其封且号者三[⑥]，曰："骨肉归复于土，命也！若魂气则无不之也，无不之也！"而遂行。孔子曰："延陵季子之于礼也，其合矣乎！"

【注释】

①延陵季子：吴国公子季札。"延陵"是他的封邑，因此为号。季札出聘齐国约在鲁昭公二十七年(前515)。

②嬴(yíng)、博：皆为春秋时齐国地名。

③坎：墓圹。

④广：宽度。轮：长度。

⑤隐：郑注："隐，据也，封可手据。"指封土的高度，可以用手扶住。孔疏："人长八尺，低而据之半，为四尺。"约今一米左右。

⑥右还(xuán)：从右向左转，如今之逆时针旋转。还，旋转，回旋。号：郑注："哭且言也。"

【译文】

延陵季子出使到齐国，回国的途中，他的长子去世了，葬在齐国的嬴邑和博邑之间。孔子说："延陵季子，是吴国熟习礼仪的人。"于是前去观看他操办葬礼。那墓圹的深度不到地下泉水的地方，入殓穿的是平时穿的衣服。下葬后积土为坟，封土的宽度和长度正好掩住墓圹，高度是人俯下身子手就可以扶住。坟做好后，季子袒露左臂，从右向左绕着坟跑了三圈，并号哭了三遍，说："我的骨肉啊，又回归于土中了，命啊！而灵魂却无处不在，无所不往啊！"号哭完毕，就走开了。孔子说："延陵季子遵行礼仪，真是非常到位！"

邾娄考公之丧[①]，徐君使容居来吊含[②]，曰："寡君使容居坐含，进侯玉，其使容居以含[③]。"有司曰："诸侯之来辱敝邑者，易则易[④]，于则于[⑤]，易、于杂者，未之有也。"容居对曰："容居闻之：事君不敢忘其君，亦不敢遗其祖。昔我先君驹王[⑥]，西讨济于河，无所不用斯言也。容居，鲁人也，不敢忘其祖。"

【注释】

①邾娄考公：邾娄国国君。郑注："考，或为'定'。"《集解》引顾炎武考证说，邾娄考公时已距春秋甚远，此处应为"定"，后数节有"邾娄定公"。

②徐君使容居来：当时徐国国君僭礼称王，自比天子。容居，徐国国君的大臣。吊含：吊且含，吊唁并为死者行含玉之礼。

③"寡君"三句：按照礼制，行含礼不用贱者，像徐国这样的小国使者不能直接为逝世的邾娄公口中放置含玉，但徐国僭越称王，自比天子，使者容居口气很大，要亲自为逝世的邾娄公口中放置含玉。结果遭到拒绝。

④易：郑注："谓臣礼。"

⑤于：郑注："谓君礼。"

⑥驹王：徐国的先君。僭号称王，容居是他的子孙。

【译文】

邾娄定公的丧事，徐国国君派容居前往吊唁并行含玉之礼，容居说："敝国国君派我容居前来坐行含礼，进献诸侯所用的玉，请让我容居来行含礼。"邾娄的有关官吏说："诸侯屈尊来到敝国，如果是使臣来，我们就用臣礼对待，如果是国君来，我们就用君礼对待，将臣礼和君礼混杂在一起，我们是从来不这么做的。"容居回答说："我容居听说过：事奉国君就不敢忘记国君，也不敢遗忘自己的祖先。从前我的先祖驹王，向西征伐并渡过黄河，无论到哪里都是这么说话的。容居，虽是鲁钝之人，但不敢忘记自己的祖先。”

子思之母死于卫①，赴于子思，子思哭于庙。门人至，曰：“庶氏之母死②，何为哭于孔氏之庙乎？”子思曰：“吾过矣！吾过矣！”遂哭于他室。

【注释】

①子思之母：子思的母亲在子思的父亲死后改嫁到卫国。可参看《檀弓上》“子思之母死于卫”节。

②庶氏：郑注：子思之母，“嫁母也，姓庶氏”。

【译文】

子思的母亲死于卫国，向子思报了丧，子思在家庙中为母亲哭泣。子思的学生来到，说：“庶氏的母亲死了，为什么要在孔氏的家庙中哭她？”子思说：“是我的错！是我的错！”于是就到别的屋子去哭。

天子崩，三日，祝先服①；五日，官长服②；七日，国中男女服③；三月，天下服④。虞人致百祀之木⑤，可以为棺椁者斩之。不至者，废其祀，刎其人⑥。

【注释】

①祝：太祝、商祝，负责含、殓等丧事事务。服：服杖。按照丧礼制度，与死者亲疏远近不同的人，要穿着不同的丧服，手持不同的杖。

②官长：郑注：“大夫、士。”孙希旦云：“达官之长，谓卿大夫也。”

③国中男女服：国中男女，郑注："庶人。"孔疏："国中男女服者，谓畿内民及庶人在官者。服谓齐衰，三月而除之。必待七日者，天子七日而殡，殡后嗣王成服，故民得成服也。"

④天下：郑注："诸侯之大夫也。"

⑤虞人：掌管山林、川泽的官吏。百祀之木：畿内经过百祀的树木。孙希旦说："为椁必斩百祀之木者，盖社木神之所凭，常时不伐，以其岁久而高大也。"

⑥刎(wěn)：杀。

【译文】

天子去世，三天后，祝先穿着丧服、手持丧杖；五天后，卿大夫穿着丧服、手持丧杖；七天后，畿内的百姓穿着丧服；三个月后，各诸侯国的大夫穿着丧服。虞人要负责输送畿内历经百祀的树木，将可以作为棺椁的树砍伐了。对不给输送木材的，要严加惩处，废掉他的祭祀，杀掉他。

齐大饥，黔敖为食于路[①]，以待饿者而食之。有饿者蒙袂辑屦[②]，贸贸然来[③]。黔敖左奉食，右执饮，曰："嗟[④]，来食！"扬其目而视之，曰："予唯不食嗟来之食，以至于斯也。"从而谢焉，终不食而死。曾子闻之，曰："微与[⑤]！其嗟也可去，其谢也可食。"

【注释】

①黔敖：齐国一富人。为食：做饭，做食物。

②蒙袂：用衣袖遮着脸，是不想给人看见。辑屦：趿拉着鞋。辑，敛。

③贸贸：郑注："目不明之貌。"指两眼昏花、无精打采。

④嗟(jiē):叹词。

⑤微:郑注:"微,犹无也。"朱彬《训纂》说:"微,小也。"指这本是小事。

【译文】

齐国发生了严重的饥荒,黔敖在路边做食物,等待着饥饿的人来吃。有个饥民用衣袖遮着脸,趿拉着鞋子,无精打采地走过来。黔敖左手捧着吃的,右手拿着喝的,说:"喂,来吃!"这个人抬起眼看了看黔敖,说:"我就是不吃这么喊着'喂,来吃'的人给的饭,才落到这个地步的。"黔敖于是向他道歉,但他还是不吃,终于饿死了。曾子听说这事后,说:"这本是小事啊!他喊'喂'的时候可以离去,但他已经道歉了,就可以吃了。"

邾娄定公之时[①],有弑其父者。有司以告,公瞿然失席曰[②]:"是寡人之罪也。"曰:"寡人尝学断斯狱矣:臣弑君,凡在官者杀无赦;子弑父,凡在宫者杀无赦。杀其人,坏其室,洿其宫而猪焉[③]。盖君逾月而后举爵。"

【注释】

①邾娄定公:名貜(jué)且,鲁文公十四年(前613)即位。

②瞿(jù)然:惊骇的样子。

③洿(wū)其宫而猪焉:把屋子的地基挖成坑,注满水。洿,挖掘。猪,通"潴",积聚。

【译文】

邾娄定公在位时,有个人杀死了自己的父亲。有关官员将此事报告给定公,定公惊骇地都偏离了坐席,说:"这是寡人的罪过啊。"又说:"寡人曾学习过判决这种案子:臣子杀害国君,凡是在官府的人,无论贵贱，都可以杀了他，绝不饶恕；儿子杀害父亲，凡是在家中的人，无论尊卑，都可以杀了他，绝不饶恕。不仅要杀了这个人，还要毁掉他的屋子，把他房屋的那块地挖成深坑，灌满水。国君要过一个月才能举杯饮酒。”

晋献文子成室①，晋大夫发焉。张老曰②：“美哉轮焉③！美哉奂焉④！歌于斯，哭于斯，聚国族于斯⑤。”文子曰：“武也得歌于斯，哭于斯，聚国族于斯，是全要领以从先大夫于九京也⑥。”北面再拜稽首。君子谓之善颂、善祷⑦。

【注释】

①晋献文子：晋国卿赵武，“献”、“文”都是谥。

②张老：晋国大夫。

③轮：郑注：“轮囷，言高大。”指屋宇高大。

④奂：郑注：“言众多。”《训纂》引王引之说，“奂”古“焕”字，指有文饰且明亮。

⑤聚国族：孙希旦说：“谓与国中僚友及宗族聚会饮食也。”

⑥全要领：保全腰与颈，即免于腰斩与斩首之刑。要，同“腰”。领，颈。九京：郑注：“晋卿大夫之墓地在九原，‘京’盖字之误，当为‘原’。”阜阳双古堆汉简《说类杂事》之一九有“晋平公过于九京而叹”句，传世文献中“九原”、“九京”混淆之例甚多，似难以断定“京”必为“原”之误。

⑦颂：指张老的贺词。祷：指赵武的回答。

【译文】

晋献文子的新居落成，晋国的大夫都发出祝贺之辞。张老说：“建筑多么高大美丽，装饰多么繁丽漂亮，真是美轮美奂！可以在这里奏乐祭祀，可以在这里居丧哭泣，可以在这里与朋友、族人宴饮聚会。”文子说：“我赵武能够在这里奏乐祭祀，能够在这里居丧哭泣，能够在这里与朋友、族人宴饮聚会，是说明我能够免于腰斩和斩首之刑，能够随从先人、归葬于九京。”于是，面朝北再次跪拜磕头行礼。君子说，颂贺之辞说得好，祝祷之辞说得也好。

仲尼之畜狗死[①]，使子贡埋之，曰：“吾闻之也：敝帷不弃，为埋马也；敝盖不弃，为埋狗也。丘也贫，无盖，于其封也[②]，亦予之席，毋使其首陷焉[③]。”路马死[④]，埋之以帷。

【注释】

①畜狗：驯养的狗。

②封：郑注：“当作‘窆’。”

③陷：指埋没于土中。

④路马：郑注：“君所乘者。”

【译文】

孔子养的狗死了，让子贡去埋了它，说：“我听说过：破旧的帷幕不要丢弃，可以用来包裹死马去埋葬；破旧的伞盖不要丢弃，可以用来包裹死狗去埋葬。我孔丘贫穷，没有伞盖，但是埋葬死狗到墓坑，也要裹上一张席子，不能让它的头埋没在土里。”国君乘的马死了，要用帷幕包裹好再埋葬。

季孙之母死，哀公吊焉，曾子与子贡吊焉，阍人为君在[①]，弗内也[②]。曾子与子贡入于其厩而修容焉。子贡先入，阍人曰：“乡者已告矣[③]。”曾子后入，阍人辟之。涉内霤[④]，卿大夫皆辟位，公降一等而揖之。君子言之曰：“尽饰之道，斯其行者远矣。”

【注释】

①阍(hūn)人:守门人。

②内:同“纳”。

③乡(xiàng):通“向”,刚才。

④内霤(liù):大门之内屋檐滴水处。

【译文】

季孙的母亲去世,鲁哀公前去吊丧,曾子和子贡也前去吊丧,守门人因国君在屋内,没有让他们进去。曾子和子贡便到季孙家的马厩中又修整了一下仪容。然后子贡先进门,守门人说:“刚才已经通报过了。”曾子后进门,守门人避让。二人走到门内滴水的屋檐下,卿大夫们都从席位上避开表示致意,鲁哀公见二位到来,从堂上降下一阶,向二人作揖。君子讲起这件事时说:“尽心修整仪容的道理,会流传得很久远。”

阳门之介夫死[①],司城子罕入而哭之哀[②]。晋人之觇宋者[③],反报于晋侯曰:“阳门之介夫死,而子罕哭之哀,而民说,殆不可伐也。”孔子闻之曰:“善哉觇国乎!《诗》云:‘凡民有丧,扶服救之。’[④]虽微晋而已[⑤],天下其孰能当之?”

【注释】

①阳门:宋国国都城门名。介夫:披着铠甲的卫士。

②司城子罕:司城,即司空,掌营建城郭等工程事务,实为主政官。宋国因宋武公名司空,为避讳而称“司城”。子罕,宋戴公之子乐甫术的后人乐喜。

③觇(chān):窥视,侦探。

④"《诗》云"以下二句:出自《诗经·邶风·谷风》。扶服,《诗经》作"匍匐",尽力之意。

⑤微:郑注:"犹非也。"

【译文】

宋国阳门一位披甲的卫士死了,司城子罕去了他家并哭得很哀伤。在宋国侦察情报的晋国人把这件事报告给晋侯说:"阳门的披甲卫士死了,子罕去他家哭得很哀伤,百姓因此心悦,恐怕现在还不能侵伐宋国。"孔子听说这件事后,说:"好啊,这人真会侦探国情啊!《诗经》上说:'凡是百姓有丧事,我都要尽力去救助帮忙。'不能侵伐宋国,不仅仅是晋国而已,天下有哪个国家能去侵伐呢?"

鲁庄公之丧[①],既葬[②],而绖不入库门[③]。士、大夫既卒哭,麻不入[④]。

【注释】

①鲁庄公之丧:据《左传》记载,鲁庄公在位三十二年而死,太子般即位,庄公的庶兄庆父作乱,派人杀死子般,闵公被立为君,闵公年仅八岁,国家动荡混乱,鲁庄公去世后未能及时下葬,闵公也未能按正常的礼仪居丧、行丧礼。闵公二年(前660)八月,庆父又指使人杀掉了闵公。

②既葬:庄公去世,历十一月始葬。

③绖(dié)不入库门:郑注:"时子般弒,庆父作乱,闵公不敢居丧,葬已,吉服而反,正君臣,欲以防遏之。"绖,本指孝服中扎在头上或腰间的粗麻布带,此处指代丧服。库门,诸侯三门,库门是宫室最外面的一道门。这是说,作为丧主的闵公没有按照礼制规定,

按部就班地完成丧仪。

④麻：本指扎在头上或腰间的粗麻布带，或指粗麻制作的孝服，此处亦指代丧服，与“绖”用法相同。

【译文】

鲁庄公的丧事，下葬后，鲁闵公就换上了吉服，没有穿着丧服进入库门。鲁国的士、大夫在卒哭祭之后就除丧了，也没有穿着丧服进入库门。

孔子之故人曰原壤，其母死，夫子助之沐椁。原壤登木曰[①]：“久矣予之不托于音也。”歌曰：“狸首之斑然，执女手之卷然[②]。”夫子为弗闻也者而过之。从者曰：“子未可以已乎？”夫子曰：“丘闻之：亲者毋失其为亲也，故者毋失其为故也。”

【注释】

①登木：郑注：“谓叩木以作音。”即击木作伴音。

②卷然：光滑细腻之状。

【译文】

孔子的老朋友叫原壤，他的母亲去世了，孔子去帮忙修治椁木。原壤击叩椁木说道：“很久很久啦，我没把自己的感情寄托在音乐中了。”于是唱道：“椁木的木纹那么美，好像狸猫的头一样斑斓绚丽；握着你的手，卷卷然是如此柔弱滑腻。”孔子好像没听见一样走过。孔子的随从说：“原壤居丧时歌唱，如此无礼，您为什么不和他断绝往来呢？”孔子说：“我听过：亲人虽有过失，但不能抛弃亲人；老友虽有过失，但不能抛弃老友。”

赵文子与叔誉观乎九原[①]。文子曰:“死者如可作也[②],吾谁与归?”叔誉曰:“其阳处父乎[③]?”文子曰:“行并植于晋国[④],不没其身,其知不足称也。”“其舅犯乎[⑤]?”文子曰:“见利不顾其君,其仁不足称也。我则随武子乎[⑥]!利其君不忘其身,谋其身不遗其友。”晋人谓文子知人。文子其中退然如不胜衣[⑦],其言呐呐然如不出诸其口[⑧]。所举于晋国管库之士七十有余家[⑨],生不交利,死不属其子焉。

【注释】

①赵文子:即前文提到的晋献文子,晋国卿赵武。叔誉:即叔向,晋羊舍大夫之孙,名肸(xī)。九原:晋国卿大夫之墓地所在,在今山西新绛北。参见本篇“晋献文子成室”节注⑥。此事亦见于《国语·晋语八》,文字略有出入。

②作:起。指复活。

③阳处父(fǔ):晋国大夫,晋襄公的太傅。性格刚直却无谋,后被狐射姑所杀。

④并植:《国语》作“廉直”。韦昭注:“廉直,刚而无谋。”郑注:“并犹专也,谓刚而专己。”植,直。

⑤舅犯:公子重耳的舅舅狐偃,字子犯。狐偃随重耳出亡,返回晋国渡过黄河时,将重耳赠他的玉璧交还给重耳,说是将从此亡去,重耳投璧于河中,发誓要和舅氏同心。文子认为,舅犯这是在要挟重耳。详见《国语·晋语四》和《左传·僖公二十四年》。

⑥随武子:晋国中军将、太傅士会(kuài)。名会,谥武,因被封于随、范二邑,又称为“范会”、“随会”。

⑦中:郑注:“身也。”退:郑注:“柔和貌。”

⑧呐呐然:讲话迟钝或口吃,好像有物在口内存留。

⑨管库之士：郑注："管，键也。"《训纂》引王引之说："管键所以启闭库也"；"今案管者，典也，主也。管库之士，谓主此库者耳"。

【译文】

赵文子和叔向到九原参观。文子说："死去的人如果能够复活，我应该和谁一道回去呢？"叔向说："是阳处父吗？"文子说："阳处父刚直无谋，在晋国独断专权，不能保全自身，他的智慧不足以称道。"叔向说："那是舅犯吗？"文子说："舅犯为自己的利益不顾国君，他的仁义不足以称道。我选择随武子！为国君谋利，又不忘自身；为自身谋利，又不忘记朋友。"晋国人因而认为文子很知人。文子的身体非常柔弱，好像连衣服的重量都承受不了，说话木讷迟钝，好像有话却说不出口。他为晋国推举的人，光是负责管理仓库的士就有七十多人，他活着的时候从不与自己推举的人有利益的交往，去世的时候也没有把自己的儿子嘱托给他们。

叔仲皮学子柳[①]。叔仲皮死，其妻鲁人也[②]，衣衰而缪绖[③]。叔仲衍以告[④]，请繐衰而环绖[⑤]，曰："昔者吾丧姑、姊妹亦如斯，末吾禁也[⑥]。"退，使其妻繐衰而环绖。

【注释】

①叔仲皮：鲁国叔孙氏之族。学(xiào)：郑注："教也。"子柳：叔仲皮之子。

②鲁：鲁钝。

③衣衰：服齐衰。缪绖：用一条麻绳从额头向后交结于颈项。缪，郑注当作"樛"(jiū)，结。

④叔仲衍：叔仲皮的弟弟。

⑤繐(suì)衰：介于大功和小功之间的丧服。繐，较精细而疏的麻布。环绖：用麻绳绕成环形，系在头上。因繐衰、环绖轻细方便，

当时妇人服丧喜欢穿着此服,实际上是不合礼仪的。

⑥末:郑注:“无也,言无禁我,欲其言行。”即无人禁止我这样做。

【译文】

叔仲皮教子柳学习。叔仲皮去世了,子柳的妻子虽是鲁钝之人,也知道为公公服齐衰并头戴缠于后颈打好结的丧带。叔仲衍却告诉子柳,让他的妻子服缌衰、头戴单环丧带即可,并说:“以前我为去世的姑姑和姊妹都是这么穿的,没人禁止我。”子柳回家后,就让他的妻子服缌衰,头戴单环丧带。

成人有其兄死而不为衰者①,闻子皋将为成宰,遂为衰。成人曰:“蚕则绩而蟹有匡②,范则冠而蝉有緌③,兄则死而子皋为之衰。”

【注释】

①成:鲁邑名。

②蚕则绩而蟹有匡:蚕吐丝作茧,但蟹却有筐。蚕吐丝作茧,本来需要筐却没有筐,蟹壳却似筐。匡,同“筐”。

③范则冠而蝉有緌(ruí):蜂的头上有物像冠,但蝉的口下却有冠带。范,蜂。緌,冠下的带饰。孔疏:“緌,谓蝉喙长在口下似冠之緌也。”蜂头上像冠,需要有冠带却没有冠带;蝉不需要冠带,它口下却长有冠带。这里是对不为兄服丧之人的讽刺,蚕本应有筐,蜂本应有緌,它们却都没有,毫不相干的蟹和蝉却拥有。就像此人,不是为了去世的兄弟穿上丧服,而是惧怕子皋来做成邑宰要批评处罚才穿。

【译文】

鲁国成邑有个人,他的兄长死了他却不为兄长服丧,听说子皋将做成邑的邑宰，于是才穿上丧服服丧。成邑的人讽刺他说："本该蚕吐丝织茧，但蟹却做了个筐；本该蜂的头上有冠，但蝉的口下却做了个冠带，兄长去世他本该服丧而不服，却因为子皋要来作宰，赶紧穿上丧服。"

乐正子春之母死①，五日而不食②。曰："吾悔之。自吾母而不得吾情，吾恶乎用吾情③！"

【注释】

①乐正子春：曾子的弟子。

②五日而不食：按照礼制，只需三天不食。

③"自吾母"二句：这是说乐正子春并不是出于对母亲的悲伤之情才五天不食，而是故意逾越礼制来展现自己，因而后悔责备自己。恶乎，郑注："犹于何也。"在哪里。

【译文】

乐正子春的母亲去世了，他五天没吃东西。后来他说："我后悔了。我自己的母亲都得不到我的真情，我又能在哪里表达我的真情呢！"

岁旱，穆公召县子而问然①，曰："天则不雨，吾欲暴尪而奚若②？"曰："天则不雨，而暴人之疾子，虐，毋乃不可与！""然则吾欲暴巫而奚若③？"曰："天则不雨，而望之愚妇人，于以求之，毋乃已疏乎④！""徙市则奚若⑤？"曰："天子崩，巷市七日⑥；诸侯薨，巷市三日。为之徙市，不亦可乎！"

【注释】

①县（xuán）子：即县子琐，鲁国大夫。见《檀弓上》"陈庄子死"节。

②暴（pù）：晒。尪（wāng）：一种胸前突、面朝天的残疾。这是希冀上

天看到残疾人被暴晒怜悯他们而降雨。奚若：郑注："何如也。"

③巫：郑注："《春秋传》说巫曰：'在女曰巫，在男曰觋。'"

④毋乃已疏乎：郑注："已，犹甚也。巫主接神，亦觊天哀而雨之。"疏，疏远了求雨的道理。

⑤徙市：搬迁市场，即关闭集市。郑注："徙市者，庶人之丧礼。今徙市是忧戚于旱，若丧。"

⑥巷市：里巷中的小市场。关闭集市，徙市于里巷。

【译文】

鲁国遭遇干旱，鲁穆公召来县子询问他，说："老天很久不下雨了，我想把有尪疾的人放在露天曝晒，怎么样？"县子答："天不下雨，把有尪疾的人放在露天曝晒，这太残虐了，恐怕不可以吧！"鲁穆公说："那我想把女巫放在露天曝晒，怎么样？"县子答："天不下雨，寄希望于愚昧的妇人，用这种方式来求雨，怕是离求雨的道理过于疏远了！"鲁穆公又说："那关闭集市怎么样？"县子答："天子去世，关闭集市、巷市七天；诸侯去世，关闭集市、巷市三天。为求雨而关闭集市，不也是可以的吗！"

孔子曰："卫人之祔也①，离之②；鲁人之祔也，合之。善夫③！"

【注释】

①祔（fù）：合葬。

②离：二人并立。

③善夫：郑注："善鲁人也。"

【译文】

孔子说："卫国人的合葬方式，是两个墓坑并排安葬；鲁国人的合葬方式，是两人共用一个墓坑安葬。还是鲁人的方式好！"

王制第五

【题解】

郑玄《礼记目录》云:“名曰‘王制’者,以其记先王班爵、授禄、祭祀、养老之法度。”

“王制”之题,取自篇首“王者之制禄爵”一句。此章内容主要是记载古代帝王治理天下的各种制度,任铭善《礼记目录后案》认为,这应该是因革损益虞、夏、商、周四代的制度所定,未必在当时实际执行过。关于制度的种类,郑玄《礼记目录》提出有班爵、授禄、祭祀、养老四类。任铭善提出十类:班爵,禄田,任官,巡狩,朝聘,教学,养老,国用,丧祭,职方。通观《王制》全篇,应以任氏分类较能涵括内容。

《王制》写成的时代,历来其说不一。清人廖平、康有为等以为是孔子遗书;东汉卢植以为是汉文帝命博士诸生所作,因《史记·封禅书》载汉文帝“使博士诸生刺《六经》中作《王制》”;郑玄以为应作于孟子之后;孔颖达以为在秦、汉之际;任铭善认为作于战国之末纪。目前尚无确切的定论。

王者之制禄爵,公、侯、伯、子、男,凡五等。诸侯之上大夫卿、下大夫、上士、中士、下士①,凡五等。

【注释】

①上大夫卿：郑注："上大夫曰卿。"

【译文】

君王制定俸禄、爵位等级，分为公、侯、伯、子、男，一共五等。诸侯国的上大夫即卿、下大夫、上士、中士、下士，一共也是五等。

天子之田方千里，公、侯田方百里，伯七十里，子、男五十里。不能五十里者，不合于天子，附于诸侯，曰"附庸"[①]。天子之三公之田视公、侯[②]，天子之卿视伯，天子之大夫视子、男，天子之元士视附庸[③]。

【注释】

①"不能"四句：《孟子·万章下》有类似记载："不能五十里，不达于天子，附于诸侯，曰'附庸'。"不合，不朝会。附庸，孔疏："庸，城也，谓小国之城，不能自通，以其国事附于大国。"即附属于诸侯国的小国。

②三公：指天子的三位最重要的大臣：太师、太傅、太保。或说为司马、司徒、司空。视：郑注："犹比也。"即比照。

③元士：上士。

【译文】

天子的田有一千平方里，公爵、侯爵的田有一百平方里，伯爵的田有七十平方里，子爵、男爵的田有五十平方里。有田不足五十平方里的，不能朝会于天子，附属于诸侯国，称作"附庸"。天子的三公所占的田地，比照公爵、侯爵，天子的卿所占的田地比照伯爵，天子的大夫所占的田地比照子爵、男爵，天子的上士所占的田地比照附庸。

制：农田百亩。百亩之分[1]，上农夫食九人[2]，其次食八人，其次食七人，其次食六人，下农夫食五人。庶人在官者[3]，其禄以是为差也。

【注释】

①分（fèn）：分类，即按土地的肥瘠。

②上农夫：耕种上等田的农夫，指所耕百亩之田肥沃而收获丰厚。食（sì）：供养，给人吃。

③庶人在官者：指在官府服务的庶人。他们是由官吏自行选用的，因不是正式的命官，仍是庶人身份，所以称为“庶人在官”。

【译文】

制度规定：一个农夫受田百亩。百亩田地依肥瘠不同区分等级，上等的百亩农田一个农夫可供养九人，其次一等的可供养八人，再其次一等的可供养七人，再其次一等的可供养六人，下等的百亩农田一个农夫可供养五人。在官府服务的庶人，其俸禄也是依此为等差的。

诸侯之下士视上农夫，禄足以代其耕也。中士倍下士，上士倍中士，下大夫倍上士，卿四大夫禄。君十卿禄。次国之卿，三大夫禄，君十卿禄。小国之卿，倍大夫禄，君十卿禄。

【译文】

诸侯的下士比照上农夫，他们的俸禄足以替代他们务农耕田所获。中士的俸禄比下士多一倍，上士的俸禄比中士多一倍，下大夫的俸禄比上士多一倍，卿的俸禄是大夫的四倍。国君的俸禄是卿的十倍。次一等诸侯国之卿的俸禄，是大夫的三倍，国君的俸禄，是卿的十倍。小国之卿的俸禄，比大夫多一倍，国君的俸禄，是卿的十倍。

次国之上卿，位当大国之中，中当其下，下当其上大夫。小国之上卿，位当大国之下卿，中当其上大夫，下当其下大夫。其有中士、下士者，数各居其上之三分①。

【注释】

①“其有”二句：《集解》引徐师曾说，此处错简，此二句应在后文“大国三卿”一节“上士二十七人”之下。今译文调动于后文处。

【译文】

次国的上卿，地位相当于大国的中卿，次国中卿的地位相当于大国的下卿，次国下卿的地位相当于大国的上大夫。小国的上卿，地位相当于大国的下卿，小国中卿的地位相当于大国的上大夫，小国下卿的地位相当于大国的下大夫。

凡四海之内九州。州方千里，州建百里之国三十，七十里之国六十，五十里之国百有二十，凡二百一十国。名山大泽不以封①，其余以为附庸、间田②。八州③，州二百一十国。天子之县内④，方百里之国九，七十里之国二十有一，五十里之国六十有三，凡九十三国。名山、大泽不以盼⑤。其余以禄士，以为间田。凡九州，千七百七十三国，天子之元士、诸侯之附庸，不与⑥。

【注释】

①名山大泽不以封：名山大泽不分封的原因，郑注，“与民同财，不

得障管，亦赋税之而已”。孙希旦说，“一则恐其专财利而不与民同，一则恐其据险阻而易于负固也”。

②附庸、间（xián）田：指分封二百一十国之外的其余土地。若已分封给人，附属于大国，称为“附庸”；若没有分封给人，称为“间田”。间，通“闲”。

③八州：这里指九州中天子直辖一州外的八州，天子直辖的为畿内，制度不同。见下文。

④县内：郑注：“夏时天子所居州界名也。殷曰畿……周亦曰畿。”

⑤朌（bān）：颁赐。

⑥不与：郑注：“不在数中也。”

【译文】

四海之内共有九州。每州一千平方里，九州中的八州，每州建立一百平方里的国家三十个，七十平方里的国家六十个，五十平方里的国家一百二十个，共计二百一十国。各州著名的山川、湖泽不分封，分封后剩余的土地为附庸小国及闲田。这样的州有八个，每州有二百一十国。天子所管辖的王畿之内，一百平方里的国家有九个，七十平方里的国家有二十一个，五十平方里的国家有六十三个，总共九十三国。王畿内的名山大泽不颁赐给臣子。分封剩下的土地作为士的俸禄田，或作为闲田。天下九州共有一千七百七十三国，天子上士的封地及诸侯的附庸，不计算在内。

天子百里之内以共官①，千里之内以为御②。

【注释】

①共（gōng）：通“供”，供给。郑注：“谓此地之田税所给也。”官：郑注：“谓其文书财用也。”

②御：指天子所用的膳食、服饰、车马等各种开销。

【译文】

天子都城百里之内的赋税用来供给王朝官员的办公开销，千里之内的赋税则作为天子所用之膳食、服饰、车马等开销。

千里之外设方伯①。五国以为属，属有长；十国以为连，连有帅；三十国以为卒，卒有正；二百一十国以为州，州有伯②。八州八伯，五十六正，百六十八帅，三百三十六长。八伯各以其属属于天子之老二人③，分天下以为左、右，曰“二伯”。

【注释】

①方伯：州牧，管理一州的最高行政长官。

②“五国”八句：孔疏：“属是系属，连是连接，卒是卒伍，州是聚居。”这是不同行政区域的不同名称。

③天子之老：指上公。又，《周礼·春官·典命》郑注，“上公”是特指天子之“三公”中有德者。

【译文】

王畿千里之外设置方伯。以五国为一属，每属设有一属长；十国为一连，每连设一帅；三十国为一卒，每卒设一正；二百一十国为一州，每州设一伯。八州，有八个伯，五十六个正，一百六十八个帅，三百三十六个长。八伯各以他们统领的部属归属于天子之老二人，将天下分为左、右两部分，由二老掌管，称为“二伯”。

千里之内曰“甸”①，千里之外曰“采”、曰“流”②。

【注释】

①甸：出赋税供天子开销的地方。

②采：郑注："九州之内地，取其美物，以当谷税。"流：九州之外夷狄的居处。

【译文】

王畿千里之内称"甸"，王畿千里之外称"采"、称"流"。

天子三公、九卿、二十七大夫、八十一元士。

【译文】

天子的属官有三公、九卿、二十七大夫、八十一上士。

大国三卿，皆命于天子，下大夫五人，上士二十七人。次国三卿，二卿命于天子，一卿命于其君，下大夫五人，上士二十七人①。小国二卿②，皆命于其君，下大夫五人，上士二十七人。

【注释】

①上士二十七人：后应连接"其有中士、下士者，数各居其上之三分"二句，自前文移此。详见上文"次国之上卿"节注①。

②小国二卿：郑注："小国亦三卿，一卿命于天子，二卿命于其君，此文似误脱耳。"因前文有："小国之上卿，位当大国之下卿，中当其上大夫，下当其下大夫。"

【译文】

诸侯大国设三卿，都由天子任命，另设下大夫五人，上士二十七人。次一等的诸侯国设三卿，其中二卿由天子任命，一卿由国君任命，另设下大夫五人，上士二十七人。其中中士、下士，数量各居同级的三分。诸侯小国设二卿，都由国君任命，另设下大夫五人，上士二十七人。

天子使其大夫为三监，监于方伯之国，国三人。

【译文】

天子派遣他的大夫担任三监，监察各方伯之国，每国派三人。

天子之县内诸侯，禄也①；外诸侯，嗣也②。

【注释】

①禄：王畿内的诸侯所分得田地，是以其租税作为俸禄的，但子孙不能继承。

②嗣：王畿外的诸侯所分得的田地，子孙可以继承。

【译文】

天子王畿内的诸侯所分得的田地，以租税为俸禄，不能世袭继承；王畿外的诸侯所分得的田地，可以世袭继承。

制：三公一命卷①，若有加，则赐也，不过九命②；次国之君不过七命，小国之君不过五命。大国之卿不过三命，下卿再命；小国之卿与下大夫一命。

【注释】

①三公一命卷（gǔn）："三公"本为八命之官，服鷩（bì）冕即再加一命，就是最高的九命，可以服衮冕。衮冕，即九章之服，上衣有

龙、山、华虫、火、宗彝五章花纹，下裳有藻、粉米、黼、黻四章花纹。命，等级，位级。卷，通“衮”。

②“若有加”三句：九命之上如再有所加，即衮衣外再加余服，只能是王之特赐，并非常制，命数是不能提高的。

【译文】

制度规定：三公再加一命可穿衮服，如果还有加衣，只能是特别的恩赐，等级不能超过九命；次国的国君不超过七命，小国的国君不超过五命。大国的上卿不能超过三命，下卿不能超过二命；小国的卿和下大夫都是一命。

凡官民材，必先论之[①]，论辨然后使之[②]，任事然后爵之，位定然后禄之。

【注释】

①论：郑注：“谓考其德行道艺。”

②辨：郑注：“谓考问得其定也。”指通过考核确定德行能力的高下。

【译文】

凡从庶民中选拔人才任官，一定要先考核其才能德行，考定其德行能力高下后委任工作，胜任工作后授予爵位，爵位确定后发给俸禄。

爵人于朝，与士共之；刑人于市，与众弃之。是故公家不畜刑人[①]，大夫弗养，士遇之涂[②]，弗与言也。屏之四方[③]，唯其所之，不及以政[④]，亦弗故生也[⑤]。

【注释】

①畜：养。与下文之“养”为互文。

②涂：同“途”。

③屏（bǐng）：郑注：“犹放去也。”即流放。

④政：指政教之事，即赋税徭役等事。

⑤亦弗故生也：也不想他们活下去。王引之《经义述闻·礼记上》说，“亦弗故生也”条指出，据孔疏“非但不使，意在亦不欲使生”，《通典·刑四》引《大戴礼》作“不及以政，不欲生之故也”，《孔子家语·刑政》作“不及与政，弗欲生之也”等，可知“故”字当为“欲”字之误。

【译文】

授人爵位要在朝廷上，让众官员共同参与；处决犯人要在市集上，和众人一起抛弃罪犯。所以公家不收养受刑之人，大夫也不收养，士在路上遇到不跟他们说话。把受刑之人流放到四方，随他们去哪儿，不让他们参与赋税徭役等政务，就是不想让他们生存。

诸侯之于天子也，比年一小聘①，三年一大聘②，五年一朝。

【注释】

①比年：每年。小聘：古代聘问之礼。诸侯派遣大夫朝见天子。

②大聘：古代聘问之礼。诸侯派遣卿朝见天子。

【译文】

诸侯对天子，每年派大夫去聘问一次，每三年派卿去聘问一次，每五年诸侯亲自去朝见一次。

天子五年一巡守①。岁二月，东巡守，至于岱宗②，柴而望祀山川③，觐诸侯④，问百年者就见之。命大师陈诗⑤，以观民风。命市纳贾[⑥]，以观民之所好恶，志淫好辟[⑦]。命典礼考时、月[⑧]，定日，同律、礼、乐、制度、衣服，正之。山川神祇有不举者为不敬[⑨]，不敬者君削以地；宗庙有不顺者为不孝[⑩]，不孝者君绌以爵；变礼易乐者为不从，不从者君流；革制度衣服者为畔[⑪]，畔者君讨。有功德于民者，加地进律[⑫]。五月，南巡守，至于南岳，如东巡守之礼。八月，西巡守，至于西岳，如南巡守之礼。十有一月，北巡守，至于北岳，如西巡守之礼。归假于祖祢[⑬]，用特[⑭]。

【注释】

①巡守：天子巡视天下。郑注："五年者，虞、夏之制也，周则十二岁一巡守。"

②岱宗：东岳泰山。

③柴：祭名。积柴燔烧，上加祭牲，以燔烟、气味祭祀上天，也称"禋祀"。望祀山川：以"望"的方式祭祀，即遥望山川的方向祭拜祷祠。古代帝王对九州名山大川、五岳四渎等，常以望祭祷祠。

④觐：古代觐见之礼。诸侯朝见天子曰"觐"。

⑤大师：太师，掌乐之官。

⑥市：掌管市场买卖的官吏。贾(jià)：同"价"。指物价贵贱。

⑦辟(pì)：偏邪不正。

⑧典礼：掌管典礼的官员。孔疏认为指太史。

⑨举：祭。

⑩不顺：指宗庙昭穆排列不当或祭祝不依时序。

⑪畔：通"叛"。

⑫进律：犹晋爵。陈澔《集说》引应氏："律者，爵命之等。"

⑬假(gé)于祖祢(nǐ)：到祖庙、祢庙告归。假，至也。祖，祖庙。指

太祖、高祖、曾祖、祖父庙。祢，父庙。

⑭特：特牲，特选一头供祭之牛。

【译文】

天子每五年巡视天下一次。在巡视当年的二月出发，先巡视东方，到东岳泰山，举行柴祭上天之礼，并望祀东方的山川，接见东方各国诸侯，慰问当地百岁的老人，登门造访会见。命掌管音乐的太师进陈采集的诗歌民谣，以观察当地的风俗民情。命掌管市场买卖的官员汇报物价，以观察人们的好恶，民心是否淫邪不正，所喜所好是否偏邪。命令掌管礼仪的官员考正四时、月份，排定日历，统一法律、礼仪、乐律、制度、衣服，有不合规矩的都加以订正。对当地山川神祇有不祭祀的就是不敬，有不敬的国君就要削减他的封地；对宗庙有不顺的就是不孝，有不孝的国君就要贬削他的爵位；擅自改易礼乐的就是不从，有不从的国君就要将他流放；任意改革制度和衣服就是叛逆，有叛逆的国君就要加以讨伐。对人们有功德者，要加封土地或晋升爵位。五月，巡视南方，到南岳衡山，如同巡视东方的礼仪。八月，巡视西方，到西岳华山，如同巡视南方的礼仪。十一月，巡视北方，到北岳恒山，如同巡视西方的礼仪。天子巡视后回到京城，要到祖庙、祢庙禀报巡视归来，用特牲一牛进行祭祀。

天子将出，类乎上帝，宜乎社，造乎祢①。诸侯将出，宜乎社，造乎祢。

【注释】

①类、宜、造：据郑注，三者都是祭名，具体的礼节、仪式已不可考。

【译文】

天子将要外出，要类祭上帝，宜祭社稷，造祭祢庙。诸侯将要外出，要宜祭社稷，造祭祢庙。

天子无事与诸侯相见曰“朝”[①]，考礼、正刑、一德，以尊于天子。天子赐诸侯乐，则以柷将之[②]；赐伯、子、男乐，则以鼗将之[③]。诸侯赐弓矢，然后征；赐𫓧钺[④]，然后杀；赐圭瓒[⑤]，然后为鬯[⑥]。未赐圭瓒，则资鬯于天子。

【注释】

①无事：指没有战争死丧之事。

②柷(zhù)：一种木制打击乐器，形如方漆桶，其中有椎，以椎击底有声，奏乐前先击之，用以节制音乐。将：持。据《注疏》，送人礼物，大件物品摆放于地，交接小件的物品表示赠送给予。

③鼗(táo)：长柄小鼓，两旁有耳坠，形状类似今之拨浪鼓，在乐曲结束时摇以止乐。

④𫓧：通“斧”。钺(yuè)：似斧而较大的兵器。斧钺，古代常作为行刑的器具。

⑤圭瓒(zàn)：一种长柄似圭的酒勺，用以从樽中舀酒。

⑥鬯(chàng)：祭祀用的酒，以黑黍酿制，气味芳香。

【译文】

天子在没有战争死丧之事的情况下与诸侯相见称为“朝”。会朝时要考订礼仪、订正刑法、规范道德，使诸侯都尊崇天子。天子赐给公爵或侯爵的乐器，以柷作为代表物；赐给伯爵、子爵、男爵的乐器，以鼗作为代表物。诸侯要由天子赏赐弓矢之后，才有出征的权力；由天子赏赐斧钺之后，才有诛杀的权力；由天子赏赐圭瓒之后，才有自行酿造鬯酒的权力。未获赏赐圭瓒的，就由天子赐给鬯酒。

天子命之教，然后为学。小学在公宫南之左，大学在郊。天子曰“辟廱”[①]，诸侯曰“頖宫”[②]。

【注释】

①辟廱（yōng）：周天子为世子及贵族子弟设立的大学，其形四方环水，形如璧，故称“辟廱”。辟，通“璧”。廱，通“壅”，今作“雍”。

②頖（pàn）宫：又作“泮宫”，诸侯为世子及贵族子弟设立的大学，东、西两门以南有水相环而通。

【译文】

天子下令开办教育，然后设立学校。小学设在国君宫廷之南的左侧，大学设在国都郊区。天子所设的大学称“辟雍”，诸侯所设的大学称“頖宫”。

天子将出征，类乎上帝，宜乎社，造乎祢，祃于所征之地[①]。受命于祖，受成于学[②]。出征执有罪，反，释奠于学[③]，以讯馘告[④]。

【注释】

①祃（mà）：一种军祭，具体礼典、仪式已不可考。

②成：作战计划。

③释奠：设置酒食以奠祭先圣、先师。

④讯：活捉的俘虏。馘（guó）：原指杀死敌军后取其左耳以计军功，这里指所杀之敌。《诗经·鲁颂·泮水》：“在泮献馘。”

【译文】

天子即将出征之前，要类祭上帝，宜祭社稷，造祭祢庙，并在开战的地方举行祃祭。出征前在祖庙占卜并祭拜先祖表示受命出征，并在大学里决定作战计划。出兵征伐，擒获有罪的人，归返后，在大学中设奠拜祭先圣、先师，以禀告所获俘虏与杀死敌人的数目。

天子、诸侯无事，则岁三田①：一为干豆②，二为宾客，三为充君之庖③。无事而不田曰“不敬”④，田不以礼曰“暴天物”⑤。天子不合围，诸侯不掩群。天子杀则下大绥⑥，诸侯杀则下小绥，大夫杀则止佐车⑦，佐车止，则百姓田猎。獭祭鱼⑧，然后虞人入泽梁⑨；豺祭兽⑩，然后田猎；鸠化为鹰⑪，然后设罻罗⑫；草木零落⑬，然后入山林。昆虫未蛰⑭，不以火田⑮。不麛⑯，不卵，不杀胎，不殀夭⑰，不覆巢。

【注释】

①岁三田：每年举行三次狩猎。据《左传》、《周礼》记载，天子、诸侯一年有四次狩猎，即春蒐(sōu)、夏苗、秋狝(xiǎn)、冬狩。这里说一年三次，可能是没有夏季的田猎。

②干豆：将捕获的动物制成干肉，盛放于豆等祭器以供祭祀。

③庖(páo)：厨房。

④无事而不田曰“不敬”：据郑注，没有大事而不依时节田猎，则会简慢祭祀、忽略宾客，所以说“不敬”。

⑤田不以礼曰“暴天物”：孔疏：“若田猎不以其礼，杀伤过多，是暴害天之所生之物。”礼，指的就是下文的种种礼节。

⑥下：放倒。大绥：天子打猎时田车上竖立的大旗。

⑦佐车：协助驱赶野兽的车辆。

⑧獭(tǎ)祭鱼：水獭以鱼为食，每将捕获的鱼陈列于水边，犹如祭祀时陈列供品，故称“獭祭鱼”。据《月令》，“獭祭鱼”在孟春正月，此后，就可以入湖泽开始捕鱼。

⑨虞人：掌管山林湖泽的官员。

⑩豺祭兽：豺是生性凶猛的犬科动物，将捕获的兽陈列在地上仿佛献祭，故称"豺祭兽"。据《月令》，"豺祭兽"在秋九月。

⑪鸠化为鹰：古人以为鸠与鹰是可以互相变化的，据《月令》，仲春二月，"鹰化为鸠"；又，孔疏"八月鸠化为鹰"。其实，这是古人缺乏科学知识造成的错误，鸠、鹰是不能互相变化的。

⑫罻（wèi）：捕鸟的小网。湖北云梦睡虎地秦墓竹简《秦律十八种·田律》："不夏月，毋敢夜草为灰，取生荔、麛䴢（卵）㲉，毋□□□□□□毒鱼鳖，置穽罔（网），到七月而纵之。"与此文意类似。

⑬草木零落：据《月令》，季秋九月，"草木黄落"，孔疏，"零落芟折"则在十月。

⑭蛰（zhé）：动物冬眠。

⑮火田：放火焚烧山林，将野兽逐出加以围捕。孙希旦说："自'天子、诸侯无事，则岁三田'至此，明田猎之礼。"有人以为"田"是"放火烧草肥田"，显然错误。

⑯麛（mí）：又作"麑"，幼鹿。泛指幼兽。此处指捕捉幼兽。

⑰殀（yǎo）：断杀。夭：未成年的禽兽。

【译文】

天子、诸侯在平常无战争或凶丧之事时，每年要狩猎三次：一是为了祭祀准备供品，二是为了招待宾客准备菜肴，三是为了充实天子、诸侯的厨房膳食。平常无战争或凶丧之事却不狩猎就是"不敬"，狩猎而不依循相关的礼仪规定就是"杀害上天所生之物"。为了避免物种灭尽，天子狩猎不采取四面合围的方式，诸侯狩猎不杀尽成群的野兽。天子打到猎物后就放倒田车上竖立的大旗，诸侯打到猎物后就放倒田车上竖立的小旗，大夫打到猎物后就让驱逐野兽的佐车停止，佐车停止后百姓就可以田猎。水獭将捕获的鱼陈列在水边仿佛献祭，然后管理川泽的虞人可以进入湖泽开始捕鱼；豺将捕获的兽陈列在地上仿佛献祭，然后才能开始狩猎。鸠化为鹰以后，才能设罗网捕飞鸟；草木凋零后，才能进入山林砍伐树木。昆虫还未冬眠蛰居时，不能放火烧林以围猎捕兽。不捕取幼兽，不掏取鸟卵，不杀怀胎的母兽，不杀小兽，不毁坏掀覆鸟巢。

冢宰制国用[①]，必于岁之杪[②]。五谷皆入，然后制国用。用地小大，视年之丰耗，以三十年之通制国用[③]，量入以为出。祭用数之仂[④]。丧[⑤]，三年不祭，唯祭天地社稷，为越绋而行事[⑥]。丧用三年之仂。丧祭，用不足曰"暴"，有余曰"浩"。祭，丰年不奢，凶年不俭。国无九年之蓄曰不足，无六年之蓄曰急，无三年之蓄曰国非其国也。三年耕，必有一年之食[⑦]；九年耕，必有三年之食。以三十年之通，虽有凶旱水溢，民无菜色[⑧]，然后天子食，日举以乐。

【注释】

①冢宰：全国最高行政长官。《周礼·天官》："乃立天官冢宰，使帅其属而掌邦治，以佐王均邦国。"

②杪(miǎo)：本义为树枝末梢，引申为年岁之末。

③以三十年之通制国用：以三十年的收入按年岁丰凶通融考量，取其平均数值以制定国用，均衡安排，更加妥善合理。

④仂(lè)：十分之一。

⑤丧：国君为父母服丧。

⑥绋(fú)：本指牵引棺柩车往墓穴的绳索，这里代指丧事。祭祀天地社稷不受丧事的限制，所以称"越绋"。

⑦食：余食。指积蓄的余粮。

⑧菜色：只吃菜的饥饿的面色。

【译文】

家宰制定国家的财政开支计划,一定要在每年年末时进行。等到五谷入仓了,然后再制定国家的财政开支。国家财政计划要根据国土的大小,年成的丰歉,以三十年的国家收入平均数来规划财政,根据收入多少来确定支出。用于祭祀的经费占国家财政支出的十分之一。如果国君正为父母服丧,就三年不举行祭祀活动,只有祭祀天地社稷不受丧事的限制,这叫做越过牵拉棺车的绳索而行祭事。办丧事的费用占国家财用开支的十分之一。办丧事和祭祀,财用不足叫做“暴”,有剩余叫做“浩”。祭祀,丰收的年成也不能奢侈浪费,歉收的年成也不能过于简陋。国家没有九年的财物储备,那是不足,没有六年的财物储备那是危急,没有三年的财务储备,那就是国家不像个国家了。耕种三年,一定要有可供一年食用的余粮;耕种九年,一定要有可供三年食用的余粮。以三十年国家收入的平均数来制定国用,即使国家发生旱涝灾害,百姓也不会有那种只吃菜的饥饿的面色,这样天子才能安心吃饭,每日餐饮时演奏着音乐。

天子七日而殡①,七月而葬;诸侯五日而殡,五月而葬;大夫、士、庶人三日而殡,三月而葬。三年之丧,自天子达。庶人县封②,葬不为雨止,不封不树③。丧不贰事,自天子达于庶人。丧从死者,祭从生者。支子不祭。

【注释】

①殡(bìn):死者入殓后停放灵柩等待入葬。

②县(xuán)封:郑注以为当作“县窆”。庶人卑贱,不能用绋牵引将棺木放入墓坑,只能用悬吊的办法将棺木放进墓穴。县,同“悬”。

③不封不树：据考证，我国在春秋以前，埋葬死者的墓穴上不起封土堆，也不种植树木。

【译文】

天子死后第七天入殓，停柩在堂，第七个月下葬；诸侯死后第五天入殓，第五个月下葬；大夫、士、庶人死后第三天入殓，第三个月下葬。为父母服三年之丧，从天子至庶人都是一样的。庶人的棺以悬吊的方式下葬，棺柩入葬不因下雨而停止，墓圹上不积土成坟也不种树。治丧要专一，不从事其他活动，从天子到庶人都一样。丧礼的规格要依照死者生前的身份地位而定，祭礼则依照主祭者的身份地位而定。嫡长子以外的诸子不能主持祭祀。

天子七庙，三昭三穆[①]，与大祖之庙而七[②]。诸侯五庙，二昭二穆，与大祖之庙而五。大夫三庙，一昭一穆，与大祖之庙而三。士一庙。庶人祭于寝[③]。

【注释】

①三昭三穆：指父、祖、曾祖、高祖、高祖之父以及高祖之祖的宗庙排列次序，若子为昭、则父为穆，祖为昭、曾祖为穆，依次递推。昭、穆，周代祖先宗庙排列之次序，左为昭庙，右为穆庙。

②大祖：即太祖，指始封之祖。周天子以后稷为太祖，诸侯、大夫则以始封之君为太祖。

③庶人祭于寝：庶人无庙，所以在正寝中祭祀祖先。

【译文】

天子设立七庙，三座昭庙，三座穆庙，加上太祖庙共七庙。诸侯设立五庙，两座昭庙，两座穆庙，加上太祖庙共五庙。大夫设立三庙，一座昭庙，一座穆庙，加上太祖庙共三庙。士设立一庙。庶人不设庙，就在正寝中祭祀祖先。

天子、诸侯宗庙之祭，春曰“礿”，夏曰“禘”，秋曰“尝”，冬曰“烝”[①]。

【注释】

①“春曰‘礿’(yuè)”四句：据郑注，礿、禘、尝、烝为夏、殷的祭名，周代则改春曰“祠”、夏曰“礿”。孔疏引皇氏云：“礿，薄也。春物未成，其祭品鲜薄也。”“禘者，次第也。夏时物虽未成，宜依时次第而祭之。”“尝者，《白虎通》云：‘新谷熟而尝之。’”“烝者，众也。冬之时物成者众。”

【译文】

天子、诸侯四时的宗庙祭祀，春祭称为“礿”，夏祭称为“禘”，秋祭称为“尝”，冬祭称为“烝”。

天子祭天地，诸侯祭社稷，大夫祭五祀[①]。天子祭天下名山大川，五岳视三公[②]，四渎视诸侯[③]。诸侯祭名山大川之在其地者。天子、诸侯祭因国之在其地而无主后者[④]。

【注释】

①五祀：指祭户、灶、中霤、门、行五种神。

②视三公：指祭祀的规格，即所用祭牲、祭器等比照祭祀“三公”。

③四渎：《尔雅·释水》：“江、河、淮、济为四渎。”

④因国之在其地而无主后者：据郑注，指世代承袭之故国，其先王先公有功德本应世世代代受祀，却无后嗣为之主祭者。因，承袭。

【译文】

天子祭祀天地，诸侯祭祀社稷，大夫祭祀户、灶、中霤、门、行五神。天子祭祀天下的名山大川，祭祀五岳比照祭祀三公的祭牲与祭器规格，祭祀四渎比照诸侯的祭牲与祭器规格。诸侯祭祀自己领土境内的名山大川。天子、诸侯祭祀辖境内没有后嗣为之祭祀的故国之主。

天子犆礿[①]，祫禘[②]，祫尝，祫烝。诸侯礿则不禘，禘则不尝，尝则不烝，烝则不礿[③]。诸侯礿犆，禘一犆一祫[④]，尝祫，烝祫。

【注释】

①犆（tè）：同“特”。

②祫（xiá）：合祭。指将其他各庙的神主都聚集在太祖庙中合祭。

③“诸侯”四句：指诸侯因为要去朝见天子，所以只能废去一时之祭。

④禘一犆一祫：诸侯的禘祭，一年为犆祭，即在特定的庙中举行，一年为祫祭，即将各庙神主聚合在太庙中祭祀，这也是为了表示比天子的祭祀规格等级要低。

【译文】

天子春天的礿祭是在特定的庙中举行，夏天的禘祭，秋天的尝祭，冬天的烝祭都将各庙神主聚合在太庙中祫祭。诸侯如果举行礿祭就不举行禘祭，举行禘祭就不举行尝祭，举行尝祭就不举行烝祭，举行烝祭就不举行礿祭。诸侯的礿祭是在特定的庙中举行，禘祭则一年为犆祭，即在特定的庙中举行；一年为祫祭，即将各庙神主聚合在太庙中祭祀，尝祭和烝祭都是将各庙神主聚合在太庙中举行祭祀。

天子社稷皆大牢[①],诸侯社稷皆少牢[②]。大夫、士宗庙之祭,有田则祭,无田则荐[③]。庶人春荐韭,夏荐麦,秋荐黍,冬荐稻。韭以卵,麦以鱼,黍以豚,稻以雁[④]。祭天地之牛角茧栗[⑤],宗庙之牛角握[⑥],宾客之牛角尺。诸侯无故不杀牛[⑦],大夫无故不杀羊,士无故不杀犬豕,庶人无故不食珍[⑧]。庶羞不逾牲[⑨],燕衣不逾祭服[⑩],寝不逾庙。

【注释】

①大牢:祭祀供品并用牛、羊、豕(shǐ)三牲。大,同"太"。

②少牢:祭祀供品用羊、豕二牲。

③荐:指荐新,即祭祀时按季节献上新熟的五谷和应时的瓜果等物。

④雁:鹅。

⑤茧栗:指牛角初长出,样子好像蚕茧、栗子。

⑥握:四指的长度。

⑦故:祭祀和宴飨。

⑧珍:珍馐美味。

⑨庶羞不逾牲:孙希旦云:"庶羞,谓生人常食之羞馔。"此指一般人平时吃的东西不能超过祭祀所用之牲。羞,同"馐"。

⑩燕衣:平时居处时所穿的衣服。

【译文】

天子祭祀社神和谷神用牛、羊、猪三牲,诸侯祭祀社神和谷神用羊、猪二牲。大夫、士的宗庙祭祀,有田地的就举行祭祀,没有田地的就行荐献之礼。庶人春天献韭菜,夏天献麦子,秋天献黍子,冬天献稻子。韭菜配蛋,麦子配干鱼,黍子配小猪,稻子配鹅。天子祭祀天地用的牛,要用刚长角的,角像蚕茧、栗子一样大小;祭祀宗庙所用的牛,要用角长四指的;招待宾客所用的牛,要用角长一尺的。诸侯没有祭祀或宴飨等事就不杀牛,大夫没有祭祀或宴飨等事就不杀羊,士没有祭祀或宴飨等事就不杀狗和猪,庶人没有祭祀或招待客人等事不吃美味的食物。一般人平常所吃的美食不能超过祭祀用牲,平时所穿的衣服不能超过祭祀所穿礼服,平日居处的房屋建筑不能超过祭祖的宗庙。

古者公田藉而不税①,市廛而不税②,关讥而不征③。林、麓、川、泽以时入而不禁,夫圭田无征④。用民之力,岁不过三日。田里不粥⑤,墓地不请。

【注释】

①公田藉而不税:公田征借民力耕种,可以抵税。藉,借。

②市廛(chán)而不税:集市将公家建造的店铺出租给商家做买卖,只收房租,而不另外征收商业税。廛,集市上由公家建造的给商贩做生意的店铺。

③讥:郑注,指稽查、辨识往来的异言、异服之人。

④夫:发语词。圭田:卿、大夫、士用以供奉祭祀的田。

⑤粥(yù):同"鬻",卖。

【译文】

古时候协助耕种公田的人,就不征收田税;在市集租借公家店铺做生意的人,只收店租而不征收商业税;各大小关卡,负责稽查、辨识往来的异言异服之人而不征收关税。森林、山麓、河川、沼泽如果能按照季节时令伐木、渔猎,就不加禁止,用于供奉祭祀用品的田地不征收租税。公家征用民众服劳役,一年不超过三天。公家配给的田地、邑里不得出卖,丧葬用公家划定的墓地,不得另外请求他处。

司空执度[①]，度地居民[②]，山川沮泽，时四时[③]，量地远近[④]，兴事任力。凡使民，任老者之事[⑤]，食壮者之食。

【注释】

①司空：郑注："冬官卿，掌邦事者。"度（dù）：度量用的器具。

②度（duó）：动词，丈量。

③时四时：第一个"时"为动词，观察四季的气候变化。四时，指春、夏、秋、冬。

④量地远近：丈量土地的远近，这是为了确定城邑和水井的位置。

⑤任老者之事：按老年人的工作量安排劳动，即规定的劳动强度、定额要宽松。

【译文】

司空拿着度量工具，丈量土地，安置百姓，测量山川沼泽的地势，观察四季的气候变化；丈量土地的远近，然后任用民力兴建工程。凡使用民力，按照老年人的工作量安排劳动，而供给壮年人饭食。

凡居民材，必因天地寒煖燥湿[①]，广谷大川异制。民生其间者异俗。刚柔、轻重、迟速异齐[②]，五味异和，器械异制，衣服异宜。修其教，不易其俗；齐其政，不易其宜。

【注释】

①"凡居民材"二句：郑注说"使其材艺堪地气也"，是说人的材质、材艺皆与各地的寒暖、燥湿等条件相匹配。材，材艺、材质。煖（nuǎn），同"暖"。

②齐（jì）：同"剂"，分量。

【译文】

凡各地居民的秉性材艺，必会与当地的寒暖、燥湿相匹配，因广阔的山谷、大河等差异而有不同的体制。人们生活在不同的环境条件下而有不同的风俗民情。性格刚柔、轻重、快慢各不相同，对五味的偏好各不相同，使用的器械形制规格各不相同，衣服的材质样式各不相同。国家要施行礼法教化各地的人们，而不改变他们原有的风俗；统一政令，而不改变适宜于各地的习俗。

中国戎夷五方之民[①]，皆有性也，不可推移。东方曰“夷”，被发文身[②]，有不火食者矣。南方曰“蛮”，雕题交趾[③]，有不火食者矣。西方曰“戎”，被发衣皮，有不粒食者矣[④]。北方曰“狄”，衣羽毛穴居，有不粒食者矣。中国、夷、蛮、戎、狄，皆有安居、和味、宜服、利用、备器。五方之民，言语不通，嗜欲不同。达其志，通其欲：东方曰“寄”[⑤]，南方曰“象”，西方曰“狄鞮”，北方曰“译”。

【注释】

①五方之民：即中国与蛮、夷、戎、狄。前文说“戎夷”是省称。

②被（pī）：披。

③雕题：在额头上刺青。雕，刻镂。题，额头。交趾：两足足趾向内相交。

④不粒食：不吃粮食。这是因为当地气候寒冷，少五谷。粒，谷物。

⑤寄：与以下“象”、“狄鞮”（dī）、“译”都是四方各地对于翻译的称呼。

【译文】

中国与四方之戎、蛮、夷、狄，都有各自的习性，不可勉强改变。东方民族称为“夷”，披头散发，身上绘着纹饰，有的人不生火烧饭吃熟食。南方民族称为“蛮”，额头刺着花纹，左右两脚相交错，有的人不生火烧饭吃熟食。西方民族称为“戎”，披头散发，穿着兽皮衣服，有的人不吃五谷食粮而吃禽兽之肉。北方民族称为“狄”，穿着鸟羽、毛皮衣服，住在洞穴，有的人不吃五谷食粮而吃禽兽之肉。中国、东夷、南蛮、西戎、北狄各地，各自都有舒适的住所、可口的味道、适当的衣饰、便利的用品、周备的器具。五方的人们，语言不相通，嗜好与需求也不相同。为了传达思想意志，了解彼此的需求，有人负责沟通翻译：东方称为“寄”，南方称为“象”，西方称为“狄鞮”，北方称为“译”。

凡居民，量地以制邑，度地以居民。地、邑、民居，必参相得也。无旷土，无游民，食节事时，民咸安其居，乐事劝功，尊君亲上，然后兴学。

【译文】

凡安置民众，要根据地形高低广狭兴建城邑，度量土地面积的宽窄来安置民众。地理形势、城邑规模、居民数量，三者一定要匹配得当。没有荒废的土地，没有无业的游民，饮食讲究节制，动用民力都遵循时节，人们都安心地居住，快乐地工作，富于成效，尊敬君王，亲爱长辈与上级，然后兴办学校。

司徒修六礼以节民性①，明七教以兴民德②，齐八政以防淫③，一道德以同俗；养耆老以致孝，恤孤独以逮不足，上贤以崇德，简不肖以绌恶④。

【注释】

①司徒:郑注:"地官卿,掌邦教者。"即掌管教化。六礼:指古代的冠礼、婚礼、丧礼、祭礼、乡饮酒礼和乡射礼、相见礼。

②七教:指父子、兄弟、夫妇、君臣、长幼、朋友、宾客等七种人际关系。

③八政:指饮食、衣服、百工技艺、各类用器、长度单位、容量单位、计数单位、布帛规格等八方面的规定。

④简:挑选,选择。绌(chù):去除。

【译文】

司徒修习六礼以节制人们的习性,阐明七教以兴发人们的德性,整齐八政以防止放肆淫邪,统一道德规范以形成共同的社会风俗;赡养老人以示提倡孝道,抚恤孤独的人以引导人们接济困乏,尊重贤人以示崇尚道德,挑出那些不肖小人以示罢斥邪恶。

命乡简不帅教者以告[①],耆老皆朝于庠[②],元日习射上功[③],习乡上齿[④],大司徒帅国之俊士与执事焉[⑤]。不变,命国之右乡简不帅教者移之左,命国之左乡简不帅教者移之右,如初礼。不变,移之郊[⑥],如初礼。不变,移之遂[⑦],如初礼。不变,屏之远方,终身不齿[⑧]。

【注释】

①乡:基层行政单位。不帅教:郑注:"帅,循也。不循教,谓敖很不孝弟者。"帅,即遵循、遵守。

②耆老:指退休官员及乡中的前辈贤人。朝:会。庠(xiáng):古代的学校,特指乡学。

③元日:选定的吉日。习:演习。射:乡射礼。上功:指演习乡射礼

由射中者居上位。

④乡：指乡饮酒礼。上齿：指演习乡饮酒礼，老者居上位。齿，年纪。

⑤俊士：俊杰之士。指从乡学择优选拔进入大学的人。

⑥郊：乡界以外的区域。

⑦遂：郊以外的区域。

⑧齿：录用，收纳。

【译文】

命各乡挑出不服管教的人上报，请高龄老人在学校聚会，选定吉日演习乡射礼，以射中者居上位，行乡饮酒之礼，以老者居上位，大司徒率领国家选拔的俊杰之士参与演习礼仪之事。若不服管教的人仍不悔改，就命右乡挑出不服从管教的人，将他们迁到左乡；命左乡挑出不服从管教的人，将他们迁到右乡，在异乡，按照前面说过的各种礼仪教化他们。如果再不悔改，就把他们迁到郊区，按照前面说过的各种礼仪教化他们。如果仍不悔改，就把他们迁到远郊的遂，按照前面说过的各种礼仪教化他们。最后如果依旧不悔改，就把他们驱逐到远方，终身不录用。

命乡论秀士①，升之司徒，曰“选士”。司徒论选士之秀者而升之学，曰“俊士”。升于司徒者不征于乡，升于学者不征于司徒，曰“造士”。乐正崇四术②，立四教③，顺先王《诗》、《书》、《礼》、《乐》以造士：春、秋教以《礼》、《乐》，冬、夏教以《诗》、《书》。王大子、王子、群后之大子、卿大夫元士之適子④，国之俊、选，皆造焉。凡入学以齿。

【注释】

①论：考评。

②乐正：乐官之长，掌管贵族子弟的教务。四术：指《诗》、《书》、《礼》、《乐》。孔疏说：“术者，是道路之名。《诗》、《书》、《礼》、《乐》，是先王之道路，谓之术。”

③四教：即以《诗》、《书》、《礼》、《乐》为本的教化。

④群后：郑注：“公及诸侯。”

【译文】

命各乡考评优秀人才，推荐到司徒那里，称为“选士”。司徒考核选士中优秀的人推荐到大学，称为“俊士”。推荐到司徒那里的人免服乡中的徭役；推荐到大学的人免服国家的徭役，称为“造士”。乐正推崇《诗》、《书》、《礼》、《乐》四种学术，将这四门课确立为教程，遵循先王传下来的《诗》、《书》、《礼》、《乐》来造就人才：春、秋二季教《礼》、《乐》，冬、夏二季教《诗》、《书》。王太子、王子、诸侯各国的太子、卿大夫及上士的嫡子，国中的俊士、选士，都来就学。凡入学，要依照年龄长幼安排学习，不论身份尊卑。

将出学①，小胥、大胥、小乐正简不帅教者②，以告于大乐正，大乐正以告于王。王命三公、九卿、大夫、元士皆入学。不变③，王亲视学。不变，王三日不举④，屏之远方⑤，西方曰“棘”，东方曰“寄”，终身不齿。

【注释】

①出学：郑注：“谓九年大成，学止也。”

②小胥：掌管学生政令。大胥：掌管学生学籍。小乐正：为大乐正副手。三者皆大乐正的部属。

③不变：指不悔改。

④不举：指食不举乐。表示自责。

⑤屏(bǐng):摒。

【译文】

即将学成时,小胥、大胥、小乐正要挑选出不服从管教的人报告大乐正,大乐正再报告天子。天子于是命三公、九卿、大夫、上士都到大学,演习各种礼仪,为不服管教的子弟示范。如果不悔改,天子就亲自去大学视察。如果还不悔改,天子一连三天用膳时不举乐,并将不服管教的子弟驱逐到远方,到西方的称为"棘",到东方的称为"寄",终身不再录用。

大乐正论造士之秀者以告于王,而升诸司马[①],曰"进士"。司马辨论官材[②],论进士之贤者,以告于王,而定其论。论定然后官之,任官然后爵之,位定然后禄之。

【注释】

①司马:掌管政务的官员。

②辨论官材:郑注:"辨其论,官其材,观其所长。"官材,指评估其为官的才能及胜任何种职位。

【译文】

大乐正考核学有所成的造士,选拔优秀的人才报告天子,并推荐给司马,称为"进士"。司马辨析这些进士的言论,考评他们的为官能力,评选出进士中的优秀人才报告天子,由天子进行最后的裁定。天子论定后就委任官职,出任官职后再颁授爵位,爵位确定后再发给俸禄。

大夫废其事,终身不仕,死以士礼葬之。

【译文】

大夫如果荒废政事，则终身不再委任，死后也只能以士的礼仪安葬。

有发[①]，则命大司徒教士以车甲。

【注释】

①发：指发兵，有军事行动。

【译文】

国家有战事要征发兵卒时，就命大司徒教士子学习驾兵车、披甲胄等征战之事。

凡执技论力[①]，适四方，赢股肱[②]，决射御。凡执技以事上者，祝、史、射、御、医、卜及百工。凡执技以事上者，不贰事，不移官，出乡不与士齿；仕于家者，出乡不与士齿[③]。

【注释】

①执技：指凭技艺为生者，即下句所说从事祝、史、射、御、医、卜、百工等工作的人。

②赢（luǒ）：同“裸”。此指裸露腿和臂。

③不与士齿：郑注：“贱也。于其乡中则齿，亲亲也。”指执技者地位低贱，容许他们在乡里可与士并列按年齿排序，是同族相亲的原因。

【译文】

凡凭技艺为生者，考较他们的能力，派他们到各地，裸露大腿手臂，比赛射箭和驾车。凡凭技艺为生事奉君王的人，有祝、史、射、御、医、卜及百工。凡以一技之长事奉君王的人，不能兼职，不能改行，出了乡不能与士按长幼年龄排序；在卿大夫家任职的，离开本乡，也不能与士按长幼年龄排序。

司寇正刑明辟[1]，以听狱讼，必三刺[2]。有旨无简[3]，不听。附从轻[4]，赦从重。凡制五刑[5]，必即天论[6]，邮罚丽于事[7]。凡听五刑之讼，必原父子之亲，立君臣之义，以权之；意论轻重之序，慎测浅深之量，以别之；悉其聪明，致其忠爱以尽之。疑狱，泛与众共之；众疑赦之。必察小大之比以成之[8]。

【注释】

①司寇：掌管刑法的官员。辟(pì)：罪。

②三刺：《周礼·秋官·小司寇》："以三刺断庶民狱讼之中：一曰讯群臣，二曰讯群吏，三曰讯万民。"指经过反复地调查讯问，以弄清罪案，确定是非与罪责。刺，侦讯，讯问。

③旨：内在的意念。指犯罪意图。简：郑注："诚也。有其意，无其诚者，不论以为罪。"指犯罪事实。

④附：郑注："施刑也。"即判刑。

⑤五刑：指墨(在脸部刺字)、劓(yì，割鼻)、剕(fèi，断足)、宫(割除或破坏生殖器)、大辟(死刑)五种刑罚。

⑥必即天论(lún)：郑注："言与天意合。"论，通"伦"，伦理。

⑦邮：郑注："过也。"指断人罪过。丽(lí)：附。

⑧比：以前的案例。

【译文】

司寇负责审定刑法、明辨刑罪，以审理狱讼、审理罪案时，一定要再三地侦讯案情。对于有犯罪意图而无犯罪事实的人，不予起诉。定刑时，凡刑罚可轻可重的，则从轻；刑罚可赦免时，按照可以赦免的重罪予以赦免。凡终审要判处五刑的，一定要合乎天意、考虑伦理，使断案刑罚与犯罪事实相符。凡审理要判处五刑的诉讼，一定要考虑父子的亲情，确定君臣之义，以权衡刑罚；依据犯罪情节认真思量刑罚的轻重，审慎考虑罪行的深浅程度，以判定刑罚的差别；充分发挥耳之聪、目之明，秉持忠恕仁爱的原则，使犯罪之人得以尽情表述，使案情能真正清楚。有疑问的狱案，要广泛地听取众人的意见；若众人也疑而不决，就先赦免当事人。一定要考察罪行的大小，比照以前发生过的案例，完成审理。

成狱辞[①]，史以狱成告于正[②]，正听之。正以狱成告于大司寇，大司寇听之棘木之下[③]。大司寇以狱之成告于王，王命三公参听之。三公以狱之成告于王，王三又[④]，然后制刑。凡作刑罚，轻无赦。刑者侀也[⑤]，侀者成也。一成而不可变，故君子尽心焉。

【注释】

①成狱辞：即完成定罪之辞。

②史：负责记录狱讼文字及判词的史官。正：长，官长。

③棘木：指天子外朝左右有九棵棘木，用以标示众朝臣之位。

④三又：即“三宥”。《周礼·秋官·司刺》：三宥，“一宥曰不识，再宥曰过失，三宥曰遗忘”。《周礼》郑注引郑司农曰：“不识，谓愚民无所识而宥之”。“过失，若举刃欲斫伐而轶中人者”。“遗忘，若间帷薄，忘有在焉，而以兵矢投射之”。又，通“宥”，宽宥。

⑤侀(xíng)：成形。

【译文】

拟定判词之后，文书官就将案件审判结果上报给负责司法的正，正进行审核。审核之后，再将审判结果上报大司寇，大司寇在天子外朝的棘木下审理案件。大司寇将审理结果上报天子，天子先命三公一起参与审理。三公审理后把结果上报天子，天子斟酌案情，看是否属于“三宥”，即三种应予宽宥的情形，然后判定刑罚。凡制定刑罚，罪行轻的不予赦免。刑，就是“侀”，侀，是成形、定型的意思。形体既成而不可改变，人体一旦受刑，也不可改变，所以君子审理刑案一定要尽心尽责。

析言破律①，乱名改作②，执左道以乱政③，杀。作淫声、异服、奇技、奇器以疑众，杀。行伪而坚，言伪而辩，学非而博，顺非而泽④，以疑众，杀。假于鬼神、时日、卜筮以疑众，杀。此四诛者，不以听。凡执禁以齐众⑤，不赦过。

【注释】

①析言破律：指巧言玩弄辞藻以曲解法律。

②乱名改作：改变官与物的名称，更造法度。

③左道：歪门邪道。古代左卑右尊，所以右道是正道，左道为邪道。

④泽：原指化妆用的膏脂，引申为文饰光泽而掩盖过失。

⑤禁：禁令。孙希旦说，即《周礼·秋官·士师》之“国有五禁之法”，乃宫禁、官禁、国禁、野禁、军禁等。

【译文】

凡是诡辩巧言、玩弄辞藻以曲解法律，混乱名分，更造法度，搞歪门邪道来干扰国政的，杀。制作淫邪的音乐、奇装异服、诡异的技术、怪诞的器物来迷惑大众的，杀。行为虚伪而貌似坚贞，言语虚伪而诡辩其辞，学非正道而貌似广博，道理乖谬而文过饰非，以此迷惑大众的，杀。

假借鬼神、时日吉凶、卜筮祸福以迷惑大众的，杀。这四种该杀的人，都不必再审理。凡是执行禁令、要求众人一律遵守时，不赦免犯禁者。

有圭璧金璋不粥于市[①]，命服、命车不粥于市，宗庙之器不粥于市，牺牲不粥于市，戎器不粥于市。用器不中度[②]，不粥于市；兵车不中度，不粥于市；布帛精粗不中数，幅广狭不中量，不粥于市；奸色乱正色[③]，不粥于市；锦文、珠玉成器不粥于市；衣服饮食不粥于市；五谷不时，果实未孰[④]，不粥于市；木不中伐，不粥于市；禽兽鱼鳖不中杀，不粥于市。关执禁以讥[⑤]，禁异服，识异言。

【注释】

①金：王引之《经义述闻·礼记上》"圭璧金璋"条说，"金"当是"宗"之误，"宗"是"琮"的假借。圭、璧、琮、璋，《聘礼》称为"四器"，文献多见，王说应可信。粥(yù)：同"鬻"，卖。下同。

②不中(zhòng)度：不合标准。

③奸色：不正之色。古代以青、赤、白、黑、黄五色为正色，其余非正色。

④孰：同"熟"。

⑤讥：稽查辨识。

【译文】

有圭、璧、琮、璋等贵重器物，不得在市场买卖；国君赏赐的衣物、车辆，不得在市场买卖；宗庙祭祀用具，不得在市场买卖；祭祀用的牺牲，不得在市场买卖；军队用的武器，不得在市场买卖；生活用具不合标准规格的，不得在市场买卖；兵车不合标准规格的，不得在市场买卖；布帛的经纬线精粗不合标准规格的，门幅宽度不合尺寸规格的，不得在市场买卖；不正之色淆乱正色、压过正色的，不得在市场买卖；用锦纹、珠玉制成的器物，不得在市场买卖；日常的衣服饮食，不得在市场买卖；五谷未到成熟季节，果实尚未成熟的，不得在市场买卖；树木过小、不合砍伐标准的，不得在市场买卖；禽兽鱼鳖过小、不合捕捉标准的，不得在市场买卖。各关卡依照禁令稽查往来人员，禁止奇装异服，对不同的语言加以甄别辨识。

大史典礼，执简记①，奉讳恶②，天子齐戒受谏③。

【注释】

①简记：郑注："策书也。"单枚的简编连成册，称为"册书"。

②奉：进奉。讳：先王的名讳。恶：忌日及凶、灾与国之大忧之类。

③齐：同"斋"。本节及下节"齐"字皆同此。

【译文】

太史掌管礼仪，手持简册文书，向天子进奉报告应避讳的先王名字、忌日及国家凶、灾、忧患事件，天子斋戒后以接受太史的谏议。

司会以岁之成质于天子①，冢宰齐戒受质。大乐正、大司寇、市②，三官以其成从质于天子，大司徒、大司马、大司空齐戒受质。百官各以其成质于三官，大司徒、大司马、大司空以百官之成质于天子，百官齐戒受质。然后，休老劳农③，成岁事，制国用。

【注释】

①司会(kuài)：冢宰的属下，主管财政以及考察群臣业绩。成：统计的簿书。质：评断，评定。

②市：司市，司徒的属官，主管市场。

③劳：慰问，犒劳。

【译文】

司会将一年来的行政业绩统计簿书呈报给天子评断，冢宰斋戒接受天子的评定。大乐正、大司寇、司市，三位官员随从司会将各自的行政业绩统计簿书呈报给天子评断，大司徒、大司马、大司空斋戒接受天子的评定。百官各以其行政业绩统计簿书呈报给三大官员评断，大司徒、大司马、大司空再将百官的行政业绩统计簿书呈报天子评断，百官斋戒接受天子的评定。然后，使老年人休养，慰劳农夫，完成一年应办理的事，即可制定国家下一年的财政预算。

凡养老[①]：有虞氏以燕礼[②]，夏后氏以飨礼[③]，殷人以食礼[④]，周人修而兼用之。五十养于乡，六十养于国，七十养于学。达于诸侯。

【注释】

①养老：指养老礼。古代以养老之礼以倡导尊老、敬老。

②燕礼：古代饮食之礼有三，即飨礼、食礼、燕礼，其中燕礼礼节为三者中最轻，设宴于正寝且仪式比较轻松。其具体礼仪见下文《燕义》篇。

③飨（xiǎng）礼：饮食之礼中最隆重的礼节，设宴于朝，有饭食及酒，多番献酒，以醉为度。

④食（sì）礼：孔疏："食礼者，有饭有殽，虽设酒而不饮。其礼以饭为主，故曰'食'也。"

【译文】

凡养老之礼各朝皆不同：有虞氏用燕礼，夏后氏用飨礼，殷人用食礼，周人斟酌去取而兼用这三种礼。对五十岁以上老人，在乡中行养老礼；对六十岁以上老人，在国都行养老礼；对七十岁以上老人，在大学行养老礼。此例天子、诸侯通用。

八十拜君命，一坐再至[①]，瞽亦如之。九十使人受。五十异粻[②]，六十宿肉[③]，七十贰膳[④]，八十常珍，九十饮食不离寝，膳饮从于游可也。六十岁制[⑤]，七十时制，八十月制，九十日修。唯绞、紟、衾、冒[⑥]，死而后制[⑦]。五十始衰，六十非肉不饱，七十非帛不煖，八十非人不煖，九十虽得人不煖矣。五十杖于家[⑧]，六十杖于乡，七十杖于国，八十杖于朝，九十者，天子欲有问焉，则就其室，以珍从。七十不俟朝[⑨]，八十月告存[⑩]，九十日有秩[⑪]。五十不从力政，六十不与服戎，七十不与宾客之事，八十齐丧之事弗及也。五十而爵，六十不亲学，七十致政，唯衰麻为丧。

【注释】

①一坐再至：君王有所赏赐时，本应行隆重的拜谢礼，但念及老年人身体衰弱不胜劳顿，只须以坐姿两次俯首至地行礼即可。坐，古代席地而坐，与后代的跪相似。至，指俯首至地。

②粻（zhāng）：粮食。

③六十宿肉：孔疏："转老，故恒宿肉在帐下，不使求而不得也。"即随时备有肉食，保障老人有肉可吃。

④贰膳：孔疏："恒令善食有储副，不使有阙也。"指存有储备，以保证老人正餐之外对食物的不时之需。贰，副，佐。

⑤制：指制作棺材。

⑥绞：包束尸体殓衣的布带。紟（jīn）：单被，大殓时用。衾（qīn）：被

子，大、小殓均用。冒：包裹尸体的最外层布套。此四者皆是人死后殓尸所用的物品。

⑦死而后制：人死后才开始制作。据《檀弓上》："丧具，君子耻具，一日二日而可为也者，君子弗为也。"是说君子若着急准备丧具，则有速弃其亲之嫌，故上述用以收殓尸体的物品，只要在死后第二天小殓、第三天大殓前赶制即可。

⑧杖：拄杖。以下可以拄杖的场所，随着老者年龄增长而愈来愈大，表示对老年人的体恤。在汉代，由皇帝向高龄老人颁授王杖，成为养老、敬老的象征。详见《曲礼上》"大夫七十而致事"节注③。

⑨不俟(sì)朝：指年老的大夫、士上朝见君王，作揖行礼后即可退朝离去，不必等朝毕。

⑩告存：问候。告，问。

⑪九十日有秩：孔疏："以至年老方极。秩，常也。君则日使人以常膳致之。"

【译文】

年过八十岁的人拜谢君王赏赐，以跪坐两次俯首至地行礼即可，双目失明的人也如此。年过九十岁的老人可以请人代为接受君王赏赐。关于用餐，年过五十岁的老人，可以享用较精细的粮食；年过六十岁的老人，要保证每天都有肉吃；年过七十岁的老人，正餐之外要保证随时可以有吃的；年过八十岁的老人，可以时常吃到珍贵美食；年过九十岁的老人，饮食也不离开寝室，如果出游则膳食饮料同时跟随以保障供给。关于丧具的制作，年过六十岁的老人，每年都要准备丧具；年过七十岁的老人，每个季节都要准备丧具；年过八十岁的老人，每个月都要准备丧具；年过九十岁的老人，则每天都要准备丧具。只有绞、紟、衾、冒等，是人死后才置办的。人五十岁开始衰老，年过六十岁的老人没有肉就吃不饱，年过七十岁的老人没有丝绵衣服就不暖和，年过八十岁的老人不依傍他人的身体就睡不暖和，年过九十岁的老人虽有人依傍也睡不暖和了。年过五十岁的老人可在家拄杖，年过六十岁的老人可在乡中拄杖，年过七十岁的老人可在国都中拄杖，年过八十岁的老人可在朝廷中拄杖，年过九十岁的老人，天子若有事咨问，就要到老人家中去，带着珍贵礼物前往。年过七十岁的老人朝见君王，行礼后即可离去，不必等朝毕才退朝；年过八十岁的老人，君王每个月要派人去问候；年过九十岁的老人，君王每天要派人致送常吃的膳食。年过五十岁的老人不服劳役，年过六十岁的老人不参与军事活动，年过七十岁的老人不参与会见宾客，年过八十岁的老人可以不参与祭礼及丧礼。大夫五十岁封爵位，年过六十岁不亲自到学校学习，年过七十岁退休辞官，遇到丧事只须穿着丧服，不必参与丧礼的仪式。

有虞氏养国老于上庠①，养庶老于下庠②；夏后氏养国老于东序，养庶老于西序；殷人养国老于右学，养庶老于左学；周人养国老于东胶，养庶老于虞庠。虞庠在国之西郊。

【注释】

①国老：退休的卿大夫。上庠（xiáng）：及下文的“下庠”、“东序”、“西序”、“右学”、“左学”、“东胶”、“虞庠”，都是古代学校，虞、夏、殷、周四代名称不同。上庠、东序、右学、东胶是大学；下庠、西序、左学、虞庠是小学。

②庶老：退休的士及庶人。

【译文】

有虞氏在上庠为退休的卿大夫举行养老礼，在下庠为退休的士和庶人举行养老礼；夏人在东序为退休的卿大夫举行养老礼，在西序为退休的士和庶人举行养老礼；殷人在右学为退休的卿大夫举行养老礼，在左学为退休的士和庶人举行养老礼；周人在东胶为退休的卿大夫举行养老礼，在虞庠为退休的士和庶人举行养老礼。虞庠在国都的西郊。

有虞氏皇而祭①，深衣而养老②；夏后氏收而祭，燕衣而养老③；殷人冔而祭，缟衣而养老④；周人冕而祭⑤，玄衣而养老⑥。

【注释】

①皇：参加祭礼戴的冠。下文的“收”、“冔”（xǔ）、“冕”也都是祭冠。“皇”、“收”、“冔”三者形制已不可考。

②深衣：衣、裳相连，属于吉、凶之间的着装。

③燕衣：平时居处所穿之衣。又称“玄端”。

④缟（gǎo）衣：白绢所制的深衣。

⑤冕：周代冠。其形制，上有长方形木板叫做“綖”，綖下有冠圈叫做“武”，綖前挂着玉珠叫做“旒”。

⑥玄衣：朝服，黑衣素裳。

【译文】

有虞氏的人头戴皇举行祭祀，穿着深衣举行养老礼；夏人头戴收举行祭祀，穿着燕衣举行养老礼；殷人头戴冔举行祭祀，穿着缟衣举行养老礼；周人头戴冕举行祭祀，穿着玄衣举行养老礼。

凡三王养老，皆引年①。八十者，一子不从政；九十者，其家不从政②。废疾非人不养者，一人不从政。父母之丧，三年不从政；齐衰、大功之丧，三月不从政。将徙于诸侯，三月不从政；自诸侯来徙家，期不从政③。

【注释】

①引年：郑注："已而引户校年，当行复除也。"即根据户籍核定年龄，确定免除赋税徭役的对象。

②政(zhēng)：通"征"，征召徭役。

③期(jī)：满一年。

【译文】

凡夏、商、周三代行养老礼都根据户籍来核定年龄，以确定免除赋税徭役的对象。家有八十岁以上的老人，可有一个儿子不服徭役；家有九十岁以上的老人，全家都不服徭役。家有残疾病人生活不能自理的，可有一人不服徭役。为父母守丧，可以三年不服徭役；服齐衰或大功之丧的，可以三月不服徭役。即将迁居到其他诸侯国的，可以三月不服徭役；从其他诸侯国迁来定居的，可以一年不服徭役。

少而无父者谓之"孤"，老而无子者谓之"独"，老而无妻者谓之"矜"[①]，老而无夫者谓之"寡"。此四者，天民之穷而无告者也，皆有常饩[②]。

【注释】

①矜(guān)：亦作"鳏"。

②饩(xì)：郑注："廪也。"即发给口粮。

【译文】

年幼而没有父亲的人叫作"孤"，年老而没有儿子的人叫作"独"，年老而没有妻子的人叫作"矜"，年老而没有丈夫的人叫作"寡"。这四种人，是人们中困乏而无处投诉的人，都要定期供应粮食。

瘖、聋、跛、躃、断者、侏儒[①]，百工各以其器食之[②]。

【注释】

①瘖(yīn):口不能言,即哑巴。躃(bì):亦作"躄",足不能行。

②百工各以其器食之:孔疏:"此等既非老无告,不可特与常饩,既有疾病,不可不养,以其病尚轻,不可虚费官物,故各以其器食之。器,能也。因其各有所能,供官役使,以廪饩食之。"

【译文】

哑巴、聋子、瘸子、不能行走的人、四肢断残的人、天生特别矮小的人,各尽所能从事百工杂役,让他们能够自食其力。

道路,男子由右,妇人由左,车从中央。父之齿随行,兄之齿雁行,朋友不相逾。轻任并[①],重任分,斑白者不提挈[②]。君子耆老不徒行[③],庶人耆老不徒食。

【注释】

①任:指有担负的人。

②斑白者:指头发斑白的老人。挈:提。

③君子:与下文的"庶人"相对。孙希旦认为是指大夫与士。

【译文】

在道路上行走时,男子靠右边走,妇女靠左边走,车辆从中间行驶。与父亲年龄相当的人同行,应跟随在他后方;与兄长年龄相当的人同行,应该如雁行一样并行而稍后;与朋友同行,并肩而走不抢先或超越。两个担负物品的人同行,如果两人担负都较轻,就合在一起由年轻人担负;如果两人担负都较重,则分开来担负,由年轻人担重的,年长者担轻的;头发斑白的老人不提着东西走路。年老的大夫、士不徒步走路,年老的庶人吃饭要有肉。

大夫祭器不假。祭器未成,不造燕器[①]。

【注释】

①燕器:日常生活用器。

【译文】

大夫应自备祭祀用器而不向他人借用。祭器未制成之前,不制造生活用器。

方一里者[①],为田九百亩;方十里者,为方一里者百,为田九万亩;方百里者,为方十里者百,为田九十亿亩[②];方千里者,为方百里者百,为田九万亿亩[③]。

【注释】

①方一里:指面积边长为一里。

②亿:郑注:"今十万。"即一亿为汉代的十万。

③万亿:郑注:"今万万也。"孔疏,此处的"万亿"是错乱,"此云万亿者,即今之万万也"。

【译文】

一里见方的土地,可造田九百亩;十里见方的土地,是一里见方的一百倍,可造田九万亩;一百里见方的土地,是十里见方的百倍,可造田九百万亩;一千里见方的土地,是一百里见方的百倍,可造田九万万亩。

自恒山至于南河[①],千里而近[②];自南河至于江[③],千里而近;自江至于衡山[④],千里而遥[⑤];自东河至于东海[⑥],千里而遥;自东河至于西河[⑦],千里而近;自西河至于流沙[⑧],千里而遥。西不尽流沙，南不尽衡山，东不尽东海，北不尽恒山，凡四海之内，断长补短，方三千里，为田八十万亿一万亿亩[9]。方百里者，为田九十亿亩，山陵、林麓、川泽、沟渎、城郭、宫室、涂巷[10]，三分去一，其余六十亿亩。

【注释】

①自恒山至于南河：据郑注，此为冀州区域。恒山，又称“北岳”，在今山西大同浑源。南河，河南西部的黄河段。

②千里而近：距离不足千里。

③自南河至于江：据郑注，为豫州区域。江，长江。

④自江至于衡山：据郑注，此为荆州区域。衡山，又称“南岳”，在今湖南衡阳南岳。

⑤千里而遥：距离千里有余。

⑥自东河至于东海：据郑注，此为徐州区域。东河，黄河在河南东部略呈南北流向的一段。

⑦自东河至于西河：据郑注，此为冀州区域。西河，黄河在山西和陕西之间自北向南流向的一段。

⑧自西河至于流沙：据郑注，此为雍州区域。流沙，沙漠。

⑨为田八十万亿一万亿亩：“八十”后的“万亿”二字为衍文。

⑩沟渎（dú）：田间水道，即沟洫。涂巷：道路街巷。

【译文】

从恒山到南河，这段距离不足千里；从南河到长江，这段距离不足千里；从长江到衡山，这段距离比千里远一点儿；从东河到东海，这段距离比千里远一点儿；从东河到西河，这段距离不足千里；从西河到沙漠，这段距离比千里远一点儿。向西沙漠不是尽头，向南衡山不是尽头，向东东海不是尽头，向北恒山不是尽头，凡是四海之内，取长补短，方圆三千里，可造农田八十一万亿亩。方圆百里之地，可造农田九十亿亩，其中山陵、森林、川流、水道、城郭、宫室、道路街巷，占去三分之一，还剩余田地六十亿亩。

古者以周尺八尺为步，今以周尺六尺四寸为步[①]。古者百亩，当今东田百四十六亩三十步。古者百里，当今百二十一里六十步四尺二寸二分。

【注释】

①今：指汉代。下同。

【译文】

古时候以周尺的八尺为一步，如今则是以周尺的六尺四寸为一步。古时候田地百亩，相当于现今东方齐鲁一带田地的一百四十六亩三十步。古时候的一百里，相当于现今一百二十一里六十步四尺二寸二分。

方千里者，为方百里者百，封方百里者三十国，其余方百里者七十。又封方七十里者六十，为方百里者二十九，方十里者四十，其余方百里者四十，方十里者六十。又封方五十里者百二十，为方百里者三十，其余方百里者十，方十里者六十。名山大泽不以封，其余以为附庸闲田。诸侯之有功者，取于闲田以禄之。其有削地者，归之闲田。

【译文】

一千里见方的土地，是一百个百里见方，分封三十个百里见方的国家，还剩余七十个百里见方。又分封六十个七十里见方的国家，划分为二十九个百里见方，四十个十里见方，还剩余四十个百里见方，六十个十里见方。又分封一百二十个五十里见方的国家，划分成三十个百里见方，还剩余十个百里见方，六十个十里见方。名山大川不分封，其余的土地作为诸侯国的附庸小国和闲田。诸侯有功，就从闲田中拿出土地来赏赐给他们。诸侯有罪而削减土地的，将削减下来的土地归并到闲田中。

天子之县内，方千里者，为方百里者百。封方百里者九，其余方百里者九十一。又封方七十里者二十一，为方百里者十，方十里者二十九，其余方百里者八十，方十里者七十一。又封方五十里者六十三，为方百里者十五，方十里者七十五，其余方百里者六十四，方十里者九十六。

【译文】

在天子的王畿内，千里见方的土地，有一百个百里见方。分封百里见方的国家九个，剩余九十一个百里见方。又分封七十里见方的国家二十一个，即为十个百里见方，二十九个十里见方，剩余八十个百里见方，七十一个十里见方。又有分封五十里见方的国家六十三个，即为十五个百里见方，七十五个十里见方，剩余六十四个百里见方，及九十六个十里见方。

诸侯之下士禄食九人[①]，中士食十八人，上士食三十六人。下大夫食七十二人，卿食二百八十八人。君食二千八百八十人。次国之卿食二百一十六人，君食二千一百六十人。小国之卿食百四十四人，君食千四百四十人。次国之卿命于其君者，如小国之卿。

【注释】

①食(sì):养活,供养。

【译文】

诸侯下士的俸禄可以养活九人,中士的俸禄可以养活十八人,上士的俸禄可以养活三十六人。下大夫的俸禄可以养活七十二人,卿的俸禄可以养活八十八人。国君的俸禄可以养活两千八百八十人。次国之卿的俸禄可以养活二百一十六人,次国国君的俸禄可以养活两千一百六十人。小国之卿的俸禄可以养活一百四十四人,小国国君的俸禄可以养活四百四十人。次国的卿由国君直接任命的,俸禄相当于小国之卿。

天子之大夫为三监,监于诸侯之国者,其禄视诸侯之卿,其爵视次国之君,其禄取之于方伯之地。方伯为朝天子,皆有汤沐之邑于天子之县内①,视元士。

【注释】

①汤沐之邑:汤沐邑,周代供诸侯朝天子时住宿并沐浴斋戒的封地。

【译文】

天子的大夫任三监,监察各诸侯国的,俸禄参照诸侯之卿,爵位参照次国的国君,俸禄从所在的方伯地方取得。为方便方伯朝见天子,都在天子的王畿内设有供诸侯斋戒沐浴的汤沐邑,其大小规模比照天子上卿的采邑。

诸侯世子世国,大夫不世爵。使以德,爵以功。未赐爵,视天子之元士,以君其国。诸侯之大夫,不世爵禄。

【译文】

诸侯的世子可以世袭继承国家,但大夫的儿子不能世袭继承爵位。有德者才能任命为大夫,有功者可以继承爵位。诸侯之子还未得到天子赐爵之前,身份如同天子的上卿,以此统治他的国家。诸侯的大夫,不能世袭爵位和俸禄。

六礼:冠、昏、丧、祭、乡、相见①。七教:父子、兄弟、夫妇、君臣、长幼、朋友、宾客。八政:饮食、衣服、事为、异别、度、量、数、制②。

【注释】

①乡:包括乡饮酒礼及乡射礼,举行乡射礼时,都要先行乡饮酒礼。

②异别:指五方用器各不相同。度:丈尺等长度单位。量:斗斛等容量单位。数:百十等计数单位。

【译文】

六礼是:冠礼、婚礼、丧礼、祭礼、乡饮酒礼及乡射礼、相见礼等六种礼仪。七教是:父子、兄弟、夫妇、君臣、长幼、朋友、宾客等七种人际关系的教育。八政是:饮食、衣服、百工技艺、各类用器、长度单位、容量单位、计数单位、布帛规格等八方面的规定。

月令第六

【题解】

郑玄《礼记目录》云:“名曰‘月令’者,以其纪十二月政之所行也。”

本篇记述了十二个月的气候与生物、农作物的生长变化,制定了相应保护、管理生产的各种政策措施,并规定天子每月应办的大事。与《月令》内容相同或相近的还包括《吕氏春秋·十二月纪》、《逸周书·时训解》、《淮南子·时则训》。关于《月令》的成书时代和作者,历代学者有不同看法,影响较大者有四:

第一种观点认为《月令》是周公所作,或云作于周代,此说以东汉贾逵、马融、鲁恭、蔡邕,唐孔颖达以及清戴震、孙星衍、黄以周等为代表。

第二种观点认为《月令》抄《吕氏春秋》,作者为吕不韦。以东汉郑玄、卢植、高诱,清梁玉绳、万斯大、王引之等为代表,这种观点影响最大。郑玄说:“名曰‘月令’者,以其纪十二月政之所行也。本《吕氏春秋·十二月纪》之首章也,以礼家好事抄合之。……其中官名、时事,多不合周法。”

第三种观点认为《月令》成书于周、秦之间。孙希旦曰:“是篇虽祖述先王之遗,其中多杂秦制,又博采战国杂家之说,不可尽以三代之制通之。然其上察天时,下授民事,有唐、虞钦若之遗意。马融辈以为周公所作者固非,而柳子厚以为瞽史之语者亦过也。”

第四种观点认为《月令》是战国时期晋人之作，由杨宽先生提出。杨宽先生认为，吕不韦宾客割裂《月令》十二月之文，以为《吕氏春秋·十二月纪》之首章。《月令》是战国后期阴阳五行家为即将出现的统一王朝制定的行政月历。

敦煌悬泉置汉代遗址出土一块泥墙题记《使者和中所督察诏书四时月令五十条》，为元始五年(5)王莽以太皇太后名义所颁实施《月令》的诏书，并将《月令》内容归纳为五十条，其中春：孟春十一条，仲春五条，季春四条，共二十条；夏：孟夏六条，仲夏五条，季夏一条，共十二条；秋：孟秋三条，仲秋三条，季秋二条，共八条；冬：孟冬四条，仲冬五条，季冬一条，共十条。这一文物的发现可以说明，在当时的中国《月令》具有怎样的意义。老百姓是否遵从《月令》的规定不得而知，但在封建官僚的督察与考评机制中，它显然具有举足轻重的作用。

孟春之月①，日在营室②，昏参中③，旦尾中④。其日甲、乙⑤。其帝大皞⑥，其神句芒⑦。其虫鳞⑧。其音角⑨，律中大蔟⑩。其数八⑪。其味酸⑫，其臭膻⑬。其祀户⑭，祭先脾⑮。

【注释】

①孟春：即春季的首月。春季三月，第一月为孟春，第二月为仲春，第三月为季春。以孟、仲、季排序，夏季、秋季、冬季也如此。

②营室：星名。即室宿，“二十八宿”之一。有今飞马座二星。二十八星宿是古人为观测日、月、五星运行而划分的二十八个星区，用来说明日、月、五星运行所到的位置，每宿包含若干颗恒星。古代还把黄赤道带天区自西向东划分为十二部分，叫做“十二次”。并依次命名为星纪、玄枵(xiāo)、娵訾(jū zī)、降娄、大梁、实沈、鹑首、鹑火、鹑尾、寿星、大火、析木。以冬至时所在的次为

始，室宿在第三次娵訾之次。

③参(shēn)：星名。“二十八宿”之一。有今猎户座七星。中：傍晚在南方天空正中，也就是现在所说的子午线。

④尾：星名。“二十八宿”之一。有今天蝎座九星。

⑤甲、乙：在中国古代的历法中，甲、乙、丙、丁、戊、己、庚、辛、壬、癸被称为“十天干”。十天干又分属五行：甲、乙同属木，甲为阳木，属栋梁之木；乙为阴木，属花草之木。丙、丁同属火，丙为阳火，属太阳之火；丁为阴火，属灯烛之火。戊、己同属土，戊为阳土，属城墙之土；己为阴土，属田园之土。庚、辛同属金，庚为阳金，属斧钺之金；辛为阴金，属首饰之金。壬、癸同属水，壬为阳水，属江河之水；癸为阴水，属雨露之水。

⑥大皞(tài hào)：传说中的上古帝王，即伏羲氏。死后为东方之帝，五行则为木帝，主春。

⑦句(gōu)芒：中国古代神话中的木神(春神)，主管树木的发芽生长，少昊的后代，名重，为伏羲臣。

⑧鳞：“五虫”之一。据《大戴礼记·易本命》，古人把动物分为五类，即羽虫(飞禽)、毛虫(走兽)、甲虫(有甲壳的虫)、鳞虫(鱼及蜥蜴、蛇等具鳞的动物)、倮虫(也作“蠃虫”，“倮”通“裸”，指人类及蛙、蚯蚓等)，合称“五虫”。五虫与五行相配，鳞虫配木，属于春虫。

⑨角(jué)：“五音”之一。宫、商、角、徵、羽为“五音”，五音分属五行，角音属木，为春音。

⑩律中大蔟(cù)：律，是古代调节音准的铜管，或用竹制。郑注：“律，候气之管，以铜为之。中，犹应也。”大蔟，太蔟，“十二律”之一。“十二律”又分为阴、阳两类：黄钟、太蔟、姑洗、蕤宾、夷则、无射六阳律；大吕、夹钟、中吕、林钟、南吕、应钟六阴律。由于音律与一年中的月份恰好都是十二个，于是人们便把十二律和十

二月联系起来，太蔟配孟春之月。大，同“太”。

⑪数八：古人五行的排列顺序为：一是水，二是火，三是木，四是金，五是土。剩余的六、七、八、九、十也是六水、七火、八木、九金、十土。古人又将一至十按奇、偶分属天地，即天一，地二，天三，地四，天五，地六，天七，地八，天九，地十。这样天一生水，地二生火，天三生木，地四生金，天五生土，这称为“生数”。剩余地六成水，天七成火，地八成木，天九成金，地十成土，这称为“成数”。木为天三地八，这里只说它的成数为八。

⑫酸：“五味”之一。古人将五行配属五味，酸属木，苦属火，甘属土，辛属金，咸属水。

⑬臭（xiù）：气味。膻：“五臭”之一。“五臭”指膻、焦、香、腥、朽。古人将五行配属五臭，春为膻。

⑭户：“五祀”之一。“五祀”指户、灶、门、行、中霤。春天，人从户出，所以春天要祭祀户神。

⑮脾：“五脏”之一。“五脏”指心、肝、脾、肺、肾。五脏与五行相配，脾配土，肾配水，肺配金，肝配木，心配火。

【译文】

孟春正月，太阳的位置在营室，黄昏时参星在南方天空的正中，早晨尾星在南方天空的正中。春季属木，天干吉日是甲日和乙日。尊奉的天帝是太皞，神是句芒。与孟春相配的虫是五虫中的鳞虫。相配的音是五音中的角音，相配的律是十二律中的太蔟。孟春的成数是八。孟春的味道是五味中的酸味，孟春的气味是五臭中的膻味。孟春要祭祀户神，五脏祭品以脾脏为先。

东风解冻，蛰虫始振[①]。鱼上冰，獭祭鱼[②]，鸿雁来。

【注释】

①振:动。

②獭(tǎ)祭鱼:水獭将捕猎的鱼摆放在岸边,像祭祀陈列祭品一样。

【译文】

东风吹来冰雪解冻,蛰伏的昆虫开始活动。鱼从水深处游到近冰处,水獭将捕获的鱼像祭祀一样陈列在岸边,鸿雁从南方飞来。

天子居青阳左个①,乘鸾路②,驾仓龙③,载青旂④,衣青衣,服仓玉,食麦与羊,其器疏以达⑤。

【注释】

①青阳左个:明堂东向的左侧室。明堂是天子施行宗教、政事、教化等多项功能的建筑。明堂大致为四方、多角、中央建堂的构造,东方叫"青阳",南方叫"明堂",西方叫"总章",北方叫"玄堂",中央叫"太庙"。除太庙外其余四堂皆有左、右侧室,称为"个"。左个,左侧室。今西安附近保存有西汉末年王莽所建的明堂遗址。

②鸾路:郑注:"有虞氏之车,有鸾和之节,而饰之以青,取其名耳。"鸾,铜铃,车铃。路,车。

③仓:通"苍",青色。龙:马八尺以上称作龙。

④旂(qí):古代画有两龙并在竿头悬铃的旗。

⑤器疏以达:器物加以刻镂,花纹直而通达,象征春天万物舒发。

【译文】

天子居处在明堂东向的左室,乘坐饰有鸾铃的车子,驾着青色的大马,车上插着青色的旗帜,穿着青色的衣服,佩戴青色的玉,吃麦子和羊肉,用的器物刻镂纹饰,直而通达。

是月也，以立春。先立春三日，大史谒之天子曰[①]："某日立春，盛德在木。"天子乃齐[②]。立春之日，天子亲帅三公、九卿、诸侯、大夫以迎春于东郊。还反，赏公、卿、诸侯、大夫于朝[③]。命相布德和令[④]，行庆施惠[⑤]，下及兆民[⑥]。庆赐遂行，毋有不当。乃命大史守典奉法，司天日月星辰之行[⑦]，宿离不贷[⑧]，毋失经纪[⑨]，以初为常[⑩]。

【注释】

①谒：告。

②齐：同"斋"。

③朝：天子有三朝，一是燕朝，在路寝之内；二是治朝，在路门外，应门之内；三是外朝，在库门之外。此处指治朝。

④和：宣布。令：禁令。

⑤庆：奖励。

⑥兆民：极言民众人数之多。万亿曰"兆"。

⑦司：主管。

⑧宿：太阳运行的位置。离：月亮经过的位置。贷：通"忒"（tè），差错。

⑨经纪：郑注："谓天文进退度数。"孔疏："言当推勘考校，使得其中，应进则言进，应退则言退。若其推步不明，算历失所，迟疾不依其度，进退或失其常，是失经纪。"

⑩初：旧。

【译文】

这个月确定立春。立春的前三天，太史向天子报告说："某日立春，盛德处在木位。"天子于是斋戒，准备迎春。立春那天，天子亲自率领三公、九卿、诸侯、大夫到东郊去举行迎春的祭祀。回来后在朝廷上赏赐公、卿、诸侯和大夫。天子命令三公宣布国家的禁令，奖赏有功，施惠贫困，下及亿万民众。奖励与赏赐于是推行，没有不得当的。命令太史谨守典籍和法令，主管天上日、月、星辰的运行，太阳运行的位置，月亮经历的地方，都不能有差错。对天文星辰运行轨道计算的度数不出差错，要遵循传统方法观测计算，常行不变。

是月也，天子乃以元日祈谷于上帝①。乃择元辰②，天子亲载耒耜③，措之于参保介之御间④，帅三公、九卿、诸侯、大夫躬耕帝藉⑤。天子三推⑥，三公五推，卿、诸侯九推。反，执爵于大寝⑦，三公、九卿、诸侯、大夫皆御，命曰“劳酒”。

【注释】

①元日：上辛日。一个月有三个“辛”日，分上、中、下，第一个辛日就是上辛日。一般在正月的初一到初十之间。上帝：昊天上帝。

②元辰：正月第一个亥日。甲、乙、丙、丁等十天干称作“日”，子、丑、寅、卯等十二地支称作“辰”。所以祭天用“元日”，耕地用“元辰”。

③耒（lěi）耜（sì）：古代耕地翻土的农具。“耒”是柄，“耜”是下端用于翻土的部分。

④措：置。参：参乘。保介：即车右。保，穿。介，甲。御：驾车者。

⑤帝藉：郑注：“为天神借民力所治之田也。”《说文·耒部》：“藉，帝藉千亩也。古者使民如借，故谓之‘藉’。”是为祭祀上帝天神提供粮食的田地，天子象征性地亲自耕种，然后借助民力完成作业。

⑥推：用耒耜推土。

⑦大寝：路寝，即正寝。诸侯有三寝：正寝一，燕寝二。正寝又叫

“大寝”，是处理政事的地方；燕寝又叫“小寝”，是平常燕居休息的地方。

【译文】

这个月，天子在上辛日祭祀昊天上帝，祈求五谷丰收。选择这月的第一个亥日，天子亲自拿着耒耜，处在穿着盔甲的车右和驾车驭手之间，率领三公、九卿、诸侯、大夫亲自在供给祭祀天帝粮食的藉田中耕作。天子三次推土，三公五次推土，卿、诸侯九次推土。耕田返回后，天子拿着爵在大寝中饮酒，三公、九卿、大夫都要参加，这次饮酒就叫做“劳酒”。

是月也，天气下降，地气上腾[①]，天地和同，草木萌动。王命布农事，命田舍东郊[②]，皆修封疆，审端径术[③]。善相丘陵、阪险、原隰[④]，土地所宜，五谷所殖，以教道民[⑤]，必躬亲之。田事既饬，先定准直[⑥]，农乃不惑。

【注释】

①“天气”二句：天气，阴气。地气，阳气。郑注：“此阳气蒸达，可耕之候也。”

②田：郑注：“谓田畯，主农之官也。”

③径：田间小路。术：郑玄认为当作“遂”，小沟。

④阪（bǎn）险：斜坡与高山。原隰（xí）：平原与低湿之地。

⑤道（dǎo）：引导。

⑥准直：指公平划界，即划定农田的疆界，勘定田间的界路、沟渠的广狭要准、要直。

【译文】

这个月，阴气下降，阳气上升，天地之气中和，草木开始萌芽。王命令布置农事，命令田官居住到东郊，修整农田的封界和地标，审看维修田间的小路、小沟。好好地考察丘陵、斜坡、高山、平原和低湿地等各种土地所适宜种植的作物，五谷应在哪里种植，将这些教给百姓，一定要亲自做这些事。农事已经完成，划定农田的疆界，勘定田间的界路、沟渠的广狭要准、要直，农民才不会感到疑惑。

是月也，命乐正入学习舞。乃修祭典，命祀山林川泽，牺牲毋用牝①。禁止伐木。毋覆巢，毋杀孩虫、胎、夭、飞鸟②。毋麛③，毋卵。毋聚大众，毋置城郭④。掩骼埋胔⑤。

【注释】

①牝（pìn）：雌兽。

②孩虫：幼虫。胎、夭、飞鸟：孔疏："胎，谓在腹中未出；夭，为生而已死者。……飞鸟，谓初飞之鸟。"

③麛（mí）：幼鹿。这里泛指幼兽。湖北云梦睡虎地秦墓竹简《秦律十八种·田律》："不夏月，毋敢夜草为灰，取生荔、麛䴠（卵）鷇，毋□□□□□□□毒鱼鳖，置穽罔（网），到七月而纵之。"与此文意类似。

④"毋聚大众"二句：这是担心妨碍百姓的农事。置，立。

⑤掩骼埋胔（zì）：郑注："骨枯曰骼，肉腐曰胔。"指尸骸的枯骨及腐肉。

【译文】

这个月，天子命令乐正到太学教习国子舞蹈。修订祭祀的法典，命令祭祀山林川泽，祭祀用的牺牲不能是雌兽。禁止砍伐树木。不要折毁鸟窝，不要杀害幼虫、怀孕的母兽、刚出生的幼兽、刚会飞的小鸟。不要猎取幼兽，不要掏取鸟蛋。不要聚集民众，不要修建城郭。要掩埋枯骨和腐肉。

是月也，不可以称兵[①]，称兵必天殃。兵戎不起，不可从我始[②]。毋变天之道，毋绝地之理，毋乱人之纪。

【注释】

①不可以称兵：孙希旦说："春之德为阳、为柔、为仁，兵之事为阴、为刚、为义。以正月而称兵，则以阴而干阳，是变天之道也；以刚而逆柔，是绝地之理也；以义而反仁，是乱人之纪也。"

②始：挑起。

【译文】

这个月不可以兴兵作战，兴兵一定会遭天灾。若战争不可避免，不可从我方起始。不要改变立天之道，不要断绝地生之理，不要打乱人伦道德纲纪。

孟春行夏令，则风雨不时，草木蚤落[①]，国时有恐；行秋令，则其民大疫，猋风暴雨总至[②]，藜、莠、蓬、蒿并兴[③]；行冬令，则水潦为败[④]，雪霜大挚[⑤]，首种不入[⑥]。

【注释】

①蚤：通"早"。

②猋(biāo)：旋风，暴风。

③藜(lí)、莠(yǒu)、蓬、蒿：这四者都是野草。

④水潦(lǎo)：雨水过多。

⑤挚(zhì)：至，到。

⑥首种：指稷，百谷中稷最先下种。

【译文】

如果在孟春施行夏季的时令，那么雨水就会不及时，草木早落，国家经常有恐怖的事情发生；如果施行秋季的时令，那么百姓中就会流行疾役，狂风暴雨集中到来，藜草、莠草、蓬草、蒿草一起生长；如果施行冬季的时令，那么雨水太多泛滥成灾，雪霜大降，早春应首先播种的稷无法种下地。

仲春之月，日在奎①，昏弧中②，旦建星中③。其日甲、乙。其帝大皞，其神句芒。其虫鳞。其音角，律中夹钟④。其数八。其味酸，其臭膻。其祀户，祭先脾。

【注释】

①奎(kuí)："二十八宿"之一。有今仙女座九星及双鱼座九星及双鱼七星。

②弧：星名。或称"弧矢"、"天矢"，共九星，因形似弓矢而得名。在"二十八宿"之井宿附近。

③建星：星名。郑注："建星在斗上。"属"二十八宿"之斗宿，今人马座内。

④夹钟："十二律"之一。

【译文】

仲春二月，太阳的位置在奎宿，黄昏时弧星在南方天空的正中，早晨建星在南方天空的正中。春季属木，天干吉日是甲日和乙日。尊奉的天帝是太皞，神是句芒。与仲春相配的虫是五虫中的鳞虫。相配的音是五音中的角音，相配的律是十二律中的夹钟。仲春的成数是八。仲春的味道是五味中的酸味，仲春的气味是五臭中的膻味。仲春要祭祀户神，五脏祭品以脾脏为先。

始雨水，桃始华，仓庚鸣[①]，鹰化为鸠[②]。

【注释】

①仓庚：黄鹂。

②鹰化为鸠：古人认为，鸠在秋季化为鹰，鹰在春季再复化为鸠。后文中也有类似的记载。化，指改变旧形。鸠，布谷鸟。

【译文】

这个月开始下雨，桃树开始开花，黄鹂开始鸣叫，鹰变化成布谷鸟。

天子居青阳大庙[①]，乘鸾路，驾仓龙，载青旂，衣青衣，服仓玉，食麦与羊，其器疏以达。

【注释】

①青阳大庙：明堂东向房的中室。大庙，即太庙。

【译文】

天子居处在明堂东向的中室，乘坐饰有鸾铃的车子，驾着青色大马，车上插着青色的旗帜，穿着青色的衣服，佩戴青色的玉，吃麦子和羊肉，用的器物刻镂纹饰，直而通达。

是月也，安萌芽，养幼少，存诸孤[①]。择元日，命民社[②]。命有司省囹圄[③]，去桎梏[④]，毋肆掠[⑤]，止狱讼。

【注释】

①存：抚恤。

②社：郑注："后土也。"即土地神。

③省：减。囹圄（líng yǔ）：牢狱。

④桎梏（zhì gù）：刑具，即脚镣手铐。铐住两脚的叫做“桎”，铐住两手的叫做“梏”。

⑤肆：肆意。掠：笞打。

【译文】

这个月，要使植物的萌芽安稳生长，养育幼小，抚恤孤儿。选择吉日，命令百姓祭祀土地神。命令有关官员减少牢狱中的罪犯，去掉犯人的脚镣手铐，不得肆意笞打犯人，停止受理诉讼案件。

是月也，玄鸟至①。至之日，以大牢祠于高禖②，天子亲往，后妃帅九嫔御③。乃礼天子所御④，带以弓韣，授以弓矢⑤，于高禖之前。

【注释】

①玄鸟：燕子。

②大牢：同时使用牛、羊、豕（shǐ）三牲祭祀，牺牲规格最高。大，同“太”。高禖（méi）：管理婚姻和生育之神。孙希旦说：“禖者，禖神，谓先帝始制为嫁娶之礼者，盖伏羲也。”高禖之礼是天子在南郊祀天时，以禖神配祭。王引之说：“高者，‘郊’之借字。古声‘高’与‘郊’同，故借‘高’为‘郊’。”即在郊祭禖神，“高禖”又称“郊禖”。

③御：陪侍。

④天子所御：后妃九嫔中怀孕的人。

⑤“带以弓韣（dú）”二句：这是祈求生男孩，因弓韣、弓矢都是男人所用。韣，弓袋。

【译文】

这个月，燕子飞来。燕子飞到的那一天，要用牛、羊、猪三牲到南郊祭祀高禖，天子亲自前往，后妃率领九嫔陪侍。用酒礼招待怀孕的妃嫔，给她们带上弓袋，授给她们弓箭，这些都在高禖神前进行。

是月也，日夜分①，雷乃发声，始电，蛰虫咸动，启户始出②。先雷三日，奋木铎以令兆民曰③："雷将发声，有不戒其容止者④，生子不备，必有凶灾。"日夜分，则同度、量⑤，钧衡、石⑥，角斗、甬⑦，正权、概⑧。

【注释】

①日夜分：昼夜时间等分，即春分。

②户：穴。

③木铎(duó)：以木为舌的铜铃。摇木铎以引起人们的注意。

④不戒其容止：孔疏："言此时夫妇交接，生子支(肢)节性情必不备，其父母必有灾也。"

⑤同：与下文的"钧"、"角"、"正"都是平、正、等同、统一之意。度、量：郑注："丈尺曰度，斗斛曰量。"

⑥钧：通"均"。衡：秤杆。石：重量单位。一石等于一百二十斤。

⑦斗：量器名。十斗等于一斛。甬(tǒng)：通"桶"，斛。

⑧权：秤锤。概：平斗、斛用的小木板。

【译文】

这个月，昼夜时间等分，雷声开始出现，开始有闪电，冬蛰的动物开始活动，打开洞穴开始出来。打雷的前三天，要振动木铎以警示万民说："马上就要打雷了，有行为不警戒而胡乱交接的，生出来的孩子会有残疾，一定会有凶灾。"春分这天，白昼与夜晚等分，就要统一长度和容量单位，使容器衡与石大小准确无误，让量器斗与斛的大小合乎标准，检测秤锤与刮斗斛的木板符合规制。

是月也，耕者少舍[1]。乃修阖扇[2]，寝、庙毕备[3]。毋作大事[4]，以妨农之事。

【注释】

①少舍：暂时休息。少，稍。舍，止。

②阖扇：门户。郑注："用木曰'阖'，用竹苇曰'扇'。"

③寝：居室。庙：宗庙。

④大事：战争或其他聚众的劳役。

【译文】

这个月，农耕的人可以稍稍得到休息。修理门户，居处和宗庙都要修理好。不要兴发兵役或其他的劳役，以免妨碍农事。

是月也，毋竭川泽，毋漉陂池[1]，毋焚山林。天子乃鲜羔开冰[2]，先荐寝庙[3]。上丁[4]，命乐正习舞，释菜[5]。天子乃帅三公、九卿、诸侯、大夫亲往视之。仲丁[6]，又命乐正入学、习乐。是月也，祀不用牺牲，用圭璧，更皮币[7]。

【注释】

①漉(lù)：干涸。陂(bēi)：蓄水池。池：池塘。

②鲜羔开冰：古人在冬天将冰块藏入冰窖，要祭祀司寒。来年春天要开窖取冰，也要献羊羔祭祀司寒。司寒，有学者认为是"玄冥之神"。鲜，郑注："当为'献'，声之误也。"

③寝庙：指宗庙。古代宗庙正殿称"庙"，后殿称"寝"，合称"寝庙"。

④上丁：上旬的丁日。

⑤释菜：将菜蔬置放在先圣、先师的神位前进行祭祀的仪式。

⑥仲丁：中旬的丁日。

⑦“祀不用”三句：孔疏：“应祀之时，圭璧更易此牺牲，非但用圭璧更易，又用皮币以更之。……谓祈祷小祀也，不用牺牲若大祀，则依常法，故上云‘以大牢祠高禖’是也。”更，代替。皮币，《吕氏春秋》高诱注：“鹿皮、玄纁束帛也。”

【译文】

这个月，不要使川泽枯竭，不要使水池、池塘干涸，不要焚烧山林。天子要献羊羔给司寒，然后打开冰窖取冰，先把冰供给宗庙。上旬的丁日，令乐正教习国子舞蹈，陈设蔬菜行祭祀先圣、先师之礼。天子率领三公、九卿、诸侯、大夫亲自前往观看。中旬的丁日，又令乐正到学校教习国子音乐。这个月，小的祭祀不用牺牲，而更换为圭璧和皮币。

仲春行秋令，则其国大水，寒气总至，寇戎来征；行冬令，则阳气不胜，麦乃不孰，民多相掠；行夏令，则国乃大旱，煖气早来，虫螟为害①。

【注释】

①螟(míng)：螟蛾的幼虫。有许多种，对农作物危害很大。

【译文】

如果在仲春施行秋季的时令，那么国家就会发大水，寒气聚合而来，敌寇会来侵伐；如果施行冬季的时令，那么阳气就会不敌阴气，麦子不会成熟，百姓多有抢掠；如果施行夏季的时令，那么国家就会发生大旱，暖气提早到来，庄稼会发生螟虫的灾害。

季春之月，日在胃①，昏七星中②，旦牵牛中③。其日甲、乙。其帝大皞，其神句芒。其虫鳞。其音角，律中姑洗④。其数八。其味酸，其臭膻。其祀户，祭先脾。

【注释】

①胃:“二十八宿”之一。有今白羊座三星。

②七星:“二十八宿”之一,又称“星宿”。有今长蛇座七星。

③牵牛:“二十八宿”之一。有今摩羯座六星。

④姑洗(xiǎn):“十二律”之一。

【译文】

季春三月,太阳的位置在胃宿,黄昏时七星在南方天空的正中,早晨牵牛星在南方天空的正中。春季属木,天干吉日是甲日和乙日,尊奉的天帝是太皞,神是句芒。与季春相配的虫是五虫中的鳞虫。相配的音是五音中的角音,相配的律是十二律中的姑洗。季春的成数是八。季春的味道是五味中的酸味,季春的气味是五臭中的膻味。季春要祭祀户神,五脏祭品以脾脏为先。

桐始华,田鼠化为鴽[①],虹始见[②],蓱始生[③]。

【注释】

①鴽(rú):鹌鹑类的小鸟。

②见:同“现”。

③蓱:同“萍”。

【译文】

梧桐树开始开花,田鼠变化为鴽,天空开始出现彩虹,水中开始出现浮萍。

天子居青阳右个[①],乘鸾路,驾仓龙,载青旂,衣青衣,服仓玉,食麦与羊,其器疏以达。

【注释】

①青阳右个：明堂东向的右室。

【译文】

天子居处在明堂东向的右室，乘坐饰有鸾铃的车子，驾着青色大马，车上插着青色的旗帜，穿着青色的衣服，佩戴青色的玉，吃麦子和羊肉，用的器物刻镂纹饰，直而通达。

是月也，天子乃荐鞠衣于先帝[①]。命舟牧覆舟[②]，五覆五反，乃告舟备具于天子焉，天子始乘舟。荐鲔于寝庙[③]，乃为麦祈实。

【注释】

①鞠衣：郑注："黄桑服也。"孔疏："象桑叶始生。"指像刚长出的桑叶一样的黄色礼服，这是为了祈求春蚕之事顺利。先帝：郑注："太皞之属。"孙希旦认为是轩辕氏，即黄帝，"蚕事始于轩辕氏之妃西陵氏，后之功统于帝，故祈蚕之祀主于先帝"。

②舟牧：主舟之官。覆舟：将船只倒过来检查其底部是否有开裂破漏。

③鲔(wěi)：鱼名。日本称"金枪鱼"。

【译文】

这个月，天子向黄帝进献黄色的礼服。命令舟牧将船底翻过来，检查船底是否有开裂破漏，翻来覆去检查五次，才报告天子船已准备好，天子才开始乘船。向宗庙进献鲔鱼，为小麦丰收而祈祷。

是月也，生气方盛[①]，阳气发泄，句者毕出[②]，萌者尽达[③]。不可以内[④]。天子布德行惠，命有司发仓廪[⑤]，赐贫穷，振乏绝[⑥]，开府库[⑦]，出币帛，周天下[⑧]。勉诸侯[⑨]，聘名士，礼贤者。

【注释】

①生气：生发万物之气。

②句（gōu）者：勾曲的嫩芽。

③萌者：直立的嫩芽。萌，芒而直。

④内：同“纳”。

⑤仓廪（lǐn）：贮藏谷米的仓库。孔疏引蔡氏曰：“谷藏曰‘仓’，米藏曰‘廪’。”

⑥振：救。乏绝：孔疏引蔡氏曰：“暂无曰‘乏’，不续曰‘绝’。”又，引皇氏曰：“长无谓之‘贫穷’，暂无谓之‘乏绝’。”即生活资料匮乏短缺。

⑦府库：藏币帛的仓库。

⑧周：郑注：“谓给不足也。”

⑨勉：进，劝。

【译文】

这个月，生气正旺盛，阳气正宣泄，勾曲的嫩芽冒出，直立的嫩芽也上达地表。这个月不可以收敛财货。天子宣布德政，施行恩惠，命令有关官员打开粮仓，发给贫穷的人，救济匮乏短缺的人，打开府库，发放币帛，给予天下百姓。劝勉诸侯，慰问名士，礼遇贤者。

是月也，命司空曰：“时雨将降，下水上腾，循行国邑，周视原野，修利堤防，道达沟渎[①]，开通道路，毋有障塞。田猎罝罘、罗罔、毕、翳、馁兽之药毋出九门[②]。”

【注释】

①道(dǎo):引导,疏通。

②罝罘(jū fú):捕兽的网。罗罔(wǎng):捕鸟的网。罔,网。毕:长柄的小网。翳(yì):射猎者用于隐蔽自己的帐幕。餧:同“喂”。九门:指国都四方的城门,据说是南门三,东门、西门、北门各二。

【译文】

这个月,命令司空说:“雨季就要到来,地下水将要上升,在国都和城邑巡逻,遍视原野,修筑堤防,疏导沟洫,开通道路,不要有任何障碍阻塞。田猎所用的捕兽的网、捕鸟的网、长柄的小网、掩蔽自己的帐幕、喂给野兽的毒药,一律不许带出九门。”

是月也,命野虞毋伐桑柘①。鸣鸠拂其羽②,戴胜降于桑③,具曲、植、籧、筐④。后妃齐戒,亲东乡躬桑⑤。禁妇女毋观⑥,省妇使⑦,以劝蚕事。蚕事既登⑧,分茧称丝效功⑨,以共郊庙之服⑩,毋有敢惰。

【注释】

①野虞:主管山野、林木的官。柘(zhè):柘树。叶呈卵形。桑、柘皆可喂蚕。

②鸣鸠:斑鸠。

③戴胜:鸟名。有羽冠。郭璞《尔雅》注谓“鵀即头上胜”,“呼为戴胜”。

④曲:竹编的平底养蚕器具,称“蚕箔”或“蚕薄”。植:摆放蚕箔的木架。籧(qú)、筐:皆为盛桑叶的竹编器具。方曰“筐”,圆曰“籧(筥)”。

⑤乡:通“向”。

⑥毋观：郑注："去容饰也。"即不加装饰。

⑦妇使：缝线针织一类妇人干的杂活。

⑧登：成。

⑨分茧：将蚕茧分给妇人，让其缫丝。称丝：称量缫丝的轻重。效功：考课妇人缫丝的成绩。

⑩共：通"供"。郊：祭名。在郊外祭天。

【译文】

这个月，命令野虞不要砍伐桑树和柘树。斑鸠振动翅膀，戴胜飞落到桑树，就要准备好养蚕用的蚕箔，摆放蚕箔的木架，采摘桑叶用的圆筐、方筐。后妃斋戒后，亲自到东郊采桑。妇女不要打扮化妆，妇女也减少做缝纫针织等杂活，要劝导她们勤于蚕桑之事。蚕桑之事完成后，就将蚕茧分给妇人，让其缫丝，并称量缫丝的轻重多少，考核她们的绩效，用这些蚕丝织制祭天和祭庙的礼服，不敢怠惰偷懒。

是月也，命工师令百工审五库之量①，金、铁②，皮、革、筋③，角、齿，羽、箭、干④，脂、胶、丹、漆⑤，毋或不良。百工咸理⑥，监工日号，毋悖于时，毋或作为淫巧⑦，以荡上心⑧。

【注释】

①工师：司空的属下，百工之长。五库：藏储物资的五个库房。孔疏引熊氏说，金、铁为一库，皮、革、筋为一库，角、齿为一库，羽、箭、盾为一库，脂、胶、丹、漆为一库。量：物资的好坏质量。

②金：铜、锡。

③革：皮去毛叫做"革"。

④干：弓干。

⑤丹：孙希旦说即朱砂。据出土资料，黑漆为"漆"，红漆为"丹"。

⑥咸：皆。

⑦淫巧：伪饰不合规定。

⑧以荡上心：使得君王之心摇荡，追逐奢靡。

【译文】

这个月，让工师命令百工审查五库物资的质量，金、铁，皮、革、筋，角、齿，羽毛、箭、盾，油脂、胶、红漆、黑漆这些物资，绝不允许品质不良。工匠们都从事制作，对工匠要加以监管并每天发出号令，让他们制作器物不要违背时序，不要制作奢侈超标奇巧的器物，使得君王心旌摇荡，追求奢靡。

是月之末，择吉日，大合乐[①]，天子乃帅三公、九卿、诸侯、大夫亲往视之。

【注释】

①大合乐：音乐和舞蹈的联合演出。这是国子学习音乐和舞蹈的成果演出。

【译文】

这个月，选择吉日，举行音乐和舞蹈的联合演出，天子率领三公、九卿、诸侯、大夫亲自前往观看。

是月也，乃合累牛、腾马[①]，游牝于牧。牺牲、驹、犊，举书其数。命国难[②]，九门磔攘[③]，以毕春气[④]。

【注释】

①合：交配。累牛、腾马：孔疏："累牛，谓相累之牛；腾马，相腾逐之马。"指相交合之牛马。

②难（nuó）：同“傩”，驱除疫鬼的仪式，类似后世跳大神，由扮演大神者歌唱呼喊，伴以锣鼓，驱逐魑魅魍魉。

③磔（zhé）：割裂牲体。攘：攘除凶灾疫鬼。

④毕：止。春气：此处指春时的不正之气。

【译文】

这个月，在牧场中游牧公牛、公马，让它们和母牛、母马交配。用于祭祀的牺牲以及小马、小牛，都要登记数量。命令举行驱除疫鬼的傩祭，在九个城门分别杀牲、分割牲体，攘除疫鬼凶灾，以阻止春时的不正之气。

季春行冬令，则寒气时发，草木皆肃[①]，国有大恐；行夏令，则民多疾疫，时雨不降，山林不收[②]；行秋令，则天多沉阴，淫雨蚤降[③]，兵革并起。

【注释】

①肃：郑注：“谓枝叶缩栗。”

②山林不收：山林，孔疏引此句作“山陵”，郑注：“高者暵于热也。”又，《吕氏春秋》亦作“山陵”，可知“林”应为“陵”之误。收，收成。

③淫雨蚤降：旧注以为，雨三日以上即为“淫雨”。蚤，通“早”。

【译文】

如果在季春施行冬季的时令，那么寒气就会经常到来，草木枝叶都会枯萎，国家就会发生令人大恐慌的事件；如果施行夏季的时令，那么百姓就多有疾病疫情，及时雨不能降落，高地山丘会没有收成；如果施行秋季的时令，那么天气就多为阴沉，淫雨季节会提早到来，到处都会发生战争。

孟夏之月，日在毕[①]，昏翼中[②]，旦婺女中[③]。其日丙、丁[④]。其帝炎帝[⑤]，其神祝融[⑥]。其虫羽[⑦]。其音徵[⑧]，律中中吕[⑨]。其数七[⑩]。其味苦，其臭焦。其祀灶，祭先肺。

【注释】

①毕："二十八宿"之一。有今金牛座八星。

②翼："二十八宿"之一。有今巨爵座、长蛇座二十二星。

③婺(wù)女："二十八宿"之一，或称"女"、"须女"。有今宝瓶座四星。

④丙、丁：夏季属五行中的火。丙、丁同属火，丙为阳火，属太阳之火；丁为阴火，属灯烛之火。详见本篇"孟春之月"节注⑤。

⑤炎帝：传说中的上古帝王，即神农氏。死后为南方之帝，因以火德王，五行则为火帝，主夏。

⑥祝融：上古帝王，本名重黎，以火施化，号赤帝，后尊为火神。

⑦羽：五虫中的羽虫(飞禽)。羽虫配火，属于夏虫。

⑧徵(zhǐ)："五音"之一。徵音属火，为夏音。

⑨中吕："十二律"之一。

⑩七：火为地二天七，"七"是火的成数。

【译文】

孟夏四月，太阳的位置在毕宿，黄昏时翼星在南方天空的正中，早晨婺女星在南方天空的正中。夏季属火，天干吉日是丙日和丁日。尊奉的天帝是炎帝，神是祝融。与孟夏相配的虫是五虫中的羽虫。相配的音是五音中的徵音，相配的律是十二律中的中吕。孟夏的成数是七。孟夏的味道是五味中的苦味，孟夏的气味是五臭中的焦味。孟夏要祭祀灶神，五脏祭品以肺为先。

蝼蝈鸣[①]，蚯蚓出，王瓜生[②]，苦菜秀[③]。

【注释】

①蝼(lóu)蝈：郑注："蛙也。"

②王瓜：郑注："萆挈也。"或本作"王萯"，是一种葫芦科植物。孙希旦引归有光说，即今之黄瓜。

③秀：开花。

【译文】

蝼蝈鸣叫，蚯蚓出洞，王瓜结实，苦菜开花。

天子居明堂左个[①]，乘朱路，驾赤骝[②]，载赤旂，衣朱衣，服赤玉，食菽与鸡[③]，其器高以粗[④]。

【注释】

①明堂左个：明堂南向的左室。

②赤骝(liú)：赤身黑鬃的马。夏季属火，色调是红色，所以天子所用的都是红色的器物。骝，同"骝"。

③菽(shū)：豆类。

④粗：粗大。象征夏气盛大。

【译文】

天子居处在明堂南向的左室，乘坐红色的车，驾着赤身黑鬃的马，车上插着红色的旗帜，穿着红色的衣服，佩戴红色的玉，吃豆类食品和鸡肉，用的器物高而粗大。

是月也，以立夏。先立夏三日，大史谒之天子曰："某日立夏，盛德在火。"天子乃齐。立夏之日，天子亲帅三公、九卿、大夫以迎夏于南郊。还反，行赏，封诸侯。庆赐遂行，无不欣说[①]。乃命乐师习合礼乐[②]。命大尉赞桀俊[③]，遂贤良[④]，举长大[⑤]，行爵出禄，必当其位。

【注释】

①说（yuè）：同“悦”。

②乐师：乐正的副职。

③大尉：太尉，掌管军政的官。赞：助。桀俊：才能出众的人。桀，杰出的人才。

④遂：进。

⑤长大：高大有力之人。

【译文】

这个月，确定立夏。在立夏的前三天，太史向天子报告说：“某日立夏，盛德处在火位。”天子于是斋戒，准备迎夏。立夏那天，天子亲自率领三公、九卿、诸侯、大夫到南郊去举行迎夏的祭祀。回来后在朝廷上赏赐公卿，分封诸侯。实行奖励赏赐，没有不欢欣喜悦的。令乐师教习国子将礼仪与音乐配合起来。令太尉选拔俊杰，推荐贤良，推举高大有力的壮士，赐予爵位和俸禄，一定与其职位相称。

是月也，继长增高[①]，毋有坏堕[②]，毋起土功，毋发大众，毋伐大树。

【注释】

①继长增高：指草木继续生长增高。

②坏堕（huī）：毁坏。孙希旦说，如坏城郭、废宫室之类。堕，同“隳”，毁坏。

【译文】

这个月，草木继续生长增高，不要有毁坏城郭、宫室的行为，不要兴建土木工程，不要征发大批劳役，不要砍伐大树。

是月也，天子始绨[①]。命野虞出行田原，为天子劳农劝民，毋或失时。命司徒循行县、鄙[②]，命农勉作，毋休于都。

【注释】

①始绨（chī）：初服夏季的衣服。绨，细葛布做的衣服。

②司徒：负责民政的官员。县、鄙：两千五百家为"县"，五百家为"鄙"。

【译文】

这个月，天子开始穿细葛布做的衣服。命令野虞出巡田地原野，以天子的名义慰劳和劝导农民，不要失掉务农的时机。命令司徒巡视县、鄙，命令农民勤勉耕作，不要在城邑中休息。

是月也，驱兽毋害五谷，毋大田猎。农乃登麦[①]，天子乃以彘尝麦[②]，先荐寝庙。

【注释】

①登：进献。

②以彘（zhì）尝麦：郑注："麦之新，气尤盛，以彘食之，散其热也。"彘，猪。

【译文】

这个月，驱除野兽不让它们伤害五谷作物，不要举行大规模的田猎。农民进献小麦，天子就和猪肉配搭着吃新麦，先供奉宗庙。

是月也，聚畜百药。靡草死[1]，麦秋至[2]。断薄刑，决小罪，出轻系[3]。蚕事毕，后妃献茧。乃收茧税，以桑为均，贵贱长幼如一，以给郊庙之服。

【注释】

①靡草：草名。荠菜之类的草。陈澔曰："靡草，草之枝叶靡细者，阴类，阳盛则死。"

②麦秋：麦子成熟。

③出：释放。

【译文】

这个月，要聚集积蓄各种药材。靡草枯死，麦子成熟的时节到来。可以审理较轻刑罚的案件，判决较小的罪行，释放一些轻罪的犯人。养蚕的工作结束后，后妃们向天子进献蚕茧。于是征收蚕税，以桑树的多少来征收，养蚕的妇女不论贵贱长幼要统一收取蚕税，作为供给祭天和祭庙的礼服。

是月也，天子饮酎[1]，用礼乐。

【注释】

①酎（zhòu）：郑注："酎之言醇也，谓重酿之酒也。"

【译文】

这个月，天子饮醇酒，按照礼仪的规定演奏音乐。

孟夏行秋令，则苦雨数来[1]，五谷不滋，四鄙入保[2]；行冬令，则草木蚤枯，后乃大水，败其城郭；行春令，则蝗虫为灾，暴风来格[3]，秀草不实[4]。

【注释】

①苦雨：秋天的寒雨。

②鄙：边界上的小邑。保：同“堡”。小城曰“堡”。

③格：至。

④秀草不实：草木不结果实。

【译文】

如果在孟夏施行秋季的时令，那么寒雨会时常到来，五谷不能滋长，边境的人们都会躲进堡垒避难；如果施行冬季的时令，那么草木就会提早枯萎，然后又发大水，毁坏城郭；如果施行春季的时令，那么就会蝗虫成灾，暴风来到，草木不结果实。

仲夏之月，日在东井[1]，昏亢中[2]，旦危中[3]。其日丙、丁。其帝炎帝，其神祝融。其虫羽。其音徵，律中蕤宾[4]。其数七。其味苦，其臭焦。其祀灶，祭先肺。

【注释】

①东井：“二十八宿”之一，或称“井”。有今双子座八星。

②亢：“二十八宿”之一。有今室女座四星。

③危：“二十八宿”之一。有今宝瓶座、飞马座三星。

④蕤(ruí)宾：“十二律”之一。

【译文】

仲夏五月，太阳的位置在东井星宿，黄昏时亢星在南方天空的正中，早晨危星在南方天空的正中。夏季属火，天干吉日是丙日和丁日。尊奉的天帝是炎帝，神是祝融。与仲夏相配的虫是五虫中的羽虫。相配的音是五音中的徵音，相配的律是十二律中的蕤宾。仲夏的成数是七。仲夏的味道是五味中的苦味，仲夏的气味是五臭中的焦味。仲夏要祭祀灶神，五脏祭品以肺为先。

小暑至，螳螂生，鵙始鸣①，反舌无声②。

【注释】

①鵙(jú)：伯劳鸟。

②反舌：郑注："百舌鸟。"又称"乌鸫"(dōng)。

【译文】

小暑到来，螳螂出生，伯劳鸟开始鸣叫，百舌鸟却不再出声。

天子居明堂大庙，乘朱路，驾赤骝，载赤旂，衣朱衣，服赤玉，食菽与鸡，其器高以粗。养壮佼①。

【注释】

①壮佼：《训纂》引王念孙说："《吕氏春秋·仲夏纪》'佼'作'狡'。高诱注曰：'壮狡，多力之士。'""《广雅》曰：'狡，健也。'壮狡，犹言壮健。作'佼'者，假借字耳。"

【译文】

天子居处在明堂南向的中室，乘坐红色的车，驾着赤身黑鬃的马，车上插着红色的旗帜，穿着红色的衣服，佩戴红色的玉，吃豆类食品和鸡肉，用的器物高而粗大。培养健壮的人。

是月也，命乐师修鞀、鞞、鼓①，均琴、瑟、管、箫，执干、戚、戈、羽②，调竽、笙、篪、簧③，饬钟、磬、柷、敔④。命有司为民祈祀山川百源，大雩帝[5]，用盛乐[6]。乃命百县雩祀百辟卿士有益于民者[7]，以祈谷实。农乃登黍。

【注释】

①鞀(táo)：同“鼗”，有柄的小摇鼓，如今之拨浪鼓。鞞(pí)：同“鼙”，一种小鼓。

②干：盾。戚：斧。戈：用青铜或铁制成的横刃兵器。羽：野鸡毛。

③竽：管乐器名。有三十六簧。笙：管乐器名。有十三簧。篪(chí)：同“箎”，用竹管制成类似笛子的一种吹奏乐器。簧：金属或其他材料制成的在乐器中发声的薄片。

④钟：打击乐器。编钟。磬：打击乐器。用玉、石金属制成的曲尺形，可悬挂打击。柷(zhù)：打击乐器。方形，以木棒击打奏鸣。敔(yǔ)：打击乐器。形如伏虎，以竹条刮摩奏鸣。

⑤雩(yú)：求雨的祭祀。

⑥盛乐：即上文所说的所有乐器共同演奏。

⑦百辟(bì)卿士：对百姓有功的先代国君和卿士。辟，君主。

【译文】

这个月，命令乐师修治鞀、鞞、鼓，调节琴、瑟、管、箫，检查舞队使用的干、戚、戈、羽等器具，调理竽、笙、篪、簧等吹奏乐器，整顿钟、磬、柷、敔等打击乐器。命令有关官员，为百姓向名山大川和河流的源头祭祀祈祷，举行大型的雩祭向天帝求雨，各种乐器要一起演奏。命令百县的官长举行向先代有功于人们的君主和卿士的求雨祭祀，以祈求谷物丰收。农民进献收获的新黍。

是月也，天子乃以雏尝黍[1]，羞以含桃[2]，先荐寝庙。令民毋艾蓝以染[3]，毋烧灰，毋暴布[4]。门闾毋闭，关市毋索。

挺重囚[⑤]，益其食。游牝别群，则絷腾驹[⑥]，班马政。

【注释】

①雏：小鸡。

②羞：进献。含桃：樱桃。

③艾（yì）：通“刈”，刀割采收。蓝：蓝草，古代用以制作靛青染料的植物。

④“毋烧灰”二句：烧灰是为了湅（liàn）布，此月阳气大盛，如果曝晒在阳光下，恐脆伤其布。暴（pù），曝晒。

⑤挺：宽缓。

⑥“游牝（pìn）”二句：此月母马已怀孕，因而要别群另放，恐马驹踢伤怀孕的母马，因而要拴住马驹。腾驹，已长大可以腾跃的马驹。

【译文】

这个月，天子吃小鸡并配新黍，吃之前要先和樱桃一起进献给宗庙。命令百姓不要割蓝草来染布，不要烧灰湅布，不要曝晒布。家门巷门不要关闭，不要搜索关卡和市场。宽缓重刑的犯人，增加他们的饮食。怀孕的母马要和公马分群放牧，要拴住可以腾跃的马驹，颁布养马的政令。

是月也，日长至，阴阳争，死生分[①]。君子齐戒，处必掩身，毋躁。止声色，毋或进[②]。薄滋味，毋致和[③]。节耆欲[④]，定心气。百官静事毋刑[⑤]，以定晏阴之所成[⑥]。

【注释】

①“日长至”三句：此月是白天最长的时候，阳气达到鼎盛，阴气也

欲起，因此阴、阳开始纷争。阳气生物，阴气杀物，死、生的分界因而开始。

②进：进御侍寝。

③和：五味的调和。

④耆：同“嗜”。

⑤百官静事毋刑：郑注：“罪罚之事，不可以闻。”按，王念孙说，“百官”指“百体”，此句承上而言，节嗜欲，定心气，推而至于百体莫不安静，做事审慎精详。亦通。本文不用王说。

⑥晏：安，静。

【译文】

这个月，白天的时间最长，阴气、阳气纷争，死、生的分界开始。君子要斋戒，居处时掩盖着身子，不要躁动。禁止听靡靡之音和接近女色，不要进献女色侍寝。饮食滋味要清淡，不要讲求五味的调和。节制自己的嗜好和欲望，平心静气。百官要安安静静地料理事务，不要动用刑罚，以安定阴气使其正常产生。

鹿角解，蝉始鸣。半夏生①，木堇荣②。

【注释】

①半夏：药草名。

②木堇：即木槿，落叶灌木。荣：开花。

【译文】

鹿角在这月脱落，蝉开始鸣叫。半夏生长，木槿花开。

是月也，毋用火南方①。可以居高明②，可以远眺望，可以升山陵，可以处台榭③。

【注释】

①南方：南方属火，此月阳气至盛，如果还在南方用火，那就会火气过盛。

②高明：高且宽敞明亮之处。

③台榭：地面上的夯土高墩称为“台”，台上的木构建筑称为“榭”，两者合称为“台榭”。

【译文】

这个月，不要在南方用火。可以居处在高而宽敞明亮的地方，可以向远处眺望，可以攀登山陵，可以呆在台榭上。

仲夏行冬令，则雹冻伤谷，道路不通，暴兵来至；行春令，则五谷晚孰，百螣时起[①]，其国乃饥；行秋令，则草木零落，果实早成，民殃于疫。

【注释】

①螣（tè）：蝗类害虫。

【译文】

如果在仲夏施行冬季的时令，那就会有冰雹和霜冻伤害谷物，道路不通，盗贼攻掠；如果施行春季的时令，那么五谷就会晚熟，蝗虫之类的灾害时常发生，国家就会发生饥荒；如果施行秋季的时令，那么草木会凋零，果实提前成熟，疾疫流行，百姓遭殃。

季夏之月，日在柳[①]，昏火中[②]，旦奎中[③]。其日丙、丁。其帝炎帝，其神祝融。其虫羽。其音徵，律中林钟[④]。其数七。其味苦，其臭焦。其祀灶，祭先肺。

【注释】

①柳："二十八宿"之一。有今长蛇座八星。

②火："二十八宿"之一，或称"大火"、"心"、"商星"。有今天蝎座三星。

③奎："二十八宿"之一，或称"天豕"、"封豕"。有今仙女座九星、双鱼座七星。

④林钟："十二律"之一。

【译文】

季夏之月，太阳的位置在柳星星宿，黄昏时火星在南方天空的正中，早晨奎星在南方天空的正中。夏季属火，天干吉日是丙日和丁日。尊奉的天帝是炎帝，神是祝融。与季夏相配的虫是五虫中的羽虫。相配的音是五音中的徵音，相配的律是十二律中的林钟。季夏的成数是七。季夏的味道是五味中的苦味，季夏的气味是五臭中的焦味。季夏要祭祀灶神，五脏祭品以肺为先。

温风始至，蟋蟀居壁，鹰乃学习，腐草为萤[①]。

【注释】

①萤：萤火虫。

【译文】

温风开始吹来，蟋蟀居处在墙壁上，小鹰开始学习飞翔与猎食，腐草化为萤火虫。

天子居明堂右个，乘朱路，驾赤骝，载赤旂，衣朱衣，服赤玉，食菽与鸡，其器高以粗。

【译文】

天子居处在明堂南向的右室，乘坐红色的车，驾着赤身黑鬃的马，车上插着红色的旗帜，穿着红色的衣服，佩戴红色的玉，吃豆类食品和鸡肉，用的器物高而粗大。

命渔师伐蛟、取鼍、登龟、取鼋[①]。命泽人纳材苇[②]。

【注释】

①鼍（tuó）：鳄鱼。鼋（yuán）：大鳖。

②泽人：泽虞，掌管湖泊的官员。

【译文】

命令渔师伐蛟、取鼍、捕龟、捉鼋。命令泽虞收取蒲苇。

是月也，命四监大合百县之秩刍[①]，以养牺牲。令民无不咸出其力，以共皇天上帝[②]，名山大川，四方之神，以祠宗庙、社稷之灵，以为民祈福。

【注释】

①四监：主管山林川泽的官员。秩：常。

②共：通“供”。

【译文】

这个月，命令四监将各县应缴纳的草料按常规定额集中征收上来，以喂养祭祀用的牺牲。命令百姓都共同出力，以供奉皇天上帝，名山大川，四方的神祇，以祭祀宗庙、社稷的神灵，为百姓祈福。

是月也，命妇官染采[①]，黼、黻、文、章必以法故[②]，无或差贷[③]，黑、黄、仓、赤莫不质良，毋敢诈伪，以给郊庙祭祀之服，以为旗章[④]，以别贵贱等给之度[⑤]。

【注释】

①妇官：主管女工的官员。郑注："染人也。"即负责纺织品染色的小吏。

②黼（fǔ）、黻（fú）、文、章：《考工记》："青与赤谓之文，赤与白谓之章，白与黑谓之黼，黑与青谓之黻。"

③贷：通"忒"，差错。

④旗章：郑注："旌旗及章识也。"

⑤等给：等级。

【译文】

这个月，命令妇官给丝织品染色，黼、黻、文、章一定要遵照旧有的规定制作，不得有任何差错，黑、黄、青、红各种色彩都要品质优良，不得诈伪虚假，用以供给制作郊祀和宗庙祭祀的礼服，用以制作旗帜徽标，以区分贵贱等级的差别。

是月也，树木方盛，乃命虞人入山行木[①]，毋有斩伐。不可以兴土功，不可以合诸侯，不可以起兵动众，毋举大事以摇养气[②]。毋发令而待，以妨神农之事也[③]。水潦盛昌，神农将持功，举大事则有天殃。

【注释】

①行木：巡行山林，监察砍伐禁令的执行情形。

②大事：即前文的"兴土功"、"合诸侯"、"起兵动众"。摇养气：动摇

长养之气。

③神农之事：神农为农业的发明者，故以“神农之事”指农耕等生产活动。

【译文】

这个月，树木正茂盛，于是命令虞人进入山林内巡查，不许砍伐树木。不可以兴建土木工程，不可以聚合诸侯，不可以发起战争劳动民众，不要有兴师动众的事动摇生长养育之气。不要发布命令让百姓等待召集，以妨碍农耕。此月正是雨水旺盛的时候，神农氏将完成养育万物的功业，如果兴师动众会遭到上天的惩罚降下祸殃。

是月也，土润溽暑①，大雨时行。烧薙行水②，利以杀草，如以热汤。可以粪田畴，可以美土疆③。

【注释】

①溽（rù）：湿润。

②烧薙（tì）行水：孔疏：“五月夏至，芟杀暴之，至六月合烧之，故云‘烧薙’也。‘行水’者，其时也，大雨时行，行于所烧田中，仍壅遏蓄之，以渍烧薙，故云‘行水’也。”薙，除草。

③土疆（qiáng）：坚硬而难以耕作的土地。疆，同“强”。

【译文】

这个月，土地湿润，天气闷热，大雨时常降落。铲除野草曝晒，加以焚烧，雨水浸泡，高温复加浸泡，最利除灭杂草，如同用热水浇烂草。可以为田地增肥，可以美化改变坚硬而难以耕作的土地。

季夏行春令，则谷实鲜落，国多风欬①，民乃迁徙；行秋令，则丘隰水潦，禾稼不熟，乃多女灾②；行冬令，则风寒不时，鹰隼蚤鸷[3]，四鄙入保。

【注释】

①欬（kài）：咳嗽。

②女灾：妇女有流产、不孕等灾祸。

③隼（sǔn）：鸟名。一种猛禽。鸷（zhì）：本指一种凶狠的鸟，这里是动词，搏击。

【译文】

如果在季夏施行春季的时令，那么谷物就鲜少丰收，国内人们患风寒咳嗽，百姓迁移他地；如果施行秋季的时令，那么丘陵和湿地都遭到水患，庄稼不成熟，妇女有流产等灾祸；如果施行冬季的时令，那么风寒会时常袭来，鹰和隼会提早凶猛搏斗，四境边界的百姓因战乱而躲进城堡。

中央土[1]。其日戊、己[2]。其帝黄帝[3]，其神后土[4]。其虫倮[5]。其音宫[6]，律中黄钟之宫[7]。其数五[8]。其味甘，其臭香。其祀中霤，祭先心。

【注释】

①中央土：中央，四时的中间。春为木，夏为火，秋为金，冬为水，火生土，土生金，所以土在火、金之间，其气也在季夏之末，居于四时的中央。

②戊、己：戊、己同属土，戊为阳土，属城墙之土；己为阴土，属田园之土。

③黄帝：传说中的上古帝王，即轩辕氏。以土德王天下，尊为中央之帝。

④后土：共工氏之子，名句龙。为土正。

⑤倮：同“裸”，“五虫”之一。孔疏引《大戴礼记》及《乐纬》云：“倮虫三百六十，圣人为之长。”

⑥宫：“五音”之一。

⑦黄钟之宫：用黄钟律定的宫音。

⑧五：这是土的生数，因土以生为本。

【译文】

四时的中央属土，天干吉日是戊日和己日，尊奉的天帝是黄帝，神是后土。于此时相配的虫是五虫中的裸虫。相配的音是五音中的宫音，相配的律是十二律中的黄钟。此时的生数是五。相配的味道是五味中的甘味，相配的气味是五臭中的香味。此时要祭祀中霤神，五脏祭品以心为先。

天子居大庙大室[①]，乘大路，驾黄骊，载黄旂，衣黄衣，服黄玉，食稷与牛，其器圜以闳[②]。

【注释】

①大庙大室：明堂中央的太室。

②圜以闳（hóng）：圆而宏大。

【译文】

天子居处在明堂中央的太室，乘坐黄色的大路，驾着黄色的马，车上插着黄色的旗帜，穿着黄色的衣服，佩戴黄色的玉，吃稷米和牛肉，用的器物圆而宏大。

孟秋之月，日在翼，昏建星中，旦毕中。其日庚、辛。其帝少皞[①]，其神蓐收[②]。其虫毛。其音商，律中夷则。其数九。其味辛，其臭腥。其祀门，祭先肝。

【注释】

①少皞(hào)：金天氏，又称“少昊”。死后为西方之帝，于五行为金帝，主秋。

②蓐(rù)收：少皞氏之子，名该。孔疏：“言秋时万物摧蓐而收敛。”

【译文】

孟秋七月，太阳的位置在翼星星宿，黄昏时建星在南方天空的正中，早晨毕星在南方天空的正中。秋季属金，天干吉日是庚日和辛日。尊奉的天帝是少皞，神是蓐收。与孟秋相配的虫是五虫中的毛虫。相配的音是五音中的商音，相配的律是十二律中的夷则。孟秋的成数是九。孟秋的味道是五味中的辛味，孟秋的气味是五臭中的腥味。孟秋要祭祀门神，五脏祭品以肝为先。

凉风至，白露降①，寒蝉鸣②，鹰乃祭鸟③，用始行戮。

【注释】

①白露：阴气盛而露重，故色白。

②寒蝉：又称“寒蜩”，蝉的一种。较一般蝉小，青赤色。

③鹰乃祭鸟：鹰捕捉小鸟，先四面陈列于地而不食，与人祭祀相似，故称“祭鸟”。

【译文】

凉风到来，露水降在叶子上，寒蝉鸣叫，鹰捕捉小鸟，先四面陈列于地而不食，如人之祭祀，这时开始处决犯人。

天子居总章左个①，乘戎路，驾白骆②，载白旂，衣白衣，服白玉，食麻与犬，其器廉以深[3]。

【注释】

①总章左个：明堂西向的左室。

②骆：白马黑鬃尾。

③廉以深：外有棱角而内部深邃。

【译文】

天子居处在明堂西向的左室，乘坐白色的车，驾着白色黑鬃尾的马，车上插着白色的旗帜，穿着白色的衣服，佩戴白色的玉，吃麻子和狗肉，用的器物外有棱角而内部深邃。

是月也，以立秋。先立秋三日，大史谒之天子曰："某日立秋，盛德在金。"天子乃齐。立秋之日，天子亲帅三公、九卿、诸侯、大夫，以迎秋于西郊。还反，赏军帅、武人于朝[1]。天子乃命将帅选士厉兵[2]，简练桀俊[3]，专任有功，以征不义；诘诛暴慢[4]，以明好恶，顺彼远方[5]。

【注释】

①武人：军士之有勇力的人。

②厉兵：磨砺兵器。

③简练：选拔并训练。

④诘：郑注："谓问其罪，穷治之也。"诛：讨伐。暴：暴于民。慢：对上不敬。

⑤顺：服。

【译文】

这个月，确定立秋。在立秋的前三天，太史向天子报告说："某日立秋,盛德处在金位。”天子于是斋戒,准备迎秋。立秋那天,天子亲自率领三公、九卿、诸侯、大夫到西郊去举行迎秋的祭祀。回来后在朝廷上赏赐将帅和勇武之士。天子于是命令将帅选拔兵士并磨砺兵器,挑选优秀的士兵并加以训练,特别任用有功的将领,去征伐不义的国家;诘问讨伐暴虐傲慢的国家,以表明天子的好恶,使远方的国家都顺从驯服。

是月也,命有司修法制,缮囹圄①,具桎梏,禁止奸,慎罪邪,务搏执②。命理瞻伤、察创、视折、审断③,决狱讼必端平,戮有罪,严断刑。天地始肃,不可以赢④。

【注释】

①缮:修理。

②搏执:搏击而拘禁。

③理:治狱之官。瞻伤、察创、视折、审断:《训纂》记吴幼清《纂言》引蔡邕曰:“皮曰伤,肉曰创,骨曰折,骨肉皆绝曰断。”

④赢:郑注:“犹解也。”指政教松懈、政令松弛。

【译文】

这个月,命令有关官员修订法制,修缮牢狱,准备脚镣手铐,禁止奸邪之人,警惕罪恶之人,对这些人一定要严加打击并拘禁。命令治狱之官亲自查看受轻伤、重创、骨折、骨肉皆绝者的案情,判决案件一定要公平公正,处决重罪之人,严正判处刑罚。天地间开始有肃杀之气,要顺应节气,政教政令不可松懈宽缓。

是月也,农乃登谷①,天子尝新,先荐寝庙。命百官始收敛,完堤防,谨壅塞,以备水潦,修宫室,坏墙垣②,补城郭。

【注释】

①谷：郑注："黍稷之属，于是始孰（熟）。"

②坏（péi）：通"培"。上古墙垣为夯土建筑，故需定期添土、垒土、夯筑维修、加固。

【译文】

这个月，农民要献新黍稷，天子品尝新成熟的谷物，尝新之前要先用以祭祀宗庙。命令百官开始秋收，完善堤防，防止堵塞，以防备水灾，修缮宫室，培土夯筑墙垣，修补城郭。

是月也，毋以封诸侯，立大官，毋以割地[①]，行大使，出大币[②]。

【注释】

①割地：指给有功之臣分封土地。

②大币：《吕氏春秋》作"重币"。

【译文】

这个月，不要分封诸侯，不要设立大官，不要奖赏土地，不要派出大使，不要付出大量的钱财。

孟秋行冬令，则阴气大胜，介虫败谷[①]，戎兵乃来；行春令，则其国乃旱，阳气复还，五谷无实；行夏令，则国多火灾，寒热不节，民多疟疾。

【注释】

①介虫：即甲虫。介，郑注："甲也。"

【译文】

如果在孟秋施行冬季的时令，那么就会阴气大胜，甲虫毁坏庄稼，兵寇前来攻伐；如果施行春季的时令，那么国家就会干旱，阳气又重新回来，五谷不能结实；如果施行夏季的时令，那么国家就多有火灾，天气时冷时热，百姓多患疟疾。

仲秋之月，日在角[①]，昏牵牛中，旦觜觿中[②]。其日庚、辛。其帝少皞，其神蓐收。其虫毛。其音商，律中南吕。其数九。其味辛，其臭腥。其祀门，祭先肝。

【注释】

①角："二十八宿"之一。有今室女座二星。

②觜觿（zī xī）："二十八宿"之一，或称"觜"。有今猎户座三星。

【译文】

仲秋八月，太阳的位置在角宿，黄昏时牵牛星在南方天空的正中，早晨觜觿星在南方天空的正中。秋季属金，天干吉日是庚日和辛日。尊奉的天帝是少皞，神是蓐收。与孟秋相配的虫是五虫中的毛虫。相配的音是五音中的商音，相配的律是十二律中的南吕。孟秋的成数是九。孟秋的味道是五味中的辛味，孟秋的气味是五臭中的腥味。孟秋要祭祀门神，五脏祭品以肝为先。

盲风至[①]，鸿雁来，玄鸟归，群鸟养羞[②]。

【注释】

①盲风：郑注："疾风也。"

②羞：食物。

【译文】

疾风吹起，鸿雁飞来，玄鸟南归，群鸟开始储备食物。

天子居揔章大庙，乘戎路，驾白骆，载白旂，衣白衣，服白玉，食麻与犬，其器廉以深。

【译文】

天子居处在明堂西向的中室，乘坐白色的车，驾着白色黑鬃尾的马，车上插着白色的旗帜，穿着白色的衣服，佩戴白色的玉，吃麻制的食品和狗肉，用的器物外有棱角、内部深邃。

是月也，养衰老，授几杖[①]，行麋粥饮食[②]。乃命司服具饬衣裳[③]，文绣有恒，制有小大，度有长短，衣服有量[④]，必循其故，冠带有常。乃命有司申严百刑，斩杀必当，毋或枉桡[⑤]。枉桡不当，反受其殃。

【注释】

①几杖：详见《曲礼上》“大夫七十而致事”节注③。

②行：赐。麋(mí)粥：粥。

③司服：主管服制的官。

④衣服：朝服、燕服等服装。量：长短、大小等规定。

⑤枉：凌弱，应轻刑却重判。桡(náo)：畏强，应重刑却轻判。孔疏：“枉，谓违法曲断。桡，谓有理不申。应重乃轻，应轻更重，是其不当也。”

【译文】

这个月，要注意供养衰弱的老人，授予他们几和手杖，赐予粥作为饮食。命令司服准备整治衣裳，花纹彩绣要有常规，衣服的大小有一定的制度，长短也有一定的标准，朝服、燕服等其他衣服有一定的规定，一定要遵循旧制，帽子和带子也有常制。命令有关官员，重申严肃地施行各种刑罚，斩杀等刑罚一定要得当，不能轻罪重判或重罪轻判。如果刑罚不当，执法人员就要反受处罚。

是月也，乃命宰、祝循行：牺牲，视全具①；案刍豢②，瞻肥瘠；察物色③，必比类④；量小大，视长短⑤，皆中度⑥。五者备当，上帝其飨。天子乃难⑦，以达秋气。以犬尝麻，先荐寝庙。

【注释】

①全具：牺牲的身体是否完备。

②刍豢(huàn)：孔疏："食草曰'刍'，食谷曰'豢'。"即给牺牲喂草料的叫"刍"，喂谷物的叫"豢"。

③物色：牺牲的毛色。

④比：比照。类：祭祀的种类。

⑤长短：祭祀天地所用牛角的长短。

⑥中度：符合规定。

⑦难：同"傩"(nuó)，驱疫鬼的仪式。见本篇"是月也，乃合累牛、腾马"节注②。

【译文】

这个月，命令太宰、太祝巡视：牺牲，要察看牲体是否完备；考察吃草的牺牲和吃谷的牺牲，看看它们的肥瘦如何；检查牺牲的毛色，一定要比照不同的祭祀类别；测量牺牲的大小，察看牛角的长短，都要按着规定。牲体完备、肥瘦、毛色、大小、长短五项都准备妥当，上帝才能享用牺牲。天子于是进行驱疫的祭祀仪式，以通达秋气。天子用狗肉来配麻子，吃之前要先进献给宗庙。

是月也，可以筑城郭，建都邑，穿窦窖[①]，修囷仓[②]。乃命有司趣民收敛[③]，务畜菜，多积聚。乃劝种麦，毋或失时。其有失时，行罪无疑。

【注释】

①窦（dòu）窖：郑注："入地隋（椭）曰'窦'，方曰'窖'。"即藏谷物的地窖。椭圆形的叫"窦"，方形的叫"窖"。

②囷（qūn）仓：粮仓。《吕氏春秋》高诱注："圆曰'囷'，方曰'仓'。"

③趣（cù）：催促，督促。

【译文】

这个月，可以修筑城郭，建造城邑，挖凿地窖，修建粮仓。命令有关官员督促百姓储存粮食，储蓄蔬菜，尽量多堆积多集聚。劝导百姓种麦，不要错失农时。有错失农时的，一定处罚，没有迟疑。

是月也，日夜分[①]，雷始收声。蛰虫坏户[②]，杀气浸盛[③]，阳气日衰，水始涸。日夜分，则同度、量，平权、衡，正钧、石，角斗、甬。

【注释】

①日夜分：昼夜等分，即秋分。

②坏（péi）户：在洞穴四周积土，使洞口变小，准备过冬。坏，通"培"。户，穴。

③杀气：肃杀之气。浸：渐渐。

【译文】

这个月，进入秋分，白昼与夜晚等分，雷声停止。蛰伏的昆虫开始在洞穴四周培土，肃杀之气逐渐强盛，阳气日渐衰落，湖水开始干涸。秋分之时，白昼与夜晚等分，就要统一长度和容量单位，检测称重的天平、秤锤符合规制，使容器钧与石大小准确无误，让量器斗与斛的大小合乎标准。

是月也，易关市[①]，来商旅，纳货贿，以便民事。四方来集，远乡皆至，则财不匮，上无乏用，百事乃遂[②]。凡举大事，毋逆大数[③]，必顺其时，慎因其类。

【注释】

①易：减轻税收。

②遂：成。

③大数：天数，天道。

【译文】

这个月，减轻关卡和市场的税收，这样商人和旅客都会来到，接受他们的财货，以方便百姓的生活之事。四方的人都聚集于此，远乡的人也都来到，那么财用就不会匮乏，上级官府不缺乏财用，那么各种事务都能办成。凡是有兴兵劳役等大事，不要忤逆天道，要谨慎地因循不同季节的类别来办。

仲秋行春令，则秋雨不降，草木生荣[①]，国乃有恐；行夏令，则其国乃旱，蛰虫不藏，五谷复生；行冬令，则风灾数起，收雷先行，草木蚤死。

【注释】

①荣：开花。

【译文】

如果在仲秋施行春季的时令，那么秋雨就不降落，草木又会开花，国家有令人恐惧的事发生；如果施行夏季的时令，那么国家就会发生旱灾，该蛰伏的昆虫不藏起来，五谷又重新生长；如果施行冬季的时令，那么就会时常发生风灾，雷声提前停止，草木提早枯死。

季秋之月，日在房[①]，昏虚中[②]，旦柳中。其日庚、辛。其帝少皞，其神蓐收。其虫毛。其音商，律中无射[③]。其数九。其味辛，其臭腥。其祀门，祭先肝。

【注释】

①房："二十八宿"之一，或称"天驷"。有今天蝎座四星。

②虚："二十八宿"之一。有今宝瓶座、小马座两星。

③无射："十二律"之一。

【译文】

季秋九月，太阳的位置在房宿，黄昏时虚星在南方天空的正中，早晨柳星在南方天空的正中。秋季属金，天干吉日是庚日和辛日。尊奉的天帝是少皞，神是蓐收。与季秋相配的虫是五虫中的毛虫。相配的音是五音中的商音，相配的律是十二律中的无射。季秋的成数是九。季秋的味道是五味中的辛味，季秋的气味是五臭中的腥味。季秋要祭祀门神，五脏祭品以肝为先。

鸿雁来宾[①]，爵入大水为蛤[②]，鞠有黄华[③]，豺乃祭兽戮禽[④]。

【注释】

①鸿雁来宾：郑注："来宾，言其客止未去也。"指鸿雁北飞途经中原，如宾客到来没有离去。

②爵：通"雀"。大水：海。

③鞠：通"菊"。

④豺乃祭兽：豺在捕兽时将猎物陈列在地上，好像人类祭祀一样。

【译文】

鸿雁飞来，雀进入海变成蛤蜊，菊开出了黄花，豺捕猎小兽与禽，像人的祭祀一样摆放陈列在地上，然后再吃掉。

天子居总章右个，乘戎路，驾白骆，载白旆[①]，衣白衣，服白玉，食麻与犬，其器廉以深。

【注释】

①旆(pèi)：旗。

【译文】

天子居处在明堂西向的右室，乘坐白色的车，驾着白色黑鬃尾的马，车上插着白色的旗帜，穿着白色的衣服，佩戴白色的玉，吃麻制的食品和狗肉，用的器物外有棱角、内部深邃。

是月也，申严号令，命百官贵贱无不务内[①]，以会天地之藏，无有宣出。乃命冢宰农事备收，举五谷之要[②]，藏帝藉之收于神仓[③]，祇敬必饬[④]。

【注释】

①贵：卿大夫。贱：士。内：同"纳"，收敛。

②要：统计之簿籍。

③神仓：储存藉田收获的、祭祀所用谷物的仓库。

④祇(zhī)：敬。饬：谨慎。

【译文】

这个月，严申号令，命卿大夫和士都要从事收敛物资的工作，以配合天地藏物的时机，不要有宣泄的行为。命太宰将农作物全部收敛后，要将谷物的数量记录在簿籍上，把天子藉田的谷物藏入神仓，一定要恭敬谨慎。

是月也，霜始降，则百工休。乃命有司曰："寒气总至，民力不堪，其皆入室[①]。"上丁，命乐正入学习吹。

【注释】

①入室：指从野外农田旁的庐舍回到都邑居住。

【译文】

这个月，开始霜降，百工都停工休息。命有关官员："寒气一起到来，民力无法承受，让大家都从庐舍回到都邑。"上旬的丁日，命乐正教习国子吹奏乐器。

是月也，大飨帝[①]，尝[②]，牺牲告备于天子。合诸侯，制百县[③]，为来岁受朔日[④]，与诸侯所税于民轻重之法，贡职之数[⑤]，以远近土地所宜为度，以给郊庙之事，无有所私。

【注释】

①大飨(xiǎng)帝：在明堂以大飨礼祭祀五帝。大飨，为报答天帝与神灵的佑护，要遍祭五帝及群神。

②尝：秋祭宗庙。

③百县：畿内各县的官员。

④来岁：秦以十月为岁首，季秋九月就是年终，所以此处说来岁。朔日：每月初一。每年年终，天子要向诸侯颁告来年十二个月的朔日，诸侯受朔后要藏在祖庙中，每月行告朔之礼。

⑤贡职：贡赋。

【译文】

这个月，在明堂举行祭祀五帝的大飨祭，在宗庙举行秋祭，报告天子祭祀用的牺牲已经准备好。天子会合畿外诸侯，畿内各县官员，颁布来年的十二个月的朔日日期，以及诸侯向百姓征税轻重的规定，贡赋的数量，这些都要按照距离王都远近及其土地物产情形来确定，用以供给祭祀天帝和宗庙的大事，要按着有关规定，没有任何私心。

是月也，天子乃教于田猎①，以习五戎②，班马政。命仆及七驺咸驾③，载旌、旐④，授车以级，整设于屏外⑤，司徒搢扑⑥，北面誓之。天子乃厉饰⑦，执弓挟矢以猎，命主祠祭禽于四方⑦。

【注释】

①教于田猎：教导百姓田猎的礼法，进而教习百姓战法。

②五戎：郑注："谓五兵：弓矢、殳、矛、戈、戟也。"

③仆：指戎仆，即驾驭戎车的御夫。七驺（zōu）：天子马六种，每种都有御人，又有总管之人，所以称"七驺"。

④旐（zhào）：一种画有龟、蛇的旗。

⑤整：正列。设：陈列。这是指将参加天子田猎活动的车子与士卒整好排好。屏：田猎场外的屏障。

⑥搢(jìn):插于腰带间。扑:敲打不服从管教者的器具,类似今之警棍、大头棒。司徒负责维持秩序,因此携带有执法的器具。

⑦厉饰:郑注:"谓戎服,尚威武也。"

⑧主祠:主管祭祀的官员。

【译文】

这个月,天子教习百姓田猎,学习五种兵器,颁布养马用马的政令。命令戎车驭手和七位车夫都要驾车,载着旌旗和旐旗,按照官位等级颁授车辆,在田猎场屏障外陈设排列参加田猎的车子与士卒,负责维持秩序的司徒把扑插在腰带间,面向北誓师,要对犯令违法者加以惩处。天子便换上戎装,拿着弓和箭去参加田猎,命令主管祭祀的官员用猎获的禽兽祭祀四方之神。

是月也,草木黄落,乃伐薪为炭。蛰虫咸俯在内[①],皆墐其户[②]。乃趣狱刑,毋留有罪。收禄秩之不当、供养之不宜者。

【注释】

①在内:《吕氏春秋·季秋纪》作"在穴",《训纂》引王念孙曰:"'内'当作'穴'",甚是。二字形近,故致讹误。

②墐(jìn):用泥涂塞。

【译文】

这个月,草木枯黄掉落,于是伐木为炭。蛰伏的昆虫都藏身在洞穴,用泥土涂塞洞口。于是督促官员审理案件,定罪判刑,不要留下罪案不加审理。将不得当的俸禄秩位、不合理不适宜的供养支出都收回。

是月也,天子乃以犬尝稻,先荐寝庙。

【译文】

这个月，天子用狗肉配着稻米吃，吃之前要先进献宗庙。

季秋行夏令，则其国大水，冬藏殃败，民多鼽嚏[①]；行冬令，则国多盗贼，边竟不宁[②]，土地分裂；行春令，则煖风来至[③]，民气解惰[④]，师兴不居[⑤]。

【注释】

①鼽（qiú）：鼻塞不通。嚏（tì）：喷嚏。

②竟：通“境”。

③煖（nuǎn）：同“暖”。

④解：通“懈”。

⑤不居：不休。

【译文】

如果在季秋施行夏季的时令，那么国家就会发大水，为过冬储藏的食物就会坏败，百姓多有鼻塞不通，打喷嚏；如果施行冬季的时令，那么国家就多有盗贼，边境不安宁，土地分裂；如果施行春季的时令，那么暖风就会吹来，百姓精神懈怠萎靡，战争兴起不能休止。

孟冬之月，日在尾，昏危中，旦七星中。其日壬、癸。其帝颛顼[①]，其神玄冥[②]。其虫介。其音羽，律中应钟。其数六。其味咸，其臭朽[③]。其祀行，祭先肾。

【注释】

①颛顼（zhuān xū）：传说中的上古帝王，高阳氏。以水德王，尊为水德之帝。

②玄冥：少皞氏之子，为水官。

③朽：郑注："气若有若无为'朽'。"

【译文】

孟冬十月，太阳的位置在尾宿，黄昏时危宿在南方天空的正中，早晨七星在南方天空的正中。冬季属水，天干吉日是壬日和癸日。尊奉的天帝是颛顼，神是玄冥。与孟冬相配的虫是五虫中的介虫。相配的音是五音中的羽音，相配的律是十二律中的应钟。孟冬的成数是六。孟冬的味道是五味中的咸味，孟冬的气味是五臭中的朽味。孟冬要祭祀行神，五脏祭品以肾为先。

水始冰，地始冻，雉入大水为蜃[①]，虹藏不见。

【注释】

①大水：指淮河。蜃：大的蛤蜊。

【译文】

水开始结冰，大地开始上冻，野鸡进入淮水变为大蛤蜊，空中的虹隐藏不见。

天子居玄堂左个[①]，乘玄路，驾铁骊[②]，载玄旂，衣黑衣，服玄玉，食黍与彘，其器闳以奄[③]。

【注释】

①玄堂左个：明堂北向的左室。

②铁骊：马的毛色为铁一样的深黑色。

③器闳以奄：器皿腹内宏大而口小。

【译文】

天子居处在明堂北向的左室,乘坐黑色的车,驾着黑色的马,车上插着黑色的旗帜,穿着黑色的衣服,佩戴黑色的玉,吃黍子和猪肉,用的器物腹内宏大而口小。

是月也,以立冬。先立冬三日,大史谒之天子曰:"某日立冬,盛德在水。"天子乃齐。立冬之日,天子亲帅三公、九卿、大夫以迎冬于北郊。还反,赏死事①,恤孤寡。

【注释】

①死事:为国事而死的人。

【译文】

这个月,确定立冬。在立冬的前三天,太史向天子报告说:"某日立冬,盛德处在水位。"天子于是斋戒,准备迎冬。立冬那天,天子亲自率领三公、九卿、大夫到北郊去举行迎冬的祭祀。回来后在朝廷上赏赐为国牺牲的人,抚恤死者的寡妻与孤子。

是月也,命大史衅龟、筴①,占兆,审卦,吉凶是察,阿党则罪②,无有掩蔽。

【注释】

①大史:此处应是"大卜"。大,同"太"。衅:用牲血涂器物。筴(cè):蓍草,用于占筮。

②阿(ē):阿谀上级。党:私附于下。

【译文】

这个月,命太卜用牲血涂在用于占卜的龟甲和蓍草上,占视龟甲的裂纹，审查蓍草的卦象，查看是吉是凶，阿谀上级和徇私下级的都有罪，罪行都不能掩蔽。

是月也，天子始裘。命有司曰："天气上腾，地气下降，天地不通，闭塞而成冬。"命百官谨盖藏。命司徒循行积聚[①]，无有不敛。坏城郭，戒门闾，修键闭[②]，慎管籥[③]，固封疆，备边竟，完要塞，谨关梁，塞徯径。饬丧纪，辨衣裳，审棺椁之薄厚，茔丘垄之大小、高卑、厚薄之度[④]，贵贱之等级。

【注释】

①循行积聚：巡视露天堆放的禾稼。

②键闭：门闩。

③管籥：钥匙。

④茔（yíng）：《吕氏春秋·孟冬纪》作"营"。《训纂》引王引之说，"茔"应从《吕氏春秋》作"营"。

【译文】

这个月，天子开始穿裘衣。命令有关官员说："天气上升，地气下降，天地互不通气，闭塞而成冬。"命令百官谨慎地盖藏物资。命令司徒巡视露天堆积的刍禾，不要有没有收敛就储藏好的。巩固城郭，戒备城门和里门，修理门闩，谨慎地保管钥匙，加固疆界，防备边境，完善要塞，谨慎地看管关卡和桥梁，堵塞狭细小路。整饬丧事的规定，辨别袭、殓时应穿的丧服，审定棺椁的厚薄，营造坟墓封土的大小、高低、厚薄都有规定，一定要符合贵贱等级。

是月也，命工师效功[①]，陈祭器，案度程[②]，毋或作为淫巧，以荡上心，必功致为上。物勒工名[③]，以考其诚。功有不当④,必行其罪,以穷其情。

【注释】

①效功:考核政绩。

②度:规格大小。程:器物的容量。

③勒:刻。

④功有不当:制作器物不精良不合格。

【译文】

这个月,命工师考核报告百工的业绩,陈列制作的祭器,检验产品是否合乎大小和容量标准,不要制造奇巧的器物及做超规的修饰,以免摇荡君王之心令其奢靡,必须做工精致方为上等。器物要刻上制作工匠的名字,以检查他的工作态度是否诚恳。制作器物不精良不合格,一定要追究罪行,彻查原因。

是月也,大饮烝①。天子乃祈来年于天宗②,大割祠于公社及门闾③。腊先祖、五祀④,劳农以休息之。天子乃命将帅讲武,习射、御、角力。

【注释】

①大饮:十月农事完毕,天子与群臣饮酒宴会于太学,称为“大饮”。烝:冬祭宗庙。

②天宗:日、月、星辰。

③大割:郑注:“大杀群牲割之也。”公社:孔疏:“以上公配祭,故云‘公社’。”此指高级别祭祀社神的典礼。

④腊:祭名。用田猎所获的禽兽来祭祀。五祀:门、户、中霤、灶、行五种祭祀。

【译文】

这个月，天子和群臣要在太学宴会饮酒，并祭宗庙。天子向日、月、星辰祈祷来年丰收，宰杀并割裂牲体祭祀土地神以及城门和里门。用田猎所获的禽兽进行门、户、中霤、灶、行五祀的祭祀，慰劳农民让他们休息。天子命令将帅讲习武事，教导士卒射箭、驾车、摔跤格斗。

是月也，乃命水虞、渔师收水泉池泽之赋①，毋或敢侵削众庶兆民，以为天子取怨于下。其有若此者，行罪无赦。

【注释】

①水虞、渔师：掌管水泉池泽并征收赋税的官员。

【译文】

这个月，命令水虞、渔师征收水泉池泽的赋税，不要侵夺剥削百姓，使得百姓在下面埋怨天子。如有侵夺剥削百姓、引起民怨的，一定要追究罪行，不予赦免。

孟冬行春令，则冻闭不密，地气上泄，民多流亡；行夏令，则国多暴风，方冬不寒，蛰虫复出；行秋令，则雪霜不时，小兵时起，土地侵削。

【译文】

如果在孟冬施行春季的时令，那么就会封冻不严密，地气上泄，百姓多有流亡；如果施行夏季的时令，那么国家多有暴风，正值冬天却不寒冷，蛰伏的昆虫从洞穴中复出；如果施行秋季的时令，那么雪霜不会按时降下，小的战争时常发生，土地遭侵被占。

仲冬之月，日在斗，昏东辟中[1]，旦轸中[2]。其日壬、癸。其帝颛顼，其神玄冥。其虫介。其音羽，律中黄钟。其数六。其味咸，其臭朽。其祀行，祭先肾。

【注释】

①东辟："二十八宿"之一，或称"壁"、"东壁"。有今飞马座、仙女座二星。

②轸（zhěn）："二十八宿"之一。有今乌鸦座四星。

【译文】

仲冬十一月，太阳的位置在斗宿，黄昏时东辟星在南方天空的正中，早晨轸星在南方天空的正中。冬季属水，天干吉日是壬日和癸日。尊奉的天帝是颛顼，神是玄冥。与仲冬相配的虫是五虫中的介虫。相配的音是五音中的羽音，相配的律是十二律中的黄钟。仲冬的成数是六。仲冬的味道是五味中的咸味，仲冬的气味是五臭中的朽味。仲冬要祭祀行神，五脏祭品以肾为先。

冰益壮，地始坼[1]，鹖旦不鸣[2]，虎始交。

【注释】

①坼（chè）：冻裂。

②鹖（hé）旦：山鸟。郑注："求旦之鸟。"

【译文】

冰冻得越来越硬，大地开始冻裂，山鸟不再鸣叫，老虎开始交配。

天子居玄堂大庙，乘玄路，驾铁骊，载玄旂，衣黑衣，服玄玉，食黍与彘，其器闳以奄。

【译文】

天子居处在明堂北向的中室，乘坐黑色的车，驾着黑色的马，车上插着黑色的旗帜，穿着黑色的衣服，佩戴黑色的玉，吃黍子和猪肉，用的器物腹内宏大而口小。

饬死事[①]。命有司曰："土事毋作，慎毋发盖，毋发室屋及起大众，以固而闭。地气沮泄[②]，是谓发天地之房，诸蛰则死，民必疾疫，又随以丧，命之曰'畅月'[③]。"

【注释】

①饬（chì）：命令、告诫将士要有战死的决心。

②沮：当作"且"。

③畅月：此月地气本应闭藏，如果使其倾泻，就是畅达，是逆天时，所以称为"畅"。畅，达。

【译文】

告诫将士在战争中要有必死的决心。命令有关官员说："不要兴办动土的工程，不要打开覆盖着的东西，不要进行掀开屋顶的施工，不要征调大众，要牢固地封闭地气。地气如果泄漏，那就掀开了天地的房屋，蛰伏的昆虫都会死亡，百姓一定会染上瘟疫疾病，随之死去，这样的月份就叫做'畅月'。"

是月也，命奄尹申宫令[①]，审门闾[②]，谨房室，必重闭，省妇事，毋得淫[③]。虽有贵戚近习[④]，毋有不禁。乃命大酋秫稻必齐[⑤]，麹蘖必时[⑥]，湛炽必洁[⑦]，水泉必香[⑧]，陶器必良，火齐必得[⑨]。兼用六物[⑩]，大酋监之，毋有差贷。天子命有司祈祀四海、大川、名源、渊泽、井泉[⑪]。

【注释】

①奄尹:主管阉人之官。奄,同“阉”。

②门闾:指宫中的宫门、巷门。

③淫:郑注:“谓女工奢伪怪好物也。”

④贵戚:天子的姐妹和姑姑。近习:指天子所亲幸者。

⑤大酋:酒官之长。秫(shú):黍、稷、粱之黏者。齐:指秫、稻一起成熟。

⑥麹(qū)糵(niè):酿酒所用的曲。麹,同“曲”。

⑦湛:渍。炽:炊。

⑧香:甘洌。

⑨火齐(jì):指火候的调剂,烹饪时生熟要恰到好处。齐,同“剂”。

⑩六物:上述“秫稻必齐”等六事。

⑪名源:大川的源头。

【译文】

这个月,命阉尹申明宫中的禁令,检查宫门、巷门,小心门室,一定要关闭严密,减少妇女的劳作,不要制作奢侈怪巧的器物。即使是贵戚或天子所亲幸的人,也无不加以禁止。命令大酋要让酿酒所用的秫米和稻米必须是同时成熟的,酒曲必须掌握好发酵的时间,浸泡炊蒸必须洁净,泉水必须甘洌,盛酒的陶器必须做工精良,蒸煮火候必须适当。要兼顾这六个方面,大酋要负责监察督促,不得有任何差错。天子命有关官员祭祀四海、大川、大河源头、湖泽、井泉。

是月也,农有不收藏积聚者,马牛畜兽有放佚者[①],取之不诘。山林薮泽[②],有能取蔬食、田猎禽兽者[③],野虞教道之[④]。其有相侵夺者,罪之不赦。

【注释】

①放佚:散失。

②薮(sǒu)泽：沼泽湖泊。高诱《吕氏春秋》注："无水曰'薮'，有水曰'泽'。"

③蔬食：草木的果实。

④道(dǎo)：引导。

【译文】

这个月，农民有不收藏储存粮食草料的，有将马牛家畜散放在外的，即使别人拿走了也不追究。山林沼泽中，有能采摘蔬果、田猎捕兽的，野虞负责引导指教。如有相互侵占掠夺的，追究罪责，不能赦免。

是月也，日短至，阴阳争，诸生荡[①]。君子齐戒，处必掩身，身欲宁，去声色，禁耆欲，安形性，事欲静，以待阴阳之所定。芸始生[②]，荔挺出[③]，蚯蚓结[④]，麋角解，水泉动。日短至，则伐木，取竹箭[⑤]。

【注释】

①荡：物动，将要萌芽。

②芸：香草。

③荔挺：马薤草。

④结：屈。

⑤竹箭：也是一种竹，较小，可做箭杆。

【译文】

这个月，白天最短，阴阳开始相争，万物萌动。君子要斋戒，居处一定要掩盖身子，身体要安宁，去除声色之欲，禁止嗜好，安身定性，做事情要冷静，以待阴阳斗争的安定。香草生出，马薤草长出，蚯蚓屈身，麋鹿角脱落，泉水流动。白天最短，可以伐木，割竹箭。

是月也，可以罢官之无事，去器之无用者。涂阙廷、门闾[①]，筑囹圄，此所以助天地之闭藏也。

【注释】

①涂阙廷、门闾：《集解》引吴澄曰："阙廷，畚土以补其凹陷；门闾，埏埴以塞其罅隙。"

【译文】

这个月，可以罢免无事的官吏，废去无用的器物。涂宫廷的门阙、门闾，修筑监狱，以此来辅助天地关闭收藏。

仲冬行夏令，则其国乃旱，氛雾冥冥，雷乃发声；行秋令，则天时雨汁[①]，瓜瓠不成，国有大兵；行春令，则蝗虫为败，水泉咸竭，民多疥疠[②]

【注释】

①雨汁：郑注："水雪杂下也。"

②疥疠：恶疮。

【译文】

如果在仲冬施行夏季的时令，那么国家就会发生旱灾，雾气濛濛，雷声发作；如果施行秋季的时令，那么雨雪就会夹杂而下，瓜瓠不成形，国家有大的战争；如果施行春季的时令，那么蝗虫会败坏庄稼，泉水枯竭，百姓多生恶疮。

季冬之月，日在婺女，昏娄中[①]，旦氐中[②]。其日壬、癸。其帝颛顼，其神玄冥。其虫介。其音羽，律中大吕。其数六。其味咸，其臭朽。其祀行，祭先肾。

【注释】

①娄："二十八宿"之一。有今白羊座三星。

②氐（dī）："二十八宿"之一，或称"天根"。有今天秤座四星。

【译文】

季冬十二月，太阳的位置在婺女宿，黄昏时娄星在南方天空的正中，早晨氐星在南方天空的正中。冬季属水，天干吉日是壬日和癸日。尊奉的天帝是颛顼，神是玄冥。与季冬相配的虫是五虫中的介虫。相配的音是五音中的羽音，相配的律是十二律中的大吕。季冬的成数是六。季冬的味道是五味中的咸味，季冬的气味是五臭中的朽味。季冬要祭祀行神，五脏祭品以肾为先。

雁北乡，鹊始巢，雉雊[①]，鸡乳[②]。

【注释】

①雊（gòu）：鸣叫。

②乳：下蛋。

【译文】

大雁开始北飞，喜鹊开始筑巢，野鸡开始鸣叫，母鸡开始下蛋。

天子居玄堂右个，乘玄路，驾铁骊，载玄旂，衣黑衣，服玄玉，食黍与彘，其器闳以奄。

【译文】

天子居处在明堂北向的右室，乘坐黑色的车，驾着黑色的马，车上插着黑色的旗帜，穿着黑色的衣服，佩戴黑色的玉，吃黍子和猪肉，用的器物腹内宏大而口小。

命有司大难[①]，旁磔[②]，出土牛[③]，以送寒气。征鸟厉疾[④]。乃毕山川之祀，及帝之大臣、天之神祇[⑤]。

【注释】

①难（nuó）：同“傩”，驱逐疫鬼的仪式。见本篇“是月也，乃合累牛、腾马”节注②。

②磔（zhé）：分裂牲体。

③出土牛：春节后在国都东门外用土堆建耕牛造型，表示即将开始春耕，寓意劝耕。

④征鸟：鹰隼。厉疾：凶猛迅捷。

⑤帝之大臣、天之神祇：郑注：“帝之大臣，句芒之属。天之神祇，司中、司命、风师、雨师。高注《吕氏春秋》曰：‘帝之大臣，功施于民，若益、稷之属。天曰神，地曰祇。是月岁终，报功，载祀典，诸神毕祀之也。’”

【译文】

命令有关官员举行大型驱除疫鬼的傩祭，在国门旁分割牲体，制作土牛，送走寒气。鹰隼搏击凶猛速捷。于是完成年内对山川的全部祭祀，以及对天帝的大臣和天神地祇的全部祭祀。

是月也，命渔师始渔。天子亲往，乃尝鱼，先荐寝庙。冰方盛，水泽腹坚，命取冰，冰以入。令告民出五种[①]，命农计耦耕事[②]，修耒耜，具田器。命乐师大合吹而罢[③]。乃命四监收秩薪柴，以共郊庙及百祀之薪燎[④]。

【注释】

①五种：五谷之种。

②耦耕：古时耕地要二人共同操作，所以称作“耦耕”。

③罢：一年的学乐之事到此结束。

④薪燎：高诱注《吕氏春秋》曰：“薪燎，聚薪与柴，置璧与牲于上而燎之，升其烟气，故曰‘以供寝庙及百祀之薪燎’也。”

【译文】

这个月，命令渔师开始捕鱼。天子亲自前去，尝鱼之前，先进献给宗庙。这时候冰冻得最结实，河湖冻得又厚又坚实，命令取冰块，放入冰窖收藏。命令农民选出五谷的良种，命令农民计划耦耕之事，修理耒耜，准备农田器具。命令乐师举行各种乐器的大合奏演出，结束乐事的学习。命令四监按常规征收薪柴，用来供给郊祀祭天、祭宗庙及各种祭祀要烧焚璧玉与牺牲进行燎祭的所需。

是月也，日穷于次，月穷于纪，星回于天[①]，数将几终[②]，岁且更始，专而农民，毋有所使。天子乃与公、卿、大夫共饬国典，论时令，以待来岁之宜。乃命大史次诸侯之列[③]，赋之牺牲，以共皇天、上帝、社稷之飨。乃命同姓之邦共寝庙之刍豢。命宰历卿、大夫至于庶民土田之数[④]，而赋牺牲，以共山林名川之祀。凡在天下九州之民者，无不咸献其力，以共皇天、上帝、社稷、寝庙、山林、名川之祀。

【注释】

①“日穷于次”三句：去年的季冬之月，日次于玄枵，日、月会于玄枵，现在已运行一年，又重新会合在玄枵。星，二十八星宿也经历了一周，从下月开始，又为“昏参中，旦尾中”。纪，会合。

②几：近。

③次：排列。列：大小等级。

④历：排次。

【译文】

这个月，太阳运行到最后的位置，月亮运行到最后和太阳会合的位置，星宿在天上也绕了一圈，一年的日子将终了，新的一年就要开始，让农民专心农耕之事，不要支使他们干他事。天子与诸侯、卿、大夫共同制定国家典章，讨论与四时相谐和的政令，准备安排来年更为妥帖相宜的政事。命令太史排列大小诸侯的位次，征收祭祀用的牺牲，用来供给皇天、上帝、社稷之神灵享用。命令同姓的诸侯国提供祭祀宗庙的牺牲。命令小宰按顺序排列从诸侯、大夫到百姓的土地数量，据此分别征收牺牲，供给山林和名川的祭祀。凡是天下九州的百姓，无不都贡献出自己的力量，来供给皇天、上帝、社稷、宗庙、山林、名川的祭祀。

季冬行秋令，则白露蚤降，介虫为妖，四鄙入保；行春令，则胎夭多伤，国多固疾，命之曰“逆”；行夏令，则水潦败国，时雪不降，冰冻消释。

【译文】

如果在季冬施行秋季的时令，那么白露就会早降，甲虫成灾，四面边境的百姓进入城堡躲避战乱；如果施行春季的时令，那么怀孕的母兽、刚出生的幼兽多会受伤，百姓多有顽疾，这叫做“逆”；如果施行夏季的时令，那么就有水灾害国，下雪不能及时，冰冻消融。

曾子问第七

【题解】

郑玄《礼记目录》:“名为‘曾子问’者,以其记所问多明于礼,故著姓名以显之。”

本篇以孔子与曾子问答的方式,记述吉、凶、冠、婚礼中的特殊事例。其中包含子游问一条,子夏问一条,其余都是曾子问孔子答之。也有不说“曾子问”,直接就说“孔子曰”的,孙希旦《集解》认为这是“或记者文略,或孔子自为曾子言之,不待其问也”。曾子,孔子弟子曾参。

曾子问曰:“君薨而世子生,如之何?”孔子曰:“卿、大夫、士从摄主[①],北面于西阶南。大祝裨冕[②],执束帛[③],升自西阶,尽等[④],不升堂,命毋哭。祝声三[⑤],告曰:‘某之子生[⑥],敢告。’升,奠币于殡东几上[⑦],哭降。众主人、卿、大夫、士、房中皆哭[⑧],不踊,尽一哀,反位[⑨],遂朝奠。小宰升,举币[⑩]。三日,众主人、卿、大夫、士如初位[⑪],北面,大宰、大宗、大祝皆裨冕[⑫],少师奉子以衰[⑬],祝先,子从,宰、宗人从,入门,哭者止。子升自西阶,殡前北面,祝立于殡东南隅。祝声三,曰:‘某之子某[⑭],从执事敢见。’子拜稽颡,哭,祝、宰、宗人、众主人、卿、大夫、士哭，踊三者三[15]，降，东反位，皆袒。子踊，房中亦踊，三者三，袭，衰，杖[16]，奠出。大宰命祝、史以名遍告于五祀、山川。"

【注释】

①摄主：郑注："上卿代君听国政。"孙希旦说，"谓摄为丧主者"。这里应当是庶子或兄弟之子代替世子作为丧主主持丧事。

②大祝：祭祀时主接神、主赞词者。大，同"太"。裨冕：穿裨衣，戴冕冠。裨，裨衣，是天子六服中等级最低的礼服。

③束帛：帛十端为束，一束五匹。

④等：阶。

⑤声三：发声告诉神三次，提示神灵。

⑥某：夫人之氏。

⑦奠币于殡东几上：把币帛放在灵柩东边的几案上。孙希旦说："殡无几筵，此特设几以奠币，盖横设于殡东，与寻常设几之法异也。"

⑧众主人：死去国君的父兄辈亲人。房中：妇人们。

⑨反位：返朝夕哭之位。反，同"返"。

⑩小宰升，举币：郑注："举而下，埋之阶间。"即小宰将几上的币帛举而下堂，埋在堂下两阶之间。孔疏："币是小宰所主，故云所主也，故《周礼·小宰职》云'凡祭祀，赞玉、币、爵之事，丧荒受其含襚币玉之事'是也。"

⑪初位：郑注："初告生时。"这时应立在西阶南侧之位。

⑫大宰：教令之官。大宗：主宗庙之官。大，同"太"。

⑬少师：主教养太子之官。

⑭子某：子之名。

⑮踊三者三：跳脚三次为一节，连跳三节而礼成。

⑯袭，衰，杖：郑注："踊，袭，衰，杖，成子礼也。"《训纂》引江永说："按袭，衰，杖，每字为句。袭者，诸臣袭。衰者，为子着衰。杖者，少师代子执杖也。"按，世子初生，此"袭，衰，杖"，皆诸臣代世子所为。"袭"指在原来袒露的身上套上衣服。

【译文】

曾子问："国君去世后，在停柩期间，世子才出生，要怎么办？"孔子回答："卿、大夫、士跟从着代替世子的丧主，面朝北在殡宫西阶的南边站立。太祝穿裨衣，戴冕冠，手拿束帛，从西阶上到台阶的尽头，不登上堂，命令大家不许哭。太祝对灵柩喊三声，报告说：'夫人某生了儿子，特来向您禀告。'然后升到堂上，把币帛放在灵柩东边的几案上，哭着下阶。国君的父兄辈亲人、卿、大夫、士、妇人都哭泣，但不跳脚，表达自己的哀伤后，回到自己朝夕哭丧的位置上，于是举行朝奠祭。小宰升堂，举着币帛下堂，埋在东、西两阶之间。第三天，国君的父兄辈亲人、卿、大夫、士仍立在西阶的南边，面朝北，太宰、太宗、太祝都穿裨衣，戴冕冠，少师捧着用丧服包裹的世子，太祝走在前面，少师抱着世子走在中间，太宰、太宗跟在后面，进入殡宫大门，东边的人停止哭泣。少师抱着世子从西侧台阶而上，面朝北站立在灵柩前，太祝站立在殡宫的东南角。太祝喊三声，说：'夫人某的儿子某，跟从有关官员前来拜见。'少师抱着世子跪地磕头，哭泣，太祝、太宰、宗人、国君的父兄辈亲人、卿、大夫、士边哭边跳脚，跳脚三次为一节，一共跳三节，降阶，返回朝夕奠时的位置，都袒露左臂。少师抱着世子跳脚，妇人也要跳脚，也是以三次为一节，一共跳三节，穿好衣服，套上丧服，拄着丧杖，举行朝奠祭后才离开殡宫。太宰命令太祝、太史将世子的名字遍告于五祀和山川。"

曾子问曰："如已葬而世子生，则如之何？"孔子曰："大宰、大宗从大祝而告于祢[①]。三月，乃名于祢，以名遍告，及社稷、宗庙、山川。"

【注释】

①祢(nǐ):父庙。

【译文】

曾子又问:“如果国君已经下葬,而后世子出生,那要怎么办?”孔子说:“太宰、太宗跟从太祝去父庙向神主禀告。三个月后,在父庙中为世子命名禀告神主,然后将世子的名字遍告社稷、宗庙和山川。”

孔子曰:“诸侯适天子,必告于祖,奠于祢,冕而出视朝[①]。命祝、史告于社稷、宗庙、山川,乃命国家五官而后行[②],道而出[③]。告者五日而遍,过是非礼也。凡告用牲、币[④],反亦如之。

“诸侯相见,必告于祢,朝服而出视朝[⑤]。命祝、史告于五庙、所过山川[⑥],亦命国家五官道而出。反必亲告于祖、祢,乃命祝、史告至于前所告者,而后听朝而入。”

【注释】

①冕:指穿裨衣、戴冕冠。视朝:上朝听政,即处理政事。

②五官:负责国事的五大夫。《曲礼下》:“天子之五官,曰司徒、司马、司空、司士、司寇,典司五众。”

③道:祖道,祭行道之神,即軷(bá)祭。在国都城外,筑土为坛,以棘、柏作为神主,或设酒脯牺牲,然后驾车辗过土坛,以祈告出行无险阻。

④币:即上文的束帛。

⑤朝服:玄冠、缁衣、素裳,冕弁。

⑥五庙:即祢庙、祖庙、曾祖庙、高祖庙、太祖庙。

【译文】

孔子说："诸侯去朝见天子，一定要祭告祖庙，在祢庙中设置祭品，穿着裨衣，戴着冕冠，上朝去处理国政。命令太祝、太史祭告社稷、宗庙、山川之神，命令五大夫管理国事然后出行，在城外行祭道礼然后出发。祭告的官员要在五天内全部祭告完毕，超过五天就不合于礼。凡是祭告要用牺牲、束帛，返回时也是一样。

"诸侯之间相见，一定要祭告祢庙，穿着朝服去处理国政。命令太祝、太史祭告五庙和途经的山川，也要命令五大夫管理国事，行祭道礼然后出发。返回时一定要祭告祖庙、祢庙，命令太祝、太史向出发前祭告的神灵报告归来，然后入朝处理国政。"

曾子问曰："并有丧①，如之何？何先何后？"孔子曰："葬，先轻而后重；其奠也，先重而后轻②，礼也。自启及葬不奠③，行葬不哀次④，反葬奠，而后辞于殡⑤，遂修葬事。其虞也⑥，先重而后轻，礼也。"

【注释】

①并：郑注："谓父母若亲同者同月死。"孔疏："亲同者，祖父母及世叔兄弟。"

②"葬，先轻而后重"四句：孔疏引皇氏曰："葬是夺情，故从轻者为首；奠是奉养，故令重者居先也。"轻、重，是指亲情的情分、情意的不同程度，如父母同月去世，那么父为情分较重者，母为情分较轻者。

③自：从。启：启殡，死者大殓后，用泥草封棺，出葬前再打开，称作"启殡"。不奠：不为重者设朝夕奠，因正忙于轻者的葬礼。

④不哀次：原本出殡的灵柩到达孝子居丧之处，孝子要哭踊致哀。

此时因情分更重者仍在殡，故不得为情分较轻者在此致哀。次，孝子居丧所住的舍庐、垩室。

⑤辞于殡：郑注："殡，当为'宾'，声之误也。辞于宾，谓告将葬启期也。"即告诉宾客启殡下葬的日期。

⑥虞：虞祭，下葬后在正午举行的祭祀，意在安魂。

【译文】

曾子问："父母或两位近亲在同月去世，应该怎么办？谁先葬谁后葬？"孔子回答："下葬，情分轻的先葬，情分重的后葬；祭奠，情分重的先祭奠，情分轻的后祭奠，这就是礼。情分轻的先安葬，从启殡到下葬这段时间里，不再为情分重的安排朝夕奠，先出殡的灵柩也不在孝子居丧的地方停留，等待孝子哭踊致哀；情分轻的下葬后返回要为情分重的设置祭奠，然后告诉宾客启殡的日期，于是处理情分重的死者的殡葬事。葬后的虞祭，要先祭情分重的后祭情分轻的，这就是礼。"

孔子曰："宗子虽七十，无无主妇[①]；非宗子，虽无主妇可也。"

【注释】

①"宗子"二句：宗子负责主持宗庙祭祀，祭祀需主妇陪同主持，宗族中的妇女，也需主妇管理，故必须有主妇。宗子，嫡长子。主妇，宗子之妻。

【译文】

孔子说："嫡长子即使已经七十岁了，也不能没有主妇；如果不是嫡长子，没有主妇也是可以的。"

曾子问曰："将冠子，冠者至[①]，揖让而入[②]，闻齐衰、大功之丧,如之何?”孔子曰:“内丧则废[3]。外丧则冠而不醴[4],彻馔而扫[5],即位而哭。如冠者未至,则废。如将冠子而未及期日,而有齐衰、大功、小功之丧,则因丧服而冠[6]。”

“除丧不改冠乎?”孔子曰:“天子赐诸侯、大夫冕、弁服于大庙,归设奠[7],服赐服[8],于斯乎有冠醮[9],无冠醴。父没而冠,则已冠扫地而祭于祢,已祭而见伯父、叔父[10],而后飨冠者。”

【注释】

①冠者:为被冠者加冠的宾客与助手。

②入:进入宗庙。

③内丧:同姓亲属之丧。废:加冠在宗庙内举行,为同姓亲属服丧也在宗庙内举行,吉事、凶事不可同在一处,所以要“废”。

④外丧:异姓亲属之丧。醴(lǐ):本意为甜酒,这里指冠礼上的仪式,宾要为冠者斟醴酒,主人也要用醴酒款待宾。

⑤馔(zhuàn):盛放着醴酒、脯、醢的器具。据《士冠礼》有甒醴、勺、觯、角柶、脯、醢等。

⑥因丧服而冠:冠礼本应穿吉服、戴吉冠,但凶礼重于吉礼,发生丧事必须穿丧服,因而也戴相应的丧冠。

⑦设奠:在祖庙设奠祭告。

⑧服赐服:穿所赐之服告庙。

⑨冠醮(jiào):冠礼的仪式,冠礼或醴或醮,醴较重,醮较轻。醴用高档的醴,三次加冠后饮醴表示庆贺。醮用酒,加冠一次饮酒一次,没有酬酢。孔子的意思是,因丧而冠者用醮不用醴,除丧后不再复行冠礼。

⑩见伯父、叔父:这是以成人之礼相见,表示自己已经是成人。

【译文】

曾子问："将要为儿子加冠，加冠的宾客与助手都到了，揖让进入宗庙，这时听说主人家有服齐衰、大功的丧事，要怎么办？"孔子说："如果是同姓亲属的丧事，就将冠礼废止了。如果是异姓亲属的丧事就还是举行冠礼，但不行冠礼中的醴礼，撤除盛放醴酒的器具，清扫宗庙，回到各自的位置为死者行哭丧。如果加冠的宾客与助手没有到，而听说亲属去世，就废止冠礼。如果将要为儿子行冠礼，但没到规定日期，就听说有服齐衰、大功、小功的丧事，那么就按照丧服等级直接戴上丧冠。"

曾子又问："除丧后不再改行冠礼了吗？"孔子回答："天子在太庙赐诸侯、大夫冕冠和弁服，被赐者回家后，在祖庙设置祭品，穿着所赐之服向祖先报告，也只是依冠礼行醮礼，不再依冠礼行醴礼。父亲去世后才行冠礼，就在加冠后清扫宗庙而在祢庙祭告，祭告后去拜见伯父、叔父，然后宴请为自己加冠的宾客和助手。"

曾子问曰："祭如之何则不行旅酬之事矣[①]？"孔子曰："闻之，小祥者，主人练祭而不旅[②]，奠酬于宾，宾弗举[③]，礼也。昔者鲁昭公练而举酬行旅，非礼也；孝公大祥[④]，奠酬弗举，亦非礼也。"

【注释】

①旅酬：主人和客人之间按尊卑长幼的顺序相互敬酒。旅，众。酬，宴礼中，主人第一次献酒于宾，宾回敬主人，主人饮毕后再自饮一杯，再次酌酒敬宾，称为"酬"。凡主人先饮以劝宾之酒谓之"酬"。

②"小祥者"二句：小祥，三年之丧，服丧一年时的祭祀。又称"练祭"，丧主服练冠而祭。旅酬是主、宾互相敬酒饮酒，而此时大家

对亲人的离去还很悲伤，所以不行旅酬。大祥祭在两年后，服丧已基本完成，大家除去丧服，可以行旅酬。下文说昭公“练而举酬行旅”，在练祭时旅酬；孝公“大祥，奠酬弗举”，都是“非礼”的。

③“奠酬”二句：主人第二次敬宾客酒，宾客将酒杯接过但不饮酒，放在席子前，不再举杯。

④孝公：鲁孝公，鲁隐公的祖父。

【译文】

曾子问：“服丧祭奠，什么情况下不举行旅酬的仪式？”孔子说：“听说，小祥祭，主人练祭时不举行旅酬，主人向宾客二次敬酒后，宾客即将酒杯放下，不再举杯，这是合乎礼仪的。以前，鲁昭公在小祥祭时不应该举行旅酬却举行了旅酬，这是不合礼仪的；鲁孝公在大祥祭时，应该举行旅酬却仍不举行旅酬，这也是不合礼仪的。”

曾子问曰：“大功之丧，可以与于馈奠之事乎①？”孔子曰：“岂大功耳，自斩衰以下皆可，礼也。”②曾子曰：“不以轻服而重相为乎③？”孔子曰：“非此之谓也。天子、诸侯之丧，斩衰者奠；大夫齐衰者奠，士则朋友奠④。不足则取于大功以下者⑤，不足则反之⑥。”

曾子问曰：“小功可以与于祭乎⑦？”孔子曰：“何必小功耳，自斩衰以下与祭，礼也。”曾子曰：“不以轻丧而重祭乎？”孔子曰：“天子、诸侯之丧祭也，不斩衰者不与祭。大夫齐衰者与祭。士祭不足，则取于兄弟大功以下者。”

曾子问曰：“相识，有丧服可以与于祭乎？”孔子曰：“缌不祭，又何助于人？”

曾子问曰：“废丧服，可以与于馈奠之事乎？”孔子曰：

“说衰与奠[8]，非礼也。以摈相可也[9]。”

【注释】

①馈奠：殡棺之时行馈食奠祭之礼。

②“孔子曰”以下三句：曾子问的是自己有大功之丧在身，是否还可以参与别家的奠祭之事，但孔子所答，讲的是服丧者可以参与自家的奠祭之事，师生对此进行反复讨论。下一节曾子与孔子的问答也是如此。

③相：助。

④“天子、诸侯”四句：凡丧礼，主人皆不亲奠。孙希旦说：“天子、诸侯之丧，为君服者皆斩衰也。大夫之臣为大夫，亦斩衰。不奠者，避天子、诸侯之礼。朋友，谓僚属。士卑，不嫌与君同，故使其属奠。”即大夫、士为了避上级之礼，都降一级行奠祭。

⑤不足：指人手不足。

⑥反：同“返”。让执事者重复做。

⑦祭：指虞祭、祔祭、大小祥祭。

⑧说：通“脱”。

⑨摈：通“傧”。

【译文】

曾子问：“有大功之丧，可以参与馈食祭奠之事吗？”孔子说“岂止是大功，从斩衰以下都是可以的，这是礼仪。”曾子说：“那不是轻待自己的服丧而重视帮助别人办丧事吗？”孔子说：“我说的不是这意思。天子、诸侯的丧事，由服斩衰的臣下为其行奠祭；大夫的丧事由服齐衰的臣下行奠祭，士的丧事由朋友为其行奠祭。人手不足的话就让服大功以下的人参加奠祭，若人手还不够就一人重复两次。”

曾子问：“服小功的人可以参与祭奠之事吗？”孔子回答：“何止是服小功的人，从服斩衰以下的人都可以参与，这是礼仪。”曾子说：“那不是轻慢了自家的丧事而重视别家的祭礼吗?”孔子说:“天子、诸侯的丧事祭礼,不是服斩衰的人是不能参与的。大夫的丧事祭礼,只有服齐衰的人才能参与。士的丧事祭礼,如果人数不足,就找大功以下的兄弟。”

曾子问说:“相识人的丧祭,如果自己有丧服在身,可以去参与吗?”孔子说:“穿着缌服都不应参加自家的宗庙祭祀,又何况去帮助别人呢?”

曾子问:“已经脱掉丧服,可以参与别家的奠祭之事吗?”孔子回答说:“刚脱下丧服就参与别家的奠祭,这不合乎礼仪,做傧相还可以。”

曾子问曰:“昏礼既纳币①,有吉日,女之父母死,则如之何?”孔子曰:“婿使人吊。如婿之父母死,则女之家亦使人吊。父丧称父,母丧称母。父母不在,则称伯父世母。婿已葬,婿之伯父致命女氏曰:‘某之子有父母之丧,不得嗣为兄弟②,使某致命③。’女氏许诺而弗敢嫁,礼也。婿免丧,女之父母使人请,婿弗取而后嫁之④,礼也。女之父母死,婿亦如之。”

【注释】

①昏:同“婚”。纳币:即纳征,古代婚礼制度中的“六礼”之一。“六礼”指纳采、问名、纳吉、纳币、请期、亲迎。纳币是男方向女方送聘礼,标志双方的婚姻关系基本确立。后文的“有吉日”即请期,确定迎娶的日期。

②嗣为兄弟:代指婚姻,即结为夫妇。

③使某致命:郑注:“必致命者,不敢以累年之丧,使人失嘉会之时。”因服丧要三年,所以要特地报告。

④取:同“娶”。

【译文】

曾子问："婚礼已经纳币，迎亲的吉日也选定，女方的父母在这时去世了，应该怎么办？"孔子答说："男方家应派人去吊丧。如果是男方的父母去世了，那么女方家也要派人去吊丧。若是对方的父亲去世，就以己方父亲的名义去吊丧；若是对方的母亲去世，就以己方母亲的名义去吊丧。如果自己的父母已不在了，就以伯父、伯母的名义去吊丧。男方埋葬亲人后，他的伯父到女方家来致歉说：'某子因有父母的丧事，不能与你结为夫妇，派我来报告致歉。'女方答应后不敢另嫁他人，这是礼仪的规定。男方除丧后，女方的父母派人请求结婚，男方如果不娶，女方就可以改嫁他人，这也是礼仪的规定。如果是女方的父母去世，男方也要这样做。"

曾子问曰："亲迎①，女在涂②，而婿之父母死，如之何？"孔子曰："女改服，布深衣，缟总③，以趋丧。女在涂，而女之父母死，则女反。"

"如婿亲迎，女未至，而有齐衰、大功之丧，则如之何？"孔子曰："男不入，改服于外次④，女入，改服于内次⑤，然后即位而哭。"曾子问曰："除丧则不复昏礼乎？"孔子曰："祭，过时不祭，礼也。又何反于初？"

【注释】

①亲迎：我国婚礼制度中的"六礼"之一，即新郎亲自到新娘家迎娶新娘。

②涂：同"途"。

③缟（gǎo）：白绢。总：束发。

④外次：门外之次。次，临时搭建的棚子帷屋。

⑤内次：门内之次。

【译文】

曾子问："亲迎那天，女方已经在路上，男方的父母此时去世，要怎么办？"孔子回答说："女方改穿布制的深衣，用白绢束发，和男方一起去奔丧。如果是女方已经在路上，女方的父母去世了，那么女方要返回家奔丧。"

曾子又问："如果男方去亲迎，女方还没到男方家，男方就有服齐衰、大功的丧事，那要怎么办？"孔子说："男方不进入家门，在家门外临时搭建的棚子帷屋换上深衣，女方进入家门，在家里的帷屋中换上深衣，然后到丧位上哭悼。"曾子问："除丧后还需要重新举办婚礼吗？"孔子说："祭祀，过了日期就不祭了，这是礼仪的规定。祭礼重于婚礼，祭礼都不补，婚礼又何须补办呢？"

孔子曰："嫁女之家，三夜不息烛，思相离也。取妇之家，三日不举乐，思嗣亲也[①]。三月而庙见，称'来妇'也[②]。择日而祭于祢，成妇之义也。"

【注释】

①思嗣亲：孔疏："思念己之取妻嗣续其亲，则是亲之代谢，所以悲哀感伤。"

②"三月而庙见"二句：孔疏："此谓舅姑亡者，妇入三月之后，而于庙中以礼见于舅姑，其祝辞告神，称'来妇'也。"

【译文】

孔子说："嫁女的人家，连续三夜不熄灭火烛，这是思念亲人离开了家。娶妻的人家，连续三天不奏乐，这是想到了婚娶嗣亲表示前辈的代谢。公婆如果已经去世，结婚满三月新妇到宗庙拜见公婆神主，称为

‘来妇’。选择吉日祭祀祢庙，表示已成为夫家认可的妇人。”

曾子问曰：“女未庙见而死，则如之何？”孔子曰：“不迁于祖[①]，不祔于皇姑[②]，婿不杖、不菲、不次[③]，归葬于女氏之党，示未成妇也。”

曾子问曰：“取女，有吉日而女死，如之何？”孔子曰：“婿齐衰而吊，既葬而除之。夫死亦如之。”

【注释】

①迁：朝庙，死者下葬前灵柩要到宗庙朝见。

②皇姑：男方的祖母。

③菲：菲屦，草编的丧鞋。

【译文】

曾子问：“新妇还没有到宗庙告祭就去世了，要怎么办？”孔子回答说：“灵柩不能到男方的祖庙朝见，神主也不能祔在男方祖母的神主后，男方不拄丧杖、不穿丧鞋、不住在庐舍中，将灵柩归送到女方家埋葬，表示她还没有成为家族认可的妇人。”

曾子问：“迎娶女方，已经选定了吉日，而女方在此时去世，要怎么办？”孔子答说：“男方穿齐衰去吊丧，安葬后就除丧。如果此时男方去世，女方也是这样做。”

曾子问曰：“丧有二孤[①]，庙有二主[②]，礼与？”孔子曰：“天无二日，土无二王。尝、禘、郊、社，尊无二上[③]，未知其为礼也。昔者齐桓公亟举兵[④]，作伪主以行[⑤]，及反，藏诸祖庙。庙有二主，自桓公始也。丧之二孤，则昔者卫灵公适鲁[⑥]，遭季桓子之丧，卫君请吊，哀公辞，不得命。公为主[⑦]，客入吊，康子立于门右[⑧]，北面。公揖让，升自东阶，西乡，客升自西阶，吊。公拜，兴，哭，康子拜稽颡于位[⑨]。有司弗辩也。今之二孤，自季康子之过也。"

【注释】

①孤：丧主。

②主：神主。

③"尝、禘、郊、社"二句：尝、禘、郊、社，皆祭祀名。尝、禘祭，合祭诸父神主，但以祭太祖为主。郊祭，合祭上天诸神，但以祭上帝为主。社祭，兼祭四方众神，但以祭后土为主。以上各种祭祀，各有主祭者，并兼祭诸神，因此说"尊无二上"。

④亟（qì）：数次。

⑤作伪主以行：古代天子、诸侯出征按礼制要将新迁入祖庙的神主载在车上，随军出行，返回时要奉还神主，礼仪繁复。齐桓公屡次举兵，制作假的神主车载出行。伪，假。

⑥卫灵公：郑注："灵公先桓子以鲁哀公二年夏卒，桓子以三年秋卒，是出公也。"据郑注，此处的灵公应当是出公。

⑦公为主：鲁公做丧主。《丧服小记》："诸侯吊于异国之臣，则其君为主。"

⑧康子：季康子，季桓子之子。

⑨康子拜稽颡于位：按丧礼规定，只有丧主能拜宾，这里鲁哀公为丧主，季康子就不应再拜。

【译文】

曾子问："丧事有两个丧主，庙中有两个神主，这合于礼吗？"孔子回答说："天上没有两个太阳，地上没有两个王。尝祭、禘祭、郊祭、社祭，尊的神都只有一个，没有听过两个丧主、两个神主的礼仪。以前，齐桓公屡屡出兵作战，制作了假的神主出行，等到返回国家，把它藏在祖庙中。祖庙中有两个神主，是从齐桓公开始的。丧事有两个丧主，以前卫出公到鲁国，正遇到季桓子的丧事，卫出公请求前去吊唁，鲁哀公推辞，但卫出公不同意不去吊唁。鲁哀公自己作为丧主，客人入门吊丧，季康子立在门内右侧，面朝北。鲁哀公揖让，从东侧的阶梯升堂，面向西站立，客人从西侧台阶升堂吊丧。鲁哀公拜谢宾客，站起来，哭泣，季康子也在丧位上叩头行礼致谢。掌管礼仪的官员也没有纠正。现在出现丧事两个丧主的情况，是从季康子那次错误开始的。”

曾子问曰：“古者师行，必以迁庙主行乎[1]？”孔子曰：“天子巡守，以迁庙主行，载于齐车[2]，言必有尊也。今也取七庙之主以行，则失之矣。当七庙、五庙无虚主。虚主者，唯天子崩，诸侯薨，与去其国，与祫祭于祖[3]，为无主耳。吾闻诸老聃曰[4]：‘天子崩，国君薨，则祝取群庙之主而藏诸祖庙，礼也。卒哭成事，而后主各反其庙。君去其国，大宰取群庙之主以从，礼也。祫祭于祖，则祝迎四庙之主，主出庙入庙[5]，必跸[6]。’老聃云。”

曾子问曰：“古者师行无迁主，则何主？”孔子曰：“主命。”问曰：“何谓也？”孔子曰：“天子、诸侯将出，必以币、帛、皮、圭告于祖、祢，遂奉以出，载于齐车以行。每舍，奠焉而后就舍。反必告，设奠，卒，敛币、玉，藏诸两阶之间，乃出。盖贵命也[7]。”

【注释】

①迁庙主：新迁进太祖庙的神主。中国古代宗法制度有迁庙之制。

天子七庙，诸侯五庙，太祖庙不迁，如果有新死者加入，即将原来高祖庙的神主（牌位）迁入太祖庙，其他各庙神主依次递升。

②齐（zhāi）车：即斋车，金路，有金饰之车。天子在朝、觐、会同时所乘之车。齐，同“斋”。

③祫（xiá）祭：合祭。此指在太庙中集合祭祀列祖列宗。

④老聃（dān）：老子。姓李，名耳，字聃。道家学派创始人。

⑤出庙：离开己庙进入太祖庙。入庙：从太祖庙回到己庙。

⑥跸（bì）：清道戒严。

⑦贵：尊。

【译文】

曾子问：“古代天子、诸侯随军出行，一定要载着新迁入太祖庙的神主出行吗？”孔子回答说：“天子巡守，载着新迁入太祖庙的神主，载于天子的金路上，表示一定有所尊敬。现在将七座庙里的神主都载上一道出行，就是失礼了。天子七庙、诸侯五庙，庙里都不能没有神主。庙里没有神主的情况，只有天子驾崩，国君去世，逃离自己的国家，以及在太祖庙中合祭列祖列宗时，才可以让庙里没有神主。我听老聃说过：‘天子驾崩，国君去世，那么太祝取出群庙的神主保存到太祖庙里，这是礼仪的规定。卒哭祭后，再将各庙的神主放回到所在的庙里。国君逃离自己的国家，太宰取出群庙的神主随行，这是礼仪的规定。诸侯合祭群庙的神主时，太祝迎接高祖庙、曾祖庙、祖庙、父庙四座庙里的神主，神主出庙回庙，一定要清道戒严。’这是老聃说的。”

曾子又问：“古代天子、诸侯率军出行不载新迁入太祖庙的神主，那用什么作为主呢？”孔子回答说：“以神主之命为主。”曾子问：“这是什么意思？”孔子说：“天子、诸侯将要出行，一定要用币、帛、兽皮、玉圭祭告于祖庙、父庙，然后带着它们出发，载在斋车上出行。每到驻地，都要将币、帛、兽皮、玉圭祭奠一番然后才住下。返回时一定要到宗庙报告，设置祭奠，祭奠后，收好币、帛、兽皮、玉圭，埋藏在东、西两阶之间，然后出庙。这样做就是为了尊重祖先的命令。”

子游问曰：“丧慈母如母①，礼与？”孔子曰：“非礼也。古者男子外有傅，内有慈母，君命所使教子也，何服之有？昔者，鲁昭公少丧其母②，有慈母良，及其死也，公弗忍也，欲丧之。有司以闻曰：‘古之礼，慈母无服。今也君为之服，是逆古之礼而乱国法也。若终行之，则有司将书之，以遗后世，无乃不可乎！’公曰：‘古者天子练冠以燕居③。’公弗忍也，遂练冠以丧慈母。丧慈母，自鲁昭公始也。”

【注释】

①慈母：孙希旦说，所谓“慈母”有两种，一是某妾无子，某子无母，父命二人为母子，这种情况待慈母如生母，如去世按慈母如母服丧；二是诸侯之子从诸母中挑选出慈惠、温良者看护、教育孩子的，如后世之保姆。这里指的是后者。

②鲁昭公少丧其母：据郑注：“昭公年三十乃丧齐归，……此非昭公明矣，未知何公也。”孔颖达说，《孔子家语》中有“孝公有慈母良”，此“鲁公”当是孝公。

③练冠：小祥之冠，用白绢制成。

【译文】

子游问：“国君的慈母去世，要像生母一样为她服丧，这是礼仪的规定吗？”孔子回答说：“这不合礼仪的规定。古代男子在外有师傅，在内有慈母，这是国君命令他们管教儿子，为什么要为他们服丧呢？从前，鲁昭公年少时他的母亲就去世了，他有个慈母很善良，到他的慈母去世时，昭公很不忍心，想要为她服丧。主管礼仪的官员告诉昭公说：‘按照古代的礼仪，对慈母是不该服丧的。现在国君要为她服丧，这是违反古礼而扰乱国家的法律。如若最终这么做了，那么有关官员将记下这件事，流传给后世，这样恐怕是不可以的吧！’昭公说：‘古代天子居丧，在家时头戴练冠。’鲁昭公还是不忍心，于是头戴练冠为慈母服丧。给慈母服丧，就是从鲁昭公开始的。”

曾子问曰：“诸侯旅见天子①，入门不得终礼②，废者几？”孔子曰：“四。”请问之。曰：“大庙火③，日食，后之丧，雨沾服失容，则废。如诸侯皆在而日食，则从天子救日，各以其方色与其兵④。大庙火，则从天子救火，不以方色与兵。”

曾子问曰：“诸侯相见，揖让入门，不得终礼，废者几？”孔子曰：“六。”请问之。曰：“天子崩，大庙火，日食，后、夫人之丧，雨沾服失容，则废。”

【注释】

①旅：郑注：“众也。”

②终礼：朝见礼不能进行完毕。

③大庙：始祖庙。大，同“太”。

④各以其方色与其兵：按照仪礼规定，东方诸侯衣青，持戟；南方诸侯衣赤，持矛；西方诸侯衣白，持弩；北方诸侯衣黑，持盾；中央诸侯衣黄，持鼓。

【译文】

曾子问：“诸侯一起朝见天子，进了宫门却不能将朝见礼终结，出现这种半途而废的情况有几种？”孔子答道：“有四种。”曾子问是哪四种。孔子说：“太庙失火，发生日食，王后去世，雨水淋湿了礼服而使仪容失态，出现这几种情况就要废止朝见礼仪式。如果诸侯都在而发生日食，那么就要跟从天子救日，各方的诸侯应穿着对应各方颜色的衣服，拿着对应各方的兵器。太庙失火，那么就跟从天子救火，不用管各方的服色和所用兵器。”

曾子又问：“诸侯之间相见，已经揖让进了宫门，却不能将相见礼终结，出现这种半途而废的情况有几种？”孔子答道：“有六种。”曾子问是哪六种。孔子说：“天子驾崩，太庙失火，发生日食，王后或国君夫人去世，雨水淋湿了礼服而使仪容失态，出现这几种情况就要废止相见礼仪式。”

曾子问曰：“天子尝、禘、郊、社、五祀之祭，簠、簋既陈[①]，天子崩，后之丧，如之何？”孔子曰：“废。”

曾子问曰：“当祭而日食，大庙火，其祭也如之何？”孔子曰：“接祭而已矣[②]。如牲至未杀，则废[③]。天子崩，未殡，五祀之祭不行，既殡而祭。其祭也，尸入，三饭，不侑[④]，酳不酢而已矣[⑤]。自启至于反哭[⑥]，五祀之祭不行，已葬而祭，祝毕献而已[⑦]。”

【注释】

①簠（fǔ）、簋（guǐ）：都是盛放黍、稷、稻、粱等饭食的礼器。簠是方的，簋是圆的。既陈：郑注：“谓夙兴陈馔牲器时也。”祭祀之日要一大早起身陈放礼器与祭品。

②接祭：快速地施行祭礼，简化礼节，不举行迎尸祭尸活动。接，捷，速。

③“如牲至”二句：祭祀之牲已杀代表神已降临，因而不可废祭。

④尸入，三饭，不侑（yòu）：尸入门后就位坐下，祝献上饭食，尸吃三口饭，祝即不再劝食。据孔疏引礼书，天子侑尸十五饭，诸侯侑尸十三饭，大夫侑尸十一饭，士侑尸九饭，此时因有天子之丧而

杀减礼节，只用三饭。饭，指黍、稷等饭食。

⑤酳(yìn)：食毕以酒漱口。酢：尸食毕，主人为其酌酒漱口，按照礼仪，尸应再酌酒回敬主人，称为“酢”。

⑥启：启殡。反哭：棺柩下葬后，丧主返回到宗庙和停柩的殡宫哭祭。

⑦祝毕献而已：按礼，主人为尸酌酒漱口，尸酌酒回敬主人，然后主人酌酒献祝，祝饮毕，主人再酌酒献佐食。现在则进行到为祝献酒后就结束。

【译文】

曾子问：“天子举行秋天的尝祭、夏天的禘祭、冬天的郊祭、春天的社祭和五祀之祭，簠、簋已经陈设，这时天子突然去世，或王后突然去世，要怎么办？”孔子说：“祭祀废止。”

曾子又问：“正当祭祀而发生日食，或是太庙失火，祭祀该怎么办？”孔子说：“那就快速地进行祭祀。如果祭祀用的牺牲还没有宰杀，那就废止祭祀。天子驾崩，还没有入棺停殡，五祀之祭不举行，已经入棺停殡可以举行五祀之祭。祭祀的时候，尸入室就位，只吃三次饭，祝不再劝尸继续吃饭，尸饮酒漱口后也不回敬主人饮酒。从启殡到下葬返回宗庙哭祭，这段时间不举行五祀之祭，下葬后可以举行五祀之祭，但礼节也要简化，祭礼到献酒给祝，祝饮毕就结束。”

曾子问曰：“诸侯之祭社稷，俎、豆既陈[①]，闻天子崩、后之丧，君薨、夫人之丧，如之何？”孔子曰：“废。自薨比至于殡[②]，自启至于反哭，奉帅天子。”

【注释】

①俎(zǔ)、豆：祭祀时用来盛放食物的礼器。俎，用来盛放牲体。

豆,用来盛放肉酱。

②比至:及至,到。

【译文】

曾子问:"诸侯祭祀土地神和谷神,俎、豆已经陈设,这时听说天子驾崩或是王后去世,国君或是国君夫人去世,要怎么办?"孔子说:"废除祭祀。从刚死到入棺停殡,从启殡到下葬返哭,遵循天子的做法。"

曾子问曰:"大夫之祭[①],鼎、俎既陈[②],笾、豆既设[③],不得成礼,废者几?"孔子曰:"九。"请问之。曰:"天子崩,后之丧,君薨,夫人之丧,君之大庙火,日食,三年之丧,齐衰,大功[④],皆废。外丧自齐衰以下行也[⑤]。其齐衰之祭也,尸入,三饭,不侑,酳不酢而已矣。大功,酢而已矣。小功、缌,室中之事而已矣[⑥]。士之所以异者,缌不祭,所祭,于死者无服,则祭。"

【注释】

①大夫之祭:孔疏:"谓祭宗庙。"

②鼎:盛放牲体的食器,亦用为祭祀时的礼器。《说文·鼎部》:"鼎,三足两耳,和五味之宝器也。"

③笾(biān):竹制食器。形状如豆,祭祀宴享时用来盛果实。

④"三年之丧"三句:这里都指一同生活的亲人去世,即"内丧",与下文"外丧"相对。

⑤外丧:不在一起生活的人。

⑥室中之事:据《仪礼·少牢馈食礼》,主人、主妇、宾长献尸皆在室中,然后要在堂中举行宾尸礼,即像宾客一样招待尸,现在仅在室中行祭礼而没有宾尸之礼。

【译文】

曾子问："大夫的祭祀，鼎和俎已经陈设好，笾和豆已经设置好，却不能完成礼仪，出现这种半途而废的情况有几种？"孔子说："有九种。"曾子问是哪九种。孔子说："天子驾崩，王后去世，国君去世，国君夫人去世，国君的太庙失火，发生日食，有服三年之丧，有齐衰之丧和有大功之丧九种情况，都要废除祭祀。不在一起生活的亲人有齐衰以下的丧事，祭祀照常举行，仪式简化。不在一起生活的亲属有服齐衰之丧而参加祭祀的，举行时，尸进入门内，只吃三次饭，祝不再劝尸吃饭，尸饮酒漱口后不再向主人敬酒。有服大功之丧而参加祭祀的，尸饮酒漱口后要向主人敬酒。有服小功、缌麻之丧而参加祭祀的，主人、主妇、宾长只在室中献尸，堂中的宾尸礼不举行。士与大夫不同的是，即使是有服缌麻之丧的也不举行祭祀，所祭的对象如果和士没有服丧的关系，才可以照常举行祭祀。"

曾子问曰："三年之丧，吊乎？"孔子曰："三年之丧，练不群立①，不旅行。君子礼以饰情②，三年之丧而吊哭，不亦虚乎③？"

【注释】

①练：小祥祭。

②礼以饰情：孔疏："凡行吉凶之礼，必使外、内相副，用外之物，以饰内情。故云'衰以饰在内之情'。故冠冕文彩以饰至敬之情，粗衰以饰哀痛之情。"饰，展示，表达。

③"三年之丧"二句：孔子的意思是，自己父母去世，悲哀都已无暇顾及，去吊哭他人不会是出于真实的情感，只是为了礼节而虚伪地装装样子而已。

【译文】

曾子问："自己有三年之丧，可以去吊唁别人吗？"孔子说："有三年之丧，小祥祭时，不与众人站在一起，不与众人一起出行。君子通过礼仪来展示自己的情感，自己有三年之丧的哀痛却去吊哭他人，这不是虚伪吗？"

曾子问曰："大夫、士有私丧，可以除之矣[①]，而有君服焉，其除之也如之何？"孔子曰："有君丧，服于身，不敢私服，又何除焉？于是乎有过时而弗除也。君之丧服除而后殷祭[②]，礼也。"

【注释】

①可以除之矣：小祥祭后，大祥祭之前。

②殷祭：指小祥、大祥二祭。

【译文】

曾子问："大夫、士为自己的亲属服丧，已经到了可以脱掉丧服的时候，这时国君去世，该为国君服丧，本该脱掉的丧服怎么办呢？"孔子说："国君去世，为国君服丧，就不敢再穿为自己亲属服丧的孝服，又有什么脱掉丧服的问题呢？所以大夫和士有过了服丧时间却没有脱掉丧服的情况。为国君服丧的丧服脱掉后才能举行自家亲人的小祥祭和大祥祭，这是礼仪的规定。"

曾子问曰："父母之丧弗除，可乎[①]？"孔子曰："先王制礼，过时弗举，礼也。非弗能勿除也，患其过于制也。故君子过时不祭，礼也。"

【注释】

①“父母之丧”二句：曾子问的是，为父母服丧期限未到，而遇到国君去世，在为国君服丧完毕后，是否还要补回为父母服丧的日子。

【译文】

曾子问：“为父母服丧期限未到，而遇到国君去世而服丧，服丧完毕后，还要继续为父母服丧，补回应服丧的日子，可以吗？”孔子说：“古代先王制定礼仪，过了行礼的日期就不再举行，这是礼仪的规定。并不是不能脱掉丧服，而是害怕这样做超过了礼仪的规定。所以君子过了行礼的日期就不再举行祭祀了，这是合乎礼仪的。”

曾子问曰：“君薨既殡，而臣有父母之丧，则如之何？”孔子曰：“归居于家①，有殷事则之君所②，朝夕否。”

曰：“君既启而臣有父母之丧，则如之何？”孔子曰：“归哭而反送君③。”

曰：“君未殡，而臣有父母之丧，则如之何？”孔子曰：“归殡，反于君所，有殷事则归，朝夕否。大夫，室老行事④，士则子孙行事。大夫内子⑤，有殷事，亦之君所，朝夕否。”

【注释】

①居：办理丧事。

②殷事：郑注：“朔月、月半荐新之奠也。”即初一、十五为死者献上新收获的食品的祭奠。

③归哭而反送君：穿着为君服丧的丧服而归家哭祭父母，再返回为国君送葬。

④室老：家臣。

⑤大夫内子：大夫的嫡妻。据《仪礼·丧服小记》，大夫的嫡妻也要为国君服齐衰之服。

【译文】

曾子问："国君去世已经入棺停殡，这时臣子的父母突然去世，要怎么办？"孔子说："回家办理丧事，每月的初一、十五为国君举行贡献新获食物的祭奠时到国君的殡宫，早晚的祭奠就不用去了。"

曾子又问："国君已经启殡而臣子的父母在这时去世，要怎么办？"孔子说："先归家哭祭父母，再返回为国君送葬。"

曾子说："国君还没有入棺停殡，臣子的父母在这时去世，要怎么办？"孔子说："先回家为父母下棺，停殡后再返回宫中处理国君的丧事，每月初一、十五为父母举行贡献新获食物的祭奠时就回家，早晚的祭奠不用回去了。大夫，他的家臣负责处理丧事事务，士则子孙来处理丧事事务。大夫的嫡妻，每月初一、十五为国君举行贡献新获食物的祭奠时，也要到国君的殡宫，早晚的祭奠就不用去了。"

贱不诔贵①，幼不诔长，礼也。唯天子称天以诔之。诸侯相诔，非礼也②。

【注释】

①诔：郑注："累也，累列生时行迹，读之以作谥。"

②"诸侯相诔"二句：诸侯的诔文，应请于天子，天子使太史赐之谥。

【译文】

地位低贱的不能为地位尊贵的人作诔文，年幼的不能为长辈作诔文，这是礼制规定。只有天子能用上天的名义为其作诔文。诸侯之间相互作诔文，不符合礼仪的规定。

曾子问曰："君出疆，以三年之戒[①]，以椑从[②]。君薨，其入如之何？"孔子曰："共殡服[③]，则子麻弁绖、疏衰、菲、杖[④]，入自阙[⑤]，升自西阶。如小敛，则子免而从柩[⑥]，入自门，升自阼阶[⑦]。君、大夫、士一节也。"

【注释】

①三年之戒：指丧事的准备。臣下为国君的服丧期是三年，所以称"三年之戒"。

②椑（bì）：内棺。

③共殡服：提供大殓至殡时所穿之服。共，通"供"。

④麻弁绖：麻布弁上缠上麻绳圈。疏衰：即齐衰。疏，粗。菲：丧屦。

⑤入自阙：即毁宗，拆毁殡宫的西墙，灵柩从此处进入。

⑥免（wèn）：同"绕"，服丧时一种以布带束发的头饰。见《檀弓上》"公仪仲子之丧"节注②。

⑦"入自门"二句：据郑注，因去世的国君遗体尚未入棺，所以仍然按照生前的礼仪从大门进入，从主阶升堂。

【译文】

曾子问："国君出国，都要为自己的丧事作准备，带着棺材出行。如果国君真的突然去世，回国进入国都要怎么办？"孔子答："如果提供了从大殓至停殡期间的衣服，那么国君之子就戴麻布弁，并系上麻绳带子，穿齐衰丧服，穿草鞋，持丧杖，拆掉西侧的宫墙，从西阶上堂。如果去世的国君在国外只是小殓即回国，那么国君之子头上戴着绕跟着棺柩，从宫门进入，从主阶升堂。国君、大夫、士在出国途中去世，礼节大体相同。"

曾子问曰："君之丧既引[①]，闻父母之丧，如之何？"孔子曰："遂[②]。既封而归[③]，不俟子[④]。"

曾子问曰："父母之丧既引及涂，闻君薨，如之何？"孔子曰："遂。既封，改服而往[⑤]。"

【注释】

①引：牵引柩车，即开始出殡。

②遂：郑注："送君也。"即为国君送葬。

③封：郑注："亦当为'窆'。"下棺入穴。下同。

④俟（sì）：等待。

⑤改服：为国君送葬，不能穿私丧之服，据郑注，要括发、赤足步行，换上深衣，把上衣前摆塞进腰间。

【译文】

曾子问："国君的灵柩车已经拉动开始出殡了，这时听说父母去世，要怎么办？"孔子说："先为国君送葬。等棺柩入穴后即回家处理丧事，不用等国君之子完成全部葬礼。"

曾子又问："父母的灵柩车已经拉动开始出殡了，这时听说国君去世，要怎么办？"孔子说："先为父母送葬。等到父母的棺柩下葬后，改换丧服前去奔丧。"

曾子问曰："宗子为士[①]，庶子为大夫，其祭也如之何？"孔子曰："以上牲祭于宗子之家[②]。祝曰：'孝子某[③]，为介子某荐其常事[④]。'若宗子有罪居于他国，庶子为大夫，其祭也，祝曰：'孝子某，使介子某执其常事。'摄主不厌祭[⑤]，不旅，不假[⑥]，不绥祭[⑦]，不配[⑧]，布奠于宾[⑨]，宾奠而不举[⑩]，不归肉[⑪]。其辞于宾曰：'宗兄、宗弟、宗子在他国，使某辞。'"

【注释】

①宗子:嫡长子。始祖之嫡系长子为"大宗",嫡系长子以外支子为"小宗",各小宗的嫡长子也是宗子。孔疏,这里的宗子指小宗。

②上牲:大夫祭祀礼用上牲为少牢,即一羊一猪。按,虽庶子禄位高于宗子,但宗庙在宗子之家,宗子负责主持宗庙之祭,故庶子要到宗子之家祭祖。

③孝子:宗子。某:宗子的名。

④介子:指庶子。"庶"有贬义,称"介"较中性。介,副贰。某:庶子的名。荐其常事:岁时的祭祀。

⑤摄主:暂代主祭,指庶子。厌(yàn)祭:孙希旦曰:"无尸而以饮食饫神之名。"即不用尸,用食品直接供奉神。"厌祭"分为阴厌和阳厌,详见下文。

⑥假:通"嘏"(gǔ),祝福之辞。尸要向主人致辞,表示神明的祝福。

⑦绥祭:佐食者从俎、豆祭器中取菹、醢及黍、稷等饭食给尸与主人献祭。

⑧配:祝在祝辞中有"以某妃配某氏"之辞。"不配"是不说"以某妃配某氏"之辞。

⑨布奠:主人酬宾,将酒杯放置在笾、豆的北面。

⑩宾奠而不举:宾客将酒杯放置在笾、豆的南侧,不再举杯。

⑪归(kuì)肉:祭祀设有俎,俎上盛肉,祭祀完毕主人要将剩下的肉送给尸和宾客。归,通"馈"。

【译文】

曾子问:"宗子为士,庶子却为大夫,庶子的祭祀要怎么做?"孔子回答说:"用一羊一猪的少牢在宗子家祭祀。祝要以宗子的名义说:'孝子某,为介子某献上岁时的祭祀。'如果宗子因有罪居住在他国,庶子为大夫,在祭祀时,祝要以宗子的名义说:'孝子某,派介子某来主持通常的祭事。'代替宗子的庶子不厌祭,不旅酬,不致嘏辞,不绥祭,不在致辞中说以父祖之妻配祀的话，主人酬宾后将酒杯放置在笾、豆的北面，宾客将酒杯放置在笾、豆的南侧，不再举杯，主人不向宾客和尸馈赠牲肉。代替宗子的庶子向宾客致辞时要说：‘宗兄、宗弟、宗子在他国，派某来主持祭事。’”

曾子问曰：“宗子去在他国，庶子无爵而居者，可以祭乎？”孔子曰：“祭哉！”“请问其祭如之何？”孔子曰：“望墓而为坛，以时祭①。若宗子死，告于墓，而后祭于家。宗子死，称名不言‘孝’②，身没而已③。子游之徒④，有庶子祭者，以此，若义也⑤。今之祭者，不首其义⑥，故诬于祭也。”

【注释】

①以：用。

②称名不言“孝”：郑注：“孝，宗子之称。”即只有宗子能够称“孝子”，庶子只称名，前面不冠“孝”字。

③身没而已：指一直到庶子去世为止。庶子去世，庶子的嫡长子在祭祀其父时可以称“孝子”。

④子游：姓言名偃。孔子的弟子。以文学见长。

⑤若：顺。

⑥首：本。

【译文】

曾子问：“宗子有罪逃到他国，庶子没有爵位但居住在本国，庶子可以举行祭祀吗？”孔子回答说：“可以祭祀的！”曾子问：“请问要怎样祭祀？”孔子说：“望着祖先的坟墓，筑土为坛，按着岁时祭祀。如果宗子去世，庶子要报告给祖先的坟墓，然后在家中举行祭祀。宗子如果去世，祝在致辞时不能称‘孝’，一直到庶子去世为止。子游那帮人，有以庶子的身份举行祭祀的，就是顺应这个义理的。现在庶子举行祭祀，不按着这个礼节，所以就是妄自祭祀了。”

曾子问曰：“祭必有尸乎？若厌祭，亦可乎？”孔子曰：“祭成丧者必有尸[①]，尸必以孙，孙幼则使人抱之，无孙则取于同姓可也。祭殇必厌[②]，盖弗成也。祭成丧而无尸，是殇之也。”

孔子曰：“有阴厌，有阳厌[③]。”曾子问曰：“殇不祔祭[④]，何谓阴厌、阳厌？”孔子曰：“宗子为殇而死，庶子弗为后也。其吉祭特牲[⑤]，祭殇不举肺，无肵俎，无玄酒，不告利成[⑥]，是谓阴厌。凡殇与无后者，祭于宗子之家，当室之白[⑦]，尊于东房[⑧]，是谓阳厌。”

【注释】

①成丧：成人之丧。

②祭殇必厌：殇，指未成年而去世。因殇无子孙，所以必定无尸。

③阴厌：祭祀之初，尸未入时，在室内的西南角设奠飨神。阳厌：祭祀将结束，尸已起身，即在室内的西北角设馔飨神。

④不祔祭：不得附于宗庙四时之祭。此句是说，宗庙四时之祭是有尸的，而殇未成年人既然不附于宗庙四时之祭，就没有阴厌、阳厌的问题了。

⑤吉祭特牲：凡丧祭，卒哭祭后凶礼就结束，此后的祭祀都是吉祭。殇没有卒哭祭，只有祔与除服二祭。这里的吉祭指的便是祔祭。特牲，一头牛，这本是祭祀成人所用，祭殇本应用一头猪，但因为是宗子，便提高了礼仪的规格。

⑥“祭殇”四句：都是有尸时应举行的礼仪节目。肵(qí)俎，盛放祭

牲心、舌的俎，敬献给尸。肵，敬。玄酒，清水。利成，尸退归时祝面朝东禀告主人，供养尸之礼已成。利，供养。

⑦当室之白：室的西北角开有窗户之处，是室中明亮处。

⑧尊：酒樽。也作“樽”。

【译文】

曾子问：“祭祀一定要有尸吗？如果是厌祭，不也可以没有神吗？”孔子回答说：“祭祀成人之丧一定要有尸，尸一定要由死者的孙子来担当，孙子如果年幼就由人抱着，没有孙子的就选同姓的孙辈也是可以的。祭殇一定要厌祭，因为死者没有成年，所以也没有子孙。祭祀成人之丧而没有尸，就是把死者当做未成年人了。”

孔子接着说：“厌祭分为阴厌和阳厌。”曾子问：“祭殇不附于宗庙四时之祭，哪里还有阴厌、阳厌呢？”孔子说：“宗子未成年而死，庶子不能作为后嗣。为他举行祔祭时用特牲一牛，祭殇时因为没有尸，所以佐食者不举肺，俎上的肉食不用敬献给尸，没有玄酒，祝不用向主人报告供养尸的礼仪完成，这就叫做阴厌。凡是未成年去世以及没有后嗣的死者，在宗子的家里祭祀，祭品放在室内西北角明亮处，酒樽放在东房，这就叫做阳厌。”

曾子问曰：“葬引至于堩[①]，日有食之，则有变乎？且不乎？”孔子曰：“昔者吾从老聃助葬于巷党[②]，及堩，日有食之，老聃曰：‘丘！止柩就道右[③]，止哭以听变。’既明反，而后行，曰：‘礼也。’反葬而丘问之曰：‘夫柩不可以反者也。日有食之，不知其已之迟数[④]，则岂如行哉？’老聃曰：‘诸侯朝天子，见日而行，逮日而舍奠[⑤]。大夫使，见日而行，逮日而舍。夫柩不蚤出，不莫宿[⑥]。见星而行者，唯罪人与奔父母之丧者乎！日有食之，安知其不见星也？且君子行礼，不以人之亲痁患⑦。’吾闻诸老聃云。”

【注释】

①堩（gèng）：郑注：“道也。”《训纂》引王念孙曰：“葬引至于堩，本作‘葬既引，至于堩’”，“《士丧礼记》注引此正作‘葬既引，至于堩’”。

②巷党：郑注：“党名。”党是古代基层的居民区单位，五家为邻，五邻为里，一万二千五百家为乡，五百家为党。

③道右：郑注：“道路，男子由右，妇人由左，车从中央，柩行专道。今止就道右，以避妇人之所行也。”

④数（sù）：读为“速”。

⑤舍奠：到馆舍而奠祭带在路上的神主。

⑥莫：同“暮”。

⑦痁（diàn）：病。《训纂》引王引之曰：“痁，读为‘阽’，临也，近也。”这句话的意思是，君子参加别人家的丧礼，也不能对别人的亲人造成祸害。

【译文】

曾子问：“送葬时，柩车已经牵引在道路上，这时发生日食，送葬之事需要变化吗？还是不变呢？”孔子说：“以前我跟随老子在巷党帮助别人送葬，柩车已在路上，突然发生日食，老子对我说：‘丘！把柩车停到道路右侧，停止哭泣等待变化。’等到日食结束恢复光明，然后才前行，老子说：‘这是合于礼仪的。’葬完返回时我问老子：‘柩车不能拉回。出现日食，不知道它结束的是慢还是快，还不如一直前行吧？’老子回答我说：‘诸侯去朝见天子，日出而行，赶日落前入住馆舍，奠祭带在路上的神主。大夫出使，日出而行，赶日落前入住馆舍。柩车也不能过早出行，不能日落才住宿。看见星星还在前行赶路，只有犯罪之人和着急为父母奔丧的人才会这么做吧！发生日食黑了天，怎么知道天上看不到星星？况且君子行礼，是不会让人家的亲人临近祸害的。’我听老子是这么说的。”

曾子问曰：“为君使而卒于舍，礼曰：‘公馆复[①]，私馆不复。’凡所使之国，有司所授舍，则公馆已，何谓私馆不复也？”孔子曰：“善乎问之也！自卿大夫之家曰‘私馆’，公馆与公所为曰‘公馆’[②]。公馆复，此之谓也。”

【注释】

①复：招魂。

②公所为：国君所指定的停客之处。

【译文】

曾子问：“为国君出使国外而死在馆舍中，礼书上说：‘死在公馆就举行招魂祭，死在私馆就不举行招魂祭。’凡是出使国外的使臣，有关官员给安排了馆舍，那就是公馆了，为什么还说私馆不能举行招魂祭呢？”孔子说：“这个问题问得好！使臣如果住在卿大夫的家里就叫做‘私馆’，公家的馆舍和国君指定的住宿之处就叫做‘公馆’。死在公馆就举行招魂祭，指的就是这种情况。”

曾子问曰：“下殇土周葬于园[①]，遂舆机而往[②]，涂迩故也[③]。今墓远，则其葬也如之何？”孔子曰：“吾闻诸老聃曰：‘昔者史佚有子而死[④]，下殇也，墓远。召公谓之曰[⑤]：“何以不棺敛于宫中[⑥]？”史佚曰：“吾敢乎哉！”召公言于周公[⑦]。周公曰：“岂不可？”史佚行之。’下殇用棺衣棺[⑧]，自史佚始也。”

【注释】

①下殇：年龄在八岁至十一岁的夭亡者。土周：郑注："塈（jì）周也。"烧土为"塈"，此指烧土为砖砌在棺的四周，相传是夏代埋葬死者的办法，周人用此法埋葬下殇。见《檀弓上》"有虞氏瓦棺"节。

②舆：盛放，抬。机：停尸之床，木制边框，中央以绳交错编织，类似今之棕绷床而绳编较稀疏。

③涂：同"途"。迩：近。

④史佚（yì）：周成王时太史。

⑤召公：名奭（shì），周文王的庶子，武王弟。辅佐武王灭商后，被封于燕，为燕国的始封君。因其食邑为召（今陕西岐山西南），故称"召公"。

⑥棺敛于宫中：在宫中将遗体放入棺中，这是安葬成人之礼，要用车子运载棺。

⑦周公：即周公旦。见《檀弓上》"季武子成寝"节注④。

⑧用棺衣棺：为死者穿衣再装殓入棺。

【译文】

曾子问："下殇去世的孩子，要用烧制的砖围住棺，埋在园子里，用特制的机抬着前往，这是因为路途很近的缘故。现在墓地很远，要去安葬怎么办呢？"孔子说："我听老子说过：'从前史佚的孩子去世了，就是下殇，墓地很远。召公对他说："为什么不在家中入殓装棺？"史佚说："我怎么敢啊！"召公于是把这件事告诉周公。周公说："为什么不可以啊？"史佚于是就这样做了。'为下殇的孩子穿衣再装殓入棺，是从史佚开始的。"

曾子问曰："卿大夫将为尸于公，受宿矣[①]，而有齐衰内丧，则如之何？"孔子曰："出舍于公馆以待事[②]，礼也。"孔子曰："尸弁冕而出，卿、大夫、士皆下之，尸必式；必有前驱。"

【注释】

①宿：孙希旦曰："谓祭前宿尸也。"即国君祭祀前三天要占卜选定担任尸的人选，选定后要将尸请去独宿，不可更改。

②出舍于公馆：为尸是吉事，有齐衰之丧是凶事，吉、凶不可同处，所以要从家中出来入住公馆，要等祭祀事毕，再归哭齐衰之丧。

【译文】

曾子问："卿大夫将作为国君祭祀的尸，已经说好担任尸的时间要去国君处独宿了，这时家里有了齐衰之丧，怎么办？"孔子答道："不能再呆在家里了，要从家中出来入住公馆等候祭祀的进行，这是礼制规定。"孔子又说："尸戴着弁、冕出门，卿、大夫、士看到尸都要下车致敬，尸也一定要凭轼行礼；尸出行，一定要有人在前面开道。"

子夏问曰："三年之丧卒哭，金革之事无辟也者[①]，礼与？初有司与？"孔子曰："夏后氏三年之丧，既殡而致事[②]，殷人既葬而致事。《记》曰：'君子不夺人之亲，亦不可夺亲也[③]。'此之谓乎？"

子夏曰："金革之事无辟也者，非与？"孔子曰："吾闻诸老聃曰：'昔者鲁公伯禽有为为之也[④]。今以三年之丧，从其利者，吾弗知也。'"

【注释】

①金革之事：指战争、兵役之事。辟（bì）：躲避，避开。

②致事：将职位、职务还于君，即今辞职。

③"君子"二句：人臣有亲人之丧，国君要答应臣子的辞职，这是不

夺人丧亲的悲伤之心，孝子也不为求利禄而夺爱亲之心。

④鲁公伯禽：伯禽为周公之子，封于鲁。有为为之：有特别的需要去做而不得不做。指伯禽初封鲁，有徐戎之乱，这时母亲去世，伯禽不得已，不得不在卒哭祭后就出兵作战。

【译文】

子夏问说："为父母服三年之丧，卒哭祭后，出征打仗之事不能逃避，这是礼制规定吗？还是当初有关官员的规定？"孔子说："夏后氏居三年之丧，停殡后就辞职守丧，殷人下葬后就辞职守丧。《记》中说：'国君不夺人臣丧亲的悲伤之心，孝子也不应夺自己的爱亲之心。'说的就是这种情况吧？"

子夏说："那么战争之事不能躲避，不是不合于礼仪吗？"孔子说："我听老子说过：'从前鲁公伯禽不得以才在居三年之丧时出兵打仗。现在有人应服三年之丧，却为了贪图利益去出兵作战，我搞不懂这个礼了。'"

文王世子第八

【题解】

郑玄《目录》云："名曰'文王世子'者，以其记文王为世子时之法。"本篇实则乃集合多篇而成，原有小篇题。首篇《文王之为世子》，讲文王、武王作为世子以及周公教导成王之事；第二篇《教世子》，讲大学教士之法；第三篇《周公践阼》主要讲夏、商、周三代教导世子的方法以及周公摄政，教导成王；第四、五篇缺小篇题，第四篇讲庶子公族在政事中的各种规定；第五篇讲养老之制；第六篇《世子之记》与第一篇内容类似。本篇中心内容还是对世子的教导。

文王之为世子[①]，朝于王季日三[②]。鸡初鸣而衣服，至于寝门外，问内竖之御者曰[③]："今日安否何如？"内竖曰："安。"文王乃喜。及日中又至，亦如之；及莫又至，亦如之。其有不安节[④]，则内竖以告文王。文王色忧，行不能正履，王季复膳，然后亦复初。食上，必在视寒煖之节[⑤]；食下，问所膳[⑥]。命膳宰曰："末有原[⑦]！"应曰："诺。"然后退。

武王帅而行之[⑧]，不敢有加焉。文王有疾，武王不说冠带而养[⑨]，文王一饭亦一饭，文王再饭亦再饭。旬有二日乃间[⑩]。

【注释】

①文王:姓姬,名昌。周太王之孙,季历之子。商末西方诸侯之长,商纣王时为西伯,亦称“西伯昌”。世子:古代称天子、诸侯的嫡长子或继承王位的儿子,后世称“太子”。

②王季:周文王的父亲,名季历,也称“公季”,至武王时追尊为“王季”。

③内竖:宫内小臣。御:值日,值班。

④节:郑注:“谓居处故事。”指睡眠起居饮食等情况。

⑤在:观察。

⑥问所膳:郑注:“问所食者。”孙希旦引方悫曰:“欲知亲之所好也。”即询问吃饭的情况,了解其饮食的好恶。

⑦末有原:不要把剩饭剩菜再进献给王。末,勿。原,再。

⑧武王:姓姬,名发,西周的开国国君,周文王的儿子。帅:郑注:“循也。”即遵循。

⑨不说冠带而养:郑注:“言常在侧。”说,通“脱”。

⑩间:病愈。

【译文】

周文王为世子时,每天三次朝见父亲王季。早上鸡刚打鸣就穿上衣服,到父亲的寝门外,询问值班的小臣说:“今天父亲是否安适?”小臣回答说:“安适。”文王就非常欢喜。到了中午又到寝门外,又问一遍;等到晚上又过去,也是这样问。如果王季起居饮食有不安适的时候,那么小臣就告诉文王。文王得知后面色忧愁,行走都不能正常迈步,王季饮食回复正常,然后文王也回复正常了。为王季进献食物,文王一定察看冷热的情况;食物撤下去的时候,文王必询问吃的情况。嘱咐膳宰说:“不要再进献剩饭剩菜!”膳宰答应说:“是。”然后文王才离去。

武王遵循着文王的榜样侍奉文王，不敢有所增加。文王生病，武王不摘帽不解衣带在旁伺候，文王吃一口饭武王跟着吃一口饭，文王吃两口饭武王跟着吃两口饭。这样过了十二天，文王的病痊愈了。

文王谓武王曰："女何梦矣[①]？"武王对曰："梦帝与我九龄。"文王曰："女以为何也？"武王曰："西方有九国焉，君王其终抚诸[②]。"文王曰："非也。古者谓年龄，齿亦龄也[③]。我百，尔九十。吾与尔三焉。"文王九十七乃终，武王九十三而终。

【注释】

①女：通"汝"。下同。

②抚：郑注："犹有也。"诸：之。

③"古者"二句：年，郑注："天气也。"齿，郑注："人寿之数也。"此句的大意是，自然界一年年地度过是"龄"，人的寿数一年年地度过也是"龄"。

【译文】

文王对武王说："你做了什么梦？"武王回答说："我梦见上帝给我九龄。"文王说："你认为是什么意思呢？"武王说："西方有九国，父王最终会占有他们。"文王说："不是这样。古时候说年是龄，齿也是龄。我的寿数是百岁，你的寿数是九十。我分给你三年的寿龄吧。"后来，文王九十七岁而寿终，武王九十三岁而寿终。

成王幼[①]，不能莅阼[②]，周公相，践阼而治[③]。抗世子法于伯禽[④]，欲令成王之知父子、君臣、长幼之道也。成王有过，则挞伯禽，所以示成王世子之道也。

《文王之为世子》也[⑤]

【注释】

①成王：姓姬，名诵。周武王之子，谥号成王。

②莅：临。阼：堂上阼阶上的位子，是主人之位。

③践阼：本意是天子即位，这里指周公摄王位，治天下。践，履。

④抗：郑注："犹举也。谓举以世子之法，使与成王居而学之。"伯禽：周公旦的儿子。

⑤《文王之为世子》：郑注："题上事。"这是上面几节的篇题名。

【译文】

成王年幼，不能亲临阼阶管理国家，周公辅助成王，摄位治理天下。举用给世子的礼规，让儿子伯禽照着做，这是要成王知道父子、君臣、长幼的伦理之道。成王有过错，周公就打伯禽，以此向成王示知作为世子的规矩。

以上为《文王之为世子》

凡学世子及学士①，必时。春、夏学干戈②，秋、冬学羽籥③，皆于东序④。小乐正学干⑤，大胥赞之⑥；籥师学戈，籥师丞赞之。胥鼓南⑦。春诵夏弦，大师诏之⑧；瞽宗秋学礼，执礼者诏之；冬读书，典书者诏之。礼在瞽宗，书在上庠。

【注释】

①学(xiào)世子：教育世子。学，教。下文"小乐正学干"、"籥师学戈"同。学士：大学里学生。

②干戈：本指兵器，这里是以干戈为道具跳舞。手持干戈跳舞，即武舞。

③羽籥(yuè)：雉羽和籥，为舞蹈时所用的两种道具。手持这两种道具跳舞，即文舞。籥，形制似笛的乐器。《周礼·籥师》："掌教

国子舞羽、吹籥。”

④东序：夏后氏的大学，又叫“东胶”。周立四代之学，有虞氏的上庠，夏后氏的东序，殷代的瞽宗，周代的辟雍。

⑤小乐正：乐师。与后文的“大胥”、“籥师”、“籥师丞”都是乐官。

⑥赞：助。

⑦南：郑注：“南夷之乐也。”

⑧大师：乐官之长。大，同“太”。诏：教导。

【译文】

凡是教导世子和学士，一定要按四时进行。春、夏教他们拿着干戈学习武舞，秋、冬教他们拿着雉羽和籥学习文舞，都在东序学习。小乐正教习干舞，大胥协助；籥师教习戈舞，籥师丞协助。大胥击鼓教奏南夷之乐。春季诵读诗歌，夏季用弦乐演奏诗歌，都由大师教授；秋季在瞽宗学礼，由掌管礼的官员教授；冬季读书，由掌管典籍的官员教授。学礼在瞽宗，学书在上庠。

凡祭与养老乞言、合语之礼①，皆小乐正诏之于东序。大乐正学舞干戚②。语说，命乞言，皆大乐正授数③，大司成论说在东序④。凡侍坐于大司成者，远近间三席⑤，可以问，终则负墙，列事未尽，不问。

【注释】

①养老乞言：郑注：“养老人之贤者，因从乞善言可行者也。”指世子以养老礼款待德高望重的老人时，向他们求教善言。合语：郑注：“谓乡射、乡饮酒、大射、燕射之属也。”按照礼仪规定，在乡射、乡饮酒、大射、燕射礼进行到旅酬（相互敬酒饮酒）之时，可以交谈议论。以上是说，在祭祀、养老乞言及合语等三项礼仪活动

中的仪态仪容。

②干戚：盾与斧，也是武舞所持的道具。

③数：指所教授的篇数。

④大司成：在大学专门讲说义理的人。孙希旦说，大司成无定人，无专职，必其位望尊重而道德充盛者乃得为之。论说：郑注："课其义之深浅、才能优劣。"孔疏说，这是说大司成之官对世子、学士的义理深浅、才能优劣加以考核评说。

⑤三席：孔疏："席制广三尺三寸三分寸之一，三席则函一丈，可以指画而问也。"

【译文】

凡是祭祀与养老礼中向老人求教善言、旅酬时交谈议论的仪态仪容，都由小乐正在东序教授。大乐正教授手持干戚的武舞。旅酬时交谈议论的言辞，向老人求教善言时的言辞，都由大乐正按篇数教授，大司成在东序对世子及学士的言辞和表现予以考课讲评。凡是侍坐在大司成旁，和大司成的远近要保持三张席子的距离，可以向大司成发问，问完后就要靠墙站着，大司成论列事情还没有完毕，不可以插话询问。

凡学，春，官释奠于其先师①，秋、冬亦如之。凡始立学者，必释奠于先圣、先师②，及行事，必以币③。凡释奠者，必有合也④。有国故则否⑤。凡大合乐⑥，必遂养老⑦。

【注释】

①官：郑注："谓《礼》、《乐》、《诗》、《书》之官。"即教授《礼》、《乐》、《诗》、《书》的学官。释奠：设置祭品祭拜先师之礼。先师：先代之师，如伯夷、后夔。

②先圣：先代圣王，如尧、舜、禹、汤、周文王、周武王、周公等。

③币：帛。古代以束帛作为祭祀或馈赠的礼物，因此车马玉帛等各种礼物也通称“币”。《说文·巾部》：“币，帛也。”徐灏笺：“币，本缯帛之名，因车马玉帛同为聘享之礼，故浑言之皆称‘币’。”

④合：合乐。

⑤国故：指国家发生凶丧、疾疫、灾荒、战争等变故。

⑥大合乐：音乐和舞蹈的联合表演。

⑦必遂养老：孙希旦说：“乐不可以无事而空作，故因行养老之礼而合乐。”即同时以音乐舞蹈举行养老礼的仪式。

【译文】

凡是开学，春季由授业学官举行释奠礼设置祭品祭拜先代之师，秋季和冬季也同样举行释奠礼。凡是开始设立学校的，一定要举行释奠礼设置祭品祭拜先代圣王和先代之师，举行释奠礼祭拜时，一定要用币帛。凡是行祭拜先圣、先师之礼，一定要合乐。但国家有凶丧、疾疫、灾荒、战争等变故就不用合乐。凡是合演乐舞时，一定同时举行养老礼。

凡语于郊者[①]，必取贤敛才焉。或以德进，或以事举，或以言扬[②]。曲艺皆誓之[③]，以待又语。三而一有焉，乃进其等，以其序，谓之“郊人”[④]，远之于成均[⑤]，以及取爵于上尊也[⑥]。始立学者，既兴器用币[⑦]，然后释菜[⑧]，不舞不授器。乃退，傧于东序[⑨]，一献[⑩]，无介、语可也[⑪]。

《教世子》[⑫]

【注释】

①语：郑注：“谓论说于郊学。”即对学士进行考核评论。郊：郊学。孙希旦说：“谓六乡之学在四郊者。”

②“或以”三句：孙希旦说：“若孔门之德行、政事、言语之各为一

科也。"

③曲艺：指有小技能的人。誓：戒饬。孙希旦说："曲艺贱，不得与贤能之士同日而语，故戒饬之，以待后日再考论之也。"

④郊人：指郊学中有小才艺的人，他们选拔至大学，因此不能与大学中的贤能之士同称为俊士、选士，地位较低。

⑤成均：郑注："董仲舒曰：'五帝名大学曰成均，则庠序近是也。'"

⑥上尊：设于堂上的酒樽。

⑦既兴器用币：郑注："'兴'当为'衅'(釁)，字之误也。礼乐之器成，则衅之。又用币，告先圣、先师以器成。"

⑧释菜：将菜蔬置放在先圣、先师的神位前进行祭祀的典礼。详见《月令》篇"是月也，毋竭川泽，毋漉陂池"节注⑤。

⑨傧(bìn)：以礼迎宾。

⑩一献：即一献之礼。主人向宾献酒，宾饮后回敬主人，主人饮后再自酌自饮，然后再斟酒劝宾饮，宾接过酒杯后不再饮酒。

⑪介：辅助行礼的傧相。语：合语。

⑫《教世子》：郑注："亦题上事。"即本节的小标题。

【译文】

凡在郊区学校中考评学士，一定要选取贤能者，收揽有才能之人。有人因德行而进选，有人因理政通达被推举，有人因善于辞令而显扬。只有小技能的人都要加以告诫劝勉，以等待下一次的考核评选。凡德行、政事、言语三项中有一项专长的，都提升等级加以拔擢，按其能力高低排列次序，而不能升等者仍留郊学，就叫做"郊人"，他们不能进入大学，也不能在乡饮酒礼中充当宾、介，不能酌酒于堂上。刚开始建立学校的时候，要将新制作的礼乐器具涂上牲血，用币帛祭先圣、先师报告礼乐器具做成，然后举行释菜礼祭祀先圣、先师，没有舞蹈，也不用舞具。礼毕，在东序举行一献之礼，没有傧相，不用合语。

《教世子》

凡三王教世子①，必以礼乐。乐，所以修内也；礼，所以修外也。礼、乐交错于中，发形于外，是故其成也怿②，恭敬而温文。立大傅、少傅以养之③，欲其知父子、君臣之道也。大傅审父子、君臣之道以示之，少傅奉世子以观大傅之德行而审喻之④。大傅在前，少傅在后，入则有保，出则有师⑤，是以教喻而德成也。师也者，教之以事而喻诸德者也；保也者，慎其身以辅翼之而归诸道者也。《记》曰："虞、夏、商、周有师、保，有疑、丞⑥，设四辅及三公⑦，不必备，唯其人。"语使能也。君子曰德，德成而教尊，教尊而官正，官正而国治。君之谓也。

【注释】

①三王：夏、商、周三代。

②怿（yì）：和顺。

③大傅、少傅：辅佐天子、世子的官员。孙希旦说："盖亦以他官之有道德者充之。"大，同"太"。下同。养：郑注："犹教也。"即培养教育。

④喻：晓。

⑤"大傅"四句："前"、"后"、"入"、"出"是互文，意思是太傅、少傅、保、师四人时时刻刻都在世子身边。保、师，孙希旦说，即《周礼》之保氏、师氏。保氏掌养国子以道，而教以"六艺"、"六容"。师氏掌教国子以"三德"、"三行"。可与本文参看。

⑥疑、丞：也是教养世子的官员。见下条注释。

⑦四辅：疑、丞、辅、弼。据孔疏："《尚书大传》云：'古者天子必有四邻，前曰疑，后曰丞，左曰辅，右曰弼。天子有问无以对，责之疑；可志而不志，责之丞；可正而不正，责之辅；可扬而不扬，责之弼。'"三公：太师、太傅、太保。

【译文】

凡是夏、商、周三代教导世子，一定要用礼乐。乐，从内部陶冶人的性情；礼，从外部规范人的仪态仪容。礼、乐交错作用于心中，展现在外表，因此世子就能成就和顺喜乐之心，恭敬而温文尔雅。设立太傅、少傅来教育世子，是要使世子懂得父子、君臣之道。太傅明辨父子、君臣之道以教育世子，少傅则在旁侍奉世子，让世子观看太傅的德行，向世子讲述、让世子明白。太傅在前，少傅在后，入宫有保，出宫有师，这样教导世子让他明了，世子的德行也就能养成。师，就是通过事实给世子讲授道德；保，就是要审慎地护卫世子的安全，辅佐帮助世子，使世子的言行合乎道德规范。《记》中说："虞、夏、商、周四代的职官都设有师、保，设有疑、丞，设有四辅及三公，这些官职不必全设，有合适的人选时才设置。"这是说一定要让能胜任的人来担任。君子说道德很重要，道德养成后则教导尊严，教导尊严后为官就廉正，为官廉正则国家大治。这是对国君而言的。

仲尼曰："昔者周公摄政，践阼而治，抗世子法于伯禽，所以善成王也。闻之曰：'为人臣者，杀其身有益于君则为之。'况于其身以善其君乎[①]！周公优为之[②]。"是故知为人子，然后可以为人父；知为人臣，然后可以为人君；知事人，然后能使人。成王幼，不能莅阼，以为世子则无为也。是故抗世子法于伯禽，使之与成王居，欲令成王之知父子、君臣、长幼之义也。君之于世子也，亲则父也，尊则君也。有父之亲，有君之尊，然后兼天下而有之。是故养世子不可不慎也。

【注释】

①于：郑注："于，读为'迂'。迂，犹广也、大也。"

②优:《训纂》引黄氏曰:“优者,优胜之义也。”指容易做好。

【译文】

仲尼说:“从前周公摄政,坐在阼阶之上国君的位置治理天下,举用给世子的礼规施于自己的儿子伯禽,让他照着做,是为了教育好成王。我听说:‘作为人臣,如果需要牺牲自己的生命而有益于国君,那也要这么做。’何况只是光大自身而对国君有益呢!周公是很容易做好的。”所以要先知道如何为人子,然后才可以为人父;知道如何为人臣,然后才可以为人君;知道如何为他人做事,然后才能支使他人。成王年幼,不能亲临君王之位,把他作为世子又无法施行父王的礼法。所以周公采用给世子的礼法施行于伯禽,让伯禽和成王一起生活,想要让成王知道父子、君臣、长幼之义。国君对于世子,从亲属关系上说是父亲,从尊卑关系上说是国君。既有为父之亲,又有为君之尊,然后兼有统治天下的权力。所以培养世子不能不慎重。

行一物而三善皆得者[①],唯世子而已,其齿于学之谓也[②]。故世子齿于学,国人观之,曰:“将君我而与我齿让,何也?”曰:“有父在,则礼然。”然而众知父子之道矣。其二曰:“将君我而与我齿让,何也?”曰:“有君在,则礼然。”然而众著于君臣之义也。其三曰:“将君我而与我齿让,何也?”曰:“长长也。”然而众知长幼之节矣。故父在斯为子,君在斯谓之臣,居子与臣之节,所以尊君亲亲也。故学之为父子焉,学之为君臣焉,学之为长幼焉,父子、君臣、长幼之道得而国治。语曰[③]:“乐正司业[④],父师司成[⑤],一有元良[⑥],万国以贞[⑦]。”世子之谓也。

《周公践阼》[⑧]

【注释】

①物：事。

②齿于学：孙希旦曰："谓入学，而与同学之人以年齿为序也。"即在学校里不论身份地位而只按年龄大小排序。

③语：古语。

④司业：负责课业。业，指《诗》、《书》等课业。

⑤父师：指大司成。司成：负责道德品行的养成。以上二句，孔疏："司是职司，故为主。谓乐正主太子《诗》、《书》之业，父师主太子成就其德行也。"

⑥一：一人。元：大。良：善。

⑦贞：正。

⑧《周公践阼》：此为上面几节的篇题名。

【译文】

做一件事却能得到三个好结果的，只有世子能做到，就是在学校中行事按照年龄排序。所以世子在学校按照年龄排序，国人看见了，就会问："世子将要成为我的国君，为什么还要按年龄排序如此谦让呢？"回答说："因为有父亲在，所以礼当如此。"这样众人就懂得了父子之道了。其二，有人问："将要成为我的国君，为什么还要按年龄排序如此谦让呢？"回答说："因为有国君在，所以礼当如此。"这样众人就明白了君臣之义了。其三，有人问："将要成为我的国君，为什么还要按年龄排序如此谦让呢？"回答说："这是尊敬年长的人。"然后众人就知道长幼有序的规范了。所以父亲健在就是为子的身份，国君健在就是为臣的身份，处于为子与为臣的地位身份，所以要尊重国君、亲敬父亲。所以要学习怎样为父为子，学习怎样为君为臣，学习怎样为长为幼，得了父子、君臣、长幼之道，国家才能大治。古语说："乐正负责传授知识课业，大司成负责成就道德品行，一人贤良，天下都能行正道。"说的就是世子啊。

《周公践阼》

庶子之正于公族者[①]，教之以孝弟、睦友、子爱[②]，明父子之义，长幼之序。其朝于公，内朝则东面北上[③]，臣有贵者以齿。庶子治之，虽有三命，不逾父兄[④]。其在外朝[⑤]，则以官，司士为之[⑥]。

【注释】

①庶子：职官名。郑注："庶子，司马之属，掌国子之倅，为政于公族者。"孔疏："《周礼》：'诸子，下大夫二人，属夏官司马，诸侯谓之庶子。'"正：通"政"。公族：王族。

②弟：通"悌"。子：通"慈"。

③内朝：诸侯国君宫廷有三门，外为库门，中为雉门，内为路门，路门内称"内朝"。参见《檀弓下》"卒哭而讳"节注④。

④"庶子"三句：此三句文字，现行版本被移至本节最后"其登馂、献、受爵，则以上嗣"之下，孔疏认为，这是脱简造成的，此三句应接在"臣有贵者以齿"之下，今据以改置此处。三命，周代官员的官位品秩由天子任命，同时颁给礼服并有赏赐，"三命"即赐予车马。这里是说，虽有官位，仍然要按辈分排位次。郑注："一命齿于乡里，再命齿于父族，三命不齿。不齿者，特为位，不在父兄行列中。"

⑤外朝：又称"治朝"。诸侯国君宫廷库门之外的地方。参见《檀弓下》"卒哭而讳"节注④。

⑥司士：司马属官，掌群臣朝仪之位。此节言公族在朝廷之礼。

【译文】

庶子负责处理公族内的事务，教导王族子弟孝悌、睦友、慈爱，阐明父子之义，长幼之序。王族子弟朝见国君，如果在内朝朝见，面向东，以北为上，臣子即使地位尊贵也要按长幼排序。庶子负责安排位序，即使有三命之贵，也不能逾越父兄之上。如果是在外朝朝见国君，就以官位尊卑排序，司士负责排班。

其在宗庙之中，则如外朝之位，宗人授事[①]，以爵以官。其登馂、献、受爵[②]，则以上嗣[③]。

【注释】

①宗人：掌管礼仪及宗庙事务之官。

②登：登堂。馂（jùn）：吃剩下的饭菜。这里指祭祀中尸吃剩的余馔。献：向尸献酒。受爵：接受尸所献之酒。

③上嗣：国君的嫡长子。此节言公族在宗庙之礼。

【译文】

公族在宗庙祭祀中，安排位次和外朝相同，宗人颁授事务，要按着爵位和官位的尊卑。登堂吃尸享用的余馔、向尸献酒、接受尸的献酒，都要由国君的嫡长子去做。

其公大事[①]，则以其丧服之精粗为序[②]，虽于公族之丧亦如之，以次主人[③]。

【注释】

①公大事：国君的丧事。

②精粗为序：国君去世皆服斩衰，但与国君关系较亲者丧服布料较粗糙，关系较疏者丧服布料较精细。

③以次主人：在主人之后按次序排列。此节言丧纪之礼。

【译文】

国君的丧事，就按着丧服所规定的亲疏关系的远近排序，虽然是公族中的丧事也是按照这个原则办，按着亲疏关系远近排列在主人之后。

若公与族燕[①]，则异姓为宾[②]，膳宰为主人[③]，公与父兄齿。族食[④]，世降一等[⑤]。

【注释】

①燕：通“宴”。

②宾：宴饮礼仪中与主人行礼酬酢的宾客。

③膳宰：主饮食之官。宴饮礼中，主、宾相互献酒，因国君地位尊贵，不能献酒，由膳宰代为主人，便于主、宾按照礼仪程式进行。

④族食：与族人一同饮食。

⑤世降一等：国君举行的族食宴会，按亲等不同，依次递减。孔疏：“假令本是齐衰一年四会食，若大功则一年三会食，小功则一年二会食，缌麻则一年一会食，是世降一等也。”此节言公族宴饮之礼。

【译文】

如果国君与族人一同宴饮，那么由异姓充当宾，膳宰充当主人，国君与父兄按长幼排位。国君与族人一同饮食，族人参加国君宴饮的次数，按着亲属关系递减。

其在军，则守于公祢[①]。公若有出疆之政[②]，庶子以公族之无事者守于公宫，正室守大庙[③]，诸父守贵宫、贵室[④]，诸子诸孙守下宫、下室[⑤]。

【注释】

①公祢(nǐ)：郑注：“行主也。”祢，原指奉祀亡父之庙，此处指亡父的

神主，国君出境要车载而同行。

②出疆之政：指须离开国界的朝觐、会同、军旅等活动。

③正室：嫡子。大庙：太祖之庙。

④诸父：父辈。贵宫：四亲庙，指高、曾、祖、父四代之庙。贵室：路寝，古代帝王、国君睡眠休息的正寝。

⑤诸子诸孙：孙辈。下宫：别庙。下室：燕寝，古代帝王、国君睡眠休息除正寝以外的其他宫室。此节言公族在军及在国宿卫的规定。

【译文】

如果随军出行，要守护随行的神主。国君如果有朝觐、会同、军旅等事外出，庶子要率领公族中无公职的人留守王宫，嫡子守护太庙，父辈留守四亲庙与路寝，儿孙辈守护别庙与燕寝。

五庙之孙①，祖庙未毁②，虽为庶人，冠、取妻必告③，死必赴，练、祥则告。族之相为也，宜吊不吊，宜免不免④，有司罚之。至于赗、赙、承、含⑤，皆有正焉。

【注释】

①五庙之孙：太祖庙及高、曾、祖、父四庙，合称“五庙”；五庙之孙，即仍与国君有五服亲属关系。

②祖庙未毁：高、曾、祖、父四庙的祖辈，皆须毁庙而将神主迁入太祖庙中，故祖庙未毁者应是高祖以上的亲属。

③取：同“娶”。

④免(wèn)：同“绕”，吊丧时一种以布带束发的头饰。详见《檀弓上》“公仪仲子之丧”节注②。五世之内的亲属祭吊时应该采用，同时应袒露左臂。

⑤赗(fèng)、赙(fù)、承、含:都是亲友对死者的赠丧之物。赗,赠送车马。赙,赠送币帛。承,当作“襚”,赠送衣服。含,赠送珠玉。此节言公族赴吊的规定。

【译文】

公族中太祖以下五庙的子孙,只要他的祖庙还在、没有被迁毁,即使他是庶人,行冠礼、娶妻都一定要告知国君,家有丧事也一定要赴告国君,丧亲周年的练祭及服丧两周年的大祥祭也要告知国君。族人之间相互的礼仪,如果该吊丧的不吊丧,吊丧时该袒露左臂、用白布束发的却不袒臂、不束发,主管官员要处罚他。至于吊丧赠送车马、币帛、衣服、珠玉都按正式的礼仪规定实行。

公族,其有死罪,则磬于甸人[①]。其刑罪,则纤刌[②],亦告于甸人[③]。公族无宫刑,狱成,有司谳于公[④]。其死罪,则曰“某之罪在大辟”[⑤]。其刑罪,则曰“某之罪在小辟”。公曰“宥之”[⑥],有司又曰“在辟”[⑦]。公又曰“宥之”,有司又曰“在辟”。及三宥,不对,走出,致刑于甸人。公又使人追之,曰:“虽然,必赦之。”有司对曰:“无及也。”反命于公。公素服[⑧],不举[⑨],为之变[⑩],如其伦之丧[⑪],无服,亲哭之[⑫]。

【注释】

①磬(qìng):郑注:“县(悬)缢杀之曰‘磬’。”即将绳索套在头颈吊死。孔疏引皇氏:“如县(悬)乐器之磬也。”甸人:郑注:“掌郊野之官。”

②纤:郑注:“纤,读为‘歼’。歼,刺也。”刌(tuán):割。郑注:“宫、割、膑、墨、劓、刖,皆以刀锯刺割人体也。”

③告:郑注:“读为‘鞠’(鞫),读书用法曰‘鞠’(鞫)。”孔疏:“读书,

读囚人之所犯罪状之书。”即依法追究犯人罪行加以定罪。

④谳(yàn):审判定罪。

⑤大辟(pì):死刑。下文“小辟”,指死刑以外的刑罚。

⑥宥(yòu):宽恕,原谅。

⑦在辟:孔疏:“言罪在大辟。”

⑧素服:素衣、素裳、素冠。

⑨不举:不杀牲盛馔。

⑩变:变礼。

⑪伦:指有亲属关系。

⑫亲哭之:孔疏:“乃亲哭之于异姓之庙。”此节言公族刑罚的规定。

【译文】

公族有人犯了死罪,就让甸人去吊死他。犯了要处以肉刑的罪,或刺面或割鼻或膑足,也由甸人追究论定。公族之人没有宫刑,刑罚判定后,有关官员呈报给国君来议罪定罪。如果是死罪,就说“某人的罪是死刑罪”。如果是处以肉刑的罪,就说“某人的罪是一般的刑罪”。呈报判定死罪时国君说“宽恕他吧”,有关官员说“死罪不能赦免”。国君又说“宽恕他吧”,有关官员又说“死罪不能赦免”。到国君三次要求宽恕罪人,有关官员不再回答,跑出去,将罪犯交给甸人去行刑。国君又派人追上,说:“即使有罪,也一定要赦免他。”有关官员回答说:“已经来不及了。”然后向国君复命。国君穿着素衣、素裳,戴着素冠,不杀牲盛馔,为死者改变日常的礼仪活动,如同自己的亲属有丧事,只是不为死者穿丧服,但亲自前去行哭礼。

公族朝于内朝,内亲也。虽有贵者以齿,明父子也。外朝以官,体异姓也[①]。宗庙之中,以爵为位,崇德也。宗人授事以官,尊贤也。登馂、受爵以上嗣,尊祖之道也[②]。丧纪以服之轻重为序[3]，不夺人亲也。公与族燕则以齿，而孝弟之道达矣。其族食，世降一等，亲亲之杀也[4]。战则守于公祢，孝爱之深也。正室守大庙，尊宗室，而君臣之道著矣。诸父诸兄守贵室，子弟守下室，而让道达矣[5]。五庙之孙，祖庙未毁，虽及庶人，冠、取妻必告，死必赴，不忘亲也。亲未绝而列于庶人，贱无能也。敬吊、临、赙、赗[6]，睦友之道也。古者庶子之官治而邦国有伦，邦国有伦而众乡方矣[7]。公族之罪，虽亲，不以犯有司正术也[8]，所以体百姓也。刑于隐者[9]，不与国人虑兄弟也。弗吊，弗为服，哭于异姓之庙，为忝祖[10]，远之也。素服居外，不听乐，私丧之也，骨肉之亲无绝也。公族无宫刑，不翦其类也[11]。

【注释】

①体异姓：与异姓为一体。

②"登馂"二句：孔疏："適（嫡）子是先祖之正体，故使受爵于尸，及升馂尸馔，是尊祖之道理也。"上嗣，郑注："祖之正统。"

③丧纪：丧事。

④杀（shài）：郑注："差也。"

⑤让：谦让。

⑥临：哭吊。

⑦乡：通"向"。

⑧术：法。

⑨刑于隐者：指在隐蔽的地方行刑。

⑩忝：辱。

⑪翦：绝。本节是对前面几节文字的解释说明。

【译文】

公族在内朝朝见国君，因为公族是内亲。即使身份尊贵也要按年龄排序，这是表明父子关系的恩情。在外朝朝见国君，则按着官阶排序，这是表明与异姓成为一体。在宗庙中按爵位高低排序，这是表明崇尚德行。宗人按照官职分配祭祀中的事务，是尊敬贤能。让国君的嫡长子登堂吃尸余留的食物、接受尸的献酒，是尊敬祖先之道。丧事中以丧服的轻重，即亲疏关系排序，是不争夺亲情、亲疏不相逾越。国君与族人宴饮按年龄排序，这样孝悌之道就表达出来了。国君与族人宴饮，按着亲疏关系每世递降一等，这样亲情的差别就体现出来了。有战争公族就要守在父庙中，这样孝顺的深情就体现出来了。国君出征，公族的嫡长子守太庙，这是尊敬嫡长子，这样君臣之道就显现出来了。公族的父兄辈留守路寝，孙儿辈留守燕寝，这样谦让之道就显现出来了。五庙的子孙，只要他的祖庙没有迁毁，即使他是庶人，行冠礼、娶妻都一定要告知国君，家人去世也要赴告国君，这是不忘记亲情。与国君没出五服，仍然还有亲属关系，但已被列为庶人，这是表达对无能者的轻视。族人中的丧事，恭敬地前去吊丧、哭泣、赠送币帛、车马，这是表达对同族人关心友好的方式。古时担任官职的庶子如果能治理得当，国家就秩序井然；国家秩序井然，百姓就能朝着正确的方向发展。公族中有人犯罪，即使是亲属，不可以干扰有关官员执法，这是与百姓同为一体。将族人中犯罪的交给甸人在隐蔽的地方行刑，这是不让国人为自己的兄弟忧虑担心。对死刑者不吊丧，不为他穿丧服，只在异姓之庙为他行哭礼，这是因为他侮辱了祖先，所以要远离他。但仍为他穿着素衣、素裳、戴着素冠，不听音乐，这是表示私人的哀伤，毕竟还是骨肉之亲，亲情不能了断。公族的罪犯没有宫刑，这是为了他不断绝子孙后代。

天子视学，大昕鼓征[①]，所以警众也[②]。众至，然后天子至，乃命有司行事，兴秩节[③]，祭先师、先圣焉。有司卒事反命，始之养也[④]。适东序，释奠于先老[⑤]，遂设三老、五更、群老之席位焉[⑥]。适馔省醴[⑦]，养老之珍具[⑧]，遂发咏焉[⑨]。退，修之以孝养也[⑩]。反，登歌《清庙》[⑪]，既歌而语[⑫]，以成之也。言父子、君臣、长幼之道，合德音之致，礼之大者也。下，管《象》[⑬]，舞《大武》[⑭]，大合众以事，达有神，兴有德也。正君臣之位，贵贱之等焉，而上下之义行矣。有司告以乐阕[⑮]，王乃命公、侯、伯、子、男及群吏曰"反，养老幼于东序"，终之以仁也。是故圣人之记事也[⑯]，虑之以大，爱之以敬，行之以礼，修之以孝养，纪之以义，终之以仁。是故古之人一举事而众皆知其德之备也。古之君子，举大事必慎其终始，而众安得不喻焉[⑰]？《兑命》曰[⑱]："念终始典于学[⑲]。"

【注释】

①大昕（xīn）：天亮日将出。鼓征：击鼓召集众人。

②警：起。

③兴：举。秩节：常礼。

④之：适，到。养：行养老礼的地方，即下文的东序。

⑤先老：孙希旦说，指先世的三老、五更。

⑥三老：职名。由三公致仕者担任。五更：职名。由孤卿致仕者担任。群老：大夫、士致仕者。

⑦适、省（xǐng）：检查、省视。馔（zhuàn）：指笾、豆、俎等盛放食品的器具。

⑧珍具：盛放美食的器具。

⑨发咏：奏乐歌咏。

⑩修：治。

⑪《清庙》：《诗经·周颂》中的篇名。

⑫语：合语。郑注："谈说也。"

⑬管：用管演奏。《象》：乐曲名。周武王伐纣之乐。

⑭《大武》：周代的乐舞。《史记·吴太伯世家》："见舞《大武》，曰：'美哉！周之盛也其若此乎！'"

⑮阕（què）：郑注："终也。"

⑯记事：指养老之事。

⑰喻：明了。孔疏："言众皆晓喻养老之德也。"

⑱《兑命》：伪《古文尚书》篇名，即《说（yuè）命》。《清华大学藏战国竹简》（叁）有《傅说之命》三篇，整理者在"说明"中指出："《说命》不在汉初伏生所传《今文尚书》之内，《尚书正义》所引郑玄讲的孔壁《古文尚书》多于伏生的十六种二十四篇，也没有《说命》。东晋时梅赜所献孔传本《尚书》则有三篇《说命》，前人已考定为伪书。与清华简《说命》对照，梅氏献出的《说命》，除自秦文献中摘辑的文句外，全然不同。……《文王世子》、《学记》所引《说命》，以及《缁衣》另引的一条佚文，则不见于竹简本，这应该是由于《说命》的传本有异。"（《清华大学藏战国竹简》，李学勤主编，上海中西书局，2012）

⑲念终始典于学：念事之终始常于学。学，礼义之府。此节言天子养老之礼。

【译文】

天子视察大学这一天，天刚亮就敲起集合鼓来，让众学士作好准备。众人到齐，然后天子到场，于是命令有关官员行事，按照规定的礼节举行仪式，祭祀先师、先圣。有关官员祭祀完毕后向天子复命，天子开始准备举行养老礼。到达东序，行释奠礼设置酒食奠祭先老，然后设置三老、五更、群老的席位。天子亲自检查馔具，省视酒醴，以及为养老礼准备的盛放珍馐的器具，于是奏乐歌咏迎接三老、五更及众老。天子退下，给老人献之以醴酒表示孝养。天子再升堂返位，学士们登堂唱

《清庙》，唱完后大家可以谈说议论，以成就天子养老乞言的礼仪。大家说的都是父子、君臣、长幼的道理，正与诗歌中极致的德行之音相合，这是养老礼中最重大的内容。堂下，学士们吹奏表现武王伐纣的《象》乐，跳《大武》舞，大规模地集合学士一起表演，这是表达天神的意志与对周王的佑护，赞美文王、武王有德行。歌舞用以端正君臣之位，明确贵贱之等，这样上下之间的道义就清楚了。有关官员报告音乐已经终了，天子就命公、侯、伯、子、男以及群吏说"回到各自的侯国与封邑，按照东序的礼仪去行养老礼"，这样就以仁义之心结束了养老礼。所以圣人养老之事，是从孝悌大道加以考虑的，用恭敬的心态表达爱心，用礼仪加以推行，用孝养加以修护，用德义加以记录，用仁义之心终结礼仪。所以古代的人只举办一件事众人就知道其德行的完备。古代的君子，举行大事一定会慎重地安排好起始和终结，这样的话大众哪里还会不理解君子的养老之德呢？《说命》说："要始终牢记学校这个礼义之地。"

《世子之记》曰①：朝夕至于大寝之门外②，问于内竖曰："今日安否何如？"内竖曰："今日安。"世子乃有喜色。其有不安节，则内竖以告世子，世子色忧，不满容③。内竖言"复初"，然后亦复初。朝夕之食上，世子必在视寒煖之节；食下，问所膳羞，必知所进④，以命膳宰，然后退。若内竖言"疾"，则世子亲齐玄而养⑤。膳宰之馔，必敬视之；疾之药，必亲尝之。尝馔善⑥，则世子亦能食，尝馔寡，世子亦不能饱，以至于复初，然后亦复初。

【注释】

①《世子之记》：郑注："世子之礼亡，言此存其《记》。"《集解》引金履祥说："称《世子之记》，则古者教世子，其文字、礼节必自有一书，

世所诵习而常行之者也。”

②大寝：路寝，正寝。

③色忧，不满容：孙希旦说：“谓不能充满其容貌。”即表情失常不完整。

④必知所进：郑注：“必知亲所食。”即一定要知道父王吃的食物是什么。

⑤齐：同“斋”，斋戒。玄：玄冠、玄端。“玄端”即缁布衣。

⑥善：郑注：“谓多于前。”与下文的“寡”相对。

【译文】

《世子之记》载：世子早晚都到路寝门外，询问内竖说：“今天父亲是否安适？”内竖回答说：“今天安适。”世子就面有喜色很高兴。如果有不安适的情况，那么内竖就报告世子，世子面色忧愁，表情失常。内竖什么时候报告“恢复如初”，然后世子也才能恢复正常。早晚进上的食物，世子一定要检查冷热情况；食物吃完后，询问都吃了什么，一定要知道父亲吃的食物是什么，给膳宰下令不能将吃过的食物再进献，然后退下。如果内竖说“生病了”，那么世子就穿戴着斋戒时的玄冠、玄端，亲自奉养。膳宰进献的食物，一定要恭敬的检查；治病所吃的药，一定亲自品尝。父亲吃的比之前多了，那世子也能多吃一点儿，吃的比之前少了，世子也没心思吃饱，一直到父亲的病好了，恢复正常了，世子也就好了，恢复正常了。

礼运第九

【题解】

“礼运”即礼之运行。郑玄《礼记目录》曰:“名曰‘礼运’者,以其记五帝、三王相变易,阴阳转旋之道。”

本篇讨论的是礼的源流与运行、运用,以孔子答言偃问的形式,论述三王、五帝的“大同”、“小康”之治,提出礼的起源、发展、演变至完善的过程,探讨圣王制礼的原则,批评周末礼衰、天子诸侯违礼失政,进一步论述礼在治国安民上的重要作用,同时指出人与天地、阴阳、鬼神、五行的密切关系。

昔者仲尼与于蜡宾[①],事毕,出游于观之上[②],喟然而叹。仲尼之叹,盖叹鲁也。言偃在侧[③],曰:“君子何叹?”孔子曰:“大道之行也[④],与三代之英[⑤],丘未之逮也,而有志焉[⑥]。

“大道之行也,天下为公。选贤与能[⑦],讲信修睦,故人不独亲其亲,不独子其子,使老有所终,壮有所用,幼有所长,矜寡孤独废疾者皆有所养[⑧]。男有分[⑨],女有归[⑩]。货恶其弃于地也,不必藏于己;力恶其不出于身也,不必为己。是故谋闭而不兴,盗窃乱贼而不作,故外户而不闭。是谓大同。

“今大道既隐，天下为家，各亲其亲，各子其子，货力为己，大人世及以为礼⑪。城郭沟池以为固，礼义以为纪；以正君臣，以笃父子，以睦兄弟，以和夫妇，以设制度，以立田里，以贤勇知。以功为己，故谋用是作，而兵由此起。禹、汤、文、武、成王、周公，由此其选也⑫。此六君子者，未有不谨于礼者也。以著其义，以考其信，著有过，刑仁讲让，示民有常。如有不由此者，在埶者去⑬，众以为殃。是谓小康。”

【注释】

①蜡（zhà）宾：蜡祭的助祭之宾。蜡，祭名。据《郊特牲》，蜡祭在每年十二月举行，合祭百神。宾，助祭者。当时孔子在鲁国为官，因而充当助祭者。

②观（guàn）：宫廷门前两侧的楼台式建筑，可登高远眺，或称“阙”，或称“台”。

③言偃：姓言名偃，字子游。孔子的弟子。

④大道之行：指能够遵行广大之道的五帝时代。五帝，历来有不同说法，《史记·五帝本纪》记为轩辕黄帝、颛顼、帝喾、尧、舜。

⑤英：指才德出众的人。“三代之英”即下文所说禹、汤、文、武、成王、周公。

⑥志：识。指记载。

⑦与（jǔ）：通“举”。《大戴礼记·主言》作“选贤举能”。

⑧矜（guān）：亦作“鳏”。

⑨分（fèn）：职分，职业。

⑩归：孔疏：“女谓嫁为归。”

⑪大人：指诸侯。世及：诸侯传位，父子相传为“世”，兄弟相传为

“及”，即世袭制度。

⑫由：用。选：英才。

⑬埶：同“势”。

【译文】

从前，鲁国举行岁末的蜡祭，孔子担任了宾，祭事结束后，他走出宫廷，登于宫外台观之上，不禁长长地叹息。孔子的叹息，大抵是为鲁国而发的。当时言偃在旁，便问道：“老师为什么叹息？”孔子说：“五帝之时是大道施行的时代，三代时的英明的君臣，我都没能赶得上，但古书里是有记载的。

“大道施行的时代，人们公有天下。选拔有德行的贤人、举荐有道德的能人，讲求诚信、修行和睦，所以人们不只是孝敬自己的双亲，不只是慈爱自己的子女，而是使老年人可以颐养天年，使壮年人可以发挥所能，使幼年人能健康地成长，鳏夫或寡妇、孤儿或无后者、残废或生病的人，都可以得到照顾与供养。使男子各有职业，使女子出嫁各有归属。财货，厌恶它被任意抛弃在地上，却不必只是自己想占有收藏；力气，厌恶自己有能力却没有用出来，尽力却不必只是为自己。因此，阴谋被堵住而不能兴起，盗窃、作乱、贼杀都不会发生，所以家家户户的大门可以不关闭。这就叫作大同社会。

“而今大道已衰微不行，天下成了一家所有，人们各自孝敬自己的双亲，各自慈爱自己的子女，财货人力都只为了自己，诸侯世袭相承成为礼制。修筑城郭沟池以防守，将礼义视为纲纪；以此端正君臣关系，以加深父子关系，以和睦兄弟关系，以调和夫妻关系，以设立制度规章，以划分田土宅里，以尊敬勇士与智者。由于成就功业都是为了自己，因此阴谋也就产生了，战争也由此而发生。禹、汤、文、武、成王、周公，都是用礼义来治国的英才。这六君子，没有不是谨慎行礼的人。透过礼制以彰显道义，以成就诚信，以明察过失，以仁为模范且讲求谦让，向人们昭示治国的常法。如果有不遵行礼义的，在位者就会因罪而被黜退，百姓会认为这是祸害。这就叫作小康社会。”

言偃复问曰：“如此乎礼之急也？”孔子曰：“夫礼，先王以承天之道，以治人之情，故失之者死，得之者生。《诗》曰：‘相鼠有体，人而无礼。人而无礼，胡不遄死[①]？’是故夫礼必本于天，殽于地[②]，列于鬼神，达于丧、祭、射、御、冠、昏、朝、聘。故圣人以礼示之，故天下国家可得而正也。”

【注释】

①“相鼠有体”四句：出自《诗经·鄘风·相鼠》。相鼠，即今之黄鼠。遄（chuán），快，迅速。

②殽（xiào）：通“效”。

【译文】

言偃又问：“礼是如此的急需吗？”孔子回答说：“礼，是先代圣王用来顺应天道，用来治理人情的，所以失去礼的人就会死，得到礼的人就能生。《诗经》中说：‘老鼠还有身体，人怎么能没有礼。如果人没有礼，怎么不快点儿去死？’所以说礼一定是源于上天，效法于大地，与鬼神并列，体现在丧葬、祭祀、射礼、乡饮酒礼、冠礼、婚礼、朝见、聘问的礼仪中。所以圣人用礼向人们展示，所以天下国家可以得到并能正确地治理。”

言偃复问曰：“夫子之极言礼也，可得而闻与？”孔子曰：“我欲观夏道，是故之杞[①]，而不足征也，吾得《夏时》焉[②]。我欲观殷道，是故之宋[③]，而不足征也，吾得《坤乾》焉[④]。《坤乾》之义，《夏时》之等，吾以是观之。

“夫礼之初，始诸饮食，其燔黍捭豚[5]，污尊而抔饮[6]，蒉桴而土鼓[7]，犹若可以致其敬于鬼神。及其死也，升屋而号，告曰：‘皋某复[8]。’然后饭腥而苴孰[9]，故天望而地藏也[10]。体魄则降，知气在上，故死者北首，生者南乡[11]，皆从其初。

“昔者先王未有宫室，冬则居营窟[12]，夏则居橧巢[13]。未有火化，食草木之实，鸟兽之肉，饮其血，茹其毛；未有麻丝，衣其羽皮。后圣有作，然后修火之利，范金[14]，合土，以为台榭、宫室、牖户；以炮以燔[15]，以亨以炙，以为醴酪[16]；治其麻丝，以为布帛。以养生送死，以事鬼神上帝，皆从其朔。

“故玄酒在室，醴、醆在户[17]，粢醍在堂[18]，澄酒在下[19]。陈其牺牲，备其鼎、俎，列其琴、瑟、管、磬、钟、鼓，修其祝、嘏[20]，以降上神与其先祖，以正君臣，以笃父子，以睦兄弟，以齐上下，夫妇有所。是谓承天之祜[21]。

“作其祝号[22]，玄酒以祭，荐其血、毛，腥其俎，孰其殽。与其越席[23]，疏布以幂[24]，衣其浣帛[25]；醴、醆以献，荐其燔、炙。君与夫人交献[26]，以嘉魂魄[27]。是谓合莫[28]。然后退而合亨[29]，体其犬豕牛羊，实其簠、簋、笾、豆、铏羹[30]，祝以孝告，嘏以慈告[31]。是谓大祥。此礼之大成也。”

【注释】

①杞：周分封夏的后裔的国名。

②《夏时》：夏代的历书。

③宋：周分封殷的后裔的国名。

④《坤乾》：有关阴阳占筮的书。

⑤燔（fán）黍：孔疏：“以水洮释黍米，加于烧石之上以燔之。”即将黍

放在烧热的石头上再烧熟。燔,用火烤。捭(bò)豚:孔疏:“捭析豚肉,加于烧石之上而孰之。”捭,分开,撕裂。

⑥污尊:凿地为尊。污,通“洿(wū)”,掘地。抔(póu)饮:双手捧水而饮。

⑦蒉桴(kuài fú):抟土为土桴。桴,击鼓的鼓槌。鼓:郑注:“筑土为鼓。”

⑧皋:引声之辞。某:死者名。

⑨饭腥:饭含用生米。苴(jū)孰:用草叶包裹熟肉。孰,同“熟”。下同。

⑩天望:望天而招魂。地藏:葬地以藏尸。

⑪“故死者”二句:因北属阴,南属阳,所以死者朝北,生者朝南。

⑫营窟:挖地洞或垒土为洞穴。

⑬橧(zēng)巢:堆积柴薪为巢屋。

⑭范金:烧熔金属,注入模型中,铸作器用。

⑮炮:用泥涂裹食物,然后放置火中烤。

⑯醴:未经过滤糟滓的酒,类似汉代的甜酒。酪(lào):醋浆。

⑰醆(zhǎn):即盎齐,一种葱白色的浊酒。《周礼·天官·酒正》载五齐(jì):“一曰泛齐,二曰醴齐,三曰盎齐,四曰缇齐,五曰沈齐。”盎齐盛之以醆,故曰“醆”。

⑱粢(jì)醍(tǐ):浅红色的清酒。粢,通“齐”(jì)。醍,浅红色的清酒。

⑲澄酒:即沈齐,糟滓下沉的清酒。

⑳祝:代表主人的飨神之辞。嘏(gǔ):尸向主人致辞,以传达神明的祝福。

㉑祜(hù):福。

㉒祝号:祝向鬼神报告祭祀所用牺牲玉帛。号,用来尊神显物的美称。

㉓越(huó)席:用蒲草编织的席。

㉔幂:覆盖酒樽。

㉕浣帛:祭服,练染而成。

㉖交献:孔疏:“第一君献,第二夫人献,第三君献,第四夫人献,是君与夫人交错而献也。”

㉗嘉:郑注:“乐也。”

㉘合莫:孔疏:“莫谓虚无寂寞。言死者精神虚无寂寞,得生者嘉善,而神来歆飨,是生者和合于寂寞。”

㉙合亨:上文言“孰其殽”,牲肉并未完全煮熟,所以再合牲体烹熟。亨,同“烹”。

㉚簠、簋、笾、豆、铏(xíng)羹:都是盛放食品的器具。详见《曾子问》篇。铏,形制如鼎而小,盛装菜汤和肉汤。

㉛祝以孝告,嘏以慈告:孔疏:“此论祭祀祝嘏之辞”,“言祝嘏于时,以神之恩慈而告主人”。

【译文】

言偃又问:“老师极力强调礼,可以详细地说明吗?”孔子说:“我想要了解夏代的礼制,所以到杞国去,但杞国的文献不足,我只得到了一本《夏时》的历法书。我想要了解殷代的礼制,所以到宋国去,但宋国的文献也不足,我只得到了一本《坤乾》的占卜书。通过《坤乾》的含义,《夏时》的等次,我从中来观察礼制。

“礼产生之初,开始用于饮食上,把黍放在烧热的石头上烧熟,把小猪烤熟,凿地为酒樽,双手捧水而饮,抟土为鼓槌,筑土为鼓,即使这样简陋,也可以向鬼神致敬。等到人去世,亲人就登上屋顶哭号,说:‘啊!某回来吧!’然后为死者饭含生米,用草叶包裹熟肉,所以这样望天招魂,葬地藏尸。因为人死后形体降入地下,精气则上升,所以死者头朝北,生者则朝南居住,现在依然实行这些礼仪,都是跟从最初而来的。

“从前先王没有宫室,冬天就住在洞穴中,夏天就住在柴薪搭成的巢屋里。那时候还不懂得用火煮食,生吃草木的果实和鸟兽的肉,喝鸟兽的血,连肉带毛生吞;那时候还不知道丝麻可以织布做衣,就披上鸟羽兽皮当衣服。后来有圣人兴起,才懂得火的作用,于是烧熔金属注入模型中,铸作器皿,用泥土烧制陶器,用来建造台榭、宫室、门窗;又用火来焙、来烧、来煮、来烤,酿造醴酒和醋浆;又缫治丝麻,织成布帛。用来供养活人,送走死者,用来祭祀鬼神和上帝,凡此种种,也都是沿袭上古最初的做法。

“为了表示不忘先人,所以在祭祀时玄酒摆在室内,醴和醆摆在门旁,粢醍摆在堂上,澄酒摆在堂下,同时陈列牺牲,备齐鼎、俎,排列琴、瑟、管、磬、钟、鼓等乐器,精心修制飨神之辞和神佑之辞,用以迎接天神和祖宗的降临,通过祭祀中的各种礼仪,来规范君臣的关系,加深父子的感情,和睦兄弟的情意,使上下均可得到神惠,使夫妇各有自己应处的地位。这样的祭祀就叫承受上天的赐福。

“制作祝辞中的种种美称,设置玄酒以祭神,先进献牲的血、毛,再将生肉载于俎上进献,再将稍煮的半熟的骨肉献上。主人铺上蒲席,用粗布覆盖酒樽,身穿祭服;向尸献上醴酒和醆酒,又献上烤肉和烤肝。国君与夫人向神交替进献,使祖先的灵魂感到愉悦。这就叫子孙和祖先的灵魂在冥冥之中相会。然后退出,把撤下来的肉和刚才半熟的肉一起放在镬里煮熟,然后区别狗猪牛羊的不同部位,放到簠、簋、笾、豆、铏羹等不同的容器里,来招待宾客,祝的祝辞要表达主人对神的孝敬之意,神的保佑之辞要表达对子孙的爱护之心。这就叫大的吉祥。这样祭礼就算完成了。”

孔子曰:“於呼哀哉[①]!吾观周道,幽、厉伤之[②],吾舍鲁何适矣[③]?鲁之郊、禘[④],非礼也。周公其衰矣!杞之郊也,禹也;宋之郊也,契也[⑤]。是天子之事守也。故天子祭天地,诸侯祭社稷。

【注释】

①於(wū):叹词。

②幽、厉:周幽王、周厉王。西周时的两个昏君。伤:破坏。

③吾舍鲁何适矣:鲁国是周公之后,在诸侯国中保存礼制最多,要观周道只能去鲁国,所以孔子说“舍鲁何适”。

④郊:天子在南郊举行的祭天之礼。禘(dì):天子在太庙举行的祭祀始祖之礼。只有天子才能行郊祭和禘祭,鲁是诸侯,却也行郊、禘之礼,所以后文说是“非礼也”。

⑤“杞之郊也“四句:因为杞国和宋国是禹和契(xiè)的后裔,只有他们能够祭拜先圣,所以即使是诸侯也可以行郊祭,这与鲁国是不同的,周与鲁的祖先相同,所以只有周天子可以行郊、禘之祭。

【译文】

孔子说:“哎,真是可悲啊!我考察周代的礼,发现经过幽、厉之乱,已被破坏得差不多了,我不去鲁国的话还能去哪里呢?但是,鲁国却举行郊天禘祖之礼,这不合乎礼的规定。只能说明周礼真是衰败了!杞国国君可以行郊祭,是因为他是禹的后代;宋国国君可以行郊祭,是因为他是契的后代。这是只有天子可以行郊祭。所以天子祭天地,诸侯祭祀自己国土内的土地神与谷物神。

“祝、嘏莫敢易其常古,是谓大假[①]。祝、嘏辞说,藏于宗、祝、巫、史,非礼也。是谓幽国[②]。醆、斝及尸君[③],非礼也。是谓僭君[④]。冕、弁、兵、革藏于私家,非礼也。是谓胁君[⑤]。大夫具官[⑥],祭器不假[⑦],声乐皆具[⑧],非礼也。是谓乱国[⑨]。故仕于公曰‘臣’,仕于家曰‘仆’。三年之丧,与新有昏者,期不使。以衰裳入朝[⑩],与家仆杂居齐齿,非礼也。是谓君与臣同国。故天子有田以处其子孙,诸侯有国以处其子孙,大夫有采以处其子孙[11]。是谓制度。故天子适诸侯,必舍其祖庙,而不以礼籍入[12],是谓天子坏法乱纪。诸侯非问疾吊丧,而入诸臣之家。是谓君臣为谑。是故礼者,君之大柄也[13]。所以别嫌明微,傧鬼神,考制度,别仁义,所以治政安君也。故政不正则君位危,君位危则大臣倍,小臣窃。刑肃而俗敝,则法无常,法无常而礼无列,礼无列,则士不事也。刑肃而俗敝,则民弗归也。是谓疵国[14]。

【注释】

①假:陈澔说,亦当作"嘏"。嘏,福也。

②幽国:孙希旦曰:"言其国之典礼幽暗不明也。"

③醆(zhǎn):用同"盏",夏代天子使用的酒器。斝(jiǎ):殷代天子使用的酒器。醆、斝只有鲁国和杞、宋二国可以使用,其他诸侯使用便是僭越。

④僭君:郑注:"僭礼之君也。"

⑤胁君:郑注:"劫胁之君也。"孔疏:"私藏公物,则见此君恒被臣之劫胁。"

⑥大夫具官:大夫具备官员。只有天子、诸侯能设置多种官员,管理政事。大夫只有宰一人,兼管数事。

⑦祭器不假:这是指庶子为大夫之家。按礼,只有宗子家才可以准备祭器,支子则不可以。支子如有需要,可到宗子家去借。

⑧声乐皆具:八音齐备。八音,即金、石、丝、竹、匏、土、革、木八种乐器。诸侯有时还不能八音皆备,大夫就更加不可以。

⑨乱国:郑注:"臣之奢富儗(拟)于国君,败乱之国也。"

⑩以衰裳入朝:穿着丧服进入朝廷。按礼,居丧当归还政事。

⑪采:采地,古代卿大夫的封地。

⑫礼籍：指有关礼典制度的册子。

⑬柄：斧柄。这里指国君治国的工具。

⑭疵国：孔疏："君既危于上，臣又叛于下，刑肃严重，风俗凋敝，皆国之病，故云'疵国'。"

【译文】

"祝辞和嘏辞不敢改变其传统的规定，这就叫大福。祝辞和嘏辞，本当藏于宗庙，现在却藏于宗伯、太祝、巫官和史官的家中，这不合于礼制。这就叫国家的礼制幽暗不明。醆、斝是天子用的酒器，现在诸侯用来献尸，这不合于礼制。这就叫作僭越礼仪的国君。冕、弁是国君的礼服，兵器、甲胄是国君的装备，现在却藏于大夫的家中，这不合于礼制。这就令国君遭劫迫被威胁。大夫具备百官，祭器不用外借，八音齐备，这不合于礼制。这就叫扰乱国家法纪。在国君那里任职叫做'臣'，在大夫家里任职叫做'仆'。臣仆如果遇到要为父母服三年之丧，或是刚结婚，国君和大夫一年内就不要向他们派差使。在居丧期间穿丧服上班，或是和家仆杂居一起，这不合于礼制。这就叫君臣共有国家。天子有土地可以授给子孙为诸侯，诸侯有国家可以授给子孙为大夫，大夫有采地可以授给子孙。这就叫制度。所以天子到诸侯国去，一定要住在诸侯的祖庙，但如果住进时无视礼书的规定。这就叫天子违法乱纪。诸侯如果不是由于探病、吊丧而随随便便到诸臣家里去，那就叫君臣戏闹互谑。所以说，礼是国君治理国家最有力的工具。有了它才能区别混杂，明察微隐，敬事鬼神，订立制度，分别仁义，所以说礼是用来治理国家，安定君权的。因此，国家政事如果不端正就会导致君位动摇，君位动摇就会导致大臣悖逆，小臣偷窃。如果用严刑峻罚就会导致风俗败坏，那么法令就会无常，法令无常又会导致礼仪乱套，礼仪乱套就让士人无法做事。刑罚严峻而又风俗败坏，百姓就不会归附了。这就叫有病的国家。

“故政者，君之所以藏身也。是故夫政必本于天，殽以降命[1]。命降于社之谓殽地[2]，降于祖庙之谓仁义[3]，降于山川之谓兴作[4]，降于五祀之谓制度[5]。此圣人所以藏身之固也。故圣人参于天地，并于鬼神[6]，以治政也。处其所存，礼之序也；玩其所乐，民之治也。故天生时而地生财，人，其父生而师教之，四者君以正用之，故君者立于无过之地也。

【注释】

①殽：通“效”，效法。孔疏：“言人君法效天气，以降下政教之命；效星辰运转于北极，为昏媾姻亚（娅）；效天之阴阳寒暑，为刑狱赏罚，是‘殽以降命’。”命：政令。

②命：政令。社：土地神。殽地：效地，效法大地。各地的土壤不同，生物也不同，因此政令根据土地条件与需求而下达就叫效法大地。

③降于祖庙之谓仁义：祖庙之中，父庙虽亲而不尊，始祖、高祖之庙虽尊而不亲。亲出于仁，尊出于义，故政教之命出于宗庙体现着仁义。

④降于山川之谓兴作：山川中的自然资源是制作器物的资料，所以政教之命出于山川叫做“兴作”。兴作，生发制作万物。

⑤降于五祀之谓制度：政教之命从五祀而来，以五祀之神的大小形制为法度，据以制定等级制度。五祀，参见《王制》、《月令》篇。

⑥并：郑注：“谓比方之也。”即比较、参照。鬼神：指祖庙、山川、五祀。

【译文】

“所以政令是国君用来安身的法宝。所以政令一定要源于上天，效仿天道而下达。政令根据土地的条件与需求而下达就叫效仿大地，政令根据祖庙亲尊意义而下达就叫仁义，政令根据山川资源而下达就叫兴发制作，政令根据五祀规范而下达就叫制定法规制度。这就是圣人能够稳固地立身的原因。所以圣人是参看了天地，又比照了鬼神，以此来制定政令。圣王能处理所观察到的，使得礼制有次序；能玩味人们所爱好的，使得民众能够被治理。天生四时，地生财货，人由父母所生，由老师所教，这四条，如果国君都能够正确利用，就能够立于不出过错之地。

“故君者所明也[①]，非明人者也；君者所养也，非养人者也；君者所事也，非事人者也。故君明人则有过，养人则不足，事人则失位。故百姓则君以自治也，养君以自安也，事君以自显也。故礼达而分定，故人皆爱其死而患其生。故用人之知，去其诈；用人之勇，去其怒；用人之仁，去其贪。故国有患，君死社稷谓之义，大夫死宗庙谓之变。故圣人耐以天下为一家[②]，以中国为一人者，非意之也，必知其情，辟于其义，明于其利，达于其患，然后能为之。

【注释】

①明：陈澔认为当作“则”，效法之意。

②耐(néng)：即“能”。

【译文】

“因此国君是人们所效法的，而不是效法他人的；是人们所供养的，而不是供养他人的；是人们所服侍的，而不是服侍他人的。所以，如果国君效法他人就会犯有过错，供养他人肯定其力不足，服侍他人就意味着失去了国君之位。所以百姓都是效法国君以达到自我管理，供养国君以达到自我安定，服侍国君以达到显示自己的职业。所以这样的礼制上下都明了，那么上下名分就能确定，所以人人都乐于为合于礼而牺牲，耻于不合于礼却偷生。国君要重用有智慧的人，去掉他的诈伪；任用勇敢的人，去掉他易怒的性格；任用仁义的人，去掉他的贪婪。国家有了外患，国君与国土共存亡，这是正义；大夫为保卫国君宗庙而死，这是职责所在，这是正道。所以圣人能够使天下成为一个家庭，全中国人民像是一个人，并不是凭着主观臆想，而是凭着了解人情，通晓人义，明白人利，熟知人患，然后才做到的。

“何谓人情？喜、怒、哀、惧、爱、恶、欲，七者弗学而能。何谓人义？父慈、子孝、兄良、弟弟、夫义、妇听、长惠、幼顺、君仁、臣忠，十者谓之人义。讲信修睦，谓之人利；争夺相杀，谓之人患。故圣人之所以治人七情，修十义，讲信修睦，尚辞让，去争夺，舍礼何以治之？饮食男女，人之大欲存焉；死亡贫苦，人之大恶存焉。故欲恶者，心之大端也。人藏其心，不可测度也。美恶皆在其心，不见其色也，欲一以穷之，舍礼何以哉？

【译文】

“什么叫做人情？喜、怒、哀、惧、爱、恶、欲，这七种不学就会的感情就是人情。什么叫做人义？父亲慈爱，儿子孝敬，兄长善良，幼弟敬长，丈夫守义，妻子听从，长者施惠，幼者恭顺，君主仁慈，臣子忠诚，这十种伦理关系准则就叫人义。讲究信用，维持和睦，这叫做人利；互相争夺残杀，这叫做人患。所以圣人要治理人的七情，修正十种伦理关系准则，讲究信用，维持和睦，崇尚谦让，避免争夺，除了礼还有更好的办法整治吗？饮食与求偶，是人最大的欲望所在；死亡与贫苦，是人最大的厌恶所在。所以欲望和厌恶，是人心中的两件大事。人人都把心思藏起来，深不可测。美好或丑恶的念头都深藏在心，外表上不表现出来，要想彻底搞清楚，除了礼还能用什么呢？

“故人者，其天地之德，阴阳之交，鬼神之会①，五行之秀气也。故天秉阳，垂日星②；地秉阴，窍于山川。播五行于四时③，和而后月生也。是以三五而盈，三五而阙④。五行之动，迭相竭也⑤。五行、四时、十二月，还相为本也。五声、六律、十二管⑥，还相为宫也⑦。五味、六和、十二食⑧，还相为质也⑨。五色、六章、十二衣⑩，还相为质也。故人者，天地之心也，五行之端也⑪，食味、别声、被色而生者也⑫。

【注释】

①鬼神：孔疏：“鬼谓形体，神谓精气。”

②垂：在上照临下。与下文“窍”相对。

③播五行于四时：把五行与四季相配，即木配春，火配夏，金配秋，水配冬，土配于季夏与孟秋之间。详《月令》篇。播，分散。

④“是以”二句：月亮在一个月的前十五天是从月牙逐渐成为满月，后十五天，又由满月逐渐变成月牙。

⑤迭相竭：指五行交替衰竭。即春为木，夏为火，火旺则木竭。

⑥五声：宫、商、角、徵、羽。六律：见《月令》“孟春之月”节注⑩。十二管：即十二律。见《月令》“孟春之月”节注⑩。

⑦还（xuán）相为宫：意谓十二管依次更迭充当宫声。

⑧五味：郑注：“酸、苦、辛、咸、甘也。”六和：郑注：“和之者，春多酸，夏多苦，秋多辛，冬多咸，皆有滑甘，是为‘六和’。”

⑨质：阮元《十三经注疏》说，戴震考证，此“质”当作“滑”，唐以前古本作“滑”。甚是。滑为六和之一，犹如上文宫为五音之一。

⑩五色：指服饰的色彩绘画，青、赤、黄、白、黑为五方之色。六章：五色加上天玄（黑）。

⑪五行之端：孔疏：“万物悉由五行而生，而人最得其妙气，明仁义礼智信为五行之首也。”

⑫食味：孔疏：“五行各有味，人则并食之。”别声：孔疏：“五行各有声，人则含之，皆有分别也。”被色：孔疏：“五行各有色，人则被之以生。”

【译文】

“所以人是感于天地所载之德，阴阳二气交合，形体和精气结合，吸收五行的精华而生。所以天持阳气，垂示日月星辰的光芒；地持阴气，借助山河的孔穴而通气。分散五行于四季，五行、四季调和后月亮才会出现。所以每月的前十五天，月亮逐渐变成满月，后十五天，又逐渐残缺。五行的运转，交替往来衰竭。五行、四季、十二月，依次交替为本始。五声、六律、十二管，依次交替为宫声。五味、六和、十二食，依次交替为主味。五色、六章、十二衣，依次交替为主色。所以说，人是天地的核心，是五行的端首，知道调和品尝五种不同滋味、辨别五种不同声音、穿着五种不同颜色的衣服而生活的。

“故圣人作则，必以天地为本，以阴阳为端，以四时为柄，以日星为纪，月以为量，鬼神以为徒，五行以为质，礼义以为器，人情以为田，四灵以为畜[①]。以天地为本，故物可举也；以阴阳为端，故情可睹也；以四时为柄，故事可劝也；以日星为纪，故事可列也。月以为量，故功有艺也；鬼神以为徒，故事有守也；五行以为质，故事可复也；礼义以为器，故事行有考也；人情以为田，故人以为奥也[②]；四灵以为畜，故饮食有由也。

【注释】

①四灵：见下节文与注。

②奥：郑注："犹主也。田无主则荒。"

【译文】

"所以圣人制作法则，一定要以天地为万物的根本，以阴阳为启动的开端，以四时为操控的把柄，以日和星为运作的纲纪，以月为区分的衡量，以鬼神为协助的徒属，以五行为运行的主干，以礼义为操作的器具，以人情为耕作的田地，以四灵为禽畜的首领。因为以天地为万物的根本，所以万物都能包罗。以阴阳为启动的开端，所以人情可以察觉。以四时为操控的把柄，所以农事可以劝勉。以日和星为运作的纲纪，所以做事便于排列；以月为区分的衡量，所以事情就有了准则。以鬼神为协助的徒属，所以人人皆有职守。以五行为运行的主干，所以事情可以周而复始。以礼义为操作的器具，所以事事才能办成；以人情为耕作的田地，所以人就是田地的主人。以四灵为禽畜的首领，所以饮食就有了来源。

"何谓四灵？麟、凤、龟、龙①，谓之四灵。故龙以为畜，故鱼鲔不淰②；凤以为畜，故鸟不獝；麟以为畜，故兽不狘；龟以为畜，故人情不失。故先王秉蓍龟，列祭祀，瘗缯③，宣祝嘏辞说，设制度④。故国有礼，官有御，事有职，礼有序。

【注释】

①麟：麒麟，毛虫之长。凤：凤凰，羽虫之长。龟：甲虫之长。龙：鳞虫之长。

②鲔（wěi）：鲟鱼。此处泛指鱼类。淰（shěn）：惊骇逃散的样子。与下文的"獝"（xù）、"狘"（xuè）意义相同。獝，惊飞。狘，惊走。

③瘗(yì)缯：把帛埋在地下。这是祭地的礼仪。瘗，埋。缯，币帛。

④制度：孔疏："谓造宫室、城隍、车旗之属也。"

【译文】

"什么叫四灵？麒麟、凤凰、龟、龙，这四种动物叫做四灵。所以龙如果为家畜，那么鱼类就不会惊骇逃走；如果凤凰为家畜，那么鸟类就不会惊骇逃走；如果麒麟为家畜，那么百兽就不会惊骇逃走；如果龟为家畜，那么就可以占卜以预知人情。所以先王秉持蓍草和龟甲，安排祭祀，把币帛埋在地下，宣读祝辞和嘏辞，设立各种宫室、建筑、车旗的制度。于是国家有礼制，百官各自管理各自的事务，事情有分职，礼仪有秩序。

"故先王患礼之不达于下也，故祭帝于郊，所以定天位也；祀社于国，所以列地利也；祖庙，所以本仁也；山川，所以傧鬼神也；五祀，所以本事也。故宗祝在庙[①]，三公在朝，三老在学，王前巫而后史，卜筮瞽侑皆在左右[②]。王中心无为也，以守至正。故礼行于郊而百神受职焉，礼行于社而百货可极焉，礼行于祖庙而孝慈服焉，礼行于五祀而正法则焉。故自郊、社、祖庙、山川、五祀，义之修而礼之藏也[③]。

【注释】

①宗祝：宗伯和太祝。天子祭祖庙，宗祝是其助手。

②瞽(gǔ)：郑注："乐人也。"侑：孔疏："侑是四辅，典于规谏者也。"

③义之修而礼之藏：孔疏："祭在上诸神，是义之修饰、礼之府藏也。"

【译文】

"先王担心礼教不能普及于下民，所以在南郊祭祀上帝，来确定天的地位是至高无上的；在国内祭祀土地神，来陈列大地为人类所提供的便利；在庙中祭祀祖先，来表达人的仁爱之本；祭祀山川，来表达对鬼神的礼敬之情；举行五祀之祭，来表达各种制度本源于此。所以天子在宗庙中，有宗伯和太祝相助；在朝中，有三公辅佐；在大学中，有三老讲学，天子前有掌管神事的巫，后有负责记录言行的史，负责卜筮的官员、负责奏乐的官员、负责规劝的官员，都在天子的左右。天子心中没有任何杂念，恪守至正之道。所以在南郊祭天，天上的众神就会各司其职；在国中祭祀土地神，地上的资源就可充分利用，在庙中祭祖，孝慈之道就能推行，举行五祀之祭，就能规正各种法则制度。所以祭天、祭地、祭祖、祭山川、祭五祀，都是修治了义又蕴藏了礼。

“是故夫礼，必本于大一①，分而为天地，转而为阴阳，变而为四时，列而为鬼神。其降曰‘命’，其官于天也。夫礼必本于天，动而之地，列而之事，变而从时，协于分艺。其居人也曰‘养’，其行之以货、力、辞让、饮食、冠、昏、丧、祭、射、御、朝、聘。

【注释】

①大一：即太一，指天地未分之前混沌状态的元气。郭店楚简《太一生水》：“太一生水，水反辅太一，是以成天。天反辅太一，是以成地。天地复相辅也，是以成神明。神明复相辅也，是以成阴阳。阴阳复相辅也，是以成四时。”大，同“太”。

【译文】

“因此，礼必定以太一为本，太一划分为天和地，天地转化为阴和阳，阴阳又变化为春、夏、秋、冬四季，四季又序列为鬼神。圣人据此而颁降的政令就叫做‘命’，这都是主法于天的。礼一定以上天为本，动用于大地，分列吉凶等事，根据四季变化，合乎每月行令的准则。礼在人事上叫做‘养’，礼的实行表现在财货、精力、辞让、饮食、冠礼、婚礼、丧礼、祭祀、射礼、驾车、朝见、聘问等事中。

“故礼义也者，人之大端也。所以讲信修睦，而固人肌肤之会，筋骸之束也；所以养生送死，事鬼神之大端也；所以达天道，顺人情之大窦也①。故唯圣人为知礼之不可以已也。故坏国、丧家、亡人，必先去其礼。

【注释】

①窦：孔穴。这里指人情出入的渠道。

【译文】

“所以礼义这个东西，是人的头等大事。所以用礼来讲究信用，维持和睦，就像巩固人的肌肤会合、筋骨相连一样；所以礼是养生送死，敬事鬼神的头等大事；所以礼是通达天理、顺应人情的重要渠道。因此只有圣人才知道礼是不可废止的。因此，凡是国坏乱、家丧败、人死亡的，一定是因为先抛弃了礼才会如此。

“故礼之于人也，犹酒之有蘖也①，君子以厚，小人以薄。故圣王修义之柄，礼之序，以治人情。故人情者，圣王之田也，修礼以耕之，陈义以种之，讲学以耨之，本仁以聚之，播乐以安之。故礼也者，义之实也。协诸义而协，则礼虽先王未之有，可以义起也。义者，艺之分，仁之节也。协于艺，讲于仁，得之者强。仁者，义之本也，顺之体也，得之者尊。故治国不以礼，犹无耜而耕也；为礼不本于义，犹耕而弗种也；

为义而不讲之以学，犹种而弗耨也；讲之以学而不合之以仁，犹耨而弗获也；合之以仁而不安之以乐，犹获而弗食也；安之以乐而不达于顺，犹食而弗肥也。

【注释】

①糵(niè)：酿酒的曲。

【译文】

“所以礼对于人来说，好比是酿酒要用的曲，君子礼厚，酿成的酒也便醇厚，小人礼薄，酿成的酒也便味薄。所以圣王操着义这件工具，根据礼的秩序，用来治理人情。所以人情这东西，好像是圣王的田地，圣王修治礼来耕作，陈说义来下种，讲解教导来除草，以仁爱为本来收获，播放音乐使其安逸。所以说礼，是根据义制定的。礼要合于义并将二者协合，这样的礼即使先王没有，也可以根据义来创作。义是区分事理的标准，节度仁爱的尺度。能协和事理，符合仁爱，做到这两条的人就是强者。仁是义的根本，是顺的主体，谁能做到仁谁就受人尊敬。所以治国不用礼，就好比耕作却没有农具；制定礼而不本于义，就好比耕地了却不下种；有了义而不讲解教育，就好比下种了却不除草；有了讲解教育而不和仁爱结合，就好比除草了却不去收获；和仁爱结合了而不用音乐安置，就好比收获了却不让食用；用音乐安置而没有达到自然而然的境界，就好比吃了饭身体却不肥壮。

“四体既正，肤革充盈，人之肥也。父子笃，兄弟睦，夫妇和，家之肥也。大臣法，小臣廉，官职相序，君臣相正，国之肥也。天子以德为车，以乐为御，诸侯以礼相与，大夫以法相序，士以信相考，百姓以睦相守，天下之肥也。是谓大顺。大顺者，所以养生、送死、事鬼神之常也。故事大积焉而不苑，并行而不缪，细行而不失，深而通，茂而有间，连而不相及也，动而不相害也，此顺之至也。故明于顺，然后能守危也。

【译文】

“四肢健全，肌肤丰满，这是个人身体的肥壮。父子情笃，兄弟和睦，夫妇和谐，这是家庭的肥壮。大臣守法，小臣廉洁，百官各守其职而上下有序，君臣相互规正，这是国家的肥壮。天子把道德当作车辆，把音乐当作驾车者，诸侯用礼相互往来，大夫用法排列次序，士用诚信完成事情，百姓用和睦维持关系，这可以看作是整个天下的肥壮。天下的肥壮就叫做大顺。大顺，是用来养生、送死、敬事鬼神的常法。因此，达到了大顺，即使事情积聚也不会滞留，事情同时进行也不会出错，事情虽然细小也没有闪失，事情深奥却可以通达，事情茂密但有间距，事情相互关联却不干扰，事情同时运作却不互相排斥，这便是顺的最高境界。由此看来，明白了顺的重要性，才能安守君位没有危险。

“故礼之不同也，不丰也，不杀也，所以持情而合危也。故圣王所以顺，山者不使居川，不使渚者居中原[①]，而弗敝也。用水、火、金、木、饮食必时[②]，合男女、颁爵位必当年、德，用民必顺。故无水旱昆虫之灾，民无凶饥妖孽之疾[③]。故天不爱其道，地不爱其宝，人不爱其情。故天降膏露，地出醴泉，山出器、车[④]，河出马图[⑤]，凤凰、麒麟皆在郊棷[⑥]，龟、龙在宫沼，其余鸟兽之卵胎，皆可俯而窥也。则是无故，先王能修礼以达义，体信以达顺故。此顺之实也。”

【注释】

①渚(zhǔ):水中小块陆地。

②用水、火、金、木、饮食必时:水、火、金、木等自然资源的利用和饮食,都要根据四时的不同而作不同的规定。详见《月令》篇的记述。

③妖:衣服、歌谣、草木之怪。孽:禽兽、虫蝗之怪。

④器:郑注:"谓若银瓮丹甑也。"车:孔疏:引纬书说,"自然之车"。皆指天降祥瑞之器物。

⑤河出马图:孔疏:"伏羲氏有天下,龙马负图出于河,遂法之画八卦。"《易·系辞上》:"河出图,洛出书,圣人则之。"

⑥棷(sǒu):通"薮",泽。

【译文】

"礼的最大特点在于区别不同,礼制规定的不能增加,也不能减少,只有这样才能维系人情而各安其位。所以圣王顺应人情而制礼,不让居住在山中的人去水旁居住,不让居住在河洲的人去平原居住,这样人们都不会疲敝。使用水、火、金、木和饮食,一定要因时制宜;男婚女嫁,年龄应相当;颁赐爵位,应依据德行;任用百姓要顺应民心,不夺农时。这样就没有水旱蝗螟之灾,百姓就没有凶灾饥荒和怪病。所以天不吝惜道义,地不吝惜宝物,人不吝惜感情。于是天降甘露,地涌甘泉,山中出现宝器和天然形成的车辆,大河中出现龙马负图,凤凰、麒麟都栖息在郊外的沼泽,神龟、蛟龙出现在宫中的水池,其余鸟兽产的卵、怀的胎,人们低头俯身就可以看到。这没有其他的原因,就是由于先王能够修治礼仪而通达各种义理,又通过诚信以达到顺应天理人情的缘故。而这就是天下大顺的结果。"

礼器第十

【题解】

郑玄《礼记目录》云:"名为'礼器'者,以其记礼使人成器之义也。"成器,指成德器之美或用器之制。方悫说:"形而上者谓之道,形而下者谓之器。道运而无名,器运而有迹。《礼运》言道之运,《礼器》言器之用。"实则本篇篇名还是因为篇首二字为"礼器",主要内容为记述礼本于忠信,反本修古、以诚为贵等基本精神和特点。

礼器,是故大备。大备,盛德也。礼释回[①],增美质,措则正[②],施则行[③]。其在人也,如竹箭之有筠也[④],如松柏之有心也。二者居天下之大端矣[⑤],故贯四时而不改柯易叶[⑥]。故君子有礼,则外谐而内无怨。故物无不怀仁[⑦],鬼神飨德。

【注释】

①释:去。回:邪僻。

②措:放置。

③施:用。

④竹箭:大竹、小竹。箭,即筱,细竹。筠(yún):竹子的青皮。

⑤二者：指竹与松柏。居天下之大端：孙希旦云："竹箭有筠，以贞固于其外；松柏有心，以和泽于其内。二物于天下，有此大节，故能贯乎四时，而枝叶无改。"朱彬《训纂》引王懋竑说："竹箭有筠饰于外者，似礼之文。松柏有心主于内者，似礼之本。"端，本，节。

⑥贯：经。柯：草木之茎。

⑦怀仁：归仁。

【译文】

以礼为器，因而能品行大备。品行大备，就是盛德了。礼能够消除邪恶，增加美的品质，放在人身上则能正身，施用在事情上则能实行。礼对于人来说，就好比大竹、小竹外表的篾青，又好比松树、柏树的树心。天下只有竹子和松柏有此大本大节，所以经过四季仍能不改换枝叶。所以说君子有了礼，就能做到与外界和谐相处而内心无怨。所以人们无不归心于他的仁德，鬼神也愿意享用有德者的祭品。

先王之立礼也，有本有文。忠信，礼之本也；义理，礼之文也。无本不立，无文不行。

【译文】

先王所制定的礼，有内在的本质，也有外在的文的形式。忠信，是礼的内在本质；义理，是礼的外在的文的形式。没有内在的本质，礼就不能成立；没有外在的文的形式，礼就不能施行。

礼也者，合于天时，设于地财①，顺于鬼神，合于人心，理万物者也。是故天时有生也，地理有宜也，人官有能也②，物曲有利也③。故天不生，地不养，君子不以为礼，鬼神弗飨也。居山以鱼鳖为礼，居泽以鹿豕为礼，君子谓之不知礼[4]。故必举其定国之数[5]，以为礼之大经[6]。礼之大伦，以地广狭；礼之薄厚，与年之上下[7]。是故年虽大杀[8]，众不匡惧[9]，则上之制礼也节矣。

【注释】

①设：适合。财：物。

②人官有能：人体器官各有所能，如有残疾亦能加以调整而其能。一说，"官"指职官。

③曲：孔颖达解为"委曲"，孙希旦释为"遍"。

④"居山"三句：居山原本生养鹿豕，即应以鹿豕为礼，居水原本生养鱼鳖，即应以鱼鳖为礼，现在以非其地所生养之物为礼，所以君子认为这是不知礼的表现。

⑤定国：立国。数：指物产之多寡。

⑥经：法。

⑦年之上下：指年成好与坏。上下，犹言丰歉。

⑧杀：指庄稼歉收。

⑨匡惧：恐惧。

【译文】

礼应该是合乎天时，配合地利，顺应鬼神，符合人心，治理协调万物的。所以四时各有所生，大地各有所宜，人的器官各有所能，万物各有所利。所以，不是天生的当季的物产，不是当地的土产，君子就不拿来作为礼物，鬼神也不会享用。居住在山中却以水产鱼鳖作为礼品，居住在水滨却以山野产的鹿豕作为礼品，君子认为这是不懂礼的做法。所以一定要根据本国物产的多少，来确定其行礼的大法。礼品的多少，要看土地的广袤狭小；礼物的厚薄，要看年成的丰歉。所以即使遇到年成不好大减产，民众也不会恐惧，究其原因，就是由于在上者制定礼仪有分寸。

礼，时为大，顺次之，体次之，宜次之，称次之①。尧授舜，舜授禹，汤放桀，武王伐纣，时也。《诗》云："匪革其犹，聿追来孝。"②天地之祭，宗庙之事，父子之道，君臣之义，伦也。社稷山川之事，鬼神之祭，体也。丧祭之用，宾客之交，义也③。羔、豚而祭，百官皆足④，大牢而祭⑤，不必有余，此之谓称也⑥。诸侯以龟为宝，以圭为瑞⑦；家不宝龟⑧，不藏圭，不台门⑨，言有称也。

【注释】

①"礼，时为大"六句：方悫云："天之运谓之'时'，人之伦谓之'顺'，形之辨谓之'体'，事之义谓之'宜'，物之平谓之'称'。"

②"《诗》云"以下二句：意谓并非急于实施谋划，而是追怀祖先的功业。见《诗经·大雅·文王有声》。今本《毛诗》作"匪棘其欲，遹追来孝"。匪，同"非"。革，急。犹，谋。聿（yù），语首助词，无义。来，介词，"于"的意思。

③"丧祭"三句：孔疏："宜，义也。主人有丧祭之事，应须费用，而宾客有赙赗之交，是人道之宜也。"

④"羔、豚"二句：此指卿大夫、士举行的小规模祭祀。羔，小羊。豚，小猪。百官，指助祭者。皆足，牲体足以分给每个助祭者。

⑤大牢：以牛、羊、豕三牲为祭品。大，同"太"。

⑥称：郑注："称牲之大小而为俎。"即祭品要与祭礼的规模相称，要根据祭礼的规模加以安排。

⑦"诸侯"二句：孔疏："诸侯有保土之重，宜须占详吉凶，故得以龟

为宝也";"天子得天之物,谓之瑞。故诸侯受封于天子,天子与之玉,亦谓为瑞也"。

⑧家:指卿大夫。

⑨台门:天子、诸侯的宫殿在门的两旁筑土为台,台上建屋,也叫"观"、"阙"、"象魏"。

【译文】

礼的制定,最重要的是要依运行的天时,其次是伦常的顺序,再其次是主体的分辨,再其次是事情的义理,最后是使用的物品要与身份等级相称。尧将王位传授给舜,舜将王位传授给禹,商汤放逐夏桀,周武王讨伐殷纣王,都是依照天时、天命而为。《诗经》云:"不是急于实施谋划,而是追怀先祖的功业以示孝心。"天地的祭祀,宗庙的祭祀,父子之道,君臣之义,要体现伦常的次序,这就是顺。社稷之祭,山川之祭,鬼神之祭,祭祀的对象不同,祭礼仪式各不相同,这就是体。丧礼祭礼的费用,宾客对丧家的赙赠,都要适宜,这就是义。小祭祀用羊羔或小猪做祭品,牲体也要够分给参加祭祀的人;大祭祀用太牢牛、羊、猪做祭品,牲体分给参加祭祀的人不要有剩余,祭品与祭礼的规模相匹配,这就是称。诸侯以占卜吉凶的龟为宝物,以天子赐予的珪玉为祥瑞;而卿大夫之家不得以占卜吉凶的龟为宝物,不得私藏珪玉,不得像天子、诸侯一样在门的两旁建造高台做成台门,使用的物品要和等级身份相匹配,这就叫称。

礼有以多为贵者:天子七庙,诸侯五,大夫三,士一①。天子之豆二十有六②,诸公十有六,诸侯十有二,上大夫八,下大夫六。诸侯七介、七牢③,大夫五介、五牢。天子之席五重④,诸侯之席三重,大夫再重。天子崩,七月而葬,五重八翣⑤;诸侯五月而葬,三重六翣;大夫三月而葬,再重四翣。

此以多为贵也。

【注释】

①“天子七庙”四句：详见《王制》“天子七庙”节。

②豆：本指盛放菜肴的器皿。据郑注，这里说的豆数是天子每月朔食和诸侯聘问、招待大夫时的豆数。

③介：副使。牢：指太牢，即牛、羊、豕。此指主国送给聘者的饔饩的牢数。“饔”是已宰杀之牲，“饩”是未宰杀之牲。

④重(chóng)：层。指下葬时的抗木与茵的层数。《仪礼·既夕礼》：“抗木横三缩二，加抗席三。加茵，用疏布，缁翦，有幅，亦缩二横三。”抗木，是架在椁上的大木，以三条横放、两条竖放为一重，抗木上再加抗席，再填土封埋。茵，是垫在棺底的粗布，为了不让棺直接落在土上。也是三条横放、两条竖放为一重。

⑤翣(shà)：以木为框架，用白布遮盖，其上画有花纹的扇形装饰物，用来在出葬时遮挡灵柩。见《檀弓上》“有虞氏瓦棺”节注④。

【译文】

有的时候，礼以多为贵，例如：祭祀先人的宗庙，天子是七庙，诸侯是五庙，大夫是三庙，士是一庙。吃饭时盛放菜肴的器具豆，天子有二十六个，诸公十六个，诸侯十二个，上大夫八个，下大夫六个。诸侯的使者出国聘问，带七个副使，主国馈赠七牢；大夫的使者出国聘问，带五个副使，主国馈赠五牢。天子的坐席是五层，诸侯是三层，大夫是两层。天子去世，停殡七个月后再下葬，墓坑中的抗木和茵各五层，翣八个；诸侯去世，停殡五个月后再下葬，抗木和茵各三层，翣六个；大夫去世，停殡三个月后再下葬，抗木和茵各两层，翣四个。这些都是以多为贵的礼节。

有以少为贵者：天子无介[①]，祭天特牲[②]。天子适诸侯，诸侯膳以犊[③]。诸侯相朝，灌用郁鬯[④]，无笾、豆之荐[⑤]。大夫聘，礼以脯、醢。天子一食，诸侯再，大夫、士三，食力无数[⑥]。大路繁缨一就[⑦]，次路繁缨七就[⑧]。圭璋特[⑨]，琥璜爵[⑩]。鬼神之祭单席。诸侯视朝，大夫特，士旅之[⑪]。此以少为贵也。

【注释】

①天子无介：介是宾的随从，天子为天下之主，没有宾礼，所以无介。

②特牲：祭礼只用一头牛。特，一头牛。《郊特牲》孔疏："郊之特牲，亦是犊也，贵此犊，未有牝牡之情。"

③"天子"二句：孔疏："诸侯事天子，如天子事天。天子事天既用一牛，故天子巡守过诸侯境土，诸侯奉膳亦止一牛而已也。"

④灌：郑注："献也。"即祭祀时向祭祀对象献酒、敬酒。郁鬯(chàng)：一种用香草制作的酒。

⑤笾、豆：盛放肉干、肉酱的器皿。荐：献。

⑥"天子一食"四句：天子以德为饱，因而只吃一口即告饱，须劝侑后再食。诸侯德降于天子，所以吃两口再告饱，大夫、士之德更降，故吃三口告饱。食力，指体力劳动者。孔疏："谓工、商、农、庶人之属也，以其无德不仕，无禄代耕，故但陈力就业乃得食，故呼食力也。"

⑦大路：郑注："殷祭天之车也。"繁(pán)缨：古代天子、诸侯所用辂马的带饰。繁，马腹带。缨，即"鞅"，马颈上的革带。一就：一圈。

⑧次路：殷之第二等车，供杂事所用。

⑨圭璋特：朝聘时以圭、璋为礼物，不附加币帛。特，独。孔疏："特，谓不用他物媲之也。诸侯朝王以圭，朝后执璋。"如诸侯相聘，则聘国君以圭，聘国君夫人以璋。旧注说，圭为尖首的长条形玉器，半圭为璋（纵向从中一分为二）。

⑩琥璜（huáng）：玉名。琥璜贱于圭璋，不单独作为礼物送人。在天子向诸侯酬酒或诸侯相互酬酒时，以币帛、琥璜为礼物一起致送。爵：酬爵，即以酒酬谢宾。旧注说，虎形玉器为琥，半璧为璜。

⑪旅：众。

【译文】

有的时候，礼以少为贵，例如：天子出巡，没有副手；天子祭天，只用一头牛。天子到诸侯国中，诸侯也仅用一头牛犊招待。诸侯互访聘问，只用郁鬯献宾，不设盛放肉干、肉酱的笾、豆。而大夫出使诸侯聘问，主国在招待时，有酒，还要准备肉干、肉酱。天子进食，吃一口就说饱了，须劝侑才继续进食；诸侯吃两口就说饱了；大夫和士吃三口就说饱了；劳力者就吃到饱为止。天子祭天所乘的大路车，马腹和马颈只有一圈装饰，而其他活动乘的次路车，马腹和马颈则有七圈装饰。诸侯在朝聘中圭璋作为礼品是单独进献的，而琥璜要在以酒酬宾时作为附带的礼品呈送。天子坐席五层，诸侯三层，但祭祀鬼神时却只用一层席子。诸侯视朝，大夫人数少，国君一一与他们行礼作揖，士人数众多，国君就只作一个揖。这些都是以少为贵的礼节。

有以大为贵者：宫室之量，器皿之度，棺椁之厚，丘封之大[①]。此以大为贵也。

有以小为贵者：宗庙之祭，贵者献以爵，贱者献以散，尊者举觯，卑者举角[②]，五献之尊[③]，门外缶，门内壶，君尊瓦甒[④]。此以小为贵也。

【注释】

①“宫室”四句:《集解》引方悫曰:“《周官·典命》宫室以命数为节,自上公至子、男,以九、以七、以五为节,此宫室以大为贵也。天子之路谓之大路,弓谓之大弓,斗谓之大斗,俎谓之大房,此器皿以大为贵也。尊者之棺,至于四重,卑者止于一重,椁则周于棺,此棺椁以大为贵也。《周官·冢人》‘以爵等为丘封之度’,此丘封以大为贵也。”丘封,即坟墓的封土堆,大者曰“丘”,小者曰“封”。

②“宗庙”五句:爵、散、觯(zhì)、角都是饮酒的器皿。据郑注,一升曰爵,二升曰觚,三升曰觯,四升曰角,五升曰散。其中爵的容量最小,散的容量最大。献,孙希旦曰:“献尸也。君夫人献尸以爵,诸臣为加爵用散。”即给尸献酒,贵者以爵,贱者以散。

③五献之尊:指子、男爵飨礼的五次献酒。

④“门外缶”三句:缶、壶、瓦甒(wǔ)都是盛酒之器。郑注:“壶大一石,瓦甒五斗,缶大小未闻也。《易》曰:‘尊酒簋贰,用缶。’”孙希旦说,这是诸侯中的子爵、男爵飨礼中的五献之礼,盛放酒醴的容器,缶最大,放在门外,放置给士旅食者(庶人在官者)的酒醴;壶较小,放在门内,放置给卿大夫的酒醴;瓦甒更小,放在堂上,放置君宴飨用的酒醴。

【译文】

有的时候,礼以大为贵,例如:宫室的规模,器皿的容量,棺椁的厚薄,坟头的大小。这些都是以大为贵的礼节。

有的时候,礼以小为贵,例如:宗庙祭祀,贵者献尸用较小的爵,贱者献尸用较大的散;尸尊,尸以觯尝酒,主人卑,举角杯而饮;诸侯中的子爵、男爵飨礼中的五献之礼,盛放酒醴的容器,缶最大,放在门外,放置给士旅食者的酒醴；壶较小，放在门内，放置给卿大夫的酒醴；瓦甒更小，放在堂上，放置君宴飨用的酒醴。这些都是以小为贵的礼节。

有以高为贵者：天子之堂九尺，诸侯七尺，大夫五尺，士三尺。天子、诸侯台门。此以高为贵也。

有以下为贵者：至敬不坛[①]，埽地而祭[②]。天子、诸侯之尊废禁[③]，大夫、士棜禁[④]。此以下为贵也。

【注释】

①至敬：最尊敬的礼仪。指祭天。

②埽：同“扫”。

③禁：古时放置樽、壶、罍等盛酒容器的长方形箱具，据文献记载下有足，足高三寸。

④棜（yù）禁：古时放置樽、壶、罍等盛酒容器的长方形箱具，与禁相似，无足。

【译文】

有的时候，礼以高为贵，例如：天子的堂高九尺，诸侯的高七尺，大夫的高五尺，士的高三尺。只有天子、诸侯可以筑建台门。这些都是以高为贵的礼节。

有的时候，礼以低为贵，例如：天子祭天，并不修筑高坛，而是直接将地面扫除干净举行祭祀。仪式中，天子、诸侯盛酒的器具不放置在禁上，而是直接放在地下，大夫、士盛酒的器具放置在无足的棜禁上。这些都是以低为贵的礼节。

礼有以文为贵者：天子龙衮，诸侯黼，大夫黻，士玄衣纁裳[①]。天子之冕，朱绿藻[②]，十有二旒[③]，诸侯九，上大夫七，下大夫五，士三。此以文为贵也。

有以素为贵者：至敬无文[4]，父党无容[5]。大圭不琢[6]，大羹不和[7]，大路素而越席[8]，牺尊疏布鼏[9]，椫杓[10]。此以素为贵也。

【注释】

①"天子龙衮"四句：天子的祭服有六种，即大裘、衮服、鷩(bì)服、毳(cuì)服、絺服、玄服。此六服都是玄衣纁裳。"六服"的主要区别在于上衣和下裳上面的章数(图案花纹)不同。衮为九命之服，上衣绘有山、龙、华虫、火、宗彝五章花纹，下裳绣有藻、粉米、黼、黻四章花纹，因而又称为"九章之服"。天子在不同场合可穿不同的服。大裘为天子祭天专用皮裘，诸侯和卿大夫可穿其他五服，上公可穿衮服，侯、伯可穿鷩服，子、男可穿毳服，孤卿可穿絺服，大夫可穿玄服。黼(fǔ)，黑白相间的斧纹。黻(fú)，黑青相间的花纹。纁(xūn)，浅红色。

②藻：彩色丝绳，用来穿珠为旒。

③旒：冕前悬垂的玉串。

④至敬无文：孙希旦云："祭天袭大裘而不裼也。衣以裼为文，以袭为质。"意思是大裘加于外，不使文饰外露。

⑤父党无容：孔疏："父之族党是亲，质素，故事之无有折旋揖让之容。"

⑥大圭：圭中最尊贵者，为天子朝日月时所用，长三尺。琢：郑注当为"篆(瑑)"，指雕饰花纹。

⑦大羹：肉汁。不和：不加调味品。

⑧越(huó)席：蒲草编制之席。

⑨牺尊：牛形的尊。疏：粗。鼏(mì)：覆盖酒樽的布巾。孔疏："谓

郊天时，以粗布为巾以覆尊也。”

⑩椫（shàn）杓：用白理木制作的勺子。椫，木名。白理木，质硬纹白。杓，同“勺”。

【译文】

有的时候，礼以文饰繁多为贵，例如：天子穿着绘有龙纹等图案的衮服，诸侯穿着绘有斧纹等图案的礼服，大夫穿着绘有黑青相间花纹的礼服，士穿着玄色上衣、浅红色下裳，没有图案。天子戴的冕悬垂有用朱、绿彩色丝绳穿着的十二条旒，诸侯戴的冕悬垂九条旒，上大夫七条，下大夫五条，士三条。这些都是以文饰繁多为贵的礼节。

有的时候，礼以文饰朴素为贵，例如：祭祀至为崇敬的上天，天子所穿的大裘没有文饰；在父辈面前，不讲究揖让周旋的仪容动作。天子朝祭日月时所用的大圭，不加任何雕饰；祭祀时供奉的肉汁，不加任何调料；祭天乘用的大路，没有繁复的装饰，只铺垫蒲草编织的席子；牛形的樽，用粗布覆盖；用白理木制作的勺子舀酒。这些都是以文饰朴素为贵的礼节。

孔子曰：“礼不可不省也[①]。礼不同、不丰、不杀[②]。”此之谓也。盖言称也。

礼之以多为贵者[③]，以其外心者也。德发扬，诩万物[④]，大理物博，如此，则得不以多为贵乎？故君子乐其发也。礼之以少为贵者[⑤]，以其内心者也。德产之致也精微[⑥]，观天下之物，无可以称其德者，如此，则得不以少为贵乎？是故君子慎其独也[⑦]。

古之圣人，内之为尊，外之为乐，少之为贵，多之为美。是故先王之制礼也，不可多也，不可寡也，唯其称也。

【注释】

①省(xǐng):察。

②不同:指上文礼的高下、多少、大小、文素之异。不丰:应少不可多。不杀(shài):应多不可少。

③多:包括上文所述的大、高、文。

④诩(xǔ):普遍,遍及。

⑤少:包括上文所述的小、下、素。

⑥德产:即德性。精微:精深微妙。

⑦独:少。

【译文】

孔子说:"礼,不可不注意审察。礼有高下、多少、大小、文素的不同,应减少的不能增加,应增加的也不能减少。"说的就是这种情况,礼要做到礼仪、礼物匹配相称。

礼之所以有以多、大、高、文为贵的,这是为了将内心的德性表现在外。王者发扬内心的仁德,遍及万物,统理天下万事万物,这样的话,能不以多、大、高、文为贵吗?所以君子乐于用礼向外界展现德性。礼之所以有以少、小、下、素为贵的,在于它专注内心之德的诚敬。内心之德达到极致,精深微妙,遍观天下之物没有任何东西可以与之匹配,这样的话,能不以少、小、下、素为贵吗?所以君子审慎地以少少的礼来展现自己的德。

古代的圣人,以内心的敬慎为尊,以外在的礼仪为乐,以少、小、下、素为贵,以多、大、高、文为美。所以先王制定礼仪,应少的不能多,应多的不能少,只求相称。

是故君子大牢而祭谓之礼[①],匹士大牢而祭谓之攘[②]。管仲镂簋、朱纮,山节、藻棁[③],君子以为滥矣。晏平仲祀其先人[④]，豚肩不揜豆[⑤]，浣衣濯冠以朝[⑥]，君子以为隘矣。是故君子之行礼也，不可不慎也，众之纪也。纪散而众乱。孔子曰："我战则克，祭则受福。"盖得其道矣。

【注释】

①君子：郑注："谓大夫以上。"孔疏："大夫常祭少牢，遣奠及卒哭、祔用大牢。"

②"匹夫"句：匹士，即士。攘，盗窃。孔疏："士常祭特豚，遣奠、卒哭、祔加一等，少牢。若用大牢，则是盗窃用君子之礼也。"

③"管仲"二句：管仲，即管子，名夷吾，字仲，春秋时期齐国上卿，辅佐齐桓公成就霸业。镂（lòu）簋（guǐ），刻有花纹、以玉作装饰的簋。镂，刻。簋，盛黍稷之器。朱纮（hóng），天子系冕、弁的红色丝带。诸侯用青纮，大夫、士用缁纮纁边。山节，刻山形图案于斗拱。节，柱子上的斗拱。藻棁（zhuō），刻水草图案于短柱。棁，梁上的短柱。"镂簋、朱纮，山节、藻棁"都是天子所用的装饰，管仲的行为是僭越。

④晏平仲：即晏子。见《檀弓下》"曾子曰：晏子可谓知礼"节注①。

⑤豚肩：猪腿。不揜（yǎn）豆：指猪腿太小，不能装满盖住豆。孔疏，豚肩本应盛放在俎里，此处说"豆"，是说豚肩之小，连豆都放不满。大夫祭祖本应用少牢，晏子这样做也不合礼仪。揜，同"掩"。

⑥浣、濯：都是洗的意思。

【译文】

所以，大夫以上的用太牢祭祀可以称作礼，士用太牢祭祀就是盗用君子之礼的窃贼了。管仲身为卿大夫，却使用刻镂纹饰的簋，帽子系着红色的丝带，住室斗拱上绘着山形图案，梁上的短柱画着水藻花纹，明礼的君子认为这是逾礼僭越了。晏平仲也是大夫，他祭祀祖先时用的猪蹄髈小到连豆也装不满，穿着洗过的旧衣裳、戴着洗过的旧帽子就去朝君，明礼的君子认为他过简过陋了。由此看来，君子行礼，不可不慎重，因为礼统领着大众的纲纪。如果纲纪松散，那么大众的行为也就乱套了。孔子说："我知礼，打仗就一定胜利，祭祀就一定得到福佑。"这大概是掌握了礼与身份相称的道理。

君子曰："祭祀不祈，不麾蚤[①]，不乐葆大[②]，不善嘉事，牲不及肥大，荐不美多品[③]。"

【注释】

①麾(huī)蚤：提早加快进行祭祀。麾，快。蚤，通"早"。

②葆(bāo)大：高大。指器币而言。葆，通"褒"，高。

③荐：指以笾、豆盛放贡品。

【译文】

君子说："祭祀不在于求福，不能求快提早，祭祀用的币帛不贪多求大，举行冠、婚等嘉礼，除了祭告祖先不须另行祭祀，祭祀用的牺牲不可全求肥大，供品也不是数量越多越美。"

孔子曰："臧文仲安知礼[①]！夏父弗綦逆祀而弗止也[②]，燔柴于奥[③]。夫奥者，老妇之祭也。盛于盆，尊于瓶。"

【注释】

①臧文仲：春秋鲁国正卿臧孙辰，历事庄公、闵公、僖公、文公四君，时人以为知礼。

②夏父弗綦(qí)逆祀：夏父弗綦，人名。鲁文公时的宗伯，掌管宗庙

祭祀。《左传》作“夏父弗忌”。闵公与僖公为鲁庄公之子。庄公死，嫡子闵公继位，闵公在位不久即死，庶兄僖公继位，僖公死，其子文公继位。文公二年(前625)合祭诸庙神主。依礼制，僖公继闵公之位，闵公的神位当在上。但掌管祭事的夏父弗忌为了取悦文公，将其父僖公的神主位置排在闵公之上，所以说是“逆祀”。事详《左传·文公二年》。

③燔柴于奥：燔柴，祭祀火神之礼。奥，郑玄认为当作“爨”，指灶神。下同。灶神只是“五祀”之一，礼节简单，夏父弗綦却用祭祀日、月、星辰等的燔柴之礼去祭灶神。

【译文】

孔子说：“臧文仲哪懂得礼！夏父弗綦颠倒了宗庙祭祀的顺序，他不加阻止，用祭火神的燔柴之礼祭灶神，他也没有劝阻。祭灶，不过是祭祀老妇之神。将饭食盛放在盆中，酒盛在瓶中而已。”

礼也者，犹体也。体不备，君子谓之不成人。设之不当，犹不备也。

【译文】

所谓礼，就好比人的身体。身体不完备，君子就称之为不完备的人。礼如果施用不当，就好比身体不完备一样。

礼有大，有小，有显，有微。大者不可损，小者不可益，显者不可揜，微者不可大也。故经礼三百[①]，曲礼三千[②]，其致一也[③]。未有入室而不由户者。

【注释】

①经礼:指常行之礼。三百:极言数目繁多,并非确数。下文"三千"同。

②曲礼:指礼仪的细节。

③一:一致,指诚。

【译文】

礼,有时以大为贵,有时以小为贵,有时表现显著,有时表现隐微。礼,应大的就不能缩小,应小的就不能增大,应显著的就不能遮掩,应隐微的就不能放大。所以,虽然常用之礼有三百,礼之细节有三千,但它们的追求是一致的,都是诚。这就像人要进屋,没人不是从大门进入的。

君子之于礼也,有所竭情尽慎,致其敬而诚若①,有美而文而诚若②。君子之于礼也,有直而行也③,有曲而杀也④,有经而等也⑤,有顺而讨也⑥,有撕而播也⑦,有推而进也⑧,有放而文也⑨,有放而不致也⑩,有顺而摭也⑪。

【注释】

①"君子"三句:指上文礼有以少、小、下、素为贵的情况。若,顺。一说,为句末语助词。

②有美而文而诚若:指礼有以多、大、高、文为贵的情况。

③有直而行也:郑注:"谓若始死,哭踊无节也。"这是说礼有直接表达出来的情况,如亲人刚去世,孝子跳脚痛哭,没有规定要节制。

④有曲而杀也:郑注:"谓若父在,为母期也。"这是说,礼有委曲而减少的情况,如丧礼的变服除服,母亲去世,孝子本应服丧三年,但如果父亲在世,则变通为服丧一年。

⑤有经而等也：礼有依照常法人人平等的情况，如为父母服丧三年，上至天子下至庶人都一样。

⑥有顺而讨也：礼有依次递减的情况，如上文“天子之堂九尺，诸侯七尺，大夫五尺，士三尺”等。讨，郑注：“犹去也。”即减少。

⑦有摲(chàn)而播也：礼有削减上层的份额以波及于下层的情况，如祭礼中自国君至贱吏都能分得到一份牲肉。摲，芟减。

⑧有推而进也：郑注：“谓若王者之后，得用天子之礼。”指礼仪中王者的后人虽已式微，但规格待遇仍依对待其先人之礼推而执行。

⑨有放(fǎng)而文也：礼有使用模仿自然的文饰的，如天子的礼服是模仿自然的纹饰。放，仿效，模仿。

⑩有放而不致也：礼有使用仿效自然的纹饰但有所减省的，如诸侯和卿大夫的礼服也是模仿天地自然之象，但天子的礼服纹饰为十二章和九章，诸侯和卿大夫的礼服纹饰减省，只有七章、五章、三章。致，至。

⑪有顺而摭(zhí)也：礼有自上顺于下的情况，如上文天子一食告饱，诸侯二，大夫三。摭，取。

【译文】

君子行礼，有时竭尽真情实意来表达，要致以恭敬来表现诚顺，有时以器物之美、纹饰之美来表现诚顺。君子行礼，有时是直截了当地表达出来的，有时是委婉而少少地表达出来的，有时是遵循常法而平等地表达出来的，有时是按顺序依次递减地表达出来的，有时是取之于上而普施于下的，有时是依对其先人之礼推导而提升规格的，有时是仿效自然而有文饰的，有时是仿效自然纹饰而有所减省的，有时是自上顺之于下的。

三代之礼一也，民共由之。或素或青①，夏造殷因。周坐尸，诏侑武方②，其礼亦然。其道一也。夏立尸而卒祭，殷坐尸③，周旅酬六尸④。曾子曰："周礼其犹醵与⑤？"

【注释】

①素：白。青：黑。

②诏：告尸威仪。侑（yòu）：劝尸饮食。武：郑玄认为当作"无"。方：常。

③"夏立尸"二句：郑注："夏礼，尸有事乃坐"，殷尸"无事犹坐"。孔疏，夏代礼仪质朴，由人扮作鬼神代表的尸，不能久坐神的位置，因此尸只有在饮食时才坐下，不饮食就站立着。殷代礼仪较文，尸既然代表鬼神，就应当安坐，因此不管有事无事都坐着。

④六尸：天子七庙，当祫祭时，聚六庙之主于太祖庙中，太祖庙和六亲庙祖各有一尸，六尸代表六主，太祖尸居中，其他六尸参加旅酬。

⑤醵（jù）：郑注："合钱饮酒为'醵'。"

【译文】

夏、商、周三代的礼本质是一致的，是要民众共同遵循。虽有时崇尚白色，有时崇尚黑色，但基本的礼是由夏代初创的，商代因循沿用。周代在祭祀宗庙时，尸是坐着的，告诉尸当行的礼仪和劝尸饮食，并无固定的常法，这种礼仪与商代是一样的。礼仪的道理是一致的。夏代宗庙祭祀时，尸是站立着的，一直站到祭祀完成；在商代尸有事没事都是坐着的，而周代有六亲庙之尸聚集太祖庙，依次互相劝酒的礼仪。曾子说："周礼宗庙祭祀中的旅酬之礼，好像现在众人凑钱喝酒一样吧？"

君子曰：礼之近人情者①，非其至者也。郊血②，大飨腥③，三献爓④，一献孰⑤。是故君子之于礼也，非作而致其情也，此有由始也。是故七介以相见也⑥，不然则已悫⑦；三辞三让而至[⑧]，不然则已蹙[⑨]。故鲁人将有事于上帝[⑩]，必先有事于頖宫[⑪]；晋人将有事于河，必先有事于恶池[⑫]；齐人将有事于泰山，必先有事于配林[⑬]。三月系[⑭]，七日戒[⑮]，三日宿[⑯]，慎之至也。故礼有摈诏[⑰]，乐有相步[⑱]，温之至也[⑲]。

【注释】

①近人情：孙希旦认为是指接近人的生活之道。

②郊血：指南郊祭天献牲血。郊，祭天。

③大飨：指祫祭先王。腥：生肉。

④三献：指祭祀社稷和五祀。爓(xún)：将肉在汤中煮至半熟。

⑤一献：指祭众鬼神的小祭祀。祭祀小的鬼神只须一献之礼。关于一献之礼，见《文王世子》"凡语于郊者"节注⑩。孰：同"熟"。指熟肉。熟肉最接近人的生活，但并不崇敬，牲血离人生活最远，反而最能体现敬。以上是对"礼之近人情者"的解释。

⑥七介以相见：宾、主双方都有七个负责传话服务的随员。这是侯、伯之礼的规格，如果是公则为九介，子、男为五介。这里举中间而言。

⑦已：甚，太。悫(què)：质实。这里指朴实简单。

⑧三辞：主君迎宾于大门外，宾让自己的随员三次推辞，表示自己不敢接受主国的盛礼。三让：进大门、庙门、登阶上堂，主人都要让客人先入。

⑨蹙(cù)：急迫。

⑩有事：指祭祀。

⑪頖(pàn)宫：大学名。见《王制》"天子命之教"节注②。鲁国将要祭天，首先要到頖宫告祭后稷，这是先告卑，后祭尊。后文的"晋人"、"齐人"句，也是同样道理。

⑫恶池：并州地区的小河名。郑注："'恶'当为'呼'。"

⑬配林：泰山附近的小山名。

⑭三月系：指祭天所用的牲要提前三个月单独系于牢中饲养。

⑮七日戒：指祭祀前十日开始的连续七天的斋戒，即散斋。

⑯三日宿：指祭祀前三天的严格斋戒，又叫"致斋"。

⑰摈：通"傧"，傧相，司仪。诏：告。

⑱乐：乐工。相步：古代的乐工多为盲人，因此要有人搀扶、引导乐工走路。

⑲温：温润承藉。

【译文】

君子说：礼仪中接近人的生活常道的礼，并不是最隆重、最崇敬的礼。例如在南郊祭天时用牲血为祭品，祫祭祖先时用生肉为祭品，而祭社稷、五祀时用在汤中煮至半熟的肉为祭品，祭众鬼神的小祭祀时才用熟肉为祭品。所以君子对于礼仪，不是一时兴起而用以表达感情的，而是有缘由的。所以国君相见，宾、主都要有七个随员负责传话，不然就显得太质朴简单了；客人要三次向主人表示不敢当，主人要三次礼让请客人进门，然后才登堂，不然就显得太急促失礼了。所以鲁国人要祭祀上帝，就一定要先祭于学校頖宫；晋国人要祭祀黄河，就一定要先祭于恶池；齐国人要祭祀泰山，就一定要先祭于配林。大祭所用的牲要提前三个月系于牢中饲养，祭前的十日，要先进行七天的散斋，接着再进行三天严格的斋戒，然后才举行祭祀，这是谨慎到了极点。所以宾主行礼时一定要有司仪引导，乐师一定要有人搀扶引路，这才使礼仪温厚妥帖到了极点。

礼也者，反本、修古，不忘其初者也。故凶事不诏，朝事以乐。醴酒之用，玄酒之尚；割刀之用，鸾刀之贵；莞簟之安，而稾鞂之设[①]。是故先王之制礼也，必有主也，故可述而多学也。

君子曰："无节于内者②，观物弗之察矣③。欲察物而不由礼，弗之得矣。故作事不以礼，弗之敬矣；出言不以礼，弗之信矣。故曰：礼也者，物之致也。"

【注释】

①"醴酒"六句：都是解释"修古"。醴酒，粮食酿造的甜酒。玄酒，即水。尚，上。上古无酒，以水献之，今已有醴酒，但仍设玄酒，居醴酒之上。割刀，后人使用的快刀。鸾刀，古人所用的钝刀。鸾，刀把端首装饰用的铃。莞（guān）簟（diàn），今人所用的蒲席和竹席。今人坐卧之席，蒲席在下，竹席在上。《诗经·小雅·斯干》："下莞上簟，乃安斯寝。"稾鞂（gǎo jiē），用庄稼秸秆编成的席。鞂，同"秸"。

②节：验。内：心。

③察：分辨。

【译文】

所谓礼，就是使人回归本性并遵循古制，就是不忘初始。所以有凶丧之事，不用诏告，人们自然会悲痛啼哭；朝廷宴飨老者贤者，奏乐自然使人快乐。今人喝酒要喝酿制的甜酒，但祭神时却将白水玄酒放在甜酒之上；今人用刀要用锋利的割刀，但祭祀时分割牲体仍以使用古式鸾刀为贵；今人坐着蒲席，上面再加一层竹席，坐着很安适，但祭天时却仍使用秸秆编成的席子。所以先王制定礼仪，一定要以返归根本、修习古制为主，后人才能传承、学习。

君子说："如果内心没有礼仪的检验标准，观察事物就不能明辨是非高下。要想观察事物而不从礼仪入手，就不可能得到正确的认识。所以办事不按照礼仪去做，就不能得到别人的尊敬；说话不依照礼仪去说，就不能得到别人的信任。所以说：礼，是万事万物的准则。”

是故昔先王之制礼也，因其财物而致其义焉尔①。故作大事必顺天时②，为朝夕必放于日月③，为高必因丘陵④，为下必因川泽⑤。是故天时雨泽，君子达亹亹焉⑥。

【注释】

①财物：孙希旦云：“财物，犹才性，即天时之所生，地理之所宜，人官之所能，物曲之所利也。财物各有所宜，故先王之制礼，因之而致其宜焉。”

②大事：指祭祀。

③朝夕：祭名。天子在春分的早晨朝日于东门之外叫做“朝”，在秋分的夜晚祭月于西门之外叫做“夕”。放：依。

④为高：祭天神。

⑤为下：祭地神。

⑥达：皆。亹亹（wěi）：勤勉的样子。

【译文】

所以过去先王制定礼，就依据事物的特性而赋以意义。所以举行祭祀一定顺应天时；举行朝日、夕月之祭，一定依据日出东方和月升西方的运行来进行；祭祀天帝，一定要凭借本来就高耸的山陵；祭祀地神，一定要凭借本来就低洼的川泽。所以，上天应时降雨，君子都勤勉努力。

是故昔先王尚有德，尊有道，任有能，举贤而置之，聚众而誓之。是故因天事天，因地事地，因名山升中于天①，因吉土以飨帝于郊②。升中于天，而凤皇降，龟龙假③；飨帝于郊，而风雨节,寒暑时。是故圣人南面而立而天下大治。

【注释】

①名山:指五岳。中:成。

②吉土:通过占卜而选择的吉地。

③假(gé):至,到。

【译文】

所以,从前先王推崇有德行的人,尊重有道行的人,任用有才能的人,推举贤人安置到职位上,聚众宣誓。所以因天高而在山陵上祭天,因地低而在川泽中祭地,登五岳燔柴祭祀向上天报告成功,在南郊选择吉地祭祀天帝。因为燔柴祭祀向上天报告成功,所以象征祥瑞的凤凰降临、龟龙到来;因为祭祀天帝于南郊,所以风调雨顺,寒暑有序。这样,圣人只需朝南面站立在那里,天下就大治了。

天道至教,圣人至德。庙堂之上,罍尊在阼①,牺尊在西②;庙堂之下,县鼓在西③,应鼓在东④。君在阼⑤,夫人在房⑥,大明生于东⑦,月生于西,此阴阳之分,夫妇之位也。君西酌牺象⑧,夫人东酌罍尊,礼交动乎上,乐交应乎下,和之至也。

【注释】

①罍(léi)尊:画有云雷花纹的酒樽。

②牺尊:见本篇"礼有以文为贵者"节注⑨。在西:礼乐之器以在西方者为尊。

③县鼓:一种大鼓。县,同"悬"。

④应鼓:一种小鼓。因为先击朔鼓,后击应鼓,是对朔鼓的回应,

故名。

⑤阼:是东阶。人君以东为尊。

⑥房:指西房。古代的房在室的两旁。天子、诸侯有东、西房。

⑦大明:指日。

⑧象:象形酒樽。

【译文】

天道是最高的教导,圣人具备最高的品德。宗庙祭祀中,庙堂上,罍尊陈设在东阶,牺尊陈设在西阶;庙堂下,悬鼓设在两阶之间的西边,应鼓设在东边。国君站在阼阶上,夫人站在西房中,这好比太阳升于东方,月亮升于西方,这象征阴阳的分别,所以这样安排了夫妇的位置。国君由西阶从牺尊、象尊中酌酒,夫人由东阶从罍尊中酌酒,礼仪互动,在堂上交相进行;音乐奏鸣,在堂下交相呼应,这真是和谐之极。

礼也者,反其所自生①;乐也者,乐其所自成。是故先王之制礼也以节事,修乐以道志。故观其礼乐,而治乱可知也。蘧伯玉曰②:"君子之人达③。"故观其器而知其工之巧,观其发而知其人之知④。故曰:君子慎其所以与人者。

【注释】

①反其所自生:即上文所说的"反本、修古"。自,由。

②蘧(qú)伯玉:名瑗,春秋时期卫国大夫。

③达:通于事理。

④发:指人的外在表现。

【译文】

礼,是返还自己生命的初始;乐,是欢庆自己取得的成就。因此,先王通过制礼来节制事情,通过习乐来引导心志。所以观察一个国家的礼乐，就可以了解到这个国家治理得好坏。蘧伯玉说：“君子一类的人都通达事理。”所以君子只要观察器物就能知道工匠的巧拙，只要观察人的外在表现就能知道他的才智。所以说：君子对于用以与人交往的礼乐是非常谨慎的。

大庙之内敬矣①：君亲牵牲，大夫赞币而从；君亲制祭②，夫人荐盎③；君亲割牲④，夫人荐酒。卿大夫从君，命妇从夫人⑤。洞洞乎其敬也⑥，属属乎其忠也⑦，勿勿乎其欲其飨之也⑧！

纳牲诏于庭⑨，血、毛诏于室⑩，羹定诏于堂⑪。三诏皆不同位，盖道求而未之得也⑫。设祭于堂，为祊乎外⑬，故曰：于彼乎，于此乎？

【注释】

①大庙：指始祖庙。大，同“太”。

②制祭：孔疏：所制者“制牲肝洗以郁鬯，入以祭神于室”，即割取牲肝，用香草浸制的郁鬯酒清洗。

③盎：盎齐，葱白色的酒。

④割牲：指进献煮熟的牲体。

⑤“卿大夫”二句：制祭、割牲之时，卿大夫从君，荐盎酒时命妇从夫人。命妇，卿大夫之妻。

⑥洞洞乎：孔疏：“质悫之貌。”是恭敬的样子。

⑦属属（zhǔ）乎：专一的样子。

⑧勿勿乎：勤勉的样子。

⑨纳牲诏于庭：牲入庭，以币告神。

⑩血、毛诏于室：杀牲取血、毛，告神于室。

⑪羹：肉羹。定：熟。

⑫道：言。

⑬祊（bēng）：郑注："祭明日之绎祭也。谓之祊者，于庙门之旁，因名焉。"绎祭，指在庙门外旁侧举行的祭祀。

【译文】

太庙之内的祭礼必须恭敬：国君亲自牵牲入庙，大夫协助国君捧着币帛紧跟在后；国君亲自摆设祭品，夫人进献盎齐之酒；国君又亲自进献煮熟的牲体，夫人献酒。卿大夫跟从着国君，命妇跟从着夫人。他们毕恭毕敬，表现得忠诚专一，勤勉而巴结地希望神灵享用供品！

祭献给神的牺牲入庙时，要在庭中告祭于神；进献牲血和毛时，要在室中告祭于神；进献肉羹熟肉时，要在堂上告祭于神。三次告祭都在不同的位置，这是说想求神降临却没有找到。先在堂上举行正祭，又在庙门之外设祭，像是在问：神是在那里吗，是在这里吗？

一献质①，三献文②，五献察③，七献神④。

【注释】

①一献：指各种小祭祀。

②三献：指祭社稷、五祀。

③五献：指祭四望、山川。察：明审。

④七献：指祭先公。这是讲祭诸神献数之差，等级越低，献酒的次数就越少。

【译文】

一献之礼质朴，三献之礼有文饰，五献之礼更盛大，七献之礼隆重神圣。

大飨[①]，其王事与？三牲、鱼、腊[②]，四海九州之美味也。笾、豆之荐，四时之和气也。内金[③]，示和也。束帛加璧，尊德也。龟为前列，先知也[④]。金次之，见情也。丹漆、丝纩、竹箭[⑤]，与众共财也。其余无常货[⑥]，各以其国之所有，则致远物也。其出也，《肆夏》而送之[⑦]，盖重礼也。

【注释】

①大飨：此指王大飨来朝诸侯。

②腊（xī）：干兽肉。

③内：同“纳”。孙希旦说：“谓先内（纳）之于庙也。”金：铜。此处指鸣钟。

④“龟为前列”二句：龟为占卜之物，可预知吉凶休咎，所以陈列在最前排。

⑤纩（kuàng）：丝绵。

⑥其余：指九州之外的国家。

⑦《肆夏》：古诗乐名。是天子宴飨诸侯演奏的乐章。郑注，《肆夏》当为《陔夏》，是送宾的乐曲。

【译文】

大飨来朝的诸侯，这是天子才能做的事吗？牛肉、羊肉、猪肉、鱼肉、干兽肉，是来自四海九州的美味佳肴。笾、豆里盛放的食品，都是四季和顺之气所产的物品。诸侯入朝贡铜铸钟，表示他们和睦快乐。诸侯升堂朝见天子时，献上束帛加玉璧，是尊敬天子的德行。庭中陈设贡品，龟甲放在最前列，因为龟能预知吉凶休咎。其次是铜，因为它能照见人情。其次是丹砂、大漆、蚕丝、丝绵、大竹、小竹，表示天子与天下民众共有财物。其他各国的贡品没有一定，各以本国所产的物品进贡，这样即使边远地方的物品也能送呈天子了。大飨礼毕，宾客走出庙门时，就奏《陔夏》送客，以显示礼仪的隆重。

祀帝于郊，敬之至也。宗庙之祭，仁之至也。丧礼，忠之至也。备服器[①]，仁之至也。宾客之用币，义之至也[②]。故君子欲观仁义之道，礼其本也。

【注释】

①服：指丧礼大殓、小殓时穿着的衣服。器：陪葬的明器。

②义：宜。

【译文】

天子亲自在南郊祭祀天帝，这是崇敬的最高表现。宗庙的祭祀，这是仁爱的最高表现。丧礼，这是忠诚的最高表现。为丧礼准备衣服与随葬的明器，这是仁爱的最高表现。宾客赠送币帛，这是义的最高表现。所以，君子如果要观察仁义之道，观察礼仪，这是最根本、最基础的。

君子曰："甘受和，白受采[①]。忠信之人，可以学礼，苟无忠信之人，则礼不虚道[②]。是以得其人之为贵也。"

【注释】

①"甘受和"二句：甘为众味之本，所以能接受五味的调和；白是五色之本，所以能接受其他的色彩。

②道：由，从。

【译文】

君子说："甘味可以接受五味的调和，白色可以接受各种颜色。忠信之人，才可以学礼，倘若是没有忠信品德的人，礼也不会虚浮地跟从着他。所以，学礼得到忠信品德的人最为可贵。”

孔子曰：“诵《诗》三百，不足以一献[①]；一献之礼，不足以大飨[②]；大飨之礼，不足以大旅[③]；大旅具矣，不足以飨帝。毋轻议礼！”

【注释】

①一献：指燕礼中献酒之礼。

②大飨：此指袷祭先王。

③大旅：郑注：“祭五帝也。”“五帝”指上天东、南、西、北、中五方帝，祭祀礼制规格低于冬至祭天礼。

【译文】

孔子说：“即使能背诵《诗》三百篇，如果没有学过礼，也不能行一献之礼；即使能行一献之礼，也不能行大飨袷祭先王之礼；即使能行大飨袷祭先王之礼，也不能行大旅祭五帝之礼；即使能行大旅祭五帝之礼，也不足以行祭天之礼。所以不要轻率地议论礼！”

子路为季氏宰[①]。季氏祭，逮暗而祭[②]，日不足，继之以烛。虽有强力之容，肃敬之心，皆倦怠矣。有司跛倚以临祭，其为不敬大矣。他日祭，子路与。室事交乎户[③]，堂事交乎阶[④]。质明而始行事[⑤]，晏朝而退[⑥]。孔子闻之，曰：“谁谓由也而不知礼乎[⑦]！”

【注释】

①季氏：鲁国大夫季桓子。宰：邑宰，治理邑的吏。

②逮:及。暗:天未亮。

③室事:正祭时,尸在室。交乎户:室外的人取祭品至室门口,室内的人接过祭品以献尸。

④堂事:邀尸上堂,在堂上行傧尸之礼。交乎阶:堂下的人把馔具送到阶前,堂上的人接过馔具奉尸。

⑤质明:天刚亮。质,正。

⑥晏:晚。

⑦由:子路名仲由。

【译文】

子路为季桓子家的邑宰。过去季氏举行岁时的祭祖,还不到天亮就开始,一整天还没祭完,天黑点起火烛继续。因为时间太长,虽然有强壮的身体、肃敬的诚心,大家都疲惫懈怠了。执事的人都站累了歪着身子、一只脚支撑着,倚靠着他物来应付祭祀,这实在是对祖先的大不敬。后来,有一次祭祀活动,子路参与。室内举行正祭时,室外的人送祭品到室门口,室内的人接过祭品献尸;举行堂上傧尸时,堂下的人把馔具送到阶前,堂上的人接过馔具奉尸。天亮开始祭祀行事,傍晚大家祭毕结束。孔子听说后,说:“谁说仲由不懂礼呢!”

郊特牲第十一

【题解】

郑玄《礼记目录》云："名'郊特牲'者，以其记郊天用骍犊之义。此于《别录》属'祭祀'。"《释文》："郊者，祭天之名。用一牛，故曰特牲。"

此篇多记祭祀之礼，并杂有冠礼、婚礼、朝觐之礼、飨宴之礼、田猎之礼等。其中"冠义"一节，与《仪礼·士冠礼》之《记》完全相同。

郊特牲，而社稷大牢。天子适诸侯，诸侯膳用犊，诸侯适天子，天子赐之礼大牢，贵诚之义也①。故天子牲孕弗食也，祭帝弗用也。

【注释】

①"郊特牲"七句：见《礼器》"有以少为贵者"节。

【译文】

天子南郊祭天只用一头牛犊，祭祀社稷则要用太牢牛、羊、豕三牲。天子到诸侯之国，诸侯招待天子用膳也只用一头牛犊，而诸侯朝见天子，天子设宴则要用牛、羊、豕三牲，这体现了以诚为贵的道理。因此，天子不会食用怀孕的牲畜，祭祀天帝时也不会用怀孕的牲畜。

大路繁缨一就，先路三就，次路五就[①]。

【注释】

①“大路繁（pán）缨”三句：见《礼器》“有以少为贵者”节注⑦⑧。

【译文】

天子南郊祭天所乘的大路车，驾车之马的五彩颈饰、腹饰只用一圈，而先路车驾车之马的五彩颈饰、腹饰各用三圈；次路车驾车之马的五彩颈饰、腹饰各用五圈。

郊血，大飨腥，三献爓，一献孰[①]，至敬不飨味而贵气臭也[②]。诸侯为宾，灌用郁鬯[③]，灌用臭也。大飨尚腶脩而已矣[④]。

【注释】

①“郊血”四句：见《礼器》“君子曰：礼之近人情者”节注②③④⑤。

②臭（xiù）：气味。

③灌用郁鬯：见《礼器》“有以少为贵者”节注④。

④大飨：指诸侯来朝而天子设宴款待之。尚：上。腶（duàn）脩：加香料制成的干肉条。上菜的时候，先上腶脩，然后再上其他菜。这是贵气味而不贵口味之意。

【译文】

天子在南郊祭天时用牲血为祭品，祫祭先祖时用生的牲肉，而祭祀社稷之神和五祀之神时用在热汤中煮至半熟的牲肉，祭祀鬼神的小祭祀时才用熟肉，这是说明对至为崇敬的天神并不以食用的美味为贵，而是以气味浓郁为贵。诸侯朝见天子及互相聘问，宴席上酬酢献的是郁鬯香酒，献的就是郁鬯的香气。天子设宴招待来朝的各国诸侯，首先端上的是香料干肉条，也是以其香气为贵。

大飨[①]，君三重席而酢焉[②]；三献之介[③]，君专席而酢焉[④]。此降尊以就卑也。

【注释】

①大飨：此指诸侯互相聘问，主国国君设宴招待来宾。

②君三重席：主君为来聘诸侯安排三重席子的坐垫。古时所用的席子，天子五重，诸侯三重，大夫两重，士一重。

③三献之介：卿代表诸侯聘问，主国国君宴宾，向宾三献敬酒，宾由副使大夫为代表（介）回敬主君，即酢酒，“三献之介”即指大夫。

④专席：单席。大夫之席本为两层，今为介（副使）再降一级，因而为专席，主君接受介的酢爵，因而也要撤掉三重席，换成单席。

【译文】

诸侯互访，主国国君设宴招待来宾，如果宾、主都是诸侯，则宾、主酬酢献酒，都坐在三重席上；如果来宾是代表诸侯的卿，主君先行三献之礼，当来宾的介向主君回敬献酒时，主君就要把自己的三重席改为单席，与介的坐席相同。这叫做降低自己尊贵的等级来迁就卑者的身份。

飨、禘有乐，而食、尝无乐[①]，阴阳之义也。凡饮，养阳气也；凡食，养阴气也。故春禘而秋尝，春飨孤子[②]，秋食耆老[③]，其义一也，而食、尝无乐。饮，养阳气也，故有乐；食，养阴气也，故无声。凡声，阳也。

【注释】

①“飨、禘（dì）”二句：春季的飨礼、礿祭，都有音乐；秋季的食礼、尝

祭，都没有音乐。飨，飨礼，在阳。禘，郑玄认为当作“礿”（yuè）。下同。《王制》：“天子、诸侯宗庙之祭，春曰礿，夏曰禘，秋曰尝，冬曰烝。”礿祭在春，春天属阳，飨礼、礿祭因而有乐。食（sì），食礼。食礼以食为主，无酒无乐。尝祭在秋，秋天属阴，因而无乐。

②孤子：孙希旦说，指死王事者之子。

③耆（qí）老：孙希旦说，指死王事者之父祖。

【译文】

春天举行飨礼和礿祭时，要演奏音乐，而秋天举行食礼和尝祭时，不演奏音乐，这合乎阴阳之义。凡是饮酒，意在保养阳气；凡是吃饭，意在保养阴气。因此，春天举行礿祭而秋天举行尝祭，春天用飨礼招待孤子，秋天用食礼招待耆老，其道理是一样的，举行食礼和尝祭时不能演奏音乐。饮酒，意在保养阳气，所以要演奏音乐；食礼，意在保养阴气，所以不演奏音乐。凡是音乐，都属阳。

鼎、俎奇而笾、豆偶[①]，阴阳之义也。笾、豆之实，水土之品也[②]。不敢用亵味而贵多品[③]，所以交于旦明之义也[④]。

【注释】

①鼎、俎（zǔ）：古代祭祀、宴飨时盛放牲体的食器。牲为动物，动物属阳，故其数奇。笾（biān）、豆：盛放蔬菜食器，植物属阴，故其数偶。

②水土之品：指笾、豆之实多为水、土生长出来的植物，并不是人所常吃的食品。

③不敢用亵味而贵多品：孔疏：“神道与人既异，故不敢用人之食味，神以多大为功，故贵多品。”或说，“不敢”亦包括“贵多品”，即不敢贵多品，不敢以物品种类繁多为贵。亵味，人常吃的美味。

④旦明：郑玄说当作“神明”。

【译文】

鼎和俎的数目是单数，笾和豆的数目是偶数，因为鼎、俎是盛放牲体的，牲体是动物，属于阳类，而笾、豆中盛放的多是植物，植物属于阴类，这合乎阴阳之义。笾、豆中盛放的食品，都是水和土中所生长的。祭品不敢用人常吃的美味，不敢以品种的繁多为贵，因为祭品的意义在于用以与神明交接。

宾入大门而奏《肆夏》①，示易以敬也②。卒爵而乐阕③。孔子屡叹之。奠酬而工升歌④，发德也。歌者在上，匏、竹在下⑤，贵人声也。乐由阳来者也，礼由阴作者也，阴阳和而万物得。

【注释】

①大门：庙门。《肆夏》：天子大飨诸侯时的迎宾乐曲。见《礼器》“大飨，其王事与”节注⑦。

②易：和悦。

③卒爵而乐阕(què)：天子酌酒敬诸侯，诸侯饮毕又回敬天子，天子饮毕后音乐也恰好奏完。阕，止，终了。

④奠酬：见《曾子问》“祭如之何则不行旅酬之事矣”节注③。此“奠酬”谓天子第一次献宾，宾酢天子，天子自饮一杯，再酌酒酬宾，宾接过酒杯不饮，放在席上。工：乐工。

⑤匏(páo)、竹：指笙、管(笛、箫)一类的乐器。

【译文】

天子宴飨来朝的诸侯，当宾客进入庙门时，乐队奏起《陔夏》，来表示和悦和尊敬。天子酌酒敬诸侯，诸侯饮毕又回敬天子，天子饮毕后音乐也恰好停止。孔子曾多次赞叹这种美好的礼仪。主、宾相互敬酒酬酢一轮，宾放下酒爵不再饮，然后乐工就登阶上堂唱歌，意在颂扬主、宾的德行。歌唱者在堂上，笙、管乐手在堂下，这表示以人声歌唱为贵。乐，由阳而产生，礼，由阴而制定，阴阳和谐协调，万物各得其所。

旅币无方①，所以别土地之宜，而节远迩之期也②。龟为前列，先知也。以钟次之③，以和居参之也④。虎豹之皮，示服猛也。束帛加璧，往德也。

【注释】

①旅币：诸侯各国进贡的财物。旅，众。币，指贡物。也称为"庭实"。无方：没有规定。

②节远迩(ěr)之期：根据各国距离天子的远近安排诸侯朝聘的期限。如邦畿外五百里者，一年朝聘一次，贡品是牺牲之类；邦畿外一千里者，两年朝聘一次，贡品是丝枲之类；邦畿外一千五百里者，三年朝聘一次，贡品是尊彝之类，如此等等。详《周礼·秋官·大行人》。

③钟：指铜，铜可铸钟。

④以和居参之也：孙希旦说："前有龟，后有丹漆、丝纩、竹箭之属，取钟声之和，参居于前、后之间也。"即把起着调和协同作用的钟，放在前、后贡物之当中。

【译文】

诸侯朝聘进贡的物品没有规定，这是要区别不同土地所适宜生产的物品，根据距离天子的远近来制定各国朝聘的次数和贡品。陈设贡品，龟放在最前列，因为龟能预知吉凶休咎。其次是铜钟，放在前、后贡物的中间位置，因为铜钟起着调和协同的作用。陈列虎豹之皮，是表示天子能够镇服四方之威猛者。陈列束帛加璧，是表示天子之德让诸侯归服。

庭燎之百①，由齐桓公始也。大夫之奏《肆夏》也，由赵文子始也②。

【注释】

①庭燎：庭中用以照明的火炬。按照规定，庭燎的数目是天子百，上公五十，侯、伯、子、男三十。齐桓公当用五十，用“百燎”是僭天子之礼。

②赵文子：晋国大夫，名武。

【译文】

庭中摆设照明火炬一百个，僭用天子之庭的火炬数目，这是从齐桓公开始的。大夫僭用诸侯之礼奏《陔夏》迎宾，这是从晋国大夫赵文子开始的。

朝觐，大夫之私觌①，非礼也。大夫执圭而使，所以申信也。不敢私觌，所以致敬也。而庭实私觌何为乎诸侯之庭②？为人臣者无外交，不敢贰君也。大夫而飨君，非礼也。大夫强而君杀之，义也，由三桓始也③。

【注释】

①私觌(dí)：私下进见访问国的国君。

②庭实：诸侯朝天子，或诸侯之间相聘，将礼品陈于庭中，称为“庭实”。

③由三桓始也：鲁桓公的嫡长子为鲁庄公，其余三个庶子即后来鲁国的孟孙氏、叔孙氏和季孙氏，他们位高权重。把持鲁国朝政，

鲁君曾想去“三桓”但未果。三桓，见《檀弓下》“季康子之母死，公输若方小”节注⑥。

【译文】

国君到他国朝觐，大夫为随从，私下晋见他国国君，这是不符合礼仪的。大夫手持玉珪出使他国，是要证明自己的诚信。不敢私下晋见他国国君，是为了表示对自己国君的尊敬。如果大夫竟然也准备陈列在庭中的礼品去私下晋见，那还怎么能像诸侯之庭呢？作为臣子，不能背着国君有个人的外交，表示不敢对国君有贰心。大夫宴飨国君，这是不合礼仪的。大夫的势力过强，国君可以杀掉他，合乎道理，这从鲁国“三桓”开始。

天子无客礼，莫敢为主焉。君适其臣，升自阼阶，不敢有其室也。觐礼，天子不下堂而见诸侯。下堂而见诸侯，天子之失礼也，由夷王以下①。

【注释】

①夷王：西周时的天子，周懿王之子，名燮。

【译文】

天子没有做客的礼仪，因为天下没有人敢当天子的主人。国君到臣子家里去，臣子要请国君从主人走的阼阶升堂，而不敢以房室的主人自居。觐礼是诸侯朝见天子之礼，天子是不应下堂接见诸侯的。下堂接见诸侯，那是天子的失礼，这从周夷王以后才有的。

诸侯之宫县①，而祭以白牡②，击玉磬③，朱干设钖④，冕而舞《大武》⑤，乘大路，诸侯之僭礼也。台门而旅树⑥，反坫⑦，绣黼丹朱中衣⑧，大夫之僭礼也。故天子微，诸侯僭；大夫强，诸侯胁。于此相贵以等[9]，相觌以货[10]，相赂以利，而天下之礼乱矣。

【注释】

①县：同“悬”。指乐悬，即悬挂在架上的编钟、编磬。孙希旦云：“天子宫县，谓四面县乐，若宫室然。诸侯轩县，惟东、西、北三面而已。”按照礼制，天子才用宫悬，现在诸侯用宫悬，是僭用天子之礼。详见《周礼·春官·小胥》。

②白牡：白色的公牛。这是殷代天子祭天的牺牲。宋是殷的后裔，故可用，其余诸侯只能按当时王室用牲规定用牲。

③玉磬：一种悬挂击打的乐器。按礼制，天子用玉磬，诸侯应用石磬。

④干：盾。钖(yáng)：此指盾牌背面的金属装饰。

⑤《大武》：古舞名。颂扬武王灭纣。《乐记》有较详细描写。诸侯可以舞《大武》，但不得“朱干、设钖，冕而舞”。

⑥台门：在门的两旁筑土为台，台上有屋，称为“台门”，是天子、诸侯布告法律、观察天气之所。也叫“观”、“阙”、“象魏”等。旅：道。树：屏。郑注：“礼，天子外屏，诸侯内屏，大夫以簾，士以帷。”

⑦坫(diàn)：小土台。两君会饮，主宾饮毕后，皆将饮空的酒爵放回坫上。这是诸侯之礼，大夫不得用。

⑧绣黼(fǔ)丹朱中衣：以丹朱为中衣之领，又于其上绣为斧纹。丹朱，赤色。黼，斧纹。中衣，内衣和外衣之间的一层衣服。

⑨相贵以等：孔疏：“谓臣下不畏惧于君，而擅相尊贵以等列。”指诸侯之间相互尊崇，抬高地位。

⑩相觌以货：孔疏：“大夫私相觌，以货贿，不辟君。”指大夫之间私下互访，拿着财货送礼往来，完全不通过国君。

【译文】

诸侯在庭中四面都悬挂钟磬乐器，祭天的牺牲用白色的公牛，击奏玉磬，让舞队手持着带金饰的红色盾牌，戴着冕，跳《大武》舞，乘着大路车，这都是诸侯僭用天子之礼的行为。大夫家的大门前筑起了高台，门内又设了屏风；堂侧建起了放置空酒爵的土台；穿的中衣衣领上镶着红边，还绣着斧形的纹饰，这都是大夫僭用诸侯之礼的行为。所以，天子的势力衰微，诸侯就僭越天子；大夫的势力强大，诸侯就受到威胁。诸侯之间相互尊崇，抬高地位；大夫之间不通过国君私下互访，拿着财货送礼往来；贵族们为了私利相互贿赂，这样一来天下的礼制就全乱了套。

诸侯不敢祖天子，大夫不敢祖诸侯①，而公庙之设于私家，非礼也，由三桓始也②。

【注释】

①“诸侯”二句：祖庙只能设于宗子之家，庶子之家无祖庙。即使诸侯和天子同宗、大夫和诸侯同宗，也不能设祖庙。

②“而公庙”三句：“三桓”都把桓公庙立于自家内，即“公庙之设于私家”。

【译文】

本来诸侯不能设天子的祖庙，大夫不能设诸侯的祖庙，但现在有把国君的祖庙设到大夫自家里的，这是不合礼仪的，这种事是从鲁国的三桓开始的。

天子存二代之后①，犹尊贤也。尊贤不过二代。诸侯不臣寓公②，故古者寓公不继世。

【注释】

①天子存二代之后：本朝天子要保护前代两个王朝的后裔，不令灭绝，如周天子要保护夏、商两代的后裔，封夏的后代于杞，封商的后代于宋，特许他们以天子之礼祭祀其祖。

②诸侯不臣寓公：孔疏："案《丧服传》云：'寄公者何也？失地之君也。'……诸侯不臣者，不敢以寄公为臣也。"寓，寄居。

【译文】

天子要保存前代两个王朝的后裔，这是尊重前朝的贤者。但这种特殊的礼遇只适用于前两个朝代。诸侯不敢将已失国而寄寓在本国的国君当作自己的臣子，但这仅限于寄居的国君本人而不包括其子孙，所以古时候寄居他国的诸侯没有继承人。

君之南乡①，答阳之义也；臣之北面，答君也。大夫之臣不稽首，非尊家臣，以辟君也②。

【注释】

①乡：通"向"。

②"大夫之臣"三句：大夫对诸侯国君行稽首叩拜之礼，如果家臣也对大夫稽首叩拜，则大夫似成为国之正君，变成一国二君，所以不能再用稽首叩拜之礼，要"辟君"。

【译文】

国君视朝时面朝南方，这是面对着阳的意思；臣子上朝要面向北方，这是面对国君的意思。大夫的家臣不能再对大夫行稽首叩拜之礼，这不是尊重家臣，而是由于稽首叩拜已是大夫拜君之礼，因此不能再让家臣稽首拜大夫，以避免大夫成了国之正君。

大夫有献弗亲，君有赐不面拜，为君之答己也。

【译文】

大夫有所进献于国君，不亲自前去，而是派家臣去送；国君对大夫有赏赐，大夫也不用上朝去当面拜谢，这是为了避免国君再向自己行答拜之礼。

乡人禓[①]，孔子朝服立于阼，存室神也[②]。

【注释】

①禓(shāng)：古代驱逐强鬼与疾疫的祭祀活动。也称“傩”(nuó)。

②存室神也：孔疏：“于时驱逐强鬼，恐己庙室之神时有惊恐，故着朝服立于庙之阼阶，存安庙室之神，使神依己而安也。”存，慰问，省视。

【译文】

乡里人举行驱除疾疫恶鬼的祭祀，孔子穿着朝服站在家庙阼阶上，慰问、关照庙室之神。

孔子曰：“射之以乐也，何以听，何以射！”孔子曰：“士，使之射，不能则辞以疾，县弧之义也[①]。”

【注释】

①县(xuán)弧：古时家里如果生了男孩子，就在门左悬弓。

【译文】

孔子说：“举行射礼时有音乐来伴奏，射者是怎样听着与射箭相配的音乐的啊，是怎样知道音乐与自己射箭的仪态仪容相配的啊！”孔子说："作为士，国君让他参加射礼，如果他不会射箭也不能说自己不会，而要托辞说自己生病不能去，因为男孩子生下来门口就悬挂着弓，含义就是男子天生就会挽弓射箭的。"

孔子曰："三日齐①，一日用之，犹恐不敬。二日伐鼓，何居②？"

【注释】

①三日齐（zhāi）：祭前的三日斋戒。见《礼器》"君子曰：礼之近人情者"节注⑯。

②何居（jī）：郑注："怪之也。"居，表疑问语气词。

【译文】

孔子说："祭前致斋三天，一天举行祭祀，即使这样还害怕不够诚敬。而今却在斋戒的前两天击鼓，这是怎么回事呢？"

孔子曰："绎之于库门内①，祊之于东方②，朝市之于西方③，失之矣。"

【注释】

①绎：天子、诸侯祭之明日又祭称之为"绎"。见《檀弓下》"仲遂卒于垂"节注②。绎祭应在庙内堂上进行。库门：诸侯王宫的外门。

②祊（bēng）：正祭的次日在庙门外举行的绎祭，求神当在庙门外的西方。参见《礼器》"大庙之内敬矣"节注⑬。

③朝市：早上的集市。据《周礼·地官·司市》，一日设三市，大市在日中，朝市在早晨，夕市在傍晚。朝市应在东方，夕市在西方。

【译文】

孔子说："该在王宫库门外举行的绎祭弄到库门内去祭，该在庙门外西边设祭求神弄到东边去求，该设在东方的朝市偏设到西方，这些都是失礼。"

社祭土而主阴气也①，君南乡于北墉下②，答阴之义也。日用甲③，用日之始也。天子大社④，必受霜露风雨，以达天地之气也。是故丧国之社屋之⑤，不受天阳也。薄社北牖⑥，使阴明也⑦。社，所以神地之道也。地载万物，天垂象，取财于地，取法于天，是以尊天而亲地也，故教民美报焉。家主中霤而国主社⑧，示本也。唯为社事，单出里⑨。唯为社田，国人毕作。唯社，丘乘共粢盛⑩。所以报本反始也。

【注释】

①社：土地神。土：五土，即山林、川泽、丘陵、坟衍、原隰。土是阴气之主。

②墉：墙。孔疏，祭社时在坛上设神主（牌位），面向北，国君来到北墙下，面向南祭奠，正对着神主。

③日用甲："甲"为天干的第一位，如以天干纪日，"甲日"即为每十日之始。以"日之始"的甲日祭社，是表示尊敬之意。

④天子大社：天子为天下百姓所立之社。大，同"太"。

⑤丧国之社屋之：被灭之国的社坛，要盖上屋子予以屏蔽，不让它接受风雨霜露之阳气。丧国之社，指周为所灭的殷建立的社，引以为戒。屋，动词，盖上屋子。

⑥薄社北牖（yǒu）：给所立的殷社加盖屋子，三面封死，只在北边开一个小窗。薄，通"亳"，"薄社"即"亳社"。殷始建都于亳，亳社

就是殷社。牖，窗。

⑦使阴明也：塞其三面，唯开北牖，即表示绝阳通阴，阳主生而阴主杀，阴明则物死。

⑧中霤：指宫室中央，亦宫室内的土地神。卿大夫之家主祭土神于中霤。

⑨单出里：郑注："皆往祭社于都鄙。"这是说，祭社时一里之中的人家全都要出来参与。单，通"殚"，尽。

⑩丘乘（shèng）：古代井田制时的行政单位，所谓"九夫为井，四井为邑，四邑为丘，四丘为乘"，则一乘为五百七十六家。粢盛（zī chéng）：供祭祀用的黍稷。粢，稷。盛，盛稷的容器。

【译文】

社祭是祭祀土地神，土是阴气之主，祭祀时国君面朝南立于社坛的北墙下，表示面对着阴。社祭总是用甲日，甲是纪日的初始日，用甲日是表示对社祭的重视。天子为天下百姓所立的太社，一定要承受霜露风雨的浸润，以贯通天地之气。所以亡国之社要盖上屋顶屏蔽起来，不让它接受天上的阳气。为被灭之国殷盖的亳社，三面封闭，唯在北墙上开个小窗，使它绝阳通阴，只通阴明。祭社，是尊崇土地神。大地承载万物，上天垂示星象，世间的财物都取之于地，伦理规范都效法于天，所以要尊敬上天而亲爱大地，所以要教育人们好好地报答大地。家里的土地神是中霤，祭土地就是祭中霤；国家的土地神是社，祭土地就是祭社，这都表示土地是立家、立国的根本。因此，唯有当里中举行社祭时，里中才会家家户户全体出动，全里空巷。唯有为社祭而举行田猎时，国中才会家家户户全体参加，人人出力。唯有为了社祭，各地丘、乘的民众都参与分摊，心甘情愿地拿出黍稷。这是为报答土地的恩情，返还自己初始的本性。

季春出火①，为焚也。然后简其车赋，而历其卒伍②，而君亲誓社，以习军旅。左之右之，坐之起之，以观其习变也。而流示之禽[3]，而盐诸利[4]，以观其不犯命也。求服其志，不贪其得。故以战则克，以祭则受福。

【注释】

①季春：郑玄说应作“仲春”。出火：取火用之。

②“然后”二句：简、历，郑注：“简、历，谓算具陈列之也。”即检阅、点算。车赋，车马器械。

③流示之禽：指驱逐禽兽加以展示，给参与田猎的士卒看。流，行，即行田。

④盐：通“艳”，艳羡。让参与田猎的士卒羡慕。按规定，田猎时大兽归公，小禽归私。

【译文】

仲春二月取火去焚烧田野的杂草。然后陈列清点车马器械，检阅统计士卒数目，国君亲自在社坛前誓师，然后开始操练军队。指挥队伍时而向左，时而向右，时而坐下，时而起立，以观察军队的服从与应变。然后派人去驱赶禽兽向士卒展示，令士卒歆美猎获之利，以观察士卒能遵纪、不违令。这样做就能令士卒服从，不使其贪图私利。所以，经过这样训练的士卒，攻能克，在祭祀中能得到神的赐福。

天子适四方，先柴[1]。郊之祭也，迎长日之至也[2]，大报天而主日也[3]。兆于南郊[4]，就阳位也。扫地而祭，于其质也。器用陶、匏[5]，以象天地之性也。于郊，故谓之郊。牲用骍[6]，尚赤也。用犊，贵诚也。郊之用辛也[7]，周之始郊，日以至。卜郊[8]，受命于祖庙，作龟于祢宫[9]，尊祖亲考之义也。卜之日，王立于泽[10]，亲听誓命[11]，受教谏之义也。

献命库门之内[12]，戒百官也；大庙之命，戒百姓也。祭之日，王皮弁以听祭报[13]，示民严上也[14]。丧者不哭，不敢凶服，氾扫反道[15]，乡为田烛[16]，弗命而民听上。祭之日，王被衮以象天[17]。戴冕璪十有二旒[18]，则天数也[19]。乘素车，贵其质也。旂十有二旒，龙章而设日月[20]，以象天也。天垂象，圣人则之，郊所以明天道也。帝牛不吉[21]，以为稷牛[22]。帝牛必在涤三月[23]，稷牛唯具，所以别事天神与人鬼也。

万物本乎天，人本乎祖，此所以配上帝也。郊之祭也，大报本反始也。

【注释】

①柴：燔柴。古代祭天时，在地上堆积薪柴，并将牺牲、玉帛放在薪柴上一道燔烧，使烟气和牲肉的馨香气味上腾于天，请天神享用。

②迎长日之至：指冬至祭天。冬至日夜晚最长，白昼最短，冬至后，白昼一天比一天长起来。

③大报天：祭天的典礼一年中有九次，冬至祭天最为隆重，称之为“大报天”。

④兆：指祭坛的区域。

⑤陶、匏(páo)：陶和葫芦所制的酒器、食器。匏，葫芦的一种。

⑥骍(xīng)：赤色。此指赤色的牛犊。

⑦郊之用辛：南郊祭天选用辛日。或说用辛日取其为阳气所生之意，表示新的开始；或说用辛日，取斋戒自新之意。

⑧卜郊：占卜郊祭的日子。郊祭原有定日，而还要占卜日期，是表示郑重。

⑨作龟：犹言“灼龟”。祢(nǐ)宫：父庙。

⑩泽：郑注："泽宫也，所以择贤之宫也。"这里指在泽宫挑选参与祭祀的人员。

⑪亲听誓命：孔疏："又使有司誓敕旧章斋戒之礼，王又亲听受命之。"即听取有关人士讲解祭天礼仪的注意事项。

⑫献命：郑注："王自泽宫而还，以誓命重相申敕也。"指即将致斋时，天子重申誓命。

⑬皮弁：本指白鹿皮制成的冠，这里指皮弁服，即配合皮弁所穿的全套服装，即素衣、素裳，缁带。这是祭日早晨所着之服，临祭之时还要更换。

⑭示民严上：孔疏："示教人尊严其君上之义也。"严，敬。

⑮汜扫：泛扫。汜，同"泛"。反道：把新土铲到路的表面。

⑯田烛：在田头设烛火。因郊祭时间太早，特设烛火为王照明。

⑰被衮以象天：郑注："谓有日、月、星辰之象。"孔疏："当祭之日，王被衮冕，衮冕有日、月、星辰，以象天也。"被衮，指内服大裘，外披十二章之衣。衮，详《礼器》"礼有以文为贵者"节注①。

⑱冕璪(zǎo)十有二旒：冕的上端有一长方形的木版叫做"綖"，綖的前端垂有十二条穿着玉珠的五彩丝带。璪，用五彩丝绳穿玉珠垂在冕前为旒，即"玉藻"。

⑲则天数也：古者以为天之大数为十二，故制礼以十二为极数。

⑳龙章：指龙旗。

㉑帝牛：祭祀上帝所用之牛。不吉：指占卜不吉，或有死伤意外。

㉒为：用。稷牛：祭祀后稷所用的牛。周人在郊天时，以其始祖后稷配享。如果帝牛占卜不吉或有死伤，就要改用稷牛作为帝牛，另选其他牛作为稷牛。

㉓涤：指打扫干净的牛舍。

【译文】

天子到四方巡察，先要燔柴告天。郊外祭天，迎接最长白日的到来，为了最隆重、最盛大地报答上天，祭祀之礼以日为主。郊祭的地方选择在南郊，因为南方是阳位。清扫地面而举行祭祀，体现了质朴自然。祭祀使用陶土制作的器具和葫芦，象征着天地自然之性。祭天在南郊举行，所以也叫做“郊祭”。祭天的牺牲用赤色的牛犊，是因为周代崇尚赤色。以牛犊为牺牲，是因为看重牛犊的“诚”。南郊祭天选择辛日，是因为周代的最初的郊祭是辛日，是冬至日。占卜郊祭的日期，天子要先到祖庙禀告，再到父庙里灼龟占卜，这是表示尊敬始祖而亲近父亲。占卜的当天，天子立于泽宫，挑选一起参加祭天典礼的人，亲自聆听有司宣布祭天礼仪的规定，表示听从教诲与劝谏。

天子从泽宫回来，在王宫的外门库门内重申誓命，告诫百官听从；又在太庙内重申命令，告诫百姓。郊祭当天，天子穿着皮弁服听取有关官员报告郊祭的准备情况，这是教导百姓要尊敬君上。这一天，有丧事的人家不能哭，也不能穿丧服，百姓都走出门去扫除道路，并把新土铺在路面上，乡间的百姓在田头点亮火炬照明，这些都不用发布命令，百姓都自觉地按照上级的意图去做。祭天的当日，天子内穿大裘、外披绣有日、月、星辰等图案的衮服，表示效法上天。头戴着冕，冕的前端垂着五彩丝绳串的十二条玉珠，是效法天之大数十二。乘坐没有装饰的素车，是表示以质朴为贵。车上的旗帜有十二根飘带，旗上画有龙的纹饰并绣着日月图案，这也是效法天象。上天显现出日、月、星辰的天象，圣人懂得学习它、效法它，郊祭就是要彰显天道。祭天所用的帝牛，如果占卜结果说不吉，就要用稷牛来代替。祭天所用的帝牛，一定要在清洁的牛舍里饲养三个月，而稷牛只要是完整的就可以，这也是区别祭祀天神和人鬼的不同。

万物本源于上天，人本源于祖宗，这就是祭天时要让始祖配祭上天的道理。郊天之祭，就是最隆重、最盛大地回报本始、返回本始。

天子大蜡八①。伊耆氏始为蜡②。蜡也者，索也③。岁十二月，合聚万物而索飨之也。蜡之祭也，主先啬而祭司啬也[④]，祭百种以报啬也[⑤]。飨农及邮表畷、禽兽[⑥]，仁之至，义之尽也。古之君子，使之必报之。迎猫，为其食田鼠也；迎虎，为其食田豕也，迎而祭之也。祭坊与水庸[⑦]，事也。曰："土反其宅，水归其壑[⑧]，昆虫毋作[⑨]，草木归其泽。"

皮弁、素服而祭。素服，以送终也。葛带、榛杖，丧杀也[⑩]。蜡之祭，仁之至，义之尽也。黄衣、黄冠而祭[⑪]，息田夫也。野夫黄冠，黄冠，草服也。

大罗氏，天子之掌鸟兽者也，诸侯贡属焉。草笠而至，尊野服也[⑫]。罗氏致鹿与女，而诏客告也。以戒诸侯曰："好田、好女者亡其国。天子树瓜华，不敛藏之种也[⑬]。"

八蜡以记四方[⑭]。四方年不顺成[⑮]，八蜡不通[⑯]，以谨民财也。顺成之方，其蜡乃通，以移民也[⑰]。既蜡而收，民息已。故既蜡，君子不兴功。

【注释】

①大蜡(zhà)：年终的祭祀。八：大蜡所祭的八神，据郑注为先啬、司啬、农、邮表畷、猫虎、坊、水庸、昆虫。

②伊耆氏：古代天子之号。

③索：求索。指向众神求索万物，年终要一起祭享报答。

④先啬：陈澔说，先啬为八神之主。郑注："若神农者。"即教导人们稼穑耕耘者，或说即农神。啬，通"穑"。司啬：后稷。一说后稷为农神。

⑤百种：神名。百谷之种。

⑥农：农官田畯。邮表畷(zhuì)：田畯在田间所设的庐舍。畷，通

“缀”。

⑦坊：堤坊。水庸：沟渠。

⑧土反其宅，水归其壑(hè)：孔疏：“土归其宅，则得不崩”；“水归其壑，谓不泛溢”。壑，坑谷。

⑨昆虫：蝗、螟等害虫。

⑩丧杀：丧礼等级降低。

⑪黄衣、黄冠：这是农夫参加蜡祭时的衣着。黄冠，即草笠。

⑫尊野服也：草笠本是农夫的装束，因为年终功成是农夫的功劳，所以尊其服。

⑬“天子”二句：这句话的意思是告诫诸侯不要储存财物与民争利。树，种植。瓜华，瓜果。华，读为“瓠”(hù)。

⑭记四方：记四方收成的丰歉。

⑮顺成：指风调雨顺，五谷成熟。

⑯通：行，举行。

⑰移民：移走百姓的疲劳倦怠。因百姓终年劳动，要通过蜡祭聚会宴饮，去除厌倦，享受丰收之乐。

【译文】

天子的大蜡祭，所祭有八神。从伊耆氏开始有了蜡祭。所谓蜡，就是索求的意思。周历每年的十二月，要聚集万物、索求其神灵加以祭飨。蜡祭所祭祀的神灵，主要是祭“先啬”，再要祭主管农事的“司啬”，再要祭“百种”，以报答稼穑收获之功。还要祭飨田官之神“农”、田舍之神“邮表畷”及禽兽之神，这就体现了仁至义尽。古代的君子，只要使用了就一定要报答。迎来猫神，因为猫吃掉了危害作物的田鼠，迎来虎神，因为虎吃掉了危害农田的野猪，所以要把它们迎接来加以祭祀。还要祭祀堤防之神“坊”和沟渠之神“水庸”，也是因为它们有功于农事。蜡祭的祝辞说：“土壤回到大地上，水流回到壑谷中，昆虫不再危害庄稼，草木回到薮泽生长。”

天子戴着皮弁、穿着素服参加蜡祭。穿着素服，是为老去的万物送终。腰系葛带，手执榛杖，比丧礼常规等级稍减。蜡祭，这就体现了仁至义尽。农夫参加蜡祭，身穿黄衣、头戴黄冠，让他们饮酒宴乐得到休息。在田野劳作的农夫，头戴黄冠，黄冠，黄色是草野之色，秋季草木黄落，因而采用黄色。

大罗氏是负责为天子掌管鸟兽的官，诸侯进贡的鸟兽由他管理。进贡鸟兽的使者戴着草笠而来，这是表示对农夫的尊重。大罗氏将鹿和女子交给使者，让他们转交诸侯，并给诸侯带话。告诫诸侯说："喜好田猎、沉湎女色，就一定会亡国。天子只种植瓜果供食用，不收敛久藏之种，不藏储财物与民争利。"

蜡祭八神，要记录四方年成的丰歉。如果四方风不调、雨不顺，收成不好，就不举行蜡祭，来节约百姓之财。四方哪一方风调雨顺年成好，哪一方就举行蜡祭，通过蜡祭聚会宴饮，让百姓去除疲惫，享受丰收之乐。蜡祭之后，就把谷物收藏起来，让百姓得到休息。所以蜡祭以后，君子就不再大兴土木征调民众了。

恒豆之菹[①]，水草之和气也；其醢[②]，陆产之物也。加豆[③]，陆产也，其醢，水物也。笾、豆之荐，水土之品也。不敢用常亵味而贵多品[④]，所以交于神明之义也，非食味之道也。

先王之荐，可食也，而不可耆也[⑤]。卷冕[⑥]，路车，可陈也，而不可好也。《武》[⑦]，壮而不可乐也。宗庙之威，而不可安也。宗庙之器，可用也，而不可便其利也。所以交于神明者，不可以同于所安乐之义也。

酒醴之美，玄酒、明水之尚[⑧]，贵五味之本也[⑨]。黼黻、文绣之美，疏布之尚[⑩]，反女功之始也。莞簟之安[⑪]，而蒲越、稾鞂之尚[⑫]，明之也。大羹不和，贵其质也。大圭不琢，美其质也。丹漆雕幾之美[13]，素车之乘，尊其朴也。贵其质而已矣，所以交于神明者，不可同于所安亵之甚也。如是而后宜。

鼎、俎奇而笾、豆偶，阴阳之义也。黄目[14]，郁气之上尊也[15]。黄者，中也，目者，气之清明者也，言酌于中而清明于外也。

祭天，扫地而祭焉，于其质而已矣。醯醢之美而煎盐之尚[16]，贵天产也。割刀之用，而鸾刀之贵[17]，贵其义也。声和而后断也。

【注释】

①恒豆：指朝事（即宗庙祭祀进献生血生肉之事）常设的用于荐献的豆。菹（zū）：腌菜。

②醢（hǎi）：肉酱。

③加豆：祭祀末尾酳尸时所献之豆。

④不敢用常亵味而贵多品：见本篇“鼎、俎奇而笾、豆偶”节注③。

⑤耆：同“嗜”。

⑥卷（gǔn）：当作“衮”，天子礼服。

⑦《武》：即《大武》。

⑧玄酒：清水。明水：用铜制的鉴盘放在月下所承接的露水。

⑨五味：此指泛齐、醴齐、盎齐、缇齐、沈齐五种酒。陈澔说：“未有五味之初，先有水，故水为五味之本。”

⑩疏：粗。

⑪莞（guān）簟（diàn）：见《礼器》“礼也者，反本、修古”节注①。

⑫蒲越（huó）：用蒲草编结的席。越，蒲草。稾鞂（gǎo jiē）：见《礼器》“礼也者，反本、修古”节注①。

⑬幾（qí）：郑注：“谓漆饰沂鄂也。”沂鄂，指凹凸的纹饰。

⑭黄目：酒樽名。又叫“黄彝”，以黄金镂其外为眼睛的形状，故名。

⑮郁气：郁鬯酒的芳香。

⑯醯(xī)醢：用醋调制的肉酱。醯，醋。煎盐：即盐，由煎炼而成，故名。

⑰鸾刀：刀柄环上有铃的刀。古代祭祀时切割牲体时使用。

【译文】

祭祀常设的用于荐献的豆中盛放的腌菜，是水草的和美之气生成的；而肉酱，是陆地所产的兽肉制成的。祭祀最后为尸进献的漱口后所用食物的豆，其中盛放的腌菜是陆地生产，相配的肉酱却是水中的物产。笾、豆中盛放的祭品，都是水中或土中所长。祭品不敢用人所常吃的美味，而以品种的繁多为贵，这是表示与神明相交、敬奉神明的意义，不是为了品尝味道。

祭祀先王的供品，虽然可以吃，但不是人们爱吃的。祭祀时所穿的衮服，所戴的冕，所乘用的大路，可以陈列，看着威严、豪华，但不能平常就老是穿着、老是乘用的。《大武》之舞，气势雄壮，但不是供平常娱乐的。宗庙，威严壮观，但不是供平常居处的。宗庙祭祀所用的器具，虽然是可以使用，但不是供日常生活方便拿来用的。所以，用于和神明交往的物事，与人们日常安乐适意的物事是不可等同的。

酒醴虽然甜美，但祭祀时却以玄酒和明水作为上品，这是看重它是五味的根本。织品上的黼黻图案及刺绣纹饰虽然华美，但祭祀时却特别看重粗布，这是表示要返回到女工织品的初始。人们平常用着蒲席加竹席的坐垫，坐着很安适，但祭庙祭天时却要使用蒲草、秸秆编织的席子，这是因为祭祀的对象是神明。祭神的大羹肉汤不加任何调料，这是看重它原本的味道。天子祭天所用的大圭不加雕饰，这是看重它的质实纯朴。天子的乘车，涂刷着红漆、雕刻着高高低低的纹饰，但祭天时却乘用毫无雕饰的车辆，这是看重它的朴素。以上都是珍视物事的质朴纯真的本质而已，所以说，凡是用于与神明交接的物事，和百姓享用安乐舒适的物事是全然不同的。在礼制中也只有这样崇尚质朴的安排，才是适宜的。

祭祀器具鼎、俎的数目是奇数，而笾、豆的数目是偶数，这其中包含着阴阳的意义。黄目，用黄金刻镂成眼目之形为饰，是用来盛放郁鬯的上等酒樽。黄，依五行为中央之方色，目，是身体精气中显现清明的器官，称作黄目，是说把郁鬯斟入其中，而能让清明透澈于外。

祭天，地扫干净即可举行祭祀，看重的是质朴。以醋调制的肉酱虽然味美，而祭礼陈列祭品却把大盐放在肉酱的前面，看重的是大盐乃天然的物产。百姓平常切肉用锋利的割刀，但祭礼分割牲体时仍讲究使用古时并不那么锋利的鸾刀，那是看重它的意义。因为切割时銮铃之声和悦，牲肉应声割断，要的就是这种和谐。

冠义①，始冠之，缁布之冠也②。大古冠布③，齐则缁之④。其緌也⑤，孔子曰："吾未之闻也，冠而敝之可也⑥。"適子冠于阼⑦，以著代也⑧。醮于客位⑨，加有成也⑩。三加弥尊⑪，喻其志也⑫。冠而字之，敬其名也⑬。委貌⑭，周道也；章甫，殷道也；毋追，夏后氏之道也。周弁⑮，殷冔，夏收。三王共皮弁、素积⑯。无大夫冠礼⑰，而有其昏礼。古者五十而后爵，何大夫冠礼之有？诸侯之有冠礼，夏之末造也⑱。天子之元子⑲，士也。天下无生而贵者也。继世以立诸侯，象贤也⑳。以官爵人，德之杀也㉑。死而谥，今也。古者生无爵，死无谥。

【注释】

①冠义：冠礼的意义。冠礼中共有三次加冠，第一次是缁布冠，第二次是皮弁，第三次是爵弁。此节与《仪礼·士冠礼》文末的

《记》相同，可参看。

②缁布之冠：缁布冠，古代一般百姓成人时戴黑色的布冠。缁，黑色。

③大：同“太”。

④齐：同“斋”，斋戒。缁：这里是染成缁色的意思。

⑤緌（ruí）：冠两侧用于固定冠的缨带，在颈项处打结，称作“緌”。

⑥敝：丢弃。缁布冠仅在冠礼时用，因而加冠后就可以丢弃。

⑦適：同“嫡”。

⑧著：明。代：代替父亲。“著代”即表明其继承者的地位。

⑨醮（jiào）：见《曾子问》“曾子问曰：将冠子，冠者至”节注⑨。客位：户与牖之间，是宾客之位。

⑩加有成：每加一次冠，则给冠者进酒一次，称“加一醮”，表示冠礼的仪式又完成了一层，冠者即将完成成人礼。

⑪三加弥尊：冠礼中三次加冠，越来越尊贵，所以说“弥尊”。弥，益，更。

⑫喻其志也：孙希旦曰：“服弥尊则当思所以称之，晓喻冠者之志意，务令充大以称其服也。”所加之冠越来越尊贵，冠者就会思考志向、行为要与之相称，即要有远大的志向，宏大的作为。

⑬敬其名也：名为父母所取，因此要敬其名，行冠礼以后取字，便是成人，不得随意称名，非君、父，他人皆称其字而讳其名。

⑭委貌：和后文的“章甫”、“毋追”分别是夏、商、周三代日常所戴之冠，其形制已不可考。

⑮弁：和后文的“冔”（xǔ）、“收”，是夏、商、周三代斋戒和祭祀所戴之冠。《训纂》引《独断》：“周曰爵弁，殷曰冔，夏曰收，皆以三十升漆布为壳，广八寸，长尺二寸，加爵冕其上。周黑而赤，如爵头之色，前小后大。殷黑而微白，前大后小。夏纯黑而赤，前小后大。皆有收以持笄。……古皆以布。中古以丝。”

⑯素积:孙希旦说:"以素缯为裳而襞(裙子腰际的褶子)积之也。素言其色,积言其制。"

⑰无大夫冠礼:古人二十而冠,五十才加爵为大夫,所以没有大夫的冠礼。

⑱末造:末世。孙希旦说:"犹末世也。"一说,指末代所制作。

⑲元子:长子。

⑳象贤:效法先贤。

㉑德之杀:孔疏:"言官爵之授,随德隆杀也。"即按照德行的高低授予官爵。

【译文】

冠礼的意义,冠礼三次加冠,第一次加的冠,是缁布冠。远古时,人们以白布为冠,到了斋戒时把它染成黑色的。古代的冠是否有緌,孔子说:"冠有緌我没有听说过。不过,冠戴坏了,丢弃不用是可以的。"在阼阶之上为嫡子加冠,这是要明确嫡子的继承人的地位。在客位对冠者行醮礼,这是对冠者已是成人的尊重。三次加冠,越来越尊贵,这是希望冠者的德行、志向要与之相称。加冠后为冠者取字,以后就要以字相称,因为名是父母所取要予以尊敬,非师、长不能呼叫。周代常用的冠,叫"委貌";殷代常用的冠,叫"章甫";夏代常用的冠,叫"毋追"。斋戒和祭祀所戴的礼冠,周代叫"弁",殷代叫"冔",夏代叫"收"。三代又都用皮弁和腰间有褶子的白缯裙裳。没有大夫的冠礼,只有大夫的婚礼。因为,古时候要到五十岁才能受爵为大夫,而冠礼是在二十岁举行的,所以大夫怎么能有冠礼呢?诸侯有冠礼是夏代末期的事。天子的长子,也是士,也行士冠礼。天下没有生下来就尊贵的人。诸侯的长子继位为诸侯,是让他们效法自己的先贤。将官爵授予人,要按着德行的高下分等级。人死了给予谥号,这是现在的做法。古时候,活着的时候没有爵位,死后也没有谥号。

礼之所尊，尊其义也。失其义，陈其数[①]，祝、史之事也。故其数可陈也，其义难知也。知其义而敬守之，天子之所以治天下也。

【注释】

①陈其数：孔疏："谓笾、豆事物之数可布陈。"

【译文】

礼之所以可贵，贵在它的内在崇高的意义。如果失去了内在的崇高意义，只会摆摆笾豆、点点数的仪节，那是祝、史们干的事。所以说，礼的仪节是容易学会的，而其深刻的意义难以理解。真正懂得礼的深刻意义并且恭敬地遵守执行，那么天子就可以治理天下了。

天地合，而后万物兴焉。夫昏礼，万世之始也。取于异姓[①]，所以附远厚别也[②]。

币必诚[③]，辞无不腆[④]。告之以直信。信，事人也；信，妇德也。壹与之齐，终身不改[⑤]，故夫死不嫁。

男子亲迎，男先于女，刚柔之义也。天先乎地，君先乎臣，其义一也。

执挚以相见[⑥]，敬章别也。男女有别，然后父子亲；父子亲，然后义生[⑦]；义生，然后礼作；礼作，然后万物安。无别无义，禽兽之道也。

婿亲御授绥[⑧]，亲之也。亲之也者，亲之也。敬而亲之，先王之所以得天下也。出乎大门而先[⑨]，男帅女，女从男，夫妇之义由此始也。妇人，从人者也：幼从父兄，嫁从夫，夫死从子。夫也者，夫也。夫也者，以知帅人者也。

玄冕齐戒[10]，鬼神阴阳也。将以为社稷主，为先祖后，而可以不致敬乎？

共牢而食[11]，同尊卑也。故妇人无爵，从夫之爵，坐以夫之齿。

器用陶、匏，尚礼然也。三王作牢，用陶、匏。

厥明[12]，妇盥馈[13]。舅姑卒食，妇馂余[14]，私之也。舅姑降自西阶，妇降自阼阶，授之室也。

昏礼不用乐，幽阴之义也[15]，乐，阳气也。昏礼不贺，人之序也[16]。

【注释】

①取于异姓：《曲礼上》："取妻不取同姓。"取，同"娶"。

②附远厚别：孔疏："取异姓者，所以依附相疏远之道，厚重分别之义也。"另一说法，见《集解》引方悫说："必取于异姓，所以附远；不取同姓，所以厚别。"

③币：即纳征之币。纳征，古代婚礼"六礼"之一，指男方向女方赠送定亲的聘礼，女方受礼复书，双方的婚姻关系即确定。纳币，要送玄纁、束帛和俪皮（两张鹿皮）。

④辞无不腆：纳币时的说辞，不能自谦说自己的币帛不好。腆，善。

⑤"壹与之齐"二句：郑注："齐，谓共牢而食，同尊卑也。齐，或为'醮'。"郭店楚简《六德》："壹与之齐，终身弗改之矣。"

⑥挚：见面礼。指亲迎当天男子要执雁作为见面礼。

⑦"男女有别"四句：郭店楚简《六德》："男女不辨，父子不亲。父子不亲，君臣亡义。"文意相似，可以参看。

⑧亲御：婿亲自为新娘驾车，象征性地走一段，让车轮转几圈，再交给驭手驾车。授绥：由婿把绥交给新娘。绥，登车时拉手的

绳索。

⑨大门：指妇家大门。

⑩玄冕：大夫以上所穿的祭服。此指亲迎时所穿之服。

⑪共牢而食：指夫妇的坐席前放着盛有豚、鱼及干肉等的俎牢，夫妇共食。这是象征性的礼仪活动，并不真的要吃饱，夫妇"三饭卒食"，礼成。

⑫厥：其。明：明日。指共牢之明日。

⑬妇盥馈：或说此三字为后人据《士昏礼》加上的。馈，行馈食礼。指向舅姑进食。

⑭馂（jùn）余：吃剩下的食物。

⑮"昏礼不用乐"二句：婚属阴礼，乐属阳气，不能以阳事干犯阴事，故婚礼不用乐。《曾子问》载："取妇之家，三日不举乐，思嗣亲也。"

⑯"昏礼不贺"二句：婚姻之礼，意味着子代父，新妇代姑，新一代兴起，老一代衰落，从这一意义而言故不加庆贺。序，郑注："犹代也。"

【译文】

天地交配，而万物诞生兴发。婚礼，是自一世乃至万世的起始，是繁衍后代子孙的开端。娶异姓女子为妻，这是为了依附原本没有关系的家族、增强与异姓的联系。

男方向女方致送聘礼要诚心诚意，不要说礼物不好之类的谦辞。要告诫新妇为人须正直诚信。诚信，是用以侍奉人的根本；诚信，是为妇的德行。夫妇一旦同牢而食，同吃同喝了，那妇人就是夫家的人了，终身不能变改，所以丈夫死了就不再改嫁。

结婚之日，男子亲到女家迎娶，表示男先于女，是男刚女柔的意思。这就和天先于地、君先于臣的道理是一样的。

迎亲时，男子捧着礼物交给女家，以宾、主之道与新妇相见，这样表示恭敬、要彰明男女之别。男女有别，然后才有父子之亲；父子相亲，然后才有君臣之义；君臣有义，然后制定礼仪；制定了礼仪，然后万物相宜、各安其所。如果男女无别，父子无义，那就与禽兽一样了。

出门上车，新郎亲手把上车用的引绳交给新娘帮助登车，再亲自驾车，让车子走上一段，表示亲自为新娘做了事。自己对别人的亲爱之举，就是要别人也对自己亲爱。尊敬人并亲爱人，把这种尊敬与亲爱推而广之，先王就是凭借这一点得到天下的。从女家大门出来之后，男人就走在前面，男人带领着女人，女人跟随着男人，夫妇关系的道理与准则就是从这里开始的。妇人，就是跟从别人的人：年幼时跟从父兄，出嫁后跟从丈夫，丈夫死了跟从儿子。夫，就是丈夫的意思。丈夫，就是用智慧领导别人的人。

新郎迎亲要身着祭服，斋戒沐浴，禀告祖先和天地，这是将婚姻夫妇之道看作与鬼神祭祀一样地虔敬。婚后妻子就也是社稷之主、一家之主了，要继承祖先，繁衍后代，因此怎么能不虔诚地致以敬意呢？

成亲的当晚，夫妇方在新房里同牢而吃，共食一器中的牲肉，表示夫妇是尊卑相同的。因此，妇人没有爵位，妇女都依从丈夫的爵位，座次席位也以丈夫的辈分和年龄来排定。

远古时，食器都用陶器和葫芦，因为是崇尚天然。夏、商、周三代开始有夫妇共牢食用牲肉之礼，而器具则沿用了陶器、葫芦。

成亲次日的黎明，新娘盥洗后拜见公婆，向公婆进献食品。公婆吃完后，把剩下的食物赐给新妇，显示对她的恩典。礼毕，公婆先从西阶下堂，然后新妇从阼阶下堂，这表示从此家事授给新妇管理了。

婚礼不奏乐，因为结婚属于阴，而乐属于阳。举行婚礼，也不庆贺，因为结婚意味着新老兴衰代谢，新一代兴起，老一代衰落。

有虞氏之祭也，尚用气①。血、腥、爓祭②，用气也。殷人尚声，臭味未成③，涤荡其声④。乐三阕⑤，然后出迎牲。声音之号，所以诏告于天地之间也。周人尚臭⑥，灌用鬯臭⑦。郁合鬯⑧，臭阴达于渊泉⑨。灌以圭璋⑩，用玉气也。既灌然后迎牲，致阴气也。萧合黍、稷⑪，臭阳达于墙屋，故既奠然后焫萧合膻芗⑫。凡祭慎诸此。魂气归于天，形魄归于地，故祭，求诸阴阳之义也。殷人先求诸阳，周人先求诸阴。

【注释】

①尚：崇尚。气：指生肉的腥气。

②血、腥、爓（xún）：孔疏："血，谓祭初以血诏神于室。腥，谓朝践荐腥肉于堂。爓，谓沉肉于汤，次腥，亦荐于堂。"

③臭味未成：指未杀牲之前。未杀牲，还没有鲜血和腥气，所以说"臭味未成"。

④涤荡：郑注："犹摇动也。"指奏响音乐，声音激荡。

⑤三阕（què）：三遍。指奏乐三次，音乐停止才迎接牺牲。

⑥臭：孔疏："谓鬯气也。"指郁鬯的香气。

⑦灌用鬯臭：以郁鬯酒灌地降神，用的是郁鬯的香气。鬯酒，是秬黍所酿之酒。

⑧郁合鬯：古人以郁金草煮汁与鬯酒混合，气味芬芳。郁，郁金草。

⑨阴：指入地。天阳地阴。

⑩圭璋：指舀郁鬯香酒浇泼到地上时用的勺子。这种勺子有个专名叫"瓒"（zàn）。以圭为柄称"圭瓒"，以璋为柄称"璋瓒"，统名"玉瓒"。

⑪萧：香蒿。

⑫奠：郑注："谓荐孰时也。"即在尸入室之前，献上熟食以飨神。焫（ruò）：烧。膻：郑玄认为当作"馨"，馨芗（xiāng），指黍稷。芗，通"香"。

【译文】

有虞氏的祭祀，崇尚腥气。祭祀时用鲜血、生肉、半熟的肉，这是用腥气来敬神。殷人的祭祀，崇尚声音，在未宰杀牺牲之前，就先奏乐。乐曲奏过三章停止后，才出门迎牲。乐曲的呼号，就是用来召唤天地之间的鬼神的。周人的祭祀，崇尚香气，祭祀开始时用鬯酒浇泼在地上，让它的香气召神降临。用煮过的郁金草调配鬯酒，把它浇泼在地上，让它的香气渗入地下，达于渊泉。舀酒酌酒浇泼地上，用的是玉质的圭、璋做柄的勺子，这是使用玉的润清之气。把酒浇泼在地上降神后，然后出门迎牲，这是为了先致气于阴，给地下的神灵送上香气。杀牲之后，把香蒿配着黍稷焚烧，让烟气弥漫于墙屋之间，然后为尸酌酒置于席上，将香蒿、黍稷和牺牲的油脂混在一起燔烧，这是让阳气上腾，招致神灵到来。凡是祭祀，都要谨慎地做好这些礼节。人死后，其灵魂归于上天，这是阳；形体归于地下，这是阴，所以祭祀时要阴阳神灵兼顾，既要到天上去求阳，也要到地下去求阴。殷人是先到天上去求阳的，周人是先到地下去求阴的。

诏祝于室①，坐尸于堂②，用牲于庭③，升首于室④。直祭祝于主⑤，索祭祝于祊⑥。不知神之所在：于彼乎，于此乎？或诸远人乎？祭于祊，尚曰求诸远者与⑦？

【注释】

①诏祝于室：初杀牲时，以币告神于室。此节与《礼器》“纳牲诏于庭”内容类似，可参看。

②坐尸于堂：既杀牲，尸出坐于户西，南面，行朝践之礼。

③用牲于庭：纳牲于庭而杀之。

④升首于室：在庭中杀牲后，将牲首升置于室中北墙下。

⑤直祭：正祭。向神敬献熟食为正祭，而此前的献鲜血、献生肉，是表示敬意而已。

⑥索祭祝于祊（bēng）：求神之时，由祝致辞于门外之祊。旧注说，这是由于还不知神到底在哪里，因此里里外外，由近而远，到处寻求加以祭祀。即《礼器》"为祊乎外"。索，求。祊，见《礼器》"大庙之内敬矣"节注⑬。

⑦尚：庶几。

【译文】

祭祀，杀牲时，祝要用币在室中告祭于神；杀牲后，尸坐在堂上受飨；牵牲入庙时，要用币在庭中告祭于神；杀牲后献上牲首，要放在室中北墙下。正祭时，祝致辞于神主，广求众神而祭，祝致辞祭祀于庙门之外。因为不知道神到底在哪里：是在那里吗？是在这里吗？或者是在离人更远的地方呢？在庙门之外设祭，大概是到远方去求索神灵而祭吧？

祊之为言倞也[①]，肵之为言敬也[②]。富也者，福也。首也者，直也[③]。相[④]，飨之也。嘏，长也，大也。尸，陈也[⑤]。毛、血，告幽全之物也[⑥]。告幽全之物者，贵纯之道也[⑦]。血祭，盛气也[⑧]。祭肺、肝、心，贵气主也[⑨]。祭黍稷加肺，祭齐加明水，报阴也[⑩]。取膟膋燔燎升首[⑪]，报阳也[⑫]。明水涚齐[⑬]，贵新也。凡涚，新之也[⑭]。其谓之明水也，由主人之絜著此水也[⑮]。

【注释】

①倞（liàng）：索求，寻求。

②肵（qí）：指肵俎，放置心舌之俎。此"俎"与他"俎"不同，由主人亲

自进献于尸，用以表示尊敬。

③首也者，直也：首，升首之祭，即把牺牲之首进献给神灵。直，正。孔疏："首为一体之正。"孙希旦说，进献的牺牲其他部位如牲体都只是一半，是不完整的，只有牲首是完整的，因此称为"一体之正"。

④相：侑尸进食者，即让尸享用此馔。

⑤尸，陈也：其他本作"尸，主也"，因而郑玄认为当从"主"，神主之义。

⑥幽全：即报告牲体内里美善，外观完具。幽，指血。全，指毛。

⑦纯：指内外皆善。

⑧血祭，盛气也：取血而祭，说明牲体内里美善，又证明牺牲其气之盛。

⑨气主：郑注："气之所舍也。"

⑩齐(jì)加明水，报阴也：齐，指五齐，即泛齐、醴齐、盎齐、缇齐、沈齐。"五齐"都是未经过滤之薄酒，但其中也有清浊之分。明水，指用铜制的鉴盘放在月下所承接的露水。报阴，孙希旦说："魂气为阳，体魄为阴。黍稷、牲体、酒醴之属，可以饮食而以味飨神者也，故曰'报阴'。"

⑪膟膋(lǜ liáo)：肠间的脂肪，祭祀时与萧、黍稷等燔烧。

⑫报阳：孙希旦说："燔燎、升首，不可以饮食，而以气歆神者也，故曰'报阳'。"

⑬涚(shuì)：滤清。

⑭新之：指用明水滤清五齐，令其新洁以敬鬼神。

⑮絜：通"洁"。著：成。

【译文】

"祊"说的是"倞"，"倞"是求索的意思；"肵"说的是"肵俎"，就是敬的意思。祝辞中所说的"富"，就是福的意思。把牺牲的牲首进献于室，因为牲首为牲体之正。“相”，就是劝侑尸飨食。“嘏”，是赐福，是尸将神灵享用过的福胙给予主人，祈祝福禄长久，福禄广大。“尸”，就是神主。祭祀时进献的毛、血，是要向神报告所用牺牲内里美善，外观完整。报告牺牲内里美善，外观完整，是以牲体内外皆善为贵。用牲血祭神，因为血是牺牲的精气，证明其气之盛。而用肺、肝、心来祭神，是看重它们是生发生气的器官。用黍稷加肺祭祀，用五齐加明水祭祀，以饮食飨神灵，这是为了报答阴气。将香蒿和牲的肠间脂肪燃烧，升牲首于堂，以香气歆神灵，这是为了报答阳气。用承接的露水滤清五齐，让初成的浊酒清亮明洁。所谓滤清，就是让酒变得清新。之所以把承接的露水称为“明水”，是由于主人明洁清亮，此明水才能得到，才能造成。

君再拜稽首，肉袒亲割①，敬之至也。敬之至也，服也。拜，服也；稽首，服之甚也；肉袒，服之尽也。

祭称“孝孙”、“孝子”，以其义称也。称“曾孙某”，谓国家也②。祭祀之相③，主人自致其敬，尽其嘉④，而无与让也。腥、肆、爓、腍祭⑤，岂知神之所飨也？主人自尽其敬而已矣。

【注释】

①肉袒：脱去上衣左袖，露出左臂。割：解割牲体。

②国家：指诸侯和卿大夫。因为诸侯五庙，卿大夫三庙，除父、祖外还要祭曾祖及以上，所以可以自称“曾孙某”。

③相：赞礼之人。

④嘉：指外在仪表的美善。

⑤腥：生肉。肆：肢解剔剥后的牲体。腍（rěn）：熟肉。

【译文】

国君在祭祀时要两次行拜礼再稽首，袒露左臂亲自切割分解牲体，这是表示对神灵的最高的尊敬。最高的尊敬，就意味着顺从。跪拜，是表示顺从；稽首磕头，是表示最最顺从；袒露左臂，是表示完全彻底地顺从。

祭于祖庙时，自称“孝孙”，祭于父庙时自称“孝子”，这是嫡系子孙以伦理的名义来称呼的。诸侯和卿大夫在祭祀祖父以上的祖先时自称“曾孙某”，这是以国家的名义自称的。祭祀中的相，辅助礼仪的施行，要由主人自己致敬神灵，完美地表达对神灵的敬意，而尸是代表神灵的，无需谦让。祭祀时，无论是进献生鲜的牲肉、肢解切割后的牲体、半熟的牲肉、还是煮熟的牲肉，哪里还能知道神灵究竟享用了什么？这只是主人完美地表达对祖先、对神灵的敬意而已。

举斝、角[①]，诏妥尸[②]。古者尸无事则立，有事而后坐也。尸，神象也；祝，将命也。

【注释】

①斝(jiǎ)、角(jué)：两种酒器。据说，天子以斝奠，诸侯以角奠。参见《礼运》“祝、嘏莫敢易其常古”节注③。

②妥：安。此指安排尸坐下。

【译文】

把尸迎入室内之后，举起斝、角酒具行礼致敬，祝要提示主人安排尸坐下。在古代，尸无事时都站立着，只有在饮食时才坐下。尸，是神灵的象征；祝，传达神灵的指令。

缩酌用茅，明酌也[①]。醆酒涚于清[②]，汁献涚于醆酒[③]，犹明、清与醆酒于旧泽之酒也[④]。

【注释】

①"缩酌"二句：五齐中，醴齐、泛齐较浊，而盎齐以下较清，因而在祭祀中如果用泛、醴二齐，先用三酒中的事酒与其勾兑，再用一束茅草过滤掉糟滓。缩，滤去糟滓。酌，斟酌。

②醆(zhǎn)酒：盎齐、醍齐、沈齐三齐，较清明，无需过滤，只加清酒即可。

③汁献：郁鬯酒兑以醆酒。献，摩挲。通过摩挲郁金香草而出汁，掺进鬯酒，故名。

④旧泽(yì)之酒：泽，读为"醳"。"旧醳之酒"为"昔酒"，"三酒"之一。《周礼·天官·酒正》："辨三酒之物，一曰事酒，二曰昔酒，三曰清酒。"三酒，三种滤去糟滓的清酒。事酒，临时有事而新酿的酒。昔酒，久酿而成的酒。清酒，更久酿造而成的酒。

【译文】

祭祀用的醴酒要用茅草加以过滤，酒色清明再加调和，才能明酌敬神。盎齐、醍齐、沈齐三齐为"醆酒"，比较清明，无需过滤，只加清酒即可饮用；郁鬯酒要兑盎齐，就像事酒、清酒与盎齐都与昔酒兑在一起一样。

祭有祈焉[①]，有报焉[②]，有由辟焉[③]。

【注释】

①祈：郑注："祈，犹求也。谓祈福祥，求永贞也。"

②报：郑注："谓若获禾报社。"即对神灵的赐给予以报答。

③辟(mǐ)：郑注："读为'弭'。谓弭灾兵，远罪疾也。"

【译文】

祭祀，有的是为了祈求福祥，有的是为了报答恩典，有的是为了消弭兵灾祸疾。

齐之玄也[①]，以阴幽思也。故君子三日齐，必见其所祭者。

【注释】

①齐：同“斋”。下同。玄：指斋戒时的服装，玄衣、玄裳、玄冠。“玄”为幽阴之色。

【译文】

斋服，穿着是玄色，玄衣、玄裳、玄冠，因为黑色是幽阴之色，鬼神处于幽阴之地，因此穿着玄服思念处于幽阴之地的亲人。所以，君子如果专心致志地斋戒三日，一定能够见到自己要祭的神灵。

内则第十二

【题解】

郑玄《礼记目录》云:“名曰‘内则’者,以其记男女居室、事父母舅姑之法。”

本篇主要记载家庭内部各种人际关系的日常生活准则,如儿子、儿媳侍奉父母、公婆的进退之礼,饮食之法,妇人受赐之法,教子之法,等等。孙希旦认为,本篇有几处文字可疑,如从“凡养老,有虞氏以燕礼”至“皆有惇史”,与通篇所言不相符,文体亦异,“疑系他简脱简”。

后王命冢宰降德于众兆民①。子事父母②,鸡初鸣,咸盥、漱③,栉、縰、笄、总④,拂髦、冠、緌、缨⑤,端、韠、绅⑥,搢笏⑦。左右佩用。左佩纷帨、刀、砺、小觿、金燧⑧,右佩玦、捍、管、遰、大觿、木燧⑨。偪⑩,屦着綦⑪。

【注释】

①后王:天子。冢宰:官名。为六卿之首。兆民:郑注:“万亿曰‘兆’。天子曰‘兆民’,诸侯曰‘万民’。”是说天子的民众称为“兆民”,诸侯的民众称为“万民”。

②子：因下文有"男女未冠笄者"，所以这里应指已冠男子。

③咸：皆。盥：洗手。漱：漱口。

④栉(zhì)：梳篦。此指梳头。缁(xǐ)：郑注："韬发者也。"即遮盖头发的布帛。此指以布帛遮盖头发。笄：簪子。孙希旦说：男子有二笄，一以固发，一以固冠。此笄乃固发之笄。总：发带，束发后垂在脑后为装饰。

⑤拂：振去灰尘后戴上。髦：一种假发，据说类似幼年的发型"鬌"(duǒ)，或似刘海。

⑥端：指玄端服，为士的服装。上衣为黑色，下裳有三色，玄色、黄色、杂色均可。韠(bì)：古代系于裳外的蔽膝，皮制。绅：束在腰间的大带。

⑦搢(jìn)：插。笏(hù)：用来记事的玉、象牙或竹木制成的条形牌版，后成为礼仪性的器具。

⑧纷帨(shuì)：拭物的佩巾，类似后世的手巾。砺：磨刀石。小觿(xī)：解小结的工具，用象骨制成，锥形。金燧：利用阳光取火的铜镜形的器具。孔疏引皇氏云："晴则以金燧取火于日。"

⑨玦：当作"决"。古代射箭时套在右手大姆指上的指套，骨制，拉弦时用以保护手指。捍：射箭时套在左臂上的皮套，又叫"遂"。管：笔管。遰(shì)：刀鞘。木燧：钻木取火的工具。孔疏引皇氏云："阴则以木燧钻火也。"

⑩偪(bī)：用布帛束于膝至足，类似后世之绑腿裹脚。

⑪綦(qí)：鞋带。

【译文】

天子命令冢宰对天下百姓进行道德教育。儿子侍奉父母，鸡开始啼叫就都起床洗手洗脸、漱口，梳头、用布帛盖上头发，插上发簪固定，系上发带，整理假发做的刘海，戴上帽子，系好帽带，穿上玄端衣裳，系上蔽膝，腰间扎上大带，把笏版插入腰带中。身上左右佩带常用之物。

左边佩带有手巾、小刀、磨刀石、解绳带小结用的锥棍、利用日光取火的铜燧,右边佩带有射箭拉弦时拇指上带的指套、戴在左臂防护用的皮套、笔管、刀鞘、解绳带大结用的锥棍、钻木取火的木燧。扎好绑腿裹脚,穿好鞋,系好鞋带。

妇事舅姑,如事父母。鸡初鸣,咸盥、漱,栉、縰、笄、总,衣、绅[①]。左佩纷帨、刀、砺、小觿、金燧,右佩箴、管、线、纩[②],施縏袠[③];大觿、木燧,衿缨[④]。綦屦,以适父母舅姑之所。

及所,下气怡声[⑤],问衣燠寒[⑥],疾痛苛痒[⑦],而敬抑、搔之[⑧]。出入则或先或后,而敬扶持之。进盥,少者奉槃[⑨],长者奉水,请沃盥,盥卒,授巾。问所欲而敬进之,柔色以温之。饘、酏、酒、醴、芼、羹、菽、麦、蕡、稻、黍、粱、秫唯所欲[⑩]。枣、栗、饴、蜜以甘之[⑪],堇、荁、枌、榆[⑫],免、薨、滫、瀡以滑之[⑬],脂膏以膏之。父母舅姑必尝之而后退。

【注释】

①衣、绅:孔疏:"谓加玄端绡衣而后着绅带。"衣,指玄绡衣,即用黑缯所制之衣。

②箴:同"针"。纩(kuàng):《小尔雅》:"絮之细者曰'纩'。"指好丝绵。

③縏袠(pán zhì):郑注:"縏,小囊也。""縏袠"是装针线等物品的小囊。

④衿(jìn):动词,系。缨:五彩丝带。此指女子许嫁之缨,是表示自己已有所属。

⑤怡:悦。

⑥燠(yù):暖。

⑦苛：通“疴”，疥癣。

⑧抑：按。搔：摩。

⑨槃：同“盘”，承接水的木盘。古人洗手，要用匜(yí)盛水，倒在手上，下边用盘接水。

⑩饘(zhān)：稠粥。酏(yí)：稀粥。芼(mào)：菜。羹：肉羹。或说“芼羹”是以菜杂肉之羹。菽：豆的总称。蕡(fèi)：大麻子。黍：今之黄米。粱：即粟，北方俗称“谷子”，去壳后称“小米”。秫(shú)：稷之黏者。

⑪饴(yí)：糖。

⑫堇：堇菜。荁(huán)：堇菜类，叶较大。枌(fén)：白榆树皮。榆：刺榆，榆树的一种。

⑬免(wèn)：新鲜的。薨(kǎo)：干的。滫(xiǔ)：郑注：“秦人溲曰‘滫’。”《说文》：“滫，久泔也。”疑指使食品稍加发酵变柔软。瀡(suǐ)：郑注：“齐人滑曰‘瀡’。”或指勾芡使食品柔滑。

【译文】

媳妇侍奉公婆，如同侍奉父母一样。鸡开始啼叫就起床洗手洗脸、漱口，梳头，用布帛盖上头发，插上发簪固定，系上发带，穿上黑色的绡衣并在腰间束好绅带。身上左边佩带手巾、小刀、磨刀石、解绳带小结用的锥棍、利用日光取火的铜燧，右边佩带针、钥匙、线、细丝绵，都装在放杂物的小囊里；还有解绳带大结用的锥棍、钻木取火的木燧，这些物品都用五彩丝绳系好。穿好鞋，系好鞋带，然后到父母、公婆的住所请安。

到了父母、公婆的住室，要低声柔气地嘘寒问暖，如果父母、公婆身有疾病痛痒，就要恭敬地给他们按摩、搔痒。父母、公婆出门进门，或在前或在后，恭敬地扶持他们。给父母、公婆端上盥洗用水，年少的捧着盆盘接水，年长的手执容器从上方浇淋，请他们洗手洗脸，洗完后递上手巾。然后问他们想吃什么，恭敬地进献上，和颜悦色的态度让父母、公婆感到温暖。端上稠粥、稀粥、酒、醴酒、菜、肉羹、豆子、麦饭、大麻子饭、稻米饭、黍米饭、白粱米饭、黏米饭，让他们按照需求选用。还要加上枣子、栗子、饴糖、蜂蜜让味道甘甜，用新鲜的或晾干的堇、荁、白榆皮、刺榆皮来调和食物，让食品变柔变滑，用油脂调和，使其肥润可口。父母、公婆都品尝过后，才能告辞离开。

男女未冠笄者，鸡初鸣，咸盥、漱，栉、縰，拂髦，总角[①]，衿缨，皆佩容臭[②]。昧爽而朝[③]，问：何食饮矣。若已食则退，若未食，则佐长者视具[④]。

【注释】

①总角：把头发左、右分束为两个髻。

②容臭：孔疏："臭，谓芬芳。臭物谓之容者，庾氏云：'以臭物可以修饰形容，故谓之容臭。'"

③昧爽：天将明而未明时。

④具：指馔食。

【译文】

未行冠礼的男子，未行笄礼的女子，每天鸡刚啼叫就都起床盥洗、漱口，梳头、扎裹头巾，整理假发做的刘海，把头发左、右分束为两个髻，衣服缨带上系有绣囊，都装有香料。在天色将明而未明时，去向父母请安，问：早饭吃了什么、喝了什么。如果父母已经吃过了，就可以告退，如果还没有吃，那就帮助兄长侍奉准备馔食。

凡内外[①]，鸡初鸣，咸盥、漱，衣服，敛枕、簟[②]，洒扫室堂及庭，布席[③]，各从其事。孺子蚤寝晏起[④]，唯所欲，食无时。

【注释】

①凡内外：全家所有人，包括仆隶，不分男女、尊卑、长幼都包括在内。

②敛枕、簟(diàn)：是因为“不欲人见己亵者”。簟，指贴身的竹席。

③布：布置。

④孺子：小子。蚤：通“早”。晏：晚。

【译文】

家中所有的人，不分男女、长幼、尊卑，每天鸡刚啼叫，就都要起来盥洗、漱口，穿好衣服，把枕头和席子收起来，洒扫卧室、庭堂和院落，布置坐席，各自从事自己要做的事情。只有小孩子可以早睡晚起，随他想怎样，吃饭也可以不定时。

由命士以上①，父子皆异宫②。昧爽而朝，慈以旨甘③；日出而退，各从其事；日入而夕④，慈以旨甘。

【注释】

①命士：指受命于天子而有一定爵位的士。

②异宫：命士以上的家庭，父子不住在同一个院落内，而有自己的庭院、寝门、寝室。孙希旦说：“异宫则父子之寝各有正寝、燕寝、侧室之属，而其制备；同宫则唯父备有此制，而其子或唯有燕寝及妻之寝而已，而其制简。”

③慈：恭敬地进献。旨甘：即上节的“枣、栗、饴、蜜”。

④夕：夕见。指晚上的问候请安、昏定之礼。

【译文】

儿子是命士以上的官员，和父亲住在不同的院落里。天将明而未明时就去朝见父母，恭敬地献上甜美的食物侍奉老人早餐；日出后告退，然后各自从事自己要做的事情；日落后，要到父母那里去请安问候，也要恭敬地进献美味的食物侍奉老人。

父母、舅姑将坐，奉席请何乡[①]。将衽[②]，长者奉席请何趾。少者执床与坐[③]，御者举几[④]。敛席与簟，县衾箧枕[⑤]，敛簟而襡之[⑥]。

父母、舅姑之衣、衾、簟、席、枕、几不传[⑦]，杖、屦祗敬之[⑧]，勿敢近。敦、牟、卮、匜[⑨]，非馂莫敢用[⑩]，与恒食饮，非馂莫之敢饮食。

父母在，朝夕恒食[⑪]，子妇佐馂，既食恒馂。父没母存，冢子御食[⑫]，群子、妇佐馂如初[⑬]。旨甘柔滑，孺子馂。

【注释】

①乡：通“向”。

②衽(rèn)：卧席。这里意为躺卧。

③床：坐床。形制甚小，是尊者暂憩息时所用，与后世之床不同。与坐：让长者坐在“床”上稍等。

④御者举几：孔疏：“举几者，谓早旦亲起之后，侍御之人则奉举其几以进尊者，使冯(凭)之。”古人席地而坐，用凭几放在背后或身前作倚靠，可以比较舒适。

⑤“敛席”二句：孔疏：“敛席与簟者，敛此所卧在下大席，与上衬身之簟，又县其所卧之衾，以箧贮所卧之枕也。”县(xuán)，同“悬”。衾，被子。箧(qiè)，小箱子。

⑥襡(dú)：收藏。

⑦传：移。孔疏，父母、舅姑之物，收贮后子妇不得随意转移、搬动。

⑧杖、屦(jù)祗(zhī)敬之：孔疏：“杖、屦是尊者服御之重，弥须恭

敬，故云祗敬之，勿敢逼近也。"祗，敬。

⑨敦（duì）、牟（móu）：盛黍稷的两种食器。卮（zhī）：酒器。匜（yí）：盛水的器皿。

⑩馂（jùn）：吃剩下的食物。

⑪恒食：常食。

⑫冢子：指长子。御：侍。

⑬群子、妇：指长子之外的其他儿子及媳妇。

【译文】

父母、公婆如果将要坐下，儿子、媳妇就要捧着席子，请示铺设坐席的朝向。父母、公婆如果将要躺卧，长子、长媳就要捧着卧席，请示铺设卧席头脚的朝向。少子、少媳拿着坐床，让父母、公婆先坐下等候，侍者搬来几让父母、公婆可以倚靠凭依。每天起身后，要将父母、公婆铺垫的席子和贴身的细席收卷起来，把被子悬挂起来，把枕头放进箱子里，把贴身的细席收藏起来。

父母、公婆的衣服、被子、贴身的细席、铺垫的席子、枕头、几是不得随便移动的，老人的手杖、鞋子更要恭敬对待，不要随便去碰触。父母、公婆吃饭用的敦、牟，喝酒用的卮，盛水的匜，都不能擅用，只有等老人吃过后、儿子、媳妇接着吃剩下的食物时才可使用这些器皿。日常饮食的物品，儿子、媳妇若不是接着吃父母、公婆剩下的食物时也是不敢擅自动用的。

如果父母都健在，早晚日常饮食，由儿子、媳妇帮助他们吃完剩下的食物，要吃干净，不再有剩余。如果是父亲去世而母亲尚存，日常的饮食就由长子侍奉陪同，母亲吃剩下的食物，由长媳和其他的儿子、媳妇帮助吃完，也要吃干净，不再有剩余。父母吃剩下的食物中有美味可口、柔滑的，就由小孩子们把它吃掉。

在父母、舅姑之所，有命之，应"唯"敬对[①]。进退周旋慎齐[②]，升降、出入、揖游[③]，不敢哕、噫、嚏、咳、欠、伸、跛、倚、睇视[④]，不敢唾、洟[⑤]。寒不敢袭[⑥]，痒不敢搔。不有敬事[⑦]，不敢袒裼[⑧]，不涉不撅[⑨]，亵衣衾不见里[⑩]。

父母唾、洟不见。冠带垢，和灰请漱[⑪]；衣裳垢，和灰请浣；衣裳绽裂[⑫]，纫箴请补缀[⑬]。五日则燂汤请浴[⑭]，三日具沐。其间面垢，燂潘请靧[⑮]；足垢，燂汤请洗。少事长，贱事贵，共帅时[⑯]。

【注释】

①应“唯”：用“唯”来答应。

②齐：同“斋”，庄重。

③揖游：俯身走路。揖，俯身。游，行。

④哕（yuě）：干呕，要吐又吐不出来。噫（ài）：打饱嗝。睇（dì）视：斜视。

⑤唾：唾沫。洟（tì）：鼻涕。

⑥袭：加衣服。

⑦敬事：孙希旦说：“为尊者执劳事也。”即为长辈干体力活。

⑧袒裼：露出手臂。

⑨撅（guì）：撩起衣裳。

⑩亵（xiè）衣衾不见里：贴身的内衣和被子不能让里子显露出来。

⑪和灰：蘸着草木灰汁。古代使用草木灰来清除污垢，洗涤衣物。

⑫绽：裂开。

⑬补缀：缝补。

⑭燂（xún）：烧热。

⑮潘：淘米水。靧（huì）：洗脸。

⑯帅：遵循。时：通“是”。

【译文】

在父母、公婆的住所，他们如果有事使唤，要先用“唯”答应，然后恭敬地回话。在父母、公婆跟前，进退转身都要谨慎庄重，升降堂阶，出入门户，俯着身子走路，不敢干呕、打饱嗝、打喷嚏、咳嗽、打呵欠、伸懒腰、不能一只脚站立、也不能歪斜地倚靠着什么站立、不敢歪着头看或斜视，不敢吐唾沫、流鼻涕。在老人跟前，感到冷了也不敢添加衣服，感到痒了也不敢伸手搔挠。在父母、公婆跟前，不是为长者干力气活，就不敢脱衣露臂，不是蹚水就不敢撩起衣裳，贴身的内衣和被子不能让里子显露出来。

父母脸上的口水和鼻涕要及时地帮着擦干净，不能让人看见。父母的冠带、衣裳脏了，请求为父母蘸着草木灰汁清洗干净；衣裳开裂了，请求为父母穿针引线缝好补好。每五天一次就烧好热水让父母洗澡，每三天一次让父母洗头。这期间如果脸脏了，就热些淘米水让他们洗脸；如果脚脏了，就烧些热水让他们洗脚。年少的侍奉年长的，卑贱的侍奉尊贵的，都遵循这样的规矩去做。

男不言内，女不言外①。非祭非丧，不相授器②。其相授，则女受以篚③，其无篚，则皆坐奠之而后取之④。外内不共井，不共湢浴⑤，不通寝席，不通乞假。男女不通衣裳。内言不出，外言不入。

男子入内，不啸不指⑥。夜行以烛，无烛则止。女子出门，必拥蔽其面，夜行以烛，无烛则止。道路，男子由右，女子由左。

【注释】

①“男不言内”二句：《曲礼上》：“外言不入于梱，内言不出于梱。”意

义相似。“内”指家务事，由女人负责；“外”指男人的公事。

②“非祭”二句：孔疏：“祭是严敬之处，丧是促遽之所，于此之时，不嫌男女有淫邪之意。”本来男女授受不亲，但在祭祀与治丧时，可以破例。因为祭祀是严肃庄敬的地方，而办理丧事是仓促匆忙的场合，在这两种情况下，男女可以互相授受。

③篚(fěi)：盛东西的竹筐。

④奠：放置。

⑤湢(bì)：浴室。

⑥啸(chì)：郑注：“读为‘叱’。”指大声说话、呵叱。

【译文】

男人不过问女人的家务事，女人不过问男人的公事。如果不是祭祀和办理丧事，男女之间不能用手交接传递器物。如果必须用手交接传递器物，那么女子把器物放进竹筐里传递交接；如果没有竹筐，那么男女都先坐下，一方把东西放在地上，然后由另一方取走。外院与内宅不使用同一口井，男女不使用同一间浴室洗澡，不使用同一张寝席，相互之间不借用东西。男女的衣裳不能混着穿。家门内说的话不传出家门外，家门外讲的话也不传入家门内。

男子进入内宅，不可大声说话也不可用手指指划划。夜晚出行要点燃火把，没有火把就不外出。女子出门，要把脸遮掩起来，夜晚行路也要点燃火把，没有火把就不外出。走路，男人走在右边，女人走在左边。

子妇孝者敬者，父母、舅姑之命勿逆勿怠。若饮食之，虽不耆，必尝而待[①]；加之衣服，虽不欲，必服而待；加之事，人代之，己虽弗欲，姑与之而姑使之[②]，而后复之。

子妇有勤劳之事，虽甚爱之，姑纵之而宁数休之。

子妇未孝未敬，勿庸疾怨[3]，姑教之。若不可教，而后怒之[4]；不可怒，子放妇出而不表礼焉[5]。

【注释】

①“若饮食之”三句：孔疏：“谓尊者以饮食与己，己虽不嗜爱，必且尝之，而待尊者后命，令己去之，而后去之。”耆，同“嗜”。

②姑：姑且。

③庸：用。

④怒：谴责。

⑤子放妇出：孔疏：“子被放逐，妇被出弃。”出，休掉。不表礼：孔疏：“不显明言其犯礼之过也。”指不对外宣扬其失礼的过错。

【译文】

儿子、媳妇孝敬父母、公婆，对父母、公婆的命令不违背、不怠慢。父母、公婆如果赐给饮食，即使不喜欢吃，也要尝一些，然后等到父母、公婆说可以离开了再离开；父母、公婆赐给的衣服，即使不喜欢穿，也要暂时穿上，然后等到父母、公婆说可以离开了再离开；父母、公婆分派自己干的事情，中途又派别人来代替自己干，自己即使不想让别人干，也要姑且交给来代替的人去干，姑且让来代替的人去干，等他干不完干不好之后，自己再重干。

当儿子、媳妇辛勤工作时，父母、公婆虽然非常心疼他们，也姑且就听任他们去辛苦而不能不让他们干，宁可让他们多休息几回。

如果儿子和媳妇不孝敬，也不用生气埋怨，姑且先对他们进行教育。如果对他们进行了教育也不改，而后就对他们进行谴责；如果对他们进行了谴责也不改，那就把儿子赶出门、把媳妇休掉，但不在外说儿子、媳妇失礼的过错。

父母有过，下气怡色，柔声以谏。谏若不入，起敬起孝[①]，说则复谏[②]；不说，与其得罪于乡、党、州、闾[③]，宁孰谏[④]。父母怒、不说而挞之流血[⑤]，不敢疾怨，起敬起孝。

【注释】

①起：郑注："犹更也。"

②说（yuè）：同"悦"。

③乡、党、州、闾：据《周礼》，二十五家为一闾，五百家为一党，五党为一州，五州为一乡。

④孰谏：指犯颜而谏。孰，同"熟"。

⑤挞：以木棍或鞭子击打。

【译文】

父母有了过失，做儿女的要低声下气、和颜悦色、柔声细语地加以劝谏。劝谏如果不听，做儿女的要更加恭敬、更加孝顺，等到父母高兴的时候再次劝谏；如果父母因为劝谏而不高兴，与其让父母得罪于乡、党、州、闾，那还是宁可自己犯颜苦劝。如果因此使父母生气、不高兴，而拿着棍子把自己打得流血，那也不敢埋怨恼怒，而是更加恭敬、更加孝顺。

父母有婢子若庶子、庶孙[①]，甚爱之，虽父母没，没身敬之不衰。子有二妾，父母爱一人焉，子爱一人焉，由衣服饮食，由执事，毋敢视父母所爱[②]，虽父母没不衰。子甚宜其妻[③]，父母不说，出。子不宜其妻，父母曰"是善事我"，子行夫妇之礼焉，没身不衰。

【注释】

①婢子：贱妾。若：及。庶子：指贱妾所生之子。

②视：比。

③宜：善。

【译文】

父母对贱妾及庶子、庶孙十分宠爱，即使父母去世，也要秉承父母的遗愿终身疼爱他们。儿子如果有两个妾，父母喜欢一个，儿子喜欢另一个，那么无论是衣服饮食，还是做事，儿子喜欢的那个妾都不敢和父母喜欢的那个妾相攀比，即使父母去世了也不改变。儿子认为自己的妻子很好很合适，但父母不喜欢，那就把妻子休掉。儿子觉得自己的妻子不好不合适，但是父母说“这个媳妇善于侍奉我们”，那么儿子就要以夫妇之礼对待妻子，终身都不改变。

父母虽没，将为善，思贻父母令名①，必果②；将为不善，思贻父母羞辱，必不果。

【注释】

①贻（yí）：遗留。

②果：决。孔疏：“父母虽没，思行善事，必果决为之。若为不善，思遗父母羞辱，必不得果决为之。”

【译文】

父母即使去世了，儿子将要做善事，想到这会给父母带来美名，就一定果断地去做；将要做不善的事，想到这会给父母带来羞辱，那就一定不能贸然去做。

舅没则姑老①，冢妇所祭祀宾客②，每事必请于姑，介妇请于冢妇[3]。舅姑使冢妇,毋怠、不友、无礼于介妇[4]。舅姑若使介妇,毋敢敌耦于冢妇[5],不敢并行,不敢并命,不敢并坐。

【注释】

①姑老:婆婆告老,将家事交付于长妇,即嫡长子之妻。《曲礼上》:“七十曰老,而传。”男子七十岁,就要将家事交付给嫡长子,其妻也将家内事务交付给嫡长媳。若男子未及七十就去世,其妻也要将家事交付给长媳,这是因为祭祀时必须夫妻同时主持。

②冢妇:嫡长子之妻,即长媳。

③介妇:郑注:“众妇。”即众子之妇。

④毋怠、不友、无礼于介妇:朱彬《训纂》引项平甫曰:“言舅姑若使冢妇,毋得以尊自怠,而凌辱众妇也。‘怠’也,‘不友’也,‘无礼’也,皆当以‘毋’字统之。”

⑤敌耦:匹敌。指介妇不可因舅姑对自己好就与冢妇抗衡,而应持合乎自己身份的态度。

【译文】

公公去世,婆婆就要告老,把家庭事务交付给冢妇。冢妇办理祭祀、招待宾客等事务,都要向婆婆请示,不敢专断,众妇则要向冢妇请示。公婆让冢妇主事、做事,冢妇不要懈怠,不要不友爱,不要对介妇无礼。公婆如果让介妇主事、做事,介妇也不敢和冢妇抗衡,不敢和冢妇并肩而行,不敢像冢妇一样发号施令,不敢和冢妇平起平坐。

凡妇不命适私室不敢退。妇将有事[1],大小必请于舅姑。

子妇无私货,无私畜,无私器,不敢私假,不敢私与。

妇或赐之饮食、衣服、布帛、佩帨、茝兰[②]，则受而献诸舅姑。舅姑受之则喜，如新受赐；若反赐之，则辞，不得命，如更受赐，藏以待乏。妇若有私亲兄弟，将与之，则必复请其故，赐而后与之。

【注释】

①有事：有私事。

②“妇或赐之”句：指妇的娘家兄弟赐给的东西。佩帨（shuì），佩巾。茝（chǎi）兰，茝和兰，都是香草，干燥后可以制作香囊，佩带于身。

【译文】

凡是做儿媳妇的，公婆没有发话让回自己的居室，就不敢告退。媳妇有私事，不论事大事小一定要先请示公婆。

儿子、媳妇没有属于个人的财货，没有属于个人的牲畜，没有属于个人的器物，不敢私自把家里的东西借出去，不敢私自把家里的东西送别人。

媳妇如果得到自己兄弟馈赠的饮食、衣服、布帛、佩巾、香草，接受后要献给公婆。公婆接受了，媳妇就感到高兴，如同自己刚接受了亲友馈赠时一样；如果公婆又把东西返还赐给自己，就要推辞，推辞不过，就像再次受到赏赐一样，收藏好以等待缺乏的时候。儿媳若有娘家兄弟，想给娘家兄弟送东西，一定要先报告公婆，说明原因，公婆将要送的东西赐给儿媳，儿媳再拿去送给娘家兄弟。

適子、庶子祗事宗子、宗妇[①]。虽贵富，不敢以贵富入宗子之家；虽众车徒，舍于外[②]，以寡约入。子弟犹归器[③]，衣服、裘衾、车马则必献其上[④]，而后敢服用其次也。若非所献[⑤]，则不敢以入于宗子之门，不敢以贵富加于父兄宗族。

若富，则具二牲，献其贤者于宗子。夫妇皆齐而宗敬焉[⑥]，终事而后敢私祭。

【注释】

①適子：祖父及父之嫡子，即小宗。適，同“嫡”。庶子：嫡子之弟。祗（zhī）：敬。宗子：大宗，即整个族人的嫡系长子。宗妇：大宗子之妻。

②舍：止。

③犹：若，如果。归（kuì）：通“馈”，赠送。

④裘衾：裘皮衣和被子。

⑤若非所献：如果要给宗子家所进献的物品不符合宗子的身份。

⑥夫妇：小宗夫妇。宗敬：助祭于宗子之家以致敬。

【译文】

嫡子、庶子要敬重奉事家族的大宗、宗妇。嫡子、庶子即使富贵了，也不敢以富贵的身份排场进入宗子家；虽然车马多、徒众多，也要停在宗子家的大门外，简简单单地进入宗子家。自己的子弟如果被赐予器物，如衣服、裘皮、被褥、车马，那就从中挑选上等的献给宗子，而后自己使用次一等的。如果要给宗子家所进献的物品不符合宗子的身份，就不敢将它们带入宗子家门，不敢倚仗自己的富贵凌驾于父兄宗族之上。如果嫡子、庶子富有，祭祖时则准备两头牺牲，要将好的一头献给宗子。宗子祭祖，小宗夫妇都要斋戒助祭于宗子家，大宗祭祖完毕，小宗才敢回家祭祀自家的父、祖。

饭：黍、稷、稻、粱、白黍、黄粱[①]，稰、穛[②]。

膳：膷、臐、膮、醢、牛炙[③]；醢、牛胾、醢、牛脍[④]；羊炙、羊胾、醢、豕炙；醢、豕胾、芥酱、鱼脍[⑤]。雉、兔、鹑、鴽[⑥]。

饮：重醴[⑦]，稻醴清、糟，黍醴清、糟，粱醴清、糟；或以酏为醴，黍酏、浆、水、醷、滥[⑧]。

酒：清、白[⑨]。

羞：糗饵、粉酏[⑩]。

食：蜗醢而苽食、雉羹[⑪]，麦食、脯羹、鸡羹，析稌、犬羹、兔羹[⑫]，和糁不蓼[⑬]。濡豚包苦实蓼[⑭]，濡鸡醢酱实蓼，濡鱼卵酱实蓼[⑮]，濡鳖醢酱实蓼。腶脩、蚳醢[⑯]，脯羹、兔醢，麋肤、鱼醢[⑰]，鱼脍、芥酱，麋腥、醢、酱，桃诸、梅诸、卵盐[⑱]。

【注释】

①黍：黄黍。一种粮食作物，去皮后叫黏黄米。稷：与黍同属一类谷类作物。质黏的是黍，不黏的是稷。粱：小米。

②稰（xǔ）、穛（zhuō）：郑注："孰获曰'稰'，生获曰'穛'。"稰，指成熟后收获的谷物。穛，指未完全成熟而收获的谷物。

③膳：这里指肉食。膷（xiāng）：牛肉羹。它和下文的"臐、膮"都是加有五味等佐料而不加菜的羹。臐（xūn）：羊肉羹。膮（xiāo）：猪肉羹。醢：肉酱。郑注，"膮"、"牛炙"之间，不得有"醢"，这里的"醢"是衍字。牛炙：烤牛肉。

④牛胾（zì）：切成大块的牛肉。脍（kuài）：细切的肉。

⑤芥酱：芥菜制成的调味酱。醢和酱是用以配胾、脍，因为胾、脍味淡，炙则不用。

⑥雉：野鸡。鹑（chún）：鹌鹑。属于雉科中体形较小的一种。鷃（yàn）：同"鴳"，鷃雀，鹑的一种。

⑦重（chóng）醴：醴有糟、清之分，未经过滤的称"糟"，经过过滤的称"清"。糟、清具设，为重醴。

⑧浆：有酸味的饮品。醷（yì）：梅浆。滥：郑玄认为即《周礼·浆人》

六饮中的“凉”，汉时的寒粥，如糗饭加水的饮品。

⑨清：清酒。白：事酒和昔酒。《周礼·天官·酒正》：“辨三酒之物，一曰事酒，二曰昔酒，三曰清酒。”事酒，临时有事而新酿的酒，酿造期最短，较浊；昔酒，久酿而成的酒，较清；清酒，更久酿造而成的酒，最清。

⑩羞：此处指进献的笾、豆中所盛放的食物。糗(qiǔ)：炒熟的大豆捣成的粉。饵：用稻米粉和黍米粉混合蒸成的糕饼。因为饵有黏性，要将糗撒到饵上防黏，就成了糗饵。粉酏：郑玄据《周礼·天官·笾人》认为“粉酏”当作“粉饰”(zhān)，指用稻米与切碎的动物脂肪拌和而成的面饼。

⑪食：郑注：“目人君燕食所用也。”即国君平时吃饭所食用的食物。蜗(luó)醢：用蚌蛤类的肉做成的酱。苽(gū)：郑注：“雕胡也。”《集韵》云或作“菰”，水生植物，生菰米可食。

⑫析稌(tú)：淘过的米。析，原讹为“折”，“析”通“淅”，淘洗。稌，稻。

⑬和糁(sǎn)不蓼(liǎo)：指上文肉羹加入调料和米屑拌成的面汤，但不加蓼菜。糁，用碎肉和米粉制成的羹。详见下文。蓼，又名“辛菜”，可以调味。

⑭濡：将肉煮熟并调和其汁。苦：苦菜。实蓼：剖开牲体腹腔，填入蓼菜，然后缝合。据说可以祛除腥气。

⑮卵(kūn)酱：用鲲鱼子制成的酱。

⑯服(duàn)脩：加姜、桂等香料经捶打制成的干肉条。蚳(chí)醢：用蚁卵制成的酱。

⑰肤：切肉。

⑱诸：菹(zū)。这里指腌渍的桃干、梅干。卵盐：大盐。盐大如鸟卵，故名。

【译文】

饭类：黄黍饭、稷米饭、稻米饭、白粱饭、白黍饭、黄粱饭六种谷物，每种谷物还分为成熟时收获品和未成熟时收获品两类。

加馔时的膳食有：牛肉羹、羊肉羹、猪肉羹、烤牛肉，这四种食物排在第一行，放在北边，从西侧排放；肉酱、切成大块的牛肉、肉酱、切细的牛肉，这四种食物排在第二行，从东侧排放；烤羊肉、切成大块的羊肉、肉酱、烤猪肉，这四种食物排在第三行，从西侧排放；肉酱、切成大块的猪肉、芥子酱、切细的鱼肉，这四种食物排在第四行，从东侧排放。以上四行十六豆，是下大夫的食礼规格。如果将野鸡、兔子、鹌鹑、鷃雀这四种食物排在第五行，那就是上大夫的食礼规格。

饮料：每种醴都包括清醴和糟醴两种，稻醴，有清醴与糟醴，黍醴有清醴与糟醴，粱醴有清醴与糟醴；有时以粥为醴，有用黍煮的粥、酢醋、水、梅汁、寒粥。

酒：清酒和白酒。

进献的笾、豆中所盛放的食物：大豆糗饵、米饼粉酏。

国君燕食的食物：蚌蛤酱配菰米饭、野鸡羹，麦子饭、配肉羹和鸡羹，大米饭、配犬羹和兔羹，上述肉羹都要加入用佐料和米屑调制的汤，但不加蓼菜。烹煮小猪，要用苦菜将其包起来，并在猪腹里填入蓼菜；烹煮鸡，加入醯酱，在鸡腹中填入蓼菜；烹煮鱼，加入鱼子酱，在鱼腹中填入蓼菜；烹煮鳖，加入醯酱，在鳖腹中填入蓼菜。吃干肉条时要配上蚂蚁卵做的酱；吃肉羹，要配上兔肉酱；吃麋鹿肉片，要配上鱼肉酱；吃细切的鱼肉，要配上芥子酱；吃生鲜麋鹿肉，要配上醢肉糜酱；吃桃干、梅干，要配上大块盐巴。

凡食齐视春时，羹齐视夏时，酱齐视秋时，饮齐视冬时①。凡和②，春多酸，夏多苦，秋多辛，冬多咸，调以滑甘③。牛宜稌，羊宜黍，豕宜稷，犬宜粱，雁宜麦④，鱼宜苽。春宜羔、豚，膳膏芗⑤；夏宜腒、鱐⑥，膳膏臊⑦；秋宜犊、麛，膳膏腥[⑧]；冬宜鲜、羽[⑨]，膳膏膻[⑩]。

【注释】

①“凡食”四句：郑注：“饭宜温也。羹宜热也。酱宜凉也。饮宜寒也。”春时要温，夏时要热，秋时要凉，冬时要寒。齐（jì），同“剂”，调和。视，比照，参照。春时，春天的温度。这里指饭食要像春天的温度，要温和。

②和：食物味道的调和。郑注：“多其时味以养气也。”这是说要多食正当时令盛气之味。

③滑甘：使食物甘甜、柔滑的佐料。

④雁：鹅。

⑤膳：煎和。膏芗（xiāng）：牛油。芗，通“香”。

⑥腒（jū）：干雉。鱐（sù）：干鱼。

⑦膏臊：狗油。

⑧膏腥：猪油。

⑨鲜：生鱼。羽：指鹅。

⑩膏膻：羊油。

【译文】

根据四时节候安排饭食，调和饭食要像春天般温和，调和羹汤要像夏天般火热，调和酱料要像秋天般爽凉，调和饮品要像冬天般冰寒。

凡调和食物之味，春季多用酸味，夏季多用苦味，秋季多用辛味，冬季多用咸味，无论哪个季节，都要用滑柔甘甜的佐料加以调和。

肉鱼与饭食的搭配，牛肉配大米饭，羊肉配黍米饭，猪肉配稷米饭，狗肉配白粱米饭，鹅肉配麦子饭，鱼肉配菰米饭。

春天适宜吃羊羔、小猪，用牛油烹调；夏天适宜吃干雉、干鱼，用狗油烹调；秋天适宜吃牛犊、小鹿，用猪油烹调；冬天适宜吃鱼、鹅，用羊油来烹调。

牛脩、鹿脯、田豕脯、麋脯、麕脯[①]，麋、鹿、田豕、麕皆有轩[②]。雉、兔皆有芼[③]，爵、鷃、蜩、范、芝栭、蔆、椇、枣、栗、榛、柿、瓜、桃、李、梅、杏、楂、梨、姜、桂[④]。

【注释】

①麕（jūn）：獐子，似鹿无角。

②轩（xiàn）：切成大片。孔疏："腥食之时，皆以藿叶起之，而不细切，故云'皆有轩'。"

③芼（mào）：以菜拌和。郑注："谓菜酿也。"

④爵：通"雀"。蜩（tiáo）：蝉。范：蜂。芝栭（ér）：孔疏："无华叶而生者曰芝栭。"疑为今之木耳。也有人认为"芝"、"栭"为二物，"芝"为木耳，"栭"为软枣。蔆：菱角。椇（jǔ）：指枳椇果，今称"拐枣"，味甘可食。

【译文】

牛肉干、鹿肉干、野猪肉干、麋肉干、獐子肉干，其中麋、鹿、野猪、獐子都可以切成大片裹着藿香叶生吃。野鸡羹、兔羹都用菜拌着吃，还有雀、鷃、蝉、蜂、木耳、菱角、枳椇、枣子、栗子、榛子、柿子、瓜、桃子、李子、梅子、杏、山楂、梨子、姜、桂等。

大夫燕食[①]，有脍无脯，有脯无脍；士不贰羹、胾[②]；庶人耆老不徒食[③]。

【注释】

①燕食：平常的饮食。

②贰：重。指士可以吃羹、胾，但不能重设。

③耆（qí）：六十岁曰"耆"。不徒食：吃饭就一定有肉。徒，空。《王

制》:"六十非肉不饱。"

【译文】

大夫平时的饭食,如果有切细的肉就没有肉干,如果有肉干就没有切细的肉;士平时的饭食可以有肉羹和大肉块,但不能重设。六十岁以上的老人,吃饭一定要有肉。

脍,春用葱,秋用芥[①]。豚,春用韭,秋用蓼。脂用葱,膏用薤[②]。三牲用藙[③],和用醯,兽用梅。鹑羹、鸡羹、鴽[④],酿之蓼。鲂、鱮烝[⑤],雏烧,雉,芗,无蓼。

【注释】

①芥:郑注:"芥酱也。"

②脂、膏:郑注:"脂,肥凝者,释者曰'膏'。"肥油为脂,化开的为膏。薤(xiè):又名"藠(jiào)头",一种菜蔬。

③三牲:牛、羊、猪。藙(yì):食茱萸,似茱萸而实赤小,《尔雅》称之为"椴"。

④鴽(rú):鹌鹑类小鸟。

⑤鲂(fáng):即鳊鱼,属鲤类,体高呈菱形。鱮(xù):鲢鱼。

【译文】

搭配细切的肉,春季用葱,秋季用芥子酱。搭配小猪,春季用韭菜,秋季用蓼菜。凝脂用葱来搭配,汤油用薤来搭配。牛、羊、猪三牲用食茱萸搭配,用醋来调味,其他兽肉用梅酱调味。鹑羹、鸡羹、鴽,都要拌上蓼菜。鳊鱼、鱮鱼蒸着吃,小鸟、野鸡烧烤着吃,这些食物都有香料,但不拌搭蓼菜。

不食雏鳖。狼去肠,狗去肾,狸去正脊[①],兔去尻[②],狐去首，豚去脑，鱼去乙[③]，鳖去丑[④]。

【注释】

①狸：狸猫。

②尻（kāo）：屁股。

③乙：鱼肠。《尔雅·释鱼》："鱼肠谓之'乙'。"因鱼肠与"乙"字形相似，故名。

④丑：肛门。以上这些器官均不利于人，因而食用时要去掉。

【译文】

不吃幼鳖。吃狼肉要去掉肠子，吃狗肉要去掉腰子，吃狸肉要去掉正脊，吃兔肉要去掉屁股，吃狐肉要去掉头，吃猪肉要去掉脑，吃鱼肉要去掉肠子，吃鳖肉要去掉肛门。这些部位吃了都对人有害。

肉曰脱之[①]，鱼曰作之[②]，枣曰新之[③]，栗曰撰之[④]，桃曰胆之[⑤]，柤、梨曰攒之[⑥]。

【注释】

①脱：去骨剥皮。

②作：《尔雅》作"斮"，刮去鳞片。

③新：枣易落有尘埃，擦拭之使新。

④撰（xuǎn）：同"选"，挑选。虫子爱食栗子，所以食用前要挑选。

⑤胆：擦拭。桃多毛，因而要拭去其毛，使表面光滑。

⑥柤（zhā）：同"楂"，山楂。攒（zuàn）：通"钻"。这里指去掉山楂、梨子上的虫眼。

【译文】

肉去骨剥皮叫做"脱"，鱼刮去鳞片叫做"作"，枣子把表皮擦拭干净叫做“新”，栗子拣选没有虫咬的叫做“选”，桃子擦拭表皮的桃毛叫做“胆”，剜掉山楂、梨子的虫眼叫做“钻”。

牛夜鸣则庮[①]；羊泠毛而毳[②]，膻；狗赤股而躁，臊[③]；乌皫色而沙鸣[④]，郁[⑤]；豕望视而交睫[⑥]，腥；马黑脊而般臂[⑦]，漏[⑧]。雏尾不盈握，弗食；舒雁翠[⑨]，鹄、鸮胖[⑩]，舒凫翠[⑪]，鸡肝、雁肾、鸨奥、鹿胃[⑫]。

【注释】

①庮（yǒu）：恶臭。

②泠（líng）：通“零”。毳（cuì）：毛与毛结聚。

③赤股：大腿内侧无毛。躁，臊：孔疏：“躁，谓举动急躁。狗若如此，其肉臊恶。”

④皫（piǎo）色：羽毛变色而无光泽。沙鸣：嘶哑。孔疏：“谓鸣而声嘶。”

⑤郁：腐臭。

⑥望视：远视。交睫：睫毛交结。腥：郑注：“‘腥’当为‘星’，声之误也。星，肉中如米者。”此即猪囊虫（绦虫尾蚴）病。

⑦般：毛色杂乱。臂：前腿。

⑧漏（lóu）：读为“蝼”，蝼蛄。这里指马肉如蝼蛄一样臭。

⑨舒雁：鹅。翠：尾肉。

⑩鹄（hú）：天鹅。鸮（xiāo）：猫头鹰。胖（bǎn）：肋骨两侧的薄肉。

⑪舒凫（fú）：鸭子。

⑫鸨（bǎo）：鸟名。比雁略大。奥（yù）：脾胃。

【译文】

牛如果半夜里哞哞叫，它的肉有恶臭；羊的毛零落稀少且纠结，它的肉有膻味；狗的大腿内侧无毛且急躁，它的肉有臊味；鸟的羽毛变色无光且叫声嘶哑，它的肉有腐臭味；猪的眼睛总望向远处且睫毛相交，它的肉里有囊虫；马的脊背黑色且前腿有杂毛，它的肉如蝼蛄一样臭。小鸟的尾巴羽毛不满一握，就不吃；鹅的尾部的肉，天鹅和猫头鹰肋骨两侧的肉，鸭子的尾部的肉，鸡的肝、鹅的肾、鸨的脾胃、鹿的胃，这些部位的肉都不能吃。

肉腥①，细者为脍，大者为轩。或曰：麋、鹿、鱼为菹②，麕为辟鸡③，野豕为轩，兔为宛脾④。切葱若薤，实诸醯以柔之。

【注释】

①腥：不熟的肉，生肉。

②菹(zū)：与“轩”意近，指切成大片。

③辟(bì)鸡：肉末酱。

④宛脾：兔肉末酱。

【译文】

不熟的肉，切成细丝的叫做“脍”，切成大片的叫做“轩”。还有一种说法是：麋肉、鹿肉、鱼肉切成大片，叫做“菹”；獐子肉切成细末调酱，叫做“辟鸡”；野猪肉切成大片，叫做“轩”；兔肉切成细末调酱，叫做“宛脾”。葱或薤切碎放在肉中，加醋搅拌会柔和软滑。

羹食，自诸侯以下至于庶人，无等。大夫无秩膳①。

【注释】

①秩膳：常置的美味。秩，常。膳，美食。

【译文】

羹和饭，从诸侯至老百姓都可以食用，这方面没有等级差别。大夫没有常置备的美食。

大夫七十而有阁①。天子之阁，左达五，右达五②。公、侯、伯于房中五③，大夫于阁三，士于坫一④。

【注释】

①阁：木板制作的存放食物的柜架。

②"天子之阁"三句：宫室之制，中央为正室，正室左、右为房，房外有墙叫"序"，序外各有一室叫"夹室"。天子有左夹室五阁，右夹室五阁。达，夹室。

③公、侯、伯于房中五：诸侯比天子地位低，只在一房之中有夹室五阁。

④坫（diàn）：古时室内放东西的土台。

【译文】

大夫到七十岁就有存放食物的木架。在天子宫室中，序外两夹室，左夹室有五个阁架，右夹室有五个阁架。公、侯、伯的房中有五个阁架，大夫房中有三个阁架，士房中只有一个放食品的土台。

凡养老：有虞氏以燕礼，夏后氏以飨礼，殷人以食礼，周人修而兼用之。凡五十养于乡，六十养于国，七十养于学，达于诸侯。

八十拜君命，一坐再至，瞽亦如之；九十者使人受。五十异粻，六十宿肉，七十贰膳，八十常珍，九十饮食不违寝，膳饮从于游可也。六十岁制，七十时制，八十月制，九十日修，唯绞、纷、衾、冒死而后制。五十始衰，六十非肉不饱，七十非帛不煖，八十非人不煖，九十虽得人不煖矣。五十杖于家，六十杖于乡，七十杖于国，八十杖于朝，九十者，天子欲有问焉，则就其室，以珍从。七十不俟朝，八十月告存，九十日有秩。五十不从力政，六十不与服戎，七十不与宾客之事，八十齐丧之事弗及也。五十而爵，六十不亲学，七十致政。凡自七十以上，唯衰麻为丧。

凡三王养老，皆引年。八十者一子不从政，九十者其家不从政，瞽亦如之。凡父母在，子虽老不坐。

有虞氏养国老于上庠，养庶老于下庠；夏后氏养国老于东序，养庶老于西序；殷人养国老于右学，养庶老于左学；周人养国老于东胶，养庶老于虞庠，虞庠在国之西郊。有虞氏皇而祭，深衣而养老；夏后氏收而祭，燕衣而养老；殷人冔而祭，缟衣而养老；周人冕而祭，玄衣而养老。①

【注释】

①此段文字皆见于《王制》，内容稍有差异。

【译文】

凡养老之礼各朝不同：有虞氏用燕礼，夏后氏用飨礼，殷人用食礼，周人斟酌去取而兼用这三种礼。对年过五十的老人，在乡中行养老礼；对年过六十的老人，在国都行养老礼；对年过七十的老人，在大学行养老礼。此例天子、诸侯都通用。

年过八十的老人，拜谢君王赏赐，以跪坐两次俯首至地行礼即可，双目失明的人也如此；年过九十的老人，可以请人代受君王的赏赐。关于用餐，年过五十的老人，可以享用较精细的粮食；年过六十的老人，家里储备有肉食，可以保证常有肉吃；年过七十的老人，正餐之外要保证随时可以有吃的；年过八十的老人，可以时常吃到珍贵美食；年过九十的老人，饮食也不离开寝室，如果出游则膳食饮料同时跟随以保障供给。关于丧具的制作，年过六十的老人，每年都要准备丧具；年过七十的老人，每个季节都要准备丧具；年过八十的老人，每个月都要准备丧具；年过九十的老人，则每天都要准备丧具，只有绞、紟、衾、冒等，是人死后才置办的。人五十岁开始衰老，年过六十的老人没有肉就吃不饱，年过七十的老人没有丝绵衣服就不暖和，年过八十的老人不依傍他人的身体就睡不暖和，年过九十的老人虽有人依傍也睡不暖和了。年过五十的老人可在家拄杖，年过六十的老人可在乡中拄杖，年过七十的老人可在国都中拄杖，年过八十的老人可在朝廷中拄杖，年过九十的老人，天子若有事咨问，就要到老人家中去，带着珍贵礼物前往。年过七十的老人上朝见君王，行礼后即可离去，不必等朝会结束才退朝；年过八十的老人，君王每个月要派人去问候；年过九十的老人，君王每天要派人致送常吃的膳食。年过五十的老人不服劳役，年过六十的老人不参与军事活动，年过七十的老人不参与会见宾客，年过八十的老人可以不参与祭礼及丧礼。大夫五十岁封爵位，年过六十不再亲自到学校学习，年届七十退休辞官。遇到丧事只须穿着丧服，不必参与丧礼的仪式。

凡夏、商、周三代行养老礼都根据户籍来核定年龄，以确定免除赋税徭役的对象。家有年过八十的老人，可有一个儿子不服徭役；家有年过九十的老人，全家都不服徭役，盲人也可以享受这样的待遇。只要父母健在，儿子即使年龄再大也不敢坐下。

有虞氏，在上庠为退休的卿大夫举行养老礼，在下庠为退休的士和庶人举行养老礼；夏人，在东序为退休的卿大夫举行养老礼，在西序为退休的士和庶人举行养老礼；殷人，在右学为退休的卿大夫举行养老礼，在左学为退休的士和庶人举行养老礼；周人，在东胶为退休的卿大夫举行养老礼，在虞庠为退休的士和庶人举行养老礼，虞庠在国都的西郊。有虞氏的人头戴皇举行祭祀，穿着深衣举行养老礼；夏人头戴收举行祭祀，穿着燕衣举行养老礼；殷人头戴冔举行祭祀，穿着缟衣举行养老礼；周人头戴冕举行祭祀，穿着玄衣举行养老礼。

曾子曰："孝子之养老也，乐其心①，不违其志，乐其耳目，安其寝处，以其饮食忠养之②。孝子之身终，终身也者，非终父母之身，终其身也。是故父母之所爱亦爱之，父母之所敬亦敬之。至于犬马尽然，而况于人乎！"

【注释】

①乐(lè)：使父母快乐。

②忠养：指孝子要尽心奉养父母，不只是让父母吃饱穿暖。

【译文】

曾子说："孝子奉养父母，要使父母内心快乐，不违抗他们的意志，要使他们耳目愉悦，使他们居处安适，在饮食方面尽心侍候赡养。孝子要终身尽孝直到去世，说终身孝敬父母，不是说终父母之身，而是终孝子之身。因此父母所爱的，孝子也要爱；父母所敬的，孝子也要敬。甚至是父母喜欢的狗和马也是如此，何况是对他们所喜爱的人呢！"

凡养老，五帝宪①，三王有乞言②。五帝宪，养气体而不乞言，有善则记之为惇史③。三王亦宪，既养老而后乞言，亦微其礼④，皆有惇史。

【注释】

①宪：法，效法。郑注："养之为法其德行。"

②有：通“又”。乞言：乞求善言。指请老者训话，提出指导意见。

③惇(dūn)史：敦厚之史。指老人有善言美德，记录下来作为敦厚之史，做众人的榜样。

④微其礼：指乞言时不可强求。

【译文】

凡举行养老礼，五帝时是效法老人的德行，三王时还要向老人乞求善言。五帝时效法老人的德行，是为了奉养他们的精气身体，因而没有乞求善言，只是把他们的善言德行记录下来，作为敦厚之史。三王时也效法老人们的德行，但在养老之礼快结束时要向他们乞求善言，留下意见，但也不可强求，要随老人们的意愿，也要把老人的善言美德记录下来，作为敦厚之史。

淳熬①：煎醢加于陆稻上②，沃之以膏③，曰“淳熬”。淳毋④：煎醢，加于黍食上，沃之以膏，曰“淳毋”。

炮⑤：取豚若将⑥，刲之刳之⑦，实枣于其腹中，编萑以苴之⑧，涂之以谨涂⑨。炮之，涂皆干，擘之⑩，濯手以摩之，去其皽⑪。为稻粉，糔溲之以为酏⑫，以付豚⑬。煎诸膏，膏必灭之。钜镬汤⑭，以小鼎⑮，芗脯于其中⑯，使其汤毋灭鼎。三日三夜毋绝火，而后调之以醯醢。

捣珍⑰：取牛、羊、麋、鹿、麕之肉，必脄⑱，每物与牛若一，捶反侧之，去其饵⑲，孰，出之，去其皽，柔其肉⑳。

渍㉑：取牛肉，必新杀者，薄切之，必绝其理㉒，湛诸美酒㉓，期朝而食之以醢若醯、醷㉔。

为熬㉕：捶之，去其皽，编萑，布牛肉焉，屑桂与姜，以洒诸上而盐之，干而食之。施羊亦如之。施麋、施鹿、施麕皆如牛羊。欲濡肉㉖，则释而煎之以醢，欲干肉，则捶而食之。

糁㉗：取牛、羊、豕之肉，三如一，小切之，与稻米。稻米二，肉一，合以为饵，煎之。

肝膋㉘：取狗肝一，幪之以其膋㉙，濡炙之，举燋㉚，其膋不蓼。取稻米，举糔溲之，小切狼臅膏㉛，以与稻米为酏㉜。

【注释】

①淳(zhūn)熬：食物之名。"八珍"之一。淳，浇灌。熬，煎。

②陆稻：种在陆地中的旱稻。

③沃：浇溉。膏：油。

④淳毋(mú)：食物之名。"八珍"之二。郑注："毋，读曰'模'。模，象也。"即淳毋是类似淳熬的珍肴。

⑤炮：烹饪方法。炮豚为"八珍"之三。

⑥将：当作"牂"(zāng)，公羊。炮牂为"八珍"之四。

⑦刲(kuī)：割。刳(kū)：从中间剖开再挖空。

⑧萑(huán)：萑苇，芦类植物。苴(jū)：包裹。

⑨谨(jìn)涂：和有秸草的泥巴。谨，当作"墐"。

⑩擘(bò)：剖裂，剥掉。

⑪皽(zhāo)：皮肉上的薄膜。

⑫糔溲(xiǔ sǒu)：加水调和米粉。

⑬付：通"敷"。此指将糊状米粉涂抹包裹小猪。据孔疏，对公羊则"解析其肉，以粥和之"。

⑭钜(jù)：大，巨大。镬(huò)：锅。

⑮小鼎：指盛有小猪或小羊的小鼎。

⑯芗：通"香"。脯：羊肉脯。小猪是整头放入小鼎中，羊肉则薄切为脯。

⑰擣珍："八珍"之五。擣，捶。

⑱脄(méi)：脊侧肉，即里脊肉。

⑲饵：筋腱。

⑳柔：指用醋和醢汁调和。

㉑渍(zì)：浸泡。"八珍"之六。

㉒绝其理：横断肌理。

㉓湛(jiān)：浸泡。

㉔期(jī)朝：一昼夜。醢(xī)：醋。醷(yì)：梅浆，梅汁。

㉕熬：用火烤肉。"八珍"之七。

㉖濡(rú)肉：煮烂湿软的肉。

㉗糁(sǎn)：用碎肉和米粉制成的糕。按：糁食不在"八珍"之内，从此至"煎之"，当是错简，应在下文"不蓼"二字之下。译文已加纠正。

㉘肝膋(liáo)：肠间脂肪。"八珍"之八。

㉙幪(méng)：类似帐幕。这里是覆盖的意思。

㉚举：全，都。燋(jiāo)：通"焦"，烤焦。

㉛狼臅(chù)膏：郑注："臆中膏也。"指胸腹腔中脂肪，或即板油。

㉜酏：这里当作"飦"(zhān)，指稠粥。

【译文】

淳熬：是把煎过的肉酱放在陆生稻米所做的饭上，再浇上油，这就是"淳熬"。淳毋：是把煎过的肉酱放在黍米所做的饭上，再浇上油，这就是"淳毋"。

炮：是取来小猪或公羊，宰杀后剖开腹腔、掏空内脏，把香枣填进腹中，编织芦苇把它包裹起来，外面涂上掺和着秸草的泥巴。然后用火烘烤，等到泥巴都烤干了，将泥巴剥掉，把手洗干净搓摩肉身，搓掉皮肉表面的薄膜。然后制作稻米粉，加水调和成稀糊状，敷在烤熟的小猪身上，烤熟的公羊就剖开来涂抹。再在小鼎中盛放膏油，把小猪和羊肉放入鼎中煎烹，小鼎中的膏油一定要没过小猪或羊肉。再用大锅烧热水，将盛有小猪或羊肉脯的小鼎放置于大锅内，大锅里的热水不要没过小鼎。这样连续三天三夜不停火，而后将小猪或羊肉取出来，用醋和肉酱来调味。

捣珍：取来牛肉、羊肉、麋肉、鹿肉、獐子肉，一定要取里脊肉，每种肉都和牛肉一样多，放在一起反复捶捣，去掉肉中的筋腱，煮熟后取出来，去掉肉表面的薄膜，食用时加上醋和肉酱汁调和滋味。

渍：取来牛肉，必须是新宰杀的，切成薄片，切割时一定要横断肉的纹理，然后用美酒浸泡，浸泡一天一夜就可以食用，加上肉酱或者是醋和梅浆调和滋味。

做熬：先捶捣牛肉，去掉薄膜，用芦苇编成席子，把牛肉铺放在上面，把桂皮和姜切碎，洒在牛肉上，再放上盐，烘干即可吃。用羊肉做也是这样。用麋肉、鹿肉、獐子肉来做，也和做牛、羊肉一样。如果想要吃湿软的肉，就加水用肉酱煎着吃，如果想要吃干肉，捶捣一下就可以直接吃。

肝膋：取来一个狗肝，用它的肠脂油包裹起来，使肠脂油浸润狗肝，然后放在火上烘烤，等脂油都烤化烤焦，肝就熟了，吃时不用加蓼菜。糁：取来牛、羊、猪肉，三者分量一样，都切成小肉丁，放入稻米饭。按照稻米饭两份、肉一份的比例，调和搅拌做成饼块，用油煎了吃。取来稻米饭，加水调和，再加入切碎的胸腹里的脂油，和稻米饭一起制成稠粥。

礼始于谨夫妇。为宫室，辨外内[①]，男子居外，女子居内。深宫固门，阍、寺守之[②]，男不入，女不出。

男女不同椸枷[③]，不敢县于夫之楎椸[④]，不敢藏于夫之箧笥[⑤]，不敢共湢浴[⑥]。夫不在，敛枕箧簟席，襡器而藏之[⑦]。少事长，贱事贵，咸如之。

夫妇之礼，唯及七十，同藏无间。故妾虽老，年未满五十，必与五日之御[8]。将御者，齐、漱、浣[9]，慎衣服，栉、縰、笄、总角[10]，拂髦，衿缨，綦屦。虽婢妾，衣服饮食必后长者。妻不在，妾御莫敢当夕。

【注释】

①外：正寝。内：燕寝。

②阍：阍人，掌宫门之禁。寺：寺人，掌后宫内人之禁。

③椸枷（yí jià）：晾衣服的竹竿架子。

④楎（huī）椸：钉在墙上挂衣的木橛。直曰"楎"，横曰"椸"。

⑤箧（qiè）笥（sì）：放衣服的箱子。方曰"箧"，圆曰"笥"。

⑥湢（bì）：浴室。

⑦韣（dú）器：指收藏的套子。韣，收藏。

⑧"故妾虽老"三句：郑注："五十始衰，不能孕也，妾闭房，不复出御矣。"

⑨齐：同"斋"。漱：漱口。浣：沐浴。

⑩总角：与下文的"拂髦"，皆衍字。拂髦为男子装饰，妇人无髦。皆不译。

【译文】

礼，始于严谨的夫妇之礼。建造宫室，区别内外正寝与燕寝，男子居外，女子居内。宫室深邃，门闱牢固，有阍人、寺人把守管理，男人不得入内，女人不得出外。

男女不能共用一个晾衣服的竿子架子，妻子不敢把自己的衣服挂在丈夫的衣钩上，不敢把自己的衣服放到丈夫的衣箱里，不敢和丈夫共用一间浴室。丈夫如果不在家，妻子就要把丈夫的枕头收进箱子里，簟席收卷好，把丈夫的用品都装起来收藏好。年少的侍奉年长的，卑贱的

侍奉尊贵的，都是如此。

夫妇之礼规定，只有到了七十岁，夫妻才能在一室中同居共寝，无须分居两室。所以妾虽然年老了，只要未满五十岁，就必须每五天侍夫过夜一次。将要侍夜的妾，要先斋戒，洗漱，沐浴，挑选好衣服换上，梳好头，用布帛束发作髻，头上插好发簪，系上发带，穿好鞋，系好鞋带。即使是受到宠爱的婢妾，衣服和饮食也要比长者差一等。如果正妻不在家，轮到正妻侍夫过夜时，妾也不敢代替正妻去侍夜。

妻将生子，及月辰①，居侧室②。夫使人日再问之，作而自问之③。妻不敢见，使姆衣服而对④。至于子生，夫复使人日再问之。夫齐，则不入侧室之门。子生，男子设弧于门左⑤，女子设帨于门右⑥。三日，始负子，男射女否。

【注释】

①月辰：孔疏："谓生月之辰，初朔之日也。"即生孩子那个月的初一。

②侧室：燕寝的旁室。

③作：指感到胎儿在腹内躁动。

④姆：女师，即德行可为师表的老妇。

⑤男子设弧于门左：见《郊特牲》"孔子曰：射之以乐也"节注①。

⑥帨（shuì）：佩巾。

【译文】

妻将生子，到了临产的那月的初一，就要搬到侧室居住。丈夫要派人每天两次探视问候，妻子感到孩子在腹中活动了，丈夫要亲自去探视问候。妻子却不敢面见，而请女师穿戴整齐答话。等到孩子生下来后，丈夫又要派人每天两次去问候。遇到丈夫在正寝斋戒，就不能再进侧室之门去问候了。孩子生下以后，如果是男孩，就在侧室门左侧悬挂一张木弓，如果是女孩，就在侧室门右侧悬挂一条佩巾。过三天，才将孩子抱出来，如果是男孩，就行射礼，女孩就不用了。

国君世子生，告于君，接以大牢①，宰掌具②。三日，卜士负之。吉者宿齐，朝服寝门外③，诗负之④。射人以桑弧、蓬矢六⑤，射天地四方。保受⑥，乃负之。宰醴负子⑦，赐之束帛。卜士之妻，大夫之妾，使食子。

【注释】

①接：谓接子。孙希旦说："就子生之室，陈设馔具，以礼接待之也。"

②具：陈设馔具。

③寝：路寝。

④诗：承接。孙希旦说："诗负之，谓以手承下而接负之也。"

⑤射人：官名。掌射。桑弧：桑木制作的弓。蓬矢：用蓬草制作的箭。

⑥保：保姆。

⑦醴：郑注："醴，当为'礼'，声之误也。礼以一献之礼。"

【译文】

国君的嫡长子出生，报告国君，用太牢之礼来迎接嫡长子的诞生，膳宰负责陈设馔具。出生第三天，通过占卜选一位士，来抱新生的世子。获吉卜被选中的士，前一天就要斋戒，当天，穿上朝服站在路寝门外，双手承接过新生的世子，让他脸朝外地抱在怀中。然后，射人用桑木做的弓，射出六支用蓬草制作的箭，射向天地四方。之后，保姆接过新生的世子，抱着。膳宰以一献之礼向抱新生世子的士敬酒，并代表国

君赐给他束帛。还要以占卜的方式选择正处哺乳期的士的妻子或大夫的妾，用以喂养新生的世子。

凡接子择日①，冢子则大牢②，庶人特豚③，士特豕，大夫少牢，国君世子大牢。其非冢子，则皆降一等④。

【注释】

①接子择日：郑注："虽三日之内，尊卑必皆选其吉焉。"指产子接生之礼，选在三天之内的吉日举行。

②冢子：嫡长子。此特指天子的嫡长子。下面几句讲的也都是嫡长子。

③特豚：一头小猪。

④皆降一等：天子、诸侯少牢，大夫特豚，士与庶人仍为特豚，不变。

【译文】

凡举行产子接生的仪式，选在三天内的吉日举行，天子的嫡长子用牛、羊、猪三牲，庶人的嫡长子用一头小猪，士的嫡长子用一头大猪，大夫的嫡长子用少牢一羊、一猪，国君的嫡长子用太牢牛、羊、猪各一。如果不是嫡长子，用牲的规格就要降低一等。

异为孺子室于宫中。择于诸母与可者①，必求其宽裕、慈惠、温良、恭敬、慎而寡言者，使为子师②，其次为慈母③，其次为保母④，皆居子室。他人无事不往。

【注释】

①诸母：国君的众妾。可者：指众妾之外可以担任保姆的人，地位低于众妾。

②子师：郑注："教示以善道者。"指教育孩子有良好的道德品行。

③慈母：郑注："知其嗜欲者。"指了解孩子的喜好。

④保母：郑注："安其居处者。"指要能让孩子安逸居处。

【译文】

孩子出生后，要在宫中另辟一室供他居住。首先要从国君的众妾和可以担当保姆的人中选择性情宽厚、慈惠、温良、恭敬、谨慎且沉默寡言的人，来做孩子的老师，其次的做孩子的慈母，再其次的做孩子的保姆，她们都与孩子同居一室。其他人无事不得去孩子的住室。

三月之末，择日剪发为鬌①。男角女羁②，否则男左女右。是日也，妻以子见于父，贵人则为衣服③，由命士以下皆漱、浣④。男女夙兴⑤，沐浴，衣服，具视朔食⑥。夫入门⑦，升自阼阶，立于阼，西乡。妻抱子出自房，当楣立⑧，东面。姆先相曰⑨："母某敢用时日祗见孺子⑩。"夫对曰："钦有帅⑪。"父执子之右手，咳而名之⑫。妻对曰："记有成⑬。"遂左还授师子⑭，师辩告诸妇、诸母名⑮，妻遂适寝。夫告宰名⑯，宰辩告诸男名⑰，书曰"某年、某月、某日某生"而藏之。宰告闾史⑱，闾史书为二，其一藏诸闾府，其一献诸州史⑲。州史献诸州伯，州伯命藏诸州府⑳。夫入食㉑，如养礼。

【注释】

①鬌(duǒ)：婴孩头上留下的胎发。

②男角(jué)：男婴囟(xìn)门两侧的头发留下不剪。女羁：女婴头顶的头发留下一纵一横不剪，形成交叉的十字形。

③贵人：指卿大夫。

④命士：见本篇"由命士以上"节注①。

⑤男女:即下文"诸妇"、"诸母"、"诸男"之属。夙兴:早起。

⑥具:馔具。朔食:每月初一的膳食,天子太牢,诸侯少牢,大夫特豕,士特豚。

⑦门:指正寝之门。

⑧楣:次栋之梁,即房屋的二梁。

⑨姆先相:先由保姆代妻传话。孔疏:"'姆先相'者,妻既抱子,当楣东面而立,傅姆在母之前而相佐其辞。"一说,"姆先"下应读断,指保姆在妻子侧面而略向前的位置。相,传话。

⑩某:指婴儿母亲的姓氏。祗(zhī):恭敬。

⑪钦有帅:郑注:"言教之敬,使有循也。"指教育孩子应敬循善道。钦,敬。帅,循。

⑫咳(hái):颔。

⑬记有成:谨记父亲的话而让孩子有所成就。

⑭还(xuán):转,旋转。

⑮辩:通"遍"。诸妇:大功以上卑者之妻。

⑯宰:家臣的总管。

⑰诸男:族中的父兄子弟。

⑱闾史:二十五家为闾,由闾胥治理,闾史是闾胥的下属。

⑲州史:二千五百家为州,由州长治理,州史是州长的下属。

⑳州伯:州长。州府:指州长官署中收藏文书的地方。

㉑夫入食:丈夫从正寝进入燕寝,与妻同食。

【译文】

婴孩出生后将满三个月,选择吉日为婴孩剪发,但要留下一部分胎发不能剪。男孩留下囟门两侧的头发,女孩留下一纵一横十字形的头发,否则,就男孩留下左边头发,女孩留下右边头发。这一天,妻子带着孩子去见孩子的父亲,如果父亲为卿大夫以上的身份,夫妇就都要穿新制的衣服,如果父亲为命士以下的身份,就不用另制新衣,但要洗漱好,穿上洗净的衣服。家族中的男女都要早起，沐浴，换上礼服，为夫妇准备膳食，要比照每月初一的膳食规格。丈夫进入正寝的门，从阼阶升堂，站在阼阶主位上，面向西。妻子抱着婴儿从房中走出来，在堂上当楣而立，面向东。保姆站在妻子侧前先帮助传话说："孩子的母亲某氏，敢以即日恭敬地带孩子拜见父亲。"丈夫回答说："你要教导孩子敬循善道。"父亲握住孩子的右手，摸着孩子的下巴为他取名。妻子回答说："谨记您的话，让孩子将来有所成就。"然后向左转把孩子交给女师，女师将孩子的名遍告族中同辈的妇人、长辈妇人，妻子于是返回燕寝。丈夫把孩子的名告诉给宰，宰又遍告同姓的父兄子弟，同时在简册上写上"某年、某月、某日某生"，然后收藏起来。宰又把孩子的名告诉闾史，闾史记录两份，一份收藏到闾府，另一份上报给州史。州史报告给州伯，州伯则命令收藏到州府中。丈夫也返回燕寝与妻子同食，与平时夫妇供养的常礼一样。

世子生①，则君沐浴朝服，夫人亦如之，皆立于阼阶，西乡。世妇抱子升自西阶，君名之，乃降。適子、庶子见于外寝②，抚其首，咳而名之。礼帅初，无辞③。

【注释】

①世子生：此节讲的是国君太子生三月后的命名仪式，主要论与一般嫡长子的差异，相同处已省略。

②適子、庶子：郑注："此適子，谓世子弟也。庶子，妾子也。"指嫡子之弟与庶出的兄弟。外寝：指燕寝。

③无辞：指没有嫡长子命名仪式上丈夫与妻子所说、所答之辞。

【译文】

世子出生，选择吉日命名，国君沐浴并穿上朝服，夫人也是，都站立在阼阶上，面朝向西方。世妇抱着孩子，从西阶升堂，等到国君为孩子命名后，世妇才抱着孩子下台阶。如果出生的是嫡子之弟或庶出的兄弟，就在燕寝拜见国君，国君抚摸着孩子的头和他的下巴，为其命名。礼节也与世子的命名之礼相同，但丈夫与妻妾之间没有告诫与应承之辞。

凡名子，不以日月，不以国，不以隐疾①。大夫、士之子，不敢与世子同名。

【注释】

①“凡名子”四句：见《曲礼上》“名子者”节注①。

【译文】

凡是给儿子起名，不能用日月名，不能用国名，不能用身体隐蔽之处的疾病名。大夫、士的儿子，不敢与世子同名。

妾将生子①，及月辰，夫使人日一问之。子生三月之末，漱、浣，夙齐，见于内寝，礼之如始入室。君已食②，彻焉，使之特馂③，遂入御。

【注释】

①妾：指大夫、士之妾。

②君：丈夫。

③特：独。

【译文】

大夫、士的妾将要生子，到了临产的那个月，丈夫要派人每天去问候一次。孩子生下后的第三个月的月末，选择吉日，妾洗漱更衣，一早就要斋戒，抱着孩子在燕寝拜见丈夫，丈夫以妾初嫁来时的礼仪相待。丈夫与正妻吃过饭后，将食物撤下，妾独自吃剩下的饭食，然后妾就陪侍丈夫过夜。

公庶子生[①]，就侧室。三月之末，其母沐浴，朝服见于君，摈者以其子见[②]。君所有赐，君名之。众子，则使有司名之。

【注释】

①公：国君。

②摈者：保姆、女师等女性。国君地位尊贵，即使是妾也不亲自抱幼儿。摈：通“傧”。

【译文】

国君的妾生子，住在侧室中。孩子生下第三个月的月末，孩子的母亲沐浴，穿上朝服去见国君，由傧者抱着幼儿一道去。国君若偏爱此妾，有所赏赐，就亲自为这个孩子取名。如果是众妾所生之子，就让有关官员取名。

庶人无侧室者，及月辰，夫出居群室[①]。其问之也，与子见父之礼无以异也。

【注释】

①群室：孙希旦说：“谓夹室之属也。”王夫之云：“无定之名，随可居即居之，避寝，以便其妻也。”今从王说。

【译文】

庶人家中如果没有侧室，妻子到了临产的那个月，丈夫就要搬出寝室，随便住到哪个房间。至于待产期间丈夫每天问候妻子，满三个月后妻子抱孩子见父的礼仪，和士大夫没有不同。

凡父在[1]，孙见于祖，祖亦名之，礼如子见父，无辞。

【注释】

①父：指丈夫的父亲，即新生儿的祖父。

【译文】

凡是新生儿的祖父健在，那么到了三月之末，孙子要行拜见祖父之礼，祖父为孩子取名，礼仪和拜见父亲一样，只是没有告诫与应承之辞。

食子者三年而出[1]，见于公宫则劬[2]。大夫之子有食母，士之妻自养其子。

【注释】

①食（sì）子者：喂养国君之子的士之妻或大夫之妾。

②公宫：国君宫室。劬（qú）：慰劳。

【译文】

喂养国君之子的士之妻或大夫之妾，三年后可以离宫回家，回家前国君在公宫赏赐慰劳她们。大夫之子可有奶妈哺乳，士之妻要自己喂养孩子。

由命士以上及大夫之子，旬而见[1]。冢子未食而见[2]，必执其右手；適子、庶子已食而见[3]，必循其首[4]。

【注释】

①旬：十日。朱熹说，这一节是“别记异闻，或不待三月也”，即礼俗或有不同，生子后有三月父子才见面的，也有十天就相见的。

②食：即上文所说“夫入食，如养礼”之“食”，与夫人进食。

③適子：即嫡子，冢子同母的弟弟。庶子：妾之子。

④循：抚。

【译文】

命士以上到大夫之子，通常是生下满三个月以后父子才相见，但也有生下十日以后即相见的。如果孩子是嫡长子，父子相见之礼就在夫妻未进食之前举行，父亲一定要拉着孩子的右手；如果孩子是嫡子、庶子，父子相见之礼就在夫妻进食之后举行，见面时父亲一定要抚摸孩子的头。

子能食食[①]，教以右手；能言，男“唯”女“俞”[②]。男鞶革[③]，女鞶丝。六年，教之数与方名[④]。七年，男女不同席，不共食。八年，出入门户及即席饮食，必后长者，始教之让。九年，教之数日[⑤]。十年，出就外傅[⑥]，居宿于外，学书计[⑦]。衣不帛襦袴[⑧]。礼帅初，朝夕学幼仪，请肄简谅[⑨]。十有三年，学乐、诵诗、舞《勺》[⑩]。成童，舞《象》[⑪]，学射、御。二十而冠，始学礼[⑫]，可以衣裘帛。舞《大夏》[⑬]，惇行孝弟，博学不教，内而不出[⑭]。三十而有室，始理男事[⑮]，博学无方，孙友视志[⑯]。四十始仕，方物出谋发虑[⑰]。道合则服从，不可则去。五十命为大夫，服官政[⑱]，七十致事[⑲]。凡男拜，尚左手。

【注释】

①食食：第一个“食”为动词，吃；第二个“食”为名词，食物。

②唯、俞：皆应答之声。孙希旦说："但唯之声直，俞之声婉，故以为男、女之别。"

③鞶(pán)：囊袋。《仪礼·士昏礼》："庶母至门内施鞶。"

④数：识数目及算数。方名：即东、南、西、北四方之名。

⑤数日：郑注："朔望与六甲。"即关于记日的知识初一、十五及天干、地支相配的六十甲子。

⑥外傅：教学之师。

⑦书计：识字和算术。书，指六书，即象形、指事、形声、会意、转注、假借等造字之法。计，指九数，即九种计算方法。详见《周礼·地官·保氏》。

⑧襦(rú)：里衣。袴(kù)：下衣。幼童不用帛做内衣和下袴，是为了防止奢侈。

⑨肄：学习。简：郑注："谓所书篇数也。"指学习礼仪书的篇章。谅：信。郑注："信也，请习。"孔疏："言请长者习学篇章简礼，及应对信实言语也。"

⑩《勺(zhuó)》：文舞名。

⑪成童，舞《象》：成童，十五岁以上。《象》，武舞名。见《文王世子》"天子视学"节注⑬。

⑫学礼：学习吉、凶、军、宾、嘉五礼。

⑬《大夏》：郑注："乐之文武备者也。"据孔疏，为夏禹之乐舞。

⑭内：同"纳"。

⑮男事：受田并履行服役等事。

⑯孙：顺。

⑰方：比照，衡量。

⑱服官政：见《曲礼上》"人生十年曰幼"节注⑦。

⑲致事：郑注："致其事于君而告老。"即辞职退休。

【译文】

孩子能自己吃饭了，要教他们用右手吃饭；孩子能学说话了，要教他们学习应答，男孩说“唯”，女孩说“俞”。男孩的囊袋用皮革制作，女孩的囊袋用丝帛制作。孩子到了六岁，要教他们识数目和东、南、西、北四方的名称。到了七岁，男孩、女孩就不坐在同一张席子，也不在一起吃饭了。到了八岁，出入门户、坐席吃饭，一定要在长者之后，这是开始教导他们学会谦让。到了九岁，要教他们懂得朔望和六十甲子记日。到了十岁，男孩就要离家外出跟随老师去学习，在外边住宿，学习识字和算术。不能用帛做内衣和裤子，防止滋长奢侈之心。要学习遵行基本的长幼之礼，早晚学习少儿应当遵循的礼节，学习讲述礼仪的篇章，学习应对信实言语。到了十三岁，开始学习音乐，诵读诗篇，学跳名叫《勺》的舞。到了十五岁成童的时候，学跳名叫《象》的舞，学射箭和驾车。到了二十岁，举行冠礼，开始正式学习礼仪，这时可以穿裘皮衣服和帛制的衣服了。要学跳名叫《大夏》的舞，要笃行孝悌，广博地学习各种知识，但不教导别人，努力地吸纳积累，但不炫耀表现。到了三十岁，有了家室，开始受田服役，广博地学习，不设固定的目标方向；与朋友们和顺亲睦相处，观察他们的志向特长。到了四十岁，开始做官，对事物加以衡量比较，而后思考谋划行动。如果与国君志同道合就服从，否则就离开。到了五十岁，受命为大夫，担任国家的行政长官，到了七十岁，就告老退休。凡男子行拜礼，左手要在右手之上。

女子十年不出，姆教婉、娩、听从①；执麻枲②，治丝茧③，织纴、组、紃④，学女事，以共衣服⑤；观于祭祀，纳酒浆、笾豆、菹醢，礼相助奠。十有五年而笄⑥；二十而嫁；有故⑦，二十三年而嫁。聘则为妻，奔则为妾⑧。凡女拜，尚右手。

【注释】

①婉：郑注：“谓言语也。”指言语柔和委婉。娩（wǎn）：郑注：“娩之

言媚也。媚，言容貌也。”指容貌和顺妩媚。

②枲（xǐ）：麻，纤维可织布编绳。

③丝茧：养蚕缫丝。

④织纴（rèn）：织缯帛。组、𬙊（xún）：丝带。孔疏：“薄阔为组，似绳者为𬙊。”

⑤共：通“供”。

⑥笄：见《曲礼上》“男女异长”节注④。

⑦故：有父母之丧，要为父母服三年之丧，所以后文说“二十三年而嫁”。

⑧奔则为妾：孙希旦说：“女不待聘而嫁者谓之奔。”

【译文】

女子到十岁，就不得随便外出，由女师教她们说话和悦委婉，容颜柔顺妩媚，听从他人的吩咐；教给她们绩麻治枲，养蚕缫丝，织帛织缯，编带编绳，学习女红，供给衣服；安排她们观看祭祀仪式，传送酒浆、笾豆、腌菜、肉酱等祭器祭品，帮助安放祭奠礼仪使用的馔具。到了十五岁，举行笄礼；到了二十岁，就可以出嫁；如果有父母之丧等变故，可到二十三岁再出嫁。按照聘问的礼仪出嫁就做正妻，如果不等到男方来聘、不按照正规礼仪嫁人就做妾。凡是女子行拜礼，右手要在左手之上。

玉藻第十三

【题解】

郑玄云："名曰'玉藻'者，以其记天子服冕之事也。"孙希旦指出："此篇首记天子、诸侯衣服、饮食、居处之法；中间自'始冠缁布冠'至'其他则皆从男子'，专记服饰之制：始冠，次衣服，次笏，次韠，次带，次及后、夫人、命妇之服，其前后又杂记礼节、容貌、称谓之法。《礼记》中可以考见古人之名物制度者，此篇为最详。"

本篇所记天子、诸侯、卿大夫、士和后、夫人及命妇的服制，具体细分为冠制、带制、笏制、韠制、玉佩之制等，兼记相关礼仪和礼容以及称谓之法。篇内有错简现象，导致文意不通，译注中已根据郑注、孔疏移正。

天子玉藻[①]，十有二旒，前后邃延[②]，龙卷以祭[③]。玄端而朝日于东门之外[④]，听朔于南门之外[⑤]，闰月则阖门左扉，立于其中[⑥]。皮弁以日视朝[⑦]，遂以食[⑧]；日中而馂[⑨]，奏而食[⑩]。日少牢，朔月大牢。五饮：上水、浆、酒、醴、酏。卒食，玄端而居。动则左史书之[⑪]，言则右史书之，御瞽几声之上下[⑫]。年不顺成，则天子素服[⑬]，乘素车[⑭]，食无乐。

【注释】

①玉藻：冕前悬垂的玉串，也叫“旒”(liú)。孔疏：“以玉饰藻，故云‘玉藻’也。”藻，穿玉珠的五彩丝绳。

②邃：深长。延：通“綖”，覆在冠冕上面的一块前方后圆的板，表为黑色，里为浅红色。因其前后皆长于冕，故曰“邃延”。

③龙卷(gǔn)：即龙衮，绘有龙图案的天子的礼服。见《礼器》“礼有以文为贵者”节注①。

④玄端：郑注：“‘端’当为‘冕’，字之误也。玄衣而冕。”即穿玄衣黄裳并戴冕。朝日：即朝日礼，天子在春分之日行礼。东门：国都的东门。

⑤听朔：天子、诸侯于每月初一，以特牲祭奠宗庙，报告朔日，即“告朔”。然后在明堂颁布当月之政令，处理政务，即“听朔”或“视朔”。南门：国都的南门，明堂位于国都之南。

⑥“闰月”二句：天子听朔于明堂十二室，每月一室，闰月在十二月之外，无室可居，天子站在应(正)门中，关上左侧的一扇门，听朔理政。

⑦皮弁：本指白鹿皮制成的冠，这里指皮弁服，即配合皮弁所穿的全套服装，即素衣、素裳，缁带。详见《郊特牲》“天子适四方”节注⑬。

⑧食：指朝食。古人每天只有朝食和夕食为正食。

⑨馂(jùn)：此指朝食剩余的食物。

⑩奏：奏乐。

⑪左史：孔疏：“左阳，阳主动，故记动”；“右是阴，阴主静故也”。

⑫瞽：指乐人。几：考察。孔疏：“若政和则乐声乐，政酷则乐声哀。”

⑬素服：衣冠皆以白色缯帛制作，没有色彩、纹饰。

⑭素车：只用白土粉刷，没有漆和装饰的车。

【译文】

天子之冕，悬垂着十二条五彩丝绳贯穿着玉珠的旒，顶上是一块板，天子头戴着这种冕、身穿有龙形图案的礼服参加祭祀。春分之日，在国都东门之外，天子头戴着冕、身穿玄衣纁裳，举行朝日祭礼；每月初一，在国都南门之外明堂的每月相应的房室内，天子举行听朔典礼，颁政令，理政务；闰月，明堂内没有对应月份的房室，天子站在应门中，关上左侧的一扇门，听朔理政。天子平日上朝，戴皮弁、穿素衣素裳，退朝后，仍穿着皮弁素服朝食；日中时，吃早饭剩下来的食物，吃饭时，都要奏乐。平日，天子的膳食是羊、豕二牲，每月初一，天子的膳食用牛、羊、豕三牲。五种饮品：水为最上等，其次为酸浆汁、酒、醴酒、稀粥。吃完饭，换上玄端休息。天子的起居行动由左史记录，天子的言论话语则由右史记录，御用的盲人乐师负责审音，辨乐声高下而察政治得失。如年成不顺，天子就穿素服，乘素车，吃饭时不奏乐。

诸侯玄端以祭①，裨冕以朝②。皮弁以听朔于大庙，朝服以日视朝于内朝③。朝④，辨色始入⑤。君日出而视之，退适路寝听政，使人视大夫，大夫退，然后适小寝⑥，释服⑦。又朝服以食⑧。特牲，三俎⑨。祭肺⑩，夕深衣，祭牢肉⑪。朔月少牢，五俎四簋⑫。子、卯稷食菜羹⑬，夫人与君同庖⑭。

【注释】

①玄端："端"亦当作"冕"。见上节注④。

②裨冕：副冕，指次于上服一等的冕服。天子冕服有六，即大裘而冕、衮冕、鷩冕、毳冕、絺冕、玄冕。对于天子来说，大裘而冕是上服，其余五种皆为裨冕。公服衮冕，自鷩冕以下为裨冕。侯、伯服鷩冕，自毳冕以下为裨冕。子、男服毳冕，自絺冕以下为裨冕。

五等诸侯在祭祀宗庙时都要服上服，而在朝见天子时则要服裨冕，这是因为进入天子之国，宜自降下，故不敢服上服而服其次服。

③朝服：戴玄冠，穿缁衣素裳。内朝：路寝门外、雉门内宫廷为“治朝”，又叫“正朝”。

④朝：指群臣入朝。

⑤辨色：天色初明可辨物事。

⑥小寝：指燕寝。诸侯正（路）寝一，燕寝三。路寝门外是正朝，接受群臣朝见，称为“内朝”。路寝为理政之所，在宫殿区前部。燕寝是休息之所，在宫殿区后部。

⑦释服：国君到燕寝即脱掉朝服换上玄端。如果是卿大夫脱掉朝服就换上深衣（衣裳相连，前后深长，为家居之服装）。

⑧又朝服以食：郑注：“食必复朝服者，所以敬养身也。”

⑨三俎：郑注：“豕、鱼、腊（xī）。”“腊”为干肉。

⑩祭肺：食前之祭，即进食前祭祀造食者，以示不忘本，祭肺是切取一块猪的肺放在食具中表示祭奠。

⑪祭牢肉：把肉切为小段以祭。

⑫五俎：豕、鱼、腊、羊及羊的肠胃。四簋（guǐ）：黍米饭、稷米饭、大米饭、黄粱米饭各一簋。

⑬子、卯：孔疏：“纣以甲子死，桀以乙卯亡，以其无道被诛，后王以为忌日。”稷食菜羹：以稷谷为饭，以菜为羹而食。这是因为忌日而减损饮食。

⑭同庖（páo）：共牢，不再另杀牲。庖，厨。

【译文】

诸侯祭祀宗庙，要穿戴玄冕之服，朝见天子，要穿戴裨冕之服。在太庙听朔、颁布当月政令时，要穿戴皮弁服，平日到内朝上朝见国君，要穿戴朝服。群臣上朝，天刚蒙蒙亮就进入宫门。国君则在日出后才到廷视朝，视朝后国君退到路寝听政理政，国君派人接待大夫，若大夫无事上奏就退朝，然后国君回到燕寝休息，脱下朝服，换上玄端服。吃早饭时，要再穿上朝服。早饭要杀一头猪，设三俎，即猪肉、鱼肉、干肉。吃之前要先切割一块猪肺祭奠，吃晚饭时，可以不穿朝服而穿着深衣，吃饭之前要把猪肉切成小段行祭祀礼。每月初一，杀羊、豕二牲，设五俎，即猪肉、鱼肉、干肉、羊肉和羊的肠胃，主食四簋，即黍米饭、稷米饭、大米饭、黄粱米饭各一簋。遇到子日、卯日忌日，国君要减食，即降低膳食标准，以稷为饭，以菜为羹，平时夫人与国君共牢，不再单独为夫人杀牲。

君无故不杀牛[①]，大夫无故不杀羊，士无故不杀犬豕。君子远庖厨[②]，凡有血气之类，弗身践也[③]。至于八月不雨，君不举[④]。年不顺成，君衣布搢本[⑤]，关梁不租，山泽列而不赋[⑥]，土功不兴，大夫不得造车马。

【注释】

①无故：指没有祭祀、宴飨宾客之事。下同。

②庖厨：宰杀烹割牲畜的场所。君子因怀有仁爱之心，不忍见牲畜被宰杀，所以要远离庖厨。《孟子·梁惠王上》："君子之于禽兽也，见其生不忍见其死，闻其声不忍食其肉，是以君子远庖厨也。"

③践：当作"翦"，杀。

④不举：不杀牲。本指举肺脊而祭。国君每日杀牲以食，食前要举肺脊以祭，这里指不杀牲。

⑤搢（jìn）：插。本：士所插的竹笏，国君本应插象笏。笏，见《内则》"后王命冢宰降德于众兆民"节注⑦。

⑥列：通“迾”，遮拦。指禁止不按季节进行狩猎、采集活动。

【译文】

没有祭祀、宴飨宾客之事，国君就不杀牛，大夫不杀羊，士不杀狗和猪。怀有仁爱之心的君子都会远离宰杀烹煮牲畜的场所，凡是有血、有气的动物，君子都不忍亲见宰杀。如果连续八个月不下雨，出现旱灾，国君的膳食就不杀牲不吃肉、不举肺而祭。如果年成不顺，国君就穿着麻布衣裳，腰间所插也不再是象牙笏而改用竹笏，关卡渡口处不再征收租税，山林川泽虽禁止不按季节进行狩猎、采集，但不再征收赋税，不兴办土木工程，大夫也不得制造车马。

卜人定龟①，史定墨②，君定体③。

【注释】

①卜人：卜师。定龟：按贞卜需要选择不同的龟甲。定，孔疏：“定其所当用。”

②史：太史。墨：用火灼龟后，龟甲裂开，粗的裂纹叫“墨”，旁出的细纹叫“坼”，占卜要根据坼裂的走向与征象来判断吉凶。

③体：兆象，即龟甲上裂纹的走向与形态，要据此考察其所表示的五行之象来判定吉凶。

【译文】

国家有事要占卜时，由卜师根据需要选定用于占卜的龟甲，由太史烧灼龟甲并考察确定龟甲坼裂后的走向与征象，由国君判定龟甲裂纹的征象究竟是吉是凶。

君羔幦虎犆①；大夫齐车鹿幦豹犆，朝车②；士齐车鹿幦豹犆。

【注释】

①幦(mì):车轼上的覆盖物。犆(zhí):缘,镶边。"幦"和"犆"都是国君斋车上的装饰。

②朝车:郑注:"臣之朝车,与斋车同饰。"

【译文】

国君的斋车,车轼上用羊羔皮覆盖,用虎皮镶边;大夫的斋车,车轼上用鹿皮覆盖,用豹皮镶边,大夫的朝车,与大夫的斋车装饰相同;士的斋车,车轼上也用鹿皮覆盖,用豹皮镶边。

君子之居恒当户[①],寝恒东首[②]。若有疾风、迅雷、甚雨,则必变[③],虽夜必兴,衣服冠而坐。日五盥[④],沐稷而靧粱[⑤]。栉用樿栉[⑥],发晞用象栉[⑦]。进禨进羞[⑧],工乃升歌。

浴用二巾,上絺下绤。出杅[⑨],履蒯席[⑩],连用汤[⑪],履蒲席,衣布晞身[⑫],乃屦,进饮[⑬]。

【注释】

①当户:指对着门,向着明亮之处。当,对。

②东首:东方有生气,因而头朝着东方。

③变:改变,变化。即下文所说的姿态、仪态的变化。

④盥:洗手。

⑤沐:洗头发。靧(huì):洗脸。

⑥栉:梳子。樿(shàn):白理木。详见《礼器》"礼有以文为贵者"节注⑩。

⑦晞(xī):干燥。象栉:象牙制作的梳子。

⑧禨(jì):酒。指洗发后所饮之酒。羞:同"馐",指美味。

⑨杅(yú):浴盆。

⑩蒯(kuǎi)席：蒯草编织的席。孔疏："蒯菲草席涩，出杅而足践履涩草席上，刮去垢也。"

⑪连：冲洗。指去除足垢后再用热水冲洗。

⑫布：浴衣。

⑬进饮：即上文"进禨"，同时也要"进羞"和"升歌"。

【译文】

君子居处总是对着门户，睡觉时头总是朝着东方。如果刮大风、打响雷、下暴雨，那么君子就要作出相应的调整，改变姿态仪容，即使已是深夜，也要爬起来，穿好衣服、戴上冠冕而端坐。君子每天洗五次手，用淘稷米的水洗头发，用淘粱米的水洗面孔。头发洗好后，要用白理木制作的梳子梳理，头发晾干了，就用象牙梳子梳理。沐浴后，体力消耗，因而要进酒和进食，同时乐工升堂唱歌。

洗澡时要用两条浴巾，洗上身用细葛巾，洗下身用粗葛巾。从浴盆中出来，要站在蒯席上，搓去脚上的污垢，然后用热水冲洗双脚，再踏上蒲席，穿上浴衣，擦干身子，穿好鞋子，再喝酒吃些食物，听乐工奏乐。

将适公所，宿齐戒，居外寝①，沐浴。史进象笏②，书思对命。既服，习容观、玉声，乃出。揖私朝③，烨如也④，登车则有光矣。

【注释】

①外寝：正寝。

②史：大夫自家执掌文书的史官。

③私朝：孔疏："大夫自家之朝也。"即大夫处理家政之处。

④烨(huī)：与后文的"光"都表示仪容之盛。

【译文】

将要去宫中朝见国君，前一天晚上就要斋戒，住在正寝，要沐浴。

史官进上象笏，思考面见国君时要说的话，准备将君命都记在笏板上。穿好朝服，演习一下仪容举止，听听玉佩的鸣响声和步伐是否配合，然后出发。出发前要在自家的治事之处和家臣揖别，神采飞扬，登上车，更是精神焕发。

天子搢珽①，方正于天下也。诸侯荼②，前诎后直③，让于天子也。大夫前诎后诎，无所不让也。

【注释】

①珽（tǐng）：天子所用玉笏。又称作“大圭”。长三尺，头部稍宽呈锥形，下部方正。郑注：“谓之珽，珽之言挺然无所屈也。”象天子治理天下方正平直。

②荼（shū）：诸侯之笏，其形制为头部呈半圆形，下部方正。因为诸侯要屈服于天子，所以上端呈半圆形。

③诎（qū）：弯曲。郑注：“谓圜杀其首，不为椎头。”

【译文】

天子插在腰带间的珽，其形制上呈尖锥形，下部方正，表示天子治理天下方正公平。诸侯插在腰带间的荼，其形制上呈半圆形，下部方正，表示诸侯屈服于天子。大夫插在腰带间的笏，上下四角都呈圆弧形，这表示大夫对天子、诸侯都要屈服。

侍坐则必退席①，不退则必引而去君之党②。登席不由前，为躐席③。徒坐不尽席尺④。读书，食，则齐⑤。豆去席尺。

【注释】

①退席：将坐席退后至旁侧。

②不退则必引而去君之党：孙希旦说："臣侍君坐，则必退其席而远君，如君命之勿退，则亦必引却而稍离君所，皆所以明退让之义也。"引，退。党，所，即君所坐之处。

③躐(liè)席：越前登席。古人所坐之席分上、下、前、后，升席时必由席之下端，即后方登入，而不能由席之前方径上。如果从前方直接升席，则为躐席。躐，超越。

④徒坐：无事而坐。指非饮食及学习时而坐。徒，空。

⑤"读书"三句：读书时要让尊者听到自己的声音，吃饭时怕弄脏席子，在这两种情况下，身子才与席子的前沿平齐。

【译文】

臣子侍坐国君时，一定要将自己的坐席向旁侧后退一点儿，如果席子不后退，也一定要往席子的后面坐，身子要离国君坐处有一定距离。登席不能从席前方径直登上，这样上席叫做"躐席"。无事而坐时，要距席的边沿一尺。只有读书和吃饭时才靠前坐，与席子的前沿平齐。盛食物的豆等器皿，也要放在离席一尺远的地方。

若赐之食而君客之，则命之祭然后祭[①]。先饭[②]，辩尝羞[③]，饮而俟。若有尝羞者，则俟君之食，然后食。饭，饮而俟。君命之羞，羞近者[④]，命之品尝之[⑤]，然后唯所欲。凡尝远食，必顺近食。君未覆手[⑥]，不敢飧[⑦]。君既食，又饭飧。饭飧者，三饭也。君既彻，执饭与酱，乃出授从者。

【注释】

①"若赐之食"二句：孔疏："若臣侍君而赐之食，则不祭，若赐食而

君以客礼待之，则得祭。虽得祭，又先须君命之祭，后乃敢祭也。”表现了臣子对国君的忠诚与爱护。

②饭：食。

③辩：通“遍”。

④羞近者：先吃靠近自己的菜。郑注是为了“避贪味”。

⑤品尝：遍尝。品，遍。

⑥覆手：吃饱以后用手擦拭嘴边，这是害怕有饭菜残留粘在嘴边。

⑦飧（sūn）：郑注：“劝食也。”孔疏，是用汤饮浇饭而食。

【译文】

如果国君赐臣子一道进餐，并且以客礼对待臣子，那么臣子就要行祭食礼，但要得到君命后再祭。祭毕，臣子可以先吃起来，先要遍尝各种食物，然后喝饮品，再等待国君进食。如果进餐时有膳宰负责先品尝食物，那么臣子只要等待国君开始进食，然后自己也开始进食。国君吃饭时，臣子先喝些饮品等待进食。国君命臣子吃菜，臣子应先吃靠近自己的菜，国君命臣子遍尝各种菜，然后臣子就可以随意食用各种菜了。凡是想要品尝远处的菜肴，也一定要按着顺序从近处的菜肴开始吃。吃饭时，国君没有用手擦拭嘴角，臣子不敢劝食。国君表示已经吃完了，臣子就泡上泡饭劝国君再吃点儿。劝食，以吃三口为限。国君吃完饭撤席了，臣子拿着饭与酱，出门交给自己的随从，这是表示对国君赏饭的尊重。

凡侑食，不尽食。食于人不饱。唯水浆不祭，若祭，为已傑卑[①]。

【注释】

①已：太，甚。傑（xiè）卑：身份低下卑微。傑，同“偞”。郑注：“厌

(yā)也。"对卑微的物品也祭祀,是压低、降低了礼仪的格调。

【译文】

凡是侍奉他人吃饭,自己不能尽情吃喝。去人家做客吃饭,不能吃饱。到和自己身份相等的人家吃饭,吃之前都应先祭,只有饮水、饮浆不祭,因为水、浆非尊物,如果也祭,就显得太卑微了。

君若赐之爵,则越席再拜稽首受,登席祭之;饮,卒爵而俟,君卒爵,然后授虚爵。君子之饮酒也,受一爵而色洒如也[①],二爵而言言斯[②],礼已三爵[③],而油油以退[④]。退则坐取屦,隐辟而后屦,坐左纳右,坐右纳左。

凡尊必上玄酒[⑤]。唯君面尊。唯飨野人皆酒。大夫侧尊,用棜[⑥];士侧尊,用禁[⑦]。

【注释】

①洒(xiǎn)如:郑注:"肃敬貌。"

②言言(yín)斯:郑注:"言言,和敬貌。斯,犹耳也。"言言,即"訚訚"。斯,语助词。

③已:止。

④油油:郑注:"说(悦)敬貌。"酒饮过三爵,"敬"就可以减少一些了,即可以不要那么严肃了。

⑤凡尊必上玄酒:凡陈设酒樽,必以玄酒配酒而设,以玄酒为上,表示重古之意。两樽若东、西并列,则玄酒樽在西,以西为上。若南、北并列,则玄酒樽在南,以南为上。玄酒,即清水。

⑥棜(yù):放置酒樽等酒食器具的无足的礼器,形如案盘。见《礼器》"有以高为贵者"节注④。

⑦禁:放置酒樽等酒食器具的有足的礼器,形如案盘。见《礼器》

“有以高为贵者”节注③。

【译文】

臣子侍奉国君私下饮酒，国君如果赐酒，臣子就要离开坐席，向国君拜两次叩头接受，登上自己的坐席，先行祭礼；再饮尽杯中酒，便等着国君饮酒，国君也饮尽了酒，然后将空杯交给侍者。君子陪侍饮酒，接受国君赐下的第一杯酒时神色严肃庄重，接受第二杯酒时神色谦和崇敬，依礼饮完三杯就停止，于是高兴恭顺地退下。退下后跪坐着取鞋，到堂下隐蔽处去穿鞋，左腿跪下穿右脚的鞋，右腿跪下穿左脚的鞋。

凡陈设酒樽，一定要将盛玄酒的酒樽放在上位，表示尊古。只有国君宴请臣子时，才将酒樽正对着国君，表示酒为国君所赐。只有宴飨农人时都用一般的酒，而不用玄酒。大夫与宾客饮酒，酒樽要设在旁侧，放在棜上；士与宾客饮酒，酒樽也要设在旁侧，放在禁上。

始冠缁布冠①，自诸侯下达，冠而敝之可也。玄冠朱组缨②，天子之冠也。缁布冠缋緌③，诸侯之冠也。玄冠丹组缨，诸侯之齐冠也。玄冠綦组缨④，士之齐冠也。缟冠玄武⑤，子姓之冠也⑥。缟冠素纰⑦，既祥之冠也。垂緌五寸，惰游之士也⑧。玄冠缟武，不齿之服也⑨。居冠属武，自天子下达，有事然后緌。五十不散送⑩。亲没不髦⑪。大帛不緌⑫。玄冠紫緌⑬，自鲁桓公始也。

【注释】

①冠：动词，行冠礼。缁布冠：黑麻布做的冠。有关冠礼详见《郊特牲》“冠义”节。

②玄冠：玄色缯制作的冠。

③缋(huì)緌(ruí)：有画纹的帽带。缋，绘画。緌，冠两侧用于固定

冠的缨带，在颈项处打结，亦有装饰作用。

④綦（qí）：青黑色。

⑤缟（gǎo）冠玄武：缟冠，白色生绢制作的冠，是吉冠；玄武，是玄色帛做的冠圈，丧事所戴。“缟冠玄武”是说祖父去世，父亲仍在服丧，孙虽已除丧但也不敢戴吉冠，因而戴半凶半吉之冠。

⑥子姓：即孙。姓，生。孙由子生，故称。

⑦纰（pí）：边缘。

⑧惰游之士：郑注：“罢（pí）民也。”即游手好闲但还不够判刑的人。

⑨不齿：郑注：“所放不帅教者。”即那些不服从管教该放逐的人。

⑩散送：按丧礼，服丧期间，前三天丧服的腰绖多余的部分要散开下垂，而三天后要收敛起来，等出殡时又要散开。这里是说，五十岁以上的人，服丧时就可以不太注重细节，可以不散送。送，送葬。

⑪髦：假发做的刘海。见《内则》“后王命冢宰降德于众兆民”节注⑤。

⑫大帛：郑注：“‘帛’当为‘白’，声之误也。”白色缯所做的冠，即素冠。

⑬紫緌：孙希旦说，紫为间色，不正，不当用为冠緌。但春秋时人尚紫，故鲁桓公用之。

【译文】

行冠礼时，第一次加的冠是缁布冠，从诸侯以下都是如此，缁布冠在冠礼结束后就不再戴，可以丢弃。天子行冠礼，第一次加的冠是玄色的冠，用朱红色的丝带做帽带。诸侯行冠礼，第一次加的冠是缁布冠，用彩色的丝带做帽带。玄色的冠，并用红色的丝带做帽带，是诸侯斋戒时所戴的冠。玄色的冠，并用青黑色的丝带做帽带，是士斋戒时所戴的冠。白色生绢的冠和玄色的冠圈，是孙在祖父去世后自己已除丧服、但父亲未除丧服时所戴之冠。白色生绢的冠，又在冠缘以白绫镶边，这是孝子在大祥祭后所戴之冠。戴白色生绢的冠，以白绫为冠缘镶边，垂着五寸长的冠緌，这是游手好闲的惰游之民所戴之冠。玄色的冠，并以白色生绢为冠圈，这是那些不服管教、该放逐的人所戴之冠。闲居时所戴之冠，冠缨挂在冠圈两旁，只有当有事时才把冠缨垂下来，自天子以下所有人都是这样做的。到了五十岁，送葬时可以让丧服的腰绖扎好，不必散开垂下。父母去世以后，子女也不须再戴"髦"这种假发。用白缯制的素冠是一种凶冠，没有緌作为装饰。戴玄色的冠而配以紫色的帽带，是从鲁桓公开始的。

朝玄端，夕深衣[①]。深衣三祛[②]，缝齐倍要[③]。衽当旁[④]，袂可以回肘。长、中继揜尺[⑤]。袷二寸[⑥]，祛尺二寸，缘广寸半。

【注释】

①"朝玄端"二句：这是大夫、士燕居之服。

②深衣三祛(qū)：深衣的腰围是袖围的三倍。祛，袖口。袖口的围长是二尺四寸，腰围则是七尺二寸。

③齐(zī)：裳的下摆。倍要：腰围是七尺二寸，下摆的周长则是一丈四尺四寸。要，同"腰"。

④衽(rèn)当旁：指缝在上衣两旁的布幅作为衣襟。

⑤长、中：长衣和中衣。长衣、中衣形制和深衣相同，都是上衣下裳相连。长衣、中衣都穿在礼服内，中衣总是穿在吉服内，长衣有时穿在凶服内，有时当做外衣。继揜(yǎn)尺：中衣、长衣的袖子，在袖口处另长出一尺，因而称为"继揜尺"。揜，同"掩"，掩盖。深衣之袖长二尺二寸，则长、中衣之袖经继掩尺的延长后长三尺二寸。

⑥袷(jié):郑注:“曲领也。”指圆弧形的衣领。

【译文】

早晨穿玄端,晚上穿深衣,这是大夫、士闲居时的着装。深衣的袖围是二尺四寸,腰围是袖围的三倍,为七尺二寸,缝纫的深衣的下摆,比腰围大一倍。深衣的衣襟开在旁边,深衣衣袖较宽,手肘可以在袖中屈伸。长衣、中衣的衣袖,与深衣相比在袖口处又接出一尺,可以掩住双手。弧形的领子宽二寸,袖口宽一尺二寸,下裳的边缘宽一寸半。

以帛里布①,非礼也。士不衣织②。无君者不贰采③。衣正色④,裳间色⑤。非列采不入公门⑥,振絺、绤不入公门⑦,表裘不入公门⑧,袭裘不入公门⑨。

【注释】

①以帛里布:这句是讲外衣和中衣要相称。外衣如果是冕服,冕服用帛,中衣就用素;外衣如果是皮弁服、朝服、玄端,三者都是布做的,中衣也要用布做的。里,中衣。

②织:染色后织成的衣料。大夫以上可衣织,士地位低贱,所穿是先织成而后染色之衣。

③无君者:指离开本国的大夫、士。不贰采:衣裳不用两种不同的颜色。大夫、士去国,三月内服素衣素裳,三月之后服玄端玄裳。

④正色:青、赤、黄、白、黑五方之色。孙希旦说,衣在上为阳,阳为奇数,故用正色。

⑤间色:正色调配出来的色。“间”有杂义,指杂有二色,绿、红、碧、紫、骝黄为间色。裳在下为阴,阴为偶数,故用间色。

⑥列采:正色之服,即青、赤、白、黑、黄五色。

⑦振(zhěn)絺(chī)、绤(xì):夏天单穿细葛布、粗葛布衣为外衣。

振，通“袗”，单衣。

⑧表裘：以裘为外衣。据郑注、孔疏，“振絺、绤”与“表裘”，“二者形且亵”，“可鄙亵”，因此必须罩上外衣才能出门。

⑨袭裘：古人冬穿裘，夏穿葛，裘、葛之上有中衣，即裼(xī)衣，裼衣外又有正服，如朝服、皮弁服。敞开正服前襟，露出裼衣，就叫“裼”，掩好正服前襟就叫“袭”。

【译文】

外衣和中衣的质地要相配，如果外衣用布制作，而中衣却用帛制成，这就不合于礼。士，不能穿先染丝后纺织的绸缎，只能穿纺织后再染色的缯帛。失位离开本国的大夫、士，上衣与下裳不能有两种颜色。上衣的颜色，要用正色，下裳的颜色，要两色混杂。不是穿着正装而是穿不同颜色的衣裳，不能进入公门；夏天只穿细、粗葛布衣服，不能进入公门；冬天只穿着皮裘，不能进入公门；冬天穿着皮裘，以礼服掩住上襟，但没有露出裼衣和正装，不能进入公门。

纩为茧，缊为袍，禅为絅，帛为褶[①]。

【注释】

①“纩(kuàng)为茧”四句：郑注，“茧”和“袍”是给衣服夹层添加丝絮后的异名。纩，新丝绵絮。禅(dān)，单衣。缊(yùn)，旧丝绵絮。絅(jiǒng)，有衣裳但无里子。褶(dié)，有里有面但不填充棉絮的夹衣。

【译文】

用新丝绵填充到夹衣里的衣服叫“茧”，用旧丝绵填充到夹衣里的衣服叫“袍”，有面无里的单衣叫“絅”，有面有里但中间不填充丝绵的夹衣叫“褶”。

朝服之以缟也，自季康子始也[①]。孔子曰："朝服而朝，卒朔然后服之[②]。"曰："国家未道[③]，则不充其服焉。"

【注释】

①"朝服"二句：天子朝服皮弁服，衣以素，诸侯朝服玄冠缁衣。季康子为大夫却用缟制朝服，这是僭越天子之礼但又不敢尽同。

②卒朔：听朔礼毕。

③未道：未合于正道。

【译文】

朝服用白色生绢来制作，是从鲁国大夫季康子开始的。孔子说："国君和臣子都穿着朝服上朝，每月初一听朔时穿着皮弁服，完事后又换上朝服。"又说："国家未走上正道，国君的礼服也就不会完备了。"

唯君有黼裘以誓省[①]，大裘非古也[②]。君衣狐白裘[③]，锦衣以裼之[④]。君之右虎裘，厥左狼裘[⑤]。士不衣狐白。君子狐青裘豹褎[⑥]，玄绡衣以裼之[⑦]；麛裘青豻褎[⑧]，绞衣以裼之[⑨]；羔裘豹饰[⑩]，缁衣以裼之；狐裘，黄衣以裼之。锦衣狐裘，诸侯之服也。犬羊之裘不裼[⑪]。

不文饰也不裼。裘之裼也，见美也[⑫]。吊则袭，不尽饰也。君在则裼，尽饰也。服之袭也，充美也[⑬]。是故尸袭，执玉、龟袭。无事则裼，弗敢充也。

【注释】

①黼(fǔ)裘：黑羔皮与狐白皮相杂制成的有黼纹的裘。省：郑注："当为'狝'。狝，秋田也。""誓省"是为社祭进行田猎而举行的告

誓仪式。

②大裘：黑羔皮裘。大裘是天子祭天之服，诸侯如果服大裘是僭礼。

③狐白裘：以狐腋下面的白毛皮制成的裘。狐白少而贵，只有大夫以上可服。

④锦衣：和下文的"玄绡衣"，都是中衣，即裼衣。裼衣的颜色要与裘的颜色一致，因为裘是白色，所以这里裼衣也是白色，领缘的镶边是朱色。

⑤"君之右"二句：右、左，指国君卫士。虎裘、狼裘，象征如虎狼之威猛以保卫国君。

⑥君子：指大夫、士。褎(xiù)：同"袖"。

⑦绡(xiāo)：生丝。

⑧麛(mí)：鹿。豻(àn)：北方的一种野狗。

⑨绞：苍黄色。

⑩饰：即袖。

⑪犬羊之裘：是庶人所穿的下等皮裘。不裼：即"袭"。"裼"与"袭"相对。见本篇"以帛里布"节注⑨。一般情况下，都以裼为敬。下等人所穿皮裘罩上外衣只能叫"袭"。

⑫见：同"现"，显现。

⑬充：覆盖。

【译文】

国君可以穿着黼裘参加为社祭进行田猎而举行的告誓仪式，如果是穿着天子祭天的黑羔皮裘去参加，这是不符合古制的。国君穿着狐白裘，外罩素锦裼衣。国君右卫士穿虎皮裘，左卫士穿狼皮裘。士的地位低，不能穿狐白裘。大夫、士穿狐青裘，袖口用豹皮镶边，外罩用青色生丝绢做的裼衣；如果穿鹿裘，袖口用青豻皮镶边，外罩苍黄色的裼衣；如果穿黑羔裘，袖口用豹皮镶边，外罩黑色的裼衣；如果穿狐裘，外罩黄色的裼衣。用锦衣做裼衣配狐裘,这是诸侯之服。狗皮、羊皮之裘是庶人所穿,没有裼衣。

大夫与士穿裘服,在不需要文饰的时候,也不用穿裼衣。穿着裘服而要罩上裼衣,就是为了显现裼衣的华美以示敬意。丧家小殓之祭后,客人去吊丧就要罩好正服,由于哀伤而不显露文饰。在国君面前则要使裼衣露出领缘,显现文饰,表示对国君的尊重。掩好上服前襟、不露出裼衣领缘,是为了掩盖裼衣的华美。所以祭祀中的尸,为了表示尊敬也要掩好上服前襟、不露出裼衣领缘;玉和龟甲是宝瑞,拿着玉和龟甲的人也要掩好上服前襟、不露出裼衣领缘。没有祭祀礼仪活动了,就要露出裼衣领缘,不要掩盖了裼衣之华美。

笏:天子以球玉①,诸侯以象,大夫以鱼须文竹②,士竹本③,象可也④。见于天子与射,无说笏⑤。入大庙说笏,非古也。小功不说笏⑥,当事免则说之⑦。既搢必盥,虽有执于朝,弗有盥矣。凡有指画于君前⑧,用笏;造受命于君前⑨,则书于笏。笏,毕用也⑩,因饰焉。笏度二尺有六寸,其中博三寸,其杀六分而去一⑪。

【注释】

①球:郑注:"美玉也。"

②须:当作"颁",通"斑"。鲛鱼皮上有斑,以其为装饰。

③竹本:指笏的本体以竹制作。

④象可也:孔疏:"以象牙饰其边缘。言可者,通许之辞。"

⑤说(tuō)笏:平时,笏或执于手,或插于大带,如果既不手执又不插带,即离开身体,就叫"脱笏"。说,通"脱"。

⑥小功不说笏:遇丧事要捶胸顿足地号哭,因而要"脱笏";但小功

以下的轻丧，哀轻，可以不脱笏。

⑦当事：当殡殓之事。免（wèn）：古代居丧时束发的一种方式。见《檀弓上》“公仪仲子之丧”节注②。

⑧指画：指点比画。这是指在国君面前讲话，需要用手比划加以说明时，就在笏上写、笏上画。

⑨造：进。

⑩毕：指记事备忘等都用笏。

⑪杀（shài）：削减，削薄。

【译文】

笏：天子的笏用美玉制作，诸侯的笏用象牙制作，大夫的笏竹制，用有斑纹的鲛鱼皮装饰，士的笏的本体竹制，可用象牙装饰。诸侯、大夫和士朝见天子、参加射礼，都属于吉事，所以不可脱笏。如果进入太庙祭祀时脱笏，这是不符合古制的。参加丧礼，小功以下的丧事不脱笏，小功以上的丧事可脱笏，当死者殡殓，自己头缠白布条要捶胸顿足地号哭时，就要脱笏。去朝见国君，将笏插进大带后一定要先洗手，以后在朝中需要执笏时就不用再洗手了。凡在国君面前讲话需要指点比画、作记录时，要用笏；进到国君面前接受命令时，就将国君的命令写在笏上。笏，指画、记事全都要用，因此要加以装饰。笏长二尺六寸，中间宽三寸，诸侯的笏上端要削减六分之一，大夫、士的笏上下两端都要削减六分之一。

韠[①]：君朱，大夫素，士爵[②]，韦[③]。圜、杀、直[④]：天子直，公侯前后方[⑤]，大夫前方后挫角，士前后正。韠下广二尺，上广一尺，长三尺，其颈五寸[⑥]，肩，革带[⑦]，博二寸。一命缊韨幽衡[⑧]，再命赤韨幽衡，三命赤韨葱衡[⑨]。

【注释】

①韠(bì):蔽膝。遮蔽腰腿的皮制围裙,约为上广一尺、下广二尺的上窄、下宽形。

②爵(què):通“雀”,赤而微黑色,像雀头的颜色。

③韦:去毛熟治的皮革。这是说君、大夫和士的三种韠都是用韦制作的。

④圜:即后文所说“大夫前方后挫角”。大夫的蔽膝,下广二尺,自下向上裁剪直行至五寸处,左、右各向内斜裁剪至广一尺,再修剪其角,使之呈圆弧形,故曰“圜”。杀(shài):即后文所说“公侯前、后方”。诸侯的蔽膝,上广一尺,从上方左、右各向下裁剪直行五寸;下广二尺,从下方左、右各向上裁剪直行五寸,上、下再斜裁相承接,其上、下各有一长方形,故曰“方”。直:即后文所说“天子直”。天子的蔽膝,从上方一尺宽处左、右斜行向下一直至下方宽二尺处,故曰“直”。

⑤前、后:郑注:“韠以下为前,以上为后。”

⑥其颈五寸:蔽膝上端宽一尺,一尺的中间五寸即颈,两边剩余的部分叫“肩”。

⑦革带:系在腰间的腰带,蔽膝就系在革带。

⑧一命:与后文的“再命”、“三命”,分别指士、大夫、卿。缊(wēn):赤、黄二色相间。韨(fú):也是蔽膝。穿祭服时就叫“韨”,穿他服时就叫“韠”。幽:通“黝”,黑色。衡:即“珩”(héng),佩饰上方的横玉,常作小半圆弧形。

⑨葱:青色。

【译文】

关于蔽膝:国君的蔽膝是朱红色的,大夫的蔽膝是白色的,士的蔽膝是赤而微黑色的,都用熟治的皮革制作。蔽膝有圆形、方形、直裁三种形制:天子的蔽膝,左、右两斜边都是直的;诸侯的蔽膝,上、下是两个长方形；大夫的蔽膝，上端两角裁剪略呈圆弧形；士的蔽膝，上、下都是直直正正的。蔽膝，下端宽二尺，上端宽一尺，长三尺，上端有五寸宽的颈，两寸宽的肩，两寸宽的革带。参加祭礼、穿着祭服时配的蔽膝叫“韨”。士用赤黄色的韨，配黑色的玉珩；大夫用赤色的韨，配黑色的玉珩；卿用赤色的韨，配青色的玉珩。

天子素带①，朱里，终辟②。而素带，终辟③。大夫素带，辟垂。士练带④，率⑤，下辟。居士锦带⑥，弟子缟带。并纽约用组⑦，三寸⑧，长齐于带⑨。绅长制⑩：士三尺，有司二尺有五寸⑪。子游曰：“参分带下，绅居二焉。”⑫绅、韠、结三齐⑬。大夫大带四寸。杂带⑭，君朱绿⑮，大夫玄华⑯，士缁辟二寸，再缭四寸⑰。凡带有率，无箴功⑱。肆束及带⑲，勤者有事则收之，走则拥之。

【注释】

①带：大带。衣有二带，大带和革带。大带谓之“绅”，革带谓之“鞶”。大带用以束腰，较宽；革带用以系挂佩饰及蔽膝等，较窄。

②辟（pí）：用彩缯镶边。郑注，“辟”读如“裨”，“谓以缯采饰其侧”。

③素带，终辟：此指诸侯带饰，与天子相比，没有“朱里”。

④练：白色熟绢。

⑤率：通“繂”（lǜ），用暗针缝边。

⑥居士：郑注：“道艺处士也。”指学业、事业尚未有成就的士人。

⑦并：指自天子达于弟子。纽：大带两端交结之处。约：以物穿纽将带结到一起。组：丝绳。

⑧三寸：郑注：“谓约带纽组之广也。”指系扎大带的纽和丝绳宽三寸。

⑨长齐于带：即与绅一样长。

⑩绅：大带束好后，余出的下垂部分叫“绅”。

⑪有司：分管相关职事的官吏。此处指府史等吏员。

⑫“子游曰”以下二句：孔疏，人长八尺，大带至脚长四尺五寸，平均分为三份，绅长占其中的两份，约三尺。

⑬绅、韠、结三齐：“绅”即绅带，“韠”即蔽膝，“结”即上文的约带纽组，三者皆长三尺，故云“三齐”。

⑭杂带：燕居之服所用之带。

⑮君：孔疏：“谓天子诸侯。”朱绿：大带用朱色镶边，绅用绿色镶边。

⑯华：黄色。

⑰再缭四寸：大夫以上，大带宽四寸，可以重叠环绕腰；士大带宽两寸，环绕后不能重叠，广度也是四寸。缭，绕。

⑱箴：同“针”。

⑲肆（yì）束：余束，即约带之余组。肆，通“肄”，余。

【译文】

天子的大带用白色的丝绸制作，里衬是朱红色的，整个大带从上到下都镶边。诸侯的大带也是白色丝质，也是从上到下全部镶边，但没有朱红色的衬里。大夫的大带也用白色丝绸制作，只有大带两侧和下垂的部分镶边。士的大带用白色熟绢制作，只在大带的下方镶边。居士用彩锦制作大带，学校的弟子用白色生绢制作大带。所有这些人的大带，系的时候交会之处都用三寸宽的丝带结扎在一起，丝带下垂的部分与大带下垂的部分等长。大带垂下的部分叫做“绅”，它的长度规定是：士绅长三尺，有司绅长二尺五寸。子游说：“如果把从大带到脚的长度分为三份，绅长为三分之二。”绅、蔽膝、丝带结的下垂部分是平齐的。大夫以上，大带都宽四寸。平时燕居所系的带，天子和诸侯的大带镶朱红色边，绅镶绿色边；大夫的大带，镶玄色边，里衬镶黄色边；士的大带的镶边，里外都是黑色宽两寸，环绕后不能重叠，上下各镶一寸的边，也是宽四寸。所有的大带，用暗针缝边，不露出针脚。丝带打结后多余的部分和大带下垂的部分，如果要劳动、要干活的时候就收起来握在手里；如果要跑动，就抱在怀里。

王后袆衣[1]，夫人揄狄[2]，君命屈狄[3]。再命袆衣，一命襢衣，士褖衣[4]。唯世妇命于奠茧[5]，其他则皆从男子[6]。

【注释】

①袆(huī)衣：王后祭服之一。郑注："刻缯而画之，着于衣以为饰。"与下文的"揄狄"，都是刻绘为雉鸡图案，涂上色彩，缀于衣上作为装饰的祭服。

②夫人：指侯爵、伯爵的夫人。揄(yáo)狄：亦作"揄翟"，王后"六服"之一。

③君：郑注："女君也。"即子、男之妻。屈(què)狄：王后祭服之一。屈，通"阙"。郑注："谓刻缯为翟(狄)，不画也。"即只刻绘为雉鸡之形而不加绘彩色作为祭衣装饰。

④"再命袆衣"三句：这里的"再命"、"一命"指的是爵位为子、男之诸侯。据注疏，诸侯之臣分三等，卿、大夫、士。子、男之卿再命，妻鞠(袆)衣；子、男大夫一命，妻服展(襢)衣；士不命，妻服褖衣。袆，郑注当为"鞠"(jū)字之误。鞠，色黄，如初生桑叶之色。襢(zhàn)衣，白色礼服。褖(tuàn)衣，黑色礼服。袆衣、襢衣、褖衣，既是王后"六服"之一，也是内、外命妇之服。

⑤世妇：诸侯之妾。奠：献。

⑥男子：指自己的丈夫。这是说，自天子之后，至诸侯夫人，他们的丈夫有怎样的地位，其妻子就穿怎样的服饰。

【译文】

王后穿袆衣，侯爵、伯爵夫人穿揄狄，子、男诸侯的夫人穿屈狄。

子、男诸侯的卿，其妻穿鞠衣，大夫之妻穿襢衣，士之妻穿褖衣。只有诸侯之妾在受命为国君献茧时，地位与大夫相当，穿襢衣；其他妇女都按照丈夫地位高低穿着相应的命服。

凡侍于君，绅垂①，足如履齐②，颐霤③，垂拱。视下而听上，视带以及袷④，听乡任左⑤。

【注释】

①绅垂：郑注："则磬折也。"即弯腰站立，如磬之弯折之形。

②齐(zī)：裳的下摆。

③颐霤(liù)：面颊如房檐般的斜垂。霤，屋檐。

④袷(jié)：交领。孔疏："视君之法，下不过带，高不过袷。"

⑤听乡任左：侍者一般站在国君的右侧，故左耳靠近国君，因此称为"任左"。乡，通"向"。

【译文】

凡陪侍国君，站在国君身边，身子要向前倾，使绅带下垂，裳的下摆接地，像要被脚踩到一样，头微低，面颊如屋檐般斜垂，两手拱合下垂。视线朝下但要微微向上仰头认真听国君说话，视线要在国君的腰带和衣领之间，听国君讲话，头要稍偏右，侧着左耳倾听。

凡君召以三节①。二节以走，一节以趋②。在官不俟屦③，在外不俟车④。

【注释】

①节：一种证明身份、用以执行某种任务的凭信，有多种材料、多种形制。出土实物有"鄂君启节"，铜质，如圆形的竹筒一剖为三，

以其中的一片刻字为信，有车节、舟节两种，为楚国颁发给长途贩运商贩的通关凭证。此处指使者所持的、代表国君发号施令的凭信。

②“二节以走”二句：国君召臣，如果是急事，就派使者持二节，臣要奔跑前去；如果不急，就持一节，臣快步疾走即可。

③官：朝廷治事处。

④外：孔疏：“谓其室及官府也。”即朝廷之外，在自己的家里或官府里。

【译文】

凡国君派使者召臣，有三个节。如果事情紧急，使者持两个节，臣子就要奔跑前往；如果事情不那么紧急，使者持一个节，臣子要快步疾走。凡国君召唤，臣子如在朝办公处，不等穿好鞋子就赶去；若不在朝而在外，不等备好车子就赶去。

士于大夫，不敢拜迎①，而拜送。士于尊者，先拜，进面②，答之拜则走③。

【注释】

①迎：孙希旦说：“谓迎于门外也。”拜迎礼是地位、身份相等者的礼节，身份地位较低者，要在门内行拜礼。

②进面：孔疏：“亲相见也。”

③答之拜则走：若大夫在门内答拜行礼，那么迎接的士人要赶紧避开，表示不敢当大夫之拜。

【译文】

士对于大夫的光临，不敢在大门外拜迎，因为那是身份相等的双方才用的礼节，但大夫离开时士可以出门拜送。士去见尊者，要先在门外行拜礼，然后进门见面，尊者在门内答拜，士要赶快避开，表示不敢当。

士于君所言，大夫没矣则称谥若字①，名士。与大夫言，名士，字大夫。于大夫所，有公讳②，无私讳③。凡祭不讳，庙中不讳④，教学临文不讳⑤。

【注释】

①称谥若字：有谥则称谥，无谥则称字。

②公讳：避讳国君及国君父祖之名。

③私讳：避讳父母及祖父之名。

④“凡祭不讳”二句：祭祀群神时的祝嘏之辞，有祖先名讳不避讳。庙中上不讳下，如果是祭祖，就不讳父；如果是祭父，则当讳祖。

⑤教学：指教《诗》、《书》典籍等。临文：孔疏：“谓简牒及读法律之事也。”古注说，如果教学也讲避讳，会误导后生；如果为文也讲避讳，会把正事弄错。

【译文】

士在国君处谈话，如果说到已故的大夫，就要称其谥号，如果没有谥号就称其字，不可称名；如果说到已故的士，则可以称名。士与大夫谈话，提到某士，就称其名，说到某大夫，则称其字。士在大夫处谈话，只避公讳，不避私讳。凡是祭祀群神时的祝嘏之辞，有祖先名讳，无须避讳；宗庙祭祀时，讳上不讳下；教学典籍、读写文件和法律文书时，也无须避讳。

古之君子必佩玉，右徵、角，左宫、羽①，趋以《采齐》，行以《肆夏》②，周还中规，折还中矩③。进则揖之④，退则扬之⑤，然后玉锵鸣也⑥。故君子在车则闻鸾、和之声⑦，行则鸣佩玉，是以非辟之心无自入也。君在不佩玉[8]，左结佩[9]，右设佩。居则设佩，朝则结佩。齐则綪结佩而爵韠[10]。

【注释】

①"右徵、角"二句：徵、角、宫、羽，都是"五音"之一。详见《月令》"孟春之月"节注⑨。这里指君子在行走时佩玉互相碰撞发出如音乐般的声响。

②《采齐（jì）》、《肆夏》：皆为乐章名。《肆夏》，当为《陔夏》。

③"周还（xuán）中规"二句：周还，即反转而行，要转一百八十度的弧形弯，如圆规画圆；折还，即拐弯而行，要转九十度的直角，如方矩。还，旋转。

④揖：指身体向前微俯。

⑤扬：指身体向后微仰。

⑥锵（qiāng）：佩玉碰撞发出锵锵的声响。

⑦鸾、和：二者都是马车上的铜铃。"鸾"在车横，"和"在车轼。

⑧君在不佩玉：郑注以为指太子，孙希旦说，这是指大夫、士。

⑨左结佩：用丝带结其两璜，使其不能相击发声。关于佩玉形制，孔疏："凡佩玉必上系于衡（珩），下垂三道，穿以蠙珠，下端前后以县（悬）于璜，中央下端县（悬）以冲牙，动则冲牙前后触璜而为声。所触之玉，其形似牙，故曰冲牙。"近代墓葬考古发掘出土过许多成组的佩玉，自珩下垂的丝绳上，所附玉饰甚多，如荆州熊家冢墓地所出佩玉组合等，可以对春秋战国时楚国贵族佩玉的形制特点有直观的了解。

⑩綪（zhēng）：郑注："屈也，结又屈之。"指将佩玉向上弯曲挽成结，这是为了不让佩玉互相碰撞发出声响。爵：通"雀"。见本篇"韠，君朱"节注②。韠：见本篇"韠，君朱"节注①。

【译文】

古代,君子身上一定有佩玉,行走时右边的佩玉发出乐音中的徵角和角声,左边的佩玉发出宫声和羽声,快走时与《采齐》的节拍相应,行走时与《陔夏》的节拍相应,向后转身,要像圆规画出圆弧形;向左右拐弯时,要像矩尺一样走成方角。前进时身体微微前俯,后退时身体微微后仰,这样,佩玉就会随着行走发出动听的锵锵声。所以君子乘车时就能听到鸾铃、和铃的鸣响声,行走时又能听到佩玉的声响,这样,一切邪僻的念头就不会进入君子的心中。臣在国君面前不佩玉,即要把左边的佩玉用丝带结起来,不让它发出声音,但右边还是照常佩玉。大夫、士闲居时,左、右都正常佩玉,上朝时则要绾起左侧佩玉。斋戒时要把左、右佩玉都向上挽成结系到革带上,因为斋戒要肃静,所以不能让佩玉发出声响,要戴上赤色而微黑的蔽膝。

凡带必有佩玉①,唯丧否。佩玉有冲牙②,君子无故玉不去身③,君子于玉比德焉。天子佩白玉而玄组绶④,公侯佩山玄玉而朱组绶,大夫佩水苍玉而纯组绶⑤,世子佩瑜玉而綦组绶⑥,士佩瓀玟而缊组绶⑦。孔子佩象环五寸而綦组绶⑧。

【注释】

①带:革带。

②冲牙:参见上节注⑨。

③故:指丧事和灾病。

④绶:即穿系佩玉的丝带,也称为“璲”(suì)。

⑤“公侯”二句:指公侯佩玉,玉色似山之玄而杂有纹理;大夫佩玉,玉色似水之苍而杂有纹理。纯,郑注当为“缁”,古文或作糸旁才,故误。

⑥瑜：玉之美者。綦(qí)：纹理杂色。

⑦瓀玟(ruán mín)：次于玉的美石。缊：赤黄色。

⑧象环：以象牙为环。“环”是璧的一种，“五寸”指环的直径。

【译文】

凡从天子到士，革带上一定要佩玉，只有服丧时除外。佩玉上有叫冲牙的玉，君子如果没有丧事或灾病等原因，玉就不离身，因为君子是以玉来象征德行的。天子佩带白玉，用玄色的丝带；公侯佩带山玄色的玉，用朱红色的丝带；大夫佩带水苍色的玉，用黑色的丝带；世子佩带美玉，用杂色的丝带；士佩带差玉一等的美石瓀玟，用赤黄色的丝带。孔子佩戴的是象牙制作的直径五寸的环，用杂色的丝带。

童子之节也[①]：缁布衣，锦缘，锦绅并纽，锦束发，皆朱锦也。童子不裘不帛，不屦絇[②]。无缌服[③]，听事不麻[④]。无事则立主人之北，南面。见先生[⑤]，从人而入。

【注释】

①童子：未行冠礼的男孩。

②絇(qú)：鞋头上的装饰。

③无缌服：郑注：“虽不服缌，犹免(wèn)。”缌麻是较远亲等的丧服，童子虽然不用穿着缌麻服，但头上还是要用白麻布条将头发扎起来。

④听事：到丧家帮忙。不麻：不加麻绖的带子。

⑤先生：老师。

【译文】

未行冠礼的童子的礼节：穿的是黑布衣，用丝绸镶边，绅和纽也用丝绸镶边，束发也用丝绸，这些丝绸都是朱红色的。童子不穿裘皮衣，不穿丝帛衣，童子的鞋子，头上不加装饰。家里有丧事，童子依亲等应穿着缌麻丧服，可不穿，到办丧事的人家去帮忙，也不扎麻绖带。没事的时候要站在主人的北侧，面向南。拜见老师时，要跟着成年人进入。

侍食于先生、异爵者①，后祭先饭②。客祭，主人辞曰“不足祭也”。客飧③，主人辞以“疏”④。主人自置其酱，则客自彻之。一室之人⑤，非宾客，一人彻。壹食之人⑥，一人彻。凡燕食，妇人不彻。

【注释】

①异爵者：爵位尊于自己之人。

②后祭先饭：吃饭前行祭礼，要在尊者之后祭；吃饭时，要在先生和尊者前先吃，表示为尊者尝食。

③飧(sūn)：吃饱以后又多吃几口，表示对主人所设食物之赞赏。

④疏：粗。孔疏：“故主人见客飧而致辞云‘粗食伤客，不足致饱’，若欲使更食然也。”

⑤一室之人：郑注：“同事合居者也。”

⑥壹食之人：郑注：“壹，犹聚也。为赴事聚食也。”

【译文】

陪侍老师或爵位高于自己的人吃饭，行祭礼时要在后，进食时要在前。客人行祭礼时，主人要推辞说“不值得祭”。客人吃饱以后赞美主人的饭菜，主人则抱歉地说“只是粗饭糙食罢了”。如果主人是亲自将调味的酱放置到席前的，那么客人在吃过之后就要自己动手把它撤掉。合住的同事们在一起吃饭，没有宾、主之分，吃过以后，就由年纪最轻的一人撤下馔具。大家有事而一道聚餐，吃过之后，也由年纪最轻的一人撤下馔具。凡平常吃饭，妇人不需要自己撤除馔具。

食枣、桃、李，弗致于核。瓜祭上环[①]，食中，弃所操。凡食果实者后君子，火孰者先君子[②]。

【注释】

①上环：指上半个瓜。把瓜从中间切断，其断截面呈环形，故曰“环”。以上为尊，所以祭上环。

②孰：同“熟”。

【译文】

吃枣子、桃子、李子，不得将核扔到地上。吃瓜的时候要先祭上半个，然后吃瓜的中部，手所拿的瓜底部分就扔掉。凡吃果实，要先请尊者、长者吃，自己后吃；但吃烹饪的熟食，就要在尊者、长者之前吃，因为熟食由人制作，怕味道不好。

有庆[①]，非君赐不贺。有忧者，勤者有事则收之，走则拥之[②]。孔子食于季氏，不辞[③]，不食肉而飧。

【注释】

①庆：喜庆之事。孔疏：“谓或宗族亲戚燕饮聚会，虽吉不相贺，不足为荣故也。唯受君之赐为荣，故相拜贺。”

②“有忧者”三句：此处中断，应有脱遗文，致文意不明。译文省略。

③不辞：孔疏：“凡客将食兴辞，而孔子‘不辞’者，必是季氏进食不合礼也”；“凡礼食先食胾，次食殽，乃至肩，至肩则饱，乃飧。孔子在季氏家食，不食肉而仍为飧者，是季氏馔失礼故也”。

【译文】

家里有喜庆之事，如果没有国君的赏赐，就不敢接受亲友的道贺。孔子在季氏家吃饭，孔子进食前没有行推辞之礼，还没有吃肉就用汤浇饭而食，季氏安排馔食该是失礼了。

君赐车马，乘以拜赐[①]；衣服，服以拜赐。君未有命[②]，弗敢即乘、服也。君赐，稽首，据掌[③]，致诸地。酒肉之赐弗再拜。凡赐，君子与小人不同日。

【注释】

①“君赐车马”二句：国君赐给车马时，大夫、士要拜，第二天则要乘着此车马前去拜谢。后文的“衣服”也是如此。

②君未有命：必须有了君的命令，才敢真正启用乘坐君赐之车马，穿着君赐之衣服。

③据掌：郑注：“以左手覆按右手也。”

【译文】

国君赐给大夫、士车马，大夫、士要拜受，翌日再乘着所赐的车马去拜谢国君；国君赐给大夫、士衣服，大夫、士要拜受，翌日再穿着所赐的衣服去拜谢国君。国君所赐车马、衣服，如果没有国君的命令可以乘车、穿衣，大夫、士就不敢乘车、穿衣。国君有赏赐，大夫、士拜谢行礼要跪下磕头，把左手按在右手之上，手着地，头触地。如果国君赏赐的是酒和肉，只在当时拜受就行，不用次日再拜。国君赐物，君子和小人不能在同一天赏赐，要区别尊卑。

凡献于君，大夫使宰[①]，士亲，皆再拜稽首送之。膳于君，有荤、桃、茢[②]，于大夫去茢，于士去荤，皆造于膳宰[③]。大夫不亲拜，为君之答己也。

【注释】

①宰：家臣之长，为家中事务的总管。

②荤：姜之类的辛菜，能去秽物。桃：桃木。茢（liè）：笤帚。荤、桃、茢，都是辟邪之物。

③造：至。膳宰：掌饮食厨炊之官。

【译文】

凡向国君进献物品，大夫要派自己家臣之长宰去送，士要亲自去送，送到国君宫门外，交给国君的小臣，然后行再拜稽首之礼。向国君进献美食，要一道献上驱避凶邪的姜等辛辣物、桃木和笤帚；如果是向大夫进献美食，就献上姜等辛辣物和桃木，去掉笤帚；如果是给士送美食，就附送桃木和笤帚，去掉姜等辛辣物；所进献的美食，都送到主管厨炊的官员膳宰那里。大夫不亲自去向国君进献物品，是怕麻烦国君给自己答拜行礼。

大夫拜赐而退[①]。士待诺而退，又拜[②]，弗答拜。大夫亲赐士，士拜受，又拜于其室。衣服弗服以拜。敌者不在[③]，拜于其室。凡于尊者有献，而弗敢以闻[④]。士于大夫不承贺[⑤]。下大夫于上大夫承贺。亲在，行礼于人称父。人或赐之，则称父拜之。

【注释】

①大夫拜赐而退：大夫拜谢国君的赏赐时，只到国君门外向国君的小臣致辞，小臣入内通报国君，大夫不必等待小臣回复就可以退下了。

②"士待诺"二句：士拜谢国君的赏赐时，到国君门外向国君的小臣致辞后，要等小臣回报国君的意思，才能退下，临走时还要对国

君的答报再进行拜谢。

③敌者：身份地位相当的人。

④弗敢以闻：据注疏，这是给尊者献物的"致辞"，不敢直说献给尊者，只能说是送给尊者的随从。

⑤承：受。郑注："士有庆事，不听大夫亲来贺己，不敢变动尊也。"

【译文】

国君对大夫和士有赏赐，大夫行礼拜谢，只到国君的宫门外向国君的小臣致谢，小臣入内向国君禀报，大夫不必等小臣出来回复就可以退下。士行礼拜谢国君的赏赐，要等待小臣入内禀报后，传出国君说了"诺"，才能退下，临走时还要对国君的回复再次拜谢，而国君不须答拜。大夫亲自赏赐物品给士，士要行拜受礼，翌日还要到大夫家中再次拜谢。如果赏赐的是衣服，不用穿上衣服去拜谢。身份地位相当的人前往人家中赐赠物品，如果受赐赠者恰好不在家，翌日受赐赠者要到赐赠者家中拜谢。给比自己身份地位高的人进献物品，不敢直说献尊者，只能说是致送给尊者的随从。士有喜庆之事，不敢接受大夫的祝贺。但下大夫有喜庆之事，可以接受上大夫的祝贺，因为二者地位相近。父亲健在，与他人行礼时都要用父亲的名义。如果他人赐赠东西，要以父亲的名义拜受。

礼不盛，服不充①，故大裘不裼②，乘路车不式③。

【注释】

①不充：是不将外衣拉紧以掩蔽内衣之华美。充，孔疏："犹袭也。"

②不裼：不显露裼衣。

③路车：天子祭天时所乘之车。

【译文】

如果不是隆重的典礼仪式，礼服的前襟就不掩蔽，显露出内衣之美，所以天子郊祀祭天穿大裘要系好前襟不显露裼衣，乘路车去祭天时也不凭轼行礼。

父命呼，唯而不诺[①]。手执业则投之，食在口则吐之，走而不趋。亲老，出不易方，复不过时。亲瘠[②]，色容不盛，此孝子之疏节也。父没而不能读父之书，手泽存焉尔[③]；母没而杯、圈不能饮焉[④]，口泽之气存焉尔[⑤]。

【注释】

①唯而不诺：孔疏："唯恭于诺。"

②瘠（jì）：病。

③手泽：孔疏："平生所持手之润泽。"

④圈：屈木做成的饮器。

⑤口泽：孔疏："平生口饮润泽之气。"

【译文】

父亲呼喊儿子的时候，儿子应答要说"唯"而不说"诺"，因为说"唯"比说"诺"更恭敬。儿子听到父亲呼喊，手中正拿有东西要赶快放下，嘴里正吃着食物要马上吐掉，要跑步前往而不仅仅是快走。双亲年老，做儿子的出门不改变方向去所，以免双亲找不到自己；要按时回家，以免双亲牵挂自己。如果双亲生病了，儿子面有忧愁畏惧之色，这是孝子最起码、最基本的礼节。父亲去世了，儿子不忍阅读父亲读过的书，那是因为书上还保存着父亲的"手泽"；母亲去世了，儿子不忍使用母亲用过的杯、圈，那是因为杯、圈上还保存着母亲的"口泽"。

君入门，介拂阑，大夫中枨与阑之间，士介拂枨[①]。

宾入不中门[②]，不履阈[③]。公事自阑西[④]，私事自阑东[⑤]。

【注释】

①“君入门”四句：郑注：“此谓两君相见也。”故此君指来访的国君，即宾。介，指来访国君的随从官员，是副宾。由卿担任上介，还有大夫介和士介。拂，挨，贴。闑（niè），门橛，竖在门中央的短木。枨（chéng），门楔，竖在门槛两旁的长木柱。主君在闑东，宾在闑西。来访的国君与介从闑西和西枨进入。

②宾：国君派卿大夫出聘他国，卿大夫即为宾客。不中门：不能走在闑西与枨的正中央，而应走更挨近闑的位置。

③阈（yù）：门槛。

④公事：指奉国君之命行聘享之事。自闑西：这是宾见主之礼。

⑤私事：以私人名义觐见他国国君。自闑东：这是臣见君之礼。

【译文】

两国国君相见，来访的国君从门橛和西侧的门楔之间进入，上介挨着门橛进入，大夫介也从门橛和西侧的门楔之间进入，士介挨着门楔进入。

来访的如果是卿大夫，不能走西侧门橛和门楔的正中央，而应更挨近西侧门橛，通过时也不能踩踏门槛。如果是奉国君之命前去聘问，就从门橛的西边进入；如果是以私人名义拜见他国国君，就从门橛的东边进入。

君与尸行接武①，大夫继武②，士中武③。徐趋皆用是，疾趋则欲发④，而手足毋移⑤。圈豚行⑥，不举足，齐如流⑦。席上亦然。端行⑧，颐霤如矢⑨。弁行⑩，剡剡起屦⑪。执龟、玉，举前曳踵，蹜蹜如也⑫。凡行⑬，容惕惕⑭，庙中齐齐⑮，朝廷济济翔翔⑯。

【注释】

①接武：郑注："蹈半迹。"孔疏："二足相蹑而蹈其半也。"指两只脚迈步很小，后脚的脚印叠压在前脚脚印一半的部位。武，足迹。

②继武：郑注："迹相及。"孔疏："两足迹相继也。"即两脚足迹相继，后脚脚尖紧接着前脚脚跟。

③中武：郑注："迹间容迹。"孔疏："每徙，足间容一足地也。"前脚、后脚之间能容下一脚的距离。中，间。

④发：抬脚。

⑤毋移：郑注："欲其直且正。"孔疏："不得邪低、靡匝、摇动。"移，指摇晃、偏斜、拖沓。

⑥圈（juǎn）豚行：转足循地而行，好像小猪循圈而行。圈，转。豚，猪。

⑦齐（zī）如流：孔疏："足既不举，身又俯折，则裳下委地，曳足如水流状也。"齐，见本篇"凡侍于君"节注②。

⑧端行：直身而行。此处是说疾趋。

⑨颐霤：见本篇"凡侍于君"节注③。如矢：直行如箭矢，不邪曲。

⑩弁行：跑。弁，急。

⑪剡剡（yǎn）：急速抬脚的样子。

⑫蹜蹜（sù）：举步局促的样子。

⑬行：道路。

⑭惕惕（shāng）：郑注："直疾貌也。"指直行快走的样子。

⑮齐齐（zhāi）：恭敬诚恳的样子。

⑯济济翔翔：郑注："庄敬貌。"

【译文】

在宗庙中行路步法的规定：国君和充当尸的人行走两脚迈步很小，后脚的脚印叠压在前脚脚印一半的部位；大夫行走步子稍大，两脚足迹相继，后脚脚尖紧接着前脚脚跟；士走路步子最大，前脚、后脚之间能容下一脚的距离。国君、大夫和士徐行时都要用这种走法，疾趋时则要迅速抬脚起步，但手足不要歪斜摇摆。循地转圈，像是脚不离地，裳的下摆拖曳在地上如同水流一般。入席或离席时也是这样一种走法。直身而行，身子要微微弓折，头稍俯，面颊如屋檐般斜下，直行前进如箭矢一般不歪斜。跑步时，双脚不停地急速抬起。手执龟甲或玉器等重要物品时，走路抬起脚尖，拖着脚跟，行不离地，小心翼翼。凡在道路上行走，正身快步；在宗庙里行走，恭敬诚恳；在朝廷上行走，庄重而有威仪。

君子之容舒迟，见所尊者齐遬[①]。足容重，手容恭，目容端，口容止，声容静，头容直，气容肃，立容德[②]，色容庄，坐如尸。燕居告温温[③]。凡祭，容貌颜色如见所祭者。丧容累累[④]，色容颠颠[⑤]，视容瞿瞿梅梅[⑥]，言容茧茧[⑦]。戎容暨暨[⑧]，言容詻詻[⑨]，色容厉肃，视容清明。立容辨[⑩]，卑毋谄，头颈必中[⑪]。山立[⑫]，时行，盛气颠实扬休[⑬]，玉色。

【注释】

①齐遬(zhāi sù)：谦和恭谨。

②德：得。这是说站立时身体要微俯，像有人授物给自己，自己得到的样子。

③告：郑注："谓教使也。"温温：和柔谦恭的样子。

④累累(léi)：虚弱疲惫的样子。

⑤颠颠(tián)：忧虑的样子。

⑥瞿瞿(jù)：惊愕的样子。梅梅：即昧昧，茫然的样子。

⑦茧茧：声细而微弱的样子。

⑧暨暨(jì)：果断刚毅的样子。

⑨詻詻(è)：教令严厉的样子。

⑩辨：通“贬”。

⑪中：直立而不倾侧。

⑫山立：此句前或有脱文。

⑬颠（tián）：通“阗”，充满。

【译文】

君子的容貌要恬淡娴雅，见到所尊敬的人则要谦和恭谨。君子举足要稳重，举手要恭敬，目光要正不斜视，口唇要合不妄动，语调和静不咳嗽，头脸端直不侧倾，气度穆穆不乱喘，站立时身体微俯，好像得到别人授物，自己正在接受，面色容颜庄重而不怠慢，坐就如祭礼中的尸端坐在神位一样。君子平素闲居时教育人、使唤人，态度要温柔和善。凡是祭祀之时，容貌面色都要像真正看见所祭的神鬼一样敬重。孝子服丧时，神情虚弱疲惫，面容忧郁，眼神惶恐而茫然，说话声细而微弱。君子身穿戎装时，神情果敢刚毅，号令严明凌厉，面容威严肃穆，眼神明察秋毫。在尊者面前站立，仪态谦卑，但不是谄媚，头颈必保持中正而不倾侧。如山一般耸立而不动摇，行动时，盛气充满身体，阳刚之气的壮美展现在外，面色温润如玉。

凡自称，天子曰“予一人”，伯曰“天子之力臣”[①]。诸侯之于天子，曰“某土之守臣某”；其在边邑，曰“某屏之臣某”[②]；其于敌以下[③]，曰“寡人”。小国之君曰“孤”，摈者亦曰“孤”[④]。上大夫曰“下臣”，摈者曰“寡君之老”。下大夫自名，摈者曰“寡大夫”。世子自名，摈者曰“寡君之適”[⑤]。公子曰“臣孽”[⑥]。士曰“传遽之臣”[⑦]，于大夫曰“外私”[⑧]。大夫私事使，私人摈则称名，公士摈则曰“寡大夫”、“寡君之老”。大夫有所往，必与公士为宾也[⑨]。

【注释】

①伯：孙希旦说，谓九州之长，即分封在各州的诸侯。力臣：天子的效力之臣。

②屏：在边境为天子之藩屏。

③敌：身份地位相当的人。

④摈：通“傧”。这里指主人一方的接待员，负责为主、宾传话。

⑤適：同“嫡”。

⑥公子：诸侯的庶子。孽：通“蘖”，树的旁生枝芽。

⑦传(zhuàn)遽：郑注：“以车马给使者也。”“传”是驿站之车，“遽”是驿站之马，都是传递邮件的工具，也指乘驿传车马传递消息的使者。

⑧外私：郑注：“士臣于大夫者曰‘私人’。”士对自家大夫自称“私”，对别家大夫则自称“外私”。私，大夫的家臣。

⑨公士：诸侯之士。奉君命出使，则由公士做随从。宾：即介，宾客一方的随从官员。

【译文】

关于自称，天子自称“予一人”，九州的州伯自称“天子之力臣”。诸侯对天子自称“某地之守臣某”；在边境的诸侯，对天子自称“某方的藩屏之臣某”；诸侯对地位和自己相同或低于自己的人，自称为“寡人”。小国的国君自称“孤”，傧者为他传话时也称他为“孤”。上大夫在自己的国君面前自称“下臣”，如果出使他国，傧者在传话时称他为“寡君之老”。下大夫在自己的国君面前自称己名，如果出使他国，傧者在为他传话时称他为“寡大夫”。世子在国君面前自称己名，如果出使他国，傧者在传话时称他为“寡君之嫡子”。国君的庶子在国君面前自称“臣孽某”。士在国君面前自称为“传遽之臣”，在别家大夫前自称“外私”。大夫因私事出使他国，家臣为傧者通报则称大夫之名，奉国君之命出聘，公士为傧通报则称之为“寡大夫”或“寡君之老”。大夫如果正式出聘，一定要由公士为介。

明堂位第十四

【题解】

郑玄《礼记目录》云："名曰'明堂'者，以其记诸侯朝周公于明堂之时所陈列之位也。"

从全篇内容看，其篇名或如王夫之所说："《明堂位》者，取篇首之辞以为篇目。"

本篇从开头到"七年，致政于成王"，这一部分内容与《逸周书·明堂解》基本相同。主要记载周公摄政，天下大治，诸侯来朝于明堂，各就其位。之后的部分则记述因周公之德，鲁国国君可袭用古代天子衣物、器物等事，通篇赞美鲁国礼乐之盛，但夸饰过度，多不实之辞。

昔者周公朝诸侯于明堂之位[①]：天子负斧依[②]，南乡而立。三公，中阶之前[③]，北面，东上。诸侯之位，阼阶之东，西面，北上。诸伯之国，西阶之西，东面，北上。诸子之国，门东[④]，北面，东上。诸男之国，门西，北面，东上。九夷之国[⑤]，东门之外，西面，北上。八蛮之国，南门之外，北面，东上。六戎之国，西门之外，东面，南上。五狄之国，北门之外，南面，东上。九采之国[⑥]，应门之外[⑦]，北面，东上。四塞[⑧]，世告至[9]。此周公明堂之位也。

【注释】

①周公:姓姬,名旦。周武王之弟,武王去世时成王尚年幼,周公代成王掌管朝政。明堂:古代帝王布政及举行祭祀、朝会、庆赏、选士等典礼的地方。据《大戴礼记·明堂》载,它是一座上圆下方的建筑,四堂十二室,一室有四户(门)八牖(窗),代表着天圆地方、四面八方、四时十二月等许多象征意义。周公规定了天子、诸侯等在明堂举行典礼时站立的位置。在陕西长安发掘出王莽时期的明堂建筑遗址。

②负:背。斧依:画有斧形图案的屏风,在堂上户牖之间。依,或作"扆"(yǐ),屏风。

③中阶:明堂共有九阶,东、西、北各二阶,南面东、中、西三阶。

④门:即下文的"应门"。

⑤九夷:与下文的"八蛮"、"六戎"、"五狄"皆为九服之外东、南、西、北四方的国家。"九"、"八"、"六"、"五"指泛数。

⑥九采:按周礼规定,四方诸侯依远近亲疏分为"侯服"、"甸服"、"男服"、"采服"等。此处指九州之牧。《王制》:"千里之内曰'甸',千里之外曰'采'、曰'流'。"采,即采本州之美物以贡天子。

⑦应门:明堂四面有门,南面之门内有应门。

⑧四塞:四方边塞之国。

⑨世告至:无定期的朝贡,只有在国君易代、新君即位时才来朝见。

【译文】

从前,周公在明堂接受诸侯朝见,规定了天子、诸侯以及四方各国君长所站立的位置:周公代表天子,背靠着带斧形图案的屏风,面朝南而立。三公站在中阶前,面朝北,以东侧为尊位。侯爵诸侯站在阼阶东面,面朝西,以北侧为尊位。伯爵诸侯站在西阶西面,面朝东,以北侧为尊位。子爵诸侯,站在应门内的东面,面朝北,以东侧为尊位。男爵诸侯站在应门内的西面,面朝北,以东侧为尊位。东方的夷族各国君长站在东门外,面朝西,以北侧为尊位。南方的蛮族各国君长站在南门外,面朝北,以东侧为尊位。西方的戎族各国君长站在西门外,面朝东,以南侧为尊位。北方的狄族各国君长站在北门外,面朝南,以东侧为尊位。九州之牧采服各国站在应门外,面朝北,以东侧为尊位。九州之外的四方边塞各国,只在新君即位时来朝见一次。这就是周公规定的天子、诸侯在明堂朝见时的位置。

明堂也者,明诸侯之尊卑也。

【译文】

所谓明堂,就是表明诸侯的尊卑等级。

昔殷纣乱天下,脯鬼侯以飨诸侯①,是以周公相武王以伐纣。武王崩,成王幼弱,周公践天子之位,以治天下。六年,朝诸侯于明堂,制礼作乐,颁度量,而天下大服。七年,致政于成王②。成王以周公为有勋劳于天下③,是以封周公于曲阜,地方七百里,革车千乘④,命鲁公世世祀周公以天子之礼乐⑤。

【注释】

①脯鬼侯:将鬼侯杀死后做成肉脯。鬼侯,《史记·殷本纪》中作“九侯”。九侯有“好女”,嫁给纣王,因“不好淫”,纣王杀之,并“醢九侯”。

②致政:郑注:“以王事归授之。”

③勋劳：郑注："王功曰'勋'，事功曰'劳'。"

④革车：兵车。

⑤祀周公以天子之礼乐：旧注已指出，此处所记为"夸辞"，未可尽信。孔子已批评鲁国僭用天子之礼。

【译文】

从前，殷纣王扰乱天下，杀死鬼侯制成肉脯，用来宴飨诸侯，所以周公辅助武王讨伐纣王。武王去世，成王年幼，于是周公摄政，履行天子的职责，治理天下。摄政的第六年，令诸侯到明堂来朝见，制定礼仪和音乐的制度，颁布了度量标准，天下都完全顺从。摄政的第七年，周公就把执政权交还给了成王。成王认为周公对治理天下有功劳，因此将周公封在曲阜，拥有领土七百里，兵车一千辆，命令鲁国国君世世代代用天子的礼乐之制来祭祀周公。

是以鲁君孟春乘大路①，载弧韣②；旂十有二旒③，日月之章，祀帝于郊④，配以后稷⑤，天子之礼也。

【注释】

①大路：天子祭天所乘之车。

②弧：张开旌旗之幅的竹弓。韣(dú)：弓袋。

③旂(qí)：古代画有两龙相依倚图案并在竿头悬铃的旗子。

④帝：郑注："谓苍帝灵威仰也。"这是"五帝"之一的东方之帝。只有周天子才能祭昊天上帝，鲁是诸侯只能祭所在方位的帝。

⑤后稷：周人始祖。传说因其母未婚，孕而生子，出生后即被弃诸荒野，但受到禽鸟野兽的保护而不死，遂被其母收回，故名之"弃"。后率民从事稼穑，为尧、舜时的农官。

【译文】

因此，鲁国国君就可以在孟春之月乘天子祭天时坐的大路，大路载着张开旌旗的竹弓；飘旗上插有十二条飘带的垂饰，画着日月的图案，到南郊祭祀天帝，并以周的祖先后稷的神主来配享，这是天子祭天之礼。

季夏六月，以禘礼祀周公于大庙①，牲用白牡，尊用牺、象、山罍②，郁尊用黄目③，灌用玉瓒大圭④，荐用玉豆、雕篹⑤，爵用玉琖仍雕⑥，加以璧散、璧角⑦，俎用梡、嶡⑧。

升歌《清庙》，下管《象》⑨；朱干玉戚，冕而舞《大武》⑩；皮弁素积⑪，裼而舞《大夏》⑫。《昧》，东夷之乐也；《任》，南蛮之乐也⑬。纳夷蛮之乐于大庙，言广鲁于天下也。

【注释】

①禘(dì)：大祭。鲁之禘，祀周公于太庙，而以鲁公配祭。

②牺、象、山罍：即牺尊、象尊、罍尊，均为酒器。见《礼器》"天道至教"节注①②⑧。

③黄目：酒樽名。见《郊特牲》"恒豆之菹"节注⑭。

④灌：用酒灌地降神。玉瓒：灌时酌酒的勺子，用玉制成。大圭：斗柄，用玉制成。见《郊特牲》"有虞氏之祭也"节注⑩。

⑤篹(suǎn)：笾一类的食器，以竹制作。

⑥玉琖(zhǎn)：夏后氏之爵。琖，酒盏。仍雕：因爵之形雕刻。夏后氏之爵是不加雕镂的，此则因循其爵之形而加以雕镂。仍，因。

⑦加：加爵，即正献后臣向尸加爵敬酒。璧散、璧角：饮酒的器皿，皆用玉璧装饰杯口。散容五升，角容四升。

⑧梡(kuǎn)：有虞氏俎名，有四足如案。嶡(jué)：夏代的俎名，与梡相似，两足之间有横木。

⑨"升歌"二句：升乐工于庙堂而歌。《清庙》、《象》，见《文王世子》

“天子视学”节注⑪⑬。下管，管匏竹一类的乐器在堂下。

⑩“朱干玉戚”二句：见《郊特牲》“诸侯之宫县”节注④⑤。

⑪素积：与皮弁相配的裳，腰间有皱褶的白布裙。

⑫《大夏》：见《内则》“子能食食”节注⑬。

⑬“《昧》，东夷之乐”四句：按《周礼·春官·鞮鞻氏》郑注：“四夷之乐，东方曰《韎》，南方曰《任》，西方曰《侏离》，北方曰《禁》。”“昧”与“韎”同。天子有四夷之乐，而鲁只用东夷、南蛮两种，这是降于天子又隆于诸侯的礼仪规格。

【译文】

季夏六月，鲁国国君在太庙以禘礼祭祀周公，牺牲用白色的公牛，酒樽有牛形的牺尊、象形的象尊和有山岭云朵图案的罍尊，郁鬯香酒用黄金镂刻为眼睛形状的酒樽盛放，将郁鬯酒浇地降神时用玉瓒大圭，进献食品时用玉雕饰的豆和笾，献酒时用雕有花纹的玉盏，诸臣在加爵进酒时用璧散和璧角，盛放牲体的俎用有四足和加横木的几案。

乐工登堂唱《清庙》之诗，堂下管乐队吹奏《象》之曲；舞者或左手执红色的盾牌，右手持玉制的戚斧，戴着冕跳《大武》之舞；或头戴皮弁，穿着腰间有皱褶的白布裙，袒露正服前襟露出漂亮的中衣而跳《大夏》之舞。《昧》，是东夷的乐舞；《任》，是南蛮的乐舞。鲁国也将东夷和南蛮的乐舞纳入太庙祭祀中，这是天子要让鲁国将周公之德推广于天下啊。

君卷冕立于阼[①]，夫人副袆立于房中[②]。君肉袒迎牲于门[③]，夫人荐豆、笾。卿大夫赞君，命妇赞夫人，各扬其职[④]。百官废职，服大刑[⑤]，而天下大服。是故夏礿、秋尝、冬烝[⑥]，春社、秋省而遂大蜡[⑦]，天子之祭也。

【注释】

①卷（gǔn）冕：即衮冕，天子的祭服。

②副：首饰。袆：即袆衣，王后的祭服。见《玉藻》“王后袆衣”节注①。

③肉袒：袒露左臂，表示要亲自杀牲，即《郊特牲》所说的“肉袒亲割，敬之至也”。

④扬：举。

⑤大刑：重罪。孙希旦说：“百官废职服大刑，盖祭前誓戒之辞也。”

⑥夏礿、秋尝、冬烝：礿、尝、烝皆为四时祭祀之名。此处无春祭名，孙希旦说：“记者见《春秋》不书鲁春祭。遂以为鲁但有三时之祭也。”见《王制》“天子、诸侯宗庙之祭”节注①。

⑦省（xiǎn）：指秋天田猎前的祭祀。大蜡：见《郊特牲》“天子大蜡八”节注①。

【译文】

祭祀周公时，国君身穿衮冕之服站在阼阶上，国君夫人头戴首饰身穿袆衣站在房中。国君袒露左臂到庙门迎接祭祀用的牺牲，亲自杀牲祭祖，国君夫人亲自进献豆、笾。祭祀中，卿大夫辅助国君，卿大夫之妻辅助夫人，各自履行自己的职守。官员中擅离职守、放弃职责的，是重罪，要受重罚，这样天下才能好好地服从。所以鲁国夏天的礿祭、秋天的尝祭、冬天的烝祭以及春天祭社，祀土地神，秋天举行的田猎到年终索祭百神的蜡祭，这些实际上都是周天子才有的祭祀。

大庙[①]，天子明堂。库门，天子皋门；雉门，天子应门[②]。振木铎于朝[③]，天子之政也。山节[④]，藻棁[⑤]，复庙[⑥]，重檐[⑦]，刮楹[⑧]，达乡[⑨]，反坫[⑩]，出尊[⑪]，崇坫[⑫]，康圭[⑬]，疏屏[⑭]，天子之庙饰也。

【注释】

①大庙：郑注：“言庙及门如天子之制也。”大，同“太”。

②“库门”四句：郑注：“天子五门：皋、库、雉、应、路。鲁有库、雉、路。”这里是说，鲁国的库门相当于天子的皋门，鲁国的雉门相当于天子的应门。

③木铎(duó)：见《檀弓下》“卒哭而讳”节注②。

④山节：斗拱刻画成山形。

⑤藻棁(zhuō)：在短柱上绘着图案纹饰。参见《礼器》“是故君子大牢”节注③。

⑥复庙：重屋，即双重屋顶。

⑦重檐：双重的屋檐，即在上层屋檐下再安一板檐，以遮挡风雨不要淋坏了墙壁。

⑧刮楹：孔疏：“以密石摩柱。”即用质地细密的石头刮摩楹柱，令其光滑。楹，柱。

⑨达乡：孔疏：“达，通也。乡，谓窗牖也。以牖户通达，故曰‘达乡’也。”

⑩反坫：见《郊特牲》“诸侯之宫县”节注⑦。

⑪出尊：指反坫的位置出于尊位，即酒樽之南。

⑫崇坫：两楹之间的高土台，两君相见，用于放置玉圭等礼品。崇，高。

⑬康(kàng)圭：孔疏：“为高坫，受宾之圭，举于其上也。”康，通“亢”，举。

⑭疏屏：在屏风上刻云气、虫兽等图案。疏，雕刻。

【译文】

鲁国的太庙，犹如天子的明堂。鲁国的正门是库门，相当于天子的正门皋门；鲁国的雉门，相当于天子的应门。鲁君宣布政令前要在朝廷上摇动木铎警示众人，这本是天子宣布政教的做法。鲁国的太庙，在斗拱上雕刻山形图案，在梁上短柱雕刻水草图案，重叠的屋顶，双重的房檐，刮磨光亮的楹柱，四面通达的窗户，两柱子间设饮酒后放空酒杯的土台，土台设在酒樽之南，还设有一个高土台，用以放置诸侯所献的玉圭，还有雕刻云气、虫兽图案的屏风，这些本都是天子太庙的装饰。

鸾车，有虞氏之路也；钩车[①]，夏后氏之路也；大路，殷路也；乘路[②]，周路也。

有虞氏之旂，夏后氏之绥，殷之大白，周之大赤[③]。

夏后氏骆马黑鬣[④]，殷人白马黑首，周人黄马蕃鬣[⑤]。

夏后氏牲尚黑，殷白牡，周骍刚[⑥]。

【注释】

①钩车：车厢前面的栏杆呈弯曲状的车。

②乘路：又叫“玉路”，即有玉饰的车。

③“有虞氏”四句：郑注：“四者，旌旗之属也。”孙希旦说：“有虞氏始为交龙之旂；夏后氏于旂之外又为绥，殷人又增为大白，周人又增为大赤也。”绥，当为“緌”，将旄牛尾系在旗顶。大白，白色旗。大赤，赤色旗。

④骆：孔疏：“白黑相间也。……夏尚黑，故用黑鬣也。”鬣：马的鬃毛。

⑤蕃：赤色。王引之说，“蕃”是白色。

⑥骍（xīng）刚：赤色的雄性牲畜。

【译文】

鸾车，是有虞氏君主所乘之车；钩车，是夏代君主所乘之车；大路，是殷代君主所乘之车；乘路，是周代君主所乘之车。

有虞氏用画有交龙的旗，夏代又加上了在旗杆顶端插上旄牛尾的旗，殷代又增加了白色的旗，周代又增加了赤色的旗。

夏代用白身黑色鬣毛的马，殷代用白身黑头的马，周代用黄身红色鬣毛的马。

夏后氏祭祀崇尚用黑色的牺牲，殷代崇尚用白色的雄性牺牲，周代崇尚用赤色的雄性牺牲。

泰[①]，有虞氏之尊也；山罍[②]，夏后氏之尊也；着[③]，殷尊也；牺、象，周尊也。

爵，夏后氏以琖，殷以斝[④]，周以爵。

灌尊，夏后氏以鸡夷[⑤]，殷以斝[⑥]，周以黄目。其勺，夏后氏以龙勺，殷以疏勺，周以蒲勺[⑦]。

【注释】

①泰：郑注："用瓦。"陶制的盛酒器，无绘饰。

②山罍：孔疏："画之为山云之形也。"绘有山形云雷的盛酒器。

③着：郑注："着地无足。"无足而腹部直接着地的盛酒器。

④斝（jiǎ）：一种酒器。见《礼运》"祝、嘏莫敢易其常古"节注③。

⑤鸡夷：即"鸡彝"，鸡形或带有鸡形图案的酒器。

⑥斝：读为"稼"，郑注："画禾稼也。"绘有禾稼图案的酒器。

⑦"夏后氏"三句：龙勺，勺头制成龙头形。疏勺，即勺柄及勺头通刻云气纹饰。蒲勺，孔疏："刻勺为凫头，其口微开，如蒲草本合而末微开也。"

【译文】

泰，是有虞氏用的无绘饰的陶制盛酒器；山罍，是夏后氏用的画有山云图形的盛酒器；着，是殷代用的器腹着地而无足的盛酒器；牛形的牺尊、象形的象尊，是周代用的盛酒器。

历代饮酒用的酒杯，夏后氏用的是玉饰的琖，殷代用的是圆口三足的斝，周代用的是容量较小的爵。

历代行灌礼灌地降神用的酒樽，夏代用鸡形的鸡彝，殷代用画有禾稼的酒樽，周代用黄金镂刻为眼睛形状的酒樽。酌酒时所用的勺，夏代用刻为龙头形的勺，殷代用通体刻有云气图形的勺，周代用刻成凫头形的勺。

土鼓、蒉桴、苇籥[①]，伊耆氏之乐也[②]。拊搏、玉磬、揩击、大琴、大瑟[③]，中琴、小瑟[④]，四代之乐器也。

【注释】

①土鼓、蒉桴(kuài fú)：见《礼运》“言偃复问曰：夫子之极言礼”节注⑦。苇籥(yuè)：苇管做的短笛。

②伊耆氏：传说中的古代君王。

③拊(fǔ)搏：古代一种打击乐器。皮革内填充糠，形如小鼓。揩击：即柷(zhù)、敔(yǔ)，都是打击乐器。见《月令》“是月也，命乐师修鞀、鞞、鼓”节注④。奏乐开始时击柷，结束时击敔。大琴：《尔雅·释乐》：“大琴谓之离。”二十七弦。大瑟：又叫“洒”，形似琴，郭璞说：“长八尺一寸，广一尺八寸，二十七弦。”

④中琴、小瑟：其制不详。

【译文】

筑土为鼓，抟土为鼓槌，截一节苇管为短笛，这是上古伊耆氏时代的乐器。拊搏、玉磬、柷敔、大琴、大瑟、中琴、小瑟，这是虞、夏、商、周四代所用的乐器。

鲁公之庙[①]，文世室也[②]；武公之庙[③]，武世室也[④]。

【注释】

①鲁公：周公长子伯禽。

②文世室：周文王之庙。世室，按古代宗庙制度，诸侯五庙，其开国远祖之庙，称“世室”，不毁、不迁，父、祖、曾祖、高祖各庙皆应毁弃。

③武公：鲁武公。伯禽的玄孙，名敖。

④武世室：周武王之庙。

【译文】

鲁公伯禽的庙，相当于周的文王庙，百世不毁；武公敖的庙，相当于周的武王庙，也是百世不毁。

米廪[①]，有虞氏之庠也；序[②]，夏后氏之序也；瞽宗[③]，殷学也；頖宫[④]，周学也。

【注释】

①米廪：郑注：“虞帝上孝，今藏粢盛之委焉。”和下文的“庠”、“序”、“瞽宗”、“頖宫”皆指学校。周天子有此四学，鲁国得用天子礼乐，所以也有这四种学校。

②序：郑注：“次序王事也。”即安排王事政务。

③瞽（gǔ）宗：郑注：“乐师瞽矇之所宗也。”指培养教育目盲的乐师的地方。

④頖（pàn）宫：郑注：“于以班政教也。”頖，或作“泮”。

【译文】

米廪，是有虞氏的学校；序，是夏代的学校；瞽宗，是殷代的学校；頖宫，是周代的学校。这四种学校，鲁国都有。

崇鼎、贯鼎、大璜、封父龟[①]，天子之器也；越棘、大弓[②]，天子之戎器也。

【注释】

①“崇鼎”句：崇、贯、封父，皆为国名。古者伐国，迁其重器，以分同姓。大璜(huáng)，夏代之璜。璜，半璧曰“璜”。

②棘：通“戟”。

【译文】

崇国的鼎、贯国的鼎、夏的大璜、封父国的龟，这些本是天子的宝器；越国的戟、大弓，这些本是天子的兵器。

夏后氏之鼓足[①]，殷楹鼓[②]，周县鼓[③]。垂之和钟[④]，叔之离磬[⑤]，女娲之笙簧[⑥]。夏后氏之龙簨虡[⑦]，殷之崇牙[⑧]，周之璧翣[⑨]。

【注释】

①鼓足：王念孙说，“鼓足”应为“足鼓”，乃鼓名，与下文“楹鼓”、“县鼓”同例。“足鼓”是带四足的鼓，考古发现出土物中有四足之铜鼓。

②楹鼓：鼓框两侧各凿一孔，贯穿在树立的柱子上的鼓。

③县(xuán)鼓：鼓周边有环，可以悬于架上的鼓。

④垂：人名。舜时的共工(官名)。《世本》：“垂作钟。”认为垂是钟的发明者。和钟：按照声音次序排列悬挂的钟，即编钟。

⑤叔：人名。事迹不详。离磬(qìng)：按照声音次序排列悬挂的磬，即编磬。《世本》：“无句作磬。”

⑥女娲(wā)：传说中上古时的女帝。《世本》：“女娲作笙簧。”笙簧：笙中之簧，笙中的发音薄片。

⑦簨虡(sǔn jù)：悬挂钟磬所用的木架。横木叫“簨”，簨上有一大板叫“业”，直柱叫“虡”。木架上画龙图案为装饰，故曰“龙簨虡”。

⑧崇牙：在簨的大板“业”上刻出锯齿形，以挂钟磬之纮带。

⑨璧翣（shà）：簨虡的装饰物。在簨的上端两角插上画有图案的缯制成的扇，扇上载有小玉璧，并垂五彩羽毛于其下。

【译文】

夏代用带四足的足鼓，殷代用有柱贯穿中央的楹鼓，周代用可以悬挂在架子上的县鼓。垂发明了按声音次序排列悬挂的编钟，叔发明了按声音次序排列悬挂的编磬，女娲发明了笙簧。悬挂钟磬的架子，夏代在横梁上绘有龙图案，殷代在有龙图案的横梁的大板上刻出牙形，周代又在横梁的两端插上画有图案的缯制成的扇，扇上载有小玉璧，并垂五彩羽毛于其下。

有虞氏之两敦，夏后氏之四琏，殷之六瑚，周之八簋[①]。俎，有虞氏以梡，夏后氏以嶡，殷以椇，周以房俎[②]。夏后氏以楬豆[③]，殷玉豆，周献豆[④]。

【注释】

①“有虞氏之两敦”四句：敦（duì）、琏（lián）、瑚、簋，皆为盛黍稷的食器。

②“有虞氏以梡”四句：梡（kuǎn）、嶡（jué），见本篇“季夏六月”节注⑧。椇（jǔ）：俎名。“椇”是一种果树，树枝曲桡，果实拐折，此俎之四足向外斜出呈曲桡拐折之状，因而得名。房俎，俎名。左、右各有两足，两足之下各有一跗作为底撑，类似于古代的堂室旁的左、右房，故名。

③楬（qià）豆：祭器名。没有图案装饰的木制高脚盘。

④玉豆、献（suō）豆：殷之豆以玉作装饰但不雕画图案，周之豆以玉作装饰并且雕刻纹饰，故名。献，雕刻。

【译文】

盛放黍稷，有虞氏用两敦，夏代用四琏，殷代用六瑚，周代用八簋。盛放牲体，有虞氏用有四足的几案，夏代用有四足并加横木的几案，殷代用四足弯曲的几案，周代用左、右各两足，两足之下各有一跗作为底撑的几案。夏后氏用木制的上面没有任何装饰的楬豆，殷代用玉装饰而不绘刻图案的玉豆，周代则用玉装饰又绘刻图案的献豆。

有虞氏服韨[①]，夏后氏山，殷火，周龙章。

【注释】

①韨(fú)：祭服上的蔽膝。见《玉藻》“韠，君朱”节注⑧。

【译文】

历代祭祀的祭服，有虞氏用无纹饰的蔽膝，夏代用画有山形图案的蔽膝，殷代用画有火形图案的蔽膝，周代用画有龙形图案的蔽膝。

有虞氏祭首[①]，夏后氏祭心，殷祭肝，周祭肺。

夏后氏尚明水[②]，殷尚醴，周尚酒。

有虞氏官五十，夏后氏官百，殷二百，周三百。

有虞氏之绥[③]，夏后氏之绸练[④]，殷之崇牙[⑤]，周之璧翣。

【注释】

①祭首：食前以牺牲之首为祭品行礼。

②明水：用铜制的盘皿一类的器具放在月下所承接的露水。

③绥：当作“緌”。见本篇“鸾车，有虞氏之路也”节注③。

④绸练：郑注：“夏绸其杠，以练为之旒。”即用绸绢缠绕旗杆，以白练作为飘带。

⑤崇牙：郑注："殷又刻缯为崇牙，以饰其侧。"指将旗帜的边缘刻成牙齿形状。

【译文】

食前之祭，有虞氏崇尚用牺牲的头来祭祀，夏代崇尚用牺牲的心来祭祀，殷代崇尚用牺牲的肝来祭祀，周代崇尚用牺牲的肺来祭祀。

祭祀时的酒饮，夏代崇尚用明水，殷代崇尚用醴酒，周代崇尚用酒。

参与祭祀的官员，有虞氏为五十人，夏代为一百人，殷代为二百人，周代为三百人。

历代的丧葬用旗，有虞氏将旄牛尾系在旗杆顶端做装饰，夏代用白丝绸缠绕旗杆、以素练做飘带加以装饰，殷代将旗帜的边缘做成齿牙之形作为装饰，周代旗上有带图案的缯制成的扇，扇上载有小玉璧，并垂五彩羽毛于其下作为装饰。

凡四代之服、器、官，鲁兼用之。是故鲁，王礼也，天下传之久矣。君臣未尝相弑也，礼乐、刑法、政俗未尝相变也，天下以为有道之国。是故天下资礼乐焉①。

【注释】

①资：取。郑注："春秋时，鲁三君弑，又士之有诔，由庄公始，妇人髽而吊，始于台骀，云'君臣未尝相弑'，'政俗未尝相变'，亦近诬矣。"

【译文】

凡是虞、夏、商、周四代所用的礼服、礼器、官员，鲁国都兼而有之。因此鲁国使用的是天子之礼乐，天下人所共知，传闻已久。鲁国的君臣没有互相残杀，礼乐、刑法、行政、风俗始终没有发生改变，天下诸侯都认为鲁国是有道的国家。所以天下都以鲁国为榜样学习践行礼乐。

中华经典名著

全本全注全译丛书

胡平生 张萌◎译注

礼记 下

中華書局

丧服小记第十五

【题解】

郑玄说："'丧服小记'者，以其记'丧服'之小义也。"

《丧服》为《仪礼》中的一篇，记生者为死去的亲人所服丧服的形制和丧期等内容。而本篇主要记述《仪礼·丧服》中未说明的一些特殊情况。吴澄曰："此篇记《丧服》各章，又以补《丧服》经后《记》之所未备，又广记丧礼杂事，其事琐碎，故名《小记》。"本篇内容既与《仪礼·丧服》相通，亦可与《檀弓》篇的相关部分相互参考。

斩衰：括发以麻。为母，括发以麻，免而以布①。箭笄终丧三年②。齐衰：带、恶笄以终丧③。男子冠而妇人笄，男子免而妇人髽④。其义：为男子则免，为妇人则髽。

【注释】

①"斩衰"五句：父亲去世，孝子服斩衰（有关"斩衰"、"齐衰"见《曲礼上》"卒哭乃讳"节注⑨）。父亲刚刚去世，用笄和纚（xǐ）束发（详见《檀弓上》"曾子袭裘而吊"节注②），小殓后，就去掉笄、纚，仅用一条麻绳从脖后前交于额，再向后缠绕发髻，约束头发，即

“括发以麻”。母亲刚刚去世和小殓后，孝子也要括发以麻，但移尸于堂时就改用绕(音 wèn，一寸宽的白麻布条)来束发，方法与用麻绳束发相同。

②箭笄终丧三年：此句本在下文“除丧则已”后，孙希旦认为根据文意应移至此，今从。箭笄，用做箭的小竹做的笄，长一尺，是未婚女子为父服丧三年的一种丧饰。

③带、恶笄以终丧：此句传本脱“带”，据段玉裁、王念孙考证，应补“带”字，且先带后笄。恶笄，即丧笄。孔疏：“榛木为笄也。”

④髽(zhuā)：一种女性的丧髻，是用麻绳或布帛缠束头发并用笄固定的发髻样式，分别称为“麻髽”、“布髽”，也称为“露紒髽”。见《檀弓上》“邾娄复之以矢”节注③。

【译文】

斩衰：父亲去世，孝子在小殓后正式穿着的丧服，在穿着斩衰服之前要用麻绳束发。母亲去世，孝子在小殓后也要用麻绳束发，在正式穿丧服前用白麻布条束发。女子为父服三年丧，头上要插箭笄。齐衰：女子为亲人服丧，腰间缠麻带，头上要用榛木做的丧笄固定头发，一直到服丧期满。男子头上戴冠而女子头上插笄，小殓后，男子头上缠麻布条，而女子用麻绳或布编束头发。它的意思就是：男子束发叫“绕”，女子束发叫“髽”，以此区别男女。

苴杖[①]，竹也；削杖[②]，桐也。

【注释】

①苴(jū)杖：服斩衰时所持的以粗劣竹材制作的丧杖。苴，粗劣。

②削杖：服齐衰时所持的丧杖，削去桐木枝叶制成。

【译文】

服斩衰所持苴杖，是用粗劣的竹子制作的；服齐衰所持削杖，是削去桐木枝叶而制成的。

祖父卒，而后为祖母后者三年[①]。

【注释】

①“祖父卒”二句：孙子本应为祖父、母服丧一年，如果是作为后人的嫡孙，则要为祖父、母服丧三年；祖父去世后祖母才去世，就和父亲去世为母服丧一样，也要服丧三年。

【译文】

祖父先去世，而后祖母去世，作为后人的嫡孙要为祖母服丧三年。

为父、母、长子稽颡[①]。大夫吊之，虽缌必稽颡[②]。妇人为夫与长子稽颡，其余则否。

【注释】

①为父、母、长子稽颡（sǎng）：指服丧者向吊唁的宾客行拜礼并稽颡。子为父，父死为母，父为长子服丧时，要先稽颡而后拜，这三种情况丧期都是三年。其余则当先拜而后稽颡。稽颡，额头触地。

②“大夫”二句：这里指死者身份为士以下，大夫地位尊贵，因而即使只是服缌麻的亲戚也要先拜后稽颡。

【译文】

子为父、父死为母、或父母为嫡长子服丧时，宾客来吊唁，丧主要先磕头触地再行拜礼。如果丧主是士，大夫前来吊丧，为表示尊重，即使只是服缌麻之丧的亲属也要先磕头触地再行拜礼。妇人只有在为丈夫和嫡长子服丧时，要对来吊的宾客先磕头触地再行拜礼，其余丧事只需跪拜不用磕头。

男主必使同姓，妇主必使异姓[①]。

【注释】

①“男主”二句：这里指没有嫡子、嫡妇的情况下，需要找人代为充当接待宾客的男主、女主。孔疏：“庾氏云：‘丧有男主以接男宾，女主以接女宾。若父母之丧，则適子为男主，適妇为女主也。今或无適子、適妇为正主，遣他人摄主，若摄男主，必使丧家同姓之男；若摄妇主，必使丧家异姓之女。’”

【译文】

如果死者没有后嗣，找人充当男主、妇主，一定要找同姓的男子做男主，找异姓的女子做妇主。

为父后者，为出母无服[④]。

【注释】

①出母：即被父亲休弃之妻。见《檀弓上》“子上之母死而不丧”节注③。妻子如果触犯了“七出”之一，丈夫即可将其休掉。“七出”指：一，无子；二，淫佚；三，不事舅姑；四，口舌；五，盗窃；六，妒忌；七，恶疾。如果子不为父后，可以为出母服期年之丧。

【译文】

如果自己是父亲的嫡长子，被休出的母亲去世，不需为她服丧。

亲亲以三为五，以五为九[①]。上杀，下杀[②]，旁杀而亲毕矣[③]。

【注释】

①"亲亲"二句:指亲爱自己的亲属,上亲父,下亲子,和自己就构成了三辈。由父与子再延伸,由亲父而亲祖,由亲子而亲孙,这就构成了直系亲属的五辈。再由亲祖往上推,亲及自己的曾祖、高祖,再从孙往下延伸,亲及自己的重孙、玄孙,这就构成了直系亲属的九辈。

②上杀(shài):在直系亲属中,从父亲逐渐往上,关系愈远,亲情愈疏,丧期愈短,丧服也愈轻。下杀:从儿子逐渐往下,关系愈远,亲情愈疏,丧期愈短,丧服也愈轻。

③旁杀:指旁系亲属中,和自己血缘关系愈远,亲情愈疏。如由亲兄弟而至从兄弟,再远至曾祖兄弟、高祖兄弟。

【译文】

亲爱自己的亲属,上亲父,下亲子,形成三辈相亲;然后由父而亲祖,由子而亲孙,扩大至五辈;在此基础上,再上亲及曾祖、高祖,下亲及曾孙、玄孙,这样就扩大为九辈。由父亲往上,血缘关系愈远,亲情愈疏,丧期愈短,丧服愈轻;由儿子往下,血缘关系愈远,亲情愈疏,丧期愈短,丧服愈轻;在旁系亲属中,和自己血缘关系愈远,亲情愈薄,丧期愈短,丧服愈轻,一直到亲尽无服而毕。

礼,不王不禘①。王者禘其祖之所自出②,以其祖配之,而立四庙③。庶子王亦如之④。

【注释】

①礼,不王不禘:此句原在后文"则不为女君之子服"句下,今据孔颖达、孙希旦等说移于此处。王,孔疏:"天子也。"禘,天子每五年在宗庙中举行祭祀祖先的大祭。

②禘其祖之所自出：郑注："始祖感天神灵而生，祭天则以祖配之。"如周祭天，就要以后稷神主配祭。

③四庙：指始祖庙之外的高祖庙、曾祖庙、祖庙、祢庙（父庙）四庙。

④庶子王：庶子继承王位。庶子，指嫡子以外的众子。庶子本来无资格继承王位，但如果嫡子因故不能继立，就由庶子继位。

【译文】

礼制规定，不是天子不得举行祭天的禘祭。天子举行禘祭，是祭祀降生了始祖的天神，因此要以始祖配祭，建立始祖庙祭祀之外，还要立高祖、曾祖、祖、祢四亲庙。如果是庶子继承了天子之位，祭天、立庙之礼也是如此。

别子为祖①，继别为宗②。继祢者为小宗③。有五世而迁之宗④，其继高祖者也。是故祖迁于上，宗易于下⑤。尊祖故敬宗⑥，敬宗所以尊祖、祢也。庶子不祭祖者，明其宗也。

【注释】

①别子：即庶子。因其与嫡长子有别，故称。别子不能继承王位，他的后裔即尊别子为祖。如周公是武王之弟，是别子，被封于鲁，即为鲁之始祖。

②继别为宗：郑注："别子之世长子，为其族人为宗，所谓百世不迁之宗。"依宗法制度，别子所立新宗，世代皆由嫡长子继承，百世不迁。

③继祢者：别子的庶子，又分出另立新宗，其又由嫡长子继承，此为小宗，小宗五世而迁。

④五世而迁之宗：此指小宗。小宗有四种：有继祢的小宗，有继祖的小宗，有继曾祖的小宗，有继高祖的小宗。小宗传到五世，其

庙就要迁毁。从自己上推祢、祖、曾祖、高祖，是五世。如果自己去世，高祖之庙即毁弃，而将牌位迁于大宗的庙内，此所谓“五世而迁之宗”。

⑤“是故”二句：自己去世后，自己的神主成为祢，原来的祢升为祖，原来的祖升为曾祖，原来的曾祖升为高祖，原来的高祖则将牌位迁入大宗之庙，即所谓“祖迁于上”。而自己的嫡长子成为新的继祢小宗，即所谓“宗易于下”。

⑥宗：指嫡长子。郑注：“宗者，祖祢之正体。”只有嫡长子才被承认是继承先祖的正体，有权主持宗庙祭祀。

【译文】

嫡长子之外的庶子称为别子，别子的后裔奉其为始祖，别子的嫡长子另立新宗，世代由嫡长子继承而不变更，即为大宗。别子的庶子的嫡长子，再立新宗，就是小宗。五世之后即变迁、更动的小宗，就是祭祀到高祖一代的小宗。因此高祖一代的神主上迁于大宗的祖庙中，继祢的小宗变易为下一代。因为尊敬先祖，所以才尊敬作为继承先祖的正体的大宗，而尊敬大宗作为继承先祖的正体，正是尊重祖辈、父辈的实际表现。庶子不得主持祖庙的祭祀，表明上有宗子在，必须由他主持祖庙的祭祀。

庶子不为长子斩，不继祖与祢故也①。

【注释】

①“庶子”二句：庶子不为自己的嫡长子服斩衰之丧，而只服齐衰一年。因为庶子不是继承父祖的正体，其嫡长子也不是继承先祖的正体，所以庶子不得为其嫡长子服三年之丧。如果父为嫡长子，就要为自己的嫡长子服丧三年。

【译文】

如果父亲是庶子，就不能为自己的嫡长子服斩衰三年之丧，因为庶子不是继承祖与父的正体，其嫡长子也不是继承祖与父的正体。

庶子不祭殇与无后者[①]，殇与无后者从祖祔食[②]。

【注释】

①庶子不祭殇与无后者：郑注："不祭殇者，父之庶也。不祭无后者，祖之庶也。"殇，未成年而夭折者。无后，指成人未婚或已娶无子而死者。

②从祖祔(fù)食：附于被祭的祖先享受祭祀。

【译文】

庶子不祭祀未成年而死者以及没有后嗣的死者，未成年而死者以及没有后嗣的死者，都附于始祖庙中受祭。

庶子不祭祢者，明其宗也[①]。

【注释】

①明其宗：只有宗子可以立祢庙祭祢，庶子不得立祢庙祭祢，只能在宗子家参加并协助祭祀，表明对宗子的尊崇。

【译文】

庶子不得立祢庙祭祢，只能在宗子家参加并协助由宗子主持的祭祀，这表明了对宗子作为继承祖、父的正体的尊崇。

亲亲、尊尊、长长[①]，男女之有别[②]，人道之大者也。

【注释】

①亲亲：亲爱父母。尊尊：尊重祖、曾祖、高祖。长长：敬重兄弟及旁系亲属。郑注："言服之所以降杀。"即指不同身份者丧服的区别。

②男女之有别：孔疏："若为父斩，为母齐衰；姑、姊妹在室期，出嫁大功，为夫斩，为妻期之属，是男女有别也。"

【译文】

丧服制度体现敬爱双亲，尊崇祖先，敬重亲戚长辈，对男女不同的身份是有差别的，这是人伦之道中必须遵循的大原则。

从服者[①]，所从亡则已。属从者[②]，所从虽没也服。妾从女君而出[③]，则不为女君之子服。

【注释】

①从服：即本人与死者原无亲属关系但自己亲属中有与死者有关系的人，自己就跟从亲属服丧。"从服"可分为六种，详见《大传》"从服有六"。其二曰"徒从"。徒，空，指非亲属而空为之服丧。孔疏说"徒从"有四，如子从母服于母之君母，妾子服君母之党等。

②属从："从服有六"之一。即本人与死者有间接亲属关系，自己跟从与死者有直接亲属关系的人为死者服丧，如子从母服母亲的亲属之丧，妻从夫服夫的亲属之丧，夫从妻服妻的亲属之丧。孔疏："属者，骨血连续以为亲也。"

③妾：这里指随嫁的媵妾，一般是主妇的妹妹或侄女。女君：嫡妻。

【译文】

随从而服丧，是本人与死者没有亲属关系而随从自己亲属中与死者有关系的人服丧，若所随从的人已去世，即可停止服丧。因亲属而随从服丧，是本人与死者有一定的亲属关系，并随从死者的直系亲属为其服丧，那么尽管所随从的人已去世，也要继续为死者服丧。如果媵妾跟随主妇一同被丈夫休出，如果主妇之子去世，媵妾就不为其服丧了。

世子不降妻之父母[①]；其为妻也，与大夫之適子同。

【注释】

①世子不降妻之父母：丧服有根据尊卑亲疏而降服的规定，世子虽然地位尊贵，但夫妇一体，妻之父母为妻之正尊，故夫要正常服丧，不能降低为妻之父母服丧的规格。

【译文】

天子、诸侯的嫡长子虽然身份高贵，但是为妻之父母服丧的规格也不能降低；天子、诸侯的嫡长子为其妻服丧，与大夫之嫡子为其妻服丧规制相同，都是齐衰杖期。

父为士，子为天子、诸侯，则祭以天子、诸侯，其尸服以士服[①]。父为天子、诸侯，子为士，祭以士，其尸服以士服。

【注释】

①“父为士”四句：如果父亲生前是士，而儿子现在做了天子、诸侯，儿子在祭祀时要以天子、诸侯规格行礼，但象征父亲的尸要穿着士服，因为父本无爵，子不敢以己爵加之。

【译文】

如果父亲生前是士，而他的儿子现在为天子或诸侯，祭祀其父就用天子或诸侯之礼，但代表父亲的尸还要穿士服受祭。如果父亲生前为天子或诸侯，后来儿子成为了士，那就要以士礼来祭祀其父，代表父亲的尸也要穿士服。

妇当丧而出①，则除之②。为父母丧，未练而出则三年③，既练而出则已；未练而反则期，既练而反则遂之。

【注释】

①当丧：正当公婆之丧。

②除：除服。孔疏："恩情既离，故出即除服也。"

③练：即小祥，服丧的周年祭。因祭时改戴练冠，故名。

【译文】

妇人如果在为公婆服丧期间被丈夫休出，就不必再为公婆服丧。如果是为自己的父母服丧，在未满周年的练祭前被丈夫休出，就和自己的兄弟一样服丧三年，如果是在已满周年的练祭后被丈夫休出，因为服丧期已满，就不必继续为父母服丧；如果被休出的妻在未满周年的练祭前又被丈夫召回，就按常规为父母服丧期年，如果是在已满周年的练祭后被丈夫召回，就要为父母服丧三年。

再期之丧①，三年也。期之丧②，二年也。九月、七月之丧③，三时也。五月之丧④，二时也。三月之丧⑤，一时也。故期而祭⑥，礼也。期而除丧⑦，道也。祭不为除丧也。

【注释】

①再期（jī）之丧：即斩衰之丧，丧期为二十五个月，实际上跨了三个年头。期，周年。

②期之丧：指齐衰之丧，丧期是十三个月，经过两年。

③九月、七月之丧：指大功之丧，丧期是九个月。对于成人应服期丧者，如果死者为长、中殇，就降为大功。长殇的丧期是九个月，中殇的丧期是七个月，皆经过三个季节。

④五月之丧：指小功之丧。

⑤三月之丧：指缌麻之丧。

⑥期而祭：指一周年的小祥祭和两周年的大祥祭。

⑦期而除丧：在小祥祭后男子可以除去首绖，妇人可以除去腰绖；大祥祭后就可以除去丧服。

【译文】

服丧期两周年，服丧月数为二十五个月，实际跨着三年。服丧期一周年，服丧月数为十三个月，实际跨着两年。服丧期九月或七月，实际服丧过三季。服丧期五月，实际服丧过两季。服丧期三月，实际服丧过一季。所以为死者服丧一周年举行小祥之祭，两周年举行大祥之祭，表示对亲人的思念，这是合于礼的。周年祭后就可以逐渐除去丧服，表示活着的人要恢复生活，这合乎人伦之道。祭祀后虽然可以除服，但举行周年祭的目的不是为了除去丧服。

三年而后葬者必再祭①，其祭之间不同时，而除丧。

【注释】

①祭：指小祥祭和大祥祭。

【译文】

如果双亲去世未能及时安葬，三年后才下葬，那也要举行小祥、大祥之祭，而且小祥、大祥祭不可同时，必须于异月举行，要隔开一段时间，然后才除去丧服。

大功者主人之丧①，有三年者则必为之再祭，朋友虞、祔而已②。

【注释】

①大功者主人之丧：与死者有服大功之丧的亲属，死者无子或子年幼，就由服大功者为其主持丧事。

②虞：祭名。郑注：“虞，安也。士既葬其父母，迎精而返，日中而祭之于殡宫以安之。”（《仪礼目录》）之后隔日举行一次。士三虞而止，大夫五虞，诸侯七虞，天子九虞。祔（fù）：祭名。即将死者的神主按昭穆顺序移入祖庙时的祭祀。虞祭结束后的次日举行卒哭之祭，卒哭祭的次日举行祔祭。参《檀弓下》“丧礼，哀戚之至也”节注㉓。

【译文】

如果死者无子或子年幼，为死者服大功的男性亲属就要为其主持丧事，而且要为死者主持举行小祥、大祥之祭；如果是为朋友主持丧事，举办虞祭、祔祭即可。

士妾有子而为之缌，无子则已。

【译文】

士之妾如果有子，去世后就为她服缌麻，如果无子就不为她服丧。

生不及祖父母、诸父、昆弟而父税丧①，己则否。降而在缌、小功者则税之。为君之父、母、妻、长子，君已除丧而后闻丧，则不税②。近臣，君服斯服矣。其余从而服，不从而税。君虽未知丧，臣服已。

【注释】

①税(tuì)丧:追服丧服。此句是说生前从未见过去世的亲属,亲属死后已过丧期才知晓,父亲要为亲属追服丧服。

②"为君"三句:此三句原在本节"已则否"下,今据郑注移于此。

【译文】

自己从未见过祖父母、伯父和叔父、叔伯兄弟,得知这些亲属去世的消息时,已经过了丧期,这种情况,父亲应追服丧服,自己就不必服丧了。如果是本应服齐衰、大功之丧,因故降为小功、缌麻之丧的,则应追服丧服。臣子应为国君的父亲、母亲、嫡妻、长子服丧,如果臣子出使他国,得知国君的上述亲属去世时,国君已除丧,这种情况下,臣子就不再追服丧服。如果国君出国时亲属去世,回国后才得知,这种情况下,国君如果追服丧服,亲近之臣也要跟着追服丧服。其他臣子,如果还在丧期内就跟着服丧,过了丧期就不用追服了。国君在国外而臣子在国内,国君虽然还不知亲人去世,但留在国内的臣子应正常为死者服丧。

虞,杖不入于室;祔,杖不升于堂[①]。

【注释】

①"虞,杖不入于室"二句:虞祭在死者生前的正寝举行,孝子不能将丧杖带入寝室之内。祔祭在祖庙中举行,也不能将丧杖带入祖庙中。去掉丧杖,意味着哀情减少而恭敬增多。室,死者生前的正寝,即殡宫。堂,祖庙之堂。

【译文】

虞祭时,不要将丧杖带入寝室;祔祭时,不要将丧杖带到庙堂。

为君母后者,君母卒,则不为君母之党服[①]。

【注释】

①“为君母后者”三句：此处所述即“从服”的原则，见上文“从服者，所从亡则已。属从者，所从虽没也服”。君母，嫡母。

【译文】

作为庶子而被立为嫡母的后嗣，嫡母在世时，其娘家人如果去世，庶子要从嫡母服丧，嫡母如果去世，就不用再为其娘家人服丧。

绖杀①，五分而去一②。杖大如绖。

【注释】

①绖（dié）：指首绖和腰绖。为亲属服丧，不仅身穿孝服，而且要头缠麻缕，腰系麻带。头缠的叫“首绖”，腰系的叫“腰绖”。下文“杖大如绖”的“绖”指腰绖。杀（shài）：减少。

②五分而去一：此处有两层含义。一指在同一种丧服里，腰绖的围长比首绖要少五分之一；一指在相邻的两种丧服里，后一种丧服的首绖围长要比前一种丧服的首绖少五分之一，即前一种丧服腰绖的围长和后一种丧服首绖的围长相同。如斩衰丧服的首绖围长九寸，腰绖的围长七寸八分，齐衰丧服的首绖也是七寸八分。

【译文】

首绖和腰绖的减省，都是以递减五分之一为度。斩衰所用的苴杖，其粗细与斩衰腰绖相同；齐衰所用的桐杖，其粗细与齐衰腰绖相同。

妾为君之长子，与女君同。

【译文】

妾为丈夫的嫡长子与嫡妻为嫡长子服制相同,都是齐衰三年。

除丧者先重者,易服者易轻者[①]。

【注释】

①"除丧者"二句:男、女为父母服丧都有首绖、腰绖。男子以首绖为重,以腰绖为轻;女子以腰绖为重,以首绖为轻。卒哭祭后男子要将腰绖由粗麻换成葛麻,女子要将首绖由粗麻换成葛麻。周年祭除丧时男、女则要首先除所重之绖。

【译文】

小祥祭后除去丧服,男子先除首绖,女子先除腰绖。因为男子以首绖为重,女子以腰绖为重,除服要先除重者;卒哭祭后以轻丧之服改换重丧之服,男子以轻丧的腰绖变为重丧的腰绖,女子以轻丧的首绖变为重丧的首绖,因为变服要先改换轻者。

无事不辟庙门[①],哭皆于其次[②]。

【注释】

①辟:打开。庙:指殡宫。这里是说,灵柩停在殡宫期间不得随意开门,因鬼神性喜幽暗。

②次:倚庐,即守丧时,在寝门外临时搭建的简陋的庐舍。按规定,朝夕哭丧在殡宫,平时就在庐舍哭悼。

【译文】

死者入殓后,无事就不开殡宫之门,因思念死者而哭,都要到倚庐之中。

复与书铭①，自天子达于士，其辞一也。男子称名，妇人书姓与伯仲②，如不知姓，则书氏③。

【注释】

①铭：明旌，即书写死者姓名的旌旗，悬于棺首。

②伯仲：我国传统以“伯、仲、叔、季”表示排行，“伯”是老大，“仲”是老二。

③姓、氏：秦、汉以前姓、氏有别，姓起源于女姓，氏起源于男姓。姓以别婚姻，氏以表贵贱。贵族有氏，贱者有名无氏。如周为姬姓，鲁、卫、晋等诸侯国也是姬姓。而鲁国“三桓”则是季氏、孟孙氏、叔孙氏。

【译文】

招魂时所喊的和明旌上所写的死者之名，从天子至士，文辞都是一样的。男子，就称呼其名，妇人，就称呼其姓和排行，如果不知其姓，就书写上氏。

斩衰之葛与齐衰之麻同①，齐衰之葛与大功之麻同，麻同皆兼服之。

【注释】

①斩衰之葛：指卒哭祭后改换的葛绖。齐衰之麻：齐衰初丧所戴的是麻绖。

【译文】

斩衰丧服在卒哭祭后要把麻绖改为葛绖，葛绖的大小与齐衰丧服初丧时所服的麻绖相同；齐衰丧服在卒哭祭后所服的葛绖，大小与大功丧服在初丧时所服的麻绖相同；如果服丧时又有亲属去世，就要兼服麻绖与葛绖，男子首绖服葛，腰绖服麻，女子则首绖服麻，腰绖服葛。

报葬者报虞[①]，三月而后卒哭。

【注释】

①报(fù)葬：按礼制规定，死者要停柩三月再下葬，但因故不停柩，死而即葬。报，通“赴”，急速。

【译文】

如果没有停柩而直接下葬，也要快速举行虞祭，但卒哭祭不能提前，一定要等三个月以后才能举行。

父母之丧偕，先葬者不虞、祔，待后事[①]。其葬，服斩衰。

【注释】

①“父母”三句：此节是说父母同时去世时的礼节规定。下葬要按先轻后重的原则。据《曾子问》：“并有丧，如之何?”孔子曰：“葬，先轻而后重，……其虞也，先重而后轻。”父为重，母为轻。偕，同。先葬者，指母亲。

【译文】

如果遇到父母同时去世的情况，就要先葬母亲，但葬后不举行虞祭和祔祭，等到安葬父亲，并为父亲举行虞祭、祔祭后，再为母亲举行虞祭和祔祭。葬母时因为父亲还未葬，所以应服斩衰之服。

大夫降其庶子[①]，其孙不降其父[②]。

【注释】

①大夫降其庶子：大夫为嫡长子服斩衰三年，为庶子则降为大功九月。降，降低服丧等级。

②其孙：大夫之孙，指庶子之子。其孙为其父服丧不随其祖降等。

【译文】

大夫为其庶子服丧降级为大功，但其孙，即庶子之子为父服丧，不随其祖降等。

大夫不主士之丧。

【译文】

大夫不为士主持丧事，因为大夫位尊。

为慈母之父母无服①。

【注释】

①慈母：有两种，一是某妾无子，某妾子丧母，父命二人为母子。这种情况母子虽非亲骨肉，子待慈母应同亲生母亲，为其服三年之丧，但对慈母之父母则不服丧。此处所说就是这种情况。二是指养育自己的妇人，相当于保姆。这种“慈母”去世，则不服丧。参见《曾子问》“子游问曰”节注①。

【译文】

不为非生母的慈母之父母服丧。

夫为人后者，其妻为舅姑大功①。

【注释】

①“夫为人后者”二句：夫本为支子（非嫡长子），而后成为宗子的继承人，如有亲生父母的丧事，则要降等服丧，其妻也随夫降等服丧。其夫已为宗子继承人，对本生父母则降等服期年丧，其妻服大功丧。

【译文】

丈夫原非嫡长子，如果后来过继到宗子家成为嗣后的继承人，其亲生父母去世，也要降等服丧，妻子为公婆降等服大功。

士祔于大夫则易牲①。

【注释】

①士祔于大夫则易牲：祭士本用特牲（一猪），士死后将神主安置于祖庙，如果其祖是大夫，孙祭祀时就要改用少牢（一羊一猪）。

【译文】

士的神主祔于祖庙，如果其祖为大夫，祭祀时的牺牲就不能再按士的标准而要按大夫标准使用少牢。

继父不同居也者①，必尝同居。皆无主后，同财而祭其祖、祢，为同居；有主后者为异居②。

【注释】

①继父：父死而子随其母改嫁，所嫁之夫即为此子继父。继子为同居的继父服齐衰期年，如果异居则为继父服齐衰三月。

②有主后者为异居：孔疏：“异居之道，其理有三。一者，昔同今异；二者，今虽共居，而财计各别；三者，继父更有子，便为异居。”

【译文】

说“不同居的继父”，那一定是曾经同居过。继父没有亲生之子，没有应服大功丧的亲属，随母改嫁而来的继子也没有应服大功丧的亲属，继父并以自己的财产建庙，以祭祖、祭父，这就是同居；如果继父有亲生之子，或继父、继子皆有服大功丧的亲属，或者曾经同居后来又分开了，或财务上各自独立等，那就是异居。

哭朋友者于门外之右①，南面。

【注释】

①门外之右：寝门外西边。

【译文】

朋友去世，哭朋友时要站在朋友寝门外的西边，面朝南哭。

祔葬者不筮宅①。士、大夫不得祔于诸侯，祔于诸祖父之为士、大夫者。其妻祔于诸祖姑，妾祔于妾祖姑，亡则中一以上而祔②，祔必以其昭穆。诸侯不得祔于天子，天子、诸侯、大夫可以祔于士。

【注释】

①祔葬：按礼制，孙死祔祖。在家族墓地中安葬时，按昭穆顺序左、右排定，孙与祖排在同侧，宗庙祭祀时牌位也依昭穆设置，孙与祖在同侧，此即为祔葬。不筮宅：不再用卜筮的方法选择墓地，因为祖先已选定，而族葬按昭穆已有一定的次序。宅，指墓地。

②亡(wú)：无，没有。中一：间隔一代。孔疏：“祖无妾，则又间曾祖而祔高祖之妾也。”因为祔葬时昭从昭，穆从穆，孙必从祖，此处

本应祔于祖之妾，因为祖无妾，则再向上推，当中必又间隔了曾祖一代，而要祔于高祖之妾了。

【译文】

在家族墓地祔葬于祖坟时，不再占筮选择墓地。士、大夫不得祔葬于曾经为诸侯的祖父之墓旁，只能祔葬在世时为士、大夫的叔伯祖父之墓旁。士、大夫之妻也只能祔葬在为士、大夫的叔伯祖父之妻的墓旁，士、大夫之妾也只能祔葬在叔伯祖父之妾的墓旁，如果叔伯祖父没有妾，就要间隔曾祖一代而上祔于高祖之妾，因为祔葬一定要按照昭穆顺序排列。诸侯不能祔葬于做了天子的祖先之墓旁，但天子、诸侯、大夫可以祔葬于做士的祖先的墓旁。

为母之君母①，母卒则不服。

【注释】

①母之君母：指母亲的嫡母。母亲是庶生，但要称其父的嫡妻为君母。母亲在世，如果其嫡母去世，母亲要为其服齐衰期年，儿子要随母亲从服小功。母亲若已去世，此时其嫡母去世，儿子就不用服丧。

【译文】

自己的母亲为庶出，其嫡母去世，如果此时母亲已去世，就不用为她的嫡母服丧了。

宗子母在为妻禫①。

【注释】

①禫（dàn）：祭名。在大祥祭后的下个月举行，为除服之祭。孔疏：

“贺玚曰：‘父在，適（嫡）子为妻不杖。不杖则不禫。若父没母存，则为妻得杖又得禫。’”可知此处宗子为父亡母在。

【译文】

如果是宗子，父殁母在，为亡妻服丧期满除服要举行禫祭。

为慈母后者，为庶母可也①，为祖庶母可也②。

【注释】

①庶母：有子之妾受父命抚育无母的妾之子，此子称其为“庶母”。

②祖庶母：有子的祖父之妾受父命抚育无母的妾之子，此子称其为“祖庶母”。

【译文】

要为慈母服齐衰，那么同样也要为庶母服齐衰，为祖庶母也要服齐衰。

为父、母、妻、长子禫。

【译文】

为父亲、母亲、妻、嫡长子，都要举行服丧期满除服的禫祭。

慈母与妾母①，不世祭也。

【注释】

①妾母：庶母。

【译文】

慈母和庶母去世，由受其抚育的妾之子服丧，不用世世代代为其祭祀。

丈夫冠而不为殇，妇人笄而不为殇[①]。为殇后者，以其服服之[②]。

【注释】

①“丈夫冠”二句：男子行冠礼，女子行笄礼，都代表已成人，若去世则不得以殇死行丧礼。

②“为殇后者”二句：这是说宗子夭折，另立他人作为宗子的继承人，但此人不能作为死去的宗子之子的身份为父服斩衰丧，因为殇代表未成人，是不能有子的，因而只按原来的亲属关系服丧。

【译文】

男子行过冠礼就是成人，去世不能按殇死对待；女子行过笄礼就是成人，去世不能按殇死对待。宗子未成人而去世，他人立为宗子的后嗣，只须按照与宗子原本的亲属关系服丧。

久而不葬者[①]，唯主丧者不除[②]，其余以麻终月数者[③]，除丧则已。

【注释】

①久而不葬：孔疏：“谓有事碍，不得依月葬者，则三年服身皆不得祥除也。”

②主丧者：即丧主。孔疏：“子为父，妻为夫，臣为君，孙为祖，得为丧主，四者悉不除也。”

③其余：指从齐衰期年至缌麻的亲属。以麻终月数：因故久不入葬，则亲属不能变服，而要一直服麻，到应服的月数为止再除服。

【译文】

因故而不能如期下葬的，只有丧主始终穿着丧服，其余的亲属一直服麻，服满自己应服的月数可以除丧。

齐衰三月，与大功同者绳屦①。

【注释】

①绳屦：麻绳编成的鞋。

【译文】

齐衰三月的丧服，与大功九月的丧服相同之处，就是都穿麻绳编的鞋。

练①，筮日、筮尸、视濯，皆要绖、杖、绳屦②，有司告具而后去杖③。筮日、筮尸，有司告事毕而后杖，拜送宾。大祥吉服而筮尸④。

【注释】

①练：即小祥祭。服丧十三个月为死者举行的周年祭。

②要绖：即腰绖。服丧至小祥，男子已除去首绖。要，同“腰”。

③具：指上述筮日、筮尸、视濯三事准备完毕。去杖：放下丧杖，表示对祭祀的敬重。

④吉服：头戴缟冠，身穿朝服。大祥时也要筮日、筮尸和视濯。这里是省文。

【译文】

小祥祭，丧主事前要占筮选择吉日，占筮选择充当尸的人，亲自检查祭祀用器的洗涤情况，在做这些事情时都要腰缠葛绖、手执丧杖、脚穿麻绳编制的鞋，等到有关执事报告已准备就绪，然后放下丧杖，去主持占筮日期、占选尸者和洗涤祭器的事情。在占筮择日、占筮选择充当尸的人时，有来宾参加，等有关执事报告占筮结束，丧主又拿起丧杖，拜送宾客。到大祥祭，丧主也要占筮选择吉日，占筮选择充当尸的人，亲自检查祭祀用器的洗涤情况，此时要换上吉服。

庶子在父之室，则为其母不禫①。庶子不以杖即位②。父不主庶子之丧，则孙以杖即位可也③。父在，庶子为妻，以杖即位可也。

【注释】

①“庶子”二句：庶子与父亲同居，生母去世，由于受父尊的制约，可以为母亲行周年祭而不能举行禫祭。

②不以杖即位：父母之丧，嫡子持丧杖立于东阶左前方朝夕哭之位，庶子须将丧杖放在殡宫外，再入内即朝夕哭位。以杖即位是丧主之事，庶子非丧主，故不能以杖即位。即位，指即朝夕哭位。

③孙：指庶子之子。

【译文】

庶子与父亲同居，为生母服丧结束时不举行禫祭。庶子不能手执丧杖到朝夕哭位即位。庶子去世，如果父亲不为庶子主丧，那么庶子之子可以手执丧杖到朝夕哭位即位。庶子之妻去世，虽庶子之父在世但不为庶子之妻主丧，而由庶子本人主丧，庶子可以手执丧杖到朝夕哭位即位。

诸侯吊于异国之臣，则其君为主①。诸侯吊，必皮弁锡衰②。所吊虽已葬，主人必免③。主人未丧服④，则君亦不锡衰。

【注释】

①“诸侯”二句：诸侯本无吊臣丧之礼，这里说的是诸侯到他国出聘，恰遇他国臣子去世，所以前去吊丧，这时主国国君要代其臣之子为丧主。

②皮弁：谓弁绖，即在皮弁上加麻绖。锡衰：是用锡布制作的丧服。锡，《仪礼·丧服》：“锡者何也？麻之有锡者也，锡者十五升，抽其半，无事其缕，有事其布曰‘锡’。”经过加灰捶打洗涤后洁白光滑的细麻布。

③免（wèn）：同“绕”，头缠白麻布。“免”是未成服（停柩前）时的打扮，已葬而绕，是表示重视他国国君。

④未丧服：即未成服。

【译文】

诸侯出访他国，遇他国之臣去世，若诸侯去此臣家里吊丧，主国国君应代替死者之子做丧主。诸侯前去吊丧，一定要穿皮弁服，外穿经加工的细麻布制作的丧服。如果所吊唁的死者已经下葬，丧主也要头缠白麻布。如果主人还未成服，国君就不用穿细麻布制作的丧服。

养有疾者不丧服[①]，遂以主其丧。非养者入主人之丧，则不易己之丧服。养尊者必易服，养卑者否。

【注释】

①养有疾者不丧服：这是说自己本在居丧，但有生病的亲属需要侍奉，病人求吉恶凶，所以不穿丧服。

【译文】

本人居丧期间，因需要奉养有病的亲属，就不穿丧服，如果病人去世，就要为他主持丧事。本人居丧期间，另有没有奉养过的病人去世，本人需要为其主丧，就不用更换自己原来的丧服。侍奉父兄等尊长病人，一定要换下丧服，对于幼辈的病人就不用换下丧服。

妾无妾祖姑者，易牲而祔于女君可也[①]。

【注释】

①“妾无妾祖姑者”二句：妾本应祔于妾祖姑（公公之妾），如果无妾祖姑，就间隔一辈，祔于高祖之妾。如果高祖也无妾，那就祔于嫡祖姑（女君）。这种情况属于以卑祔于尊，所以祔祭的牺牲也要升级一等，由特牲变为少牢。

【译文】

妾无妾祖姑可祔，又无高祖之妾可祔，在这种情况下只好祔于嫡祖姑，祔祭使用的牺牲要由原来的特牲改为少牢。

妇之丧，虞、卒哭，其夫若子主之，祔则舅主之[①]。

【注释】

①祔则舅主之：郑注：“祔于祖庙，尊者宜主焉。”舅，指夫之父。

【译文】

媳妇辈的丧事，虞祭和卒哭祭，可由她的丈夫或儿子来主持，但将她的神主祔祭于祖姑之庙时，应由她的公公来主持。

士不摄大夫[①]，士摄大夫唯宗子。

【注释】

①摄:代为丧主。

【译文】

士,不得代理做大夫的丧主;如果士是宗子的话,则可以代理做大夫的丧主。

主人未除丧,有兄弟自他国至,则主人不免而为主。

【译文】

主人尚未除去丧服时,如果主人的兄弟从国外奔丧回来,主人可以不用头缠白麻布继续主持丧事。

陈器之道①,多陈之而省纳之可也,省陈之而尽纳之可也②。

【注释】

①器:随葬的明器。

②"多陈之"二句:送死者陪葬的器物有一部分是朋友和宾客赠送的,这部分器物在陈列时以多为荣,但下葬时则有数量限制,不能全部随葬;另一部分是主人自己准备的明器,是按礼制规定准备的,陈列时可以不全部拿出来,但下葬时则可以全部纳入。

【译文】

陈列明器的原则是,宾客馈赠的物品要全部陈列出来,但不必全部随葬放入墓穴,主人自己准备的物品可不必全部陈列出来,但可以全部放入墓穴。

奔兄弟之丧，先之墓而后之家，为位而哭。所知之丧[1]，则哭于宫而后之墓[2]。

【注释】

①所知：指朋友与同事。

②宫：殡宫，即死者生前的正寝。

【译文】

从远方回家赴兄弟之丧，要先到墓地去哭，然后再回家，在自己的哭位上哭。如果是奔赴朋友之丧，则应先到殡宫去哭，然后再到墓地去哭。

父不为众子次于外[1]。

【注释】

①众子：嫡长子以外的庶子。次：丧次，倚庐。见本篇“无事不辟庙门”节注②。

【译文】

庶子去世，父亲不用在门外设倚庐守丧。

与诸侯为兄弟者[1]，服斩。

【注释】

①与诸侯为兄弟：包括本国的兄弟和在他国的兄弟。

【译文】

如果与诸侯是兄弟关系，诸侯去世，即使是人在他邦，也要为其服斩衰。

下殇小功[①],带澡麻不绝本[②],诎而反以报之[③]。

【注释】

①下殇:指八岁至十一岁的夭折者。小功:指因其下殇,而降二等,从齐衰之服降为小功之服。

②带澡麻不绝本:郑注:“带不绝其本,屈而上至要(腰),中合而纠之,明亲重也。”即用漂白的麻,不去除根部,弯曲向上折至腰部,制成腰绖。本,根。

③诎(qū):屈折。报:合。

【译文】

下殇小功这种丧服,腰绖用不去根的麻加灰漂白制作,下垂的部分折起来缠在腰上。

妇祔于祖姑,祖姑有三人[①],则祔于亲者[②]。

【注释】

①祖姑有三人:指祖母去世后,祖父又两次娶妻。

②亲者:郑注:“谓舅所生。”即公公的生母。

【译文】

妇人去世后,她的神主祔祭于祖姑之侧,如果祖姑有三位,应当祔祭于自己的嫡亲祖姑之侧。

其妻,为大夫而卒,而后其夫不为大夫而祔于其妻,则不易牲。妻卒而后夫为大夫,而祔于其妻,则以大夫牲。

【译文】

妻去世时丈夫为大夫，后来丈夫不再是大夫，这种情况下祔祭妻时只能用与丈夫后来的身份适配的牺牲，不能用大夫之牲。如果妻去世后丈夫成为大夫，这种情况下丈夫祔祭妻时可以用大夫之牲。

为父后者，为出母无服。无服也者，丧者不祭故也。

【译文】

作为父亲的继承人，对被父亲休出的生母不服丧。之所以不服丧，是因为被休出的母亲不在祖庙祭祀了。

妇人不为主而杖者①，姑在为夫杖，母为长子削杖②。女子子在室为父母③，其主丧者不杖④，则子一人杖⑤。

【注释】

①妇人不为主而杖者：妇人服丧一般不持丧杖，此处讲述妇人持杖的若干情形。主，丧主。

②削杖：见本篇“苴杖”节注②。

③女子子：即女子。

④其主丧者：因无兄弟，使族中男子代为丧主，主持料理丧事。

⑤子一人：郑注：“谓长女也。”

【译文】

妇人不作为丧主也可手持丧杖，如婆婆在世而丈夫去世，妻应为夫持丧杖，嫡长子去世，也要手持削杖。女子还未出嫁，为父母治丧，家中若无兄弟，就由族中男子代为丧主，代理丧主不持丧杖，而由长女持丧杖。

缌、小功，虞、卒哭则免。既葬而不报虞[①]，则虽主人皆冠，及虞则皆免。为兄弟既除丧已，及其葬也，反服其服。报虞、卒哭则免，如不报虞则除之。远葬者[②]，比反哭者皆冠[③]；及郊而后免，反哭。君吊，虽不当免时也，主人必免，不散麻。虽异国之君，免也，亲者皆免[④]。

【注释】

①报：通“赴”。下同。

②远葬者：葬在远郊。

③反哭：指下葬后从墓地返回祖庙而哭。

④亲者：谓大功以上亲属。

【译文】

服缌麻、小功的亲属，到虞祭和卒哭祭时还要用白麻布缠头。如果下葬后没有立即举行虞祭，那么即使是丧主也要戴冠，等到虞祭时再脱冠着绕。为兄弟服丧，如果死者久而未葬，就各按丧期除去丧服，但等下葬时，还要穿上原先的丧服。如果葬后按时举行了虞祭和卒哭祭，那就用白麻布缠头，否则送葬后就可以除去丧服。如果葬在远郊，等到反哭时，男性要戴上冠，进入近郊后再脱冠着绕，返回祖庙去哭。国君来吊臣之丧，即使不应当戴绕，丧主也一定要戴绕，腰中的麻绖不要下垂散开。即使是异国之君来吊，大功以上的亲属都要如此打扮。

除殇之丧者，其祭也必玄。除成丧者，其祭也朝服缟冠[①]。

【注释】

①朝服：指玄冠、缁衣、素裳。朝服是纯吉的祭服。除服之祭（大

祥)还不到穿朝服的时候,所以把“玄冠”改为“缟冠”,这是半吉半凶的祭服。

【译文】

为未成年而夭折的人服丧,到了除服之祭时一定要戴玄冠,穿玄衣玄裳。为成年人服丧,到了除服之祭时要穿缁衣、素裳,戴缟冠。

奔父之丧,括发于堂上[①],袒,降,踊,袭绖于东方[②];奔母之丧,不括发,袒于堂上,降、踊,袭免于东方。绖即位,成踊[③],出门,哭止。三日而五哭三袒[④]。

【注释】

①括发:见本篇首节注①。堂上:殡宫堂上。

②袭:与“袒”相对,谓穿上左臂衣服。东方:谓东序之东。“东序”是堂上的东墙。

③成踊:跳脚以三次为一节,三节礼成,共跳九次。

④五哭:初来之日一哭,明日早、晚各一哭,后日早、晚各一哭,共五哭。三袒:初至一袒,明日早晨一袒,后日早晨一袒。

【译文】

奔父之丧,到家后应在堂上头缠白麻,袒露左臂,从阼阶下堂,在阼阶之东南边哭边跺脚,然后升堂到东墙下穿好衣服,系好麻绖;奔母之丧,不用头缠白麻,要在堂上袒露左臂,从阼阶下堂,边哭边跺脚,掩好衣襟,然后在东墙下穿好衣服,系好腰绖。然后就孝子之位,跳脚九次,然后走出殡宫之门,停止哭泣。三天内,共哭五次,袒露左臂三次。

適妇不为舅后者[①],则姑为之小功[②]。

【注释】

①適妇：嫡长子之妻。適，同“嫡”。

②小功：公婆本应为嫡妇服大功，但嫡妇没有生下继承人，故而降服。

【译文】

嫡长子的媳妇去世，如果嫡长子废疾或媳妇无子，没有能做父亲的继承人，婆婆就只为嫡妇服小功之丧。

大传第十六

【题解】

郑玄说："名曰'大传'者，以其记祖宗人亲之大义也。"

本篇开篇言先王治理天下必从人伦之道开始，之后言服制、宗法、祭法等，篇末又回归于"亲亲"的治国之策。再三强调无论是丧服制度还是继承制度，都要按照一定的"亲亲"、"尊尊"的亲疏原则。本篇内容有和《丧服小记》以及《仪礼·丧服》相同之处，可互相参看。

礼，不王不禘。王者禘其祖之所自出，以其祖配之[①]。诸侯及其大祖[②]。大夫、士有大事[③]，省于其君[④]，干祫及其高祖[⑤]。

【注释】

①"礼，不王不禘"四句：见《丧服小记》"礼，不王不禘"节注①②。

②大(tài)祖：始封之君。大，同"太"。

③大事：大的功勋。

④省(xǐng)：善。

⑤干祫(xiá)：郑注："干，犹空也。空祫，谓无庙祫。祭之于坛墠

(shàn)。”“干祫”是祫祭的一种特例。大夫、士本不祭(没有)始封之祖,也不设坛墠,若此大夫、士有功劳,为国君喜爱,则国君特许其设坛墠祫祭先祖一直祭至高祖。祫,祫祭,集合远近祖先神主于太庙合祭,通常于天子、诸侯丧事完毕时举行。

【译文】

按照礼制规定,不是天子就不能举行祭天的禘祭。天子举行禘祭,是祭祀孕育始祖的天神,同时还要以其始祖神主配享。诸侯祭祀祖先时,可以上及始封之君。大夫、士如果立了大功勋,国君喜爱他,可以让他设坛墠合祭祖先,可以祭至高祖。

牧之野①,武王之大事也。既事而退,柴于上帝②,祈于社,设奠于牧室③。遂率天下诸侯执豆、笾,逡奔走④,追王大王亶父、王季历、文王昌⑤,不以卑临尊也。

【注释】

①牧之野:即牧野,地名。在今河南新乡附近。周武王率领诸侯联军在牧野大败商纣王,确立了西周的统治。

②柴:祭名。燔柴以告祭天。

③设奠于牧室:指将行主供奉在牧室进行祭告。“行主”指先祖神主,古代君王率军出征,要将先祖的神主载在车上同行。见《曾子问》“丧有二孤”节注⑤。牧室,牧野的馆舍。

④逡(qūn):快。

⑤大王亶(dǎn)父:武王的曾祖父古公亶父。大,同“太”。季历:太王亶父之子,武王的祖父。文王昌:武王之父文王姬昌。

【译文】

牧野之战打败商纣王,是武王的大功绩。战事结束收兵后,武王燔柴祭告上天，向土地神祷告，在牧野的馆舍中供奉随军而行的先祖的神主，设置祭品祭奠报告。于是率天下诸侯手执豆、笾等祭器，迅速地奔走安排庙祭事宜，追封曾祖古公亶父尊为太王，祖父季历尊为王，父昌尊为文王，这就避免了祭祀时先祖的封号低、自己的天子封号高。

上治祖、祢[①]，尊尊也。下治子、孙，亲亲也。旁治昆弟，合族以食[②]，序以昭缪[③]，别之以礼义，人道竭矣。

【注释】

①治：正。指端正亲疏厚薄的关系。

②合族以食：聚合族人一道饮食。

③昭缪：即昭穆。缪，通“穆”。

【译文】

对上端正祖父、父的亲疏顺序，要尊敬尊者。对下端正子、孙的亲疏顺序，要亲爱亲属。对旁侧端正兄弟的亲疏顺序，聚合族人一道饮食，按着昭穆次序排列座位，用礼义来区别亲疏长幼，人道伦常都体现出来了。

圣人南面而听天下，所且先者五，民不与焉[①]：一曰治亲[②]，二曰报功[③]，三曰举贤，四曰使能，五曰存爱。五者一得于天下[④]，民无不足，无不赡者[⑤]；五者一物纰缪[⑥]，民莫得其死。圣人南面而治天下，必自人道始矣[⑦]。立权、度、量[⑧]，考文章[⑨]，改正、朔[⑩]，易服色[⑪]，殊徽号[⑫]，异器械[⑬]，别衣服[⑭]，此其所得与民变革者也。其不可得变革者则有矣。亲亲也，尊尊也，长长也，男女有别，此其不可得与民变革者也。

【注释】

①民不与焉:“民事”未包含在下文提到的五者中。

②治亲:治理亲属的亲疏关系。

③报功:报答功臣。

④一得:皆得,尽得。

⑤赡:丰赡。指生活优裕。孔疏:“谓上五事,一皆得行于天下,则民无有不足,无有不赒赡者。赡是优足之余也。”

⑥纰缪(pī miù):失误。

⑦人道:孔疏:“人道即治亲、报功、举贤、使能、存爱,是以理相承顺之道。”

⑧权、度、量:孔疏:“权,谓称锤;度,谓丈尺;量,谓斗斛也。”指制定统一的测量轻重、长短、容量,即度、量、衡的标准。

⑨文章:指国家礼法制度。

⑩正、朔:指历法。正,岁首。朔,月初。改朝换代要改历法,故三代历法不同,夏以正月为岁首,殷以十二月为岁首,周以十一月为岁首。

⑪服色:指服饰、车马所崇尚的颜色。如夏尚青,殷尚白,周尚赤。

⑫徽号:指旌旗。夏、商、周三代旌旗及旗帜的标识不同。参见《明堂位》“鸾车”节注③。

⑬器械:礼乐之器及兵甲。

⑭别衣服:衣服上纹饰图案有别。

【译文】

圣人面南听朝治理天下,首先要做五件事情,而民事不在其内:一是治理亲属间的亲疏关系,二是报答功臣,三是举荐贤人,四是任用能人,五是心存仁爱。这五件事都施行于天下,百姓就不会不富足,生活就不会不优裕;这五件事如有一件失误,百姓就会遭殃,不得善终。所以圣人面南听朝治理天下,一定要从治亲、报功、举贤、使能、存爱这五个为人之道开始做起。要确立度、量、衡标准，制定国家礼法，改订历法，变易车马、服色，采用不同的旌旗徽识，改换礼乐器具和兵甲，改更衣服图案纹饰，这些都是可以和民众一起变革的。但是，也有些是不能随意变革的。比如，亲爱亲属，尊敬尊者，敬重长者，男女有别，这些方面是不能由百姓随意变革的。

同姓从宗，合族属。异姓主名[①]，治际会[②]，名著而男女有别。其夫属乎父道者[③]，妻皆母道也；其夫属乎子道者，妻皆妇道也。谓弟之妻"妇"者，是嫂亦可谓之"母"乎？名者，人治之大者也，可无慎乎？

【注释】

①异姓主名：嫁来的异姓女子的称谓，主要取决于其夫，其夫如果为父，则称"母"；为子，则称"妇"。异姓，来嫁的异姓女子。名，异姓女子的名分。

②际会：交际聚会。

③道：孔疏："犹行列也。"指辈分、排位。

【译文】

同姓之人都要跟从宗子，聚合为一族属。嫁来的异姓女子，以丈夫的辈分确定其称谓，以端正族内的交际和聚会的彼此关系，称谓名分确定后就能做到男女有别。对于嫁来的异姓女子来说，如果她的丈夫属于父辈，那么她就属于母辈；如果她的丈夫属于子辈，那么她就属于媳妇辈。弟弟的妻子可以称为"媳妇"，那嫂嫂可以称为"母"吗？那是不行的。所以名分称谓是端正人伦的大事，可以不慎重吗？

四世而缌[①]，服之穷也。五世袒免，杀同姓也[②]。六世，亲属竭矣。其庶姓别于上而戚单于下③，昏姻可以通乎？系之以姓而弗别④，缀之以食而弗殊⑤，虽百世而昏姻不通者，周道然也。

【注释】

①四世而缌：高祖以下从曾祖、祖父、父亲到自己为四世。从自身讲，要为父亲服斩衰三年，为亲兄弟服齐衰一年，为同祖兄弟服大功九月，为同族曾祖族人服小功五月，为同族高祖族人服缌麻三月。与死者同一高祖，死者与自己属于第五代人，这种情况下为死者服五服中最末等丧服缌麻。后文之“六世”，已出五服关系，所以不用服丧。

②杀（shài）：减少。

③庶姓：五世以外的同姓。别于上：孔疏：“云周家五世以后，庶姓别异于上，与高祖不同，各为氏族，不共高祖，别自为宗。”戚：亲。单：通“殚”，尽。

④姓：指正姓，即始祖之姓。

⑤殊：异。

【译文】

到了四世，同一高祖的亲属去世，为其穿缌麻丧服，这是五服中的最末等。到了五世，已经出了五服，只须袒露左臂、戴绕，这是因为同姓的血缘关系已减少。到了六世，亲属关系已经没有了。那么出五世的同姓，他们从祖上已经别立宗属，而后代的亲情逐渐消失殆尽，他们之间可以通婚吗？他们这些人仍系联于同姓之下而没有区别，通过定时的合族聚餐来联系彼此，不认为是异族，因此，即使他们相隔百代也不能互相通婚，周代的规定就是这样。

服术有六[①]：一曰亲亲[②]，二曰尊尊[③]，三曰名[④]，四曰出入[⑤]，五曰长幼[⑥]，六曰从服[⑦]。从服有六：有属从，有徒从[⑧]，有从有服而无服[⑨]，有从无服而有服[⑩]，有从重而轻[⑪]，有从轻而重[⑫]。

【注释】

①服术：服丧的原则。术，道。

②亲亲：孔疏："父母为首，次以妻、子、伯、叔。"指依亲疏关系论，为父母服丧最重，其次是妻、子、伯、叔。

③尊尊：孔疏："君为首，次以公卿、大夫。"指依尊卑地位论，为君长服丧最重，其次是公卿、大夫。

④名：孔疏："若伯叔母及子妇并弟妇、兄嫂之属也。"指对家族中的异姓女子，要依亲属的名分服丧，如伯母、叔母、子妇、弟妇及兄嫂等。

⑤出入：女子已出嫁的叫"出"，未出嫁的叫"入"。指对本族的女子，要依女子是已经出嫁还是尚未出嫁来服丧。

⑥长幼：孔疏："长谓成人，幼为诸殇。"指要依成人还是未成年人来服丧。

⑦从服：本人与死者本无服丧关系，由于自己的亲属与死者有亲属关系，自己跟从亲属服丧。见《丧服小记》"从服者"节注①。

⑧属从、徒从：见《丧服小记》"从服者"节注①②。

⑨有从有服而无服：指跟从有丧服的亲属但自己无服。如夫应从妻为岳父、岳母服缌麻之丧，但如果夫是诸侯之子，因父尊贵所以不能为岳父、岳母服丧。

⑩有从无服而有服：指被跟从者无服而跟从者却有服。如诸侯之子因父尊贵而不能为其外祖父母服丧，但其妻却仍要按徒从规定服缌麻。

⑪有从重而轻：指跟从服重者自己服轻。如妻为自己的父母服齐衰期年，夫跟从妻服缌麻三月。

⑫有从轻而重：指跟从服轻者自己服重。如诸侯之子为其母服丧，如果其母为妾，由于父尊，不能穿丧服，只能头戴练冠、穿绛色麻衣。但诸侯子之妻却仍要为婆婆服齐衰期年。

【译文】

服丧的原则有六条：一是根据亲属的亲疏关系服丧，二是根据地位的尊卑关系服丧，三是根据异姓女子来嫁后的名分服丧，四是根据本族女子是否出嫁服丧，五是根据是否成人服丧，六是根据从服关系服丧。从服又有六种情况：一是属从，与死者有间接亲属关系，跟从有直接关系的亲属为死者服丧；二是徒从，与死者没有亲属关系，跟从与死者有关系的亲属服丧；三是跟从有丧服的亲属但自己无服；四是被从者无服而跟从者却有服；五是本应跟着服重服而变为服轻服；六是本应跟着服轻服而变为服重服。

自仁率亲，等而上之至于祖，名曰轻；自义率祖，顺而下之至于祢，名曰重①。一轻一重，其义然也。

【注释】

①“自仁率亲”六句，郑注：“用恩则父母重而祖轻，用义则祖重而父母轻。”仁，恩。率，循。亲，父亲。

【译文】

由恩爱之情循着父母向上一级一级推至于先祖，恩爱之情是父母重而先祖轻；由道义之理循着祖先向下一级一级推至于先父，道义之情是父母轻而先祖重。这样，恩情虽轻但道义重，或恩情虽重但道义却轻，从人情道理而言正该如此。

君有合族之道，族人不得以其戚戚君[①]，位也。

【注释】

①不得以其戚戚君：不得拿亲戚关系中身份的高下、不得以亲戚序列中的地位高低与君排序。

【译文】

国君有聚合族人燕饮的道义，但族人却不得以亲戚序列中的地位高低与君排序，这是国君的地位决定的。

庶子不祭，明其宗也。庶子不得为长子三年，不继祖也。别子为祖，继别为宗，继祢者为小宗。有百世不迁之宗，有五世则迁之宗。百世不迁者，别子之后也。宗其继别子之所自出者，百世不迁者也。宗其继高祖者，五世则迁者也。尊祖故敬宗，敬宗，尊祖之义也[①]。有小宗而无大宗者，有大宗而无小宗者，有无宗亦莫之宗者，公子是也[②]。公子有宗道。公子之公[③]，为其士大夫之庶者宗其士大夫之適者，公子之宗道也。

【注释】

①"别子为祖"至"尊祖之义也"：文字与《丧服小记》"别子为祖"一节类似，可参看。

②"有小宗"四句：公子，本指诸侯之子，这里指先君之子，即国君的兄弟。公子不得宗君，又未成为后世之宗，但不能无人统领，因而要选择大宗、小宗来管理他们。这里的小宗、大宗和上文有所不同。有小宗而无大宗，指国君无嫡弟，选其余兄弟最长者为小

宗，由他统领公子们，公子们以小宗之礼对待他。有大宗而无小宗，指国君有嫡弟，即为大宗，统领公子们，公子们以大宗之礼对待他。有无宗亦莫之宗，指只有一位公子，既无所宗，也不为他人所宗。

③公子之公：指国君。

【译文】

庶子不能祭祖，就是为了表明正宗才是继祖的正体。庶子不能为其长子服丧三年，因为庶子不是先祖的继承人。嫡长子之外的庶子称作别子，别子为其后裔之始祖，继承别子的嫡长子就是大宗，继承别子之庶子的嫡长子就是小宗。有百世不迁之宗，即大宗，有五世而迁之宗，就是继高祖的小宗。百世不迁之宗，是别子的继承人。继承别子的嫡长子为宗，是百世不迁的大宗。继承同高祖族人的宗，是五世而迁的小宗。因为尊敬先祖，所以才尊敬继承先祖的嫡长子，而尊敬嫡长子正是尊重祖祢的实际表现。诸侯公子之间的宗法制度有三种情况，一是只有小宗没有大宗，二是只有大宗没有小宗，三是己无所宗，也无人以己为宗，以上就是公子的宗法制度。公子有这样的宗法，国君让作为士大夫的嫡弟作为其余为士大夫的庶兄弟的宗子，这就是公子的宗法。

绝族无移服，亲者属也①。

【注释】

①“绝族”二句：《释文》曰：“移，本或作‘施’。”按，此句见于《仪礼·丧服》：“绝族无施服，亲者属。”孔疏：“此一节论亲尽则无服，有亲则有服。”如妻子被休出，妻族与本族的亲属关系已断绝，故其子无须为母族亲属服丧，但母子为至亲，母子关系不能断绝，故仍须为其母服丧。

【译文】

亲属关系已经断绝的，就不用为其服丧了，唯有保有亲属关系的，仍须为其服丧。

自仁率亲，等而上之至于祖，自义率祖，顺而下之至于祢，是故人道亲亲也。亲亲故尊祖，尊祖故敬宗，敬宗故收族[①]，收族故宗庙严，宗庙严故重社稷，重社稷故爱百姓[②]，爱百姓故刑罚中，刑罚中故庶民安，庶民安故财用足，财用足故百志成，百志成故礼俗刑[③]，礼俗刑然后乐。《诗》云："不显不承，无斁于人斯。"[④]此之谓也。

【注释】

①收族：聚族，即团结族人。

②百姓：百官。

③刑：通"形"，形成，显现。

④"《诗》云"以下二句：见《诗经·周颂·清庙》。不，通"丕"，大。承，尊奉。斁(yì)，厌。

【译文】

由恩爱之情循着父母向上一级一级推至于先祖，由道义之理循着先祖向下一级一级推至于先父，人之道首先是亲爱其父母。亲爱父母所以就尊敬先祖，尊敬先祖所以就尊敬宗子，尊敬宗子所以团结聚合族人，团结聚合族人所以宗庙得到崇敬，宗庙得到崇敬所以重视社稷，重视社稷所以爱护百官，爱护百官所以刑罚公正，刑罚公正所以百姓安宁，百姓安宁所以财用充足，财用充足所以百事都能如愿，百事都能如愿所以礼仪风俗形成，礼仪风俗形成所以天下同乐。《诗经》上说："显扬尊奉文王的功德，人们是永远不会厌烦的。"说的就是这个意思。

少仪第十七

【题解】

“少”即“小”。据郑玄《礼记目录》:“名曰‘少仪’者,以其记相见及荐羞之少威仪。”朱熹认为本篇主要记“少者事长之节”。孙希旦《集解》说:“此篇固多为少者事长之事,而亦有不专为少时者,但其礼皆于少时学之。”本篇主要记述君臣、长幼、尊卑之间的各种应对仪节,也包括自身修养、宴会中的仪节等记载,部分内容与《曲礼》、《内则》相近。

闻始见君子者[①],辞曰“某固愿闻名于将命者”[②],不得阶主[③]。敌者[④],曰“某固愿见”[⑤]。罕见曰“闻名”,亟见曰“朝夕”[⑥]。瞽曰“闻名”[⑦]。适有丧者曰“比”[⑧],童子曰“听事”[⑨]。适公卿之丧,则曰“听役于司徒”[⑩]。

【注释】

①君子:郑注:“卿大夫若有异德者。”

②某:求见者之名。固:坚决。这里是说主人不即见自己,己乃坚持通报求见。闻名:通达姓名。将命者:传话之人。

③阶主:直接进告主人。阶,进。

④敌：指地位身份对等。

⑤某固愿见：此句是“某固愿见于将命者”的省略句。

⑥亟(qì)：数次。与上文“罕”相对。

⑦瞽曰“闻名”：郑注：“以无目，辞不称见。”因为是盲人，所以说“闻名”而不说“见”。

⑧比：比方，将自己比作执事者，供丧家役使。

⑨听事：童子未成人，不敢与成人一样自比，但也要听丧主的役使，即“愿听事于将命者”。

⑩司徒：司徒主管国家大事，公卿大夫之丧，由司徒率其属下掌管。

【译文】

听说第一次拜见卿大夫或有德行的人，应该说“某很希望将名字通报给您的传话人”，不能直接说要进告主人。如果要见的是与自己地位相当的人，就说“某很希望拜见您”。平素很少见面的人，要说“某很希望将名字通报给您的传话人”，经常见面的人，要说“某常早早晚晚麻烦您的传话人”。如果是盲人求见，要说“某很希望将名通报给您的传话人”。到有丧事的人家，要说“将某比作您的执事人员役使”，未成年的孩子要说“听候役使”。参加公卿的丧事，要说“听候司徒的役使”。

君将适他[①]，臣如致金玉货贝于君，则曰“致马资于有司”[②]。敌者曰“赠从者”。

【注释】

①适他：去他国。

②马资：指车马所需费用，即路费。

【译文】

国君将出行到他国，臣子如果向国君赠送金玉钱币，要说“送些车马费给国君的随员”。如果给地位相当的人赠送金钱，就说“赠给随从”。

臣致襚于君[①]，则曰“致废衣于贾人”[②]。敌者曰“襚”。亲者兄弟不以襚进[③]。

【注释】

①襚（suì）：指身份地位与死者相当者所赠送的衣物。

②废衣：不是必须使用、收存的衣服。贾人：孔疏：“识物贾（价）贵贱而主君之衣物者也。”指了解物品优劣、价格贵贱并管理国君衣物的官员。

③亲者兄弟不以襚进：这是指赠亲人襚不用通过傧者传话，可以直接陈列在房中。

【译文】

臣子给去世的国君送上随葬衣物，要说“送上些不是必须穿用的废衣给负责管理衣物的吏员”。如果是给地位相同的人，就说“赠送殓衣”。如果是兄弟要赠送殓衣，就不用傧者通报，直接送进去就可以。

臣为君丧，纳货贝于君，则曰“纳甸于有司”[①]。

【注释】

①甸：郑注：“谓田野之物。”指臣子采邑的田野之物，用以进献国君。

【译文】

臣子为了国君的丧事，向新国君进献货币，要说“将采邑田野的产物进献给主管官员”。

赗马入庙门[①]，赙马与其币[②]，大白兵车[③]，不入庙门。赙者既致命，坐委之[④]，摈者举之，主人无亲受也[⑤]。

【注释】

①赗(fèng)马入庙门：赗马用于牵引柩车出葬，为死者服务，所以可以进入庙门。赗马，赠给丧家的车马。

②赙(fù)马与其币：赙马和赙币。这是为帮助丧主办丧事用的马与财物，是为生者服务的，所以不能进入庙门。

③大白：旗名。

④委：置。

⑤主人无亲受也：丧主因亲人去世十分悲伤，不亲自接受赠物。

【译文】

送给死者的用于殡葬的马可以进入庙门，送给丧家帮助办丧事的赙马和赙币，插有大白旗的兵车，不能进入庙门。赠送财物的人在致辞后，就跪坐着将财物放在地上，然后由接待宾客的傧者跪坐着从地上拿起来收好，丧主不亲自接受。

受立，授立，不坐[①]，性之直者[②]，则有之矣。

【注释】

①坐：古人铺席于地，两膝着席，臀压在脚后跟上，称之“坐”，故译为“跪坐”。

②性：指身体、身材。直：长。这里指身材高大。

【译文】

接受和授予礼物时，双方都站立着，不用跪坐着接受与授予，但如果是天生身材高大的人，就要跪坐着接受或授予礼物了。

始入而辞，曰“辞矣”[1]。即席，曰“可矣”。

【注释】

①“始入而辞”二句：这是傧者为宾、主之间传话时的致辞。

【译文】

宾客刚进门，傧者要提醒主人说“请您让宾客先进门”。等到宾、主双方都来到席前时，傧者就说“可以就席了”。

排阖说屦于户内者，一人而已矣。有尊长在，则否[1]。

【注释】

①“排阖”四句：据孙希旦《集解》，众人要席坐于室中，如果尊卑相当，就选最年长一位在室内脱鞋，其余人都要在户外脱鞋。如果有尊者，尊者要先进入。尊者在堂，其余人都要在堂下脱鞋，只有尊者可以在席侧脱鞋。在室的话，其余人都要在户外脱鞋，只有尊者可以在室内脱鞋。阖，门扇。说，通“脱”。

【译文】

如果坐席在室内，宾、主进去后，年龄最大的一位在室内脱鞋，其他人都在户外脱鞋。如果室内已有尊长在，其余的人就都要在户外脱鞋。

问品味[1]，曰：“子亟食于某乎？”问道艺[2]，曰：“子习于某乎？”“子善于某乎？”

【注释】

①品味：口味。

②道艺：“道”指三德三行，即至德、敏德、孝德，孝行、友行、顺行。

“艺”指六艺，即礼、乐、射、御、书、数。

【译文】

宾、主之间如果询问对方的口味，要说：“您常吃某种食品吗？”如果询问对方的学问技艺，要说：“您研习某某学问吗？您擅长某某技艺吗？”

不疑在躬[①]，不度民械[②]，不愿于大家[③]，不訾重器[④]。

【注释】

①躬：自身。

②械：器物。

③愿：表示要效仿。大家：孔疏：“谓富贵广大之家，谓卿大夫之家也。”

④訾(zī)：估量，揣度。

【译文】

不做使自己受到怀疑的事，不猜度他人的器物，不羡慕富贵之家，不揣度他人宝器价值。

氾扫曰“扫”[①]，扫席前曰“拚”[②]。拚席不以鬣[③]，执箕膺擖[④]。

【注释】

①氾(fàn)：同“泛”。

②拚(fèn)：除秽。

③鬣(liè)：扫帚。“鬣”只能用来扫地，不能扫席。

④膺(yīng)：胸。擖(yè)：箕舌，即畚箕伸出的部分。

【译文】

遍扫室内室外的地叫做“扫”，只打扫席子前边的地叫做“拚”。清扫席子不用鬣，拿畚箕时要把箕舌对着自己的胸口，不要朝向在座的尊者。

不贰问[①]。问卜、筮[②]，曰：“义与，志与[③]？”义则可问，志则否。

【注释】

①不贰问：此节是讲占卜时的礼节。贰，二心。

②卜、筮：用龟甲占问吉凶，叫“卜”；用蓍草占问吉凶，叫“筮”。

③义、志：郑注：“义，正事也。志，私意也。”

【译文】

问卜的时候不能怀有二心，要专心诚意。卜筮前先要扪心自问：“我是为了公家正事呢？还是为了私事？”如果是为了公家正事，就可以卜问，为了个人私事，就不要卜问。

尊长于己逾等[①]，不敢问其年。燕见不将命[②]。遇于道，见则面，不请所之。丧俟事[③]，不犆吊[④]。侍坐，弗使不执琴瑟，不画地，手无容，不翣也[⑤]。寝，则坐而将命[⑥]。侍射则约矢[⑦]，侍投则拥矢[⑧]。胜则洗而以请[⑨]，客亦如之。不角[⑩]。不擢马[⑪]。

【注释】

①逾等：辈分高过自己。

②燕见：闲暇时私下拜见。不将命：孔疏："不使摈者传命。"

③俟(sì)：等待。事：指朝夕之哭，即大殓之后。

④不犆(tè)吊：孔疏："谓不非时而独吊也。"犆，同"特"，单独。

⑤翣(shà)：扇子。

⑥寝，则坐而将命：这是怕长者在寝躺卧，自己站立则恐临尊长。

⑦约矢：射礼中，两人为一耦(竞赛组)，每人一支一支地轮流取箭，各取四支，然后将三支箭掖在腰间，手持一箭升堂射箭。而如果幼者与长者为一耦，幼者要先让长者取四支箭，自己再取四支箭，一起拿在手里。

⑧侍投则拥矢：幼者陪长者投壶，长者将四支箭矢放在地上，一支一支地取投，幼者则把要投的四支箭矢一起抱着，不敢放在地上。投，投壶。宴飨礼中的一项内容，即比赛将箭矢投入铜壶中。通常二人一组，每人四支箭，轮流用手将箭矢投向放置在一定距离外的铜壶，投入壶中多者获胜。

⑨洗：洗爵斟酒。请：谓敬酒。无论是射箭还是投壶，如果双方地位年龄相当，赢家取酒敬输家，即罚酒；如果是卑者胜尊者，就要先清洗酒杯然后再敬酒，主人赢了客人也是如此。

⑩角：罚酒所用的酒杯。如果是卑者赢了尊者就不敢用角，而要用爵。

⑪不擢(zhuó)马：投壶每次取胜，要立一筹，称之为"马"，先立三马者为胜方。如果一方二马，一方一马，那么二马者可撤去对方的一马，自己凑成三马，即擢马。但如果是卑者先获二马，就不能去撤尊者的一马凑给自己。详见《投壶》篇。擢，撤去。

【译文】

尊长的辈分比自己高，不敢询问他们的年龄。闲暇时私下拜见尊长，不需要通过傧者传话。在路上遇到尊长，尊长如果看见了自己，就上前问好，如果没有看到就不要去打招呼，以免打扰尊长，不要问尊长要去哪里。尊长家里有丧事,要等到朝夕哭时再去吊丧,不要在不合适的时间独自去吊丧。陪坐于尊长身边,如果尊长没有指使,就不要拿起琴瑟弹奏,不要在地上乱画,不要乱动手干这干那,不要摇扇子。尊长如果躺卧在席上,自己就应跪坐着听候使唤。陪侍尊长比赛射箭时,要让尊长先取箭,然后自己再一起取四支箭,陪侍尊长比赛投壶时,尊长可以将箭矢放在地上,自己则要抱着自己的箭矢。射箭或投壶比赛时如果取胜,要先清洗杯子再斟酒,端到尊长面前请他喝,如果是主人在与客人的比赛中获胜,也要这样对待客人。请尊长喝酒,不能用罚酒的杯子角。投壶比赛时,即使是二马比一马领先尊长,也不能按一般的规则拿走尊长的一马告胜。

执君之乘车则坐①。仆者右带剑②,负良绥③,申之面④,拖诸幦⑤。以散绥升⑥,执辔然后步⑦。

【注释】

①执君之乘车则坐:为国君驾车,驾车的人居中,国君居左。执,执辔。

②仆:御者,即为国君驾驶车马者。右带剑:一般情况下剑都佩带在左侧,便于右手拔剑;但为国君驾车时,国君在驾车者的左侧,为了不妨碍国君,故将剑佩在右边。

③负良绥:君绥是系在车的左栏供国君登车时挽引的绳索,国君自车子的后方登车,御者要将绥从自己的背后绕过,因此称为“负”。良绥,即君绥。良,善。

④申之面:御者把登车绥的末端交到国君的面前。

⑤幦(mì):车轼上的覆盖物。

⑥散绥:副绥,即车的右栏所系的供驾车人登车时挽引的绳索。

⑦步:行车。按照礼仪,驭手驾车走五步,停下等候国君上车再继

续前行。

【译文】

为国君驾车就要坐在车上，手执马缰绳等候。驾车人要把剑佩在腰际右侧，把良绥从左腋下搭在左肩，然后从背后绕过，将末端交到国君面前，良绥的另一头则搭在车轼的覆盖物上。驾车人先拉着散绥登车，手执驭马缰绳，启动马车走几步停下，让国君登车再继续前行。

请见不请退①。朝廷曰“退”，燕游曰“归”，师役曰“罢”②。

【注释】

①请见不请退：孔疏：“谓卑者于尊所，有请见之理，既见，去必由于尊者，故不敢请退。”

②师役：战争和劳役。

【译文】

卑幼者可以请求进见尊长，但见面后不能请求退下，要等尊长发话。从朝廷上散朝叫“退”，宴饮或游玩后回家叫“归”，从战争、劳役中回家叫“罢”。

侍坐于君子，君子欠伸，运笏①，泽剑首②，还屦③，问日之蚤莫④，虽请退可也。

【注释】

①运：转动。

②泽剑首：抚弄剑柄。摩擦的时间长，剑柄上会有光泽。

③还(xuán)屦：尊者脱屦于室内席侧，所以可旋转屦。还，旋转。

④莫：同“暮”。

【译文】

在君子身边侍坐，如果君子打哈欠，伸懒腰，转弄笏板，抚摩剑柄，调转鞋头，问天色早晚，这说明君子已经疲倦，此时表示请求退下离去也是可以的。

事君者量而后入，不入而后量。凡乞假于人、为人从事者亦然[①]。然，故上无怨而下远罪也。

【注释】

①乞假：乞求借贷。

【译文】

臣子侍奉国君，凡有请求要办事，要先考量提出此事是否合理、能否办成，然后再入朝请求；不要先入朝请求要办事，然后才考量此事是否合理、能否办成。凡是向人借贷东西、为人办事，也要如此。只有这样做，才能让国君不怨恨、不怪罪，而自己也不忤逆、无罪过。

不窥密，不旁狎[①]，不道旧故，不戏色[②]。

【注释】

①狎(xiá)：亲近。

②不戏色：孔疏：“不戏弄其颜色。”

【译文】

不要窥探他人的隐私秘密，不要随便与人套近乎，不要说别人以前的罪过、丑事，不要有嬉戏、轻慢的神态表情。

为人臣下者，有谏而无讪[①]，有亡而无疾[②]，颂而无谄，谏而无骄，怠则张而相之[③]，废则扫而更之[④]，谓之社稷之役[⑤]。

【注释】

①讪（shàn）：毁谤。

②亡：去。疾：恶（wù），憎恶。

③怠则张而相之：孔疏："若君政怠惰，则臣当为张起而助成之也。"相，助。

④废则扫而更之：孔疏："君政若已废坏，无可复张助者，则当扫荡而更创立为新政也。"废，政令废弛。

⑤社稷之役：帮助维护社稷的臣子。役，孔疏："谓助为也。"

【译文】

作为臣子，应该对国君的过错当面加以劝谏，而不能背后毁谤；国君如果不听自己的劝谏，臣子可以离他而去，但不能心存憎恶；可以称颂国君的美德，但不能谄媚阿谀；国君如果接受了自己的劝谏，不能骄傲自得；国君如果对政事荒废怠惰，就要帮助国君加以处理；如果政务已经废坏，就设法要扫除弊政、更立新政，这样的臣子才叫社稷之臣。

毋拔来，毋报往[①]，毋渎神[②]，毋循枉[③]，毋测未至。

【注释】

①"毋拔来"二句：要循序渐进，不要疾来疾往。朱熹认为，二句的意思是不要轻易地因为喜欢而去做某事，而又很快地放弃。拔、报（fù），都是疾速的意思。报，通"赴"。

②渎（dú）：郑注："谓数而不敬。"频繁地祭祀神明，是对神明的不敬。

③枉：曾走过的不正之路。

【译文】

不要很快地去做某事，如果做了不要很快地放弃；不要频繁地祭祀而亵渎神明；不要重蹈曾经走过的错路；不要臆测未来。

士依于德[①]，游于艺[②]。工依于法，游于说[③]。

【注释】

①德：三德。见本篇“问品味”节注①。

②艺：六艺。见本篇“问品味”节注①。

③说：指理论、道理。

【译文】

作为士，应当以三种道德为依归，遨游于六艺之中。作为工匠，应当以规矩为依归，钻研有关的理论。

毋訾衣服成器[①]，毋身质言语[②]。

【注释】

①毋訾(zī)衣服成器：郑注：“訾，思也。”孔疏：“无得思念衣服善器。”与上文“不訾重器”意近，不要揣度估量人家的衣服、器具。

②毋身质言语：不要以自己的怀疑去推定言语，以免作出错误判断。见《曲礼上》“疑事毋质”之意。

【译文】

不要去打好衣服、好器物的主意，不要以自己的怀疑去推定言语，以免作出错误的判断。

言语之美，穆穆皇皇①。朝廷之美，济济翔翔②。祭祀之美，齐齐皇皇③。车马之美，匪匪翼翼④。鸾和之美，肃肃雍雍⑤。

【注释】

①穆穆：和静貌。皇皇：美盛貌。

②济济（qí）翔翔：威仪厚重宽舒之貌。

③齐齐皇皇（wǎng）：皇，郑注："读如'归往'之'往'。"指祭祀时孝子心有所系往，故言。

④匪匪翼翼：车马严正之貌。

⑤肃肃雍雍：孔疏："肃肃，是敬貌，雍雍，是和貌。"指车马銮铃之声庄重和谐。

【译文】

言语之美，在于平和大方。朝廷之美，在于威仪端庄。祭祀之美，在于虔诚敬慎。车马之美，在于严肃端正。鸾铃之美，在于铃声庄重和谐。

问国君之子长幼，长①，则曰"能从社稷之事矣"；幼，则曰"能御"、"未能御"②。问大夫之子长幼，长，则曰"能从乐人之事矣"③；幼，则曰"能正于乐人"、"未能正于乐人"。问士之子长幼，长，则曰"能耕矣"；幼，则曰"能负薪"、"未能负薪"。

【注释】

①长：已行冠礼，即已是成年人，与下文"幼"相对。此节与《曲礼上》"儗人必于其伦"节类似，可以参看。

②未能：成童以下，即未到十五岁。御：驾车。

③乐人：乐师。

【译文】

询问国君之子的年龄，如果已是成年人，就说"能够参与国家社稷大事了"；如果还未行冠礼，若已是成童，就说"已经能够驾车了"，若尚未成童，就说"还不能驾车呢"。询问大夫之子的年龄，如果已是成年人，就说"能从事乐师的工作了"；如果未行冠礼，若已是成童，就回答说"能接受乐师的指导了"，若尚未成童，就说"还不能接受乐师的指导呢"。询问士之子的年龄，如果已是成年人，就说"能够耕田种地了"；如果未行冠礼，若已是成童，就说"能背柴禾了"，若尚未成童，就说"还不能背柴禾呢"。

执玉、执龟筴不趋，堂上不趋，城上不趋。武车不式[①]，介者不拜[②]。

【注释】

①武车：兵车。式：通"轼"。

②介者：身着铠甲者。不拜：军人身着甲胄不能下跪，仅拱手低头行礼。

【译文】

手里拿着玉器、占卜用的龟甲蓍草时，不要快步走；在堂上不要快步走；在城上不要快步走。在兵车上不要凭轼行礼，身穿铠甲时不行拜礼。

妇人吉事，虽有君赐，肃拜[①]；为尸坐[②]，则不手拜[③]，肃拜；为丧主[④]，则不手拜。葛绖而麻带。取俎、进俎不坐[⑤]。

执虚如执盈，入虚如有人。凡祭，于室中、堂上无跣[6]，燕则有之。未尝不食新[7]。

【注释】

①肃拜：即直身不低头，双手下垂不至于地而拜。妇人以肃拜为正拜。古人席地而坐，各种拜都是在跪坐的形式下进行的。

②为尸：郑注："为祖姑之尸也。"尸是受祭拜的鬼神形象，由活人扮饰。

③手拜：俯首低头，双手至地，头再至于手。妇人以手拜为丧拜。

④为丧主：妇人为丧主，一般是丈夫或长子去世，妇人主持丧事。

⑤俎（zǔ）：宴飨、祭祀时置放熟鱼熟肉的带足的器具。

⑥跣（xiǎn）：脱屦。

⑦尝：秋天的祭祀。

【译文】

妇女行吉礼时，即使遇上国君赏赐，也要肃拜；充当祖姑之尸而坐时，不用手拜，而用肃拜；如果做丈夫或长子丧事的丧主，也不用手拜，而要磕头触地。妇人在卒哭祭后，头上从粗麻绖改为葛麻绖，腰间仍用粗麻绖。祭祀时，无论是将俎从堂上取下，还是将俎放到席上，都不能跪坐，而要站立。手中拿着没有盛放东西的器皿，要像拿着装满东西的器皿一样小心翼翼；进入无人的房间，要像进入有人的房间一样恭恭敬敬。凡是进行祭祀，在室中或堂上都不脱鞋，但是在燕饮时，可以脱鞋。没有在宗庙举行过秋季尝新之祭前，不能吃新收获的粮食。

仆于君子，君子升、下则授绥，始乘则式，君子下行，然后还立[1]。乘贰车则式[2]，佐车则否[3]。贰车者，诸侯七乘，上大夫五乘，下大夫三乘。有贰车者之乘马，服车，不齿；观君子之衣服、服剑、乘马,弗贾。

【注释】

①还(xuán):指调转车身。

②贰车:朝觐、祭祀时所用的副车。朝觐、祭祀主敬,故轼。

③佐车:战争、田猎时所用的副车。打仗、田猎主武,故不轼。

【译文】

为尊长驾车,尊长上车、下车时,就把登车索递给他;尊长开始乘车时,驾车人要俯身凭轼致敬;尊长下车步行离开后,驾车人要将车身调转,然后下车站立等候。乘贰车要凭轼行礼,乘佐车就不必了。贰车的数量,诸侯是七辆,上大夫是五辆,下大夫是三辆。有贰车的车马,不要评论车的新旧、马的老幼;观看尊长的衣服、佩剑、所乘之马,不要议论其价钱贵贱。

其以乘壶酒、束脩、一犬赐人[①],若献人,则陈酒、执脩以将命[②],亦曰"乘壶酒、束脩、一犬"。其以鼎肉[③],则执以将命。其禽加于一双,则执一双以将命,委其余。犬则执緤[④],守犬、田犬则授摈者[⑤],既受乃问犬名。牛则执纼[⑥],马则执靮[⑦]。皆右之,臣则左之[⑧]。车则说绥[⑨],执以将命。甲,若有以前之,则执以将命;无以前之,则袒櫜奉胄[⑩]。器则执盖[⑪]。弓则以左手屈韣执拊[⑫]。剑则启椟[⑬],盖袭之,加夫襓与剑焉[⑭]。笏、书、脩、苞苴、弓、茵、席、枕、几、颎、杖、琴、瑟、戈有刃者椟、策、籥[⑮],其执之皆尚左手[⑯]。刀,却刃授颖,削授拊[⑰]。凡有刺刃者,以授人则辟刃。

【注释】

①乘(shèng)壶:即四壶。束脩:十条干肉。见《檀弓上》"陈庄子死"节注④。赐:给卑者曰"赐",给尊者则曰"献"。

②陈酒:将酒陈列在门外。酒重脯轻,陈列重者于门外,执轻者进门奉命。

③鼎肉:已经解割的牲体,可放入鼎中直接烹煮。

④緤(xiè):绳索。

⑤守犬:守御宅舍的狗。田犬:田猎所用的狗。守犬、田犬皆有名。

⑥纼(zhèn):穿过牛鼻,用来牵牛的绳。

⑦靮(dí):马缰绳。

⑧臣则左之:孔疏:"左之,谓左手操其右袂也。"据说,这是要防备俘虏"起恶虑",留出右手以便制服。臣,郑注:"谓囚俘。"

⑨说:通"脱"。

⑩櫜(gāo):装铠甲的大袋子。胄(zhòu):头盔。

⑪器则执盖:孔疏:"凡器若献则陈底执盖以将命,盖轻便也。"

⑫韣(dú):弓袋。拊(fǔ):器物之柄。此指弓的把手。

⑬椟(dú):剑匣。

⑭袳(ráo):剑套。

⑮苞苴(jū):包裹鱼肉的草袋。茵:草垫子。颎(jiǒng):警枕。用圆木制成的枕头,人的头如果侧斜,就会警醒。籥:管乐器,形制似笛。

⑯尚:上。

⑰削:曲刀,即刀刃向内弯曲的刀。

【译文】

以四壶酒、十条干肉、一只狗赐给卑者,或献给尊长,要把酒和狗放在门外,只拿着干肉进门致辞,但致辞时要说"送来四壶酒、十条干肉、一只狗"。如果送来的是切割好的肉,那就拿着肉进去致辞。以禽鸟送人，数量多过一双，那就只拿着一双进门致辞，其余的都放在门外。以狗送人，要牵着拴狗的绳子，送的是看家的狗、田猎的狗，就要把拴狗的绳子交给主人家负责接待宾客的傧者，傧者接受之后，要询问狗的名字。以牛送人，就牵着牛鼻绳，以马送人，就牵着马缰绳。牛和马都用右手牵绳递交，以俘虏送人，就要用左手牵着递交。以车送人，就将登车的绥解下来拿进门致辞。以盔甲送人，如果还有重量较轻的礼物要献，那就先拿着较轻的礼物进门致辞；如果没有其他重量较轻的礼物，那就打开放盔甲的大袋子，拿着头盔进门致辞。以器具送人，将器的底座放在门外，拿着器盖进门致辞。以弓送人，就用左手将弓套折弯，同时拿着弓把进门致辞。以剑送人，要打开剑匣，把盖放在匣子底部，然后把剑套放在剑匣内，剑放在剑套上。以笏版、书册、干肉、用芦苇袋包着的鱼肉、弓、草垫子、席子、枕头、几案、警枕、手杖、琴、瑟、装有锋刃的戈的木盒、蓍草、籥等物送人，拿这些东西时都要左手在上、在外或在前。以刀送人，要让刀刃向后，递给对方刀环，以削刀送人，要将刀把递给对方。凡给别人递交有锋刃的东西，都要避开锋刃朝向别人。

乘兵车，出先刃，入后刃。军尚左，卒尚右①。

【注释】

①“军尚左”二句：左为阳，阳主生，表示战事无败绩；右为阴，阴主杀，表示士卒有必死的决心。

【译文】

兵车上的将士，出城时刀刃向前，入城时刀刃向后。将军以居左为上，士卒以居右为上。

宾客主恭，祭祀主敬，丧事主哀，会同主诩①。军旅思险，隐情以虞[②]。

【注释】

①诩（xǔ）：敏而有勇。

②虞：郑注："度也。"估量，估测。

【译文】

接待宾客以容貌恭敬为主，祭祀以内心诚敬为主，办理丧事以悲痛哀伤为主，国家间的会盟以勇武敏锐为主。军事行动要考虑危险情况，隐蔽自己的部署，并估测敌方的军情。

燕侍食于君子，则先饭而后已，毋放饭，毋流歠[①]，小饭而亟之[②]，数噍[③]，毋为口容[④]。客自彻，辞焉则止。

【注释】

①"毋放饭"二句：见《曲礼上》"侍食于长者"节注⑤。

②小饭：小口吃饭。亟（jí）：速。

③数：通"速"，快。噍（jiào）：嚼。

④毋为口容：即《曲礼上》的"毋咤食"，不要口舌作响、鼓嘴等。孔疏："无得弄口以为容也。"

【译文】

平时陪侍君子吃饭，要先为君子尝食，在君子吃饱后才停止吃；不要把手里不吃的饭再放回到盛饭的食器中，喝汤不要大口喝个不停，要小口吃饭，迅速咀嚼，吃东西嘴巴不要啧啧作响，不要鼓起腮帮子。饭后，陪侍吃饭的客人要自己动手撤掉餐具，这时主人加以劝阻，客人就住手不撤了。

客爵居左①，其饮居右②。介爵、酢爵、僎爵皆居右③。

【注释】

①客爵：主人酬宾之爵，即一献之礼，宾接过此爵而不饮，放在自己坐席前脯醢的左边。

②其饮：主人献宾之爵，即旅酬（宾主、宾客互相敬酒）开始时，主人献宾之酒，宾饮此酒后将爵放在席前脯醢的右边。

③介：宾的副手。酢爵：宾回敬主人之爵。酢，指宾回敬主人酒。僎（zūn）：通“遵”，即乡人中来观礼的卿大夫。介爵、酢爵、僎爵都是必饮之爵，所以都放在各自席右。

【译文】

举行乡饮酒礼时，主人酬宾的爵，宾接过后放在自己席前脯醢的左边；主人献宾的爵，宾饮此酒后将爵放在席前脯醢的右边。主人献给介的爵，宾回敬主人的爵，主人献给观礼的卿大夫的爵，都放在各自席前脯醢的右边。

羞濡鱼者进尾①。冬右腴②，夏右鳍③，祭肬④。

【注释】

①羞：进献食物。濡（rú）：本意为湿，此处应指浇汁。进尾：鱼尾向前，便于从后向前食鱼而使肉与刺分离。

②腴（yú）：鱼腹。

③鳍（qí）：鱼脊。

④肬（hū）：从鱼腹切下来的大片的肉。

【译文】

献鱼时，进献的是浇上汁的鱼，要让鱼尾朝前。冬天上鱼时要让鱼腹朝着人的右侧，夏天上鱼时要让鱼脊朝着人的右侧，这样便于人用右手取食；行食前祭时，要用鱼腹切下来的大片的肉。

凡齐[①]，执之以右，居之于左。

【注释】

①齐（jì）：同“剂”。指将盐、梅放入羹汁中调味。

【译文】

凡调和食物的滋味，要用右手拿着调味品，用左手拿着羹汁等。

赞币自左[①]，诏辞自右[②]。

【注释】

①赞币：国君不亲自赠人币帛，由相礼者助国君授币。

②诏辞：孔疏：“谓为君传辞也。”

【译文】

相礼者协助国君授币站在国君的左边，为国君传达命令站在国君的右边。

酌尸之仆，如君之仆。其在车，则左执辔，右受爵，祭左右轨、范[①]，乃饮。

【注释】

①轨：车轴的左、右两头。范：车轼的前面。

【译文】

酌酒给为尸驾车的人，礼数要与给国君驾车的人相同，因为尸与国君一样尊贵。如果给尸驾车的人在车上,就左手抓住缰绳,右手接过酒杯,先用酒祭车轴的左、右两头和车轼前面,然后饮酒。

凡羞有俎者,则于俎内祭[1]。

【注释】

①于俎内祭:按礼仪,食前祭应取少量食物放在豆、笾之间的地上,但因俎之体形较长大,横设于席前,妨碍了将祭品放到别处,因此放在俎内表示祭祀。俎,盛放肉食的器具。

【译文】

凡上菜,如有用俎盛的,就在俎内行祭。

君子不食圂腴[1]。

【注释】

①圂(huàn)腴:孔疏:"圂,猪犬也。腴,猪犬肠也。"猪狗的内脏。圂,通"豢",指猪、犬。

【译文】

君子不吃猪狗的内脏。

小子走而不趋[1],举爵则坐祭,立饮。

【注释】

①小子走而不趋:孔疏:"弟子不得与宾、主参与礼,但给役使,故宜驱走,不得趋翔为容也。"趋翔,快步疾行,翩翩若翔,是一种礼仪之容。弟子供宾、主役使,因此不须趋翔为容。小子,弟子。

【译文】

弟子参加宴会，只供役使，不须快步趋翔为礼；举杯喝酒，可以跪坐着行祭礼，起立后再饮酒。

凡洗必盥[①]。

【注释】

①凡洗必盥：郑注："先自洁也。"

【译文】

凡洗爵杯，一定先要洗手。

牛羊之肺，离而不提心[①]。

【注释】

①离：割。提：绝。心：指中央部分。这是一种割肺祭祀之法。古人吃食先要祭祀，切肺要先从四边切，而保留与中央部位的连接，祭祀时再用手撕断。

【译文】

牛羊的肺，四周切割，但不完全割断与中央部分的连接，食前祭祀时再用手撕断。

凡羞有湇者[①]，不以齐[②]。

【注释】

①羞：指美味的食品。湇(qì)：肉汁。

②齐(jì):见上文“凡齐”节注①。孔疏,肉汁本身已有盐、梅调味,如果食用者再要自己加调味品,是嫌主人没有调好味道,因此不能自己再调味。

【译文】

凡是佳肴中有肉汁,主人已调好味道,客人不再加调料。

为君子择葱薤[①],则绝其本末。

【注释】

①薤(xiè):多年生草本植物,韭类。

【译文】

为君子选葱、薤时,要把叶梢和根须掐掉。

羞首者,进喙[①],祭耳。

【注释】

①喙(huì):一般指鸟兽的嘴,这里泛指动物的嘴。

【译文】

进献的食物有牲头的,要把牲嘴朝前,用牲耳来行食前祭。

尊者以酌者之左为上尊[①]。尊壶者面其鼻[②]。

【注释】

①尊者:孔疏:“谓设尊人也。”即摆放酒樽的人。上尊:设两樽,一为玄酒之樽,二为酒之樽。二樽中以玄酒为上。

②尊壶者面其鼻：孔疏："尊与壶悉有面，面有鼻，鼻宜向于尊者。"

【译文】

摆设酒樽的人，要以斟酒人的左边为上樽之位。摆设酒壶的人，要使壶鼻朝向尊长。

饮酒者、禨者、醮者[①]，有折俎不坐[②]。

【注释】

①饮酒：指私下饮宴。禨（jì）：沐后饮酒。醮（jiào）：冠礼中加冠者所饮之酒。

②折俎：即按着牲体的骨节折解成块，盛放于俎上。"折俎"是尊贵的礼食，所以折俎未撤就不能坐饮，只有撤俎后才能坐饮。

【译文】

平常饮酒、沐后饮酒以及冠礼中加冠者所饮之酒，只要折俎在就不能坐饮。

未步爵[①]，不尝羞。

【注释】

①步爵：行爵。宴会时先完成祭祀礼仪，象征性地吃食饮酒。旅酬后，宾、主才开始不计杯数畅饮，这叫做"无算爵"。行爵，就是指进行到无算爵时的饮酒。

【译文】

宴会未到行爵畅饮时，就不吃菜肴。

牛与羊、鱼之腥，聂而切之为脍[①]。麋、鹿为菹，野豕为轩，皆聂而不切。麕为辟鸡，兔为宛脾，皆聂而切之。切葱若薤，实之醯以柔之[②]。

【注释】

①聂（zhé）而切之为脍：将肉先切成薄片，再细切即成脍。

②“麋、鹿为菹”八句：见《内则》“牛脩、鹿脯”节注②、“肉腥，细者为脍”节注②。

【译文】

生的牛肉和羊肉、鱼肉，切成薄片后再细切就叫做“脍”。麋肉、鹿肉切成大片，叫做“菹”；野猪肉切成大片，叫做“轩”，都是切成薄片后不再细切。獐子肉切成细丝，叫做“辟鸡”；兔肉切成细丝，叫做“宛脾”，都是切成薄片以后再加细切。切葱和薤放在肉中，并加醋和拌使肉柔软。

其有折俎者，取祭肺，反之，不坐。燔亦如之[①]。尸则坐。

【注释】

①燔（fán）：烧烤。

【译文】

俎上有按骨节折解成块的牲体，宾客就从中取肺行祭，祭毕再放回俎内，取祭与放回时都不能坐着。取烤肉行食前祭以及放回时也不能坐着。只有尸在做这些事时可以坐着。

衣服在躬，而不知其名为罔[①]。

【注释】

①“衣服在躬”二句：孔疏：“衣服文章，所以表人之德，亦劝人慕德，若着之而不识知其名义者，则是罔罔无知之人也。”罔，郑注：“无知貌。”

【译文】

衣服穿在身上却不知衣服的名和义，就是无知。

其未有烛，而后至者，则以在者告。道瞽亦然①。

【注释】

①道（dǎo）：引导。瞽（gǔ）：盲人。

【译文】

聚会时天色已晚但尚未点燃火烛，这时又有后来者，主人就要把已经在座的人介绍给后来者。引导盲人时也是这样。

凡饮酒，为献主者执烛抱燋①，客作而辞，然后以授人。执烛，不让、不辞、不歌。

【注释】

①献主：即主人。因为主人献酒于宾，故称“献主”。燋（jiāo）：未点燃的火把。

【译文】

凡聚会饮酒，天黑后，主人就要一手执着点燃的火烛，一手抱着未点燃的火把，劝来宾饮酒，客人看到后就要站起身来辞谢，然后主人将所执火烛交给手下人。手执火烛饮酒，礼仪要减省，不用互相谦让，不用起身辞谢，不必歌唱赋诗。

洗、盥、执食饮者勿气[①]。有问焉，则辟咡而对[②]。

【注释】

①洗、盥：孔疏："洗，谓与尊长洗爵也。盥，谓与尊长洗手也。"一说"洗，谓为尊长洗足"，亦可通。见《训纂》、《集解》引正义。

②辟咡(èr)：侧着头说话，以免口气直冲对方。见《曲礼上》"幼子常视毋诳"节注④。

【译文】

为长者倒水洗爵，或倒水洗手，以及拿食物饮品，自己的口气不要直冲尊者和食品。尊者如果提问，要侧着头回答，也是避免口气冲及长者。

为人祭曰"致福"，为己祭而致膳于君子曰"膳"，祔、练曰"告"[①]。

【注释】

①告：报告刚刚举行完祔祭或练祭。

【译文】

代别人做祭祀主持人，将祭肉送人时就说"给您送上祭祀之福"；主持自家的祭祀，将祭肉送给君子时就说"给您送上些美食"；如果是举办祔祭、练祭，将祭肉送给君子时就说"向您报告举行了祭祀"。

凡膳、告于君子，主人展之[①]，以授使者于阼阶之南，南面，再拜稽首送；反命，主人又再拜稽首。其礼，大牢则以牛左肩、臂、臑、折九个[②]，少牢则以羊左肩七个[③]，犆豕则以豕左肩五个。

【注释】

①“凡膳”二句：即上文的“为己祭而致膳于君子曰‘膳’，祔、练曰‘告’”。展，省视。

②肩、臂、臑（nào）：牲体前腿的三个部位名称。上端是肩，肩下是臂，臂下是臑。右腿已在祭礼中使用，所以要用左腿作为祭肉送人。

③左肩：郑注，从牛的牲体肩、臂、臑，就可知羊、豕也是如此，因此就只说肩，不说臂、臑了。

【译文】

凡是自己祭祀或祔祭、练祭后送祭肉给君子，主人要亲自检视，然后在阼阶南面交给使者，面向南行两拜磕头礼送别使者；使者归来复命，主人又行两拜磕头行礼。致送祭肉的礼数是，如果祭祀时用太牢，那就送牛左前侧的肩、臂、臑三个部位，每个部位折成三段，共九段；如果祭祀时用少牢，那就送羊左前侧的肩、臂、臑，折成七段；如果祭祀时用一头猪，那就送猪左前侧的肩、臂、臑，折成五段。

国家靡敝[①]，则车不雕幾[②]，甲不组縢[③]，食器不刻镂，君子不履丝屦，马不常秣[④]。

【注释】

①靡敝：孔疏：“‘靡’谓侈靡，‘敝’谓凋敝。由君作侈靡，赋税烦急，则物凋敝。”

②雕：镂刻。幾（qí）：凹凸的花纹。

③组縢（téng）：用丝组为装饰。

④秣(mò):喂马的谷物。

【译文】

国家用度奢靡财政凋敝,车子就不要雕刻凹凸的花纹,铠甲也不用丝绸组带来装饰,食器不刻镂图案,君子不穿丝绸装饰的鞋,马也不经常喂以谷物。

学记第十八

【题解】

郑玄《礼记目录》云："名曰'学记'者，以其记人学、教之义。"

《学记》之"学"，意涵丰富，有教导、学习、学校、教育等多项意义。郑玄认为此篇内容乃记载人们学习与教育的意义；朱熹《仪礼经传通解》更具体指出，本篇是谈古代学校教人、传道、授业的顺序以及教育得失与兴废的缘由，因此称为"学记"。

本篇是相当完整而且成熟的教育论著，开宗明义即提出化民成俗的教育意义，也指出教学相长的重要观念，并提供教育者具体可行的教学方法——预防、适时、循序、观摩，尤其重视导引启发学生，而非一味强迫学生记诵；同时又从教育者与学习者的不同角度讨论有关的学习原则。本篇的时代距今虽已久远，但今日读来仍然很有意义。

发虑宪①，求善良，足以謏闻②，不足以动众。就贤体远，足以动众，未足以化民。君子如欲化民成俗，其必由学乎！

【注释】

①宪：法。

②謏(xiǎo)：小。闻(wèn)：声誉，名声。

【译文】

思想符合法度原则，招求善良贤能之士，这样能够博取小的名声，但不足以感动大众。亲近贤人、体恤远方的臣民，这样能感动大众，但不足以教化人们。君子如果想要教化人们并形成良好的风俗，就一定要从办学校、兴教育入手！

玉不琢，不成器；人不学，不知道。是故古之王者建国君民，教学为先。《兑命》曰[①]："念终始典于学[②]。"其此之谓乎！

【注释】

①《兑(yuè)命》："兑命"当作"说命"，《尚书》佚篇名。下同。郑注："高宗梦傅说，求而得之，作《说命》三篇，在《尚书》，今亡。"今本伪《古文尚书》有《说命》上、中、下三篇，不可信。2008年，清华大学出土文献研究与保护中心收藏一批流失到香港的战国竹书，经李学勤带领团队整理研究已陆续由上海中西书局出版(2012年出版)，其中第三辑有《说命》上、中、下三篇。清华藏《说命》简长45厘米，每篇末简简背都有篇题《傅说之命》。此处所引"《兑》命曰：念终始典于学"，不见于清华竹简本，整理者认为"这应该是由于《说命》的传本有异"。

②典：常。

【译文】

玉不雕琢，就不能成为有用的器物；人不学习，就不能知晓道理。所以古代的君王建立国家、治理百姓，以兴办教育为先。《说命》说："自始至终惦念着致力于学习。"说的就是这个意思吧！

虽有嘉肴，弗食，不知其旨也；虽有至道，弗学，不知其善也。是故学然后知不足，教然后知困。知不足，然后能自反也；知困，然后能自强也。故曰：教学相长也。《兑命》曰："学学半[①]。"其此之谓乎！

【注释】

①学（xiào）学半：教与学，各获益一半。上"学"字，即"教"。此处所引"《兑》命曰：学学半"，不见于清华竹简本。

【译文】

即使有美食佳肴，如果不吃一口，就不知道它的美味；即使有深刻的道理，如果不学习，就不明白它好在哪里。所以学习之后才知道自己的不足，教人之后才发觉自己的困惑。知道自己的不足，然后才能够反省自己；发觉自己的困惑，然后才能发奋图强。所以说：教与学是相互促进的。《说命》说："教与学，各获益一半。"说的就是这个意思吧！

古之教者，家有塾[①]，党有庠[②]，术有序[③]，国有学。比年入学[④]，中年考校[⑤]：一年视离经辨志，三年视敬业乐群，五年视博习亲师，七年视论学取友，谓之"小成"。九年知类通达，强立而不反，谓之"大成"。夫然后足以化民易俗，近者说服而远者怀之，此大学之道也。《记》曰[⑥]："蛾子时术之[⑦]。"其此之谓乎！

【注释】

①家有塾：据孔疏，古代二十五家为闾，同在一巷，巷首有门，门边有塾，居民子弟受教于塾。塾，与后文"庠"、"序"、"学"皆指古代

学校名。

②党：据《周礼·地官·大司徒》，五百家为党。党属于乡。

③术：据郑注，当为“遂”。据《周礼·地官·大司徒》，一万二千五百家为遂。遂在远郊。

④比(bì)年：每一年。

⑤中年：间隔一年。

⑥《记》：孔疏：“旧人之记先有此语，记礼者引旧记之言。”

⑦蛾(yǐ)子时术之：旧注说，蚂蚁不停地衔土，最终垒成了土丘。蛾，同“蚁”。术，指蚂蚁不停地学习衔土。

【译文】

古代的教育场所，二十五家的闾有塾，五百家的党有庠，一万二千五百家的遂有序，天子、诸侯的国都有学。每年有新生入学，隔一年要考核一次：第一年，考核阅读经文的句读能力并辨别学习兴趣的方向；第三年，考核是否专心课业且善于合群；第五年，考核是否精专广博且敬爱师长；第七年，考核讲论学问及识人交友的能力；完成这七年的学习并通过考核，就称为“小成”。第九年，知道触类旁通，想法独立而又不违反师教，就称为“大成”。学业大成后，就足以教化人们、移风易俗，使亲近的人心悦诚服，而远方的人都来归附，这就是大学之道。《记》中说：“蚂蚁不停地学习衔土，终于垒成了土堆。”说的就是这个意思吧！

大学始教，皮弁祭菜[①]，示敬道也。《宵雅》肄三[②]，官其始也[③]。入学鼓箧[④]，孙其业也[⑤]。夏、楚二物[⑥]，收其威也。未卜禘不视学[⑦]，游其志也[⑧]。时观而弗语，存其心也。幼者听而弗问，学不躐等也[⑨]。此七者，教之大伦也。《记》曰：“凡学，官先事[⑩]，士先志[⑪]。”其此之谓乎！

【注释】

①皮弁：即皮弁服，一种礼服名。可参看《郊特牲》“天子适四方”节注⑬。祭菜：即释菜礼，将菜放置在先圣、先师的神位前进行祭祀。见《月令》“是月也，毋竭川泽，毋漉陂池”节注⑤。

②《宵雅》：即《小雅》。宵，小。肄（yì）三：学习三篇诗歌，即《诗经·小雅》中《鹿鸣》、《四牡》、《皇皇者华》三篇。肄，习。

③官其始：劝诱初学者立志任官事上。据郑注，《小雅》这三篇诗歌都属于君臣宴乐、犒劳辛苦的内容，安排学生学习可以劝诱学生事上的意愿。

④入学鼓箧（qiè）：这一种入学的仪式，开学时，大胥之官击鼓以召集学生，到齐后，打开书箱，取出书籍。鼓箧，郑注：“击鼓警众，乃发箧出所治经业也。”

⑤孙（xùn）：通“逊”，敬顺。

⑥夏、楚：两种教鞭。夏，用榣（tāo，山楸）木制作；楚，用荆条制作。

⑦视学：即考核评判优劣。

⑧游其志：让学生优游心志，不急于求成。游，优游从容。

⑨躐（liè）：超越。

⑩官：已仕者。

⑪士：未仕者。

【译文】

大学开学时，学生要穿着皮弁服，在先圣、先师神位前祭菜，表示敬重师道。诵习《小雅》中的三篇诗歌，这是为了劝导学生在开始学习时就立志做官事奉君上。入学时，击鼓召集学生，打开书箱取出书籍，使学生敬顺学业。使用夏、楚两种教鞭鞭笞违规的学生，收敛他们的气势。天子、诸侯没有经过占卜举行禘祭前，就不到学校视察考核，让学生志意从容宽松，学习不会紧迫急切。教师注意观察学生，却不事事叮咛，让学生动脑筋、存疑问，培养独立思考的能力。年幼的学生只听讲而不随意提问，因为学习不能逾越等级。以上七项，就是教学的大纲。《记》说："凡是学习，学做官就先学为官之事，学做士就先学学士之志。"说的就是这个意思吧！

大学之教也，时教必有正业①，退息必有居学②。不学操缦③，不能安弦；不学博依④，不能安《诗》；不学杂服⑤，不能安礼；不兴其艺，不能乐学。故君子之于学也，藏焉，修焉，息焉，游焉。夫然，故安其学而亲其师，乐其友而信其道。是以虽离师辅而不反也⑥。《兑命》曰："敬孙务时敏⑦，厥修乃来⑧。"其此之谓乎！

【注释】

①时教：因时施教。朱熹将"时"字属上句，读为"大学之教也时"，认为即《王制》篇中"春、秋教以《礼》、《乐》，冬、夏教以《诗》、《书》"。正业：孔疏，即先王的正典，而非诸子百家。

②居学：指居家休息时的辅助性的学习。以下"安弦"、"博依"、"杂服"、"兴艺"等，都是"居学"的内容。

③操缦（màn）：操弄琴弦。缦，弦索。

④博依：广博的譬喻。《诗经》善用比兴的写作手法，读者必须博学多闻，知道天地草木、鸟兽、虫鱼之事，才能理解《诗经》的内在意涵。

⑤杂服：指各种礼服、燕服。

⑥辅：指朋友。

⑦孙（xùn）：通"逊"。此处所引"《兑》命曰：敬孙务时敏，厥修乃来"，不见于清华竹简本。

⑧厥：其。修：修正业。指修业的成果。

【译文】

大学的教学,要因时施教安排授课内容,教学内容一定是先王的正典,课后休息一定在居所有各种学习。不学习拨弄琴弦的指法,就不能把琴弹好;不广博地学习比兴比喻,就不能真正领会理解《诗经》;不学习各种服饰弁冕知识,就不能很好地操持执行礼典礼仪;不喜好精深博雅的技艺,就不能有乐趣地学习。所以君子对于学习这件事,要时刻怀藏着学习的心愿,不断研修,休息时不忘学习,游乐时也不忘学习。这样才能安心学习并亲近师长,与朋友快乐地交往而信奉所学的道理。所以,即使离开师长朋友也不会违反所学的道理。《说命》说:"敬重道义,谦逊问学,努力学习,时刻学习,尽快实行,那修业的成果才会到来。"说的就是这个意思吧!

今之教者,呻其佔毕①,多其讯言②,及于数进③,而不顾其安④,使人不由其诚⑤,教人不尽其材。其施之也悖,其求之也佛⑥。夫然,故隐其学而疾其师⑦,苦其难而不知其益也。虽终其业,其去之必速。教之不刑⑧,其此之由乎!

【注释】

①呻其佔(chān)毕:指教师不懂经义,只会吟读简册,无法为学生诠释义理。呻,吟诵。佔毕,指视简上文字诵读以教人。佔,视。毕,指简。

②讯:王引之说,应读为"谇"。多其谇言,即多其告语,指学生还没有自己思考领悟,就将答案告诉学生。

③及于数(sù)进:追求于速进。及,通"汲",汲汲。数,通"速"。

④安:知晓。

⑤使人:即教人。

⑥佛:通“拂”,乖戾。

⑦隐:厌恶。

⑧刑:成功。

【译文】

今天的教师,只知道照本宣科拿着简册吟读,不等学生自己思考领悟就生硬灌输,汲汲于加速进度,而不管学生是否真的知晓道理,教学不是诚心诚意的,向学生传授知识也有所保留。教师施教就违背常理,学生求学也乖戾抵触。正因如此,学生厌恶学习而且痛恨自己的教师,感到学习的痛苦而不知学习的好处。即使完成了学业,也必然很快地会忘掉学过的东西。教育之所以不能成功,应该就是这个原因吧!

大学之法:禁于未发之谓豫①,当其可之谓时,不陵节而施之谓孙②,相观而善之谓摩。此四者,教之所由兴也。

【注释】

①豫:预备,预防。

②陵节:超越阶段。孙(xùn):通“逊”,顺。

【译文】

大学教育的方法:在邪念未萌发之时就加以禁止,这叫预防;在可以接受教育之时就加以教育,这叫适时;不超越学习阶段而循序渐进地施教,这叫顺序;互相观察而学习别人的优点,这叫观摩。这四项,是教育之所以能兴盛的方法。

发然后禁,则扞格而不胜①;时过然后学,则勤苦而难成;杂施而不孙,则坏乱而不修;独学而无友,则孤陋而寡闻;燕朋逆其师②;燕辟废其学③。此六者,教之所由废也。

【注释】

①扞(hàn)格：抵触。

②燕：轻慢。

③燕辟废其学：孔疏："堕学之徒，好亵慢笑师之譬喻，是废学之道也。"燕辟，郑注："亵师之譬喻。"

【译文】

邪念萌发后才加以禁止，就会抵触抗拒而不能战胜邪念；过了能够接受学习的年纪之后才学习，就会劳累辛苦而难有成效；教学杂乱而不依顺序，就会破坏混乱教学体系而无法治理；独自学习而没有朋友相互交流切磋，就会孤陋寡闻；轻慢朋友就会违背师教；轻慢老师的训喻，就会荒废学业。这六项，是教育之所以会失败的原因。

君子既知教之所由兴，又知教之所由废，然后可以为人师也。故君子之教喻也，道而弗牵①，强而弗抑②，开而弗达。道而弗牵则和，强而弗抑则易，开而弗达则思。和、易以思，可谓善喻矣。

【注释】

①道(dǎo)：导引。下同。牵：牵制。

②强(qiǎng)：劝勉。

【译文】

君子已经知道教育之所以兴盛的方法，又知道教育之所以失败的原因，然后就可以为人师表了。所以君子教育学生时，引导而不牵制，劝勉而不压抑，启发思考而不说尽。引导而不牵制能使师生关系融洽，劝勉而不压抑能使学生容易接受，启发而不说尽能使学生独立思考。使学生和顺，易于领会接受，又能独立思考，这就称得上善于教谕了。

学者有四失，教者必知之。人之学也，或失则多，或失则寡，或失则易，或失则止①。此四者，心之莫同也。知其心，然后能救其失也。教也者，长善而救其失者也。

【注释】

①止：指学者尚未知晓通透道理，却又不请教咨问，将自己想法作为结论。孔疏，“此失在于自止”，这是“思而不学则殆”。

【译文】

学生容易产生四种过失，教师必须了解。人们学习时，有的失于贪婪求多，有的失于孤陋寡闻，有的失于肤浅而不知深究，有的失于自以为是而故步自封。这四项过失的产生，心理是各不相同的。教师必须知道他们的心理，然后才能纠正他们的过失。教育，就是让学生发挥所长，并纠正他们的过失。

善歌者，使人继其声；善教者，使人继其志。其言也约而达，微而臧①，罕譬而喻，可谓继志矣。

【注释】

①臧（zāng）：善。

【译文】

善于唱歌的人，能使人感动而不知不觉地跟着唱；善于教育的人，能使人听懂了他讲的道理、继承他的志向。言语简约而通达，精微而妙善，少用譬喻而意义明白，能够做到这几点，就称得上是能使人继承志向的人。

君子知至学之难易，而知其美恶，然后能博喻①。能博喻然后能为师，能为师然后能为长，能为长然后能为君，故师也者，所以学为君也。是故择师不可不慎也。《记》曰："三王、四代唯其师[②]。"此之谓乎！

【注释】

①博喻：孙希旦《集解》："谓因学者之材质而告之，而广博譬喻，不拘一途也。"即因材施教。

②三王：夏、商、周三代之王。四代：三代加虞。

【译文】

君子知道到达学问之路的难易，而且知道学生的素质有好有坏，然后能广用比喻、因材施教。能广用比喻、因材施教，然后才能为人师表，能为人师表，然后才能做官长，能做官长，然后才能做国君，所以和老师学习，就是在学习做国君。因此选择老师不可不慎重。《记》说："三王、四代都是以老师为重。"说的就是这个意思吧！

凡学之道，严师为难[①]。师严然后道尊，道尊然后民知敬学。是故君之所不臣于其臣者二：当其为尸，则弗臣也；当其为师，则弗臣也。大学之礼，虽诏于天子[②]，无北面，所以尊师也。

【注释】

①严：尊敬。

②诏：教。

【译文】

凡学习之道，最难的就是尊敬老师。老师受到尊敬，然后道才会受到尊重，道受到尊重，然后人们才知道尊崇敬重学问。因此有两种情况国君是不把臣子当作臣子看待的：一种是当臣子担任祭祀的尸时，国君不敢把他看作是臣子；另一种是当臣子是自己的老师时，国君不敢把他看作是臣子。大学的礼仪，即使是给天子讲学，老师也不必面向北方表示居臣位，就是为了表示尊敬老师。

善学者，师逸而功倍，又从而庸之①；不善学者，师勤而功半，又从而怨之。善问者，如攻坚木，先其易者，后其节目，及其久也，相说以解②；不善问者反此。善待问者，如撞钟，叩之以小者则小鸣，叩之以大者则大鸣，待其从容，然后尽其声；不善答问者反此。此皆进学之道也。

【注释】

①庸：功劳。

②说（tuō）：通“脱”，解脱。

【译文】

善于学习的人，老师轻松而效果加倍，学生又从而归功于老师；不善于学习的人，老师辛勤而效果减半，学生又从而埋怨老师。善于发问的人，好比攻伐坚硬的木材，要先从容易的部位开始，然后再砍伐坚硬的关节处，等到时间一长，木材就脱落分解了；不善于发问的人正与此相反。善于回答问题的人，好比撞钟，小力地敲打钟声就小，用力地敲打钟声就大，从容不迫地敲打，钟声就渐渐止息；不善于回答问题的人正与此相反。这都是推进学习的方法。

记问之学①，不足以为人师。必也其听语乎！力不能问，然后语之；语之而不知，虽舍之可也。

【注释】

①记问之学：预先背诵书中内容。

【译文】

只靠预先记诵书中的内容来给学生讲授，这不足以成为老师。一定要听了学生发问后才加以解答吧！如果学生有疑惑却没有发问的能力，他才主动为学生解惑；如果为学生讲解了而学生仍然无法理解，先搁置一旁，以后再讲解也是可以的。

良冶之子[1]，必学为裘[2]；良弓之子，必学为箕[3]；始驾马者反之[4]，车在马前。君子察于此三者，可以有志于学矣。

【注释】

①冶：冶铸。

②为裘：以兽皮缝缀裘衣，把一片片的兽皮拼合成皮衣。

③为箕：畚箕必须由弯曲柳条编制。本节前两句，李调元《礼记补注》认为，虽然冶铸与缝制裘衣、制弓与编制簸箕，表面上是不相关的事，但方法与道理却是可以借鉴学习的，作者是借此说明“学者贵于善悟也”，也就是举一反三的学习之道。

④始驾马：初学驾车的幼马。反之：据孔疏，这是指由大马驾车在前，而将学习驾车的小马系在车后，一反大马驾车的常态，是为了让未曾驾车的小马勿因惊恐而奔驰，逐渐熟悉适应驾车。

【译文】

优秀的冶铸工之子，一定要学习缝制裘衣；优秀的制弓匠之子，一定要学习编制畚箕；刚开始学习驾车的幼马，与大马在车前驾车的位置正相反，车子行在幼马前。君子明白了这三件事的道理后，就可以触类旁通，立志学习了。

古之学者，比物丑类[1]。鼓无当于五声[2]，五声弗得不和；水无当于五色[3]，五色弗得不章[4]；学无当于五官[5]，五官弗得不治；师无当于五服[6]，五服弗得不亲。

【注释】

①比物丑类：指排比并列各类事物。丑，比。

②当：主。五声：即宫、商、角、徵、羽。

③五色：青、赤、黄、白、黑。

④章：通“彰”，显明。

⑤五官：据《曲礼下》“天子有后”节，指司徒、司马、司空、司士、司寇。这里泛指政府各级官吏。

⑥五服：指斩衰、齐衰、大功、小功、缌麻五种丧服。这是按照与死者的亲疏关系确定的穿着丧服的规格、服丧时间长短、服丧内容的丧礼制度。

【译文】

古代的学者，喜欢排比并列各类事物。鼓，本不属于五声，而五声若没有鼓的调节就不能和谐；水，本不属于五色，而绘画时若没有水的调和，五色就无法彰显色彩；学，本不属于五官中的一职，而五官若不通过学习，就不懂得治理之道；老师，本不属于五服，而五服之内的亲属不通过老师教导，就不知道应当怎样互相亲近。

君子曰[1]：“大德不官，大道不器，大信不约，大时不齐。察于此四者，可以有志于学矣[2]。”

【注释】

①曰：原本脱此字，整理者补出。

②学：孔疏引作“本”，故注家多以“本”字作解，如孙希旦《集解》、朱彬《训纂》等。孔疏：“不官为诸官之本，不器为诸器之本，不约为诸约之本，不齐为诸齐之本。”此处作“学”亦通。

【译文】

君子说：“最大的德性不局限于任何官职，最高的道理不拘泥于任何器用，最大的诚信不必用符券约束，最要紧的天时不会将万物消长、荣枯、兴衰整齐划一。明白了这四项，就可以有志于学习了。”

三王之祭川也，皆先河而后海，或源也①，或委也②。此之谓务本。

【注释】

①源：孔疏引或说云：“源则河也。”

②委：孔疏引或说云：“委则海也。”

【译文】

夏、商、周三代君王祭祀河川，都先祭河再祭海，河是源头，海是众水之所汇聚。这就叫作务求根本。

乐记第十九

【题解】

郑玄《礼记目录》云:“名曰‘乐记’者,以其记乐之义。”

本篇所谓的“乐”不同于今天的音乐,它包含音乐、舞蹈(或兼诗歌)的表现形式。记文主要阐述乐的形成与功能,并论述礼、乐关系及影响等,因此题为“乐记”。本篇是中国最早的音乐理论著作。刘向《别录》校书,得《乐记》二十三篇,今本《乐记第十九》乃将前十一篇合为一篇,各篇篇目及主旨为:一、乐本:论乐之起源,提出声、音、乐意义不同,并谈及乐的社会功能。二、乐论:论礼、乐之别,以及其各自的社会功能。三、乐礼:论礼、乐与社会、天地、自然的关系。四、乐施:论乐与统治者的德行及事功的关系以及礼、乐的教化功能。五、乐言:论乐对性情的影响,圣王制乐必须深思。六、乐象:论乐对思想情绪的影响及乐教意义,另及礼、乐的教化功能。七、乐情:论乐与情的关系、礼与乐之区别及社会功能。八、魏文侯:论古乐与郑、卫之音的区别、德音与溺音的差异。九、宾牟贾:论周乐舞《武》的舞蹈结构、内容及意义。十、乐化:论乐对修养及人伦的教化作用,以及先王制《雅》、《颂》的意义。十一、师乙:论人性情不同,各有所宜之歌,且歌舞乃喜悦的自然流露。

近十几年来,由于郭店楚墓竹简《性自命出》与上海博物馆藏战国楚竹书《性情论》两篇先后面世,《乐记》再度引起学界的高度关注。学者指出，这两篇出土简文的部分内容，其根本思想与《乐记》一致，如人性乃感于物而生情，乐则足以陶冶性情，发挥教化的社会功能等。

凡音之起[①]，由人心生也。人心之动[②]，物使之然也[③]。感于物而动，故形于声。声相应，故生变，变成方[④]，谓之音。比音而乐之[⑤]，及干戚、羽旄[⑥]，谓之乐。

【注释】

①音：曲调。包括有词的歌和无词的曲。《乐记》中的“音”与“声”、“乐”相对，郑玄以为宫、商、角、徵、羽五音相杂调和谓之“音”，单出谓之“声”。

②动：指感情的变化。

③物：外界事物。郭店楚墓竹简《性自命出》与上海博物馆藏战国楚竹书《性情论》均载：“凡人虽有性，心亡定志，待物而后作，待悦而后行，待习而后奠。喜怒哀悲之气，性也。及其见于外，则物取之也。”与此句意味相同，说明人心的变化是由外界事物影响的结果。

④方：声按照一定方式、形式排列组合，即曲调。

⑤比：编排。乐：用乐器演奏。

⑥干戚：跳武舞时所执的舞具。干，盾。戚，斧形的器具。羽旄：跳文舞时所执的舞具。羽，雉羽。旄，旄牛尾。本篇所谓“乐”，正是音乐与舞蹈的结合。

【译文】

“音”的缘起，是从人心所产生的。人心的活动，是外界事物触发的结果。有感于外界事物而心动，所以用“声”表现出来。不同的声彼此应和，所以产生变化，把声的变化按着一定的规律表现出来，就称作

“音”。排列这些“音”而且配上乐器演奏，并手持干、戚、羽、旄跳舞，就称作“乐”。

乐者，音之所由生也，其本在人心之感于物也。是故其哀心感者，其声噍以杀①；其乐心感者，其声啴以缓②；其喜心感者，其声发以散③；其怒心感者，其声粗以厉④；其敬心感者，其声直以廉；其爱心感者，其声和以柔⑤。六者⑥，非性也⑦，感于物而后动。是故先王慎所以感之者⑧。故礼以道其志⑨，乐以和其声，政以一其行，刑以防其奸。礼、乐、刑、政，其极一也，所以同民心而出治道也。

【注释】

①噍（jiāo）：急促。杀（shài）：衰退，消减。

②啴（chǎn）：宽舒。

③发：扬。散：畅达。

④粗：粗犷，壮猛。厉：高急，凌厉。

⑤和：温和，不乖。柔：致顺。

⑥六者：上述六种声音。

⑦性：本性。

⑧先王：先代的圣贤帝王，旧注指尧、舜、禹、文王、武王等。

⑨道（dǎo）：引导。

【译文】

乐，是从音产生的，它的根源在于人心感应外界的事物。因此当哀伤的心有所感应时，发出的声音是急促而衰弱的；当欢乐的心有所感应时，发出的声音是宽绰而舒缓的；当喜悦的心有所感应时，发出的声音是开朗而畅达的；当愤怒的心有所感应时，发出的声音是粗暴而凌厉的；当虔敬的心有所感应时，发出的声音是刚直而廉正的；当爱慕的心有所感应时，发出的声音是和美而温柔的。这六种声音，并非天性，而是受到外界事物触动才发生的。因此前代先王对于能触动人的事物十分慎重。所以用礼义来引导人们的心志，用音乐来和同人们的声音，用政治来统一人们的行止，用刑法来防止人们的奸邪。礼、乐、刑、政，它们终极目标是一致的，都是用来统一民心而使社会安定、天下大治的。

凡音者，生人心者也。情动于中，故形于声，声成文[①]，谓之音。是故治世之音安以乐[②]，其政和；乱世之音怨以怒[③]，其政乖[④]；亡国之音哀以思[⑤]，其民困。声音之道，与政通矣。

【注释】

①成文：意同上文“成方”，指合成为一定的形式，即曲调。文，指文采。

②治世：太平的时期。安：安详。

③乱世：动乱的时期。怨：怨恨。

④乖：反常，不和谐。

⑤思：深沉，忧郁。

【译文】

音，是产生于人的内心的。情感在心中激宕，因此表现为“声”，“声”组合成一定形式的曲调，就称作“音”。所以治世之音安详而喜乐，表示政治和谐；乱世之音怨恨而愤怒，表示政治混乱；亡国之音悲哀而忧郁，表示人们困苦。声音的道理，是与政治相通的。

宫为君，商为臣，角为民，徵为事，羽为物[①]。五者不乱，则无怗懘之音矣[②]。宫乱则荒，其君骄；商乱则陂[③]，其官坏；角乱则忧，其民怨；徵乱则哀，其事勤[④]；羽乱则危，其财匮。五者皆乱，迭相陵[⑤]，谓之慢[⑥]。如此则国之灭亡无日矣。

【注释】

①“宫为君”五句：宫、商、角、徵（zhǐ）、羽，即“五音”或“五声”，是我国古代五声音阶中的五个音级，相当于简谱中的1、2、3、5、6。这里的宫、商、角、徵、羽，不是指五个单音，而是曲调的调式。事，劳役，役事。物，财物，物资。

②怗懘（zhān chì）：指音调敝败不和谐、不流畅。

③陂（bì）：倾斜。这里指邪恶。

④勤：指劳役的繁重。

⑤迭（dié）：这里指五声互相混淆缠杂。

⑥慢：慢音，放肆而没有规矩的音乐。

【译文】

宫声代表国君，商声代表臣下，角声代表百姓，徵声代表役事，羽声代表物资。这五种调式不混乱，就不会有不和谐的声音。宫声混乱音调就散漫，象征君主骄纵；商声混乱音调就倾颓，象征吏治腐败；角声混乱音调就忧愁，象征百姓怨恨；徵声混乱音调就哀伤，象征百姓役事繁重；羽声混乱音调就危殆，象征财物匮乏。五种调式都发生混乱，彼此混淆侵凌，就叫做“慢音”。如此，国家灭亡的日子就不远了。

郑、卫之音[①]，乱世之音也，比于慢矣[②]。桑间濮上之音[③]，亡国之音也，其政散，其民流[④]，诬上行私而不可止也。

【注释】

①郑、卫之音：指春秋战国时期郑、卫两国的音乐。与传统的雅乐不同，因其细腻动听而往往被认为是“靡靡之音”。先儒都强调近雅乐而远郑声。孔子说，治国就要“放郑声，远佞人”，因为“郑声淫，佞人殆”（《论语·卫灵公》）；还说“恶郑声之乱雅乐也，恶利口之覆邦家者”（《论语·阳货》）。郭店楚墓竹简《性自命出》、上海博物馆所藏战国楚竹书《性情论》也说：“郑、卫之乐，则非其声而纵之也。”认为郑、卫之乐皆非雅乐而是放纵不知节制之音，与传世文献可互相印证。

②比：近。

③桑间濮上之音：桑间，郑注：“濮水之上，地有桑间者。”在今濮阳南，古属卫地。《史记·乐书》正义云：“昔殷纣使师延作长夜靡靡之乐，以致亡国。武王伐纣，此乐师师延将乐器投濮水而死。后晋国乐师师涓夜过此水，闻水中作此乐，因听而写之。既得还国，为晋平公奏之。师旷抚之曰：‘此亡国之音也，得此必于桑间濮上乎？纣之所由亡也。’”亦见《韩非子·十过》。

④流：放纵，不受约束。

【译文】

郑、卫两地的音乐，是乱世之音，已接近于慢音了。桑间濮上的音乐，是亡国之音，它反映政教散乱，百姓放纵，臣下犯上欺上、图谋私利而无法遏止。

凡音者，生于人心者也；乐者，通伦理者也。是故知声而不知音者，禽兽是也，知音而不知乐者，众庶是也，唯君子为能知乐。是故审声以知音①，审音以知乐，审乐以知政，而治道备矣。是故不知声者不可与言音，不知音者不可与言乐。知乐，则几于礼矣[②]。礼、乐皆得，谓之有德。德者，得也。是故乐之隆，非极音也；食飨之礼[③]，非致味也。《清庙》之瑟[④]，朱弦而疏越[⑤]，壹倡而三叹，有遗音者矣。大飨之礼[⑥]，尚玄酒而俎腥鱼[⑦]，大羹不和[⑧]，有遗味者矣。是故先王之制礼乐也，非以极口腹耳目之欲也，将以教民平好恶而反人道之正也[⑨]。

【注释】

①审：审察，研究。

②几：接近。

③食飨之礼：食礼和飨礼，古代招待宾客及宗庙祭祀的礼仪。具体仪式仪节已不得而知。

④《清庙》：《诗经·周颂》篇名。是周人祭祀先祖文王时演奏的乐章。

⑤朱弦：即“练朱弦”，指弹奏的琴弦是经过练制并染红的。古代以水煮生丝叫做“练”，经过练制的琴弦，声音较低沉稳重，符合宗庙音乐的需求。疏：通。越：瑟底孔。战国早期曾侯乙墓出土漆瑟，瑟底板前、后两端各有一个椭圆形孔，即“越”。孔疏引熊氏说“瑟两头有孔”，与出土实物正相合。该孔有调节琴音的作用，孔小则声急促，孔大则声舒迟。

⑥大飨之礼：合祭先王的祭礼。

⑦玄酒：水。腥鱼：生鱼。

⑧大羹：不调以盐、菜的肉汁。

⑨平好恶：孔疏：“将以教民均平好恶，使好者行之，恶者避之。”即节制、调节好恶之情。

【译文】

音，产生于人的内心；乐，是可以通达人事伦理的。因此，禽兽只懂得“声”而不懂得“音”，庶民大众只懂得“音”而不懂得“乐”，唯有君子能够懂得“乐”。因此，从审察“声”而懂得“音”，从审察“音”而懂得“乐”，从审察“乐”而懂得政治，这样，治理国家的道理就完备了。不懂何谓“声”的人，就不能与他讨论“音”；不懂何谓“音”的人，就不能与他讨论“乐”。懂得了“乐”，就接近于懂得礼了。礼、乐都有心得，就称之为有德。德，就是有得于礼、乐。所以，乐盛大隆重，不是为穷极对音乐的欣赏；举行食、飨之礼，不是为穷极对美味的享受。伴奏《清庙》乐章的瑟，拨着红色的弦，疏通琴底的调音孔，一人领唱，三人应和咏叹，形式简朴但余音袅袅。大飨之礼，将实为清水的玄酒放在上位，俎上摆置的是未经烹煮的生鱼，肉汁里不用盐、菜调和，食物简单却余味无穷。所以先王制礼作乐，并不是用以穷极口腹耳目等感官的欲望，而是用以教导人们节制欲望、平衡好恶，进而归返人性的正道。

人生而静①，天之性也。感于物而动，性之欲也。物至知知②，然后好恶形焉。好恶无节于内，知诱于外，不能反躬，天理灭矣③。夫物之感人无穷，而人之好恶无节，则是物至而人化物也④。人化物也者，灭天理而穷人欲者也。于是有悖逆诈伪之心，有淫泆作乱之事。是故强者胁弱，众者暴寡，知者诈愚，勇者苦怯，疾病不养，老幼孤独不得其所，此大乱之道也。

【注释】

①静：平静。指人初生时没有外物的影响，还没有情感、欲望的躁动。

②知（zhì）知：前“知”同“智”，指心智；后“知”为感知、知晓。

③天理：上天之理，犹天性。指天所决定的人的本性，即天赋善性。

④人化物：人化于物，即人天赋的善性受外物影响而异化。

【译文】

人生来是平静的，没有情欲的躁动，这是天赋的本性。感受到外物而心动，这是人的本性产生的欲求。外物来到，心智便不断地感知它，然后内心就生出好恶。如果好恶在内心无法制约，心智又被外物诱惑，不能回到初生时平静的本性，天生的理性就泯灭了。外物对人的影响是无穷尽的，倘若人的内心好恶不能节制，这样，随着外物的到来，人就渐渐被物化了。人被物化，就会泯灭天理而穷尽欲求。于是就有了悖乱叛逆、狡诈虚伪之心，有了骄纵淫逸、为非作乱之事。所以强者胁迫弱者，多数欺侮少数，聪明人欺骗愚钝者，胆大的凌辱胆小的，有病的人无法治病疗养，老人、幼童、丧父的孤儿、丧子的独身老人都找不到安置之所，这是导致国家社会大乱的邪道。

是故先王之制礼乐，人为之节。衰麻哭泣[①]，所以节丧纪也[②]；钟鼓干戚，所以和安乐也；昏姻冠笄[③]，所以别男女也；射乡食飨[④]，所以正交接也。礼节民心，乐和民声，政以行之，刑以防之。礼、乐、刑、政，四达而不悖，则王道备矣。

【注释】

①衰(cuī)麻：指丧服，因为丧服均用粗麻布制成。哭泣：指丧礼中各种有关哭泣的规定。

②丧纪：丧事。

③昏：同“婚”。冠笄(jī)：指男女的成年礼。见《曲礼上》“男女异长”节注②④。

④射：大射礼。乡：乡饮酒礼。

【译文】

所以先代君王制礼作乐，使人以此节制自己。制定丧服的等次与哭泣的礼数，是用来节制丧事的；制定钟鼓干戚乐舞的礼制，是用来调和安乐的；制定婚礼、冠礼、笄礼，是用来区别男女的；制定射礼、乡饮酒礼、食礼、飨礼，是用来规范交际的。礼可以节制民心，乐可以调和民声，政可以推行国政，刑可以防止奸邪。礼、乐、刑、政，能通达于四方而不悖乱，那么王道之治就完备了。

乐者为同，礼者为异。同则相亲，异则相敬。乐胜则流[①]，礼胜则离[②]。合情饰貌者[③]，礼、乐之事也。礼义立则贵贱等矣[④]；乐文同[⑤]，则上下和矣。好恶着，则贤不肖别矣。刑禁暴，爵举贤，则政均矣。仁以爱之，义以正之，如此则民治行矣。

【注释】

①乐胜则流：乐的功能是使人和合亲近，若用乐过度则容易发生轻慢不敬。胜，过度。流，放任失敬，不讲尊卑。

②礼胜则离：礼的功能在使人分别远近亲疏，若用礼过度则使人疏离不和。

③合情：调和内在的感情，这是乐的功能。饰貌：修饰外在的行为仪态，这是礼的功能。

④义：同“仪”。

⑤乐文：指乐曲。

【译文】

乐是为了和合情感，礼是为了区别差异。情感和合就能彼此亲近，区别差异就能互相尊敬。乐如果过度就会轻慢不敬，礼如果过度就会疏离失和。调和感情、修饰仪态，这是礼和乐的功能。礼仪确立，贵贱等级就分明了；乐曲和谐，上下关系就和睦了。喜好与厌恶明确，贤人与不肖、好人与坏人就分清了。用刑罚来禁止暴虐,用爵位来选拔贤能,政治就平和清明了。以仁来关爱保护人们,以义来匡正管教人们,这样,就能把人们治理好了。

乐由中出[①],礼自外作。乐由中出,故静;礼自外作,故文[②]。大乐必易,大礼必简。乐至则无怨,礼至则不争。揖让而治天下者,礼乐之谓也。暴民不作,诸侯宾服,兵革不试[③],五刑不用[④],百姓无患,天子不怒,如此则乐达矣。合父子之亲,明长幼之序,以敬四海之内,天子如此,则礼行矣。

【注释】

①中:内心。出:产生。

②文:文饰,文采。这里指仪式、仪节。

③试:用。

④五刑:见《王制》“司寇正刑明辟”节注⑤。

【译文】

乐是从内心产生的,礼是在外表反映的。乐从内心产生,所以就平静;礼在外表反映,所以就显现文采。大乐一定是平易的,大礼一定是简约的。乐教施行了,就没有怨恨;礼教施行了,就不会相争。靠着谦让就能治理天下的,说的就是礼乐了。不会有暴民暴乱,诸侯臣服于天子,武器军备不动用,五刑不施行,百姓没有忧患,天子不必恼怒,这样,乐教的目的就达到了。使四海之内父子亲情融合,长幼秩序分明,人人尊敬天子,这样礼的教化就推行了。

大乐与天地同和,大礼与天地同节。和,故百物不失[①];节,故祀天祭地。明则有礼乐,幽则有鬼神[②],如此,则四海之内合敬同爱矣。礼者，殊事合敬者也；乐者，异文合爱者也。礼、乐之情同③，故明王以相沿也。故事与时并④，名与功偕⑤。

【注释】

①不失：不失其本性。

②幽：幽冥世界，与人间相对。

③礼、乐之情同：指礼、乐虽然殊事异文，但是其合敬同爱的内在精神却是一致的。情，犹精神。

④事与时并：礼须应时宜，视时而起。事，即礼。

⑤名与功偕：乐名与功业匹配。据说，圣王作乐，都依据得天下之功而名乐曲，如尧作《大章》、舜作《大韶》、禹作《大夏》、汤作《大濩》、武王作《大武》等皆是。名，指乐。

【译文】

大乐与天地一样协和万物，大礼与天地一样节制万物。因为能协和，所以万物不失本性；因为有节度，所以按礼节祭祀天地。人间有礼乐教育教化，幽冥中有鬼神佑护扶持，这样，四海之内就能使人们互相尊敬、互相亲爱。礼，以不同的仪节使人彼此敬重；乐，以不同形式的乐曲使人亲近相爱。礼与乐的精神作用是相同的，所以圣明的君王都重视礼乐，世代沿袭。因此，圣王所制定的礼仪与所处的时代相符，所制定的乐名与所建的功业相称。

故钟、鼓、管、磬①，羽、籥、干、戚②，乐之器也。屈伸俯仰，缀、兆、舒疾③，乐之文也。簠、簋、俎、豆④，制度、文章，礼之器也。升降上下，周还、裼袭⑤，礼之文也。故知礼乐之情者能作，识礼乐之文者能述。作者之谓圣，述者之谓明。明圣者，述作之谓也。

【注释】

①管：管乐器的通称。"钟、鼓、管、磬"与下列"羽、籥、干、戚"都是"乐之器"，前者为演奏之乐器，后者为跳舞之舞具。

②籥(yuè)：编管乐器，也可作为舞具。《诗经·邶风·简兮》："左手执籥，右手秉翟。"文舞执羽籥，武舞执干戚。

③缀：舞队的位置。兆：舞队的活动界域。舒疾：指舞蹈节奏的舒缓与急促。

④簠(fǔ)、簋(guǐ)：见《曾子问》"曾子问曰：天子尝、禘、郊、社、五祀之祭"节注①。

⑤周还(xuán)：环绕转体。裼(xī)袭：见《玉藻》"以帛里布"节注⑨。

【译文】

所以，钟、鼓、管、磬，羽、籥、干、戚，都是表现乐的器具。屈身、伸展、下俯、上仰，舞队定位、舞蹈范围、动作节奏的舒缓，都是表现乐的形式。簠、簋、俎、豆，衣食住行的仪节制度、图案文饰，都是表现礼的器具。升阶、降阶、上堂、下堂，环绕转身、袒露外衣、掩住外衣，都是表现礼的形式。所以懂得礼乐精神和作用的人能够制作礼乐，懂得礼乐表现形式的人能够传授礼乐。能制作礼乐的人称为"圣"，能传授礼乐的人称为"明"。所谓"明圣"，就是传授礼乐、制作礼乐的意思。

乐者，天地之和也；礼者，天地之序也。和，故百物皆化；序，故群物皆别。乐由天作，礼以地制。过制则乱，过作则暴。明于天地，然后能兴礼乐也。

【译文】

乐，象征天地的和谐；礼，象征天地的秩序。有和谐，所以万物化生；有秩序，所以万物有别。乐是按照天的道理而创作的，礼是按照地的道理而制作的。乐若过度就会造成秩序紊乱，礼若过度就会产生暴戾暴虐。明了天地的道理，然后才能制礼作乐。

论伦无患[①]，乐之情也；欣喜欢爱，乐之官也[②]。中正无邪，礼之质也；庄敬恭顺，礼之制也[③]。若夫礼乐之施于金石，越于声音，用于宗庙社稷，事乎山川鬼神，则此所与民同也。

【注释】

①论伦无患：裴骃《史记集解》引王肃说："言能合道论，中伦理而无患也。"伦，伦理道德。

②官：功能。

③礼之制：孔疏："礼之节制也。"

【译文】

合乎伦理，对社会无害，是乐的情理；欣喜欢爱，是乐的功能。中正平和而无邪恶，是礼的本质；待人接物庄敬恭顺，是礼的节制。至于将礼乐借由金石乐器表现出来，透过声音传播出来，用于宗庙社稷的祭祀，用于山川鬼神的祭奠，这些则是天子与百姓都相同的。

王者功成作乐，治定制礼。其功大者其乐备，其治辩者其礼具[①]。干戚之舞，非备乐也；孰亨而祀[②]，非达礼也。五帝殊时，不相沿乐；三王异世，不相袭礼。乐极则忧，礼粗则偏矣。及夫敦乐而无忧[③]，礼备而不偏者，其唯大圣乎！

【注释】

①辩:通"遍"。

②孰:同"熟"。亨:同"烹"。"孰亨"即熟肉。

③敦:厚,盛大。

【译文】

君王功业创立后就制作乐,政治安定后就制定礼。王道功业伟大的,所制作的乐就完备;治国政绩宏大的,所制定的礼就周全。拿着干戚跳跳舞,不算是完备的乐;用烹熟食物祭祭神,不算是通达的礼。五帝时代不同,因此不互相沿袭乐制;三王时代不同,因此不互相沿袭礼制。乐,超过极限就会生发忧虑;礼,制作粗疏就会出现偏差。如果是能使乐盛大而又无忧虑,能使礼完备而又无偏差,那只有大圣人才能做到吧!

天高地下,万物散殊,而礼制行矣。流而不息,合同而化[①],而乐兴焉。春作夏长,仁也;秋敛冬藏,义也。仁近于乐,义近于礼。乐者敦和,率神而从天[②];礼者别宜,居鬼而从地[③]。故圣人作乐以应天,制礼以配地。礼乐明备,天地官矣[④]。

【注释】

①合同而化:合同阴阳,化育万物。

②率:遵循,遵从。

③居:遵循,遵从。

④天地官矣:天地的职能得以发挥。官,职能。

【译文】

天在上地在下,万事万物品类各异,为区别上下尊卑,因而制定了礼。天地之气流动不止，合和阴阳，化育万物，为表现调理燮和，因而兴起了乐。春天萌生，夏天成长，体现了天地的仁；秋天收获，冬天储藏，体现了天地的义。仁与乐相近，义与礼相近。乐能敦睦亲和，就是要遵循神的旨意而顺从天之道；礼能区别异同，就是要遵从鬼的旨意而顺从地之道。所以圣人制礼作乐，以配天地运行之道。礼乐制度明白完备，天地的职能就得以发挥了。

天尊地卑，君臣定矣。卑高已陈①，贵贱位矣。动静有常，小大殊矣②。方以类聚，物以群分，则性命不同矣③。在天成象，在地成形，如此，则礼者，天地之别也。地气上齐④，天气下降，阴阳相摩，天地相荡，鼓之以雷霆，奋之以风雨，动之以四时，煖之以日月⑤，而百化兴焉。如此，则乐者天地之和也。

【注释】

①卑高：孔疏："卑谓泽也，高谓山也。"尊卑之位像山泽。这是借自然地势的高低，来比喻人之贵贱。

②小大：泛指万物。

③"方以类聚"三句：郑注："方，谓行虫也。物，谓殖生者也。性之言生也。命，生之长短也。""方"、"物"，原指走兽飞禽之类，泛指万物。

④齐（jī）：通"跻"，上升。

⑤煖：同"暖"，照耀。

【译文】

天高而尊，地低而卑，君臣尊卑取法天地而定。山高泽低已有布陈，身份贵贱取法自然而定。天地阴阳的动静有一定的规律，大小万物的差异就显现了。飞禽走兽,各以种类而聚;草木竹树,各以族群而分,那么万物的禀性、生命是各不相同的。天空中日、月、星辰形成各种天象,大地上鸟兽、草木生成各种形态,这样,礼就是用以显示天地万物的差异和区别的。地气上升,天气下降,阴阳交接摩擦,天地互相激荡,雷霆震动,风雨飘摇,四时更迭,日月照耀,而万物就兴旺生长。这样,乐就是用以显示天地万物的协调与燮和的。

化不时则不生,男女无辨则乱升①,天地之情也。及夫礼乐之极乎天而蟠乎地②,行乎阴阳而通乎鬼神,穷高极远而测深厚。乐着大始③,而礼居成物④。著不息者天也⑤,著不动者地也,一动一静者,天地之间也。故圣人曰“礼乐”云。

【注释】

①升:成。

②蟠(pán):郑注:“犹委也。”孔疏:“言礼乐下委于地。”

③着:处。大始:始生万物之天。大,同“太”。

④成物:生成百物之地。

⑤著:明白,显著。下同。

【译文】

化育万物不符合天时就不能生长,男女没有区别就会产生混乱,这是天地间的情理。至于礼乐,上达于天而下至于地,行于阴阳之间与鬼神相通,穷极高远,探测深厚。乐处于始生万物的上天中,礼处于生成万物的大地之上。明白运动不息的是上天,明白一切静止的是大地,而一动一静的,是天地之间的万物。所以,圣人常说起的就是“礼乐”。

昔者舜作五弦之琴以歌《南风》[①]，夔始制乐以赏诸侯[②]。故天子之为乐也，以赏诸侯之有德者也。德盛而教尊，五谷时孰，然后赏之以乐。故其治民劳者，其舞行缀远[③]；其治民逸者，其舞行缀短。故观其舞，知其德；闻其谥[④]，知其行也。

【注释】

①《南风》：古诗歌名。此诗亦见《孔子家语・辨乐解》、《尸子》。曰："南风之薰兮，可以解吾民之愠兮。南风之时兮，可以阜吾民之财兮。"

②夔（kuí）：人名。舜时乐官。

③舞行（háng）缀远：天子赏赐给诸侯的舞队规模小，人数少，舞蹈场地上为确定舞者的位置所设标记就隔得远。与后文"其治民逸者，其舞行缀短"正相反。缀，为了舞队的整齐，舞蹈场地在舞者的位置上所设标志的间隔。

④谥（shì）：谥号。人死后依其德行，功过所定的称号。

【译文】

从前，舜制作五弦琴以歌唱《南风》，乐官夔于是制作乐章，用来赏赐给诸侯。所以天子制乐，就是用来赏赐给有德的诸侯的。德行高尚而教化尊崇，五谷按时成熟丰收，那么就把乐赏赐给诸侯。所以诸侯治理人们而使人们劳苦的，天子赏赐给诸侯的舞队就规模小，人数少，舞蹈场地上为舞者的位置所设标记就隔得远；诸侯治理人们而使人们安逸的，天子赏赐给诸侯的舞队就规模大，人数多，舞蹈场地上为舞者的位置所设标记就隔得近。所以观看诸侯所展示的舞蹈，就可以知道他的德行；听到诸侯死后的谥号，就可以知道他一生的行为了。

《大章》[①]，章之也。《咸池》[②]，备矣。《韶》[③]，继也。

《夏》[④],大也。殷、周之乐[⑤],尽矣[⑥]。

【注释】

①《大章》:尧时乐名。章,彰明。

②《咸池》:黄帝时乐名。咸,皆。池,通“施”。此乐名的意思是指黄帝之德无所不施。

③《韶》:舜时乐名。郑注:“韶之言绍也。”舜绍承尧,所以乐名为“韶”。

④《夏》:禹时乐名。禹能光大尧、舜之德,所以乐名为“夏”。夏,大。

⑤殷、周之乐:殷乐指《大濩》,周乐指《大武》。

⑥尽:指尽人事,是说殷、周之乐表现文治武功达到了极致。

【译文】

《大章》,彰显尧的德治。《咸池》,表现黄帝之德遍施天下。《韶》,体现舜能继承尧志。《夏》,反映禹能光大尧、舜之德。殷、周之乐,充分反映了当时的文治武功的盛况。

天地之道,寒暑不时则疾,风雨不节则饥。教者[①],民之寒暑也,教不时则伤世;事者[②],民之风雨也,事不节则无功。然则先王之为乐也,以法治也,善则行象德矣。

【注释】

①教者:指乐。

②事者:指礼。

【译文】

天地之间的道理,寒暑不应时令就会发生疾病,风雨不合节气就会发生饥荒。乐的教化犹如寒暑，不应时令就会伤害世风；礼的教化犹如风雨，不合节气就会劳而无功。所以先王作乐，作为治世之法，运用得当就能使百姓的行为合乎道德规范。

夫豢豕为酒[①]，非以为祸也，而狱讼益繁，则酒之流生祸也[②]。是故先王因为酒礼。壹献之礼[③]，宾、主百拜[④]，终日饮酒而不得醉焉，此先王之所以备酒祸也。故酒食者所以合欢也，乐者所以象德也，礼者所以缀淫也[⑤]。是故先王有大事，必有礼以哀之；有大福，必有礼以乐之。哀乐之分[⑥]，皆以礼终。乐也者，圣人之所乐也，而可以善民心，其感人深，其移风易俗[⑦]，故先王著其教焉。

【注释】

①豢（huàn）：养。

②流：放纵无度。

③壹献之礼：见《文王世子》“凡语于郊者”节注⑩。

④百拜：泛指宾、主彼此跪拜多次。行饮酒礼时，除了基本的献、酢、酬之外，还包含许多仪节，宾、主在各种仪节进行时，必须互行拜礼，所以称“宾、主百拜”。可参看《仪礼·乡饮酒礼》。

⑤缀：通“辍”，止。

⑥分：分寸，程度。

⑦移风易俗：王引之说，“移风易俗”一句应从《汉书·礼乐志》作“故其移风易俗易”，其说可从。

【译文】

养猪酿酒，不是为了制造祸患，而诉讼官司日益频繁，就是因为饮酒放纵无度而造成的祸患。因此先王制定了饮酒礼。饮酒行一献之礼，宾、主之间须行种种拜礼，所以喝酒喝上一整天也不会醉倒，这是先王用来预防喝酒酿祸的方法。所以酒食是用来聚会同欢的，乐是用来体现德行的，礼是用来防止淫逸的。因此先王遇死丧大事，一定用相应的礼来表示哀伤之情；遇吉庆大事，一定用相应的礼来表示喜乐之心。哀伤与喜乐的程度，最终都以合乎礼仪为终结。乐，是圣人所喜爱的，它可以使民心向善，它可以感人至深，它可以移风易俗，改变民情民俗，所以先王特别强调乐教。

夫民有血气心知之性，而无哀乐喜怒之常，应感起物而动，然后心术形焉①。是故志微、噍杀之音作②，而民思忧；啴谐、慢易、繁文、简节之音作③，而民康乐；粗厉、猛起、奋末、广贲之音作④，而民刚毅；廉直、劲正、庄诚之音作，而民肃敬；宽裕、肉好、顺成、和动之音作⑤，而民慈爱；流辟、邪散、狄成、涤滥之音作⑥，而民淫乱。

【注释】

①心术：心志，思想感情。郑注："术，所由也。"郭店楚墓竹简《性自命出》、上海博物馆藏战国楚竹书《性情论》云："凡道，心术为主。"

②志微：细微。噍杀：见本篇"乐者，音之所由生也"节注①。

③啴（chǎn）谐：宽舒和谐。慢易：平缓。易，平。繁文：指曲调曲折多变。简节：节奏徐缓。

④奋末：奋发，奋动。广贲：昂扬。贲，通"愤"。

⑤肉好：璧的周边叫"肉"，孔叫"好"。这里指音的圆润。

⑥狄成：指音乐疾速。涤滥：指音乐如水之泛滥，往而不返。

【译文】

人生来就有血气、有感知外物的天性，而哀乐喜怒的情思却不是恒常不变的，都是对外物有所感应必定产生活动，然后才产生哀乐喜怒之情。所以细微、急促的音乐产生，人们听了就会引起忧郁；宽舒、平和、调子曲折而徐缓的音乐产生，人们听了就会感到康乐；激烈、威猛、奋发、昂扬的音乐产生，人们听了就会变得刚毅；廉正、厚重、端庄、诚恳的音乐产生，人们听了就会肃然起敬；宽和、圆润、流畅、和顺的音乐产生，人们听了就会变得慈爱；邪僻、怪诞、疾速无度、放纵散漫的音乐产生，人们听了就会变得淫乱。

是故，先王本之情性，稽之度数①，制之礼义，合生气之和②，道五常之行③，使之阳而不散，阴而不密，刚气不怒，柔气不慑④。四畅交于中而发作于外⑤，皆安其位而不相夺也。然后立之学等，广其节奏，省其文采，以绳德厚。律小大之称⑥，比终始之序⑦，以象事行，使亲疏、贵贱、长幼、男女之理皆形见于乐⑧，故曰："乐观其深矣。"

【注释】

①稽：考核。度数：即十二音律的度数。

②生气：天地所生的阴阳之气。

③道(dǎo)：引导。五常：指金、木、水、火、土五行。

④慑(shè)：畏惧。

⑤四畅：阴、阳、刚、柔四气畅通。

⑥律：规范。小大：指音律高低。称：使之适合，使之合宜。

⑦比：按一定规律排列组合。

⑧形见(xiàn)：表现。见，同"现"。

【译文】

因此，先王作乐是根据人天生的情思心性，审核音律度数，制定礼仪制度，融合阴阳二气化生万物的和谐，遵循五行相生相克的运行规律，使得阳气不流散，阴气不密闭，刚气不暴怒，柔气不畏惧。阴、阳、刚、柔四种气质在内部交合通畅，在外部抒发表现，都各得其所而不互相干扰侵夺。然后订立学习的进度等级，逐步增加学习乐的节奏，审察乐章文采，用以考量德行的深厚。规范音律高低合度，排列乐章前后顺次，用以模拟人事等级伦理的关系，使得亲疏、贵贱、长幼、男女的区别，都经由乐表现出来，所以说："通过乐可以深刻地观察社会。"

土敝则草木不长，水烦则鱼鳖不大，气衰则生物不遂[①]，世乱则礼慝而乐淫[②]。是故其声哀而不庄，乐而不安，慢易以犯节，流湎以忘本[③]。广则容奸，狭则思欲[④]，感条畅之气[⑤]，而灭平和之德，是以君子贱之也。

【注释】

①遂：成。

②慝（tè）：郑注："秽也。"孔疏："恶也。"

③湎（miǎn）：沉。

④广：指声缓。狭：指声急。孔疏："广，谓节间疏缓，言音声宽缓，多有奸淫之声也"；"狭，谓声急，节间迫促，乐声急则动发人心，思其情欲而切急"。

⑤感：动。条畅之气：王念孙说："条畅，读为'涤荡'。涤荡之气，谓逆气也。"

【译文】

土地乏敝，草木就不生长；水中烦扰，鱼鳖就长不大；阴阳之气衰弱，生物就不能顺利长成；世道混乱，礼就会污秽而乐就会淫邪。所以，这种声音悲哀却不庄重，快乐却不安详，散漫简易却节奏紊乱，流连沉涵却忘记根本。声音宽缓而包含着淫邪，声音迫促而情欲急切，这种声音激发人们动乱逆反的情绪，泯灭人们平和善良的德性，所以君子鄙薄轻视它。

凡奸声感人而逆气应之，逆气成象而淫乐兴焉。正声感人而顺气应之，顺气成象而和乐兴焉[①]。倡和有应[②]，回邪曲直各归其分[③]，而万物之理各以类相动也。是故君子反情以和其志[④]，比类以成其行。奸声、乱色不留聪明[⑤]，淫乐、慝礼不接心术，惰慢、邪辟之气不设于身体，使耳、目、鼻、口、心知、百体皆由顺正[⑥]，以行其义[⑦]。

【注释】

①和乐：和谐的音乐。与上文“淫乐”相对。

②倡：唱。和(hè)：应答。

③回邪：孔疏：“回，谓乖违；邪，谓邪辟。”

④反情：孔疏：“谓反去淫溺之情理。”指去除人性中的淫逸之情，恢复天赋的善性。

⑤聪明：指耳与眼。

⑥知：同“智”。

⑦义：宜。

【译文】

凡是奸邪的声音感染人，人们内心就产生邪逆之气来应和；内心的邪逆之气显现出来的时候，放荡淫乱的音乐就产生了。中正的声音感染人，人们内心就产生和顺之气来应和；内心的和顺之气显现出来的时候，和谐中正的音乐就产生了。唱与和彼此响应，乖违邪辟、曲直善恶各自回归本分，而世上万事万物的道理，也一样是同类相互触动应答的。因此君子要去除人性淫溺之情，恢复善性以和谐心志，比照善类用以成就自身的德行。奸邪之声、迷乱之色不在耳朵、眼睛驻留，淫乱之乐、邪恶之礼不与心志相接，怠惰、轻慢、邪戾之气不让身体沾染，让耳朵、眼睛、鼻子、嘴巴、心智以及身体的各部分都能循着和顺中正之气而得到正常的发展。

然后发以声音，而文以琴瑟①，动以干戚，饰以羽旄，从以箫管。奋至德之光，动四气之和，以著万物之理。是故清明象天，广大象地，终始象四时，周还象风雨②。五色成文而不乱③，八风从律而不奸④，百度得数而有常⑤。小大相成，终始相生。倡和清浊，迭相为经。故乐行而伦清，耳目聪明，血气和平，移风易俗，天下皆宁。故曰："乐者，乐也⑥。"君子乐得其道，小人乐得其欲。以道制欲，则乐而不乱；以欲忘道，则惑而不乐。是故君子反情以和其志，广乐以成其教。乐行而民乡方⑦，可以观德矣。

【注释】

①文：文饰。

②还（xuán）：旋。

③五色：青、赤、白、黑、黄色。古人以五色、五音与五行相配，所以这里五色实代指宫、商、角、徵、羽五音与金、木、水、火、土五行。

④八风：八方之风，即条风（东北风）、明庶风（东风）、清明风（东南风）、景风（南风）、凉风（西南风）、昌盍风（西风）、不周风（西北风）、广莫风（北风）。《白虎通》卷七："……距冬至四十五日条风至。条者，正也。四十五日明庶风至。明庶者，迎众也。四十五日清明风至。清明者，青芒也。四十五日景风至。景者，大也。

言阳气长养也。四十五日凉风至。凉，寒也。阴气行也。四十五日昌盍风至。昌盍者，戒收藏也。四十五日不周风至。不周者，不交也。言阴阳未合化也。四十五日广莫风至。广莫者，大莫也。开阳气也。”这里以“八风”代指“八音”，即金、石、丝、竹、匏、土、革、木八类乐器。

⑤百度得数而有常：指音乐节奏像昼夜计时百刻那样有一定之规。百度，即百刻，古代计时分一昼夜为一百刻。

⑥乐（yuè）者，乐（lè）也：音乐，就是快乐。

⑦乡（xiàng）：通“向”。方：道。

【译文】

然后用声音来抒发，用琴瑟来演奏，用干戚来舞动，用羽旄来装饰，用箫管来伴奏。发扬最高之德的光辉，感应四时之气的和谐，彰显天地万物的道理。因此，这种音乐清清明明是天的征象，广袤宏大是地的征象，乐章终始交替是四季的征象，乐舞周旋往来是风雨的征象。五音构成音乐，像五色一样不紊乱；八种乐器和谐成律，像八风一样不侵夺；音乐的节奏变化，像一昼夜有一百刻一样有规律。音律的高低相辅相成，乐曲首末承转呼应。唱与和、清音与浊音，相互交错，彼此糅合。所以这种音乐一经推行，就能使人事伦理清明，人会变得耳聪目明，血气平和，进而移风易俗，天下安宁。所以说：“音乐，就是快乐。”君子乐在得到仁义之道，小人乐在满足欲望。用仁义之道来节制欲望，就能享受快乐而不迷乱；为了欲望而忘却仁义之道，就会迷乱而享受不到快乐。所以君子去除淫逸之情，恢复天赋善性，以和谐心志，推广正乐以成就教化。音乐推行了，人们就向着正道前行，这样就可以观察君子德行的高尚了。

德者，性之端也；乐者，德之华也；金石丝竹，乐之器也。诗，言其志也①；歌，咏其声也②；舞，动其容也③。三者本于心，然后乐器从之。是故情深而文明④，气盛而化神，和顺积中而英华发外，唯乐不可以为伪。

【注释】

①诗，言其志也：孔疏："诗谓言词也，志在内，以言词言说其志也。"

②歌，咏其声也：孔疏："歌谓音曲，所以歌咏其言词之声也。"

③舞，动其容也：孔疏："哀乐在内，必形见于外，故以其舞振动其容也。"

④文：文采。

【译文】

德，是人性的顶端；乐，是道德的花朵；金、石、丝、竹，是演奏乐的器具。诗篇，用以表达人的志向；歌咏，用以传达人们的心声；舞蹈，用以展现人们的仪容。诗、歌、舞三者都是发自于人的内心，然后配以乐器演奏。所以乐的情意深刻而形象显明，气势旺盛而出神入化，和谐顺正的精神蕴积于心中，然后音乐的光彩才能展露出来，唯有乐是不可以作伪的。

乐者，心之动也；声者，乐之象也；文采节奏[①]，声之饰也。君子动其本，乐其象，然后治其饰。是故先鼓以警戒[②]，三步以见方；再始以著往[③]，复乱以饬归[④]。奋疾而不拔，极幽而不隐。独乐其志，不厌其道，备举其道，不私其欲。是故情见而义立，乐终而德尊。君子以好善，小人以听过。故曰："生民之道[⑤]，乐为大焉。"

【注释】

①文采：郑注："乐之威仪也。"指音乐的规模构架。

②先鼓以警戒：此句至"极幽而不隐"是以周乐《大武》的表演为例。

③再：第二段舞蹈。始：起始。据旧注，这是表现武王两次出征伐

纣的情景。

④乱：乐舞之终。饬(chì)归：整饬舞队，表现武王凯旋。

⑤生民之道：孔疏："生养民人之道。"

【译文】

乐，是内心感动的反映；声，是乐的表现手法；文采节奏，是声的加工修饰。君子的本性受到感动，便以乐来表现，然后加工修饰文采节奏。所以，演出《大武》舞时要先击鼓以表示警戒，舞蹈开始时先举足踩脚三回，以表示舞队行进的方向；第二段舞蹈开始时，也一样要先举足踩脚三回，以表示舞队前往的方向，表现武王伐纣两次进兵，到舞蹈终结时，再整饬舞队表现武王凯旋。舞蹈动作迅疾而不紊乱，音乐意味深长而不隐晦。《大武》乐舞表现了武王实现灭商之志的欣喜，又不违背仁义之道，它充分地称扬仁义之道，不纵容个人的私欲。所以，《大武》乐舞既表达了情感又确立了义理，乐舞终了，而它所倡导的德行受到尊重。君子因此更加乐于行善，小人因此发现自己的过错。所以说："养育人们的办法中，乐是最重要的。"

乐也者，施也；礼也者，报也。乐，乐其所自生，而礼反其所自始。乐章德，礼报情反始也。

【译文】

乐，是施予；礼，是报答。乐，是发自内心的快乐，而礼是追念起始的先祖。乐是彰显德行，礼则是报答恩情，追念本始。

所谓大辂者，天子之车也。龙旂九旒①，天子之旌也。青黑缘者②，天子之宝龟也。从之以牛羊之群，则所以赠诸侯也。

【注释】

①旒:旗上的飘带。

②缘:指龟甲的边缘。

【译文】

所谓大辂,是天子的车。有九条飘带并画有龙的旗,是天子的旌旗。有青黑色边缘的龟甲,是天子的宝龟。再加上成群的牛羊,这些都是天子用来赠给诸侯的。

乐也者,情之不可变者也;礼也者,理之不可易者也。乐统同,礼辨异,礼、乐之说,管乎人情矣①。穷本知变,乐之情也;著诚去伪,礼之经也。礼、乐偩天地之情②,达神明之德,降兴上下之神③,而凝是精粗之体④,领父子、君臣之节⑤。

【注释】

①管:郑注:"犹包也。"指包含。

②偩(fù):同"负",倚仗,依循。

③降兴上下之神:孙希旦云:"言礼乐用之祭祀,可以感格鬼神,若《周礼》言'天神皆降,地祇皆出'是也。"降,下。兴,出。

④凝是精粗之体:孔疏:"言礼乐之能成就正其万物大小之形体也。"凝,郑注:"成也。"精粗,指万物大小。

⑤领:治理。

【译文】

乐,所表达的是不可改变的感情;礼,所表达的是不可变易的道理。乐的功用在于统一和同人心,礼的功用在于区别尊卑贵贱,礼和乐的学说,包涵了人情。探究人们内心的本源,进而推知它的变化规律,这是乐的实质；显扬真诚，去除虚伪，这是礼的常规。礼和乐能顺依天地的情理，通达神明的恩德，上至天神下至地祇，成就万物大小不同之形体，统理引领父子、君臣的关系。

是故大人举礼乐，则天地将为昭焉。天地䜣合[①]，阴阳相得，煦妪覆育万物[②]，然后草木茂，区萌达[③]，羽翼奋，角觡生[④]，蛰虫昭苏[⑤]，羽者妪伏，毛者孕鬻[⑥]，胎生者不殰[⑦]，而卵生者不殈[⑧]，则乐之道归焉耳[⑨]。

【注释】

①天地䜣(xī)合：孔疏："言乐感动天地之气，是使二气蒸动，则天气下降，地气上腾。"䜣，郑注："䜣，读为'熹'。熹，犹蒸也。"

②煦妪(xù yǔ)：抚育，养育。妪，育。

③区(gōu)萌：植物出芽。蜷曲而出曰"区"，直出曰"萌"。区，通"勾"。

④角觡(gé)生：指走兽开始生养。觡，骨角，即动物的犄角外没有外皮包裹，如鹿角。《史记索隐》："牛羊有鰓(sāi)曰'角'，麋鹿无鰓曰'觡'。"此处"角觡"泛指走兽。

⑤昭：晓。苏：苏醒。

⑥鬻(yù)：通"育"。

⑦殰(dú)：郑注："内败曰'殰'。"指胎死腹中。

⑧殈(xù)：禽鸟之卵未得孵化而开裂。

⑨乐之道归焉耳：孔疏："谓归功于乐也。"

【译文】

所以圣人推行礼乐，天地之间的情理将会显明。天地之气交合，阴阳相互交感应和，抚育万物，然后草木茂盛，植物发芽生长，飞禽振翅高翔，走兽长出犄角，冬眠蛰伏的虫苏醒，鸟类孵卵育雏，兽类怀孕生育，胎生的不会胎死腹中，卵生的不会卵破蛋裂，这一切都归功于乐的效用。

乐者，非谓黄钟、大吕、弦歌、干扬也①，乐之末节也，故童者舞之。铺筵、席②，陈尊、俎，列笾、豆，以升降为礼者，礼之末节也，故有司掌之。乐师辨乎声诗，故北面而弦；宗、祝辨乎宗庙之礼③，故后尸；商祝辨乎丧礼④，故后主人。是故德成而上⑤，艺成而下⑥；行成而先，事成而后⑦。是故先王有上有下，有先有后，然后可以有制于天下也。

【注释】

①黄钟、大吕：黄钟是十二律中阳律之首，大吕是十二律中阴律之首。这里以黄钟、大吕代指十二律。关于十二律，见《月令》“孟春之月”节注⑩。弦：指琴瑟等弦乐器。干：盾。扬：郑注：“钺也。”即前文之“戚”，斧形器具。“干”、“戚”都是跳武舞时所执的舞具。

②筵：竹席。古人设席不止一层，紧靠地面的一层称“筵”，筵上面的就称“席”。

③宗：宗伯。祝：太祝。二者都是掌宗庙祭祀之礼的官。

④商祝：熟悉商礼的太祝。

⑤德成而上：孔疏：“则人君及主人之属是也，以道德成就，故在上也。”

⑥艺成而下：孔疏：“言乐师、商祝之等，艺术成就而在下也。”

⑦先：位在上。后：位在下。

【译文】

所谓乐，并非是指敲击黄钟、大吕、弹拨琴瑟而歌、执盾举钺而舞，这些只不过是乐的细枝末节，所以就让孩子们去舞去跳吧。铺设筵席，陈设酒樽、食俎，摆放笾、豆，以及登堂下阶等礼节，这些只不过是礼的细枝末节，所以就让相关的人员去操办吧。乐师会声律诗句，所以就让他们面朝北演奏；宗伯、太祝懂得宗庙中的礼节，所以就让他们跟在尸后主持祭祀仪式；商祝懂得丧葬之礼，所以就让他们跟在主人身后主持丧礼仪式。因此德行有成就的人在上位，技艺有成就的人在下位；有德行的人排在前，懂技艺的人排在后。所以先王确定了有上有下、有先有后的尊卑次序，然后才为天下制礼作乐。

魏文侯问于子夏曰①："吾端冕而听古乐②，则唯恐卧；听郑、卫之音③，则不知倦。敢问：古乐之如彼何也？新乐之如此何也？"子夏对曰："今夫古乐，进旅退旅④，和正以广。弦、匏、笙、簧⑤，会守拊、鼓⑥，始奏以文⑦，复乱以武⑧，治乱以相⑨，讯疾以雅⑩。君子于是语⑪，于是道古⑫，修身及家，平均天下。此古乐之发也。今夫新乐，进俯退俯⑬，奸声以滥，溺而不止⑭；及优、侏儒⑮，獶杂子女⑯，不知父子。乐终不可以语，不可以道古。此新乐之发也。今君之所问者乐也，所好者音也。夫乐者，与音相近而不同。"

【注释】

①魏文侯：战国时魏国国君，名斯。一说名都。曾拜子夏为师。子夏：姓卜，名商，字子夏。孔子的弟子。

②端冕：服玄端（缁衣黄裳）而戴冕冠。古乐：指先王之正乐。

③郑、卫之音：见本篇"郑、卫之音"节注①。

④旅：郑注："犹俱也。俱进俱退，言其齐一也。"与下文"进俯退俯"相对。

⑤簧(huáng):本指金属或其他材料制成的在乐器中发声的薄片。这里泛指簧管发声的乐器。

⑥会:郑注:"犹合也,皆也。"守:待。拊(fǔ):即拊搏。见《明堂位》"土鼓、蒉桴"节注③。堂上的乐器要待击拊后而奏,堂下的乐器要待击鼓后而奏。

⑦文:郑注:"谓鼓也。"

⑧乱:乐曲结束。武:郑注:"谓金也。"指铙(náo),一种青铜制作的打击乐器,形似铃而口朝上,柄在下。

⑨相:即拊。

⑩讯疾:即"迅疾"。雅:乐器名。形如漆桶,口小腹大,腹围两围,长五尺六寸,用羊皮蒙口,两侧有纽,系有带。

⑪语:乐终时的合语(众人一起讨论问题)。

⑫道古:合语时道古昔之事。

⑬俯:郑注:"犹曲也,言不齐一也。"

⑭溺:没,即沉溺。

⑮优:俳优,即以乐舞谐戏为业的艺人。

⑯獶(náo):同"猱"。郑注:"猕猴也。言舞者如猕猴戏也,乱男女之尊卑。"

【译文】

魏文侯问子夏:"我身穿玄端礼服、头戴玄冕聆听古乐,就唯恐打瞌睡;但是听郑、卫的音乐,就不知疲倦。请问听古乐会让人那样是为什么呢?听新乐会让人那样又是为什么呢?"子夏回答说:"现在演奏古乐,其舞队同进同退,动作齐一,曲调平和中正而宽广。琴、瑟、笙、簧等管弦乐器都等待拊、鼓的击奏调控,一击鼓就开始演奏,一击铙音乐就终了,用拊来调节收场之乐曲,用雅来控制快速的节奏。表演完毕,君子们就要在一起评议,道古论今,发表修身齐家、治国平天下的议论。这都是古乐能够引发的。现在演奏新乐,舞队进退动作参差不齐,曲调邪恶放浪，使人沉溺其中而无法自拔；再加上俳优和侏儒，舞者就像猕猴，男女尊卑混杂，不分父子。歌舞完毕，无法让人互相讨论，也不能说古论今。这就是新乐所引发的。现在国君您问的是乐，而您喜好的则是音。乐与音虽然相近却是不同的。”

文侯曰：“敢问何如？”子夏对曰：“夫古者，天地顺而四时当，民有德而五谷昌，疾疢不作而无妖祥①，此之谓大当②。然后圣人作为父子、君臣，以为纪纲。纪纲既正，天下大定。天下大定，然后正六律③，和五声，弦歌《诗·颂》④，此之谓‘德音’，德音之谓乐。《诗》云：‘莫其德音，其德克明。克明克类，克长克君。王此大邦，克顺克俾。俾于文王，其德靡悔。既受帝祉，施于孙子。’⑤此之谓也。今君之所好者，其溺音乎？”

【注释】

①疾疢(chèn)：病。疢，热病，泛指病。妖祥：怪异现象的先兆。

②大当(dàng)：指天地之间无不得当。

③六律：指黄钟、太蔟、姑洗、蕤宾、夷则、无射六阳律。

④弦歌《诗·颂》：孔疏：“谓以琴瑟之弦，歌此《诗·颂》也。”

⑤“《诗》云”以下十句：出自《诗经·大雅·皇矣》。所引内容是赞美王季之德的。郑注：“德正应和曰‘莫’，照临四方曰‘明’，勤施无私曰‘类’，教诲不倦曰‘长’，庆赏刑威曰‘君’，慈和遍服曰‘顺’。‘俾’当为‘比’，声之误也。择善从之曰‘比’。施，延也。”

【译文】

文侯说：“请问这是怎么回事？”子夏答道：“古时天地和顺，四时得当，百姓有德而五谷丰登，疾病不发作也没有怪异之事，这就叫大得当。

然后圣人兴起，制定了父子、君臣的纲常。纲常准确明了，天下就大定。天下大定，然后规正六律，调和五声，演奏琴瑟等乐器来歌《诗经》的《颂》，这就叫做‘德音’，德音才能称作乐。《诗经·大雅·皇矣》中说：‘王季的德音天下应和，他的德行照临四方。德行照临四方，勤劳施惠于民，为民师长，教诲不倦，为民君上，赏罚分明。他治理大国，慈和为善，择善而从，令四方顺服。等到其子文王继位，他的德行完美、无可怨悔。不但得到上帝赐予的福祉，还将传给子孙后代。’说的就是这个意思。如今国君您所喜好的，乃是让人沉溺的音吧？”

文侯曰：“敢问溺音何从出也？”子夏对曰：“郑音好滥淫志，宋音燕女溺志①，卫音趋数烦志②，齐音敖辟乔志③。此四者皆淫于色而害于德，是以祭祀弗用也。《诗》云：‘肃雍和鸣，先祖是听。’④夫肃肃，敬也；雍雍，和也。夫敬以和，何事不行？为人君者，谨其所好恶而已矣。君好之，则臣为之；上行之，则民从之。《诗》云：“‘诱民孔易’，此之谓也。”⑤然后，圣人作为鞉、鼓、椌、楬、埙、篪⑥，此六者，德音之音也。然后钟、磬、竽、瑟以和之⑦，干、戚、旄、狄以舞之⑧，此所以祭先王之庙也，所以献、酬、酳、酢也⑨，所以官序贵贱各得其宜也，所以示后世有尊卑长幼之序也。钟声铿，铿以立号⑩，号以立横⑪，横以立武。君子听钟声，则思武臣。石声磬⑫，磬以立辨，辨以致死。君子听磬声，则思死封疆之臣。丝声哀，哀以立廉，廉以立志。君子听琴瑟之声，则思志义之臣。竹声滥，滥以立会⑬，会以聚众。君子听竽、笙、箫、管之声，则思畜聚之臣。鼓鼙之声讙⑭，讙以立动，动以进众。君子听鼓鼙之声，则思将帅之臣。君子之听音，非听其铿枪而已也，彼亦有所合之也。”

【注释】

①燕：郑注：“安也。”

②趋数：郑注：“读为‘促速’，声之误也。”

③敖辟：即傲僻，傲慢邪僻之意。乔：通“骄”。

④“《诗》云”以下二句：出自《诗经·周颂·有瞽》。

⑤“《诗》云”以下二句：出自《诗经·大雅·板》。孔，很，甚。

⑥鞉（táo）：长柄小鼓，两旁有耳坠，状似今之拨浪鼓。椌（qiāng）、楬（qià）：即柷和敔，均为木制的打击乐器。见《月令》“是月也，命乐师修鞀、鞞、鼓”节注④。壎（xūn）：亦作“埙”，陶制的吹奏乐器。篪（chí）：用竹管制成类似笛子的一种吹奏乐器。

⑦磬（qìng）：石制的打击乐器。形状像曲尺，悬挂于簴架敲打演奏。竽：管乐器名。见《月令》“是月也，命乐师修鞀、鞞、鼓”节注④。

⑧狄：通“翟”，野鸡尾巴上的长毛，是跳文舞时所执的舞具。

⑨献、酬、酳（yìn）、酢：皆饮酒礼仪。献，敬酒。酬，主人向宾客敬酒，或客人之间互相敬酒。酳，食毕以酒漱口。酢，宾客向主人回敬酒。

⑩号：号令。

⑪号以立横：孔疏：“谓横气充满也，若号令威严，则军士勇敢而壮气充满。”横，郑注：“充也，谓气作充满也。”

⑫磬：郑注：“‘磬’当为‘罄’，字之误也。”

⑬滥：郑注：“犹揽聚也。”会：会聚人民。

⑭鼙（pí）：一种小鼓。讙（huān）：喧嚣。

【译文】

文侯又问：“请问溺音从何而来呢？”子夏答道：“郑国之音使男女相

偷而心志淫邪；宋国之音使人耽于女色而意志消沉；卫国之音节奏急促，使人意志烦劳；齐国之音傲慢邪僻，使人意志骄佚。这四国之音，都滥于色情而对德行有害，所以祭祀时都不用这四国之音。《诗经》说：'肃穆雍和的乐曲奏鸣，祖先的神灵才会来听。'所谓'肃'，就是恭敬的意思；所谓'雍'，就是祥和的意思。既恭敬又祥和，什么事办不成？作为国君，对自己的好恶要谨慎就行了。国君喜好的，臣下就会去做；上级所做的，下级就会跟着做。《诗经》说："诱导民众是很容易的"，说的就是这个道理。然后圣人制成鞉、鼓、椌、楬、壎、篪，这六种乐器发出的声音都是德音。然后再用钟、磬、竽、笙来伴奏，手执盾、斧、牛尾毛、野鸡翎毛来舞蹈，这样的乐才可以用于祭祀先王宗庙，才可以用于献酒、旅酬、食毕以酒漱口、回敬酒这些礼仪活动，才可以区分官位高低身份贵贱而各得其宜，才可以向后人展示尊卑长幼的次序。钟声铿锵，铿锵之声可以发号施令，有了号令就能令胆气充满、军士勇敢，胆气充满、军士勇敢就能建立武功。因此君子听到钟声，铿铿就会想到武臣。石声磬磬，磬磬之声使人明辨是非，明辨是非就能从容赴死。因此君子听到石声磬磬，就会想到为守卫疆土而死去的将士。琴瑟之声哀怨，哀怨的声音使人清正廉直，清正廉直就会立志向善。因此君子听到琴瑟之声，就会想到立志守义之臣。竹制乐器之声揽聚了众音，众音会聚了民众。因此君子听到竽、笙、箫、管的声音，就会想到容纳安抚百姓之臣。鼓鼙之声喧腾，喧腾的声音使人振奋心动，振奋心动就会率领民众前进。因此君子听到鼓鼙之声，就会想到能够统领军队的将帅之臣。君子听音乐，并不是听听铿锵之声而已，是要从音乐中听出与心相契合的东西来的。"

宾牟贾侍坐于孔子[①]，孔子与之言，及乐，曰："夫《武》之备戒之已久[②]，何也？"对曰："病不得其众也[③]。""咏叹之[④]，淫液之[⑤]，何也？"对曰："恐不逮事也[⑥]。""发扬蹈厉之已蚤[⑦]，何也？”对曰：“及时事也。”“《武》坐[⑧]，致右宪左[⑨]，何也？”对曰：“非《武》坐也[⑩]。”“声淫及商[⑪]，何也？”对曰：“非《武》音也。”子曰：“若非《武》音，则何音也？”对曰：“有司失其传也[⑫]。若非有司失其传，则武王之志荒矣。”子曰：“唯。丘之闻诸苌弘[⑬]，亦若吾子之言是也。”

【注释】

①宾牟贾：人名。姓宾牟，名贾。

②备戒：击鼓警众。

③病不得其众：郑注：“病，犹忧也。以不得众心为忧，忧其难也。”孔疏：“言武王伐纣之时，忧病不得士众之心，故先鸣鼓以戒士众，久乃出战。”

④咏叹：孔疏：“谓长声而叹。”

⑤淫液：孔疏：“谓音连延而流液不绝之意。”

⑥恐不逮事：孔疏：“象武王伐纣，恐诸侯不至，不逮及战事。”事，戎事。

⑦已蚤：太早。蚤，通“早”。实谓舞一开始。

⑧《武》坐：《武》舞之坐，即今之跪，要两膝跪地。

⑨致右宪左：指右膝跪至地而左膝抬起。致，指膝至地。宪，通“轩”，起。

⑩非《武》坐：不是《武》舞的坐法，《武》舞应当两膝皆致地，现在“致右宪左”，故曰“非《武》坐”。

⑪声淫及商：郑注：“言《武》歌在正其军，不贪商也。时人或说其义为贪商也。”孔疏：“淫，贪也。”

⑫有司：郑注：“典乐者也。”传：郑注：“犹说也”，“言典乐者失其说也”。孙希旦曰：“有司传授之误而失其本也。”

⑬苌(cháng)弘:春秋时周大夫,字长叔。

【译文】

宾牟贾在孔子身边陪坐,孔子和他谈话,说到乐时,孔子问他:“《武》乐开始之前长时间的击鼓警众,这是为什么?”宾牟贾答:“这表示武王出兵伐纣前担心得不到士众的支持。”孔子又问:“《武》舞音乐曲调慢长,绵延不绝,这是为什么?”宾牟贾答:“这表示武王担心诸侯不能及时到来参战,失去战机。”孔子又问:“舞蹈一开始就猛厉迅疾地扬手踏脚,这是为什么?”宾牟贾答道:“这表示及时发起军事行动。”孔子又问:“跳《武》舞时舞者坐下,右膝跪地,左膝抬起,这是为什么?”宾牟贾答:“舞者右膝跪地,左膝抬起,这并不是《武》舞的坐法。”孔子又问:“人说《武》舞音乐中流出有贪占商的意思,这是为什么?”宾牟贾答道:“《武》舞音乐是武王用于端正军风的,若有贪占商的意思,那不是《武》舞的音乐。”孔子又问:“如果不是《武》舞的音乐,那该是什么音乐呢?”宾牟贾答道:“这是乐官传授时说错而失去了《武》舞音乐的本来面貌。如果不是乐官传授有误,那就是武王心志迷乱了。”孔子说:“是的。我曾听苌弘所说,和你所讲的一样。”

宾牟贾起,免席而请曰①:“夫《武》之备戒之已久,则既闻命矣②。敢问迟之迟而又久③,何也?”子曰:“居!吾语女④。夫乐者,象成者也。总干而山立⑤,武王之事也。发扬蹈厉,大公之志也⑥。《武》乱皆坐,周、召之治也⑦。且夫《武》,始而北出,再成而灭商⑧,三成而南,四成而南国是疆,五成而分⑨,周公左,召公右,六成复缀⑩,以崇天子。夹振之而驷伐⑪,盛威于中国也。分夹而进⑫,事蚤济也。久立于缀,以待诸侯之至也。且女独未闻牧野之语乎⑬?武王克殷反商⑭,未及下车而封黄帝之后于蓟⑮,封帝尧之后于祝⑯,

封帝舜之后于陈[17]；下车而封夏后氏之后于杞[18]，投殷之后于宋[19]，封王子比干之墓[20]，释箕子之囚[21]，使之行商容而复其位[22]。庶民弛政，庶士倍禄。济河而西，马散之华山之阳而弗复乘[23]，牛散之桃林之野而弗复服[24]，车甲衅而藏之府库而弗复用[25]，倒载干戈，包之以虎皮，将帅之士使为诸侯，名之曰"建櫜"[26]。然后天下知武王之不复用兵也。散军而郊射，左射《狸首》[27]，右射《驺虞》[28]，而贯革之射息也[29]。裨冕搢笏[30]，而虎贲之士说剑也[31]。祀乎明堂而民知孝，朝觐然后诸侯知所以臣，耕藉然后诸侯知所以敬[32]。五者[33]，天下之大教也。食三老、五更于大学[34]，天子袒而割牲，执酱而馈，执爵而酳，冕而总干，所以教诸侯之弟也[35]。若此，则周道四达，礼乐交通，则夫《武》之迟久，不亦宜乎！"

【注释】

①免席：避席，即为表示尊敬而离开席位。

②闻命：指上文孔子对宾牟贾的提问，孔子已听到宾牟贾的回答了。举前节第一问"《武》之备戒之已久"来概括上述问答。

③迟之迟：郑注："谓久立于缀。"孔疏引贺氏云："备戒已久是迟，久立于缀亦是迟。"因此说"迟之迟"。孙希旦说，《武》舞六成，即六段，每段表演的时间都很长久，然后才能结束，"故重言以见其意也"。

④女：通"汝"。下同。

⑤总干：持盾。

⑥大公：姜太公吕尚。大，同"太"。见《檀弓上》"大公封于营丘"节注①。

⑦周、召(shào)：周公、召公。周公，见《檀弓上》"季武子成寝"节注

④。召公,召公奭(shì),姬氏。周文王之子,武王弟。与周公旦分陕(今河南陕县)而治。见《曾子问》"曾子问曰:下殇土周葬于园"节注④。

⑧成:舞蹈的一节。

⑨五成而分:旧注说"分"指分陕治之。《史记·乐书》、《孔子家语·辨乐解》等"分"下有"陕"字。据《公羊传·隐公五年》记:"自陕而东者,周公主之;自陕而西者,召公主之。""东"即左,"西"即右。

⑩复缀:郑注:"反位止也。"缀,舞者的舞位。这里是说舞者所在舞位的移动,原来移至后面位置的舞者又回到前面了。

⑪夹振之:郑注:"王与大将夹舞者,振铎以为节也。"振,振铎。驷:通"四"。伐:一击一刺为一伐。按,以上三句或句读为:"六成复缀以崇,天子夹振之而驷伐",亦通。

⑫分夹而进:郑注:"舞者各有部曲之列,又夹振之者,象用兵务于早成也。"

⑬牧野之语:指对《武》舞音乐意义的解释。此"语",即上文"君子于是语"之'语'。牧野,见《大传》"牧之野"节注①。

⑭反:"及"字之误。及商,郑注:"谓至纣都也。"

⑮蓟(jì):地名。今北京西南。

⑯祝:国名。今山东长清东北,一说山东禹城。

⑰陈:国名。今河南淮阳一带。

⑱杞:国名。今河南杞县一带。

⑲投:迁徙。宋:国名。今河南商丘一带。

⑳比干:商纣王的叔父。商纣王暴虐淫乱,比干向纣王进谏,却被纣王残忍地剖心杀害。

㉑箕子:商纣王的叔父。商纣王杀死比干后,又囚禁了箕子。

㉒行:视。商容:商代的贤臣,因进谏而被纣王罢黜。

㉓散:放。

㉔桃林:地名。在华山附近。

㉕衅:以牲血涂于器物的祭法。

㉖建櫜(gāo):将兵甲收藏起来。建,王引之说当读为“鞬”,《说文》“鞬,所以戢弓矢也。”“鞬”是藏弓矢之袋,“櫜”是收藏兵器之袋。

㉗左:设在东郊的学宫,也是举行射礼的场所。射:郊射。《狸首》:逸《诗》篇名。

㉘右:设在西郊的学宫。《驺虞》:《诗经·国风·召南》中的篇名。

㉙贯革:郑注:“射穿甲革也。”在军中悬挂甲铠而射,并以射穿多重为上,称为“军射”。此处演习礼仪,故停止要射穿甲革的射箭活动。

㉚裨冕:见《玉藻》“诸侯玄端以祭”节注②。搢笏:见《内则》“后王命冢宰降德于众兆民”节注⑦。

㉛虎贲(bēn)之士:勇猛武士。说:通“脱”。

㉜耕藉:即藉田。

㉝五者:指郊射、裨冕、祀乎明堂、朝觐、耕藉。

㉞三老、五更:皆为官名。见《文王世子》“天子视学”节注⑥。

㉟弟(tì):通“悌”。

【译文】

宾牟贾站起来,离开席位向孔子请教:“关于《武》乐开始前长时间击鼓警众等问题,承您提问,听了我的回答。我想请问《武》乐每节舞者都长久站立等待,是为什么?”孔子说:“坐!我来告诉你。以乐而言,象征着成功之事。舞者手持盾牌,正立如山,这象征着武王威武正立等待诸侯。舞者迅疾激烈地手舞足蹈,这象征着太公的志向。《武》乐结束时舞者全部跪下,这象征着周公、召公的天下大治。从《武》乐的每节来说,第一节象征武王北出孟津大会诸侯,第二节象征武王灭商,第三节象征武王领兵南下,第四节象征收复南国疆土,第五节象征周公和召公分陕左右而治天下，第六节舞者回到最初的位置，象征诸侯尊崇武王为天子。表演时天子夹在舞队中振动铎铃，舞者手持戈矛四击四刺，这象征威震中国。既而舞队又分别前进，这象征要早点儿渡河伐纣。舞者站在舞位上久立不动，这表示武王在等待诸侯到来。况且，你难道没有听说过牧野之事吗？武王打败了商纣王，进入纣都，还没下车，就把黄帝的后代分封在蓟，把帝尧的后代分封在祝，把帝舜的后代分封在陈；下车后，又把夏禹的后代分封在杞，把商汤的后代迁移到宋，修葺了王子比干的墓地，释放了牢中的箕子，让他去看望商容并且恢复商容的官位。对百姓施行宽松的政策，对官员成倍地增加俸禄。然后渡过黄河向西，把马放牧于华山的南面，表示不再用它们去驾车；把牛放牧于桃林的原野，表示不再用它们去服役；把兵车铠甲涂上牲血后收藏到府库，表示不再使用它们；把盾牌、戈倒放，用虎皮包扎起来，把带兵的将士封为诸侯，收藏起弓矢、兵器，称之为“建櫜”。这样，天下就知道武王不再打仗了。解散军队后，在郊外的学宫举行礼仪性的射箭活动，在东郊学宫举行的射礼演奏《狸首》，在西郊学宫举行的射礼演奏《驺虞》，射箭是演礼，那种要贯穿革甲的强力射箭终止了。大家身穿礼服，头戴冠，腰插笏板，勇猛的武士也脱下了佩剑。天子在明堂祭祀先祖，人们就懂得了如何行孝道；定期朝见天子，诸侯就懂得了如何为臣下；天子亲自耕种藉田，诸侯就懂得了如何敬奉天地鬼神了。这五件事，就是在普天之下所施行的大教化。在太学中宴请三老、五更，天子袒露左臂亲自切割牲肉，拿着酱请他们蘸着吃，吃完后端起酒杯请他们漱口饮酒，头戴冠冕，手执盾牌，为他们跳舞，这是教导诸侯懂得怎样尊敬兄长。像这样，周的教化就能通达四方，礼乐天下通行，所以，这表现武王功业教化的《武》舞音乐表演要很长的时间，不也是理所当然的吗！”

君子曰：礼乐不可斯须去身[①]。致乐以治心[②]，则易、直、子、谅之心油然生矣[③]。易、直、子、谅之心生则乐，乐则安，安则久，久则天，天则神。天则不言而信，神则不怒而威，致乐以治心者也。致礼以治躬则庄敬，庄敬则严威。心中斯须不和不乐，而鄙诈之心入之矣；外貌斯须不庄不敬，而易慢之心入之矣。故乐也者，动于内者也；礼也者，动于外者也。乐极和，礼极顺，内和而外顺，则民瞻其颜色而弗与争也，望其容貌，而民不生易慢焉。故德烰动于内④，而民莫不承听；理发诸外⑤，而民莫不承顺。故曰："致礼乐之道，举而错之⑥，天下无难矣。"

【注释】

①斯须：须臾，片刻。这里是说礼乐一刻都不能离身。

②致：郑注："犹深审也。"指深入体会研究。

③易、直、子、谅：孔疏："易，谓和易。直，谓正直。子，谓子爱。谅，谓诚信。"

④德烰(huī)：面部颜色润泽。指透过乐教，使厚德润泽内在。烰，光，光辉。

⑤理：行止符合礼制规定。

⑥错：通"措"。

【译文】

君子说：礼乐须臾也不能离身。致力于以乐来治理修养内心，那么平易、正直、慈爱、诚信之心就会油然而生。有了平易、正直、慈爱、诚信之心就会感到精神快乐，精神感到快乐就会心灵安宁，心灵安宁就会生命长久，生命长久就会通达上天，通达上天就能感应神明。天虽不言不语却最有信用，神虽不愠不怒但自有威严，这就是致力于以乐来治理修养内心。致力于以礼来治理身形外貌，就能显得端庄尊贵，端庄尊贵就有威严。如果心中有须臾的不和谐、不快乐，那么鄙陋狡诈的念头就会乘隙而入;如果外貌有须臾的不端庄、不恭敬,轻易怠慢的念头就会乘隙而入。所以说,乐是感动修治人的内在的精神,而礼则是感动修治人的外在的仪容。乐的极致是和,礼的极致是顺,内心和谐而外貌恭顺,那么百姓只要看到他的表情神色就不会与他相争,只要望见他的仪容外貌就不会产生轻慢之心。所以德性润泽于内心,而百姓没有不听从的;行为符合规定表现于外,而百姓没有不顺从的。所以说:“致力于礼乐之道,以礼乐之道来治理天下,治理好天下是没有什么困难的。”

乐也者,动于内者也;礼也者,动于外者也。故礼主其减,乐主其盈①。礼减而进②,以进为文③;乐盈而反④,以反为文。礼减而不进则销,乐盈而不反则放,故礼有报而乐有反⑤。礼得其报则乐,乐得其反则安。礼之报,乐之反,其义一也。

【注释】

①“礼主”二句:郑注:“礼主于减,人所倦也。乐主其盈,人所欢也。”这是说,礼仪繁复,易生倦心,所以要适当减省,做到简单易行。而乐令人欢乐,人们都喜闻乐见,所以要丰满充盈。

②进:郑注:“谓自勉强也。”即自我勉励。

③文:郑注:“犹美也,善也。”

④反:郑注:“谓自抑止也。”这是说,乐丰满充盈,反而需要自我抑制,并以自我抑制为美为善。

⑤报:郑注:“读曰‘褒’,犹进也。”

【译文】

乐,是感动于人的内心的;礼,是感动于人的外在的。所以礼要减省繁琐,做到简单易行;乐要丰满充盈,做到令人欢欣。礼虽减省但也要自我勉励，礼以自我勉励为善为美；乐虽丰满充盈但也要自我抑制，乐以自我抑制为善为美。礼，如果减省了却不自我勉励，就会销蚀消亡，乐，如果充盈了而不自我抑制，就会放任放纵，所以礼要自我勉励而乐要自我抑制。礼做到自我勉励就会快乐，乐做到自我抑制就会安宁。礼的自我勉励，乐的自我抑制，二者的意义是一样的。

夫乐者，乐也，人情之所不能免也。乐必发于声音，形于动静，人之道也。声音动静，性术之变尽于此矣①。故人不耐无乐②，乐不耐无形。形而不为道③，不耐无乱。先王耻其乱，故制《雅》、《颂》之声以道之④，使其声足乐而不流⑤，使其文足论而不息⑥，使其曲直、繁瘠、廉肉、节奏足以感动人之善心而已矣⑦，不使放心、邪气得接焉⑧。是先王立乐之方也⑨。

【注释】

①性术：人性之道。术，孔疏："谓道路。"

②耐：郑注："古书'能'字也。"下同。

③道(dǎo)：引导。下同。

④《雅》、《颂》：《诗经》中的《雅》诗和《颂》诗。《雅》、《颂》也是乐曲分类的名称。《雅》是朝廷的乐曲，《颂》是宗庙祭祀的乐曲。

⑤流：淫放。

⑥使其文足论而不息：孔疏："言乐德深远，论量义理而不可销尽。"文，指篇辞。

⑦曲直、繁瘠、廉肉、节奏：孔疏："曲，谓声音回曲。直，谓声音放直。繁，谓繁多。瘠，谓省约。廉，谓廉棱。肉，谓肥满。节奏，谓或作或止，作则奏之，止则节之。"王念孙据《荀子·乐论》与

《史记·乐书》，认为“繁瘠”当作“繁省”。

⑧放心：孔疏：“谓放恣之心。”邪气：孔疏：“谓淫邪之气。”

⑨方：道。

【译文】

乐，是让人快乐的，这是人之常情所不能避免的。人快乐了，就一定要发出声音来表现，通过动作来表达，这是人的自然之道。声音和动作，人的情性之道的变化表达尽在于此。所以人不能没有乐，而乐不能没有表现的形式。乐的表现形式如果不加以引导，就不能不发生错乱。先王以乱为耻，所以制定了《雅》、《颂》之诗乐加以引导，使其乐声足以使人快乐而不淫逸放荡，使其文辞足以讨论义理而不会无话可说，使其声调或曲折、或平直，或繁复、或省约，或有棱有角、或丰满柔和、或节奏明快，足以感动人的善心，不让放荡之心与邪恶的念头玷污人。这就是先王所确立的关于乐的道理。

是故乐在宗庙之中，君臣上下同听之则莫不和敬；在族长乡里之中①，长幼同听之则莫不和顺；在闺门之内，父子兄弟同听之则莫不和亲。故乐者，审一以定和②，比物以饰节③，节奏合以成文。所以合和父子、君臣，附亲万民也。是先王立乐之方也。

【注释】

①族长乡里：指基层的几种行政单位。《训纂》引王引之说：“是百家为族，二百五十家为长也。”又，一万二千五百家为乡，二十五家为里。

②审一：指细审各人的喜怒哀乐差异来调和乐曲。孔疏：“人声虽一，其感有殊。或有哀乐之感，或有喜怒之感，当须详审其声，以

定调和之曲矣。”孙希旦认为，“一”指中声，即“五声”中的宫声，应审定中声以调和五声。

③比物：指金、革、土、匏等乐器。

【译文】

所以乐在宗庙之中演奏，君臣上下一起听就无不和谐肃敬；在族长乡里演奏，长幼老少一起听就无不和气顺从；在家门之内演奏，父子兄弟一起听就无不和睦亲爱。因此，乐，要仔细地审定一个声再加以调和，配上各种乐器来装饰节奏，使节奏合成为乐章。所以用它来使父子、君臣协调和谐，使万民顺从亲附。这就是先王所确立的关于乐的道理。

故听其《雅》、《颂》之声，志意得广焉。执其干戚，习其俯仰诎伸①，容貌得庄焉。行其缀兆②，要其节奏③，行列得正焉，进退得齐焉。故乐者，天地之命④，中和之纪，人情之所不能免也。

【注释】

①诎（qū）：屈。

②缀兆：孔疏：“缀，表也。兆，域也。”指舞者站立行列的位置及进退的范围。

③要（yāo）：会。

④命：王念孙校作“齐”，教化之义。

【译文】

所以听《雅》、《颂》之声，思想意志就得以拓展广大。手执盾与斧，练习俯仰屈伸的姿态，容貌就变得庄重严肃。按照所站立的行列中的舞位和区域进退舞动，配合乐曲的节奏，行列就能规规正正，进退就能整整齐齐。所以乐是天地的教化，是统领与协和社会的纲纪，是人情不可或缺的。

夫乐者，先王之所以饰喜也。军旅、鈇钺者[①]，先王之所以饰怒也。故先王之喜怒皆得其侪焉[②]。喜则天下和之，怒则暴乱者畏之。先王之道，礼乐可谓盛矣。

【注释】

①鈇（fǔ）：通“斧”。斧钺（yuè），都是刑杀的器具。

②侪（chái）：同辈，同类。

【译文】

乐，是先王用来表达喜悦的。军队和斧钺，是先王用来表达愤怒的。所以先王的喜悦和愤怒都找到了相应的表达形式。先王如果喜悦，天下就和美；先王如果愤怒，暴乱之徒就畏惧。先王的治国之道，可以说礼乐隆盛，发挥了巨大的作用。

子赣见师乙而问焉[①]，曰：“赐闻声歌各有宜也。如赐者，宜何歌也？”师乙曰：“乙，贱工也，何足以问所宜！请诵其所闻，而吾子自执焉。宽而静，柔而正者，宜歌《颂》；广大而静，疏达而信者，宜歌《大雅》；恭俭而好礼者，宜歌《小雅》；正直而静，廉而谦者，宜歌《风》；肆直而慈爱者，宜歌《商》[②]；温良而能断者，宜歌《齐》。夫歌者，直己而陈德也，动己而天地应焉，四时和焉，星辰理焉，万物育焉。故《商》者，五帝之遗声也，商人识之[③]，故谓之《商》；《齐》者，三代之遗声也，齐人识之，故谓之《齐》。明乎《商》之音者，临事而屡断；明乎《齐》之音者，见利而让。临事而屡断，勇也；见利而让，义也。有勇有义，非歌孰能保此？故歌者，上如抗，下如队[4]，曲如折，止如槁木，倨中矩[5]，句中钩[6]，累累乎端如贯珠[7]。故歌之为言也，长言之也。说之，故言之；言之不足，故长言之；长言之不足，故嗟叹之；嗟叹之不足，故不知手之舞之，足之蹈之也。"

《子贡问乐》[8]

【注释】

①子赣：即子贡，姓端木，名赐，字子贡。师乙：乐官，名乙。

②《商》：与下文《齐》皆为古逸诗名。

③识(zhì)：记。

④队：同"坠"。

⑤倨(jù)中(zhòng)矩：孔疏："言其音声雅曲，感动人心，如中当于矩也。"倨，指直而折曲。矩，画直角或方形的曲尺。

⑥句中钩：孔疏："谓大屈也，言其音声大屈曲，感动人心，如中当于钩也。"句，同"勾"。钩，圆规。

⑦累累乎：指声音连续不断。

⑧《子贡问乐》：此篇题之名。古书篇题在篇末。

【译文】

子贡拜见师乙并问他说："我听说，唱歌每个人有各自适宜的歌。像我这样的人适合唱什么样的歌呢！"师乙说："我只是一个卑贱的乐工，哪里配得上您垂问适宜唱什么样的歌呢！请让我讲讲我所听说过的，然后由您自己判断吧。宽厚而文静、温柔而正直的人，适宜唱《颂》；心志广大而安静，顺达而诚信的人，适宜唱《大雅》；恭敬俭朴而讲究礼仪的人，适宜唱《小雅》；正直而沉静、清廉而谦和的人，适宜唱《国风》；

直率而慈爱的人，适宜唱《商》；温良而善于决断的人，适宜唱《齐》。唱歌，就是直抒胸臆进而展示自己的品德，感动自己进而感觉到天地也受到感应，四时和谐轮替，星辰正常运行，万物抚育成长。《商》乐，是五帝遗留下来的歌，商人将它记录下来，所以叫做《商》；《齐》乐，是三代遗留下来的歌，齐人将其记录下来，所以叫做《齐》。通晓《商》乐的人，遇事能够决断；通晓《齐》乐的人，见利能够推让。遇事能够决断，这就是勇；见利能够推让，这就是义。又有勇又有义，如果不是歌曲还有什么能长久地保存这些呢？所以歌者唱歌时，歌声上仰如高腾入云，下降如坠落深渊，曲折如弯拐回转，静止如枯槁之树，声调平直时可合矩尺测量，歌声圜转时可合圆规测度，声音连绵不断仿佛一串珍珠。所以唱歌也和说话一样，不过是拉长了声音的说话。因为高兴，所以想说话；说话不足以尽兴，就拖长了声调来说；拖长了声调还不足以尽兴，就吁嗟咏叹了；吁嗟咏叹还不足以尽兴，就不知不觉地手也舞起来了、足也跳起来了。”

《子贡问乐》

杂记上第二十

【题解】

郑玄《礼记目录》云："名曰'杂记'者，以其杂记诸侯以下至士之丧事。"

本篇所记，包括招魂、讣告、柩车装饰、祔祭、丧服、含、襚、赗等与丧事有关的事宜及礼节，可与《檀弓》、《曾子问》、《丧服小记》、《丧大记》互相参看，也可对《仪礼·士丧礼》、《仪礼·丧服》二篇进行补充说明。孙希旦指出："《丧服小记》者，以其所记之琐碎而名之也。《丧大记》者，以其所记之繁重而名之也。此篇所记，有与《小记》相似者，有与《大记》相似者，又有非丧事而亦记之者。以其所记者杂，故曰《杂记》。"由于篇幅较长，本篇分上、下两部分。

诸侯行而死于馆①，则其复如于其国②；如于道，则升其乘车之左毂③，以其绥复。其輤有裧④，缁布裳帷⑤，素锦以为屋而行⑥。至于庙门，不毁墙⑦，遂入，适所殡⑧，唯輤为说于庙门外⑨。

【注释】

①馆：他国的馆舍。

②复：郑注："招魂复魄也。"如于其国：按照诸侯死在本国的办法招魂，即拿着死者的衣服，登梯从正屋东檐上屋脊（"升屋东荣"），在西边面朝北大声呼喊死者的名字。

③升其乘车之左毂（gǔ）：象征死于家时的"升屋东荣"。毂，车轮中心部位，外接车辐内受车轴。

④輤（qiàn）：柩车的顶盖。孙希旦曰："輤者，载尸车饰之总名。若分而言之，则盖于上者为輤，属于輤而四垂者为裧，周于四旁者为裳帷，在輤之内而周于尸者为屋。"裧（chān）：指连着輤而四周下垂的缘边。

⑤裳帷：柩车四周的帷布。郑注："裳帷用缁，则輤用赤。"

⑥屋：在輤之下，裳帷之内，覆盖棺材的小帐子。

⑦墙：指裳帷。

⑧适所殡：到达停殡之处，停殡在堂上两楹柱之间。

⑨说：通"脱"。指去除。

【译文】

诸侯出行而死在他国的宾馆里，那么为他招魂的仪式就如同他死在本国一样；如果他死在路上，那么为他招魂时就登上他生前所乘之车左轮轮毂上，挥动登车时拉手的绳子来招魂。柩车上有顶盖，顶盖的四周有下垂的缘边，柩车的四周是用黑布围成的帷幕，用素锦做的帐子覆盖在棺椁上，这样装饰后柩车才出行。到达本国的殡宫，不用撤掉柩车四周的帷布就可进入，把灵柩停放在堂上两楹柱之间，进入殡宫前只把柩车上的顶盖撤掉，放在殡宫门外。

大夫、士死于道，则升其乘车之左毂，以其绥复；如于馆死，则其复如于家。大夫以布为輤而行，至于家而说輤，载以輲车[①]，入自门至于阼阶下而说车，举自阼阶，升适所殡。

士輤，苇席以为屋，蒲席以为裳帷。

【注释】

①輲(chuán)车：无辐条，以圆木为四轮的载尸或载柩之车。

【译文】

大夫、士出行，死在路上，那么招魂时就登上他们生前所乘之车左轮轮毂上，挥动登车时拉手的绳子来招魂；如果死在他国的宾馆里，那么为他招魂的仪式就如同他死在家里一样。大夫去世，柩车用白布为顶盖出行，到达自家门口，撤下顶盖，把棺木放到輲车上，从大门进到东阶下，把棺木从车上搬下，从东阶抬上堂，抬到堂上两楹柱之间。士去世，柩车也有顶盖，用苇席覆棺，用蒲席遮围充当柩车四周的裳帷。

凡讣于其君[①]，曰："君之臣某死。"父、母、妻、长子，曰："君之臣某之某死[②]。"君讣于他国之君，曰："寡君不禄[③]，敢告于执事。"夫人，曰："寡小君不禄。"大子之丧[④]，曰："寡君之適子某死。"大夫讣于同国适者[⑤]，曰："某不禄。"讣于士，亦曰："某不禄。"讣于他国之君，曰："君之外臣寡大夫某死"[⑥]。讣于适者，曰："吾子之外私寡大夫某不禄[⑦]，使某实[⑧]。"讣于士，亦曰："吾子之外私寡大夫某不禄，使某实。"士讣于同国大夫，曰："某死。"讣于士，亦曰："某死。"讣于他国之君，曰："君之外臣某死。"讣于大夫，曰："吾子之外私某死。"讣于士，亦曰："吾子之外私某死。"

【注释】

①讣(fù)：讣告，即报丧。

②君之臣某之某死：上“某”指臣名，下“某”指去世的亲属。

③寡君：向他国国君称本国国君时的谦辞。不禄：据《曲礼下》：“天子死曰‘崩’，诸侯死曰‘薨’，大夫死曰‘卒’，士曰‘不禄’。”这里称国君死为“不禄”，是向他国之君报丧的谦词。下同。

④大：同“太”。

⑤适：郑注：“读为‘匹敌’之‘敌’，谓爵同者也。”齐等。

⑥外臣：无直接统属关系的臣子。寡：寡德。

⑦外私：外国的私交、朋友。

⑧某：为使者之名。实（zhì）：通“至”，告。

【译文】

凡臣子去世，向本国国君报丧，报丧者要说：“国君的臣子某死了。”如果是臣子的父亲、母亲、妻子、长子去世，报丧者要说：“君的臣子某的某位亲属死了。”国君去世，派使臣向他国国君报丧，要说：“寡君不禄了，敢向您的官员通告。”夫人去世，向他国国君报丧，要说：“寡小君不禄了。”太子去世，向他国国君报丧，要说：“寡君的嫡子某死了。”大夫去世，向本国爵位相等的人报丧，要说：“某不禄了。”如果向士报丧，也要说：“某不禄了。”如果向他国国君报丧，要说：“国君的外臣、寡大夫某死了。”如果向他国爵位相当的人报丧，要说：“您外国的私交、寡大夫某不禄了，丧家派我前来报告。”如果向他国的士报丧，也要说：“您的外国私交、寡大夫某不禄，丧家派我前来通告。”士去世，向本国大夫报丧，要说：“某死了。”如果向本国的士报丧，也要说：“某死了。”如果向他国国君报丧，要说：“君的外臣某死了。”如果向他国的大夫报丧，要说：“您外国的私交某死了。”如果向他国的士报丧，也要说：“您外国的私交某死了。”

大夫次于公馆以终丧①，士练而归②。士次于公馆，大夫居庐③，士居垩室④。

【注释】

①大夫次于公馆以终丧：孔疏："君之舍也，大夫恩深禄重，故为君丧居庐。终丧毕，乃还家也。"次，舍。

②练：练祭。小祥以后，孝子除去首绖，改戴练冠，故称"练祭"。孔疏："士卑恩轻，故至小祥，而反其所治邑也。"

③庐：即"倚庐"，居丧时的临时草棚，地点在中门外东墙下。

④垩(è)室：居丧时用砖垒成的小草屋，地点也在中门外东墙下，屋草不涂泥，只用白垩涂墙。按礼，"垩室"是孝子在练祭以后的住处。垩，涂饰的白土。

【译文】

国君去世，大夫要在国君的馆舍中居丧三年才能回家，士可以在练祭后回家。士也要在国君的馆舍中居丧，在国君馆舍中居丧时，大夫住在倚庐中，士住在垩室中。

大夫为其父母、兄弟之未为大夫者之丧，服如士服。士为其父、母兄弟之为大夫者之丧，服如士服。大夫之適子，服大夫之服。大夫之庶子为大夫，则为其父母服大夫服；其位，与未为大夫者齿。士之子为大夫，则其父母弗能主也，使其子主之；无子，则为之置后。

【译文】

身为大夫，为去世的父母、兄弟没有做到大夫者服丧，就按士礼为之服丧。身为士，为去世的父母、兄弟已做到大夫者服丧，也按士礼为之服丧。大夫的嫡子，为去世的大夫也按大夫之礼服丧。大夫的庶子若已身为大夫，为去世的父母也按大夫之礼服丧；但举行丧礼排位时，与不是大夫的家人只能按年龄排位。士之子做了大夫去世了，他的父母因身份低就不能作为丧主主持丧事，要由他的儿子来主丧；如果他没有儿子，就要为他立一个后嗣主丧。

大夫卜宅与葬日[①]，有司麻衣、布衰、布带[②]，因丧屦，缁布冠不蕤[③]。占者皮弁[④]。如筮[⑤]，则史练冠、长衣以筮[⑥]。占者朝服[⑦]。

【注释】

①卜宅与葬日：用龟卜选定墓地与下葬日期。在墓地卜宅，在殡宫门外卜葬日。宅，葬地。

②有司：郑注："卜人也。"麻衣、布衰、布带：郑注："此服非纯吉，亦非纯凶也。"孙希旦说，此有司系大夫之臣，其本应服斩衰，即纯凶之服，但因参与卜筮不敢以凶服临鬼神，故服此既非纯吉亦非纯凶之服。麻衣，白布深衣，属于吉服。布衰，指缀于胸前和背后的两块粗麻布。缀于胸前的长六寸，宽四寸；缀于后背的长一尺六寸，宽四寸，又称"负版"。"布衰"、"布带"都属于凶服。

③蕤（ruí）：通"緌"，冠缨在下巴处打结后垂下的部分。缁布冠本就无緌，这里特别言之，是怕人误以为因事变服。

④占者：郑注："占者尊于有司。"孙希旦说，"占者乃公有司"，即"莅卜者"，"命龟、作龟，于接鬼神尤亲，宜使无服者，故以公有司莅卜"。"公有司"是国君派去的官员，地位高于大夫的家臣。"莅卜"是观看卜龟后龟甲裂纹判断吉凶宜忌。皮弁：即皮弁服，是纯吉之服。见《郊特牲》"天子适四方"节注⑬。

⑤筮：指用蓍草来占卜。

⑥史：郑注："筮史，筮人也。"练冠：用练过的白绢所制之冠。长衣：即深衣。

⑦朝服:玄冠、缁衣、素裳、冕弁,是纯吉之服。

【译文】

大夫去世,龟卜墓地和下葬日期,卜人要身穿白麻布衣,前胸缀着一块粗麻布,腰系布带,脚穿麻绳编的丧鞋,头戴缁布冠,没有下垂的冠缨的饰带。占验贞卜吉凶者穿皮弁服。如果用蓍草来占卜墓地和葬期,筮占的史官就头戴练冠、身穿长衣。占验贞卜者身穿朝服。

大夫之丧,既荐马①。荐马者,哭踊②,出乃包奠而读书③。

【注释】

①荐马:指将牵引柩车之马牵进庙门的礼仪。孔疏引《士丧礼》谓:“荐马之节,凡有三时,一者柩初出至祖庙,设奠为迁祖之奠讫,乃荐马,是其一也。至日侧祖奠之时又荐马,是其二也。明日将行,设遣奠之时又荐马,是其三也。”此处所说“荐马”,指的是第三次。荐,孔疏:“进也。”

②荐马者,哭踊:孔疏:“谓主人见荐马”,“进马至乃哭踊”。孙希旦认为,指圉人与御者,“丧无人不致其哀,故荐马者虽贱亦哭,成踊乃出也”。

③包奠:将祭奠所用的牺牲的下体用苇席包裹起来,用以随柩入葬。读书:即读赗。见《檀弓上》“读赗”节注①。

【译文】

大夫的丧礼,等到下葬那天要出发时行“荐马”礼,即把拉柩车的马牵进祖庙。御者将马拉进去的时候,大家一起哭泣跳脚,马牵出庙门后,将祭奠所用的牺牲的牲体包裹好,主人之史开始宣读亲属朋友们赠送的助丧物品的清单。

大夫之丧，大宗人相[①]，小宗人命龟[②]，卜人作龟[③]。

【注释】

①大宗人：与下文“小宗人”均为大夫的相礼者。因尊卑而分为大、小。相：佐助主人举行礼仪活动。

②命龟：告诉龟甲所要占问的事项。

③卜人：卜师，掌管卜事的官员。作龟：郑注：“扬火灼之以出兆。”指用加热的金属物烧灼龟甲，使其出现裂纹，即兆象，再根据兆象占验吉凶。

【译文】

大夫的丧事，大宗人辅佐丧主行礼，小宗人将所要占问之事告诉龟甲，卜人灼龟获取兆象。

复：诸侯以褒衣、冕服、爵弁服[①]。夫人税衣、揄狄[②]，狄、税素沙[③]。内子以鞠衣、褒衣[④]，素沙。下大夫以禮衣[⑤]。其余如士。复西上[⑥]。

【注释】

①褒衣：天子所褒赐之衣。冕服：五等诸侯之上服。上公的冕服叫“衮服”，侯、伯的冕服叫“鷩（bì）服”，子、男的冕服叫“毳（cuì）服”。冕服均为玄衣纁裳，衣裳上的图案各不相同。详见《礼器》“礼有以文为贵者”节注①。爵弁：指赤而微黑的一种冠。爵弁服是配合爵弁所穿的礼服，即缁衣、缁带、纁裳、赤黄色的蔽膝。爵，通“雀”。从本句开始至“狄、税素沙”本在“其余如士”之后，现按郑注移正。

②税（tuàn）衣：即褖衣。与“揄（yáo）狄”皆见《玉藻》“王后祎衣”节

注②④。这里是说诸侯夫人招魂时可用褖衣至揄狄五种礼服。

③素沙：指以素纱为里。

④内子：卿之正妻。鞠(jū)衣：见《玉藻》“王后袆衣”节注④。

⑤襢(zhàn)衣：见《玉藻》“王后袆衣”节注④。

⑥西上：孙希旦说，“凡位以西为尊”，“衣之尊者在西也”。

【译文】

招魂礼，不同等级的人要用不同的衣服：为诸侯招魂，要用褒衣、冕服和爵弁服。为诸侯夫人招魂，要用褖衣、揄狄、阙狄、鞠衣、襢衣等五种衣服，这五种衣服都用素纱作里子。为卿的正妻招魂，要用鞠衣和褒衣，也都以素纱作里子。为下大夫之妻招魂，要用襢衣。为其他的人招魂都和士妻一样，用褖衣。招魂时以西边为尊位。

大夫不揄绞属于池下[①]。

【注释】

①揄绞(yáo xiáo)：指画有雉形图案的青黄色缯带。“揄绞”是一种葬时车饰。诸侯的柩车池下缀有绘有雉鸡图案的缯带，大夫以下的柩车则不许有。揄，揄狄，即画雉鸡于绞。绞，青黄色的采。池：柩车上竹制的装饰，位于荒(柩车装饰性的篷顶)下，象征着屋子的承霤。详《檀弓上》“池视重霤”节注①。据郑注，此处只说大夫而无君与士，因竹简“烂脱”。

【译文】

大夫的柩车池下不可以缀揄绞。

大夫附于士[①]。士不附于大夫，附于大夫之昆弟，无昆弟则从其昭穆[②]。虽王父母在亦然。妇附于其夫之所附之妃[3]。无妃，则亦从其昭穆之妃[4]。妾附于妾祖姑，无妾祖姑则亦从其昭穆之妾。男子附于王父则配[5]，女子附于王母[6]，则不配。公子附于公子[7]。

【注释】

①附：郑注："读皆为'祔'"，"祔于先死者"，即将死者的神主按昭穆顺序移入祖庙与先祖一道祭祀。"祔"不仅要求按照昭穆顺序，也要求讲究身份和嫡庶。可与《丧服小记》"祔葬者不筮宅"节互相参看。

②无昆弟则从其昭穆：孔疏："谓祖为大夫，无昆弟为士，则从其昭穆，谓祔于高祖为士者。若高祖为大夫，则祔于高祖昆弟为士者。"

③其夫之所附之妃：指祖父的配偶，即祖姑。

④"无妃"二句：孙希旦说："无妃，谓夫所祔之妃尚在也。从其昭穆之妃中一而祔于高祖姑也。"

⑤配：郑注："谓并祭。"指并祭所祔祖先之配偶。

⑥女子：指未出嫁或出嫁未满三月而死的女子。

⑦公子：国君的庶子。

【译文】

大夫的神主可祔于生前为士的祖父的神主一道祭祀。士的神主却不能祔于生前为大夫的祖父的神主一道祭祀，只能祔于生前为士的祖父的兄弟的神主一道祭祀，如果没有身份为士的叔伯祖父，就按昭穆顺序祔于身份为士的高祖神主一道祭祀。即使祖父母尚健在，也是这样。妇人的神主应祔于其丈夫所祔的祖父配偶的神主一道祭祀。如果没有祖父配偶的神主，祖父配偶尚健在，就按昭穆顺序祔于高祖配偶的神主一道祭祀。妾的神主应祔于妾的祖姑的神主一道祭祀，如果没有妾祖父配偶的神主，妾祖姑尚健在，就按昭穆顺序祔于高祖之妾的神主一道祭祀。男子的神主祔于祖父神主祭祀，要并祭祖母，但未出嫁或出嫁未满三月而死的女子的神主祔于祖母神主祭祀时，就不用并祭祖父。国君庶子的神主只能祔于同样身为庶子的祖辈的神主一道祭祀。

君薨[①]，大子号称“子”[②]，待犹君也。

【注释】

①君薨：郑注：“谓未逾年也。”孔疏：“若逾年则称君。”

②大：同“太”。

【译文】

国君去世未满一年，即位的世子只称“子”，不能称“君”，但大臣们待之和国君一样。

有三年之练冠，则以大功之麻易之[①]，唯杖、屦不易[②]。

【注释】

①“有三年”二句：郑注：“谓既练而遭大功之丧者也。”即刚为父母服完三年之丧，小祥祭后改戴练冠，除去了首绖，此时又遭遇要为亲人服大功之丧，就要改戴大功之丧的丧冠、麻绖。

②唯杖、屦不易：大功之丧本无丧杖，丧鞋又与大功相同，因而不用改换。

【译文】

为父母服完三年之丧小祥祭后改戴练冠，又遇到亲属去世应服大功之丧，就要把头上的练冠、腰上的葛带改为大功的丧冠和麻绖，只有丧杖和丧鞋不用更换。

有父母之丧,尚功衰[①],而附兄弟之殇,则练冠,附于殇,称"阳童某甫"[②],不名神也。

【注释】

①功衰(cuī):斩衰、齐衰之丧在小祥之后所穿的丧服。孔疏:"衰为三年练后之衰","今已有父母之丧,犹尚身着功衰"。功,大功。此丧服与大功初丧的丧服相同,故称"功衰"。

②阳童:郑注:"谓庶殇也。宗子则曰阴童。"孙希旦说,男子为殇称为"阳童",女子为殇称为"阴童"。殇,指未成年而夭折。某甫:郑注:"尊神不名,为之造字。"殇者本无字,为表示对神灵的尊敬,特地为之起一个字。"某"即指给殇者起的字,"甫"是男子的美称。

【译文】

为父母服丧三年,已过小祥祭,换上了功衰,此时又遇到举行未成年而夭折的兄弟的祔祭,则仍戴着练冠参加祔祭;未成年而夭折的亲人的祭文中,要给死者起一个字,叫"阳童某甫",不能直呼其名,这是表示对神灵的尊重。

凡异居,始闻兄弟之丧,唯以哭对可也[①]。其始麻,散带绖[②]。未服麻而奔丧,及主人之未成绖也[③],疏者与主人皆成之[④],亲者终其麻带绖之日数[⑤]。

【注释】

①唯以哭对可也:孔疏:"初闻其丧,恻怛情重,不暇闻其余事,唯哭对使者,则于礼可也。"

②其始麻,散带绖:据孔疏,这是指要服大功丧以上的兄弟,初闻丧

事始服麻绖，散垂其腰绖。如果是服小功以下的丧，就将腰绖垂散的部分缠于腰间，以示哀痛。

③成绖：即成服而系好腰绖。成服，即将丧服穿戴齐备。死者死后第一天小殓，亲人加绖，第二天大殓，第三天亲人成服。

④疏者：郑注："为小功以下也。"疏者与主人同日成服。

⑤亲者：郑注："大功以上也。"终其麻带绖之日数：亲者从到家加麻散带之日算起，无论主人是否成服，都要到第三天才成服。

【译文】

凡是异地而居的兄弟，初听到兄弟死讯时，对着报丧者哭泣就可以了。然后开始加麻制丧服，腰绖束腰后多余的部分任其散开下垂。如果回家奔丧时没有备好丧服戴首绖、腰绖，而主人也还没有成服，这种情况下，小功以下的亲属就可以和主人一道成服，大功以上的亲属按礼仪服满麻绖的日数再成服。

主妾之丧[①]，则自祔[②]，至于练、祥，皆使其子主之。其殡、祭不于正室。

【注释】

①主：主持，主办。妾：嫡妻死后代理其职的妾。

②则自祔：郑注："祔自为之者，以其祭于祖庙。"孔疏："以其祔祭于祖姑，尊祖，故自祔也。"《训纂》引江永说，认为"自祔"应与下文"至于练、祥"连读，即从祔祭到练、祥之祭，皆由妾子主持。

【译文】

君为妾主持丧事，亲自主持将妾之神主移入祖庙祔祭，其他的到练祭、祥祭，都由她的儿子主持。停殡和各种祭祀都在侧室，而不在正室举行。

君不抚仆、妾①。

【注释】

①抚:抚尸而哭踊。

【译文】

臣仆、妾去世,国君不抚尸而哭踊。

女君死①,则妾为女君之党服②。摄女君,则不为先女君之党服③。

【注释】

①女君:指嫡妻。

②妾为女君之党服:郑注:"妾于女君之亲,若其亲然。"

③"摄女君"二句:《训纂》引虞喜说:"此摄当为相代摄,是谓继室则妾之,后女君也。有后女君,则不复服先女君之党者,以当服后女君之党故也。"摄女君,代摄女君,即继室。

【译文】

嫡妻已去世,嫡妻娘家的亲属死了,众妾要为之服丧。但有了代摄嫡妻的继室,就不再为嫡妻的亲属服丧。

闻兄弟之丧,大功以上,见丧者之乡而哭。适兄弟之送葬者弗及,遇主人于道,则遂之于墓。凡主兄弟之丧,虽疏亦虞之①。

【注释】

①虽疏亦虞之:孔疏:"此疏谓小功、缌麻,丧事虞、祔乃毕,虽服缌、

小功之疏,彼既无主,故疏缌、小功者亦为之主虞、祔之祭。”虞,祭名。见《檀弓上》“孔子在卫”节注③。

【译文】

听到兄弟的死讯回乡奔丧,服大功以上的亲属,远望见死者的家乡就要痛哭。为兄弟送葬而没有赶上,在路上遇到葬毕回家的丧主,不能与丧主一道回家,要独自前往墓地哭送。凡为兄弟主持丧事,即使是小功以下的亲属,也要举办虞祭、祔祭完毕才算结束。

凡丧服未毕[①],有吊者,则为位而哭,拜,踊。

【注释】

①凡丧服未毕:孔疏,服丧即将终了,丧礼程式会稍减,此时有宾客来吊唁,不得对新来的宾客减少礼仪程式。

【译文】

凡服丧期没有结束,若有宾客前来吊唁,丧主都应安排好在规定的哭丧位置上哭,向吊唁宾客行拜礼,跳脚致哀。

大夫之哭大夫,弁绖[①]。大夫与殡,亦弁绖。大夫有私丧之葛[②],则于其兄弟之轻丧[③],则弁绖。

【注释】

①弁绖:皮弁上加一环形麻绖。

②私丧:郑注:“妻子之丧也。”妻子之丧,卒哭祭后,丈夫要以葛绖代替麻绖。

③轻丧:缌麻之丧。

【译文】

大夫去哭吊大夫，要头戴皮弁，皮弁上加一环形麻绖。大夫参加大夫的殡葬礼，也头戴皮弁，皮弁上加麻绖。大夫有妻子之丧，卒哭祭后已由麻绖改戴葛绖，如果这时遇到要为之服缌麻的兄弟去世，大夫就要去除妻子之丧的葛绖而改戴皮弁，皮弁上也要加一环形麻绖。

为长子杖，则其子不以杖即位①。为妻，父母在②，不杖，不稽颡③。母在，不稽颡。稽颡者，其赠也拜④。

【注释】

①"为长子杖"二句：郑注："辟(避)尊者。"丧无二主，祖、孙不可同位执杖。

②父母在：因下文有"母在"，故此"母"是衍字。

③不稽颡：郑注："尊者在，不敢尽礼于私丧也。"稽颡，是向前来吊唁的客人跪拜磕头的拜宾礼。

④其赠也拜：孔疏："他人以物来赠己，其恩既重，其谢此赠之人时为拜得稽颡。"

【译文】

长子去世，其父为长子执丧杖，那么长子之子就不能再执丧杖即孝子之位。为妻服丧，如果父亲健在，那就不能手持丧杖，拜宾行礼也不能额头触地。如果父亲去世而母亲健在，可以手持丧杖，但拜宾行礼仍不能额头触地。如果来吊唁的客人赠送了助丧的财物，拜宾行礼时就要额头触地拜谢。

违诸侯，之大夫，不反服；违大夫，之诸侯，不反服。①

【注释】

①孙希旦《集解》云:"二者之不服,皆为尊诸侯也。一则尊其旧君而不敢自援,一则尊其新君而不敢自贬。"

【译文】

本是诸侯之臣,后来离开诸侯到大夫那里为臣,如果诸侯去世,不再反过来为他服丧;本是大夫家的臣,后来离开大夫家到诸侯那里为臣,如果大夫去世,也不再反过来为他服丧。

丧冠条属①,以别吉凶。三年之练冠,亦条属,右缝②。小功以下左,緦冠缲缨③。

【注释】

①丧冠条属(zhǔ):郑注:"别吉凶者,吉冠不条属也。"讲吉冠、凶冠之别。冠之形制,有一冠圈套在发髻上,叫做"武"。武上有一道冠梁,从前到后,覆于头顶。武的两侧各有一根系冠的丝绳结于颔下以固冠,即帽带,叫做"缨"。帽带绾好以后余下部分下垂,叫做"緌"(ruí)。丧冠的"武"是一条麻绳圈,绕成冠圈后多余的部分垂在右边就是缨;吉冠的"武"和"缨"的材质不同,由两根丝组做成,分别缝在冠圈左、右两侧,戴冠后,将两组冠缨在颔下系住,垂穗为饰。条属,孔疏:"属,犹着也。谓取一条绳屈之为武,垂下为缨,以着冠。"丧冠要将垂下的冠缨绕颔下而上结于冠圈左侧,这就是"条属"。属,连接。

②右缝:冠梁上的冠布由左向右打皱褶缝起来。

③缲:郑注当为"澡"。澡,指经过漂洗处理过的麻布。

【译文】

丧冠是用一条麻绳缠绕来连接武与缨,这是为了和吉冠相区别。

三年之丧，小祥祭后改戴练冠，此练冠的武与缨也是用一条麻绳缠绕来连接的，但冠梁上的皱褶要由左向右侧缝。服小功丧以下的亲属，所戴丧冠冠梁上的皱褶就由右向左侧缝，服缌麻丧的亲属，所戴丧冠用漂洗过的麻布做冠缨。

大功以上散带[①]。

【注释】

①大功以上散带：见本篇“凡异居”节注②。

【译文】

服大功丧以上的亲属，在小殓之后到成服之前，扎好腰绖后多余的部分散开下垂。

朝服十五升[①]，去其半而缌[②]，加灰锡也[③]。

【注释】

①升：计算布粗细的单位。经线八十缕为一升。升数越多，布越细密。

②去其半而缌：十五升的布为一千二百缕经线，抽去一半经线为六百缕，用六百缕经线织成的布就是缌麻布。

③加灰锡也：即锡衰，指用加灰治过的、较细较平滑的布制成的丧服。

【译文】

朝服是用十五升的细布制成的，十五升的布抽掉一半经线，就是缌麻丧服所用的布，把这种布加灰捶洗，就是锡衰之服所用之布。

诸侯相襚[①],以后路与冕服[②]。先路与褒衣不以襚[③]。

【注释】

①襚(suì):向死者赠送衣服。

②后路:即副车。因副车随行在正车之后,故称。冕服:见《玉藻》“诸侯玄端以祭”节注②。

③先路:诸侯所乘之正车。褒衣:见本篇“复,诸侯以褒衣、冕服、爵弁服”节注①。

【译文】

诸侯赠送入殓下葬的衣服,可以用副车和冕服。自己所乘之车和天子所赐之衣不能赠送给死者。

遣车视牢具[①],疏布輤,四面有章[②],置于四隅。载粻[③],有子曰:“非礼也。丧奠脯、醢而已。”

【注释】

①遣车:孔疏:“送葬载牲体之车也。”下葬时,遣车与牲体一同埋入墓圹。牢具:即上文所言“包奠”的个数。据《檀弓下》载:“国君七个,遣车七乘。大夫五个,遣车五乘。”

②章:通“障”。

③粻(zhāng):郑注:“米粮也。”

【译文】

遣车的个数要根据包奠的个数决定,遣车用粗布作顶盖,四面有屏障,祭奠的牲肉与遣车一起入葬,放在外椁的四角。有的人家在遣车里载着粮食,有子说:“这不合乎礼制。丧礼规定祭奠所用食品,就肉脯、肉酱而已。”

祭称“孝子”、“孝孙”[①]，丧称“哀子”、“哀孙”。

【注释】

①祭：谓吉祭。丧礼至卒哭祭后为吉祭，此前为丧祭。

【译文】

卒哭祭后的吉祭时，要自称“孝子”、“孝孙”，卒哭祭之前的丧祭时，则自称“哀子”、“哀孙”。

端衰、丧车[①]，皆无等。

【注释】

①端衰：指丧服上衣。丧服的上衣与吉服的玄端式样相同，只是丧服上衣胸前缀有一根长六寸、宽四寸的衰布，故称。

【译文】

孝子穿的丧服、乘的丧车，没有贵贱等级的差别。

大白冠、缁布之冠[①]，皆不蕤[②]。委武玄、缟而后蕤[③]。

【注释】

①大(tài)白冠：上古的白布冠。缁布之冠：黑布冠。

②蕤(ruí)：通“緌”。见本篇“大夫卜宅与葬日”节注③。

③委武：郑注：“冠卷也。秦人曰‘委’，齐东曰‘武’。”即冠之武。玄：玄冠。缟：缟冠。《训纂》引江永说，玄冠用黑缯制作，缟冠用绢制作，因此冠缨打结下垂为饰。

【译文】

上古的白布冠和黑布冠，都是没有缨饰的。有冠圈的玄冠和缟冠才有下垂的缨饰。

大夫冕而祭于公[①]，弁而祭于己[②]。士弁而祭于公，冠而祭于己[③]。士弁而亲迎，然则士弁而祭于己可也[④]。

【注释】

①祭于公：郑注："助君祭也。"孔疏："助祭为尊，故服絺冕。"

②弁：爵弁。孔疏："自祭为卑，故服爵弁。"

③冠：指玄冠。

④"士弁"二句：士可以戴着爵弁迎亲，因为这属于己事。因此，同样作为己事，士也可以戴着爵弁参加家祭。亲迎，迎亲，婚礼中新郎要亲自到新娘家迎娶新娘。

【译文】

大夫参加国君举行的祭祀要穿戴冕服，而参加自家举行的家祭可以穿戴爵弁服。士参加国君举行的祭祀要穿戴爵弁服，而参加自家举行的家祭可以穿戴玄冠服。士结婚时迎娶新娘可以穿戴爵弁服，由此看来，士参加自己的家祭也是可以穿戴爵弁服的。

畅[①]，臼以椈[②]，杵以梧[③]。枇以桑[④]，长三尺，或曰五尺。毕用桑[⑤]，长三尺，刊其柄与末[⑥]。

【注释】

①畅：通"鬯"，即郁鬯，一种用捣碎的郁金香草调制的酒。

②臼(jiù)：捣物的盛器。椈(jú)：柏木。

③杵(chǔ)：捣物的木棍。梧：梧桐木。

④枇(bǐ)：是从烹煮牲体的鼎镬中捞取牲肉的木勺。丧祭用桑枇，

吉祭用棘枇。

⑤毕：也是从烹煮牲体的鼎镬中捞取牲体的器具，形制如木叉。

⑥刊：削。

【译文】

制作祭祀用酒的郁金香草，捣碎它的臼用柏木制作，杵用梧桐木制作。从烹煮牲体的鼎镬中捞取牲肉的木勺用桑木制成，长三尺，也有人说长五尺。捞取牲肉的木叉也用桑木制作，长三尺，木柄与顶端要加工刮削。

率带①，诸侯、大夫皆五采，士二采。

【注释】

①率（lǜ）带：郑注："此谓袭尸之大带也。"指死者生前外衣所系的大带，死后入殓毕用于袭尸，即将穿着多重衣服的尸体捆束起来。率，通"繂"，缉边。

【译文】

袭尸用的繂带，诸侯、大夫五色具备，士只有红、绿二色。

醴者①，稻醴也。瓮、甒、筲、衡②，实见间③，而后折入④。

【注释】

①醴：甜酒。

②瓮（wèng）：盛醋、酱的陶器。甒（wǔ）：盛酒之器。筲（shāo）：盛黍稷的竹器。衡：即"桁"（héng），木架子。这些都是盛放随葬物品的器具。郑注："此谓葬时藏物也。"

③实见间：孔疏："藏于见外、椁内。""见"为荒、帷等棺外之饰，这是

说将盛放随葬品的器具装好后，放置在椁内与棺饰之间。

④折：放置在棺椁上的长方形盖板，折上再加席后填土。

【译文】

随葬用的醴酒，是用稻米酿制的。盛放醋酱的瓮，盛放酒的甒，盛放黍稷的筲，盛放各种容器的木架，这些盛放随葬物品的器具装好后，都放置到椁内与棺饰之间，然后将折拿进墓穴放在棺椁之上。

重①，既虞而埋之。

【注释】

①重(chóng)：虞祭前还没有制作神主，“重”作为死者灵魂的凭依先替代神主，死者出殡后次日将到祖庙祭祀，重即在祖庙东门外就地掩埋。见《檀弓下》“丧礼，哀戚之至也”节注⑦。

【译文】

作为暂时替代神主的重，虞祭以后就要埋葬。

凡妇人，从其夫之爵位。

【译文】

凡是妇人的丧礼，都根据其夫的爵位高下尊卑来办。

小敛、大敛、启，皆辩拜①。

【注释】

①辩：通“遍”。

【译文】

小殓、大殓和启殡，每件事结束，丧主都要在东阶前的丧位遍拜前来的宾客。

朝夕哭不帷[①]，无柩者不帷[②]。

【注释】

①朝夕哭：既停殡至出葬之间，每天早、晚，亲人都要入殡宫哭灵，就叫“朝夕哭”。传说鬼神尚幽暗，因此停放灵柩处要用帷幕遮挡。

②无柩者：郑注：“谓既葬也。”

【译文】

朝夕哭时，要拉开殡宫堂上遮挡灵柩的帷幕，如果灵柩已出葬，殡宫堂上就不用再悬挂帷幕了。

君若载而后吊之[①]，则主人东面而拜，门右北面而踊。出待[②]，反而后奠[③]。

【注释】

①君若载而后吊之：孔疏：“谓君来吊臣之葬，臣丧朝庙，柩已下堂，载在柩车，而君吊之。”

②出待：出庙门等待国君离去，这是不敢让国君久留的意思。

③奠：设祖奠，向灵柩报告国君来吊丧事。见《檀弓上》“曾子吊于负夏”节注②。

【译文】

国君到臣子家吊丧，如果灵柩已载到柩车上，国君来吊问，国君站在柩车的东面，面朝西，丧主就要面朝东跪拜，再到门内右边面朝北痛哭、跳脚。然后到庙门外等待国君离去，然后再返回庙内设置祖奠。

子羔之袭也[①]，茧衣裳与税衣、纁衻为一[②]，素端一，皮弁一，爵弁一，玄冕一[③]。曾子曰："不袭妇服[④]。"

【注释】

①子羔：孔子的弟子高柴。袭：小殓所穿之衣。

②茧衣裳：上衣下裳相连之袍。此指新丝绵长袍。税（tuàn）衣：即禒衣。衣裳相连、镶有绛色边缘的黑衣，罩在茧衣裳之外。纁：绛色。衻（rán）：下裳的衣缘。郑注："纩为茧，缊为袍，表之以税衣，乃为一称尔。"此为一套。

③"素端一"四句：素端，白布衣、素裳。皮弁，即皮弁服，素衣素裳。爵弁，即爵弁服，缁衣纁裳。玄冕，即玄冕服，玄衣纁裳，上衣无文饰，下裳有黻形图案。孔疏，袭衣共五称（套）。

④不袭妇服：这是曾子批评子羔袭衣不合乎礼制的话。曾子认为，"纁衻"是妇人之衣，子羔不应穿用。

【译文】

子羔小殓时穿的袭衣有五套，一套是絮有丝绵的长袍，外面罩上一件镶有绛红色下缘的黑衣；一套是素端，布衣素裳；一套是皮弁服，素衣素裳；一套是爵弁服，缁衣纁裳；一套是玄冕服，玄衣纁裳。曾子说："镶有绛红色下缘的黑衣是妇人的袭衣，子羔不应该穿用。"

为君使而死，公馆复，私馆不复。公馆者，公宫与公所为也；私馆者，自卿大夫以下之家也。[①]

【注释】

①此节文字见《曾子问》“曾子问曰：为君使而卒于舍”节。

【译文】

为国君出使国外而去世，如果死在公馆中就可以举行招魂祭，如果死在私馆里就不能举行。所谓公馆，就是他国国君的宫室或国君所建造的馆舍；所谓私馆，就是卿大夫以下的私宅。

公七踊[①]，大夫五踊[②]，妇人居间[③]；士三踊[④]，妇人皆居间。

【注释】

①公：国君。七踊：诸侯死五日而殡，每天一踊，加上小殓、大殓时各一踊，共七踊。

②大夫五踊：大夫死三日而殡，每天一踊，加上小殓、大殓时各一踊，共五踊。

③妇人居间：踊时男子在先，妇女居中，宾客最后。

④士三踊：士死三日而殡，始死日一踊，小殓、大殓各一踊，共三踊。

【译文】

从始死之日到停殡期间，要为国君痛哭跳脚七次，为大夫痛哭跳脚五次，为士痛哭跳脚三次。每一次跳脚，都是男子在先，妇人居中，宾客在最后。

公袭：卷衣一，玄端一，朝服一，素积一，纁裳一，爵弁二，玄冕一，褒衣一[①]，朱绿带[②]，申加大带于上[③]。

【注释】

①“卷(gǔn)衣一”八句:卷衣,衮服。玄端,缁衣黄裳。朝服,缁衣素裳。素积,即皮弁服。纁裳,绛色的裳。爵弁、玄冕、褒衣,见本篇“子羔之袭”节注③。褒衣,见本篇“复:诸侯以褒衣、冕服、爵弁服”节注①。

②朱绿带:郑注:“袭衣之带。”纹饰杂以朱、绿两色,与生前之带不同。

③申:郑注:“重也,重于革带也。”大带:即上文“率带”。

【译文】

国君小殓所穿的衣服有九套:一套是绣有龙纹的衮服,一套是缁衣黄裳的玄端服,一套是缁衣素裳的朝服,一套是素衣素裳的皮弁服,一套是纁裳,两套缁衣纁裳的爵弁服,一套玄衣纁裳的玄冕服,一套褒衣,再用朱、绿两色的带子系腰,外面再束一条大带。

小敛环绖[①],公、大夫、士一也。

【注释】

①环绖:用麻绳绕成环形,系在头上。见《檀弓下》“叔仲皮学子柳”节注⑤。

【译文】

小殓时丧主要头戴环绖,无论国君、大夫还是士,都一样。

公视大敛,公升,商祝铺席[①],乃敛。

【注释】

①商祝:孔疏:“主敛事者也。”指熟悉主持丧殓礼仪的太祝。

【译文】

臣丧大殓，国君亲自到临视察，即使臣已经入殓，国君升堂后，商祝也要重新铺设殓席，再开始大殓。

鲁人之赠也①，三玄二纁，广尺，长终幅②。

【注释】

①鲁人之赠：孔疏："记鲁失也。赠谓以物送亡人于椁中也。"这是批评鲁人给死者赠送的布帛随葬品太少，不合礼制。

②"三玄二纁"三句：据《仪礼·士丧礼》："赠用制币玄纁束。"即要用十块长一丈八尺、宽二尺四寸的玄色纁色之帛。现在鲁国只用宽一尺、长二尺四寸的，不合于礼制。幅，宽。

【译文】

鲁国人赠送死者入墓圹的布帛，三块是玄色，两块是绛色，每块只一尺宽，二尺四寸长。

吊者即位于门西①，东面。其介在其东南②，北面，西上，西于门。主孤西面③。相者受命曰④："孤某使某请事⑤。"客曰："寡君使某⑥，如何不淑⑦！"相者入告，出曰："孤某须矣⑧。"吊者入，主人升堂，西面。吊者升自西阶，东面，致命曰："寡君闻君之丧，寡君使某，如何不淑！"子拜稽颡，吊者降，反位。

【注释】

①吊者：指诸侯派遣到别国吊唁亡君的使者。此节记述诸侯派使

者参加他国亡故诸侯吊丧活动的礼仪。

②介：指使者的随从人员。

③主孤：丧主，即已故诸侯的嗣子。西面：郑注：“立于阼阶下。”

④相者：孔疏：“相主人传命者也。”即丧礼中辅助丧主帮忙传话的人。

⑤孤某使某：上“某”是嗣子之名，下“某”是相者之名。

⑥使某：此“某”为使者名。

⑦如何不淑：郑注：“如何不善，言君痛之甚。”这是表示哀悼之辞。淑，善。

⑧须：等待。

【译文】

诸侯去世，他国诸侯派使者吊丧，使者就站在殡宫门外以西，面朝东。使者的随从人员介，站在使者的东南，面朝北，以西边为上位，使者及其随员都要站在大门西，不能挡住大门。门内，嗣子面朝西站在东阶下。辅助嗣子传话的相者接受嗣君的命令，走出门来对使者说：“嗣子某命某来请问有何事。”使者答：“敝国国君派某前来，对贵国遭遇极大的不幸表示沉痛的哀悼！”相者进去报告，然后又走出来说：“嗣子某已在恭候了。”吊丧的使者进门，嗣子从阼阶登堂，面朝西。使者从西阼阶升堂，面朝东，致告君命说：“敝国国君惊悉贵国国君去世，派某前来，对贵国遭遇极大的不幸表示沉痛的哀悼！”嗣子磕头拜谢，于是吊丧的使者从西阶下堂，返回门外原位。

含者执璧将命①，曰：“寡君使某含。”相者入告，出曰：“孤某须矣。”含者入，升堂致命。子拜稽颡。含者坐委于殡东南，有苇席，既葬蒲席。降，出反位。宰夫朝服②，即丧屦，升自西阶，西面坐取璧，降自西阶，以东。

【注释】

①含者：诸侯派往别国吊唁亡君的使者的随员副介，负责进献给死者口中含的玉璧。孔疏："含者、襚者当是副介、末介。"含，放在死者口中的玉。

②宰夫："夫"字为衍文。此指小宰，为太宰助手。

【译文】

负责赠送含玉的副介含者，手持玉璧致告君命，说："敝国国君派某前来进献含玉。"辅助嗣子传话的相者进门禀告，然后又走出来，说："嗣子某已在恭候。"含者于是进门，从西阶登堂致告君命。嗣子听后磕头拜谢。含者跪坐，将玉璧放在灵柩东南的苇席上，如果死者已下葬使者才来到，就在行礼之后将玉璧放在准备好的蒲席上。然后含者从西阶下堂，出门，返回原位。诸侯的小宰身穿朝服，脚穿丧鞋，从西阶升堂，面朝西，跪坐拿起所赠之璧，从西阶下堂向东走出，将玉璧收藏起来。

襚者曰[①]："寡君使某襚。"相者入告，出曰："孤某须矣。"襚者执冕服，左执领，右执要[②]，入，升堂致命曰："寡君使某襚。"子拜稽颡。委衣于殡东[③]。襚者降，受爵弁服于门内霤[④]，将命，子拜稽颡如初。受皮弁服于中庭，自西阶受朝服，自堂受玄端，将命，子拜稽颡，皆如初。襚者降，出，反位。宰夫五人举以东[⑤]，降自西阶。其举亦西面。

【注释】

①襚者：诸侯派往别国吊唁亡君的使者之副手（末介），负责向死者赠送衣服。

②要：同"腰"。

③委衣于殡东：放置在灵柩东侧的苇席上，在放玉璧的位置的

北边。

④霤（liù）：屋檐。

⑤宰夫：也是太宰的属官。

【译文】

负责赠送衣服的末介襚者说："敝国国君派某来赠送衣服。"辅助嗣子传话的相者就进门禀告嗣子，然后又走出来，说："嗣子某已在恭候。"襚者就拿起冕服，左手执衣领，右手执衣服的腰部，进门，从西阶升堂，致告君命说："敝国国君特派某来赠送衣服。"嗣子跪拜磕头。于是襚者就将冕服放在灵柩东侧的席子上。然后自西阶下堂，走到门内屋檐下，再接过爵弁服，升堂，致告君命，嗣子磕头拜谢，行礼如前。襚者再在庭院中接受皮弁服，在西阶下接受朝服，在堂上接受玄端，都一一致告君命，嗣子跪拜磕头也都和最初一样。最后，襚者从西阶下堂，出门，返回原位。五个宰夫每人从席上拿起一套襚服，自西下阶向东走出，存放起来。下堂要从西阶下，宰夫拿衣服时也面朝西。

上介赗[①]，执圭将命，曰："寡君使某赗。"相者入告，反命曰："孤某须矣。"陈乘黄、大路于中庭[②]，北辀[③]，执圭将命。客使自下由路西[④]。子拜稽颡，坐委于殡东南隅。宰举以东。

【注释】

①上介：诸侯派往别国吊唁亡君的使者的第一副手。赗（fèng）：赠送丧家助葬的车马。

②乘黄：四匹黄马。大路：即上文所说的"后路"，也就是副车。

③辀（zhōu）：车辕。

④客使：使者副手上介的手下。自下由路西：郑注："下，谓马也。

马在路之下。”这是说马在车的西侧。

【译文】

吊唁亡君的使者的第一副手上介担任赗者，负责向丧家赠送助葬的车马，手执玉圭致告君命说：“敝国国君派某前来赠送助葬的车马。”辅助嗣子传话的相者入内禀告，然后出来传达，说：“嗣子某已在恭候。”上介就将四匹黄马和一辆副车陈设在院子中间，车辕朝北，手执玉圭登堂致告君命。手下人陈设车马，牵着马站在副车西面。嗣子跪拜磕头，上介跪坐，把圭放在灵柩东南角的席上。小宰跪下将圭取走，下阶向东走出。

凡将命，乡殡将命[①]，子拜稽颡。西面而坐委之。宰举璧与圭，宰夫举襚，升自西阶，西面坐取之，降自西阶。赗者出，反位于门外。

【注释】

①乡：通“向”。

【译文】

凡致告君命，都要面朝灵柩报告国君的命令，嗣子听后都要跪拜磕头。凡赠送物品都要面向西跪坐，把物品放在席子上。主国的宰将圭和璧从席上取走，宰夫将来客送上的衣服从席上取走，都由西阶升堂，面朝西跪坐取走物品，然后从西阶下堂。赗者上介赠送助葬的车马后，从西阶走下出门，返回原位。

上客临[①]，曰：“寡君有宗庙之事，不得承事，使一介老某相执绋[②]。”相者反命，曰：“孤某须矣。”临者入门右[③]，介者皆从之，立于其左，东上。宗人纳宾[④]，升，受命于君。降曰：

“孤敢辞吾子之辱，请吾子之复位。”客对曰：“寡君命，某毋敢视宾客，敢辞。”宗人反命曰：“孤敢固辞吾子之辱，请吾子之复位。”客对曰：“寡君命，某毋敢视宾客，敢固辞。”宗人反命曰：“孤敢固辞吾子之辱，请吾子之复位。”客对曰：“寡君命，使臣某毋敢视宾客，是以敢固辞。固辞不获命，敢不敬从。”客立于门西，介立于其左，东上。孤降自阼阶，拜之，升，哭，与客拾踊三[⑤]。客出，送于门外，拜稽颡。

【注释】

①上客：郑注：“吊者也。”即诸侯派往别国吊唁亡君的正使。临：入哭。孙希旦据孔疏说，吊所以慰主人，临则使者自致其哀。上四事皆奉君命而行，临则使者之私礼也。

②一介：孙希旦说：“犹一个也。”绋(fú)：同“绋”，牵引棺柩车往墓穴的绳索。

③入门右：郑注：“不自同于宾客。”门右之位是臣位，吊者不以使者身份来“临”，因此立于门右。而下文中嗣子则三次劝吊者“复位”，就是仍然要以客礼优待使者。

④宗人：诸侯的礼官。

⑤拾(jié)：轮流，交替。踊三：跳脚三次为一节。

【译文】

正使要入门吊唁行礼哭丧，对辅助嗣子传话的相者说：“敝国国君因有宗庙之事，不能亲自前来承当助丧之事，派一个老臣某前来帮助牵拉柩车。”相者入门禀告后，走出来，说：“嗣子某已在恭候。”正使入门，站在门内右侧，其随行人员都跟随着，站在使者的左边，以东边为上位。宗人迎进宾客，升堂，接受嗣君的命令。然后宗子下堂对宾客说：“嗣子某请求您不要受辱屈尊处于臣位，请求您恢复尊位回到原来的位置。”

正使回答说："敝国国君命令我，不得自视为宾客，您的命令就辞谢了。"宗人禀报后再次返回说："嗣子某再次请求您不要受辱屈尊处于臣位，请求您恢复尊位回到原来的位置。"正使也再次回答说："敝国国君命令我，不得自视为宾客，您的命令坚决辞谢了。"宗人又一次禀报后返回说："嗣子某再次坚决请求您不要受辱屈尊处于臣位，请求您恢复尊位回到原来的位置。"正使回答说："敝国国君命令我，不得自视为宾客，您的命令坚决辞谢了。如此坚决辞谢都不肯允准，只好恭敬从命。"于是，正使站在门内西侧，随从人员站在他的左边，以东边为上位。嗣子从阼阶下堂，向宾客拜谢，后再升堂，客人从西阶升堂，行哭礼，嗣子与客人轮流哀哭，跳脚三次。宾客出门，嗣子送于门外，跪拜磕头。

其国有君丧，不敢受吊①。

【注释】

①"其国"二句：孔疏："此谓国有君丧，而臣又有亲丧，则不敢受他国宾来吊也。以义断恩，哀痛主于君，不私于亲也。"

【译文】

本国国君死了，臣子恰巧也有亲人去世，臣子要以国君之丧为重，不敢接受别国来宾的吊唁。

外宗房中南面①，小臣铺席，商祝铺绞、紟、衾②，士盥于盘北③，举迁尸于敛上。卒敛，宰告，子冯之踊④，夫人东面坐冯之，兴踊。

【注释】

①外宗：指国君家之女性亲属，包括姑、姊妹之女，舅之女，及从母

等。郑注："此《丧大记》脱字，重著于是。"此节与《丧大记》一节文字基本相同。

②商祝：见本篇"公视大敛"节注①。绞：包束尸体殓衣的布带。紟（jìn）：单被，大殓时用。衾（qīn）：被子。三者皆为人死后殓尸所用的物品。

③士：也是丧祝的成员。盘：承水之器。

④冯（píng）：抚尸。

【译文】

外宗的女性亲属站在西房中，面朝南，小臣在阼阶上铺好殓席，商祝依次铺好包束尸体殓衣的布带、单被、被子，丧祝开始在盘子上洗手，抬起尸体放到铺好的衣被上，包裹扎束。大殓结束，太宰向嗣子报告，嗣子抚着尸体痛哭并跳脚，夫人面朝东而坐，也抚着尸体痛哭，起身跳脚。

士丧有与天子同者三：其终夜燎①，及乘人②，专道而行。

【注释】

①终夜燎（liào）：孔疏："谓柩迁之夜须光明，故竟夜燎也。"燎，点燃火炬照明。

②乘（shèng）人：指用人力拉车。

【译文】

士的丧礼有三件事和天子的丧礼相同：一是灵柩迁到祖庙的当夜要彻夜点燃火炬照明，二是由人来拉柩车，三是柩车有专道而行，行人要避让。

杂记下第二十一

有父之丧，如未没丧而母死[①]，其除父之丧也[②]，服其除服[③]，卒事，反丧服。虽诸父、昆弟之丧，如当父母之丧，其除诸父、昆弟之丧也，皆服其除丧之服，卒事，反丧服。如三年之丧，则既纇[④]，其练、祥皆行。王父死，未练、祥而孙又死，犹是附于王父也。

【注释】

①未没丧：孔疏："谓父丧小祥后，在大祥之前，未竟之时也。"指为父服丧未完（未到大祥除服），又逢母丧。没，郑注："犹竟也。"

②除父之丧也：指大祥之祭时，孝子可以除去为父所服的丧服，穿平日之吉服。

③除服：郑注："谓祥祭之服也。"祥祭要除去丧服穿吉服，即朝服缟冠。

④纇（jiǒng）：枲麻类的植物，相当于葛。卒哭之后，孝子就要将麻绖换为葛绖。如果当地不产葛，可以用纇来代替。

【译文】

正在为父亲服丧，丧期未满母亲又去世，那么在为亡父举行大祥祭时，除去丧服改穿吉服，祭祀完毕，再换上为母服丧的丧服。即使正在为伯父、叔父、兄弟服丧，如果又遇到父母之丧，那么在为伯父、叔父、兄弟举行除服祭时，也要先改穿吉服，祭祀完毕，再更换为父母穿的丧服。如果先后遇到两个三年之丧的丧事，为后丧者举行卒哭祭后，要将麻绖换为葛绖或颖绖，如果为前丧者举行小祥和大祥之祭，也要先除去丧服换上吉服，祭祀后再为后丧者换上丧重服。祖父先去世，还没有举行小祥、大祥祭而孙子又去世，那么孙子的神主依然附于祖父进行祔祭。

有殡，闻外丧[①]，哭之他室。入奠[②]，卒奠出，改服即位，如始即位之礼。

【注释】

①外丧：孔疏："谓兄弟丧在远者也。"即远在外地的兄弟之丧。

②奠：指朝夕哭时的祭品。

【译文】

父母去世，停殡在堂，这时又听说远方兄弟的死讯，为了区别为父母朝夕之哭，要到别的房间去哭他。第二天早晨到殡宫为父母设奠，奠毕出来，换下为父母所服丧服，换上为新死者应服的丧服在别的房间即位而哭，礼仪与前一天即位而哭时一样。

大夫、士将与祭于公，既视濯而父母死[①]，则犹是与祭也。次于异宫[②]，既祭，释服，出公门外，哭而归。其他如奔丧之礼。如未视濯，则使人告，告者反而后哭。如诸父、昆弟、姑、姊妹之丧，则既宿则与祭[③]。卒事，出公门，释服而后归。其他如奔丧之礼。如同宫，则次于异宫。

【注释】

①视濯：祭祀的前一日由主人察看祭器是否洗涤干净。视濯是祭祀的开端，已视濯就不能中途辍止，所以后文说即使父母这时去世也要参加祭祀。

②次于异宫：祭祀属于吉事，而父母去世则是丧事，吉、丧不能同处，所以不能和别人同住一室。

③宿：祭前的三日斋戒。

【译文】

大夫、士将参加国君的祭祀，已经察看了洗涤祭器的情况，如果此时父母去世，则也还是要继续参加祭祀。但自己另住一居室，祭祀结束后，就脱掉祭服，走出公门，哭着回家。其他礼仪和奔丧礼一样。如果还没有察看洗涤祭器的情况，这时父母去世，就要派人向国君报告，报告人返回而后哭。大夫、士将要参加国君的祭祀，此时有伯父、叔父、兄弟、姑姑、姊妹的丧事，如果已经开始了祭祀前三天的斋戒，就要继续斋戒参加祭祀。祭祀结束后，走出公门，脱掉祭服回家。其他礼仪和奔丧礼一样。如果和去世的亲属是同住在一室，那么此时要另住一居室。因为刚参加了国君的祭祀，吉、凶不可同处的缘故。

曾子问曰："卿大夫将为尸于公，受宿矣，而有齐衰内丧，则如之何？"孔子曰："出舍乎公宫以待事，礼也。"孔子曰："尸弁、冕而出，卿、大夫、士皆下之，尸必式；必有前驱。"①

【注释】

①此节见《曾子问》相同之节，个别文字稍有不同。

【译文】

曾子问："卿大夫将在国君祭祀中充当尸，已经接受邀请并开始去国君处独宿了，这时有齐衰之丧，要怎么办呢？”孔子答：“从家中出来入住公馆，等待祭祀的进行，这是礼制规定。”孔子又说：“尸戴着弁、冕出门，卿、大夫、士看到尸都要下车致敬，尸也一定要凭轼行礼；尸出行，一定要有前驱为他开道。”

父母之丧，将祭而昆弟死[①]，既殡而祭[②]。如同宫，则虽臣妾，葬而后祭。祭，主人之升降散等[③]，执事者亦散等。虽虞、附亦然。

【注释】

①将祭：郑注：“谓练、祥也。”即小祥、大祥之祭，此祭为吉祭。

②既殡而祭：先将死去的兄弟停殡，再祭父母。

③散等：一脚跨一级台阶，又称“栗阶”。这是丧祭的升降走法。如果是吉祭，就要前脚登一阶，后脚跟上与前脚并立，然后再升，叫做“拾级”。小祥、大祥之祭本为吉祭，但因有新死者所以要“散等”。

【译文】

父母去世，将要举行小祥或大祥祭时，分居的兄弟去世了，那么就要等兄弟停殡后，再举行父母的小祥或大祥之祭。如果去世的亲人和自己曾同住一室，那么即使是臣妾，也要将死者埋葬后再为父母举行祭祀。祭祀父母时，因又有新死者，主人升堂下堂都要按“散等”的走法，即一脚跨一级台阶地走，执事人员也要一脚跨一级台阶。如果是为父母举行虞祭、祔祭时出现上述情况，也是这样做。

自诸侯达诸士，小祥之祭，主人之酢也哜之[①]，众宾、兄弟则皆啐之。大祥，主人啐之，众宾、兄弟皆饮之可也。

【注释】

①主人之酢也哜(jì)之：孔疏："谓正祭之后，主人献宾长，宾长酢主人，主人受宾长酢，则哜之也。"宾长是宾客中的长者。此指主人第一次向宾长献酒，宾长回敬主人，主人哜一下。哜，与下文的"啐"(cuì)都是尝的意思，"哜"是用嘴抿一下，"啐"是喝一小口。

【译文】

从诸侯至士，举行小祥祭时，正祭之后，主人对于宾长回敬之酒，只用嘴抿一下，而宾客、兄弟对于主人所献之酒，都要喝一小口。举行大祥祭时，正祭之后，主人对于宾长回敬之酒可以喝一小口，而宾客、兄弟对于主人所献之酒，可以全都喝完。

凡侍祭丧者①，告宾祭荐而不食②。

【注释】

①侍祭丧者：陪侍丧家举行祭祀的赞礼者。

②荐：对鬼神的祭献。此指脯醢。吉祭后，祭品可以吃，但丧祭的祭品不能吃。

【译文】

凡是陪侍丧家举行祭祀的人，要告诉宾客用干肉和肉酱为祭品行祭礼，但祭献后宾客不能吃祭品。

子贡问丧。子曰："敬为上，哀次之，瘠为下①。颜色称其情，戚容称其服。"请问兄弟之丧。子曰："兄弟之丧，则存乎书策矣。"

【注释】

①瘠：消瘦而枯槁变形。

【译文】

子贡问应当如何为父母居丧。孔子回答说："居丧，充满敬意为最上，哀痛为其次，消瘦枯槁为最下。面容憔悴要和哀情相称，悲伤的神态要和丧服相称。"子贡又问如何为兄弟居丧。孔子回答说："如何为兄弟居丧，简册书里已经有记载了。"

君子不夺人之丧，亦不可夺丧也[①]。

【注释】

①"君子"二句：见《曾子问》末节，只是"丧"作"亲"。孔疏："谓不夺他人居丧之礼，谓他人居丧，任其行礼，不可抑夺"；"不可自夺己丧，谓己之居丧当须依礼"。孙希旦认为，此上有阙文。

【译文】

君子不剥夺他人按规定行居丧之礼，也不容自己按规定行居丧之礼被剥夺。

孔子曰："少连、大连善居丧[①]，三日不怠，三月不解[②]，期悲哀，三年忧。东夷之子也。"

【注释】

①少连、大连：均为人名，事迹不详。《论语·微子》："逸民：伯夷、叔齐、虞仲、夷逸、朱张、柳下惠、少连。"郑注："言其生于夷狄而知礼也。"

②解：通"懈"。

【译文】

孔子说："少连、大连二人很懂得如何为父母居丧，父母去世后的头三天，哭丧不怠慢；父母去世三个月，守丧不松懈；父母去世一年，仍哀痛悲戚；父母去世三年，还忧郁愁苦。他们是东夷之子呢。"

三年之丧，言而不语①，对而不问②。庐、垩室之中③，不与人坐焉。在垩室之中，非时见乎母也不入门。疏衰皆居垩室④，不庐。庐，严者也⑤。

【注释】

①言而不语：孔疏："故得言己事，不得为人语说也。"

②对而不问：孔疏："谓有问者得对，而不得自问于人。"

③庐：倚庐，见《杂记上》"大夫次于公馆以终丧"节注③。垩(è)室：见《杂记上》："大夫次于公馆以终丧"节注④。

④疏衰：即齐衰。疏，粗。

⑤庐，严者也：郑注："言庐哀敬之处，非有其实则不居。""倚庐"是关系最密切、哀痛最严重的人才住的。

【译文】

孝子为父居丧三年期间，只说己事而不议论他事，只回答别人提出的问题而不主动提问。住在倚庐或垩室之中，不和别人坐在一起。周年祭后，搬到垩室居住，如果不是按时向母亲问安，就不进寝门。穿齐衰丧服的人都住在垩室中，不住倚庐。倚庐，是与死者关系最密切、哀痛最严重的人才能居住的。

妻视叔父母①，姑、姊妹视兄弟，长、中、下殇视成人②。

【注释】

①视：郑注："犹比也。所比者，哀容居处也。"

②长、中、下殇：见《檀弓上》"周人以殷人之棺椁"节注①②。

【译文】

妻的丧事，哀容居处比照叔父、叔母的丧事；姑姑、姊妹的丧事，哀容居处比照兄弟的丧事；亲属中长、中、下殇者的丧事，哀容居处比照成人的丧事。

亲丧外除，兄弟之丧内除。

【译文】

为双亲服丧，丧期已满，虽然除掉了外边的丧服，但内心的哀痛仍然不能消除；为兄弟服丧，丧期已满，除掉了外边的丧服，内心的哀痛也同时消除。

视君之母与妻，比之兄弟，发诸颜色者亦不饮食也①。

【注释】

①发诸颜色：郑注："谓酝美酒食，使人醉饱。"是指美酒等饮食会使面色改变，令人误解。

【译文】

为国君的母亲和夫人服丧，哀容居处比照兄弟的丧事，凡是使面色改变的酒饮饭食，服丧期间也是不能饮食的。

免丧之外，行于道路，见似目瞿①，闻名心瞿，吊死而问疾，颜色戚容必有以异于人也。如此而后，可以服三年之丧,其余则直道而行之是也[②]。

【注释】

①瞿(jù):惊惧的样子。

②则直道而行之是也:孔疏:"则直依丧之道理而行之,于义是也。"

【译文】

除丧以后,走在道路上,见到面容和去世亲人相似的,目光就十分惊骇;听到和去世亲人相同的名字,内心就十分惊骇;前往别人家吊唁或探视病情,面色哀伤的表情一定有别于他人。只有像这样,才可算为父母服了三年之丧了,对于要服齐衰丧服以下的亲人,依丧礼规定去做就可以了。

祥,主人之除也。于夕为期,朝服[①]。祥因其故服。

【注释】

①朝服:见《丧服小记》"除殇之丧者"节注①。

【译文】

大祥祭,是丧主除去丧服之祭。在大祥祭的前夕宣布祭祀的日期,换上缁衣、素裳、缟冠的朝服。举行大祥祭时,就穿着前夕所穿之朝服。

子游曰:"既祥,虽不当缟者必缟,然后反服。"[①]

【注释】

①据孙希旦《集解》说,此节之意是,亲人的大祥祭已过,这时又有要服大功以上丧服的亲属去世,于是就要先戴上缟冠,与本篇首节的"有父之丧,如未没丧而母死,其除父之丧也,服其除服;卒

事，反丧服”意味相似。缟，缟冠、朝服，即换上吉服。

【译文】

子游说：“已经为去世的亲人举行了大祥祭，这时又有亲人去世，那么即使不应戴缟冠、穿朝服，也要先戴缟冠、穿朝服，然后等大祥祭全结束，再换上丧服。”

当袒①，大夫至，虽当踊，绝踊而拜之，反，改成踊②，乃袭③。于士，既事成踊，袭而后拜之，不改成踊。

【注释】

①当袒：指小殓、大殓完毕后，主人要袒露左臂哭踊，即号哭跳脚。

②成踊：见《丧服小记》“奔父之丧”节注③。

③袭：见《玉藻》“以帛里布”节注⑨。

【译文】

小殓、大殓完毕后，孝子正袒露左臂哭踊，这时有大夫前来吊丧，那么即使孝子正在哭踊，也要立刻停止而去拜谢大夫，然后再返回原位，完成哭踊，然后穿好上衣。如果是士前来吊丧，那么就等孝子完成哭踊之礼后，穿好上衣再去拜谢，拜谢后，自不必再返回原位哭踊。

上大夫之虞也少牢①。卒哭成事、附皆大牢②。下大夫之虞也犆牲③。卒哭成事、附，皆少牢。

【注释】

①虞：虞祭。下葬后当天中午在殡宫举行的祭祀，之后隔日举行一次。士三虞而止，大夫五虞，诸侯七虞，天子九虞。虞祭结束后的次日举行卒哭祭，卒哭祭的次日举行祔祭。

②成事:卒哭祭后为吉祭,即成吉事。

③犆:同“特”。“特牲”为一牲。

【译文】

上大夫死后的虞祭,用少牢,即羊、豕二牲。卒哭祭、祔祭,都用太牢,即牛、羊、豕三牲。下大夫死后的虞祭,用特牲,即一牲。卒哭祭、祔祭,都用少牢,即羊、豕二牲。

祝称卜葬、虞[①],子孙曰“哀”,夫曰“乃”,兄弟曰“某”[②],卜葬其兄弟曰“伯子某”[③]。

【注释】

①祝:主持丧礼祭祀的神职人员。

②某:指兄弟之名。

③伯子某:这是根据死者在兄弟中的排行而言。老大称“伯子某”,老二称“仲子某”。

【译文】

祝在卜葬日和虞祭致辞时对丧主的称谓不同,如果丧主是儿子,就称“哀子某”,是孙子就称“哀孙某”,是丈夫就称“乃某”,是兄弟就直接称丧主之名“某”,如果是弟为排行老大之兄卜葬,就说“弟某卜葬其兄伯子某”。

古者贵贱皆杖。叔孙武叔朝[①],见轮人以其杖关毂而輠轮者[②],于是有爵而后杖也。

【注释】

①叔孙武叔:春秋时期鲁国大夫。“叔孙”是氏,名“州仇”,谥号曰

"武"。

②轮人:制造车轮之吏员。关(guàn):通"贯"。毂(gǔ):车轮中心安装辐条的圆木。輠(huà):孔疏:"回也。"使车轮转动。以杖关毂,实际上是将杖当作车轴上别住轮毂的"辖",使毂转动时不致脱出。是失礼的行为。

【译文】

古时不论贵贱都可以拄杖。后来叔孙武叔上朝,看见轮人用手杖别住轮毂转动车轮,于是规定只有有爵位的人才能拄杖。

凿巾以饭[①],公羊贾为之也[②]。

【注释】

①巾:指将米、贝等放入死者口中时覆盖死者面部的方巾。大夫以上不亲自饭含,由宾客代劳,因担心宾客见死者面孔而厌烦,所以不掀开方巾,而在方巾上当口处凿一小孔,以便饭含。但士要亲自饭含,饭含时要掀起面巾。厌烦死者是失礼的行为。

②公羊贾:其人事迹不详。公羊贾身份是士而违礼用大夫之礼。

【译文】

在遮盖尸面的方巾上凿个小孔为死者饭含,这种做法从公羊贾开始。

冒者何也[①]?所以揜形也[②]。自袭以至小敛[③],不设冒则形,是以袭而后设冒也。

【注释】

①冒:包裹尸体的布套,由上、下两部分组成,其形制、颜色、大小都

不相同。大的，从头上往下套，叫“质”；小的，从脚下往上套，叫“杀”。两布套在腰处上下打结，总称为“冒”。

②拚（yǎn）：同“掩”。

③袭：小殓所穿之衣。

【译文】

冒是什么？冒是用来遮掩尸的形体的布套。从为死者穿衣到小殓，如果不用冒包住尸，尸的形体还是要显露出来。所以为尸体穿衣后还要加冒套起来。

或问于曾子曰：“夫既遣而包其余①，犹既食而裹其余与？君子既食则裹其余乎？”曾子曰：“吾子不见大飨乎？夫大飨，既飨，卷三牲之俎，归于宾馆。父母而宾客之，所以为哀也。子不见大飨乎？”

【注释】

①遣：遣奠，即灵柩出葬前所设的祭品。包其余：遣奠所剩下的牺牲的下体用苇席包裹起来，用以随柩入葬，即“包奠”。见《杂记上》“大夫之丧”节注③。

【译文】

有人问曾子说：“遣奠之后将剩余的牲体包裹起来随柩入葬，就像去别人家吃饭后还要把剩余的食物带走吧？君子去别人家吃饭后还要把剩余的食物带走吗？”曾子回答说：“你难道没看到过诸侯大飨宾客吗？大飨宾客，宾客们吃饱后，诸侯还要把俎上没有吃完的牛、羊、猪三牲的肉用苇包卷起来送到宾馆。孝子在父母下葬时将牲体随葬，是自己的父母却要当作宾客那样来对待，所以感到悲哀。你没有见过诸侯大飨宾客吗？”

非为人丧，问与？赐与[①]？三年之丧，以其丧拜[②]；非三年之丧，以吉拜。三年之丧，如或遗之酒肉[③]，则受之，必三辞。主人衰绖而受之[④]。如君命，则不敢辞，受而荐之[⑤]。丧者不遗人，人遗之，虽酒肉，受也。从父、昆弟以下，既卒哭，遗人可也。

【注释】

①"非为人丧"三句：郑注："此上灭脱，未闻其首云何。"问，郑注："遗也。""遗"（wèi）与"赐"，都是赠的意思。与身份平等者曰"遗"，对卑下者曰"赐"。

②丧拜：郑注："稽颡而后拜曰丧拜，拜而后稽颡曰吉拜。"见《檀弓上》"孔子曰：拜而后稽颡"节注①。

③遗：馈赠。下同。

④衰绖：身穿丧服，戴首绖、束腰绖。

⑤荐：献。这里是说献给去世的亲人。

【译文】

不是因为人家有了丧事，所以才馈赠吗？所以才赏赐吗？守三年之丧的孝子，对于吊唁、馈赠或赏赐要丧拜行礼表示感谢；不是服三年之丧的居丧者，对于吊唁、馈赠或赏赐要吉拜行礼表示感谢。守三年之丧的孝子，如果别人赠送的是酒肉，虽可以接受，但一定要再三推辞。接受时丧主要穿着丧服，戴首绖、束腰绖。如果是国君命人赏赐的，就不敢推辞，接受后用以祭献去世的亲人。居丧的人不给别人馈赠物品，是别人给居丧的人馈赠物品，即使是酒肉，居丧的人也可接受。为叔伯、兄弟这一类服大功以下丧服的亲属居丧，在卒哭祭后，可以给别人赠送物品了。

县子曰[1]："三年之丧如斩。期之丧如剡[2]。"

【注释】

①县(xuán)子：鲁国大夫，名琐。

②剡(yǎn)：削。郑注："言其痛之惻怛有浅深也。"则认为斩比剡之痛更深。

【译文】

县子说："为父母守丧三年，服丧之痛像刀斩。为亲人守丧一年，服丧之痛像刀削。"

三年之丧，虽功衰[1]，不吊，自诸侯达诸士。如有服而将往哭之，则服其服而往。期之丧，十一月而练，十三月而祥，十五月禫[2]。练则吊。既葬，大功吊，哭而退，不听事焉[3]。期之丧未葬[4]，吊于乡人，哭而退，不听事焉。功衰吊，待事，不执事[5]。小功、缌，执事，不与于礼[6]。

【注释】

①功衰：小祥祭后所穿的丧服。见《杂记上》"有父母之丧"节注①。

②"期之丧"四句：指父在，为母服齐衰周年。原在"三年之丧"之前，据郑注移正于此。禫(dàn)，大祥祭之后再过一个月就是禫祭。见《檀弓上》"孟献子禫"节注①。

③听：郑注："犹待也。"事：袭、殓、拉柩车绳等事。

④期之丧：郑注："谓为姑、姊妹无主，殡不在己族者。"指为无丧主的姑姑、姊妹服齐衰周年。

⑤执事：孔疏："摈相也。"

⑥礼：郑注："馈奠也。"

【译文】

居三年之丧的人，即使已经过了小祥祭，也不去别人家吊丧，这一点，从诸侯往下一直到士，都是如此。如果这时又有五服之内的亲属去世，可去哭吊，哭吊时要穿上应为死者所穿的丧服前往。为服齐衰的亲人服丧，满十一个月举行练祭，满十三个月举行大祥祭，满十五个月举行禫祭。练祭后就可以出外吊丧。入葬以后，为服大功的亲人服丧，可以到别人家哭吊，但哭吊后就退出，不为参与其他的丧事活动而等待。为无丧主的姑姑或姊妹服齐衰周年，若有去世的亲人还没有入葬，可以到同乡的人家去哭吊，但哭吊后就退出，不为参与其他的丧事活动而等待。如果是在练祭之后前去哭吊，可以等到袭、殓等丧事活动完成后再走，但不担任傧相，不亲自执事。服小功、缌麻之丧的人，出外到别人家哭吊，可以担任傧相，但不能参加馈奠礼。

相趋也①，出宫而退。相揖也②，哀次而退③。相问也④，既封而退。相见也⑤，反哭而退。朋友，虞、附而退⑥。

【注释】

①相趋：相互听说过姓名。此节记吊者与死者关系由浅而深，恩情由薄而厚。“相趋”恩最浅，后文“相揖”、“相问”、“相见”，恩情逐渐加深。

②相揖：曾在他处与死者有一面之缘。

③哀次：见《檀弓下》“君于大夫”节注④。

④相问：曾与死者互相馈赠过。

⑤相见：曾拿着见面礼与死者拜会过。

⑥虞、附：《训纂》引王引之说，“附”为衍字。

【译文】

前来吊丧的宾客，如果和死者本不相识，只听说过姓名，棺柩抬出庙门后就可以离开了。如果和死者有一面之缘，灵柩经过大门外孝子的居丧之处时就可以离开了。如果和死者曾经互相馈赠过东西，那就等到棺柩放入墓穴封土后再离开。如果曾经拿着见面礼拜见过死者，那就要等主人埋葬死者回家返哭后才能离开。如果和死者是朋友，那就等到虞祭后才能离开。

吊非从主人也[①]。四十者执綍[②]。乡人五十者从反哭，四十者待盈坎[③]。

【注释】

①吊非从主人也：孔疏："言吊丧者本是来助事，非为空随从主人而已。"

②綍(fú)：同"绋"，牵引棺柩车往墓穴的绳索。见《杂记上》"上客临"节注②。

③坎：墓圹。

【译文】

吊丧是要帮助丧主做事的，并不光是跟从着主人。四十岁以下的人参加葬礼，要帮助牵拉柩车。同乡五十岁以上的人，棺柩下葬后要跟随丧主一起回庙返哭，四十岁以下的人，要等到棺柩放入墓穴后墓坑填满封实才能离去。

丧食虽恶，必充饥。饥而废事，非礼也；饱而忘哀，亦非礼也。视不明，听不聪，行不正，不知哀，君子病之。故有疾饮酒食肉，五十不致毁，六十不毁，七十饮酒食肉[①]，皆为疑死[②]。

【注释】

①“故有疾”四句：见《曲礼上》“居丧之礼，毁瘠不形”节。

②疑：郑注：“犹恐也。”

【译文】

居丧时的食物虽然粗恶，也一定要拿来充饥。如果因为饥饿而荒废了丧事，那是不合乎礼制的；如果因为饱食而忘记了悲哀，那也是不合乎礼制的。如果因为悲伤过度而造成看也看不清，听也听不见，走也走不正，精神恍惚不知哀伤，这是君子所担忧的。所以礼制规定，居丧者如果有病可以饮酒吃肉，五十岁居丧不要伤害健康，六十岁居丧不能伤害身体，七十岁居丧可照常饮酒吃肉，这都是害怕因居丧悲伤过度而引发死亡。

有服，人召之食，不往。大功以下，既葬适人，人食之，其党也食之[①]，非其党弗食也。

【注释】

①党：郑注：“犹亲也。”

【译文】

居丧身着丧服，有人邀请去吃饭，不能去。服大功以下之丧，死者下葬后就可以到别人家去，人家请吃饭，如果是自己的亲戚就可以吃，不是自己的亲戚就不能吃。

功衰，食菜果，饮水浆，无盐、酪[①]。不能食食，盐、酪可也。

【注释】

①酪(lào):郑注:"酢截(zài)。"即醋。

【译文】

练祭过后,可以吃蔬菜水果,喝水浆,但没有盐和醋。如果没有盐、醋就吃不下饭,也可以稍微吃点儿盐、醋。

孔子曰:"身有疡则浴,首有创则沐,病则饮酒食肉。毁瘠为病,君子弗为也。毁而死,君子谓之无子。"

【译文】

孔子说:"居丧时身上有疮就要洗澡,头上有疮就要洗头,孱弱有病就可以饮酒吃肉。哀痛过度伤身生病,君子是不会这样的。因为哀伤过度而致死亡,君子说,这是令父母无子啊。"

非从柩与反哭,无免于堩①。

【注释】

①免(wèn):同"绕",居丧时一种束发的方式。具体形制见《檀弓上》"公仪仲子之丧"节注②。堩(gèng):道路。

【译文】

如果不是跟从着灵柩送葬或葬毕随丧主回家返哭,就不能结绕在路上行走。

凡丧,小功以上,非虞、附、练、祥无沐浴。

【译文】

凡居丧期间，服小功以上之丧，不是虞祭、祔祭、练祭和大祥祭，通常都不洗头洗澡。

疏衰之丧[1]，既葬，人请见之则见，不请见人。小功，请见人可也。大功不以执挚。唯父母之丧，不辟涕泣而见人[2]。

【注释】

①疏衰：齐衰。

②辟（bì）：躲避。郑注："不辟涕泣，言至哀无饰也。"

【译文】

服齐衰之丧，亲人下葬后，如果别人来请见则见，但不主动去请见别人。如果是服小功之丧，亲人下葬后，可以请见他人。如果是服大功之丧，请见别人时不能拿见面礼物。只有为父母服丧，才能不掩饰哀痛，哭泣着流着眼泪见人。

三年之丧，祥而从政[1]。期之丧，卒哭而从政。九月之丧，既葬而从政。小功、缌之丧，既殡而从政。

【注释】

①政（zhēng）：通"征"。郑注："谓给徭役。"孙希旦说："从政，谓出而从国家之政也。"亦可通。

【译文】

为父母服三年之丧的人，大祥祭后就可以去服徭役了。服齐衰期年的人，卒哭祭后就可以去服徭役了。服大功九月之丧的人，亲人下葬后就可以去服徭役了。服小功五月、缌麻三月之丧的人，亲人停殡后就可以去服徭役了。

曾申问于曾子曰[①]："哭父母有常声乎？"曰："中路婴儿失其母焉，何常声之有？"。

【注释】

①曾申：曾子之子。

【译文】

曾申向曾子问道："父母去世，孝子哭的声音有规定吗？"曾子答："就像婴孩在半路上找不到母亲时大哭一样，哪有什么声音的规定？"

卒哭而讳[①]。王父母、兄弟、世父、叔父、姑、姊妹[②]，子与父同讳。母之讳，宫中讳[③]。妻之讳，不举诸其侧。与从祖昆弟同名，则讳。

【注释】

①卒哭而讳：郑注："自此而鬼神事之，尊而讳其名。"见《曲礼上》"卒哭乃讳"节注①。

②王父母：祖父母。

③母之讳，宫中讳：孔疏："谓母所为其亲讳，其子于一宫之中，为讳而不言也。"

【译文】

举行卒哭祭时，就要避讳说死者之名。对去世的祖父母、兄弟、伯父、叔父、姑姑、姊妹之名都要避讳，儿子要跟着父亲一同避讳。母亲避讳娘家去世的亲属之名，在家室中孩子们也同样要避讳。妻避讳娘家去世的亲属之名，丈夫在她身边就讳而不要提起。如果母亲、妻子娘家去世的亲属与自己的从祖兄弟同名，那么就处处都要注意避讳。

以丧冠者，虽三年之丧可也①。既冠于次②，入哭踊三者三③，乃出。

【注释】

①"以丧冠者"二句：可参看《曾子问》"曾子问曰：将冠子，冠者至"节。

②次：庐次，为守丧搭建的住处。

③踊三者三：跳脚以三次为一节，三节礼成。

【译文】

遇到丧事仍可举行冠礼，即使为父母服三年之丧也可以。在倚庐中加冠，然后进入殡宫行礼，每哭一次跳脚三次，共哭三次跳脚九次，然后走出殡宫。

大功之末①，可以冠子，可以嫁子。父小功之末，可以冠子，可以嫁子，可以取妇。己虽小功，既卒哭，可以冠、取妻，下殇之小功②，则不可。

【注释】

①大功之末：指卒哭祭后。

②下殇之小功：这是说本为齐衰之亲，应服丧一年，因死者为下殇，故降二等，服小功。虽然丧服降等，但亲情仍在，故不可为子行冠礼及行嫁女娶妻等吉礼。

【译文】

父服大功之丧，过了卒哭祭，就可以为儿子行冠礼，可以嫁女。父服小功之丧，过了卒哭祭，就可以为儿子行冠礼，可以嫁女，可以为儿子娶妇。自己服小功之丧，过了卒哭祭后，也可以行冠礼、娶妻，但如果是为下殇者服小功之丧，卒哭祭后就不能做为子行冠礼及行嫁女娶妻等吉礼的事项。

凡弁绖[①]，其衰侈袂[②]。

【注释】

①弁绖：见《杂记上》“大夫之哭大夫”节注①。

②侈袂(mèi)：郑注：“袂之小者二尺二寸，大者半而益之，则侈袂三尺三寸。”指大袖口，大夫以上侈之。侈，大。

【译文】

凡穿戴弁绖，其丧服的袖口都特宽大。

父有服，宫中子不与于乐[①]。母有服，声闻焉[②]，不举乐。妻有服，不举乐于其侧。大功将至，辟琴瑟[③]。小功至，不绝乐。

【注释】

①宫中子：与父亲同住的儿子。不与于乐：孔疏：“谓出行见之，不得观也。”

②声闻焉：能够听到音乐之声。

③辟(bì)：避，除去。

【译文】

父亲正在服丧，同住一屋的儿子出行见到奏乐也不能围观。母亲正在服丧，在可以听到音乐之声的地方，不得演奏音乐。妻正在服丧，丈夫不能在她身旁奏乐。如果是服大功之丧的人来访，就要收起琴瑟之类的乐器。如果是服小功之丧的人来访，就可以不必停止演奏音乐。

姑、姊妹，其夫死，而夫党无兄弟，使夫之族人主丧。妻之党，虽亲弗主。夫若无族矣，则前后家，东西家；无有，则里尹主之①。或曰：主之，而附于夫之党。

【注释】

①里尹：指里长之类的官。

【译文】

出嫁的姑姑、姊妹无子而去世，她的丈夫如果已死，且丈夫家里又无出五服的兄弟，那就要让夫家的族人来主丧。姑姑、姊妹的娘家，即使有亲近的亲人也不能主丧。夫家如果连族人也没有，那就请前后或东西两侧的邻居来主丧；如果连合适的邻居也没有，那就由里尹来主丧。有人说：姑姑、姊妹娘家的人也可以主丧，但她的神主要附于夫家的庙里。

麻者不绅①，执玉不麻，麻不加于采②。

【注释】

①麻：指首绖和腰绖。绅：大带。这是说吉凶之服不能同穿，如果已穿丧服，就不能系吉服所用的大带。后两句意思也是如此。

②采：郑注："玄纁之衣。"也是吉服。

【译文】

如果已戴首绖、束腰绖，就不能再系大带；手里拿着玉的人，就不能戴首绖、束腰绖；如果已穿着玄衣纁裳，就不能再戴首绖、束腰绖。

国禁哭则止[①]，朝夕之奠，即位[②]，自因也[③]。

【注释】

①国禁哭则止：孔疏："谓有大祭祀，禁哭之时则止而不哭。"

②即位：指朝夕哭祭奠时，站立在阼阶下位。

③自因：仍因循旧章。

【译文】

国家有大的祭祀，禁止哭泣，有丧事的人家就要停止哭泣，但每天的朝夕哭祭奠在阼阶下即位，仍然因循旧的规定办。

童子哭不偯[①]，不踊不杖，不菲不庐[②]。

【注释】

①童子哭：郑注："未成人者，不能备礼也。"偯（yǐ）：指哭声长长，曲折逶迤。

②菲：草编的丧鞋。

【译文】

如果是小孩子服丧，哭的时候就不必强求哭声拖得长长的，曲折逶迤，不用跳脚，不执丧杖，不穿丧鞋，不住倚庐。

孔子曰："伯母、叔母疏衰，踊不绝地[①]。姑、姊妹之大功，踊绝于地。如知此者，由文矣哉[②]！由文矣哉！"

【注释】

①"伯母、叔母"二句：与伯母、叔母哀情轻，虽然服重，但踊不绝地。这与后文的"姑、姊妹"正相反。

②由文矣哉：郑注："能用礼文哉。"指懂得了礼仪的内涵。

【译文】

孔子说："为去世的伯母、叔母服齐衰，哀情较轻，哭踊时脚不离地。为去世的姑姑、姊妹服大功，哀情较轻，哭踊时脚却要离开地面。如果能明白其中的道理，就是懂得了礼仪的内涵啊！就是懂得了礼仪的内涵啊！"

世柳之母死[①]，相者由左；世柳死，其徒由右相。由右相，世柳之徒为之也。

【注释】

①世柳：鲁穆公时的贤人。世，或作"泄"。

【译文】

世柳的母亲去世的时候，相礼者在主人的左边引导行礼；世柳去世的时候，他的学生相礼，却在主人的右边引导行礼。在主人的右边引导主人行礼，这种错误的做法是世柳的学生造成的。

天子饭九贝[①]，诸侯七，大夫五，士三。

【注释】

①饭：饭含。丧礼中为死者口中衔贝、玉、米。

【译文】

丧礼中为死者口中饭含，天子用九贝，诸侯用七贝，大夫用五贝，士用三贝。

士三月而葬，是月也卒哭。大夫三月而葬，五月而卒哭。诸侯五月而葬，七月而卒哭。士三虞[1]，大夫五，诸侯七。

【注释】

①虞：《训纂》引《释名》："既葬还祭于殡宫曰'虞'，谓虞乐安神，使还此也。"

【译文】

士死后满三个月下葬，下葬当月举行卒哭祭。大夫死后满三个月下葬，满五个月举行卒哭祭。诸侯死后满五个月下葬，满七个月举行卒哭祭。葬后的虞祭，士举行三次，大夫五次，诸侯七次。

诸侯使人吊，其次含、襚、赗、临[1]，皆同日而毕事者也。其次如此也。

【注释】

①"其次"句：《训纂》引王引之说，"其次"二字盖衍。

【译文】

诸侯派使者吊丧，赠送用以饭含的玉璧、赠送供死者入殓的衣服、赠送助丧的车马、使者亲自临哭，这些礼仪都是在一天内完成的。先后次序就是如此的。

卿大夫疾，君问之无算[1]；士壹问之。君于卿大夫，比葬不食肉[②]，比卒哭不举乐；为士，比殡不举乐。

【注释】

①无算：没有定数。

②比（bì）：至。

【译文】

卿大夫生病，国君派人探望慰问没有规定次数；士生病，国君派人探问一次。卿大夫去世，一直到下葬，国君都不吃肉，一直到卒哭祭，国君都不奏乐；士去世，到停殡，国君都不奏乐。

升正柩[①]，诸侯执绋五百人，四绋皆衔枚[②]，司马执铎[③]，左八人，右八人，匠人执羽葆御柩[④]。大夫之丧，其升正柩也，执引者三百人，执铎者左、右各四人，御柩以茅[⑤]。

【注释】

①升正柩：郑注："谓将葬朝于祖，正棺于庙也。"死者安葬前到祖庙祭奠，将棺柩抬到庙中堂上，安置在两楹柱中间。

②衔枚：牵引棺柩之人全部口衔形如筷子的枚，目的在于保持肃静，防止喧嚣。

③司马：主管军事、徒役之官。

④羽葆：用鸟的羽毛缀于木柄头如盖。葆，盖。

⑤茅：孙希旦说："编缉白茅为之，亦所以指麾也。"

【译文】

诸侯的丧事，葬前要朝于祖庙，将灵柩抬到堂上，放置在两楹柱中间，出葬，牵拉柩车绳索的有五百人，系柩车用四条大绳，所有拉车的人嘴里都要衔枚，司马手执铃铎，柩车左侧八人，右侧八人，匠人手执羽葆指挥调度，牵拉柩车。大夫的丧事，葬前也要朝庙，将灵柩抬到堂上，放置在两楹柱中间，牵拉柩车绳索的有三百人，在灵车左、右各有四个手执铃铎的人，匠人手执白茅草指挥调度，牵拉柩车。

孔子曰："管仲镂簋而朱纮，旅树而反坫，山节而藻棁。贤大夫也，而难为上也。晏平仲祀其先人，豚肩不揜豆。贤大夫也，而难为下也。君子上不僭上，下不偪下。"①

【注释】

①本节内容见《礼器》"是故君子大牢而祭谓之礼"节。"旅树而反坫"见于《郊特牲》"诸侯之宫县"节注⑥⑦。

【译文】

孔子说："管仲，身为卿大夫，却使用刻镂纹饰的簋，帽子系着红色的丝带，在大门内设置门屏，在堂侧建起用以放置空酒杯的土台，住室斗拱上绘着山形图案，梁上的短柱画着水藻花纹。管仲是位贤大夫，但他的僭越令他的君上感到很为难。晏平仲，祭祀祖先时用的猪蹄髈小到连豆也装不满。晏平仲是位贤大夫，但他的俭省令他的下属感到很为难。君子的行为要与身份相称，对上级不能僭越，对下属也不能让人感到窘迫。"

妇人非三年之丧，不逾封而吊①；如三年之丧，则君夫人归。夫人，其归也以诸侯之吊礼，其待之也若待诸侯然。夫人至，入自闱门②，升自侧阶，君在阼。其他如奔丧礼然③。

【注释】

①封：国境，分界。

②闱(wéi)门:宫旁小门。夫人从闱门入,表示不以宾客自居,所以后文主国国君在阼阶上,没有降阶而迎。

③其他:郑注:"谓哭、踊、髽、麻。"

【译文】

不是父母去世,妇人就不能越境到他国为死者吊丧;如果是父母去世,就是国君夫人也要回国奔丧。国君夫人回国吊丧,与诸侯吊丧的礼制一样,接待国君夫人,要像接待诸侯一样。夫人来到主国,从旁侧的小门进入殡宫,从侧阶登堂,主国国君站在阼阶上等候,并不下阶相迎。其他丧事礼仪都和奔丧礼一样。

嫂不抚叔①,叔不抚嫂。

【注释】

①抚:抚尸,是向死者表示告别的礼仪。

【译文】

嫂子不可以抚尸小叔子,小叔子也不能抚尸嫂子。

君子有三患:未之闻,患弗得闻也。既闻之,患弗得学也。既学之,患弗能行也。君子有五耻:居其位,无其言,君子耻之。有其言,无其行,君子耻之。既得之而又失之,君子耻之。地有余而民不足,君子耻之。众寡均而倍焉①,君子耻之。

【注释】

①众寡均而倍焉:孔疏:"言役用民众,彼之与己民众寡均等,而他人功绩倍多于己。"

【译文】

君子有三件忧虑事：没有听过的知识，忧虑不能够听到。已经听到的知识，忧虑学不到手。学到手的东西，忧虑不能践行。君子以五件事为耻辱：身居其位，不能有所建言，君子以此为耻辱。有所建言，但不能付诸实行，君子以此为耻辱。实行有成效却又遭失败，君子以此为耻辱。土地多而有富余，民众却穷困不足，君子以此为耻辱。国民人数力量与别国均等，但他国的绩效比自己高出一倍，君子以此为耻辱。

孔子曰："凶年则乘驽马[①]，祀以下牲[②]。"

【注释】

①驽马：据郑注，马按能力高下分为六等，驽马是第六等，即最下等的马。

②下牲：比平常祭祀使用的牺牲的规格降一等。平常用太牢，凶年就用少牢，平常用少牢，凶年就用特牲。

【译文】

孔子说："灾荒之年，乘车要用驽马，祭祀用牲规格要降低一等。"

恤由之丧[①]，哀公使孺悲之孔子学士丧礼，《士丧礼》于是乎书。

【注释】

①恤由：与下文的"孺悲"皆为鲁人。

【译文】

恤由去世办丧事，鲁哀公派孺悲到孔子那里去学习士丧礼的礼仪，于是《士丧礼》被记录成书。

子贡观于蜡[①]，孔子曰："赐也，乐乎？"对曰："一国之人皆若狂[②]，赐未知其乐也。"子曰："百日之蜡[③]，一日之泽，非尔所知也。张而不弛，文武弗能也。弛而不张，文武弗为也。一张一弛，文武之道也。"

【注释】

①蜡(zhà)：每年年末举行的合祭百神的祭祀。见《郊特牲》"天子大蜡八"节注①。

②一国之人皆若狂：蜡祭时百姓皆喝酒狂欢，无不醉者。

③百日之蜡：郑注："言民皆勤稼穑，有百日之劳，喻久也。"

【译文】

子贡观看蜡祭，孔子问他："赐，你看到人们的欢乐了吗？"子贡答说："全国的人都好像疯了一样，我不知道有什么可欢乐的。"孔子说："人们辛辛苦苦劳作一年，才在蜡祭这一天享受赐下的恩泽，这种欢乐不是你所能理解的。只让人们紧张劳作而不让人们松弛休息，周文王、周武王也不能做到。只让人们松弛休息而不让人们紧张劳作，周文王、周武王也不会这么做。有紧张劳作的时候，也有松弛休息的时候，这才是文王、武王治理天下的方法。"

孟献子曰："正月日至[①]，可以有事于上帝；七月日至[②]，可以有事于祖。"七月而禘[③]，献子为之也。

【注释】

①正月日至：指冬至。正月，是周历正月，即夏历十一月。

②七月日至：指夏至。七月，是周历七月，即夏历五月。

③禘(dì)：天子每五年在宗庙中举行祭祀祖先的大祭。

【译文】

孟献子说:“正月冬至,可以祭祀上帝;七月夏至,可以祭祀祖先。”在七月举行禘祭,是从孟献子开始的。

夫人之不命于天子,自鲁昭公始也[①]。

【注释】

①“夫人”二句:按周代礼制,娶妻不娶同姓。鲁国和吴国皆为姬姓之国,但鲁昭公却娶吴女孟子为妻。鲁昭公未敢向天子报告,天子也就未赐封夫人之号。郑注:“自此后取者遂不告于天子,天子亦不命之。”孙希旦说:“夫人本无受命之法也。”

【译文】

国君的夫人不接受天子的赐命,是从鲁昭公开始的。

外宗为君、夫人[①],犹内宗也[②]。

【注释】

①外宗:指国君的姑姑、姊妹之女,舅之女等。

②内宗:未出五服的国君同姓之女。

【译文】

国君的姑姑、姊妹之女以及舅之女等为国君、夫人服丧,其礼制规格和国君同姓之女是一样的。

厩焚,孔子拜乡人为火来者。拜之,士壹,大夫再。亦相吊之道也。

【译文】

马厩失火，孔子向前来慰问火灾的乡人拜谢。拜谢的时候，对士拜一次，对大夫拜两次。这也是相互吊问的礼节。

孔子曰："管仲遇盗，取二人焉，上以为公臣，曰：'其所与游，辟也[①]。可人也！'管仲死，桓公使为之服。宦于大夫者之为之服也，自管仲始也，有君命焉尔也。"

【注释】

①辟(pì)：邪恶不正。

【译文】

孔子说："管仲遭遇过盗贼，后来从中挑选出二人，推荐给齐桓公为臣，说：'这两个人是由于交游了邪恶不正之人，才变成盗贼。其实他们是可以任用的人！'管仲去世，齐桓公让这两个人为管仲服丧。曾为大夫之臣而后受到大夫的推荐成为国君之臣，要为大夫服丧的成例，是从管仲开始的，这是因为有国君的命令才这样做的。"

过而举君之讳[①]，则起。与君之讳同则称字[②]。

【注释】

①过：孔疏："谓过误也。"

②与君之讳同则称字：郑注："谓诸臣之名也。"

【译文】

如果误称了国君的名讳，要立即从坐席上起立，表示不安和自责。如果臣子之名有与国君的名讳相同的，就要称呼他的字。

内乱不与焉，外患弗辟也[①]。

【注释】

①“内乱”二句：内乱，国内的叛乱。外患，他国的讨伐围攻。郑注：“同僚将为乱，己力不能讨，不与而已。至于邻国为寇，则当死之也。”

【译文】

国内发生叛乱，无力阻止也不要参与；外国侵犯本国，必须抵抗而不能躲避。

《赞大行》曰[①]：“圭，公九寸，侯、伯七寸，子、男五寸。博三寸，厚半寸，剡上[②]，左右各寸半，玉也。藻[③]，三采六等[④]。”

【注释】

①《赞大行》：《周礼》有《大行人》篇，《赞大行》即为解释《大行人》之礼的书名。赞，明。

②剡（yǎn）：削。

③藻：郑注：“荐玉者也。”即放置圭的衬垫。用与圭大小相同的一块木板，再用皮革包裹，绘以彩色图案。

④三采六等：圭垫上画的纹饰。三采，朱、白、苍三色。六等，即六圈。三种颜色绕着圭垫各画两圈，总共六圈。

【译文】

《赞大行》说：“圭，公的长九寸，侯、伯的长七寸，子、男的长五寸。宽都是三寸，厚都是半寸，上端尖形，左右各削去一寸半，圭是用玉制成的。承圭的衬垫藻，用朱、白、苍三色绕着画六圈。”

哀公问子羔曰[①]:“子之食奚当[②]?”对曰:“文公之下执事也[③]。”

【注释】

①子羔:即季子皋(gāo),孔子弟子高柴。

②子之食奚当:郑注:“问其先人始仕食禄,以何君时。”

③下执事:《训纂》说,“谓士也”。

【译文】

鲁哀公问子羔说:“你的先人开始做官食禄是何时?”子羔答:“是从卫文公时开始任小吏的。”

成庙则衅之[①],其礼:祝、宗人、宰夫、雍人皆爵弁、纯衣[②]。雍人拭羊[③],宗人视之,宰夫北面于碑南[④],东上。雍人举羊升屋,自中,中屋南面刲羊[⑤],血流于前,乃降。门、夹室皆用鸡[⑥],先门而后夹室,其衈皆于屋下[⑦]。割鸡:门当门,夹室中室。有司皆乡室而立[⑧],门则有司当门,北面。既事,宗人告事毕,乃皆退,反命于君曰:“衅某庙事毕。”反命于寝,君南乡于门内[⑨],朝服。既反命,乃退。路寝成,则考之而不衅[⑩]。衅屋者,交神明之道也。凡宗庙之器,其名者成[⑪],则衅之以豭豚[⑫]。

【注释】

①衅(xìn):祭名。郑注:“庙新成必衅之,尊而神之也。”即于宗庙落成或宗庙器物制成时,杀牲取血加以祭祀,或以牲血涂宗器,使宗庙或宗庙器物神圣化。

②祝:掌祭告的神职人员。宗人:掌管礼仪及宗庙事务之官。宰夫:太宰的属官。雍人:掌宰杀牺牲的官员。爵弁:赤而微黑的皮帽。纯(zī)衣:丝制的玄衣纁裳。

③拭:擦拭干净。

④碑:庙内庭中的石碑,树立在庭东、西之中,将庭三分用来观测日影。

⑤刲(kuī):割。

⑥门:庙门。夹室:见《内则》"大夫七十而有阁"节注②。

⑦衈(èr):郑注:"谓将刲割牲以衅,先灭耳旁毛荐之。"即宰牲前取牲耳之毛祭祀门与夹室。

⑧有司:指祝、宗人、宰夫。

⑨门内:路寝门内。

⑩"路寝成"二句:因为路寝是生人所居,所以只举行落成典礼而不血祭。考之,设盛宴招待宾客,以酒食庆贺其落成。

⑪名:大。

⑫豭(jiā)豚:小公猪。

【译文】

新庙建成要举行衅祭,衅祭的礼仪是:祝、宗人、宰夫、雍人都头戴爵弁,身穿丝质的玄衣纁裳。雍人将羊擦拭干净,宗人负责检视,然后宰夫面向北站在碑的南侧,居于祝、宗人、雍人以东的尊位。雍人举起羊登梯上房,从前檐正中登上屋顶,在屋顶的中间面朝南宰割活羊,让羊血流到前檐,然后宰夫从屋顶下来。庙门和夹室,衅祭都用鸡,衅前要衈祭,即拔取鸡耳旁之毛以祭,先衈庙门,后衈夹室,杀牲取血时都在庑下室下进行。杀鸡的礼节是:如果是祭门,就对着门杀鸡;如果是祭夹室,就在夹室内杀鸡。祭夹室时,祝、宗人、宰夫都面向夹室而立;祭庙门时,祝、宗人、宰夫都对着门,面朝北。祭祀完毕,宗人就告诉宰夫说祭事结束了,于是全部退出,向国君报告说:"某庙的衅祭已完毕。"在国君的路寝报告,国君面朝南,站在路寝门内,身穿朝服。向国君报告后就可以退下。如果是国君的路寝落成，那就设宴举行落成典礼，不举行衅祭。衅祭屋宇，是与神明交接联系的方式。凡是宗庙所用的器物大些的，制成后，都要用一只小公猪行衅祭。

诸侯出夫人①，夫人比至于其国，以夫人之礼行②。至，以夫人入。使者将命曰："寡君不敏，不能从而事社稷、宗庙，使使臣某敢告于执事。"主人对曰："寡君固前辞'不教'矣③，寡君敢不敬须以俟命。"有司官陈器皿④，主人有司亦官受之。

【注释】

①出：因犯有"七出"("七去")之罪而被休掉的妻。七出，见《丧服小记》"为父后者"节注①。

②以夫人之礼行：郑注："行道以夫人之礼者，弃妻致命其家乃义绝，不用此为始。"

③前辞"不教"：指男方向女方纳采求婚时，女方父亲说："某之子蠢愚，又弗能教。"

④官：按照礼典规定陈列和接受。

【译文】

诸侯休出夫人，派使者将她送回本国，回国的路上仍以夫人之礼相待。到达本国，以夫人的身份入境。使者传达国君的命令说："敝国国君不才，不能和夫人一道事奉社稷、祭祀宗庙，特派使臣某将此事报告给您的执事。"傧者传达主国国君的回答："敝国国君早就说过女儿没有教育好，敝国国君怎敢不恭敬地听从命令。"随使者前来的相关官员就按礼典规定把夫人的陪嫁器物陈列出来奉还，主国的相关官员也按规定接收。

妻出，夫使人致之，曰："某不敏[1]，不能从而共粢盛[2]，使某也敢告于侍者[3]。"主人对曰："某之子不肖，不敢辟诛[4]，敢不敬须以俟命。"使者退，主人拜送之。如舅在则称舅[5]，舅没则称兄，无兄则称夫。主人之辞曰："某之子不肖。"如姑、姊妹，亦皆称之。

【注释】

①某：指夫名。

②粢盛(zī chéng)：供祭祀用的黍稷。

③某：使者名。

④辟(bì)诛：逃避责罚。辟，逃避，躲避。诛，责罚，惩罚。

⑤舅：夫之父，对妻而言就是公公。

【译文】

妻被休出，丈夫派人把妻送回娘家，使者致辞说："某不才，不能让她一起去供奉祭祖的黍稷，派某来禀告您的侍者。"主人回答说："某的孩子不好，不敢逃避责罚，怎敢不恭敬从命。"使者退出，主人拜送。使者传话时，如果妻的公公尚健在，就称奉公公之命致辞；如果妻的公公已去世，就称奉丈夫兄长之命致辞；如果没有兄长，就称奉丈夫之命致辞。主人的答辞说："是某的孩子不好。"如果被休出的是主人的姑姑或姊妹，答辞的称呼就作相应的改变。

孔子曰："吾食于少施氏而饱[1]，少施氏食我以礼。吾祭，作而辞曰：'疏食不足祭也。'吾飧[2]，作而辞曰：'疏食也，不敢以伤吾子。'"

【注释】

①少施氏：鲁惠公的儿子施父的后代。

②飧(sūn)：吃饱以后又多吃几口，称赞主人所设食物之美。

【译文】

孔子说："我在少施氏家中吃饭吃饱了，少施氏请我吃饭，按照礼仪招待我。我食前行祭时，他起身辞谢说：'粗疏的食物，不足以祭。'吃完后，我赞美主人的饭菜可口时，他又起身辞谢说：'粗疏的饭食，不敢让它伤了您。'"

纳币一束①，束五两②，两五寻③。

【注释】

①纳币：古代婚制的"六礼"之一，又叫"纳征"。见《曾子问》"曾子问曰：昏礼既纳币"节注①。一束：币帛二丈为一端，将二端叠合为一，头对卷为一两。一两就是一匹，将五两扎捆一起为一束，即十端，为二十丈。

②五两：郑注："十个为束，贵成数，两两者合其卷，是为五两。"指帛卷相合，十卷帛合为五两。

③寻：一寻为八尺。

【译文】

订婚纳征礼赠币帛一束，一束十束，合为五两，每两五寻，长四丈。

妇见舅姑，兄弟、姑、姊妹，皆立于堂下，西面，北上，是见已。见诸父各就其寝。

【译文】

新婚第二天清早新妇去拜见公婆，丈夫的兄弟、姑姑、姊妹都要站在堂下，面朝西，以北方为尊位，新妇从南门进来，经过他们，就算见过丈夫的亲属。拜见丈夫的伯父、叔父，就要到他们的住处去拜见。

女虽未许嫁，年二十而笄①，礼之妇人执其礼。燕则鬈首②。

【注释】

①年二十而笄：郑注："虽未许嫁，年二十亦为成人矣。"笄礼是女子的成人礼，一般年十五许嫁而笄，如未许嫁，则年二十行笄礼，以成人对待。

②鬈（quán）首：中分头发梳两个髻，这是未许嫁的发型。

【译文】

女子即使未许嫁，到了二十岁时也要行笄礼，行笄礼时由妇人主持。行过笄礼之后，平时还是梳两个发髻的发型。

韠长三尺①，下广二尺，上广一尺，会去上五寸②，纰以爵韦六寸③，不至下五寸。纯以素④。紃以五采⑤。

【注释】

①韠（bì）：古代系于裳外的蔽膝。见《玉藻》"韠"节注①。

②会（kuài）：郑注："谓领上缝也。"是距韠的上缘五寸处的一道上、下广五寸的"缝"。

③纰（pí）：蔽膝的两旁镶边。爵（què）韦：赤而微黑色。爵，通"雀"。

④纯（zhǔn）：蔽膝的下部镶边。

⑤紃(xún)：细丝带。缝在上、下两侧的镶边接缝中，起装饰作用。

【译文】

蔽膝长三尺，下端宽二尺，上端宽一尺，“会”是蔽膝的领缝，距上端五寸，“纰”是蔽膝两边用赤而微黑的皮子做的镶边，每边六寸，到下端五寸长时就不镶边。“纯”是蔽膝的下边的白绫镶边。蔽膝的所有镶边的接缝处都嵌有五彩的丝带。

丧大记第二十二

【题解】

郑玄说："名曰'丧大记'者，以其记人君以下始死、小敛、大敛、殡葬之事。"孔疏："《丧大记》者，刘元云：'《记》谓之大者，言其委曲，详备，繁多，故云大。'"

本篇所记，涵盖了诸侯、大夫和士从病危、始死迁尸到招魂、洗浴、小殓、大殓再到下棺等一系列礼节，同时包括亲人居丧时的饮食、丧服、处所以及吊问等礼仪。

疾病，外内皆扫。君、大夫彻县①，士去琴瑟。寝东首于北牖下②。废床③，彻亵衣④，加新衣，体一人⑤。男女改服⑥。属纩以俟绝气⑦。男子不死于妇人之手，妇人不死于男子之手。君、夫人卒于路寝⑧，大夫、世妇卒于適寝⑨，内子未命则死于下室⑩，迁尸于寝⑪，士、士之妻皆死于寝⑫。

【注释】

①县(xuán)：同"悬"。指乐悬，悬挂钟、磬等乐器。

②北牖(yǒu)下：郑注："或为'北墉下。"孙希旦说："室北无牖，作

‘墉’为是。”墉，墙。

③废床：郑注：“人始生在地，去床，庶其生气反。”去掉病危者的床，是希望得到大地的生气。废，去。

④亵衣：与“新衣”对言，指已穿脏、穿旧之衣。

⑤体一人：郑注：“体，手足也，四人持之，为其不能自屈伸也。”即病人的四肢各由一人扶持。

⑥男女改服：男女都更换衣服。郑注，这是因为有宾客要来探问病人。

⑦属（zhǔ）纩（kuàng）：郑注：“纩，今之新绵，易摇动，置口鼻之上以为候。”属，放置。纩，新丝绵絮。

⑧路寝：正寝。正寝既是处理政事的地方，也是生病时的住所。诸侯的正寝叫“路寝”，大夫的正寝叫“適寝”，士的正寝叫“適室”。

⑨世妇：大夫的正妻。適（dí）：同“嫡”。

⑩内子：卿之妻。下室：郑注：“其燕处也。”即夫人之卧室。

⑪迁尸于寝：孔疏：“若未为夫人所命，则初死在下室，至小敛后迁尸，乃复还其正寝也。”夫人初死时在自己的卧室，然后再迁尸至正寝。

⑫士、士之妻：“士之妻”前的“士”字，是根据阮元所校，依唐石经本补上的。

【译文】

病人病危将死时，要把寝室内外都打扫干净。病人如果是国君、大夫，就要撤去钟、磬等悬挂的乐器；如果是士，就要撤去琴、瑟等乐器。病人头朝东，躺在寝室的北墙下。去掉床，脱下病人的旧衣脏衣，换上新衣，更衣过程中病人的四肢各由一人扶持协助。家中男女亲属都要改换衣服。在病人的口鼻上放一绺新的丝绵絮检测病人的呼吸，以等候病人断气。男人不能死在妇人的手里，妇人也不能死在男人的手里。国君及夫人要死在正寝，大夫及正妻也要死在正寝，卿的妻如果未得到诸侯的赐命而去世,那就要死在她的卧室,然后再迁尸于正寝。士和士的妻都要死在正寝。

复,有林麓则虞人设阶①,无林麓则狄人设阶②。小臣复③,复者朝服。君以卷,夫人以屈狄;大夫以玄赪,世妇以襢衣;士以爵弁,士妻以税衣④。皆升自东荣⑤,中屋履危⑥,北面三号⑦,卷衣投于前,司服受之⑧,降自西北荣。其为宾,则公馆复,私馆不复。其在野,则升其乘车之左毂而复⑨。复衣不以衣尸,不以敛。妇人复,不以袡⑩。凡复,男子称名,妇人称字。唯哭先复,复而后行死事。

【注释】

①虞人:郑注:"主林麓之官也。"即掌管山林川泽的官吏。阶:木梯。

②狄人:郑注:"乐吏之贱者。"即低级乐官。

③小臣:近臣。

④"君以卷(gǔn)"六句:郑注:"君以卷,谓上公也。夫人以屈狄,互言耳。上公以衮,则夫人用袆衣;而侯、伯以鷩,其夫人用揄(yáo)狄;子、男以毳,其夫人乃用屈狄矣。"即五等诸侯及夫人用于招魂的衣服是不同的。玄赪(chēng),玄衣赤裳。赪,赤色。有关其他礼服的注解,详见《礼器》"礼有以文为贵者"节及《玉藻》"王后袆衣"节。

⑤荣:屋檐两端向上翘起的角,又叫"屋翼"。

⑥危:屋脊。

⑦三号(háo):三次大声呼号死者的名。

⑧司服:掌管天子、诸侯衣服的官。郑注:"司服以箧待衣于堂前。"

⑨“其为宾”五句：可参见《杂记上》“诸侯行而死于馆”节。

⑩袡(rán)：这里指女子出嫁时所穿的下缘镶有纁边的黑色丝衣。

【译文】

为国君招魂，如果境内有山林就由虞人设置登屋的梯子，如果没有山林就由狄人设置登屋的梯子。小臣负责招魂，招魂者要身穿朝服。为国君招魂要用衮服，为国君夫人招魂要用屈狄；为大夫招魂要用玄衣赤裳，为大夫之妻世妇招魂要用襢衣；为士招魂要用爵弁服，为士之妻招魂要用税衣。招魂者都是从房檐东边登梯升屋，走到屋脊的正中间，面朝北，挥动死者的衣服，呼号三声死者的名字，然后把招魂的衣服卷起来从前檐投下，司服在堂前承接装入衣箱，然后招魂者从房檐西北边下屋。如果死者是出国时作为宾而去世的，就在公馆为他招魂，如果是死在卿大夫的私宅中，就不招魂。如果是死在野外道路上，招魂时就登上死者所乘之车的左轮的轮毂上进行招魂。招魂用过的衣服，就不能再穿到死者身上，也不能用做殓衣。为妇人招魂，不用其嫁时所穿的下缘镶有纁边的黑丝袡衣。凡是招魂，死者是男子就呼喊其名，是妇人就呼喊其字。只有哭泣是在招魂之前，招魂以后再进行其他丧事。

始卒，主人啼①，兄弟哭，妇人哭踊。既正尸②，子坐于东方；卿、大夫、父、兄、子姓立于东方③，有司、庶士哭于堂下，北面；夫人坐于西方，内命妇、姑、姊妹、子姓立于西方④；外命妇率外宗哭于堂上⑤，北面。

【注释】

①主人：丧主，即死者的儿子及其子女。孔疏：“孝子、男子、女子也。”

②正尸：始死时尸在北墙下(参见本篇首节注②)，将尸迁至南墙窗

下，头朝南。

③子姓：指男性子孙。

④内命妇：诸侯的世妇，其地位低于正妻但高于诸妾。子姓：指女性子孙。

⑤外命妇：卿大夫之妻。外宗：见《杂记下》“外宗为君”节注①。

【译文】

国君刚去世，丧主及其子女们一起啼哭，兄弟们放声痛哭，妇女们边哭边跳脚。把尸体迁至南墙窗下，头朝南放正后，孝子即嫡长子坐在尸的东边；卿、大夫、父辈、兄弟、男性子孙也站在尸的东边，孝子的身后，官员和众士站在堂下，面朝北而哭；夫人坐在尸的西边，诸侯的世妇、国君的姑姑、姊妹、女性子孙也站在尸的西边，夫人的身后；卿大夫之妻和国君姑姑、姊妹的女儿面朝北在堂上哭泣。

大夫之丧，主人坐于东方，主妇坐于西方。其有命夫、命妇则坐[①]，无则皆立。士之丧，主人、父、兄、子姓皆坐于东方，主妇、姑、姊妹、子姓皆坐于西方。凡哭尸于室者，主人二手承衾而哭[②]。

【注释】

①命夫、命妇：郑注：“同宗的父、兄、子姓，姑、姊妹、子姓也。”指上述亲属中的有爵者。

②衾：覆盖尸的被子。

【译文】

大夫去世，丧主嫡长子坐在尸的东边，主妇坐在尸的西边。亲属中有爵的命夫、命妇就坐下，没有的话都站着。士去世，丧主嫡长子、父辈、兄辈、男性子孙都坐在尸的东边，主妇、姑姑、姊妹、女性子孙都坐在尸的西边。凡是在室内哭尸时，丧主要双手抓着覆盖尸的被子而哭。

君之丧未小敛，为寄公、国宾出[①]；大夫之丧未小敛，为君命出；士之丧于大夫，不当敛则出。凡主人之出也，徒跣[②]，扱衽[③]，拊心[④]，降自西阶。君拜寄公、国宾于位[⑤]；大夫于君命，迎于寝门外，使者升堂致命，主人拜于下；士于大夫亲吊，则与之哭，不逆于门外[⑥]。夫人为寄公夫人出，命妇为夫人之命出，士妻不当敛则为命妇出。

【注释】

①寄公：指寄居在本国的他国诸侯。国宾：其他诸侯国来访的卿大夫。

②徒跣（xiǎn）：光着脚。

③扱衽（chā rèn）：上衣前襟插入腰带中。

④拊（fǔ）：抚，抚摸。

⑤君拜寄公、国宾于位：郑注："于庭，乡（向）其位而拜之。"此时寄公在门西，国宾在门东，皆面朝北，国君在庭中向着寄公、国宾的位置遥拜。

⑥逆：迎。

【译文】

国君去世还未小殓，如果寄居在本国的他国诸侯或诸侯国来访的卿大夫前来吊唁，世子要出迎；大夫去世还未小殓，此时国君派人前来吊唁，嫡长子要出迎；士去世，如果大夫前来吊唁，此时只要不是正在进行小殓，嫡长子就要出迎。凡是丧主出迎的时候，都要光着脚，上衣的前襟扎在腰带中，手抚着心口，从西阶下堂行至庭中。世子朝着寄公、国宾的位置遥拜致谢；大夫的嗣子对于国君派来吊唁的使者，要到寝门之外迎接，使者升堂致告国君之命，丧主在堂下拜谢；士的嗣子，对于亲自前来吊唁的大夫，则与大夫一起面朝东而哭，不须到门外迎接。国君的丧事，未小殓时，寄居在本国的他国诸侯的夫人前来吊唁，国君夫人要出迎；大夫的丧事，未小殓时，国君夫人派使者前来吊唁，大夫的妻要出迎拜于堂上；士的丧事，大夫之妻前来吊唁，士之妻只要不是正在进行小殓就要出迎拜于堂上。

小敛，主人即位于户内，主妇东面，乃敛。卒敛，主人冯之踊①，主妇亦如之。主人袒，说髦②，括发以麻③，妇人髽④，带麻于房中⑤。彻帷⑥，男女奉尸夷于堂⑦，降拜。君拜寄公、国宾，大夫、士拜卿大夫于位，于士旁三拜。夫人亦拜寄公夫人于堂上，大夫内子、士妻特拜命妇、氾拜众宾于堂上⑧。主人即位，袭、带、绖、踊。母之丧，即位而免，乃奠。吊者袭裘⑨，加武、带、绖⑩，与主人拾踊⑪。

【注释】

①冯：同“凭”，凭尸。

②说：通“脱”。髦(máo)：一种发饰。

③括发：去掉束发的布帛，即缅(xǐ)和笄，仅用麻绳束发髻。

④髽(zhuā)：露出发髻。

⑤房：指西房。古代的房在室的两旁。天子、诸侯有东、西房。

⑥彻帷：撤下堂上的帷幕。参见《檀弓上》“曾子曰：尸未设饰”节。

⑦夷：陈放。

⑧大夫内子：大夫的嫡妻。特拜：逐一而拜，与下文“氾拜”相对。氾拜：又叫“旅拜”。不管人数多少，只行拜一次。氾，同“泛”。众宾：指士之妻。

⑨袭裘：见《檀弓上》“曾子袭裘而吊”节注①。

⑩加武、带、绖：郑注：“始死，吊者朝服裼裘，如吉时也。小敛则改袭而加武与带绖矣。武，吉冠之卷也。”“武”即冠圈。有关冠的形制，参见《王制》“有虞氏皇而祭”节。此指小殓后吊者在朝服上加袭衣，并冠有冠圈，并加腰带和首绖。

⑪拾（jié）：轮流，交替。

【译文】

小殓时，丧主在门内稍东即位，面朝西，主妇在门内稍西即位，面朝东，然后进行小殓。小殓完毕，丧主凭尸哭踊，主妇也是如此。然后，主人袒露左臂，摘去头上戴的头饰髦，用麻束住头发，妇人到西房中露出发髻，用麻束发，腰系麻绖。撤去堂上的帷幕，男女亲属将尸体从室内陈放到堂上的两楹之间，丧主下堂拜谢宾客。国君的小殓后，丧主拜谢前来吊丧的寄居在本国的他国诸侯和诸侯国来访问的卿大夫；大夫、士小殓后，丧主对前来吊丧的卿大夫各近其位逐一拜谢，对前来吊丧的众多的士，就朝着每个方向拜三拜。国君的夫人，也在堂上拜谢前来吊丧的寄居在本国的他国诸侯夫人。大夫的正妻、士的正妻，在堂上逐一拜谢前来吊丧的命妇，而对前来吊丧的众多的士妻只能一次地统行拜礼。拜谢宾客后，主人在阼阶下就位，左臂伸进袖内，腰系麻带，头缠麻绳，哭泣跳脚。如果是母亲的丧事，拜宾之后在阼阶下就位时，就不用麻绳束发，而用白布条缠头即可，然后设小殓的奠品。吊丧的宾客都要掩好皮裘前衣襟，在冠圈上加上麻绖，并加腰绖，与丧主交替哭泣跳脚。

君丧，虞人出木、角[①]，狄人出壶[②]，雍人出鼎[③]，司马县之[④]，乃官代哭[⑤]。大夫官代哭，不县壶。士代哭不以官。

【注释】

①木：木柴。角：舀水的勺。

②壶：漏壶。带有刻度的漏水之器，通过滴漏用以计时。

③鼎：用以烧水。冬季水易结冰，所以要把水烧热后再加入漏壶中。虞人提供的木就是供烧火用的，角则是供舀水用的。

④县：同“悬”。

⑤代：轮流。未殡以前，丧家当哭不绝声，为防止孝子哀哭过度而生病，故有代哭之礼，即由他人代为哭泣。殡后，则无代哭之礼。

【译文】

国君的丧事，虞人提供烧火的木柴、舀水的勺子，狄人提供计时用的漏壶，雍人提供烧热水的鼎，司马负责悬挂起漏壶，然后官员轮流哭泣。大夫的丧事，只安排官员轮流哭泣，不设置漏壶计时。士的丧事，由亲属轮流哭泣而不用官员。

君堂上二烛[①]，下二烛。大夫堂上一烛，下二烛。士堂上一烛，下一烛。宾出，彻帷[②]。

【注释】

①烛：火炬，火把。

②宾出，彻帷：郑玄说这是国君与大夫之礼。士是小殓毕即撤帷。

【译文】

国君的丧事，殡宫的堂上点两支火把，堂下也点两支火把。大夫的丧事，堂上点一支火把，堂下点两支火把。士的丧事，堂上点一支火把，堂下也点一支火把。国君与大夫之丧礼，小殓后主人下堂拜谢宾客，宾客走后，撤除堂上的帷幕。

哭尸于堂上，主人在东方，由外来者在西方[①]，诸妇南乡。妇人迎客、送客不下堂，下堂不哭[②]。男子出寝门外见人，不哭。

【注释】

①由外来者：指奔丧者。奔丧者哭死者，丧主仍在东方，而主妇本来在西方，这时则要移向北方。

②下堂：哭丧时，妇人一般不下堂，但如果是国君夫人前来吊丧，就要下堂稽颡行礼。

【译文】

堂上哭死者，丧主在尸的东边，面朝西，有奔丧者，就站在尸的西边，妇人本在尸的西边，面朝东，现在就要站在北边，面朝南。妇人迎客、送客都不下堂，如果下堂迎送，就磕头触地但不哭。男子出寝门迎宾，也不哭。

其无女主，则男主拜女宾于寝门内；其无男主，则女主拜男宾于阼阶下。子幼，则以衰抱之，人为之拜。为后者不在，则有爵者辞，无爵者人为之拜。在竟内则俟之，在竟外则殡、葬可也。丧有无后，无无主。

【译文】

丧家如果没有主妇，就由丧主在寝门内向前来吊丧的女宾拜谢；如果没有丧主，就由主妇在阼阶下向前来吊丧的男宾拜谢。如果丧主嫡子尚年幼，就用丧服裹着由别人抱着他，别人替他拜谢吊丧的宾客。如果丧主不在家，有爵位的人前来吊丧，就要说明缘故，无爵位的人前来吊丧，就由别人代为拜谢。如果丧主在国境内，就要等他回来主持丧事，如果丧主在国外，就由别人主持殡、葬。总之，丧家或许有没有后人的情况，但是没有无主丧者的情况。

君之丧，三日，子、夫人杖；五日既殡，授大夫、世妇杖。子、大夫寝门之外杖[①]，寝门之内辑之[②]；夫人、世妇在其次则杖，即位则使人执之。子有王命则去杖，国君之命则辑杖，听卜、有事于尸则去杖[③]。大夫于君所则辑杖[④]，于大夫所则杖。

【注释】

①寝门：殡宫门。

②辑：郑注："敛也。敛者，谓举之不以拄地也。"

③有事于尸：指虞祭、卒哭祭、祔祭等祭祀。在这些祭祀中要侍奉象征死者的尸。

④大夫于君所则辑杖：孔疏："若大夫与世子俱来在门外位，大夫则辑杖，敬嗣君也。"君，指去世国君的嫡长子，即世子。

【译文】

国君的丧事，死后第三天，世子和夫人就要拄丧杖；死后五日入殡后，世子给大夫、世妇授丧杖。众子、大夫在殡宫门外执丧杖拄地，进入殡宫门内就提起丧杖不让它着地；夫人、世妇在居丧的丧次拄着丧杖，在哭丧位子上哭时就把丧杖交给别人拿着。世子在接受天子的使者致告王命时不要拿丧杖，接受诸侯的使者致告君命时要提起丧杖不拄地，在占卜墓地、下葬日，虞祭、卒哭祭等祭祀中，也不要拿着丧杖。大夫与嗣君在一起时要提起丧杖不拄地，与诸大夫在一起时就拄杖着地。

大夫之丧，三日之朝既殡，主人、主妇、室老皆杖[①]。大夫有君命则去杖，大夫之命则辑杖。内子为夫人之命去杖，为世妇之命授人杖。

【注释】

①室老：大夫的家臣。

【译文】

大夫的丧事，死后第三天的早晨入棺停殡，丧主、主妇、室老都开始拄丧杖。丧主接受国君的使者致告君命时不要拿着丧杖，在接受大夫的使者致告哀辞时要提起丧杖不拄地。卿大夫之妻在接受国君夫人的使者致告哀辞时不要拿着丧杖，接受世妇的使者致告哀辞时要把丧杖交给别人拿着。

士之丧，二日而殡，三日之朝，主人杖，妇人皆杖。于君命、夫人之命如大夫。于大夫、世妇之命如大夫。

【译文】

士的丧事，死后第二天就入棺停殡，第三天的早晨，主人开始拄丧杖，妇人也都拄丧杖。在接受国君、国君夫人的使者致告君命时，礼仪和大夫一样，不要拿丧杖。接受大夫、国君的世妇的使者致告哀辞时，礼数也和大夫一样，要把丧杖交给别人拿着。

子皆杖[①]，不以即位。大夫、士哭殡则杖[②]，哭柩则辑杖[③]。弃杖者，断而弃之于隐者[④]。

【注释】

①子：指死者的众庶子。

②哭殡：在殡宫停柩期间的哭泣。

③哭柩：将葬启殡时的哭泣。

④“弃杖者”二句：孔疏：“杖是丧至尊之服，虽大祥弃之，犹恐人亵

慢，断之不堪他用，弃于幽隐之处，使不秽污。”

【译文】

凡是庶子都要拄丧杖，但在就哭丧之位时不要拿着丧杖。大夫和士停柩期间哭泣时丧杖可以拄地，将葬启殡哭泣时就要提起丧杖不能拄地。大祥祭后，要弃掉丧杖，但要把丧杖折断后放置到隐蔽之处，这是为了不受到亵渎污损。

始死，迁尸于床①，幠用敛衾②，去死衣③，小臣楔齿用角柶④，缀足用燕几⑤。君、大夫、士一也。

【注释】

①迁尸于床：指将尸从北墙下迁至南墙窗下的床上，见本篇“始卒，主人啼”节注②。

②幠（hū）：覆盖。敛衾：大殓时所用的被子。

③去死衣：指脱掉病危时所换上的新衣，即上文的“加新衣”。

④小臣：内侍近臣。楔（xiē）齿用角柶（sì）：这是在为死者饭含时，恐死者口闭，而用角柶撑住死者的牙齿。柶，以角为之，长六寸，类似勺子。

⑤缀足：指在为尸穿鞋时，恐其僵冷，所以要将其脚用东西固定。可参见《檀弓上》“掘中霤而浴，毁灶以缀足”节注②。燕几：平时闲居时所用的几案。

【译文】

人刚死，就将尸体从北墙下迁至南墙窗下的床上，用大殓所用的被子覆盖尸体，脱掉病危时所换的新衣，由小臣用角柶撑着死者的牙齿，用燕几固定死者的双脚。这些仪式对国君、大夫、士都是一样的。

管人汲[①]，不说繘[②]，屈之，尽阶不升堂，授御者[③]。御者入浴，小臣四人抗衾[④]。御者二人浴，浴水用盆，沃水用枓[⑤]。浴用绤巾[⑥]，挋用浴衣[⑦]，如他日。小臣爪足[⑧]。浴余水弃于坎[⑨]。其母之丧，则内御者抗衾而浴。

【注释】

①管人：主管馆舍的官员。管，通"馆"。汲：汲水。此节所讲的是为尸洗浴之事。

②说：通"脱"。繘(yù)：井上汲水的绳索。

③御者：侍者。有内、外之别，下文"内御者"即指女性侍者。

④抗：举。因为浴尸时是裸体，故举被遮蔽遗体。

⑤沃：浇。枓(zhǔ)：舀水的木勺子。

⑥绤(chī)：细葛布。

⑦挋(zhèn)：擦拭。

⑧爪足：指剪脚趾甲。

⑨坎：坑。在寝室中间掘坑，将床架在坑上，尸放置在床上沐浴，沐浴后的水就倒入坎中。即《檀弓上》"掘中霤而浴"。

【译文】

馆人从井中打水，不解下系在水桶上的绳子，而是把绳子盘绕着拿在手中，提着水桶登上西阶，但不上堂，把水交给侍者。侍者于是入堂内为死者洗浴身体，洗身时由四个小臣各持一角举起盖尸的被子遮挡尸体。两名侍者为死者擦洗身子，用浴盆盛水，用勺舀水冲淋尸身。擦洗时用细葛巾，擦拭尸身用浴衣，和平日洗澡一样。由小臣修剪尸的脚趾甲。洗浴后的水倒入床下的坑里。如果是母亲去世，那么举起盖尸的被子和擦洗尸身的事就由女性侍者来做。

管人汲，授御者，御者差沐于堂上[①]。君沐粱，大夫沐稷，士沐粱。甸人为垼于西墙下[②]，陶人出重鬲[③]。管人受沐，乃煮之；甸人取所彻庙之西北厞薪[④]，用爨之。管人授御者沐，乃沐。沐用瓦盘，挋用巾，如他日。小臣爪手翦须。濡濯弃于坎[⑤]。

【注释】

①差(cuō)沐：即用淘米水为死者洗头。差，郑注："淅也，淅饭米，取其潘以为沐也。"

②甸人：掌管公田之官。垼(yì)：用土块垒成的炉灶。

③陶人：制作陶器之官。重鬲(chóng lì)：悬挂于木架上的瓦鬲。鬲，口圆似鼎，三足中空。因为瓦鬲悬于重木(见《檀弓下》"丧礼，哀戚之至也"节注⑦)之上，故称"重鬲"。

④彻：撤除，拆除。庙：死者正寝，即殡宫。厞(fěi)：隐蔽之处。

⑤濡(nuán)濯：洗头后剩下的水。《士丧礼》中作"渜"。

【译文】

馆人从井中打水，交给侍者，侍者在堂上用此水淘米，然后用淘米水为死者洗头。国君用淘洗黄粱米的水洗头，大夫用淘洗稷米的水洗头，士也用淘洗黄粱米的水洗头。甸人在庭中的西墙下用土块垒灶，烧水，陶人拿出放置在重木上的瓦鬲。馆人从侍者手里接过淘米水，倒到瓦鬲里，放到灶上煮；甸人从正寝西北角的隐蔽之处拆下一些木料，作为烧水的木柴。水烧好后，馆人将水交给侍者，侍者就用它为死者洗头。洗头水用瓦盆盛放，擦干头发用麻布巾，和平日洗头一样。小臣为死者修剪指甲和胡须。洗头用过的水倒入堂下的坑里。

君设大盘[①]，造冰焉[②]。大夫设夷盘，造冰焉。士并瓦盘[③]，无冰。设床，襢笫[④]，有枕。含一床，袭一床，迁尸于堂又一床，皆有枕席。君、大夫、士一也。[⑤]

【注释】

①大盘：与下文的“夷盘”，都是盛放冰块的带有漆饰的盘，大盘比夷盘要大。

②造冰：即在盘中盛放冰块。自仲春至秋凉期间，由于天气较热，为了防止尸体腐化，要在尸床下放置冰盘。造，郑注：“犹内(纳)也。”

③士并瓦盘：士地位低下，使用瓦盘，瓦盘小，所以要拼在一起使用。

④襢(tǎn)：同“袒”，露。笫(zǐ)：竹席。袒露竹席，也就是不在席上再铺垫他物，以便寒气上透。

⑤此节原在“始死，迁尸于床”节之前，今据郑注移正。

【译文】

国君去世，在其床下放置大盘，盛放冰块。大夫去世，在其床下放置夷盘，盛放冰块。士去世，在其床下合并着放两只盛水的瓦盘，不放冰。停尸的床，袒露竹席，利于透气，床上有枕。为死者饭含时用一张床，为死者小殓穿衣时另换一张床，把尸体由室内迁移到堂上再换一张床，每张床上都有枕头和席子。这些礼节，国君、大夫、士都是一样的。

君之丧，子、大夫、公子、众士皆三日不食。子、大夫、公子、众士食粥，纳财[①]，朝一溢米[②]，莫一溢米[③]，食之无算[④]。士疏食水饮[⑤]，食之无算。夫人、世妇、诸妻皆疏食水饮，食之无算。大夫之丧，主人、室老、子姓皆食粥，众士疏食水饮，妻妾疏食水饮。士亦如之。

【注释】

①纳财：郑注："谓食谷也。"

②溢：郑注："二十两曰'溢'。于粟米之法，一溢为米一升二十四分升之一。"

③莫：同"暮"。

④无算：孔疏："言居丧困病，不能顿食，随须则食。"即不定时定量。

⑤疏食：粗食。粗食较粥要好一些。

【译文】

国君去世，世子、大夫、庶子、众士头三天不能吃东西。三天后，世子、大夫、庶子、众士可以喝稀粥，吃些谷米，早上一溢米，晚上一溢米，进食则不定时定量。众士可以吃些粗食、喝水，进食也不定时定量。国君的夫人、世妇、诸妻都吃粗食、喝水，进食也不定时定量。大夫去世，丧主、室老、子孙都只喝稀粥，众士吃粗食、喝水，妻妾也吃粗食、喝水。士去世，其亲属的饮食也是如此。

既葬，主人疏食水饮，不食菜果，妇人亦如之。君、大夫、士一也。练而食菜果，祥而食肉。食粥于盛[①]，不盥，食于篹者盥[②]。食菜以醯、酱。始食肉者先食干肉，始饮酒者先饮醴酒[③]。

【注释】

①盛(chéng)：郑注："谓今时杯杅也。"此处指盛粥的容器。

②篹(suǎn)：类似筥的食器。古人吃饭用手抓，故须洗手。

③醴酒：甜酒。

【译文】

下葬后，丧主可以吃粗食、喝水，但不能吃蔬菜瓜果，妇人也是如此。丧礼的这一规定，国君、大夫、士都是一样的。练祭后可以吃蔬菜瓜果，大祥祭后可以吃肉。用盛粥的器皿喝粥，食时不用洗手，用竹编的食器篹盛饭吃，食时要洗手。吃菜的时候可以用醋、酱调味。开始吃肉时，要先吃干肉；开始饮酒时，要先饮醴酒。

期之丧，三不食，食疏食，水饮，不食菜果。三月既葬，食肉饮酒。期，终丧不食肉，不饮酒。父在，为母为妻。

【译文】

死者刚死时，服齐衰一年之丧者，开头三顿不吃饭，然后吃饭了，只吃粗食、喝水，不吃蔬菜瓜果。三个月后亲人下葬，可以吃肉饮酒。服齐衰一年之丧者，一直到服丧期满，不吃肉，不饮酒。这一礼制，适用于父亲健在为母服丧，丈夫为妻服丧。

九月之丧，食饮犹期之丧也。食肉饮酒，不与人乐之。五月、三月之丧，壹不食，再不食可也。比葬，食肉饮酒，不与人乐之。

【译文】

服九月大功之丧，饮食的规定和齐衰一年之丧相同。死者下葬后可以吃肉饮酒，但不能和他人一起聚众作乐。服五月小功、三月缌麻之丧，开头一顿、或开头两顿不吃就可以了。从死者入棺停殡到出殡入葬，都可以吃肉饮酒，只是不能和他人一起聚众作乐。

叔母、世母、故主、宗子，食肉饮酒。①

【注释】

①此句郑注："义服恩轻也。"这是说与死者恩情较疏，虽然服重，但也可以饮酒吃肉。

【译文】

为叔母、伯母、往日的君主、宗子服丧，可吃肉，可饮酒。

不能食粥，羹之以菜可也。有疾，食肉饮酒可也。

【译文】

服丧规定应喝粥时，如因故不能喝粥，可以吃菜羹。如果生病，可吃肉可饮酒。

五十不成丧①，七十唯衰麻在身。

【注释】

①成：郑注："犹备也。"指丧事可从简，不必样样齐备。

【译文】

到了五十岁，服丧的礼仪酌情从简，不必事事严守成规；到了七十岁服丧，只要穿着丧服就可以了。

既葬，若君食之则食之，大夫、父之友食之则食之矣，不辟粱肉①，若有酒醴则辞。

【注释】

①辟（bì）：回避。粱：粱米，指精米。

【译文】

亲人下葬后，若是国君赐予食物就可以吃，若是大夫、父亲的朋友赐食，也可以吃，精米和肉也不必回避，但如果馈赠的是酒醴就推辞不饮。

小敛于户内，大敛于阼。君以簟席[①]，大夫以蒲席，士以苇席。小敛，布绞[②]，缩者一[③]，横者三。君锦衾，大夫缟衾，士缁衾，皆一。衣十有九称[④]。君陈衣于序东[⑤]，大夫、士陈衣于房中[⑥]，皆西领，北上，绞、紟不在列[⑦]。

【注释】

①簟(diàn)席：郑注："细苇席也。三者下皆有莞。"簟席是细竹席，君、大夫、士进行小殓、大殓时，竹席下都垫有莞席。

②布绞(xiáo)：孔疏："舒衾于此绞上，……衣布于衾上，然后举尸于衣上，屈衣裹，又屈衾裹之，然后以绞束之。"绞，捆束小殓衣被的布带。宽一幅，根据需要定长短。布的两端均撕为三条，以便打结。

③缩：纵。

④称(chèn)：套。上衣与下裳各一为一套。

⑤序东：堂上的东墙。序，堂上之墙。

⑥房：东房。

⑦紟(jìn)：单被。

【译文】

小殓在室门内进行，大殓在阼阶上方的堂上进行。小殓、大殓时所用的席子，国君用簟席，大夫用蒲席，士用苇席。小殓时的衣物，先铺好捆束衣被的麻布带，纵向铺一条，横向铺三条。然后再铺被子。国君用丝织锦被，大夫用白色生绢被，士用黑色麻布被，都用一条。小殓用衣服共十九套。小殓前，国君的衣物陈放在堂上东墙之东，大夫、士的衣物都陈放在东房中，陈放时都衣领朝西，以北方为尊位依次排列，束带、单被不在陈列的衣物中。

大敛，布绞，缩者三，横者五，布紟，二衾，君、大夫、士一也。君陈衣于庭，百称，北领，西上。大夫陈衣于序东，五十称，西领，南上。士陈衣于序东，三十称，西领，南上。绞、紟如朝服。绞一幅为三①，不辟②。紟五幅，无紞③。

【注释】

①一幅为三：一幅布撕为三条布带，每条大概宽七寸。

②辟（bò）：通“擘”，撕开。

③紞（dǎn）：缝在被端的边缘的装饰丝带，用以识别前后。无紞，是表示和生前不同。

【译文】

大殓所用衣物，先铺好捆束衣被的麻布带，竖着铺三条，横着铺五条，然后铺一条单被、两条夹被，这些国君、大夫、士都一样。国君大殓的衣服陈列在庭中，共一百套，衣领朝北，以西侧为尊位依次排列。大夫大殓的衣服陈列在堂上的东墙之东，共五十套，衣领朝西，以南侧为尊位依次排列。士大殓的衣服也陈列在堂上的东墙之东，共三十套，衣领朝西，以南侧为尊位依次排列。捆束衣被的布带、单被，其布料和朝服所用布料一样。大殓用的布带，要把一幅布撕成三条，这三条布带的两端不用撕开。单被用五幅布拼缝而成，但不在被头缝上装饰用的丝带。

小敛之衣,祭服不倒①。

【注释】

①祭服不倒:小殓所用的十九套衣服,并不全部给死者穿上,不穿的衣服铺放在尸体上。铺放要按规定,放置平整有序,祭服尊贵的最后放,要放端正,不可倒放或侧放。

【译文】

小殓所用的衣服中,如果有祭服,就不可倒放或侧放。

君无襚①。大夫、士毕主人之祭服②,亲戚之衣受之,不以即陈。小敛,君、大夫、士皆用复衣、复衾③。大敛,君、大夫、士祭服无算。君褶衣、褶衾④,大夫、士犹小敛也。

【注释】

①襚(suì):向死者赠送的衣服。

②大夫、士毕主人之祭服:这是说大夫、士兼用襚衣,但要先尽用主人的祭服。

③复衣、复衾:絮有丝绵的衣和被。

④褶(dié):不填充丝绵的夹衣。国君大殓用衣多,故不絮丝绵。

【译文】

国君的殓衣,不用别人赠送。大夫和士的殓衣,要先尽用自己的祭服,然后再用别人赠送的,亲属赠送衣服可以接受,但不用以陈列。小殓时,国君、大夫、士都用絮有丝绵的复衣、复被。大殓时,国君、大夫、士所用的祭服没有定数。国君用不絮丝绵的夹衣、夹被,大夫、士用的衣被则与小殓时相同。

袍必有表，不禅[①]，衣必有裳，谓之一称。凡陈衣者实之箧[②]，取衣者亦以箧，升降者自西阶。凡陈衣不诎[③]，非列采不入[④]，絺、绤、纻不入[⑤]。

【注释】

①禅(dān)：单，单层。

②箧(qiè)：小箱子。

③诎(qū)：卷曲。指陈放的衣服应舒展而不得卷曲。

④非列采：指杂色的衣服。列采，孔疏："谓五方正色之采。"即青、赤、白、黑、黄五色。

⑤纻(zhù)：与"絺"、"绤"均为暑天穿的麻织品。

【译文】

内衣的袍一定要有外罩，不能是单层的，有上衣就一定有下裳，这叫做一套。凡是要陈放的殓衣，都装在衣箱里，取衣入殓，也要用衣箱盛放，陈放或取走殓衣，都从西阶上堂下堂。凡是陈放的殓衣，都展开摊平而不折叠，不是正色的衣服就不要放入，盛暑时穿的细葛布衣、粗葛布衣、纻麻布衣也不放入。

凡敛者袒[①]，迁尸者袭。

【注释】

①袒：郑注："于事便也。"即方便做事。

【译文】

大、小殓时，参加者都要袒露左臂，这便于做事；搬动尸体时，参加者就要套好袖子，这表示恭敬。

君之丧，大胥是敛[①]，众胥佐之。大夫之丧，大胥侍之，众胥是敛。士之丧，胥为侍[②]，士是敛[③]。

【注释】

①胥：郑注："乐官也，不掌丧事。'胥'当为'祝'，字之误也。"大，同"太"。

②侍：临。

③士是敛：孔疏："士之朋友来助敛也。"据下文，亦为死者生前之同事。

【译文】

国君的丧事，小殓、大殓都由太祝完成，众祝佐助。大夫的丧事，太祝亲临指导，众祝完成小殓、大殓。士的丧事，由祝亲临指导，由死者的朋友完成小殓、大殓。

小敛、大敛，祭服不倒，皆左衽[①]，结绞不纽[②]。

【注释】

①左衽：生前右衽，死后左衽。衽，上衣前襟。

②结绞不纽：这也指和生前不同，生前系带打活纽，便于解开。

【译文】

小殓、大殓所用的殓衣，如果是祭服就不能倒放，上衣的前襟都向左系，捆束殓衣被的布带打成死结、不打成活结。

敛者既敛必哭，士与其执事则敛[①]。敛焉则为之壹不食。凡敛者六人。

【注释】

①士与其执事：孔疏："谓平生曾与亡者共执事。"

【译文】

入殓完毕，参加者一定要哭泣，士的生前同事参加死者的入殓。参与了小殓、大殓，要为死者停食一顿。为死者入殓共需六人。

君锦冒[①]，黼杀[②]，缀旁七。大夫玄冒，黼杀，缀旁五。士缁冒，赪杀，缀旁三。凡冒，质长与手齐，杀三尺。自小敛以往用夷衾[③]，夷衾质、杀之裁犹冒也。

【注释】

①冒：包裹尸体的布套。见《杂记下》"冒者何也"节注①。孔疏："冒有质、杀者，作两囊，每辄横缝合一头，又缝连一边，余一边不缝，两囊皆然也。……上曰'质'，下曰'杀'。"

②黼(fǔ)：黑、白相间的斧纹。

③夷衾：覆尸的被子。其裁制，长短、材料、颜色、花纹等都与冒相同。

【译文】

包裹国君尸体的袋子，上半截叫"质"，是彩色丝帛；下半截叫"杀"，有黑、白相间的斧形纹饰；上、下两截一边留有口子，打七个结。包裹大夫尸体的袋子，上半截质，是玄色的帛；下半截杀，有黑、白相间的斧形纹饰；上、下两截一边留有口子，打五个结。包裹士尸体的袋子，上半截质，是黑色的帛；下半截杀，是赤色的帛；上、下两截一边留有口子，打三个结。凡是包裹尸体的袋子，上半截质的长度要与死者两手相齐，下半截杀长三尺。从小殓后用夷衾覆盖尸体，夷衾也分上、下两截质与杀，裁制的规格和包裹尸体的袋子相同。

君将大敛，子弁绖[①]，即位于序端[②]；卿大夫即位于堂廉[③]，楹西[④]，北面，东上；父兄堂下北面；夫人、命妇尸西，东面；外宗房中南面。小臣铺席，商祝铺绞、紟、衾、衣[⑤]，士盥于盘上，士举迁尸于敛上。卒敛，宰告，子冯之踊，夫人东面亦如之。

【注释】

①弁绖：见《杂记上》"大夫之哭大夫"节注①。

②序端：堂上东序的南端。

③堂廉：堂侧。指堂的南侧。

④楹：堂上的柱子，东、西各一。此指东楹。

⑤商祝：孔疏："亦是《周礼》丧祝也。"即熟悉丧礼仪式的祝。

【译文】

国君去世，即将举行大殓，世子头戴加有环形麻绖的皮弁，在堂上东序南端就位；卿大夫在堂的南侧东楹柱的西边就位，面朝北，以东面为尊位；父辈兄辈族人站在堂下，面朝北；国君夫人和命妇站在尸床的西边，面朝东；国君的姑姑、姊妹之女及姨舅之女站在西房之中，面朝南。由小臣在阼阶上方的堂上铺好殓席，商祝铺上束带、单被、夹被、衣裳，然后，士在盘中洗手，众士抬起尸体，搬移到铺好的衣衾上。大殓结束，太宰向世子报告，世子凭尸痛哭跳踊，国君夫人面朝东，也像世子一样凭尸痛哭跳踊。

大夫之丧，将大敛，既铺绞、紟、衾、衣，君至，主人迎。先入门右，巫止于门外[①]。君释菜[②]，祝先入，升堂。君即位于序端，卿大夫即位于堂廉，楹西，北面，东上；主人房外南面；主妇尸西，东面。迁尸。卒敛，宰告，主人降，北面于堂下。君抚之，主人拜稽颡。君降，升主人冯之，命主妇冯之。

【注释】

①巫止于门外：国君亲临臣下的丧事，巫要拿着桃枝，祝要拿着笤帚，这是为了扫除不祥。见《檀弓下》“君临臣丧”节。

②释菜：郑注：“礼门神也。必礼门神者，礼：君非问疾、吊丧，不入诸臣之家也。”

【译文】

大夫去世，将要大殓，已经铺好束带、单被、夹被、衣裳，这时国君前来吊丧，主人要到大门外迎接。主人先进门，立于门东，跟随国君来的巫留在门外。国君进门前，先释菜祭门神，然后，祝走在前，国君走在后，进门，登堂。国君在堂上东序的南端就位，卿大夫在堂上南侧东楹的西边就位，面朝北，以东边为尊位；主人站在东房之外，面朝南；主妇站在尸床的西边，面朝东。丧祝们将尸抬起，搬移到已铺好的大殓的衣衾上。大殓结束，家宰向主人报告，主人下堂，面朝北而立，在堂下等待国君。国君抚尸告别，主人磕头触地拜谢。国君下堂，让主人升堂凭尸痛哭跳踊，命主妇升堂凭尸痛哭跳踊。

士之丧，将大敛，君不在，其余礼犹大夫也。

【译文】

士去世，即将大殓，如果没有国君来吊丧，那么各项丧礼仪式都和大夫一样。

铺绞、紟踊，铺衾踊，铺衣踊，迁尸踊。敛衣踊，敛衾踊，敛绞、紟踊。

【译文】

小殓、大殓中，铺捆束衣衾的带子、单被时，孝子要哭泣跳脚；铺夹被时，孝子要哭泣跳脚；铺衣服时，孝子要哭泣跳脚；搬移尸体时，孝子要哭泣跳脚。用殓衣包裹尸体时，孝子要哭泣跳脚；用夹被包裹尸体时，孝子要哭泣跳脚；捆扎束带、包裹单被时，孝子也要哭泣跳脚。

君抚大夫[①]，抚内命妇[②]。大夫抚室老，抚侄、娣[③]。君、大夫冯父、母、妻、长子[④]，不冯庶子。士冯父、母、妻、长子、庶子。庶子有子，则父母不冯其尸。凡冯尸者，父、母先，妻、子后。君于臣抚之，父母于子执之。子于父母冯之，妇于舅姑奉之，舅姑于妇抚之。妻于夫拘之，夫于妻、于昆弟执之[⑤]。冯尸不当君所。凡冯尸，兴必踊。

【注释】

①抚：用手抚按尸的心口处。

②内命妇：指国君的世妇。

③侄、娣：即指媵妾。侄，妻之兄女。娣，妻之妹。侄、娣从妻陪嫁为妾。见《曲礼下》“国君不名卿老、世妇”节注②。

④冯(píng)：同“凭”，即手抱尸体而伏在尸体的心胸处痛哭。

⑤“君于臣抚之”七句：这是说根据恩情亲疏的不同，凭尸的礼仪也不同。孔疏：“冯者为重，奉次之，拘次之，执次之。尊者则冯、奉，卑者则抚、执。”执，执其心口处的衣服。奉，通“捧”。双手捧当心的衣服。拘，微牵引尸之衣。

【译文】

小殓、大殓后，有凭尸、抚尸礼。国君抚大夫尸，抚内命妇尸。大夫抚室老尸，抚侄、娣尸。国君、大夫凭父亲、母亲、妻、长子之尸哭，但不凭庶子之尸哭。士凭父亲、母亲、妻、长子、庶子之尸哭。如果庶子有子,那么庶子的父母就不凭他的尸哭。凡凭尸,要由死者的父、母先凭尸,妻和子后凭尸。凭尸的方式因尊卑亲疏而异。国君对臣下是用手抚按尸的心口处哭,父母对儿子是抓住尸心口处的衣服哭。儿子对父母是伏在尸的心口上哭,媳妇对公婆是双手捧着尸心口处的衣服哭,公婆对媳妇是用手抚按尸的心口处哭。妻对丈夫是微微扯着尸心口处的衣服哭,丈夫对妻和兄弟,是抓住尸心口处的衣服哭。凭尸时不能在国君已抚尸的地方。凡凭尸都是跪坐着,起身后一定要哭踊。

父母之丧,居倚庐①,不涂,寝苫枕甴②,非丧事不言。君为庐,宫之③,大夫、士襢之④。既葬,柱楣⑤,涂庐,不于显者⑥。君、大夫、士皆宫之。

【注释】

①倚庐:殡宫门外东墙下用椽木搭成的草棚。倚庐的形制:在东墙下先斜倚几根椽木,再以一木横于墙下,此木谓之"楣"。将椽木与横木系牢,顶部和南北都遮盖上草苫,在北面开门。

②寝苫(shān):睡在草垫上。甴:同"块",土块。

③宫:孔疏:"谓庐外以帷障之,如宫墙。"

④襢:同"袒",即不宫,不设帷帐。

⑤柱楣:父母下葬后,倚庐的形制有所变化,将横于地的木两端用柱子支起,这就叫"柱楣",门改为西面开。

⑥不于显:孔疏:"言涂庐不涂庐外显处。"

【译文】

父母去世,孝子要居住在倚庐里守丧,倚庐不涂泥,孝子睡在草苫上,用土块当枕头,不是关于丧事的话就不说。嗣君的倚庐,其外用帷幕围起来就像宫墙，大夫和士的倚庐，没有帷帐而袒露着。父母下葬后，就可以把楣柱支起来，倚庐内壁可以涂泥，但不涂外边显露之处。国君、大夫和士的倚庐外，都可以围起帷幕。

凡非適子者，自未葬，以于隐者为庐[①]。

【注释】

①以于隐者为庐：孔疏："既非丧主，不欲人所瞩目，故于东南角隐映处为庐。"

【译文】

凡不是嫡子的庶子居丧，从死者去世未葬时，就在殡宫门外东南隐蔽的地方筑倚庐守丧。

既葬，与人立[①]。君言王事，不言国事。大夫、士言公事，不言家事。

【注释】

①与人立：孔疏："未葬，不与人并立；既葬后可与人并立也，犹不群耳。"

【译文】

下葬后，孝子可以和别人站在一起，但不能站在人群中。国君只谈天子之事，不说本国之事。大夫和士只说国家之事，不说自家之事。

君既葬，王政入于国，既卒哭而服王事。大夫、士既葬，公政入于家，既卒哭，弁、绖、带，金革之事无辟也[①]。

【注释】

①金革之事：指战争、兵役之事。辟(bì)：躲避。

【译文】

国君下葬后，天子的政令就可以下达其国，卒哭祭后，嗣君就可以执行天子的政令了。大夫和士下葬父母后，国君的政令就可以进入其家，卒哭祭后，虽然仍戴着皮弁、头缠葛绖，腰系葛带，但如果遇到要打仗参战的事也不能躲避。

既练，居垩室①，不与人居。君谋国政，大夫、士谋家事。既祥，黝垩②。祥而外无哭者，禫而内无哭者③，乐作矣故也。禫而从御④，吉祭而复寝⑤。

【注释】

①垩(è)室：居丧时用土坯垒成的小草屋，设在殡宫门外东墙下，屋草不涂泥，只用白垩涂墙。按丧礼，垩室是孝子在练祭以后的住处。垩，用于涂饰的白土。

②黝(yǒu)：将地面涂成黑色。孙希旦说："既祥之后，入居殡宫，……殡宫乃死者所居，故涂其壁令白，又平治其地令黑，若欲新之然也。"

③禫(dàn)：祭名。在大祥后的一个月举行。自初丧至禫祭，共二十七月。

④从御：郑注："御妇人也。"

⑤吉祭：指禫祭后的四时常祭。吉祭与禫祭同月，或在禫祭后的下个月。

【译文】

练祭后，孝子要迁居垩室，不和人同住。国君已经可以谋划国政，大夫和士可以谋划家政。大祥祭后，孝子迁至殡宫居住，将地面涂成黑色、墙壁涂成白色。这样大祥祭后，殡宫外就听不到哭声了，禫祭后可以除去孝服，殡宫内也听不到哭声了，因为已经可以演奏音乐了。禫祭后可以与妇人同房，吉祭后孝子就可以搬回自己的寝室居住了。

期，居庐，终丧不御于内者，父在为母、为妻。齐衰期者，大功布衰九月者，皆三月不御于内。

【译文】

服齐衰一年之丧，初丧就居住在倚庐，并且在服丧期内始终不能与妇人同房的有两种情况，即父在为母服丧和丈夫为妻服丧。服齐衰一年之丧，服大功布衰九月之丧的，头三个月都不能与妇人同房。

妇人不居庐，不寝苫。丧父母，既练而归；期、九月者，既葬而归。

【译文】

居丧期间，妇人不住在倚庐，不睡在草垫上。妇人的父母去世，就在娘家住到练祭后再回婆家；如果妇人服齐衰一年或大功九个月之丧，下葬后就要回婆家。

公之丧，大夫俟练，士卒哭而归[①]。

【注释】

①“公之丧”三句：孙希旦说：“此谓异姓之卿、大夫、士与君无服者。”若与君同姓之大夫、士，则《杂记上》云：“大夫次于公馆以终

丧，士练而归。”

【译文】

为国君服丧，异姓大夫要等到练祭后才能回家，异姓的士要等到卒哭祭后才能回家。

大夫、士，父母之丧既练而归，朔月、忌日则归哭于宗室[①]；诸父、兄弟之丧，既卒哭而归。

【注释】

①朔月：每月初一。忌日：郑注：“死日也。”宗室：嫡长子之家。

【译文】

身为庶子的大夫、士，在殡宫外的丧次为父母守丧，练祭后可以回家，每逢初一和父母的忌日时，要回到嫡长子家去哭祭；为伯父、叔父、兄弟居丧，卒哭祭后可以回家。

父不次于子[①]，兄不次于弟。

【注释】

①不次：郑注：“谓不就其殡宫为次而居。”

【译文】

父亲不为去世的儿子住在殡宫外的丧次，哥哥不为去世的弟弟住在殡宫外的丧次。

君于大夫、世妇[①]，大敛焉，为之赐，则小敛焉。于外命妇[②]，既加盖而君至，于士，既殡而往，为之赐，大敛焉。夫人于世妇，大敛焉，为之赐，小敛焉。于诸妻[③]，为之赐，大敛焉。于大夫、外命妇，既殡而往。

【注释】

①世妇：孔疏："此世妇谓内命妇。"即国君之妻。

②外命妇：卿大夫之妻。

③诸妻：地位低于世妇的妻。

【译文】

国君对去世的大夫和自己的妻子，参加他们的大殓，若特加恩赐，就连小殓也去参加。对去世的卿大夫之妻，大殓时棺加盖后国君到达参加吊丧；对去世的士，停殡后国君到达参加吊丧，若特加恩赐，大殓也参加。国君夫人对去世的世妇，参加她们的大殓，若特加恩赐，小殓也参加。国君夫人对诸妻，若特加恩赐，就参加她的大殓。国君夫人对去世的大夫和外命妇，都在停殡后前去吊丧。

大夫、士既殡而君往焉，使人戒之[①]。主人具殷奠之礼[②]，俟于门外，见马首，先入门右。巫止于门外，祝代之先。君释菜于门内[③]。祝先升自阼阶，负墉南面[④]。君即位于阼。小臣二人执戈立于前，二人立于后。摈者进，主人拜稽颡。君称言[⑤]，视祝而踊，主人踊。大夫则奠可也，士则出俟于门外，命之反奠乃反奠。卒奠，主人先俟于门外。君退，主人送于门外，拜稽颡。

【注释】

①使人戒之：孔疏："使人豫戒告主人，使知之。"

②殷奠：郑注："君将来，则具大奠之礼以待之，荣君之来也。"大奠，即祭品丰盛的奠礼。大殓后的朝夕小奠，供品仅有脯醢，而殷奠有牲体。

③释菜：见本篇"大夫之丧，将大敛"节注②。

④墉：墙。

⑤称言：即致吊丧之辞。

【译文】

大夫、士去世，已停殡，国君前去吊丧，要预先派人告知丧家。主人就要为死者准备带有牲体的丰盛的奠礼，然后在门外候驾，见到国君所乘之车的马头时，就要先进入门内，站在门右。与国君随行的巫停留在门外，祝代替巫在前引导。国君在门内放置菜蔬祭祀门神。祝先进门，从东阶升堂，背靠北墙，面朝南而立。然后国君在阼阶升堂就位。两小臣执戈站在国君前边两侧，另外两个小臣执戈站在国君后边两侧。赞礼者进前，让主人行礼，主人于是磕头触地拜谢。国君致哀悼之辞，祝哭踊，国君看到祝哭踊也随即哭踊，主人也跟着哭踊于堂下。如果丧家是大夫，就可以举行殷奠祭告死者；如果丧家是士，主人就要先等在门外拜送国君，国君命他返回举行殷奠，主人才返回举行殷奠。奠祭结束，主人要先到门外等候。国君离开，主人送到门外，磕头触地拜谢。

君于大夫疾，三问之；在殡，三往焉。士疾，壹问之；在殡，壹往焉。

【译文】

大夫病重，国君要去探望三次；大夫去世，停殡期间，国君要去吊丧三次。士病重，国君要去探望一次；士去世，停殡期间，国君要去吊丧一次。

君吊，则复殡服[①]。

【注释】

①复：郑注："反也。反其未殡、未成服之服。"指恢复未殡、未成服时所穿之服，即头戴绖，身穿深衣，腰系麻带而不散垂。

【译文】

国君在死者停殡后才去吊丧，主人就要脱去丧服，重新穿戴上未殡前、未成服时的衣裳。

夫人吊于大夫、士，主人出迎于门外，见马首，先入门右。夫人入，升堂即位，主妇降自西阶，拜稽颡于下。夫人视世子而踊[①]。奠如君至之礼。夫人退，主妇送于门内，拜稽颡，主人送于大门之外，不拜。

【注释】

①世子：孙希旦说："世子非所以相夫人之礼事者。"据《周礼·春官·女巫》："王后吊，则与祝前。"此"祝"指天官女祝，"世子"盖"女祝"之误。

【译文】

国君夫人到大夫、士家里吊丧，主人要到门外迎接，见到夫人所乘之车的马头时，就先进门，站在门右恭候。夫人入门，升堂就位，主妇从西阶下堂，在堂下向夫人磕头触地拜谢。夫人看见女祝哭泣跳脚，也随即哭泣跳脚。设奠的礼仪和国君来吊唁时一样。夫人离开，主妇送到门内，磕头触地拜谢，主人则要送到大门之外，不再拜谢。

大夫君[①]，不迎于门外，入即位于堂下。主人北面[②]，众主人南面，妇人即位于房中。若有君命，命夫、命妇之命[3]，四邻宾客[4]，其君后主人而拜。

【注释】

①大夫君：孔疏："谓大夫下臣称大夫为君。"

②主人：死者的众庶子。

③命夫、命妇：见本篇"大夫之丧，主人坐于东方"节注①。

④四邻宾客：指四邻之国卿大夫遣使者来吊丧。

【译文】

大夫到去世的家臣家去吊丧，主人不必到门外迎接，大夫在堂下阼阶前就位，面朝西。主人站在大夫的南边，面朝北，众庶子面朝南而立，妇人在东房中就位。如果此时国君派使者前来吊丧，或者是大夫、大夫之妻派使者前来吊丧，或是四邻各国卿大夫遣使者前来吊丧，那么大夫就让主人站在自己身后，自己代主人向吊宾拜谢。

君吊，见尸柩而后踊。

【译文】

国君到臣子家吊丧，要见到停尸灵柩后再哭踊。

大夫、士若君不戒而往，不具殷奠，君退必奠。

【译文】

大夫、士去世，国君前往家中吊丧，但事前却没有告知，主人没有准备带牲体祭品的丰盛奠礼，那么国君离开后，要补设大奠祭告死者。

君大棺八寸,属六寸,椑四寸[①]。上大夫大棺八寸,属六寸。下大夫大棺六寸,属四寸。士棺六寸。君里棺用朱绿[②],用杂金鐕[③]。大夫里棺用玄绿,用牛骨鐕。士不绿。

【注释】

①“君大棺八寸”三句:国君的棺三层,外棺叫“大棺”,中间一层叫“属”(zhǔ),内棺叫“椑”(bì)。天子之棺四重,可参见《檀弓上》“天子之棺四重”。

②绿:朱彬《训纂》引段玉裁注《说文解字注》:“裙,棺中缣里也。”认为此节三“绿”字皆当作“裙”(diāo),即用缯作为内棺壁的衬里。下同。

③鐕(zān):钉子。

【译文】

国君的棺材有三层,最外边的大棺厚八寸,中间的属厚六寸,最里层的椑厚四寸。上大夫的棺有两层,大棺厚八寸,属厚六寸。下大夫的棺也是两层,大棺厚六寸,属厚四寸。士的棺一层,厚六寸。国君的内棺壁用朱色的缯作衬里,用各种金属钉钉牢。大夫的里棺用玄色的缯作衬里,用牛骨钉钉牢。士的棺不用衬里。

君盖用漆,三衽三束[①]。大夫盖用漆,二衽二束。士盖不用漆,二衽二束。

【注释】

①衽:连接棺盖和棺身的木榫。两头宽,中央窄,形似深衣之衽,故名。束:系棺盖与棺身的革带。

【译文】

国君的棺盖与棺身要用漆涂合,左、右两侧各有三处木榫,再用三条牛皮带束紧。大夫的棺盖与棺身也要用漆涂合,左、右两侧各有两处木榫,再用两条牛皮带束紧。士的棺盖与棺身不用漆涂合,左、右两侧也各有两处木榫,再用两条牛皮带束紧。

君、大夫鬊、爪实于绿中①,士埋之。

【注释】

①鬊(shùn):乱发。绿:郑注:"'绿'当为'角',声之误也。"即棺内的角落。

【译文】

从国君、大夫遗体上梳下来的乱发和剪下的指甲,要放在棺内的角落里,士的乱发和指甲,就埋在堂下两阶间的坑里。

君殡用輴①,欑至于上,毕涂屋②。大夫殡以帱③,欑置于西序,涂不暨于棺。士殡见衽④,涂上。帷之。

【注释】

①輴(chūn):天子和诸侯的载柩车。停殡时棺柩要放在柩车上,迁柩朝祖庙时也用此车,但出葬时则另换他车。见《檀弓上》"天子之殡也"节注①。

②"欑(cuán)至于上"二句:将木材堆积在棺的四周,用泥巴涂抹,使其严密没有空隙。欑,聚。参见《檀弓上》"天子之殡也"节注①。

③帱(dào):覆盖。

④士殡见衽：士在停殡时没有车，只在堂屋西壁下挖掘浅坑，将灵柩放进坑中，棺盖与棺身的接榫的“衽”处要露出。见，同“现”。

【译文】

国君的殡是在輴车上放灵柩，輴车的四周堆积木材，上面垒成屋顶形状，最后通体尽涂泥巴。大夫的殡是用布巾覆盖在棺上，放在堂屋西壁下，一面靠着西壁，其余三面堆积木材，但涂泥时不及于棺只涂外面堆积的木材。士的殡是在堂屋西壁下挖掘浅坑，将棺掩埋，但要露出棺盖与棺身接榫以上的部分，露出的部分涂抹泥巴。因为鬼神喜爱幽暗，停殡期间要用帷帐围起来。

熬[①]，君四种八筐[②]，大夫三种六筐，士二种四筐。加鱼腊焉[③]。

【注释】

①熬：孔疏：“谓火熬其谷使香，欲使蚍蜉闻其香气食谷，不侵尸也。”指烘焙。

②四种：指黍、稷、稻、粱四种谷物。三种则是黍、稷、粱，两种即黍、稷。

③鱼腊：孔疏：“谓干腊。”即干鱼。

【译文】

炒熟的谷物放在棺柩的旁边，国君的棺柩用黍、稷、稻、粱四种谷物，装八个筐；大夫的用黍、稷、粱三种谷物，装六个筐；士的用黍、稷两种俗物，装四个筐。每筐还要加上干鱼。

饰棺：君龙帷[①]，三池[②]，振容[③]。黼荒[④]，火三列[⑤]，黻三列[⑥]。素锦褚[⑦]，加伪荒[⑧]。纁纽六[⑨]，齐五采[⑩]，五贝。黼翣二[11]，黼翣二，画翣二，皆戴圭。鱼跃拂池[12]。君纁戴六[13]，纁披六[14]。大夫画帷，二池，不振容。画荒，火三列，黻三列。素锦褚，纁纽二，玄纽二，齐三采，三贝。黻翣二，画翣二，皆戴绥[15]。鱼跃拂池。大夫戴前纁后玄，披亦如之。士布帷，布荒，一池，揄绞[16]。纁纽二，缁纽二，齐三采，一贝。画翣二，皆戴绥。士戴前纁后缁，二披，用纁。

【注释】

①龙帷：柩车棺饰。在柩车棺椁上设置木框架，外面盖上布，就是“柳衣”，突起的顶端叫做“荒”，四周叫做“帷”。国君之帷绘有龙，故称。

②三池：柩车棺饰。竹制，半筒状，包裹青布，悬挂在柳衣的荒与帷交界处，象征着死者生前房屋的承霤。天子之棺柩四面都设池，象宫室四面皆有承霤。诸侯棺柩三面设池，后面不设，故称“三池”。大夫棺柩只设前、后两面，士之棺柩仅设前面。

③振容：柩车棺饰。即悬挂在池下的青黄色的缯带，长丈余，如幡，绘有五彩山雉图案，柩车行走时随之飘拂，如水草摇动。君、大夫棺柩池下还有铜制小鱼，柩车行走则小鱼上拂。振，动。容，饰。

④黼(fǔ)荒：郑注：“缘边为黼文。”即荒下的边缘饰以黑、白相间的斧形花纹。

⑤火：如火的半环形花纹。

⑥黻(fú)：黑、青相间的如两个“巳”字相背的花纹。

⑦褚：屋。在荒下以白锦为屋，象征宫室。

⑧伪荒：当作“帷荒”，音近而误。

⑨纽：连系荒与帷之间的缯带。

⑩齐：荒中央用五彩缯缝合的球形装饰物。国君的齐由五色彩缯缝合，为朱、白、苍、黄、黑五色；大夫、士的齐由三色彩缯缝合，为朱、白、苍三色。齐上还挂有贝壳串作装饰，诸侯五串，大夫三串，士一串。

⑪翣（shà）：孔疏："翣形似扇，以木为之，在路则障车，入椁则障柩也。凡有六枚，二画为黼，二画为黻，二画云气。"实为木制框架，中蒙白布。"画翣"即在白布上画有云气图案的翣。

⑫鱼跃拂池：柩车棺饰。池下有小铜鱼悬挂，柩车行走时会上跃碰池。

⑬纁戴：将纁帛拴系到柳衣所覆盖的棺柩木架子上的带子。

⑭披（bì）：用绛色的帛制成带子，一头系在纁戴上，另一头伸出帷外，因此有六根。柩车行进时，利用披的牵引作前后、左右的调节，防止柩车倾覆。

⑮绥：当为"緌"，五彩羽毛系于翣尾。

⑯揄绞（yáo xiáo）：孔疏："亦画揄雉于绞，在于池上，而池下无振容。"即画有雉形图案的青黄色缯带。揄，揄翟，山雉，青质五色。绞，青黄色缯帛。

【译文】

棺柩的装饰：国君棺柩的柳衣，下摆是画着龙图案的帷，在荒下前、左、右三面悬挂着池，池下挂着青黄色缯帛制作的绘有山雉图案的振容。荒的缘边画有斧形纹饰，中央有三行火形的图案，三行如两个"巳"字形相背的图案。荒下用素锦制作一个小屋罩在棺上，四周有帷幔，上方加上荒。帷和荒用六条浅红色缯带与柳衣覆盖的木框架系牢，荒顶有圆球形的齐，由朱、白、苍、黄、黑五色彩缯缝制，上着五串贝壳。画有斧形花纹的翣有两面，画有两个"巳"字相背的花纹的翣有两面，画有云气纹的翣有两面，翣的两角都挂着珪玉为饰。池下悬挂着小铜鱼，柩车行进时就会在池上拂动跳跃。国君的柩车，用六条浅红色的帛带将木框架柳与棺椁捆束固定，又用六根浅红色的帛制成的披带连系。大夫的柩车，柳衣下方是画有云气的帷幔，荒下前、后有二池，池下不设振容。荒的缘边画有云气花纹，中央还画着三行火形花纹，三行有两个“巳”字相背的花纹。荒下用素锦制作一个小屋罩在棺上，帷和荒用两条浅红色的帛带、两条玄色的纽带与柳衣覆盖的木框架系牢，荒顶的齐，由朱、白、苍三色彩缯缝制，上面挂着三串贝壳。画有两个“巳”字相背花纹的翣有两面，画有云气花纹的翣有两面，翣的两角用五彩羽毛作装饰。池下悬挂着小铜鱼，柩车行进时就会在池上拂动跳跃。大夫柩车上将木框架柳与棺椁捆束固定的带子，前边两条浅红色，后边两条玄色，与它连系的披带的数目与颜色也是这样的。士的柩车，帷是白布的，荒也是白布的，荒前方的帷下设一池，池下挂着画有山雉图案的青黄色缯带。帷和荒用两条浅红色的帛带、两条黑色的纽带与柳衣覆盖的木框架系牢，荒顶的齐，由朱、白、苍三色彩缯制作，上面挂着一串贝壳。画有云气花纹的翣有两面，翣的两角用五彩羽毛作装饰。士的柩车的带子将木框架柳与棺椁捆束固定，前边两条浅红色，后边两条黑色，每边的两条披带都是浅红色的。

君葬用輴①，四綍②，二碑③，御棺用羽葆④。大夫葬用輴，二綍，二碑，御棺用茅⑤。士葬用国车，二綍，无碑，比出宫，御棺用功布。

【注释】

①輴：郑注当作“辁”，即輲(chuán)车，一种载尸或载柩之车，无辐条，以圆木为四轮。下文的“国车”，也指輲车。

②綍(fú)：同“绋”，牵引柩车去往墓穴的绳索。

③碑：下棺所用的工具。用大木制成，形似石碑，立于圹中椁的前、

后、左、右四角，上面穿洞，安上辘轳，下棺时用绳绕着辘轳慢慢放下。或称“丰碑”。可参见《檀弓下》“季康子之母死，公输若方小”节注⑤。

④羽葆：用羽毛缀于木柄头如盖。葆，盖。

⑤茅：通“旄”(máo)，旗帜。

【译文】

国君出葬用辁车载棺柩，牵引柩车用四条大绳，棺柩安放到墓穴用两座碑，指挥柩车前行使用羽葆。大夫出葬用辁车载棺柩，牵引柩车用两条大绳，棺柩安放到墓穴用两座碑，指挥柩车前行使用旗帜。士出葬用辁车载棺柩，牵引柩车用两条大绳，棺柩安放到墓穴不用碑，等柩车出殡宫后，指挥柩车前行用大功丧布。

凡封[①]，用綍去碑负引。君封以衡[②]，大夫、士以咸[③]。君，命毋哗，以鼓封；大夫，命毋哭；士，哭者相止也。

【注释】

①封：郑注：“《周礼》作‘窆’(biǎn)。窆，下棺也。”

②衡：用一根大木从棺束即咸(缄)下贯穿通过，将下棺的绳索系到大木的两端，可保证棺柩的平衡，不会倾覆。

③咸(jiān)：通“缄”，束棺的革带。

【译文】

凡下棺入圹，大绳系棺椁向墓穴放下，人们背朝碑牵引绳索，让棺椁慢慢下落。国君下葬时，先用一根大木从束棺的革带之下贯穿通过，将下棺的绳索系在大木两端以保持平衡，大夫、士下葬时，直接将绳子系在束棺的革带上。国君下棺时，命令众人不得喧哗，击鼓为号指挥众人下棺入圹；大夫下棺时，命令众人不得哭泣；士下棺时，哭泣的人要相互劝阻停止哭泣。

君松椁，大夫柏椁，士杂木椁。棺、椁之间，君容柷①，大夫容壶②，士容甒。君里椁、虞筐③，大夫不里椁，士不虞筐。

【注释】

①柷（zhù）：一种木制的打击乐器。形制详见《王制》"天子无事与诸侯相见曰朝"节注②。

②壶：与后文的"甒"（wǔ）都是盛酒之器。壶的体积、容量较甒大。

③虞筐：郑注："里椁之物，虞筐之文未闻也。"各家之说不一。王夫之云："虞，治也。筐，椁外也。虞筐，谓沐治其外使平滑美泽也。"

【译文】

国君用松木椁，大夫用柏木椁，士用杂木椁。棺、椁之间的空隙，国君的要容下柷，大夫的要容下壶，士的要容下甒。国君的椁有里衬，其外壁也经过精心加工，大夫的椁没有里衬但外壁打磨光滑，士的椁既没有里衬，外壁也没打磨光滑。

祭法第二十三

【题解】

郑玄《礼记目录》云:“名曰‘祭法’者,以其记有虞氏至周天子以下所祭祀群神之数。”

郑玄认为本篇因记载有虞氏至周朝制定祭祀天地群神的法度,故以“祭法”为题;任铭善《礼记目录后案》认为是以篇首之字命名。两说皆可成立。

本篇首节谈四代禘、郊、祖、宗四祭之法,末节论圣王制祀之原则,与《国语·鲁语》“展禽论祭爰居非政之宜”之辞大同小异,学者多主张应是《祭法》录自《鲁语》,只是文字略异。此外,其他内容较为驳杂,不过皆与祭祀有关:或记祭祀百神之场所;或记天地万物生死之名及五代改变祭祀对象之祭;或记天子至庶人设庙祭祖之法度;或记天子以至庶人立社(土地神)的制度;或记天子以至庶人所祭小神之名称与数量,章太炎《大夫五祀三祀辨》据“司命”、“泰厉”之小神名推论此乃采楚俗而成;或记天子以至庶人下祭未成年子孙之制。

祭法:有虞氏禘黄帝而郊喾①,祖颛顼而宗尧②。夏后氏亦禘黄帝而郊鲧③,祖颛顼而宗禹。殷人禘喾而郊冥④,祖契而宗汤⑤。周人禘喾而郊稷,祖文王而宗武王。

【注释】

①禘：祭名。郊：祭名。郊某，指祭天时以某先祖配祭。喾（kù）：传说的上古“五帝”之一。有关“五帝”，见《礼运》“昔者仲尼与于蜡宾、事毕”节注④。本节写在古帝先王之前的禘、郊、祖、宗都是祭名。

②颛顼（zhuān xū）：也是传说中的“五帝”之一。见《月令》“孟冬之月”节注①。

③鲧（gǔn）：颛顼的玄孙，夏禹的父亲。曾治水失败而被尧流放。

④冥：契的六世孙，汤的八世祖，担任水官。

⑤契（xiè）：帝喾之子，商的祖先。曾为尧的司徒，助禹治水有功而被封在商。汤：商朝的开国君主。

【译文】

上古时祭祀的方法是：有虞氏以禘祭祭祀黄帝，在南郊祭天时以帝喾配祭，以祖祭祭祀颛顼而以宗祭祭祀尧。夏后氏也以禘祭祭祀黄帝，在南郊祭天时以鲧配祭，以祖祭祭祀颛顼而以宗祭祭祀禹。殷人以禘祭祭祀帝喾，在南郊祭天时以冥配祭，以祖祭祭祀契而以宗祭祭祀汤。周人以禘祭祭祀帝喾，在南郊祭天时以后稷配祭，以祖祭祭祀文王而以宗祭祭祀武王。

燔柴于泰坛①，祭天也。瘗埋于泰折②，祭地也。用骍犊③。埋少牢于泰昭④，祭时也。相近于坎、坛⑤，祭寒暑也。王宫⑥，祭日也；夜明，祭月也；幽宗，祭星也；雩宗，祭水旱也；四坎、坛⑦，祭四方也。山林、川谷、丘陵，能出云，为风雨，见怪物⑧，皆曰神。有天下者祭百神。诸侯在其地则祭之，亡其地则不祭。

【注释】

①燔柴：祭仪名。见《郊特牲》"天子适四方"节注①。泰坛：为祭天而设的坛，大而圆，在都城南郊。坛，堆土而成的高台。

②瘗(yì)埋于泰折：古时祭地，将缯帛牺牲埋于祭祀的地方，使祭祀的心意下通于地祇。瘗埋，是祭仪之一。瘗，埋。泰折，为祭地而设的土台，大而方，在都城北郊。

③骍(xīng)犊：赤色的小牛。

④埋少牢：也是祭仪之一。少牢，以羊、豕为牺牲。泰昭：祭四时的坛名。

⑤相近：郑注认为是"禳祈"二字的声误，"禳"即禳却灾患之祭，"祈"是祈求福报之祭，寒于坎，暑于坛。

⑥王宫：与下列"夜明"、"幽宗"、"雩(yú)宗"，都是祭坛之名。

⑦四坎、坛：祭四方东、南、西、北各有一坎一坛，孔疏："坛以祭山林、丘陵，坎以祭川谷、泉泽。"

⑧见(xiàn)：同"现"。

【译文】

在泰坛上堆积木柴焚烧玉帛、牺牲，使气味上达天神，这是祭天。在泰折坛上掘坑掩埋缯帛、牺牲，以下通地祇，这是祭地。两种祭祀都用赤色的小牛。在泰昭上掘坑掩埋羊、豕，这是祭四时。在坎穴、祭坛上进行禳除灾患和祈福的仪式，这是祭寒暑。王宫坛，是祭日神；夜明坛，是祭月神；幽宗坛，是祭星辰之神；雩宗坛，是祭水旱之神；在四方各设一坎一坛，是祭四方之神。山林、川谷、丘陵能够生成云气，呼风唤雨，出现怪物的，都是神。统治天下的人，得祭祀天地之间的各种神祇。诸侯只能在其领地祭祀那些神祇，如果失去分封的领地就不能再祭祀那些神祇了。

大凡生于天地之间者皆曰"命"，其万物死皆曰"折"，人死曰“鬼”，此五代之所不变也[①]。七代之所更立者[②]，禘、郊、宗、祖，其余不变也。

【注释】

①五代：据郑注，指黄帝、尧、舜、禹、汤。

②七代：五代及其前之颛顼、帝喾。

【译文】

大体上，生于天地之间的都叫作“命”，万物死亡都叫作“折”，人死了叫作“鬼”，这些名称是五代以来不曾改变的。七代以来所更动确立的，只有禘祭、郊祭、宗祭、祖祭四种祭祀的对象，其余的都相沿没有改变。

天下有王，分地建国，置都立邑[①]，设庙、祧、坛、墠而祭之[②]，乃为亲疏多少之数。是故王立七庙、一坛、一墠[③]：曰考庙，曰王考庙，曰皇考庙，曰显考庙，曰祖考庙[④]，皆月祭之；远庙为祧，有二祧[⑤]，享尝乃止[⑥]。去祧为坛[⑦]，去坛为墠[⑧]。坛、墠，有祷焉祭之，无祷乃止。去墠曰鬼。诸侯立五庙、一坛、一墠：曰考庙，曰王考庙，曰皇考庙，皆月祭之；显考庙、祖考庙，享尝乃止。去祖为坛，去坛为墠。坛、墠，有祷焉祭之，无祷乃止。去墠为鬼。大夫立三庙、二坛：曰考庙，曰王考庙，曰皇考庙，享尝乃止。显考、祖考无庙，有祷焉为坛祭之。去坛为鬼。適士二庙、一坛[⑨]：曰考庙，曰王考庙，享尝乃止。显考无庙，有祷焉，为坛祭之。去坛为鬼。官师一庙[⑩]：曰考庙。王考无庙而祭之。去王考为鬼。庶士、庶人无庙[⑪]，死曰鬼。

【注释】

①置都立邑：封给卿大夫采地及赏赐有功之士土地。

②庙：宗庙。祧(tiāo)：远祖庙。坛、墠(shàn)：郑注："封土曰'坛'，除地曰'墠'。"坛，指祭坛。墠，指经扫除整洁可供祭祀的地面。

③七庙：指下列"考庙"至"祖考庙"五庙，加上二祧庙，共七庙。

④考庙：父庙。王考庙：祖父庙。皇考庙：曾祖父庙。显考庙：高祖父庙。祖考庙：始祖庙。

⑤二祧：孙希旦说，应指高祖之父、高祖之祖之庙。

⑥享尝：享祀与尝祀。春季为享，秋季为尝，此处泛指四时祭祀。

⑦去祧为坛：指从祧庙往上数一代的祖先，就设坛祭祀。

⑧去坛为墠：承上注，再往上数一代的祖先，就设墠祭祀。

⑨適(dí)士：郑注："上士也。"

⑩官师：郑注："中士、下士。"

⑪庶士：郑注："府史之属。"指低级官员。

【译文】

天下有天子统治，天子分封土地建立诸侯国，又为卿大夫及有功之士建置都邑，设立庙、祧、坛、墠四种祭祀制度，依地位尊卑确定所祭先祖的亲疏关系以及庙数与祭祀的多少。所以天子设有七庙、一坛、一墠：一是考庙，二是王考庙，三是皇考庙，四是显考庙，五是祖考庙，这五庙都按月祭祀；另外两庙是远祖庙，远祖庙就是祧庙，祧庙有二，按四时祭祀即可。祧庙往上数一代的祖先就设坛祭祀，从设坛所祭的祖先再往上数一代就设墠祭祀。设坛、墠祭祀的祖先，如果有所祈祷才祭祀，没有祈祷就不必祭祀。设墠祭祀的祖先再往上称为"鬼"。诸侯设有五庙、一坛、一墠：一是考庙，二是王考庙，三是皇考庙，这三庙都按月祭祀；另外两庙——显考庙、祖考庙，按四时祭祀即可。祖考庙往上数一代的祖先设坛祭祀，从设坛所祭的祖先再往上数一代就设墠祭祀。设坛、墠祭祀的祖先，如果有所祈祷才祭祀，没有祈祷就不必祭祀。设墠祭祀的祖先再往上称为“鬼”。大夫设有三庙、二坛：一是考庙，二是王考庙，三是皇考庙，按四时祭祀即可。显考、祖考没有庙，如果有所祈祷才设坛祭祀。显考、祖考以上的祖先称为鬼。上士设有二庙、一坛：一是考庙，二是王考庙，按四时祭祀即可。显考没有庙，如果有所祈祷，才设坛祭祀。显考以上的祖先称为鬼。中士、下士设有一庙：考庙。王考没有庙，可在考庙祭祀他。王考以上的祖先称为鬼。庶士、庶人没有庙，死后称为鬼。

王为群姓立社①，曰“大社”；王自为立社，曰“王社”。诸侯为百姓立社，曰“国社”；诸侯自为立社，曰“侯社”。大夫以下，成群立社②，曰“置社”。

【注释】

①群姓：百官以下至人民。社：土地神。此处指祭祀土地神的地方。

②成群立社：大夫以下不可独自立社，大夫与民群居，满一百家以上可共立一社。

【译文】

天子为百官众民立社，称为“大社”；天子也为自己立社，称为“王社”。诸侯为百姓立社，称为“国社”；诸侯也为自己立社，称为“侯社”。大夫以下包括士、庶人，聚居满百家就可以立社，称为“置社”。

王为群姓立七祀①：曰司命②，曰中霤③，曰国门④，曰国行⑤，曰泰厉⑥，曰户，曰灶；王自为立七祀。诸侯为国立五祀：曰司命，曰中霤，曰国门，曰国行，曰公厉⑦；诸侯自为立五祀。大夫立三祀：曰族厉⑧，曰门，曰行。適士立二祀：曰门，曰行。庶士、庶人，立一祀：或立户，或立灶。

【注释】

①七祀：郑注："小神居人之间，司察小过，作谴告者尔。"即祭祀下列七种在人间司察小过并发出警告的小神。

②司命：郑注："主督察三命。"据孔疏引《援神契》云："命有三科，有受命以保庆，有遭命以谪暴，有随命以督行。受命谓年寿也，遭命谓行善而遇凶也，随命谓随其善恶而报之。"

③中霤（liù）：掌管堂室居处的小神。

④国门：掌管城门的小神。

⑤国行（háng）：掌管道路交通的小神。

⑥泰厉：古代没有后嗣的帝王，死后之鬼无所归依，喜欢作祟，因此必须祭祀。

⑦公厉：特指诸侯之鬼。由于诸侯称公，所以称"公厉"。

⑧族厉：特指大夫之鬼。由于大夫众多，死后之鬼也多，所以称"族厉"。族，众。

【译文】

天子为百官众民设立祭祀七种神的典礼：一是司命神，二是中霤神，三是国门神，四是国行神，五是泰厉，六是户神，七是灶神；天子也为自己设立祭祀七种神的典礼。诸侯为国民设立祭祀五种神的典礼：一是司命神，二是中霤神，三是国门神，四是国行神，五是公厉神；诸侯也为自己设立祭祀五种神的典礼。大夫设立祭祀三种神的典礼：一是族厉神，二是门神，三是行神。上士设立祭祀两种神的典礼：一是门神，二是行神。庶士、庶人设立祭祀一种神的典礼：或是祭户神，或是祭灶神。

王下祭殇五[①]：適子、適孙、適曾孙、適玄孙、適来孙[②]。

诸侯下祭三，大夫下祭二，适士及庶人祭子而止。

【注释】

①殇：未成年而死者。见《檀弓上》“周人以殷人之棺椁葬长殇”节。

②適（dí）：同“嫡”。下同。

【译文】

天子下祭其五代未成年而死的嫡系子孙：有嫡子、嫡孙、嫡曾孙、嫡玄孙、嫡来孙。诸侯下祭其三代未成年而死的嫡系子孙：嫡子、嫡孙、嫡曾孙；大夫下祭其两代未成年而死的嫡系子孙：嫡子、嫡孙；上士与庶人，只祭到其夭亡的嫡子而已。

夫圣王之制祭祀也，法施于民则祀之，以死勤事则祀之，以劳定国则祀之，能御大菑则祀之①，能捍大患则祀之。是故厉山氏之有天下也②，其子曰农，能殖百谷。夏之衰也，周弃继之③，故祀以为稷。共工氏之霸九州也④，其子曰后土，能平九州，故祀以为社。帝喾能序星辰以著众，尧能赏均、刑法以义终，舜勤众事而野死，鲧障洪水而殛死⑤，禹能修鲧之功，黄帝正名百物以明民共财，颛顼能修之，契为司徒而民成⑥，冥勤其官而水死，汤以宽治民而除其虐，文王以文治，武王以武功去民之菑。此皆有功烈于民者也。及夫日、月、星辰，民所瞻仰也，山林、川谷、丘陵，民所取财用也，非此族也，不在祀典。

【注释】

①菑（zāi）：同“灾”。

②厉山氏：传说中的古帝王炎帝，起于厉山，故名“厉山氏”，或“烈山氏”。

③弃：周先祖后稷的名字。

④共工氏：传说中的古帝王，据孔疏，共工氏生活在太昊（伏羲氏）之后，炎帝之前。

⑤鲧障洪水而殛（jí）死：传说鲧因治水不成，被流放到羽山而死。孔疏：“鲧塞水而无功，而被尧殛死于羽山，亦是有微功于人，故得祀之。”殛，流放。或说为诛杀。

⑥司徒：掌管教化的官员。孔疏：“司徒掌五教，故民之五教得成。”

【译文】

圣王的祭祀制度规定，能实行法制于人们的就祭祀他，因勤劳国事而死的就祭祀他，因建立功劳平定国家的就祭祀他，能抵御重大灾害的就祭祀他，能抗御特大祸患的就祭祀他。所以厉山氏统治天下时，他的儿子名农，能播种百谷。到夏朝衰微时，周族的弃继承了农，因此就把弃与农作为谷物之神——稷神来祭祀。共工氏称霸九州时，他的儿子名后土，能平治九州，因此就把后土作为土地之神——社神来祭祀。帝喾能观测天空星辰运行次序而公布于天下，尧能赏赐公平、依法行刑，并最终禅让于舜，舜因勤于众人之事而死于苍梧之野，鲧围堵洪水不成，遭到流放而死，禹能修正父亲鲧的办法而治服洪水，黄帝为百物确定了名称并教给人们，与人们共享天下财利，颛顼能修订黄帝之法，契担任司徒之官而成功地对人们施行了教化，冥担任水官勤劳而死，汤用宽容之道治理人们而除去夏桀的暴政，文王以文韬治国，武王以武功为人们剪除商纣为虐之灾。以上这些都是对人们有功劳的人，所以要祭祀他们。至于日、月、星辰，是人们所瞻仰的，山林、川谷、丘陵，是人们获取财用的地方，这些与上述祭祀类别不同，所以不包括在此类祭祀中。

祭义第二十四

【题解】

郑玄《礼记目录》云："名曰'祭义'者，以其记祭祀、斋戒、荐羞之义也。"

本篇主要阐释祭祀主敬的意义，同时述及孝悌祭先之道、养老尊长之义，可与《祭法》互相发明。其中"君子曰：礼、乐不可斯须去身"一节，谈礼乐能修身养性并治理天下的意义，与《乐记》大同小异，孔颖达认为重出的原因是由于作记者不同；但为何以祭祀为主的本篇亦见礼乐之道，任铭善《礼记目录后案》以为是取礼乐亦主庄敬之义。另，"曾子论孝"、"乐正子春下堂伤其足"两节，与《大戴礼记·曾子大孝》文字大体相同，内容虽未及祭祀，但皆与孝亲有关，作记者可能因此抄附于本篇，以足其义。

祭不欲数，数则烦，烦则不敬。祭不欲疏，疏则怠，怠则忘。是故君子合诸天道，春禘、秋尝[①]。霜露既降[②]，君子履之，必有凄怆之心，非其寒之谓也。春雨露既濡[③]，君子履之，必有怵惕之心[④]，如将见之。乐以迎来，哀以送往，故禘有乐而尝无乐。

【注释】

①禘：孙希旦说，当作“禴（礿）”，“诸侯春祭之名也”。据《王制》：“天子、诸侯宗庙之祭，春曰‘礿’，夏曰‘禘’，秋曰‘尝’，冬曰‘烝’。”郑注“春禘”是“夏、殷之礼”，亦通。

②霜露既降：郑注，“霜露”前脱“秋”字。下文有“春雨露既濡”。

③濡（rú）：湿润。

④怵惕（chù tì）：警惕戒惧。

【译文】

祭祀的次数不要太多，太多了就会感到厌烦，感到厌烦就是对神的不敬。祭祀的次数也不要太少，太少了就令人怠惰，怠惰就会忘记神灵。所以君子配合天的运行规律举行祭祀，春天举行礿祭，秋天举行尝祭。秋天霜露降落，君子脚踏霜露，一定会产生凄怆酸楚之心，这不是因为天气寒冷，而是想到了死去的亲人。春天雨露湿润大地，君子脚踏雨露，一定会产生警惕戒惧之心，好像马上要见到死去的亲人。人们以快乐的心情迎亲人归来，以悲哀的心情送亲人离去，所以礿祭能奏乐而尝祭不能奏乐。

致齐于内[①]，散齐于外[②]。齐之日，思其居处，思其笑语，思其志意，思其所乐，思其所嗜。齐三日，乃见其所为齐者[③]。

【注释】

①致齐（zhāi）：即致斋，指祭祀前三天的严格斋戒。又称“三日宿”，见《礼器》“君子曰：礼之近人情者”节注⑯。齐，同“斋”。下同。内：内宅。

②散齐：祭祀前十日开始的连续七天的斋戒。据郑注：“散齐七日，

不御(妇人),不乐,不吊。"又称"七日戒",见《礼器》"君子曰:礼之近人情者"节注⑮。

③乃见其所为齐者:孔疏:"目想之若见其所为齐(斋)之亲也。"

【译文】

祭祀前三日,在内宅举行致斋;祭祀前十天,在外舍举行连续七天的散斋。举行致斋的日子里,要思念死者生前的起居,思念死者生前的谈笑,思念死者生前的志意,思念死者生前的喜乐,思念死者生前的爱好。致斋三天,就好像真正见到了为此举行斋戒的亲人。

祭之日,入室,僾然必有见乎其位①;周还出户②,肃然必有闻乎其容声;出户而听,忾然必有闻乎其叹息之声③。是故先王之孝也,色不忘乎目,声不绝乎耳,心志嗜欲不忘乎心。致爱则存,致悫则著④。著、存不忘乎心,夫安得不敬乎!

【注释】

①僾(ài)然:郑注:"微见貌。"即隐隐约约的样子。《说文》:"僾,仿佛也。"

②周还(xuán):旋转。

③忾(xì)然:叹息貌。朱彬《训纂》引赵良澍(雨头)说:"僾然者,爱也。肃然者,敬也。忾然者,哀也。"

④悫(què):诚挚朴实。

【译文】

到了祭祀那天,进入庙室就仿佛看到了去世的亲人在神位上;祭祀结束转身出门,肃然起敬地听到了亲人的动静;出门倾听,又哀愁地听到了亲人的叹息之声。所以先王对先祖的孝是,先祖的容貌总在眼前不会忘记，先祖的声音总在耳边不会断绝，先祖的志意爱好总在心中不会忘记。先王对先祖有着至上的热爱，先祖的容貌形象就永远在心间存在；先王对先祖有着至诚的忠心，先祖的容貌形象就总在面前显现。先祖的容貌形象永在心间存在、总在面前显现，又怎么会对他们不恭敬呢！

君子生则敬养，死则敬享，思终身弗辱也。君子有终身之丧，忌日之谓也。忌日不用，非不祥也，言夫日，志有所至，而不敢尽其私也。

【译文】

君子在父母健在时要恭敬地奉养，父母去世后要恭敬地祭享，总想着终身都不能做有辱父母的事。君子有终生的丧事，这是指父母的忌日。忌日这一天不做别的事情，并不是说这一天不吉利，而是说这一天的君子的心思都在惦记着悼念父母，而不敢再分心去做自己的私事。

唯圣人为能飨帝，孝子为能飨亲。飨者，乡也①。乡之然后能飨焉，是故孝子临尸而不怍②。君牵牲，夫人奠盎③；君献尸，夫人荐豆④。卿大夫相君，命妇相夫人。齐齐乎其敬也⑤！愉愉乎其忠也⑥！勿勿诸其欲其飨之也⑦！

【注释】

①乡（xiàng）：通“向”。

②怍（zuò）：孔疏：“谓颜色不和悦。”

③奠盎：即设置盎齐之酒。盎齐，可见《礼运》“言偃复问曰：夫子之极言礼也”节注⑰。从“君牵牲”至结尾，与《礼器》“大庙之内敬

矣”节基本一致,可参看。

④荐豆:进献盛放在豆中的醢(肉酱)。

⑤齐齐:孔疏:“整齐之貌。”

⑥愉愉:孔疏:“和悦之貌。”

⑦勿勿:孔疏:“犹勉勉也。”

【译文】

只有圣人才能真诚地祭飨上帝,只有孝子才能真诚地祭飨双亲。飨,是向的意思。诚心向往,才能使神接受祭飨,所以孝子在尸面前不会有不和悦的容色。举行祭祀时,国君亲自把牺牲牵入太庙,国君夫人摆设盎齐之酒;国君亲自向尸献酒,夫人进献上盛放于豆的肉酱。卿大夫们协助国君行礼,卿大夫之妻协助夫人行礼。祭祀时,整整齐齐多么诚恳恭敬啊!和和悦悦多么忠心耿耿啊!勤勤勉勉多么期待神灵来享用祭品啊!

文王之祭也,事死者如事生,思死者如不欲生,忌日必哀,称讳如见亲①,祀之忠也。如见亲之所爱,如欲色然②,其文王与?《诗》云:“明发不寐,有怀二人。”③文王之诗也④。祭之明日,明发不寐,飨而致之,又从而思之。祭之日,乐与哀半:飨之必乐,已至必哀。

【注释】

①讳:死者的名。

②“如见”二句:孔疏:“言齐时思念亲之平生嗜欲,如似真见亲所爱在于目前,又思念亲之所爱之甚,如似凡人贪欲女色然也。”

③“《诗》云”以下二句:见《诗经·小雅·小宛》。二人,指去世的父母。

④文王之诗也：朱彬《训纂》引王念孙说，“诗”当作“谓”。《孔子家语·哀公问政》：“《诗》云：‘明发不寐，有怀二人。’则文王之谓与！”

【译文】

文王在祭祀时，事奉死去的父母的神灵就像他们活着时一样，思念死去的亲人好像也不想再活下去了，每逢父母的忌日必定哀伤，说到父母的名讳就像见到了死去的双亲，祭祀时表现出忠心耿耿。像面对双亲生前所喜爱的东西，像世人见到美色时的渴求欲望，能做到这样的，只有文王了吧？《诗经·小雅·小宛》说：“天已发亮还睡不着，这是因为怀念死去的双亲。”说的就是文王啊。祭祀的第二天，直到天亮还睡不着，准备祭飨迎接双亲的神灵，又因此而更加思念他们。祭祀的日子里，快乐和哀伤参半：想到双亲的神灵来接受祭飨，心中必定很快乐；想到双亲的神灵祭飨后又要离开，心中必定很哀伤。

仲尼尝①，奉荐而进，其亲也悫，其行也趋趋以数②。已祭，子赣问曰③：“子之言祭，济济漆漆然④。今子之祭，无济济漆漆，何也？”子曰：“济济者，容也，远也。漆漆者，容也，自反也。容以远，若容以自反也⑤，夫何神明之及交？夫何济济漆漆之有乎？反馈乐成⑥，荐其荐、俎⑦，序其礼乐，备其百官⑧，君子致其济济漆漆，夫何慌惚之有乎⑨？夫言岂一端而已，夫各有所当也。”

【注释】

①尝：秋祭。

②悫、趋趋（cù）：郑注：“悫与趋趋，言少威仪也。”悫，指质实，本色。趋，急促。数：通“速”。

③子赣：即子贡。

④济济(jǐ)漆漆(qiè)：威仪端庄整齐貌。

⑤若容以自反也：郑注："犹言自修整也。"若，和。

⑥反馈：天子、诸侯祭祀，先荐血腥，即牲血和牲肉，然后向尸献酒，尸出在堂，主人再在庙堂内设祭品，迎尸馈食。乐成：合舞而成。合舞是馈食的礼节。

⑦荐其荐、俎：孔疏："谓荐孰之时，荐其馈食之豆并牲体之俎。"前"荐"指进献，后"荐"指放置肉酱的豆等食器。俎，放置牲体的食器。

⑧百官：庙中的助祭者。后文的"君子"也是此意。

⑨慌惚：孙希旦说："仿佛若有见闻之意。"指仿佛看见了、听见了神明，与神明有了交互的感应。

【译文】

孔子在秋天举行尝祭，捧着祭品进献，他亲自执事，举止质实，行走往来步履急促。祭毕，子贡问道："老师曾说过祭祀，要神态端庄，容貌威仪。但今天看老师您的祭祀，神态也不端庄，容貌也不威仪，这是为什么？"孔子回答说："讲究威仪，讲的是容貌，那说明是关系疏远。神态端庄，也讲的是容貌，是自我的修饰整饬。如果容貌威仪造成关系疏远，如果自我修饰整饬影响到与神明的交接，那么为什么还要讲究神态端庄、容貌威仪呢？天子、诸侯的宗庙祭祀，举行馈食之礼，乐舞合成演出，为尸进献祭品俎豆，按礼乐顺序行事，助祭的百官各司其职，助祭者神态端庄，容貌威仪，但他们看见了、听见了神明，有和神明的交互感应吗？我是说过关于祭祀要神态端庄，容貌威仪的话，但是岂可执此一端，一概而论？孝子与宾客，应当各自有各自的神态和容貌。"

孝子将祭，虑事不可以不豫，比时①，具物不可以不备，虚中以治之②。宫室既修，墙屋既设，百物既备，夫妇齐戒、沐浴、盛服，奉承而进之。洞洞乎[3]！属属乎[4]！如弗胜，如将失之，其孝敬之心至也与！荐其荐、俎，序其礼乐，备其百官，奉承而进之。于是谕其志意[5]，以其恍惚以与神明交，庶或飨之[6]。庶或飨之，孝子之志也。

【注释】

①比时：孙希旦说，及祭时也。比，至。

②虚中：郑注："言不兼念余事。"即心无杂念、专心致志。

③洞洞乎：孔疏："严敬之貌。"

④属属（zhǔ）乎：专一的样子。参见《礼器》"大庙之内敬矣"节注⑦。

⑤于是谕其志意：孔疏："于是使其祝官启告鬼神，晓谕鬼神以志意。"

⑥庶：希望，但愿。或：郑注："犹有也，言想见其仿佛来。"

【译文】

孝子将举行祭祀，相关的事情不可不提前考虑，到祭祀时，应具备的物品不可不齐备，要心无旁骛、专心致志地去置办。宫室修整完毕，墙屋布置妥当，各种物品都已齐备，孝子夫妇就要进行斋戒，要洗头洗澡，换上庄重的祭祀礼服，手捧祭品向神明进献。进献时神情多么恭敬，多么专注！手拿祭品谨慎小心，仿佛像是拿不动似的，又像是怕失手掉落的样子，这是孝敬之心至高无上的表现吧！祭祀时向神灵进献祭品俎豆，按礼乐顺序行事，助祭的百官到齐了各司其职，捧着祭品向神灵进献。于是，通过祝官禀告鬼神，将孝子的心意晓谕鬼神，孝子便仿佛看见了神明，听见了神明，与神明交相感应了，热切地希望神明来享用祭品。希望神明来享用祭品，这就是孝子的心愿。

孝子之祭也，尽其悫而悫焉，尽其信而信焉，尽其敬而敬焉，尽其礼而不过失焉。进退必敬，如亲听命，则或使之也。孝子之祭可知也：其立之也敬以诎，其进之也敬以愉，其荐之也敬以欲。退而立，如将受命，已彻而退，敬齐之色不绝于面，孝子之祭也。立而不诎，固也；进而不愉，疏也；荐而不欲，不爱也；退立而不如受命，敖也；已彻而退，无敬齐之色，而忘本也[①]。如是而祭，失之矣。

【注释】

①而忘本也：郑玄说“而”是衍字。

【译文】

孝子的祭祀，尽其忠诚之心而表现出忠诚，尽其诚信之心而表现出诚信，尽其恭敬之心而表现出恭敬，尽循礼仪而没有过失。祭祀之时进退必定恭恭敬敬，就像听到亲人的命令，就像按照亲人的指使。孝子对祭祀的态度是可以通过他的表现知道的：他站立时恭敬地弯曲着身躯，他前行时恭敬地神态愉悦，他进献祭品时恭敬地期待神明的品尝。他后退站立时，仿佛即将接受神明的命令，祭祀完毕撤下祭品而退出时，他庄敬肃穆的神色始终挂在脸上，这就是孝子祭祀时的表现。如果站立时不弯曲身躯，就显得固陋无礼；如果前行时神态不愉悦，就显得疏远神明；如果进献祭品时没有期待神明的品尝，就显得不爱神明；如果退回原位站立时没有像在接受神明的命令，就显得倨傲怠慢；撤下祭品退出时没有庄敬肃穆的神色，就显得忘本。这样的祭祀，就失去了意义。

孝子之有深爱者必有和气，有和气者必有愉色，有愉色者必有婉容。孝子如执玉，如奉盈，洞洞属属然如弗胜，如将失之。严威俨恪[1]，非所以事亲也，成人之道也[2]。

【注释】

①严威俨（yǎn）恪：孔疏："严，谓严肃；威，谓威重；俨，谓俨正；恪，谓恭敬。言四者容貌非事亲之体，事亲当和顺卑柔也。"

②成人之道：郑注："成人，既冠者，然则孝子不失其孺子之心也。"指孝子在祭祀亲人时不应用成人之道，而要保持孺子之心。

【译文】

孝子对父母有深厚的爱，心中就一定充满和顺之气；心中充满和顺之气，脸上就一定有愉悦的神色；脸上有愉悦的神色，就一定会有温婉的容貌。孝子祭祀时手捧祭品就像捧着美玉一样谨慎，又像端着盛满水的器皿一样小心，那恭敬专一的样子，好像拿着重得拿不动的东西的样子，又好像是生怕失手掉落的样子。严肃威重，俨正恭敬，并不是孝子用来事奉双亲的态度，孝子事奉双亲不需用成人之道而应该有孺子之心。

先王之所以治天下者五：贵有德，贵贵，贵老，敬长，慈幼。此五者，先王之所以定天下也。贵有德何为也？为其近于道也；贵贵，为其近于君也；贵老，为其近于亲也；敬长，为其近于兄也；慈幼，为其近于子也。是故至孝近乎王，至弟近乎霸[1]。至孝近乎王，虽天子必有父；至弟近乎霸，虽诸侯必有兄。先王之教，因而弗改，所以领天下国家也。

【注释】

①弟（tì）：通"悌"。

【译文】

先王用来治理天下的原则有五项：尊重有德之人，尊重高贵之人，尊重老人，尊敬长者，慈爱孩童。这五项，是先王用来安定天下的。为什么要尊重有德之人呢？是因为他们接近圣贤之道；尊重高贵之人，是因为他们接近国君；尊敬老人，是因为他们近似于自己的双亲；尊敬长者，是因为他们近似于自己的兄长；慈爱孩童，是因为他们近似于自己的子女。所以，能做到极致的孝，就近似于天下之王，能做到极致的悌，就近似于天下之霸。能做到极致的孝，就近似于天下之王，是因为即使是天子也一定有父亲；能做到极致的悌，就近似于天下之霸，是因为即使是诸侯也一定有兄弟。对于先王的教导，如果能遵循不改，就可以领导天下国家。

子曰："立爱自亲始，教民睦也①；立敬自长始，教民顺也。教以慈睦，而民贵有亲；教以敬长，而民贵用命。孝以事亲，顺以听命，错诸天下②，无所不行。"

【注释】

①睦：郑注："和厚也。"

②错：通"措"。

【译文】

孔子说："国君倡导爱心，要从爱自己的父母开始，这就是教导人们和睦敦厚；国君倡导尊敬，要从敬自己的兄长开始，这就是教导人们顺应服从。教导人们慈爱和睦，人们就会以尊敬父母为贵；教导人们尊敬兄长，人们就会以顺从命令为贵。孝敬地事奉双亲，顺从地听从命令，能将这两条实施于天下，就没有行不通的事了。"

郊之祭也，丧者不敢哭，凶服者不敢入国门，敬之至也。祭之日①，君牵牲，穆答君②，卿大夫序从。既入庙门，丽于碑[③],卿大夫袒而毛牛,尚耳,鸾刀以刲取膟膋[④],乃退。爓祭祭腥而退[⑤],敬之至也。

【注释】

①祭之日:此句以下开始说宗庙之祭。

②穆:指国君的嗣子。宗庙之祭,父辈为昭,子辈为穆。孔疏:"言祭庙,君牵牲之时,子姓对君共牵牲。"孙希旦说:"君牵上牲,嗣子牵其次,与君相对而牵之也。"

③丽:系。碑:树立在庙内庭中的石碑,用来观测日影。

④鸾刀:古人所用的钝刀,祭祀时用其分割牲体。见《礼器》"礼也者,反本、修古"节注①。刲(kuī):割。膟膋(lǜ liáo):指肠间的脂肪。

⑤爓(xún):郑注:"汤肉曰爓。"即在热汤中煮至半熟的肉。爓祭是用在热汤中煮得半熟的肉行祭。

【译文】

天子举行南郊祭天典礼,有丧事的人家不敢哭泣,穿丧服的人不敢进入国门,这是对天恭敬至极的表现。举行宗庙之祭的当天,国君亲自牵着上等的牺牲,嗣子与国君相对牵着次一等的牺牲,卿大夫按次序紧随其后。进入庙门后,把牺牲拴系在庭中的石碑上,卿大夫袒露左臂割取牛毛进献给神灵,以牛耳之毛为尊,然后宰杀牺牲,用鸾刀分割牲体,取出肠间的脂肪进献给神灵,才退下。接着用在热汤中煮得半生不熟的肉献祭,还要用生肉献祭,然后退下,这就是对神灵恭敬至极的表现了。

郊之祭,大报天而主日[①],配以月。夏后氏祭其闇[②],殷人祭其阳[③],周人祭日以朝及闇。祭日于坛,祭月于坎,以别幽明，以制上下。祭日于东，祭月于西，以别外内，以端其位。日出于东，月生于西，阴阳长短④，终始相巡⑤，以致天下之和。

【注释】

①大报天：一年中有九次祭天，冬至郊祭最为隆重，所以称“大报天”。

②闇(àn)：郑注：“昏时也。”按，朱彬《训纂》引赵良澍(雨头)曰：“刘原父谓‘日欲出之初’，是也”，“则闇在日出前，不在日入后可知”。此处用赵说，即指凌晨天明日将出之时。

③阳：日中之时。

④阴：夜。阳：日。夏天阳长阴短，冬天阴长阳短。

⑤巡：巡行周遍。

【译文】

南郊祭天，祭典隆重为大大地报答上天众神，而以祭日神为主，以月神为配享。夏人在凌晨天明日将出之时祭天，殷人在中午时分祭天，周人祭天从早上一直祭到黄昏。祭日在高坛，祭月在凹坑，这是为了区别幽暗和光明，以此确定上与下。祭日于东方，祭月于西方，这是为了区别外和内，以此端正方位。因为日出于东方，月生于西方，黑夜与白天长长短短，日月始终循环往来、周而复始，而使天下万物和谐共生。

天下之礼，致反始也①，致鬼神也，致和用也②，致义也，致让也。致反始，以厚其本也；致鬼神，以尊上也；致物用，以立民纪也；致义，则上、下不悖逆矣；致让，以去争也。合此五者以治天下之礼也，虽有奇邪，而不治者则微矣。

【注释】

①致:至。反始:郑注:"谓报天之属也。"即报答上天,古人认为一切都是上天所赐。

②和用:下文作"物用",互文。物,事。郑注:"至于和用,谓治民之事以足用也。"

【译文】

天下的礼,是让人们返归初始,报答上天;是让人们敬事鬼神,报答祖先;是让人们和谐,财用丰足;是让人们去恶讨暴,懂得道义;是让人们谦恭不争,平和礼让。人们返归初始,就培厚了人性根基;人们敬事鬼神,就使人尊敬长上;人们财用丰足,就为人们树立了纲纪;人们懂得道义,就上、下理顺关系而无悖逆;人们谦恭平和,就让人们去除了纷争。把这五项合起来,用以作为治理天下的礼,虽然还有怪异邪恶的现象,然而不能加以整治的情况,那也极其微少了。

宰我曰[①]:"吾闻鬼神之名,而不知其所谓。"子曰:"气也者,神之盛也;魄也者,鬼之盛也[②]。合鬼与神,教之至也[③]。

【注释】

①宰我:姓宰,名予,字子我。孔子的弟子。

②"气也者"四句:孙希旦引朱熹说,《淮南子》高诱注:"魂,人阳神也。魄,人阴神也。"二者既合,然后有物;及其散也,魂升而为神,魄降而为鬼。

③教之至:孔疏:"言人死,神上于天,鬼降于地,圣王合此鬼之与神以祭之,至教之致也,是圣王设教致合如此。"

【译文】

宰我说:"我听说过鬼神这个名称,但不知究竟是什么意思。"孔子回答说："气，是人体中神充盈旺盛的表现；魄，是人体中鬼充盈旺盛的表现。人死后合祭鬼与神，是圣王礼仪教化的顶峰。

"众生必死，死必归土，此之谓'鬼'。骨肉毙于下，阴为野土[①]。其气发扬于上，为昭明，焄蒿凄怆[②]，此百物之精也，神之著也。因物之精，制为之极，明命鬼、神，以为黔首则[③]，百众以畏，万民以服。圣人以是为未足也，筑为宫室，设为宗、祧[④]，以别亲疏远迩，教民反古复始，不忘其所由生也。

"众之服自此，故听且速也。二端既立[⑤]，报以二礼[⑥]：建设朝事[⑦]，燔燎膻、芗[⑧]，见以萧光[⑨]，以报气也，此教众反始也。荐黍稷，羞肝、肺、首、心，见间以侠甒[⑩]，加以郁鬯[⑪]，以报魄也，教民相爱，上下用情[⑫]，礼之至也。

【注释】

①阴：郑注："读为'依荫'之'荫'，言人之骨肉荫于地中，为土壤。"

②"为昭明"二句：孙希旦说："昭明，谓其光景之著见也。焄蒿，谓其香臭之发越也。凄怆，谓其感动乎人，而使人为之凄怆也。"焄(xūn)，指气味。蒿，气蒸出之貌。

③黔首：民众。则：法。

④宗、祧(tiāo)：宗庙和祧庙。见《祭法》"天下有王"节。

⑤二端：郑注："谓气也，魄也，更有尊名云鬼、神也。"

⑥二礼：即下文的"朝事"和"荐黍稷"二礼。

⑦朝事：朝践之礼，即在祭日早晨向尸进献血腥。

⑧膻：郑注："当为'馨'，声之误也。"芗：通"香"。

⑨见：与下文"见间"，郑注皆读为"覸"(jiàn)，间杂，错杂。萧光：指香蒿燃烧时发出的气味。郑注："光，犹气也。"

⑩侠：通“夹”，双。甒（wǔ）：盛酒器。此处指醴酒。

⑪郁鬯（chàng）：古代的一种用香草制作的酒。见《礼器》“有以少为贵者”节注④。

⑫“教民”二句：孔疏：“言此馈熟之时，皆以饮食实味，遍于燕饮，是教民相爱。上以恩赐逮下，下爱上恩赐，故上下用情。”

【译文】

“所有生物必定都会死去，死后必定归于泥土中，这就叫做‘鬼’。骨肉腐烂于地下，被野土掩埋。而精气则发扬于上，闪烁着神灵光明，散发着升腾的香气，使人感到凄楚悲怆，这就是百物的精气，是神的显现。依凭生物的精气，圣人为它制定了名称，明确地命名为鬼、神，用以作为民众尊崇的标志，让百姓都畏惧，让众人都服从。圣人认为仅仅这样做还是不够，于是又建造宫室，设立宗庙和祧庙，以区别民众与鬼神的亲疏远近，教导人们缅怀先祖，追念本初，不要忘记诞生自己生命的初始。

“民众对尊长的服从就自此发端，因此能够很好地听从而且迅速地接受。圣人既已确认了气与魄，并设立鬼、神两个名称，就相应地设立两种报祭的礼仪：一是朝事之礼，即在祭日的早晨进献血腥，将肠间脂肪放在香蒿上焚烧，油脂和蒿的香气一道上腾，这是用气味来报答气，即报答神，以此教导民众追怀始祖，报答本初。二是馈熟进献黍稷之礼，献上牺牲的肝、肺、头、心，加上两甒醴酒，另加郁鬯香酒，这是来报答魄，即报答鬼，祭祀时并赐食民众，饮食燕饮，以此教导民众互亲互爱，上有恩赐于下，下乃感恩于上，上下情感交融，这就是礼仪的极致。

“君子反古复始，不忘其所由生也。是以致其敬，发其情，竭力从事[①]，以报其亲，不敢弗尽也。是故昔者天子为藉千亩[②]，冕而朱纮[③]，躬秉耒[④]；诸侯为藉百亩，冕而青纮，躬秉耒。以事天地、山川、社稷、先古，以为醴、酪、齐盛[5]，于是乎取之，敬之至也。

【注释】

①竭力从事：孔疏："谓竭尽气力，随从其事。"

②藉：指藉田。见《月令》"是月也，天子乃以元日祈谷于上帝"节注⑤。

③纮（hóng）：帽带。

④耒（lěi）：即耒耜，耕地翻土的农具。

⑤酪：孙希旦说："酢截也。"齐盛（zī chéng）：即"粢盛"，祭祀用的黍稷。

【译文】

"君子们返怀远祖，追念本始，不要忘记诞生自己生命的由来。所以对先祖致以敬意，抒发感情，竭尽全力从事祭祀之事来报答亲人，不敢不尽心尽力。所以从前天子藉田千亩，春天里戴上系有红色帽带的礼帽，亲自手执耒耜耕作；诸侯藉田百亩，春天里戴上系有青色帽带的礼帽，亲自手执耒耜耕作。藉田的收获用以祭祀天地、山川、社稷和先祖，用于祭祀的醴酒、酢醋、黍稷等祭品，也从藉田的收获中制作，这是向鬼神致敬的最高表现。

"古者天子、诸侯必有养兽之官，及岁时，齐戒沐浴而躬朝之，牺、牷祭牲必于是取之[1]，敬之至也。君召牛，纳而视之，择其毛而卜之，吉然后养之。君皮弁、素积[2]，朔月、月半[3]，君巡牲。所以致力，孝之至也。

【注释】

①牺：孔疏："纯色，谓天子牲也。"牷（quán）：孔疏："完也，谓诸侯牲也。"

②皮弁、素积：即头戴皮弁，身穿素衣、素积。素积，一种腰间有皱褶的白布裙。皮弁服是诸侯视朔之服。

③朔月：每月的初一。月半：每月的十五。

【译文】

"古时的天子、诸侯一定设有专门饲养牲畜的官员，每年要祭祀时，天子和诸侯斋戒沐浴后亲自前往视察，祭祀所用的纯色的牺牲和身体完好的牺牲，一定要在这里挑选，这是向鬼神表达最高的敬意。祭祀前三个月，国君派人把准备用于祭祀的牛牵来，亲自察看，选择毛色和身体，然后加以占卜，如果是吉兆，就交由官家圈养起来。圈养期间，每月的初一和十五，国君要穿上皮弁礼服，亲自巡视察看此牛。这样的尽心尽力，这是对鬼神的孝心的最高表现。

"古者天子、诸侯必有公桑、蚕室①，近川而为之。筑宫，仞有三尺②，棘墙而外闭之③。及大昕之朝④，君皮弁、素积，卜三宫之夫人、世妇之吉者，使入蚕于蚕室。奉种浴于川，桑于公桑，风戾以食之⑤。岁既单矣⑥，世妇卒蚕，奉茧以示于君，遂献茧于夫人。夫人曰："此所以为君服与？"遂副、祎而受之⑦，因少牢以礼之。古之献茧者，其率用此与？及良日，夫人缫，三盆手⑧，遂布于三宫夫人、世妇之吉者，使缫，遂朱、绿之，玄、黄之，以为黼黻、文章。服既成，君服以祀先王、先公，敬之至也。"

【注释】

①公桑、蚕室：孔疏："谓官家之桑于处，而筑养蚕之室。"

②仞(rèn)有三尺：即十尺，也就是一丈。仞，计量单位。七尺或八尺为一仞。

③棘墙：孔疏："谓墙上置棘。"外闭：孔疏："谓扇在户外闭也。"指门扇朝内开。

④大昕(xīn)：季春三月初一的早上。

⑤风戾：用风吹干。戾，干。

⑥岁单：孔疏："三月之末，四月之初。"单，通"殚"，尽。

⑦副：带有首饰的假头。袆(huī)：即袆衣，王后的礼服。见《玉藻》"王后袆衣"节注①。

⑧三盆手：将蚕茧置于盆中，用手在盆中浸泡三次，每次抽出一根丝头。这是象征性的亲自缫丝，如天子、诸侯之亲耕藉田。

【译文】

"古时候天子、诸侯都有公家的桑园和蚕室，在临近河边的地方建造。建的蚕室高一丈，围墙上插着荆棘，门扇在外向内开。季春三月初一的早上，国君身穿皮弁礼服，通过占卜挑选后宫中得吉兆的夫人和世妇，让她们到蚕室去养蚕。夫人和世妇捧着蚕种到河里浸泡一下，再到公家的桑园里采摘桑叶，让风吹干桑叶用来喂蚕。等到三月末四月初，世妇们结束养蚕之事，于是捧着蚕茧请国君验看，然后将蚕茧献给夫人。夫人说："这是给国君做祭服用的吧?"然后头戴发饰，身穿袆衣接收下来，并用少牢之礼慰劳献茧的世妇。古代献茧之礼，大概都是这样的吧？等到吉日，国君夫人就开始缫丝，将蚕茧放入盆中，用手将蚕茧浸泡在盆中反复三次，每次抽出一根丝头，然后把蚕茧分给占卜选出的有吉兆的后宫夫人和世妇，让她们缫丝，缫丝完毕后把丝染成红色、绿色、黑色、黄色，制成带有斧形的黼纹或是两个"弓"字相背的黻纹图案的祭服。祭服做成后，国君穿上它去祭祀先王、先公，这是向先王、先公致敬的最高表现。”

君子曰：“礼、乐不可斯须去身。致乐以治心，则易、直、子、谅之心油然生矣。易、直、子、谅之心生则乐，乐则安，安则久，久则天，天则神。天则不言而信，神则不怒而威，致乐以治心者也。致礼以治躬则庄敬，庄敬则严威。心中斯须不和不乐，而鄙诈之心入之矣；外貌斯须不庄不敬，而慢易之心入之矣。故乐也者，动于内者也；礼也者，动于外者也。乐极和，礼极顺，内和而外顺，则民瞻其颜色而不与争也，望其容貌而众不生慢易焉。故德辉动乎内，而民莫不承听；理发乎外，而众莫不承顺。故曰：‘致礼乐之道，而天下塞焉，举而错之无难矣。’

“乐也者，动于内者也；礼也者，动于外者也。故礼主其减，乐主其盈。礼减而进，以进为文；乐盈而反，以反为文。礼减而不进则销，乐盈而不反则放，故礼有报而乐有反。礼得其报则乐，乐得其反则安。礼之报，乐之反，其义一也。”①

【注释】

①此节已见《乐记》，可参看。

【译文】

君子说：“礼乐须臾也不能离身。致力于以乐来修养心性，那么平易、正直、慈爱、诚信之心就会油然而产生。产生了平易、正直、慈爱、诚信之心就会感到精神快乐，精神感到快乐就会心灵安宁，心灵安宁就会生命长久，生命长久就会通达于天，通达于天就能感应神明。天虽不言不语却最有信用，神虽不愠不怒但自有威严，这就是致力于以乐来治理修养内心。致力于以礼来修治身形外貌，就能显得端庄尊贵，端庄尊贵就有威严。如果心中有须臾的不和谐、不快乐，那么鄙陋狡诈的念头就会乘隙而入；如果外貌有须臾的不端庄、不恭敬，轻易怠慢的念头就会乘隙而入。所以说，乐是感动修治人的内在的精神，而礼则是感动修治人的外在的仪容。乐的极致是和，礼的极致是顺，内心和谐而外貌恭顺，那么百姓只要看到他的表情神色就不会与他相争，只要望见他的仪容外貌就不会产生轻慢之心。所以德性润泽于内心，而百姓没有不听从的；行为符合规定表现于外，而百姓没有不顺从的。所以说：'致力于礼乐之道，以礼乐之道来治理天下，治理好天下是没有什么困难的。'

"乐，是感动、影响人的内心的；礼，是感动、影响人的外貌的。所以礼承担退减的功能，乐承担增盈的功能。礼承担退减的功能而令人自勉精进，通过自勉精进表现善与美；乐承担增盈的功能而令人返归本性，通过归返本性表现善与美。礼，承担退减的功能而不自勉精进就会销蚀志意；乐，承担增盈的功能而不返归本性就会放任放纵。所以礼讲求往来报答而乐讲求返回本真。礼能做到往来报答就令人喜乐，乐能做到返回本真就令人心安理得。礼的往来报答，乐的返回本真，二者的意义是一样的。"

曾子曰："孝有三：大孝尊亲，其次弗辱，其下能养。"公明仪问于曾子曰①："夫子可以为孝乎？"曾子曰："是何言与！是何言与！君子之所谓孝者，先意承志，谕父母于道。参，直养者也，安能为孝乎？"

【注释】

①公明仪：春秋鲁国人。曾子的弟子。

【译文】

曾子说："孝有三等：大孝是使父母受到他人的敬重，其次是不令父母蒙羞受辱，最下等是只能养活父母。”公明仪问曾子说：“老师您可以称得上是孝了吧？”曾子说：“这是什么话呀！这是什么话呀！君子所说的孝，是在父母未张嘴说话之前就预先体察他们的心意，就按照他们的意愿去做，并让父母知晓事物的道理。曾参我只不过是能养活父母而已，怎么能称得上孝了呢？”

曾子曰：“身也者，父母之遗体也。行父母之遗体，敢不敬乎？居处不庄，非孝也；事君不忠，非孝也；莅官不敬[①]，非孝也；朋友不信，非孝也；战陈无勇[②]，非孝也。五者不遂，烖及于亲[③]，敢不敬乎？亨、熟、膻、芗[④]，尝而荐之，非孝也，养也。君子之所谓孝也者，国人称愿然曰：‘幸哉有子如此！’所谓孝也已。众之本教曰孝，其行曰养。养可能也，敬为难；敬可能也，安为难；安可能也，卒为难。父母既没，慎行其身，不遗父母恶名，可谓能终矣。仁者，仁此者也；礼者，履此者也；义者，宜此者也；信者，信此者也；强者，强此者也。乐自顺此生，刑自反此作。”

【注释】

①莅官：居官。莅，临。

②陈（zhèn）：同“阵”。

③烖（zāi）：通“灾”。

④亨（pēng）：同“烹”。膻：郑注，应是“馨”字之误。芗（xiāng）：通“香”。

【译文】

曾子说：“身体，是父母留给我们的。用父母给予我们的身体去行事，怎么敢不敬慎呢？日常生活举止不庄重，是不孝；事奉君主不忠心，是不孝；身居官位不恭谨，是不孝；与朋友交往不讲信用，是不孝；临阵作战不勇敢，是不孝。这五件事做不到的话，灾祸就会延及父母，怎么敢不敬慎呢？烹熟食物，馨香芬芳，自己尝试过，然后才进献给父母享用，这并不是孝，只是奉养而已。君子所谓的孝，是做到让全国人都羡慕地称赞说：'真幸运呀，有这样的儿子！'这才是孝。教化众人的根本是孝，孝行最基本的就是奉养父母。奉养还是可能做得到的，一直保持敬慎之心去奉养就难了；以敬慎之心去奉养父母还是可能做得到的，要让父母感到安乐舒心就难了；让父母感到安乐舒心还是可能做得到的，要父母在世一直如此就难了。父母去世后，自身谨慎行事，不让坏名声玷污了父母，这才称得上是终身行孝。所谓仁，就是以孝行仁；所谓礼，就是以礼践履孝行；所谓义，就是行孝合宜，外施义行；所谓信，就是诚信行孝；所谓强，就是以行孝道为强盛。喜乐由于顺从孝道而生，刑罚由于违反孝道而成。"

曾子曰："夫孝，置之而塞乎天地，溥之而横乎四海①，施诸后世而无朝夕，推而放诸东海而准②，推而放诸西海而准，推而放诸南海而准，推而放诸北海而准。《诗》云：'自西自东，自南自北，无思不服。'③此之谓也。"

【注释】

①溥（fū）：通"敷"，传布，流布。孔疏："布也。"

②放（fǎng）：至。准：准则。

③"《诗》云"以下三句：出自《诗经·大雅·文王有声》。思，助词，无义。

【译文】

曾子说："孝，树立它而充塞于天地之间，传播它而横溢于四海之内，施行于后世而没有一朝一夕片刻的停止，推行至东海而成为准则，推行到西海而成为准则，推行至南海而成为准则，推行至北海而成为准则。《诗经·大雅·文王有声》说：‘从西从东，从南从北，没有不服从的。’说的就是这个意思。”

曾子曰：“树木以时伐焉，禽兽以时杀焉。夫子曰：‘断一树，杀一兽，不以其时，非孝也。’孝有三：小孝用力，中孝用劳，大孝不匮。思慈爱忘劳，可谓用力矣；尊仁、安义，可谓用劳矣；博施、备物，可谓不匮矣。父母爱之，喜而弗忘；父母恶之，惧而无怨。父母有过，谏而不逆；父母既没，必求仁者之粟以祀之。此之谓礼终。”

【译文】

曾子说：“树木要在适当的时节砍伐，禽兽要在适当的时节猎杀。孔子说：‘砍断一株树，猎杀一头兽，若不在适当的时节，就是不孝。’孝有三等：小孝用体力，中孝用功劳，大孝不匮乏。想着父母的慈爱，努力耕作而忘记了劳苦，可称为用体力的孝了；能尊重仁德、安行道义，可称为用功劳的孝了；在天下广施德政，国家繁荣而物品齐备，父母去世后天下都来助祭，可称为不匮乏的孝了。父母疼爱自己，就喜乐而不敢忘怀；父母厌恶自己，就戒惧而没有怨恨。父母有过错，委婉劝谏而不违逆；父母去世后，一定要用从仁者那里获得的粟米来祭祀父母。这就是所谓依礼行孝，善始善终。”

乐正子春下堂而伤其足①，数月不出，犹有忧色。门弟子曰：“夫子之足瘳矣②，数月不出，犹有忧色，何也？”乐正子春曰：“善如尔之问也！善如尔之问也！吾闻诸曾子，曾子闻诸夫子，曰：‘天之所生，地之所养，无人为大。父母全而生之，子全而归之，可谓孝矣。不亏其体，不辱其身，可谓全矣。故君子顷步而弗敢忘孝也[3]。’今予忘孝之道，予是以有忧色也。壹举足而不敢忘父母，壹出言而不敢忘父母。壹举足而不敢忘父母，是故道而不径，舟而不游，不敢以先父母之遗体行殆。壹出言而不敢忘父母，是故恶言不出于口，忿言不反于身。不辱其身，不羞其亲，可谓孝矣。”

【注释】

①乐正子春：姓乐正，名子春，春秋鲁国人。曾子的弟子。

②瘳(chōu)：痊愈。

③顷(kuǐ)步：半步。顷，通“跬”。古人迈步行走，迈出一脚为跬，再交替迈出一脚为一步，所以跬为半步。

【译文】

乐正子春下堂时伤了脚，几个月没出门，脸上还有忧虑的神色。他的学生问：“老师您的脚伤已经痊愈，几个月养伤不出门，脸上还有忧虑的神色，这是为什么？”乐正子春说：“你问得真好呀！你问得真好呀！我听我的老师曾子说，我的老师曾子听孔子说：‘上天所生的，大地所养的，没有比人更大、更高贵的了。父母完完整整地生下儿子的身体，做儿子的死后也要完完整整地归还父母，这才可称得上孝。不亏损自己的形体，不使自己蒙受恶名，这才可称为完完整整归还父母。所以君子半步也不敢忘记孝道。’现在我忘记了孝的道理，我因此有忧虑的神色。每迈出一步都不敢忘记父母，每说一句话都不敢忘记父母。由于每迈出一步都不敢忘记父母，所以走路时要走大道而不抄小路，过河时要乘坐舟船而不敢游水，这都是因为不敢用父母给我们的身体去冒险行事。由于每说一句话都不敢忘记父母，所以坏话不出于自己的口中，怨恨的话也就不会反过来报复自己。不使自身受辱，是不让父母蒙羞，就可以称得上孝了。”

昔者，有虞氏贵德而尚齿，夏后氏贵爵而尚齿，殷人贵富而尚齿，周人贵亲而尚齿。虞、夏、殷、周，天下之盛王也，未有遗年者。年之贵乎天下久矣，次乎事亲也。是故朝廷同爵则尚齿。七十杖于朝[①]，君问则席，八十不俟朝[②]，君问则就之，而弟达乎朝廷矣[③]。行，肩而不并，不错则随[④]，见老者则车、徒辟[⑤]。斑白者不以其任行乎道路，而弟达乎道路矣。居乡以齿，而老、穷不遗，强不犯弱，众不暴寡，而弟达乎州、巷矣[⑥]。古之道，五十不为甸徒[⑦]，颁禽隆诸长者，而弟达乎猨狩矣[⑧]。军旅什伍，同爵则尚齿，而弟达乎军旅矣。孝弟发诸朝廷，行乎道路，至乎州、巷，放乎猨狩，修乎军旅，众以义死之而弗敢犯也。

【注释】

①杖：拄杖。见《王制》“八十拜君命”节注⑧。

②不俟朝：指向君王作揖行礼后即可退朝，不必等朝毕。《王制》作“七十不俟朝”。

③弟：通“悌”。谓敬长，尚齿。下同。

④不错则随：郑注：“错，雁行也。父党随行，兄党雁行。”按，《王制》有“父之齿随行，兄之齿雁行”，见其“道路，男子由右、妇人由左”节。

⑤辟(bì)：避开。

⑥州、巷：郑注：“一乡者五州。巷，犹间也。”泛指乡里民众所居处。

⑦甸(tián)徒：田猎时负责驱兽的徒役。甸，通“田”、“畋”，打猎。

⑧狩:指田猎。郑注:"春猎为狩,冬猎为狩。"狩,通"蒐"。

【译文】

从前,有虞氏崇尚有德行之人而尊重年长之人,夏代崇尚有爵位之人而尊重年长之人,殷代崇尚富贵之人而尊重年长之人,周代重视亲属关系而尊重年长之人。虞、夏、殷、周四代,是天下的盛世,他们都没有忽视年长之人。年长之人受到天下人的尊重是由来已久的事了,仅次于侍奉双亲。所以朝廷上如果爵位相同,那么按年齿排序,年长者居于上位。七十岁的长者,可以拄着拐杖上朝,国君如果有所咨询,就要为他铺设坐席,八十岁的长者,行过朝见礼后就可以直接退朝,国君如果有所咨询,就要亲自到家里求教,这样,敬重兄长的悌道就通达于朝廷了。行路时,不能和年长者并肩而行,长者是兄辈,就微微斜错在他身后走,是父辈,就跟随在他身后走,在路上遇到老者,无论是乘车还是步行,都要避让。头发斑白的老人总有人扶持帮助,不会自己负重行走在路上,这样,敬重兄长的悌道就通达于道路了。居住在乡里也重视长幼之序、年齿尊卑,老而贫穷的人不会被遗弃,不会以强凌弱,不会以众欺寡,这样,敬重兄长的悌道就通达于乡里了。按照古代规定,到了五十岁就不在田猎时担任驱逐野兽的工作了,而分配猎物时要给年长者多分一些,这样,敬重兄长的悌道就通达于田猎之中了。在军旅队伍中,如果爵级相同那么年长者就居上位,这样,敬重兄长的悌道就通达于军旅之中了。尊老敬长的孝悌之道,发端于朝廷,通行于道路,延伸至乡里,推行于田猎,整修于军旅,民众宁可为孝悌道义而死也不敢违背它。

祀乎明堂①,所以教诸侯之孝也。食三老、五更于大学②,所以教诸侯之弟也。祀先贤于西学③,所以教诸侯之德也。耕藉,所以教诸侯之养也。朝觐,所以教诸侯之臣也。五者,天下之大教也。

【注释】

①明堂:周代的太庙。详见《明堂位》篇。

②食(sì):供给食物,即奉养。三老、五更:皆为官名。详见《文王世子》“天子视学”节注⑥。

③西学:周代的小学校,又叫“虞庠”,即《王制》“虞庠在国之西郊”。

【译文】

周天子在明堂祭祀文王,是为了教导诸侯行孝道、尊祖敬父。在太学里宴请供养三老、五更,是为了教导诸侯行悌道、敬重兄长。在西学里祭祀先代贤人,是为了教导诸侯尊重有德之人。天子亲耕藉田,是为了教导诸侯奉养神灵先祖。诸侯朝觐天子行礼,是为了教导诸侯为臣之道。以上五项,是天下最重大的政教。

食三老、五更于大学,天子袒而割牲,执酱而馈,执爵而酳,冕而总干,所以教诸侯之弟也①。是故乡里有齿,而老穷不遗,强不犯弱,众不暴寡,此由大学来者也。

【注释】

①“食三老、五更于大学”六句:见《乐记》“宾牟贾起”节。

【译文】

在太学中宴请三老、五更,天子袒露左臂亲自切割牲肉,拿着酱请他们蘸着吃,吃完后端起酒杯请他们漱口饮酒,头戴冠冕,手执盾牌,为他们跳舞,这是教导诸侯懂得怎样行悌道、尊敬兄长。所以乡里按年齿排序、尊重老人,贫穷的老人也不被遗弃,强不凌弱,众不欺寡,这都是由太学教育出来的。

天子设四学①,当入学而大子齿。

【注释】

①四学：指设立在国都东、南、西、北四郊的学校。

【译文】

天子在四郊设立学校，到了该入学的年龄，太子也要和同学们一道按年龄大小排尊卑顺序。

天子巡守，诸侯待于竟[1]，天子先见百年者。

【注释】

①竟：通“境”。

【译文】

天子巡守各国，各国诸侯要在国境上恭候，天子到诸侯国中要先去见百岁的老人。

八十、九十者东行，西行者弗敢过；西行，东行者弗敢过[1]。欲言政者，君就之可也。

【注释】

①“八十、九十者东行”四句：孙希旦《集解》说：“其行乎道路之中，若东行，则西行之人皆驻立以待之，而不敢过；若西行，则东行之人皆驻立以待之，而不敢过也。”

【译文】

八十、九十岁的老人向东走，往西去的人就要驻足，等老人先过去后再走；如果老人向西走，往东去的人就要驻足，等老人先过去后再走。老人如果想要说政事，国君就到老人家里去听取。

壹命齿于乡里[①]，再命齿于族，三命不齿。族有七十者弗敢先。

【注释】

①命：指官阶。周代官阶从一命到九命，一命为最低一级官阶。详见《王制》“制：三公一命卷”节。

【译文】

一命之官在乡里要按年龄大小和乡人排尊卑位次顺序，二命之官在本族和族人中要按年龄大小排尊卑位次顺序，三命之官就不用与他人按年龄大小排尊卑位次顺序了，可以直接居上位。如果族人有七十岁以上的，虽然是三命之官，也不敢位居其上。

七十者，不有大故不入朝。若有大故而入，君必与之揖让，而后及爵者。

【译文】

年届七十的官员，没有重大的事情不入朝。如果有重大事情入朝，国君一定要先与他作揖行礼，然后再和卿大夫施礼。

天子有善，让德于天。诸侯有善，归诸天子。卿大夫有善，荐于诸侯。士、庶人有善，本诸父母，存诸长老[①]。禄爵庆赏，成诸宗庙，所以示顺也[②]。

【注释】

①存：朱彬《训纂》引王念孙说，“‘存’亦为‘荐’”，形近而讹。

②示顺：孔疏："示以敬顺之道，不敢专也。"

【译文】

天子有了善政，要将功德归于上天。诸侯有了善政，要将功德归于天子。卿大夫有了善政，要将功德归于诸侯。士和庶人有了善行，要说是本于父母的教导，而归功于长辈。颁赐俸禄、爵位以及受赏庆功等事，要在祖庙中完成相应的仪式，这是为了表示对先祖长辈的敬顺尊重。

昔者圣人建阴阳天地之情[①]，立以为《易》[②]。易抱龟南面[③]，天子卷冕北面[④]，虽有明知之心，必进断其志焉，示不敢专，以尊天也。善则称人，过则称己。教不伐，以尊贤也。

【注释】

①情：孙希旦说："谓吉凶之著见也。"即显而易见的吉凶之兆。

②《易》：旧说有三《易》，夏曰《连山》，商曰《归藏》，周曰《周易》。此处是泛指。

③易：即占《易》之官，负责卜、筮之官。南面：孔疏："尊其神明，故南面。"

④卷（gǔn）：通"衮"。

【译文】

从前，圣人根据天地阴阳变化所显示的吉凶之兆，创作了《易》书。卜筮的官员抱着龟甲面朝南站立，天子头戴冠冕，身穿龙图案的礼服，面朝北站立，即使天子十分明智，也必定要用龟甲判断自己的意图是否正确，不敢独断专行，这是对上天的尊重。做了好事要归功他人，有了过失要检讨自己。要教导人们不要矜持自大，要尊重贤能。

孝子将祭祀，必有齐庄之心以虑事①，以具服物，以修宫室，以治百事。及祭之日，颜色必温，行必恐，如惧不及爱然②。其奠之也，容貌必温，身必诎③，如语焉而未之然。宿者皆出④，其立卑静以正，如将弗见然。及祭之后，陶陶遂遂⑤，如将复入然。是故，悫善不违身，耳目不违心，思虑不违亲。结诸心，形诸色，而术省之⑥，孝子之志也。

【注释】

①齐(zhāi)：读为"斋"。斋庄，指庄重谦恭。

②如惧不及爱然：郑注："如惧不及见其所爱者。"

③诎(qū)：屈。

④宿(sù)者：助祭的宾客。

⑤陶陶(yáo)遂遂：孙希旦说："陶陶，思之结于中也。遂遂，思之达于外也。"指想过来想过去，神情恍惚、意犹未尽的样子。

⑥术省之：孔疏："言思念其亲，但遍循述而省视之，反复不忘也。"术，同"述"，循环往复。

【译文】

孝子将要举行祭祀，一定要以恭敬的心来考虑祭事，准备祭服和祭品，修饰宫室，治理各项事务。等到祭祀那天，脸色必定温和谦恭，行为举止必定诚惶诚恐，好像害怕见不到所爱的亲人的样子。孝子在献上祭品的时候，容貌一定要温顺谦和，身体一定要稍向前屈，好像要和亲人说话还没说的样子。助祭的宾客都退出时，孝子还要谦卑而静默地正立着，好像就再见不到亲人的样子。祭祀完毕，孝子想里想外，神情恍惚，好像亲人还要再回来的样子。所以，祭祀时诚挚善良的心情始终不离孝子之身，所闻所见都铭记于心，思念始终不离开亲人。集结在心中，表现在外貌上，反复地回忆着祭祀的亲人，这就是孝子的心志。

建国之神位：右社稷而左宗庙[①]。

【注释】

①“建国之神位”二句：按《周礼·春官·小宗伯》：“小宗伯之职，掌建国之神位，右社稷，左宗庙。”右，路门外的右侧。左，路门外的左侧。社稷属阴，故居右；宗庙属阳，故居左。

【译文】

建立国都中祭祀典礼的神位：社稷之神的神位在路门外的右边，宗庙在路门外的左边。

祭统第二十五

【题解】

郑玄说："名曰'祭统'者，以其记祭祀之本也。统，犹本也。"

所谓祭祀之本，本篇首节云："夫祭者，非物自外至者也，自中出，生于心也。"祭祀的根本就是"祭之心"，即孙希旦《集解》所说"其本则统于一心"。他又概括说："篇中凡五段：首言祭礼之重，……皆归本于心之自尽，以明《祭统》之义。次言祭有十伦，又次言祭有四时，皆以申首段未尽之义也。又次言鼎铭，又次言鲁赐重祭，又因祭祀致敬而广其义也。"

凡治人之道，莫急于礼；礼有五经[①]，莫重于祭[②]。夫祭者，非物自外至者也，自中出，生于心也。心怵而奉之以礼[③]。是故唯贤者能尽祭之义。

【注释】

①礼有五经：郑注："谓吉、凶、宾、军、嘉也。"

②莫重于祭：祭属吉礼，"五礼"以吉礼为首。

③心怵（chù）：心中感念祭祀的亲人的相貌。即《祭义》所说的"怵

惕之心”。

【译文】

凡治理百姓的方法中，没有比礼更重要的了；礼包括吉、凶、宾、军、嘉五种，其中没有比祭礼最重要的了。祭礼，不是借外物以外力致使的，而是由衷地出自人的内心。人们心中感念着亲人，就通过祭礼的进献加以表达。所以只有贤者才能完全理解对亲人的感念追怀而必须表达崇敬加以祭祀的意义。

贤者之祭也，必受其福，非世所谓福也。福者，备也，备者，百顺之名也。无所不顺者之谓“备”，言内尽于己而外顺于道也。忠臣以事其君，孝子以事其亲，其本一也。上则顺于鬼神，外则顺于君长，内则以孝于亲，如此之谓“备”。唯贤者能备，能备然后能祭。是故贤者之祭也，致其诚信与其忠敬，奉之以物，道之以礼，安之以乐，参之以时，明荐之而已矣①，不求其为②。此孝子之心也。

【注释】

①明：郑注：“犹洁也。”指清洁的祭品。

②为：郑注：“谓福佑为己之报。”只追求对自己的庇佑。

【译文】

贤者举行祭祀，必定受到神明的赐福，但此福并非世俗所说的福。这个福，是备的意思，备，是百事顺利的意思。凡事无所不顺就称之为“备”，也就是说，在内能尽到自己的责任，在外能顺从道义行事。忠臣事奉自己的国君，孝子事奉自己的双亲，二者在根本上是一致的。对上要顺从鬼神，对外要顺从君长，对内要顺从双亲，这样做就称之为“备”。只有贤者才能做到备，能做到备，然后才能举行祭祀。所以贤者举行祭祀，能竭尽诚信与忠敬，向神灵进献祭品，按礼仪进行祭事，用音乐安抚神灵，照季节选择祭品，将清洁的祭品献上，而不是为追求神灵对自己的庇佑。这才是孝子祭祀时的心意。

祭者，所以追养继孝也①。孝者，畜也②。顺于道，不逆于伦，是之谓“畜”。是故孝子之事亲也，有三道焉：生则养，没则丧，丧毕则祭。养则观其顺也，丧则观其哀也，祭则观其敬而时也。尽此三道者，孝子之行也。

【注释】

①追养继孝：孔疏：“养者是生时养亲，孝者生时事亲。亲今既没，设礼祭之，追生时之养，继生时之孝。”

②畜：指畜养、喂养。

【译文】

祭祀，是孝子对去世的父母延续生时的奉养，延续生时的孝敬。所谓孝，就是畜，就是喂养的意思。顺从道义，不悖逆人伦，这样的养就可以叫做“畜”。所以孝子事奉双亲有三项原则：一是双亲在世时供养，二是去世后依礼服丧，三是服丧完毕按时祭祀。从供养双亲可以看出是否恭顺，从服丧可以看出是否哀伤，从祭祀可以看出是否恭敬且是否守时。尽心做好这三项，才是孝子的行为。

既内自尽，又外求助，昏礼是也。故国君取夫人之辞曰①：“请君之玉女与寡人共有敝邑②，事宗庙、社稷。”此求助之本也。

夫祭也者，必夫妇亲之，所以备外内之官也③。官备则具备：水草之菹④，陆产之醢⑤，小物备矣。三牲之俎⑥，八簋之实[⑦]，美物备矣。昆虫之异，草木之实，阴阳之物备矣。凡天之所生，地之所长，苟可荐者，莫不咸在，示尽物也。外则尽物，内则尽志，此祭之心也。

是故天子亲耕于南郊以共齐盛[⑧]，王后蚕于北郊以共纯服[⑨]；诸侯耕于东郊亦以共齐盛，夫人蚕于北郊以共冕服。天子、诸侯非莫耕也，王后、夫人非莫蚕也[⑩]，身致其诚信。诚信之谓尽，尽之谓敬，敬尽然后可以事神明，此祭之道也。

【注释】

①取夫人之辞：指纳采时男方向女方父亲所致之辞。取，同“娶”。

②玉女：郑注：“言玉女者，美言之也。君子于玉比德焉。”

③外内之官：孙希旦说：“官，犹职也。”即外、内事务。

④水草之菹（zū）：郑注：“芹、茆之属。”用水产的芹、茆等物制作的腌菜。

⑤陆产之醢（hǎi）：郑注：“蚳、蝝之属。”用陆产的蚳、蝝等物制作的肉酱。

⑥俎：古代祭祀、宴飨时陈设牲体的礼器。

⑦簋（guǐ）：盛放黍、稷、麦、稻等谷物的礼器，圆形。

⑧共：通“供”。下同。齐盛：即粢盛。见《祭义》“君子反古复始”节注⑤。

⑨纯（zī）服：纯，字本应写作从糸从才之“纣”，即古之“缁”，“才”讹作“屯”，误为“纯”。今《郭店楚简·缁衣》《上海博物馆藏战国楚竹书·缁衣》之“缁”，正写作从糸从才之“纣”。“缁”为丝制的玄衣祭服。与后文的“冕服”义同。见《杂记下》“成庙则衅之”节注②。

⑩“天子、诸侯”二句：孔疏：“王侯岂贫无谷帛，而夫妇自耕蚕乎，其

有以也。”天子、诸侯不是因为没有粮吃而不得不去耕种，王后、夫人不是没有衣穿而不得不去养蚕，他们耕田、养蚕自有他们的道理。

【译文】

祭祀不但要自己尽心尽力，还要有求于外，婚礼就是这样。所以国君在娶夫人时对岳父致辞说：“请您的美丽的女儿，与我共有国家，祭祀宗庙、社神、稷神。”这就是求助的本旨。

祭祀这件事，一定要夫妇一道亲自参与，这才能齐备内外的相关职能。内外职能齐备则万事都具备了：水产的芹、茆等物制作的腌菜，陆产的蚳、蝝等物制作的肉酱，这些祭祀用的小食物就齐备了。牛、羊、猪三牲盛在俎上，黍、稷等谷物装在八簋中，这些美味的食物就齐备了。还有各种不同的昆虫，各种草木的果实，这样阴阳两类的食物也就齐备了。凡是天上生的，地下长的，只要是可以进献的，没有不包括在祭品中的，这是表示极尽了所有的物品来祭祀。从外而言是极尽了所有的物品，从内而言是极尽了全部的诚意，这就是孝子进行祭祀的心意。

所以，天子在南郊亲自耕耘种田，以供给祭祀所用的粮食，王后在北郊亲自养蚕缫丝，以供给制作祭服；诸侯在东郊亲自耕耘种田，也用来供给祭祀所用的粮食，诸侯夫人在北郊亲自养蚕缫丝，也用以供给制作祭服。天子、诸侯不是因为没有粮吃而不得不去耕种，王后、夫人不是没有衣穿而不得不去养蚕，他们这样做是为了表达自己的诚信。表达了诚信才算尽心尽力，尽心尽力才叫恭敬，恭敬而且尽心尽力，然后就可以事奉神灵了，这就是祭祀的原则。

及时将祭，君子乃齐①。齐之为言齐也②，齐不齐以致齐者也③。是以君子非有大事也，非有恭敬也，则不齐。不齐则于物无防也，耆欲无止也④。及其将齐也，防其邪物，讫其耆欲[5]，耳不听乐。故《记》曰："齐者不乐。"言不敢散其志也。心不苟虑，必依于道；手足不苟动，必依于礼。是故君子之齐也，专致其精明之德也。故散齐七日以定之，致齐三日以齐之[6]。定之之谓"齐"，齐者，精明之至也，然后可以交于神明也。

【注释】

①齐：同"斋"。

②齐之为言齐也：前"齐"读 zhāi，即斋；后"齐"读 qí，齐一。

③齐不齐以致齐者也：前两个"齐"音 qí，后"齐"读 zhāi。

④耆：同"嗜"。

⑤讫：防止。

⑥散齐、致齐：见《祭义》"致齐于内，散齐于外"节注①②。

【译文】

到了将要举行祭祀的时候，君子就提前进行斋戒。斋戒，是齐的意思，就是要去除身心不齐的杂念，使之整齐划一。所以君子如果不是有祭祀大事，不是必须表现恭敬的时候，就不斋戒。不斋戒，对于外界的事物的影响就无须防范，个人的嗜好欲望也不用禁止。到了将要进行斋戒的时候，就要防范外界奇邪之事的影响，个人的嗜好欲望也要加以禁止，耳不听音乐。所以《记》说："斋戒的人不听演奏音乐。"就是说斋戒时不敢分散心志。心中不胡思乱想，思考一定合乎正道；手脚不乱搁乱动，举止一定合乎礼仪。所以君子进行斋戒，要专心致志地表现出德行的明洁精诚。为此，要先散斋七天安定心志，再致斋三天使心志整齐划一。心志安定、整齐划一就叫"斋戒"，斋戒，就是专心致志地表现出德行的明洁精诚，然后才可以和神灵交接。

是故先期旬有一日，宫宰宿夫人[①]，夫人亦散齐七日，致齐三日。君致齐于外[②]，夫人致齐于内，然后会于大庙[③]。

君纯冕立于阼[④]，夫人副、袆立于东房[⑤]。君执圭瓒祼尸[⑥]，大宗执璋瓒亚祼[⑦]。及迎牲，君执纼[⑧]，卿大夫从，士执刍[⑨]，宗妇执盎从[⑩]，夫人荐涚水[⑪]。君执鸾刀，羞哜[⑫]，夫人荐豆。此之谓"夫妇亲之"。

【注释】

①宫宰：内宰，掌内宫之事。宿：郑注："读为'肃'。肃，犹戒也，戒轻肃重也。"即郑重告诫。

②外：国君的正寝，即路寝。下文"内"指夫人的正寝。

③大庙：即太庙，始祖庙。

④纯冕：纯衣冕服。

⑤副、袆(huī)：见《祭义》"古者天子、诸侯必有公桑、蚕室"节注⑦。

⑥圭瓒(zàn)：舀郁鬯香酒的勺子。此勺的专名叫"瓒"，以圭为柄称"圭瓒"。祼(guàn)尸：主人向尸献酒，尸接过酒不饮，灌地降神。祼，祭名。以香酒灌地而求神。

⑦大宗：孔疏："主宗庙礼者。"璋瓒：舀郁鬯酒之勺，以璋为柄称"璋瓒"。亚：第二次。

⑧纼(zhèn)：穿过牛鼻的牵牛绳。

⑨刍(chú)：刍稿，庄稼的秸秆，杀牲时用来垫在地下。

⑩盎：盎齐。见《礼运》"言偃复问曰：夫子之极言礼也"节注⑰。

⑪涚(shuì)：过滤。水：明水，即露水。

⑫哜(jì)：尝。

【译文】

所以在祭祀前的十一天，宫宰要郑重告诫夫人进行斋戒，夫人也要先散斋七天，再致斋三天。致斋时国君在自己的正寝，夫人也在自己的正寝，祭祀当天才会合于太庙。

国君身穿丝质礼服头戴冠冕站在阼阶，夫人头戴首饰身穿画有雉鸡图案的礼服站在东房。国君手执圭瓒舀郁鬯酒给尸行裸礼，主持祭礼的大宗手执璋瓒舀郁鬯酒给尸第二次行裸礼。到了迎牲入庙时，国君拉绳牵着牛，卿大夫跟从在后，士抱着秸秆，同宗的妇人们捧着盎齐酒跟从在夫人身后，夫人将过滤过的明水兑入盎齐酒献给尸。国君亲执鸾刀割取牲肉献给尸品尝，夫人手执盛酱的豆献给尸。这就叫"夫妇一起亲自举行祭祀"。

及入舞，君执干戚就舞位①。君为东上，冕而总干②，率其群臣以乐皇尸③。是故天子之祭也，与天下乐之；诸侯之祭也，与竟内乐之④。冕而总干，率其群臣以乐皇尸。此与竟内乐之之义也。

【注释】

①干戚：武舞所执的舞具。干，盾牌。戚，斧。

②总(zǒng)：持，执。

③皇尸：充当先君的尸。这是尊称。

④竟：通"境"。下同。

【译文】

等到进入宗庙跳舞时，国君手执盾牌和斧站到舞位上。国君站在东边的上位，头戴冠冕，手执盾牌，率领群臣跳舞，让充当先王的尸快乐开心。因此天子的祭祀，与天下的百姓同乐；诸侯的祭祀，与境内的百姓同乐。诸侯头戴冠冕，手执盾牌，率领群臣跳舞，让充当先王的尸快乐开心。这就是与境内百姓同乐的意思。

夫祭有三重焉:献之属莫重于祼[①],声莫重于升歌[②],舞莫重于《武宿夜》[③]。此周道也。凡三道者,所以假于外而以增君子之志也,故与志进退:志轻则亦轻,志重则亦重。轻其志而求外之重也,虽圣人弗能得也。是故君子之祭也,必身自尽也,所以明重也。道之以礼,以奉三重而荐诸皇尸,此圣人之道也。

【注释】

①献之属莫重于祼(guàn):祼礼是献酒之礼以祼为起始,以祼为最重要。祼,见本篇“是故先期旬有一日”节注⑥。

②声莫重于升歌:升歌,指歌者登堂歌唱《清庙》,这是祭祀中音乐演奏与歌唱的起始,是祭礼中最重要的音乐演奏与歌唱。

③《武宿夜》:孔疏引皇氏云:“武王伐纣,至于商郊,停止宿夜,士卒皆欢乐歌舞以待旦,因名。”《武宿夜》,是祭祀《武》舞的起始,《武》舞共六段,此段最为重要。

【译文】

祭祀中有三项礼仪最为重要:献酒之礼以祼为起始,没有比祼礼更重要的了;声乐中以登堂歌唱《清庙》为起始,没有比歌唱《清庙》更重要的了;舞蹈中以跳《武宿夜》为起始,没有比跳《武宿夜》更重要的了。这是周代的祭祀之道。这三项礼仪,都是借助外力以增强君子敬仰神灵的心志,所以敬仰神灵的心志与祭祀典礼是同进同退的:如果敬仰神灵的心志轻,则祭典也就会轻忽,如果敬仰神灵的心志重,则祭典也会庄重。如果敬仰神灵的心志轻忽却希望外部的祭典庄重,那即使是圣人也是做不到的。所以君子举行祭祀,一定要亲自尽心尽力去做,这样就表明了敬仰神灵的心志很重。按照礼的教导,将最为重要的三项礼仪进献给皇尸,这就是圣人的祭祀之道。

夫祭有馂①，馂者，祭之末也，不可不知也。是故古之人有言曰"善终者如始"，馂其是已。是故古之君子曰"尸亦馂鬼神之余"也②，惠术也③，可以观政矣。是故尸谡④，君与卿四人馂。君起，大夫六人馂，臣馂君之余也。大夫起，士八人馂，贱馂贵之余也。士起，各执其具以出，陈于堂下，百官进⑤，彻之⑥，下馂上之余也。凡馂之道，每变以众，所以别贵贱之等，而兴施惠之象也。是故以四簋黍，见其修于庙中也⑦。庙中者，竟内之象也。祭者，泽之大者也。是故上有大泽，则惠必及下，顾上先下后耳，非上积重而下有冻馁之民也⑧。是故上有大泽，则民夫人待于下流，知惠之必将至也，由馂见之矣。故曰："可以观政矣。"

【注释】

①馂（jùn）：吃剩余的食物。

②尸亦馂鬼神之余：孙希旦说："鬼神享气，朝践时先荐腥、焖（xún），至馈食，尸乃食之，故曰。"即祭祀时要先向鬼神献血腥、献焖肉，燔燎以由鬼神享用，到馈食时再向尸进献祭品，尸是在吃鬼神享用过的食物。

③术：孔疏："犹法也。"

④谡（sù）：起身。

⑤百官：指参与祭事之百官。进：郑注："当为'馂'，声之误也。"

⑥彻：撤去，撤除。此句孔疏："谓有祭事之百官馂讫，各彻其器而乃去之。"

⑦修：《释文》一本作"偏（遍）"，朱彬《训纂》引王念孙云："作'遍'者是也。遍于庙中，谓神惠遍及于庙中也。"

⑧冻馁（něi）：寒冷与饥饿。

【译文】

祭祀中有吃祭品的剩余食物的礼仪，吃祭品的剩余食物在祭礼的最后进行，不可不知其义。因此古人有这样的话“好的结束如同开始一样重要”，吃祭品的剩余食物就是这样的。所以古代的君子说“尸也要吃鬼神受祭后吃剩的食物”，这是一种施予恩惠的方法，可以从中观察国家的政教。所以受祭后尸吃完祭品食物起身，国君和卿四人吃尸剩下的祭品食物。国君吃完起身，大夫六人吃国君剩下的祭品食物，就是臣下吃国君吃剩的祭品食物。大夫吃完起身，士八人吃大夫剩下的祭品食物，就是贱者吃贵者剩下的祭品食物。士吃完起身，各自拿着豆、笾等食具出来，陈列在堂下，参与祭事的百官入内吃剩下的祭品食物，吃完就撤掉，这就是下级吃上级剩下的祭品食物。吃剩余祭品食物的方法，每变换一次吃祭品剩余食物的人数就增加一次，这是用以区别贵贱等级，同时表示施予恩惠的对象越来越多。所以，用四个盛着黍米的簋，请大家吃祭品的剩余食物，就表现出在宗庙祭祀中遍施恩惠。庙中，就是整个国境之内的象征。祭祀，是神灵所布施的恩泽中最为重大的。所以在上位的人获得了神灵所布施的大恩泽，就必定施惠于下，只不过是上层者先得到而下层者后得到，并不是上层在积聚财富奢靡而下层却有冻饿之民。所以上层者获得了神灵所布施的大恩泽，身处下游的民众就会人人都在等待，知道神灵所布施的恩惠也一定会来到，这一点通过吃祭品剩余的食物这件事就能看出来。所以说：“可以从中观察出国家的政教。”

夫祭之为物大矣[①]，其兴物备矣[②]。顺以备者也，其教之本与？是故君子之教也，外则教之以尊其君长，内则教之以孝于其亲。是故明君在上，则诸臣服从；崇祀宗庙、社稷，则子孙顺孝。尽其道，端其义[③]，而教生焉。是故君子之事君也，必身行之。所不安于上，则不以使下；所恶于下，则不以事上。非诸人，行诸己，非教之道也。是故君子之教也，必由其本，顺之至也，祭其是与？故曰："祭者，教之本也已。"

【注释】

①为物：郑注："犹为礼也。"

②兴物：即进献种种祭品。

③尽其道，端其义：孔疏："尽其事上之道，又端正君臣上下之义。"

【译文】

祭祀作为礼是非常重要的，祭祀进献的祭品要完备。顺应礼仪而备办祭品，这就是教化的根本吧？所以君子施行教化，在外要教导民众尊敬君长，在内要教导民众孝顺双亲。所以圣明的国君在上，所有臣子就会服从；以崇敬的心情祭祀宗庙、社稷，那么子孙就会孝顺。尽心竭力事奉尊上，端正君臣上下等级之义，这样教化就产生了。所以君子事奉国君，一定要亲身实行。上级所做的事自己感到不够安妥，就不能以此施行于下；下级所为不好的事，让自己感到可憎可恶，就不能以此对待上级。非难别人的行为不对，自己还去做那样的行为，这不是正确的教导人的方法。所以君子的教化，一定要从根本出发，做到最为顺乎情理，这就是祭祀的方法吧？所以说："祭祀，是教化的根本。"

夫祭有十伦焉[①]：见事鬼神之道焉[②]，见君臣之义焉，见父子之伦焉，见贵贱之等焉，见亲疏之杀焉[③]，见爵赏之施焉，见夫妇之别焉，见政事之均焉，见长幼之序焉，见上下之际焉。此之谓十伦。

【注释】

①伦：郑注："犹义也。"孙希旦说："谓义理之次序也。"这是对祭祀意义的排序。

②见：同"现"。下同。

③杀（shài）：等差，差别。

【译文】

祭祀有十种意义：一是体现与鬼神交接并事奉鬼神的方法，二是体现君臣关系的义理，三是体现父子关系的意义，四是体现贵贱尊卑的等级，五是体现亲属关系远近的差异，六是体现爵级赏赐的施行，七是体现夫妇的区别，八是体现政事的均平原则，九是体现年长年幼次第有序，十是体现上下之间有分有联的关系。这就是祭祀的十种意义。

铺筵，设同几①，为依神也。诏祝于室②，而出于祊③。此交神明之道也。

【注释】

①几：几案。从此句至结尾，是对上文"十伦"的具体说明。

②诏祝：由祝官通过尸向神灵报告。

③祊（bēng）：郑注："谓索祭。"指因为不能确定神灵所在，所以在庙门外举行祭祀，且不只在一处设祭。

【译文】

祭祀时为父母的神灵铺设同一张席子，设置同一几案，这是为了使神灵有所凭依。先由祝官在室内向神灵致辞报告，又在庙门外向神灵致辞祝告。这是和神灵交接的方法。

君迎牲而不迎尸，别嫌也。尸在庙门外则疑于臣①，在庙中则全于君;君在庙门外则疑于君,入庙门则全于臣,全于子。是故不出者,明君臣之义也。

【注释】

①尸在庙门外则疑于臣:充当先君之尸者,本为国君之臣,只有进入庙门后才能被看作是先君的象征,否则仍比拟为臣。疑,通“拟”。下同。

【译文】

祭祀时,国君走出庙门迎接牺牲,但不出庙门去迎接尸,这是为了避嫌。因为尸在庙门外仍然要被看作是臣,在庙中就完全是先君了;国君在庙门外仍然是国君,进入庙内就完全是臣、完全是子了。所以国君不出庙门去迎接尸,这是为了体现君臣身份的义理。

夫祭之道,孙为王父尸,所使为尸者,于祭者子行也①。父北面而事之,所以明子事父之道也。此父子之伦也。

【注释】

①子行(háng):充当尸的人为死者之孙,对主祭者而言就是儿子辈。祭祖时要用孙子辈为尸,因为二者昭穆相同。

【译文】

祭祀的方法,由孙辈充当祖父的尸,充当尸的人,对于祭祀者而言就是子辈。祭祀者要面朝北去事奉尸,是为了体现儿子事奉父亲的道理。这就是父子关系的意义。

尸饮五①,君洗玉爵献卿②;尸饮七,以瑶爵献大夫;尸饮九,以散爵献士及群有司。皆以齿,明尊卑之等也。

【注释】

①尸饮五：向尸献酒，最初两献为向尸行裸礼，尸奠祭而不饮；再次两献为朝践之礼（向尸进献血腥）时献酒，为尸馈食时主人再献酒，此为“尸饮五”。然后主妇酳（yìn）尸，即献酒让尸漱口，宾长献尸，此即“尸饮七”。“尸饮九”指七献后长宾、长兄弟再向尸献酒。

②玉爵：以玉为饰之爵。后文的“瑶爵”是以瑶（美玉）为饰之爵，“散爵”是以璧为饰之爵。

【译文】

尸接受饮酒五次后，国君要用洗净的玉爵向卿献酒；尸接受饮酒七次后，国君要用瑶爵向大夫献酒；尸接受饮酒九次后，国君要用散爵向士和执事人员献酒。献酒时都按年龄大小排序，这体现了贵贱尊卑等级的意义。

夫祭有昭穆，昭穆者，所以别父子、远近、长幼、亲疏之序而无乱也。是故有事于大庙，则群昭群穆咸在而不失其伦①。此之谓亲疏之杀也。

【注释】

①群昭群穆咸在：郑注：“同宗父子皆来。”

【译文】

祭祀要按昭穆制度排位，昭穆，就是用来区别父子、远近、长幼、亲疏的关系而不会发生混乱。所以在太庙中举行祭祀时，同宗中所有的昭辈和穆辈都在，但不会发生排位次序的紊乱。这就是体现亲属关系远近的差异。

古者明君爵有德而禄有功，必赐爵禄于大庙，示不敢专也。故祭之日，一献[①]，君降立于阼阶之南，南乡，所命北面，史由君右执策命之，再拜稽首，受书以归，而舍奠于其庙[②]。此爵赏之施也。

【注释】

①一献：指第一次酳尸之后，即前文“尸饮五”后的酳尸。

②舍奠：即“释奠”。“奠”是非时之祭。

【译文】

古时贤明的国君对有德之人颁授爵位、对有功之人加给俸禄，赐爵加禄一定要在太庙举行，表示国君禀告先祖而不敢独断专行。所以在祭祀的那天，第一次酳尸后，国君就从堂上下来，站在阼阶的南边，面朝南，接受册命封赏者面朝北，史官站在国君的右边，手执册封文书宣读君命，接受册命封赏者两拜磕头，接受册命文书，回家后在家庙中进行祭奠禀告祖宗。这就是爵级赏赐的施行。

君卷冕立于阼[①]，夫人副、袆立于东房。夫人荐豆执校[②]，执醴授之执镫[③]；尸酢夫人执柄[④]，夫人受尸执足[⑤]。夫妇相授受，不相袭处，酢必易爵。明夫妇之别也。

【注释】

①卷（gǔn）冕：即衮冕，穿衮衣、带冠冕。

②校：指豆下中央的高脚，可用手握住。

③镫（dēng）：豆足，豆的圆形底座。

④尸酢夫人：尸回敬夫人酒。柄：爵为雀形，以其尾部为柄。

⑤受：或本作“授”，阮元《十三经注疏》本已据多本及孔疏改为

"受"。

【译文】

国君身穿衮服、头戴冕站在阼阶上,夫人头戴首饰、身穿画有雉鸡图案的礼服站在东房。夫人向尸进献豆时,手握豆的高脚,执醴酒者把豆交给夫人时,手捧着豆的底座;尸向夫人回敬酒时,手执爵的柄,夫人接受尸的敬酒时,手执爵的足。夫妇之间授受祭器,不能执同一部位,夫妇互相敬酒,回敬对方时一定要另换一爵。这体现夫妇之间是有别的。

凡为俎者,以骨为主。骨有贵贱,殷人贵髀[①],周人贵肩,凡前贵于后。俎者,所以明祭之必有惠也。是故贵者取贵骨,贱者取贱骨,贵者不重,贱者不虚,示均也。惠均则政行,政行则事成,事成则功立。功之所以立者,不可不知也。俎者,所以明惠之必均也。善为政者如此。故曰:"见政事之均焉。"

【注释】

①髀(bì):大腿骨。

【译文】

凡是祭祀时盛放于俎中的牺牲之肉,以牲骨为主。骨有贵贱之分,殷人以大腿骨为贵,周人以前部的肩骨为贵,牲体前面部位的骨都贵于后面部位的骨。以俎盛放牲肉,是为了表明参与祭祀就一定会予以恩惠。所以祭祀后高贵者取贵骨,低贱者取贱骨;高贵者不拿双份,低贱者也不空着手,这是表示平均。施予恩惠能平均,政令就能推行;政令能够推行,事情就能办成;事情可以办成,功业就能建立。功业之所以得以建立,其原因不可不知。以俎盛放牲肉,就是要表明施予恩惠一定是公平公正的。善于治国为政者就是这样做的，所以说："祭祀可以体现政事的均平原则。"

凡赐爵[①]，昭为一，穆为一。昭与昭齿，穆与穆齿。凡群有司皆以齿[②]。此之谓长幼有序。

【注释】

①赐爵：孔疏："爵，酒爵也。谓祭祀旅酬时，赐助祭者酒爵。"

②群有司：指来宾及执事者。

【译文】

祭祀至旅酬行礼时向众人敬酒，参加祭礼的亲属昭辈排为一列，穆辈排为一列。昭辈之间按年龄大小排序，穆辈之间按年龄大小排序。凡是参加祭祀的来宾及执事者也都按年龄大小排序。这就叫做年长年幼次第有序。

夫祭有畀烰、胞、翟、阍者[①]，惠下之道也，唯有德之君为能行此。明足以见之，仁足以与之。畀之为言与也，能以其余畀其下者也。烰者，甲吏之贱者也；胞者，肉吏之贱者也；翟者，乐吏之贱者也；阍者，守门之贱者也。古者不使刑人守门。此四守者，吏之至贱者也。尸又至尊，以至尊既祭之末而不忘至贱，而以其余畀之，是故明君在上，则竟内之民无冻馁者矣。此之谓上下之际。

【注释】

①畀（bì）：赐给。烰：郑注即《周礼》之"辉"（yùn），"谓辉磔皮革之

官”。胞：通“庖”，掌切割牲肉的人。翟（dí）：管乐舞的人。阍（hūn）：守门人。

【译文】

祭祀结束时，要把祭品中剩余的食物分给辉、庖、翟、阍，这是给下人施予恩惠的办法，只有有德的国君才能这么做。他的明智使他足以注意到这一点，他的仁慈使他足以做到这一点。畀，是赐予的意思，就是能把多余的东西赐予下人。辉，是掌管制作皮甲事务的贱者；庖，是职掌屠宰事务的贱者；翟，是掌管乐舞事务的贱者；阍，是掌管守门事务的贱者。古时候是不让受过刑的人守门的。这四种职务，都是小吏中最低贱的。而尸又是祭祀中最为尊贵的，在为最为尊贵者举行祭礼后，末了能不忘记最低贱的人，并将祭品中剩余的食物赐给他们，所以就表明了国君身居上位，而境内的百姓没有受冻挨饿的。这是体现上下之间有分有联的关系。

凡祭有四时：春祭曰“礿”，夏祭曰“禘”，秋祭曰“尝”，冬祭曰“烝”。礿、禘，阳义也；尝、烝，阴义也。禘者，阳之盛也，尝者，阴之盛也，故曰：“莫重于禘、尝。”古者于禘也，发爵赐服，顺阳义也；于尝也，出田邑，发秋政①，顺阴义也。故《记》曰：“尝之日，发公室②，示赏也。”草艾则墨③，未发秋政，则民弗敢草也④。故曰：“禘、尝之义大矣，治国之本也，不可不知也。”明其义者，君也；能其事者，臣也。不明其义，君人不全；不能其事，为臣不全。

【注释】

①秋政：孙希旦说：“谓刑杀之政也。”

②发公室：分发公室的财货来赏赐。

③艾(yì):通"刈",割。墨:墨刑,即在脸部刺字。是"五刑"中最轻之刑。

④弗敢草也:《训纂》引王引之说,"弗敢"下脱"艾"字。

【译文】

凡宗庙祭祀分四时进行:春祭叫"礿",夏祭叫"禘",秋祭叫"尝",冬祭叫"烝"。礿祭和禘祭,都依顺阳气之义;尝祭和烝祭,都依顺阴气之义。禘祭在阳气最盛之时举行,尝祭在阴气最盛之时举行,所以说:"没有比禘祭、尝祭更重要的。"古时候举行禘祭时,要颁授爵位赏赐车服,这就是顺应阳气的意义;举行尝祭时要分出田土乡邑,颁布秋季刑杀之政,这就是顺应阴气的意义。所以《记》说:"尝祭之日,要拿出公家的财货分发,以示赏赐。"到了可以割草的时候,就可以施行小刑,比如墨刑,尚未颁布秋季刑杀之政时,老百姓就不敢割草。所以说:"禘祭、尝祭意义重大,乃是治国的根本,不可不知。"能够了解禘祭、尝祭的意义的,是君主;能办好禘祭、尝祭事务的,是臣子。不能了解禘祭、尝祭的意义,是为君的不足;不能办好禘祭、尝祭事务,是为臣的不足。

夫义者,所以济志也[①],诸德之发也。是故其德盛者其志厚,其志厚者其义章,其义章者其祭也敬,祭敬则竟内之子孙莫敢不敬矣。是故君子之祭也,必身亲莅之,有故,则使人可也。虽使人也,君不失其义者[②],君明其义故也。其德薄者其志轻,疑于其义而求祭,使之必敬也弗可得已。祭而不敬,何以为民父母矣!

【注释】

①济志:孔疏:"言禘、尝之义,若人君明之,所以成就其志。"

②君不失其义者:郑注:"君虽不自亲祭,祭礼无阙,于君德不

损也。”

【译文】

这里所说的意义，是说国君如果了解了禘祭、尝祭的意义，就能够成就他的心志，这也是国君各种德行的发端。所以德行盛大的人，他的心志便一定深厚；心志深厚，就能彰显祭祀的意义；能够彰显祭祀的意义，祭祀时就会满怀虔敬；祭祀时满怀虔敬，那么境内的百姓就没有人敢不敬顺服从。所以君子对于祭祀，一定要亲自参加，如果有特殊情况让他人代替也是可以的。虽然是由他人代替，但由于君子的虔敬、祭礼的举行而对他的德行并无损失，这就是因为君子明了祭祀的意义的缘故。德行浅薄的人，心志就轻浮，怀疑祭祀的意义，却又有求于祭祀，这种情况下让他必须满怀虔敬地进行祭祀，那是做不到的。祭祀都做不到满怀虔敬，如何能做民众的父母呢！

夫鼎有铭，铭者，自名也，自名以称扬其先祖之美，而明著之后世者也。为先祖者，莫不有美焉，莫不有恶焉，铭之义，称美而不称恶。此孝子孝孙之心也，唯贤者能之。铭者，论譔其先祖之有德善、功烈、勋劳、庆赏、声名[①]，列于天下，而酌之祭器，自成其名焉，以祀其先祖者也。显扬先祖，所以崇孝也。身比焉，顺也。明示后世，教也。夫铭者，壹称而上下皆得焉耳矣。是故君子之观于铭也，既美其所称，又美其所为。为之者，明足以见之[②]，仁足以与之[③]，知足以利之[④]，可谓贤矣。贤而勿伐[⑤]，可谓恭矣。

【注释】

①譔（zhuàn）：同“撰”，撰述。

②明足以见之：孔疏：“谓己有显明之德，足以见先祖之美。”

③仁足以与之：孔疏："谓己有仁恩，故君上足以著先祖之铭与之。"

④知足以利之：孔疏："谓己有智谋，足以利益于己，得上比先祖也。"

⑤伐：居功夸耀。

【译文】

鼎上铸刻有铭文，铭文，就是自我标记名字，通过自我标记名字而颂扬他的先祖的美名，使先祖的名声彰明显著于后世。作为先祖，没有没美德的，也没有没恶评的，铭文的要义，是赞扬先祖的美德而不称述恶评。这就是孝子孝孙的心意，只有贤者才能做得到。铭文，记述先祖所有的美德、功业、勋劳、奖赏和所获声名荣誉，公布于天下，斟酌挑选后铸刻在祭器上，同时也刻上自己的名字，用铭文祭祀纪念先祖。显扬先祖的美名，就是崇尚弘扬孝道。将自己的名字附刻于其后，是表示对先祖的孝顺。将先祖的美德明白地展示给后世，这是对后人的教导。那么铭文，一次对先祖的称颂而上上下下都有收获。所以君子观看铭文时，既赞美铭文所称颂的内容，又赞美铸刻铭文者的行为。铸刻铭文的人，他的聪明足以看到先祖的美德加以称颂，他的仁爱足以使君上赐给记述其先祖功德的铭文，他的智慧足以使铭文有利于自己和子孙后代，这样的人就可以称得上贤明了。贤明而又不吹嘘夸耀，就可以称得上恭敬谦和了。

故卫孔悝之鼎铭曰①："六月丁亥，公假于大庙②。公曰：'叔舅③！乃祖庄叔④，左右成公⑤，成公乃命庄叔随难于汉阳，即宫于宗周⑥，奔走无射⑦。'启右献公⑧，献公乃命成叔纂乃祖服⑨。乃考文叔⑩，兴旧耆欲⑪，作率庆士⑫，躬恤卫国，其勤公家，夙夜不解⑬。民咸曰：'休哉！'公曰：'叔舅！予女铭，若纂乃考服。'悝拜稽首，曰：'对扬以辟之⑭，勤大命[15]，施于烝彝鼎[16]。'"此卫孔悝之鼎铭也。古之君子，论譔其先祖之美，而明著之后世者也，以比其身，以重其国家如此。子孙之守宗庙、社稷者，其先祖无美而称之，是诬也；有善而弗知，不明也；知而弗传，不仁也。此三者，君子之所耻也。

【注释】

①孔悝(kuī)：卫国大夫。卫国太子蒯聩(kuǎi kuì)发动政变，为了夺取君位劫持孔悝，强迫孔悝立他为君，史称"庄公"。

②假(gé)：到。大庙：卫国的始祖庙。大，同"太"。

③叔舅：对异姓之臣的尊称。孔悝是卫庄公的外甥，故称"叔舅"。

④庄叔：指卫大夫孔达，孔悝的七世祖。

⑤左右：孔疏："助也。"成公：卫成公，名郑。

⑥"成公"二句：卫成公三年(632)，晋伐卫，卫成公逃难到楚国。此后，卫成公复国，又杀其弟叔武，被晋人押往京师囚禁。汉阳，汉水之北，为楚地。宫，宫室。此指囚禁于深宫。宗周，东都洛邑。

⑦射(yì)：同"斁"，厌倦。

⑧献公：卫成公之曾孙，卫定公之子，名衎(kàn)。在位其间被大夫孙文子赶出卫国，逃到齐国，十二年后复国。

⑨成叔：庄叔之孙，孔悝的五世祖。纂(zuǎn)：继承。服：事。

⑩考：父亲。文叔：卫国大夫孔圉，孔悝的父亲。

⑪兴旧耆欲：孔疏："能兴行先祖旧德嗜欲所为。"耆欲，即嗜欲，指志向。

⑫庆士：孙希旦引应镛说："卿士也。"

⑬解：通"懈"。

⑭对扬以辟(pì)之：郑注："对，遂也。辟，明也。言遂扬君命，以明

我先祖之德也。”

⑮勤大命：孔疏：“言己勤行君之大命。”

⑯彝：泛指古代祭祀所用的礼器。

【译文】

所以，卫国大夫孔悝的鼎上的铭文为：“六月丁亥，卫公来到太庙。卫公说：‘叔舅！你的先祖庄叔曾辅佐我的先祖成公，成公曾命庄叔随他一同逃难到汉水之北，后来成公被囚禁在京师宫中，庄叔往返奔走不知疲倦。’后有你的先祖成叔辅导、佐助我的先祖献公，献公命令成叔继承先祖庄叔的事业。你的父亲文叔，兴起先祖旧时的志向，为卿士们做出表率，亲身为卫国忧虑操心，为国家之事辛勤工作，日日夜夜都不懈怠。百姓都称赞他说：‘真好啊！’卫公又说：‘叔舅！现在给你这篇铭文，你要继承你父亲的事业。’孔悝于是拜手叩头行礼说：‘我将称颂赞扬国君的命令，彰显先祖的美德，辛勤地执行国君的命令，把这些铭文都刻铸在烝祭的彝鼎上。’”这就是卫国大夫孔悝鼎上的铭文。古代的君子为文论述先祖的美德，而使其昭著于后世，并将自己的名字附于其下，这说明他是如此地看重自己的国家。子孙们守卫着自己的宗庙、社稷，如果说其先祖没有美德可以称颂，那是诬枉；如果先祖有美德自己却不知道，那就是愚暗；知道先祖的美德而不能使之流传于后世，那就是不仁。这三种情形，都是君子感到耻辱的。

昔者周公旦有勋劳于天下[①]，周公既没，成王、康王追念周公之所以勋劳者，而欲尊鲁，故赐之以重祭。外祭则郊、社是也，内祭则大尝、禘是也[②]。夫大尝、禘，升歌《清庙》[③]，下而管《象》，朱干玉戚以舞《大武》，八佾以舞《大夏》[④]，此天子之乐也。康周公[⑤]，故以赐鲁也。子孙纂之，至于今不废，所以明周公之德，而又以重其国也。

【注释】

①周公旦:姓姬名旦。周武王死后,成王年纪尚幼,周公摄政,平定了叛乱,建立东都洛邑,分封诸侯,制礼作乐,建立典章制度,使政局得以稳定,国家得到发展。

②“外祭”二句:孙希旦说:“诸侯皆得社与大袷,惟不得郊与大禘。此因郊而并言‘社’,因禘而并言‘尝’耳。”大禘,大祭始祖以下列祖列宗的典礼。据考证,鲁国可以进行郊、禘之祭是鲁惠公以后的僭越,假托出于周天子的特许。

③《清庙》:与后文“《象》”、“《大武》”,见《文王世子》“天子视学”节注⑪⑬⑭。《大夏》,见《乐记》“大章”节注④。

④八佾(yì):天子的乐舞行列。八人为一列,“八佾”为六十四人。天子八佾,诸侯六佾。

⑤康:郑注:“犹褒大也。”

【译文】

从前,周公旦有功勋于天下,周公去世后,成王、康王追念周公的丰功伟绩,而想要对周公的封国鲁国表示格外的尊崇,所以特赐鲁国可以举行重大的祭祀典礼。外祭,可以南郊祭天、祭社神;内祭,太庙祭祀可以举行大尝、大禘。大尝、大禘周公时,乐人登堂唱《清庙》,下堂乐队用管乐演奏《象》,舞者手执红色的盾和玉制的斧跳《大武》舞,用八列舞队跳《大夏》舞,这些都是天子才能使用的乐舞。为了褒扬奖掖周公,所以把这些赐给了鲁国。周公的子孙继承了这些,直到今天仍不废弃,就是为了彰显周公的功德,同时也显现了本国的重要地位。

经解第二十六

【题解】

郑玄《礼记目录》云："名曰'经解'者，以其记'六艺'政教之得失也。"

所谓"'六艺'政教之得失"，指《诗》、《书》、《乐》、《易》、《礼》、《春秋》"六经"在政治教化的功能。皇侃认为，"六经"教化虽然各自有别，但总体都是以礼为本，所以作记者录入于礼。其实，本篇只有首节内容与"经解"相关，其他文字或记天子之德，或记霸王四器，或记治国之本莫若隆礼等，与"经"并无直接的关系。

孔子曰："入其国，其教可知也。其为人也，温柔、敦厚，《诗》教也①；疏通、知远，《书》教也②；广博、易良，《乐》教也③；絜静、精微，《易》教也④；恭俭、庄敬，《礼》教也⑤；属辞、比事，《春秋》教也⑥。故《诗》之失⑦，愚；《书》之失，诬；《乐》之失，奢；《易》之失，贼；《礼》之失，烦；《春秋》之失，乱。其为人也，温柔、敦厚而不愚，则深于《诗》者也⑧；疏通、知远而不诬，则深于《书》者也；广博、易良而不奢，则深于《乐》者也；絜静、精微而不贼，则深于《易》者也；恭俭、庄敬而不烦，则深于《礼》者也；属辞、比事而不乱，则深于《春秋》者也。”

【注释】

①温柔、敦厚，《诗》教也：孔疏：“《诗》依违讽谏，不指切事情。”

②疏通、知远，《书》教也：孔疏：“《书》录帝王言诰，举其大纲。事非繁密，是疏通。上知帝皇之世，是知远也。”

③广博、易良，《乐》教也：孔疏：“《乐》以和通为体，无所不用，是广博。简易良善，使人从化，是易良。”

④絜静、精微，《易》教也：孔疏：“《易》之于人，正则获吉，邪则获凶，不为淫滥，是絜静。穷理尽性，言入秋毫，是精微。”絜，通“洁”。

⑤恭俭、庄敬，《礼》教也：孔疏：“《礼》以恭逊、节俭、齐庄、敬慎为本，若人能恭敬节俭，是礼之教也。”

⑥属（zhǔ）辞、比（bì）事，《春秋》教也：孔疏：“《春秋》聚合会同之辞，是属辞。比次褒贬之事，是比事也。”属，连缀。比，排比。

⑦失：指过度强调而不能节制平衡各种教化功能，便会有所缺失。

⑧深于《诗》：孔疏：“深达于《诗》之义理，能以《诗》教民也。”

【译文】

孔子说：“进入一个国家，观察民情风俗就可以知道这个国家的教化如何。国民的为人表现，如果是言语温柔、性情敦厚，那就是《诗》的教化作用；如果是事物通达、知晓古史，那就是《书》的教化作用；如果是和通广博、简易善良，那就是《乐》的教化作用；如果是正邪洁静、精深微妙，那就是《易》的教化作用；如果是恭逊节俭、庄重敬慎，那就是《礼》的教化作用；如果是善于连缀文辞、褒贬排比，那就是《春秋》的教化作用。所以，如果《诗》教失误，会令人愚笨鲁钝；如果《书》教失误，会令人烦苛诬枉；如果《乐》教失误，会令人奢侈淫靡；如果《易》教失误，会令人相互伤害；如果《礼》教失误，会令人繁缛细琐；如果《春秋》教失误，会令人犯上作乱。国民的为人表现，如果能言语温柔、性情敦厚而不愚笨鲁钝，那便是精通《诗》义、以《诗》教民的成果；如果能事物通达、知晓古史而不烦苛诬枉，那便是精通《书》义、以《书》教民的成果；如果能和通广博、简易善良而不奢侈淫靡，那便是精通《乐》义、以《乐》教民的成果；如果能正邪洁静、精深微妙而不相互伤害，那便是精通《易》义、以《易》教民的成果；如果能恭逊节俭、庄重敬慎而不繁缛细琐，那便是精通《礼》义、以《礼》教民的成果；如果能连缀文辞、褒贬排比，而不犯上作乱，那便是精通《春秋》之义、以《春秋》教民的成果。”

天子者，与天地参①，故德配天地，兼利万物，与日月并明，明照四海，而不遗微小。其在朝廷则道仁圣、礼义之序②，燕处则听《雅》、《颂》之音③，行步则有环佩之声，升车则有鸾、和之音④。居处有礼⑤，进退有度，百官得其宜，万事得其序。《诗》云：“淑人君子，其仪不忒。其仪不忒，正是四国。”⑥此之谓也。

【注释】

①参：通“三”。

②道(dǎo)：引导。

③燕处：退朝而居。《雅》、《颂》：见《乐记》“夫乐者，乐也”节注④。

④鸾、和：鸾与和，都是马车上的装饰性的车铃，随着马跑车动而鸣响。

⑤居处：指在朝廷上及退朝而居。

⑥“《诗》云”以下四句：出自《诗经·曹风·鸤鸠》。忒(tè)，差错。

【译文】

天子，与天、地并列而三，所以天子的德行与天地相配，恩泽普及万物，光芒与日月齐明，光照四海而不遗漏任何微小之处。天子在朝廷，就用仁圣、礼义的规范来引导臣下；退朝而居时，就欣赏《雅》、《颂》之乐；迈步行走时，佩戴的玉环、玉佩伴随着脚步而发声；登车上路时，马车上的鸾铃、和铃伴随着车马行进而鸣响。在朝廷、在居所行为都合乎礼仪，进退举止皆有法度，让百官各得其所，万事都井然有序。《诗经·曹风·鸤鸠》说："那善良的君子，他的仪表美好无差错。他的仪表美好无差错，可以作为四方各国的表率。"说的就是这个意思。

发号出令而民说谓之"和"①，上下相亲谓之"仁"，民不求其所欲而得之谓之"信"，除去天地之害谓之"义"。义与信，和与仁，霸、王之器也。有治民之意而无其器，则不成。

【注释】

①说（yuè）：同"悦"。

【译文】

发号施令而人们感到喜悦就称为"和"，上下之间相亲相爱就称为"仁"，人们不须提出要求便能得到想要的东西就称为"信"，去除天地之间的灾害就称为"义"。义与信，和与仁，是霸者、王者治理天下的工具。有治理人们的意愿却没有治理的工具，那是不能成功的。

礼之于正国也，犹衡之于轻重也，绳墨之于曲直也，规矩之于方圜也。故衡诚县①，不可欺以轻重；绳墨诚陈，不可欺以曲直；规矩诚设，不可欺以方圜；君子审礼，不可诬以奸诈。是故隆礼、由礼②，谓之有方之士；不隆礼、不由礼，谓之无方之民，敬让之道也。故以奉宗庙则敬，以入朝廷则贵贱有位，以处室家则父子亲，兄弟和，以处乡、里则长幼有序。

孔子曰："安上治民，莫善于礼。"此之谓也。

【注释】

①县(xuán)：同"悬"。

②隆礼、由礼：孔疏："隆，盛也。由，行也。"

【译文】

礼对于治理国家的作用，就如同秤对于度量轻重，墨斗线绳对于测量曲直，圆规矩尺对于画方画圆。所以把秤实实在在地挂上，度量轻重有了标准就不能任意欺骗人；把墨斗线绳实实在在地拉开，测量曲直有了标准就不能任意欺骗人；把圆规矩尺实实在在地陈设，画方画圆有了标准就不能任意欺骗人；君子明礼、懂礼，就无法以奸诈来欺骗他。所以重视礼、践行礼的，称为有道之人；不重视礼、不践行礼的，称为无道之人，这就是恭敬谦让之道。所以以礼来奉事宗庙祖先，就会以崇敬之心行事；让礼进入朝廷，就能使百官各有其位，贵贱各得其所；以礼来管理家庭，就能使父子相亲、兄弟和睦；以礼来治理乡里，就能使长幼有序。孔子说："使君主安心，治理百姓，没有比礼更好的。"说的就是这个意思。

故朝觐之礼，所以明君臣之义也；聘问之礼，所以使诸侯相尊敬也；丧祭之礼，所以明臣子之恩也；乡饮酒之礼，所以明长幼之序也；昏姻之礼，所以明男女之别也。夫礼禁乱之所由生，犹坊止水之所自来也①。故以旧坊为无所用而坏之者，必有水败；以旧礼为无所用而去之者，必有乱患。

【注释】

①坊：或作"防"，堤防。

【译文】

所以朝觐之礼，是用来明确君臣关系的大义的；聘问之礼，是用来使诸侯之间互相尊敬的；丧祭之礼，是用来表明臣下对君上、人子对父母的感恩之情的；乡饮酒之礼，是用来明确长幼之序的；婚姻之礼，是用来表明男女有别的。礼，用于防止纷乱的发生，就如同堤坝防止水患的发生。所以，如果认为旧的堤坝没有用处而加以破坏，就一定会发生水患；认为旧礼没有用处而予以废除，就必定发生危乱祸患。

故昏姻之礼废，则夫妇之道苦，而淫辟之罪多矣；乡饮酒之礼废，则长幼之序失，而争斗之狱繁矣；丧祭之礼废，则臣子之恩薄，而倍死、忘生者众矣①；聘、觐之礼废，则君臣之位失，诸侯之行恶，而倍畔侵陵之败起矣②。

【注释】

①倍：通“背”，背弃。

②倍畔侵陵：即背叛侵凌。

【译文】

因此，如果废除婚姻之礼，那么夫妇之道就难以顺利维系，而淫乱邪僻的罪恶就会增多；如果废除乡饮酒之礼，那么长幼之序就难以正常维系，而争斗的狱讼就会增多；如果废除丧祭之礼，那么臣下、人子对君上、对父母的恩情就会淡薄丧失，而背叛死者、忘记君父的人就会增多；如果废除聘问、朝觐之礼，那么君臣上下关系就会遭到破坏，诸侯会行乱作恶，而背叛君王、相互侵凌的祸乱就会产生。

故礼之教化也微，其止邪也于未形，使人日徙善远罪而不自知也，是以先王隆之也。《易》曰①：“君子慎始，差若豪氂[2]，缪以千里[3]。”此之谓也。

【注释】

①《易》：所引之文，今本《周易》无此文。孔疏说“此《周易·系辞》文也”，但今本《系辞传》未见。

②豪氂（lí）：形容数量极少。豪，通“毫”。氂，通“厘”。

③缪（miù）：错误。

【译文】

所以，礼的教化作用是细微而隐形的，它在邪恶还没形成或产生时就予以防止，让人在不知不觉中日趋善良、远离罪恶，因此先王特别重视它。《周易》上说：“君子慎重地对待事情的起始，一开始的误差仅仅只有一毫一厘，最后导致的错误会有千里那么大。”说的就是这个意思。

哀公问第二十七

【题解】

郑玄《礼记目录》云："名曰'哀公问'者，善其问礼，著谥显之也。"篇名当取首句前三字。哀公，是春秋末期鲁国的鲁哀公。哀公所问主要是二事，一是问礼，二是问政。用哀公问、孔子答的形式阐述为政先礼，礼为政教之本的精神。《大戴礼记》中有《哀公问于孔子》篇，与本篇基本相同。又，《孔子家语·大婚解》与《问礼》，也有相同的内容。

哀公问于孔子曰："大礼何如？君子之言礼，何其尊也？"孔子曰："丘也小人，不足以知礼。"君曰："否，吾子言之也。"孔子曰："丘闻之，民之所由生，礼为大。非礼无以节事天地之神也，非礼无以辨君臣、上下、长幼之位也，非礼无以别男女、父子、兄弟之亲，昏姻、疏数之交也[①]。君子以此之为尊敬然，然后以其所能教百姓，不废其会节。有成事，然后治其雕镂、文章、黼黻以嗣[②]。其顺之，然后言其丧筭[③]，备其鼎、俎，设其豕、腊[④]，修其宗庙，岁时以敬祭祀，以序宗族。即安其居，节丑其衣服[⑤]，卑其宫室，车不雕幾[⑥]，器不刻镂，食不贰味，以与民同利。昔之君子之行礼者如此。"公曰：

"今之君子,胡莫之行也[7]?"孔子曰:"今之君子,好实无厌[8],淫德不倦,怠荒敖慢,固民是尽[9],午其众以伐有道[10],求得当欲,不以其所。昔之用民者由前,今之用民者由后,今之君子莫为礼也。"

【注释】

①疏数(shuò):交际往来稀疏或密切。

②文章:指斑斓的花纹。黼黻(fǔ fú):见《丧大记》"饰棺"节注④⑥。以嗣:据《孔子家语·问礼》,此二字当作"以别尊卑上下之等",文意方通,今从。

③丧筭(suàn):指"五服"的年月数。筭,同"算"。

④腊(xī):干肉。

⑤"即安其居"二句:《大戴礼记·哀公问于孔子》作"则安其居处,丑其衣服",从。丑,类。

⑥幾(qí):指雕镂出的凹凸有致的纹饰。

⑦胡:什么,何。

⑧实:指财货。《大戴礼记·哀公问于孔子》作"色"。

⑨固民是尽:孙希旦引陈澔说,"固"是"固获"之义,即以力取得。

⑩午:孔疏:"忤也;忤,违逆也。"

【译文】

鲁哀公问孔子说:"大礼是怎样的呢?君子在谈礼的时候,为什么要那样尊重?"孔子回答说:"我孔丘只是一个小人物,还不够格知礼呢。"哀公说:"不,还是请您说一说。"孔子答说:"我听说,人们在生存中要依凭的,礼是最重要的。没有礼,就无法按规定事奉天地神灵;没有礼,就无法按地位分辨君臣、上下、长幼;没有礼,就无法按亲疏区别男女、父子、兄弟的关系,以及婚姻、友朋交往的疏密。因此君子对礼是十分尊重的，然后才以自己的能力来教导民众，使他们举行典礼不要错过了时节。有了成效，然后置办雕镂纹饰的礼器、绘有图案的礼服，以区分尊卑上下的等级。百姓都顺从礼仪，然后对居丧的人按照五服的服等计算守丧年月，准备好鼎、俎一类的祭器，置办猪肉、干肉等祭品，修葺宗庙，每年都按时恭敬地举行祭祀，按辈分排定宗族内的长幼次序。安顿好自己的居所，穿着自己应穿的衣服，所住的宫室要合乎标准、低矮一些，乘坐的车子不雕刻凹凸的纹饰，使用的器具不镂铸图案，吃饭也不吃两种菜肴，以表示与民众同甘共苦不奢侈。从前君子就是这样行礼的。”哀公听后又问：“现在的君子为什么不这样做了呢？”孔子说：“现在的君子，喜好财货而贪得无厌，劣迹斑斑而没完没了，荒淫怠惰而态度傲慢，蛮横收敛民财要搜光刮尽，违逆众人的意志而侵伐有道的国家，为了求得自己的私欲，不择手段不讲道理。从前的君子治理民众是按前边说的那样做的，现在的君子治理民众是按后边说的那样做的，现在的君子没有讲礼行礼的了。”

孔子侍坐于哀公。哀公曰：“敢问人道谁为大[①]？”孔子愀然作色而对曰[②]：“君之及此言也，百姓之德也。固臣敢无辞而对[③]？人道政为大。”公曰：“敢问何谓为政？”孔子对曰：“政者，正也。君为正，则百姓从政矣。君之所为，百姓之所从也。君所不为，百姓何从？”公曰：“敢问为政如之何？”孔子对曰：“夫妇别，父子亲，君臣严，三者正，则庶物从之矣[④]。”公曰：“寡人虽无似也[⑤]，愿闻所以行三言之道，可得闻乎？”孔子对曰：“古之为政，爱人为大。所以治爱人，礼为大。所以治礼，敬为大。敬之至矣，大昏为大[⑥]，大昏至矣。大昏既至，冕而亲迎，亲之也。亲之也者，亲之也。是故君子兴敬为亲，舍敬，是遗亲也。弗爱不亲，弗敬不正。爱与敬，其政之本与？"

【注释】

①人道：治人之道。

②愀（qiǎo）然：郑注："变动貌也。"指脸色变得严肃的样子。

③固臣：谦辞。固陋之臣。

④庶物：众事。

⑤无似：郑注："犹言不肖。"

⑥大昏：指国君的婚礼。

【译文】

孔子陪侍在哀公身边。哀公问道："请问治理人的方法中，什么最为重要？"孔子变了脸色严肃地答道："国君能问出这样的话来，是百姓的福气。固陋之臣哪敢不回答呢？治理人的方法中，为政最为重要。"哀公问道："请问什么叫为政呢？"孔子回答说："政，就是正的意思。国君为正道，百姓就能服从政令。国君的所为，正是百姓所服从的。国君如果不作为，百姓服从些什么呢？"哀公又问："请问应当如何为政呢？"孔子答道："夫妇有别，父子相亲，君臣相敬，这三件事摆正了，其他各项事情就都能跟着摆正了。"哀公说："寡人虽然不肖，但很想听听怎样实行这三句话的方法，可以说说吗？"孔子答说："古时候的为政，把爱别人看得最为重要。要做到爱别人，礼最为重要。要做到有礼，恭敬最为重要。最大最高的恭敬，就是国君的大婚典礼。国君的大婚典礼的日子到了，国君要头戴冠冕身穿礼服亲自去迎娶新娘，这是表示对新娘的亲爱之情。表示对新娘的亲爱之情，就是亲爱新娘。所以君子用尊敬表示亲爱，舍弃了尊敬就抛掉了亲爱。没有爱就没有亲，没有敬就没有正。爱与敬，应该是为政的根本吧？"

公曰："寡人愿有言然。冕而亲迎，不已重乎[①]？"孔子愀然作色而对曰："合二姓之好[②]，以继先圣之后，以为天地、宗庙、社稷之主，君何谓已重乎？"公曰："寡人固[③]。不固，焉得闻此言也！寡人欲问，不得其辞，请少进！"孔子曰："天地不合，万物不生。大昏，万世之嗣也，君何谓已重焉！"孔子遂言曰："内以治宗庙之礼，足以配天地之神明；出以治直言之礼[④]，足以立上下之敬。物耻足以振之，国耻足以兴之[⑤]。为政先礼，礼其政之本与！"孔子遂言曰："昔三代明王之政，必敬其妻子也，有道。妻也者，亲之主也，敢不敬与？子也者，亲之后也，敢不敬与？君子无不敬也。敬身为大。身也者，亲之枝也，敢不敬与？不能敬其身，是伤其亲；伤其亲，是伤其本；伤其本，枝从而亡。三者，百姓之象也。身以及身，子以及子，妃以及妃[⑥]，君行此三者，则忾乎天下矣[⑦]，大王之道也[⑧]。如此，则国家顺矣。"

【注释】

①已：郑注："犹大(tài)也。"即太，甚。

②合二姓之好：上古同姓不婚。《曲礼上》有："取妻不取同姓。"

③固：固陋。

④直：正。言：政教。

⑤"物耻"二句：孔疏："谓臣之职事有可耻愧者，其礼足以救之"；"谓君于治国有可耻愧者，其礼足以兴起之也"。振，救。

⑥妃：指配偶。

⑦则忾(xì)乎天下矣：《孔子家语·大昏》作："则大化忾乎天下矣。"王注："忾，满也。"朱彬《训纂》引王念孙曰："忾，训为'满'，于义

为长。”

⑧大王:即古公亶父,周人始祖。大,同“太”。

【译文】

哀公说:“寡人想插一句话。戴着冠冕穿着礼服亲自去迎娶,这不是太隆重了吗?”孔子正色严肃地回答说:“结合两个族姓的婚姻,以继承先圣的后嗣,作为祭祀天地、宗庙、社稷的主持人,国君怎么能说戴着冠冕穿着礼服亲自去迎娶是太隆重了呢?”哀公说:“寡人真是顽固鄙陋。可如果不是顽固鄙陋,怎么能听到您这番话呢!寡人还有想问的,还不知如何措辞,就请您再稍稍继续作些解释吧!”孔子说:“天地阴阳之气不合,万物就不能生长。国君的大婚之礼,就是为了子孙万世的后嗣,国君怎么能说戴着冠冕穿着礼服亲自去迎娶是太隆重了呢!”孔子接着说:“国君大婚后夫妇在家内要共同举行祭祀宗庙之礼,足以与天地日月神明相配;在家外要推行政教、颁布政令,足以建立上下相互敬重的关系。臣子行事中有耻辱有失误,用礼可以来救助纠正;国家事务中有耻辱有失误,用礼可以来重振复兴。为政要以礼为先导,礼乃是为政的根本啊!”孔子又接着说:“从前夏、商、周三代贤明的君王为政,必定尊敬妻与子,这是有道理的。妻,是祭祀双亲的一主祭,敢不尊敬吗?子,是双亲的后代,敢不尊敬吗?君子是没有不尊敬妻与子的。敬,又以敬爱自身最为重要。因为自己的身体,是从双亲那里分离出来的枝条,怎么敢不敬爱呢?不能敬爱自身,就是伤害双亲;伤害双亲,也就伤害根本;伤害了根本,分离出来的枝条也就跟着灭亡了。自身、妻、子这三者的组合,就是百姓的代表和象征。由敬爱自身推广到敬爱百姓之身,由敬爱己之子推广到敬爱百姓之子,由敬爱自己的配偶推广到敬爱百姓的配偶,国君能做到这三条,那人们就能普沾教化、天下大治,太王亶父就是这样治理国家的。这样,国家发展就顺利了。”

公曰:“敢问何谓敬身?”孔子对曰:“君子过言则民作

辞，过动则民作则[1]。君子言不过辞，动不过则，百姓不命而敬恭。如是，则能敬其身，能敬其身，则能成其亲矣[2]。"

【注释】

①"君子过言"二句：郑注："君之言虽过，民犹称其辞；君之行虽过，民犹以为法。"

②则能成其亲矣：孙希旦引马晞孟说："能敬身，则能立身扬名以显父母矣。"

【译文】

哀公问："请问什么叫敬爱自身呢？"孔子回答说："君子即使说错了话，百姓还当作是对的；君子即使做错了事，百姓也还当作是法则。君子如果能够不说错话，不做错事，那么百姓不用下令就能恭恭敬敬地服从。如果能做到这样，就能够敬爱自身，能够敬爱自身，就能够成就双亲的名声了。"

公曰："敢问何谓成亲[1]？"孔子对曰："君子也者，人之成名也。百姓归之名，谓之'君子之子'。是使其亲为君子也，是为成其亲之名也已。"

孔子遂言曰："古之为政，爱人为大。不能爱人，不能有其身；不能有其身，不能安土；不能安土，不能乐天[2]；不能乐天，不能成其身。"公曰："敢问何谓成身？"孔子对曰："不过乎物[3]。"

【注释】

①何谓成亲：孔疏："谓己为君子所生之子，是己之修身，使其亲有

君子之名,是修身成其亲也。”

②不能乐天:郑注:“不知己过而怨天也。”乐天,指天赐之乐。

③不过乎物:孙希旦引朱子说:“《家语》作‘夫其行已也不过乎物,谓之成身。不过乎物,是天道也’。以上下文推之,当从《家语》。”

【译文】

哀公问:“请问什么叫做成就其双亲的名声?”孔子回答说:“被人们称为君子,就是成就的名声。百姓把美名赠送给他,叫他‘君子之子’。这就是说他的父亲是君子,这就是成就了他的父亲的名声。”

孔子接着说:“古人为政,把爱人看得最为重要。不能爱人,就不能保有自身;不能保有自身,就不能安全居处;不能安全居处,就不能愉快地享受天赐之乐;不能愉快地享受天赐之乐,就不能成就自身。”哀公又问:“请问什么叫做成就自身?”孔子回答说:“不逾越事物的天理。”

公曰:“敢问君子何贵乎天道也?”孔子对曰:“贵其不已。如日月东西相从而不已也,是天道也。不闭其久[①],是天道也。无为而物成,是天道也。已成而明[②],是天道也。”

【注释】

①不闭其久:孙希旦引朱子说:“当从《家语》作‘不闭而能久’。”

②已成而明:孔疏:“言天之生物已能成就,而功之明著。”

【译文】

哀公问:“请问君子为什么特别尊重天道?”孔子回答说:“尊重它的永不止息。如同太阳、月亮相随从,东升西落永在运行而不止息,这就是天道。不闭塞而又能久久长长,这就是天道。无所作为,而使万物生成,这就是天道。生成万物,而功业明白显著,这就是天道。”

公曰："寡人蠢愚、冥烦①，子志之心也②。"孔子蹴然辟席而对曰③："仁人不过乎物，孝子不过乎物。是故仁人之事亲也如事天，事天如事亲。是故孝子成身。"

公曰："寡人既闻此言也，无如后罪何？"孔子对曰："君之及此言也，是臣之福也。"

【注释】

①冥烦：不明事理。

②志：通"识"，记住。

③蹴（cù）然：局促不安的样子。辟（bì）席：离开席位。

【译文】

哀公说："寡人愚蠢不明事理，您心里也是知道的。"孔子听后不安地离开席位说："仁人不会逾越事物的天理的，孝子不会逾越事物的天理的。所以，仁人事奉父母如同事奉上天，事奉上天如同事奉父母。所以孝子能够成就自身。"

哀公说："寡人已经听到这番话了，怕以后仍然会犯错，那可怎么办？"孔子回答说："国君能说出这样的话，已是臣下的福气了。"

仲尼燕居第二十八

【题解】

郑玄《礼记目录》曰："名曰'仲尼燕居'者，善其不倦。"

本篇题是摘取篇首句四字。燕居，指无事闲居时。本篇借孔子与子张、子贡、言游的对话，来说明礼的内容、本质、作用和意义。

仲尼燕居，子张、子贡、言游侍①，纵言至于礼②。子曰："居！女三人者③。吾语女礼，使女以礼周流④，无不遍也。"子贡越席而对曰："敢问何如？"子曰："敬而不中礼谓之野，恭而不中礼谓之给⑤，勇而不中礼谓之逆。"子曰："给夺慈仁。"子曰："师！尔过，而商也不及⑥。子产犹众人之母也⑦，能食之，不能教也。"子贡越席而对曰："敢问将何以为此中者也？"子曰："礼乎礼！夫礼，所以制中也。"

【注释】

①子张、子贡、言游：子张，即颛孙师，字子张。子贡，端木赐，字子贡。言游，即言偃，字子游。皆孔子弟子。见《檀弓上》节。

②纵言：郑注："泛说事。"

③女：通“汝”。

④周流：孔疏：“谓周旋流转。”

⑤给（jǐ）：孔疏：“谓捷给，便僻。”指巧舌如簧，逢迎谄媚之貌。

⑥商：孔子弟子子夏的名。

⑦子产：春秋时郑国的执政大夫。

【译文】

孔子闲居在家，子张、子贡、子游在一旁侍立，谈论中说到了礼。孔子说：“你们三人都坐下！我来告诉你们什么是礼，让你们能够周游四方运用礼，不会有不合乎礼的地方。”子贡离开坐席问道：“请问礼是怎样的呢？”孔子说：“貌似敬却不合乎礼的要求，那是鄙俗；貌似恭却不合乎礼的要求，那叫谄媚；貌似勇却不合乎礼的要求，那是逆乱。”孔子又说：“巧言谄媚会搅乱了仁慈。”孔子又说：“师，你做事有点儿过头，而商做事又有点儿不够。子产，好像是众人的母亲，管着大家让他们都能吃饱，可是却不能教育他们。”子贡又离开坐席问道：“请问，要怎样做才能做到适中呢？”孔子说：“礼呀礼！就是要用礼来制约、调节使之适中。”

子贡退，言游进曰：“敢问礼也者，领恶而全好者与[①]？”子曰：“然。”“然则何如？”子曰：“郊、社之义，所以仁鬼神也[②]；尝、禘之礼，所以仁昭穆也；馈、奠之礼，所以仁死丧也；射、乡之礼，所以仁乡党也；食、飨之礼，所以仁宾客也。”子曰：“明乎郊、社之义，尝、禘之礼，治国其如指诸掌而已乎[③]！是故以之居处有礼，故长幼辨也；以之闺门之内有礼，故三族和也[④]；以之朝廷有礼，故官爵序也；以之田猎有礼，故戎事闲也[⑤]；以之军旅有礼，故武功成也。是故宫室得其度，量、鼎得其象[⑥]，味得其时[⑦]，乐得其节，车得其式[⑧]，鬼神得其飨，丧纪得其哀，辨说得其党[⑨]，官得其体，政事得其施。

加于身而错于前，凡众之动得其宜。”

【注释】

①领恶而全好者与：孔疏：“子游问礼之为体，治去恶事而留全善事者与。”指去除恶事，保留善事。领，治。

②仁：孔疏：“谓仁恩，相存念也。”

③治国其如指诸掌而已乎：治理国家，大概就像把放在自己手掌上的东西指给别人看一样容易。语出《论语·八佾》：“或问禘之说。子曰：‘不知也。知其说者之于天下也，其如示诸斯乎！’指其掌。”

④三族：父、子、孙三代。

⑤闲：通“娴”，娴熟。

⑥量：斗、斛等量器。

⑦味得其时：四时有其相适宜的味道。详见《月令》篇。

⑧式：规格式样。

⑨辨说得其党：即《曲礼下》所言“在官言官，在府言府，在库言库，在朝言朝”之义。

【译文】

子贡退下，子游上前问道：“请问所谓的礼，是不是就是去除丑恶之事而保留美好之事呢？”孔子说：“是的。”子游又问道：“那究竟怎么去做呢？”孔子说：“南郊祭天和祭祀社神的祭礼的意义，是对鬼神表示存念与仁爱；尝祭、禘祭之礼的意义，是对祖先昭穆前辈表示存念与仁爱；馈食、奠祭之礼的意义，是对死者表示存念与仁爱；乡射礼、乡饮酒礼的意义，是对乡党表示存念与仁爱；食礼和飨礼的意义，是对宾客表示存念与仁爱。”孔子接着说：“明白了郊天祭地的意义，知晓了尝祭和禘祭的礼仪，那么治理国家就好像把手掌上的东西拿给人看一样容易！所以，礼到居处，日常居处有礼，长幼就能分辨清楚了；礼到家门，家门之内有礼，父、子、孙三代就能和睦相处了；礼到朝廷，朝廷宫中有礼，官职爵位就守秩序了；礼到田猎，田猎操演有礼，军事训练就娴熟了；礼到军营，军队军营有礼，作战就能成功取胜。所以，因为有礼，宫室的高矮大小建造就有了制度，量器鼎鼐的式样纹饰就有了规范，酸苦辛咸四季的味道就依照时节搭配，管弦丝竹乐器的演奏就有了节拍，乘坐的车辆大小奢简就有了规定，不同的鬼神各自得到了祭飨，五服亲疏的丧事丧主各表哀伤，《诗》《书》《礼》《乐》分辨论述各说义理，设官分职各得尊卑各在其位，布政治事各得其所各司其职。如果人人都将礼施行于自身，并放在所有事的最前面，那么众人的举动行为都能各得其宜。”

子曰：“礼者何也？即事之治也。君子有其事必有其治。治国而无礼，譬犹瞽之无相与，伥伥乎其何之[①]？譬如终夜有求于幽室之中，非烛何见？若无礼，则手足无所错，耳目无所加，进退、揖让无所制。是故以之居处，长幼失其别，闺门、三族失其和，朝廷、官爵失其序，田猎、戎事失其策，军旅、武功失其制，宫室失其度，量、鼎失其象，味失其时，乐失其节，车失其式，鬼神失其飨，丧纪失其哀，辨说失其党，官失其体，政事失其施。加于身而错于前，凡众之动失其宜，如此，则无以祖洽于众也[②]。”

【注释】

①伥伥（chāng）：茫然若失的样子。

②祖洽：郑注：“祖，始也。洽，合也。言失礼无以为众倡始，无以和合众。”

【译文】

孔子说：“礼是什么呢？就是对事情的治理处理。君子有要做的事，就有处理这件事的办法。治理国家如果没有礼，那就好像盲人走路而没有引导的人，迷茫中要去向何处呢？又好像整夜在暗室之中寻找什么，没有烛光能看见什么呢？如果没有礼，手脚就不知该往哪儿放，耳朵就不知该听什么，眼睛就不知该看什么，进退、揖让就不知该怎样安排自己的举措。所以，如果居处没有礼，长幼上下就不能辨别；家门之内没有礼，父、子、孙三代就不能和睦相处；朝廷宫中没有礼，官职爵位就没有秩序；没有礼，田猎军事就没有策划；没有礼，军队作战就不能制胜；没有礼，宫室的高低大小就没有了制度；没有礼，量器鼎鼐的式样纹饰就没有了规范；没有礼，酸苦辛咸的味道就没有了依照四季的搭配；没有礼，管弦丝竹乐器的演奏就没有了节拍；没有礼，乘坐的车辆大小奢简就没有了规定；没有礼，不同的鬼神就没有了各自的祭飨；没有礼，五服亲疏的丧事就没有了丧主各自的哀伤；没有礼，《诗》《书》《礼》《乐》的辨论就没有了各派的义理；没有礼，设官分职就没有了各得其位；没有礼，布政治事就没有了各司其职。如果不能将礼施行于自身，并放在所有事的最前面，那么众人的举动行为都不能各得所宜，这样就不能领导和团结众人了。”

子曰：“慎听之，女三人者！吾语女：礼犹有九焉[①]，大飨有四焉[②]。苟知此矣，虽在畎亩之中[③]，事之，圣人已。两君相见，揖让而入门，入门而县兴[④]，揖让而升堂，升堂而乐阕[⑤]。下管《象》、《武》[⑥]，《夏》籥序兴[⑦]，陈其荐、俎，序其礼乐，备其百官，如此而后，君子知仁焉。行中规[⑧]，还中矩[⑨]，和、鸾中《采齐》[⑩]，客出以《雍》[⑪]，彻以《振羽》[⑫]，是故君子无物而不在礼矣。入门而金作，示情也。升歌《清庙》，示德也。下而管《象》，示事也。是故古之君子，不必亲相与言也，以礼乐相示而已。”

【注释】

①礼犹有九焉：关于这九项的具体内容，历来众说纷纭，莫衷一是。

②大飨：诸侯之间举行的飨礼。四焉：孙希旦说，“金作示情，一也。升歌《清庙》示德，二也。下管《象》示事，三也。《武》《夏》籥序兴，四也。”

③畎(quǎn)亩：指田间、田野。畎，田间水沟。

④县(xuán)：乐悬，古代钟磬一类的乐器。泛代指打击乐。

⑤阕(què)：乐终。

⑥《象》、《武》：歌颂武王伐纣的乐舞，属于武舞。详见《文王世子》“天子视学”节注⑬⑭。孔疏：“上少‘升歌《清庙》’之一句。”按，下文有，可知此处亦应有。

⑦《夏》籥(yuè)：郑注：“文舞也。”为歌颂禹的乐舞。籥，古代乐器。其形似笛，跳文舞时手执籥。

⑧行中规：孔疏：“谓曲行。”

⑨还中矩：孔疏：“谓方行。”

⑩《采齐》：乐名。

⑪《雍》：《诗经·周颂》篇章。《论语·八佾》：“三家者以《雍》彻。”孙希旦说：“王飨诸侯，彻(撤)时歌《雍》，宾出奏《肆夏》”；“两君相见，客出奏《雍》，彻(撤)时歌《振羽》”。

⑫《振羽》：《诗经·周颂》作“振鹭”。

【译文】

孔子说：“仔细听好，你们三个人！我来告诉你们，礼，有九项内容，而大飨之礼占了其中的四项。如果能知道这些，即使是在垄亩中种地的农夫，依照这些去行事，也会被作为圣人对待的。两国国君相见，互相揖让进门，进门后用悬挂的钟磬乐器奏乐，再互相揖让而升堂，升堂后音乐演奏结束。乐人在堂上演唱《清庙》，再下堂用管乐演奏并跳《象》、《武》舞，然后《夏》乐奏响，舞队手执籥随乐而跳，此时笾豆鼎俎盛着饭食牲体等食品一一陈设，礼仪和乐曲按顺序进行，百官们一齐在下守候，这样来访的国君就感受到了主人欢迎的情义。大飨时的礼仪，行走弯道时走出像圆规画的弧线，行走弯拐时走出像矩尺画的方折；行车时车上的銮、铃鸣响与《采齐》乐曲的节奏相协；客人出门时，要演奏乐曲《雍》，撤除宴席时，要演奏乐曲《振羽》，所以君子做事没有一件是不合乎礼的。客人刚一进门，悬挂的铜钟就敲响了，这是表示欢迎的敬意与感情。升堂歌唱《清庙》之诗，这是歌颂文王的崇高德行。下堂用管乐演奏舞曲《象》和《武》，这是表现武王的伐纣大事与功业。所以古代的君子不必亲口互相说话，通过礼乐就可以表情达意了。”

子曰：“礼也者，理也①；乐也者，节也②。君子无理不动，无节不作。不能《诗》，于礼缪③；不能乐，于礼素④。薄于德，于礼虚。”子曰：“制度在礼，文为在礼⑤，行之，其在人乎！”子贡越席而对曰：“敢问夔其穷与⑥？”子曰：“古之人与！古之人也。达于礼而不达于乐，谓之‘素’；达于乐而不达于礼，谓之‘偏’。夫夔达于乐而不达于礼，是以传于此名也，古之人也。”

【注释】

①礼也者，理也：孔疏：“理，谓道理，言礼者使万事合于道理也。”

②乐也者，节也：孔疏：“节，制也，言乐者使万物得其节制。”

③缪（miù）：谬误。

④素：郑注：“犹质也。”即质朴无文。

⑤文为在礼：孔疏：“人之文章所为，亦在于礼，言礼为制度、文章之本。”

⑥夔（kuí）：舜时的乐官。传说中夔为一足的怪兽。孔子说“是以传

于此名”，就是影射“一足”。

【译文】

孔子说：“礼，就是道理；乐，就是节制。如果没有道理，君子就不采取行动；如果没有节制，君子就不演奏音乐。不懂得《诗》，行礼时就会出现谬误；不懂得乐，行礼时就显得寡淡无文。道德浅薄，行礼也虚伪。”孔子说：“说制度是在讲礼，文章是在讲礼，真正实行起礼还是要靠人啊！”子贡离开席位说：“请问夔对礼的理解是不是很少？”孔子回答说：“说的是古人吗！是古代的那个人。通晓礼而不通晓乐，叫‘素’；通晓乐而不通晓礼，叫‘偏’。这个一足的夔，通晓乐却不通晓礼，所以传下这样一个名字，是个古人。”

子张问政。子曰：“师乎！前，吾语女乎！君子明于礼乐，举而错之而已①。”子张复问。子曰：“师！尔以为必铺几、筵，升降，酌、献、酬、酢②，然后谓之礼乎？尔以为必行缀兆③，兴羽籥④，作钟鼓，然后谓之乐乎？言而履之，礼也；行而乐之，乐也。君子力此二者，以南面而立，夫是以天下太平也。诸侯朝，万物服体⑤，而百官莫敢不承事矣。礼之所兴，众之所治也；礼之所废，众之所乱也。目巧之室⑥，则有奥、阼⑦，席则有上下，车则有左右，行则有随，立则有序，古之义也。室而无奥、阼，则乱于堂、室也；席而无上下，则乱于席上也；车而无左右，则乱于车也；行而无随，则乱于涂也；立而无序，则乱于位也。昔圣帝、明王、诸侯，辨贵贱、长幼、远近、男女、外内，莫敢相逾越，皆由此涂出也。”三子者，既得闻此言也于夫子，昭然若发矇矣⑧。

【注释】

①错:通“措”。郑注:“犹施行也。”

②酌、献、酬、酢:见《乐记》“文侯曰:敢问溺音何从出也”节注⑨。

③缀兆:跳舞时行列的位置和进退的范围。

④羽籥(yuè):跳文舞时的舞具。见《文王世子》“凡学世子及学士”节注③。

⑤万物服体:孙希旦说:“言万事莫不顺其理也。”

⑥目巧:只凭眼力所视之巧设计建造,不讲究严格的规矩。

⑦奥:室内的西南角,是室内最尊的位置。阼:堂前东阶。主人上下堂所行之处。

⑧发矇(méng):指盲人眼睛复明。

【译文】

子张向孔子问政。孔子说:“师啊!你上前来,我来告诉你!就是君子通晓了礼乐,然后把它拿来用在为政上。”子张又进一步询问。孔子又说:“师!你以为一定要铺设案几、筵席,升阶下阶,酌酒、献酒、为宾客酬酒、为主人敬酒,那才叫做礼吗?你以为一定在画定行列站位的舞场内跳舞,挥动着羽毛和籥,敲击着钟鼓,那才叫做乐吗?话说出去了必定践行,这就是礼;践行了感到了快乐,这就是乐。君子只要尽力做到这两点,面朝南而立去为政,天下就太平了。诸侯都来朝见,万事万物无不服从顺应,百官没有敢不尽力奉职的。礼能够兴盛,民众得到治理;礼如果荒废,民众就会作乱。即使是仅凭眼力所视之巧设计,不讲究严格的规矩建造的屋室也有奥和阼阶,席位座次有上有下,乘车座位有左有右,走路行道有先有后,站立位子有序有次,这是自古以来就有的道理。如果屋室没有奥和阼阶,堂室的尊卑就会混乱;如果席位没有上下,座次的尊卑就会混乱;如果乘车没有左右,座位的尊卑就会混乱;如果走路没有先后,行道的尊卑就会混乱;如果站立没有次序,站位的尊卑就会混乱。从前圣明的帝王、诸侯,划定贵贱、长幼、远近、男女、内外的界限,不敢相互逾越,都是由于上面所说的原因。”三个学生听了孔子的这番讲解,好像盲人复明一样豁然开朗。

孔子闲居第二十九

【题解】

郑玄《礼记目录》:"善其无倦而不亵,犹使一弟子侍,为之说《诗》。"

本篇篇名取自首句四字。孔子与子夏的问答,其论为"民之父母"者,阐发《诗》义甚多。值得注意的是,本篇内容与《孔子家语·论礼》和上海博物馆从香港购回收藏的战国简本《民之父母》篇(见《上海博物馆藏战国楚竹书(二)》,上海古籍出版社2002年版)有不少相同处。

孔子闲居,子夏侍。子夏曰:"敢问《诗》云'凯弟君子,民之父母'①,何如斯可谓民之父母矣?"孔子曰:"夫民之父母乎,必达于礼乐之原,以致'五至',而行'三无'②,以横于天下③。四方有败④,必先知之。此之谓民之父母矣。"

【注释】

①凯弟君子,民之父母:见《诗经·大雅·泂酌》。凯弟,即恺悌。

②五至、三无:详见下文。

③以横于天下:上海博物馆藏战国楚简(以下简称"上博简")作"以皇于天下",横、皇,皆为充之意。

④败:忧患。

【译文】

孔子闲居在家,子夏陪侍一旁。子夏问道:"请问《诗经》句说'平易和乐的君子,就好像百姓的父母',怎样做才能称作百姓的父母呢?"孔子说:"要成为百姓的父母,一定要通晓礼乐的本源,达到'五至',做到'三无',并将此施行于天下。四方有灾祸,他一定会先知道。能做到这些,就能称作是百姓的父母了。"

子夏曰:"民之父母,既得而闻之矣。敢问何谓'五至'?"孔子曰:"志之所至,诗亦至焉;诗之所至,礼亦至焉;礼之所至,乐亦至焉;乐之所至,哀亦至焉[①];哀乐相生。是故正明目而视之[②],不可得而见也;倾耳而听之,不可得而闻也;志气塞乎天地[③]。此之谓'五至'。"

【注释】

①"志之所至"八句:关于"五至",上博简作"物之所至者,志亦至焉;志之所至者,礼亦至焉;礼之所至者,乐亦至焉;乐之所至者,哀亦至焉。"《孔子家语·论礼》作:"志之所至,诗亦至焉;诗之所至,礼亦至焉;礼之所至,乐亦至焉;乐之所至,哀亦至焉。诗礼相成,哀乐相生。"

②是故正:《孔子家语·论礼》作"诗礼相成,哀乐相生,是以正";上博简作"君子以正"。

③"明目而视之"至"志气塞乎天地":上博简此五句在后文"三无"下,见下文注。《孔子家语·论礼》下还有"行之克于四海"一句。

【译文】

子夏说:"如何成为百姓的父母,我已经听懂了。再请问什么叫做

‘五至’?”孔子回答说:“君王的心志所到达的地方,讴歌的诗也随之而至;讴歌的诗所到达的地方,礼也随之而至;礼所到达的地方,乐也随之而至;乐所到达的地方,哀也随之而至;哀与乐是相互影响而生成的。这些东西,擦亮眼睛去看,也无法看得见;竖起耳朵去听,也无法听得到;这是一种志气,充塞于天地之间。这就叫做‘五至’。”

子夏曰:“‘五至’既得而闻之矣,敢问何谓‘三无’?”孔子曰:“无声之乐,无体之礼,无服之丧,此之谓‘三无’①。”

【注释】

①上博简本“三无”是“无声之乐,无体之礼,无服之丧”,与本篇同。“此之谓‘三无’”前作“以此皇于天下。奚(倾)耳而圣(听)之,不可得而闻也;明目而视之,不可得而见也,而得既塞于四海矣”。

【译文】

子夏说:“已经听到了什么是‘五至’,再请问什么叫‘三无’?”孔子回答说:“没有歌声的音乐,没有身体揖让的礼仪,没有亲等丧服的丧礼,这就叫做‘三无’。”

子夏曰:“‘三无’既得略而闻之矣,敢问何诗近之?”孔子曰:“‘夙夜其命宥密’,无声之乐也①;‘威仪逮逮,不可选也’②,无体之礼也;‘凡民有丧,匍匐救之’,无服之丧也③。”

【注释】

①“夙夜”二句:上博简作:“孔子曰:‘善哉!商也将可学诗矣。‘成王不敢康,夙夜基命又(宥)密’,无声之乐也。’”夙夜其命宥(yòu)密,见《诗经·周颂·昊天有成命》。其,今本《毛诗》作

"基"。宥，深。密，静密。

②"威仪逮逮"二句：出自《诗经·邶风·柏舟》。逮逮，今本《毛诗》作"棣棣"，娴雅安详的样子。上博简作"威仪迟迟"，下有残阙。

③"凡民有丧"二句：出自《诗经·邶风·谷风》。匍匐，手足并行。这里是尽力的意思。上博简此处有残缺。

【译文】

子夏说："有关'三无'已经听到了，请问什么诗句与'三无'的意义最接近呢？"孔子答说："'日日夜夜谋政经营，让人们宽和宁静'，这句诗最接近没有歌声的音乐之义；'君之仪态娴雅安详，人们学习效仿'，这句诗最接近没有身体揖让的礼仪之义；'凡是别人家有了死丧，我就尽力去救助帮忙'，这句诗最接近没有亲等丧服的丧礼之义。"

子夏曰："言则大矣、美矣、盛矣！言尽于此而已乎？"孔子曰："何为其然也？君子之服之也，犹有'五起'焉①！"子夏曰："何如？"孔子曰："无声之乐，气志不违；无体之礼，威仪迟迟；无服之丧，内恕孔悲②。无声之乐，气志既得；无体之礼，威仪翼翼；无服之丧，施及四国③。无声之乐，气志既从；无体之礼，上下和同；无服之丧，以畜万邦。无声之乐，日闻四方；无体之礼，日就月将④；无服之丧，纯德孔明⑤。无声之乐，气志既起；无体之礼，施及四海；无服之丧，施于孙子。"⑥

【注释】

①五起：孔疏："五种起发之事。"孙希旦说："起，犹发也。言君子行此'三无'，由内以发于外，由近以及于远，其次第有五也。"

②恕：同情。孔：很，非常。

③施（yì）：蔓延，延及。

④日就月将：郑注："就，成也。将，大也。使民之效礼日有所成，至月则大矣。"即每天都有进步，每月都有成就。上博简作"日逑月相"，义同。

⑤孔明：显明。

⑥上博简这一节有部分文句残缺，其余内容基本相同。

【译文】

子夏说："您这些话真伟大，真美妙，真实在！那么这些话说到这里就是说尽了吧？"孔子说："怎么会说尽了呢？君子实行'三无'时，还有'五起'呢！"子夏说："'五起'都是什么呢？"孔子说："没有歌声的音乐，说明民意不违国君的心志；没有身体揖让的礼仪，说明君子仪态仍娴雅安详；没有亲等丧服的丧礼，说明君子内心同情且大悲。这是一。没有歌声的音乐，说明君子志得意满；没有身体揖让的礼仪，说明君子仪态温良恭敬；没有丧服的服丧，说明仁爱施及四方。这是二。没有歌声的音乐，说明君子意志民众服从；没有身体揖让的礼仪，说明上下和睦齐顺；没有亲等丧服的丧礼，说明君子以孝道抚恤万国。这是三。没有歌声的音乐，说明君子声名远扬传播四方；没有身体揖让的礼仪，说明君子日有进步月有成就；没有亲等丧服的丧礼，说明君子德行高尚非常显明。这是四。没有声音的音乐，说明君子志气已勃兴；没有身体揖让的礼仪，说明君子仪态万方遍及四海；没有丧服的服丧，说明君子的仁爱延及子孙万代。这是五。"

子夏曰："三王之德①，参于天地②，敢问何如斯可谓参于天地矣？"孔子曰："奉'三无私'以劳天下③。"子夏曰："敢问何谓'三无私'？"孔子曰："天无私覆，地无私载，日月无私照，奉斯三者以劳天下，此之谓'三无私'。其在《诗》曰：'帝命不违，至于汤齐。汤降不迟，圣敬日齐。昭假迟迟，上帝是祗，帝命式于九围。’[4]是汤之德也。天有四时，春秋冬夏，风雨霜露，无非教也。地载神气[5]，神气风霆[6]，风霆流形，庶物露生，无非教也。清明在躬，气志如神。耆欲将至，有开必先。天降时雨，山川出云。其在《诗》曰：‘嵩高维岳，峻极于天。维岳降神，生甫及申。维申及甫，维周之翰。四国于蕃，四方于宣。’[7]此文武之德也。三代之王也，必先其令闻[8]。《诗》云‘明明天子，令闻不已’[9]，三代之德也；‘弛其文德，协此四国’[10]，大王之德也。”子夏蹶然而起[11]，负墙而立，曰：“弟子敢不承乎！”

【注释】

①三王：指夏禹、商汤、周文王。

②参于天地：郑注：“其德与天地为三也。”

③劳：以恩德招之使来。

④“其在《诗》曰”以下七句：出自《诗经·商颂·长发》。齐，通“跻”，升。假（gé），至。祗，敬。九围，九州之界。

⑤神气：孔疏：“神妙之气。”

⑥风霆：狂风和雷霆。

⑦“《诗》曰”以下八句：出自《诗经·大雅·崧高》。嵩，今《毛诗》作“崧”，高貌。岳，指四岳，即东岳泰山、西岳华山、北岳恒山、南岳衡山。甫，甫侯，周穆王时大臣，一说为周宣王时的贤臣。申，申伯。与甫侯皆为姜姓之国。翰，榦，桢榦，指主干，栋梁之材。四国于蕃，四方于宣：郑笺：“四国有难，则往扞御之，为之蕃屏。四方恩泽不至，则往宣畅之。”

⑧令闻：郑注：“令，善也。言以名德善闻，天乃命之王也。”

⑨明明天子，令闻不已：出自《诗经·大雅·江汉》。明明，勤勉的

样子。

⑩“弛其文德”二句：亦出自《诗经·大雅·江汉》。弛，今本《毛诗》作“矢”，陈。

⑪蹶(jué)然：快速站起的样子。

【译文】

子夏问道：“夏禹、商汤、周文王的德行与天地相配而为三，请问怎么做才能称作与天地相配而为三呢？”孔子答说：“要遵奉‘三无私’的精神，以恩德慰劳天下招揽天下。”子夏又问：“请问什么叫做‘三无私’？”孔子答：“上天无私地覆盖万物，大地无私地承载万物，日月无私地照耀万物，遵奉这三条精神来慰劳天下招揽天下，就叫做‘三无私’。在《诗经》中有句说：‘上帝的命令不违背，一直到汤登上君位。汤颁下政令不迟缓，圣教庄严崇敬日隆。光明到来照耀天际，恭恭敬敬侍奉上帝，上帝命汤治理九州。’这就是商汤的美德。天有四时，春秋冬夏，刮风下雨，下露降霜，这些都是上天对世人的教化。大地承载着神妙之气，神妙之气导致狂风暴雷，狂风暴雷流布其形于天下，使得万物露出土地而生长，这些都是大地对世人的教化。自身德行清明，气志微妙如神。他统治天下的愿望将要实现，神灵为他做先导，必为他生下贤臣做辅弼。就像天将依时降雨，山川就先生成了云气吐出。在《诗经》中有句说：‘高高的山岭是四岳，高峻的山峰入云天。唯有四岳能降神，生下了甫侯和申伯。唯有甫侯和申伯，才是周的支柱与桢榦。他们作为屏藩捍卫国家，颂扬恩德四方宣扬。’这就是文王、武王的美德。夏、商、周三代的君王，在称王之前就已经有了美好的声誉。《诗经》中有句说：‘勤勉的天子，美名传扬无休止’，这就是三代圣王的美德；还有诗句说：‘施展他的文德，协和四方之国’，这就是太王亶父的美德。”子夏听到这里，猛地站了起来，倚墙而立，说：“学生怎么敢不接受老师的教导呢！”

坊记第三十

【题解】

郑玄《礼记目录》说："名'坊记'者，以其记'六艺'之义，所以坊人之失者也。"

坊，就是防。本篇记如何通过礼的节制作用来防止人们做错事，与后面的《表记》互为表里，相辅相成。《坊记》主记防范他人的过失，《表记》则在于为人们树立行为的表率。

子言之："君子之道，辟则坊与[①]？坊民之所不足者也。大为之坊，民犹逾之。故君子礼以坊德，刑以坊淫，命以坊欲[②]。"

【注释】

①辟（pì）：通"譬"。坊：同"防"。

②命：政令。

【译文】

孔子说："君子的治民之道，譬如防水的堤防吧？是防止百姓道德的不足的。即使大加防范，人们还是会有逾越的。所以君子用礼法来防范道德上的缺失，用刑罚来防范淫邪，用政令来防范贪欲。”

子云：“小人贫斯约[1]，富斯骄。约斯盗，骄斯乱。礼者，因人之情而为之节文[2]，以为民坊者也。故圣人之制富贵也，使民富不足以骄，贫不至于约，贵不慊于上[3]，故乱益亡。”

【注释】

①约：郑注：“犹穷也。”

②因人之情而为之节文：郭店楚简《性自命出》、上海博物馆藏楚墓竹简《性情》篇皆有：“礼乐，有为举之也。圣人比其类而论会之，观其先后而逆顺之，体其义而节文之，理其情而出入之，然后复以教。”

③慊（qiǎn）：郑注：“恨、不满之貌也。”据孔疏，这是指国君制定了禄秩，臣子不应不满自己的禄爵比不上别人。

【译文】

孔子说：“小人贫寒就穷困，富有就骄纵。穷困就会做盗贼，骄纵就会为乱。礼，就是根据人的性情而进行调节制约，以对民众防范。所以圣人制定了节制富贵的礼法，使富有的人不至于骄纵，贫寒的人不至于穷困，身居贵位的人不会憎恶爵秩俸禄比他高的人，这样动乱就会消亡了。”

子云：“贫而好乐，富而好礼，众而以宁者[1]，天下其几矣[2]！《诗》云：‘民之贪乱，宁为荼毒。’[3]故制国不过千乘[4]，都城不过百雉[5]，家富不过百乘。以此坊民，诸侯犹有畔者[6]。”

【注释】

①众：大族众家。宁：安。

②天下其几矣：郑注："言如此者寡也。"

③"《诗》云"以下二句：出自《诗经·大雅·桑柔》。

④乘（shèng）：兵车。

⑤雉：高一丈、长三丈为一雉。

⑥畔：通"叛"。

【译文】

孔子说："贫穷但能自得其乐，富贵但能谦和好礼，族人众多但能平安相处，这样的人天下很少呢！《诗经》上说：'人们因贪欲而为乱，宁愿身陷荼毒遭受苦难。'所以按规定诸侯国家依军赋征集的兵车不得超过一千辆，国都的城墙高度不得超过百雉，富足的卿大夫之家依军赋征集的兵车不得超过一百辆。就用这些办法来防范人们，诸侯还是有叛乱的。"

子云："夫礼者，所以章疑别微，以为民坊者也。故贵贱有等，衣服有别，朝廷有位，则民有所让。"

【译文】

孔子说："所谓礼，用来彰显疑惑、辨别隐微，从而对人们加以防范。所以要按照贵贱不同区分等级，按照尊卑差别穿着衣服，按照职务高下排定朝廷上的位子，这样人们就知道要有所谦让了。"

子云："天无二日，土无二王，家无二主，尊无二上，示民有君臣之别也。《春秋》不称楚、越之王丧[①]，礼，君不称天，大夫不称君，恐民之惑也。《诗》云：'相彼盍旦，尚犹患之。'[②]"

【注释】

①《春秋》不称楚、越之王丧：郑注："楚、越之君僭号称王，不称其丧，谓不书葬也。"

②"《诗》云"以下二句：此为逸诗。相，视，看。盍旦，郑注："夜鸣求旦之鸟也，求不可得也，人犹恶其欲反昼夜而乱晦明，况于臣之僭君，求不可得之类，乱上下惑众也。"

【译文】

孔子说："天上没有两个太阳，地上没有两个帝王，一家没有两个主人，最高位上不能有两个尊者，这就是要向民众表示的君臣的差别。《春秋》因楚、越国国君僭越称王，国君死后不记载其下葬，按礼制规定，诸侯国君不能称天，大夫不能称君，恐怕民众产生困惑。《诗经》中说：'看看那夜里乱叫的盍旦鸟，人们是多么厌恶它。'"

子云："君不与同姓同车，与异姓同车不同服，示民不嫌也。以此坊民，民犹得同姓以弑其君。"

【译文】

孔子说："国君不与同姓的人同乘一车，与异姓的人可以同乘一车，但不穿相同的服装，这是向民众表示区别避免混乱。用这种礼法对人们加以防范，可还是有同姓之人弑杀国君的。"

子云："君子辞贵不辞贱，辞富不辞贫，则乱益亡。故君子与其使食浮于人也[1]，宁使人浮于食。"

【注释】

①故君子与其使食浮于人也：郑注："禄胜己则近贪，己胜禄则近

廉。"食,俸禄。浮,上。

【译文】

孔子说:"君子推辞高贵而不推辞卑贱,推辞富有而不推辞贫穷,这样动乱就会逐渐消亡。所以君子与其让所得的俸禄超过人所具有的能力,宁可让人所具有的能力超过所得的俸禄。"

子云:"觞酒、豆肉[1],让而受恶,民犹犯齿。衽席之上[2],让而坐下,民犹犯贵。朝廷之位,让而就贱,民犹犯君。《诗》云:'民之无良,相怨一方。受爵不让,至于已斯亡。'[3]"

【注释】

①觞酒、豆肉:盛酒于觞,盛酒于豆。

②衽(rèn)席:飨、燕之会所设之席。

③"《诗》云"以下四句:出自《诗经·小雅·角弓》。孔疏:"言小人在朝,无良善之行,共相怨恨,各在一方,不相往来,又受爵禄不肯相让,行恶至甚,至于灭亡。"

【译文】

孔子说:"一觞酒、一豆肉,谦让推辞后接受不好的一份,君子就这样亲身践行并加以倡导,还是会有人冒犯长者。在飨、燕之会所设之席上,谦让推辞后坐下,君子就这样亲身践行并加以倡导,还是会有人冒犯尊者。在朝廷上站立的位次,谦让推辞后站到下方的贱位,君子就这样亲身践行并加以倡导,还是会有人冒犯君上。《诗经》中说:'人们没有良善之行,各在一方相互抱怨。受爵受禄不知谦让,行恶多多终至灭亡。'"

子云:"君子贵人而贱己,先人而后己,则民作让。故称人之君曰'君'，自称其君曰'寡君'[①]。"

【注释】

①寡君：郑注："犹言少德之君，言之谦。"

【译文】

孔子说："君子尊重别人而贬抑自己，先人而后己，这样人们就会养成谦让的风气。所以称呼他国的国君叫'君'，称呼本国的国君叫'寡君'。"

子云："利禄先死者而后生者，则民不偝[①]；先亡者而后存者[②]，则民可以托[③]。《诗》云：'先君之思，以畜寡人。'[④]以此坊民，民犹偝死而号无告。"

【注释】

①偝(bèi)：背弃。

②亡者：孙希旦说："谓出在国外者。存，谓在国者。"

③民可以托：孔疏："谓在上以此化民，民皆仁厚，皆可以大事相付托也。"

④"《诗》云"以下二句：见《诗经·邶风·燕燕》。今本《毛诗》作"先君之思，以勖寡人"。勖，勉。

【译文】

孔子说："功名利禄，应先给予死者而后给予生者，这样人们就不会背弃死者；先给予为国事奔波国外的人，后给予留在国内的人，这样教育出来的人们都仁厚可靠，可以托付大事。《诗经》中说：'时刻思念先君，以此勉励寡人。'即使用这样一些方法防范人们，还是会有背弃死者而令死者家人伤心号哭无处申告的。"

子云："有国家者贵人而贱禄，则民兴让；尚技而贱车，则民兴艺。故君子约言，小人先言。"

【译文】

孔子说："国家掌权的人，如果以人才为尊贵而以爵禄为轻贱，那么人们尊重礼让人才的风气就会兴起了；如果以技艺为高尚而以车马为轻贱，那么人们学习技艺的风气就会兴起了。所以君子是说得少而做得多，小人是没做事就先说大话。"

子云："上酌民言①，则下天上施②；上不酌民言，则犯也；下不天上施③，则乱也。故君子信让以莅百姓，则民之报礼重。《诗》云：'先民有言，询于刍荛。'④"

【注释】

①酌：郑注："犹取也。"

②则下天上施：孔疏："既得民心，民皆喜悦，则在下之民仰君之德如天，敬此在上所施之恩泽，言受上恩泽如受之于天，尊之也。"

③下不天上施：孔疏："言在下之民若不仰君如天，敬此在上，则施之恩泽虽有君恩，而在下不领，则祸乱之事起也。"

④"《诗》云"以下二句：出自《诗经·大雅·板》。刍荛（chú ráo），割草砍柴的人。

【译文】

孔子说："君上如果吸取民众的意见，那么在下的民众受到君上所施恩泽，敬仰如天；如果君上不吸取民众的意见，那么在下的民众就会犯上；在下的民众不敬仰君上，不领受君上的恩泽，就会发生动乱。所以君子用诚信谦让来对待百姓，民众就会以礼回报。《诗经》中说：'古人有话教导说，凡事问问割草砍柴人。’”

子云：“善则称人，过则称己，则民不争。善则称人，过则称己，则怨益亡。《诗》云：‘尔卜尔筮，履无咎言。’[①]”子云：“善则称人，过则称己，则民让善。《诗》云：‘考卜惟王，度是镐京。惟龟正之，武王成之。’[②]”子云：“善则称君，过则称己，则民作忠。《君陈》曰：‘尔有嘉谋嘉猷，入告尔君于内，女乃顺之于外。曰：‘此谋此猷，惟我君之德。’於乎！是惟良显哉！’[③]”子云：“善则称亲，过则称己，则民作孝。《大誓》曰：‘予克纣，非予武，惟朕文考无罪。纣克予，非朕文考有罪，惟予小子无良。’[④]”

【注释】

①“《诗》云”以下二句：出自《诗经·卫风·氓》。履无咎言，今本《毛诗》“履”作“礼”，意为卜筮本咎恶之言，致咎者在己。

②“《诗》云”以下四句：出自《诗经·大雅·文王有声》。镐（hào）京，西周国都，在今陕西西安附近。

③“《君陈》曰”以下七句：《君陈》为《尚书》篇名，今已亡佚，见于伪《古文尚书》者不可信。猷（yóu），计谋。於（wū）乎，呜呼。

④“《大誓》曰”以下六句：《泰誓》为《尚书》篇名，今已亡佚。伪《古文尚书》有《泰誓》上、中、下三篇，不可信。大，同“太”。文考，武王称其父文王。

【译文】

孔子说：“功绩归于他人，过失归于自己，这样民众就不会发生争执。功绩归于他人，过失归于自己，这样民众的怨恨就会日益消失。《诗经》上说：‘占卜占筮，卦象本无恶言，有错都在自己。’”孔子说：“功绩归于他人，过失归于自己，这样民众就会谦让。《诗经》上说：‘武王向神灵问卜，谋划在镐京建都。龟出吉兆表示肯定，武王于是建成国都。’”孔子说：“功绩归于君王，过失归于自己，这样民众就会忠君。《君陈》上说：‘你有好主意、好计谋，告诉你的君王，朝内得到君王采纳，朝外就去实行推广。要说‘好主意，好计谋，都因国君的好德行。’呜呼！君王美好德行，多么高尚多么显明！’”孔子说：“功绩归于父母，过失归于自己，这样人们就会孝亲。《太誓》上说：‘我若战胜纣，不是因为我的武功强，是因为我的父亲有德没过错。纣若打败我，不是因为我的父亲有过错，而是因为我这个做儿子的不肖无功德。’”

子云：“君子弛其亲之过①，而敬其美。《论语》曰：‘三年无改于父之道，可谓孝矣。’②‘高宗’云：‘三年其惟不言，言乃谨。’③”

【注释】

①弛：郑注：“犹弃忘也。”

②“《论语》曰”以下二句：出自《论语·学而》。

③“‘高宗’云”以下二句：今《尚书》无《高宗》篇，孔疏：“此《尚书·说命》之篇，论高宗之事”，“《高宗》非《书》篇之名”。又说，据《古文尚书·序》，“《高宗之训》篇有此语”。今依照体例“高宗”加引号，不加书名号。此二句分见《说命》和《无逸》篇。高宗，殷高宗武丁。讙（huān），同“欢”。

【译文】

孔子说：“君子对父母的过错都遗忘掉，只记住并敬重父母的美德。《论语》中说：‘做儿子的三年不改变父亲生前的所作所为，就可以称得上孝了。’‘高宗’说：‘高宗居丧，三年都没说话、没发政令，丧期届满一发政令,天下都欢心。'"

子云:"从命不忿,微谏不倦,劳而不怨,可谓孝矣。《诗》云:'孝子不匮。'①"

【注释】

①孝子不匮:出自《诗经·大雅·既醉》。

【译文】

孔子说:"遵从父母之命心中从无不满,劝谏父母柔声细气一点一点说,为父母操劳从无怨言,能做到这样可以称得上孝了。《诗经》上说:'孝子之孝,永不匮乏。'"

子云:"睦于父母之党①,可谓孝矣。故君子因睦以合族②。《诗》云:'此令兄弟,绰绰有裕;不令兄弟,交相为瘉。'③"

【注释】

①睦:郑注:"厚也。"党:郑注:"犹亲也。"

②合族:郑注:"谓与族人燕,与族人食。"

③"《诗》云"以下四句:出自《诗经·小雅·角弓》。令,善。绰绰,宽裕的样子。裕,富饶。瘉,病。

【译文】

孔子说:"能与父母的亲属和睦相处,可以称得上孝了。所以君子为和睦族人而定期聚合族人宴饮。《诗经》中说:'好兄弟关系好,宽宽绰绰融融洽洽;坏兄弟关系坏,相互整人相互坑害。'"

子云："于父之执[①]，可以乘其车，不可以衣其衣[②]。君子以广孝也。"

【注释】

①父之执：郑注："与父执志同者也。"即与父亲志同道合的朋友。

②"可以"二句：这是说父亲的朋友与自己地位相当，可以乘坐他的车，因为车离身较远，而衣服贴身，不可用。这是以尊父之心对待父亲之友。

【译文】

孔子说："对于与父亲志同道合的朋友，可以乘用他的车子，却不可以穿他的衣服。君子之孝就这样广传天下。"

子云："小人皆能养其亲，君子不敬，何以辨？"

【译文】

孔子说："小人也都能养活他的双亲，君子如果只能赡养而不能尊敬双亲，那与小人还有什么区别呢？"

子云："父子不同位，以厚敬也。《书》云：'厥辟不辟，忝厥祖。'[①]"

【注释】

①"《书》云"以下二句：出自《尚书·太甲》。厥辟不辟，忝厥祖，郑注："厥，其也。辟，君也。忝，辱也。为君不君，与臣子相亵，则辱先祖矣。"

【译文】

孔子说："父与子不能处于相同的位次上，这是要强调对父亲的敬重。《尚书》说：'为君却不像君，玷辱了他的先祖。'"

子云："父母在，不称老[①]，言孝不言慈。闺门之内，戏而不叹[②]。君子以此坊民，民犹薄于孝而厚于慈。"

【注释】

①不称老：见《曲礼上》"夫为人子者，出必告"节注③。

②戏：郑注："谓孺子言笑者也。"叹：忧戚之声。

【译文】

孔子说："父母在世，儿子不得自称说'老'，只说如何孝顺父母，不说如何慈爱晚辈。家门之内，可以嬉笑逗乐而不可唉声叹气。君子用这些礼法来规范民众，民众中还是有轻视孝敬父母而重视疼爱子女的。"

子云："长民者[①]，朝廷敬老，则民作孝。"

【注释】

①长(zhǎng)民者：郑注："谓天子、诸侯也。"

【译文】

孔子说："统治民众的君王，如果能在朝廷上尊敬老人，那么民众就会遵奉孝顺之道。"

子云："祭祀之有尸也，宗庙之有主也，示民有事也[①]。

修宗庙，敬祀事，教民追孝也。以此坊民，民犹忘其亲。”

【注释】

①示民有事：表示民众有尊事的对象。

【译文】

孔子说：“祭祀的时候有代表神灵的尸，宗庙中设立先祖的神主牌位，这是向人们展示尊崇祭拜的对象。修筑宗庙，恭敬地进行祭祀之事，这是教导百姓追念先祖。君子用这种礼法来规范民众，民众中还是有忘记了自己的亲人的。”

子云：“敬则用祭器①，故君子不以菲废礼②，不以美没礼③。故食礼，主人亲馈则客祭④，主人不亲馈则客不祭。故君子苟无礼，虽美不食焉。《易》曰：‘东邻杀牛，不如西邻之禴祭，寔受其福。’⑤《诗》云：‘既醉以酒，既饱以德。’⑥以此示民，民犹争利而忘义。”

【注释】

①祭器：指笾、豆类的食器。郑注：“有敬事于宾客则用之，谓飨食也。”

②菲：薄。

③没：孔疏：“过也。”

④祭：食前祭。

⑤“《易》曰”以下三句：出自《易·既济》九五爻辞。禴，同“礿”，祭名。属于规模较小的祭祀。寔，同“实”。

⑥“《诗》云”以下二句：出自《诗经·大雅·既醉》。

【译文】

孔子说："为了表示对宾客的尊敬，拿出祭祀时才用的祭器宴飨宾客。君子不因祭品菲薄就废弃礼仪，也不因祭品丰实而超过礼仪的规定。因此，在食礼中，主人如果亲自为宾客上菜，宾客就举行食前的祭礼；主人如果没有亲自为宾客上菜，宾客就不举行食前的祭礼。所以君子如果遇到不合乎礼仪的接待，即使是美味也不吃。《易》中说：'东边的邻国杀牛举行祭祀，不如西边的国家杀猪举行礿祭，得到神的福佑更实惠。'《诗经》上说：'不但请我喝醉了美酒，还亲自教我领略了美德。'君子用这种礼法为民众作展示，民众中还是有为争利而忘记了道义的。"

子云："七日戒，三日齐[①]，承一人焉以为尸，过之者趋走，以教敬也。醴酒在室，醍酒在堂，澄酒在下[②]，示民不淫也。尸饮三，众宾饮一，示民有上下也。因其酒肉，聚其宗族，以教民睦也。故堂上观乎室，堂下观乎上[③]。《诗》云：'礼仪卒度，笑语卒获。'[④]"

【注释】

①七日戒，三日齐：戒，散斋。指祭祀前十日开始的连续七天的斋戒。齐，同"斋"，致斋。指祭祀前三天的严格斋戒，又叫"致斋"。见《祭义》"致齐于内，散齐于外"节注①。

②"醴酒在室"三句：《礼运》篇作"玄酒在室，醴、醆在户，粢醍在堂，澄酒在下"。玄酒，清水。醴酒、醍酒、澄酒，酒味依次增厚。详见《礼运》"言偃复问曰：夫子之极言礼也，可得而闻与"节注⑯⑱⑲。

③"故堂上"二句：祭祀时最尊者在室中，尊者在堂上，卑者在堂下。

孔疏引沈重云："祭祀之时，在堂上者，观望在室之人以取法"，"谓在堂下之人，观看于堂上之人以为则，言上下内外，更相仿法"。

④"《诗》云"以下二句：出自《诗经·小雅·楚茨》。卒，尽。度，法度。获，得宜。

【译文】

孔子说："祭祀的前十天，连续七天的散斋，最后三天的致斋，立一人为尸象征神灵加以侍奉，通过尸的面前要小步趋走，这是教导人们要敬奉神灵。醴酒放在室内，醍酒放在堂上，澄酒放在堂下，这是向民众显示饮酒不要过分。祭祀时向尸敬酒三次，向众宾客敬酒一次，这是向民众展示对上下尊卑等级的尊重。凭借祭祀的酒肉，聚合族人，这是教导民众和睦相处。所以堂上之人观看室内之人的礼仪，堂下之人观看堂上之人的礼仪。《诗经》上说：'礼仪都合乎法度，谈笑都很得体。'"

子云："宾礼每进以让[①]，丧礼每加以远[②]。浴于中霤[③]，饭于牖下，小敛于户内，大敛于阼，殡于客位[④]，祖于庭[⑤]，葬于墓，所以示远也。殷人吊于圹[⑥]，周人吊于家，示民不偝也。"子云："死，民之卒事也，吾从周。以此坊民，诸侯犹有薨而不葬者。"

【注释】

①宾礼每进以让：宾礼多揖让行礼，据孔疏，如乡饮酒礼，主人迎宾，至门三辞，至阶三让，所以叫做"宾礼每进以让"。

②丧礼每加以远：指丧礼每进行一项，都距离死者过去的生活的处所越来越远，从房室中央，一直到入葬墓穴。见下文。

③中霤（liù）：室内中央。

④客位：西阶上。

⑤祖：祖奠。灵柩车出发去墓地前的祭奠。

⑥圹(kuàng)：墓地。

【译文】

孔子说："举行宾礼，每进入一个阶段都要互相谦让，进门、登阶、升堂，主人都向宾客揖让行礼，主宾互让；举行丧礼时，每进入一个阶段死者离过去就更远了。人死后首先在室中央洗浴，然后在室内南窗下饭含，在室门内举行小殓，在阼阶上举行大殓，在西阶上停殡，在庭中举行祖奠，最后葬入墓穴中。这就表示死者离过去越来越远了。殷人在墓地上吊唁死者家属，周人在死者入葬家属回家后再吊唁，这是向民众表示不背弃死者。"孔子说："死，是人的最后一件事，我赞成周人死者入葬家属回家后再吊唁的做法。君子用这种方法来防范民众不遵礼法，可还是有诸侯死后不能如期安葬的。"

子云："升自客阶，受吊于宾位①，教民追孝也。未没丧，不称君，示民不争也。故鲁《春秋》记晋丧曰：'杀其君之子奚齐，及其君卓。'②以此坊民，子犹有弑其父者。"

【注释】

①"升自客阶"二句：郑注："既葬矣，犹不由阼阶，不忍即父位也。"按，主位本是父亲生前所在之位，父亲去世后孝子应由阼阶上堂继父位，但思亲而不忍心居主位，于是从客阶上堂，居于客位。

②"故鲁《春秋》"以下二句：《春秋》僖公九年(前651)载："晋里克杀其君之子奚齐。"僖公十年(前650)："晋里克杀其君卓。"晋献公死于僖公九年，去世未逾年，所以称其子奚齐为子而不为君，第二年卓又被里克杀死，但已继承君位，故称君。里克，晋国大夫。

【译文】

孔子说："孝子从西阶客阶升堂，在宾位接受吊唁，这是教导人们追念亲人。所以丧期未满，嗣子就不能称君，这是教导民众不要相争。史书鲁《春秋》记载晋国的丧事说：'晋国的大臣里克杀死了晋国国君的儿子奚齐，及其国君卓。'用这种方法防范民众不遵礼法，可还是有儿子杀掉了他的父亲的。"

子云："孝以事君，弟以事长[①]，示民不贰也。故君子有君不谋仕，唯卜之日称二君[②]。丧父三年，丧君三年，示民不疑也。父母在，不敢有其身，不敢私其财，示民有上下也。故天子四海之内无客礼，莫敢为主焉。故君适其臣，升自阼阶，即位于堂，示民不敢有其室也。父母在，馈献不及车马，示民不敢专也。以此坊民，民犹忘其亲而贰其君。"

【注释】

①弟：通"悌"。

②卜之日：郑注："谓君有故而为之卜也。"二君：当作"贰君"。这是说做国君的副手。

【译文】

孔子说："用孝顺父母之道来事奉国君，用敬顺兄长之道来事奉尊长，这是向人们展示没有贰心。所以国君在位时国君之子不谋官职，只有在为国君占卜时才称自己是国君的副手。父亲死了守丧三年，国君死了也守丧三年，表示国君与父亲一样，这是毫无疑义的。父母还在世，就不敢把自己的身体当做自己个人的，就不敢把家庭财产当做自己个人的，这是向民众表示上下的差别。所以四海之内没有天子做宾客的礼仪，因为没人敢做天子的主人。所以国君到臣子家里，从阼阶登堂，即位于堂上，这是向民众表示，在国君面前没有臣子私有的宫室。父母还在世，向别人赠送东西，不得馈赠车马那样的贵重物品，这是教导民众做儿子的不能专擅家庭财产。君子用这种办法来防范民众不遵礼法孝道，民众中还是有忘记双亲和对国君怀有贰心的。”

子云：“礼之先币帛也[①]，欲民之先事而后禄也。先财而后礼则民利，无辞而行情则民争[②]，故君子于有馈者弗能见，则不视其馈[③]。《易》曰：‘不耕获，不菑畬，凶。’[④]以此坊民，民犹贵禄而贱行。”

【注释】

①礼之先币帛也：郑注：“谓所执之贽以见者也，既相见，乃奉币帛以修好也。”即先行见面之礼，再赠送币帛礼物。

②无辞而行情则民争：孔疏：“言与人相见，无辞让之礼，直行己情，则有利欲，故民为争。”行情，用币帛致情。

③不视：不接受。

④“《易》曰”以下三句：出自《易·无妄》六二爻辞，但爻辞中无“凶”字。菑（zī），耕种一年的土地。畬（yú），耕种三年的熟田。

【译文】

孔子说：“与人相见，要先行见面之礼，再奉上币帛等礼物，这是要民众懂得先做事而后受禄的道理。如果先奉上见面的礼物然后再行礼，民众就会贪利，不加推辞就径直接受礼物，民众就会争利，所以君子在有人馈赠礼物时，如果不能亲自见面，就不收受礼物。《易》上说：‘不耕种，就收获，不开荒，就得到良田，凶。’君子用这种办法来防范民众不顾礼法，民众中还是有只看重利禄而轻视行礼的。”

子云："君子不尽利，以遗民。《诗》云：'彼有遗秉，此有不敛穧，伊寡妇之利。'[①]故君子仕则不稼，田则不渔，食时不力珍[②]。大夫不坐羊，士不坐犬[③]。《诗》云：'采葑采菲，无以下体。德音莫违，及尔同死。'[④]以此坊民，民犹忘义而争利，以亡其身。"

【注释】

①"《诗》云"以下三句：出自《诗经·小雅·大田》。秉，禾把。穧（jì），割下未束敛的谷子。

②珍：美味。

③"大夫"二句：郑注："古者杀牲，食其肉，坐其皮。不坐犬羊，是不无故杀之。"

④"《诗》云"以下四句：出自《诗经·邶风·谷风》。郑注："采葑、菲之菜者，采其叶而可食，无以其根美则并取之，苦则弃之，并取之，是尽利也。"葑（fēng），蔓菁。菲，萝卜。体，根部。

【译文】

孔子说："君子不把利益全占尽，而要遗留一些给民众。《诗经》里说：'那里有遗留的小把的禾穗，这里有未捆束收尽的谷子，那是留给寡妇们捡拾的利益。'所以君子做官就不种庄稼，狩猎就不打鱼，四季都吃当季的食物但不追求珍异。大夫无故不杀羊，士无故不杀狗。《诗经》上说：'采获蔓菁采萝卜，只摘叶子不取根。牢记你的美德美名，我愿与你同死共生。'君子用这种办法来防范民众不顾礼法，民众中还是有忘记道义去争利而丢了命的。"

子云："夫礼，坊民所淫[①]，章民之别，使民无嫌，以为民纪者也。故男女无媒不交，无币不相见[②]，恐男女之无别也。

以此坊民，民犹有自献其身。《诗》云：‘伐柯如之何？匪斧不克。取妻如之何？匪媒不得。’③‘蓺麻如之何？横从其亩。取妻如之何？必告父母。’④”

【注释】

①淫：贪色，淫乱。

②币：指婚礼“六礼”之一纳征时送出的币。“纳征”由男方向女方送聘礼，标志双方确定了婚姻关系。

③“《诗》云”以下四句：出自《诗经·豳风·伐柯》。柯，斧柄。匪，同“非”。克，能。

④“蓺（yì）麻”以下四句：出自《诗经·齐风·南山》。蓺，种。横从，即“横纵”。

【译文】

孔子说：“礼，用来防范民众的贪淫，彰显男女的差别，使男女之间没有嫌疑，以此作为民众遵守的纲纪。所以男女之间没有媒妁就不得交往，没有纳聘礼送出订婚币帛就不得相见，害怕男女之间没有区别。君子用这种办法来防范民众不顾礼法，民众中还是有私自献身的。《诗经》上说：‘要砍树做斧柄怎么办？没有斧头就不行。要娶妻讨老婆怎么办？没有媒人就不行。’‘要种麻怎么办？横向纵向整治田亩。要娶妻讨老婆怎么办？一定要先禀告父母。’”

子云：“取妻不取同姓，以厚别也①。故买妾不知其姓则卜之。以此坊民，鲁《春秋》犹去夫人之姓，曰‘吴’，其死，曰‘孟子卒’②。”

【注释】

①厚:郑注:“犹远也。”

②“鲁《春秋》”四句:《春秋》记载鲁国国君娶妻皆书其姓。如娶齐女,就记“夫人姜氏至自齐”。鲁、吴二国皆为姬姓,按礼不应通婚,但鲁昭公却娶吴女为夫人,《杂记下》载“夫人之不命于天子,自鲁昭公始也”,说明吴女的身份没有得到天子的认可,鲁国史书的记载中只好去掉姓,说“夫人至自吴”。鲁昭公夫人去世后也隐讳其姓,只说其字“孟子卒”。孟子,鲁昭公夫人的字。

【译文】

孔子说:“娶妻不娶同姓的女子,这是为加大血缘的差别。所以买妾时如果不知道妾的姓,就用占卜判定是与否。君子用这种办法来防范民众不顾礼法,可鲁昭公还是娶了同为姬姓的吴女,鲁《春秋》记此事,只好去掉夫人的姓,说‘来自吴国’;夫人去世,也只说‘孟子卒’。”

子云:“礼,非祭,男女不交爵①。以此坊民,阳侯犹杀缪侯而窃其夫人,故大飨废夫人之礼②。”

【注释】

①交爵:郑注:“谓相献酬。”即互相敬酒。

②“阳侯”二句:阳、缪,疑是国名。缪侯,《淮南子·氾论训》作“蓼侯”。《训纂》引王引之说,缪,读为“蓼”。高诱注说,蓼侯,皋陶之后,偃姓之国,今在庐江。按大飨礼,夫人也要向宾客献酒,阳侯看见献酒的缪侯夫人美艳,于是杀死缪侯而抢走其夫人。又篡其国而自立。所以,从此废止了夫人献酒之礼,改为请人代献。

【译文】

孔子说:“按礼规定,不是祭祀,男女之间不得相互敬酒。君子用这种办法来防范民众不顾礼法，阳侯还是杀掉缪侯而霸占了他的夫人。所以，以后的大飨礼就废除了夫人参与之礼。”

子云：“寡妇之子，不有见焉，则弗友也，君子以辟远也①。故朋友之交，主人不在，不有大故②，则不入其门。以此坊民，民犹以色厚于德。”

【注释】

①“寡妇”四句：见《曲礼上》“男女非有行媒”节注⑤。辟(bì)，避开。

②大故：郑注：“丧病。”

【译文】

孔子说：“寡妇的儿子，如果不是才能出众，就不与他做朋友来往，君子这是为了远避嫌疑。所以朋友之间的交往，如果男主人不在家，没有死丧疾病之类的大事，就不要进入他的家门。君子用这种办法来防范民众不顾礼法，民众中还是有追求色欲超过追求美德的。”

子云：“好德如好色①。诸侯不下渔色②，故君子远色，以为民纪。故男女授受不亲。御妇人则进左手③。姑、姊妹、女子子已嫁而反，男子不与同席而坐。寡妇不夜哭。妇人疾，问之，不问其疾。以此坊民，民犹淫佚而乱于族。”

【注释】

①好德如好色：这是讽刺时人重视色欲而轻视德行。《论语·卫灵公》孔子说：“吾未见好德如好色者也。”旧注以为此句所说“似不足”。

②不下渔色：郑注：“谓不内取于国中也”，“国君而内取，象捕鱼然，

中网取之”。即国君不在国中找女色，国君在国中找女色，犹如网中取鱼一般。

③御妇人则进左手：为妇人驾车，妇人坐在左边，驾车人坐在妇人的右边，驾车时双手执辔，左手在前，就会使背部侧向妇人，这是一种表示避嫌的姿势。

【译文】

孔子说：“喜好美德要像喜好美色一样。诸侯不能在国中找女人，所以君子要远离女色，为民众做出榜样。男女之间不能亲手传递东西、接受东西。为妇人驾车，要左手在前。姑、姊妹、女儿出嫁后回到娘家，家里的男子就不再和她同席而坐。寡妇不要在夜里哭泣。妇人有病，前去慰问，但不要问她得的是什么病。君子用这种办法来防范民众不顾礼法，民众中还是有纵欲放荡而在族人中乱伦的。”

子云：“昏礼，婿亲迎，见于舅姑①，舅姑承子以授婿，恐事之违也②。以此坊民，妇犹有不至者。”

【注释】

①舅姑：指妻的父母。

②恐事之违也：据《仪礼·士昏礼》，女子在出嫁临行前，其父告诫她说：“戒之敬之，夙夜毋违命。”其母告诫她说：“勉之敬之，夙夜无违宫事。”

【译文】

孔子说：“按婚礼规定，女婿要亲自到女方家里迎亲，拜见岳父岳母，岳父岳母带着女儿然后交给女婿，这是担心女儿婚事不顺、违逆妇道。君子用这种办法来防范民众不顾礼法，可妇人中还是有不顺其夫、不行妇道的。”

中庸第三十一

【题解】

郑玄说:“名曰‘中庸’者,以其记中和之为用也。庸,用也。孔子之孙子思伋作之,以昭明圣祖之德。”

“中庸”是孔子认为的最高道德准则,《论语·雍也》:“中庸之为德也,其至矣乎!民鲜久矣。”中,就是折中适宜,即不过也不要不及。本篇作者认为,智者、贤者在行动时往往“过之”,而愚者、不肖者则“不及”,只有“中庸之道”才是最高的德行,只有圣人才能做到。“中庸”的核心观念是“诚”,至诚之人才能治人治天下。南宋朱熹将本篇与后文的《大学》篇单独拿出,与《论语》、《孟子》一起合称为“四书”,并有《中庸章句》,本注释采用了部分朱说。值得一提的是,清华大学藏战国竹书《保训》篇有关于“中”的论述(第一辑,中西书局,2010年)。

天命之谓性[①],率性之谓道[②],修道之谓教。道也者,不可须臾离也,可离非道也。是故君子戒慎乎其所不睹,恐惧乎其所不闻。莫见乎隐,莫显乎微。故君子慎其独也[③]。喜怒哀乐之未发,谓之中;发而皆中节,谓之和。中也者,天下之大本也[④];和也者,天下之达道也。致中和,天地位焉,万物育焉。

【注释】

①天命之谓性：孔疏："天本无体，亦无言语之命，但人感自然而生，有贤愚吉凶，若天之付命遣使之然，故云'天命'"；"但人自然感生，有刚柔好恶，或仁、或义、或礼、或智、或信，是天性自然，故云'之谓性'"。

②率：循。

③慎独：郑注："慎其闲居之所为。"即闲暇独处时的所作所为要审慎。

④"中也者"二句：郑注："中为大本者，以其含喜怒哀乐，礼之所由生，政教自此出也。"

【译文】

上天赋予人的叫做"性"，遵循天性而行叫做"道"，修治并推广此道就叫做"教"。道，是片刻都不能离身的，如果可以离身那就不是道了。所以君子在人们看不见的地方也警戒谨慎，在人们听不见的地方也畏惧小心。没有比隐秘的地方更容易暴露了，没有比细微的事物更容易显现了。所以君子在闲暇独处时也非常审慎。人的喜怒哀乐没有表现出来，就叫做"中"；表现出来而又合乎节度，就叫做"和"。中，是天下的根本；和，是使天下顺通畅达之道。达到了中和，天地之间的一切就各得其所、各居其位，万物就都能繁育生长了。

仲尼曰："君子中庸①，小人反中庸。君子之中庸也，君子而时中；小人之中庸也②，小人而无忌惮也。"

【注释】

①中庸：郑注："庸，常也。用中为常，道也。"

②小人之中庸也：《释文》引王肃本，此句“中庸”前脱“反”字。

【译文】

孔子说：“君子遵循中庸之道，小人违背中庸之道。君子之所以遵行中庸之道，是因为君子的行为随时都是合宜的适中的；小人之所以违背中庸之道，是因为小人总是肆无忌惮。”

子曰：“中庸其至矣乎！民鲜能久矣[①]！”

【注释】

①“中庸”二句：《释文》：“一本作‘中庸之为德其至矣乎’。”郑注：“言中庸为道至美，顾人罕能久行。”鲜（xiǎn），少。

【译文】

孔子说：“中庸之道，是最美好的道德！很罕见人们能长久实行！”

子曰：“道之不行也，我知之矣：知者过之[①]，愚者不及也。道之不明也，我知之矣：贤者过之，不肖者不及也。人莫不饮食也，鲜能知味也[②]。”子曰：“道其不行矣夫。”

【注释】

①知：同“智”。下同。

②“人莫”二句：孔疏：“言饮食，易也；知味，难也。”

【译文】

孔子说：“中庸之道，之所以不能实行，我知道原因了：聪明的人做啥都做过头，愚笨的人做啥都做不到。中庸之道，之所以不能显明，我知道原因了：贤者做啥都做过头，不肖者做啥都做不到。这就像人们没有不会吃不会喝的，但真正能知味、品味、知道恰到好处的，只有很少的人。”孔子说：“中庸之道，怕是实行不了了吧！”

子曰：“舜其大知也与！舜好问而好察迩言[①]，隐恶而扬善，执其两端[②]，用其中于民。其斯以为舜乎！”

【注释】

①迩：近。

②两端：指上文所说的愚与智、过与不及。孔疏：“言舜能执持愚、知（智）两端，用其中道于民，使愚、知（智）俱能行之。”

【译文】

孔子说：“舜是有大智慧的人啊！他喜欢向人发问讨教，而且善于审察身边人的话语，对别人的过错能包容隐瞒，对别人的善行能表扬称赞，他对智与愚、过与不及两个极端，都能把握调控，而取用中庸之道来治理民众。这就是舜之所以为舜的原因啊！”

子曰：“人皆曰予知，驱而纳诸罟擭陷阱之中[①]，而莫之知辟也[②]。人皆曰予知，择乎中庸而不能期月守也[③]。”

【注释】

①罟（gǔ）：罗网。擭（huò）：设有机关的捕兽木笼。

②辟（bì）：躲避，逃避。

③期（jī）月：满一个月。

【译文】

孔子说：“人人都说自己聪明，但是像野兽一样被驱赶到罗网、牢笼、陷阱之中，却不知道躲避。人人都说自己聪明，但选择了实行中庸之道，却连一个月也不能坚守。”

子曰："回之为人也[1]，择乎中庸，得一善，则拳拳服膺而弗失之矣[2]。"

【注释】

①回：颜回。姓颜名回，字子渊。是孔子最喜爱的弟子。

②拳拳：郑注："奉持之貌。"膺（yīng）：胸。此处指心中。

【译文】

孔子说："颜回的为人，选择了遵循中庸之道，凡获得一个好思想好道理，就郑重地放在心里牢牢记住，再也不丧失。"

子曰："天下、国、家可均也[1]，爵禄可辞也，白刃可蹈也，中庸不可能也。"

【注释】

①天下、国、家：孔疏："天下，谓天子。国，谓诸侯。家，谓卿大夫也。"

【译文】

孔子说："天下、国、家的事情可以治理，爵位、俸禄可以推辞，锋利的刀刃可以踩踏，唯有中庸之道很难做到。"

子路问强[1]。子曰："南方之强与？北方之强与？抑而强与[2]？宽柔以教，不报无道，南方之强也，君子居之。衽金革[3]，死而不厌，北方之强也，而强者居之。故君子和而不流，强哉矫[4]！中立而不倚，强哉矫！国有道，不变塞焉，强哉矫！国无道，至死不变，强哉矫[5]！"

【注释】

①子路问强：子路为人好勇，所以问强。强，刚强。

②抑：还是。而：郑注："而之言女（汝）也。"

③衽：卧席。这里是躺卧之意。金革：兵器盔甲。

④矫：郑注："强貌。"

⑤"国有道"六句：郑注："国有道，不变以趋时；国无道，不变以辟（避）害。有道、无道，一也。"

【译文】

子路问孔子什么是强，孔子说："你问的是南方的强呢？北方的强呢？还是你自己的强呢？教导人们要宽厚和柔，人家无道自己也不加以报复，这是南方的强，君子就具有这种强。拿盔甲当卧席，兵器当枕头，至死而不悔，这是北方的强，刚强的人就具有这种强。所以君子和顺而不随波逐流，这是真正的强啊！中立而不偏不倚，这是真正的强啊！国家有道时，德行坚贞，不变正直，这是真正的强啊！国家无道时，坚守志向，至死不变，这是真正的强啊！"

子曰："素隐行怪①，后世有述焉，吾弗为之矣。君子遵道而行，半途而废，吾弗能已矣②。君子依乎中庸，遯世不见知而不悔③，唯圣者能之。"

【注释】

①素：朱熹《集注》说："按《汉书》当作'索'，盖字之误也。"即寻求。隐：隐僻。

②已：停止。

③遯（dùn）：同"遁"。

【译文】

孔子说："寻求隐僻的道理，做出怪异的行为，后世即使会对此有称述，我也不会这样做。君子遵循正道而行，很多人半途而废，但我不能停止。君子依照中庸之道，如果隐遁于世不被知晓，也绝不后悔，这唯有圣人才能做到。”

君子之道费而隐[①]。夫妇之愚，可以与知焉，及其至也，虽圣人亦有所不知焉；夫妇之不肖，可以能行焉，及其至也，虽圣人亦有所不能焉。天地之大也，人犹有所憾[②]，故君子语大[③]，天下莫能载焉；语小[④]，天下莫能破焉[⑤]。《诗》云：“鸢飞戾天，鱼跃于渊。”[⑥]言其上下察也[⑦]。君子之道，造端乎夫妇，及其至也，察乎天地。

【注释】

①费：朱熹云：“用之广也。”

②憾：郑注：“恨也。”

③语大：所说大事，指先王之道。

④语小：所说小事，指匹夫匹妇之琐屑之事。

⑤破：剖析。

⑥“《诗》云”以下二句：出自《诗经·大雅·旱麓》。鸢（yuān），老鹰。戾，至。

⑦察：郑注：“察，犹著也。”

【译文】

君子之道博大而隐微。即使是愚昧的匹夫匹妇，也能懂得浅显初级的知识，但要说到至深至精的道理，那即使是圣人也还是有所不知；不像样的匹夫匹妇，也能做好一些事，但要是说能把事情做到至善至美，那即使是圣人也还有所不能。天地如此广大，但人们仍然还有怨恨，所以君子所说的大事，先王之道，天下没有人可以载起它、容纳它；

君子所说的小事，匹夫匹妇说来说去的琐屑事，天下也没人能剖分它、承担它。《诗经》上说：'鹰翱翔飞上天，鱼游泳在深渊。'这是说圣人之道能够上上下下昭明洞察。君子之道，发端于匹夫匹妇的浅显初识，一直到至深至精、至善至美，能够昭著于天地。

子曰："道不远人，人之为道而远人，不可以为道。《诗》云：'伐柯伐柯，其则不远。'[①]执柯以伐柯，睨而视之[②]，犹以为远。故君子以人治人，改而止。忠恕违道不远，施诸己而不愿，亦勿施于人。君子之道四，丘未能一焉：所求乎子，以事父未能也；所求乎臣，以事君未能也；所求乎弟，以事兄未能也；所求乎朋友，先施之未能也。庸德之行[③]，庸言之谨，有所不足不敢不勉，有余不敢尽[④]；言顾行，行顾言，君子胡不慥慥尔[⑤]！"

【注释】

①"《诗》云"以下二句：出自《诗经·豳风·伐柯》。柯，斧柄。则，郑注："法也。"

②睨（nì）：斜着眼睛看。

③庸：郑注："犹常也。言德常行也，言常谨也。"

④有余不敢尽：孔疏："谓己之才行有余于人，常持谦退，不敢尽其才行以过于人。"

⑤胡：何，怎么。慥慥（zào）：笃实貌，即言行一致。

【译文】

孔子说："道是不会远离人的，如果人要实行道，道却远离人，那就不可以称之为道。《诗经》上说：'抡斧伐木做斧柄，抡斧伐木做斧柄，斧柄的样式离你不远。'手执斧柄去伐木做斧柄，你斜着眼睛就能看到斧柄的样式,可你还是觉得它离你很远。所以君子用人来治人,有过错的人,改了错就停止。忠诚、宽恕,这就离道不远了,施加在自己身上的事,如果是自己所不愿意的,也不要施加给别人。君子之道有四个方面,我孔丘一个也没有做到:要求儿子对父亲行孝道,我自己也还未能对父亲做到行孝道;要求臣下对国君尽忠尽职,我自己也还未能对国君做到尽忠尽职;要求弟弟对兄长遵行悌道,我自己也还未能对兄长做到遵行悌道;要求朋友对自己做的事,我自己也还未能先对朋友做到。道德常注意遵行,言语常注意谨慎,有不足的地方不敢不自勉,有才干也不都尽显以免压过他人;言语要顾及行动,行动要顾及言语,君子怎么能够不言行一致呢!”

君子素其位而行①,不愿乎其外。素富贵,行乎富贵;素贫贱,行乎贫贱;素夷狄,行乎夷狄;素患难,行乎患难:君子无入而不自得焉。在上位不陵下,在下位不援上②,正己而不求于人则无怨。上不怨天,下不尤人。故君子居易以俟命③,小人行险以徼幸。子曰:“射有似乎君子,失诸正鹄④,反求诸其身。”

【注释】

①素:现在。

②援:巴结。

③居易:孔疏:“易,谓平安也。言君子以道自处,恒居平安之中,以听待天命也。”

④正、鹄(gǔ):均指靶心。画在布上的曰“正”,画在皮上的曰“鹄”。

【译文】

君子以自己现在所处的地位行事,不羡慕操办自己地位以外的事情。现在如果富贵，就按富贵者的身份行事；现在如果贫贱，就按贫贱者的身份行事；现在如果是夷狄，就按夷狄的身份行事；现在如果在患难中，就按患难者的身份行事：君子没有进入哪种情况而不能安然自得的。身居上位，不欺凌居于下位者；身居下位，不巴结居于上位者；端正自己而不苛求别人，就不会招来怨恨。在上不抱怨天，在下不怪罪他人。所以君子让自己处于平安的境地以等待天命，小人却铤而走险以求侥幸。孔子说："射箭之道类似君子之道，没有射中靶心，就要反过来检查自身的问题。"

君子之道，辟如行远必自迩[①]，辟如登高必自卑。《诗》曰："妻子好合，如鼓瑟琴。兄弟既翕，和乐且耽。宜尔室家，乐尔妻帑。"[②]子曰："父母其顺矣乎！"

【注释】

①辟：通"譬"。迩：近。

②"《诗》曰"以下六句：出自《诗经·小雅·常棣》。翕(xī)，合。耽，乐。帑，通"孥"，儿女。

【译文】

君子之道，就譬如到远方一定要从近处起步，又譬如登高一定要从低处开始。《诗经》上说："同妻子相亲相爱，像弹奏琴瑟一样和谐。与兄弟和睦相处，和乐而更加欢乐。使你的家室安详和美，使你的妻儿快乐幸福。"孔子说："能够做到这样，父母就安心和顺！"

子曰："鬼神之为德，其盛矣乎！视之而弗见，听之而弗闻，体物而不可遗。使天下之人齐明盛服[①]，以承祭祀。洋洋乎如在其上，如在其左右[②]。《诗》曰：'神之格思，不可度思，矧可射思！'[③]夫微之显，诚之不可揜如此夫[④]！"

【注释】

①齐明盛服：孔疏："齐，谓整齐；明，谓严明；盛服，谓正其衣冠，是修身之体也。"

②"洋洋乎"二句：孔疏："言鬼神之形状，人想像之，如在人之上，如在人之左右，想见其形也。"

③"《诗》曰"以下三句：见《诗经·大雅·抑》。格，来。思，语助词，无义。矧(shěn)，况且。射(yì)，同"斁"，厌。

④揜：同"掩"。孔疏："言鬼神诚信不可揜蔽，善者必降之以福，恶者必降之以祸。"

【译文】

孔子说："鬼神之德，真是盛大啊！虽然看也看不见，听也听不到，但它在万物中体现而无所遗漏。使天下之人斋戒后整齐明净身着盛装，共同参加祭祀典礼。它无处不在，仿佛就在人们的头上，又仿佛就在人们的左右。《诗经》上说：'神灵的降临，都不能猜度，又怎可厌倦呢！'鬼神的功德幽隐微妙而又显著，真实无疑而不可掩蔽，事实就是如此啊！"

子曰："舜其大孝也与！德为圣人，尊为天子，富有四海之内。宗庙飨之，子孙保之。故大德必得其位，必得其禄，必得其名，必得其寿。故天之生物，必因其材而笃焉[①]。故栽者培之，倾者覆之。《诗》曰：'嘉乐君子，宪宪令德！宜民宜人，受禄于天。保佑命之，自天申之！'[②]故大德者必受命。"

【注释】

①材：郑注："谓其质性也。"即资质。笃：厚。

②"《诗》曰"以下六句：出自《诗经·大雅·嘉乐》。宪宪，今本《毛诗》作"显显"，孔疏："兴盛之貌。"申，重。

【译文】

孔子说："舜可以算是大孝了吧！论德行他是圣人，论尊贵他是天子，论富有他拥有四海之内的财富。死后在宗庙享受祭祀，子子孙孙永远祭祀他。所以有大德就一定能得到高位，就一定能得到厚禄，就一定能得到名望，就一定能得到寿数。所以上天生养万物，一定要根据资质的不同而厚待他们。所以能成才的就得到栽培，不能成才的就遭到淘汰。《诗经》上说：'快乐优秀的君子啊，显现美德！养育万民养育万人，接受上天赐予的福禄。保佑君子授命君子，上天自然器重他任用他！'所以有大德的人必定受到天命的眷顾安排。"

子曰："无忧者其惟文王乎！以王季为父[①]，以武王为子，父作之，子述之。武王缵大王、王季、文王之绪[②]，壹戎衣而有天下[③]，身不失天下之显名。尊为天子，富有四海之内。宗庙飨之，子孙保之。武王末受命[④]，周公成文、武之德，追王大王、王季，上祀先公以天子之礼。斯礼也，达乎诸侯、大夫，及士、庶人。父为大夫，子为士，葬以大夫，祭以士；父为士，子为大夫，葬以士，祭以大夫。期之丧达乎大夫[⑤]，三年之丧达乎天子，父母之丧无贵贱，一也。"

【注释】

①王季：周文王的父亲，名季历，也称"公季"。

②缵(zuǎn)：继承。大王：太王，即王季之父古公亶父。参见《大

传》“牧之野”节注⑤。大，同“太”。绪：业。

③衣：郑注：“衣，读如‘殷’，声之误也。齐人言‘殷’声如‘衣’”；“‘壹戎殷’者，壹用兵伐殷也”。

④末：晚年。

⑤期（jī）之丧达乎大夫：天子、诸侯不为旁系亲属服丧，但还要为直系亲属服期丧。期，一年。

【译文】

孔子说：“没有忧愁的人只有文王吧！王季是他的父亲，武王是他的儿子，父亲开创了基业，儿子又继承了事业。武王继承了太王、王季、文王的事业，一用兵就战胜了殷王而取得天下，自身没有失去天下的美名。成为尊贵的天子，拥有四海之内的财富。死后在宗庙享受祭祀，子子孙孙保持王位祭祀他。武王到老年才承受天命，周公才完成了文王、武王的功德，追尊太王、王季等为王，对太王以上的先祖以天子之礼进行祭祀。周公这种祭祀先公、祖、父的礼仪，还下达到诸侯、大夫、士及庶人。父亲是大夫，儿子是士，父亲去世要用大夫之礼安葬，祭祀时要用士礼；父亲是士，儿子是大夫，父亲去世要用士礼安葬，祭祀时要用大夫之礼。为去世的亲属服一年之丧的，是从庶人到大夫为止；为父母服三年之丧的，是从庶人至天子，父母之丧，儿子的身份无论贵贱，丧期都是一样的。”

子曰：“武王、周公，其达孝矣乎！夫孝者，善继人之志，善述人之事者也[①]。春秋修其祖庙，陈其宗器[②]，设其裳衣[③]，荐其时食[④]。宗庙之礼，所以序昭穆也；序爵，所以辨贵贱也；序事[⑤]，所以辨贤也；旅酬下为上，所以逮贱也[⑥]；燕毛[⑦]，所以序齿也。践其位，行其礼，奏其乐，敬其所尊，爱其所亲，事死如事生，事亡如事存，孝之至也。郊社之礼[⑧]，所以事上帝也；宗庙之礼，所以祀乎其先也。明乎郊社之礼、禘尝之义⑨，治国其如示诸掌乎⑩。”

【注释】

①述：遵循，继承。

②宗器：指先世所藏的祭祀用的重器。

③设其裳衣：让祭祀时充当先祖的尸穿上先人的衣服。

④时食：四时祭祀依照时令进献当令食物。

⑤序事：郑注：“事，谓荐羞也。”此指宗庙中备办、进献祭品的各种职事。

⑥“旅酬”二句：旅酬，指主、客之间按着尊卑长幼的顺序相互敬酒。卑幼者自己先饮一杯，然后举杯于稍长者，长者饮后，旅酬就正式开始。逮贱，郑注：“逮贱者，宗庙之中以有事为荣也。”

⑦燕毛：孔疏：“言祭末燕时，以毛发为次序，是所以序年齿也。”朱熹注云：“以毛发之色别长幼，为坐次也。”

⑧郊社：祭祀天地。

⑨禘：禘祭。尝：尝祭。

⑩示：郑注，读如“寘”，置也。孔疏：“治理其国、其事为易，犹如置物于掌中也。”

【译文】

孔子说：“武王和周公，是最孝的人了吧！所谓孝，就是善于继承先人的遗志，善于承续先人未竟的事业。一年四季按时修缮祖庙，陈列先人的祭祀重器，陈设先人的衣裳，按时进献当令的食物。宗庙祭礼，是用来排列昭穆顺序的；序列爵位高低，是用来辨别贵贱的；安排备办、进献祭品的各种职事，是用来区别能力高低的；敬酒时让卑幼者先为尊长者举杯而开始旅酬，是将恩惠施于卑贱者；祭祀完毕后的宴饮按发色排列座次，是用来区分长幼的。祭祀行礼按规定站位，行先王所行之礼，演奏先王的音乐，尊敬先王所尊敬的，爱戴先王所亲爱的，事奉死者就像其生时事奉他一样，侍奉亡者就像其健在时侍奉他一样，这就是孝的顶峰。郊祭祭天、社祭祭地的礼仪，是用来敬事上帝和土地之神的；宗庙祭祀的礼仪，是用来事奉先祖的。能够明白郊祭祭天、社祭祭地之礼的意义，知晓宗庙禘祭、尝祭的意义，那么治理国家的简单容易，就像是手掌里拿着个东西。”

哀公问政。子曰：“文、武之政，布在方策①。其人存，则其政举；其人亡，则其政息。人道敏政②，地道敏树。夫政也者，蒲卢也③。故为政在人④，取人以身，修身以道，修道以仁。仁者，人也，亲亲为大；义者，宜也，尊贤为大。亲亲之杀，尊贤之等，礼所生也。在下位不获乎上，民不可得而治矣⑤！故君子不可以不修身；思修身，不可以不事亲；思事亲，不可以不知人；思知人，不可以不知天。”

【注释】

①方：板，即版牍。策：简册。

②敏：郑注：“犹勉也。”孔疏：“言为人君当勉力行政。”

③蒲卢：郑注：“蜾蠃，谓土蜂也。《诗》曰：‘螟蛉有子，蜾蠃负之。’螟蛉，桑虫也。蒲卢取桑虫之子，去而变化之，以成为己子。政之于百姓，若蒲卢之于桑虫然。”这是比喻为政必须有所依凭。

④为政在人：《孔子家语·哀公问政》：“故为政在于得人。”

⑤“在下位”二句：郑注，此二句本在下文，“误重在此”。

【译文】

鲁哀公向孔子询问为政。孔子回答说：“文王、武王为政的方略，都记载在版牍和竹简上。他们在世，其政治就能施行；他们去世，其政治也就跟着停息了。人之道在于迅速地推行治国之法，地之道在于迅速地种植树木。国家的政治，就好像土蜂必须依靠螟蛉生殖一样。所以为政的根本在于得到贤人，而要得到贤人又必须依靠修养自身，修养自身要依靠遵循道德，而遵循道德要依靠仁。所谓仁，就是爱人，亲近自己的亲人最为重要；所谓义，就是适宜，尊敬贤人最为重要。亲情根据亲疏而有差别，尊敬贤人根据尊卑贵贱要有等级，有差别、有等级就产生了礼。身居下位而得不到上层的信任，百姓就不能归附并治理！所以君子不可以不修身；要想修身就不可以不事奉双亲；要想事奉双亲就不可以不知人；要想知人就不可以不知道天理。”

天下之达道五，所以行之者三：曰君臣也，父子也，夫妇也，昆弟也，朋友之交也，五者天下之达道也。知、仁、勇三者①，天下之达德也，所以行之者一也②。或生而知之，或学而知之，或困而知之，及其知之一也。或安而行之，或利而行之，或勉强而行之，及其成功一也。

【注释】

①知：同“智”。

②所以行之者一也：王念孙说，此“一”为衍字。

【译文】

天下通行的道理有五条，实行这五条道理的美德有三种：君臣、父子、夫妇、兄弟、朋友间的交往，这五项就是天下通行的道理。智、仁、勇，这三种是天下共通的美德，用于实行这五条道理的意义，就是一样的。这五条道理，有的人生下来就知道，有的人通过学习后知道，有的人遇到了困难才知道，他们初始的境界虽不同，只要他们最后知晓了，就是一样的。以三种共通的美德去实行天下通行的道理，有的人是安安稳稳地去实行，有的人为了追求利益而去实行，有的人是勉勉强强地去实行，他们初始的出发点虽不同，只要他们最后取得了成功，就是一样的。

子曰："好学近乎知，力行近乎仁，知耻近乎勇。知斯三者，则知所以修身；知所以修身，则知所以治人；知所以治人，则知所以治天下国家矣。"

【译文】

孔子说："爱好学习就接近于成为智者，努力实行就接近于成为仁者，知道羞耻就接近于成为勇者。知道这三条，就知道该怎样修身了；知道怎样修身，就知道该怎样治理百姓了；知道怎样治理百姓，就知道该怎样治理天下国家了。"

凡为天下国家有九经①，曰：修身也，尊贤也，亲亲也，敬大臣也，体群臣也，子庶民也，来百工也②，柔远人也，怀诸侯也。修身则道立，尊贤则不惑，亲亲则诸父昆弟不怨，敬大臣则不眩③，体群臣则士之报礼重，子庶民则百姓劝，来百工则财用足，柔远人则四方归之，怀诸侯则天下畏之。

【注释】

①凡为天下国家有九经：孔疏："此夫子为哀公说治天下国家之道有九种常行之事。"

②来：招徕。

③眩（xuàn）：迷惑。

【译文】

凡治理天下国家有九项常行之事，即：修养自身，尊重贤人，亲爱亲人，敬重大臣，体恤群臣，爱护庶民，招徕百工，怀柔远方之人，安抚关怀诸侯。修养自身，道德就能树立；尊重贤人，遇事就不会困惑；亲爱亲人，父辈兄弟就不会有抱怨；敬重大臣，遇事就不会迷误；体恤群臣，臣子们会重礼回报，勇于献身；爱护庶民，百姓会互相劝勉，殷勤事上；招徕百工，财用就充足；怀柔远方之人，四方之国都会归附；安抚关怀诸侯，天下都会敬畏服从。

齐明盛服[①]，非礼不动，所以修身也；去谗远色，贱货而贵德，所以劝贤也；尊其位，重其禄，同其好恶，所以劝亲亲也；官盛任使，所以劝大臣也；忠信重禄，所以劝士也；时使薄敛，所以劝百姓也；日省月试，既廪称事[②]，所以劝百工也；送往迎来，嘉善而矜不能，所以柔远人也；继绝世，举废国，治乱持危，朝聘以时，厚往而薄来，所以怀诸侯也。

【注释】

①齐明盛服：见本篇“子曰：鬼神之为德，其盛矣乎”节注①。

②既(xì)廪：国家配给口粮等生活物资。郑注：“既，读为‘饩’。”

【译文】

身穿整饬净洁的礼服盛装，不合礼仪的事就不做，以此修养身性；拒绝谗佞、远离女色，轻视财货、重视德行，以此劝勉贤人；令亲人的地位尊贵，令亲人的俸禄丰厚，与亲人好恶一致，以此劝勉亲属；官位配置充足、属员足备使用，以此劝勉大臣；待人忠信、俸禄优厚，以此劝勉士人；劳役遵守时令，减轻赋敛征税，以此劝勉百姓；每日省察、每月考核，配发口粮与劳绩相称，以此劝勉百工；送往迎来，嘉奖其优良、怜惜其不足，以此怀柔远方之人；令中断的世系得以延续，使废亡的国家得以振兴，平治祸乱，扶持垂危之国，按时遣使朝聘，馈赠时带去厚重的礼物，而受纳贡献仅要求微薄之礼，以此关怀安抚诸侯。

凡为天下国家有九经，所以行之者一也。凡事豫则立①，不豫则废。言前定则不跲②，事前定则不困，行前定则不疚③，道前定则不穷。

【注释】

①豫：同“预”，预备。

②跲(jiá)：郑注：“踬也。”孔疏：“谓行倒蹶也。”

③疚：病。此处指做错事。

【译文】

凡是治理天下国家有九条常行之事，实行这九条常行之事的方法都是一样的。凡做事如果预先准备就能成功，没有预先准备就会失败。发言前预先作好准备就不会讲起来结结巴巴，做事前预先作好准备就不会困窘不顺，采取行动前预先作好准备就不会错误百出，行路前预先作好准备就不会途穷无路。

在下位不获乎上，民不可得而治矣。获乎上有道：不信乎朋友，不获乎上矣。信乎朋友有道：不顺乎亲，不信乎朋友矣。顺乎亲有道：反诸身不诚，不顺乎亲矣。诚身有道：不明乎善，不诚乎身矣。

【译文】

臣子身居下位而得不到君上的信任，就不能治理好百姓。要得到君上的信任是有方法的，就是要先得到朋友的信任：如果得不到朋友的信任，也就得不到君上的信任。要得到朋友的信任也是有方法的，那就是要先孝顺父母：不孝顺父母，就得不到朋友的信任。要孝顺父母也是有方法的，要反省自身是否是诚心：如果不诚心，就做不到孝顺父母。要使自己心诚也是有方法的，要先明白什么是善：不明白什么是善，就不能使自己心诚。

诚者，天之道也；诚之者，人之道也。诚者不勉而中，不思而得，从容中道，圣人也。诚之者，择善而固执之者也。博学之，审问之，慎思之，明辨之，笃行之。有弗学，学之弗能弗措也[①]；有弗问，问之弗知弗措也；有弗思，思之弗得弗措也；有弗辨，辨之弗明弗措也；有弗行，行之弗笃弗措也。人一能之己百之，人十能之己千之。果能此道矣，虽愚必明，虽柔必强。

【注释】

①"有弗学"二句：孔疏："谓身有事不能常学习，当须勤力学之。措，置也。言学不至于能，不措置休废，必待能之乃已也。"

【译文】

真诚，是上天的道理；要做到真诚，也是做人的道理。真诚的人，不必费心斟酌，处事就恰好适中；不必费心思虑，言行就恰好得当；从从容容而符合中庸，这就是圣人。要做到真诚，就要选择善行并牢牢地把握住。广博地学习，详细地求教，周密地思考，清楚地辨别，切实地实行。因故而未能学习，或者是学了却未能理解掌握，也不丢下废置，一直到掌握才罢休；因故而未能提问，或者是问了却没有理解知晓，也不丢下废置，一直到问明白了才罢休；因故而未能思考，或者是思考了却没有得到结果，也不丢下废置，一直到思考清楚了才罢休；因故而未能辨识，或者是辨识了却没有明晰，也不丢下废置，一直到辨识明晰才罢休；因故而未能实行，或者实行了却未能彻底，也不丢下废置，一直到彻底实行才罢休。聪明人学一遍就会的事，自己百倍用功学上百遍；聪明人学十遍就会的事，自己百倍用功学上千遍。如果真能做到这样，再愚笨的人也一定会变聪明，再柔弱的人也一定会变刚强。

自诚明，谓之性[1]；自明诚，谓之教。诚则明矣，明则诚矣。

【注释】

①“自诚明”二句：郑注：“由至诚而有明德，是圣人之性者也。由明德而有至诚，是贤人学以知之也。有至诚则必有明德，有明德则必有至诚。”

【译文】

由诚而明白道理，这叫做“天性”；由明白道理而有诚，这叫做“教导”。有诚就一定明白道理，明白道理就一定有诚。

唯天下至诚，为能尽其性；能尽其性，则能尽人之性；能尽人之性，则能尽物之性；能尽物之性，则可以赞天地之化育；可以赞天地之化育，则可以与天地参矣[1]。

【注释】

①参：通“三”。朱熹云：“谓与天、地并立为三也。”

【译文】

只有天下至为真诚之人，才能够完全发挥自己的天性；能够完全发挥自己的天性,就能够完全发挥他人的天性;能够完全发挥他人的天性,就能够完全发挥万物的天性;能够完全发挥万物的天性,就可以协理赞助天地化育万物;可以协理赞助天地化育万物,就可以和天、地并立为三了。

其次致曲[①]。曲能有诚,诚则形,形则著[②],著则明,明则动[③],动则变,变则化[④],唯天下至诚为能化[⑤]。

【注释】

①其次:郑注:"谓自明诚者也。"即前文说次于圣人一等的贤人。孔疏:"言其贤人致行细小之事不能尽性,于细小之事能有至诚也。"曲:小小之事。

②"诚则形"二句:孔疏:"谓不能自然至诚,由学而来,故诚则人见其功","初有小形,后乃大而明著"。

③"著则明"二句:孔疏:"由著故显明,由明能感动于众。"

④"动则变"二句:孔疏:"既感动人心,渐变恶为善,变而既久,遂至于化。"

⑤唯天下至诚为能化:孔疏:"言唯天下学致至诚之人,为能化恶为善,改移旧俗。"

【译文】

次于圣人的贤人,致力于细小的事情。在细小的事情上也能做到真诚,真诚表现出来,表现出来并愈益彰显,愈益彰显而明著,明著就会感动众人之心;感动众人之心就会逐渐改变人,逐渐改变恶人就会变善,长久的改变就会移风易俗,令天下大化,只有天下至诚的人才能化恶为善,使天下大治。

至诚之道，可以前知。国家将兴，必有祯祥[1]；国家将亡，必有妖孽[2]。见乎蓍龟[3]，动乎四体[4]。祸福将至：善，必先知之；不善，必先知之。故至诚如神。

【注释】

①祯（zhēn）祥：指吉祥的预兆。

②妖孽：指凶恶的预兆。

③蓍（shī）：蓍草，常以其茎来占卜。

④四体：郑注："谓龟之四足，春占后左，夏占前左，秋占前右，冬占后右。"尹湾汉简有《神龟占》，绘一龟形，头尾四足等分别占卜找寻被盗物品及盗贼事项。朱熹说，指人的动作威仪。

【译文】

掌握至诚之道，可以预知未来。国家将要兴盛，一定有吉利祥瑞的预兆；国家将要灭亡，一定有怪异凶恶的征象。体现在占卜的蓍草和龟甲上，反映在卜龟四肢的活动中。祸福将要来临的时候：好事，必定预先知道；坏事，也必定预先知道。所以，能够至为真诚，就如神明一样。

诚者自成也，而道自道也[1]。诚者物之终始，不诚无物。是故君子诚之为贵。诚者非自成己而已也，所以成物也。成己，仁也；成物，知也。性之德也[2]，合外内之道也，故时措之宜也。

【注释】

①道自道：郑注："有道艺，所以自道（导）达。"

②性之德也：孔疏："言诚者是人五性之德，则仁、义、礼、知（智）、信皆犹至诚而为德。"

【译文】

真诚者依靠自我修养的完成，有道行则得以自己践行实现。诚，贯穿事物的始终，没有诚就万事不成，万物不生。所以君子非常重视真诚。真诚，并非仅仅是对自我的修养就够了，还要成就事物，使之完善。自我修养的完善，是仁；万事万物的完善，是智。人性具备至诚的美德，合乎天地上下内外之道，因此适用于任何时候、任何事情。

故至诚无息。不息则久，久则征①，征则悠远，悠远则博厚，博厚则高明。博厚，所以载物也；高明，所以覆物也；悠久，所以成物也。博厚配地②，高明配天③，悠久无疆④。如此者，不见而章⑤，不动而变，无为而成。

【注释】

①征：效验。

②博厚配地：孔疏："言圣人之德博厚，配偶于地，与地同功，能载物也。"

③高明配天：孔疏："言圣人功业高明，配偶于天，与天同功，能覆物也。"

④悠久无疆：孔疏："言圣人之德既能覆载，又能长久行之，所以无穷。"

⑤见：同"现"。

【译文】

所以，至为真诚的美德适用于任何时候任何事情，是永无止息的。永无止息就长长久久，长长久久就不断得到验证；不断得到验证，就能持续得悠长而久远；持续得悠长而久远，积累就广博而深厚；积累广博而深厚，显现出来就高大而光明。广博而深厚，就能承载万物；高大而光明，就能覆盖万物；悠长而久远，就能成就万物。圣人之德广博而深厚与地相配，高大而光明与天相配，悠长而久远永无止境。圣人之德就是如此博厚、高明、悠长，无所表现就功业显著，无所动作就改变万物，无所作为就能有所成就。

天地之道，可壹言而尽也①。其为物不贰，则其生物不测②。天地之道，博也厚也，高也明也，悠也久也。今夫天，斯昭昭之多③，及其无穷也，日月星辰系焉，万物覆焉。今夫地，一撮土之多，及其广厚，载华岳而不重④，振河海而不泄⑤，万物载焉。今夫山，一卷石之多⑥，及其广大，草木生之，禽兽居之，宝藏兴焉。今夫水，一勺之多，及其不测，鼋鼍、蛟龙、鱼鳖生焉⑦，货财殖焉。《诗》云："维天之命，於穆不已！"⑧盖曰天之所以为天也。"於乎不显！文王之德之纯⑨！"盖曰文王之所以为文也，纯亦不已。

【注释】

①"天地"二句：孔疏："言圣人之德能同于天地之道，欲寻求所由，可一句之言而能尽其事理，正由于至诚。"

②"其为物"二句：孔疏："言圣人行至诚，接待于物不有差贰，以此之故，能生殖众物不可测量。"

③昭昭：狭小之貌。之多：就那么多，指仅一小点儿。

④华岳：西岳华山。这里泛指五岳。

⑤振：纳。

⑥卷(quán)石：即"拳石"，拳头大的石头。

⑦鼋鼍(yuán tuó)：见《月令》"命渔师伐蛟、取鼍"节注①。

⑧"《诗》云"以下二句：出自《诗经·周颂·维天之命》。

⑨“於乎不显”二句：出自《诗经·周颂·维天之命》。於乎，即“呜呼”，感叹词。不，通“丕”，大。文王之德之纯，孔疏：“纯谓不已也。言文王德教不有休已，与天同功。”

【译文】

天地间的道理，可以用一个“诚”字来概括。天地对待万物是诚一不二的，就能生育万物而高深莫测。天地的道理，广博而深厚，高大而光明，悠远而长久。现在的这个天，最初只是一点点微光，等到它变得无穷无尽，日、月、星辰悬挂于其上，万物覆盖于其下。现在的这个地，最初只是一撮撮土，等到它变得广博深厚，承载华岳而不觉得沉重，容纳黄河大海而不泄漏，万物都承载其上。现在的这个山，最初只是拳头大小的一块石头，等到它变得广阔高大，草木在上面生长，禽兽在山中居住，宝藏从里面产出。现在的这个水，最初只是一小勺，等到它变得深不可测，鼋鼍、蛟龙、鱼鳖都在其中生活，各种财物货品都在其中产生。《诗经》上说：“只有天之道，庄严肃穆永不止！”大概说的就是天之所以成为天的道理。“呜呼！多么光大显明啊，文王的德教永无休止！”大概说的就是文王之所以称为“文”，他的德教始终没有休止停息。

大哉圣人之道！洋洋乎发育万物①，峻极于天②。优优大哉③！礼仪三百④，威仪三千，待其人然后行。故曰：苟不至德，至道不凝焉⑤。故君子尊德性而道问学⑥，致广大而尽精微，极高明而道中庸，温故而知新，敦厚以崇礼。是故居上不骄，为下不倍⑦。国有道，其言足以兴，国无道，其默足以容⑧。《诗》曰：“既明且哲，以保其身。”⑨其此之谓与！

【注释】

①洋洋：充满的样子。

②峻极于天：郑注："峻，高大也。"孔疏："言圣人之道，高大与山相似，上极于天。"

③优优：孔疏："宽裕之貌。"

④三百：与下文的"三千"都是形容数目众多，并非确数。

⑤"苟不"二句：孔疏："苟诚非至德之人，则圣人至极之道不可成也。"凝，郑注："犹成也。"

⑥君子尊德性：孔疏："谓君子贤人尊敬此圣人道德之性自然至诚也。"道问学：孔疏："言贤人行道由于问学，谓勤学乃致至诚也。"

⑦倍：通"背"。

⑧"国无道"二句：孔疏："若无道之时，则韬光潜默，足以自容其身，免于祸害。"

⑨"《诗》曰"以下二句：出自《诗经·大雅·烝民》。

【译文】

伟大啊圣人之道！洋洋乎充满天地啊！化育万物，高达于天。优优乎宽裕广大啊！大的礼仪有三百条，小的仪节有三千条，要等圣人出现去实行。所以说：如果不是具有至为崇高德行的人，就不能成功实现圣人登峰造极的道。所以君子贤人尊敬圣人至诚的道德品性，并通过勤学好问，达到广博而又精微，达到高大而又光明，并遵循通达中庸之理，温习旧有的知识从而获得新的知识，为人敦厚而崇尚礼仪。所以君子贤人身居上位不骄傲，身居下位不背叛。国家有道时，他的言论建议，足以令国家兴盛；国家无道时，他韬晦沉默，足以自保容身。《诗经》上说："既明道理，又有智慧；平平安安，保全自身。"说的就是这个道理吧！

子曰："愚而好自用，贱而好自专，生乎今之世，反古之道。如此者，灾及其身者也。"非天子，不议礼①，不制度②，不考文③。今天下车同轨，书同文，行同伦。虽有其位，苟无其德,不敢作礼乐焉;虽有其德,苟无其位,亦不敢作礼乐焉。

【注释】

①不议礼:孔疏:“不得论议礼之是非。”

②不制度:孔疏:“谓不敢制造法度,及国家宫室大小、高下及车舆也。”

③不考文:孔疏:“亦不得考成文章书籍之名也。”

【译文】

孔子说:“愚蠢而好刚愎自用,卑贱而好独断专行,生在当今之世,却要返回古代治国之道。这样的人,灾祸就要降及自身。”不是天子,不得论议国家礼制的是非短长,不敢制定法度规章,不得考正书籍文章的名称文字。当今,天下车轮间距相同,书写文字相同,行为规范相同。虽然具有地位,如果没有相应的好德行,是不敢制礼作乐的;虽然具有好德行,如果没有相应的地位,也是不敢制礼作乐的。

子曰:“吾说夏礼,杞不足征也①;吾学殷礼,有宋存焉②;吾学周礼,今用之,吾从周。王天下有三重焉③,其寡过矣乎!上焉者虽善无征④,无征不信,不信民弗从;下焉者虽善不尊⑤,不尊不信,不信民弗从。故君子之道本诸身,征诸庶民,考诸三王而不缪⑥,建诸天地而不悖,质诸鬼神而无疑⑦,百世以俟圣人而不惑。质诸鬼神而无疑,知天也;百世以俟圣人而不惑,知人也。是故君子动而世为天下道,行而世为天下法,言而世为天下则。远之则有望,近之则不厌⑧。《诗》曰:‘在彼无恶,在此无射;庶几夙夜,以永终誉!’⑨君子未有不如此而蚤有誉于天下者也⑩。”

【注释】

①杞:古国名。夏人之后。见《乐记》“宾牟贾起”节注⑱。征:郑注:“犹明也。”

②宋:古国名。商人之后。见《乐记》“宾牟贾起”节注⑲。

③三重:郑注:“三王之礼。”即夏、商、周三代之礼。

④上焉者:朱熹说:“谓时王以前,如夏、商之礼虽善,而皆不可考。”

⑤下焉者:朱熹说:“谓圣人在下,如孔子虽善于礼,而不在尊位也。”

⑥缪(miù):谬误。

⑦质诸鬼神而无疑:孔疏:“质,正也。谓己所行之行,正诸鬼神不有疑惑,是识知天道也。”让鬼神对自己的行为加以验证。

⑧“远之”二句:孔疏:“言圣人之道,为世法则,若远离之则有企望,思慕之深也。若附近之则不厌倦,言人爱之无已。”

⑨“《诗》曰”以下四句:出自《诗经·周颂·振鹭》。射(yì),今本《毛诗》作“斁”,厌。

⑩蚤:通“早”。

【译文】

孔子说:“我述说夏代的礼,作为夏朝后裔的杞国却已不足以验证了;我学习殷代的礼,作为殷朝后裔的宋国还保存着一些;我学习周代的礼,现在诸侯各国还在使用它,所以我遵从周礼。统治天下的君王,若能懂得三代之礼,就很少会犯错误了!周代以前的礼虽好却已无法验证,无法验证百姓就不会相信,百姓不相信就不会遵从;身居下位的圣人虽然懂礼但是不在尊位,不在尊位百姓就不会相信,百姓不相信就不会遵从。所以君子治理天下之道,先从自身出发,然后在百姓中求得验证,再考校于三王而没有谬误,立于天地间而不悖逆,让鬼神验证自己的行为而没有疑惑,等待百世以后的圣人核验也没有疑惑。让鬼神验证自己的行为而没有疑惑,这是知晓天意;等待百世以后的圣人核验也没有疑惑，这是知晓人情。所以君子的举动被后世认为是天下的常规，行事被后世认为是天下的法度，言论被后世认为是天下的准则。君子行此圣人之道，远离了就会想望思慕，接近了也不会厌烦。《诗经》上说：‘在那里没有人会憎恶，在这里没有人会厌烦；早早晚晚不懈怠，永葆美名荣誉。’君子没有不这样做就能早早扬名天下的。”

仲尼祖述尧、舜①，宪章文、武②；上律天时③，下袭水土④。辟如天地之无不持载⑤，无不覆帱⑥，辟如四时之错行，如日月之代明。万物并育而不相害，道并行而不相悖，小德川流，大德敦化，此天地之所以为大也。

【注释】

①祖述：朱熹说，远宗其道。

②宪章：朱熹说，近守其法。

③上律天时：朱熹说，法其自然之运。

④下袭水土：朱熹说，因其一定之理。

⑤辟：通“譬”。

⑥帱（dào）：覆盖。

【译文】

孔子称述继承尧、舜之道，效法文王、武王；在上顺应天时自然之运，在下因袭地利之宜。比如天地无不承载万物，无不覆盖万物；又好像四季交错运行，日月轮替放出光明。万物共同生长而不互相妨害，万事各依规律运行而不互相冲突，小德川流不息，大德敦化盛大，这就是天地之所以伟大的原因。

唯天下至圣，为能聪明睿知，足以有临也；宽裕温柔，足以有容也；发强刚毅，足以有执也；齐庄中正[1]，足以有敬也；文理密察，足以有别也。溥博渊泉[2]，而时出之。溥博如天，渊泉如渊。见而民莫不敬，言而民莫不信，行而民莫不说[3]。是以声名洋溢乎中国，施及蛮貊[4]；舟车所至，人力所通，天之所覆，地之所载，日月所照，霜露所队[5]。凡有血气者，莫不尊亲，故曰配天。

【注释】

①齐（zhāi）：同“斋”。

②溥（pǔ）博：周遍而广阔。

③说：同“悦”。

④施（yì）：蔓延。蛮貊（mò）：古代称居住在南方和北方的落后部族。蛮，居住在南方的民族。貊，居住在东北的民族。

⑤队：同“坠”。

【译文】

唯有天下最为圣明的人，具有聪明睿智，足以临照天下；具有宽厚温柔，足以包容天下；具有坚强刚毅，足以执掌事务；具有端庄中正，足以使人尊敬服从；具有文理细密明晰，足以辨别是非。圣人之德宏博广阔而如深泉，适时地表现出来。宏博广阔犹如苍天，深泉深沉犹如深渊。百姓对他的表现无不尊敬，对他的言语无不信服，对他的行动无不喜欢。所以他的声名弘扬中国，并远播到异族居住的地方，车船能行驶到的地方，人力能到达的地方，上天所覆盖的地方，大地所承载的地方，日月所照耀的地方，霜露所普降的地方。凡是有血气的生命，无不尊敬他亲近他，所以说圣人是可以与天相配、与天媲美的。

唯天下至诚，为能经纶天下之大经，立天下之大本，知天地之化育。夫焉有所倚？肫肫其仁[1]，渊渊其渊[2]，浩浩其天[3]！苟不固聪明圣知达天德者，其孰能知之？

【注释】

①肫肫（zhūn）：郑注："恳诚貌也。"

②渊渊：朱熹说，静深貌。

③浩浩：广大的样子。

【译文】

唯有天下至诚的人，才能掌握纵横天下的大纲，才能树立天下的根本，才能知晓天地化育万物的道理。还需要偏倚什么吗？他的仁爱多么诚恳，他的思想多么深沉，他的德行多么博大！如果不是本来就聪明睿智而又通晓天德的人，有谁能够知道呢？

《诗》曰："衣锦尚絅[1]。"恶其文之著也。故君子之道，闇然而日章[2]；小人之道，的然而日亡[3]。君子之道：淡而不厌，简而文，温而理，知远之近，知风之自，知微之显，可与入德矣。《诗》云："潜虽伏矣，亦孔之昭！"[4]故君子内省不疚，无恶于志。君子所不可及者，其唯人之所不见乎！《诗》云："相在尔室，尚不愧于屋漏。"[5]故君子不动而敬，不言而信。《诗》曰："奏假无言，时靡有争。"[6]是故君子不赏而民劝，不怒而民威于鈇钺[7]。《诗》曰："不显惟德！百辟其刑之。"[8]是故君子笃恭而天下平。《诗》曰："予怀明德，不大声以色。"[9]子曰："声色之于以化民，末也。"《诗》曰："德輶如毛"[10]，毛犹有伦[11]。"上天之载，无声无臭"[12]，至矣！

【注释】

①衣锦尚䌹(jiǒng):出自《诗经·卫风·硕人》。今本《毛诗》作“衣锦褧衣”。尚,上。䌹,同“褧”,麻布制的单衣。

②“故君子”二句:孔疏:“言君子以其道德深远谦退,初视未见,故曰‘闇然’,其后明著,故曰‘日章明’也。”闇,同“暗”。章,明。

③“小人”二句:孔疏:“若小人好自矜大,故初视时‘的然’,以其才艺浅近,后无所取,故曰‘日益亡’。”的然,显著、明显的样子。

④“《诗》云”以下二句:出自《诗经·小雅·正月》。孔,很,非常。

⑤“《诗》云”以下二句:出自《诗经·大雅·抑》。相,视。屋漏,郑注:“室西北隅谓之‘屋漏’。”孔疏:“虽无人之处不敢为非,犹愧惧于屋漏之神。”即掌管这一隐秘角落的神。

⑥“《诗》曰”以下二句:出自《诗经·商颂·烈祖》。奏假(gǔ),在宗庙中演奏大乐。假,通“嘏”,大。

⑦𫓧:通“斧”。钺(yuè):长柄斧头。

⑧“《诗》曰”以下二句:出自《诗经·周颂·烈文》。不显,伟大。不,读为“丕”,大。百辟,诸侯。刑,效法。

⑨“《诗》曰”以下二句:出自《诗经·大雅·皇矣》。孔疏:“以文王不大作音声以为严厉之色,故归之。”

⑩德輶(yóu)如毛:出自《诗经·大雅·烝民》。郑注:“言化民常以德,德之易举而用,其轻如毛耳。”这是说用德行教化民众,轻易如同鸿毛。輶,轻。

⑪毛犹有伦:大意是,毛虽轻,还是有重量的,而不及德无声无嗅之精妙。伦,郑注:“犹比也。”

⑫“上天之载”二句:出自《诗经·大雅·文王》。载,郑注:“读曰‘栽’,谓生物也。”臭(xiù),气味。孔疏:“言圣人用德化民,亦无音声,亦无臭气,而人自化。”

【译文】

《诗经》上说："身穿锦服，外罩单衣。"这是厌恶锦服的文采过于显著。所以君子之道，外表幽暗但会日益彰明；小人之道，虽然外表耀眼但会日趋消亡。君子之道：淡薄而不令人生厌，简朴而有文采，温和而有理性，由近而知远，有风知风从何而来，由隐微而知显著，这样就可以进入圣人之德的境界。《诗经》上说："虽然潜伏于水底，仍然显现得清清楚楚。"所以君子自我反省没有内疚，也不会损害自己的志向。君子所不可企及之处，大概就在人们所看不见的地方吧！《诗经》上说："看你独自处于室内，尚可无愧于屋漏之神。"所以君子无所举动也能令人尊敬，不必说话也能令人信服。《诗经》上说："演奏大乐，肃静无声，此时此刻，没有喧哗，没有争讼。"所以君子不用颁发赏赐，百姓就已努力劝勉；不用动怒加刑，百姓就对执法斧钺感到畏惧。《诗经》上说："圣王的德行多显著，四方诸侯都效法。"因此，君子笃实谦恭就能使天下太平。《诗经》上说："我归心于文王的明德，因为他从不疾言厉色。"孔子说："用疾言厉色去教化百姓，这是下下策。"《诗经》上说"以德化民，轻易如鸿毛"，毛虽轻犹有重量，用毛打比方仍未尽其妙。至于"上天创造万物，没有声音也没有气味"，这才是最高的境界！

表记第三十二

【题解】

郑玄说："名曰'表记'者，以其记君子之德，见于仪表。"

本篇所记，据孙希旦归纳，包括明君子持身庄敬、恭信之道；明仁、义之道以及二者结合的功用；明恺悌君子之义；明事君之道；明言行之要；明卜、筮之道。《集解》引朱申曰："仁者，天下之表也。此篇记孔子言仁为详，故以《表记》名篇。"

子言之："归乎①！君子隐而显②，不矜而庄③，不厉而威，不言而信。"

【注释】

①归乎：郑注："此孔子行应聘，诸侯莫能用已，心厌倦之辞也。"

②君子隐而显：孔疏："君子身虽幽隐而道德潜通，声名显著。"

③不矜而庄：孔疏："矜，谓自尊大。庄，敬也。"

【译文】

孔子说："回去吧！君子即使身在幽隐之处也能声名显著，不必自矜就能得到人们的尊重敬爱，不必严厉而自有威仪，不必说话就能得到信任。”

子曰：“君子不失足于人①，不失色于人，不失口于人。是故君子貌足畏也，色足惮也，言足信也。《甫刑》曰②：‘敬忌而罔有择言在躬③。’”

【注释】

①失：郑注：“谓失其容止之节也。”

②《甫刑》：《尚书·周书》篇名。甫，郭店楚墓竹简《缁衣》、上海博物馆藏战国楚竹书《缁衣》皆作“吕”。“吕”、“甫”音近可通。该篇内容记西周刑罚，由吕侯受命而作，故名《吕刑》。

③敬忌而罔有择言在躬：出自《尚书·吕刑》。罔，无。择言，挑剔的语言。

【译文】

孔子说：“君子举止行为对人不失礼仪，神情容色对人不失礼仪，言语说话对人不失礼仪。所以，君子的容貌足以令人敬惧，神色足以令人畏惮，言语足以令人信服。《甫刑》上说：‘为人敬戒谨慎，那些挑剔的言语就不会加在自己身上。’”

子曰：“裼、袭之不相因也①，欲民之毋相渎也②。”

【注释】

①裼（xī）、袭：见《曲礼下》“凡奉者当心”节注⑪。

②欲民之毋相渎（dú）也：孙希旦《集解》：“盖礼以变为敬，若相因则渎，渎则不敬矣。”渎，轻慢，亵渎。

【译文】

孔子说："在行礼时，有时要露出裼衣，有时要掩好衣襟不露出裼衣，二者不相因袭，这是为了让人们不要相互轻慢亵渎。"

子曰："祭极敬，不继之以乐[①]。朝极辨，不继之以倦[②]。"

【注释】

①"祭极敬"二句：孔疏："言祭祀极尽于敬，不可以终末继之以乐而不敬。"

②"朝极辨"二句：孔疏："言朝礼极尽于分别政事，不可以终末继之以解（懈）倦而不分别也。"辨，谓辨治，即处理政事。

【译文】

孔子说："进行祭祀尽力表达恭敬，不能结束祭礼就接着娱乐。在朝廷尽力办理政事，不能搞得懈怠疲倦无法继续工作。"

子曰："君子慎以辟祸，笃以不揜[①]，恭以远耻。"

【注释】

①笃：厚。揜：同"掩"，困迫。

【译文】

孔子说："君子为人谨慎得以避免灾祸，为人厚道得以不受困窘，为人恭敬得以远离耻辱。"

子曰："君子庄敬日强[①]，安肆日偷[②]。君子不以一日使其躬儳焉如不终日[③]。"

【注释】

①庄敬日强：孔疏："言君子之人恒能庄敬，故德业日强。"

②肆：放恣。偷：苟且。

③儳（chàn）：郑注："可轻贱之貌也。"

【译文】

孔子说："君子端庄恭敬，德行日益增强；小人安乐放肆，日益苟且偷安。君子一天也不能让自己被人轻贱鄙薄，如果被人鄙视会惶惶不可终日。"

子曰："齐戒以事鬼神[①]，择日月以见君，恐民之不敬也。"

【注释】

①齐（zhāi）：同"斋"。

【译文】

孔子说："斋戒后才能进行祭祀事奉鬼神，选择好日期后才能朝见国君，这是害怕人们对鬼神、对国君不够恭敬。"

子曰："狎侮死焉而不畏也[①]。"

【注释】

①狎（xiá）侮：轻狎侮慢。

【译文】

孔子说："小人轻狎侮慢，到死也不知道畏惧。"

子曰："无辞不相接也[①]，无礼不相见也[②]，欲民之毋相亵也。《易》曰：'初筮告，再三渎，渎则不告[③]。'"

【注释】

①无辞不相接也：孔疏："言朝聘会聚之时，必有言辞以通情意。"

②无礼不相见也：孔疏："贽币所以示己情，若无贽币之礼，不得相见。"即见面要赠送见面礼物。

③"《易》曰"以下三句：出自《易·蒙卦》。

【译文】

孔子说："没有言辞传达就不相接见，没有见面礼物就不相接见，这是让百姓不要轻慢失敬。《易》上说：'初次占筮就告知了吉凶，如果又一而再、再而三地占筮，就是对神明的亵渎，亵渎了神明，神明就不会再告知吉凶了。'"

子言之："仁者，天下之表也[①]；义者，天下之制也[②]；报者，天下之利也[③]。"

【注释】

①"仁者"二句：孔疏："表，谓仪表。言仁恩是行之盛极，故为天下之仪表也。"

②"义者"二句：孔疏："义，宜也。制，谓裁断。既使物各得其宜，是能裁断于事也。"

③"报者"二句：孔疏："报，谓礼也。礼尚往来，相反报物得其利，故云天下之利也。"

【译文】

孔子说："仁，是天下的仪表；义，是天下的裁断制约；礼物的往来报答，是天下的利益。”

子曰：“以德报德，则民有所劝。以怨报怨，则民有所惩。《诗》曰：‘无言不雠，无德不报。’[①]《大甲》曰：‘民非后，无能胥以宁；后非民，无以辟四方。’[②]”

【注释】

①“《诗》曰”以下二句：出自《诗经·大雅·抑》。雠(chóu)，答。

②“《大甲》曰”以下四句：出自《尚书·太甲》。今本伪《古文尚书》有《太甲》上、中、下三篇，与本文所记略有不同。后，君。胥，互相。辟(bì)，君。

【译文】

孔子说：“以恩惠回报别人对自己的恩惠，这样对人们就会有所勉励。以怨恨回报别人对自己的怨恨，这样对人们就会有所惩戒。《诗经》上说：‘不会说了话却得不到回答，不会施予了恩惠却得不到回报。’《太甲》说：‘百姓没有国君，就不能得到安宁；国君没有百姓，就无法统治四方。’”

子曰：“以德报怨，则宽身之仁也[①]；以怨报德，则刑戮之民也。”

【注释】

①仁：朱彬《训纂》云：“‘仁’即‘人’字，古通用。”

【译文】

孔子说：“以恩惠回报别人对自己的怨恨，这是爱身以息怨的人；以怨恨回报别人对自己的恩惠，这是该被处刑的人。”

子曰:“无欲而好仁者,无畏而恶不仁者,天下一人而已矣[①]。是故君子议道自己,而置法以民。”

【注释】

①一人而已:不是确数,是喻人数极少。

【译文】

孔子说:“没有私欲而爱好仁德的,没有畏惧而厌恶不仁的,这样的人普天下是很少的。所以君子在议论道德时以自己为准,设定法律时却以百姓为准。”

子曰:“仁有三[①],与仁同功而异情。与仁同功,其仁未可知也。与仁同过[②],然后其仁可知也。仁者安仁,知者利仁,畏罪者强仁。仁者右也,道者左也[③]。仁者人也,道者义也。厚于仁者薄于义,亲而不尊;厚于义者薄于仁,尊而不亲。道有至、义、有考[④]。至道以王,义道以霸,考道以为无失[⑤]。”

【注释】

①仁有三:即后文的“安仁”、“利仁”、“强仁”。孔疏:“此明仁道有三”:“一则无所求为而安静行仁,一则规求其利而行仁,一则畏惧于罪而行仁”。

②与仁同过:孔疏:“过,谓利之与害,若遭遇利害之事,其行仁之情,则可知也。”

③“仁者右也”二句:孔疏:“仁恩者,若人之右手,右手是用之便也,仁恩亦行之急也。道者,左也。道是履蹈而行,比仁恩稍劣,故为左也。”

④道有至、义、有考：郑注："此读当言'道有至、有义、有考'，字脱一'有'耳。"有至，兼仁义。有义，无仁。

⑤考道：《集解》引马晞孟说："考道，非体道者也，惟稽考而已，故止于无失。"

【译文】

孔子说："仁有三种情况，行仁爱的功用是相同的，但情况却各自不同。行仁爱的功用是相同的，但看不出是属于哪种情况。在行仁爱时如果遇到利害之事，这就可以看出行仁爱的动机了。仁人安静地行仁爱，智者为谋求利益行仁爱，畏惧刑罚的人为避罪勉强行仁爱。仁好比是右手，道好比是左手。仁就是爱人，道就是道义。仁施行得多而义施行得少，就会让人亲近但不受到尊敬；义施行得多而仁施行得少，就会得到尊敬但缺少亲近。道有仁义并行的极致之道，有裁决得宜的义道，有稽查的考道。行至道可以称王，行义道可以称霸，行考道可以没有过失。"

子言之："仁有数，义有长短小大[①]。中心憯怛[②]，爱人之仁也。率法而强之，资仁者也[③]。《诗》云：'丰水有芑，武王岂不仕？诒厥孙谋，以燕翼子，武王烝哉！'[④]数世之仁也。《国风》曰：'我今不阅，皇恤我后。'[⑤]终身之仁也。"

【注释】

①"仁有数"二句：郑注："数，与长短、小大互言之耳。性仁义者其数长大，取仁义者其数短小。"即"仁"与"义"都是有数的，其长短、大小是可辨识核检的。

②憯怛(cǎn dá)：凄惨伤痛。憯，惨痛。

③资：郑注："取也。"

④“《诗》云”以下五句：出自《诗经·大雅·文王有声》。丰水，即“沣水”。芑(qǐ)，芑菜，一种草本植物。诒，遗。烝(zhēng)，君。孔疏：“君哉武王，美之也。”乃赞美君主之词。引此诗是表示仁有长、大。

⑤“《国风》曰”以下二句：出自《诗经·邶风·谷风》。引此诗是表示仁有短、小。我今不阅，今本《毛诗》作“我躬不阅”。阅，容纳。皇，通“遑”，空闲。

【译文】

孔子说：“仁与义都有数，仁与义都有程度高低及长短大小之别。心中有悲悯的感情，这是出于天性的爱人之仁。遵循法律而强力行仁，这是由外取仁而加以推行。《诗经》上说：‘沣水中难道没有芑菜吗，武王难道不念着天下之事吗？他为子孙留下美好谋划，他荫庇子孙长享安乐，武王真是明王啊！’这是长久施惠于后世的仁。《国风》上说：‘我现在自身难保，哪里来得及为我的后代考虑着想。’这是短暂的终止于自己一身的仁。”

子曰：“仁之为器重，其为道远。举者莫能胜也，行者莫能致也。取数多者，仁也[①]。夫勉于仁者，不亦难乎！是故君子以义度人，则难为人；以人望人[②]，则贤者可知已矣。”

【注释】

①取数多者，仁也：孔疏：“言于万种善事之中，论利益于物，取数最多者是仁也。”即对事物有利有益最多的就是仁。

②望：比。

【译文】

孔子说：“仁如果是器物一定是重器，如果是行道一定是远途。举重者没有人能举起重器，行道者没有人能走完远途。对事物有利有益最多的就是仁。勉力行仁，不也是很难的吗！所以君子如果用义来衡量，就很难达标选到人；如果用人与人相比较，那么就可以知道谁是贤者了。”

子曰：“中心安仁者，天下一人而已矣。《大雅》曰：‘德輶如毛，民鲜克举之。我仪图之，惟仲山甫举之，爱莫助之。’①”

【注释】

①“《大雅》曰”以下五句：出自《诗经·大雅·烝民》。这是一首赞美周宣王大臣仲山甫的诗。輶(yóu)，轻。仪图，揣度。

【译文】

孔子说：“内心安于行仁的人，普天下是很少的。《大雅》上说：‘德，说起来轻得如鸿毛，却很少有人真能举起它。想来想去我揣度，唯有仲山甫能够举起来，可惜无人帮助他。’”

《小雅》曰：“高山仰止，景行行止。”①子曰：“《诗》之好仁如此。乡道而行②，中道而废，忘身之老也。不知年数之不足也，俛焉日有孳孳③，毙而后已。”

【注释】

①“《小雅》曰”以下二句：出自《诗经·小雅·车舝》。景行(háng)，大路。朱熹说，高山则可仰，大道则可行。

②乡(xiàng)：通“向”。

③俛(miǎn)：勤劳貌。孙希旦说：“俛焉，用力之笃而无他顾之意。”

孳孳：即“孜孜”。

【译文】

《小雅》上说：“高山，众人仰望之；大路，众人行走之。”孔子说：“《诗》是如此地爱好仁。我以仁为己任向着仁之道前行，无奈却半途而废，我已忘记了自己已经衰老。也不知自己在世的时日已经不多，仍然勤奋努力孜孜不倦，要一直到死才中止。”

子曰：“仁之难成久矣。人人失其所好[①]，故仁者之过易辞也[②]。”子曰：“恭近礼，俭近仁，信近情，敬让以行，此虽有过，其不甚矣。夫恭寡过，情可信，俭易容也。以此失之者，不亦鲜乎！《诗》曰：‘温温恭人，惟德之基。’[③]”

【注释】

①人人失其所好：孙希旦说：“愚谓仁之为道，人莫不知其可好，此秉彝好德之心也。然鲜能胜其重，致其远，此所以人人失之也。”

②辞：郑注：“犹解说也。”

③“《诗》曰”以下二句：出自《诗经·大雅·抑》。

【译文】

孔子说：“行仁难以成功已经很久了。虽然众人都说仁好却难实行，所以众人都舍弃了仁，因此行仁者会犯错误是很容易解释的。”孔子说：“恭敬近于礼，节俭近于仁，诚信近于情性善良，恭敬谦让地行事，能如此做即使有过错，也不会太过分。恭敬就会少犯过错，情性善良让人信赖，节约俭省易于被人包容。能这样做还出现过失的，不是很少吗！《诗经》上说：‘对人温和恭敬，那是道德的根基。’”

子曰：“仁之难成久矣，唯君子能之。是故君子不以其所能者病人，不以人之所不能者愧人。是故圣人之制行也，不制以己，使民有所劝勉愧耻，以行其言。礼以节之，信以结之，容貌以文之，衣服以移之，朋友以极之，欲民之有壹也①。《小雅》曰：‘不愧于人，不畏于天。’②是故君子服其服，则文以君子之容；有其容，则文以君子之辞；遂其辞，则实以君子之德。是故君子耻服其服而无其容，耻有其容而无其辞，耻有其辞而无其德，耻有其德而无其行。是故君子衰绖则有哀色③，端冕则有敬色④，甲胄则有不可辱之色。《诗》云：‘维鹈在梁，不濡其翼。彼记之子，不称其服。’⑤”

【注释】

①壹：孔疏：“欲使民人专心壹意于善道也。”

②“《小雅》曰”以下二句：出自《诗经·小雅·何人斯》。

③衰绖：身穿丧服，戴着首绖、腰绖。

④端冕：身穿玄端礼服，头戴玄冠。

⑤“《诗》云”以下四句：出自《诗经·曹风·候人》。鹈（tí），鹈鹕，水鸟名。梁，水中捕鱼的堤坝。记，今本《毛诗》作“其”，二者都是语助词，无义。孔疏：“言彼曹朝小人之子，内无其德，不能称可其在外之服。”

【译文】

孔子说：“行仁难以成功已经很久了，唯有君子才能成功。所以君子不以自己所能做到的事去责备别人，也不以别人做不到的事羞辱别人。所以圣人在制定行为标准时，不以自己为标准，而使百姓自相劝勉，懂得愧疚，圣人的训言得以实行。用礼仪来节制约束，用诚信来团结，用仪容面貌来装扮文饰，用衣服来改变，用朋友来互相鼓励，使民众专一为善。《小雅》上说：‘不有愧于人，不畏惧上天。’所以君子穿上符合君子身份的衣服，用君子的仪容来装扮文饰；有了君子的仪容，就以君子的言辞加以修饰；有了君子的言辞，就以君子的道德加以充实。所以君子穿上符合君子身份的衣服，却无君子的仪容，君子深以为耻；有了君子的仪容，却无君子的言辞，君子深以为耻；有了君子的言辞，却无君子的道德，君子深以为耻；有了君子的道德，却无君子的行为，君子深以为耻。所以君子身着丧服，戴着首绖、腰绖，就会有悲哀的神色；身着玄端礼服、头戴玄冠，就会有恭敬的神色；身穿盔甲，就会有不可侵辱的神色。《诗经》上说：‘鹈鹕站在河梁上，却没有沾湿翅膀。那帮无德之人，不能和他们所穿的衣服相称。’”

子言之：“君子之所谓义者，贵贱皆有事于天下。天子亲耕，粢盛、秬鬯以事上帝①，故诸侯勤以辅事于天子。”

【注释】

①粢盛(zī chéng)：供祭祀用的黍稷。粢，黍稷。盛，盛黍稷的容器。秬鬯(jù chàng)：用黑黍制成的酒。

【译文】

孔子说：“君子所说的‘义’，意思是无论贵贱都有恭敬所行之事。天子也要亲自耕作藉田，产出供祭祀用的黍稷、酿造黑米所制成的香酒，来尊事上帝，所以诸侯要勤勉地辅佐天子。”

子曰：“下之事上也，虽有庇民之大德，不敢有君民之心①，仁之厚也。是故君子恭俭以求役仁②，信让以求役礼，不自尚其事，不自尊其身，俭于位而寡于欲，让于贤，卑己而尊人，小心而畏义，求以事君，得之自是，不得自是③，以听天命。《诗》云：‘莫莫葛藟，施于条枚。凯弟君子，求福不回。'④其舜、禹、文王、周公之谓与？有君民之大德，有事君之小心。《诗》云：'惟此文王，小心翼翼，昭事上帝，聿怀多福。厥德不回，以受方国。'⑤"

【注释】

①不敢有君民之心：郑注："无'君民之心'，是思不出其位。"

②役：为。

③"得之"二句：孔疏："虽得利禄，亦自行其为是之道，若不得利禄，亦自行其为是之道，言不问得之与失，恒行其是，而不行非也。"

④"《诗》云"以下四句：出自《诗经·大雅·旱麓》。莫莫，众多的样子。葛藟(lěi)，葛藤。施(yì)，伸展蔓延。条枚，树枝和树干。凯弟，即恺悌，和乐平易。回，邪僻。

⑤"《诗》云"以下六句：出自《诗经·大雅·大明》。聿(yù)，语助词，无义。怀，招徕。方国，四方诸侯之国。

【译文】

孔子说："身居下位而事奉在上位的，即使有庇护民众的大德，也不敢有统治民众的想法，这是仁爱深厚。所以君子恭敬节俭以求做到仁，诚信谦让以求做到礼，不抬高自己所做之事，不尊崇自己的身份，虽身居官位但俭省节约，且欲求淡薄，让位于贤人，虚心自谦而推崇别人，小心谨慎而敬畏道义，要求自己以这样的态度事奉国君，有得时这么做，无得时也要这么做，不论得失，持之以恒，听从天命。《诗经》上说：'繁多的葛藤，缠绕着树枝和树干。和乐平易的君子，求福有道不奸邪。'大概说的就是舜、禹、文王、周公吧？他们都有治理民众的大德，有事奉君主的小心。《诗经》上说：'唯有文王，小心翼翼，昭明道德，敬事上帝，称述帝德，福佑众多。文王德行，光明磊落，立为天子，四方拥戴。'"

子曰:"先王谥以尊名[①],节以壹惠[②],耻名之浮于行也。是故君子不自大其事,不自尚其功,以求处情;过行弗率[③],以求处厚;彰人之善,而美人之功,以求下贤。是故君子虽自卑而民敬尊之。"子曰:"后稷[④],天下之为烈也[⑤]。岂一手一足哉?唯欲行之浮于名也,故自谓便人[⑥]。"

【注释】

①谥:人死后按其生前事迹所拟的具有褒贬性质的称号。

②节以壹惠:郑注:"言声誉虽有众多者,即以其行一大善者为谥耳。"惠,善。

③过行弗率:郑注:"率,循也。行过不复循行,犹不二过。"

④后稷:周的始祖,生于稷山,名弃。被尧举为农师,被舜命为后稷,教导百姓耕作。

⑤烈:业。

⑥便人:郑注:"亦言其谦也","云自便习于此事之人耳"。即稼穑之人。

【译文】

孔子说:"先王按例为死者拟定谥号,以尊崇他的名声,谥号要节取死者生前善行最大的一点来制定,以死者的名声超过实际的功绩为耻。所以君子不夸大自己做的事,不推崇自己的功劳,以求符合实情;行为有过失,不再因循重犯,以求符合仁厚之道;表彰别人的善行,赞美别人的功劳,以求推崇贤者。这样,君子虽然自谦自贬,但民众仍然尊敬他。"孔子说:"后稷,为天下建立了功业。受惠的岂止是一两个人?只是他想使自己做的事超过名声,所以自称是个懂得种庄稼的人。"

子言之:"君子之所谓仁者,其难乎!《诗》云:'凯弟君子，民之父母。'[①]凯以强教之，弟以说安之[②]。乐而毋荒，有礼而亲，威庄而安，孝慈而敬。使民有父之尊，有母之亲，如此而后可以为民父母矣，非至德其孰能如此乎？今父之亲子也，亲贤而下无能；母之亲子也，贤则亲之，无能则怜之。母亲而不尊，父尊而不亲。水之于民也，亲而不尊，火尊而不亲。土之于民也，亲而不尊，天尊而不亲。命之于民也[③]，亲而不尊，鬼尊而不亲。"

【注释】

①"《诗》云"以下二句：出自《诗经·大雅·泂酌》。

②说：同"悦"。

③命：郑注："谓四时政令，所以教民勤事也。"

【译文】

孔子说："君子所谓的仁，是很难做到的！《诗经》上说：'和乐平易的君子，是百姓的父母。'君子用和乐教人自强，用平易安抚使人喜悦。百姓快乐就不会荒废事业，有礼而相亲相爱，威严庄重而安宁，孝顺慈爱而恭敬。使百姓感到父亲般的尊严，母亲般的慈爱，这样才可以作为百姓的父母，没有至高的德行谁能做得到呢？现在父亲慈爱儿子，亲爱贤能的而轻视无能的；母亲慈爱儿子，亲爱贤能的而怜惜无能的。所以子女对母亲亲而不尊，对父亲尊而不亲。人们对水亲而不尊，对火尊而不亲。百姓对土地亲而不尊，对苍天尊而不亲。人们对君王的政令亲而不尊，对鬼神尊而不亲。"

子曰："夏道尊命[①]，事鬼敬神而远之，近人而忠焉，先禄而后威，先赏而后罚，亲而不尊。其民之敝，惷而愚，乔而野[②]，朴而不文。殷人尊神，率民以事神，先鬼而后礼，先罚而后赏，尊而不亲。其民之敝，荡而不静，胜而无耻。周人尊礼尚施，事鬼敬神而远之，近人而忠焉，其赏罚用爵列③，亲而不尊。其民之敝，利而巧，文而不惭，贼而蔽。"

【注释】

①夏道尊命：孔疏："言夏之为政之道，尊重四时政教之命，使人劝事乐功也。"

②乔：通"骄"。

③爵列：爵位的等级。

【译文】

孔子说："夏人的治国之道是尊重政令，敬奉鬼神却对它敬而远之，接近人情而讲求忠信，先提供俸禄而后施威，先赏赐而后处罚，所以夏人的政教，可亲而不可尊。这样的流弊是，百姓变得愚蠢笨拙，骄横粗野，质朴而无文饰。殷人尊崇鬼神，国君率领百姓事奉鬼神，先敬奉鬼神而后施行礼仪，先处罚而后赏赐，所以殷人的政教，可尊而不可亲。这样的流弊是，百姓变得放荡而不安静，好胜而不知羞耻。周人尊崇礼法，崇尚施惠，敬奉鬼神而对他敬而远之，接近人情而讲求忠信，行赏论罚都按着爵位尊卑高下为序，所以周人的政教，可亲而不可尊。这样的流弊是，百姓变得贪利而取巧，文辞夸夸而无惭愧之心，互相残害而困蔽。"

子曰："夏道未渎辞①，不求备，不大望于民②，民未厌其亲。殷人未渎礼，而求备于民。周人强民，未渎神，而赏爵、刑罚穷矣③。"

【注释】

①未渎辞:郑注:“谓时王不尚辞。”孔疏:“渎谓亵渎。”

②“不求备”二句:郑注:“言其政宽,贡税轻也。”孔疏:“求备,谓每事征求,皆令备足。大望,谓赋税既重,大所责望于民。”

③穷:尽。

【译文】

孔子说:“夏代的政令不亵渎言辞,对百姓不苛求责备,不征重税,百姓没有生发亲人上下厌弃之心。殷人的政令不亵渎礼法,但对百姓求全责备。周人施政则强迫百姓服从,虽不亵渎鬼神,但赏赐、加爵、刑罚,名目繁多,手段用尽。”

子曰:“虞、夏之道,寡怨于民;殷、周之道,不胜其敝[①]。”子曰:“虞、夏之质,殷、周之文,至矣。虞、夏之文不胜其质,殷、周之质不胜其文。”

【注释】

①“殷、周之道”二句:孔疏:“殷、周文烦,失在苛碎,故其民不堪胜敝败也。”

【译文】

孔子说:“虞、夏的治国之道,民怨很少;殷、周的治国之道,百姓难以承受敝败。”孔子说:“虞、夏的质朴,殷、周的文饰,都达到了极致。虞、夏,它的文饰比不过它的质朴;殷、周,它的质朴比不过它的文饰。”

子言之曰:“后世虽有作者,虞帝弗可及也已矣。君天下,生无私,死不厚其子,子民如父母,有憯怛之爱,有忠利之教[①],亲而尊,安而敬,威而爱,富而有礼,惠而能散。其君子尊仁畏义，耻费轻实[②]，忠而不犯，义而顺，文而静[③]，宽而有辨。《甫刑》曰：'德威惟威，德明惟明。'[④]非虞帝其孰能如此乎？"

【注释】

①有忠利之教：孔疏："言有忠恕利益之教也。"

②费：孔疏："辞费也，言而不行，谓之'辞费'也。"实：财货。

③文而静：静，或作"情"。《训纂》引王引之说，情，正字也。文而情者，外有文章而内诚实也。

④"《甫刑》曰"以下二句：出自《尚书·吕刑》。惟威，"威"是畏的意思。惟明，"明"是尊的意思。

【译文】

孔子说："后世即使有明王，也赶不上虞帝了。虞帝君临天下，活着时没有私心，要死了也不厚待自己的儿子，传位给他，如父母爱护子女般慈爱百姓，有忧伤悲悯的慈爱，有忠恕利益的教导，亲近而尊崇，安详而恭敬，威严而仁爱，富裕而有礼，施惠散布于人。虞帝的大臣们尊崇仁爱，敬畏道义，以讲空话废话为耻，轻视财货而无贪心，忠心耿耿而不会犯事，恪守义理而和顺，外有文采而内有情感，宽容而明辨。《甫刑》上说：'道德的威严使人敬畏，道德的光明使人尊敬。'除了虞帝还有谁能做得到？"

子言之："事君先资其言[①]，拜自献其身[②]，以成其信。是故君有责于其臣，臣有死于其言。故其受禄不诬[③]，其受罪益寡。"

【注释】

①资:孙希旦说:“藉(借)也。”

②拜:谓受其命。献:谓进于朝。

③诬:郑注:“不信曰诬。”

【译文】

孔子说:“事奉国君,要先凭借自己的言语建议,受命于君主,奉献自身,实践成就自己的主张证明其可信。所以国君责成考稽其臣子,臣子要为践行实施自己的建议而奉献至死。所以臣子接受的俸禄和做出的业绩没有不相符合,由于言行不符而受到惩罚的情形就很少。”

子曰:“事君,大言入则望大利,小言入则望小利①。故君子不以小言受大禄,不以大言受小禄。《易》曰:‘不家食吉②。’”

【注释】

①“大言入”二句:孙希旦《集解》引吕大临曰:“利及天下,泽及万世,大利也。进一介之善,治一官之事,小利也。”

②不家食吉:出自《易·大畜·彖辞》。孔疏:“言君有大畜积,不惟与家人食之而已,当与贤人食之,故得吉。”

【译文】

孔子说:“事奉国君,大的谋划建议被采纳,就期望为天下带来大的利益,小的谋划建议被采纳,就期望为天下带来小的利益。所以君子不会以小的谋划建议而接受大的俸禄,也不会以大的谋划建议而接受小的俸禄。《易》上说:‘国君有大蓄积,不仅与家人分享,还用来招徕贤人,因此就吉利。’”

子曰："事君不下达①，不尚辞②，非其人弗自③。《小雅》曰：'靖共尔位，正直是与。神之听之，式穀以女。'④"

【注释】

①不下达：郑注："不以私事自通于君也。"

②不尚辞：郑注："不多出浮华之言也。"

③自：孙希旦说："由也，所由以进者也。"

④"《小雅》曰"以下四句：出自《诗经·小雅·小明》。靖，治。共（gōng），通"恭"。式，用。穀，福禄。女，通"汝"。

【译文】

孔子说："事奉国君，不以私事去通达国君，不说虚浮夸大之辞，不是正派人引荐就不求上进。《小雅》上说：'恭敬地履行好你的职责，和正直的人亲近。神明会听到你的德行，会赐予你福禄。'"

子曰："事君远而谏则谄也①，近而不谏则尸利也②。"

【注释】

①事君远而谏则谄（chǎn）也：孔疏："若与君疏远，强欲谏诤，则是谄佞之人，望欲自达也。"谄，同"谄"。

②尸利：指祭祀之礼尸无言辞而空受祭享。

【译文】

孔子说："事奉国君，如果是疏远之臣强行进谏，那是谄佞；如果是身边的近臣却不进谏，就是处于尸位而空享利禄。"

子曰："迩臣守和，宰正百官，大臣虑四方。"

【译文】

孔子说："近臣辅佐君王调和国家万事，冢宰负责管理百官，大臣谋划考虑四方之事。"

子曰："事君欲谏不欲陈[①]。《诗》云：'心乎爱矣，瑕不谓矣？中心藏之，何日忘之？'[②]"

【注释】

①陈：郑注："谓言其过于外也。"即公开批评指责国君的过失。

②"《诗》云"以下四句：出自《诗经·小雅·隰桑》。瑕，孔疏："瑕之言胡，胡，何也。"谓，告诉。藏，通"臧"，善。

【译文】

孔子说："事奉国君，对国君的过失要进谏，但不要公开批评。《诗经》上说：'心里敬爱着君子，为何不告诉他？心中总惦念着他的好，哪天哪时忘记过？'"

子曰："事君难进而易退，则位有序[①]；易进而难退，则乱也。故君子三揖而进，一辞而退，以远乱也。"

【注释】

①有序：孔疏："谓贤愚别也。"指贤者与愚者可以加以区分辨别了。与后文的"乱"相对，"乱"指贤愚不别。

【译文】

孔子说："事奉国君，晋升提拔困难但罢黜降级容易，那么就能够辨别贤者与愚者做到官阶有序；如果晋升提拔容易但罢黜降级困难，那么就无法区别贤者与愚者。所以君子去访问，见主人要三次揖让后才能进门，而一次告辞就可离去，这就是为了避免出现混乱。”

子曰：“事君三违而不出竟[①]，则利禄也。人虽曰‘不要’[②]，我弗信也。”

【注释】

①竟：通“境”。

②要(yāo)：求。

【译文】

孔子说：“事奉国君，如果多次与国君意见不合，还不辞职出国，那就是贪图俸禄。即使他说‘没有要求’，我也不信。”

子曰：“事君慎始而敬终[①]。”

【注释】

①慎始而敬终：孙希旦说：“慎始，不敢苟进；敬终，不敢苟去也。”

【译文】

孔子说：“事奉国君，要谨慎地开始交往，而恭敬地结束离去。”

子曰：“事君可贵可贱，可富可贫，可生可杀，而不可使为乱[①]。”

【注释】

①乱：孔疏：“谓废事君之礼也。”

【译文】

孔子说：“事奉国君的臣子，国君可以晋升他让他地位高贵，也可以废黜他让他地位低贱；可以让他富有也可以让他贫穷；可以让他生存让他活，也可以杀了他让他死，但不可以让他违礼为乱。”

子曰："事君军旅不辟难，朝廷不辞贱。处其位而不履其事，则乱也。故君使其臣，得志则慎虑而从之，否则孰虑而从之，终事而退，臣之厚也。《易》曰：‘不事王侯，高尚其事。’①”

【注释】

①“《易》曰”以下二句：出自《易·蛊卦》。

【译文】

孔子说："事奉国君，在战争中不逃避危难，在朝廷上不推辞卑贱的职务。处于某个职位却不履行相应的职事，就会发生混乱。所以国君派遣臣子做事，臣子认为与自己的心志才干相合，就审慎考虑后去做；如果认为与自己的心志才干不合，就深思熟虑后去做，事情完成后就辞职退出，这是作为臣子的忠诚笃厚。《易》上说：‘不事奉王侯，崇尚自己的事业。’”

子曰："唯天子受命于天，士受命于君。故君命顺则臣有顺命，君命逆则臣有逆命①。《诗》曰：‘鹊之姜姜，鹑之贲贲。人之无良，我以为君。’②”

【注释】

①“故君命顺”二句：《集解》引吕大临说："君命合乎理义为顺天命，为臣者将不令而从；不合则为逆天命，为臣者虽令不从矣。”

②“《诗》曰”以下四句：出自《诗经·鄘风·鹑之奔奔》。姜姜，今本

《毛诗》作“彊彊”，与“贲贲”都是形容二鸟相随而飞的样子。鹑，鸟名。即鹌鹑。

【译文】

孔子说：“唯有天子受命于天，官员受命于天子。如果国君之命顺应天命，那么臣子也跟着顺应君命；如果国君之命违背天命，那么臣子也会违背君命。《诗经》上说：‘喜鹊双双飞翔，鹌鹑对对依傍。那个人实在太差，我却要把他当作君王。’”

子曰：“君子不以辞尽人①，故天下有道，则行有枝叶；天下无道，则辞有枝叶②。是故君子于有丧者之侧，不能赙焉，则不问其所费；于有病者之侧，不能馈焉，则不问其所欲；有客不能馆，则不问其所舍③。故君子之接如水，小人之接如醴。君子淡以成，小人甘以坏。《小雅》曰：‘盗言孔甘，乱是用餤。’④”

【注释】

①不以辞尽人：不仅凭言辞评价人之贤不贤。

②“故天下”四句：孙希旦说：“天下有道，则人尚行，故行有枝叶；天下无道，则人尚辞，故辞有枝叶。行有枝叶，则行有余于其言；言有枝叶，则言有余于其行。”

③“是故”八句：赙（fù），送财物给丧家助办丧事。馈，赠送礼物。馆，安置。

④“《小雅》曰”以下二句：出自《诗经·小雅·巧言》。孔疏：“言盗贼小人，其言甚美，幽王信之，祸乱用是进益。”孔，很。餤（tán），进食。

【译文】

孔子说："君子不仅凭言辞评判人，所以天下有道，实干会'枝叶繁茂'，人们做得多说得少；天下无道，空谈会'枝叶繁茂'，人们说得多做得少。所以君子在有丧事的人旁边，如果不能用财物帮助料理丧事，就不要问丧家花费多少；在有疾病的人旁边，如果不能馈赠礼物帮助治病，就不要问病人需要什么；看到旅人，如果不能为旅人安排旅馆住宿，就不要问旅人住在何处。所以君子之间的交往清淡如水，小人之间的交往浓甜如醴。君子之交虽清淡，但能成就事业；小人之交虽甘甜，但必败坏事业。《小雅》上说：'盗贼小人，说话动听，祸由此出，乱由此生。'"

子曰："君子不以口誉人[①]，则民作忠。故君子问人之寒则衣之，问人之饥则食之，称人之美则爵之。《国风》曰：'心之忧矣！于我归说。'[②]"

【注释】

①以口誉人：孙希旦说："言徒誉之以口，而不根于实心也。"

②"《国风》曰"以下二句：出自《诗经·曹风·蜉蝣》。孔疏："言虚华之人，心忧矣，我今归此所说忠信之人。"于，与。说(shuì)，舍。

【译文】

孔子说："君子不用空话赞誉人，这样百姓就会形成忠信诚实、不说虚言的风气。所以君子询问人家冷不冷，就送衣服给他穿；询问人家饿不饿，就送食物给他吃；称赞人家的美行，就授给他爵位。《国风》上说：'虚华之人令我心忧，还是让我与忠信之人一道归去吧！'"

子曰："口惠而实不至，怨菑及其身[①]。是故君子与其有诺责也，宁有已怨[②]。《国风》曰：'言笑晏晏，信誓旦旦。不思其反，反是不思，亦已焉哉！’[③]”

【注释】

①菑(zāi)：同“灾”。

②已：郑注：“谓不许也。”

③“《国风》曰”以下五句：出自《诗经·卫风·氓》。晏晏，和悦的样子。反，反复，变心。是，这。指赌咒发誓。

【译文】

孔子说：“嘴上施给人家好处实际却不兑现，这样怨恨和灾祸就会降临自身。所以君子与其承担承诺不能兑现的责任，不如承担拒绝承诺的抱怨。《国风》上说：‘从前和我一起说笑，你张口就是诚恳的誓言。没想到你的心说变就变，完全违背过去的誓言。忘掉你的誓言吧，从此了结义绝恩断！’”

子曰：“君子不以色亲人[①]。情疏而貌亲，在小人则穿窬之盗也与[②]？”

【注释】

①君子不以色亲人：孔疏：“谓不以虚伪善色诈亲于人也。”

②穿窬(yú)之盗：指打洞入室行窃的盗贼。穿窬，打洞翻墙，多指行窃。

【译文】

孔子说：“君子不用虚伪的表情假装与人亲近。明明感情疏远而外表要做出亲近的样子，这种小人不就是打洞入室行窃的盗贼吗？”

子曰：“情欲信，辞欲巧。”

【译文】

孔子说："内心的感情要诚信真实，嘴上的言辞要和顺美巧。"

子言之："昔三代明王，皆事天地之神明，无非卜、筮之用，不敢以其私亵事上帝。是故不犯日月[①]，不违卜、筮。卜、筮不相袭也。大事有时日，小事无时日，有筮。外事用刚日，内事用柔日[②]。不违龟筮[③]。"

【注释】

①不犯日月：孙希旦说："犯，谓犯其不吉之日也。卜、筮吉，然后用，故不犯日月。"

②"外事"二句：见《曲礼上》"外事以刚日"节注①②。

③不违龟筮：孙希旦认为此四字应在下文的"子曰"之下。

【译文】

孔子说："从前夏、商、周三代的明王，都祭祀天地神明，没有不通过占卜、占筮来决定的，不敢以私意而亵渎上帝。所以不会冲犯不吉利的日子，不会违背卜、筮的结果。龟卜和蓍筮不能因袭使用。大的祭祀有固定的时日，小的祭祀没有固定的时日，以占筮决定日期。郊外的祭祀要在奇数日进行，城内的祭祀要在偶数日进行。不能违背龟卜筮占的结果。"

子曰："牲牷、礼乐、齐盛[①]，是以无害乎鬼神，无怨乎百姓。"

【注释】

①牲：纯色之牲。牷（quán）：完好无损伤之牲。齐盛：即"粢盛"。

见《祭义》“君子反古复始”节注⑤。

【译文】

孔子说：“祭祀用的牺牲毛色纯正、身体完好，礼仪舞乐齐备，祭献神明的谷物清洁，因此所有的礼节对鬼神都是无害的，百姓也不会有抱怨。”

子曰：“后稷之祀易富也①。其辞恭，其欲俭，其禄及子孙。《诗》曰：‘后稷兆祀，庶无罪悔，以迄于今。’②”

【注释】

①富：郑注：“富之言备也。”

②“《诗》曰”以下三句：出自《诗经·大雅·生民》。兆，今本《毛诗》作“肇”，开始。

【译文】

孔子说：“对后稷的祭祀是容易置办的。因为他的言辞恭敬，他的欲望寡薄，他的福禄延及子孙。《诗经》上说：‘后稷起始之祭祀，合乎礼仪无罪无悔，一直延续至今。’”

子曰：“大人之器威敬①。天子无筮②，诸侯有守筮③。天子道以筮④，诸侯非其国不以筮⑤，卜宅寝室⑥。天子不卜处大庙⑦。”

【注释】

①大人之器：孙希旦说：“谓龟策也。”大人，孔疏：“谓天子。”

②天子无筮：天子地位尊贵，有大事则用卜不用筮。

③守筮：郑注：“守国之筮，国有事则用之。”诸侯低于天子，在国内

居守，有事可用筮。

④天子道以筮：天子出行于道路，临时有小事时可用筮。

⑤诸侯非其国不以筮：郑注："入他国则不筮，不敢问吉凶于人之国也。"

⑥卜宅寝室：孙希旦说："诸侯适他国，于所舍之寝室，卜而后处之，备不虞也。"

⑦天子不卜处大庙：国君在建国时已通过占卜获得吉地，太庙在国都内，所以无需再卜。大，同"太"。

【译文】

孔子说："天子所用龟策等占筮之器威重严敬，不可轻易动用。天子对大事用卜而不用筮，诸侯有守国之筮。天子出行在路上，临时有事可以用筮，诸侯如果不在本国境内，就不能用筮，但所入住的宅或寝室要占卜。天子不占卜太庙应建在什么地方。"

子曰："君子敬则用祭器①。是以不废日月②，不违龟筮，以敬事其君长。是以上不渎于民，下不亵于上。"

【注释】

①敬则用祭器：主人接待来宾，为表示尊敬，郑重其事，不用燕饮之器而用祭祀之器。

②不废日月：郑注："总明朝聘之时，依其日月。"

【译文】

孔子说："君子使用祭祀器具来表示对宾客的尊敬。所以朝聘君长时要遵守日期，不违背龟筮占卜的指示，以恭敬地事奉君长。居上位者不干扰民众，居下位者不轻慢君长。"

缁衣第三十三

【题解】

郑玄《礼记目录》云："名曰'缁衣'者，善其好贤者厚也。《缁衣》，郑诗也。"

"缁衣"二字，见本篇引用《诗经·郑风·缁衣》"好贤如《缁衣》"一句，故用以名篇。出土资料郭店楚墓竹简、上海博物馆藏战国楚竹书两篇简本《缁衣》皆无今本首节文字。王锷《礼记成书考》认为今本第二章应该是原本首章，故取篇首文字命名，此说可从。"缁衣"本指黑色布帛所制的朝服，又指《郑风·缁衣》篇名，因首章"缁衣之宜兮"为题。

本篇议论主题多在君臣上下关系、君化民之道，也论及君子交友之道与言行准则等。行文风格明显，多先记孔子言论，再引《诗》、《书》、《易》等经文以证明，所引经文或断章取义，未必符合原作旨意。《隋书·音乐志》引梁朝沈约之言，认为本篇与《坊记》、《中庸》、《表记》四篇都取自已亡佚的《子思子》一书；任铭善《礼记目录后案》则认为本篇是《表记》的下篇，而与《坊记》三篇出于一人之手。无论三篇或四篇同出一人之手，其主要考察关键在于，文例多先议论后引书证。

今本《缁衣》现有两个出土的战国时期的版本可供比对研究，一是1993年在湖北荆门郭店一号战国楚墓出土的简本《缁衣》篇（见《郭店楚墓竹简》，文物出版社，1998年）；一是1994年上海博物馆从香港购回收藏的战国简本《缁衣》篇（见《上海博物馆藏战国楚竹书（一）》，上海古籍出版社，2001 年）。

子言之曰："为上易事也，为下易知也，则刑不烦矣。"

【译文】

孔子说："做君王的让臣下容易侍奉，做臣下的让君王容易了解，这样就不必多用刑罚了。"

子曰："好贤如《缁衣》①，恶恶如《巷伯》②，则爵不渎而民作愿③，刑不试而民咸服。《大雅》曰：'仪刑文王，万国作孚。'④"

【注释】

①《缁衣》：《诗经·郑风》篇名。旧说诗篇为好贤之作，郑桓公、武公父子并为周司徒，善于其职，受到郑人赞誉。缁衣，黑色朝服，因常年穿着已经敝败，故作新衣以赠之，是表示喜爱关怀之情。

②《巷伯》：《诗经·小雅》篇名。巷伯是阉人，为周王后宫巷官之长，故称"巷伯"。幽王好信谗言，故为诗讽刺谗人并警告在位者应远离小人。

③渎：滥。愿：敬谨。

④"《大雅》曰"以下二句：出自《诗经·大雅·文王》。"万国作孚"今本《毛诗》作"万邦作孚"。孚，信。

【译文】

孔子说："如果喜爱贤人就如同《缁衣》所描写的一样，厌恶坏人就如同《巷伯》所描写的一样，爵位就不会滥授，而人们也会形成敬谨的风气，不必动用刑罚而人们都会服从。”《诗经》上说：“效法文王为榜样，天下国家都信服。”

子曰：“夫民教之以德，齐之以礼，则民有格心[①]；教之以政，齐之以刑，则民有遯心[②]。故君民者子以爱之，则民亲之；信以结之，则民不倍[③]；恭以莅之，则民有孙心[④]。《甫刑》曰：‘苗民匪用命[⑤]，制以刑，惟作五虐之刑，曰法。’是以民有恶德，而遂绝其世也。”

【注释】

①格心：指向善、进取之心。格，孔疏：“来也。”

②遯（dùn）心：指逃避刑狱、免于责罚之心。遯，同“遁”。

③倍：通“背”，背叛。

④孙（xùn）：通“逊”，顺。

⑤苗民：三苗部族，亦称“有苗”。原住在长江中游，传说舜时被放逐驱赶至今敦煌三危山一带。匪：同“非”。命：政令。

【译文】

孔子说：“民众，如果用道德来教育他们，用礼义来统领他们，那么民众就有向善、进取之心；如果用政令来教训他们，用刑罚来统管他们，那么民众就只会有逃避刑狱、免于责罚之心。所以统领民众的人，对待民众如同爱护自己的儿子，那么人们就会亲近他；如果秉持诚信来团结民众，那么人们就不会背叛他；如果以恭敬的态度来面对民众，那么人们就会有顺服之心。《甫刑》说：‘三苗之民不听从政令的管理，于是就制定刑罚来统治，制定了五种酷虐的刑罚，称之为法。’因此造成了三苗之民品德恶劣，到后世终于就灭绝了。”

子曰："下之事上也，不从其所令，从其所行。上好是物，下必有甚焉者矣。故上之所好恶，不可不慎也，是民之表也[①]。"

【注释】

①表：标杆，榜样。

【译文】

孔子说："臣下侍奉君上，不是服从他的命令，而是服从他的行为。君上爱好的物事，臣下必然有人会更加爱好。所以君上的喜好与憎恶，不可以不谨慎，这是人们的标杆和榜样。"

子曰："禹立三年，百姓以仁遂焉[①]，岂必尽仁？《诗》云：'赫赫师尹，民具尔瞻。'[②]《甫刑》曰：'一人有庆，兆民赖之。'《大雅》曰：'成王之孚，下土之式。'[③]"

【注释】

①遂：郑注："犹达也。"

②"《诗》云"以下二句：出自《诗经·小雅·节南山》。师尹，指西周的太师尹氏。具，通"俱"。

③"《大雅》曰"以下二句：出自《诗经·大雅·下武》。孚，信。式，榜样。

【译文】

孔子说："禹即位三年，百姓就都依仁道行事了，难道是所有的人本性都能有仁道吗？《诗经》说：'显赫的太师尹氏，人们都瞻望着他。'《甫刑》说：'天子一人有善行，兆亿民众仰赖他。'《大雅》说：'成王的诚信，是臣民的表率。'"

子曰："上好仁，则下之为仁争先人。故长民者章志、贞教、尊仁[①]，以子爱百姓，民致行己以说其上矣[②]。《诗》云：'有梏德行，四国顺之。'[③]"

【注释】

①章志、贞教、尊仁：郑注："章，明也。贞，正也。"孔疏："当须章明己志，为贞正之教，尊敬仁道。"

②说：同"悦"。

③"《诗》云"以下二句：出自《诗经·大雅·抑》。"有梏（jué）德行"今本《毛诗》作"有觉德行"。梏，大。

【译文】

孔子说："君上喜好仁道，那么臣下就会争先恐后地抢着行仁道。所以领导民众的人应该彰明心志、导正教化、尊重仁道，爱民如子，人们就会尽力地去行仁道，以使君上欢喜愉悦。《诗经》上说：'德行宏大而端正，四方之国就会来归顺。'"

子曰："王言如丝，其出如纶[①]；王言如纶，其出如綍[②]。故大人不倡游言：可言也不可行，君子弗言也；可行也不可言，君子弗行也；则民言不危行[③]，而行不危言矣。《诗》云：'淑慎尔止，不諐于仪。'[④]"

【注释】

①纶：由丝线编绞而成的绶带。

②綍（fú）：同"绋"。郑注："引棺索也。"

③言不危行：即言不高于行，所谓言行一致。危，高。《训纂》引王引之说，"危"读为"诡"，诡者，违也，反也。说亦通。"言不危行"

即言不违于行。

④"《诗》云"以下二句：出自《诗经·大雅·抑》。諐(qiān)，过失。今本《毛诗》作"愆"。

【译文】

孔子说："天子讲的话，假如是像丝那么细，传播到外边会变得像绶带那么粗；天子讲的话，假如是像绶带那么粗，传播到外边会变得像拉棺材的绳子那么粗。所以在上位者不能提倡那种虚浮不实的话：可以说而不可以做的话，君子就不说；可以做却不可以说的事，君子就不做；那么民众言就不会高于行，行也就不会高于言。《诗经》上说：'你的姿容举止要善美谨慎，不要使礼仪有过失。'"

子曰："君子道人以言[①]，而禁人以行，故言必虑其所终，而行必稽其所敝，则民谨于言而慎于行。《诗》云：'慎尔出话，敬尔威仪。'[②]《大雅》曰：'穆穆文王，於缉熙敬止！'[③]"

【注释】

①道(dǎo)：引导。

②"《诗》云"以下二句：出自《诗经·大雅·抑》。话，郑注："善言也。"

③"《大雅》曰"以下二句：出自《诗经·大雅·文王》。穆穆，美好。於(wū)，叹词。缉熙，光明。敬，敬慎。止，语气词。

【译文】

孔子说："君子以言语引导人们向善，而以行动制止人们作恶，所以说话时必定考虑最终的结果，行动时必定核查可能的弊端，那么人们就会谨言慎行。《诗经》上说：'你说出话语要谨慎，你显示仪态要端庄。'《大雅》说：'堂堂皇皇，美好的文王啊！多么光明，多么敬慎！'"

子曰:“长民者,衣服不贰[①],从容有常,以齐其民,则民德壹。《诗》云:‘彼都人士,狐裘黄黄。其容不改,出言有章。行归于周,万民所望。’[②]”

【注释】

①贰:差池。

②“《诗》云”以下六句:出自《诗经·小雅·都人士》。

【译文】

孔子说:“领导民众的人,衣服要有模有样不能差,言行举止要从容有规矩,以身作则来规范民众,那么人们的道德就能够齐一。《诗经》上说:‘那京都的人士,狐皮裘衣黄黄。他们的容止规矩合度,说话有条有理有文采。行行走走回周都,他们是万民仰望效仿的榜样。’”

子曰:“为上可望而知也,为下可述而志也[①],则君不疑于其臣,而臣不惑于其君矣。《尹吉》曰[②]:‘惟尹躬及汤,咸有壹德。’《诗》云:‘淑人君子,其仪不忒。’[③]”

【注释】

①为下可述而志也:孔疏:“为臣下率诚奉上,其行可述叙而知。”

②《尹吉》:郑注:“吉,当为‘告’。告,古文‘诰’字之误也。尹告,‘伊尹之诰’也。《书序》以为《咸有壹德》,今亡。”郭店楚墓竹简《缁衣》、上海博物馆藏战国楚竹书《缁衣》皆作“尹诰”,证明郑注可信。孔疏:“言惟尹躬身与成汤,皆有纯一之德。”

③“《诗》云”以下二句:出自《诗经·曹风·鸤鸠》。忒(tè),差错。

【译文】

孔子说:“做人君的使臣子一望即可知其思想,做臣子的诚恳坦然,行为可以表明心志，那么人君就不会怀疑他的臣子，而臣子也不会对人君感到困惑。《尹诰》说：‘伊尹自己与汤，都有专一不变的道德。’《诗经》上说：‘完美善良的君子，他的仪态举止没有一点儿差错。’”

子曰：“有国家者，章善瘅恶[①]，以示民厚，则民情不贰。《诗》云：‘靖共尔位，好是正直。’[②]”

【注释】

①章善瘅(dǎn)恶：孔疏：“章，明也。瘅，病也。言为国者，有善以赏章明之，有恶则以刑瘅病之也。”瘅，憎恶。

②“《诗》云”以下二句：出自《诗经·小雅·小明》。靖，安。共(gōng)，通“恭”。

【译文】

孔子说：“统治国家的人，要表彰良善、憎恨罪恶，向人们展现淳厚正派的政风，那么人们就能团结齐一。《诗经》上说：‘安详恭谨地恪守你的职位，喜好这种正直的人。’”

子曰：“上人疑则百姓惑，下难知则君长劳。故君民者章好以示民俗，慎恶以御民之淫，则民不惑矣。臣仪行[①]，不重辞，不援其所不及，不烦其所不知，则君不劳矣。《诗》云：‘上帝板板，下民卒瘅。’[②]《小雅》曰：‘匪其止共，惟王之邛。’[③]”

【注释】

①仪：郑注：“当为‘义’，声之误也。言臣义事君则行也。”

②“《诗》云”以下二句：出自《诗经·大雅·板》。郑注：“此君使民

惑之诗。”上帝，托言君王。板板，乖戾邪僻。卒，尽。

③“《小雅》曰”以下二句：出自《诗经·小雅·巧言》。郑注：“此臣使君劳之诗。”匪，同“非”。止，容止。共（gōng），通“恭”。邛（qióng），劳病。

【译文】

孔子说：“君上多疑而好恶不明，民众就困惑而无所适从；臣下心意难以知晓，君上就会非常辛劳。所以统治民众的人，要表彰良善以昭示人们良好的风俗，要惩戒罪恶以防止人们放纵奢侈，那么人们就不会困惑了。臣下遵行应做的事，不尚空谈，不强求君上去做那些做不到的事，不烦扰君上去纠缠那些搞不清的事，那么君上就不会太辛劳了。《诗经》上说：‘上帝假如乖戾邪僻，下民因此遭受困顿。’《小雅》说：‘他不是在恭行职责，他是让君王遭受苦劳。’”

子曰：“政之不行也，教之不成也，爵禄不足劝也，刑罚不足耻也。故上不可以亵刑而轻爵。《康诰》曰①：‘敬明乃罚。’《甫刑》曰：‘播刑之不迪②。’”

【注释】

①《康诰》：《尚书·周书》篇名。即康叔之诰，内容是西周早期康叔受封时武王告诫之辞。

②播：施行。不：郑注：“衍字耳。”《尚书·吕刑》作“播刑之迪”。迪：道。

【译文】

孔子说：“政令不能施行，教化不能成功，这是由于封爵、授禄不当而不足以劝勉臣民守法向善，刑法惩罚失据而不足以使人们感到耻辱。所以身居上位的人不可以滥用刑罚而又轻率地封爵、授禄。《康诰》说：

‘要敬谨明察你所执行的刑罚。’《甫刑》说：‘施加刑罚要有道理作依据。’”

子曰：“大臣不亲，百姓不宁，则忠敬不足，而富贵已过也。大臣不治，而迩臣比矣①。故大臣不可不敬也，是民之表也；迩臣不可不慎也，是民之道也。君毋以小谋大，毋以远言近，毋以内图外，则大臣不怨，迩臣不疾，而远臣不蔽矣。叶公之顾命曰②：‘毋以小谋败大作，毋以嬖御人疾庄后③，毋以嬖御士疾庄士、大夫、卿士④。’”

【注释】

①迩臣：近臣。比：私下相亲。

②叶公之顾命：孙希旦说：“‘叶’当作‘祭’(zhài)，字之误也。”“祭公之顾命”是祭公(字谋父)将死，告周穆王之遗言。见《逸周书·祭公解》。

③嬖(bì)御人：孔疏：“爱妾也。”庄后：孔疏：“齐庄之后，是適(嫡)夫人也。”

④庄士：孔疏：“即大夫、卿之典事者。”

【译文】

孔子说：“大臣与国君不相亲，百姓生活不安宁，这是因为大臣不忠于国君，国君不敬重大臣，而享受富贵却已过度。大臣不治理国政，近臣就会朋比为奸。所以国君不可以不敬重大臣，大臣是民众的表率；国君不可以不慎择近臣，近臣是民众的引导者。国君勿与小臣谋议大臣之事，勿与远臣谈论近臣之事，勿与内臣商讨外臣之事，那样大臣就不会对国君有抱怨，近臣就不会遭非议，远臣就不会被障蔽了。祭公在遗嘱中说：‘不要因为小图谋而败坏了大作为，不要因为宠妾而诋毁端庄的后妃，不要因为宠臣而诋毁端庄正派之士。'"

子曰："大人不亲其所贤，而信其所贱，民是以亲失，而教是以烦。《诗》云：'彼求我则，如不我得。执我仇仇，亦不我力。'[1]《君陈》曰：'未见圣，若已弗克见；既见圣，亦不克由圣。'[2]"

【注释】

①"《诗》云"以下四句：出自《诗经·小雅·正月》。则，马瑞辰《毛诗传笺通释》释为句末语助词，无义。仇仇，犹訾訾，傲慢。

②"《君陈》曰"以下四句：出自《尚书·君陈》。克，能。由，用。

【译文】

孔子说："身居上位不亲近有德的贤人，而信任鄙贱无德的小人，人们会因而失去了他们所应亲近的准则，政教会因此变得烦乱。《诗经》说：'那君王起初访求我的时候，急急地好像唯恐得不到我。既已得到我就傲慢待我，也不肯真正重用我。'《君陈》说：'在尚未见到圣人之时，就好像自己不能见到圣人一般；等已经见到了圣人，又不能听圣人、用圣人。'"

子曰："小人溺于水，君子溺于口，大人溺于民[1]，皆在其所亵也。夫水近于人而溺人，德易狎而难亲也[2]，易以溺人。口费而烦，易出难悔，易以溺人[3]。夫民闭于人而有鄙心，可敬不可慢，易以溺人[4]。故君子不可以不慎也。《大甲》曰：'毋越厥命以自覆也[5]。''若虞机张[6]，往省括于厥度则释[7]。'《兑命》曰：'惟口起羞，惟甲胄起兵，惟衣裳在笥，惟干戈省厥躬。'⑧《大甲》曰:'天作孽,可违也;自作孽,不可以逭⑨。'《尹吉》曰:'惟尹躬天见于西邑夏,自周有终,相亦惟终。'⑩"

【注释】

①"小人"三句:《集解》引吕大临说:"小人,谓民也。君子,谓士大夫。大人,谓王、公。"

②德易狎而难亲也:郑注:"有德者亦如水矣,初时学其近者、小者以从人事,自以为可,则侮狎之","如溺于大水矣"。狎,轻狎,轻慢。

③"口费而烦"三句:郑注:"费,犹惠也。言口多空言且烦数也。过言一出,驷马不能及,不可得悔也。口舌所覆,亦如溺矣。"

④"夫民闭于人"三句:郑注:"言民不通于人道而心鄙诈,难卒告谕。人君敬慎以临之则可,若陵虐而慢之,分崩怨畔,君无所尊,亦如溺矣。"闭,阻塞。

⑤毋越厥命以自覆也:出自《尚书·太甲》。厥,其。覆,败。

⑥虞:管理田猎之地的官员。机:弩牙。本指弩机钩弦的部件,此代指弩机。弩机是安在弩弓臂后部的机械装置,用以控制发射。

⑦括:矢括,指箭的末端。度:郑注:"谓所拟射也。"即瞄准目标。释:放。郑注:"虞人之射禽,弩已张,从机间视括与所射参相得,乃后释弦发矢。"

⑧"《兑命》曰"及以下四句:《兑命》,当作"《说(yuè)命》",《尚书》佚篇名。衣裳,指朝祭之服。笥(sì),衣箱。惟干戈省厥躬,孔疏:"惟所施干戈之事,当自省己身,不可妄加无罪,浪以害人。"

⑨逭(huàn):逃。

⑩"《尹吉》曰"及以下三句:"尹吉"即"尹诰",《尚书·周书》篇名。天,郑注:"当为'先'字之误。"西邑夏,指夏都安邑,位处商都亳

之西，故称“西邑夏”。周，郑注：“忠信为周。”“周”本有周备严密之意，君子尽忠守信，人格周备，故引申有忠信之意。《论语·为政》：“君子周而不比，小人比而不周。”

【译文】

孔子说：“小人被水淹死，君子被口淹死，在上位者被民众淹死，这都是因为他们亵慢不慎而造成的。小人与水接近容易被水淹死，因为水德柔弱易于轻慢狎玩而难于真正亲和，因此小人容易被水淹死。君子说话多空话而烦腻，过头话容易说而难反悔，因此君子容易被口淹死。在上位者面对百姓，百姓不通人情而有鄙诈之心，可以敬慎面对而不可怠慢，稍不当心即反叛离析，因此在上位者容易被人淹死。所以君子不可以不谨慎。《太甲》说：‘勿逾越天命以自取覆灭。’‘如同虞人的弩机张开后，还要看清箭端至目标瞄准了再发射。’《说命》说：‘嘴巴说话不慎会招来羞辱，甲胄配置不慎会引发战争，朝祭的服装收藏衣箱于己不利，要动用干戈兴兵还是先自我省察。’《太甲》说：‘上天作孽兴灾，还能躲避；自己作孽惹祸，却是无可遁逃。’《尹诰》说：‘伊尹我的先人曾亲见西邑夏的先君，他们国君自始至终都能以忠信相待，辅政大臣也能一直奉行忠信到最后。’”

子曰：“民以君为心，君以民为体。心庄则体舒，心肃则容敬。心好之，身必安之；君好之，民必欲之。心以体全，亦以体伤；君以民存，亦以民亡。《诗》云：‘昔吾有先正，其言明且清，国家以宁，都邑以成，庶民以生。谁能秉国成？不自为正，卒劳百姓。’①《君雅》曰：‘夏日暑雨，小民惟曰怨。资冬祁寒，小民亦惟曰怨。’②”

【注释】

①“《诗》云”以下八句：开头“昔吾”至“以生”前五句，今本《毛诗》未

见，当是逸诗；后“谁能”至“百姓”等三句，见《诗经·小雅·节南山》。

②“《君雅》曰”及以下四句：雅，郑注：“《书序》作‘牙’，假借字也。”郭店楚墓竹简《缁衣》正引作“君牙”。《君牙》，《尚书》佚篇名，今本伪《古文尚书·君牙》不可信。曰，此与下文的“曰”均当作“日”，郭店楚墓竹简《缁衣》、上海博物馆藏战国楚竹书《缁衣》皆作“日”，应是秦汉传抄致误。日，指太阳，引申为老天，表面上指太阳在冬夏不能以日照适时调节天候，使得百姓无力对抗寒热雨旱，因此怨天，实乃借日喻君。资，当作“至”。祁，伪《古文尚书》孔传释为“大”。

【译文】

孔子说：“民众把君主当作自己的心，君主把民众当作自己的身体。心端正，身体就能感到舒畅；心肃穆，容止就会显得敬谨。心里喜欢，身体必能安适；君主爱好，民众必定也爱好。心在身体之内而受到保护，也因身体牵累而受到伤害；君主靠民众而生存，也因民众而灭亡。《诗经》说：‘以前我们有位先君，他的言论明白而清楚，国家因此得到安宁，都城因此得以建成，百姓因此得以安生。有谁能好好执掌国政？不自以为是，让百姓老是劳累受苦。’《君牙》说：‘夏季天气暑热又多雨，老百姓抱怨老天；冬季天气又大冷，老百姓也抱怨老天。’”

子曰：“下之事上也，身不正，言不信，则义不壹，行无类也①。”

【注释】

①类：郑注：“谓比式。”

【译文】

孔子说：“臣下侍奉君上，自身不行正道，说话不讲信用，那么道义就不能专一，行为就会没有准则。”

子曰：“言有物而行有格也[1]，是以生则不可夺志，死则不可夺名。故君子多闻，质而守之[2]；多志，质而亲之[3]；精知，略而行之[4]。《君陈》曰：‘出入自尔师虞[5]，庶言同[6]。’《诗》云：‘淑人君子，其仪一也。’[7]”

【注释】

①格：法规。

②多闻，质而守之：孔疏：“虽多闻前事，当简质而守之。”质，少也。

③多志，质而亲之：孔疏：“谓多以志意博交泛爱，亦质少而亲之。”

④精知，略而行之：孔疏：“谓精细而知，孰（熟）虑于众，要略而行之。”

⑤出入自尔师虞：孔疏：“言出入政教，当由女（汝）众人共知谋度。”师，众。虞，谋虑。

⑥庶：众。

⑦“《诗》云”以下二句：出自《诗经·曹风·鸤鸠》。

【译文】

孔子说：“说话有事实依据而行为遵循法规，所以人活着不能夺去他的志向，人死了也不能夺去他的名声。因此君子闻见要广博，确定原则实行并恪守它；君子交际要广泛，择友少精学习而亲近他；知识精细而深思熟虑，规划重点而加以实行。《君陈》说：‘颁发的政令都来自你们众臣的谋虑，众人赞同再实行。’《诗经》上说：‘善人君子，他的威仪始终如一。’”

子曰：“唯君子能好其正[1]，小人毒其正。故君子之朋友有乡[②]，其恶有方。是故迩者不惑，而远者不疑也。《诗》云：‘君子好仇[③]。’”

【注释】

①唯君子能好其正：孙希旦说：“正，谓益者之友，能正己之失者，唯君子能好之，若小人则反毒害之矣。”

②乡（xiàng）：通“向”，方向。

③君子好仇（qiú）：出自《诗经·周南·关雎》。好仇，理想的配偶。仇，今本《毛诗》作“逑”。

【译文】

孔子说：“只有君子能喜欢别人纠正自己的失误，小人会痛恨别人纠正自己的失误。所以君子结交朋友有一定的原则，他厌恶别人也有一定的原则。因此远近之人都信任他，接近他的人不会感到迷惑，远离他的人也不会怀疑他。《诗经》上说：‘君子的理想配偶。’”

子曰：“轻绝贫贱，而重绝富贵，则好贤不坚，而恶恶不著也。人虽曰‘不利’，吾不信也。《诗》云：‘朋有攸摄，摄以威仪。’[①]”

【注释】

①“《诗》云”以下二句：出自《诗经·大雅·既醉》。郑注：“言朋友以礼义相摄正，不以贫富贵贱之利也。”攸，所。摄，辅助，佐理。

【译文】

孔子说：“轻易地与贫贱者绝交，而难以与富贵者绝交，就是喜好贤人的志意不坚定，而厌弃恶人的态度不明确。虽然有人说他是‘不为利’，我也决不相信。《诗经》上说：‘朋友交往要辅佐，辅助佐理靠礼义。’”

子曰：“私惠不归德，君子不自留焉[①]。《诗》云：‘人之好我，示我周行。’[②]”

【注释】

①“私惠”二句：郑注：“谓不以公礼相庆贺，时以小物相问遗也。言其物不可以为德，则君子不以身留此人也。”私惠，私下赠送礼物。

②“《诗》云”以下二句：出自《诗经·小雅·鹿鸣》。

【译文】

孔子说：“私下送礼不符合公德的，君子不把这样的人留在身边。《诗经》上说：‘喜爱我的人，为我指示坦荡大道。’”

子曰：“苟有车，必见其轼[①]；苟有衣，必见其敝[②]；人苟或言之，必闻其声；苟或行之，必见其成。《葛覃》曰[③]：‘服之无射[④]。’”

【注释】

①轼：车厢前部供凭靠扶持的横木。

②敝：通“蔽”，遮蔽。朱彬《训纂》引《释文》“敝，隐蔽也”，说：“彬谓古者先知蔽前，后知蔽后。有衣必见其蔽，举在前者言之。”

③《葛覃》：《诗经·周南》篇名。写出嫁妇人归宁父母前的喜悦之情。

④服之无射（yì）：出自《诗经·周南·葛覃》。今本《葛覃》作“是刈是濩，为絺为绤，服之无斁”。意谓妇人割取、濩煮葛草，用来织

粗细不同的葛布，将自制的衣服穿在身上一点儿也不厌倦。射，同“斁”，厌。

【译文】

孔子说：“如果有车子，必定能看到车上供人凭靠的车轼；如果有衣服，必定能看到它用来遮蔽身体；如果有人在说话，必定能听到他的声音；如果有人在做事，必定能看到他做出的成果。《葛覃》说：‘这衣服穿着从不感到厌倦。’”

子曰：“言从而行之，则言不可饰也；行从而言之，则行不可饰也。故君子寡言而行，以成其信，则民不得大其美而小其恶。《诗》云：‘白圭之玷，尚可磨也。斯言之玷，不可为也。’[①]《小雅》曰：‘允也君子，展也大成。’[②]《君奭》曰：‘在昔上帝，周田观文王之德，其集大命于厥躬。’[③]”

【注释】

①“《诗》云”以下四句：出自《诗经·大雅·抑》。玷（diàn），珪玉上的斑点。

②“《小雅》曰”以下二句：出自《诗经·小雅·车攻》。

③“《君奭（shì）》曰”及以下三句：《君奭》，《尚书·周书》篇名。奭，为周召公之名，《君奭》为周公劝勉召公之言。周田观，郑注据古文作“割申劝”，说：“割之言盖也，言文王有诚信之德，天盖申劝之。”郭店楚墓竹简《缁衣》作“割绅观文王之德”。据此似可订为“割绅观文王之德”。今本“周”为“害”字之误，“害”、“割”古通，“申”、“绅”可通，有重申、一再之意。可参见屈万里《尚书集释》。

【译文】

孔子说：“说了之后跟着就去做，那么所说的话就不能掩饰；做了之后跟着就来说，那么所做的事就不能掩饰。所以君子总是少说话而去做，以实际行动成就他的诚信，这样人们就不能夸大自己的美好而缩小自己的丑恶。《诗经》上说：‘洁白的玉珪上有斑点，还可以打磨清除。说出的话有了污点，那就无法挽回。’《小雅》说：‘实在是君子呀！果真有大作为。’《君奭》说：‘从前上帝反复观察文王的德行，才将统一天下的天命降于他的身上。’”

子曰：“南人有言曰：‘人而无恒，不可以为卜、筮。’古之遗言与[①]？龟筮犹不能知也，而况于人乎？《诗》云：‘我龟既厌，不我告犹。’[②]《兑命》曰[③]：‘爵无及恶德[④]，民立而正事。纯而祭祀[⑤]，是为不敬。事烦则乱，事神则难。’《易》曰：‘不恒其德，或承之羞。’‘恒其德侦，妇人吉，夫子凶。’[⑥]”

【注释】

①与：通“欤”，疑问语气词。

②“《诗》云”以下二句：出自《诗经·小雅·小旻》。郑注：“言亵而用之，龟厌之，不告以吉凶之道也。”

③《兑命》：《尚书》篇名。见本篇“子曰：小人溺于水”节注⑧。此处所引六句均不见于郭店简与上博简《缁衣》。

④恶德：郑注：“无恒之德”，“言君祭祀赐诸臣爵，毋与恶德之人也”。

⑤纯：郑注：“犹皆也。”

⑥“《易》曰”以下五句：出自《易·恒卦》九三、六五爻辞。侦，今本《周易》作“贞”，占问。

【译文】

孔子说：“南方人有俗话说：‘人如果情性无常，就不可以为他卜卦、占筮。’这是古代留下来的话吧？龟卜、占筮尚且不能知道这种人的吉凶，更何况是人呢？《诗经》上说：‘我们的灵龟已经厌烦了，不会告诉我们吉凶之道了。’《说命》说：‘爵位不能授予那些道德恶劣的人，否则人们将误以为他们是正道而仿效。过繁地祭祀，是对神明不敬。事情过于纷繁就会烦乱，祭祀神鬼也难以得福。’《易》上说：‘不能恒久地保持德行，有时或会蒙受羞辱。’‘能恒久地保持德行，占问，妇人吉，男子凶。’”

奔丧第三十四

【题解】

郑玄说："名曰'奔丧'者，以其居他国，闻丧奔赴之礼。此于《别录》属'丧服'之礼矣。实逸《曲礼》之正篇也。汉兴后，得古文，而礼家又贪其说，因合于《礼记》耳。"

本篇与后文的《投壶》篇均为《逸礼》内容。孙希旦《集解》说，《仪礼》古经为五十六篇，藏在秘府，世莫之见，后遂散逸，因此叫做"逸礼"。本篇主要记身居异国之士返乡奔丧之礼，兼记天子、诸侯，并杂记其他各种丧礼。

奔丧之礼①：始闻亲丧②，以哭答使者，尽哀；问故③，又哭尽哀。遂行，日行百里④，不以夜行。唯父母之丧见星而行，见星而舍。若未得行⑤，则成服而后行⑥。过国至竟⑦，哭，尽哀而止。哭辟市朝⑧，望其国竟哭。

【注释】

①奔丧之礼：孙希旦说："首云'奔丧之礼'，所以总目一篇之事也。"言"奔"，是急遽疾驰之辞。

②亲：指父母双亲。

③问故：询问双亲去世的缘故。

④日行百里：孙希旦说："日行百里行，兼程也，吉行日五十里。"因奔丧而行程加倍。

⑤若未得行：孔疏："此奉君命而使，使事未了，不可以己私丧废于公事，故成服以俟君命，则人代己也。"

⑥成服：即将丧服穿戴齐备。死者死后第一天小殓，亲人加绖，第二天大殓，第三天亲人成服。

⑦竟：通"境"。下同。

⑧辟(bì)：躲避，避开。市朝：集市与官署。孙希旦说："凡治民之处皆曰'朝'。"

【译文】

奔丧之礼：刚听到父亲或母亲去世的噩耗，就要向前来报丧的使者哭泣作为回答，尽情地表达自己的悲伤之情；然后向使者询问父母去世的缘故，问完又接着尽情地痛哭。于是动身出发奔丧，每日行程一百里，夜间不赶路。只有为父母奔丧，早上还能看见星星时就出发赶路，晚上星星出现后才止息。如果因为事务不能马上动身奔丧，也可以在三天后按丧礼穿上丧服然后再动身。奔丧时每经过一国的边境都要停步哭泣，也要尽情地表达自己的悲伤才止。哭时要避开集市和官署，这是为了避免打扰民众，望见本国的国境就边走边哭。

至于家，入门左，升自西阶，殡东，西面坐，哭尽哀，括发、袒[①]，降，堂东即位，西乡哭，成踊[②]；袭、绖于序东[③]，绞带[④]，反位，拜宾，成踊，送宾，反位。有宾后至者，则拜之、成踊、送宾皆如初。众主人、兄弟皆出门[⑤]，出门哭止，阖门[⑥]，相者告就次[⑦]。于又哭[⑧]，括发、袒，成踊。于三哭，犹括发、袒，成踊。三日成服，拜宾送宾皆如初。

【注释】

①括发：详见《檀弓上》“曾子袭裘而吊”节注②。

②成踊：哭时双脚跳起。见《丧服小记》“奔父之丧”节注③。

③袭：穿好衣服。绖（dié）：见《檀弓上》“孔子之丧，二三子皆绖而出”节注①。序东：这里指堂下东墙的东侧。

④绞带：用苴麻做的孝带，系于腰间。人生前要系大带和革带，腰绖相当于大带，绞带相当于革带。孙希旦说：“初服时即绞之，故谓之绞带。”

⑤众主人：主人的庶兄弟。

⑥阖（hé）：关。

⑦次：郑注：“倚庐也。”参见《檀弓下》“君于大夫”节注④。

⑧于又哭：指第二日早上的哭灵。

【译文】

奔丧到家门口，从门的左侧进入，由西阶升堂，在灵柩的东侧，面朝西跪坐，尽情地痛哭表达自己的悲伤，脱去吉冠仅用麻绳束发，袒露左臂，从西阶下堂，在阼阶下东侧就位，面朝西痛哭，跳脚；然后到堂下东墙的东侧系好衣襟，戴上首绖，系上绞带，返回阼阶东边主人的位置，拜谢宾客，痛哭跳脚，送宾客到殡宫外，再返回阼阶东边主人的位置。如果有宾客后到，就还要向他拜谢，痛哭跳脚，送他到殡宫外，和刚才所做的一样。送走宾客后，主人的庶兄弟、堂兄弟都走出殡宫之门，出门后就停止哭泣，然后关上殡宫的大门，赞礼者告知应去的丧次。第二天早上哭灵时，也要用麻绳束发，袒露左臂，跳脚痛哭。第三天早上哭灵时，还是要用麻绳束发，袒露左臂，跳脚痛哭。三天后穿好丧服，拜宾、送宾和第一天的礼仪一样。

奔丧者非主人[①]，则主人为之拜宾、送宾。奔丧者自齐衰以下，入门左，中庭北面，哭尽哀，免、麻于序东[②]，即位袒，与主人哭，成踊。于又哭、三哭，皆免、袒。有宾则主人拜宾、送宾。丈夫、妇人之待之也，皆如朝夕哭位[③]，无变也。

【注释】

①主人：丧主，即嫡长子。

②免（wèn）：同“绕”，居丧时一种束发的方式。具体形制见《檀弓上》首节注②。

③朝夕哭：见《杂记上》“朝夕哭不帷”节注①。朝夕哭位，主人在阼阶下，主妇在阼阶上。

【译文】

奔丧者如果不是主人，那么主人就替他拜宾和送宾。奔丧者如果和死者是齐衰以下的亲属，就从家门的左侧进入，在庭院当中面朝北痛哭，尽情地表达悲伤之情，然后到堂下东墙东边头戴绕，系上麻绖，站到自己应站的位置上，袒露左臂，与主人一起跳脚痛哭。第二天、第三天早晨哭灵时，都要戴绕、袒露左臂。有宾客前来吊丧，由主人拜宾、送宾。主人、主妇站在朝夕哭时的位置等待奔丧的人，位置没有改变。

奔母之丧[①]，西面哭尽哀，括发、袒，降，堂东即位，西乡哭，成踊，袭、免、绖于序东。拜宾、送宾，皆如奔父之礼。于又哭，不括发。

【注释】

①奔母之丧：孔疏：“此谓適（嫡）子，故《经》云‘拜宾、送宾，皆如奔父之礼；若庶子，则亦‘主人为之拜宾、送宾’。”奔母之丧的礼节，

除第二天哭灵时戴绕不括发，较父丧之礼为轻，其他与奔父丧之礼皆同。

【译文】

为母亲奔丧，从西阶升堂，到灵柩的东侧面朝西痛哭，尽情地表达悲伤，然后用麻绳束发，袒露左臂，从西阶下堂，在阼阶之东就位，面朝西痛哭，跳脚，然后在东墙的东侧系好衣服前襟、戴上绕、戴上首绖。主人拜宾、送宾的礼仪和奔父丧时一样。只是在第二天早晨哭灵时就不用麻绳束发，只戴绕。

妇人奔丧，升自东阶，殡东，西面坐，哭尽哀。东髽[①]，即位，与主人拾踊[②]。

【注释】

①髽(zhuā)：见《檀弓上》“邾娄复之以矢”节注③。

②拾(jié)：轮流。

【译文】

妇人奔丧，从堂的东侧升堂，到灵柩的东侧，面朝西跪坐，痛哭，尽情地表达悲伤。然后到堂下的东侧去掉裹发的帛，露出发髽，然后即位，与主人轮流跳脚痛哭。

奔丧者不及殡[①]，先之墓，北面坐，哭尽哀。主人之待之也，即位于墓左，妇人墓右。成踊，尽哀，括发，东即主人位，绖、绞带，哭，成踊。拜宾，反位，成踊。相者告事毕。遂冠，归，入门左，北面，哭尽哀，括发、袒，成踊，东即位，拜宾，成踊。宾出，主人拜送。有宾后至者，则拜之、成踊、送宾如初。众主人、兄弟皆出门，出门哭止，相者告就次。于又哭，括发,成踊;于三哭,犹括发、成踊。三日成服,于五哭,相者告事毕。为母所以异于父者,壹括发,其余免以终事。他如奔父之礼。

【注释】

①奔丧者:此奔丧者是嫡长子,下文的"主人"指临时主持丧事的丧主。

【译文】

奔丧者如果没有赶在停殡期间回家,回家后就先到墓地上去,面朝北跪坐,痛哭尽情地表达悲伤。在家代替奔丧者主持丧事的主人接待他的礼数是,男人们在墓的左侧就位,妇人们在墓的右侧就位。奔丧者跳脚痛哭,尽情地表达悲哀,用麻绳束发,然后到墓的东侧就主人之位,戴上麻绖,系上绞带,痛哭,跳脚。拜谢宾客,返回主人之位,跳脚痛哭。这时候赞礼者负责告知哭墓之事完毕。奔丧者于是戴上冠,回宅,自左侧入门,面朝北,痛哭尽情地表达悲伤,然后用麻绳束发,袒露左臂,跳脚痛哭,到阼阶之东就位,拜谢宾客,跳脚痛哭。宾客退出,主人要拜送到门外。有宾客吊丧后到的,主人的拜谢、跳脚痛哭、送客的礼数和开始时一样。主人的庶兄弟、堂兄弟都退出殡宫大门,出了门就停止哭泣,赞礼者告知应去的丧次倚庐。第二天早上哭灵时,要用麻绳束发,跳脚痛哭;第三天早上哭灵时,还是要用麻绳束发,跳脚痛哭。三天后穿上丧服,第五天早上哭灵时,赞礼者负责告知殡宫之礼已完毕。为母亲奔丧和为父亲奔丧的不同之处在于,从墓地回到家时用麻绳束发,其余哭灵时都戴着绕。除此以外的礼节都和奔父之丧一样。

齐衰以下不及殡,先之墓,西面哭尽哀,免、麻于东方,即位,与主人哭,成踊,袭。有宾则主人拜宾、送宾。宾有后至者，拜之如初。相者告事毕。遂冠，归，入门左，北面，哭尽哀，免、袒，成踊，东即位，拜宾，成踊。宾出，主人拜送。于又哭，免、袒，成踊。于三哭，犹免、袒，成踊。三日成服。于五哭，相者告事毕。

【译文】

为齐衰以下的亲属奔丧，如果没在停殡期间赶回，返回后就先到墓地，面朝西痛哭，尽情地表达悲伤，在墓的东侧脱去吉冠，戴上绕，腰间系上麻带，然后就位，和主人一道痛哭，跳脚，然后穿好衣服。若有宾客来吊，就由主人拜宾、送宾。来吊的宾客如有迟到者，拜宾的事仍由主人承担，就像刚才一样。赞礼者宣告哭墓的事完毕。奔丧者于是戴上冠，回家，从门左侧进入，面向北而哭，尽哀为止，然后戴上绕，袒露左臂，跳脚痛哭，然后在阼阶之东就位，主人为之拜宾，奔丧者跳脚痛哭。宾客退出，主人拜谢送出门外。第二天早上哭灵时，戴上绕，袒露左臂，跳脚痛哭。第三天早上哭灵时，也要戴上绕，袒露左臂，跳脚痛哭。三天后穿好丧服。第五天哭灵后，赞礼者告知奔丧礼完毕。

闻丧不得奔丧，哭尽哀；问故，又哭尽哀。乃为位[①]，括发、袒，成踊，袭、绖、绞带，即位，拜宾，反位，成踊。宾出，主人拜送于门外，反位。若有宾后至者，拜之、成踊、送宾如初。于又哭，括发、袒，成踊。于三哭，犹括发、袒，成踊。三日成服。于五哭，拜宾、送宾如初。

【注释】

①为位：孔疏："若非君命有事，则不得为位，当须速奔。"即此为公干在外、闻丧而不得奔丧者为行礼所设哭位。

【译文】

听到父亲或母亲去世的噩耗却不能回家奔丧，这时要尽情地痛哭表达哀伤；向使者询问父母去世的缘故，然后再尽情地痛哭表达哀伤。于是即哭位，用麻绳束发，袒露左臂，跳脚痛哭，然后系好衣襟，戴上麻绖，系上绞带，在阼阶下就主人之位，出位拜谢吊丧的宾客，然后返回原位，跳脚痛哭。宾客退出，主人拜送于门外，然后返回原位。如果有宾客后到，也要拜谢，跳脚痛哭，送别宾客，如最初时一样。第二天早上哭灵时，要用麻绳束发，袒露左臂，跳脚痛哭。第三天早上哭灵时，还要用麻绳束发，袒露左臂，跳脚痛哭。三天后穿好丧服。第五天哭灵时，拜宾、送宾的礼数和前几天一样。

若除丧而后归，则之墓，哭，成踊，东括发、袒，绖，拜宾，成踊，送宾，反位，又哭尽哀，遂除。于家不哭。主人之待之也，无变于服，与之哭，不踊。自齐衰以下，所以异者免、麻。

【译文】

如果奔丧者是在家人除去丧服后才回到家，那就要先去墓地，痛哭，跳脚，在墓东侧用麻绳束发，袒露左臂，戴上麻绖，然后拜送宾客，返回原位跳脚痛哭，送宾出门，返回原位，又痛哭，尽情地表达悲哀，然后除去丧服。回到家中就不再哭了。原先在家代替奔丧者主持丧事的人在接待奔丧者时，可以不改变自己的吉服，可以和奔丧者一起哭，但不跳脚。如果是齐衰以下的亲属在家人除去丧服之后才回家，礼节不同的地方在于，在墓地时头戴绕，腰间系上麻带，而不用麻绳束发和袒露左臂。

凡为位[1]，非亲丧，齐衰以下皆即位，哭尽哀，而东免、绖,即位,袒,成踊,袭,拜宾,反位,哭,成踊,送宾,反位。相者告就次。三日五哭[②],卒。主人出送宾,众主人、兄弟皆出门,哭止[③],相者告事毕。成服,拜宾。若所为位家远,则成服而往[④]。

【注释】

①凡为位:郑注:"谓无君事,又无故,可得奔丧,而以己私未奔者也。"指本应奔丧而因故未能奔丧,乃设位而哭。

②三日五哭:初闻丧一哭,明日早、晚各一哭,后日早、晚各一哭,共五哭。

③"主人"三句:孙希旦说:"按,'主人出送宾'至'哭止'十五字,于上下不相属,注疏皆无解说,盖衍文。"孙说是。译文不译此十五字。

④"若所为位"二句:闻丧不得奔丧的亲属中,或关系较疏,又远离主人(即为位之家),可以在三日成服后才去。

【译文】

凡在外地按亲疏关系排列哭位,如果不是双亲的丧事,是齐衰以下亲属的丧事,就各就其位而哭,尽情地表达哀伤,然后到堂下东墙的东边,脱下冠戴上绖,腰间系上麻带,然后就位,袒露左臂,跳脚痛哭,然后系好衣襟,离位拜谢宾客,然后返回原位,痛哭跳脚,拜送宾客,然后返回原位。赞礼者告知到丧次去。三天哭五次,然后就停止哭泣。赞礼者告知奔丧礼完毕。三天后穿好丧服,有宾客前来吊丧,就拜谢。如果有闻丧欲奔丧的亲属远离丧家,就可以在成服之后前往。

齐衰望乡而哭,大功望门而哭,小功至门而哭,缌麻即位而哭。

【译文】

为服齐衰的亲属奔丧，在望见家乡时就开始哭；为服大功的亲属奔丧，在望见家门时就开始哭；为服小功的亲属奔丧，走到家门口时开始哭；为服缌麻的亲属奔丧，就位后才哭。

哭父之党于庙[①]，母、妻之党于寝，师于庙门外，朋友于寝门外，所识于野张帷。

【注释】

①党：郑注："谓族类无服者也。"

【译文】

同族但无服的人死了，就到祖庙里哭他；母家或妻家的族人死了，就在寝室里哭他；老师死了，就在庙门外哭他；朋友死了，就在寝门外哭他；曾经相识的人死了，就在野外张设帷幕哭他。

凡为位不奠[①]。

【注释】

①凡为位不奠：因为死者的神灵不在此处。奠，葬以前都叫做"奠"，即为死者献上饮食祭品。

【译文】

凡是在远地设哭位的，就不必设供品致奠。

哭天子九，诸侯七，卿大夫五，士三。

【译文】

不能为天子奔丧，就要为他设哭位哭九天；不能为诸侯奔丧，就要为他设哭位哭七天；不能为卿大夫奔丧，就要为他设哭位哭五天；不能为士奔丧，就要为他设哭位哭三天。

大夫哭诸侯，不敢拜宾[①]；诸臣在他国，为位而哭，不敢拜宾；与诸侯为兄弟，亦为位而哭。

【注释】

①不敢拜宾：郑玄认为这是哭其旧君，为了避主人，不敢拜宾。按，丧礼中，只有丧主代表丧家拜宾，故大夫是不能拜宾的。

【译文】

大夫在别国设位哭其旧君，如有宾客前来吊丧，自己不敢拜送；出使他国的臣子，在他国设位哭其去世的国君，如有宾客前来吊丧，也不敢拜送；与诸侯为兄弟而在别国的亲属，在所在之国为位哭去世的诸侯，有宾客前来吊丧，也不敢拜谢。

凡为位者壹袒。

【译文】

凡是在国外为位而哭悼的，只是在闻丧的当天痛哭时袒露左臂一次。

所识者吊，先哭于家而后之墓，皆为之成踊，从主人北面而踊[①]。

【注释】

①踊：郑注："从主人而踊，拾踊也。"即与主人交替跺脚。

【译文】

死者生前相识的人从外地前来吊丧，来时死者已经下葬，那就要先到死者家中去哭，然后再到墓地去哭，哭的时候都要跳脚，面朝北和主人交替跳脚。

凡丧：父在，父为主①；父没，兄弟同居，各主其丧；亲同，长者主之；不同，亲者主之。

【注释】

①父在，父为主：孔疏："言子有妻、子丧，则其父为主。"妻、子之丧，本可自己为丧主，但父更尊，因而由父为丧主。

【译文】

凡是妻、子的丧事：父亲如果健在，就由父亲为丧主；父亲如果去世，兄弟虽然同居，也各自主持其妻、子的丧事；如果和死者的关系同样亲，就由亲属中年长者主持丧事；如果和死者的亲疏关系不同，就由与死者关系最亲的人主持丧事。

闻远兄弟之丧，既除丧而后闻丧，免、袒，成踊，拜宾则尚左手①。

【注释】

①拜宾则尚左手：郑注："尚左手，吉拜也。"即拜宾时要左手放在右手上面。按礼，远房兄弟是小功、缌麻之亲，除丧后就不必再追服，但也要"免、袒、成踊"。

【译文】

听到远房兄弟去世的消息，已经是除丧后了，就头戴绕，袒露左臂，跳脚痛哭，拜谢宾客时要将左手放在右手上面。

无服而为位者，唯嫂叔及妇人降而无服者麻[1]。

【注释】

①唯嫂叔及妇人降而无服者麻：妇人指出嫁的族姑、姊妹。孙希旦云："二者本应有服，一以远嫌绝之，一以出嫁降之，故哭之皆有位。"《檀弓上》："嫂叔之无服也，盖推而远之也；姑、姊妹之薄也，盖有受我而厚之者也。"麻，麻绖。吊服本用葛绖，为表示感情的亲近，所以改成麻绖。

【译文】

没有服丧规定但设哭位而哭的，唯有嫂子与小叔，以及出嫁的族姑、姊妹之间，但吊服要改用麻绖。

凡奔丧，有大夫至，袒，拜之，成踊而后袭；于士，袭而后拜之。

【译文】

凡是士奔丧到家作为主人正在行礼时，如果有大夫前来吊丧，那么士就要袒露左臂，向大夫拜谢，跳脚痛哭，再穿好衣服；如果是士前来吊丧，那就穿好衣服后再向他拜谢。

问丧第三十五

【题解】

郑玄说："名曰《问丧》者，以其记善问居丧之礼所由也。"

本篇记居丧时的若干礼节，以及为什么要制定这些礼节。前半篇是暗问，没有"问曰"、"答曰"等明确的设问之词；后半篇则是明问，设为问答。阐述丧礼某些仪节的意义，如始死、殓尸、安魂之祭、寝苫枕块、束发、拄杖等，并说明丧礼之制乃本于人情等。

亲始死，鸡斯①，徒跣②，扱上衽③，交手哭④。恻怛之心⑤，痛疾之意，伤肾、干肝、焦肺，水浆不入口，三日不举火，故邻里为之糜粥以饮食之⑥。夫悲哀在中，故形变于外也；痛疾在心，故口不甘味，身不安美也。

【注释】

①鸡斯：郑注："当为'笄纚'(xǐ)，声之误也。"笄，簪子。纚，束发用的布帛。

②徒跣(xiǎn)：光着脚。

③扱(chā)上衽：深衣前襟的下摆插入腰带中。扱，插。

④交手哭：交手拊心而哭。

⑤恻怛（dá）：悲伤。

⑥邻里：郑注："五家为邻，五邻为里。"糜（mí）：稠粥。

【译文】

双亲刚刚去世，孝子摘掉冠，只留簪子和束发的布帛，光着脚，深衣前襟的下摆插入腰带中，双手交叉在胸前痛哭。悲伤的心情，痛苦的心意，简直使肾脏伤损、肝脏枯萎、肺脏焦灼，汤汤水水都不入口，三天不生火做饭，所以邻里只好送些稠粥让孝子吃。悲哀之情在心中，所以形体发生变化在外面；痛苦之情在心中，所以口中无味，就是甘美的滋味也吃不出，衣着无华，身上不安于穿美丽的衣服。

三日而敛。在床曰尸，在棺曰柩。动尸举柩，哭踊无数。恻怛之心，痛疾之意，悲哀志懑气盛，故袒而踊之，所以动体安心、下气也。妇人不宜袒，故发胸、击心、爵踊[①]，殷殷田田[②]，如坏墙然[③]，悲哀痛疾之至也。故曰"辟踊哭泣，哀以送之"[④]，送形而往，迎精而反也[⑤]。

【注释】

①发胸：解开胸前的外衣。爵（què）踊：像雀一样跳跃，双足不离地。爵，通"雀"。

②殷殷田田：象妇人捶胸、跳脚的声音。

③如坏墙然：孔疏："言将崩倒也。"

④"故曰"句：见《孝经·丧亲章》。辟，《孝经》作"擗"，旧注："拊心也。"即捶胸。

⑤反：反哭，即从墓地返回祖庙而哭。

【译文】

人死后三天举行大殓。放在床上称作"尸"，装入棺中称作"柩"。

迁动尸体和抬起灵柩时，孝子都要痛哭跳脚，没有计数。悲伤的心情，痛苦的心意，悲哀苦闷之气充满身体，所以孝子要袒露左臂，跳脚痛哭，通过活动身体来安定平复情绪。妇人不适宜袒露左臂，所以就敞开胸前的外衣，捶胸，像麻雀一样跳脚，咚咚砰砰的声响，像是墙体轰然垮塌，这是悲哀伤心到了极点。所以说"捶胸顿足，嚎啕痛哭，哀痛万分地出殡送葬"，将死者的形骸送到墓地，把死者的精气迎回家中。

其往送也，望望然①，汲汲然②，如有追而弗及也。其反哭也，皇皇然③，若有求而弗得也。故其往送也如慕，其反也如疑④。求而无所得之也，入门而弗见也，上堂又弗见也，入室又弗见也，亡矣丧矣，不可复见已矣！故哭泣辟踊，尽哀而止矣。心怅焉怆焉，惚焉忾焉⑤，心绝志悲而已矣。祭之宗庙，以鬼享之，徼幸复反也。成圹而归，不敢入处室，居于倚庐，哀亲之在外也；寝苫枕块，哀亲之在土也⑥。故哭泣无时，服勤三年⑦，思慕之心，孝子之志也，人情之实也。

【注释】

①望望然：孔疏："瞻望之意也。"

②汲汲然：孔疏："促急之情也。"

③皇皇然：孔疏："意彷徨也。"

④"故其往送"二句：见《檀弓上》"孔子在卫"节注②。孔疏："如慕者，如孺子啼慕于母也。"

⑤忾（xì）：叹息。

⑥"成圹而归"六句：孔疏："此明葬之后，犹居庐枕块，不敢入于室处也。"

⑦服勤：孔疏："言服处忧劳勤苦也。"

【译文】

孝子前往墓地送葬时,眼睛向前瞻望着,急切地跟随着,就像要去追赶死去的亲人而又追赶不上的样子。从墓地返回哭时,孝子神情彷徨,好像有所求而没有得到的样子。所以孝子前往送葬时,像孩子思慕父母那样大哭,下葬后返回时又如疑惑着不知亲人的神灵是否来到。找来找去而无所得,进入家门看不见去世的亲人,升堂也见不到亲人,到亲人的寝室也见不到亲人,亲人去世了,永远失去了,再也见不到了!所以哭泣,捶胸顿足,尽情地表达自己的悲哀后才停下来。心中惆怅悲怆,恍惚感叹,心中唯有绝望和悲伤啊。在宗庙中祭祀去世的亲人,把亲人作为鬼神来祭飨,还是怀着侥幸的心情希望亲人的神灵能够返回。孝子把棺柩埋在墓圹中后回家,不敢到寝室去居住,而要住在倚庐中,这是哀痛亲人葬在野外;睡在草苫上,枕着土块,这是哀痛亲人埋在土中。所以哭泣没有定时,忧伤而劳苦地服丧三年,思慕亲人之心,是孝子的心志,也是人情的自然流露。

或问曰:"死三日而后敛者何也?"曰:"孝子亲死,悲哀志懑,故匍匐而哭之,若将复生然,安可得夺而敛之也?故曰:三日而后敛者,以俟其生也。三日而不生,亦不生矣,孝子之心亦益衰矣。家室之计,衣服之具[①],亦可以成矣。亲戚之远者,亦可以至矣。是故圣人为之断决,以三日为之礼制也。"

【注释】

①衣服之具:指绞、紟、衾、冒等人死后才开始制作的衣物。

【译文】

有人问:"人死后三天才入殓,是为什么?"回答说:"孝子的父母刚去世时，孝子心中的悲哀充满身体，所以趴伏在尸体上痛哭，好像父母能死而复生似的，怎么能夺走孝子的心愿而马上入殓呢？所以说：之所以三天后才入殓，是在等待死者的复生。三天后没有复生，就不可能再复生了，孝子认为父母能复生的想法也逐渐消失了。家中办理丧事的计划，入殓所需的衣物，在此期间也都准备好了。远道的亲戚也赶来了。所以圣人为此决定，把人死三天后入殓作为丧礼制度。”

或问曰：“冠者不肉袒①，何也？”曰：“冠，至尊也。不居肉袒之体也，故为之免以代之也。然则秃者不免，伛者不袒②，跛者不踊，非不悲也，身有锢疾③，不可以备礼也。故曰：丧礼唯哀为主矣。女子哭泣悲哀，击胸伤心，男子哭泣悲哀，稽颡触地无容④，哀之至也。”

【注释】

①肉袒：脱去上衣左袖，露出左臂。

②伛（yǔ）：驼背。

③锢疾：即痼疾，难以治愈的病。

④无容：不文饰仪容。

【译文】

有人问：“戴冠时不能袒露左臂，这是为什么？”回答说：“冠，最为尊贵。袒露肢体时不能戴冠，所以用绕来代替冠。但秃头的人不戴绕，驼背的人不袒露左臂，瘸子哭丧时不跳脚，并不是这些人内心不悲哀，而是因为他们身有难以治愈的残疾，不能完成这些礼节。所以说：丧礼是以悲哀为主。女子哭泣悲哀，捶胸伤心，男子哭泣悲哀，叩头触地，不在意仪容形象，这都是因为哀伤到了极点。”

或问曰："免者以何为也？"[①] 曰："不冠者之所服也。《礼》曰：'童子不缌，唯当室缌。'[②]缌者其免也，当室则免而杖矣。"

【注释】

①"或问曰"及以下句：孔疏："成人肉袒之时须着免，今非成人肉袒亦有着免，故问之。"

②"《礼》曰"以下二句：《仪礼·丧服》作："童子，唯当室缌。传曰：不当室，则无缌服也。"当室，郑注："谓无父兄而主家者也。"童子如果当室，就要用成人之礼。

【译文】

有人问："戴绕是为了什么呢？"回答说："绕本是未加冠的孩童所戴的。《仪礼》上说：'童子没有缌麻之服，只有当家主事的童子才服缌麻。'服缌麻之丧的人就要戴绕，当家主事的人不仅要戴绕还要拄丧杖。"

或问曰："杖者何也？"曰："竹、桐一也。故为父苴杖[①]，苴杖，竹也；为母削杖[②]，削杖，桐也。"

【注释】

①苴（jū）杖：服斩衰时所持的粗劣竹杖。苴，粗劣。

②削杖：服齐衰时所持的丧杖，削去桐木枝叶而成。

【译文】

有人问："丧杖是什么？"回答说："用竹子和桐木做的，二者的作用是一样的。所以为父亲居丧用苴杖，苴杖是用竹子做的；为母亲居丧用削杖，削杖是用桐木削制而成的。"

或问曰："杖者以何为也？"曰："孝子丧亲，哭泣无数，服勤三年，身病体羸，以杖扶病也。则父在不敢杖矣，尊者在故也；堂上不杖，辟尊者之处也①；堂上不趋，示不遽也②。此孝子之志也，人情之实也，礼义之经也。非从天降也，非从地出也，人情而已矣。"

【注释】

①"堂上不杖"二句：孔疏："堂上是父之所在，辟尊者之处，所以为母堂上故不杖也。"

②"堂上不趋"二句：据孔疏，这是孝子丧母因害怕父亲忧戚伤心，在堂上故意不急促趋行。

【译文】

有人问："拄丧杖是为了什么？"回答说："孝子的父亲或母亲去世，要无数次哭泣，忧劳地服丧三年，身体羸弱，需要用杖来支撑身体。但如果父亲健在，就不敢为去世的母亲拄丧杖，是因为尊者尚在的缘故；在堂上不拄丧杖，是为了避开尊者的所在之处；在堂上不敢急促趋走，是为了显示从容，以免父亲忧戚。这都是孝子的心愿，是人的真实感情，是礼义的原则。并不是从天而降，也不是从地下冒出的，只不过是人的感情而已。"

服问第三十六

【题解】

郑玄《礼记目录》云："名曰'服问'者，以其善问以知有服而遭丧所变易之节。"

孙希旦认为："上篇广言居丧之礼，此篇专言丧服之义，故因上篇之名而谓之《服问》。"本篇杂记丧礼服制之变易，包括从服轻重、有无之制，有服遭丧之制等等。可与《仪礼·丧服》互补。

《传》曰[①]："有从轻而重"，公子之妻为其皇姑[②]；"有从重而轻"，为妻之父母。"有从无服而有服"，公子之妻为公子之外兄弟[③]；"有从有服而无服"，公子为其妻之父母。

【注释】

①《传》：指本书《大传》篇。后文"有从轻而重"、"有从重而轻"、"有从无服而有服"、"有从有服而无服"四句都见《大传》。

②公子：国君的庶子。皇姑：此指公子之母。皇，君。

③外兄弟：郑注："为公子之外祖父母、从母缌麻。"

【译文】

《大传》中有关"从服"的内容："有本应跟着服轻服而变为服重服

的”，如国君的庶子为其母服丧，其母为妾，由于父尊，庶子不能穿丧服，只能头戴练冠、穿绛色麻衣，但庶子之妻却仍要为婆婆服齐衰期年；“有本应跟着服重服而变为服轻服的”，如妻为自己的父母服齐衰期年，而夫则跟从妻仅服缌麻三月。“有被跟从者无服而跟从者却有服的”，如国君之庶子因父尊贵而不能为其外祖父母服丧，但其妻却要服缌麻；“有被跟从者有丧服但自己却无服的”，如夫应从妻为岳父、岳母服缌麻之丧，但如果夫是诸侯之子，因父尊贵所以不能为岳父、岳母服丧；再如国君的庶子为其妻之父母，本应服缌麻三月，但因父尊贵，所以就从有服变为无服了。

《传》曰[①]：“母出则为继母之党服，母死则为其母之党服。”为其母之党服，则不为继母之党服。

【注释】

①《传》：这里的《传》不是《大传》，而是旧《传》，即古书。

【译文】

《传》上说：“如果母亲被父亲休出，儿子就要为继母的娘家亲人服丧；如果母亲去世，儿子就要为母亲的娘家亲人服丧。”为母亲的娘家亲人服过丧，就不再为继母的娘家亲人服丧了。

三年之丧既练矣[①]，有期之丧既葬矣[②]，则带其故葛带[③]，绖期之绖[④]，服其功衰[⑤]。有大功之丧亦如之[⑥]。小功无变也[⑦]。

【注释】

①练：练祭，即小祥祭，服丧周年之祭。

②有期(jī)之丧：孔疏："谓三年之丧练祭之后，又当期丧既葬之节也。"是说本身正在服三年之丧，练祭后又遇要服齐衰期年的亲人去世。

③故葛带：孔疏："谓三年练葛带也。今期丧既葬，男子则应着葛带，与三年之葛带粗细正同。以父葛为重，故'带其故葛带'。"本来练祭后要从系较重的麻带改为系较轻的葛带，此时遭遇齐衰期年之丧，又要变葛带为麻带，而在亲人下葬后还要再变回葛带。

④绖(dié)期之绖：练祭之后，男子的首绖已除去，但因有期年之丧，所以头上要戴为齐衰之亲服丧的葛绖。

⑤功衰(cuī)：斩衰、齐衰之丧在小祥祭后所穿的丧服。功，大功。此丧服与大功初丧的丧服相同，故称"功衰"。

⑥有大功之丧亦如之：孔疏："此明三年之丧练后，有大功之丧也。"

⑦小功无变也：这是说三年之丧练祭后，即使又遭遇小功之丧，也不用变服，仍服练服、练冠、葛带。

【译文】

三年之丧，已过周年的练祭，又遭遇到有齐衰期年之丧，去世的亲人埋葬后，此时腰上就系练祭后所换的较轻的葛带，头上则要戴为齐衰期年之亲而服的葛绖，穿着较轻的功衰。如果遭遇到的是大功之丧，丧服也是如此。如果遭遇到的是小功之丧，就不用改变丧服，仍穿练祭后应穿的丧服。

麻之有本者[①]，变三年之葛[②]。既练，遇麻断本者[③]，于免绖之[④]。既免去绖，每可以绖必绖，既绖则去之。小功不易丧之练冠，如免，则绖其缌、小功之绖，因其初葛带。缌之麻不变小功之葛，小功之麻不变大功之葛[⑤]，以有本为税[⑥]。

【注释】

①麻之有本者：这是说本身服三年之丧，而又遇大功以上之丧。大功以上的丧服，其制作首绖、腰绖所用的麻都带有根部，故曰“麻之有本者”。

②三年之葛：三年之丧在卒哭祭后就变麻绖为葛绖，但因又有大功以上之丧，所以要再变为麻绖。

③遇麻断本者：意思是本身在服三年之丧，小祥祭后，又遇小功以下之丧。小功以下的丧服，制作首绖、腰绖所用的麻都没有根部。

④于免绖之：指在小功之丧需要戴绕时（小殓、大殓、哭踊等），要加戴小功的首绖。

⑤“缌之麻”二句：意思是说，小功和缌麻属轻丧，虽然初丧就系麻绖，但也不能改变原本重丧之葛。在轻重不同的丧服里，重丧的葛比轻丧的麻要重。

⑥税（tuì）：变。

【译文】

本身有三年之丧，卒哭祭后已变麻绖为葛绖，这时又遇上大功以上之丧，就要把葛绖再变为麻绖。如果是过了小祥祭后遇上小功以下之丧，那么在需要为小功之丧戴绕时，就要加戴小功的首绖，小功之丧殓殡后不需要戴绕了，就可以把首绖去掉。对于小功以下之丧，凡是需要戴绖时就戴绖，戴绖之事完毕后就去掉它。如果在小祥祭后遇上小功以下之丧，不变已戴上的练冠，如果需要为小功或缌麻之丧戴绕，那就要加戴小功、缌麻的首绖，而腰间仍系三年之丧小祥祭后的葛带。如果本身有小功之丧，已经换上葛绖，这时又遇上缌麻之丧，就不能把小功之丧的葛绖改为缌麻之丧的麻绖；如果本身有大功之丧，已经换上葛绖，这时遇上小功之丧，也不能把大功之丧的葛绖改为小功之丧的麻绖，只有大功以上之丧才可以改变之前丧事的葛绖。

殇长、中，变三年之葛[①]，终殇之月筭[②]，而反三年之葛。是非重麻，为其无卒哭之税。下殇则否[③]。

【注释】

①“殇长、中”二句：这是说原本有三年之丧，已既虞、卒哭，变麻为葛，又遇长殇、中殇亲人之丧，本应服大功之丧，但因系未成人而死，因而降等服丧，男子为其服小功，妇人为长殇服小功，为中殇服缌麻。必须是这样降等服丧的小功、缌麻才可以变三年之葛，否则就不能变。殇，见《檀弓上》“周人以殷人之棺椁”节。为殇者服丧，要降服一等。

②终殇之月筭：孔疏：“谓着此殇丧服之麻，终竟此殇之月算数，如小功则五月，缌麻则三月。”筭，同“算”。

③下殇则否：孔疏：“以大功以下殇，谓男子、妇人俱为之缌麻。”

【译文】

原本有三年之丧，既虞、卒哭祭后已改系葛绖，这时又遇上了大功长殇、中殇之丧，就要再换回麻绖，等到殇服五月丧期结束后，再换成前一丧事的葛带。这不是因为殇服的麻绖就比前丧的葛绖重，而是因为殇服的礼仪简略，卒哭祭后不用改换麻绖为葛绖。如果原本有三年之丧，改系葛绖后又遇下殇之丧，就服缌麻，不用改系麻绖了。

君为天子三年，夫人如外宗之为君也[①]，世子不为天子服。

【注释】

①外宗：郑注：“君外亲之妇也。其夫与诸侯为兄弟服斩，妻从服期。诸侯为天子服斩，夫人亦从服期。”指国君的姑姑、姊妹之

女，舅之女。

【译文】

诸侯国君要为天子服丧三年，国君的夫人就如外宗为国君服丧那样为天子服齐衰期年，国君的嫡长子不用为天子服丧。

君所主：夫人妻、大子、適妇[①]。

【注释】

①夫人妻：即夫人。適：同“嫡”。下同。

【译文】

由国君主持丧礼的有：国君夫人、嫡长子、嫡长子之妻。

大夫之適子为君、夫人、大子，如士服[①]。

【注释】

①如士服：士为国君服斩衰，为夫人、为太子都是服齐衰期年。

【译文】

大夫的嫡长子为国君、国君夫人、太子服丧，和士为国君、国君夫人、太子服丧一样。

君之母非夫人，则群臣无服，唯近臣及仆、骖乘从服[①]，唯君所服服也。

【注释】

①近臣：孔疏：“谓阍、寺之属。”即守门人与宦者。仆：驾车之人。

骖乘：陪乘人员。

【译文】

国君的母亲如果不是正室而是妾，那么群臣就不为她服丧，只有国君的近臣如守门人及宦者、车夫及陪乘人跟从国君为之服丧，国君穿什么丧服，这些人就跟着穿什么丧服。

公为卿大夫锡衰以居[①]，出亦如之，当事则弁绖[②]。大夫相为亦然。为其妻，往则服之，出则否。

【注释】

①锡衰（cuī）：用经过加灰捶洗后洁白光滑的细麻布制成的丧服。锡衰是比缌麻还要轻的一种丧服。

②当事：指去卿大夫家吊丧。弁绖：即在皮弁上加一环形麻绖。

【译文】

国君为去世的卿大夫服丧，居处时穿锡衰，出了宫门也穿锡衰，当前往卿大夫家吊丧时就要在皮弁上加上麻绖。大夫间互相服丧，也是这样。为大夫之妻服丧，前去吊丧时穿锡衰，出门就不用穿了。

凡见人无免绖[①]，虽朝于君无免绖，唯公门有税齐衰[②]。

【注释】

①免：去掉。

②税：通“脱”。

【译文】

凡在居丧期间出外见人，不能去掉首绖，即使是去朝见国君也不去掉首绖，只有进入公门时才脱掉齐衰丧服。

《传》曰："君子不夺人之丧，亦不可夺丧也。"①《传》曰："罪多而刑五②，丧多而服五③。上附下附，列也。"

【注释】

①"《传》曰"以下二句：见《曾子问》和《杂记下》。孔疏："君子之人以己恕物"，"不夺人丧，亦不可自夺丧，所以己有重丧犹经以见君，申己丧礼也"。

②刑五：即五刑，指墨、劓、刵、宫、大辟。详见《王制》"司寇正刑明辟"节注⑤。

③服五：即五服。由重到轻的次序是：斩衰、齐衰、大功、小功、缌麻。

【译文】

《传》说："君子不剥夺人们服丧的权利，也不自己剥夺自己服丧的礼节。"《传》又说："虽然罪行有很多，但刑罚只有五种；服丧的关系有很多，但丧服只有五等。关系亲就上附重服，关系疏就下附轻服，各自按照其等排列。"

间传第三十七

【题解】

郑玄《礼记目录》说:“名曰‘间传’者,以其记丧服之间轻重所宜。”

本篇篇名之义有多种说法,但多未被学界认可。孙希旦《集解》说:“名篇之义未详。”本篇内容,主要是根据与去世亲人的不同的亲疏关系,其容貌、哭声、言语、饮食、居处、丧服各有不同的规定。

斩衰何以服苴①?苴,恶貌也②,所以首其内而见诸外也③。斩衰貌若苴,齐衰貌若枲④,大功貌若止⑤,小功、缌麻容貌可也⑥。此哀之发于容体者也。

【注释】

①苴(jū):苴麻,指结子的雌麻。

②恶貌:孔疏:“苴是黧黑色,故为‘恶貌也’。”

③首其内而见诸外:孙希旦说:“谓内有哀情则外有此恶貌也。”

④枲(xǐ):枲麻,指不结子的雄麻,其颜色较苴麻稍浅。齐衰轻于斩衰,故衰绖不用苴而用枲。

⑤止:郑注:“谓不动于喜乐之事。”孙希旦说:“有惨戚,无欢欣也。”

⑥容貌可也：孙希旦说："谓貌如平常之容。"

【译文】

斩衰丧服为什么要用苴麻制作呢？因为苴麻色黑质粗，所以用它来表达自己内心的哀情而展示在外表。服斩衰之丧的人，面色就像苴麻一样是黧黑色的；服齐衰之丧的人，面色就像枲麻一样是浅黑色的；服大功之丧的人，面容无表情，似静止的一样；服小功、缌麻之丧的人，容貌和平常一样就可以了。这是丧亲的悲哀显现在面容和肢体上。

斩衰之哭若往而不反[①]，齐衰之哭若往而反，大功之哭三曲而偯[②]，小功、缌麻哀容可也。此哀之发于声音者也。

【注释】

①斩衰之哭若往而不反：孔疏："言斩衰之哭，一举而至气绝，如似气往而不却反声也。"

②三曲：郑注："一举声而三折也。"偯（yǐ）：指哀哭逶迤曲折。

【译文】

服斩衰之丧的人的哭声像是一口气哭出去就不能返回这口气，服齐衰之丧的人的哭声像是一口气哭出去但气还收得回来，服大功之丧的人的哭声曲折委婉，服小功、缌麻之丧的人哭丧时，只要有悲哀的表情就可以了。这是丧亲的悲哀显现在哭声上。

斩衰，唯而不对[①]；齐衰，对而不言；大功，言而不议[②]；小功、缌麻，议而不及乐[③]。此哀之发于言语者也。

【注释】

①唯而不对：孔疏："但'唯'于人，不以言辞而对也。"

②言而不议：孔疏："得言他事，而不议论时事之是非。"

③及乐：孙希旦说："谓及于听乐也。"

【译文】

服斩衰之丧，别人问话时只说"唯唯"而不对答别人的问话；服齐衰之丧，可以对答别人的问话但不主动说话；服大功之丧，可以主动说话但不评说时事，发表议论；服小功、缌麻之丧，可以发表议论但不涉及音乐娱乐。这是丧亲的悲哀显现在言语上。

斩衰三日不食，齐衰二日不食，大功三不食，小功、缌麻再不食，士与敛焉则壹不食。故父母之丧既殡食粥，朝一溢米[①]，莫一溢米[②]；齐衰之丧疏食水饮，不食菜果；大功之丧不食醯、酱；小功、缌麻不饮醴酒。此哀之发于饮食者也。

【注释】

①溢：古代容量单位。见《丧大记》"君之丧，子、大夫、公子、众士皆三日不食"节注②。

②莫：同"暮"。

【译文】

服斩衰之丧的人前三天不吃不喝，服齐衰之丧的人头两天不吃不喝，服大功之丧的人头三顿不吃不喝，服小功、缌麻之丧的人头两顿不吃不喝，士如果参加小殓就要一顿不吃不喝。所以服父母之丧，入棺停殡后可以喝一些稀粥，早上吃一溢米，晚上吃一溢米；服齐衰之丧，入棺停殡后可以吃粗食喝水，但不吃蔬菜瓜果；服大功之丧，入棺停殡后可以吃蔬菜瓜果，但还不能吃醋、酱等调味品；服小功、缌麻之丧，入棺停殡后可以吃醋、酱等调味品，但还不能喝甜酒。这是丧亲的悲哀显现在饮食上。

父母之丧既虞、卒哭[①]，疏食水饮，不食菜果；期而小祥，食菜果；又期而大祥，有醯、酱；中月而禫[②]，禫而饮醴酒。始饮酒者先饮醴酒，始食肉者先食干肉。

【注释】

①虞：祭名。下葬后在当日正午举行的祭祀，意在安魂。卒哭：祭名。虞祭后举行的祭祀。详见《曲礼上》“卒哭乃讳”节注①。

②中：间，即间隔。禫（dàn）：祭名。见《檀弓上》“孟献子禫”节注①。

【译文】

父母之丧，在虞祭、卒哭祭后，就可以吃粗食和喝水，但不吃蔬菜瓜果；一年小祥祭后，可以吃蔬菜瓜果；又过一年大祥祭后，可以吃醋、酱等调味品；大祥后间隔一个月举行禫祭，禫祭后就可以喝甜酒。开始饮酒的要先饮甜酒，开始吃肉的要先吃干肉。

父母之丧，居倚庐，寝苫枕块，不说绖、带[①]；齐衰之丧，居垩室[②]，芐翦不纳[③]；大功之丧，寝有席；小功、缌麻，床可也。此哀之发于居处者也。

【注释】

①说：通“脱”。

②垩（è）室：居丧时用砖垒成的小草屋，屋草不涂泥，只用白垩涂墙。垩，涂饰的白土。

③芐（xià）翦不纳：孔疏：“芐为蒲苹为席，翦头为之，不编纳其头而藏于内也。”翦，同“剪”。

【译文】

父母之丧，孝子居住在倚庐，睡在草苫上，用土块当枕头，睡觉时也不脱首绖和腰绖；服齐衰之丧，居住在垩室，蒲席只剪齐了边却没有收边于内；服大功之丧，可以睡在席子上；服小功、缌麻之丧，可以睡在床上。这是丧亲的悲哀显现在居处上。

父母之丧，既虞、卒哭，柱楣翦屏[①]，苄翦不纳；期而小祥，居垩室，寝有席；又期而大祥，居复寝；中月而禫，禫而床。

【注释】

①柱楣：将原本横置于地的楣木用柱子支起。见《丧大记》“父母之丧，居倚庐”节注⑤。屏：倚庐顶的茅草。

【译文】

父母之丧，在虞祭、卒哭祭后，支起搭建倚庐时横于地上的楣木，修剪庐顶的草苫，可以睡在剪齐边而没有收边于内的蒲席；一周年小祥祭后，可以搬到垩室居住，也可以睡在席子上；两周年大祥祭后，可以回到自己的寝室居住；再间隔一个月举行禫祭，禫祭后就可以像平常那样睡在床上。

斩衰三升[①]，齐衰四升、五升、六升，大功七升、八升、九升，小功十升、十一升、十二升[②]，缌麻十五升去其半[③]。有事其缕[④]，无事其布[⑤]，曰“缌”。此哀之发于衣服者也。

【注释】

①升：计算布粗细的单位。八十缕为一升。升数越多，布也就越

细密。

②“齐衰四升”三句：自齐衰以下至小功，丧服之所以有三种不同升数，是因为丧服被分为了降服、正服、义服三等。降服，是指由于某些原因（往往是为尊者而降等），不能按原本的亲属关系服丧，而要服次一等丧服。正服，是指按照原本的亲疏关系服丧，没有变动。义服，是指与死者本无亲属关系，只是由于某种义理才为之穿孝服。三等之中，降服最重，正服次之，义服又次之。下文的大功三等、小功三等，都可以由此类推。

③缌麻十五升去其半：孔疏：“以朝服十五升抽去其半，缕细而疏也。”

④有事其缕：孔疏：“锻治其布纻缕也。”即对布缕进行细加工。事，加工。

⑤无事其布：孔疏：“织布既成，不锻治其布，以哀在外故也。”指不对布加灰捶洗加工，加灰捶洗后的布会洁白光滑。

【译文】

斩衰丧服用三升布制成；齐衰丧服有用四升布制成的，有用五升布制成的，有用六升布制成的；大功丧服有用七升布制成的，有用八升布制成的，有用九升布制成的；小功丧服有用十升布制成的，有用十一升布制成的，有用十二升布制成的；缌麻丧服用十五升布抽去一半线缕制成。线缕要捶洗加工，织成布后就不加灰锻治，这就叫做“缌布”。这是丧亲的悲哀显现在衣服上。

斩衰三升，既虞、卒哭，受以成布六升[①]，冠七升。为母疏衰四升，受以成布七升，冠八升。去麻服葛，葛带三重[②]。期而小祥，练冠、縓缘[③]，要绖不除。男子除乎首，妇人除乎带。男子何为除乎首也？妇人何为除乎带也？男子重首，妇人重带。除服者先重者,易服者易轻者。又期而大祥,素缟、麻衣④。中月而禫,禫而纤⑤,无所不佩⑥。

【注释】

①受以成布六升:孔疏:"以言三升、四升、五升之布,其缕既粗疏,未为成布也。六升以下(如按服制'以下'则丧服较轻,如按布制轻重,实为'六升以上')其缕渐细,与吉布相参,故称'成布'也。"受,新受的丧服。是指在服丧的不同阶段,随着悲哀逐渐减轻,丧服逐渐细密精致,新受之服都以上一阶段的布冠粗细为准。如,斩衰初丧用三升布、冠用六升布,卒哭祭后丧服用六升布、冠用七升布,小祥祭后丧服用七升布、冠用八升布。六升以下的布由于太粗疏,不称"布";六升以上的布才为"成布"。

②葛带三重:单股为一重,两个单股合在一起为二重,两个合好的双股合在一起为三重。

③练冠、縓(quán)缘:见《檀弓上》"练,练衣黄里、縓缘"节注①②。

④素缟:即《玉藻》所说的"缟冠素纰"。孔疏:"谓二十五月大祥祭,此日除脱,则首服素冠,以缟纰之。"麻衣:用十五升布做的深衣,不镶彩边。

⑤纤:头戴黑经白纬的布制作的冠。

⑥无所不佩:孔疏:"吉祭之时,身寻常吉服,平常所服之物无不佩也。"

【译文】

斩衰用三升布制作,虞祭、卒哭祭后,新受服用六升布制作,冠用七升布制作。为母亲服丧,穿的丧服用四升布制作,虞祭、卒哭祭后,新受服用七升布制作,冠用八升布制作。虞祭、卒哭祭后,男子要去掉麻腰绖而换成葛腰绖,葛腰绖用两股合好的线拧成。一周年小祥祭后,就可以改戴练冠,穿镶浅红色领边的中衣,但男子的葛腰绖还不能除掉。男子除丧是从首绖开始，妇人除丧是从腰绖开始。男子除丧为什么要先除首绖呢？妇人除丧为什么要先除腰绖呢？因为男子最重要的部位是首，而妇人最重要的部位是腰。除去丧服的时候，要先除去最为重要的部位；原本在服重丧，又遭遇轻丧，要为轻丧改变丧服时就只能改变轻的部位。两周年大祥祭后，就可以头戴用白色生绢制成的冠，冠缘用白绫镶边，身穿麻衣。再隔一个月举行禫祭，禫祭后就可以戴用黑经白纬的布制成的冠，可以佩带平常所佩带的各种饰物。

易服者何为易轻者也？斩衰之丧既虞、卒哭，遭齐衰之丧，轻者包①，重者特②。既练遭大功之丧，麻、葛重③。齐衰之丧，既虞、卒哭，遭大功之丧，麻、葛兼服之④。

【注释】

①轻者包：孔疏："言斩衰受服之时而遭齐衰初丧，男子所轻要（腰）者，得着齐衰要（腰）带，而兼包斩衰之带也。若妇人轻者，得着齐衰首绖，而包斩衰之绖。"即在受服时重丧之服包括了轻丧之服（男子的腰绖和妇人的首绖）。

②重者特：孔疏："男子重首，特留斩衰之绖；妇人重要（腰），特留斩衰要（腰）带。"即在受服时特别保留了重丧之服（男子的首绖和妇人的腰绖）。特，独，一。

③"既练"二句：原本服斩衰之丧，已过小祥祭，男子已去除首绖，腰上由麻绖改为葛绖；妇人去除腰绖，只有葛首绖。此时又遇大功之丧，男子又要加麻首绖，腰绖也由葛绖改为麻绖，妇人也是如此，这就是"重麻"。到大功之丧卒哭祭后，男子和妇人的首绖和腰绖又改葛绖，这就是"重葛"。

④兼服：男子本身有齐衰之丧，卒哭祭后就改换麻绖为葛绖，此时

又遭遇大功之丧，就要按着“易服者易轻者”的原则将葛腰绖换为麻腰绖，但首绖仍然是葛绖，因而是麻、葛兼服。

【译文】

原本在服重丧，又遭遇轻丧，为轻丧而改变重丧之服，为什么要先改变较轻的部位？原本在服斩衰之丧，在虞祭、卒哭祭后，又遇上齐衰之丧，因为男子丧服较轻的部位是腰，就要系上齐衰的麻腰绖，这就包括了斩衰的葛腰绖；而妇人丧服较轻的部位是首，就要戴上齐衰的麻首绖，这样就包括了斩衰的葛首绖；男子丧服较重要部位是首，所以就专一地戴着斩衰的麻首绖；妇人丧服较重要部位是腰，就专一地系着斩衰的麻腰绖。如果原本在服斩衰之丧，一周年小祥祭后又遇上大功之丧，那么无论男女，都要戴上麻首绖和麻腰绖，这叫“重麻”，大功之丧的卒哭祭后，无论男女，都改为葛首绖和葛腰绖，这叫“重葛”。如果原本在服齐衰之丧，虞祭、卒哭祭后又遇上大功之丧，那么男子就要用麻腰绖改换为葛腰绖，而头上仍戴着前丧的葛首绖，这是麻与葛兼而服之。

斩衰之葛，与齐衰之麻同；齐衰之葛，与大功之麻同；大功之葛，与小功之麻同；小功之葛，与缌之麻同。麻同则兼服之。兼服之服重者，则易轻者也[①]。

【注释】

①“兼服之服”二句：孙希旦说：“兼服之者，谓兼轻重服之绖、带而服之也。服重者，谓为重丧服其重者，谓男子首绖，妇人要（腰）带也。易轻者，谓以轻服易其轻者，谓男子要（腰）带，妇人首绖也。至轻丧既虞、卒哭，则反服重丧；至重丧既除，则又专服轻丧也。”

【译文】

斩衰丧服在卒哭祭后要把麻绖改为葛绖，而葛绖的粗细与齐衰丧服初丧时所服的麻绖相同；齐衰丧服在卒哭祭后要把麻绖改为葛绖，而葛绖的粗细与大功丧服初丧时所服的麻绖相同；大功丧服在卒哭祭后要把麻绖改为葛绖，而葛绖的粗细与小功丧服初丧时所服的麻绖相同；小功丧服在卒哭祭后要把麻绖改为葛绖，而葛绖的粗细与缌麻丧服初丧时所服的麻绖相同。正因为二者相同，所以在服重丧时已改换葛绖，这时又遇轻丧，就可以兼服前丧的葛和后丧的麻。重丧与轻丧同时兼服的情形，重丧既虞、卒哭祭后又遇丧则服其轻，而轻丧既虞、卒哭祭后又遇丧，则反服其重。

三年问第三十八

【题解】

郑玄《礼记目录》:“名曰‘三年问’者,善其问以知丧服年月所由。”

本篇以问答的形式来说明亲疏关系不同,居丧的时间也不同,有三年、一年、九月、五月、三月之分。孙希旦《集解》说是“其实总问三年以下五服之义也”。本篇文字与《荀子·礼论》基本相同,或认为《礼记》抄录《荀子》,也有人认为是荀子抄录《礼记》。

三年之丧何也?曰:称情而立文,因以饰群①,别亲疏、贵贱之节,而弗可损益也。故曰“无易之道也”。创巨者其日久,痛甚者其愈迟。三年者,称情而立文,所以为至痛极也。斩衰、苴杖②,居倚庐,食粥,寝苫枕块,所以为至痛饰也。三年之丧,二十五月而毕③,哀痛未尽,思慕未忘,然而服以是断之者,岂不送死有已,复生有节也哉!

【注释】

①饰群:孔疏:“饰,谓章表也。群,谓五服之亲也。因此三年之丧差降,各表其亲党。”即服丧依三年之丧以下的差别,反映亲疏关

系的差异。此句或读为“因以饰群别、亲疏、贵贱之节”，亦通。

②苴杖：见《丧服小记》“苴杖，竹也”节注①。

③“三年之丧”二句：三年之丧实为二十五月，服丧在第二十五月举行大祥之祭。大祥祭后就可以除去丧服穿上平日的吉服。详见《檀弓上》“鲁人有朝祥而莫歌者”节。

【译文】

居丧三年是如何规定的呢？回答说：这是依据人的悲哀的感情而制定的礼仪，以此来表明亲属关系，区别亲疏、贵贱等级，因而是不可以减损或增加的。所以说是“不能改变的原则”。创伤严重，恢复起来时间就长；悲痛得越厉害，平复起来就越慢。居丧三年，就是根据人心悲伤的感情而制定的礼仪，用以表示悲痛到了极点。穿着斩衰之服，手执苴木之杖，身居倚庐之中，喝着稀粥维持生命，睡着草苫做床铺，垫着土块做枕头，这些都是极度哀痛的表现。居丧三年，二十五个月完毕，哀痛并没有结束，思念并没有忘记，然而服丧之期截止了，送别死者的活动终结了，生者恢复正常的生活了，这岂不是表示这些都是有时限、有节制的吗！

凡生天地之间者，有血气之属必有知，有知之属莫不知爱其类。今是大鸟兽，则失丧其群匹，越月逾时焉，则必反巡过其故乡，翔回焉，鸣号焉，蹢躅焉[①]，踟蹰焉，然后乃能去之。小者至于燕雀，犹有啁噍之顷焉[②]，然后乃能去之。故有血气之属者莫知于人，故人于其亲也，至死不穷。将由夫患邪淫之人与[③]？则彼朝死而夕忘之，然而从之，则是曾鸟兽之不若也，夫焉能相与群居而不乱乎？将由夫修饰之君子与？则三年之丧，二十五月而毕，若驷之过隙[④]，然而遂之，则是无穷也。故先王焉为之立中制节[⑤]，壹使足以成文理[⑥],则释之矣[⑦]。

【注释】

①蹢躅(zhí zhú):同下文"踯躅",徘徊不前的样子。

②啁噍(zhōu jiū):鸟的鸣叫声。噍,同"啾"。

③患邪淫之人与:《训纂》引王念孙说,"'患邪淫之人'当作'愚陋邪淫之人',谓至愚极陋,不知礼义也","《荀子·礼论》正作'愚陋邪淫'"。

④驷之过隙:孔疏:"驷马骏疾,空隙狭小,以骏疾而过狭小,言急速之甚。"从缝隙中看四马驾车奔过,形容时间过得飞快。

⑤立中制节:孔疏:"立中人之制,以为年月限节。"即按照中等标准,制定了三年的服丧期限。

⑥壹使足以成文理:孔疏:"所以成三年文理者,以三年一闰,天道小成,又子生三年然后免于父母之怀,故服以三年成文章义理。"

⑦释:除丧。

【译文】

凡是天地间的万物,只要是有血气的动物一定都有知觉,而有知觉的动物没有不知道爱自己的同类的。现在就拿大的鸟兽来说,如果丧失了自己群里的同伴,过了一月,过了一季,都要返回来巡视,经过过去居住的地方,一定要盘旋飞翔,要鸣叫,徘徊不前,然后才能离去。小到像燕子、麻雀之类,还要哀鸣一阵子,然后才会离去。在所有有血气的动物中,没有比人更富于智慧的了,所以人对于死去的亲人,思念的感情到死也不会停止。能由着那些愚蠢粗鄙淫邪的人吗?他们早上死了亲人,晚上就忘记了,如果依从着他们的想法做事,就是连鸟兽也不如了,这样怎么能让人们生活在一起而不发生混乱呢?能由着那些讲究修养的君子吗?他们认为三年服丧,二十五个月就结束,就像看四马驾车从缝隙间奔过那么短暂,如果顺从他们的想法,那丧期就无穷无尽了。所以先王制定了适中的丧期来加以节制，使人们按照义理一道完成礼节，然后就除去丧服。

然则何以至期也[①]？曰：至亲以期断[②]。是何也？曰：天地则已易矣，四时则已变矣[③]，其在天地之中者，莫不更始焉，以是象之也。然则何以三年也？曰：加隆焉尔也，焉使倍之，故再期也[④]。由九月以下何也？曰：焉使弗及也。故三年以为隆，缌、小功以为杀[⑤]，期、九月以为间。上取象于天，下取法于地，中取则于人，人之所以群居和壹之理尽矣。故三年之丧，人道之至文者也，夫是之谓至隆，是百王之所同，古今之所壹也，未有知其所由来者也。孔子曰："子生三年，然后免于父母之怀。夫三年之丧，天下之达丧也。"[⑥]

【注释】

①期(jī)：周年。郑注："言三年之义如此，则何以有降至于期也。期者，谓为人后者，父在为母也。"

②至亲以期断：郑注："言服之正，虽至亲皆期而除也。"

③"天地"二句：孔疏："言期是一年之周匝，而天气换矣，前时已毕，今时又来，是变改矣。"

④再期：两周年。二十五个月实际上是满两年，而经过三年。

⑤杀(shài)：减降。

⑥"孔子曰"以下四句：见于《论语·阳货》。达丧，《论语》作"通丧"。

【译文】

那么为什么丧期有为一年的呢？回答说：为至亲服丧原本应为一年。这是为什么呢？回答说：一年当中，天地已变化运行一周，四季已变化更替一轮，凡是在天地间的万物，没有不重新开始的，所以服丧一年就是象征天地四时的变化。那么，有的丧期为什么要规定三年呢？回答说：这是为了表示更加隆重，于是使丧期延长一倍的时间，服丧要满两年。那么，有的丧期在九个月以下又是为什么呢？回答说：因为有的亲属不是至亲，丧期也就达不到一年。所以丧期中，父母恩情最重，服斩衰三年最为隆重，服缌麻三月和小功五月，恩情递减、丧期递减；齐衰期年和大功九月，恩情与丧期都介于前后两者之间。这种规定，上取象于天时循环，下取法于大地变化，中间则取法于人情，人们之所以能够群体居住而又和谐一致的道理，都极尽地包涵在里面了。所以三年之丧，是人情之道最完美的表现，是极致隆盛的礼仪，是历代明王所共同实行的，是古往今来所一直遵行的，没有人知道其由来已经多久了。孔子说："孩子生下来三年，才能离开父母的怀抱。所以为父母服丧三年，是天下通行的丧制。"

深衣第三十九

【题解】

郑玄《礼记目录》:“名曰‘深衣’者,以其记深衣之制也。深衣,连衣裳而纯之以采者。”

“深衣”就是上衣下裳相连的一种服装,镶以花边,诸侯、大夫、士夕时之服,庶人之吉服,考古发现战国、秦、汉出土深衣多见,类似后世的长袍。《玉藻》篇也有关于深衣制度的内容,黄宗羲、江永皆有专门研究,可以参看。

古者深衣盖有制度,以应规、矩、绳、权、衡①。短毋见肤②,长毋被土。续衽钩边③,要缝半下④。袼之高下⑤,可以运肘;袂之长短⑥,反诎之及肘⑦。带,下毋厌髀⑧,上毋厌胁⑨,当无骨者。

【注释】

①规:圆规。矩:曲尺。绳:墨线。权:秤锤。衡:秤杆。

②短毋见肤:郑注:“衣取蔽形。”

③续衽:孔疏:“衽,谓深衣之裳,以下阔上狭,谓之为‘衽’。接续此

衽而钩其旁边,即今之朝服有曲裾而在旁者是也。”深衣用布十二幅,前后各六幅,接续前、后两侧的两幅布就叫“衽”。钩边:据考证,这是指在深衣的右后内衽上缝缀一幅上窄下宽的布,用来遮蔽深衣的裳际。这样在走路时才不会显露出后衽的里子。

④要缝半下:即《玉藻》所说的“缝齐倍要”。要,同“腰”。缝,大。

⑤袼(gē):郑注:“衣袂当掖之缝也。”即衣袖与腋下之接缝处。

⑥袂(mèi):衣袖。

⑦反诎之及肘:孔疏:“故反诎其袂(袖)得及于肘也。”即如果将衣袖反折过来到腋部,则口沿恰到肘部。诎,屈。

⑧厌(yā):压。髀(bì):大腿骨。

⑨胁:肋骨。

【译文】

自古以来,深衣的做法大抵有一定的制度,要与圆规、矩尺、墨绳、秤锤、秤杆的要求相应和。深衣,再短也不能露出皮肤,再长也不能触到土面。裳两旁的衽,前、后两幅缝合,斜边与底边就形成一个钩状的锐角,右后衽要缝缀一幅布用以遮掩裳际;深衣腰围的宽度是下裳的一半。袖子和腋下接缝处的高低,要可以活动肘部;袖口的长短,如将衣袖反折到腋则口沿刚好到肘部。腰间的大带,下端不要压住大腿骨部位,上端不要压住肋骨部位,要正好在大腿骨和肋骨间无骨的部位。

制:十有二幅[①],以应十有二月。袂圜以应规[②],曲袷如矩以应方[③],负绳及踝以应直[④],下齐如权、衡以应平[⑤]。故规者,行举手以为容;负绳、抱方者,以直其政,方其义也。故《易》曰:“《坤》六二之动,直以方也。”[⑥]下齐如权、衡者,以安志而平心也。五法已施[⑦],故圣人服之。故规、矩取其无私,绳取其直,权、衡取其平。故先王贵之。故可以为文,可以为武，可以摈相，可以治军旅，完且弗费[8]，善衣之次也[9]。

【注释】

①十有二幅：孔疏："深衣，其幅有六，每幅交解为二，是十二幅也。"

②圜：同"圆"。

③曲袷(jié)：指深衣的方形的衣领。郑注，汉代的衣领为交领，古代的衣领为方折之形。

④负绳：孔疏："衣之背缝及裳之背缝，上下相当，如绳之正。"

⑤下齐(zī)如权、衡：孔疏："言裳下之齐，如权之衡低仰平也。"指深衣的下摆像秤杆秤锤轻重高低要取得平衡等齐。

⑥"《易》曰"以下二句：见于《易·坤卦》六二之象辞。

⑦五法：孙希旦说："谓规、矩、绳、权、衡也。"

⑧弗费：这是说深衣的制作不费功。深衣用十五升的白布制作，也不需绣图彩绘。

⑨善衣：郑注："朝祭之服也。"

【译文】

深衣的裁制：深衣上衣下裳，共用布十二幅，象征一年有十二个月。圆形的袖口为圆形与圆规相应合，衣领交会如矩尺与方正相应合，背缝从后背直下到两脚踝后跟与直垂相应合，裳的下摆如秤杆秤锤齐整与平准相应合。之所以袖口为圆形应合圆规，是表示举手揖让都合于仪容；背缝笔直垂下与胸前领口方形，是表示为政正直、道义方正。所以，《易》上说："《坤卦》六二之动，平直而方正。"裳的下摆若使用秤杆秤锤称重，要平衡齐整，表示心志安定、心态平和。深衣完全符合规、矩、绳、权、衡五个方面的标准，所以圣人才穿着它。所以规、矩，取其大公无私之义；绳，取其正直之义；权、衡，取其公平之义。所以先王看重深衣。穿着深衣，既可以习文，又可以练武，可以作为傧相，也可以整治军队，样式完备且不费力，是朝服、祭服以外最好的衣服。

具父母、大父母[①]，衣纯以缋[②]。具父母，衣纯以青。如孤子[③]，衣纯以素。纯袂、缘、纯边，广各寸半[④]。

【注释】

①大(tài)父母：祖父母。

②纯(zhǔn)：郑注："缘之也。"即镶边。下同。缋(huì)：指彩色的缯帛。郑注："尊者存，以多饰为孝。"

③孤子：郑注："三十以下无父称'孤'。"

④广各寸半：郑注："缘边，衣裳之侧，广各寸半，则表里共三寸矣，唯袷广二寸。"这是就外表一面说的，表里共三寸。只有领口的镶边是二寸，表里共四寸。

【译文】

如果父母及祖父母都健在，深衣就要用彩色花纹布条来镶边。如果只有父母健在，深衣就要用青布条来镶边。如果是孤子，深衣就要用白布条来镶边。深衣袖口的镶边，深衣下摆的镶边，深衣裳的镶边，宽度都是一寸半。

投壶第四十

【题解】

郑玄《礼记目录》说："名曰'投壶'者，以其记主人与客燕饮、讲论才艺之礼。"

本篇记投壶之礼的具体事宜，从投壶礼开始前的主、客互相辞让，到壶的设置，投壶的游戏规则，分数计算、胜负双方的饮酒，壶矢的大小规定等等，此外还记录了两条有关鲁国鼓鼙的乐谱。《大戴礼记》中也有《投壶》篇，可互相参看。

投壶之礼：主人奉矢①，司射奉中②，使人执壶。主人请曰："某有枉矢、哨壶③，请以乐宾。"宾曰："子有旨酒、嘉肴④，某既赐矣⑤，又重以乐，敢辞。"主人曰："枉矢、哨壶不足辞也，敢固以请⑥。"宾曰："某既赐矣⑦，又重以乐，敢固辞。"主人曰："枉矢、哨壶，不足辞也，敢固以请。"宾曰："某固辞不得命，敢不敬从。"宾再拜受，主人般还⑧，曰："辟⑨。"主人阼阶上拜送⑩。宾般还，曰："辟。"已拜，受矢，进即两楹间，退反位，揖宾就筵。

【注释】

①奉：捧。下同。矢：孙希旦说："矢用木为之，而不去皮，无羽、镞之属，与射者之矢不同。"因投壶与射礼属于同类活动，所以也称之为"矢"。

②司射：主持投壶礼的官员。中：盛放算筹的器具，为鹿、兕等形，用木刻制，背上凿孔容筹。旧注说，大夫用兕（犀牛类动物）形之中，士用鹿形之中。

③某：代指主人自己。枉矢、哨壶：孔疏："枉，谓曲而不直也。哨，谓哨峻不正。是主人谦逊之辞。"

④旨（zhǐ）酒：美酒。

⑤某既赐矣：《大戴礼记·投壶》无此四字。

⑥敢固以请：《大戴礼记·投壶》无"固"字。

⑦某既赐矣：《大戴礼记·投壶》作"某赐旨酒嘉肴"。

⑧般（pán）还：孔疏："乃般（盘）曲折还。"即盘桓。

⑨辟（bì）：避。

⑩拜送：孔疏："北面拜送矢也。"

【译文】

投壶的礼仪：主人捧着投壶所用的矢，司射捧着盛放算筹的中，主人让人捧着壶。主人邀请宾客，谦称道："我有杆歪不直的矢和口斜不正的壶，请求用来娱乐嘉宾。"宾客回答说："您用美酒佳肴招待，我已受赐，现在又加上娱乐，我还是请求辞谢吧。"主人又说："杆歪不直的矢，口斜不正的壶，不值得您推辞，还是坚邀您参加。"宾客又说："我已经接受您的美酒佳肴了，现在又加上娱乐，我还是请求辞谢吧。"主人又邀请说："杆歪不直的矢，口斜不正的壶，不值得您推辞，还是坚邀您参加。"宾客就说："我再三推辞得不到您应允，那就只好恭敬地从命了。"于是宾客再拜行礼，主人则盘桓退后，口中说："不敢当。"然后主人在阼阶上行拜送礼，将矢授于宾客。宾客也盘桓退后，口中说："不敢当。"主人已行拜送之礼，赞者将主人要投的矢交给主人，主人接过矢，走到两楹柱之间，表示将投壶设放于此处，然后退回阼阶上的主位，向宾客作揖，请宾客就位。

司射进度壶①，间以二矢半②，反位，设中，东面，执八算，兴③。请宾曰："顺投为入④，比投不释⑤。胜饮不胜者，正爵既行⑥，请为胜者立马⑦，一马从二马⑧。三马既立，请庆多马。"请主人亦如之。命弦者曰："请奏《狸首》⑨，间若一⑩。"大师曰⑪："诺。"

【注释】

①度壶：度量壶所放设之处。

②间以二矢半：《大戴礼记·投壶》无此五字。《训纂》引王念孙说，"间"字涉上文"两楹间"而衍，"以二矢半"四字疑衍。孔疏："虽矢有长短，而度壶皆使去宾、主之席各二矢半也。室中去席五尺，堂上则去席七尺，庭中则去席九尺。"

③兴：起。

④顺投：指矢的头部先投进壶中。

⑤比投：一人连续投矢。投壶应为宾、主轮流，如果一人连续投就算犯规。释：释算，即计算投中的算筹。

⑥正爵：郑注："所以正礼之爵也。或以罚，或以庆。"

⑦请为胜者立马：孔疏："必谓算为'马'者，马是威武之用，为将帅所乘。今投壶及射，亦是习武，而胜者自表堪为将帅，故云'马'也。"投壶每次取胜，要立一马的模型作为筹码，先立三马者为胜方。孙希旦以孔疏为非，说："陈用之云：'汉人格五之法，有功马、散马，皆刻马象而植焉。'或投壶之马亦如此与？"

⑧一马从二马：孔疏以为俗本有此五字，误。《大戴礼记·投壶》无此五字。即《少仪》所说的“擢马”，如果一方二马，一方一马，那么这时就将一马并入二马，凑成三马，并判得二马者为胜家。见《少仪》“尊长于己逾等”节注⑪。

⑨《狸首》：逸《诗》篇名。

⑩间若一：孔疏：“谓前后乐节，中间疏数如似一也。”

⑪大师：即太师，乐官之长。

【译文】

司射捧着壶进入，丈量设置壶的位置，将壶放在宾客与主人之间距离都为二矢半的地方，然后返回原位跪坐，将盛放算筹的中放置好，面朝东，手执八支算筹站起来。司射向宾客告知投壶的规则，说：“矢的头部投进壶中才算投入，投矢由主、宾轮流进行，如果一人连投，即使投进也不算数。胜者罚输者喝一杯酒，喝了罚酒后，输者为胜者在中上竖立起一枚算筹，这叫做“立马”，投壶以先立起三马为获胜，如果一方有二马，一方有一马，那么有二马的一方可以撤去对方的一马，而自己凑成三马。先立三马获胜，输的一方就要斟酒庆贺多马的胜方。”司射又告诉主人规则。司射吩咐奏乐的乐工说：“比赛时要演奏《狸首》，乐曲前后的节奏、乐曲调式的快慢疏密要完全一致。”太师回答说：“是。”

左右告矢具①，请拾投②。有入者，则司射坐而释一算焉③。宾党于右，主党于左。

【注释】

①左右：孔疏：“左，谓主人；右，谓宾客。”

②请拾（jié）投：孔疏：“拾，更也。司射又请宾、主更递而投。”拾，轮流，交替。

③释一算：孔疏："司射乃坐释一算于地也。"

【译文】

司射向左右宾、主报告矢已经准备好，可以轮流投壶了。有将矢投入壶中，司射就跪坐着放一枚算筹在地上。投壶时宾客一方坐在司射的右边，主人一方坐在司射的左边。

卒投，司射执算曰[①]："左右卒投，请数。"二算为纯[②]，一纯以取，一算为奇[③]。遂以奇算告[④]，曰："某贤于某若干纯。"奇则曰"奇"，钧则曰"左右钧"[⑤]。

【注释】

①司射执算：《大戴礼记·投壶》作"司射执余算"。从上下文看，作"执余算"是，译文据此。

②纯(quán)：一双。

③奇(jī)：单一，单数。

④遂以奇算告：据《释文》和《大戴礼记·投壶》，此句应作"有胜者，司射遂以其算告"。此处或有脱误。

⑤左右钧：孔疏："钧，犹等也。等则左右各执一算以告。"

【译文】

投矢完毕，司射拿着剩余的算筹说："宾、主双方投矢结束，请允许计算筹数。"两个算筹计作一纯，一次取一纯，如果剩下一个算筹，就叫"奇"。计算出结果后，司射就拿着获胜一方多出来的纯说："某多于某若干纯。"如果还有奇数，就要报告"还有奇数"，如果双方投中的数目均等，就说"左右成绩均等"。

命酌[①]，曰："请行觞。"酌者曰："诺。"当饮者皆跪，奉觞曰:"赐灌。"胜者跪曰:"敬养[②]。"

【注释】

①命酌:郑注:"酌者,胜党之弟子。"

②敬养:孙希旦说:"敬养者,酒所以养老、养病也。此实罚爵,而曰'赐灌',曰'敬养'者,皆谦敬之辞也。"

【译文】

司射对胜利一方的子弟说:"请为失败的一方斟罚酒。"胜利一方的子弟说:"是。"斟好酒后,失败的一方都跪下捧着酒杯,说:"承蒙赐饮。"胜的一方也跪下说:"恭敬奉养。"

正爵既行[①],请立马。马各直其算。一马从二马,以庆。庆礼曰:"三马既备,请庆多马。"宾、主皆曰:"诺。"正爵既行[②],请彻马。

【注释】

①正爵既行:孔疏:"谓正礼罚酒之爵既行,饮毕之后,司射乃请宾主请为胜者树标立其马也。"

②正爵既行:此为"饮庆爵",即为庆贺胜者而饮。

【译文】

依礼罚酒之后,就为胜利的一方设置一马。哪一方得胜就把马立在哪一方算筹的前面。立马以三马为胜,如果有一方得一马,而另一方得二马,则得一马的一方应将自己的一马并入另一方的二马,并庆祝对方的获胜。举行庆礼时,司射说:"三马已经齐备,请为多马的胜者庆贺。"宾、主双方都说:"好的。"依礼庆贺胜者饮酒后,就撤掉马。

算多少视其坐[①]。筹[②]，室中五扶，堂上七扶，庭中九扶[③]。算，长尺二寸。壶，颈修七寸，腹修五寸，口径二寸半，容斗五升。壶中实小豆焉，为其矢之跃而出也。壶去席二矢半。矢以柘若棘[④]，毋去其皮。

【注释】

①算多少视其坐：郑注："算用当视坐投壶者之众寡为数也，投壶者人四矢，亦人四算。"即算筹按参加投壶的人数而定，每人发四根矢。

②筹：郑注："矢也。"即投壶所用的矢。

③"室中五扶"三句：孔疏："投壶有三处，堂中及庭中也。日中则于室，日晚则于堂，太晚则于庭，是各随光明处也。矢有长短，亦随地广狭。室中狭，矢长五扶；堂上稍宽，矢长七扶；庭中大广，矢长九扶。四指曰扶，扶广四寸，五扶者，则二尺也。七扶者，则二尺八寸也。九扶者，则三尺六寸也。"按，一扶为四寸。

④柘（zhè）：木名。

【译文】

算筹多少要根据参加比赛的人数来定。矢的长度，如果是在室内投壶，矢长二尺；如果是在堂上投壶，矢长二尺八寸；如果是在庭中投壶，矢长三尺六寸长。算筹，长一尺二寸。壶，颈长七寸，腹深五寸，口径是二寸半，容量是一斗五升。壶中盛着小豆，是为了防止投入的矢又跳出来。壶要距席位两矢半。投壶所用的矢，用柘木或棘木制成，不要去掉树皮。

鲁令弟子辞曰[①]："毋怃[②]，毋敖，毋偝立[③]，毋逾言[④]！偝立、逾言有常爵[⑤]。"薛令弟子辞曰："毋怃，毋敖，毋偝立，毋逾言！若是者浮⑥。”

【注释】

①弟子：郑注：“宾党、主党年稚者也。”投壶时年轻人站在堂下，担心他们不守秩序，因此由司射予以警告。

②怃(hū)：大。此指大声喧哗。

③偝(bèi)：同“背”。郑注：“不正乡(向)前也。”

④逾言：郑注：“远谈语也。”

⑤常爵：郑注：“常所以罚人之爵也。”

⑥浮：罚酒。

【译文】

投壶时，鲁国的司射告诫站在堂下宾、主双方的子弟说：“不要喧哗，不要傲慢，不要背身而立，不要遥相喊话！背身而立，遥相喊话，要依常例罚酒。”薛国的司射告诉宾、主双方的子弟说：“不要喧哗，不要傲慢，不要背身而立，不要遥相喊话！若有违反的就要罚酒。”

鼓：○□○○□□○□○○□①；半，○□○□○○○□□○□○。鲁鼓。○□○○○□□○□○○□□○□○○□□○；半，○□○○○□□○。薛鼓。取半以下为投壶礼，尽用之为射礼。

【注释】

①○□：郑注：“圜者击鼙，方者击鼓。”

【译文】

击鼓鼙的乐谱是：○□○○□□○□○○□；一半是○□○□○○○□□○□○。这是鲁国的鼓谱。○□○○○□□○□○○□□○□○

○□□○;一半是○□○○○□□○。这是薛国的鼓谱。“半”字以下的鼓谱用于投壶礼,全的鼓谱用于射礼。

司射、庭长及冠士立者皆属宾党①,乐人及使者、童子皆属主党②。

【注释】

①庭长:即司正,负责酒宴时在庭中督察仪容不合规范者。冠士:指加冠后的成人。

②使者:孙希旦说:“主人所使令之人,若执壶者、设筵者、授主人以矢者,皆是也。”

【译文】

司射、庭长以及站着的成年人,都作为宾客的一方,奏乐之人、服务之人以及小孩,都作为主人的一方。

鲁鼓①:○□○○□□○○;半,○□○○□○○○○□○□○。薛鼓:○□○○○○□○□○□○○○□○□○○□○;半,○□○□○○○○□○。

【注释】

①鲁鼓:这是鲁鼓和薛鼓乐谱的另一种记载。

【译文】

鲁鼓的另一份鼓谱:○□○○□□○○;一半是○□○○□○○○○□○□○。薛鼓的另一份鼓谱:○□○○○○□○□○□○○○□○□○○□○;一半是○□○□○○○○□○。

儒行第四十一

【题解】

郑玄曰："名曰'儒行'者，以其记有道德者所行也。"

本篇借孔子之口，记述了儒者不与人争、特立独行的品德特性。《集解》引吕大临说："此篇之说，有夸大胜人之气，少雍容深厚之风，窃意末世儒者将以自尊其教，谓'孔子言之'，殊可疑。然考其言，不合于义理者殊寡，学者果践其言，亦不愧于为儒矣。此先儒所以存于篇也与？"

鲁哀公问于孔子曰："夫子之服，其儒服与？"① 孔子对曰："丘少居鲁，衣逢掖之衣②；长居宋，冠章甫之冠③。丘闻之也：君子之学也博，其服也乡，丘不知儒服。"

【注释】

①"鲁哀公问于孔子曰"以下二句：郑注："哀公馆孔子，见其服与士大夫异，又与庶人不同，疑为儒服而问之。"

②逢掖之衣：孔疏："谓肘、掖（腋）之所宽大。"逢，大。郑注："此君子有道艺者所衣也。"

③“长居宋”二句：章甫，殷之冠名，形制已不可考。宋为殷后代。

【译文】

鲁哀公问孔子说：“先生穿的衣服，是儒者的服装吧？”孔子回答说：“我年少时居住在鲁国，穿的是襟袖宽大的衣服；长大后住在宋国，戴的是殷人的章甫之冠。我听人们说：君子的学问要广博，穿衣服要入乡随俗，我可不知道儒服是什么样子的。”

哀公曰：“敢问儒行。”孔子对曰：“遽数之不能终其物[①]，悉数之乃留[②]，更仆，未可终也。”

【注释】

①遽（jù）数：急促地数说。物：事。

②悉数之乃留：孔疏：“若委细悉说之，则太久也。”留，久。

【译文】

哀公又问道：“敢问儒者的德行有哪些。”孔子答道：“仓促地数说不能说完这些事，全部细细地数说又要花费很长时间，就是仆人换班伺候，也还是不能说完。”

哀公命席，孔子侍，曰：“儒有席上之珍以待聘[①]，夙夜强学以待问，怀忠信以待举，力行以待取。其自立有如此者。

【注释】

①珍：孙希旦说：“玉也”，“犹玉之在席上，非有求于人，而聘问者自不能舍也”。

【译文】

哀公命人设席，孔子陪侍，说：“儒者有如筵席上的宝玉，等待诸侯的聘用；早早晚晚努力学习，等待别人的询问；心怀忠信，等待别人的举荐；身体力行，等待别人的取用。儒者的自立就是这样的。

“儒有衣冠中①，动作慎；其大让如慢，小让如伪②；大则如威，小则如愧③；其难进而易退也，粥粥若无能也④。其容貌有如此者。

【注释】

①衣冠中：《集解》引吕大临说：“谓得其中制，不异于众，不流于俗而已。”指儒者的衣帽穿戴中允合众。

②“其大让”二句：孔疏引庾氏曰：“让大物不受，拒于人急如似傲慢；让小物之时，初让后受，如似伪然。”

③“大则如威”二句：孔疏：“言有大事之时，形貌则如似有所畏惧也”，“言行小事之时，则如似有所惭愧。‘如威’、‘如愧’，皆谓重慎自贬损”。威，畏惧，敬畏。

④粥粥（yù）：孔疏：“是柔弱专愚之貌。”

【译文】

“儒者的衣帽穿戴随众如常人，行为动作谨慎；在大事上的拒绝推辞令人觉得似乎是傲慢，在小事上的谦让推辞令人觉得似乎是虚伪；办大事时小心翼翼似乎是畏惧的样子，办小事时审慎恭谨似乎是愧疚的样子；他们难于争进而易于退让，柔弱谦卑的样子似乎是无能之人。儒者的容貌就是这样的。

“儒有居处齐难①，其坐起恭敬；言必先信，行必中正；道涂不争险易之利②，冬夏不争阴阳之和；爱其死以有待也，养其身以有为也。其备豫有如此者。

【注释】

①齐难(zhāi nǎn):恭敬庄重的样子。难,《训纂》引王引之说,通“戁”(nǎn),敬也;“‘齐难’与‘恭敬’义亦相近也”。

②道涂不争险易之利:孔疏:“君子行道路,不与人争平易之地,而避险阻以利己也。”

【译文】

“儒者平时居处庄重严肃,坐下站起都恭恭敬敬;说话一定先考虑诚信,做事一定公正持中;行于道路,不为了利己而与人争抢平易之地,躲避险阻;日常居止,不为了自己的舒适,冬天和人争抢温暖处,夏天和人争抢阴凉处;爱惜生命而等待时机,修养身体以备有所作为。儒者预防患害的准备就是这样的。

“儒有不宝金玉,而忠信以为宝;不祈土地,立义以为土地;不祈多积,多文以为富①;难得而易禄也,易禄而难畜也。非时不见,不亦难得乎!非义不合,不亦难畜乎!先劳而后禄,不亦易禄乎!其近人有如此者②。

【注释】

①多文以为富:孔疏:“儒以多学文章技艺为富,不求财积以利其身也。”

②其近人有如此者:孔疏:“言儒者亲近于人,有如此在上之诸事也。”

【译文】

“儒者不以金玉为宝,而以忠信为宝;不祈望富有土地,而将树立道义视为自己的土地;不祈望多多积聚财富,而以多学文章技艺作为自己的财富;儒者很难得到,得到后却很容易以俸禄养起来,很容易以俸禄养起来但若与信义不合却又难以长期畜养。若非明君之时就不出现，这不是很难得到吗！如若君王不合道义，儒者就不会合作，这不是很难畜养吗！儒者都是先劳作而后受禄，这不是很容易以俸禄养起来的吗！儒者亲近人的情形就像上面所说的。

“儒有委之以货财，淹之以乐好①，见利不亏其义；劫之以众，沮之以兵②，见死不更其守；鸷虫攫搏③，不程勇者④；引重鼎，不程其力；往者不悔，来者不豫⑤；过言不再，流言不极⑥；不断其威⑦，不习其谋⑧。其特立有如此者。

【注释】

①淹之以乐好：孔疏：“言以爱乐玩好浸渍之也。”淹，沉浸，浸渍。

②沮：恐吓。

③鸷（zhì）虫：猛禽凶兽。攫（jué）：鸟兽用爪子迅速抓取。

④不程勇者：《训纂》引王念孙说：“‘不程勇者’当作‘不程其勇’，与‘不程其力’对文。”孙希旦说：“‘勇者’，当从《家语》作‘其勇’。”甚是。程，量，估量。

⑤往者不悔，来者不豫：孔疏：“言儒者有往过之事，虽有败负，不如其意，亦不追悔也”；“谓将来之事，其所未见，亦不豫前防备，言已往及未来平行自若也”。

⑥过言不再，流言不极：孔疏：“言儒者有愆过之言，不更为之”；“若闻流传之言，不穷其根本所从出处也”。极，指追究到底。

⑦不断其威：孔疏：“言儒者不暂绝其威严，容止常可畏也。”

⑧不习其谋：郑注：“口及则言，不豫其说而顺也。”孔疏：“谓口及其事，则言论谋度之，不豫（预）前备其言说，而顺从所谋之也。”即开口即说，不事先准备谋划后照着说。

【译文】

“对于儒者，把金钱财物送给他，用玩乐的嗜好去沉溺他，面对利益诱惑他也不会遗弃道义；以人多势众来威胁他，用兵器武力来恐吓他，面对死亡他也不会改变操守；和猛兽凶禽搏斗，他不估量顾惜自己的勇敢；牵引重鼎，他不估量顾惜自己的力量；过去已经错过的事不后悔，将来还未到来的事也不预备；说过的错话就不会再说，流传的言语不会穷追；容貌举止可敬畏不失威严，直率说话，不预谋策划好才开口。儒者的特立独行就是这样的。

“儒有可亲而不可劫也，可近而不可迫也，可杀而不可辱也。其居处不淫①，其饮食不溽②，其过失可微辨而不可面数也。其刚毅有如此者。

【注释】

①淫：郑注：“谓倾邪也。”

②溽(rù)：浓厚。

【译文】

“儒者可以亲近但不可以劫持，可以接近但不可以强迫，可以杀但不可以侮辱。儒者的居所不奢侈邪僻，饮食不丰厚隆盛，儒者的过错可以委婉地辨明但不可以当面指责。儒者的刚毅就是这样的。

“儒有忠信以为甲胄①，礼义以为干橹②；戴仁而行，抱义而处；虽有暴政，不更其所③。其自立有如此者。

【注释】

①甲胄：铠甲和头盔。

②干橹(lǔ):郑注:“小楯(盾)、大楯(盾)也。”

③不更其所:孔疏:“不改其志操,迥然自成立也。”

【译文】

“儒者把忠信当做甲胄,把礼义当做盾牌;头戴着仁出行,怀抱着义居处;虽然遇到暴政,也不改变自己的志意操守。儒者的自立就是这样的。

“儒有一亩之宫[①],环堵之室[②];筚门圭窬[③],蓬户瓮牖[④];易衣而出[⑤],并日而食[⑥];上答之不敢以疑[⑦],上不答不敢以谄[⑧]。其仕有如此者。

【注释】

①一亩之宫:孔疏:“一亩,谓径一步,长百步为亩。若折而方之,则东、西、南、北各十步为宅也。”宫,墙垣。

②堵:古代以版筑法筑墙,版长一丈,宽二尺,五版为一堵,即长、宽各一丈。

③筚门:即“柴门”,荆木编的门。圭窬(yú):上尖下方的圭形小门。

④蓬户:编蓬草为门户。瓮牖(yǒu):孔疏:“谓牖窗圆如瓮口也。又云,以败瓮口为牖。”

⑤易衣而出:这是说全家只有一件衣服,谁出门谁就换上。

⑥并日而食:郑注:“二日用一日食也。”

⑦不敢以疑:孔疏:“谓已决竭心力,不敢疑贰于君也。”

⑧上不答不敢以谄:孔疏:“已有言语而君不用,及不见使,则已宜静默,不敢谄媚来进也。”

【译文】

“儒者只有一亩见方的宅院,夯土筑成墙垣;用荆柴做成门,院墙上掏个圭形小门，用蓬草编成门户，墙壁上凿出瓮口一样的圆孔做窗牖；全家有一套见客的衣服出门才换上，两天只能吃一天的食物；提出建议得到君上的回答和任用，竭尽心力决不敢对君上有怀疑和贰心；提出建议得不到君上的回答和任用，静默不语而不敢谄媚求进。儒者做官入仕就是这样的。

“儒有今人与居，古人与稽[①]；今世行之，后世以为楷；适弗逢世，上弗援[②]，下弗推[③]。谗谄之民，有比党而危之者，身可危也，而志不可夺也；虽危，起居竟信其志[④]，犹将不忘百姓之病也。其忧思有如此者。

【注释】

①稽：郑注：“犹合也。”

②援：郑注：“犹引也，取也。”

③推：郑注：“犹进也，举也。”

④起居：郑注：“犹举事动作。”信：通“伸”。

【译文】

“儒者虽与今人一起生活，却和古人的意趣相合；他们在今世的行为，将成为后世的楷模；恰巧生不逢时，上不为君王伸以援手，下没有众人助以推手。谗毁谄媚的人结党构陷他，但也只能危害他的身体，却改变不了他的志向；即使处境危险，行事举动还要施展自己的抱负，还时刻不忘百姓的疾苦。儒者忧国忧民的情怀就是这样的。

“儒有博学而不穷，笃行而不倦；幽居而不淫[①]，上通而不困[②]。礼之以和为贵，忠信之美，优游之法[③]，举贤而容众[④]，毁方而瓦合[⑤]。其宽裕有如此者。

【注释】

①幽居：谓独处时。

②上通：通达于上。指被国君任用做官。

③优游：和柔。

④举贤：孔疏作“慕贤”，云：“以见贤思齐，是慕贤也。”是。应据以改“举”为“慕”。

⑤毁方而瓦合：《训纂》引吕大临说：“陶者之为瓦，必圆而割分之，分之则瓦，合之则圆。”《集解》引陈澔说：“陶瓦之事，其初则圆，剖之为四，其形则方，毁其圆以为方，合其方而复圆。”陶工制瓦，先将泥坯做成一圆柱形，再裁割成几片瓦晾干烧制。因此，放弃圆形才有方瓦，放弃方形才能合瓦恢复圆形。此处以方象征儒者，毁己之方而合瓦成圆，是儒者宽容和合之意。

【译文】

“儒者虽博学但不中止学习，踏实地实行而不知疲倦；虽身居幽隐之处也不邪僻放纵，通达于上受器重而不会困顿穷迫。遵循礼仪以和为贵，讲究忠信之美德，以和美柔软之方法，仰慕贤人又能包容众人，放弃了自己的方形而如合瓦般与众融为圆形。儒者的宽容大度就是这样的。

“儒有内称不辟亲①，外举不辟怨，程功积事②，推贤而进达之，不望其报，君得其志。苟利国家，不求富贵。其举贤援能有如此者。

【注释】

①辟(bì)：避开，躲开。

②程功：计算考核功效。积事：积累劳作成绩。孔疏：“言儒者欲举

人之时，必程效其功，积累其事，知其事堪可乃推而进达之，不妄举人也。”

【译文】

“儒者推举人才时，对内不避讳自己的亲属，对外也不回避自己的仇家，根据计算考核的功效和累积的劳绩加以评估衡量，推举贤才，引荐任用，不期望得到对方的回报，只希望国君能如愿得志。只要能为国家谋利，不求富贵。儒者推举贤人、引用能人就是这样的。

“儒有闻善以相告也，见善以相示也；爵位相先也[①]，患难相死也；久相待也[②]，远相致也[③]。其任举有如此者。

【注释】

①相先：郑注：“犹相让也。”

②久相待：郑注：“谓其友久在下位不升，己则待之乃进也。”

③远相致也：郑注：“谓己得明君而仕，友在小国不得志，则相致远也。”

【译文】

“儒者之间，听到了有益的话就相互告知，见到了有益的事就相互传示；有爵位利益先让给朋友，有祸患灾难愿牺牲献身；朋友不被任用，就长久地等着他共同晋升，朋友在他国不能为仕，就设法把他招来一起任官。儒者任用举荐朋友就是这样的。

“儒有澡身而浴德[①]，陈言而伏，静而正之，上弗知也，粗而翘之[②]，又不急为也；不临深而为高[③]，不加少而为多[④]；世治不轻[⑤]，世乱不沮[⑥]；同弗与，异弗非也。其特立独行有如此者。

【注释】

①澡身:孔疏:"谓能澡洁其身,不染浊也。"浴德:孔疏:"谓沐浴于德,以德自清也。"

②粗而翘之:郑注:"粗,犹疏也,微也。君不知己有善言正行,则观色缘事而微翘发其意使知之。"

③不临深而为高:孔疏:"地既高矣,不临此众人深下之处更增高大,犹言不临此众人卑贱处而自尊显也。"

④不加少而为多:郑注:"谋事不以己小胜自矜大也。"指夸大自己的作用和成绩。

⑤世治不轻:孔疏:"世治之时,虽与群贤并处,不自轻也。"

⑥世乱不沮:孔疏:"言世乱之时,道虽不行,亦不沮坏己之本志也。"沮,废坏。

【译文】

"儒者常'洗澡',以道德沐浴身心,陈述自己的建议而伏听君命,安静地恪守正道,如果国君对自己的建言不理解,就稍加启发,并不急于实施推行;不在地位低的人面前炫耀,以显示自己的高大,不把自己原本小小的作用和成绩加以夸大吹嘘;治世虽然与群贤能相处并不自我轻视,乱世虽然无道也不废弃自己的气节志意;观点相同也不能不顾义理而相互阿谀结党,观点不同也不能不顾是非一概非议反对。儒者的特立独行就是这样的。

"儒有上不臣天子,下不事诸侯;慎静而尚宽,强毅以与人,博学以知服;近文章,砥厉廉隅[①];虽分国,如锱铢[②],不臣不仕。其规为有如此者。

【注释】

①廉隅(yú):棱角。此指方正的品格。

②锱铢(zī zhū):古代重量单位。孔疏:"二十四铢为'两',八两为'锱'。"《训纂》引王引之说:"古人言锱者,其数或多或少。"或说六铢为一锱,四锱为一两。

【译文】

"儒者中有的上不臣于天子,下不事奉诸侯;谨慎安静而崇尚宽大,刚强坚毅而善与人交,博学而知敬服先代贤人;喜好学习文章,锻炼磨砺出刚正的品格;即使有国君将国土分封给他,他也视为锱铢小事并不看重,不称臣也不做官。儒者对自己的行为规范就是这样的。

"儒有合志同方[①],营道同术[②];并立则乐,相下不厌[③];久不相见,闻流言不信。其行本方立义[④],同而进,不同而退。其交友有如此者。

【注释】

①合志同方:孔疏:"言儒者与交友合齐志意,而同于法则也。"

②营道同术:孔疏:"谓经营道艺,同齐于术,同术则同方也。"

③相下不厌:孔疏:"谓递相卑下,不厌贱也。"

④其行本方立义:孔疏引庾氏云:"言其行所本必方正,所立必存义也。"

【译文】

"儒者的朋友,有的志意相合,为学之法也相同;有的经营道艺,艺术之路也一样;能与朋友在一起共事就感到欢乐,交往时都谦逊地争为卑微,不怕居于底下;即使久不相见,听到了不利于对方的流言蜚语也不会相信。所作所为都本于方正,所立所言都根据道义,理念行为都相同就进而深交,理念行为不同就退而疏远。儒者的交友就是这样的。

“温良者，仁之本也。敬慎者，仁之地也。宽裕者，仁之作也。孙接者①，仁之能也。礼节者，仁之貌也。言谈者，仁之文也。歌乐者，仁之和也②。分散者，仁之施也③。儒者兼此而有之，犹且不敢言‘仁’也。其尊让有如此者④。

【注释】

①孙接：孔疏：“言孙（逊）辞接物是仁儒之技能。”孙，通“逊”。

②“歌乐者”二句：孔疏：“言歌舞喜乐是仁儒之和悦。”

③“分散者”二句：孔疏：“言分散蓄积而振贫穷是仁儒之恩施也。”

④尊让：孔疏：“尊，谓恭敬；让，谓卑让。谓尊敬于物，卑让于人。”

【译文】

“温厚善良，是仁的根本。恭敬谨慎，是仁的基础。宽容大度，是仁的动作。谦逊接物，是仁的能力。礼节仪态，是仁的外貌。言语谈吐，是仁的文采。歌舞喜乐，是仁的和悦。分财济贫，是仁的施恩。儒者都具备了这些美德，尚不敢说自己已合乎‘仁’的标准。儒者对物的尊敬、对人的谦让就是这样的。

“儒有不陨获于贫贱①，不充诎于富贵②，不慁君王③，不累长上④，不闵有司⑤，故曰‘儒’。今众人之命儒也妄，常以儒相诟病。”

【注释】

①陨获：郑注：“困迫失志之貌也。”

②充诎：郑注：“欢喜失节之貌。”

③慁（hùn）：辱。

④累：郑注：“犹系也。”指牵连、连累。

⑤闵：病。

【译文】

“儒者不因贫贱困迫而失志，不因富贵欢喜而失节，不受国君的侮辱，不受上级的束缚，不受官员的刁难，所以才称之为‘儒’。现在很多人称作‘儒’，却虚妄不实，所以‘儒’才被当做一个耻辱的名称。”

孔子至舍，哀公馆之，闻此言也，言加信，行加义，“终没吾世，不敢以儒为戏”。

【译文】

孔子回到鲁国，鲁哀公接待他住进公馆，听了孔子的这番话，自己的言语更加讲信用，自己的行为更加符合道义，并说，“直到我离世，再不敢拿儒者开玩笑了”。

大学第四十二

【题解】

郑玄说:“名曰‘大学’者,以其记博学,可以为政也。”

大学,就是博学的意思。宋代理学家以为《大学》是“初学入德之门也”,二程将此篇从《礼记》中抽出编次章句,朱熹编《四书》,将本篇与前文《中庸》编入,将本篇放在首篇,并重新编排训释。本篇主要论述君子个人自身修养与为政治国的关系。文中首章提出了明明德、亲民、止于至善三条纲目,然后提出实现天下大治的八个步骤,即格物、致知、诚意、正心、修身、齐家、治国、平天下,而修身是最根本的一项。

大学之道①,在明明德②,在亲民③,在止于至善。知止而后有定,定而后能静,静而后能安④,安而后能虑,虑而后能得⑤。物有本末,事有终始,知所先后,则近道矣。

【注释】

①大学:据郑玄《礼记目录》之说,“大学”是“博学”的意思。朱熹说:“大学者,大人之学也。”即广博地学习。

②明明德:孔疏:“在于章明己之光明之德也。”即要使自己光明正

大的德行更加彰明。

③亲民：程颐认为“亲”当作“新”，指革新、更新。朱熹：“言既自明其明德，又当推以及人，使之亦有以去其旧染之污也。”

④静而后能安：孔疏：“以静故情性安和也。”

⑤虑而后能得：孔疏：“既能思虑，然后于事得安也。”

【译文】

努力广博地学习，是为了彰显光明的品德，为了让人去除旧污点、变换新面貌，为了达到至善至美的境界。知道应达到的境界后才有确定的志向，确定了志向后才能心态宁静，心态宁静后才能情性安和，情性安和后才能思虑详审，思虑详审后才能处事得宜、至于美善。万物都有本有末，凡事都有终有始，能知道事物的本与末，始与终，就接近于明白事物发展之“道”了。

古之欲明明德于天下者，先治其国；欲治其国者，先齐其家；欲齐其家者，先修其身；欲修其身者，先正其心；欲正其心者，先诚其意；欲诚其意者，先致其知[①]，致知在格物[②]。物格而后知至，知至而后意诚，意诚而后心正，心正而后身修，身修而后家齐，家齐而后国治，国治而后天下平。

【注释】

①“欲诚其意者”二句：孔疏：“言欲精诚其己意，先须招致其所知之事，言初始必须习学，然后乃能有所知晓其成败。”知，识。

②致知在格物：孔疏：“言若能学习，招致所知。格，来也。”格物，指探究事物的原理。

【译文】

古代有想要彰显自己的光明之德推广到天下的，就要先治理好自己的国家；要治理好自己的国家，就要先管好自己的家庭；要管好自己的家庭，就要先修养自身的品德；要修养自身的品德，就要先端正自己的内心；要端正自己的内心，就要先使自己的意念真诚；要使自己的意念真诚，就要先学习获得知识；要学习获得知识，就要先探究事物的道理。事物的道理得到探究后才能获得真知，获得真知而后才使意念真诚，意念真诚而后才使内心端正，内心端正而后才做到自身的修养，修养自身而后才能管好自己的家庭，管好自己的家庭而后才能治理好国家，治理好国家而后才能做到天下太平。

自天子以至于庶人，壹是皆以修身为本。其本乱而末治者否矣[①]。其所厚者薄，而其所薄者厚[②]，未之有也！此谓知本，此谓知之至也。

【注释】

①其本乱而末治者否矣：孔疏："本乱，谓身不修也。末治，谓国家治也"；"否，不也。言不有此事也"。

②所厚者：指修身。所薄者：即上文的"末"。

【译文】

从天子至庶人，都把修养自身作为根本。如果修身这个根本没做好，要治理好国家那是不可能的。应该重视的却被忽略，应该忽略的却被重视，没有这样的事理！这就是知道根本，这就是至为高上的智慧。

所谓诚其意者，毋自欺也。如恶恶臭，如好好色，此之谓自谦[①]，故君子必慎其独也！小人闲居为不善，无所不至，见君子而后厌然[②]，揜其不善，而著其善[③]。人之视己，如见其肺肝然，则何益矣！此谓诚于中，形于外，故君子必慎其独也。曾子曰："十目所视，十手所指，其严乎！"富润屋[4]，德润身[5]，心广体胖[6]，故君子必诚其意。

【注释】

①谦：郑注："读如'慊'（qiè），慊然安静之貌。"朱熹说："谦，快也，足也。"

②厌（yǎn）然：躲避隐藏的样子。

③著其善：孔疏："宣著所行善事。"

④富润屋：孔疏："言家若富，则能润其屋，有金玉又华饰见于外也。"

⑤德润身：孔疏："谓德能沾润其身，使身有光荣见于外也。"

⑥心广体胖（pán）：孔疏："言内心宽广，则外体胖大。"胖，安适。

【译文】

所谓使意念真诚，就是不要自己欺骗自己。犹如厌恶恶臭，犹如喜好美色，这就叫做获得自我的满足，所以君子在独处时一定要很谨慎！小人在闲居独处时做不好的事，没有什么坏事不干，见到君子后就隐藏躲避，掩盖藏匿做过的坏事，宣传夸耀自己做过的善事。岂不知在别人眼中看着他，就如同看清了他的肺肝一样，他这样做又有什么益处呢！这就叫做内心有真实的想法，外表上一定会表现出来的。所以君子在独处时一定要很谨慎。曾子说过："虽独处，其实也有很多眼睛在看着你，很多手在指着你，多么严厉、多可敬畏啊！"财富可以装饰屋室，道德可以润饰身心，心胸宽广，身体自然安适，所以君子一定要使自己的意念真诚。

《诗》云："瞻彼淇澳，菉竹猗猗。有斐君子，如切如磋，如琢如磨。瑟兮僩兮，赫兮喧兮。有斐君子，终不可諠兮！”[①]“如切如磋”者，道学也[②]；“如琢如磨”者，自修也[③]；“瑟兮僩兮”者，恂栗也[④]；“赫兮喧兮”者，威仪也；“有斐君子，终不可諠兮”者，道盛德至善[⑤]，民之不能忘也。《诗》云：“於戏，前王不忘[⑥]！”君子贤其贤而亲其亲，小人乐其乐而利其利，此以没世不忘也。《康诰》曰[⑦]：“克明德。”《大甲》曰：“顾諟天之明命[⑧]。”《帝典》曰：“克明峻德。”皆自明也。汤之盘铭曰[⑨]：“苟日新，日日新，又日新。”《康诰》曰：“作新民。”《诗》曰：“周虽旧邦，其命惟新。”[⑩]是故君子无所不用其极。《诗》云：“邦畿千里，惟民所止。”[⑪]《诗》云：“缗蛮黄鸟，止于丘隅。”[⑫]子曰：“于止，知其所止，可以人而不如鸟乎？”《诗》云：“穆穆文王，於缉熙敬止！”[⑬]为人君，止于仁；为人臣，止于敬；为人子，止于孝；为人父，止于慈；与国人交，止于信。子曰：“听讼，吾犹人也，必也使无讼乎！”[⑭]无情者不得尽其辞，大畏民志。此谓知本。

【注释】

①“《诗》云”以下九句：出自《诗经·卫风·淇澳》，有个别文字与今本《毛诗》不同。淇，水名。澳（yù），弯曲的水岸。菉竹，今本作“绿竹”，草名。猗猗（yī），茂盛美貌。有斐，今本作“有匪”，有文采貌。切、磋、琢、磨，据《尔雅·释器》，治骨曰“切”，治象牙曰“磋”，治玉曰“琢”，治石曰“磨”。瑟，庄严的样子。僩（xiàn），宽大威武的样子。喧，通“咺”，有威仪之貌。諠（xuān），今本作“谖”，忘记。

②道学：孔疏：“论道其学矣。”

③自修：孔疏：“谓自修饰矣，言初习谓之学，重习谓之修。”

④恂栗：孔疏："恂，读为'峻'，言颜色严峻战栗也。"

⑤道：言说。

⑥於(wū)戏，前王不忘：出自《诗经·周颂·烈文》。於戏，即"呜呼"。

⑦《康诰》：与下文的《大甲(太甲)》、《帝典(尧典)》皆为《尚书》篇名。

⑧顾：郑注："念也。"諟(shì)：是，正。

⑨盘铭：镌刻在沐浴的盘上的铭文。

⑩"《诗》曰"以下二句：出自《诗经·大雅·文王》。

⑪"《诗》云"以下二句：出自《诗经·商颂·玄鸟》。止，居止。

⑫"《诗》云"以下二句：出自《诗经·小雅·緜蛮》。缗蛮，即緜蛮，《毛传》："小鸟貌。"郑笺："小鸟知止于丘之曲阿静安之处而托息焉。"

⑬"《诗》云"以下二句：出自《诗经·大雅·文王》。於(wū)，叹词。缉熙，光明的样子。止，语助词。

⑭"子曰"以下三句：出自《论语·颜渊》。

【译文】

《诗经》上说："看那淇水湾湾，绿绿竹林郁郁葱葱。有位文雅的君子，好像是经过修治切磋的象牙，好像是经过雕琢打磨的美玉。庄严而威武，显赫而有威仪。这样文雅的君子，让人始终难忘记！""好像是经过切磋的象牙"，是说君子研究学问；"好像是经过雕琢打磨的美玉"，是说君子自身的修养。"庄严而威武"，是说君子的神态严峻而笃实；"显赫而有威仪"，是说君子外表显耀仪容威严。"这样文雅的君子，让人始终难忘记"，是说君子的盛道至善至美，人民永不能忘。《诗经》上又说："呜呼！先王的美德永永远远不能忘！"君子尊重贤人，亲爱亲人，小人则享受快乐，收获利益，因此先王离世后没人能忘怀。《康诰》上说："文王能彰显光明的德行。"《太甲》上说："要念念不忘上天赋予你的显明的使命。"《尧典》上说:"帝尧能够彰明崇高的道德。"都是说要彰显自己的德行。商汤的盘铭说:"如果有一日能自我更新,就能日日都自我更新,每日都自我更新。"《康诰》上说:"日日自新做新民。"《诗经》上说:"周虽是旧国,但已领受了新天命、有了新国运。"所以,君子改革更新无不竭尽全力。《诗经》上说:"国都辖地方圆千里,都是人民居住之地。"《诗经》上又说:"緜緜蛮蛮的小小黄鸟,停在弯弯山丘的一角。"孔子说:"该停止的时候,知道应该停止在哪里,怎么可以人还不如鸟呢?"《诗经》上说:"庄严肃穆的文王啊,知道恭敬光明的地方。"做国君的,要做到仁的境界;做臣子的,要做到恭敬的境界;做儿女的,要做到孝顺的境界;做父母的,要做到慈爱的境界;与国人交往,要做到诚信的境界。孔子说:"审理诉讼,我和别人的想法都是一样的,一定是要不再有诉讼才好!"让想隐瞒实情的人不能编谎狡辩申说,使民心大大地敬畏服从。这就叫知道事物的根本。

所谓修身在正其心者:身有所忿懥[①],则不得其正;有所恐惧,则不得其正;有所好乐,则不得其正;有所忧患,则不得其正。心不在焉,视而不见,听而不闻,食而不知其味。此谓修身在正其心。

【注释】

①忿懥(zhì):郑注:"怒貌也。"

【译文】

所谓要修养自身德行就是要端正内心:自身如果有愤怒怨恨,内心就不能端正;自身如果有畏惧恐慌,内心就不能端正;自身如果有喜好欢乐,内心就不能端正;自身如果有忧患烦愁,内心就不能端正。心思不能专注于要做的事情,虽然也在看,却是看不到;虽然也在听,却是听不清；虽然也在吃，却是吃了还不知道什么滋味。这就是说，修养自身德行就是要端正内心。

所谓齐其家在修其身者：人之其所亲爱而辟焉[1]，之其所贱恶而辟焉，之其所畏敬而辟焉，之其所哀矜而辟焉，之其所敖惰而辟焉[2]。故好而知其恶，恶而知其美者，天下鲜矣！故谚有之曰："人莫知其子之恶，莫知其苗之硕。"此谓身不修不可以齐其家。

【注释】

①辟：朱熹说，"读为'僻'"，"犹偏也"。下同。

②敖惰：傲视怠慢他人。敖，通"傲"。

【译文】

所谓管好家要先修养好自身的德行：就是说人们对自己所亲爱的人会偏向喜爱，对自己所厌恶的人会偏向厌恶，对自己所敬畏的人会偏向敬畏，对自己所怜悯的人会偏向怜悯，对自己所傲视怠慢的人会偏向傲视怠慢。所以，喜好一个人也能知道他的缺点，厌恶一个人也能知道他的优点，这样的人天下很少！所以谚语说："对于自己的孩子，没有人还知道孩子有缺点；对于自己的庄稼，总觉得禾苗长得还不够壮硕。"这就叫不进行自身德行的修养就不能管好自己的家。

所谓治国必先齐其家者，其家不可教而能教人者，无之。故君子不出家而成教于国：孝者，所以事君也；弟者[1]，所以事长也；慈者，所以使众也。《康诰》曰："如保赤子[2]。"心诚求之，虽不中不远矣。未有学养子而后嫁者也！一家仁，一国兴仁[③]；一家让，一国兴让；一人贪戾，一国作乱。其机如此[④]。此谓一言偾事[⑤]，一人定国。尧、舜率天下以仁，而民从之；桀、纣率天下以暴，而民从之。其所令反其所好，而民不从。是故君子有诸己而后求诸人，无诸己而后非诸人[⑥]。所藏乎身不恕，而能喻诸人者，未之有也[⑦]。故治国在齐其家。《诗》云："桃之夭夭，其叶蓁蓁；之子于归，宜其家人。"[⑧]宜其家人，而后可以教国人。《诗》云："宜兄宜弟。"[⑨]宜兄宜弟，而后可以教国人。《诗》云："其仪不忒，正是四国。"[⑩]其为父子兄弟足法，而后民法之也。此谓治国在齐其家。

【注释】

①弟：通"悌"。

②如保赤子：见《尚书·周书·康诰》。赤子，刚出生的婴儿。

③一家仁，一国兴仁：孔疏："言人君行善于家，则外人化之。"

④机：关键。

⑤偾（fèn）：孔疏："犹覆败也。"

⑥"是故"二句：孔疏："谓君子有善行于己，而后可以求于人，使行善行也"；"谓无恶行于己，而后可以非责于人为恶行也"。

⑦"所藏乎身"三句：孔疏："谓所藏积于身既不恕实，而能晓喻于人，使从己者，未之有也。言无善行于身，欲晓喻于人为善行，不可得也。"

⑧"《诗》云"以下四句：出自《诗经·周南·桃夭》。夭夭，美好的样子。蓁蓁（zhēn），茂盛的样子。

⑨"《诗》云"以下句：出自《诗经·小雅·蓼萧》。

⑩"《诗》云"以下二句：出自《诗经·曹风·鸤鸠》。忒（tè），差错。

【译文】

所谓治理好国家要先管好自己的家，是说自己的家人如果不能教导好，却能教导好别人的事是没有的。所以君子不出家门就能教化国家：在家中的行孝，可用于侍奉君主；在家中的行悌，可用于侍奉尊长；在家中的行慈爱，可用于对待百姓。《康诰》上说："爱护民众如同爱护婴儿。"只要诚心地追求，即使不能完全合乎要求，但也不会相差很远。没有谁先学会了养育子女然后才出嫁的！一个人君的家庭讲仁爱，整个国家就都讲仁爱；人君的家庭讲礼让，整个国家就都讲礼让；人君一个人贪狠暴戾，一个国家就混乱动荡。事情的关键就是这样的。这就是所说的，一句话可以坏大事，一个人可以定国家。尧、舜用仁爱统率天下，那百姓也跟着学仁爱；桀、纣用残暴统率天下，那百姓也跟着学残暴。国君的政令如果和自己的喜好正相反，那民众是不会服从的。所以君子要自己做善事，才能要求别人做善事；自己不做坏事，才能要求别人不做坏事。如果自己没有忠恕之心、没有做善行，而要晓谕别人有忠恕之心、做善行，这是从来都没有过的事。所以要治理好国家，首先要管理好自己的家庭。《诗经》上说："桃花盛开美艳艳，枝叶繁密而茂盛。这个女子嫁人了，全家欢喜和乐融融。"全家欢喜和乐融融，然后才能教导国人。《诗经》上说："兄弟和睦。"兄弟和睦，然后才能教导国人。《诗经》上说："他的仪态仪容无差错，正是四方诸国的领袖和榜样。"自己作为父亲、作为儿子、作为哥哥、作为弟弟，都足以被人效法，而后人们就会效法他。这就叫做要治理国家，首先要管理好自己的家庭。

所谓平天下在治其国者：上老老而民兴孝，上长长而民兴弟，上恤孤而民不倍[①]，是以君子有絜矩之道也[②]。所恶于上，毋以使下；所恶于下，毋以事上；所恶于前，毋以先后；所恶于后，毋以从前；所恶于右，毋以交于左；所恶于左，毋以交于右。此之谓絜矩之道。《诗》云："乐只君子，民之父母。"[3]民之所好好之，民之所恶恶之，此之谓民之父母。《诗》云："节彼南山，维石岩岩。赫赫师尹，民具尔瞻。"[4]有国者不可以不慎，辟则为天下僇矣[5]。《诗》云："殷之未丧师，克配上帝。仪监于殷，峻命不易。"[6]道得众则得国[7]，失众则失国。

【注释】

①倍：通"背"。

②絜(xié)矩之道：朱熹说："是以君子必当因其所同，推以度物，使彼我之间各得分愿，则上下四旁均齐方正，而天下平矣。"絜，度量。矩，规则，法则。

③"《诗》云"以下二句：出自《诗经·小雅·南山有台》。只，语气词，无义。

④"《诗》云"以下四句：出自《诗经·大雅·节南山》。孔疏："节然高峻者，是彼南山，维积累其石，岩岩然高大。"岩岩，山崖高耸的样子。赫赫，孔疏："显盛貌。"师尹，指周王大臣太师尹氏。具，通"俱"。

⑤辟则为天下僇(lù)：孔疏："君若邪辟，则为天下之民共所诛讨。"辟，邪僻。僇，通"戮"。

⑥"《诗》云"以下四句：出自《诗经·大雅·文王》。丧师，丧失民心。师，众。仪，今本《毛诗》作"宜"。峻命，即天命。峻，今本作"骏"，大。

⑦道：孔疏："犹言也。"

【译文】

所谓平定天下要先治理好国家：国君尊敬老人，国人就会兴起孝顺之风;国君尊重长者,国人就会兴起敬顺长者之风;国君抚恤孤弱之人,国人也就不会背离抛弃他们,因此,君子要推行“絜矩之道”。厌恶自己的上级对付自己的行为,就不会以此对待自己的下级;厌恶自己的下级对付自己的行为,就不会以此对待自己的上级;厌恶前面的人对付自己的行为,就不会以此对待自己后面的人;厌恶后面的人对付自己的行为,就不会以此对待自己前面的人;厌恶自己右边的人对付自己的行为,就不会以此对待自己左边的人;厌恶自己左边的人对付自己的行为,就不会以此对待自己右边的人。这就叫做“絜矩之道”。《诗经》上说:“快快乐乐的君子啊,是百姓的父母。”百姓所喜欢的就喜欢,百姓所厌恶的就厌恶,这样的君王就是百姓的父母。《诗经》上说:“那巍峨的南山,山崖高大险峻。显赫的师尹啊,万民都在瞻仰他。”统治国家的君王不可不谨慎,如若邪僻将被天下共诛讨。《诗经》上说:“殷商还没丧失民心时,德行还能与上帝相配。应该借鉴殷商灭亡的教训,永保天命真是不容易。”说的就是,得民众就能得国家,失民众就会失国家。

是故君子先慎乎德。有德此有人,有人此有土,有土此有财,有财此有用。德者本也,财者末也。外本内末,争民施夺。是故财聚则民散,财散则民聚。是故言悖而出者,亦悖而入①;货悖而入者,亦悖而出②。《康诰》曰:“惟命不于常!”道善则得之,不善则失之矣。《楚书》曰:“楚国无以为宝,惟善以为宝。”③舅犯曰④:“亡人无以为宝,仁亲以为宝⑤。”

【注释】

①“言悖而出者”二句:孔疏:“悖,逆也。若人君政教之言逆悖人心而出行者,则民悖逆君上而入以报答也,谓拒违君命也。”

②“货悖”二句：孔疏：“若人君厚敛财货，悖逆民心而入积聚者，不能久，如人畔（叛）于上，财亦悖逆君心而散出也。言众叛亲离，财散非君有也。”

③“《楚书》曰”以下二句：朱熹说，《楚书》，《楚语》。但今本《国语·楚语》中无类似文句。

④舅犯：见《檀弓下》“晋献公之丧”节注④。

⑤亡人：亡命之人，指晋文公重耳。孔疏：“奔亡之人，无以货财为宝，唯亲爱仁道以为宝也。”

【译文】

所以，君子首先要谨慎地修养德行。有了好德行才会有民众，有了民众才会有国土，有了国土才会有财富，有了财富才有国家的支出使用。德行是本，财富是末。如果轻本重末，就会争夺百姓的财与利。所以国君聚敛财富，民心就会离散；国君分散财富，民心就会聚合。所以如果国君拂逆民心、讲出违背情理的话，那么民心就会违抗国君、讲出违背情理的话报复；如果国君拂逆民心、聚敛财货不走正道，那么民心叛离、也会使财货不正常地散出。《康诰》上说：“天命不可能永远不变！”这是说行善就能得到，不行善就会失去。《楚书》上说：“楚国没有什么东西可以当做宝贝的，只把善良当做宝贝。”舅犯说：“流亡在外的人没有什么可以当做宝贝的，只把对仁道的亲爱当作宝贝。”

《秦誓》曰[①]：“若有一介臣，断断兮无他技[②]，其心休休焉[③]，其如有容焉。人之有技，若己有之；人之彦圣[④]，其心好之，不啻若自其口出[⑤]，实能容之[⑥]。以能保我子孙黎民，尚亦有利哉！人之有技，媢嫉以恶之[⑦]；人之彦圣，而违之俾不通[⑧]。实不能容，以不能保我子孙黎民，亦曰殆哉！”唯仁人放流之，迸诸四夷[⑨]，不与同中国。此谓唯仁人为能爱人，能恶人。见贤而不能举，举而不能先[10]，命也[11]；见不善而不能退，退而不能远，过也。好人之所恶，恶人之所好，是谓拂人之性，菑必逮夫身[12]。是故君子有大道，必忠信以得之，骄泰以失之。

【注释】

①《秦誓》：《尚书》篇名。秦穆公不听大臣劝阻而偷袭郑国，结果惨败。穆公于是悔而自誓。

②断断：郑注："诚一之貌也。"

③休休：宽容，美善。

④彦：郑注："美士曰彦。"

⑤不啻（chì）：不只。

⑥实：孔疏："是也。"

⑦媢（mào）嫉：孔疏："媢，妒也。见人有技艺，则掩藏媢妒，疾以憎恶之也。"

⑧违之：孔疏："违戾抑退之。"俾（bǐ）不通：孔疏："使其善功不通达于君。"俾，使。

⑨迸：通"屏"。

⑩举而不能先：孔疏："假设举之，又不能使在其己之先，是为慢也。"

⑪命也：郑注："命，读为'慢'，声之误也。"

⑫菑：同"灾"。

【译文】

《秦誓》上说："若有一位臣子，诚诚恳恳，没有其他的技能，但心胸宽广，能够容下他人。别人有技能，他就像自己拥有一样；别人有俊才美德，他会喜欢人家。不仅是口头上称赞，而是真心地包容与喜欢。这就能保护我的后世子孙与百姓，真正有利于国家！相反，也有一种人，别人有技能，他就嫉妒厌烦；别人有俊才美德，他就加以阻挠贬抑，不让国君知道人家，就是不能容纳人家，这样我的后世子孙与百姓就得不到保护，国家就会危险！"只有仁义之人才能将这种嫉妒贤良的人驱逐他们、流放他们，把他们扔到四夷的荒野去，不让他们居住在中国。这就是说，只有仁人才能爱护贤良之臣，才能痛恨不善的恶人。看见了贤良之人而不能举荐，举荐后而不能在自己之前得到任用，这就是怠慢；看见了不善的恶人而不能黜退，黜退后又不能将他们驱逐流放到远方，这就是过错。喜好众人所厌烦的恶人，厌恶众人所喜欢的好人，这就叫拂逆人的善良的本性，灾祸就会降临到他身上。所以君子有治国的大道，必须行忠信才能得到，如果自身骄纵就会失去。

生财有大道①。生之者众，食之者寡，为之者疾，用之者舒②，则财恒足矣。仁者以财发身③，不仁者以身发财。未有上好仁而下不好义者也，未有好义其事不终者也，未有府库财非其财者也。孟献子曰："畜马乘④，不察于鸡豚⑤；伐冰之家⑥，不畜牛羊；百乘之家⑦，不畜聚敛之臣。与其有聚敛之臣，宁有盗臣。"此谓国不以利为利，以义为利也。长国家而务财用者，必自小人矣。彼为善之⑧，小人之使为国家，灾害并至。虽有善者，亦无如之何矣！此谓国不以利为利，以义为利也。

【注释】

①生财有大道：孔疏："大道，谓所由行孝悌仁义之大道也"；"明人君当先行仁义，爱省国用，以丰足财物"。

②为之者疾，用之者舒：孔疏："谓百姓急营农桑事业也"，"谓君上

缓于营造费用也”。

③仁者以财发身：孔疏：“谓仁德之君以财散施发起身之令名也。”

④畜马乘(shèng)：指初为大夫之家。乘，四匹马拉的车。

⑤不察于鸡豚：这是说不与民争利。

⑥伐冰之家：指卿大夫以上之家。卿大夫以上的家庭在丧祭中要用冰，因此冬日需要采冰存储，故称“伐冰之家”。

⑦百乘之家：有百乘兵车，指有采地的卿大夫之家。

⑧彼：指国君。

【译文】

生产财富有道可循。就是生产财富的人多，消费财富的人少，生产经营要快捷，消费耗用要缓慢，那么财富就会经常充裕富足。仁德之君将财富分散以此赢得名声；而不仁之君则不惜败坏自身而发财。没有君上爱好仁德而臣下却不讲义气的，没有讲究义气却办不成事情的，也不会不把国家府库的财富当做自己的财富加以爱护的。孟献子说：“拥有车马的初为大夫的人家，就不考虑算计家里养鸡喂猪获利；可以伐冰存储用于祭祀的卿大夫之家，就不畜养牛羊；有百乘兵车的有采邑的卿大夫之家，就不要豢养聚敛财富的臣下。如果是豢养着一帮聚敛财富的臣下，还不如养一帮强盗呢。”这就是说，国家不应该以牟取财富利益为利，而应当以道义为利。作为一国之长、国家领袖却想着如何聚敛财富，一定出自小人的引诱。国君是要让国家好，而由小人来治理国家，那就要闹到灾害并至的地步。这样，即使有好人强人来帮助也没办法救助啦！这也就是说，国家不应该以牟取财富利益为利，而应当以道义为利。

冠义第四十三

【题解】

郑玄《礼记目录》云："名曰'冠义'者，以其记冠礼成人之义。"

冠，指加冠礼。古代男子成年时，举行加冠典礼以表示成人，本篇主旨就是解释《仪礼·士冠礼》的意义。本篇首先强调冠礼乃"礼之始"，古代圣王重视冠礼；其次乃就《士冠礼》的若干具体仪节，如筮日、筮宾、冠于阼、命字、见母与兄弟、见君卿大夫乡先生等，阐释其意义；然后反复申说冠礼的重要性。孙希旦说："《仪礼》所载谓之《礼》者，《礼》之经也。《礼记》所载谓之《义》者，训是经之义也。"《礼记》从《冠义》起，有《昏义》、《射义》、《乡义》、《燕义》、《聘义》等六篇诠释礼经（《仪礼》）相关篇章的意义。

凡人之所以为人者，礼义也。礼义之始，在于正容体，齐颜色，顺辞令[①]。容体正，颜色齐，辞令顺，而后礼义备。以正君臣，亲父子，和长幼。君臣正，父子亲，长幼和，而后礼义立。故冠而后服备，服备而后容体正，颜色齐，辞令顺。故曰："冠者[②]，礼之始也。"是故古者圣王重冠。

【注释】

①“正容体”三句：孙希旦引吕大临说：“容体，动乎四体者也。颜色，发乎面目者也。辞令，见乎言语者也。三者，修身之要也。”

②冠（guàn）：加冠礼。

【译文】

人之所以成为人，是因为有礼义。礼义的起始，在于使体态举止庄严端正，使神色表情得体恰当，使言语辞令顺畅合宜。体态举止庄严端正，神色表情得体恰当，言语辞令顺畅合宜，然后礼义就算齐备了。以此使君臣关系正确、父子情感亲善、长幼相处和睦。君臣关系正确，父子情感亲善，长幼相处和睦，然后礼义就算确定了。因此，举行了加冠礼之后，服装就完备了，服装完备之后，才能体态举止庄严端正，才能神色表情得体恰当，才能言谈辞令顺畅合宜。所以说：“冠礼，是一切礼的开始。”因此，古代圣王都重视冠礼。

古者冠礼筮日、筮宾[①]，所以敬冠事。敬冠事所以重礼，重礼所以为国本也。

【注释】

①筮日：使用蓍草占问吉日。筮宾：占问确定主持冠礼的贵宾。

【译文】

古代举行冠礼时，要先占筮以决定行礼的吉日与主持行礼的贵宾，这是因为对冠礼敬重认真。对冠礼敬重认真就会重视礼仪礼制，重视礼仪礼制乃是国家的根本。

故冠于阼[①]，以著代也[②]。醮于客位[③]，三加弥尊[④]，加有成也。已冠而字之[⑤]，成人之道也。见于母，母拜之；见于兄弟，兄弟拜之；成人而与为礼也。玄冠、玄端⑥，奠挚于君⑦，遂以挚见于乡大夫、乡先生⑧，以成人见也。

【注释】

①阼：孔疏："言適（嫡）子必加冠于阼。阼，是主人接宾之处。"阼阶，为堂前东阶，主人之位。本节内容可参《郊特牲》"冠义"节。

②著：明。代：代替父亲。在此处为嫡子举行冠礼，表示将来要继承取代父亲。

③醮（jiào）：一种饮酒的仪节。主人酌酒于宾，宾饮后不必回敬。客位，在户西。此后三句，《仪礼·士冠礼》记文作："醮于客位，加有成也；三加弥尊，喻其志也。"略异。

④三加：行冠礼时，初加缁布冠，次加皮弁，最后加爵（què）弁，三次加冠一次比一次尊贵。

⑤字：取字。成年后，在外以字行。

⑥玄端：一种黑色的礼服。

⑦奠挚：把见面礼放在地上。因为国君位尊，不敢亲自递交，只好放在地上。挚，见面的礼物。

⑧乡大夫、乡先生：《训纂》引刘台拱说："案《士冠礼》及《冠义》，皆当作'卿大夫'，作'乡'误也。""卿大夫"为现任之卿大夫，"卿先生"指退休后居住在乡里者。

【译文】

所以，冠礼在阼阶上举行，表明成年后的受冠者继承、取代父亲的意义。在户西客位上向宾客酌酒，三次所加之冠，一次比一次更尊贵，加冠并加字，表示受冠者成年了。加冠后就取字，这是走上成人之路的标志。然后去见母亲，母亲要向他行拜礼；去见兄弟，兄弟也要向他行拜礼；这是因为他已经是成人了，要向他行成人之礼。戴着黑色的礼冠、穿着黑色的礼服，面见国君，将见面的礼物放在地上拜见国君，然后带着见面的礼物去拜见卿大夫、卿先生，都以成人之礼拜见。

成人之者，将责成人礼焉也[①]。责成人礼焉者，将责为人子、为人弟、为人臣、为人少者之礼行焉。将责四者之行于人，其礼可不重与[②]？

【注释】

①责：求。

②与：通“欤”。

【译文】

对于已成年的人，将要以成人之礼要求他。所谓以成人之礼要求他，就是要求他按照为人之子、为人之弟、为人臣下、为人晚辈的礼节行事。将要求受冠者以这四方面的礼节待人处事，冠礼怎能不得到重视呢？

故孝、弟、忠、顺之行立，而后可以为人，可以为人而后可以治人也。故圣王重礼。故曰：“冠者，礼之始也，嘉事之重者也[①]。”

【注释】

①嘉事：即嘉礼，“五礼”之一。古人把礼分为吉、嘉、宾、军、凶五种，其中冠、婚、饮食、射、燕飨等相关礼仪属嘉礼。

【译文】

所以，孝顺父母、友爱兄弟、忠诚君王、顺从长辈的行为做到了，然后才算可以做人；可以做人，然后才能够治理人。所以圣王重视礼。因此说：“冠礼，是礼的开始，是嘉礼中最重要的。”

是故古者重冠。重冠故行之于庙[1]，行之于庙者，所以尊重事。尊重事而不敢擅重事，不敢擅重事，所以自卑而尊先祖也。

【注释】

①庙：指祢庙，即父庙。

【译文】

所以，古代重视冠礼。因为重视冠礼，所以冠礼是在宗庙举行的；之所以在宗庙举行，是因为要表示对冠礼的尊崇重视。对冠礼的尊崇重视，表示重要的事务不敢擅自做主。重要的事务不敢擅自做主，所以冠礼要在宗庙举行，这是表示谦卑而尊敬祖先。

昏义第四十四

【题解】

郑玄《礼记目录》云:"名曰'昏义'者,以其记娶妻之义、内教之所由成也。"

旧注说,"娶妻之礼,以昏为期,因名焉"。本篇是诠释《仪礼·士昏礼》的意义,其中特别强调的是"妇顺"之道,古人认为妇顺则家和,家和足以兴邦,所以说"昏礼者,礼之本也"。本篇末尾又论述王后六宫设置,与天子六官分领内外,阴阳相济,相辅相成。

昏礼者,将合二姓之好,上以事宗庙,而下以继后世也。故君子重之。是以昏礼纳采、问名、纳吉、纳征、请期①,皆主人筵几于庙②,而拜迎于门外,入揖让而升,听命于庙,所以敬慎、重正昏礼也。

【注释】

①"是以昏礼"句:据《仪礼·士昏礼》,古代婚礼有六项主要仪节,即纳采、问名、纳吉、纳征、请期、亲迎,俗称"六礼"。本节先谈前五礼,亲迎见下节。在行"六礼"之前必须先"下达",即男方请媒

人至女方表达提亲之意，女方同意后才“纳采”。纳采，孔疏：“谓采择之礼。”指男方备礼派人至女方家，表示已选择其女为婚配对象，正式请女方接受此选择。采，选择。问名，纳采后，男方请媒人询问女方的名字。《曲礼上》说：“男女非有行媒，不相知名。”古代男女不经过媒人无以得知彼此名字，男方主动问名的目的是为了要占问婚事吉凶。纳吉，问名占卜得吉兆，男方就请媒人至女方家，请女方接纳此吉兆，谓之纳吉。纳征，孔疏：“纳聘财也。”纳吉后男方派媒人至女方家致送聘礼，又称“纳币”。请期，纳征后，男方经过占卜选出婚礼的吉日，派媒人至女方报告，征得女方同意，“请”，孔疏：“男家不敢自专，执谦敬之辞。”

②主人：指女方家长。筵（yán）：坐席。以下仪节，据《仪礼·士昏礼》，男方行媒至女方时，女方要在宗庙接待行礼，以示敬慎。

【译文】

婚礼，是要用以结合成两姓家族之好，对上得以祭祀宗庙祖先，对下得以传宗接代延续子嗣，所以君子重视它。因此婚礼中的纳采、问名、纳吉、纳征、请期五项仪节，都由女方主人在宗庙设置坐席、几案，然后亲自在庙门外拜迎男方使者，进入宗庙后，拱手作揖行礼，引导来宾升堂，并在庙堂上聆听使者转达男方的意见，这样做是为了表示敬谨、审慎、郑重、正规地对待婚礼。

父亲醮子而命之迎[①]，男先于女也。子承命以迎，主人筵几于庙，而拜迎于门外。婿执雁入[②]，揖让升堂，再拜奠雁[③]，盖亲受之于父母也。降出，御妇车，而婿授绥[④]，御轮三周[⑤]，先俟于门外。妇至，婿揖妇以入，共牢而食，合卺而酳[⑥]，所以合体、同尊卑，以亲之也。

【注释】

①父亲：指男方主人。醮子：男方至女方家亲迎之前，男方主人向儿子敬酒，并期勉儿子传承之责，醮辞可参《仪礼·士昏礼·记》。醮，参《冠义》“故冠于阼”节注③。

②雁：鹅，婿所执的见面礼。婚礼的几项仪节都以雁为见面礼。

③再拜：拜两次。据《仪礼·士昏礼》“奠雁，再拜稽首，降出”，婿应该是先把雁放下，然后再拜，《昏义》此处颠倒。

④绥：登车时用以挽持的绳索。

⑤御轮三周：郑注：“婿御妇，车轮三周，御者代之，婿自乘其车，先道之归也。”

⑥卺(jǐn)：饭后饮酒用以盛酒的酒具，将瓠瓜剖成两半以为瓢，夫妇各持一半，以示“合体”。酳(yìn)：食毕以酒漱口。

【译文】

男方的父亲向儿子敬酒，然后吩咐儿子亲自去迎娶，这是表示由男方先相迎于前，女方而后相随。儿子秉承父命去迎亲，女方主人在宗庙设置坐席、几案，然后亲自在庙门外拜迎。婿拿着见面礼鹅进入庙门，拱手作揖行礼相让登堂上，放下鹅，两次行拜礼，这是表示他亲自从女方父母手中迎受新妇。婿下堂，出门，驾驶新妇乘坐的车，然后把登车的绳索递交给新妇让她挽持着登车，再驾着车子让车轮转三圈，然后将车子交给车夫驾驶，自乘车先行回到自己家门外等候。新妇到达，婿拱手作揖行礼请新妇入门，新人一起吃饭，同吃一组牲牢，饭后，饮酒漱口。这是用同一个瓠瓜剖成两半的酒具，两人各持一瓢盛酒而饮。这是表示夫妇从此合为一体、同尊卑，相亲相爱。

敬慎重正而后亲之[①]，礼之大体而所以成男女之别[②]，而立夫妇之义也。男女有别，而后夫妇有义；夫妇有义，而后父子有亲;父子有亲,而后君臣有正。故曰:"昏礼者,礼之本也。"

【注释】

①敬慎重正而后亲之:孔疏:"言行昏礼之时,必须恭敬谨慎,尊重正礼,而后男女相亲。"

②礼之大体而:或说此五字为衍文。

【译文】

婚礼,敬谨、审慎、郑重、正规,然后夫妇相亲相爱,这是礼的要点,用以认定男女之别,而确保夫妇之间的道义。男女有别,而后确保夫妇之间有道义;夫妇之间有道义,而后父子之间就能亲和;父子之间能亲和,而后才有正确的君臣关系。所以说:"婚礼,是礼的根本。"

夫礼始于冠,本于昏,重于丧、祭,尊于朝、聘,和于乡、射,此礼之大体也。

【译文】

礼,以冠礼为起始,以婚礼为根本,以丧礼、祭礼为最隆重,以朝礼、聘礼为最尊贵,以乡饮酒礼和乡射礼最为和谐,这是礼的主要内容。

夙兴[①],妇沐浴以俟见[②]。质明[③],赞见妇于舅姑[④]。妇执笲[⑤],枣、栗、段脩以见[⑥]。赞醴妇[⑦],妇祭脯、醢[⑧],祭醴,成妇礼也。舅姑入室,妇以特豚馈[⑨],明妇顺也。厥明[⑩],舅姑共飨妇以一献之礼[⑪],奠酬,舅姑先降自西阶,妇降自阼阶,以著代也。

【注释】

①夙兴：早起。本节简述为妇之礼，即婚后新妇拜见舅姑的各项仪节的意义。仪节详见《仪礼·士昏礼》。

②俟（sì）：等待。

③质明：指天刚亮，成婚后隔天。质，正。

④赞：协助行礼的人。见（xiàn）：同“现”。舅姑：即公婆。

⑤笲（fán）：竹制的容器，盛放下文所说的“枣、栗、段脩”。

⑥段脩：即腶脩，指用佐料加以捶治的肉干。脩，干肉。

⑦赞醴妇：赞者代表舅姑向新妇进醴酒。

⑧祭：指食前祭饮食之神的礼仪。脯、醢（hǎi）：肉条和肉酱。

⑨特豚：一只煮熟的小猪。据《仪礼·士昏礼》：“舅姑入于室，妇盥馈，特豚，合升，侧载，无鱼、腊，无稷，并南上。”

⑩厥（jué）明：据孙希旦《集解》，指明日，即成婚后第三天早上。

⑪飨（xiǎng）：以酒食招待人。一献之礼：饮酒之礼，见《文王世子》“凡语于郊者”节注⑩。

【译文】

成婚后第二天一早起床，新妇沐浴以等候拜见公婆。天刚亮时，赞者带领新妇去拜见公婆。新妇带着盛放枣子、栗子、干肉的竹筐拜见公婆。赞者代表公婆向新妇进醴酒，新妇用肉条、肉酱行祭食礼，用醴酒行祭食礼，完成了为人媳妇之礼。公婆回到室中，新妇进献一只煮熟的小猪，这是用以表明新妇顺从公婆的心意。第三天早上，公婆一起招待新妇，行一献之礼，新妇再次拿到公婆酬答的酒后，放在食物的左侧不再饮用，然后，公婆从西边客阶先下堂，新妇则从东边阼阶下堂，这是用以显示新妇此后将接替婆婆料理家务。

成妇礼，明妇顺，又申之以著代，所以重责妇顺焉也。妇顺者，顺于舅姑，和于室人，而后当于夫[①]，以成丝麻、布帛之事，以审守委积、盖藏[②]。是故妇顺备而后内和理，内和理而后家可长久也，故圣王重之。

【注释】

①当：称，配合。

②委积：财物。盖藏：储粮。

【译文】

完成为人媳妇之礼，表明媳妇顺从公婆的心意，又显示了媳妇此后将接替婆婆料理家务，这都是为了特别强调为人媳妇要顺从。所谓媳妇顺从，指顺从公婆，使家人关系和谐，而后才能称丈夫的心意，完成纺丝、制麻、织造布帛的工作，据以严格地保守住家庭的财物、粮食。所以媳妇具备了顺从的德行，而后家庭就能和谐有条理；家庭和谐有条理，而后家就可以长长久久绵延不绝，所以圣王特别重视妇顺之德。

是以古者妇人先嫁三月[①]，祖庙未毁[②]，教于公宫[③]，祖庙既毁，教于宗室[④]，教以妇德、妇言、妇容、妇功。教成，祭之，牲用鱼，芼之以蘋、藻[⑤]，所以成妇顺也。

【注释】

①先嫁三月：出嫁前三个月。此节针对与国君同姓同族的许嫁女子而言。

②祖庙未毁：据孔疏，这是指许嫁女子与国君的关系是同一高祖（由自己往上数四世祖先）的，这样，其高祖之庙则尚未迁毁。如果许嫁女子与国君高祖之上的祖先相同（关系更为疏远），则许嫁女子之高祖庙已迁毁了。

③公：指国君。

④宗室：据郑注，指宗子之家。

⑤芼(mào)：杂拌，拌和。

【译文】

所以，古代妇人在出嫁前三个月，如果高祖之庙还没迁毁，就在国君的宫室教育她；如果高祖之庙已经迁毁，就在宗子的宫室教育她。教她学习为人媳妇应具备的德行、为人媳妇应说的辞令、为人媳妇应持有的容貌举止、为人媳妇应该做的事功。教育完成后，就祭告祖先，祭牲用鱼，用蘋、藻调和羹汤，这是为了使她养成为妇顺从的品行。

古者天子后立六宫、三夫人、九嫔、二十七世妇、八十一御妻[①]，以听天下之内治[②]，以明章妇顺，故天下内和而家理。天子立六官、三公、九卿、二十七大夫、八十一元士[③]，以听天下之外治，以明章天下之男教，故外和而国治。故曰："天子听男教，后听女顺；天子理阳道，后治阴德；天子听外治，后听内治。教顺成俗，外内和顺，国家理治，此之谓盛德。"

【注释】

①六宫：六座寝宫。据孙希旦《集解》，自三夫人至八十一御妻皆分属六宫，以辅佐王后管理内治。

②内治：指料理家政、操持家务。

③六官：指管理国务的主要机构与负责官吏，具体所指，其说不一。或说，天官冢宰、地官司徒、春官宗伯、夏官司马、秋官司寇、冬官司空，合称"六官"。

【译文】

古代的天子，在王后下面设立六宫，置三夫人、九嫔、二十七世妇、八十一御妻，以管理天下的家政、家务，以彰显妇女顺从的德行，所以使得天下所有的家庭都能内部和谐而治理有方。天子设立六官，置三公、九卿、二十七大夫、八十一元士，以管理天下的政事、政务，以明确天下男子的政教，因此政治和睦而国家安定。所以说："天子负责对男子教化，王后负责令女子顺从；天子治理阳刚之道，王后治理阴柔之德；天子负责王宫之外的国政、国务，王后负责王宫之内的家政、家务。男子受到良好的教化，女子养成顺从的品行，全国形成良好风俗；王宫之外和睦，王宫之内和顺，国家治理得井井有条，这就是天子与王后伟大的德行。"

是故男教不修，阳事不得，適见于天①，日为之食；妇顺不修，阴事不得，適见于天，月为之食。是故日食则天子素服而修六官之职，荡天下之阳事②；月食则后素服而修六宫之职，荡天下之阴事。故天子之与后，犹日之与月，阴之与阳，相须而后成者也③。天子修男教，父道也；后修女顺，母道也。故曰："天子之与后，犹父之与母也。"故为天王服斩衰，服父之义也；为后服资衰④，服母之义也。

【注释】

①適(zhé)：通"谪"，责备。见(xiàn)：同"现"。

②荡：荡涤，清除。指除去污秽。

③须：待，引申有依靠的意思。

④资衰：即齐衰。"资"、"齐"古音相近，可通假。

【译文】

所以男子的教化如果不修治完善，阳刚之事就不能办好；上天所显现的谴责，就是日蚀；妇女的顺服之道如果不修治完善，阴柔之事就不能办好；上天所显现的谴责，就是月蚀。所以如果发生日蚀，天子就穿上纯白的衣服，并检讨改进六官的职事，对天下阳事中的污秽加以清除；如果发生月蚀，王后就穿上纯白的衣服，并检讨改进六宫的职事，对天下阴事中的污秽加以清除。所以天子与王后，就如同太阳与月亮，阴与阳，彼此互相依存辅佐才能成功。天子负责男子的教化，属于为父之道；王后负责教育妇女顺从，属于为母之道。所以说："天子与王后，如同父亲与母亲。"因此，为天子服丧要服斩衰，类似为父亲服丧的意义；为王后服丧要服齐衰，类似为母亲服丧的意义。

乡饮酒义第四十五

【题解】

郑玄说："名曰'乡饮酒义'者，以其记乡大夫饮宾于庠序之礼，尊贤养老之义。"

本篇阐发《仪礼·乡饮酒礼》之义。"乡"是周代的行政单位，乡之下有州、党、族、闾。乡学叫"庠"，学制三年，学成者要推荐给天子或诸侯。乡学三年业成于正月举行乡饮酒礼，乡大夫为主持人，招待乡中贤者与年高德劭者。乡大夫从学成者中选择最为贤能的一人为宾，其次者一人为介，再次者三人为众宾，与他们共饮。乡饮酒礼也在每年的十二月蜡祭排序齿位时举行，但礼节不尽相同。

乡饮酒之义：主人拜迎宾于庠门之外①，入三揖而后至阶，三让而后升，所以致尊让也。盥、洗、扬觯②，所以致絜也③。拜至、拜洗、拜受、拜送、拜既④，所以致敬也。尊让、絜、敬也者，君子之所以相接也。君子尊让则不争，絜、敬则不慢。不慢不争，则远于斗、辨矣⑤，不斗、辨，则无暴乱之祸矣，斯君子所以免于人祸也。故圣人制之以道。

【注释】

①主人:指乡大夫。庠:郑注:"乡学也。州、党曰序。"

②扬:举。觯(zhì):饮酒器。

③絜:通"洁"。下同。

④拜至:宾客初至升堂,主人要在阼阶上拜谢其前来。拜洗:主人为宾客洗爵,宾客要在西阶上面朝北拜谢主人。拜受:主人献酒于宾,宾受爵前先行拜礼。拜送:宾接受爵后,主人在阼阶上拜送行礼。拜既:宾客饮酒后向主人行拜礼致谢。既,尽。

⑤斗、辨:孙希旦说:"斗,谓逞于力;辨,谓竞于言。"

【译文】

乡饮酒礼的含义:乡大夫在乡学庠的门外迎宾,并向宾行拜礼;主宾入门,三次行揖礼后来到堂阶前,三次谦让行礼后升堂,这是表示互相尊重和礼让。主人洗手、洗酒杯,然后端起酒杯向宾客献酒,这是要表示清洁干净。宾客初到,主人在阼阶上拜谢他的到来;主人为宾客清洗酒杯,宾客在西阶上面朝北拜主人表示感谢;主人向宾客献酒,宾客行拜礼接受献酒;宾客接受献酒端好酒杯后,主人在阼阶上拜送行礼;宾客饮酒后向主人行拜礼致谢。这些礼节都是互相致敬、表达尊敬之意。尊重谦让、洁净、致敬,君子之间的交往之礼就是这样的。君子间互相尊重谦让,就没有争斗;保持清洁干净,互相致敬、表示尊敬之意,就没有怠慢与轻视。没有怠慢轻视和争斗,也就没有暴力动粗和争辨吵闹。没有暴力动粗和争辨吵闹,就不会发生暴乱的祸患了,这就是君子为什么能避免人为的祸患的原因。所以圣人才制定了乡饮酒礼来教导人们。

乡人、士、君子①,尊于房户之间②,宾主共之也。尊有玄酒③,贵其质也。羞出自东房,主人共之也。洗当东荣④,主人之所以自絜而以事宾也。

【注释】

①乡人、士、君子：郑注："乡人，乡大夫也。士，州长、党正也。君子，谓卿、大夫、士也。"

②尊：酒樽。房户：指东房房门和室门。

③玄酒：见《曾子问》"曾子问曰：祭必有尸乎"节注⑥。

④洗：盛水器，形状类似今之洗脸盆，用来承接盥洗时下注之弃水。荣：屋翼。见《丧大记》"复，有林麓则虞人设阶"节注⑤。

【译文】

乡大夫、州长、党正和卿大夫举行乡饮酒礼时，把酒樽放在东房门和室门之间，这表示宾、主共同饮用此酒。其中一个酒樽里盛的是玄酒，这是尊重玄酒的质朴。菜肴从东房端出，这表示是主人提供的。洗正对着东边屋檐，这是主人用来自己洗手、保持清洁以敬事宾客的设置。

宾、主，象天地也。介、僎[①]，象阴阳也。三宾[②]，象三光也[③]。让之三也，象月之三日而成魄也[④]。四面之坐，象四时也。天地严凝之气，始于西南而盛于西北，此天地之尊严气也，此天地之义气也。天地温厚之气，始于东北而盛于东南，此天地之盛德气也，此天地之仁气也。主人者尊宾，故坐宾于西北，而坐介于西南以辅宾。宾者，接人以义者也，故坐于西北；主人者，接人以仁、以德厚者也，故坐于东南；而坐僎于东北，以辅主人也。仁义接，宾、主有事，俎、豆有数，曰圣；圣立而将之以敬，曰礼；礼以体长幼，曰德；德也者，得于身也⑤。故曰："古之学术道者⑥，将以得身也。是故圣人务焉。"

【注释】

①介：辅助宾客行礼的副手。僎(zūn)：通"遵"，主人特邀来参加饮酒礼的、曾经担任卿大夫的长者，辅助主人行礼。

②三宾：三位宾长。乡饮酒礼时，经乡中选拔的最优者为主宾，另选三位较年长者坐在堂上，其余来宾都站在堂下。

③三光：指星宿中的三颗大星，或说指二十八宿中的房、心、尾三宿。

④成魄：或作"生魄"、"生霸"，指自月朔后二三日起，月亮重新受明发光。旧说谓月朔后月亮重新发光时的黑暗之处为魄。

⑤"德也者"二句：郑注："谓成己令名。"孔疏："是得善行于其身，谓身之所行者得于理也。"

⑥术：郑注："犹艺也。"

【译文】

宾和主，象征天和地。辅助宾行礼的副手和主人特邀来参加礼仪的卿大夫，象征阴与阳。三位宾长，象征着三颗星辰。互相谦让三次后升堂，象征月朔三天后重新出现的光明。四面的坐席，象征四季。天地间的严肃凝重之气，开始于西南方而在西北方最强盛，这是天地间的尊严之气，是天地之间的义气。天地之间的温厚之气，开始于东北方而在东南方最强盛，这是天地间的盛德之气，是天地间的仁气。主人尊重宾客，所以请宾客坐在西北方的席位上，让介坐在西南方的席位上以辅助宾客。宾客，待人接物靠的是道义，所以坐在西北方的席位上；主人，待人接物靠的是仁德厚重，所以坐在东南的席位上；而特邀来参加礼仪的卿大夫坐在东北方的席位上，请他们来辅助主人。仁德义气互相交接，宾、主之间按照礼节行礼，俎、豆都有一定之数，这就叫圣。圣，已确立，又加之以敬，这就叫礼；用礼来体现长幼之别，这就叫德；德，就是自身有善行、自身获得美名。所以说："古时候，学习道艺之人，就是要自身有所得。因此，圣人要实行这些礼仪。"

祭荐、祭酒，敬礼也[①]。哜肺，尝礼也[②]。啐酒[③]，成礼也。于席末[④]，言是席之正，非专为饮食也，为行礼也，此所以贵礼而贱财也。卒觯，致实于西阶上[⑤]，言是席之上，非专为饮食也，此先礼而后财之义也。先礼而后财，则民作敬让而不争矣。

【注释】

①祭荐：祭，指食前祭。荐，指主人献上的脯醢。

②哜(jì)肺，尝礼也：孔疏："宾既祭酒之后，兴，取俎上之肺哜齿之，所以尝主人之礼也。"哜，用嘴抿一下，尝一下。

③啐(cuì)：尝，喝一小口。

④席末：孔疏："谓席西头也。"

⑤致实：喝干觯中的酒。

【译文】

宾客以肉干蘸酱，行食前祭，又取酒爵盛酒表示献祭，这是表示对主人的敬重。宾客要取俎上之肺尝一下，这是行以主人所献牲肉的尝礼。宾客又抿一小口酒，表示完成了主人的献酒之礼。宾客尝酒时，要移坐在席的西端，这表示设此席的正途并不是为了饮食，而是为了行礼，这是表示重视礼仪而轻视财富。将觯中的酒饮尽，干杯于西阶之上，也是说设此席并不是为了饮食，这也是先行礼仪而后考虑财富之义。先行礼仪而后考虑财富，人们就会兴起恭敬谦让的风气而不再会发生争斗劫夺了。

乡饮酒之礼[①]：六十者坐，五十者立侍以听政役[②]，所以明尊长也。六十者三豆[③]，七十者四豆，八十者五豆，九十者六豆，所以明养老也。民知尊长养老，而后乃能入孝弟[④]；民入孝弟，出尊长养老，而后成教；成教而后国可安也。君子之所谓孝者，非家至而日见之也，合诸乡射[⑤]，教之乡饮酒之礼，而孝弟之行立矣。孔子曰："吾观于乡而知王道之易易也[⑥]。"

【注释】

①乡饮酒之礼：此处所说乡饮酒之礼，指"正齿位之礼"，宾、介皆为年老者。

②以听政役：孔疏："所以立于阶下，示其听受六十以上政事役使也。"

③豆：盛菜肴的食器。

④入孝弟：孔疏："入门而能行孝弟（悌）。"

⑤乡射：乡射礼，指进行射箭比赛的乡饮酒礼。

⑥吾观于乡而知王道之易易也：孔疏："言我观看乡饮酒之礼，有尊贤尚齿之法，则知王者教化之道，其事甚易"；"而云'易易'者，取其简易之义，故重言易易"。

【译文】

乡饮酒之礼：六十岁以上的坐着，五十岁以上的站着陪侍听候差遣，以此来表明对年长者的尊敬。给长者的食物，为六十岁以上的设三豆，为七十岁以上的设四豆，为八十岁以上的设五豆，为九十岁以上的设六豆，以此表示对老人的奉养。百姓知晓尊敬长者、奉养老人，然后在家中才能孝顺父母、敬事兄长；能够在家里孝顺父母、敬事兄长，才能在外尊敬长者、奉养老人，然后才能形成教化；形成教化，然后国家才能安定。君子所说的孝，并非家家户户地去宣传或每天见面训导，只要召集乡民举行乡射礼时，教导他们行乡饮酒之礼，就能使孝顺父母、敬事兄长的行为树立起来。孔子说："我在乡间观看了乡饮酒礼后，就知道王者推行治国教化之道是很容易的事。"

主人亲速宾及介①，而众宾自从之。至于门外，主人拜宾及介，而众宾自入。贵贱之义别矣②。

【注释】

①速：郑注："谓即家召之。"

②别：明。

【译文】

主人亲自到家中邀请正宾和正宾副手，众宾则跟从着正宾和正宾的副手前来。到乡学门外，主人向正宾和正宾副手行拜礼，众宾就直接跟从着进入。其中的尊卑贵贱的意义就明晰了。

三揖至于阶，三让，以宾升。拜至。献、酬辞让之节繁①。及介，省矣②。至于众宾，升受、坐祭、立饮，不酢而降③。隆杀之义辨矣④。

【注释】

①献：一献之礼。酬：主人第一次献酒于宾，宾回敬主人，主人饮毕后再自饮一杯，再次酌酒敬宾。凡主人先饮以劝宾之酒谓之"酬"。

②及介，省矣：据《仪礼·乡饮酒礼》，省去的礼节包括拜洗、哜肺、啐酒、告旨（赞扬主人的酒美）。

③酢：尸食毕，主人为其酌酒漱口，尸再酌酒回敬主人，称为“酢”。

④隆杀之义辨矣：郑注：“尊者礼隆，卑者礼杀，尊卑别也。”

【译文】

进门后主人与正宾互行三揖之礼来到堂阶前，又互行三让之礼，宾主才一齐升堂。升堂后，主人在阼阶上行拜至礼，拜谢正宾前来。入席后，主人酌酒献宾，宾又回敬主人，主人又酌酒自饮后再酌酒献宾，互相辞让的礼节很繁复。至于主人对正宾副手的接待礼节，就简略减少一些。至于接待众宾的礼节，只是升堂上受酒，在西阶上跪坐行祭，站立饮酒，客人饮酒后不用回敬主人即可下堂。对尊者之礼的隆重与对卑者之礼的减省的意思是清清楚楚的。

工入，升歌三终①，主人献之。笙入三终②，主人献之③。间歌三终④，合乐三终⑤，工告“乐备”，遂出。一人扬觯⑥，乃立司正焉⑦。知其能和乐而不流也⑧。

【注释】

①升歌三终：孔疏：“谓升堂歌《鹿鸣》、《四牡》、《皇皇者华》，每一篇而一终也。”按，三篇皆为《诗经·小雅》篇名。

②笙入三终：孔疏：“谓吹笙之人，入于堂下，奏《南陔》、《白华》、《华黍》，每一篇而一终也。”按，三篇亦皆为《诗经·小雅》篇名，但已佚失，仅有目无诗。

③主人献之：主人像吹笙的乐工献酒。

④间歌三终：孔疏：“堂上人先歌《鱼丽》，则堂下笙《由庚》，此为一终。又堂上歌《南有嘉鱼》，则堂下笙《崇丘》，此为二终也。又堂上歌《南山有台》，则堂下笙《由仪》，此为三终也。”此三篇也都是《诗经·小雅》篇名。间，交替。

⑤合乐三终：孔疏："谓堂上下歌、瑟及笙并作也。若工歌《关雎》，则笙吹《鹊巢》合之；若工歌《葛覃》，则笙吹《采蘩》合之；若工歌《卷耳》，则笙吹《采蘋》合之。"

⑥一人：孔疏："谓主人之吏也。"

⑦司正：宴会时站在庭中纠察众人的仪容。

⑧流：失礼。

【译文】

乐工进入，先演唱《鹿鸣》、《四牡》、《皇皇者华》三首歌，演唱后主人向乐工献酒。然后吹笙的乐工进入，吹奏《南陔》、《白华》、《华黍》三首乐曲，吹奏后主人也向吹笙者献酒。然后堂上和堂下交替歌唱、吹奏，堂上唱《鱼丽》后，堂下吹奏《由庚》；堂上唱《南有嘉鱼》后，堂下吹奏《崇丘》；堂上唱《南山有台》后，堂下吹奏《由仪》；然后堂上和堂下一齐合奏，也演奏三首歌曲。然后乐工报告说"歌曲都已演奏完毕"，然后就下堂站在西阶的东侧，面朝北。主人之吏一人举杯，表示旅酬开始，设立一名司正，纠察众人的仪容。这样就知道乡饮酒礼能使百姓和乐欢洽又不失礼。

宾酬主人，主人酬介，介酬众宾，少长以齿，终于沃、洗者焉[①]。知其能弟长而无遗矣。

【注释】

①沃：浇。

【译文】

旅酬开始，正宾先自饮一杯然后酌酒献主人，主人接过酒杯饮尽后再酌酒献正宾的副手，正宾的副手饮尽后就酌酒献给众宾，要按照年龄大小依次献酒饮酒，一直献酒到为宾主浇水洗手的人为止。这样就知道乡饮酒礼能够使百姓敬顺长者而无所遗漏。

降，说屦升坐[①]。修爵无数[②]。饮酒之节，朝不废朝，莫不废夕[③]。宾出，主人拜送，节文终遂焉[④]。知其能安燕而不乱也。

【注释】

①说：通“脱”。

②修爵：即无算爵。即在旅酬后，宾、主开始不计杯数地畅饮。

③莫：同“暮”。

④终遂：郑玄说：“终遂，犹充备也。”

【译文】

撤去俎后，宾、主下堂脱掉鞋子，然后重新升堂入座。大家开始互相敬酒，不计其数地畅饮。饮酒的节度，以早上不耽误上朝、晚上不耽误家事为限度。乡饮酒礼结束，宾客辞去，主人拜送于门外，自始至终，礼节毫无差错。这样就能知道乡饮酒礼能使百姓安乐而又不出混乱。

贵贱明，隆杀辨，和乐而不流，弟长而无遗，安燕而不乱，此五行者，足以正身安国矣。彼国安而天下安，故曰：“吾观于乡，而知王道之易易也。”

【译文】

宾客的身份贵贱分明，礼节的隆重减省明辨，和乐欢洽而不失礼，敬顺长者而无所遗漏，安乐而不出混乱，做到这五条，就足以规正自身、安定国家了。国家安定后天下也就安定了，所以孔子说：“我观看了乡饮酒礼后，就知道王者的治国之道是很容易推行的。”

乡饮酒之义：立宾以象天，立主以象地，设介、僎以象日月，立三宾以象三光。古之制礼也，经之以天地，纪之以日月，参之以三光，政教之本也。

【译文】

乡饮酒礼的象征意义：设立正宾来象征上天，设立主人来象征大地，设立宾的副手、观礼的卿大夫，来象征日月，设立三位宾长来象征三颗星辰。古人在制礼时，以天地为原则，以日月为纲纪，以三大星辰为辅佐，这就是政教的根本。

亨狗于东方①，祖阳气之发于东方也②。洗之在阼③，其水在洗东，祖天地之左海也④。尊有玄酒，教民不忘本也。

【注释】

①亨：同“烹”，烹调。东方：指堂的东北角。

②祖：效法。

③洗之在阼：即上文的“洗当于东荣”。

④左：东。

【译文】

乡饮酒礼的牲肉是狗肉，在堂的东北角烹煮狗肉，这是效法阳气发源于东方。洗放在阼阶的东南，水放在洗的东边，这是效法天地的东方是海。酒樽里装有玄酒，这是教导百姓不要忘本。

宾必南乡。东方者春，春之为言蠢也，产万物者圣也。南方者夏，夏之为言假也①，养之、长之、假之，仁也。西方者秋，秋之为言愁也[②]，愁之以时，察守义者也[③]。北方者冬，冬之为言中也，中者藏也。是以天子之立也，左圣乡仁，右义偝藏也[④]。介必东乡，介宾主也[⑤]。主人必居东方，东方者春，春之为言蠢也，产万物者也，主人者造之，产万物者也。月者三日则成魄，三月则成时。是以礼有三让，建国必立三卿。三宾者，政教之本，礼之大参也。

【注释】

①假（gé）：大。

②愁（jiū）：通“揫”，敛。

③察：郑注：“察，或为‘杀’。”

④偝：同“背”。

⑤介宾主：这是说主人坐在堂上东侧面朝西，正宾坐在堂上北侧面朝南，介正处于主、宾之间。

【译文】

正宾在堂上一定要面朝南而坐。因为东方是春的位置，春就是万物蠢蠢欲动的意思，产生万物就是圣。南方是夏的位置，夏就是大的意思，养育万物，成长万物，壮大万物就是仁。西方是秋的位置，秋就是收敛的意思，按时节收敛，肃杀就是坚守义。北方是冬的位置，冬就是中的意思，而中就是收藏的意思。所以天子站立时，左边挨着圣人，面朝南而向着仁，右边挨着义，背朝北而依着藏。介一定面朝东而坐，因为他处在宾、主之间。主人一定要坐在东方，因为东方是春的位置，而春是蠢动欲生的意思，是生长万物的，而主人正是提供一切饮食的。月朔后的三天，月亮出现魄，三个月就成为一季。所以有宾、主互相谦让的三次之礼，建国有三个卿位。乡饮酒礼设立三位宾长，这些就是政教的根本，也是制定礼仪的依据。

射义第四十六

【题解】

郑玄说："名曰'射义'者，以其记燕射、大射之礼，观德行取于士之义。"

古代射礼有五：一曰乡射，谓州长招集民众习礼于州序之射；二曰大射，谓诸侯与其臣在国学习礼之射；三曰燕射，谓君宴其臣，一献之后举行之射；四曰宾射，谓天子、诸侯宴飨来朝之宾，因与之射；五曰泽宫之射，谓天子祭前选择助祭之士之射。本篇主要发明《仪礼》中《乡射礼》和《大射仪》二篇之义，阐述了射之乐章的上下等级差别，天子、诸侯选士与祭之法，君臣、父子正鹄之义，以及饮酒养病之事等。

古者诸侯之射也，必先行燕礼[①]；卿、大夫、士之射也，必先行乡饮酒之礼。故燕礼者，所以明君臣之义也；乡饮酒之礼者，所以明长幼之序也。故射者，进退周还必中礼[②]。内志正，外体直，然后持弓矢审固，持弓矢审固，然后可以言中。此可以观德行矣。

【注释】

①燕礼：古代贵族在闲暇之时，为慰劳下属而举办的宴饮的礼仪。

燕，通"宴"。

②周还（xuán）：周旋。中（zhòng）：符合。

【译文】

古代诸侯举行大射礼前，一定要先举行燕礼；卿、大夫、士举行射礼前，一定要先举行乡饮酒礼。所以燕礼，是用来明确君臣之义的；乡饮酒礼，是用来明确长幼之序的。所以射箭的人，他的进退转身都一定要符合礼节的规定。内心端正，外表挺直，然后手持弓箭就能稳定牢固，手持弓箭稳定牢固，然后才可以谈得上射中。所以说一个人外部的举止就能看得出内在的德行。

其节：天子以《驺虞》为节，诸侯以《狸首》为节，卿大夫以《采蘋》为节，士以《采蘩》为节[①]。《驺虞》者，乐官备也；《狸首》者，乐会时也；《采蘋》者，乐循法也；《采蘩》者，乐不失职也。是故天子以备官为节，诸侯以时会天子为节，卿大夫以循法为节，士以不失职为节。故明乎其节之志，以不失其事，则功成而德行立。德行立则无暴乱之祸矣，功成则国安。故曰："射者，所以观盛德也。"

【注释】

①"天子以《驺虞》为节"四句：《驺虞》、《采蘋》、《采蘩》都是《诗经·召南》篇名，《狸首》则为逸《诗》篇名。

【译文】

射箭时的音乐伴奏节拍：天子以《驺虞》为节拍，诸侯以《狸首》为节拍，卿大夫以《采蘋》为节拍，士以《采蘩》为节拍。《驺虞》这首诗歌，是赞美百官齐备的；《狸首》这首诗歌，是赞美诸侯按时朝见天子的；《采蘋》这首诗歌，是赞美卿、大夫遵循法度的；《采蘩》这首诗歌，是赞美士不失职守的。所以天子以赞美百官齐备的音乐为节拍，诸侯以赞美按时朝会天子的音乐为节拍，卿、大夫以赞美遵循法度的音乐为节拍，士以赞美不失职守的音乐为节拍。所以，显明了各自伴奏音乐节拍的志趣，而不失各自的职事，这样就能成就功业而树立德行。德行树立了就没有暴动作乱的祸患了，功业成就了国家就安定了。所以说："通过射礼，可以观察至为伟大的德行。"

是故古者天子以射选诸侯、卿、大夫、士[①]。射者，男子之事也[②]，因而饰之以礼乐也。故事之尽礼乐，而可数为以立德行者，莫若射，故圣王务焉。

【注释】

①"是故"句：孔疏，这是指天子通过射礼考察诸侯以下人员的德行及才艺的高下，并非直接加以拔擢任用。或说这是天子通过射礼考察诸侯以下人员德行，选拔参与祭祀的人员。

②射者，男子之事也：《内则》云："子生，男子设弧于门左。"家中生了男孩子，就在大门左侧悬挂弓，所以说射是男子之事。

【译文】

所以古时的天子通过射箭礼仪来选拔诸侯、卿、大夫和士。射箭，是男子与生俱来的事，所以才用礼乐来修饰它。所以在所有事情中，尽情地用礼乐加以修饰，而且可以多次反复地进行，并能够兴树立德行的，没有比射箭更好的了，所以圣王重视并致力于这项礼仪。

是故古者天子之制：诸侯岁献、贡士于天子[①]，天子试之于射宫。其容体比于礼，其节比于乐，而中多者，得与于祭；其容体不比于礼，其节不比于乐，而中少者，不得与于祭。

数与于祭而君有庆，数不与于祭而君有让；数有庆而益地，数有让而削地。故曰：“射者，射为诸侯也。”是以诸侯君臣尽志于射以习礼乐。夫君臣习礼乐而以流亡者，未之有也。

【注释】

①岁献：郑注：“献国事之书及计偕物也。”诸侯每年向天子提交国事及财政收支情况的报告，并呈献贡物。贡士：郑注：“三岁而贡士。旧说云：大国三人，次国二人，小国一人。”

【译文】

所以古时天子规定这样的制度：诸侯每年要向天子贡献方物、推荐士，天子在射宫里考核他们。如果仪容体态合乎礼节，动作节奏合乎音乐，射中的又多，那就能参加天子的祭祀；如果仪容体态不合乎礼节，动作节奏不合乎音乐，射中的又少，就不能参加天子的祭祀。士参加天子的祭祀次数多，天子就奖励推荐的诸侯；士参加天子的祭祀次数少，天子就责备推荐的诸侯；多次奖励就增加诸侯的封地，多次责备就削减诸侯的封地。所以说：“射礼，举行射箭的礼仪是为了诸侯。”所以诸侯君臣都用心于射礼，学习射礼的礼仪和音乐。因此，诸侯君臣用心学习射礼的礼仪和音乐而封国被灭、君臣流亡的，从未有过。

故《诗》曰：“曾孙侯氏，四正具举。大夫君子，凡以庶士，小大莫处，御于君所。以燕以射，则燕则誉。”① 言君臣相与尽志于射以习礼乐，则安则誉也。是以天子制之，而诸侯务焉。此天子之所以养诸侯而兵不用，诸侯自为正之具也。

【注释】

①“故《诗》曰”以下八句：逸《诗》诗句。孔疏是《狸首》的内容，后世

学者有异议。侯氏,诸侯。郑注:"四正,正爵四行也。四行者,献宾、献公、献卿、献大夫,乃后乐作而射。"小大莫处,指小官、大官凡是有职务的没有不来到的。御,侍。

【译文】

所以《诗》上说:"天子后裔各家诸侯燕礼饮酒,正爵献酒四轮过后举行射礼。大夫、君子及众士、庶士,无论小官大官、凡是有职务的无不参与,都到国君之处去服侍。既燕饮又射箭,安享欢乐又有好声誉。"这就是说,诸侯君臣同心协力都致力于射礼,并学习射礼的礼仪和音乐,就又能安乐又有声誉。所以天子制定了射礼礼仪,而诸侯致力于射礼。这就是天子之所以蓄养着诸侯而不需要动用武力去挟制诸侯,而诸侯也可以规范修正自己的方法。

孔子射于矍相之圃①,盖观者如堵墙。射至于司马②,使子路执弓矢出延射③,曰:"贲军之将④,亡国之大夫,与为人后者⑤,不入,其余皆入。"盖去者半,入者半。又使公罔之裘、序点扬觯而语⑥。公罔之裘扬觯而语曰:"幼、壮孝弟⑦,耆、耋好礼⑧,不从流俗,修身以俟死,者不⑨?在此位也。"盖去者半,处者半。序点又扬觯而语曰:"好学不倦,好礼不变,旄、期称道不乱⑩,者不?在此位也。"盖廑有存者⑪。

【注释】

①矍(jué)相:古地名。圃:种植蔬菜瓜果的园地。

②射至于司马:孔疏:"欲射之前,先行乡饮酒之礼,献宾及介,献众宾之后,未旅之前,作相为司正。至于将射,转司正为司马。"司正负责纠察饮酒者的仪容,司马负责主持射礼各项活动。

③子路:孔子的弟子。见《檀弓上》"孔子哭子路于中庭"节注①。

延：进。

④贲(fèn)：郑注："读为'偾'。偾，犹覆败也。"

⑤与为人后者：指通过干求等手段成为别人的后人的人，如庶子夺取嫡位等。

⑥公罔之裘：公罔裘，人名。姓公罔，名裘。孔子的学生。之，语助词。序点：人名。姓序，名点。孔子的学生。

⑦幼、壮：二十曰"幼"，三十曰"壮"。

⑧耆(qí)、耋(dié)：六十曰"耆"，七十曰"耋"。

⑨者不：郑注："言有此行不，可以在此宾位也。"不，同"否"。下同。《训纂》引王念孙说，此句应在"者"下断句，"不"字从下读，为发语词，"不在此位"即"在此位"。亦可备一说。

⑩旄：通"耄"(mào)，八十、九十曰"耄"。期：即"期颐"，百岁老人。

⑪廑：通"仅"。

【译文】

孔子在矍相的菜园里演习射礼，围观的人多到如一堵墙。饮酒后主持乡饮酒礼的司正变为司马，孔子让子路手持弓箭进到观礼者中邀请射箭的人，说："败军之将，亡国的大夫，通过干求做他人后嗣的，不得进入，其余的人都可以进入参加射礼。"于是约有一半的人离去了，另一半的人入场。准备旅酬时，孔子又让公罔裘和序点举起酒杯对观礼者说："二、三十岁时孝顺父母、敬顺兄长，六、七十岁时还喜好礼仪，不流于俗，修身至死，这样的人有吗？有的话就留在原位。"这样又约有一半的人离开了，剩下一半的人留在原位。序点又举杯对观礼者说："爱好学习而不厌倦，爱好礼仪而不改变，八、九十直到百岁始终遵循道义而不乱，这样的人有吗？有就请留在原位。"结果留下的仅有几个人了。

射之为言者绎也[①]，或曰舍也[②]。绎者，各绎己之志也。故心平体正，持弓矢审固，持弓矢审固则射中矣。故曰："为人父者以为父鹄[3]，为人子者以为子鹄，为人君者以为君鹄，为人臣者以为臣鹄。”故射者各射己之鹄。故天子之大射谓之“射侯”，射侯者，射为诸侯也。射中则得为诸侯，射不中则不得为诸侯。

【注释】

①绎：孔疏：“陈也，言陈己之志。”

②舍：孔疏：“中也，谓心平体正，‘持弓矢审固’，则能中也。”

③为人父者以为父鹄（gǔ）：孔疏：“谓升射之时，既身为人父，则念之云‘所射之鹄是为人父之鹄，中则任为人父，不中则不任为人父’。故为人之父者，以为父鹄。下放（仿）此。”鹄，箭靶。

【译文】

射就是“绎”的意思，或者说是“舍”的意思。绎，就是陈述自己的志向。所以在射箭时心气平和，把持弓箭就稳定牢固，把持弓箭稳定牢固，就能射中目标。所以说：“做父亲的就要把靶子当作做好父亲的目标，做儿子的就要把靶子当作做好儿子的目标，做国君的就要把靶子当作做好国君的目标，做臣子的就要把靶子当作做好臣子的目标。”所以，每个人所要射的靶子都是自己应达到的目标。所以天子的大射叫“射侯”。射侯，就是以射礼检验诸侯能否做诸侯。射中就可以为诸侯，射不中就不能为诸侯。

天子将祭，必先习射于泽[1]。泽者，所以择士也。已射于泽，而后射于射宫，射中者得与于祭，不中者不得与于祭。不得与于祭者有让，削以地；得与于祭者有庆，益以地。进爵、绌地是也[2]。

故男子生，桑弧，蓬矢六，以射天地四方[3]。天地四方者，男子之所有事也。故必先有志于其所有事，然后敢用谷也，饭食之谓也。

【注释】

①泽：宫名。孔疏："泽所在无文，盖于宽闲之处，近水泽而为之也。"

②绌：通"黜"。

③"故男子生"三句：见《内则》"国君世子生"节。

【译文】

天子将要举行祭祀，一定要先在泽宫中演习射箭。泽，就是选择，用以选择参与祭祀的人士。已在泽宫习射，而后就去射宫射箭，射中的诸侯可以参加天子的祭祀典礼，没射中的诸侯就不能参加祭祀典礼。不能参加祭祀典礼的诸侯会受到责罚，削减封地；可以参加祭祀典礼的诸侯会受到褒奖，增加封地。进爵，或削地，说的就是这个意思。

因此，男孩出生了，就要让射人用桑木做的弓和六支蓬草茎制的箭，射向天地四方。天地四方，是男子的事业所在的地方。所以一定要先立志于事业所在的地方，然后才敢让他享用谷物，就是说这才敢让他吃饭食。

射者，仁之道也。射求正诸己，己正而后发，发而不中则不怨胜己者，反求诸己而已矣。孔子曰："君子无所争，必也射乎！揖让而升，下而饮，其争也君子。"[①]

【注释】

①"孔子曰"以下五句：出自《论语·八佾》，个别字略有不同。必也射乎，郑注："言君子至于射则有争。"

【译文】

射箭这件事，包含了仁的道理。射箭，首先要端正自身，自身端正后才把箭发射出去，射出后没有射中，不抱怨胜过自己的人，而要反过来对自己加以检讨。孔子说："君子之间没有什么可以争的，至于射箭的时候就一定会有争了！比赛双方互相揖让升堂，射完后再互相揖让下堂饮酒，即使是争也是君子之争。"

孔子曰："射者何以射？何以听？循声而发，发而不失正鹄者，其唯贤者乎！若夫不肖之人，则彼将安能以中？"《诗》云："发彼有的，以祈尔爵。"① 祈，求也，求中以辞爵也。酒者，所以养老也，所以养病也，求中以辞爵者，辞养也。

【注释】

①"《诗》曰"以下二句：出自《诗经·小雅·宾之初筵》。尔，你。

【译文】

孔子说："射箭的人怎样射箭？又怎样听着音乐和射箭相配合？循着音乐的节奏发射出箭矢，发射箭矢而能不失靶子的，那只有贤者吧！如果是不肖之人，他怎么能射中靶子呢？"《诗》上说："射出箭矢而射中目标，祈求保佑不喝罚酒。"祈，就是求的意思，祈求箭矢射中目标以免喝罚酒。酒，是用来养老的，是用来养病的，祈求箭矢射中目标而免于喝酒，就是辞却他人的奉养。

燕义第四十七

【题解】

郑玄说："名曰'燕义'者，以其记君臣燕饮之礼、上下相尊之义。"

燕礼是古代贵族于闲暇之时为慰劳下属而举行的宴饮活动。燕礼的仪节较为简单，以饮酒为主，只求尽宾、主之欢。燕礼有多种，包括天子燕饮来朝诸侯，诸侯燕饮他国来聘之臣，诸侯自燕饮其臣等等。本篇主要记载诸侯宴请臣下之礼。《仪礼》中有《燕礼》一篇，本篇即为阐释其义。

古者周天子之官有庶子官①。庶子官职诸侯、卿、大夫、士之庶子之卒②，掌其戒令与其教治③，别其等，正其位。国有大事，则率国子而致于大子④，唯所用之；若有甲兵之事，则授之以车甲，合其卒伍，置其有司，以军法治之，司马弗正⑤。凡国之政事⑥，国子存游卒⑦，使之修德学道，春合诸学，秋合诸射，以考其艺而进退之⑧。

【注释】

①庶子：郑注："犹诸子也。《周礼》诸子之官，司马之属也。"按，"庶

子”为周代司马的属官，掌诸侯、卿大夫之庶子的教养等职事。本段是《周礼·夏官·诸子》的职文，朱熹、王夫之认为当置于本篇之末。孙希旦认为：“此《诸子》职之文，与《燕礼》本无所当，盖后人因篇末有献庶子之事，误以即庶子之官，遂引此冠于篇首耳。”

②庶子：诸子。卒（cuì）：通“倅”。郑注：“诸子副代父者也。”即为父之副手。

③掌其戒令：孔疏：“此等众子须有戒法政令，而庶子官掌之。”教治：指教育与治身。

④国子：即上文的“诸侯、卿、大夫、士之庶子”。大：同“太”。

⑤司马：指管理国家军政事务的官员。正：通“征”，征调。

⑥国之政事：《集说》：“是国之寻常小事，谓力役、土功、胥徒之属，不与于国子，唯民庶所为。”

⑦国子存游卒：孔疏：“未仕者之中，不于其事也。”指王公子弟无公职、可自由行动者。

⑧以考其艺而进退之：孔疏：“是庶子之官，考校其艺之高下，而进退其能否，能者进之，否者退之。”

【译文】

古时候周天子所设置的官职中有庶子官。庶子官负责管理诸侯、卿、大夫、士之诸子，为其父之副手，执掌管理他们的戒法政令、教育和治身，辨别他们的等级，规正他们的朝位。国家有祭祀一类大事，就率领他们到太子那里，由太子使用；如果有打仗的事，就发给他们兵车和甲胄，编成队伍，设立官员，按照军法治理，司马不征用他们。凡是国家要服劳役、土木工程等平常政事，这些贵族子弟中无公职的人都不参与，而安排他们修养品德，学习道艺。春天把他们聚合在学校中学习，秋天把他们聚合在射宫里习射，考核他们的技艺，以其能力的高下决定他们晋升或黜退。

诸侯燕礼之义：君立阼阶之东南，南乡[①]，尔卿大夫[②]，皆少进，定位也。君席阼阶之上，居主位也。君独升立席上，西面特立，莫敢适之义也[③]。

【注释】

①乡：通“向”。

②尔：通“迩”。据《燕礼》郑注：“揖而移之，近之也。”即君揖卿大夫，让他们靠近。

③莫敢适：孔疏：“言臣下莫敢与君敌匹而为礼。”适，同“敌”。

【译文】

诸侯举行燕礼的意义：国君站在阼阶的东南方，面朝南，向卿作揖让卿大夫近前，卿大夫都稍前进，站定在自己的位置上。国君的席位设在阼阶之上，表示国君处在主位。国君单独升堂站立在席上，面朝西方独自站立，这表示臣下没人敢与君匹敌为礼的意思。

设宾、主，饮酒之礼也。使宰夫为献主[①]，臣莫敢与君亢礼也[②]。不以公卿为宾，而以大夫为宾[③]，为疑也[④]，明嫌之义也。宾入中庭，君降一等而揖之，礼之也。

【注释】

①宰夫：郑注：“主膳食之官也。”为太宰属官。进行燕礼时，因国君尊贵，宾客不敢与之抗礼，因此由宰夫代替国君为主人。

②亢：同“抗”。

③以大夫为宾：此宾非正宾或众宾，而是为了饮酒礼仪的需要由国君从大夫中指定设置的。

④疑：孔疏：“拟也。”据旧注，公卿为朝臣之尊，如以公卿为宾，则有

比拟于君、与君抗礼的嫌疑，因此要以地位较低的大夫为宾。

【译文】

设置宾、主，这是饮酒礼的礼数。让宰夫代国君作为主人向宾客献酒，这是表示臣下不敢与国君对等行礼。饮酒仪式中不由公卿担任宾，而由国君指定一位大夫为宾，因为公卿地位尊贵，若由他担任宾，像是要比拟于国君、与国君抗礼，所以要明确地避开嫌疑。宾进入中庭，国君要降一级台阶作揖请他登阶上堂，这是以礼待宾。

君举旅于宾①，及君所赐爵，皆降，再拜稽首②，升成拜③，明臣礼也。君答拜之，礼无不答，明君上之礼也。臣下竭力尽能以立功于国，君必报之以爵禄，故臣下皆务竭力尽能以立功，是以国安而君宁。礼无不答，言上之不虚取于下也。上必明正道以道民④，民道之而有功，然后取其什一，故上用足而下不匮也。是以上下和亲，而不相怨也。和宁，礼之用也。此君臣上下之大义也。故曰："燕礼者，所以明君臣之义也。"

【注释】

①举旅于宾：孔疏："举旅酬之酒以酬宾。"燕礼之旅酬，由国君为宾、为卿、为大夫、为士一一举旅酬之酒。据《燕礼》，举旅时，小臣作下大夫二人之媵觯于公，公取一觯饮，然后取大夫之媵觯以酬宾，宾饮酒。而后再与众依次相酬。

②再拜稽（qǐ）首：再拜，拜了两次。稽首，古代的一种跪拜礼，为"九拜"之一。详《曲礼下》"大夫、士见于国君"节注④。

③升成拜：据《燕礼》，臣下接受君的赐酒后，臣下在堂下行再拜稽首之礼即可，但国君派小臣表示辞谢，因此臣子又升堂再行拜

礼，就叫“升成拜”。

④道（dǎo）民：即“导民”。

【译文】

当燕礼举行旅酬仪式时，国君举杯向宾旅酬劝酒，以及国君向臣子赐酒，宾与受赐的臣子都要下堂向国君两拜磕头；国君表示辞谢，宾就升堂两次磕头，完成拜礼，这是表明为臣之礼。国君再答拜，礼没有只受不答的，这是表明君上之礼。臣下竭尽全力、竭尽所能为国立功，国君一定要以爵位俸禄作为回报，因此臣下就都会竭尽全力、竭尽所能去立功，这样就能国家安定、国君安宁。礼没有只受不答的，就是说君上也不能搞虚的，只从臣下取得而不予以回报。君上必须彰显申明正道以引导百姓，百姓跟随引导而成功有效益，然后国家抽取十分之一的赋税，这样君上财用充足，臣下百姓也不匮乏。所以上下和睦亲近而不会相互怨恨。和睦安宁，就是礼的作用。这就是君臣上下的大义。所以说：“燕礼，是用来彰显申明君臣之义的。”

席：小卿次上卿[①]，大夫次小卿，士、庶子以次就位于下。献君，君举旅行酬，而后献卿；卿举旅行酬，而后献大夫；大夫举旅行酬，而后献士；士举旅行酬，而后献庶子。俎、豆、牲体、荐、羞[②]，皆有等差，所以明贵贱也。

【注释】

①小卿次上卿：孙希旦说：“上卿，谓三卿也。小卿，大夫之上，若司徒下之小司徒，司马下之小司马也。”此处译文据《燕礼》补充部分内容。

②荐：脯醢。羞：菜肴。

【译文】

燕礼的席位：宾坐在户牖之间，上卿坐在宾席的东侧，小卿坐在宾席的西侧，次于上卿；大夫坐在小卿的西侧，次于小卿；士与庶子依次在堂下站立。饮酒时，宰夫先向国君献酒，国君饮酒之后，举杯向众宾举旅酬酒劝饮，然后，宰夫又向卿献酒；卿饮酒之后，举杯向众宾举旅酬酒劝饮；然后，宰夫又向大夫献酒；大夫饮酒之后，举杯向众宾举旅酬酒劝饮；然后，宰夫又向士献酒；士饮酒之后，举杯向众宾举旅酬酒劝饮，最后，宰夫向庶子献酒。席前所陈设的俎、豆以及牲体、肉条、肉酱各种菜肴都按着不同等级有所差别，这是用以表明贵贱等级差别的。

聘义第四十八

【题解】

郑玄《礼记目录》云："名曰'聘义'者，以其记诸侯之国交相聘问之礼，重礼轻财之义也。"

本篇释《仪礼·聘礼》之义。聘，就是访问的意思。古时天子与诸侯、诸侯之间如果久无会盟，就要互派使者联络感情。本篇所记为诸侯之间互派使者聘问。如果派出使者的身份高，就叫"大聘"；如果派出的使者身份低，就叫"小聘"。

聘礼：上公七介①，侯、伯五介，子、男三介，所以明贵贱也。介绍而传命②，君子于其所尊弗敢质，敬之至也。三让而后传命③，三让而后入庙门，三揖而后至阶，三让而后升，所以致尊让也。

【注释】

①上公：周制，三公八命，出封时，加一命为"上公"。《周礼·春官·典命》："上公九命为伯，其国家、宫室、车旗、衣服、礼仪，皆以'九'为节。"介：使者的副手与随从。

②介绍而传命：指众介依次排列，相继而立，聘国之介和主国之介传递各自君主之命。绍，继。

③三让而后传命：孔疏："谓宾在大门外，见主人陈摈，以大客之礼待己，己不敢当，三度辞让，主人不许，乃后传聘君之命。"

【译文】

聘礼：上公派卿任出聘之使，随从的介七名；侯、伯派卿任出聘之使，随从的介五名；子、男派卿任出聘之使，随从的介三名，这是用以表明等级的贵贱。宾、主将随从的介依次排列，相继传话，表示君子对于他所尊敬的人不敢直接对话，这是表示至高的恭敬。出聘之使的来宾见到主人方面大礼迎接，辞让三次，而后传达上国君的问候和自己的使命；来宾传命后，主人请来宾进入庙中，来宾谦让三次，而后方进入庙门；来宾进入庙门后，三次作揖行礼到达阶前；主人邀来宾登阶，相互谦让三次，主人带着来宾一起升阶登堂。这些都是宾、主之间表示相互的尊敬与谦让。

君使士迎于竟①，大夫郊劳，君亲拜迎于大门之内而庙受。北面拜贶②，拜君命之辱。所以致敬也。敬让也者，君子之所以相接也。故诸侯相接以敬让，则不相侵陵。

【注释】

①竟：通"境"。

②北面拜贶（kuàng）：孔疏："君于阼阶之上，北面再拜，拜聘君之贶。"贶，郑注："赐也。"指赐赠礼物。

【译文】

主国国君要先派士到国境迎接来聘的使者，又派大夫到郊外慰劳，国君亲自在王宫大门拜迎，然后在庙中接受来聘使者的聘问。国君在阼阶上面朝北拜谢来聘使者赠送的礼物，拜谢来聘国的国君屈辱地遣使前来聘问的盛情。这些都是主国国君对来聘使者、来聘国的国君表达的敬意。尊敬谦让，是君子交往的方式。所以诸侯间交往尊敬谦让，就不会互相欺凌侵犯了。

卿为上摈，大夫为承摈，士为绍摈①。君亲礼宾。宾私面私觌②，致饔饩③，还圭、璋④，贿赠⑤，飨、食、燕。所以明宾客君臣之义也。

【注释】

①“卿为上摈（bìn）”三句：摈，通“傧”，负责接待来宾、上传下达及司掌礼仪的人。据《聘礼》注：“主君、公也，则摈者五人；侯、伯也，则摈者四人；子、男也，则摈者三人。”上傧、承傧、绍傧都是主国国君的迎宾者。承、绍，继。

②私面私觌（dí）：孔疏：“私面，私以己礼面见主国之卿大夫也。私觌，私以己礼觌主国之君。以其非公聘正礼，故谓之‘私’。”即以私人名义与礼节拜访主国的卿大夫与国君。

③饔（yōng）饩（xì）：指主国送给来聘使者的饔饩的牢数。“饔”是已杀之牲，“饩”是未杀之牲。

④还圭、璋：孔疏：“谓宾将去时，君使卿就宾馆，还其所聘之圭、璋。”使者聘问国君时用圭作见面礼，聘问夫人时用璋作见面礼。来聘使者离去时，主国国君要派人送还。

⑤贿赠：孔疏：“贿赠者，因其还玉之时，主人之卿并以贿而往还玉，既毕，以贿赠之，故《聘礼》‘还圭璋毕，大夫贿用束纺’是也。”指来聘使者临行前，主国国君以一束细绢奉赠。

【译文】

主国接待来聘之宾，由卿为上傧，大夫为承傧，士为绍傧。主国国君亲自执醴酒酬献来宾。正式的聘问礼之后，来聘之宾私下里以个人名义与礼节拜访主国卿大夫，以个人名义与礼节晋见主国国君，期间，主国国君将饔饩送到来聘之宾的馆舍，来聘之宾离去前，主国国君要派人退还来聘之宾见面时奉献的圭、璋，同时还要赠送一束细绢。访问期间，主国国君要举行飨礼、食礼、燕礼来招待来聘之宾。这都是用以表明来聘的宾客与主国君臣之间的礼数。

故天子制诸侯，比年小聘，三年大聘，相厉以礼[①]。使者聘而误，主君弗亲飨、食也[②]，所以愧厉之也。诸侯相厉以礼，则外不相侵，内不相陵。此天子之所以养诸侯，兵不用而诸侯自为正之具也。

【注释】

①厉：通“励”，勉励，激励。

②主君弗亲飨、食：孔疏：“谓来聘使者行聘之时，礼有错误，则主国之君不亲自飨、食以接宾，所以使宾耻愧，自勉劝厉。”主国国君在使者来聘期间要举行两次飨礼和一次食礼招待。如果使者礼仪上发生错误，那么主国国君就不亲自设飨礼、食礼招待来宾，而将准备飨、食礼用的牲畜送到使者住宿的馆舍去。

【译文】

所以天子为诸侯制定礼仪的规则，诸侯间每年派大夫进行小聘问，每三年派卿进行大聘问，以礼仪来互相勉励。如果聘问时使者在礼节上有失误，主国国君就不亲自为来聘的使者举行飨礼和食礼，以此让他感到惭愧羞耻，以此激励他。如果诸侯之间能够以礼仪来互相勉励，那么对外就不会互相侵犯，对内就不会互相欺凌。这就是天子用以管理诸侯，不需要动用武力就能使诸侯自己规范自己、自己纠正自己的工具。

以圭、璋聘，重礼也。已聘而还圭、璋，此轻财而重礼之义也。诸侯相厉以轻财重礼，则民作让矣。

【译文】

用圭、璋作为聘问使者的礼物，这是重视聘礼的表现。聘问的使者归国前，主国又将圭、璋还给聘问的使者，这是轻视财物而重视礼仪的用意。如果诸侯都能以轻财重礼来互相勉励，那么他们的百姓就会兴起谦让的风气。

主国待客，出入三积[①]。饩客于舍[②]，五牢之具陈于内[③]，米三十车，禾三十车，刍、薪倍禾，皆陈于外。乘禽日五双[④]，群介皆有饩牢，壹食，再飨，燕与时赐无数。所以厚重礼也。古之用财者不能均如此，然而用财如此其厚者，言尽之于礼也。尽之于礼，则内君臣不相陵，而外不相侵，故天子制之而诸侯务焉尔。

【注释】

①出入三积：孔疏："谓入三积，出亦三积。"孙希旦说，"积"谓刍、米之属，所以供宾道路之需者。

②饩：孔疏："案《聘礼》致客有饔有饩，今直云'饩客'者，略言之。"

③五牢：据孔疏，"五牢"是饪（煮熟的牲肉）一牢、生肉二牢、饩二牢。

④乘（shèng）禽：孔疏："乘行群匹之禽，雁鹜之属。"即成行成双飞行的禽类。

【译文】

主国招待来访的客人，到来和离开时都要馈送粮草三次。客人住进宾馆之后，主国国君派人将饔饩五牢送到宾馆，都陈放在宾馆门内；还有三十车米，三十车禾，六十车柴草，都陈放在宾馆门外。每天还要馈赠雁一类的飞禽五双，来聘使者的随从都要致送饔饩，主国国君还要为客人举行一次食礼，两次飨礼，而燕礼和当令物品的赏赐都没有固定的数目。这些都是表示对礼的高度重视。古人用财并不能都这样，然而在这件事上使用财物如此丰厚，是为了表示尽心于礼仪。能够尽心于礼仪，那么对内君臣就不会互相欺凌，对外国家就不会互相侵略，所以天子制定聘礼，而诸侯都努力施行。

聘、射之礼，至大礼也①。质明而始行事②，日几中而后礼成③，非强有力者弗能行也，故强有力者将以行礼也。酒清人渴而不敢饮也④，肉干人饥而不敢食也，日莫人倦⑤，齐庄、正齐而不敢解惰⑥。以成礼节，以正君臣，以亲父子，以和长幼。此众人之所难，而君子行之，故谓之有行。有行之谓有义，有义之谓勇敢。故所贵于勇敢者，贵其能以立义也；所贵于立义者，贵其有行也；所贵于有行者，贵其行礼也。故所贵于勇敢者，贵其敢行礼义也。故勇敢强有力者，天下无事则用之于礼义，天下有事则用之于战胜。用之于战胜则无敌，用之于礼义则顺治。外无敌，内顺治，此之谓盛德。故圣王之贵勇敢、强有力如此也。勇敢、强有力而不用之于礼义、战胜，而用之于争斗，则谓之乱人。刑罚行于国，所诛者乱人也。如此，则民顺治而国安也。

【注释】

①至大礼也：孔疏："至极繁大之礼。"

②质明：天刚亮。质，正。

③几：近。

④酒清人渴而不敢饮也：孔疏："此谓射礼也。言欲射之时，先行燕礼，唯以礼献酬，不敢恣意醉饱，但行礼而已。"

⑤莫：同"暮"。

⑥齐庄：斋庄，肃穆，端正。正齐：整齐。解：通"懈"。

【译文】

聘礼、射礼，是最重大的礼。天刚亮就开始举行礼仪仪式，到接近中午礼仪仪式才完成，不是强有力的人就不能参与仪式。所以只有强有力的人才能参与礼仪仪式。仪式中，酒已滤清，但人们即使渴了也不敢喝；肉放干了，但人们即使饿了也不敢吃。日已暮，人已倦，但人们仍然神态端庄，行止整齐，不敢松懈怠惰。这样完成了各项礼节，使君臣关系正确，使父子关系亲爱，使长幼关系和睦。这是一般人难以办到的，而只有君子能办得到，所以说君子有德行。有德行就叫做有义，有义就叫做勇敢。所以勇敢者之所以可贵，就可贵在于他能够树立道义；树立道义之所以可贵，就可贵在于他有德行；有德行之所以可贵，就可贵在于他能够遵行礼仪。所以人们认为勇敢可贵，就可贵在于他敢于实行礼义。所以勇敢的、强有力的人，天下太平无事之时，就用以倡导实行礼义；天下有事之时，就用于战胜敌人。用于战胜敌人就能做到无敌天下，用于倡导实行礼义上就能使天下顺顺畅畅地得到治理。对外天下无敌，对内天下顺顺畅畅地得到治理，这就叫做盛德。所以圣王对勇敢的、强有力的人最为重视。勇敢的、强有力的人，如果不用到倡导实行礼义和战胜敌人上，而用到争强斗胜上，那就叫做乱人。国家执行的刑罚，要处罚诛杀的就是乱人。这样做，百姓就会顺顺畅畅地得到治理而国家就能安定了。

子贡问于孔子曰："敢问君子贵玉而贱碈者何也[①]？为

玉之寡而碈之多与?”孔子曰:“非为碈之多故贱之也,玉之寡故贵之也。夫昔者君子比德于玉焉:温润而泽,仁也;缜密以栗,知也[②];廉而不刿,义也[③];垂之如队,礼也[④];叩之,其声清越以长,其终诎然,乐也[⑤];瑕不揜瑜、瑜不揜瑕,忠也[⑥];孚尹旁达,信也[⑦];气如白虹[⑧],天也;精神见于山川,地也。圭、璋特达,德也[⑨];天下莫不贵者,道也。《诗》云:‘言念君子,温其如玉。’[⑩]故君子贵之也。”

【注释】

①碈:同“珉”,似玉的石头。字或作“碣”。

②缜密以栗,知也:孔疏:“栗,谓坚刚。”《训纂》引王引之曰:“谨案坚刚非知也,栗者,秩然有条理之貌。《说文》:‘瑮,玉英华罗列秩秩。’‘瑮’与‘栗’同。”

③廉而不刿(guì),义也:孔疏:“言玉体虽有廉棱,而不伤割于物,人有义者,亦有断割而不伤物。”廉,棱角。刿,伤。

④垂之如队,礼也:孔疏:“言玉体垂之而下坠,人有礼者亦谦恭而卑下。”队,同“坠”。

⑤“其声”三句:孔疏:“言玉体以物叩击,其声清泠发越以长远而闻,其击之终,音声则诎然而止,不如钟声击罢犹有余音也。其为乐之法,初作声而发扬,乐罢则止如槁木,言玉体亦然。”诎然,郑注:“绝止貌也。”

⑥“瑕不揜瑜”二句:孔疏:“言玉之病处不揜映美处,玉之美处不揜映病处,皆以忠实见外,如人之忠者,亦以忠心见外。”揜,同“掩”。

⑦孚尹(yún)旁达,信也:孔疏:“玉采色彰达,著见于外,无隐掩,如人有信者亦著见于外。”孚,同“浮”。尹,通“筠”,指润色在外。

⑧虹：古人谓虹为天之气。

⑨圭、璋特达，德也：孔疏：“以聘享之礼，有圭璋、璧琮，璧琮则有束帛加之乃得达，圭璋则不用束帛，故云‘特达’”；“言人之有德，亦无事不通，不须假他物而成”。

⑩“《诗》云”以下二句：出自《诗经·秦风·小戎》。

【译文】

子贡问孔子说：“请问，君子为什么珍视玉而轻视珉呢？是因为玉少而珉多的缘故吗？”孔子回答说：“不是因为珉多就轻视它、玉少就珍视它。从前，君子的美德都拿玉来比拟。玉温和而润泽，这就像是‘仁’；缜密而有条理，这就像是‘智’；有棱角但不伤人，这就像是‘义’；垂挂而下坠，这就像是‘礼’；叩敲一下，声音清泠悠扬，而后绝然而止，这就像是‘乐’；瑕疵不会掩盖美质，美质也不会掩盖瑕疵，这就像是‘忠’；光彩外显旁达无隐匿，这就像是‘信’；玉上光气如白虹，这就像是‘天’；精气在山川中显现，这就像是‘地’。圭、璋作为朝聘礼物可不附加束帛单独使用，特别送达，这就像是‘德’；天下没有人会不看重玉，这就像是‘道’。《诗经》上说：‘想念君子，他像玉那样温润。’所以，君子重视玉。”

丧服四制第四十九

【题解】

郑玄说："名曰'丧服四制'者，以其记丧服之制取于仁、义、礼、知也。"

本篇阐述制定丧服所根据的四项原则——恩(恩情)、理(义理)、节(节制)、权(权变)，而这四项原则分别本于仁、义、礼、智。本篇内容也见于《大戴礼记·本命》和《孔子家语·本命解》，可互相参看。

凡礼之大体①，体天地，法四时，则阴阳，顺人情，故谓之礼。訾之者②，是不知礼之所由生也。

【注释】

①大体：郑注："礼之言体也，故谓之礼，言本有法则而生也。"孙希旦说，此言凡礼由是四者而生，盖五礼之所同也。下文乃专以丧礼言之。

②訾(zǐ)：诋毁。

【译文】

凡礼的基本点与法则是，取法天地，效法四时，比照阴阳，顺应人情，所以称之为礼。诋毁礼的人，是不知道礼是怎样产生的。

夫礼吉凶异道[1]，不得相干，取之阴阳也。丧有四制，变而从宜，取之四时也。有恩、有理，有节、有权[2]，取之人情也。恩者仁也，理者义也，节者礼也，权者知也。仁、义、礼、知，人道具矣[3]。

【注释】

①吉凶异道：孔疏："言吉凶各异其道，及衣服、容貌、器物不同也。"

②有恩、有理，有节、有权：孙希旦说，有亲属而服之者谓之"恩"；本非亲属，因义理之宜而服之者谓之"理"；立其制限谓之"节"；酌其变通谓之"权"。

③仁、义、礼、知，人道具矣：孔疏："仁属东方，义属西方，礼属南方，知（智）属北方。四时并备，是'人道具矣'。"

【译文】

吉礼、凶礼两种礼仪规制做法各不相同，不能互相干犯，因为它们分别取法于阴阳。丧服制度有四条准则，丧服的变化相宜地进行，就是取法于四时。服丧的四条准则，有据恩情而服，有据义理而服，有据节制而服，有据权变而服，都取法于人情。据恩情而服就是仁，据义理而服就是义，据节制而服就是礼，据权变而服就是智。有仁、义、礼、智这四条，做人的道德就齐备了。

其恩厚者其服重，故为父斩衰三年，以恩制者也。

【译文】

对恩情深厚的，丧服就重，所以为去世的父亲要服斩衰三年，这就是根据恩情制定的礼。

门内之治恩揜义[1]，门外之治义断恩[2]。资于事父以事君而敬同[3]，贵贵尊尊，义之大者也。故为君亦斩衰三年，以义制者也。

【注释】

①门内之治恩揜义：孔疏："以门内之亲，恩情既多，揜藏公义，言得行私恩，不行公义。"门内，指本族内。

②门外之治义断恩：孔疏："既仕公朝，当以公义断绝私恩。"

③资：郑注："犹操也。"

【译文】

为族内的人服丧，感情重于道义；为族外的人服丧，道义重于感情。拿为父亲服丧相同的敬意来为国君服丧，尊敬贵人，尊崇尊者，这是义理中最重大的原则。所以为国君也服斩衰三年，这就是根据道义制定的礼。

三日而食[1]，三月而沐，期而练[2]，毁不灭性，不以死伤生也。丧不过三年，苴衰不补[3]，坟墓不培[4]，祥之日鼓素琴[5]，告民有终也，以节制者也。

【注释】

①食：郑注："食粥也。"

②练：服丧满一年后举行练祭，改戴练冠。

③苴（jū）衰：苴麻之衰，即斩衰。

④培：孔疏："益也。"

⑤祥：大祥祭。素琴：孙希旦说："琴之无饰者也。"

【译文】

父母之丧，三天后可以喝粥，三月后可以洗头，一年练祭后改戴练冠，身体虽然毁伤但不至于危及性命，这是说不能因为死者而伤害了生者。丧期不超过三年，斩衰丧服破了也不补，坟墓不再垒土，大祥祭后就可以弹奏素琴，这是告诉人们服丧是有终结的，这就是根据节制原则制定的礼。

资于事父以事母而爱同。天无二日，土无二王，国无二君，家无二尊，以一治之也。故父在为母齐衰期者，见无二尊也。杖者何也？爵也①。三日授子杖，五日授大夫杖，七日授士杖。或曰担主②，或曰辅病③。妇人、童子不杖④，不能病也。百官备，百物具，不言而事行者，扶而起；言而后事行者，杖而起；身自执事而后行者，面垢而已。秃者不髽⑤，伛者不袒⑥，跛者不踊。老病不止酒肉。凡此八者⑦，以权制者也。

【注释】

①杖者何也？爵也：孔疏："杖之所设，本为扶病，而以爵者有德，其恩必深，其病必重，故杖为爵者而设，故云'爵也'。"

②担主：孔疏："《丧服传》云：'杖者何？爵也。无爵而杖者何？担主也。'郑注云：'担，假也'，'尊其为主'，'假之以杖'。"指无爵之嫡子假借丧杖而为丧主，主持丧事。

③辅病：即扶病。孔疏："《丧服传》云：'非主而杖者何？辅病也。'谓庶子以下，虽非適(嫡)子皆杖，为其辅病故也。"

④妇人、童子不杖：孔疏："杖既扶病，何妇人、童子所以不杖？为其

不能病也。妇人,谓未成人之妇人。童子,谓幼少之男子。”

⑤髽(zhuā):孔疏:“髽者是妇人之大紒,重丧辫麻绕发。”即用麻线编辫发髻。

⑥伛(yǔ):驼背。

⑦八者:即前述八种情况。孔疏:“应杖不杖,不应杖而杖,一也。扶而起,二也。杖而起,三也。面垢,四也。秃者,五也。伛者,六也。跛者,七也。老病者,八也。”

【译文】

用侍奉父亲的相同的态度来侍奉母亲,敬爱之心是相同的。但是,天上没有两个太阳,地上没有两个王,国家没有两个君主,家里没有两个尊者,只能由一个人来治理。所以父亲健在为去世的母亲服齐衰一年,即体现家中没有两个尊者。服丧为什么要拄着丧杖呢?表示服丧者是有爵位的人。国君去世,第三天授给世子丧杖,第五天授给大夫丧杖,第七天授给士丧杖。丧礼中,有的人没有爵位也拄丧杖,或是因为是嫡子要主持丧事,或是因为生病而要用杖来支撑身体。男女未成年的不用拄杖,因为他们不能因为哀伤而生病。百官齐备,百物具备,有的丧主不用说话就能把事情办好,这样的丧主可以竭尽其哀痛之情,要别人搀扶才能站起来;有的丧主需要自己发话才能把事情办好,这样的丧主要适当收敛其哀痛之情,自己拄杖站起来;有的丧主要亲身做事才能把事情办好,这样的丧主蓬头垢面也是可以的。服丧时,秃头的人不用露出发髻,驼背的人不用袒衣露体,跛子哭丧时不需跳脚。年老和有病的人不需停止喝酒吃肉。以上八件事,这就是根据礼仪的权变制定的礼。

始死,三日不怠[①],三月不解[②],期悲哀[③],三年忧,恩之杀也。圣人因杀以制节,此丧之所以三年,贤者不得过,不肖者不得不及,此丧之中庸也,王者之所常行也。

【注释】

①不怠：郑注："哭不绝声也。"

②不解：郑注："不解衣而居，不倦息也。"

③期悲哀：孔疏："谓期之间，朝夕恒哭。"

【译文】

亲人刚死，孝子三天内哭声不断，三个月不解衣而睡，没有倦意；一年里悲哀愁苦，朝夕常痛哭；三年内忧思在心，恩情随着时间过去而减弱，哀痛逐渐递减。圣人依据恩情随着时间过去而减弱，哀痛逐渐递减的情况来制定礼节，所以丧期是三年，贤人也不能超过，不肖的人也不能达不到，这是丧礼中的中庸之道，是历代君王所常实行的。

《书》曰："高宗谅闇，三年不言。"[①]善之也。王者莫不行此礼，何以独善之也？曰：高宗者，武丁。武丁者，殷之贤王也。继世即位，而慈良于丧。当此之时，殷衰而复兴，礼废而复起，故善之。善之，故载之《书》中而高之，故谓之"高宗"。三年之丧，君不言。《书》云"高宗谅闇，三年不言"，此之谓也。然而曰"言不文"者[②]，谓臣下也。

【注释】

①"《书》曰"以下二句：出自《尚书·无逸》。谅闇，居丧所处的倚庐。闇，同"暗"。

②言不文：出自《孝经·丧亲章》：子曰："孝子之丧亲也，哭不偯，礼无容，言不文，服美不安，闻乐不乐，食旨不甘，此哀戚之情也。"

【译文】

《尚书》上说："殷高宗居处倚庐，三年不说政事。"这是在赞扬他。君王没有不行此礼的，为什么只夸奖殷高宗呢？回答说：殷高宗，就是武丁。武丁，就是殷代的贤王。继承父亲即位，孝顺温良地守丧。他在位时，殷代由衰而逐渐复兴，礼由废弃逐渐兴起，所以赞扬他。因为赞扬他，所以记载在《尚书》中并颂扬他，所以称他为“高宗”。三年之丧，君王不开口谈政治。《尚书》上说的“殷高宗居丧住在倚庐中，三年不开口谈政事”，说的就是这件事。然而，古书上说“孝子在居丧期间，说话不讲究文辞”，说的是臣下的居丧礼。

礼：斩衰之丧，唯而不对；齐衰之丧，对而不言；大功之丧，言而不议；缌、小功之丧，议而不及乐[①]。

【注释】

①“斩衰之丧”八句：见《间传》“斩衰，唯而不对”节。

【译文】

礼制规定：服斩衰之丧，别人问话时只发出“唯唯”的声音而不回答别人的问话；服齐衰之丧，可以回答别人的问话但不主动说话；服大功之丧，可以主动说话但不发表议论；服缌麻、小功之丧，可以发表议论但不说快乐之事。

父母之丧，衰冠、绳缨、菅屦[①]，三日而食粥，三月而沐，期十三月而练冠，三年而祥。比终兹三节者[②]，仁者可以观其爱焉，知者可以观其理焉，强者可以观其志焉。礼以治之，义以正之，孝子、弟弟、贞妇皆可得而察焉。

【注释】

①菅(jiān)：茅草。屦(jù)：鞋。

②三节：孙希旦说，谓三月而沐，期而练，三年而祥。盖丧以既葬、

既练、既祥为变除之大节也。

【译文】

为父母服丧，头戴丧冠，冠缨用麻绳编成，脚穿草鞋，三天后才喝点儿稀粥，三个月后才洗头，满一年即十三个月后才改戴练冠，第三年举行大祥祭。完成了这三个阶段的孝子，仁者就可以观察到他的爱心，智者就可以观察到他的理性，强者就可以观察到他的志意。用礼来治理丧事，用道义来规正丧事，是不是孝子，是不是顺从的兄弟，是不是贞洁的妇人，都可以观察出来。

中华经典名著
全本全注全译丛书
（已出书目）

周易
尚书
诗经
周礼
仪礼
礼记
左传
韩诗外传
春秋公羊传
春秋穀梁传
孝经·忠经
论语·大学·中庸
尔雅
孟子
春秋繁露
说文解字
释名
国语
晏子春秋
穆天子传
战国策
史记
吴越春秋
越绝书
华阳国志
水经注
洛阳伽蓝记
大唐西域记
史通
贞观政要
营造法式
东京梦华录
唐才子传
大明律
廉吏传
徐霞客游记

读通鉴论
宋论
文史通义
鬻子·计倪子·於陵子
老子
道德经
帛书老子
鹖冠子
黄帝四经·关尹子·尸子
孙子兵法
墨子
管子
孔子家语
曾子·子思子·孔丛子
吴子·司马法
商君书
慎子·太白阴经
列子
鬼谷子
庄子
公孙龙子(外三种)
荀子
六韬
吕氏春秋
韩非子
山海经
黄帝内经
素书
新书
淮南子
九章算术(附海岛算经)
新序
说苑
列仙传
盐铁论
法言
方言
白虎通义
论衡
潜夫论
政论·昌言
风俗通义
申鉴·中论
太平经
伤寒论
周易参同契
人物志
博物志
抱朴子内篇
抱朴子外篇
西京杂记
神仙传

中华经典名著
全本全注全译丛书
（已出书目）

周易
尚书
诗经
周礼
仪礼
礼记
左传
韩诗外传
春秋公羊传
春秋穀梁传
孝经·忠经
论语·大学·中庸
尔雅
孟子
春秋繁露
说文解字
释名
国语
晏子春秋
穆天子传
战国策
史记
吴越春秋
越绝书
华阳国志
水经注
洛阳伽蓝记
大唐西域记
史通
贞观政要
营造法式
东京梦华录
唐才子传
大明律
廉吏传
徐霞客游记

读通鉴论
宋论
文史通义
鬻子·计倪子·於陵子
老子
道德经
帛书老子
鹖冠子
黄帝四经·关尹子·尸子
孙子兵法
墨子
管子
孔子家语
曾子·子思子·孔丛子
吴子·司马法
商君书
慎子·太白阴经
列子
鬼谷子
庄子
公孙龙子(外三种)
荀子
六韬
吕氏春秋
韩非子
山海经
黄帝内经
素书
新书
淮南子
九章算术(附海岛算经)
新序
说苑
列仙传
盐铁论
法言
方言
白虎通义
论衡
潜夫论
政论·昌言
风俗通义
申鉴·中论
太平经
伤寒论
周易参同契
人物志
博物志
抱朴子内篇
抱朴子外篇
西京杂记
神仙传

搜神记
拾遗记
世说新语
弘明集
齐民要术
刘子
颜氏家训
中说
群书治要
帝范·臣轨·庭训格言
坛经
大慈恩寺三藏法师传
长短经
蒙求·童蒙须知
茶经·续茶经
玄怪录·续玄怪录
酉阳杂俎
历代名画记
唐摭言
化书·无能子
梦溪笔谈
东坡志林
唐语林
北山酒经（外二种）
折狱龟鉴
容斋随笔
近思录
洗冤集录
传习录
焚书
菜根谭
增广贤文
呻吟语
了凡四训
龙文鞭影
长物志
智囊全集
天工开物
溪山琴况·琴声十六法
温疫论
明夷待访录·破邪论
陶庵梦忆
西湖梦寻
虞初新志
幼学琼林
笠翁对韵
声律启蒙
老老恒言
随园食单
阅微草堂笔记
格言联璧
曾国藩家书

曾国藩家训

劝学篇

楚辞

文心雕龙

文选

玉台新咏

二十四诗品·续诗品

词品

闲情偶寄

古文观止

聊斋志异

唐宋八大家文钞

浮生六记

三字经·百家姓·千字文·弟子规·千家诗

经史百家杂钞